Kanada

Atlantische Provinzen

Nova Scotia, New Brunswick, Prince Edward Island, Neufundland & Labrador

Mark Morris
Andrew Hempstead

Gulf of
St. Lawrence

Aspy Bay

Cape Breton
Highlands
National
Park

Chéticamp

Ingonish

**NOVA
SCOTIA**

Cape

Breton

Island

St-Ann's

St-Peters

2

4

3

Georgetown

19

Lake
Ainslie

Baddeck

Sydney

Louisbourg

Wood Islands

105

Bras
d'Or
Lakes

4

*Fortress of
Louisbourg National
Historic Site*

6

Arisaig

337

St. Georges
Bay

56

Pictou

245

Stellarton

New Glasgow

104

316

Port Hastings

Antigonish

Isle
Madame

16

374

348

7

Guysborough

Canso

Sherbrooke

Tor Bay
Provincial Park

224

Sheet
Harbour

7

Taylor Head
Provincial Park

Tangier

O C E A N

**ATLANTIC
CANADA**

Labrador
Sea

QUÉBEC

NEWFOUNDLAND
AND LABRADOR

USA

PRINCE
EDWARD
ISLAND

NEW
BRUNSWICK

**ATLANTIC
OCEAN**

NOVA SCOTIA

0   30 mi

0   30 km

0   200 mi

0   200 km

PRINCE EDWARD ISLAND

© AVALON TRAVEL

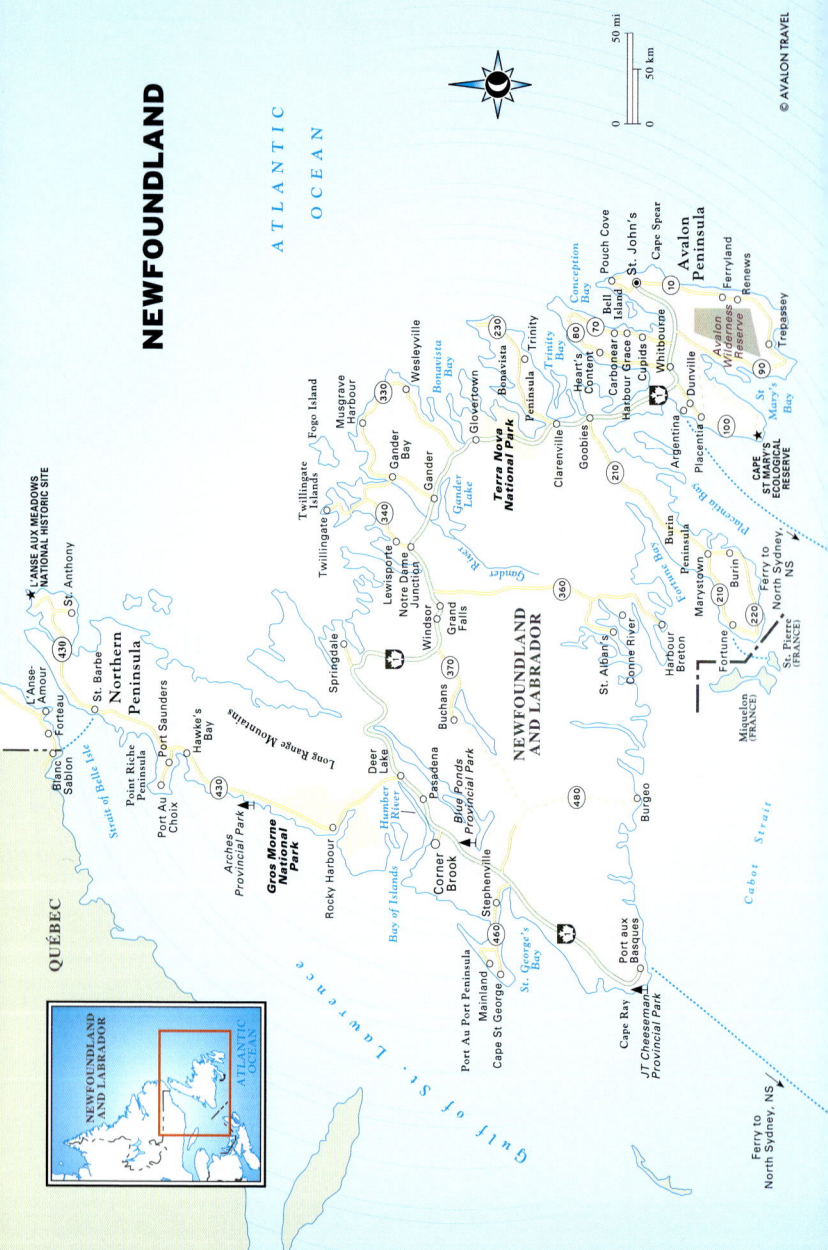

NEWFOUNDLAND

ATLANTIC OCEAN

QUÉBEC

L'ANSE AUX MEADOWS
NATIONAL HISTORIC SITE

St. Anthony

L'Anse-
Amour

Forteau

Blanc
Sablon

Northern
Peninsula

St. Barbe

Point Riche
Peninsula

Port Saunders

Straits of Belle Isle

Port Au
Choix

Hawke's
Bay

430

Arches
Provincial Park

Gros Morne
National Park

Rocky Harbour

Long Range Mountains

Deer
Lake

Pasadena

430

Humber River

Blue Ponds
Provincial Park

Corner
Brook

Bay of Islands

Springdale

Buchans

370

Windsor

Grand
Falls

Notre Dame
Junction

Lewisporte

340

Twillingate

Twillingate
Islands

Fogo Island

Musgrave
Harbour

330

Gander
Bay

Gander

Gander Lake

Gander River

Wesleyville

230

Bonavista

Bonavista Bay

Glovertown

Peninsula

Terra Nova
National Park

Clarenville

Goobies

210

360

Trinity

Trinity Bay

Heart's
Content

Carbonear

Cupids

Harbour Grace

Bell
Island

70

Pouch Cove

Conception Bay

St. John's

Cape Spear

10

Avalon
Peninsula

Ferryland

Renews

Trepassey

90

Avalon
Wilderness
Reserve

Whitbourne

Dunville

Argentina

Placentia

100

St. Mary's Bay

CAPE
ST MARY'S
ECOLOGICAL
RESERVE

Placentia Bay

Burin

Burin
Peninsula

Marystown

210

220

Burin

Fortune

St. Pierre
(FRANCE)

Ferry to
North Sydney,
NS

Miquelon
(FRANCE)

Harbour
Breton

Conne River

St. Alban's

Fortune Bay

Bay d'Espoir

Pasadena

Stephenville

460

St. George's Bay

Cape St George

Port Au Port Peninsula

Mainland

480

Burgeo

Port aux
Basques

Cape Ray

JT Cheeseman
Provincial Park

Cabot Strait

Gulf of St. Lawrence

NEWFOUNDLAND
AND LABRADOR

Ferry to
North Sydney, NS

© AVALON TRAVEL

50 mi

50 km

NEWFOUNDLAND
AND LABRADOR

ATLANTIC OCEAN

▲▲ Küstenhäuser in Neufundland in Quirpon ...
▲ ... und in Quidi Vidi

Der Sonnenuntergang im Gros Morne National Park (Neufundland) ▲▲
Abgeschiedenheit an der Küste ▲

▲▲ Beliebtes Fotomotiv – der Leuchttum in Peggy's Cove (Nova Scotia)
▲ An der Panoramastraße über das Cape George (Nova Scotia)

Harbour Tramp – Vagabund der Meere ▲▲

Frühjahrsimpressionen ▲▲
North Rustico Lighthouse ▲
(Prince Edward Island)

Der Fischfang ist eine wichtige Einnahmequelle der Atlantischen Provinzen Kanadas.

Kanadas Kuste ist berühmt für frische Meersfrüchte ▲▲

▲▲ Produktionsfaktor Landwirtschaft
▲ Vermessungsarbeiten

▲▲ Mahone Bay (Nova Scotia)
▲ Auf den Spuren der Vorfahren

MOOSE &
CARIBOU
CARVINGS

▲▲ In den Public Gardens von Halifax (Nova Scotia)

▲▲ Die bunten Häuserfassaden sind typisch für das Stadtbild in St. John's (Neufundland)

Allgemeines
Reisepraktisches

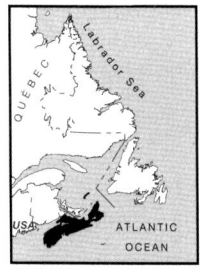

Nova Scotia

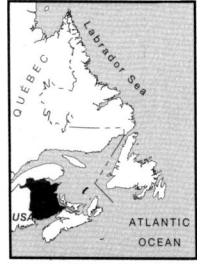

New Brunswick

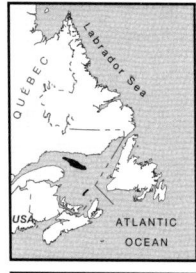

Prince Edward Island

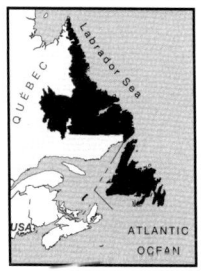

Newfoundland & Labrador

INHALT

Die Atlantikprovinzen erleben 8

Reiseplanung 10
Reiseziele 10   Reisekosten 12
Reisezeit 11   Routenvorschläge 13

Land und Leute 22
Geografie 22   Geschichte 40
Klima 25   Politik und Wirtschaft 50
Umweltschutz 28   Bevölkerung und Kultur 54
Pflanzen- und Tierwelt 29

Anreise und Verbindungen vor Ort 61
Einreisebestimmungen 61   Bus 65
Zollbestimmungen 63   Fähre 66
Flugzeug 63   Mietfahrzeug 68
Bahn 65

Sport und Freizeit 72
Parks 72   Radfahren und Mountainbiken ... 77
Wandern 73   Wintersport 79
Angeln 74   Zuschauersport 80
Andere Wassersportmöglichkeiten 76

Einkaufen 80

Übernachten 81
Hotels, Motels und Resorts 83   Hostels 87
Bed and Breakfast (B&B) 86   Campgrounds 87

Essen und Trinken 89

Wissenswertes von A bis Z 94
Adressangaben 94   Maße, Gewichte und
Alkohol 95   Temperaturangaben 108
Ärztliche Versorgung und Apotheken ... 96   Medien 109
Behinderte 96   Notruf 110
Datumsangaben 97   Öffnungszeiten 110
Diplomatische Vertretungen 97   Post 111
Feiertage 98   Rauchen 111
Geld 98   Sicherheit 112
Gesundheit 100   Steuern 113
Giftshops 102   Stromanschlüsse und Steckdosen ... 113
Information 102   Telefonieren 113
Internet 103   Toiletten 116
Kinder 106   Trinkgeld 116
Land-, See- und Straßenkarten .. 107   Versicherungen 116
Längere Aufenthalte in Kanada .. 107   Zeitzonen und Sommerzeit 117

Nova Scotia 119

Halifax 119
Downtown 127
Citadel Hill und Umgebung 131
Nördlich der Downtown 133
Westlich des Northwest Arm 136
McNabs Island 138
Dartmouth 138
Eastern Passage 139
Nördlich der Downtown 140

South Shore 163
Von Halifax nach Mahone Bay 166
Peggy's Cove 166
Von Peggy's Cove nach Chester ... 168
Chester und Umgebung 169
Mahone Bay 172
Lunenburg 177
Von Lunenburg nach Shelburne 184
Bridgewater 185
Über den Highway 331
    nach Liverpool 185
Liverpool 186
Von Liverpool nach Port Joli 188
Port Joli 189
Shelburne und Umgebung 189
Von Shelburne nach Yarmouth 192
Barrington und Umgebung 192
Cape Sable Island 192
Yarmouth 193

Fundy-Küste 197
Côte Acadienne 200
Mavillette und Umgebung 200
Meteghan und Umgebung 201
Nördlich von Meteghan 202
Comeauville 202
Pointe de l'Eglise 202
Weiter nach Digby 203
Digby und Umgebung 203
Digby Neck und Ausläufer 208
Brier Island 208
Annapolis Royal 209
Kejimkujik National Park 214
Annapolis Valley 216
Von Annapolis Royal
    nach Canning 216
Blomidon Peninsula 218
Wolfville und Umgebung 219
Grand Pré und Umgebung 222
Windsor 224

Das zentrale Nova Scotia 226
Von Halifax nach Truro 228
Shubenacadie 228
Maitland 230
Truro 231
Glooscap Trail 233
Von Truro nach Parrsboro 234
Parrsboro 234
Westwärts nach Cape Chignecto ... 236
Joggins 236
Springhill 237
Amherst und Umgebung 237
Von der Sunrise Coast
    nach Pictou 239
Tidnish und Umgebung 239
Pugwash 240
Von Pugwash nach Pictou 240
Pictou 242
Von Pictou nach
    Cape Breton Island 246
Panoramastraße über
    das Cape George 247
Antigonish 248
Marine Drive 248
Lawrencetown 249
Von Musquodoboit Harbour
    nach Tangier 251
Tangier 253
Von Tangier nach Sherbrooke 254
Sherbrooke 255
Sherbrooke Village 255
Von Sherbrooke nach Canso 256
Canso 257

Cape Breton Island 260

Von Port Hastings nach Baddeck .. 263
Port Hastings 263
Isle Madame 264
Bras d'Or Lakes Scenic Drive 265
Highway 19: der Ceilidh Trail 266
Highway 105 nach Baddeck 267
Baddeck und Umgebung 268
Margaree River Valley 273
Chéticamp 273
Cape Breton Highlands
 National Park 275

Unterwegs auf dem Cabot Trail 276
Ingonish und Umgebung 280
Südlich von Ingonish 283
St. Ann's 284
Der Nordosten 284
Sydney 284
Auf dem Highway 28
 nach Glace Bay 286
Louisbourg 287

New Brunswick 290

Saint John und die Fundy-Küste 290

Saint John und Umgebung 293
Von Saint John nach St. Andrews ... 309
St. Andrews und Umgebung 310
Fundy-Inseln 317
Deer Island 317
Campobello Island 318
Grand Manan Island 319

Die obere Bay of Fundy 320
Von Saint John zum Fundy
 National Park 321
Fundy National Park 323
Von Alma zum Hopewell Cape 325
Hopewell Cape 326

Das Tal des Saint John Rivers 328

Fredericton und Umgebung 330
Gagetown und Umgebung 343
Flussaufwärts am
 Saint John River 344
Mactaquac und Umgebung 344

Kings Landing
 Historical Settlement 345
Zu den Grand Falls 346
Edmundston und Umgebung 347
Mount Carleton Provincial Park 348

Die akadische Küste 349

Moncton 352
Südöstlich von Moncton 361
Memramcook 361
Sackville 362
Von Sackville nach Aulac 363
Aulac und Umgebung 363
Strait Coast 364
Vom Cape Tormentine
 nach Shediac 364
Shediac 365
Bouctouche 366
Kouchibouguac National Park 367

Miramichi River 368
Miramichi 369
Von Miramichi nach Fredericton 371
Baie des Chaleurs 372
Die Akadische Halbinsel 372
Ile Lamèque 373
Caraquet 374
Grande-Anse 375
Bathurst und Umgebung 376
Von Bathurst nach Campbellton 376
Campbellton 377

Prince Edward Island 378

Charlottetown und Queens County 379

Die Südküste 396
Victoria 396
Borden-Carleton 397
Von Charlottetown nach Cavendish 398
Grand Tracadie 398
Stanhope 398
Brackley Beach 399
Prince Edward Island National Park 400
Rustico Bay 402
North Rustico 402
Cavendish 404
Utopian Avonlea 404
Die Umgebung von Cavendish 410

Prince County 412

Summerside 415
Malpeque Bay 417
Kensington 417
Weiter nach Norden 418
Cabot Beach Provincial Park 418
Tyne Valley 418
Die Umgebung von Tyne Valley 419
Région Evangéline 420
Miscouche 420
Mont-Carmel 421
Weiter auf der Route 11 422
Das westliche Prince County 422
Mill River Provincial Park 423
O'Leary 423
West Point und Umgebung 424
Miminegash 425
Route 12: Richtung Norden nach Tignish 425
Tignish und Umgebung 426
North Cape 427

Der Osten von Prince Edward Island 428

Entlang der Northumberland Strait 431
Orwell 431
Von Orwell nach Wood Islands 432
Wood Islands 432
Von Wood Islands nach Murray Harbour 433
Von Murray Harbour nach Souris 434
Murray Harbour 434
Murray River 434
Von Murray River nach Montague 435
Panmure Island 435
Buffaloland Provincial Park 436
Montague 436
Brudenell River Provincial Park 437
Die Umgebung des Brudenell River Provincial Parks 438
Bay Fortune 438
Souris und Umgebung 439
Die Nordküste 442
East Point 442
Elmira 442
North Lake und Umgebung 442
Die Golfküste 443
Morell und Umgebung 444
Mount Stewart 444

Neufundland und Labrador 445

St. John's und Avalon Peninsula 445

St. John's 447
Die Avalon Peninsula 471
Baccalieu Trail 471
Von St. John's nach Ferryland 473
Ferryland 474
Weiter auf dem Irish Loop 475
Cape Shore 476

Zentrales und westliches Neufundland 478

Burin Peninsula und Umgebung 481
Boat Harbour 481
Burin 481
Grand Bank 482
St-Pierre und Miquelon 482
Bonavista Peninsula 484
Clarenville 484
Trinity 484
Port Union 486
Bonavista 486
Von Clarenville nach Deer Lake 487
Terra Nova National Park 487
Gander 489
Richtung Norden nach Twillingate 490
Twillingate 491
Grand Falls-Windsor 493
Von Deer Lake nach
   Port-aux-Basques 494
Deer Lake 494

Corner Brook und Umgebung 495
Von Corner Brook nach
   Port-aux-Basques 500
Port-aux-Basques 500
Gros Morne National Park 502
Route 430 502
Route 431 505
Northern Peninsula 510
Von Gros Morne Richtung Norden 510
Arches Provincial Park 510
Daniel's Harbour 510
Port au Choix 510
Plum Point 512
St. Barbe 512
Von St. Barbe nach St. Anthony 513
St. Anthony 514
L'Anse aux Meadows 515
Raleigh 517
Burnt Cape Ecological Reserve 517

Labrador 519

Labrador Straits 522
L'Anse-au-Clair 523
Forteau 524
L'Anse Amour 525
Red Bay 526
Mary's Harbour 527
Battle Harbour 527
Cartwright 529

Zentral-Labrador 529
Happy Valley-Goose Bay 529
Churchill Falls 532
Labrador City und Wabush 532
Nordküste 534
Makkovik 534
Hopedale 534
Nain und der hohe Norden 535

Register 546

Naturreservate, National- und Provinzparks 550

National Historic Sites 551

Zeichenerklärung für die Karten

═══ Highway	**C** Highlight	✗ Flugplatz
═══ Hauptstraße	○ Ort/Stadt	✗ Flughafen
─── Nebenstraße	◉ Landeshauptstadt	⬚ Wasserfall
Piste	◉ Hauptstadt	♠ Park
----- Bahnlinie	▲ Berg	◻ Wanderung
.... Fähre	+ Landschaftliche Sehenswürdigkeit	⚡ Skigebiet
	★ Sehenswürdigkeit	⌀ Golfplatz
	• Unterkunft	◻ Parkplatz
	▾ Restaurant/Bar	⛏ Ausgrabung
	▪ Sonstiges	▲ Kirche
	▲ Campground	⛽ Tankstelle

Kartenverzeichnis

Reiseziele 10

Die Highlights der Atlantikprovinzen
  in zwei Wochen.................... 15
Die Maritimes in einer Woche............ 17

Die Atlantikprovinzen von
  ihrer wilden Seite 18

Nova Scotia .... Übersicht siehe Farbhefter S. 2/3

Amherst.. 238
Annapolis Royal.............................. 210
Baddeck... 268
Cape Breton Island – Highlights 261
Cape Breton Island – Übersicht........ 262
Cape Breton Highlands National Park ... 277
Central Nova Scotia – Highlights 227
Central Nova Scotia – Übersicht........ 229
Chester.. 169
Digby 204
Fundy Coast – Highlights 198
Fundy Coast – Übersicht................... 199
Glooscap Trail................................. 233
Halifax – Highlights......................... 120

Halifax – Übersicht........................... 121
Halifax – Downtown 126
Halifax to Lunenburg 167
Kejimkujik National Park 215
Lunenburg 176
Mahone Bay 172
Pictou 243
Shelburne... 190
South Shore – Highlights................. 165
South Shore – Übersicht 164
Sydney und Umgebung 285
Truro 232
Wolfville... 220
Yarmouth 193

New Brunswick .... Übersicht siehe Farbhefter S. 4

Acadian Coast – Übersicht............... 351
Acadian Coast – Highlights.............. 350
Fredericton – Übersicht.................... 333
Fredericton – Downtown................... 335
Moncton – Übersicht........................ 353
Moncton – Downtown....................... 355
St. Andrews..................................... 311

St. John and the Fundy Coast –
  Highlights 292
St. John and the Fundy Coast –
  Übersicht..................................... 291
St. John – Übersicht 295
St. John – Downtown 299
St. John River Valley – Highlights 329
St. John River Valley – Übersicht........ 330

Prince Edward Island .... Übersicht siehe Farbhefter S. 5

Cavendish und Umgebung............ 404/405
Charlottetown und Queens County –
  Übersicht..................................... 381
Charlottetown und Queens County –
  Highlights..................................... 380
Charlottetown – Übersicht 382
Charlottetown – Downtown............... 387

Eastern Prince Edward Island –
  Highlights 429
Eastern Prince Edward Island –
  Übersicht..................................... 430
Prince County – Übersicht................ 413
Prince County – Highlights............... 414
Souris 439
Summerside..................................... 416

Neufundland und Labrador .... Übersicht siehe Farbhefter S. 6/7

Central and Western
  Newfoundland – Highlights............. 479
Central and Western
  Newfoundland – Übersicht............. 480
Corner Brook 496
Gander 489
Gros Morne National Park................ 503
Happy Valley-Goose Bay.................. 531

Labrador – Highlights 520
Labrador – Übersicht........................ 521
St. John's and the Avalon
  Peninsula – Übersicht.................... 448
St. John's and the Avalon
  Peninsula – Highlights 446
St. John's – Übersicht...................... 452
St. John's – Downtown..................... 454

Eindrücke der besonderen Art: neben dem Wasser …

Die Atlantikprovinzen erleben

Das atlantische Kanada liegt in der Nordostecke des nordamerikanischen Kontinents und besteht aus vier Provinzen, die durch ihre Geschichte und die Lage am Meer viele Gemeinsamkeiten haben. Gleichzeitig hat jede der vier Provinzen ein eigenes Gesicht und verspricht dem Besucher neben interessanten geschichtlichen Einblicken märchenhafte Landschaftsbilder. Dabei ist der Blick auf Peggy's Cove an einem stillen Morgen eigentlich schon allein die ganze Reise wert, hinter nahezu jeder Kurve eröffnen sich dem Betrachter aber ebenso unvergessliche Szenarien wie etwa die zerklüftete Küste, von Wäldern umrankte Seen und geschichtsträchtige Landschaften. Man kann durch das Blütenmeer der Bergwiesen wandern, über die Fairways einiger der besten Golfplätze der Welt schreiten, mit dem Fahrrad über rote Lehmwege fahren oder es ganz ruhig angehen lassen, sich an einer der historischen Sehenswürdigkeiten auf eine Zeitreise in die Vergangenheit begeben und die Kultur der weltoffenen Städte aufsaugen.

Dominiert werden die Atlantikprovinzen vom Meer. Wer abenteuerlustig genug ist, kann mit dem Kajak eine der vielen unbewohnten Inseln ansteuern und dort picknicken oder sich auf die Suche nach einer der seltensten Walarten unserer Erde machen. Wer's ruhiger mag, wird vielleicht endlose, abgelegene Strände entlangwandern. Im Sommer kann man auch im angenehm warmen Wasser der Northumberland Strait baden. Die Gewässer haben aber noch ganz andere Spezialitäten zu bieten – eine unglaubliche Vielfalt an Fisch und Seafood. Dazu gehören ganz einfache Jakobsmuscheln ebenso wie der leckerste Hummer und der zarteste Heilbutt, den man sich vorstellen kann.

... und auf dem Wasser

Es gibt zwar viele gute Gründe, die kanadischen Atlantikprovinzen zu besuchen, einen der positivsten Eindrücke hinterlassen beim Besucher jedoch die hier lebenden Menschen. Sie fahren seit Jahrhunderten aufs Meer hinaus, um der Fischerei nachzugehen. Durch ihren harten Alltag auf See haben sie sich Werte und Eigenheiten bewahrt, denen man in unserer modernen Welt nur noch selten begegnet: Das betrifft v. a. die Nähe zur Natur mit ihren unumstößlichen Gesetzmäßigkeiten, die Freundlichkeit, Sparsamkeit und eine gesunde Portion Selbstvertrauen. Auch harte wirtschaftliche Nackenschläge konnten dem Selbstbewusstsein und Stolz der Bevölkerung im atlantischen Kanada nichts anhaben. In unserer überbevölkerten und hoch technisierten Welt stellen die Atlantikprovinzen eine Art Fluchtpunkt dar, und ihre freundlichen Bewohner machen es einem leicht, sich hier willkommen und wohl zu fühlen.

Wenn man in die Atlantikprovinzen reist, möchte man natürlich die Dudelsackpfeifer sehen, die über den Citadel Hill in Halifax marschieren und ihre sonderbaren Weisen spielen, genauso will man unbedingt das berühmte Urlaubsfoto vom Leuchtturm in Peggy's Cove machen und an den herrlichen Stränden im Prince Edward Island National Park spazieren gehen. Aber neben diesem Pflichtprogramm erwarten einen in den Atlantikprovinzen auch viele unvorhergesehene Höhepunkte, die unvergesslich bleiben werden. Das hat weniger mit bestimmten Orten zu tun als vielmehr mit persönlichem Erleben. Versuchen Sie also trotz Ihrer Wünsche, sich insgesamt mehr auf das Erlebnis an sich als auf konkrete Sehenswürdigkeiten zu konzentrieren. Das Abenteuer wartet!

Reiseplanung

Starten Sie Ihre Planungen erst einmal damit, sich Gedanken darüber zu machen, welche Landschaften Sie sehen wollen, welche National- und Provinzparks Sie auf keinen Fall versäumen möchten, welche Städte Ihnen besonders ansprechend erscheinen und nicht zuletzt wie viel Geld Sie ausgeben wollen. Sobald Sie diese grundlegenden Entscheidungen getroffen haben, sollten Sie sich um den Flug kümmern und die Unterkünfte buchen – und zwar so bald wie möglich. Das gilt besonders für den Fall, dass Sie im Juli oder August in die Atlantikprovinzen reisen möchten. Wenn Sie viel in der Natur unterwegs und nicht zu sehr an die größeren Städte gebunden sein wollen, sollten Sie auch gleich noch einen Mietwagen buchen.

Reiseziele

Das atlantische Kanada besteht aus vier Provinzen, was die Region eigentlich relativ übersichtlich macht. Allerdings herrscht selbst bei vielen Kanadiern oft Verwirrung über die Verwendung der Begriffe „atlantisches Kanada", „Atlantikprovinzen" und „Maritimes". Als „Maritimes" oder „Seeprovinzen" werden die drei Provinzen New Brunswick, Nova Scotia und Prince Edward Island bezeichnet. Die Begriffe „atlantisches Kanada" und „Atlantikprovinzen" umfassen hingegen die Maritimes plus die Provinz Neufundland und Labrador.

Nova Scotia

Nova Scotia verkörpert das atlantische Kanada wie keine andere Provinz. Dafür ist v. a. die dramatisch anmutende, 7459 km lange Küste verantwortlich, die von zahllosen Buchten mit malerischen Fischerdörfern durchzogen ist. Es wäre ein Leichtes, die gesamte zur Verfügung stehende Reisezeit damit zu verbringen, Nova Scotia zu erkunden, und doch hätte man hinterher den Eindruck, längst noch nicht alles gesehen zu haben. Die Straßen der Weltstadt

Halifax, der bunte Hafen von **Lunenburg,** das geschichtsträchtige **Annapolis Royal** und die ungezähmte Wildnis von **Cape Breton Island** sind nur ein kleiner Vorgeschmack auf die vielfältigen Eindrücke, die man in dieser Provinz gewinnen kann.

New Brunswick

New Brunswick ist zwar die größte der Atlantikprovinzen, dafür aber die bei Touristen am wenigsten bekannte. Die meiste Aufmerksamkeit ziehen nicht etwa die riesigen Wälder auf sich, sondern die Küstenlinie und das fruchtbare **Saint John River Valley.** Hier stößt der Besucher auf den eleganten Ferienort **St. Andrews,** den gewaltigen Tidenhub in der **Bay of Fundy** und auf unberührte Strände wie den **Parlee Beach.** Diese Sehenswürdigkeiten ergeben zusammen mit den drei wichtigsten Städten **Fredericton, Saint John** und **Moncton** sowie der französisch geprägten akadischen Küste im Osten genau die Mischung, die für jeden Besucher etwas bereithält.

Prince Edward Island

Prince Edward Island (häufig mit PEI abgekürzt) ist nicht nur die kleinste Provinz in Kanada, sondern auch die am dichtesten besiedelte, die mit der meisten Landwirtschaft, den meisten Straßen und somit diejenige, die man am stärksten ihrer Natur beraubt hat. Auch die kleinste Provinzhauptstadt Kanadas liegt auf Prince Edward Island, das gerade einmal 32.000 Einwohner zählende **Charlottetown.** Touristen konzentrieren sich bei ihrem Besuch meist auf die Gegend um **Cavendish,** aber dem echten, ungezwungenen Charme der Insel begegnet man an anderer Stelle, beispielsweise entlang den Landstraßen, die einen zum Meer führen, oder in den adretten Dörfern, in denen sich in den letzten 100 Jahren kaum etwas verändert hat.

Neufundland und Labrador

Die Provinz Neufundland und Labrador ist etwa dreimal so groß wie die drei Maritimes zusammen und besteht aus der Insel Neufundland und dem Festland von Labrador. Während die Maritimes eine ähnliche Entstehung, Geschichte und ein ähnliches Klima haben, sind Neufundland und Labrador völlig anders. Etwa die Hälfte der gebirgigen Insel Neufundland mit der Provinzhauptstadt **St. John's** ist von borealen Nadelwäldern bedeckt, der Rest des Terrains ist häufig steinig oder morastig und öde. Das Versorgungszentrum in den unendlichen Weiten Labradors ist **Happy Valley-Goose Bay.**

Reisezeit

Im **Sommer** dreht sich in den Atlantikprovinzen alles um Aktivitäten an der frischen Luft wie beispielsweise wandern, Rad fahren, schwimmen, fischen oder mit dem Kanu bzw. Kajak übers Wasser paddeln. Der größte Besucherandrang herrscht während der Schulferien im Juli und August. Die Parks sind dann voll mit Campingfans, an den Ufern der Seen und Flüsse tummeln sich die Angler, die Strände sind mit Schwimmern und Sonnenanbetern bevölkert, an den Straßenrändern stehen Verkaufsbuden mit Obst und Gemüse, und durch die Wälder streift das Wild.

Ist man nicht an einen fixen Reisetermin im Sommer gebunden, bieten sich **Frühling** und **Herbst** als exzellente Zeiten für einen Besuch der Atlantikprovinzen an. Obwohl sich die Region in den Monaten Mai und Juni von ihrer besten Seite zeigt und in voller Blüte steht, ist in diesem Zeitraum keine Hochsaison. Auch der

Frühherbst im September und Oktober verwöhnt den Reisenden mit angenehmen Tagestemperaturen und niedrigen Übernachtungspreisen. Dennoch nimmt die Zahl der Touristen nach dem ersten Wochenende im September mit einem Schlag spürbar ab, und die Menschenschlangen an den Sehenswürdigkeiten verschwinden. In den späten September fällt außerdem der Höhepunkt des *Indian Summer*, der das Laub der Bäume farbenfroh leuchten und noch einmal für kurze Zeit die Zahl der Besucher ansteigen lässt.

Offiziell herrscht in den Atlantikprovinzen erst von Ende Dezember bis März **Winter,** tatsächlich schließen aber bereits ab Mitte Oktober die meisten Sehenswürdigkeiten, Informationszentren und in den Ferienorten gelegenen Unterkünfte.

Was in den Koffer gehört

Es gibt nur wenige Gelegenheiten in den Atlantikprovinzen, Anzug und Krawatte spazieren zu tragen. Nur in den allernobelsten Restaurants wird man nicht in normaler Freizeitkleidung eingelassen. Man kann also zum größten Teil zweckmäßige Kleidung einpacken, v. a. wenn man das Naturerlebnis sucht. An erster Stelle stehen feste Wanderstiefel. Wer sie sich für die Reise extra kaufen muss, sollte sie vor dem Abflug unbedingt noch ein- oder zweimal tragen. Auf diese Weise werden sie nicht nur eingelaufen, sondern man kann auch noch reagieren, falls sie wider Erwarten nicht richtig passen sollten. Grundsätzlich sollte man in den Atlantikprovinzen (auch im Sommer!) auf unterschiedliche Witterungen eingestellt sein. Das gilt besonders, wenn ein Jahreszeitenwechsel ansteht oder wenn man sich vorgenommen hat, den Großteil der Zeit an der Küste zu verbringen. Am besten packt man Kleidung ein, von der man nach dem altbewährten Zwiebelprinzip verschiedene Lagen übereinander anziehen kann. Unverzichtbar sind dabei eine warme Fleecehose und ein dickes, langärmeliges Hemd. Da an der Küste immer eine steife Brise weht, leisten hier auch ein Pullover und ein Anorak gute Dienste, ebenso wie eine Kopfbedeckung. Gegen die kräftigen Sonnenstrahlen sollte man sich mit einer Sonnenbrille, Sonnencreme und einem breitkrempigen Hut wappnen. Wer campen will, wird ein Paar Handschuhe und eine Wollmütze schnell zu schätzen wissen.

Reisekosten

Laut offizieller Statistik sind die Lebenshaltungskosten in Kanada etwas niedriger als in Deutschland, und die Atlantikprovinzen gelten sogar als die billigste Region Kanadas. Allerdings hängen die Reisekosten ganz entscheidend von den persönlichen Vorlieben des Einzelnen und von der Urlaubsplanung ab: Wer z. B. gerne in guten Lokalen speist, muss für dieses Vergnügen in Kanada deutlich mehr ausgeben, als es zu Hause der Fall wäre. Bei Fastfood-Lokalen kommt man dagegen günstiger weg als in heimischen Gefilden. Kaum einen Unterschied gibt es bei Einkäufen im Supermarkt, da die Lebensmittelpreise in Kanada weitgehend denen in Deutschland entsprechen. Bezüglich der Übernachtungskosten gilt die Faustregel, dass man bei mittleren und gehobeneren Unterkünften günstiger fährt, wenn man diese von zu Hause aus über einen Reiseveranstalter bucht. Außerdem lässt sich in der Nebensaison erheblich Geld sparen, da viele Quartiere dann deutlich billiger angeboten werden. Auch bei Mietwagen gilt, dass man bei einer Buchung von Europa aus erheblich sparen kann. Wer mit dem Mietwagen unterwegs sein will, muss allerdings auch die Benzinkosten bedenken.

Insgesamt kann man mit weniger als $ 100 pro Person und Tag auskommen, wenn man vorausschauend plant, im Zelt oder in Hostels übernachtet und sich selbst verpflegt.

Routenvorschläge

Wie viel Zeit steht Ihnen zur Verfügung?
Ein Wochenende: Verbringen Sie es in Halifax.
Eine Woche: Besuchen Sie Halifax, die Region South Shore und die Fundy-Küste in Nova Scotia.
Zwei Wochen: Besuchen Sie zusätzlich Prince Edward Island.
Drei Wochen: Machen Sie auch noch einen Abstecher nach Neufundland.

Die Highlights der Atlantikprovinzen in zwei Wochen

Zwei Wochen sind genug Zeit, um jede der vier Atlantikprovinzen ansteuern zu können und trotzdem nicht in Stress zu verfallen. Selbstverständlich könnte man auch die gesamten zwei Wochen in den drei Maritimes verbringen oder nur die Weiten von Neufundland und Labrador erkunden, aber mit der folgenden Route deckt man einfach beides ab. Dieser Routenvorschlag setzt (wie auch die nachfolgenden) voraus, dass man vor Ort über einen Mietwagen verfügt.

1. Tag

Nach der Ankunft in **Halifax** checkt man in einem der in der Downtown gelegenen historischen B&Bs ein, z. B. im *Halliburton*. Nachmittags besichtigt man Sehenswürdigkeiten wie die **Halifax Citadel National Historic Site** oder das **Maritime Museum of the Atlantic,** bevor es abends zum Dinner in eines der an der Waterfront gelegenen Restaurants geht.

2. Tag

Die Fahrt führt nach Süden durch **Peggy's Cove,** wo man auf keinen Fall vergessen darf, das obligatorische Foto vom Leuchtturm zu machen. Weiter geht es nach **Mahone Bay,** wo man die Kunst- und Handwerksläden durchstöbern und dann im *Saltspray Café* zu Mittag essen kann. Auch wenn es entlang der Straße eine Menge zu sehen gibt, sollte man nicht zu spät im Tagesziel **Lunenburg** ankommen, denn dessen alter Stadtkern steht auf der Liste des UNESCO-Weltkulturerbes und ist mit seinen bunten Gebäuden wie für einen Nachmittagsspaziergang geschaffen. Allein schon wegen der Aussicht würde ich das *Spinnaker Inn* als Übernachtungsmöglichkeit in Lunenburg wählen.

3. Tag

Weiter geht die Fahrt nach **Annapolis Royal,** wo der Besuch des **Fort Anne** und der **Port-Royal National Historic Site** auf dem Programm stehen. Anschließend kann man in **Digby** essen gehen, wobei sich als örtliche Spezialität *Digby Scallops* (Jakobsmuscheln) anbieten. Anschließend fährt man mit der Nachmittagsfähre nach New Brunswick hinüber, wo man die Nacht in einer der beiden Lodges im **Fundy National Park** verbringt.

4. Tag

Da das Morgenlicht dem Fundy National Park eine ganz besondere Atmosphäre verleiht, sollte man dort zunächst einen Spaziergang machen und anschließend ohne Unterbrechung nach **Fredericton** durchfahren. Hier versetzt einen der **Historic Garrison District** in die Vergangenheit zurück, Kunstliebhaber sollten außerdem einen Stopp in der **Beaverbrook Art Gallery** einplanen. Der Höhepunkt des Tages ist jedoch der Besuch des **Kings Landing Historical Settlement** etwa 35 km westlich von Fredericton, wo die Geschichte der Loyalisten wieder lebendig wird. Da es keinen Vorteil bringt, in Frederictons Downtown zu übernachten, kann man ebenso gut ein Zimmer im *On the Pond* nahe dem Mactaquac Provincial Park reservieren.

5. Tag

Am Miramichi River entlang geht es nach **Miramichi.** Alles Wissenswerte über die Akadier und ihren Überlebenskampf erfährt man im **Village Historique Acadien** 10 km westlich von Caraquet und im Freilichtmuseum **Le Pays de la Sagouine** in Bouctouche, wo man den Abend bei einer Theateraufführung und einem Dinner ausklingen lassen kann.

6. Tag

Über die Confederation Bridge geht es nach Prince Edward Island weiter, wo man in **Charlottetown** möglichst frühzeitig im *Shipwright Inn* einchecken sollte, um viel Zeit für eine nachmittägliche Landpartie nach **Cavendish** zu haben. Weitere Ziele sind der **Prince Edward Island National Park** und das **Green Gables House.**

7. Tag

Heute ist frühes Aufstehen angesagt, um auf keinen Fall die Fähre von Wood Islands nach Caribou (Nova Scotia) zu verpassen. Von dort ist es nur ein Katzensprung nach Pictou, an dessen **Hector Heritage Quay** man alles Wissenswerte über die Ankunft der ersten schottischen Siedler erfährt. Anschließend sollte man bis **Baddeck** durchfahren, das auf Cape Breton Island liegt. Wer noch etwas Zeit übrig hat, kann dort der **Alexander Graham Bell National Historic Site** einen kurzen Besuch abstatten. Zur Übernachtung in Baddeck bietet sich das *Water's Edge Inn* an, dessen Zimmer überwiegend über einen Balkon verfügen, von dem aus man den Sonnenuntergang genießen kann.

8. Tag

Den heutigen Tag sollte man zu einer Fahrt auf dem für sein grandioses Panorama berühmten **Cabot Trail** nutzen. Zwischendurch kann man entweder eine Wande-

Routenvorschläge

rung auf einem der an der Küste entlangführenden Trails unternehmen, sich am Strand entspannen oder zum Whalewatching aufs Meer hinausfahren. Abends geht es mit der Fähre nach **Argentia** in Neufundland. Wer es auf der nächtlichen Überfahrt ein wenig bequemer haben möchte, sollte nicht vergessen, rechtzeitig eine Kabine zu reservieren.

9. Tag

Morgens erwacht man hoffentlich pünktlich, um einen ersten Blick auf Neufundland zu erhaschen, während die Fähre in Argentia einläuft. Auf dem Weg in die Hauptstadt **St. John's** gibt es viel zu sehen, einen Abstecher lohnt die archäologische Ausgrabungsstätte **Colony of Avalon.** In St. John's angelangt, sollte man sich im wahrlich unvergleichlichen **The Rooms** über die örtliche Geschichte informieren und dann von der **Signal Hill National Historic Site** aus die Aussicht genießen. Noch immer nicht müde? Dann ab in die Downtown, wo es in der renommierten **George Street** jede Menge quirlige Bars gibt, die nach Einbruch der Dunkelheit zum Leben erwachen.

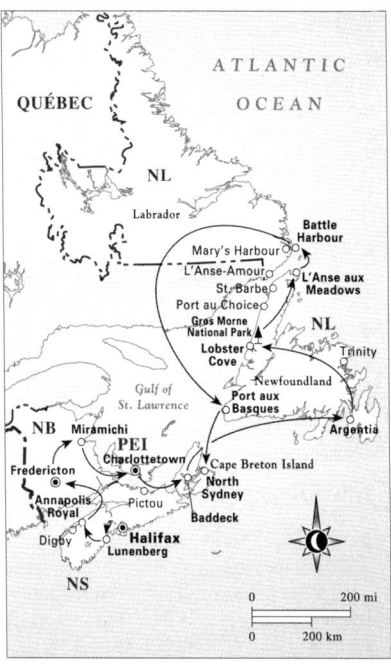

10. Tag

In Richtung Westen geht es zum **Gros Morne National Park.** Unterwegs kann man einen Stopp in **Trinity** einlegen, einem winzigen Fischerdorf, in dem die Zeit seit über einem Jahrhundert stillzustehen scheint. Im Gros Morne National Park hat man dann noch genügend Zeit, um einen Spaziergang durch die **Tablelands** zu unternehmen und rechtzeitig zum Sonnenuntergang am **Lobster Cove Head** zu sein. Als zentral gelegene Unterkunft bieten sich die *Mountain Range Cottages* im benachbarten **Rocky Harbour** an.

11. Tag

Der Tag beginnt mit einer morgendlichen Bootstour auf dem **Western Brook Pond,** dann führt die Fahrt nach Norden. Nicht verpassen sollte man die **Port au Choix National Historic Site** und die geologisch hochinteressanten **Thromboliten von Flowers Cove.** Tagesziel sind die *Southwest Pond Cabins* bei **L'Anse aux Meadows.** Abendessen im *Norseman Restaurant* ist Pflicht†

12. Tag

Nach einem Besuch der **L'Anse aux Meadows National Historic Site** geht es nach St. Barbe, wo einen eine gemütliche mehrstündige Fährüberfahrt nach Labrador erwartet. Nach der Ankunft fährt man durch die Region Labrador Straits nach Mary's Harbour. Dort heißt es, das Notwendigste zum Übernachten in eine Tasche packen, das Auto stehen lassen und sich mit dem Boot zum Outport **Battle Harbour** bringen lassen, einem ehemaligen Fischerdorf. Obwohl die abgelegene Siedlung in den 1960er-Jahren aufgegeben wurde, hat man sich mittlerweile an ihre Restaurierung gemacht, und für Besucher gibt es ein Restaurant und ein Gasthaus.

13. Tag

Nach der Rückkehr aufs Festland kann man die Küste Labradors erkunden, wobei Abstecher zur **Red Bay National Historic Site** und zum Leuchtturm von **L'Anse Amour** nicht fehlen dürfen. Mit der Fähre geht es schließlich wieder nach St. Barbe in Neufundland und weiter in Richtung Süden nach Port-aux-Basques, von wo einen die Abendfähre zurück nach Nova Scotia bringt.

14. Tag

Bei Sonnenaufgang legt die Fähre in **North Sydney** an, sodass man genügend Zeit hat, um am Nachmittag von Halifax aus den Heimflug anzutreten. Wer seinen Rückflug sowieso erst für den nächsten Morgen gebucht hat, kann die verbleibende Zeit für eine Fahrt auf dem Marine Drive entlang der recht einsamen Ostküste nutzen und auch die letzte Nacht hier verbringen. Geschichtlich Interessierte sollten auf keinen Fall den Besuch des **Sherbrooke Village** versäumen, ansonsten sind die Strände im **Taylor Head Provincial Park** einfach wie gemacht für einen letzten Spaziergang am Meer.

Die Maritimes in einer Woche

Rein theoretisch ist es zwar möglich, im Rahmen einer einwöchigen Rundfahrt alle vier Atlantikprovinzen zu besuchen, dieses Vorhaben wäre aber weder besonders zweckmäßig, noch würde es wirklich Spaß machen. Daher beschränkt sich die folgende Route auf die drei Maritimes (Nova Scotia, New Brunswick und Prince Edward Island).

1. Tag

Nach der Ankunft in **Halifax** wird am Nachmittag die Downtown erkundet. Dazu gehören ein Besuch des **Maritime Museum of the Atlantic** und ein Rundgang in **Alexander Keith's Brewery**. Am Abend lässt sich in einem der an der Waterfront gelegenen Restaurants wunderbar Seafood genießen, z. B. im *Salty's*. Wer in seiner Unterkunft historischen Charme verspüren möchte, sollte sich im *Halliburton* einquartieren, wer es lieber komfortabler mag, wählt das *Prince George Hotel*.

2. Tag

Wer früh aufsteht, kann dem alltäglichen Besucheransturm in **Peggy's Cove** ein Schnippchen schlagen. Anschließend geht es auf der landschaftlich reizvollen Küstenstrecke über Chester nach **Mahone Bay,** wo man sich nach dem Mittagessen die Zeit damit vertreiben kann, in den Kunst- und Handwerksläden zu stöbern. Hinterher lockt ein Spaziergang am Ufer der gleichnamigen Bucht, von wo aus sich ein guter Blick auf die drei relativ nahe beieinanderliegenden Kirchen des Städtchens bietet. Nach der Ankunft im nicht allzu weit entfernten **Lunenburg** hat man schließlich noch genügend Zeit, um auf einer abendlichen Hafenrundfahrt den Sonnenuntergang zu bewundern, bevor man sich im *Spinnaker Inn* einquartiert.

3. Tag

Durch das südwestliche Nova Scotia geht es nach **Annapolis Royal,** wo man nachmittags die älteste Downtown von ganz Nordamerika erkunden kann. Dazu kommen Sehenswürdigkeiten wie etwa die **Port-Royal National Historic Site.** Auch die Gästezimmer des *Queen Anne Inn* strahlen noch immer etwas von der Vergangenheit dieser Stadt aus.

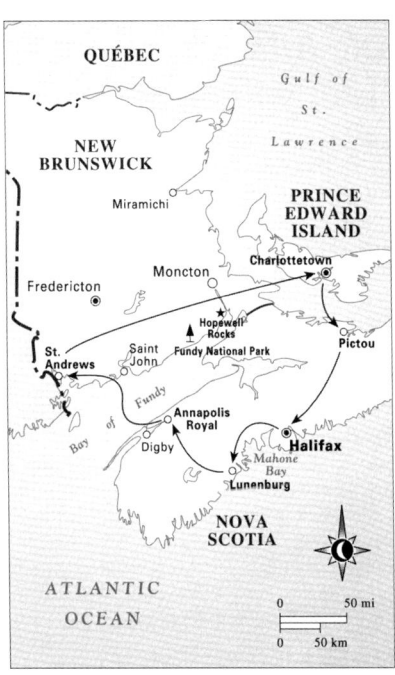

4. Tag

Nach der Fährüberfahrt von Digby nach Saint John (New Brunswick) geht es an der Küste entlang nach **St. Andrews.** Hier macht man als Besucher auch heute noch genau das, was andere schon vor über einem Jahrhundert getan haben: Man stöbert in den kleinen Läden, genießt die verschiedenen Landschaften im **Kingsbrae Garden** und gönnt sich zum Abendessen Seafood. Für die Übernachtung sollte man ein Zimmer im *Seaside Beach Resort* reservieren. Wer nach etwas Außergewöhnlicherem sucht, ist im *Fairways Manor House* an der richtigen Adresse.

5. Tag

Entlang der Fundy-Küste geht es zum **Fundy National Park,** wo man zumindest eine Wanderung unternehmen sollte (der Weg zu den *Dickson Falls* ist ein leichtes Unterfangen). Die Abfahrt am Nachmittag sollte so früh erfolgen, dass man zur Ebbe in **Hopewell Rocks** ist, wo man dann trockenen Fußes auf dem Meeresgrund herumwandern kann. Über die Confederation Bridge geht es schließlich nach **Charlottetown** (Prince Edward Island), wo das *Shipwright Inn* die ideale Unterkunft ist.

6. Tag

In der Hauptstadt von Prince Edward Island darf man sich zunächst den Besuch des **Province House** und der **Founders' Hall** nicht entgehen lassen. Später geht es ins nördlich gelegene **Cavendish,** wo die Legende von „Anne of Green Gables" im **Green Gables House** wieder zum Leben erwacht. Ferner ist ein Stopp im **Prince Edward Island National Park** empfehlenswert, der direkt am Meer liegt. Wie auch immer der konkrete Tagesplan aussehen mag, man sollte keinesfalls die letzte Fähre um 19.30 Uhr von Wood Islands aus verpassen, um abends sein gebuchtes Zimmer im *Consulate Inn* in **Pictou** zu beziehen.

7. Tag

Die Fahrt geht zurück nach **Halifax.** Wer bis zum Rückflug noch Zeit hat, kann sich einige weitere Sehenswürdigkeiten der Stadt ansehen, wobei die **Halifax Citadel National Historic Site** und die **Public Gardens** erste Wahl sind.

Die Atlantikprovinzen von ihrer wilden Seite

Der folgende Routenvorschlag umfasst 12 Tage und ist für echte Naturliebhaber gedacht. Da es unmöglich ist, in dieser Region das Wort „Abenteuer" in den Mund zu nehmen, ohne dabei an Neufundland zu denken, beinhaltet die Tour einen dreitägigen Aufenthalt auf der Insel. Wer weniger Zeit hat, sollte darüber nachdenken, ob es nicht mehr Sinn macht, die größte der Atlantikprovinzen auf einer späteren Reise separat anzusteuern. Um beim Thema zu bleiben, wurden nur solche Übernachtungsvorschläge eingebaut, bei denen man wirklich am Puls der Natur ist. Wer das Nächtigen in Hütten und Blockhäusern nicht mag, findet aber auch genügend komfortablere Alternativen entlang der Strecke.

1. Tag

Nachdem man in Halifax seinen Mietwagen in Empfang genommen hat, geht es direkt an die Ostküste von Nova Scotia. Zur Einstimmung kann man beispielsweise am **Lawrencetown Beach** surfen oder in **Tangier** mit dem Kajak übers Meer paddeln. In jedem Fall sollte man sich anschließend bei *J. Willy Krauch and Sons* in Tangier eine Portion Räucherlachs für ein Picknick am Strand im **Taylor Head Provincial Park** holen. Einquartieren kann man sich ebenfalls in Tangier, und zwar im *Paddler's Retreat Bed and Breakfast,* wo man auch gleich ein Kajak für eine abendliche Paddeltour durch die Bucht mieten kann.

2. Tag

Nach der Fahrt über Cape Breton Island lockt kurz vor dem Cape Breton Highlands National Park ein Stopp beim *Muddy Rudder,* wo man sich einen gekochten Hummer zum Mittagessen mitnehmen kann. Der nahe gelegene **Ingonish Beach** ist wie geschaffen, um den Nachmittag mit Schwimmen und Sonnenbaden zu verbringen. Zum Übernachten empfiehlt sich schließlich das *Glenghorm Beach Resort* in **Ingonish,** wo man sich getrost den Aufschlag für ein Zimmer mit Meerblick sparen kann: Man braucht nur aus der Tür zu gehen und findet sich schon nach wenigen Schritten am Strand wieder.

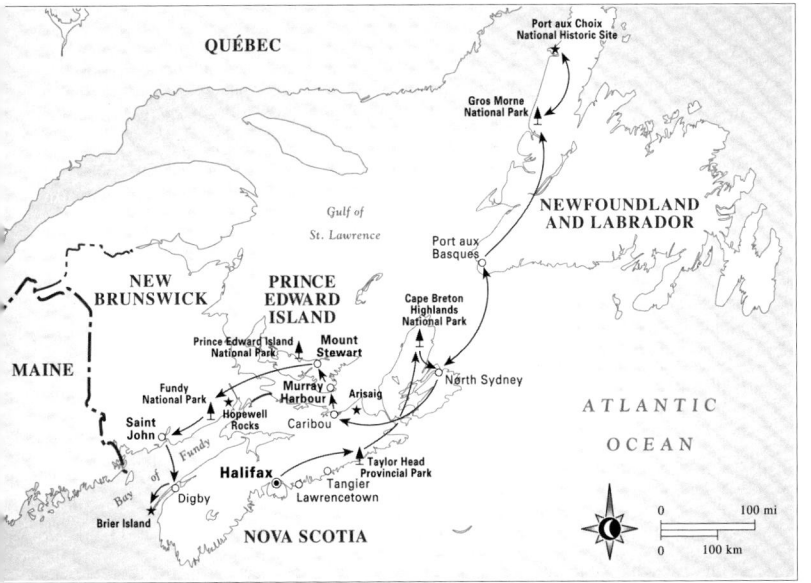

3. Tag

Ein Tag im **Cape Breton Highlands National Park.** Um die besten Trails zu erreichen, muss man eine Fahrt auf dem spektakulären **Cabot Trail** unternehmen, was
alleine schon den ganzen Besuch wert wäre. Dann lässt man den Asphalt hinter
sich und wandert über den mittelschweren **Skyline Loop,** der zu einer atemberaubenden Landspitze führt, von wo aus man den Blick übers Meer schweifen lassen
kann. Nicht ganz so spektakulär (und anstrengend) ist die Wanderung zum **Benjie's
Lake,** dafür kann man dort die Black Brook Cove erkunden. Für welche Alternative
man sich auch entscheidet, man sollte im Hinterkopf haben, dass man anschließend noch etwa 3 Std. bis zum Fähranleger in North Sydney braucht, von wo aus
man mit der Nachtfähre nach Port-aux-Basques in Neufundland übersetzt.

4. Tag

Bei Sonnenaufgang legt die Fähre in Port-aux-Basques an, was die morgendliche
Fahrt in den nördlich gelegenen **Gros Morne National Park** gleich noch einmal so
reizvoll macht. Nachmittags kann man entweder die **Tablelands** auf Schusters Rap-
pen erkunden oder einen Abstecher nach **Trout River** machen, um die zerklüftete
Küstenlandschaft zu bewundern. Wer am Ende dieses langen Tages in den *Mountain Range Cottages* in **Rocky Harbour** übernachtet, kann sich frisches Seafood auf
den eigenen Grill werfen.

5. Tag

Eine Bootsfahrt auf dem **Western Brook Pond** ist ein Muss. Man sollte für den Hin- und Rückweg allerdings etwas Zeit einplanen, denn die Anlegestelle ist nur zu Fuß durch Wald erreichbar. Bei einem kurzen Halt am **Discovery Centre** bekommt man anschließend alles vermittelt, was man über die Geologie des Parks wissen sollte, bevor man zu den **Green Gardens** wandert. Übernachtung wieder in den *Mountain Range Cottages*.

6. Tag

Selbst echte Abenteurer brauchen mal einen ruhigeren Tag – und der heutige bietet sich dafür an. Ich würde ihn für eine Fahrt über die Northern Peninsula nutzen. Ein Tagesausflug zur **Port au Choix National Historic Site** lässt dabei noch genügend Spielraum, um auf der Strecke jede Menge landschaftlich reizvolle Stopps einzulegen. Man kann aber auch im Park bleiben und den Aufstieg zum Gipfel des Gros Morne Mountain in Angriff nehmen. In Richtung Süden geht es dann wieder nach Port-aux-Basques, von wo aus einen die Abendfähre zurück nach Nova Scotia bringt.

7. Tag

Hoffentlich hat man nicht die ganze Nacht damit verbracht, in der Lounge den Klängen der keltischen Musik zu lauschen, denn wenn die Fähre im Morgengrauen anlegt, geht die Fahrt sofort nach Caribou weiter. Als kleiner Abstecher unterwegs bietet sich der Besuch der versteinerten Klippen von **Arisaig** an. Von Caribou gelangt man auf einer weiteren Fähre nach Prince Edward Island. Nach der Ankunft besorgt man sich in der *Rossignol Estate Winery* eine Flasche Wein und fährt dann nach **Murray Harbour** weiter, wo die *Fox River Cottages* zum Übernachten einladen. Dort kann man den Tag bei einem Glas Chardonnay auf der überdachten Veranda entspannt ausklingen lassen.

8. Tag

Natürlich kennt man die touristischen Sehenswürdigkeiten der Insel, die einen von jeder Hochglanzbroschüre aus anstrahlen. Wer jedoch lieber die Natur genießen möchte, sollte vormittags an einer Sealwatching-Tour teilnehmen, dann bei einem Strandspaziergang unterhalb des **Basin Head** dem kuriosen Naturphänomen des sog. singenden Sandes lauschen (ja, Sand kann Töne erzeugen!) und schließlich durch einen der leider stetig abnehmenden Küstenwälder im **Prince Edward Island National Park** wandern. Übernachten kann man im *Trailside Inn* in **Mount Stewart.**

9. Tag

Da man im *Trailside Inn* Fahrräder mieten kann, steht einer morgendlichen Fahrt auf dem Drahtesel entlang dem Confederation Trail nichts im Wege. Anschließend führt die Reise über die Confederation Bridge nach New Brunswick, wo sich für Vogelliebhaber im **Sackville Waterfowl Park** beste Beobachtungsmöglichkeiten bieten. Ein Spaziergang zwischen den als „Blumentöpfen" bezeichneten Gesteinsformationen in **Hopewell Rocks** ist zwar nur bei Ebbe möglich, bei Flut kann man die dann meterhoch unter Wasser stehenden Felssäulen aber trotzdem umrunden – und zwar mit dem Kajak. Übernachtet wird im **Fundy National Park.**

10. Tag

Entlang der Küste geht es nach **Saint John**. Der dortige **Irving Nature Park** vermittelt einem einen guten Eindruck davon, wie die gesamte Küste wohl ausgesehen haben mag, bevor die ersten europäischen Siedlungen entstanden. Da man sowieso in der Stadt übernachten muss, sollte man wenigstens die schöne Lage des *Hilton Saint John* direkt am Wasser genießen (das Hotel ist im Übrigen weit weniger protzig, als man vermuten könnte).

11. Tag

Mit der Fähre geht es über die Bay of Fundy nach Digby (Nova Scotia) und weiter nach **Brier Island**. Dort kann man am Nachmittag an einer Whalewatching-Tour teilnehmen und den Rest des Tages zur Vogelbeobachtung nutzen. Als Übernachtungsmöglichkeit bietet sich die *Brier Island Lodge* an, in der man auch sehr gut essen kann.

12. Tag

Obwohl sich das Naturerlebnis nun dem Ende zuneigt, bleibt noch eine Sache zu tun, die man nirgends außer im atlantischen Kanada erleben kann. Die Rede ist von einer Rafting-Tour stromabwärts auf dem **Shubenacadie River** nahe Halifax, und zwar genau dann, wenn die Gezeitenwelle in entgegengesetzter Richtung stromaufwärts rollt.

Die Top Ten der Übernachtungsmöglichkeiten

Die Mehrzahl der Besucher, die sich für eine Reise in die Atlantikprovinzen entscheiden, sucht das Naturerlebnis. Daneben gibt es aber einige einzigartige Unterkünfte, die ihre gehobenen Übernachtungspreise wirklich Wert sind.

Nova Scotia:
- Lunenburg Inn (Lunenburg, S. 182)
- Whispering Waves Cottages (bei Shelburne, S. 191)
- Queen Anne Inn (Annapolis Royal, S. 213)
- Keltic Lodge (Ingonish, S. 283)

New Brunswick:
- Kingsbrae Arms (St. Andrews, S. 316)
- Hotel Paulin (Caraquet, S. 375)

Prince Edward Island:
- Shipwright Inn (Charlottetown, S. 390)
- Kindred Spirits Country Inn (Cavendish, S. 408)

Neufundland und Labrador:
- Artisan Inn (Trinity, S. 486)
- Elizabeth J. Cottages (Bonavista, S. 487)

Ehemals streng bewachter Küstenabschnitt

Land und Leute

Geografie

Das Gebiet der Atlantikprovinzen umfasst zwar nur etwa ein Zwanzigstel von ganz Kanada, dennoch sind die Provinzen und die zwischen ihnen liegenden Entfernungen viel größer, als es auf den ersten Blick erscheint. So ist beispielsweise Nova Scotia die zweitkleinste Provinz in Kanada, trotzdem braucht man einen ganzen Tag, um vom an der Südspitze gelegenen Yarmouth in den Cape Breton Highlands National Park am entgegengesetzten Ende von Nova Scotia zu fahren. Von Cape Breton ist man dann mit der Fähre sechs Stunden lang unterwegs, bis man wieder auf Land trifft – genauer gesagt auf die Insel Neufundland, die geografisch näher am englischen Liverpool als an Toronto liegt.

Am Anfang

Als vor 600 Mio. Jahren die nordamerikanische und die eurasische Kontinentalplatte aufeinanderstießen, war dies die Geburtsstunde der Appalachen. Die südlichen Ausläufer dieser aufgefalteten Gebirgskette liegen im US-Bundesstaat Alabama, von dort zieht sie sich durch Neuengland bis zur Halbinsel Gaspé in der Provinz Quebec. Auch die Berglandschaften von Cape Breton und Neuseeland sollen Ausläufer der Appalachen sein. Geologen sind der Meinung, dass die Gebirgskette ursprünglich höher und zerklüfteter war als die heutigen Rocky Mountains. Aber der Zahn der Zeit und die unermüdliche Schleifarbeit der Gletscher machten aus den einst riesigen Berggipfeln solche wie den mit 820 m doch recht moderaten Mount

Carleton, der in New Brunswick liegt und heute den höchsten Berg der Maritimes darstellt. Der höchste Gipfel der atlantischen Provinzen ist mit 1729 m der im nördlichen Labrador gelegene, sehr unwirtliche Mount Caubvick. Ansonsten gibt es weite Landstriche mit sanften Hügeln und Tälern, die ein schier unüberschaubares Auf und Ab bilden.

Die Schöpfer dieses Landschaftsbildes waren v. a. die Gletscher der letzten vier Eiszeiten mit ihren unzähligen Tonnen von Eis. Man schätzt, dass die Gletscher, die erst vor 14.000 Jahren das elastische Erdfundament an der Küste niederdrückten und damit den Gegendruck für die tektonische Hebung erzeugten, bis zu 3 km dick waren.

Vor etwa 350 Mio. Jahren, als die Kontinentalplatten wieder auseinanderzudriften begannen, brach ein großes Stück der Erdkruste ein und bildete eine Senke, die vor nur 6000 Jahren vom ansteigenden Meer geflutet und so zur Bay of Fundy wurde.

Wunderwelt aus Wasser

Mehr als jede andere Region Kanadas werden die Provinzen am Atlantik vom Wasser bestimmt, das sie einerseits teilt und andererseits vereint: Die mächtigsten Gezeiten der Erde wogen durch die Bay of Fundy zwischen New Brunswick und Nova Scotia. Die Cabot Strait verläuft zwischen dem zu Nova Scotia gehörenden Cape Breton und der vorgelagerten Insel Neufundland. Ein blaues Halbrund, die vom Golfstrom erwärmte Northumberland Strait, trennt Prince Edward Island von Nova Scotia und New Brunswick. Die Nordseite von Prince Edward Island wird vom Sankt-Lorenz-Golf umspült. Eingebettet zwischen dem Nordosten von New Brunswick und der zu Quebec gehörenden Halbinsel Gaspé liegt die Baie des Chaleurs, in der das Wasser aufgrund der geringen Tiefe relativ warm ist. Entlang der Küste von Labrador fließen die Strömungen des kalten Labradorstromes nach Süden. Ein Teil davon zweigt in einen Kanal ab, der den Namen Strait of Belle Isle trägt und die Insel Neufundland vom Festland trennt. Der Rest der kalten Strömung streicht an der Ostküste von Neufundland entlang.

Wollte man die völlig aufgesplitterte Küstenlinie aller vier Provinzen zu Fuß ablaufen und keine einzige Bucht, Landzunge und Halbinsel auslassen, hätte man am Ende insgesamt etwa 40.000 km hinter sich gebracht.

Die Gegenwart des Meeres kann man zwar überall spüren, am stärksten ist die Verbindung zum Wasser aber wahrscheinlich in Nova Scotia und Neufundland, deren Ostküsten direkt am offenen

Einige der ältesten Gesteine der Erde sind in Neufundland und Labrador zu finden

Atlantik liegen. Die Gewässer vor Neufundland, der Sankt-Lorenz-Golf und die Grand Banks entlang dem Kontinentalschelf, gehören zu den ergiebigsten Fischgründen der Erde. Über Jahrhunderte tummelten sich hier in einer nahezu unerschöpflichen Fülle Thunfische, Makrelen, Heringe, Hummer und Heilbutt.

Auf Prince Edward Island, das komplett vom Meer umgeben ist, ist die Fischerei selbstredend einer der Hauptwirtschaftszweige. Aber auch die Landwirtschaft hat einen vergleichbar hohen Stellenwert. Dies ist eine positive Spätfolge der letzten Eiszeit, die das Land mit einer ebenso dicken wie fruchtbaren Lehmschicht überzog. New Brunswick grenzt an zwei Seiten ans Meer und ist mit dem Kontinent durch einen massiven Landbogen verbunden, der sehr waldreich ist und auf dem sich viele Erzlagerstätten befinden. Kein Wunder also, dass die regionale Wirtschaft v. a. aus Fischerei, Forstwirtschaft und Bergbau besteht.

Der höchste Tidenhub der Welt

Den höchsten Tidenhub der Welt kann man im Oberlauf der Bay of Fundy bestaunen, wo der Unterschied zwischen dem höchsten Wasserstand bei Flut und dem niedrigsten bei Ebbe bis zu 17 m beträgt. Bei Vollmond oder Neumond sorgt die durch diese Konstellation verursachte Springflut gar für einen Tidenhub von bis zu 21 m.

Die Gezeiten halten einen etwa sechsstündigen Rhythmus ein, wobei sich die Zeiten von Ebbe und Flut täglich um 50 Minuten nach hinten verschieben. Zweimal am Tag, sechs Stunden nach der letzten Flut, herrscht in der Bucht Niedrigwasser, was sie beinahe wie leer aussehen lässt. Doch umgehend brausen die nächsten Wogen heran und lassen den Wasserpegel der Bay of Fundy und der zahllosen umliegenden Flüsse wieder rapide ansteigen. Im nördlichen Bereich wird die Bucht durch das keilförmig in sie hineinragende Cape Chignecto in zwei Arme aufgespalten. Auf der Westseite liegt die Chignecto Bay mit ihrer rauen einsamen Küste, die im Cumberland Basin bei Amherst endet. Auf der anderen Seite zwängt sich das Wasser in den Minas Channel – hier sind die Tidenunterschiede am höchsten. Wenn das Wasser in die Bay of Fundy flutet, geschieht dies in Form einer Gezeitenwelle, der sog. *Tidal Bore*, die landeinwärts drängt und auch die umliegenden Flüsse hinauffließt. Bei manchen kehrt sich dadurch kurioserweise die Fließrichtung um. Die ankommende Gezeitenwelle kann knöchel- bis kniehoch sein.

Aufgrund der gewundenen Küstenlinie kann man das Naturschauspiel an Dutzenden von Aussichtspunkten entlang der gesamten Bay of Fundy bewundern, beispielsweise in Truro (Nova Scotia) und Moncton (New Brunswick), wo es am Ufer Parks gibt, von denen aus man die Brandung bestaunen kann. In Hopewell Rocks (New Brunswick) kann man in einem speziell ausgewiesenen Parkbereich bei Ebbe auf dem dann trockenliegenden Meeresboden zwischen hohen Sandsteinsäulen spazieren gehen (und später bei Flut mit dem Kajak genau zwischen diesen Felsen herumpaddeln, wenn sie mehrere Meter tief im Meer stehen). Wer etwas abenteuerlustiger ist, kann sich zum Rafting stromabwärts auf den Shubenacadie River (Nova Scotia) begeben – und zwar genau dann, wenn die Gezeitenwelle in entgegengesetzter Richtung stromaufwärts läuft. Gezeitentabellen *(tide tables)* sind überall im Bereich der Bay of Fundy in oder vor den Geschäften ausgehängt.

Bei Ebbe liegen die Boote auf dem Meeresgrund auf

Warnung: Bei Ebbe strahlt die Bay of Fundy eine ebenso verlockende wie trügerische Ruhe aus. Der blanke Meeresboden liegt einem still zu Füßen, und der Schlick glitzert in der Sonne wie geschmolzenes Glas. Die Flut bricht fast unmerklich herein oder ist manchmal überhaupt nicht zu erkennen. Wann sie heranrauscht, wissen zuerst die Seevögel, die das durch die Wellen ausgelöste leichte Vibrieren schon spüren, wenn man am Horizont noch gar nichts sehen kann. Sobald die Seevögel also zu lärmen anfangen, aufflattern und himmelwärts fliegen, naht die Flut. Dann bricht das Meer gnadenlos mit einer Geschwindigkeit von sechs Knoten pro Stunde, in Bereichen mit Turbulenzen sogar mit bis zu dreizehn Knoten pro Stunde, über die Bay of Fundy herein und lässt den Wasserspiegel rasant ansteigen. Um jegliche Missverständnisse zu vermeiden: Die Flut überspült die gerade noch friedlich daliegende Bucht schneller, als ein Mensch im Watt laufen kann, und macht vor nichts und niemandem Halt! Daher sieht man wirklich nur ahnungslose Dummköpfe auf der Suche nach Fotomotiven durch die trügerische Ruhe des Watts der Bay of Fundy streifen.

Klima

Das vom Meer geprägte Klima ist nicht nur von Provinz zu Provinz unterschiedlich, sondern auch innerhalb der einzelnen Provinzen. Als Faustregel gilt: Je näher man am Meer ist, desto milder ist das Klima. Am angenehmsten ist es gewöhnlich von Juni bis September, und in diesem Zeitraum sind folglich auch die meisten Touristen unterwegs. Mit dem Lauf der Jahreszeiten ändern sich auch das Land-

und Meerespanorama. Im Frühling hüllen gelegentlich dicke Nebelbänke die gesamte Küste von Yarmouth bis St. John's ein. Der Sommer ist hingegen überall sehr mild, dann ziehen sich vom Cumberland County in Nova Scotia bis ins Codroy Valley in Neufundland Blaubeerfelder. Im Herbst verwandelt der *Indian Summer* die Wälder in ein buntes Farbenmeer.

Sommertemperaturen (in °C)				
	Juli		August	
	Min.	Max.	Min.	Max.
Charlottetown (Prince Edward Island)	14	23	14	23
Corner Brook (Neufundland)	12	22	12	21
Fredericton (New Brunswick)	10	23	12	25
Halifax (Nova Scotia)	14	23	14	23
Happy Valley-Goose Bay (Neufundland)	10	21	9	19
Moncton (New Brunswick)	10	25	12	24
Saint John (New Brunswick)	12	22	11	22
St. John's (Neufundland)	11	21	12	20
Sydney (Nova Scotia)	12	23	13	23
Yarmouth (Nova Scotia)	12	20	12	21

Nova Scotia

Die Provinz hat ein angenehmes, gemäßigtes Kontinentalklima, das sowohl von den Luft- und Wassermassen des Golfstroms als auch von der Arktis beeinflusst wird. Die Sommer sind warm, die Winter mild. Allerdings ist Cape Breton extremeren Wetterbedingungen ausgesetzt als der Rest von Nova Scotia.

Die Höchsttemperaturen liegen in Nova Scotia im Frühling zwischen −2,5 und 9 °C, wobei die Tage Ende März langsam wärmer werden. Im Sommer ändert sich das Wetter praktisch von Tag zu Tag. Die Höchsttemperaturen erreichen tagsüber bis zu 30 °C, während die Nächte mit durchschnittlich 12 °C recht kühl sind. Im Binnenland liegen die Tagestemperaturen durchschnittlich um 5 °C höher als an der Küste, die morgens häufig in dicken Nebel gehüllt ist. Hurrikane, die sich in der

Karibik bilden, haben ihre zerstörerischen Kräfte zwar längst im Süden verschwunden, bevor ihre letzten Reste an Nova Scotia vorbeiziehen, dennoch bringen sie für kurze Zeit noch Wind und Regen über den Nordwestatlantik. Im Herbst werden die Abende kühler, tagsüber bleibt es aber bis Ende September mit bis zu 18 °C angenehm warm. Im Oktober und November wird es dann kühl bis frostig. Der Winter zieht sich von Ende November bis in den März, wobei die Durchschnittstemperaturen bei −10 bis 4 °C liegen. Die Niederschlagsmenge in Nova Scotia beträgt durchschnittlich 1300 mm pro Jahr, die hauptsächlich als Regen im Herbst und als Schnee im Winter niedergehen.

New Brunswick

Das Kontinentalklima von New Brunswick sorgt für heiße Sommer und kalte Winter. Durch das umliegende Meer werden die extremen Unterschiede zwar abgemildert, dies gilt aber eher für die Küstenregion als für das Binnenland. Im Sommer sind die Tage warm und die Nächte kühl. Die durchschnittlichen Tageshöchsttemperaturen liegen im Juni bei 23 °C, im Juli bei 26 °C und im August bei 25 °C, der sonnenreichste Monat ist der Juli. September und Oktober sind angenehm warm, gegen Ende Oktober wird es aber langsam kühler. Die Winter sind schlicht kalt. Die durchschnittliche jährliche Niederschlagsmenge liegt in New Brunswick bei 1150 mm. Die Küste entlang der Bay of Fundy ist an etwa 70 Tagen im Jahr in dichten Nebel gehüllt.

Prince Edward Island

Auf der Insel herrscht ein typisch maritimes Klima, allerdings mit einer großen Besonderheit: Mit 110 bis 160 Tagen hat Prince Edward Island die am längsten dauernde Vegetationsperiode der Atlantikprovinzen. Auch weht auf dem Eiland immer ein Lüftchen, angenehm warm im Sommer, aber schneidend kalt ab Herbst. Der Frühling ist kurz und dauert etwa von Anfang Mai bis Mitte Juni. In den Sommermonaten Juli und August liegen die Temperaturen durchschnittlich bei 18 bis 23 °C, wobei das Thermometer an sehr warmen Tagen auch 35 °C anzeigen kann, an extrem kühlen Tagen dagegen nur 5 °C. Der Herbst sorgt für kräftige, geradezu dramatische Farbenspiele des Laubes, die schönsten in den Atlantikprovinzen überhaupt. Im Dezember und Januar fallen die Temperaturen unter 0 °C. Die durchschnittliche jährliche Niederschlagsmenge beträgt auf Prince Edward Island bis zu 1060 mm, wobei die Hälfte davon in der Zeit von Mai bis Oktober niedergeht.

Neufundland und Labrador

Das Klima in Neufundland und Labrador ist rauer und extremer als in den anderen Provinzen. An einem schwülen Sommertag kann es durchaus kalten Wind, strahlenden Sonnenschein, dunkle Wolken und einen Schauer (von leichtem Regen bis Wolkenbruch) geben. An den südlichen und östlichen Küstenabschnitten ist es wegen des Zusammentreffens des warmen Golf- und kalten Labradorstroms oft neblig.

Insgesamt herrscht in Neufundland ein kühles, feuchtes Seeklima. Die durchschnittlichen Temperaturen liegen im Sommer tagsüber bei 16 bis 21 °C und fallen nachts auf 9 bis 12 °C. Dennoch sind Hitzewellen nicht ungewöhnlich, und ab Ende Juni kann man sogar baden. Am wärmsten und sonnigsten ist es in den tief liegenden Gebieten des Binnenlandes und an der Küste. An der Südküste muss man ab

Anfang Oktober mit Frost rechnen, weiter im Norden sogar noch früher. Im Winter liegen die Höchsttemperaturen tagsüber bei −4 bis 0 °C, was ausreicht, um es regnen statt schneien zu lassen. Nachts kann es hingegen bis zu −15 °C haben. Entlang dem Marine Drive und am Cape Spear muss man ganzjährig mit stürmischem Wind rechnen. Durchschnittlich fallen jährlich 1050 mm Regen und 300 cm Schnee in Neufundland.

In Labrador herrscht ein kontinentales Klima, was sich in starken Schwankungen des Wetters niederschlägt. Die Sommer sind kurz und meist kühl, strahlender Sonnenschein wechselt sich mit regelmäßigen Schauern ab. Im Juli liegen die Temperaturen tagsüber bei durchschnittlich 21 °C, in Happy Valley-Goose Bay wurden aber auch schon 38 °C gemessen. In der zweiten Augusthälfte fallen die Temperaturen dann rapide. Im November liegt die durchschnittliche Tageshöchsttemperatur in Goose Bay bei 0 °C. Der Winter ist sehr kalt und trocken: Selbst tagsüber klettert das Thermometer gerade einmal auf durchschnittlich −20 °C in der subarktischen Region, auf −18 bis −21 °C im Landesinneren und auf −51 °C im Westen Labradors.

Der Traum jedes Fotografen

Die Atlantikprovinzen bieten jedem Fotofreund nahezu unglaubliche Lichtverhältnisse. Die Farbe des Himmels geht von einem Blaugrau in ein strahlendes Saphirblau über – der perfekte Hintergrund, um davor die Küstenlinie abzulichten. Frühaufsteher können die bezaubernde Stimmung einfangen, die entsteht, wenn die ersten Sonnenstrahlen auf so malerische Dörfer wie das beliebte, nahe Halifax gelegene Peggy's Cove (mit dem meistfotografierten Leuchtturm der Welt) treffen, auf St. Andrews in New Brunswick oder das abgelegene Kleinod Battle Harbour in Labrador. Naturfotografen werden v. a. die herbstlichen Farbenspiele im Cape Breton Highlands National Park genießen, die roten Sandbänke im Prince Edward Island National Park und den stimmungsvollen Gros Morne National Park in Neufundland.

Nicht entgehen lassen sollte man es sich, an einem Morgen, an dem alles in dicken Nebel gehüllt ist, auf Fotopirsch zu gehen. Erst erhellt die Sonne den Himmel hinter den dicken Wolken, dann brechen diese allmählich auf, die Sonnenstrahlen dringen wie ein Scheinwerfer durch die Lücken und bringen mit einem Schlag Tausende von Tautropfen, die die morgendliche Landschaft überziehen, zum Glitzern.

Umweltschutz

Die Fischerei im Nordwestatlantik war der wirtschaftliche Motor, der die Entwicklung der Küstengebiete vorantrieb. Früher, so sagt man, hätte man in den flachen Gewässern der Grand Banks vor lauter Kabeljau den Meeresboden nicht gesehen. Die Fische wurden zuerst von kleinen Hilfsbooten aus, den sog. Dories, mit Handangeln gefangen, später wurde mit Netzen nach ihnen gefischt, und schließlich durchkämmte man die Gewässer mit großen Fischtrawlern, die rastlos auf der Suche nach dem wertvollen Fang waren. Die Fischer zogen auf diese Weise nicht nur Millionen Tonnen von Kabeljau aus dem Wasser, sondern auch Flundern, Lachse, Schellfische, Sardellen und Dutzende anderer Arten. Heute sind die Bestände weitgehend abgefischt und daher ernsthaft gefährdet – und in ernsthaften Problemen stecken deshalb auch all jene Menschen und Gemeinden, deren bisheriges Leben sich um die Fischerei gedreht hat.

Der alarmierende Zustand der Fischgründe, v. a. der drastische Rückgang der Kabeljaubestände, gilt heute als mit Abstand größte Umweltproblematik in der gesamten Region. Der Anfang vom Ende kam mit den sog. Fabrikschiffen in den 1960er-Jahren, die bis zu 200 t Kabeljau pro Stunde verarbeiten konnten. Ende der 80er-Jahre waren die Kabeljaubestände dann fast vollständig abgefischt, sodass Anfang der 90er-Jahre ein Abkommen in Kraft trat, das die Fischerei so lange untersagte, bis sich die Bestände wieder erholt haben würden. Allerdings ist die Überfischung nur ein Teil des Problems: Der Kabeljau ist ein Bodenfisch, und die Fabrikschiffe fischten mit bis zu 1 km breiten Schleppnetzen, die über den Meeresboden gezogen wurden. Mit dieser Methode zerstörte man das empfindliche Ökosystem auf dem Meeresboden, das die Fische als Brutstätte zur Fortpflanzung benötigen. Daher gehen viele Experten davon aus, dass sich die Kabeljaubestände niemals vollständig erholen werden, und diese These gilt leider besonders für die Gewässer um Neufundland.

Informationen

Wer mehr über den Zustand unserer Ozeane wissen möchte, sollte die exzellente Website www.seachoice.org aufsuchen. Informationen über allgemeine Umweltschutzthemen in den Atlantikprovinzen halten die folgenden Organisationen bereit: **Canadian Parks and Wilderness Society Nova Scotia** (www.cpawsns.org), **Greenpeace** (www.greenpeace.ca), **Ecology Action Centre** (www.ecologyaction.ca), **Nova Scotia Environmental Network** (www.nsen.ca) und **Newfoundland and Labrador Environment Network** (www.nlen.ca). Darüber hinaus gibt es auch eine ganze Reihe von lokalen Umweltschutzgruppen wie die **Southeast Environmental Association** auf Prince Edward Island (www.seapei.ca).

Pflanzen- und Tierwelt

Zum großen Teil war es der Naturreichtum, der Kanada für die Europäer so attraktiv machte. Seit Menschengedenken hatten Säugetiere, Fische und verschiedene Pflanzenarten den Ureinwohnern Nahrung und Kleidung geliefert. Während diese der Natur aber immer nur so viel entnahmen, wie sie zum Überleben brauchten, schien die reiche Tierwelt die Habgier der europäischen Neuankömmlinge geradezu anzustacheln. Ganz nebenbei wurde dadurch allerdings auch die Erschließung des neuen Kontinents beschleunigt.

Zuerst waren es Kabeljau, Flundern, Makrelen, Heringe und viele andere Fischarten in nahezu unvorstellbarer Zahl, die die mutigen Seefahrer schon im 15. Jh. über den Atlantik lockten. Auch die großen Walarten wurden Opfer des großflächigen Schlachtens. Später waren die pelztragenden Säugetiere wie Nerz, Otter, Hermelin, Biber und Robbe an der Reihe. Sie wurden zur neuen Handelswährung und zum Inbegriff der Modeindustrie. Auch Vögel, die ursprünglich millionenfach und in Hunderten von unterschiedlichen Spezies vertreten waren, brachten den europäischen Neuankömmlingen schnelles Geld. Einige Arten wurden so lange gejagt, bis sie schließlich ausgerottet waren. Dieses Schicksal ereilte beispielsweise den einst an der Nordostküste beheimateten flugunfähigen Riesenalk.

*„Tuckamore" heißt das Dickicht aus Nadelbäumen, die vom rauen
nordischen Klima verformt werden*

Doch viele Spezies haben überlebt, manchmal sogar in erstaunlicher Fülle und Vielfalt. Zu verdanken ist dies einerseits der einzigartigen Überlebensstrategie, die jede dieser Arten für sich entwickelt hat, andererseits aber auch dem reinen Zufall, der sich verändernden Mode oder gar der menschlichen Einsicht.

Pflanzenwelt

Als die Gletscher der letzten Eiszeit zurückwichen, schliffen sie das Land unter sich ab und ließen nichts als Schlamm und Bruchgestein zurück. Überall war es erheblich kälter als heute, sodass als Erstes widerstandsfähige Moose, Flechten und andere kälteresistente Pflanzen das Land im Windschatten der Gletscher neu besiedelten. Darauf folgten Wacholder *(juniper)* und andere Büsche, dann Nadelbäume wie die widerstandsfähigen, schnellwüchsigen Fichten *(spruce)* und Tannen *(fir)*, die hier trotz des rauen Klimas und der relativ kurzen Wachstumsperiode gedeihen konnten. Im sumpfigen Hinterland sprossen feuchtigkeitsliebende Weiden *(willow)* und Amerikanische Lärchen *(tamarack)*. Als sich das Klima erwärmte und der einst karge Boden immer nährstoffreicher wurde, fassten auch laubwerfende Bäume Fuß.

Wälder

Die Wälder der Maritimes sind reich an Eschen *(ash)*, Balsamtannen *(balsam fir)*, Birken *(birch)*, Buchen *(beech)*, Zedern *(cedar)*, Hemlocktannen *(hemlock;* auch „Schierlingstannen" genannt, obwohl sie zur Gattung der Kieferngewächse gehören), Ahorn *(maple)*, Eichen *(oak)*, Kiefern *(pine)* und Fichten *(spruce)*. Dichte Wälder überziehen mehr als 81 % von Nova Scotia und 93 % von New Brunswick, dessen im Landesinneren gelegene Nadelwälder an manchen Stellen riesigen undurchdringlichen, dunkelgrünen Weizenfeldern ähneln. Im Gegensatz dazu ist Prince Edward Island die am wenigsten bewaldete Provinz in ganz Kanada, hier halten sich landwirtschaftliche Anbauflächen und Waldgebiete ungefähr die Waage.

Die Wälder in Neufundland werden von Schwarzfichten *(black spruce)* und Balsamtannen dominiert, gelegentlich trifft man auch auf Bestände von Lärchen *(larch)*, Feuerkirschen (*pin* bzw. *fire cherry*), Kiefern, Birken, Espen *(aspen)*, Rot- und Bergahorn (*red* bzw. *mountain maple*) sowie Erlen *(alder)*. In den alpinen und küstennahen Gebieten von Neufundland kann man das beeindruckende *Tuckamore* sehen, ein aus verkrüppelten und hoffnungslos ineinander verwachsenen Tannen und Fichten bestehendes Dickicht. Die im Süden von Labrador gelegenen Wälder bestehen aus Fichten, Amerikanischen Lärchen *(tamarack)*, Wacholder *(juniper)* und Birken. Bis zu 30 m hohe Weißfichten *(white spruce)* beherrschen die Szenerie im zentralen Binnenland, während man entlang der Baumgrenze auf wahre Stoppelfelder voller verkrüppelter Schwarzfichten trifft, die kaum 1 m hoch werden. In der weiter nördlich gelegenen arktischen Tundra sind nur noch Zwergbirken *(dwarf birch)* und Weiden *(willow)* heimisch.

Die vielen von Provinz zu Provinz verschiedenen Baumbestände können einen als Touristen leicht verwirren. Da ist ein Besuch im *Odell Park* in Fredericton (New Brunswick) genau das Richtige, um sich einen ersten Überblick zu verschaffen. Entlang dem 2,8 km langen Trail findet man jede Baumart, die in den Atlantikprovinzen heimisch ist.

Wildblumen und andere Pflanzen

Natürlich sind Bäume nur ein Teil des Landschaftsbildes. An den Waldrändern wuchern Dickichte aus Himbeeren *(raspberry)* und Brombeeren *(blackberry)*, die im Sommer den Speiseplan des vorbeikommenden Wanderers mit einer willkommenen Zwischenmahlzeit bereichern. Im Frühling und Sommer sind die Atlantikprovinzen die Bühne für überwältigende Blütenspiele, deren Hauptdarsteller die Wildblumen sind. Zu den in New Brunswick und Nova Scotia weitverbreiteten Wildblumen gehören Lupinen *(lupine)*, Wilde Möhren (*Queen Anne's lace*), Schafgarben *(yarrow)*, Silberimmortellen *(pearly everlasting)* und Gänseblumchen *(daisy)* Man kann sie im Sommer besonders entlang den Straßen sehen. Die auffälligen Blütenähren des Blutweiderichs *(purple loosestrife)*, einer ebenso schönen wie sich rasch ausbreitenden und in Nordamerika als Unkraut geltenden Pflanze, stechen überall ins Auge.

Wachsmyrte *(bayberry)* und Wildrosen *(wild rose)* blühen im Juni an der Landenge von Chignecto. Die Wachsmyrte bildet entlang ihren hölzernen Stängeln traubenartige Früchte und verströmt ein angenehmes, würziges Aroma, das beliebter Bestandteil von Duftmischungen und Weihnachtskerzen ist. Die gelbe Strandheide *(beach heather)* färbt die Dünen und sandigen Ebenen an der Northumberland Strait, und die Rhodora *(rhodora)*, eine kleinwüchsige Unterart des Rhododendrons *(rhododendron)*, blüht in den an der Küste gelegenen Marschgebieten. Ein weiterer Dünenbewohner ist die Strandpflaume *(beach plum)*, die im Juni schneeweiße bis rosafarbene Blüten bildet, aus denen im Spätsommer und Frühherbst bei Mensch und Tier beliebte Früchte werden. In den nährstoffreichen Sümpfen im Nordosten von New Brunswick gedeihen viele exotische Pflanzen. Das gilt v. a. für die Ile Lamèque und die Ile Miscou, wo zwischen Torfmoos *(peat moss)* Cranberrys sowie fleischfressende Kannenpflanzen *(pitcher plant)* und Sonnentau *(sundew)* gedeihen.

Prince Edward Island gleicht im späten Frühling und im Sommer einem einzigen großen Garten, wenn die warmen Temperaturen Akelei *(columbine)*, Kornblumen *(bachelor's button* bzw. *cornflower)*, Stiefmütterchen *(pansy)*, Flieder *(lilac)*, Wildrosen, rosafarbenen Klee *(clover)* und den grazilen Frauenschuh *(lady's slipper)*, die offizielle Blume der Provinz, zur Blüte treiben.

In den Marsch- und Sumpfgebieten von Neufundland stößt man auf weiße und gelbe Seerosen *(water lily)*, seltene Orchideenarten, lilafarbene Schwertlilien *(iris)* und fleischfressende Pflanzen wie die Kannenpflanze, die offizielle Blume von Neufundland und Labrador. In den Wäldern wachsen Gänseblümchen, blaue Glockenblumen *(harebell)*, gelbe Goldruten *(goldenrod)*, rosa Wildrosen und das lila leuchtende Schmalblättrige Weidenröschen *(fireweed)*. Sumpfdotterblumen *(marsh marigold)*, die genauso hellgelb strahlen wie Narzissen *(daffodil)*, sind an der Westküste der Port au Port Peninsula heimisch. Die Schwarze Krähenbeere *(crowberry)* bildet niedrige dichte Matten, die überall in Neufundland und Labrador zu finden sind. Die im Spätherbst reifenden, schwarzblauen Beeren sind die bevorzugte Nahrung der Brachvögel, Regenpfeifer und anderer Zugvögel, die sich auf ihre langen Flüge in die Karibik oder nach Südamerika vorbereiten. Gelber Mohn *(poppy)* und Hahnenfuß *(buttercup)*, lila Zwergrhododendren und Veilchen *(violet)* sowie in tiefem Blau strahlender Enzian *(gentian)*, der zwischen weißem Wollgras *(cotton grass)* wächst, lassen die arktische Tundra in Labrador erstrahlen. Weiter im Süden wachsen in den Mulden der steinigen Plateaus Arnika *(arnica)* und Gegenblättriger Steinbrech *(purple saxifrage)*.

Überall gibt es Pilze, man sollte aber wirklich absolut sicher sein, welche Art man vor sich hat, bevor man sich dazu entschließt, damit den eigenen Speiseplan zu verfeinern – Pfifferlinge *(chanterelle)* sind ein kulinarisches Highlight, Knollenblätterpilze *(amanita)* können dagegen tödliche Vergiftungen hervorrufen. Auch vor dem Giftefeu *(poison ivy)* sei gewarnt (siehe dazu S. 102).

Pflanzen an der Küste

In Küstennähe sehen ansonsten bekannte Pflanzen wie Fichten *(spruce)*, Zimtfarn *(cinnamon fern)* und Wacholder *(juniper)* plötzlich seltsam verkrüppelt und knorrig aus. Sie verdanken dieses Erscheinungsbild dem stetigen Kampf mit den ungebremst auf sie treffenden Elementen. Bäume und Sträucher schmiegen sich hier an den Boden, als hätte man sie frisch geschnitten, oder sie stemmen sich gegen den nimmermüden Wind, der sie vollkommen zerzaust aussehen lässt.

Auch die Pflanzen, die am oder in der Nähe des Strandes wachsen, sind hoch spezialisiert. Der Blaue Strandhafer *(marram grass* oder *American beach grass)*, der überall an der Atlantikküste prächtig gedeiht, bildet weitläufige Wurzelsysteme aus, die auch dazu dienen, die Sanddünen, auf denen er wächst, zu stabilisieren. Eine andere wichtige Dünenbewohnerin ist die Strandheide *(beach heather)*. Sie wächst in Form von niedrigen Matten, die den Sand einfangen und so dafür sorgen, dass die Dünen nicht wandern. Von Mai bis Juli sind die Pflanzen mit zahllosen gelben Blüten übersät und lassen so viele Dünen wie einen Flickenteppich aussehen. Zu den anderen Pflanzen, die es schaffen, auf den mehr als kargen Böden oberhalb der Hochwasserlinie zu überleben, gehören die Strand-Platterbse *(beach pea)*, die Goldrute *(goldenrod)*, die Vexiernelke *(dusty miller)* und die Rauke *(rocket)*. Ein wenig tiefer wachsen Schlickgras *(cord grass)* und Queller *(glasswort)*, die es vertragen können, wenn sie regelmäßig Salzwasser abbekommen.

Land und Leute

Die Gezeitenzone mit tosenden Meereswogen und Gezeitentümpeln beherbergt eine vollkommen andere Vegetation. Die großen Unterschiede zwischen Ebbe und Flut sind es, die die felsigen Küsten der Atlantikprovinzen zu einer der vielfältigsten und artenreichsten Küstenregionen der Welt machen. Bei Ebbe sind dicke Matten aus zähem, gummiartigem Blasentang (*rockweed* oder *sea wrack*) der Luft ausgesetzt. Weiter draußen wachsen auf dem steinigen Grund der niedrigeren Gezeitenzone (also im tieferen Wasser) korallenrosa bis rotbraun gefärbter Knorpeltang *(Irish moss)* und leuchtend grüner Meersalat *(sea lettuce)*, in denen sich ganze Heerscharen von Seesternen, Krebsen und Seeigeln wohlfühlen.

In der am tiefsten gelegenen Schicht pflanzlichen Lebens, der sog. Laminaria-Zone, gedeiht riesiger brauner Seetang wie z. B. der häufig anzutreffende Fingertang (*horsetail kelp*; Laminaria digitata). Diese Algen klammern sich in einer Tiefe von bis zu 40 m an den steinigen Untergrund und wachsen dann rasch an die Oberfläche, wo sie sich mit ihren breiten, lederartigen Wedeln und Luftblasen im Auf und Ab der Wogen treiben lassen. Stürme stutzen die oberen Enden des Kelps und entwurzeln manchmal auch ganze Pflanzen, die dann zusammen mit den unzähligen Weich- und Schalentieren, die in ihren Wedeln zu Hause sind, an Land gespült werden.

Tierwelt an Land

Etwa 70 verschiedene Landsäugetiere sind in den Atlantikprovinzen beheimatet. Am ehesten trifft man unterwegs auf Elche, Hirsche, Schwarzbären und Biber. Diese sind – mit Ausnahme von Prince Edward Island – überall weit verbreitet. Auf Prince Edward Island sind Waschbären, Kojoten und Füchse die größten Spezies.

Elche

Um Verwechslungen vorzubeugen: Der Elch heißt in Nordamerika *moose* und nicht *elk* (ein *elk* ist vielmehr ein Wapiti). Der Gigant unter den Hirschen wirkt auf den Betrachter, als hätte sich ein Cartoonzeichner das Tier ausgedacht. Elche haben das größte Geweih in der ganzen Tierwelt, ihre Schulterhöhe beträgt gute 1,8 m, und sie wiegen bis zu 500 kg. Der Körper ist dunkelbraun gefärbt, und neben einer äußerst markanten Nase hat der Elch lange, spindeldürre Beine, winzige Augen, große Ohren sowie einen großen Hautlappen *(bell)* unter dem Kinn. Vom Frühjahr bis in den August wächst den Bullen ein ausladendes Geweih, das an ein Palmblatt erinnert. Elche sind Einzelgänger und leben überwiegend in sumpfigen Gebieten und an Seen, im Sommer suchen sie jedoch gelegentlich auch höhere Lagen auf. Als Nahrung bevorzugen sie die Zweige und Blätter von Weiden, Espen und Birken sowie Gräser und Wasserpflanzen. Obwohl sie den Eindruck machen, außerordentlich friedfertige Zeitgenossen zu sein, greifen Elche auch Menschen an, wenn sie sich bedroht fühlen.

Elche gibt es in Nova Scotia und New Brunswick, aber am weitesten sind sie in Neufundland verbreitet, wo sie von Natur aus am besten an das Terrain angepasst sind. Ironischerweise waren sie dort ursprünglich nicht heimisch. Vielmehr stammen sämtliche der heute etwa 150.000 Tiere von einer Handvoll Exemplare ab, die in den Jahren 1878 und 1904 als Fleischlieferanten auf die Insel gebracht wurden. Auf dem Festland kommen Elche am häufigsten im Cape Breton Highlands National Park (Nova Scotia) vor.

Achtung, frei laufende Elche!

So mancher Einheimische vermeidet es konsequent, zwischen Sonnenuntergang und Sonnenaufgang mit seinem Wagen auf den Straßen unterwegs zu sein. Der Grund? Frei laufende Elche!

Allein in Neufundland kollidieren jedes Jahr ungefähr 400 Autos mit Elchen (oder umgekehrt). Die dortige Elchpopulation liegt bei 150.000 Exemplaren und steigt weiter an. Andere Unfallschwerpunkte sind die ländlichen Gegenden von New Brunswick und Cape Breton Island. Zusammenstöße mit Elchen führen keineswegs bloß zu lästigen Blechschäden, denn die Tiere sind groß und schwer. Eine Kollision bei höherer Geschwindigkeit führt zu einem Totalschaden und kann für beide Seiten im Extremfall tödlich enden.

70 % der Unfälle ereignen sich zwischen Mai und Oktober. Die unfallträchtigste Zeit liegt zwischen 23 und 4 Uhr (was allerdings nicht heißt, dass es einen nicht auch zu jeder anderen Tageszeit treffen kann). Wer nach Einbruch der Dunkelheit in einer Gegend unterwegs ist, in der Elche leben, sollte das Fernlicht einschalten, stets vorausschauend beide Straßenseiten im Auge behalten und die nötige Vorsicht walten lassen.

An den gefährlichsten Straßenabschnitten haben die Provinzregierungen mittlerweile Schilder aufgestellt, die unübersehbar auf die bestehende Gefahr hinweisen. Neu gebaute Highways werden in Risikobereichen inzwischen auch häufig mit Wildzäunen gesichert.

Weißwedelhirsche

Der Bestand an Hirschen ist in Nova Scotia und New Brunswick nicht besonders groß. Am Ende des 18. Jh. waren die Tiere praktisch ausgerottet, in den folgenden Jahren siedelten sie sich aber wieder an. Die Farbe der Weißwedelhirsche *(white-tailed deer)* wechselt je nach Jahreszeit: Im Sommer ist es ein Hellbraun, im Winter werden die Tiere grau. Der Schwanz ist an der Oberseite dunkel gefärbt, die weiße Unterseite, der die Weißwedelhirsche ihren Namen verdanken, ist nur dann gut zu erkennen, wenn die Tiere auf der Flucht sind und ihn aufrichten. Weißwedelhirsche suchen besonders das Dickicht entlang von Flüssen und Seen in den Wäldern des Hinterlands auf.

Schwarzbären

Es leben etwa 3000 Schwarzbären *(black bear)* in Nova Scotia, ca. 8000 in New Brunswick und weitere 8000 bis 10.000 in Neufundland und Labrador (auf Prince Edward Island gibt es keine). Auch wenn die Schwarzbären manchmal entgegen ihrem Namen braun sind: Verwechslungen mit Braunbären sind ausgeschlossen,

*Schwarzbären sind in allen atlantischen Provinzen weit verbreitet,
ausgenommen auf Prince Edward Island*

denn die gibt es in den Atlantikprovinzen schlicht nicht. Das Gewicht der Schwarzbären variiert stark, im Durchschnitt bringen männliche Tiere 150 kg auf die
Waage, weibliche 100 kg. Die Tiere sind Allesfresser. Sie ernähren sich hauptsächlich von Gräsern und Beeren, aber auch kleine Säugetiere sehen sie als
willkommene Abwechslung auf ihrem Speiseplan an. Obwohl Schwarzbären keinen
echten Winterschlaf halten, können sie in der kalten Jahreszeit einen Monat lang
durchschlafen, ohne ihre Schlafposition zu wechseln. Dabei fällt ihre Herzfrequenz
auf zehn Schläge pro Minute, die Körpertemperatur wird abgesenkt, und die Tiere
verlieren etwa 30 % ihres Körpergewichts. Weibchen werden nach fünf Jahren
geschlechtsreif, die Jungtiere, meist zwei pro Wurf, werden im späten Winter
geboren, während das Muttertier noch Winterruhe hält.

Eisbären

Eisbären *(polar bear)* kann man im Frühling oft an der Küste von Labrador beobachten, wenn das Packeis bricht. Ihr Lebensraum liegt jedoch weitab von allen
gängigen Reiserouten. Die größten Vertreter der Familie der Bären werden bis zu
600 kg schwer und über 3 m groß. Sie sind angesichts ihres weißen Fells sehr leicht
zu erkennen – allerdings nur, wenn sie sich in andersfarbigem Gelände bewegen.
Liegt ein Bär reglos auf einer Schneefläche oder schleicht er zwischen Schneewech-
ten herum, ist er perfekt getarnt, und man sieht ihn manchmal erst aus einer Entfernung von wenigen Metern.

Karibus

Die Karibus *(caribou)* haben sich im Laufe der Zeit perfekt an das harte Klima im
hohen Norden angepasst. Bei einer Schulterhöhe von 1,5 m bringen sie bis zu

150 kg auf die Waage, außerdem sind die einzigen Vertreter der Hirsche, bei denen beide Geschlechter ein Geweih tragen. In den Atlantikprovinzen kommen Karibus nur in Neufundland und Labrador vor. Zwölf Herden durchstreifen Neufundland, wobei die meisten Tiere im Avalon Wilderness Reserve und auf der Northern Peninsula anzutreffen sind. In Labrador gibt es vier Herden, von denen die bekannteste die *George River Herd* ist. Sie umfasst sage und schreibe 500.000 Tiere, die im Spätfrühling von Quebec nach Osten ziehen, um in den Torngat Mountains ihre Kälber zur Welt zu bringen. Derzeit wird überlegt, diese Karibu-Kinderstube als Nationalpark auszuweisen.

Luchse

Luchse *(lynx)* sind sehr scheu und gelten im gesamten atlantischen Kanada als gefährdete Tierart. Die wenigen Exemplare kommen in allen Provinzen mit Ausnahme von Prince Edward Island vor. Luchse sind leicht an ihren schwarzen Pinselohren zu erkennen und sehen ein wenig wie übergroße gefleckte Katzen aus. Sie haben sehr breite, gepolsterte Tatzen, die zur besseren Gewichtsverteilung dienen und es ihnen erlauben, auf einer Schneeoberfläche zu laufen, ohne dabei einzusinken. Die Schleichkatzen werden nur bis zu 10 kg schwer, sehen aber wegen ihres langen und dicken Fells wesentlich größer aus. Luchse sind Einzelgänger und bevorzugen den Schutz dichter Wälder. Auf Jagd gehen sie meist nachts, wobei ihre bevorzugte Beute aus kleinen Säugetieren besteht.

Stachelschweine

Die kleinen, untersetzt wirkenden Stachelschweine *(porcupine)* gehören zur Ordnung der Nagetiere und sind gute Kletterer. Sie ernähren sich eigentlich von Wurzeln und Blättern, verspüren aber manchmal auch Appetit auf etwas ausgefallenere Kost – z. B. Autoreifen. Obwohl Stachelschweine in fast allen Wäldern der Atlantikprovinzen (mit Ausnahme von Neufundland) beheimatet sind, bekommt man sie nur selten zu Gesicht, da sie nachtaktiv sind. Begegnet man dennoch einmal einem Exemplar, sollte man unbedingt Vorsicht walten lassen: Normalerweise verhalten sich Stachelschweine gegenüber Menschen zwar gleichgültig bis neugierig – was sie sich angesichts ihrer 30.000 schützenden Stacheln zweifelsfrei auch leisten können –, fühlen sie sich aber bedroht, kann es gefährlich werden: Zuerst knurrt das Stachelschwein, dann schüttelt es seinen Schwanz, wodurch die gegeneinanderschlagenden Stacheln ein lautes Rasseln erzeugen, und schließlich werden die Stacheln aufgestellt und zum Angriff angesetzt. Die Stacheln sind zwar nicht giftig, an ihrem Ende befinden sich aber kleine Widerhaken, sodass sie sich nur sehr schwer und unter extremen Schmerzen wieder aus der Haut des vermeintlichen Angreifers entfernen lassen.

Stinktiere

Das etwa katzengroße Stinktier *(skunk)* hat ein schwarzes Fell mit zwei weißen Streifen auf dem Rücken, die an der Stirn zusammenlaufen. In den Atlantikprovinzen sind Stinktiere bis auf Neufundland und Cape Breton Island überall verbreitet. Sie gehören zur Familie der Wiesel, sind überwiegend in der Dämmerung aktiv und tragen ihren Namen vollkommen zu Recht: Mithilfe ihrer Analdrüsen können sie potenzielle Angreifer aus einer Entfernung von bis zu 4 m mit einem Sekret einnebeln, dessen Gestank wahrlich bestialisch ist. Obwohl es Dutzende von Hausmitteln und auch zahlreiche professionelle Produkte gibt, mit denen man den Geruch angeblich wieder loswird (das Waschen mit Wasser nützt rein gar nichts!), befolgt man am besten das ungeschriebene Gesetz, dass man einfach keinem Stinktier zu nahe kommen sollte – daran halten sich selbst die mächtigen Grizzlys.

Biber

Biber *(beaver)* werden bis zu 50 cm lang und 20 kg schwer und gehören zu den geschäftigsten Vertretern der Tierwelt. Ihr flacher Schwanz dient ihnen als Ruder, und ihre Hinterbeine sind mit Schwimmhäuten ausgestattet, die ihnen im Wasser Geschwindigkeiten von bis zu 10 km/h ermöglichen. Die Tiere, die einst wegen ihres Pelzes gejagt wurden, kann man heute in den Atlantikprovinzen in praktisch allen flachen, bewaldeten Gebieten antreffen. Sie bauen ihren Damm und den darunterliegenden Bau aus einer Mischung von Zweigen, Ästen und Schlamm und ernähren sich von Rinde sowie kleinen Zweigen. Außerdem legen sie nahe ihrer Behausung unter Wasser einen Wintervorrat an Ästen an.

... im Wasser

Im Ozean, der die vier Provinzen umgibt, gedeiht eine unglaubliche Fülle an verschiedenartigen Meerestieren. Das Spektrum reicht von den unzähligen winzigen einzelligen Organismen bis hin zu den größten Lebewesen unserer Erde, den Walen.

In der Gezeitenzone

An der Meeresküste sind es die felsigen Abschnitte und die großen Gezeitenunterschiede, die nicht nur für ein artenreiches pflanzliches Leben sorgen, sondern auch für verschiedene tierische Gemeinschaften ideale Lebensräume schaffen. Der Bereich der Meeresküste zwischen dem höchsten und dem niedrigsten Gezeitenstand wird in unterschiedliche Zonen eingeteilt, die sich jeweils nach der Zeitdauer bestimmen, der sie der Luft ausgesetzt sind. Die *Black Zone* (Schwarze Zone) liegt unmittelbar oberhalb der Hochwassermarke in der sog. Spritzwasserzone und hat ihren Namen von dem dunklen Band der hier wachsenden primitiven Blaualgen. Die nächste Zone darunter, mit der die eigentliche Gezeitenzone beginnt, wird vor Ort *Periwinkle Zone* genannt, da hier v. a. Strandschnecken *(periwinkle;* auch „Uferschnecken") leben. Da sie in der Lage sind, längere Zeit an der Luft zu überleben, können sie das Wasser verlassen und die Algen abweiden. Die *Barnacle Zone* (Zone der Rankenfußkrebse) ist mit den gleichnamigen sich festklammernden Krustentieren überzogen, denn dieser Bereich ist nicht nur mehrere Stunden täglich der Luft ausgesetzt, sondern auch der stärksten Brandung. In der folgenden *Rockweed Zone* (Blasentang-Zone) trifft man auf Miesmuscheln *(mussel)*, Napfschnecken *(limpet)* und Einsiedlerkrebse *(hermit crab)*, die die leeren Gehäuse von abgestorbenen Strandschnecken bewohnen. Die vergleichsweise ruhige *Irish Moss Zone* (Knorpeltang-Zone) bietet Schutz und Nahrung für Seeigel *(sea urchin)*, Seesterne *(starfish)*, Seeanemonen *(sea anemone)*, Krebse und unzählige andere Lebewesen, die all jenen bekannt sind, die schon einmal einen Blick in die Miniaturwelt eines Gezeitentümpels gewagt haben. Zuletzt folgt die *Laminarian Zone* (Laminaria-Zone), wo sich in den tiefen, aufgewühlten Wasserschichten Hummer *(lobster)*, Schwämme *(sponge)* und Fische inmitten der Kelpwälder tummeln

Fische

Hinter der Gezeitenzone folgen der flache, künstennahe Meeresboden (sog. Kontinentalschelf) und die offene See. Aus der Arktis fließen kalte, sauerstoffreiche Strömungen nach Süden. Sie führen massenhaft Kieselerde mit sich, die von den Gletschern aus dem kontinentalen Granit geschliffen und dann über die küstennahen Flüsse ins Meer gespült wurde. Sauerstoff und Kieselerde bilden den idealen Nährboden für Kieselalgen, mikroskopisch kleine einzellige Pflanzen, die sich durch das Sonnenlicht der langen Sommertage in den nördlichen Breiten explosionsartig vermehren. Sie stellen das unterste Niveau der Nahrungskette im Meer dar und sind die Nahrungsgrundlage für Shrimps und Heringe *(herring)*, die ihrerseits von größeren Fischen wie Makrelen *(mackerel)*, Thunfisch *(tuna)* und dem Atlantischen Lachs *(Atlantic salmon)* gefressen werden (weitere Infos zu Fischen unter *Sport und Freizeit/Angeln*).

Wale

Nicht alle Kreaturen, die den Atlantik bevölkern, sind Kaltblüter. In den Gewässern vor der Küste tummeln sich auch mehrere Arten von Walen. Die sog. Bartenwale *(baleen whale)* – Minkwale *(minke whale)*, Buckelwale *(humpback whale)*, Weißwale *(beluga)* und Glattwale *(right whale)* – werden von Plankton und winzigen Krebsen, dem sog. Krill, angelockt. Dieses Futter sieben die Wale mit ihren Barten aus dem Wasser. Im Gegensatz dazu fressen sich Zahnwale *(toothed whale)*, zu denen auch Delfine *(dolphin)*, Killerwale *(orca)*, Finnwale *(fin whale)* und Grindwale *(pilot whale)* zählen, lieber an den großen Schulen von Kapelanen *(capelin)*, Heringen *(herring)* und Tintenfischen *(squid)* satt.

Nach jahrhundertelanger Jagd auf die Wale galt in den letzten 30 Jahren gemäß kanadischem Gesetz und internationalen Abkommen ein Walfangverbot, durch das sich die einst stark gefährdeten Populationen wieder erholt haben. Die heutige, ebenfalls einträgliche Walindustrie gründet sich nun nicht mehr auf dem Abschlachten der Tiere, sondern man bringt den neugierigen Betrachter hinaus aufs Meer, wo er die wundervollen Kreaturen von Angesicht zu Angesicht beobachten kann. Erste Whalewatching-Adressen sind die Bay of Fundy – besonders um Grand Manan Island und Brier Island – sowie die Küste vor Cape Breton. Am häufigsten sind Minkwale, Grindwale, Finnwale, Killerwale und Buckelwale. Sie ziehen von der Karibik in die hiesigen Gewässer, wo sie im Juni und Juli eintreffen und bis Oktober bleiben. Höhepunkt der Walsaison sind die Monate August und September. Finnwale, Minkwale, Buckelwale und Grindwale kann man auch an der Westküste von Neufundland in den dem Gros Morne National Park vorgelagerten Gewässern beobachten.

Robben

Kegelrobben *(gray seal)* und Seehunde *(harbor seal)* bevölkern zu unterschiedlichen Zeiten die Gewässer um Nova Scotia und Prince Edward Island. Bei Whalewatching-Touren ist nicht selten ein Stopp bei einer der küstennahen Robbenkolonien eingeschlossen. Robben können aber auch unerwartet gesichtet werden, beispielsweise während eines Essens in einem der am Wasser gelegenen Restaurants in Halifax. Wer unter Garantie Robben sehen möchte, sollte im Kings County im Osten von Prince Edward Island eine Sealwatching-Fahrt buchen. Dort sind die Gewässer ruhig, und es gibt unzählige Robben.

Sattelrobben *(harp seal)* fressen sich in den fischreichen Gewässern vor Labrador und Grönland eine Fettschicht an und ziehen dann im Januar und Februar in den Norden Neufundlands und den Sankt-Lorenz-Golf. Die Weibchen kommen zuerst an, ruhen sich auf den Eisflächen aus und gehen im Golf noch einmal auf Jagd, bevor sie ihre Jungen zur Welt bringen. Diese sind anfangs schneeweiß, haben große Rehaugen und waren in den 70er-Jahren das Sinnbild der Naturschutzbewegung. Das Abschlachten der sog. *whitecoats,* denen die Robbenfänger mit Knüppeln schlicht den Schädel einschlugen, rief heftige Proteste hervor und führte schließlich Mitte der 80er-Jahre dazu, dass die kanadische Regierung das Töten der Neugeborenen unbefristet verbat und ein zeitlich befristetes Jagdverbot für ausgewachsene Sattelrobben in Kraft setzte. Seit 1996 ist die Robbenjagd wieder erlaubt, wobei jährlich eine bestimmte Anzahl von Tieren zum Töten freigegeben wird. Für 2009 liegt die vom Fischereiministerium in Ottawa freigegebene Fangquote für Sattelrobben bei 280.000 Stück, insgesamt dürfen 338.000 Robben getötet werden, ohne dass dies heute noch groß von der breiten Öffentlichkeit zur Kenntnis genommen wird. Dennoch haben sich die Robbenbestände in den letzten 20 Jahren überraschend schnell erholt. Die heutige Population wird auf etwa 5–6 Mio. Tiere geschätzt.

… in der Luft

Wer ein begeisterter Ornithologe ist, dem wird es beim Anblick der Vogelwelt in den Atlantikprovinzen sprichwörtlich die Sprache verschlagen. Man kann das ganze Jahr über Hunderte von Arten beobachten, und über einem Teil der Region verläuft auch noch der als *Atlantic Flyway* bezeichnete Luftkorridor, den jedes Jahr Millionen von Zugvögeln nutzen. Sie bieten dem Betrachter auf ihren Zwischenstopps einen atemberaubenden Anblick – und manchmal auch einen ohrenbetäubenden Lärm.

Eine der besten Gegenden zur Vogelbeobachtung ist die Bay of Fundy. Im Juli treffen in den Wattgebieten von Mary's Point in der Shepody National Wildlife Area zahllose Wasservögel ein. Dazu gehören beispielsweise die Dunkelenten *(American black duck),* die Carolinakrickenten *(green-winged teal)* und Küstenvögel wie der Große Gelbschenkel *(greater yellowlegs).* In der Shepody Bay auf der Dorchester Peninsula lassen sich 100.000 Strandläufer *(sandpiper)* nieder, um sich mit ihrer Leibspeise, winzigen Shrimps, ein Fettpolster anzulegen, bevor sie weiter nach Südamerika ziehen. Auch Grand Manan Island ist mit über 300 Arten eine Anlaufstelle erster Güte für Vogelfreunde. Am spektakulärsten ist es im September, wenn riesige Schwärme von Zugvögeln eintreffen. Der berühmte Ornithologe und Künstler John James Audubon besuchte die Insel 1833 und malte hier die Küstenseeschwalbe *(arctic tern),* den Tölpel *(gannet),* die Gryllteiste *(black guillemot)* und den Tordalk *(razorbill)* – alles gefiederte Gäste, die man auch heute noch jedes Jahr vor Ort antreffen kann.

Aber es geht noch besser. Die größte Anzahl von Seevögeln im Bereich der Atlantikprovinzen versammelt sich an der Küste der Avalon Peninsula in Neufundland, v. a. im Cape St. Mary's Ecological Reserve. Dort kann man Küsten- und Flussseeschwalben *(common tern),* Dreizehenmöwen *(kittiwake),* Kormorane *(great cormorant),* Ohrenscharben *(double-crested cormorant),* Wellenläufer *(Leach's storm petrel),* Tordalke, Trottellummen *(guillemot* oder *murre),* Tölpel und 95 % der in Nordamerika brütenden Papageientaucher *(puffin)* beobachten. Jede einzelne Art hat ihre ganz spezielle Nische in der Natur gefunden, entsprechend beeindruckend ist das jeweilige Verhalten. Die schwarz-weiße Lumme ist beispielsweise ein ausgezeichneter Taucher und setzt ihre Flügel als Brustflossen ein, um in der rauen See Fische zu jagen. Dies führt manchmal dazu, dass die Vögel sich plötzlich zusammen mit ihrer Beute in einem Fischernetz wiederfinden. Mit der Lumme verwandt ist der drollig aussehende Papageientaucher, dessen Federkleid dem eines Pinguins ähnelt und der seinen Namen dem markanten dreieckigen, rot-gelb gefärbten Schnabel verdankt. Papageientaucher durchlöchern ihr gesamtes Brutgebiet wie einen Schweizer Käse, denn sie brüten in Erdhöhlen, die sie entweder selbst graben oder von Vorgängern übernehmen.

Im Landesinneren von Labrador kann man Kragenhühner *(ruffed grouse)*, Tannenhühner *(spruce grouse)*, Spechte *(woodpecker)*, Raben *(raven)*, Häher *(jay)*, Meisen *(chickadee)*, Kleiber *(nuthatch)* und Schneehühner *(ptarmigan)* beobachten.

Im Hinterland von New Brunswick nisten Kreuzschnäbel *(crossbill)*, verschiedene Spechtarten, Meisen und Grauhäher *(gray jay;* auch „Meisenhäher") in den Fichten- und Tannenwäldern. Ibisse *(ibis)*, Reiher *(heron)* und Schmuckreiher *(snowy egret)* waten durch Lagunen und Marschen.

In Nova Scotia sind etwa 300 Vogelarten heimisch, von denen der Weißkopfseeadler *(bald eagle)* der bekannteste Vertreter ist: Ungefähr 250 Brutpaare gibt es in der Provinz, die meisten davon auf Cape Breton. Sie repräsentieren die zweitgrößte Population von Weißkopfseeadlern an der nordamerikanischen Atlantikküste (die größte existiert in Florida). Wer die Adler beobachten möchte, sollte im Juli oder August kommen. Von den anderen Raubvögeln sind insbesondere der Rotschwanzbussard *(red-tailed hawk)*, der Breitschwingenbussard *(broad-winged hawk)*, Eulen *(owl)* und Gerfalken *(gyrfalcon)* zu nennen, die man in Neufundland und Labrador sehen kann. Wanderfalken *(peregrine falcon)* wurden 1982 im Fundy National Park wieder angesiedelt. Sie brüten an den Meeresklippen und attackieren ihre Beute im Sturzflug, wobei sie Geschwindigkeiten bis zu 300 km/h erreichen.

Den nicht zu überhörenden Blauhäher *(blue jay)* kann man auf Prince Edward Island überall finden – er ist auch der offizielle Vogel der Provinz. Der auffälligste Vogel auf der Insel ist allerdings der imposante Kanadareiher *(great blue heron;* auch „Amerikanischer Graureiher"), der die Sommermonate zwischen Mai und August auf der Insel verbringt. Der seltene Gelbfuß-Regenpfeifer *(piping plover)*, der auf keinen Fall gestört werden darf, lässt sich manchmal an den Stränden des Nationalparks blicken. Entlang der Küste bei Murray Harbour nisten schließlich Küstenseeschwalben.

Geschichte

Die Urbevölkerung

Die ersten Bewohner des atlantischen Kanada waren sog. *Paläo-Indianer,* die vor etwa 11.000 bis 10.000 Jahren u. a. bei Debert in Nova Scotia siedelten. Nachfahren dieser Paläo-Indianer, die *Maritime Archaic people,* zogen vor etwa 9000 Jahren nach Labrador, schlugen in der Nähe der großen Flüsse ihre Lager auf und jagten im Sommer Robben und Walrosse. Archäologische Forschungen belegen, dass diese Ureinwohner auch entlang der Strait of Belle Isle Jagd auf Robben und Wale machten und im Binnenland Karibus erlegten. Während ein Teil von ihnen weiter nach Norden zog, überquerte ein anderer um 3000 v. Chr. die Meerenge und errichtete im Norden von Neufundland Lager wie Port au Choix. Dort wurden Grabstätten und Werkzeuge gefunden, die bis ins Jahr 2300 v. Chr. zurückdatieren. Diese erste indianische Kultur in Neufundland starb etwa um das Jahr 1000 v. Chr. aus, jene im Norden Labradors bereits 500 Jahre zuvor. Letzteres wird mit der *Prä-Dorset-Kultur* in Verbindung gebracht, den ersten Eskimos, die um 2000 v. Chr. Nordlabrador besiedelt hatten. Vor etwa 2000 Jahren wanderte dann von Norden die *Dorset-Kultur* nach Labrador und Neufundland ein. Sie starb zwischen 600 (Neufundland) und 1500 n. Chr. (Nordlabrador) aus. Neufundland soll um 200 n. Chr. von den *Beothuk* (S. 491) besiedelt worden sein. Diese wurden auch als *Red Indians* bezeichnet, da sie z. B. ihre Haare und Kleidung mit rotem Ocker färbten und ihn auch bei ihren Totenritualen benutzten. Man geht davon aus, dass sich daraus der Begriff *redskin* (Rothaut) entwickelte, der später von den Europäern für alle Indianer verwendet wurde. Um 1250 kamen schließlich die ersten *Thule-Eskimos* nach Labrador, von denen die *Inuit* (S. 58) abstammen.

Die ersten Europäer

Der erste Europäer, der die Gegend bereiste, war wahrscheinlich der irische Mönch *Brendan der Reisende* (um 483 bis 577). Er war auf der Suche nach der sagenumwobenen Brasilinsel (Hy Brazil), der „Insel der Seligen", die zwar auf früheren Seekarten im Atlantik verzeichnet war, tatsächlich jedoch nie existierte. In seinem späteren Reisebericht, dem mittelalterlichen Bestseller „Navigatio Sancti Brendani", beschreibt Brendan eine Küstenlandschaft, die der von Neufundland gleicht.

Als wesentlich gesicherter gelten die Erkenntnisse über den Besuch der *Wikinger* in den Atlantikprovinzen. Man nimmt heute an, dass die Wikinger aufgrund der damals in Skandinavien herrschenden Überbevölkerung zunächst Siedlungen auf Island errichteten. Von dort zogen die unerschrockenen Seefahrer weiter übers Meer nach Grönland. Etwa um das Jahr 1000 segelten sie mit ihren robusten Schiffen, die „Knorr" genannt werden, von Grönland aus nach Südwesten und anschließend die Küstenlinie von Labrador entlang. Im Norden von Neufundland gründeten sie bei L'Anse aux Meadows eine Siedlung, die aus mindestens acht Wohn- und zwei Bootshäusern bestand und deren Bewohner sich von dem ernährten, was sie dem Land abringen konnten. Wie lange die Wikinger dort blieben, ist unbekannt, es war aber lange genug, um eine Schmiede zu errichten, in der sie Werkzeuge aus Eisenerz herstellten, das sie in der Gegend abbauten. Möglicherweise waren Auseinandersetzungen mit den Ureinwohnern dafür verantwortlich, dass die Wikinger ihren Stützpunkt wieder aufgaben. Die Überreste der Siedlung wurden übrigens erst in den 1960er-Jahren entdeckt.

Der Name der Provinz Neufundland stammt von dem italienischen Seefahrer Giovanni Caboto, der heute besser unter seinem englischen Namen *John Cabot* bekannt ist. Er startete seine Seereise in Bristol und segelte von dort nach Westen, um alle den „Christen bis dato unbekannten Länder" zu entdecken. Im Jahr 1497 erreichte er das *New Founde Lande* und nahm es im Namen des englischen Königs Heinrich VII. in Besitz. Der erste Landgang fand wahrscheinlich an der Nordküste von Neufundland statt. Cabot und seine Männer erkundeten die Küste und sichteten dabei auch Prince Edward Island und Nova Scotia, bevor sie sich auf den Rückweg nach England machten. Im Sommer 1997 beging man in St. John's und im Rest von Neufundland die 500-Jahr-Feier der Entdeckung. Cabot unterlag übrigens einem ähnlich kuriosen Irrtum wie kurz vor ihm Kolumbus, denn er war davon überzeugt, dass er in China gelandet war.

Die legendären Fischgründe

Die Kabeljaugründe der *Grand Banks*, der unterseeischen Plateaus südöstlich von Neufundland, waren einst so reich an Fischen, dass John Cabot behauptete, man müsse nur einen Korb ins Wasser hinablassen und könne ihn sofort voller Fische wieder heraufziehen. Sein Bericht war, falls überhaupt, nur minimal übertrieben. Obwohl die Einzelheiten nicht dokumentiert sind, geht man davon aus, dass europäische Fischer dem Kabeljau hier jahrhundertelang nachgestellt haben. In Neufundland gibt es Legenden, nach denen die Basken schon um das Jahr 1470 in der *Strait of Belle Isle* auf Walfang gingen. Wesentlich gesicherter ist das Wissen um die französischen Fischereiflotten. Diese durchkreuzten schon Anfang des 16. Jh. die Gewässer der Grand Banks, um dort Kabeljau zu fangen, den sie anschließend an den Stränden von Neufundland trockneten. Auf ihren Beutezügen befuhren die Fischer auch Flüsse, etwa den an Lachs reichen *Miramichi River*, der im heutigen New Brunswick liegt. Die englische Fischereiflotte war ähnlich aktiv, was einen Diplomaten zu der Äußerung veranlasste, Neufundland sei nichts als „ein großartiges Schiff, das bei den Grand Banks vertäut liegt und dort dem Nutzen der englischen Fischer dient".

Die Engländer versuchten auch in anderen wirtschaftlichen Bereichen in Neufundland Fuß zu fassen. Eine Gruppe von Kaufleuten aus dem Südwesten Englands gründete Mitte des 16. Jh. das Dorf *Trinity*. Im Jahr 1610 wurde dann mit *Cupids* die erste britische Kolonie in Neufundland errichtet. Im Gegensatz dazu entwickelte sich *St. John's* völlig eigenständig und gehörte keiner Kolonialmacht. Sein Hafen war für alle europäischen Fischereiflotten Zufluchtsort und Handelsposten. Der im Norden über dem Hafen thronende Signal Hill diente bereits ab dem frühen 16. Jh. als Beobachtungsposten.

Französische Interessen

Das Interesse Frankreichs galt weniger der Fischerei als vielmehr der Errichtung von Handelsposten und Siedlungen. Im Jahr 1604 führte der adlige Kaufmann *Pierre Dugua de Monts* (Sieur de Monts) zusammen mit dem Forscher *Samuel de Champlain* eine Expedition zur Mündung der Bay of Fundy durch, nachdem ihm die französische Krone ein Monopol auf den Pelzhandel gewährt hatte. Die Expedition errichtete ein Lager auf einer Insel im St. Croix River, der heute die Provinz New Brunswick vom US-Bundesstaat Maine trennt. Die Gruppe kam kaum durch den harten ersten Winter und verlegte daraufhin ihren Lagerplatz auf die andere Seite der Bay of Fundy. Dort gründete sie im folgenden Frühling *Port-Royal*, das als Handelsposten für den Pelzhandel im gesamten Einzugsbereich des Annapolis Basin diente.

Als der französische König 1607 das gewährte Monopol widerrief, kehrte der Großteil der Expeditionsteilnehmer nach Frankreich zurück. Drei Jahre später ließ sich eine kleine Gruppe französischer Siedler in Port-Royal nieder. Sie nannten die Region – wahrscheinlich in Anlehnung an das griechische Arkadien – *Akadien*, „friedliches Land".

Port-Royal und weitere französische Siedlungen waren der Grund, warum sich England und Frankreich in die Haare gerieten. John Cabot hatte die Gegend einst

für England in Besitz genommen, einige
Jahrzehnte später hatte der Forscher
Jacques Cartier viele derselben Küstenabschnitte für die französische Krone
beansprucht, denn für die Franzosen
stellte die Region ein erlesenes Fleckchen Erde dar, das genau richtig war, um
in der Neuen Welt ein „neues Frankreich" entstehen zu lassen. Die Kolonialmacht England hatte dagegen an den
Atlantikprovinzen im Grunde überhaupt kein materielles Interesse, obwohl
natürlich bekannt war, dass sich dort
reiche Fischgründe befanden. Ihre Ab-
sichten konzentrierten sich vielmehr
weiter südlich, wo man bereits Kolonien
in den heutigen US-Bundesstaaten Virginia und Massachusetts gegründet hatte. Allerdings war Akadien strategisch
gesehen ideal, um den Expansions-
bestrebungen Frankreichs entgegen-
zutreten, das schließlich als Staatsfeind
Nummer eins in Europa galt.

Bezogen auf die militärische Stärke hatten die Briten die Oberhand. Während
Frankreich ein ganzer Ozean von seinem Traumland in der Neuen Welt
trennte, war das englische Militär zusammen mit freiwilligen Milizen direkt
vor Ort entlang der Ostküste stationiert. Im Jahr 1613 plünderte schließlich

*Die Port-Royal National Historic Site
in Nova Scotia: Nachbau einer
französischen Siedlung aus
dem frühen 17. Jh.*

eine aus Virginia stammende Miliz Port-Royal und brannte anschließend die Gebäude nieder. Daraufhin bauten die Franzosen an einem geschützteren Ort stromaufwärts des Annapolis River wieder ein Fort gleichen Namens und ernannten das
neue Port-Royal 1635 zur Kolonialhauptstadt von Akadien.

Der französische Einfluss wächst

Die Siedlungen der Franzosen breiteten sich trotz des britischen Widerstands in
Windeseile über das Gebiet von Port-Royal hinaus aus und erreichten schon bald
die Küstenlinien der Bay of Fundy und des Minas Basin. Der Kaufmann *Nicholas
Denys*, dessen Name eng mit der Erkundung der Gegend durch die Franzosen verbunden ist, ließ im Jahr 1653 eine befestigte Siedlung bei St. Peters auf Cape Breton
und eine zweite bei Guysborough errichten. In Grand-Pré ließen sich so viele Franzosen nieder, dass es zur größten Siedlung der gesamten Gegend und zum zentralen Versorgungspunkt für die umliegenden Dörfer wurde. Neben diesen Siedlungen
entstanden weitere auf Cape Breton, entlang den Küsten der Cobequid Bay und des
Cape Chignecto sowie in der Region zwischen den Höhenzügen der Restigouche
Uplands und der Baie des Chaleurs im Norden von New Brunswick. Dies führte

dazu, dass die britischen Repressalien gegen die französische Bevölkerung zunahmen. Bevorzugtes Ziel war zunächst Port-Royal, das die Briten gleich mehrere Male eroberten, bevor sie es endgültig besetzten. 1654 zerstörte eine aus Neuengland stammende Miliz einige französische Siedlungen.

Frankreich brauchte nun unbedingt einen militärischen Stützpunkt und errichtete ihn 1662 bei *Plaisance*, einem der ersten und wichtigsten Fischereihäfen der neufundländischen Halbinsel Avalon. Das neue Fort bekam den Namen *Fort Royal* und wurde zu Ehren der französischen Krone errichtet. Die neue französische Präsenz in Plaisance veranlasste die Briten schließlich dazu, 1675 in Neufundland in der Gegend von *St. John's* mehrere Forts zu errichten.

Die Franzosen- und Indianerkriege

Die Feindseligkeiten, die England und Frankreich in der Neuen Welt miteinander ausfochten, waren ein Spiegelbild der damaligen politischen Situation in Europa. Je mehr beide Großmächte in Europa um die Vorherrschaft kämpften, desto mehr schwappte der Konflikt auch auf ihre Kolonien in den Atlantikprovinzen über. Der Pfälzische (1688–1697), Spanische (1701–1714) und Österreichische Erbfolgekrieg (1740–1748) sowie der Siebenjährige Krieg (1756–1763) wurden zwar vornehmlich auf europäischem Boden ausgetragen, es kam aber auch zu Gefechten zwischen Engländern und Franzosen in Nordamerika. Hier wurden diese Kriege King William's War (1689–1697), Queen Anne's War (1702–1713), King George's War (1744–1748) und French and Indian War (1754–1763) genannt, zusammen gingen sie als Franzosen- und Indianerkriege in die Geschichtsbücher ein.

Während in Europa der Spanische Erbfolgekrieg wütete, nahmen die Briten 1710 in Nordamerika Port-Royal ein und benannten das Fort in *Fort Anne* um, die umliegende Siedlung in *Annapolis Royal*. Dort, wo man gerade noch den Traum vom „neuen Frankreich" gehegt hatte, entstand nun also plötzlich Neuschottland, Nova Scotia. Annapolis Royal wurde die erste Hauptstadt von Nova Scotia und blieb es bis zur Gründung von Halifax, das 1749 seine Nachfolge antrat.

Mit dem *Frieden von Utrecht* fand der Spanische Erbfolgekrieg in Europa sein Ende. Nach dem Abkommen fiel fast das gesamte Akadien an England, wobei die exakten Grenzen jedoch nicht genau festgelegt wurden. Das in Neufundland gelegene Plaisance ging ebenfalls an die Briten und wurde von ihnen in *Castle Hill* umbenannt. Frankreich behielt lediglich die *Ile Saint-Jean* (heute Prince Edward Island) und die *Ile Royale* (Cape Breton Island), wohin die Akadier nun auch flohen. Das französische Militär musste sich neu organisieren und begann 1719 an der Atlantikküste der Ile Royale mit der Errichtung der *Forteresse de Louisbourg* (engl. *Fortress of Louisbourg*). Erneut hatten die Franzosen die Vision, dass das neue Fort zu einem neuen Paris werden würde, zu Frankreichs Hauptmarinestützpunkt, zu einer bedeutenden Hafenstadt und zum französischen Handelszentrum Nordamerikas. Gleichzeitig schickte man 300 Fischer und Bauern auf die andere Seite der Northumberland Strait, um dort mit *Port-la-Joye* eine neue Siedlung zu gründen. Die Enklave, die heute in den südwestlichen Außenbezirken von Charlottetown liegt, war als Versorgungsstützpunkt für die Forteresse de Louisbourg gedacht.

Die Briten antworteten umgehend. Als Erstes errichteten sie ein Fort auf Grassy Island in der Chedabucto Bay. Dieser Stützpunkt lag nahe genug an der Forteresse de Louisbourg, um das An- und Ablegen der französischen Schiffe überwachen zu können. Um 1745 war Louisbourg zu einer ernst zu nehmenden Bedrohung für die

Spuren akadischer Kultur findet man v. a. entlang der Westküste von Nova Scotia, nordwestlich von Moncton in New Brunswick und im Südwesten von Prince Edward Island

Engländer herangewachsen, sodass diese die Stadt kurzerhand annektierten und die Einwohner abschoben. Doch kaum war die britische Flagge über der Stadt gehisst, wurde diese auch schon wieder von den Franzosen übernommen. Denn in Europa wurde 1748 der Österreichische Erbfolgekrieg mit dem *Frieden von Aachen* beendet, und in diesem Abkommen war u. a. eine Vereinbarung enthalten, nach der Louisbourg wieder zurück an Frankreich fallen sollte.

Allerdings war der Frieden nur von kurzer Dauer. Das englische Fort auf Grassy Island war zwar strategisch gut gelegen, aber als Militärbasis zu klein. Daher steuerte ein englischer Schiffsverband 1749 das weiträumige Hafenbecken von *Halifax* an, errichtete dort den benötigten Militärstützpunkt für die britische Krone und ernannte Halifax auch gleich noch zur neuen Hauptstadt von Nova Scotia. Mitten im akadischen Gebiet gründete man an der Küste der Bay of Fundy *Fort Edward,* das zum Schutz der Landroute von und nach Halifax dienen sollte. Auf der Landenge von Chignecto zwischen Nova Scotia und New Brunswick wurde 1750 *Fort Lawrence* errichtet, das den Landweg hinüber aufs Festland sichern sollte. Als Reaktion darauf bauten die Franzosen 1751 zwei ihrer beeindruckendsten Stützpunkte: *Fort Beauséjour* und *Fort Gaspareaux.*

Damit war die Bühne für den nächsten Krieg in den Atlantikprovinzen bereitet, der – parallel zum Siebenjährigen Krieg in Europa – als Teil des nordamerikanischen Franzosen- und Indianerkrieges in die Geschichtsbücher einging. Die zivilen Bewohner der Region, die akadischen Bauern, waren praktisch zwischen den Streithähnen eingeschlossen. Bereits 1730 hatte England von den Akadiern, die auf britischem Territorium lebten, einen Treueid verlangt, letztendlich aber ihre Neutralität akzeptiert. Im Jahr 1754 machten sich die Briten nun wegen des drohenden Krieges erneut daran, überall in der Region den Eid einzufordern, die Akadier verweigerten ihn jedoch wieder. Als Demonstration ihrer Macht nahmen im Juni 1755 mehr als 2000 Soldaten aus Boston Fort Beauséjour (nun *Fort Cumberland*) ein, das auch von Akadiern verteidigt worden war. Die Briten boten den Akadiern ein letztes Mal an, den Treuschwur abzulegen. Nachdem diese sich erneut auf ihre Neutralität beriefen, begannen die Briten im August mit ihrer Vertreibung (siehe Kasten).

Die Deportation der Akadier

Allein bis Oktober 1755 wurden 1100 Akadier deportiert, ihre Dörfer und Gehöfte niedergebrannt. Die Akadier wurden auf Schiffen zusammengepfercht und in die englischen Kolonien an der Ostküste und überall dorthin verfrachtet, wo man bereit war, sie aufzunehmen. Manche Schiffe segelten sogar bis nach England und Frankreich, andere in die französischen Kolonien in der Karibik.

Aber nicht alle Akadier wurden deportiert: Manchen gelang die Flucht ins Hinterland von Cape Breton, nach New Brunswick oder in die Provinz Quebec, andere schlossen sich dem Guerillakrieg gegen die Briten an. Überall in den Atlantikprovinzen entstanden Flüchtlingslager, in denen sich Seuchen ausbreiteten und Unterernährung herrschte. Das mitten im Miramichi River in New Brunswick gelegene *Beaubears Island* hat beispielsweise seinen Ursprung in einem solchen Flüchtlingslager. Ungefähr 3500 Akadier flohen außerdem von Nova Scotia auf die Ile Saint-Jean (das heutige Prince Edward Island), wobei 700 Flüchtlinge ihr Leben verloren, als sie mit ihren beiden Booten kenterten. Als eines der wenigen positiven Ereignisse dieser Zeit darf die Bereitschaft der spanischen Regierung genannt werden, Flüchtlingen in Louisiana Land anzubieten. Die Akadier, die sich dort ab 1764 niederließen, kennt man unter dem Namen *Cajuns*. Ihre Kochkunst *(Cajun Kitchen)* steht heute in ganz Nordamerika hoch in der Gunst.

Viele von den Briten deportierte Akadier kehrten umgehend wieder in ihre Heimat zurück, allerdings nur, um dort das gleiche Schicksal noch einmal zu erleiden. Manche von ihnen wurden im Laufe der Zeit sieben- oder achtmal deportiert. Die genaue Zahl der Deportierten ist unbekannt. Historiker schätzen, dass im Jahr 1755 etwa 10.000 französische Siedler in Akadien lebten. Als 1816 die Deportation ihren Lauf genommen hatte, waren gerade noch 25 % von ihnen übrig. Der Dichter *Henry Wadsworth Longfellow* verarbeitete die Ereignisse jener Zeit in seinem Werk „Evangeline", das die tragische Geschichte von zwei Liebenden erzählt, die in den Wirren der Deportation voneinander getrennt werden.

Im Jahr 1758 holten die Briten zum alles entscheidenden Schlag aus. Sie stürmten die Forteresse de Louisbourg und nahmen Port-la-Joye ein, das sie in *Fort Amherst* umtauften. Daraufhin fiel das verbliebene französische Bollwerk in Quebec innerhalb eines Jahres auseinander. 1760 kehrten die britischen Truppen nach Louisbourg zurück und nahmen das Fort in einem letzten Vergeltungsschlag Stein für Stein auseinander, damit sich die Franzosen dort nie wieder gegen England erheben würden. Neufrankreich war damit praktisch Geschichte. Aller Stützpunkte im atlantischen Kanada beraubt, starteten die Franzosen in ihrer Heimat einen Militärkonvoi und kaperten 1762 *St. John's*. Die Briten waren jedoch sofort zur Stelle und gewannen den Hafen in der *Battle of Signal Hill* zurück. Die Schlacht war der Schlussakt der Franzosen- und Indianerkriege.

Entwicklungen nach den Franzosen- und Indianerkriegen

Nach Beendigung des Krieges nahmen die Atlantikprovinzen langsam ihre heutige Gestalt an. Als die Briten die Akadier vertrieben hatten, lockten sie reiche adlige Plantagenbesitzer aus Neuengland mit dem Versprechen auf kostenlose Ländereien ins fruchtbare Annapolis Valley. Kaufleute besiedelten in den 1760er-Jahren *Yarmouth*, und weitere Siedler britischer Abstammung ließen sich auf Prince Edward Island nieder. Die bis dahin zu Nova Scotia gehörende Insel wurde 1769 eine englische Kolonie.

Es gibt zwar akadische Siedlungen, wie etwa die bei Yarmouth gelegenen Pubnico-Dörfer, die noch auf die Zeit vor der Deportation zurückgehen, die meisten akadischen Orte, die man heute in der Gegend findet, wurden jedoch erst nach dem Krieg gegründet, als die Flüchtlinge zurückkehrten und sich auf kleinen Ländereien niederließen, die sonst niemand haben wollte. Dazu zählt etwa die steinige akadische Küste im Westen von Nova Scotia.

Die Engländer hatten auch weiterhin Glück. Nicht einmal die unrühmliche Niederlage 1781 im Amerikanischen Unabhängigkeitskrieg konnte ihrem Status in den Atlantikprovinzen etwas anhaben, denn Tausende von Loyalisten (Amerikaner, die der englischen Krone loyal gegenüberstanden) verließen die Vereinigten Staaten und machten sich auf den Weg nach Nova Scotia und New Brunswick. So war beispielsweise der Zustrom von Einwanderern nach Saint John und Fredericton so groß, dass New Brunswick, das ursprünglich ein Teil von Nova Scotia war, zu einer englischen Kolonie wurde. Saint John wurde zur ersten amtlich anerkannten Stadt Kanadas.

Als in den Atlantikprovinzen endlich Frieden herrschte, ging in Europa bereits wieder das Gespenst des Krieges um. Die Briten hatten ständig ein wachsames Auge auf ihren streitlustigen Dauerfeind und fürchteten, dass Napoleons Truppen im atlantischen Kanada einmarschieren könnten. Daher baute man in Halifax die Verteidigungsanlagen rund um den Hafen aus, bei St. John's errichteten die Engländer auf dem Signal Hill die *Queen's Battery*.

Als hätten die Briten mit den napoleonischen Kriegen nicht ohnehin alle Hände voll zu tun gehabt, wurde 1812 auch noch der Britisch-Amerikanische Krieg losgetreten. Die beiden Kontrahenten gerieten sich über Handelsrechte auf hoher See in die Haare, und in der Folge wurden noch mehr britische Befestigungsanlagen auf der zu New Brunswick gehörenden Seite der Bay of Fundy errichtet, so der *Carleton Martello Tower* bei Saint John, das *Blockhouse* bei St. Andrews und mehr als ein Dutzend andere an strategisch wichtigen Orten gelegene Festungen.

Mit der Niederlage Napoleons in der Schlacht von Waterloo endeten im Juni 1815 auch die Napoleonischen Kriege. Die Atlantikprovinzen kamen diesmal nur ungeschoren davon, sondern die Jahre des Krieges hatten den Seehandel sogar noch begünstigt. Halifax stand zu dieser Zeit in dem zweifelhaften Ruf, Stützpunkt von Freibeutern zu sein, die auf hoher See Handelsschiffe überfielen und nach ihrer Rückkehr die Beute im Hafen von Halifax meistbietend versteigerten. Vor Neufundland liefen viele Schiffe in den tückischen Gewässern um den St. John's Harbour auf Grund, sodass die Briten 1836 auf dem Cape Spear den unübersehbaren gleichnamigen Leuchtturm errichteten.

Auf dem Weg zum Bundesstaat

Die Geburt einer Nation

Ein Meilenstein in der Geschichte der Atlantikprovinzen war 1864 eine Konferenz in Charlottetown, der damaligen Hauptstadt der Kolonie Prince Edward Island, die zur Gründung des *Dominion of Canada* führte.

Die teilnehmenden Delegierten, die später zu den Gründervätern der Konföderation *(Fathers of Confederation)* wurden, waren sich einig, dass Charlottetown der ideale Ort für dieses Treffen war, da die Inselbewohner weder für noch gegen die Gründung einer Konföderation waren. Nur für den Fall, dass diese Idee tatsächlich auf fruchtbaren Boden fallen sollte, hatte die Kolonie vorsorglich einige Delegierte ernannt, um die Bewohner vertreten zu können.

Die übrigen Delegierten kamen auf dem Seeweg aus New Brunswick, Nova Scotia, dem heutigen Ontario und Quebec. Ihre Schiffe machten im Hafen fest, und ein Delegierter nach dem anderen nahm den kurzen Weg in Angriff, der ihn über die Great George Street hinauf zum *Colonial Building* führte (heute als *Province House* bekannt). Das Treffen war das erste von insgesamt drei (Quebec 1864, London 1866) und führte schließlich dazu, dass in London 1867 der *British North America Act* unterzeichnet wurde, der heute allgemein *Constitution Act* genannt wird. Mit dem Inkrafttreten des Verfassungsgesetzes am 1. Juli 1867 war das Dominion of Canada geboren, das zunächst aus den Bundesstaaten Quebec, Ontario, New Brunswick und Nova Scotia bestand, die nun von einem eigenen Parlament regiert wurden.

Unter der Führung des ersten Premierministers Sir John A. MacDonald dehnte sich Kanada sehr schnell aus. Von der berühmten Hudson's Bay Company kaufte man im Jahr 1869 das riesige im Westen gelegene *Rupert's Land*, wodurch sich die Fläche von Kanada mit einem Schlag versechsfachte. Manitoba und British Columbia traten der Konföderation 1870 bzw. 1871 bei. Prince Edward Island folgte 1873, nachdem es 1867 zunächst noch abgelehnt hatte, ein Mitglied des Dominion zu werden. Alberta und Saskatchewan traten 1905 bei, und schließlich, fast ein halbes Jahrhundert später, wurde Neufundland 1949 zur zehnten Provinz Kanadas.

British Columbia und New Brunswick waren der Konföderation nur unter der Bedingung beigetreten, dass die Regierung eine Eisenbahn quer durch Kanada bauen würde, um die Handels-, Transport- und Kommunikationswege im ganzen Land zu verbessern. Dieses Mammutprojekt wurde 1881 in Angriff genommen, und nur vier Jahre später wurde der letzte Schienenstrang der *Canadian Pacific Railway* verlegt. Diese verband von nun an Vancouver mit Montreal, von wo aus wiederum Regionalbahnen nach New Brunswick, Nova Scotia und Prince Edward Island fuhren. Erst die Eisenbahn schaffte, was bis dahin kein Schriftstück vermocht hatte, auch nicht die Gründungsurkunde Kanadas – sie machte aus dem riesigen Land eine nationale Einheit.

Weltkriege und Weltwirtschaftskrise

Die Atlantikprovinzen wurden im Ersten Weltkrieg zum Schauplatz von heftigen Auseinandersetzungen, als es um die heikle Frage der Rechte der französischsprachigen Bevölkerung Kanadas ging. Die Bundesregierung hatte 1917 nach der Schlacht an der Somme, der verlustreichsten Schlacht des Ersten Weltkrieges, aus

Mangel an weiteren freiwilligen Soldaten einen Einberufungsbefehl erlassen, und die Frankokanadier befürchteten nun, dass ihre ohnehin geringe Bevölkerungszahl durch die Kriegshandlungen weiter schwinden könnte. Die Maßnahme der Regierung erwies sich allerdings als Fehlschlag, da fast keine Männer im wehrfähigen Alter – weder französisch- noch englischsprachige – der Einberufung nachkommen wollten. Dennoch starben während des Ersten Weltkrieges insgesamt 63.000 Kanadier auf den europäischen Schlachtfeldern und weitere 175.000 wurden verwundet. Während des Krieges lieferte Kanada nicht nur einen Großteil der benötigten Lebensmittel nach Großbritannien, sondern es sorgte auch für den nötigen Nachschub an Munition, Schiffen und Flugzeugen. Das ursprünglich landwirtschaftlich geprägte Kanada entwickelte sich zu einer Industrienation. Der Krieg machte das Land stärker, unabhängiger und selbstbewusster. Die am Atlantik gelegenen Provinzen brachten es kurzzeitig zu erheblichem Wohlstand, da der Bergbau und die verarbeitende Industrie boomten. Aber auch sie waren nicht gegen die Große Depression gefeit, die ab 1929 um sich griff und Kanada sogar noch stärker traf als die USA. Viele Unternehmen gingen während der Wirtschaftskrise bankrott. Als der Zweite Weltkrieg ausbrach, schloss sich Kanada der Linie von Großbritannien an und erklärte dem Deutschen Reich den Krieg. Fast ein Zehntel der damals 11,5 Mio. Kanadier leistete Kriegsdienst. Wie schon im Ersten Weltkrieg spielten die Atlantikprovinzen erneut eine zentrale Rolle beim Nachschub von Munition und Nahrungsmitteln, wodurch auch die regionale und nationale Wirtschaft wiederbelebt wurde.

Im Jahr 1959 wurde der *Sankt-Lorenz-Seeweg* fertiggestellt, ein Großprojekt, das von den USA und Kanada gemeinsam getragen wurde und Schiffen die Durchfahrt von den Großen Seen bis zum Atlantik ermöglichen sollte. Drei Jahre später konnte man Kanada erstmals auf dem neuen *Trans-Canada Highway* von Küste zu Küste durchqueren. Die Straße verbindet Vancouver Island mit St. John's in Neufundland und führt durch alle zehn kanadischen Provinzen.

Separatistische Bestrebungen der Neuzeit

Die Gründung der *Parti Québécois* im Jahr 1968 war ein deutliches Zeichen für den neu erwachten Kampfgeist der französischen Separatisten in Quebec, die eine politische und kulturelle Loslösung Quebecs vom übrigen Kanada anstreben. Im *Official Languages Act* von 1969 wurde Französisch neben Englisch zwar offiziell als zweite kanadische Amtssprache bestätigt, doch dieses Gesetz konnte nicht über die große Kluft hinwegtäuschen, die nach wie vor zwischen den unterschiedlichen Volksgruppen bestand. Auch zwei Unabhängigkeitsreferenden in den Jahren 1980 und 1995 konnten das Problem nicht lösen. Im zweiten Referendum, das von der Provinzregierung offiziell angesetzt worden war, scheiterte die zur Debatte stehende Unabhängigkeitserklärung Quebecs an weniger als 1 % der notwendigen Stimmen. Es ist schwer vorherzusagen, in welche Richtung das Pendel bei der nächsten Befragung ausschlagen wird, falls eine solche stattfinden sollte. Aber die Bundesregierung hat bereits signalisiert, dass sie die Entscheidung der Bevölkerung von Quebec respektieren würde. In den Atlantikprovinzen sind die Meinungen über diese Separationsbestrebungen geteilt, die Mehrheit scheint jedoch – selbst in New Brunswick, der einzigen wirklich zweisprachigen Provinz Kanadas – eher für eine Beibehaltung der kanadischen Einheit zu sein.

Verfassung und Autonomie

Trotz des Inkrafttretens des Constitution Act 1867 war für jede Änderung der kanadischen Verfassung weiterhin die Zustimmung des britischen Parlaments notwendig. Das änderte sich erst am 5. November 1981, als sich die kanadische Regierung und die Premierminister der Provinzen (mit Ausnahme von Quebec) auf eine gemeinsame Verfassung *(Constitution of Canada)* und eine Charta der Rechte und Freiheiten *(Charter of Rights and Freedoms)* einigten. Der sog. *Canada Act* trat formell am 17. April 1982 in Kraft und beseitigte die letzten Reste der britischen Parlamentskontrolle, seither kann Kanada seine Verfassung unabhängig von Großbritannien ändern. Kanada ist jedoch weiterhin ein Mitglied des Commonwealth.

Politik und Wirtschaft

Staatsform

Kanada ist eine konstitutionelle Monarchie, in der allerdings weder das Staatsoberhaupt, Königin Elisabeth II., noch das britische Parlament ein politisches Mitspracherecht hat. Gleichzeitig ist der Bundesstaat, der aus zehn Provinzen und drei Territorien besteht, eine parlamentarische Demokratie, in der sich die in der Hauptstadt Ottawa residierende Bundesregierung und die Provinzregierungen die Macht teilen. Die drei kanadischen Territorien Nunavut, Yukon und die Nordwest-Territorien unterliegen angesichts ihrer geringen Einwohnerzahlen der direkten Kontrolle der Bundesregierung. Ansonsten herrscht in Kanada die klassische Gewaltenteilung zwischen Legislative, Exekutive und Judikative.

Bundesregierung

Formelles Staatsoberhaupt Kanadas ist die Königin von England. Sie wird vor Ort durch einen Generalgouverneur vertreten, den sie alle fünf Jahre neu ernennt. Der Generalgouverneur hat allerdings nur eine repräsentative Funktion. Premierminister *(Premier)* und somit Regierungschef ist immer der Vorsitzende jener Partei, die bei der Wahl zum Unterhaus die meisten Stimmen bekommt. Im Jahr 2006 wurde Stephen Harper, der Vorsitzende der *Conservative Party of Canada,* zum 22. Premierminister Kanadas ernannt.

Als Legislative fungiert das Parlament, das aus zwei Kammern besteht. Das Unterhaus *(House of Commons)* hat 308 Mitglieder, die jeweils einen der kanadischen Wahlkreise repräsentieren und nach dem relativen Mehrheitswahlrecht gewählt werden. Der Senat *(Senate)* besteht aus 105 Mitgliedern, die vom Generalgouverneur auf entsprechenden Vorschlag des Premierministers ernannt werden. Früher wurde das Amt des Senators auf Lebenszeit vergeben, heute gibt es eine gesetzlich vorgeschriebene Altersobergrenze von 75 Jahren. Gesetzesentwürfe müssen beide Kammern passieren und vom Generalgouverneur unterzeichnet werden, um in Kraft treten zu können.

Bundeswahlen werden entweder alle fünf Jahre abgehalten oder dann, wenn die Regierungspartei im Unterhaus ein Misstrauensvotum verliert. Bisher kam es nur selten vor, dass eine amtierende Regierung die volle Wahlperiode von fünf Jahren überstand.

Provinz- und Territorialregierungen

Während die Bundesregierung für Fragen der Verteidigung, des Strafrechts, des Handels und des Bankwesens sowie für alle sonstigen Angelegenheiten von nationalem Interesse zuständig ist, sind die zehn Provinzregierungen für den öffentlichen Dienst, das Gesundheits-, Bildungs- und Erziehungswesen sowie für den Umweltschutz und die Kommunalverwaltung verantwortlich. In den drei Territorien übernimmt die Bundesregierung viele Verwaltungsaufgaben. Alle Provinzen und Territorien haben ein Einkammerparlament (*Legislative Assembly*, in Nova Scotia sowie in Neufundland und Labrador *House of Assembly*), dessen Mitglieder alle vier Jahre gewählt werden. Oberhaupt jeder Provinz ist ein Vizegouverneur (*Lieutenant Governor)*, der vom kanadischen Generalgouverneur ernannt wird und wie er als Vertreter der Krone fungiert. Die Kommissare *(Commissioners)* in den Territorien werden dagegen von der Bundesregierung eingesetzt. Die tatsächliche exekutive Gewalt liegt jedoch weder bei den Vizegouverneuren noch bei den Kommissaren, sondern beim jeweiligen Parlament, dem der Vorsitzende der Mehrheitspartei als Premierminister vorsteht. In den Nordwest-Territorien und in Nunavut, wo es keine Parteien gibt, wird pro Wahlbezirk jeweils ein Abgeordneter direkt in das Parlament gewählt. Das Parlament wählt dann wiederum den Premier.

Wirtschaft

Ursprünglich hat sich die Wirtschaft in den Atlantikprovinzen um die vorhandenen Rohstoffe in dieser Region entwickelt, sie beruhte also hauptsächlich auf Fischerei, Forstwirtschaft und Bergbau. Auch wenn die Gemeinden, die sich schon früh als Zentren der Fischerei und Landwirtschaft etabliert haben, weiterhin florieren, ist das wirtschaftliche Leben heute wesentlich vielschichtiger. Zusätzlich zu den im Folgenden näher angesprochenen traditionellen Wirtschaftsbereichen zählen heute die Informationstechnologie, Medizin und Filmindustrie zu den Wachstumssektoren.

Das Regierungsgebäude in Fredericton

Fischerei

Kanada war einmal die größte Fischereination der Welt, doch schlechtes Ressourcenmanagement und Überfischung haben dazu geführt, dass die einst reichen Fischbestände zerstört wurden. Dennoch leisten Fischerei und fischverarbeitende Industrie noch immer den drittgrößten Beitrag zum Bruttoinlandsprodukt von Nova Scotia. Sowohl direkt vor der Küste als auch auf hoher See werden Kabeljau, Schellfische und Heringe gefangen. Außerdem exportiert Nova Scotia die meisten Hummer in ganz Kanada.

Die Fischer in New Brunswick sind auf den Fang von Bodenfischen (u. a. Flundern, Heilbutt, Seezungen), Hummer, Krabben, Jakobsmuscheln und Heringen spezialisiert. Atlantischer Lachs und Miesmuscheln werden mittlerweils auch in Aquakultur herangezogen. Bei der Produktion von Ölsardinen stehen die Konservenfabriken um den Blacks Harbour an der Bay of Fundy an erster Stelle in ganz Kanada.

Die von stetigen Aufschwüngen und Zusammenbrüchen geprägte Fischereiindustrie Neufundlands und Labradors steuert jährlich etwa $ 500 Mio. zur heimischen Wirtschaft bei. Gefangen werden v. a. Makrele, Flunder, Kapelan, Hering, Tintenfisch, Aal, Seezunge, Lachs, Barsch, Steinbutt, Heilbutt und Hummer. In Aquafarmen werden außerdem Muscheln und Regenbogenforellen gezüchtet, und aus Labrador stammt die Hälfte der kanadischen Saiblingsproduktion. Seit in den 1990er-Jahren die Kabeljauindustrie zusammenbrach, haben sich die Fischer in Neufundland neu orientiert. Dort machen heute Jakobsmuscheln und Shrimps einen großen Bestandteil des Fangs aus.

Auch auf Prince Edward Island stellt die Fischerei einen wichtigen Wirtschaftsfaktor dar. Hier ist sie insbesondere auf Meeresfrüchte wie Hummer und Miesmuscheln spezialisiert. Jährlich werden in der Provinz 10 Mio. Austern geerntet, die zum Großteil exportiert werden.

Bergbau und Forstwirtschaft

Moderne Fangmethoden und der internationale Wettbewerb haben dafür gesorgt, dass die Fischerei im atlantischen Kanada erheblich zurückgegangen ist. In der Folge haben sich die Provinzen verstärkt dem Abbau ihrer anderen Reichtümer zugewandt: Holz, Kohle und sonstige Bodenschätze.

Im Boden von New Brunswick schlummern die größten Silber-, Blei- und Zinkvorkommen ganz Kanadas. Außerdem werden in der Provinz Kalisalze, Kohle und ölhaltiger Schiefer abgebaut. Im Nordosten von New Brunswick, v. a. auf den Inseln Lamèque und Miscou, wird Torf gewonnen – und zwar so viel, dass die Provinz der weltweit zweitgrößte Exporteur dieses Rohstoffs ist. Der Bergbau steuert jährlich $ 1 Mrd. zur Wirtschaft von New Brunswick bei.

In Nova Scotia ist der Bergbau der zweitgrößte Industriezweig. Dort befinden sich mehr als 30 Minen, in denen Kohle, Kalkstein und Zinn gefördert werden. Die riesigen Wälder von Nova Scotia liefern außerdem ständigen Nachschub für die dortige Holz- und Papierindustrie. Zu den größten Betrieben zählen das an der Südküste gelegene Unternehmen Bowater, das zur Hälfte der *Washington Post* gehört, und die Zellstofffabriken der Irving Forest Products, deren Standorte in Abercrombie Point, Point Tupper, Brooklyn, Hantsport und am East River nicht zu übersehen sind.

Etwa 80 % des in Kanada abgebauten Eisenerzes kommen aus den Bergwerken, die im westlichen Teil von Labrador liegen. Zu den anderen Metallen und Mineralien, die in der Provinz Neufundland und Labrador vorhanden sind, gehören Kupfer, Blei, Zink, Gold, Silber, Chrom, Kalkstein, Gips, Aluminiumsilikat und Asbest. Außerdem befindet sich in Neufundland Kanadas einziges kommerziell nutzbares Vorkommen von Pyrophyllit, das z. B. in der Keramikproduktion Verwendung findet. Hinsichtlich des Pro-Kopf-Einkommens rangiert die Provinz im kanadischen Vergleich zwar derzeit noch an letzter Stelle, aber sie verfügt über eine wahre Goldgrube: Seit dem Jahr 2000 wird vor der Küste Öl gefördert, und die Produktion wurde mittlerweile auf 600.000 Barrel Rohöl pro Tag gesteigert.

Landwirtschaft

Die Landwirtschaft lässt jährlich stolze $ 230 Mio. in das Bruttoinlandsprodukt von New Brunswick fließen. In den Verwaltungsbezirken Victoria und Carleton werden etwa 20 % der kanadischen Kartoffelernte produziert. Der Großteil davon wird nach Mexiko, Portugal und in die USA exportiert. Die alljährlichen Frühjahrshochwasser überschwemmen das Tal des Saint John River mit nährstoffreichem Schluff und sorgen auf diese Weise für eine gesunde gemischte Landwirtschaft und gute Ernten. So können beispielsweise die Bauern von Maugerville jedes Jahr zwei Kartoffelernten einfahren. Zu den anderen landwirtschaftlichen Produkten New Brunswicks gehören Fleisch (mit Export in die USA, nach Frankreich, Großbritannien und Deutschland), Milchprodukte sowie Beeren.

Obwohl nur 8 % der Fläche von Nova Scotia agrarisch genutzt werden können, ist die Landwirtschaft auch hier eine der größten Stützen der Wirtschaft. In der Provinz wird insbesondere Obst angebaut, wobei v. a. die im Annapolis Valley geernteten Äpfel einen hervorragenden Ruf genießen. Weitere Zweige der Landwirtschaft sind die Erzeugung von Molkereiprodukten, die Geflügel- und Schweinezucht sowie der Anbau von Blaubeeren, von denen Nova Scotia den größten Anteil an der gesamten kanadischen Produktion liefert.

Das flächenmäßig kleine Prince Edward Island ist der Kartoffelproduzent Nummer eins in ganz Kanada. Die Hälfte der Ernte stammt aus dem Prince County, der Rest wächst auf Farmen, die über die gesamte Provinz verstreut sind. Die Kartoffelbauern von Prince Edward Island sind international anerkannte Spezialisten für alle Fragen zu den Ansprüchen der unterschiedlichen Kartoffelsorten sowie den Anbaumethoden und geben ihr Fachwissen an Kollegen in 32 Ländern weiter. Weitere Produkte sind Getreide, Obst, Fleisch und Molkereiprodukte. Die Insel verdankt ihre Schönheit wohl auch den Investitionen in die Landwirtschaft, die 9,5 % des Bruttoinlandsprodukts ausmacht. Sie bringt jährlich etwa $ 120 Mio. ein und bietet 4000 Menschen einen Arbeitsplatz auf einer der 2200 Farmen, die durchschnittlich eine Fläche von 140 ha bewirtschaften.

Energiewirtschaft

Da Wasser in den Atlantikprovinzen allgegenwärtig ist (ein Drittel der weltweiten Süßwasserreserven befindet sich in Kanada), ist die mithilfe von Wasserkraft erzeugte Energie hier nicht nur ein sauberer, sondern auch ein günstiger Exportartikel. Allein Québec Hydro, einer der wichtigsten Energielieferanten in Nordamerika, liefert jährlich Strom im Wert von über $ 1 Mrd. nach Neuengland. Die Mactaquac Generating Station am Saint John River bei Fredericton (New Brunswick) ist das größte Wasserkraftwerk im ganzen atlantischen Kanada.

Tourismus

Der in den Atlantikprovinzen am schnellsten wachsende Wirtschaftszweig ist der Tourismus. Allein Nova Scotia verdankt ihm alljährlich Umsätze in Höhe von $ 1,6 Mrd. Die meisten Touristen reisen per Auto, Wohnmobil oder Reisebus über New Brunswick ein. Lediglich 25 % der Besucher kommen bisher mit dem Flugzeug. Allerdings steigt die Zahl der Flugreisenden stetig an, da es immer mehr Direktverbindungen in die Provinzen gibt. 40 % der Touristen stammen aus den Nachbarprovinzen, 25 % aus Zentral- und Westkanada und weitere 25 % aus den USA. Insgesamt verdankt das atlantische Kanada dem Tourismus jährliche Einnahmen von $ 2,8 Mrd. sowie 90.000 Arbeitsplätze.

Bevölkerung und Kultur

Obwohl die Atlantikprovinzen mit ihren dichten Wäldern, Bergen und zerklüfteten Küsten eigentlich eher dazu geeignet sind, die hier lebenden Menschen zu isolieren und sie in verstreuten Siedlungen auf Distanz zu halten, haben mehrere Jahrhunderte teilweise turbulenter Geschichte mit schmerzlichen Erfahrungen dafür gesorgt, dass sich die hier lebenden Menschen dennoch eng miteinander verbunden fühlen. Die gemeinsame Identität beruht auch darauf, dass sich die Einwohner der Atlantikprovinzen als Bewohner eines Landstrichs sehen, der abseits vom übrigen Kanada liegt: Einerseits verläuft im Südwesten die Grenze zu den USA, andererseits sind die Atlantikprovinzen durch das vorgelagerte inselartige Bollwerk von Quebec vom kanadischen Kernland getrennt. Obwohl die Keimzelle Kanadas im Osten liegt und das Land über Jahrhunderte hinweg von seinen reichen natürlichen Ressourcen zehrte, ist der Wohlstand in den Atlantikprovinzen geringer als im übrigen Kanada. Die Arbeitslosenquote ist höher, die Einkommen sind niedriger als in sämtlichen anderen kanadischen Provinzen. Im Gegensatz zum Rest des Landes teilen sich die Atlantikprovinzen außerdem das Problem, dass ihre zu einem großen Teil auf natürlichen Ressourcen beruhenden Wirtschaftssysteme von den Launen der Natur abhängig sind.

Gleichzeitig sind die leidvollen historischen Erfahrungen wie die ersten Kriege oder die Deportation der akadischen Bevölkerung auch der Grund dafür, dass die verschiedenen Bevölkerungsgruppen eigenständige Identitäten entwickelt haben, die es heute schwierig machen, pauschale Aussagen über die Bewohner der Atlantikprovinzen zu machen. Die Überlegungen, die Senator Eugene Forsey einst für ganz Kanada anstellte, gelten daher auch für die Atlantikprovinzen: „Ich glaube, unsere nationale Identität ist zum Teil britischer, zum Teil französischer und zum Teil amerikanischer Natur, und zu einem weiteren Teil gründet sie sich auf anderen Einflüssen, die so vielfältig sind, dass es nicht einmal möglich ist, sie alle aufzuzählen."

Bevölkerungsdaten

Ein klein wenig Statistik sagt schon sehr viel über Kanada und die Atlantikprovinzen aus: Kanada hat etwa 33,5 Mio. Einwohner – damit leben in dem riesigen Gebiet wesentlich weniger Menschen als in den drei bevölkerungsreichsten deutschen Bundesländern Nordrhein-Westfalen, Bayern und Baden-Württemberg, die es zusammen auf über 41 Mio. Einwohner bringen. Die Einwohnerzahl der vier atlantischen Provinzen liegt sogar nur bei rund 2,3 Mio. (zum Vergleich: Berlin hat etwa 3,5 Mio. Einwohner), womit hier gerade einmal 6,8 % der Gesamtbevölkerung Kanadas leben.

Nova Scotia

In Nova Scotia leben 920.000 Menschen. Damit steht die Provinz in der kanadischen Bevölkerungsstatistik an siebter Stelle und beherbergt 2,7 % der kanadischen Bevölkerung. Die Bevölkerungsdichte unterscheidet sich allerdings extrem zwischen ländlichen und städtischen Regionen. So lebt etwa ein Drittel aller Einwohner von Nova Scotia in und um Halifax.

80 % der Einwohner Nova Scotias haben Vorfahren, die von den Britischen Inseln stammten. Noch heute werden 49 original schottische Familien von Archibald bis Yuill in den Registern der Scottish Societies Association of Nova Scotia geführt, die auf Ahnenforschung spezialisiert ist.

Nach dem Amerikanischen Unabhängigkeitskrieg strömten etwa 25.000 Loyalisten nach Nova Scotia, also Personen, die weiterhin loyal zur britischen Krone standen. Während des Krieges von 1812 kamen einige Tausend Afroamerikaner nach Nova Scotia, denen im Zeitraum von 1815 bis 1850 irische Einwanderer folgten. In den letzten Jahren haben Einwanderer aus über 50 Nationen dafür gesorgt, dass die Provinz als kosmopolitischste der Region gilt.

New Brunswick

Die Provinz New Brunswick hat 740.000 Einwohner und ist gewissermaßen ein Abbild Kanadas im kleinen Maßstab. Hier kommen englisch- und französischsprachige Menschen harmonisch miteinander aus, was in Regionen, in denen es zwei unterschiedliche vorherrschende Kulturen gibt, eher die Ausnahme als die Regel ist. Man könnte vermuten, dass gerade die schon fast brutalen historischen Erfahrungen, mit denen sich die Provinz seit ihren Anfängen herumzuschlagen hatte, ihre Spuren hinterlassen und gegenseitige Vorurteile abgebaut haben und die Provinz im Gegensatz zu vergleichbaren Gegenden so anders erscheinen lassen.

New Brunswick ist als einzige Provinz Kanadas offiziell zweisprachig, 65 % der Bevölkerung sprechen Englisch, für ca. 33 % der Bewohner ist Französisch die Muttersprache. Dieser sprachliche Dualismus spiegelt sich auch auf anderen Ebenen wider, z. B. in der räumlichen Trennung der anglo- und frankophonen Bevölkerung: In einem Teil von New Brunswick wird Englisch gesprochen, in einem anderen hingegen Französisch. Diese Trennung wurde bereits vor langer Zeit festgelegt, als die Briten die Akadier gewaltsam aus ihren angestammten Siedlungen vertrieben und an deren Stelle treue Anhänger der britischen Krone, sog. Loyalisten, ansiedelten. Die englischsprachigen Orte liegen an der Bay of Fundy und in einem Großteil des Tals des Saint John River. Die französischsprachigen Gegenstücke findet man in den nordwestlichen Wäldern entlang dem Saint John River und an der Ostküste.

Prince Edward Island

Obwohl Prince Edward Island mit 135.000 Einwohnern alles andere als übervölkert ist, handelt es sich bei der Insel, auf der 24 Einwohner pro Quadratkilometer leben, um die am dichtesten besiedelte Provinz Kanadas (zum Vergleich: ganz Kanada hat eine Bevölkerungsdichte von 3,2 Einwohnern pro Quadratkilometer). Gleichzeitig ist Prince Edward Island die ländlichste Provinz, da weniger als 40 % der Bevölkerung im Umfeld von Städten wohnen. Außerdem sagt man, dass die Insel die homogenste Bevölkerung ganz Kanadas hat: 80 % der Einwohner stammen von Angeln ab, ein Drittel davon ist irischer, der Rest schottischer Herkunft. 17 % der Bevölkerung sind Akadier (5 % davon sind französischsprachig). Einwanderer aus Südostasien und Deutschland sowie die wachsende Anzahl von Mi'kmaq (s. u.) machen etwa 2 % der Bevölkerung aus. Die derzeit etwa 500 Mi'kmaq leben überwiegend auf Lennox Island an der Nordküste und in Scotchford. Die Mehrheit der gegenwärtigen Einwanderer kommt aus den anderen Atlantikprovinzen oder aus Ontario.

Magische Musik

Die Tausende von Gälisch sprechenden Einwanderern, die im 18. und 19. Jh. in die Neue Welt aufbrachen, brachten viele ihrer Traditionen mit, doch keine davon ist so charakteristisch wie die keltische Musik. Viele hoch geschätzte Lieder, die das traditionelle Landleben beschreiben, werden seit Generationen unverändert weitergegeben. Dazu gesellen sich neue muntere Melodien, die genau jene lebendige Musikmischung ausmachen, die man heute überall in der Region (und weit darüber hinaus) hören kann.

Die auf Cape Breton geborene **Natalie MacMaster** bringt mit ihrer virtuosen Spielweise auf der Fiedel ganze Scharen internationaler Zuhörer ins Schwärmen. Ebenfalls von Cape Breton Island stammen **The Rankins,** die in ihre Musik verschiedene Stilelemente einbauen, sowie **Ashley MacIssac,** der sein Fiedelspiel mit Grunge-Elementen garniert und dessen Repertoire von keltischer Musik über Rock bis zum Heavy Metal reicht. Die aus Neufundland („The Rock") stammende Formation **Great Big Sea** ist für ihre energiegeladenen Liveauftritte bekannt, bei denen die Devise „Rock meets Celtic" lautet. Man sollte aber nicht nur den etablierten Bands sein Ohr leihen, sondern auch weniger bekannte Acts wie **Beolach** oder **Irish Descendents.** Außerdem spielen in praktisch jedem Pub in den Atlantikprovinzen Bands, deren Melodien zum Mitklatschen, Mittrampeln und Biertrinken animieren.

Ceilidhs

Ein *ceilidh* (gesprochen: KAY-lie) war ursprünglich ein zwangloses Treffen, das meist am Freitag- oder Samstagabend stattfand und bei dem die junge Generation die ganze Nacht zu den Klängen keltischer Musik durchtanzte. In den ländlichen Gegenden von Cape Breton sind diese Treffen nach wie vor ein wichtiger Bestandteil des sozialen Zusammenlebens. Im an der Westküste gelegenen **Mabou** (S. 266) kann man den keltischen Klängen im Sommer jeden Dienstag im Gemeindehaus lauschen, während tags darauf im Museum das beliebte *foot stomping* auf dem Programm steht. Donnerstagabends kann man sich beim *Inverness Fire Hall Ceilidh* amüsieren.

Neufundland und Labrador

Im Gegensatz zum relativ dicht besiedelten Prince Edward Island gibt es in der Provinz Neufundland und Labrador weniger als 1,5 Einwohner pro Quadratkilometer. 95 % der insgesamt 510.000 Provinzbewohner leben auf der Insel Neufundland, die auch „The Rock" genannt wird. Die Bewohner Neufundlands stammen zum Großteil (96 %) von Angeln und Kelten ab und sind traditionell sehr mit dem Meer und den Fischgründen der Grand Banks verbunden. Außerdem leben noch einige Mi'kmaq (s. u.) auf der Insel. Im nur spärlich besiedelten Labrador kann man entlang der Ostküste und im abgelegenen Hinterland auf Inuit (S. 58) und Innu treffen. Letztere gehören wie die Mi'kmaq und Maliseet (S. 58) zu den Algonkin.

In Neufundland hat sich bis heute eine Mentalität erhalten, die auch für andere Inselbewohner typisch ist. So bezeichnen die Neufundländer ihre Landsleute auf dem Festland selbst über 50 Jahre nach dem Beitritt zur Konföderation noch als „Kanadier", ganz so, als wären diese Angehörige einer fremden Nation. Neufundland hat auch eine eigene Zeitzone (Newfoundland Standard Time), in der die Uhren gegenüber der ansonsten geltenden Atlantic Standard Time eine halbe Stunde vorausgehen.

Bevor Neufundland 1949 der Konföderation beitrat, war es über Jahrhunderte hinweg eine englische Kolonie gewesen. Aus diesem Grund dringt dem Besucher in St. John's auch heute noch ein royal gesprochenes Englisch ans Ohr, in einigen der kleinen und abgelegenen Fischerdörfer, den sog. Outports, spricht man südwestenglischen Dialekt, und auf der Avalon Peninsula trifft man auf einen irischen Akzent. In der Provinz werden knapp 60 Dialekte gesprochen, von denen sich viele durch eine besonders bildhafte Ausdrucksweise und ein einzigartiges, nur hier vorkommendes Vokabular auszeichnen. Zu den sprachlichen Kuriositäten zählen z. B. auch viele Ortsbezeichnungen in der Provinz wie Blow Me Down, Joe Batt's Arm, Happy Adventure und Jerry's Nose .

Indigene Völker und Métis

Als die ersten Europäer den nordamerikanischen Kontinent betraten, fanden sie das Land alles andere als unbesiedelt vor. Bereits seit Jahrtausenden lebten hier von Küste zu Küste und bis hinauf in die subarktischen und arktischen Regionen unterschiedliche Völker.

Man sollte wissen, dass die Begriffe „Indianer" *(Indians)* und „Stamm" *(tribe)* heute als nicht mehr zeitgemäß gelten. Daher stößt man vor Ort auf eine Vielzahl sprachlicher Versuche, diese Bezeichnungen zu ersetzen, z. B. durch *First Nations*. Auch der häufig gebrauchte Ausdruck *native* gilt nur dann als akzeptabel, wenn er im Zusammenhang mit anderen Begriffen verwendet wird, beispielsweise in *native people, native communities* oder *native leaders*. Die Bezeichnungen *indigenous* oder *aboriginal* können ebenfalls einen negativen Beigeschmack haben. Da sich bisher noch keine Begrifflichkeit durchgesetzt hat und die unterschiedlichen Bezeichnungen je nach Zusammenhang mal richtig sein und mal als reine Beleidigung empfunden werden können, empfehlen sich vor Ort Zurückhaltung und Fingerspitzengefühl. Tatsache ist allerdings, dass die kanadische Regierung nach wie vor von „Indianern" spricht, auch wenn diese Bezeichnung auf Christopher Columbus und dessen Fehleinschätzung zurückgeht, er wäre in Indien gelandet.

Mi'kmaq

Als die ersten Europäer den Kontinent betraten, lebten an der Küste der Halbinsel Gaspé und in den Gebieten östlich des Saint John River schätzungsweise 20.000 Mi'kmaq (auch „Micmac"). Die Mi'kmaq gehören zu den Algonkin und damit zur größten indigenen Sprachfamilie Kanadas. Der Begriff *mikmaq* steht wahrscheinlich für „die Familie", eine andere Erklärung ist, dass sich der Name von *nikmaq* ableitet, was übersetzt „meine Familie" bedeutet und von den Mi'kmaq als Gruß genutzt wurde.

Die Mi'kmaq gingen einst mit Speeren und Angeln auf Fischjagd. Die normale Jagd mit Pfeil und Bogen spielte für die Ernährung eher eine untergeordnete Rolle. Zur Fortbewegung benutzten die Mi'kmaq im Sommer Kanus mit Segeln, im Winter Schneeschuhe und sog. Toboggans (das Wort leitet sich von dem Mi'kmaq-Wort *topaghan* ab und bezeichnet einen Holzschlitten ohne Kufen). Die Mi'kmaq hatten traditionell so gut wie keine Erfahrung mit der Landwirtschaft, und Versuche der Briten, aus ihnen Bauern zu machen, scheiterten kläglich. Später halfen viele Mi'kmaq beim Eisenbahn- und Straßenbau mit, oder sie betätigten sich im Pelzhandel, als Holzfäller oder als Fischer.

Wie alle anderen nordamerikanischen Ureinwohner praktizierten die Mi'kmaq eine Art spirituellen Animismus, der ihre tiefe Verbundenheit mit dem von ihnen bewohnten Land ausdrückte. Bäume, Tiere und auch das Land selbst galten als heilig und wurden daher mit größtem Respekt behandelt. Beispielsweise bedankte man sich vor dem Fällen bei einem Baum dafür, dass er nun sein Leben für den Fortbestand der Mi'kmaq opferte. Auch Mythologie, Schamanismus und Potlachs („Feste des Schenkens") spielten einst eine wichtige Rolle im Alltag der Mi'kmaq.

Heute wird die Zahl der an der Atlantikküste lebenden Mi'kmaq (einschließlich Neufundland und Neuengland) auf 15.000 geschätzt.

Maliseet

Die Maliseet (auch „Malecite") gehören wie die Mi'kmaq zu den Algonkin und leben heute im Tal des Saint John River in New Brunswick, in den Gebieten westlich des Sankt-Lorenz-Stroms und im US-Bundesstaat Maine.

Im ersten Jahrhundert nach der Ankunft der Europäer verstanden sich die Maliseet mit den aus der Alten Welt stammenden Fischern und Händlern recht gut, allerdings rafften die von den Neuankömmlingen eingeschleppten Krankheiten einen großen Teil der ursprünglichen Bevölkerung dahin. Als die Boomzeiten des Pelzhandels zu Ende gingen, sattelten die Frauen der Maliseet auf Landwirtschaft um, während die Männer weiter jagen und fischen gingen. Die Zunahme weißer Siedlungen entlang dem Saint John River führte dazu, dass die Maliseet mehr und mehr aus ihrem angestammten Gebiet verdrängt wurden, ohne dafür auch nur einen Cent an Entschädigung zu erhalten. Im 19. Jh. wurden in Fredericton, Oromocto, Kingsclear und anderen Orten in New Brunswick die ersten Reservate für die Maliseet eingerichtet.

Inuit

Die Inuit leben in den nördlichen Regionen Kanadas, die zwischen Alaska und Grönland liegen. Ihre heutige Zahl wird auf etwa 25.000 geschätzt. Sie verteilen sich auf acht Hauptstämme und haben eine gemeinsame Sprache, das Inuktitut, von dem es sechs unterschiedliche Dialekte gibt.

Bis zum Ende der 1930er-Jahre interessierte sich in Kanada praktisch niemand für die Inuit, was v. a. damit zusammenhing, dass sie in den unwirtlichen Gegenden des hohen Nordens siedelten, die niemand haben wollte. Das änderte sich erst, als per Gerichtsurteil klargestellt wurde, dass die kanadische Regierung auch für das Wohl der Inuit verantwortlich ist.

Im späten 18. Jh. stellten Missionare der Herrnhuter Brüdergemeine in Labrador den ersten dauerhaften Kontakt zu den Inuit her. Ihnen folgten Walfänger und Forschungsreisende. Der Kontakt mit den Europäern hat einen kulturellen und technischen Wandel in der Gesellschaft der Inuit ausgelöst, der bis heute anhält (inklusive der fast vollständigen „Bekehrung" zum Christentum). In den nördlichen Regionen von Labrador leben die Inuit heute in kleinen, abgelegenen Siedlungen und halten noch immer an einigen Traditionen wie der Robben-, Karibu- und Waljagd fest.

Métis

Die Métis (frz. für „Mischling", „Mestize") sind Nachfahren von Angehörigen der First Nations und Europäern. Im Gebiet der Atlantikprovinzen waren es Anfang des 17. Jh. Verbindungen zwischen europäischen Fischern und indianischen Frauen, aus denen die Métis hervorgingen.

Die französische Regierung unterstützte diese Art der Völkerverbindung im 17. Jh., da man sie als förderlich für die Missionierung und für eine schnellere Besiedlung des „neuen Frankreichs" ansah. Samuel de Champlain fasste die dahinterstehende Absicht so zusammen: „Unsere jungen Männer werden eure Töchter heiraten, und dadurch werden wir zu einem Volk werden." Allerdings änderte Frankreich seine Politik im 18. Jh. wieder und versuchte nun, die Vermischung beider Völker möglichst zu unterbinden. Der Grund dafür war zumindest teilweise, dass mittlerweile viele weiße Frauen auf dem nordamerikanischen Kontinent angekommen waren. Die französische Politik führte dazu, dass die Métis zunehmend in eigenen, von der übrigen Bevölkerung getrennten Siedlungen lebten, v. a. im Gebiet um die Großen Seen. Aus vielen dieser Siedlungen entwickelten sich Städte wie das heutige Chicago, Milwaukee, Sault Ste. Marie und Detroit.

Nach der jüngsten Volkszählung 2006 liegt die Zahl der Métis in den Atlantikprovinzen bei etwa 19.000. Die Métis selbst sehen sich teilweise als indigenes Volk, teilweise als Weiße und teilweise als Angehörige einer eigenen Gesellschaft und Kultur, die sich von den anderen beiden unterscheidet.

Sprache

Mit dem *Official Languages Act* von 1969 und seinen Ergänzungen im Jahr 1988 wurden nicht nur Französisch und Englisch als gleichberechtigte Amtssprachen anerkannt, sondern auch Regelungen zum Schutz der Sprachminderheiten in ganz Kanada gesetzlich verankert. Die Mehrheit der Kanadier spricht Englisch, im Jahr 2008 waren nur 18 % aller Einwohner französische Muttersprachler. Die Provinz mit dem höchsten Anteil an Französisch sprechenden Einwohnern ist Quebec (2008: 88 %).

In den Atlantikprovinzen spricht ebenfalls die Mehrheit der Bevölkerung Englisch. Allerdings gibt es im offiziell zweisprachigen New Brunswick mit 28 % einen recht großen Bevölkerungsanteil, dessen Muttersprache das Französische ist. Ansonsten ist die Französisch sprechende Bevölkerung klar in der Minderheit, ihr Prozentsatz liegt auf Prince Edward Island bei 5 %, in Nova Scotia bei 4 % und in Neufundland und Labrador bei weniger als 1 %.

Land und Leute

Das im atlantischen Kanada gesprochene Französisch baut auf der Sprache auf, die einst von den ersten französischen Einwanderern mit nach Kanada gebracht wurde, und ist deswegen nicht ganz einfach zu verstehen. Selbst wer über gute französische Sprachkenntnisse verfügt, wird anfangs einige Probleme mit der Betonung, dem Satzbau und dem Vokabular haben. (Der Unterschied ist in etwa so, als wenn man mit seinem Schulenglisch zum ersten Mal in die USA reist.) Probieren sollte man es aber trotzdem, die Einheimischen werden es honorieren.

Auf Prince Edward Island wird in einigen Gegenden auch Holländisch gesprochen. In den Städten hört man seit der Ankunft der ersten asiatischen Einwanderer in den 1960ern auch Chinesisch, Vietnamesisch, Punjabi, Hindi, Urdu und andere Sprachen. Die in Labrador lebenden Inuit sprechen Inuktitut, und auch die Mi'kmaq versuchen, ihre eigene Sprache aufrechtzuerhalten – allerdings mit recht unterschiedlichem Erfolg.

Canada Eh!

Kanadisches Englisch unterscheidet sich vom amerikanischen und auch vom britischen Englisch in seiner Aussprache und im Vokabular. Beispielsweise nennt der Kanadier *serviette, depot* und *chesterfield,* was der Amerikaner mit *napkin, station* und *couch* bezeichnet – und daher kein Wort versteht. Hier ist der deutsche Tourist mit seinem Schulenglisch eindeutig im Vorteil! Das gilt auch für die Rechtschreibung, denn in Kanada sind viele britische Schreibweisen erhalten geblieben, beispielsweise *colour, kilometre, centre* und *cheque.* Ebenfalls aus dem britischen Englisch stammt das weitverbreitete „Eh", das mit einem hohen Ton ans Ende jeden Satzes gestellt wird, ganz so, als handle es ich um eine Frage. Gleichzeitig war und ist das kanadische Englisch natürlich auch den sprachlichen Einflüssen des amerikanischen Nachbarn ausgesetzt. Trotz dieser Besonderheiten wird man mit einem einigermaßen passablen Schulenglisch vor Ort keine gravierenden Sprachprobleme haben.

Religion

Die kulturelle Vielfalt der Atlantikprovinzen spiegelt sich auch im Bereich der Religion wider. Obwohl seit der Ankunft der ersten europäischen Einwanderer das Christentum deutlich überwog und Kanada sich in seiner Geschichte durch alles andere als besondere religiöse Toleranz ausgezeichnet hat, findet man hier heute eine erstaunliche Vielzahl von Glaubensgemeinschaften, darunter auch Minderheiten wie die Mennoniten, die Duchoborzen oder osteuropäische und russische Juden. Der Einfluss der großen Religionen, v. a. der römisch-katholischen Kirche und der protestantischen Kirchen, ist seit den 1960er-Jahren in Kanada stark im Schwinden begriffen. Dies lässt sich einerseits auf die Tatsache zurückführen, dass die Zahl der Kirchenmitglieder in den letzten Jahrzehnten erheblich zurückgegangen ist. Zum anderen könnte der Rückgang aber auch schlicht darauf zurückzuführen sein, dass die kanadische Bevölkerung immer multikultureller wird. In den Atlantikprovinzen ist die Kirchenzugehörigkeit trotzdem noch immer relativ hoch, und v. a. die katholische und die protestantische Kirche spielen im Privat- und Gemeindeleben noch eine große Rolle.

Romantische Stimmung in Nova Scotia

Anreise und Verbindungen vor Ort

Einreisebestimmungen

Deutsche, österreichische und Schweizer Staatsbürger, die nicht länger als sechs Monate im Land bleiben wollen, benötigen derzeit zur Einreise nach Kanada nur einen **Reisepass,** der mindestens für die Dauer des geplanten Aufenthalts gültig sein muss. Allerdings verlangen manche Fluggesellschaften die Vorlage eines Reisepasses mit einer Gültigkeit von sechs weiteren Monaten über den Aufenthalt hinaus. Hier bleibt es einem nicht erspart, sich selbst im Reisebüro bzw. bei der Fluglinie nach den jeweils geltenden Bedingungen zu erkundigen. Der Immigration Officer sieht es jedoch ohnehin lieber, wenn der Reisepass noch sechs Monate über den Rückflug hinaus gilt, da es ihm weitere Nachfragen erspart.

Ein deutscher **Kinderausweis** wird noch bis zu seinem Ablaufdatum als Reisedokument akzeptiert (siehe aber *Zusätzliche Bestimmungen bei der Einreise über die USA*). Generell genügt zur Einreise auch die Eintragung des Kindes im Reisepass eines begleitenden Elternteils, falls der Reisepass vor dem 01.11.2007 ausgestellt wurde. Bei österreichischen Kindern ist die Eintragung allerdings nur bis zur Vollendung des 12. Lebensjahres möglich, und in der Schweiz benötigen sowieso alle Kinder einen eigenen Reisepass mit Foto. Auch wenn die Vorlage eines **Kinderreisepasses** bei der Einreise keine Pflicht ist, lassen sich damit langwierige Kontrollen vermeiden.

In den letzten Jahren ist es immer wieder zu spektakulären Fällen von Kindesent-
ziehungen gekommen, die für viel Aufsehen in der Öffentlichkeit gesorgt haben.
Die Einreisebehörden in Nordamerika sind daher für dieses Thema besonders sen-
sibilisiert. Reist man als Elternteil allein mit einem minderjährigen Kind nach Kanada, sollte man – auch wenn es nicht vorgeschrieben ist – eine beglaubigte **Einverständniserklärung** des anderen Erziehungsberechtigten in englischer Sprache und
die **Geburtsurkunde des Kindes** mitführen. Auch wer als Minderjähriger allein
reist, sollte eine Einverständniserklärung der Erziehungsberechtigten dabeihaben.
Reist man aus den USA ein und ist dabei zusammen mit Freunden oder Verwandten mit mehreren Fahrzeugen unterwegs, sollte man unbedingt *vor* der Ankunft an der kanadischen Grenze sicherstellen, dass der Nachwuchs bei den Eltern
im Auto sitzt. Ansonsten sind Komplikationen garantiert.

Voraussetzung für die Einreise nach Kanada ist ferner, dass der Reisende über aus-
reichende **Geldmittel** für seinen Aufenthalt verfügt und seine Rückkehr ins Hei-
matland gesichert ist (sprich: man muss ein **Rückflugticket** haben). **Impfungen**
sind für die Einreise nach Kanada nicht vorgeschrieben.

Wer länger als sechs Monate im Land bleiben will, braucht außerdem ein **Visum.**
Die entsprechenden Formulare bekommt man am einfachsten über die Website der
jeweiligen kanadischen Botschaft. Es wird empfohlen, sämtliche notwendigen Unterlagen spätestens vier Wochen vor dem geplanten Reisetermin bei der Visa- und
Einwanderungsabteilung einzureichen.

Aktuelle Informationen über die Einreisebestimmungen findet man unter www.cic.gc.ca/
english/visit/index.asp, www.kanada.de, www.kanada.at bzw. http://geo.international.gc.
ca/canada-europa/switzerland/

Wie überall in Nordamerika wurden auch in Kanada die **Sicherheitsmaßnahmen**
zum Schutz vor terroristischen Anschlägen drastisch verschärft. Bei der Einreise
können daher am Flughafen lange Wartezeiten entstehen. Dies sollte man unbedingt einkalkulieren, wenn man einen Anschlussflug bucht. Nach wie vor ist es
nämlich in den meisten Reisebüros und v. a. bei Onlinebuchungen gängige Praxis,
dass automatisch der nächste freie Anschlussflug vorgeschlagen wird. Liegen jedoch zwischen Landung und Weiterflug gerade einmal 30 Min., dann sind angesichts der Sicherheitskontrollen Probleme vorprogrammiert.

Zusätzliche Bestimmungen bei der Einreise über die USA: Wer zunächst einen
Stopp in den USA einlegt, muss dort einen **maschinenlesbaren Reisepass** (Deutsche und Österreicher den bordeauxroten Europapass, Schweizer einen bis zum
26.10.2006 ausgestellten Pass 03 oder einen neuen Pass 06) vorlegen können, der
zumindest für die Dauer des Aufenthalts, besser aber mindestens drei Monate über
das Datum der Einreise hinaus gültig ist. Jeder Reisende muss einen solchen Pass
vorlegen, auch Kinder und Babys. Deutsche **Kinderreisepässe** werden nur anerkannt, sofern sie vor dem 26.10.2006 ausgestellt und seitdem nicht mehr verlängert
wurden. Generell müssen alle ab dem 26.10.2006 ausgestellten Reisepässe biometri-
sche Daten enthalten. Ältere maschinenlesbare Reisepässe sind bis zu ihrem Ablauf
weiterhin gültig. Dies gilt allerdings nicht für österreichische Staatsbürger, deren
Reisepass zwischen dem 26.10.2005 und 16.06.2006 ausgestellt wurde. Da diese
Pässe kein digitales Foto enthalten, werden sie von den amerikanischen Behörden
nicht anerkannt. Man muss sich deshalb entweder ein Visum ausstellen lassen oder
rechtzeitig einen neuen biometrischen Pass beantragen. Da die Ausstellung eines
Visums mit erheblich mehr Aufwand verbunden ist (jede Menge Papierkram bei

der Antragstellung, Vorladung zu einem ausführlichen Einzelgespräch), sollte man sich besser einen neuen Pass besorgen. Wer allerdings länger als 90 Tage in den USA bleiben will, braucht sowieso ein **Visum** und kommt somit nicht um das lästige Verfahren herum.

Seit dem 12.01.2009 muss außerdem jeder Reisende, der visumfrei in die USA einreisen möchte, mindestens 72 Std. vor der geplanten Einreise eine **elektronische Einreiseerlaubnis** *(Electronic System for Travel Authorization, ESTA)* einholen. Diese kann *ausschließlich* online über die Internetseite des Department of Homeland Security unter https://esta.cbp.dhs.gov beantragt werden (Achtung: Seit der Einführung der elektronischen Einreiseerlaubnis tummeln sich im Internet immer mehr ESTA-Anbieter, die für ihre Dienste Geld verlangen. Die Ausstellung der Einreiseerlaubnis durch das Department of Homeland Security ist aber gebührenfrei!). Wird die elektronische Einreiseerlaubnis erteilt, ist sie zwei Jahre lang für alle Reisen in die USA gültig. Allerdings muss man eine neue Erlaubnis beantragen, sobald man einen neuen Reisepass erhält oder wenn sich z. B. der Name oder die Staatsangehörigkeit ändert. Wird die Einreiseerlaubnis abgelehnt (was keiner Begründung bedarf), darf man vorerst nicht in die USA reisen, sondern muss sich erst einmal um ein Visum bemühen. **Achtung:** Auch bei einer erteilten Einreiseerlaubnis entscheidet letzten Endes der Immigration Officer vor Ort darüber, ob er den Einreisestempel erteilt oder nicht. Bei der Ankunft in den USA werden außerdem von jedem Einreisenden aus Sicherheitsgründen Fingerabdrücke genommen und ein Digitalfoto angefertigt.

Aktuelle Informationen zu den Einreisebestimmungen für die USA findet man unter www.us-botschaft.de, www.usembassy.at bzw. www.usembassy.ch.

Zollbestimmungen

Die kanadischen Zollbeamten machen bei Reisenden aus Westeuropa meist nur Stichproben. Steuer- und zollfrei ist die Einfuhr von Kleidung und **Gegenständen des persönlichen Bedarfs.** Dazu zählen etwa Foto- und Videokameras, Laptops, Angelruten, Golfschläger, sonstige Sportgeräte, Campinghocker usw. Außerdem darf man **Geschenkartikel** bis zu einem Wert von $ 60 und an **Alkohol** entweder 1,14 l Spirituosen, 1,5 l Wein oder 8,5 l Bier zollfrei nach Kanada einführen (Mindestalter in den Atlantikprovinzen: 19 Jahre). Raucher dürfen 200 **Zigaretten,** 200 g Tabak, 50 Zigarren und 50 Zigarillos mitbringen (Mindestalter: 17 Jahre). Außerdem müssen **Zahlungsmittel** ab einem Gegenwert von $ 10.000 bei der Einreise angemeldet werden. Wer unnötigen Ärger mit dem Zoll vermeiden will, sollte auf die Einfuhr von Lebensmitteln verzichten, da es eine ganze Reihe von (teilweise regionalen) Einfuhrbeschränkungen gibt.

Über die aktuellen Zollbestimmungen für Kanada kann man sich bei der Canada Border Services Agency (✆ 204/983-3500 oder 800/461-9799, www.cbsa-asfc.gc.ca) informieren.

Flugzeug

Dreh- und Angelpunkt für alle Flugreisen in die Atlantikprovinzen ist der **Halifax International Airport** etwa 35 km nördlich von Halifax. Allerdings gibt es aus Europa keine Direktverbindungen, sodass man mindestens einmal in Europa, den USA oder in Kanada umsteigen muss (siehe dazu auch *Sicherheitsmaßnahmen* auf S. 62). Generell hat man die Wahl zwischen Linienflügen und Charterflügen. Bei Letzteren muss man jedoch beachten, dass sie nur an bestimmten Tagen durchgeführt werden und meist niedrige Gepäcklimits gelten. Weitere Flughäfen in den Atlantikprovinzen befinden sich in Saint John, Moncton, Bathurst, Yarmouth, Sydney, Charlottetown und St. John's. Auch wenn der Flugverkehr in den Atlantikprovinzen die anderen Verkehrsmittel (v. a. Fähre und Bahn) noch nicht ganz verdrängt hat, ist das Flugzeug doch mittlerweile das Hauptverkehrsmittel in der Region. Entsprechend voll ist es gerade in der Hauptsaison auf den Flughäfen, und auch die Flüge sind dann meist schon lange vorher ausgebucht. Also rechtzeitig reservieren!

Flugverbindungen

• *Von Europa nach Kanada* **Continental** (✆ 800/231-0856, www.continental.com) fliegt ab Frankfurt über Newark (New Jersey) nach Halifax, **KLM** (✆ 01805/214201, www.klm.de) in Verbindung mit Northwest über Detroit, **Lufthansa** (✆ 01805/838426, www.lufthansa.com) zusammen mit **Air Canada** über Montreal und **United** (✆ 069/50070387, www.ual.de) in Zusammenarbeit mit Air Canada über Boston. Von Frankfurt aus fliegt Air Canada auch Toronto und Ottawa direkt an, von München aus Toronto. Über Paris steuert **Air France** (✆ 01805/830830, www.airfrance.de) Toronto und Montreal von Frankfurt aus an. Mit **Air Transat** (✆ 069/6976570, www.airtransat.de) kann man von Hamburg, Frankfurt, München, Wien und Basel aus nach Montreal oder Toronto fliegen. **British Airways** (✆ 01805/266522, www.britishairways.com) steuert über London Montreal und von dort in Zusammenarbeit mit dem Billigflieger British Midland (www.flybritishmidland.com) auch Halifax an.

> Die nationale Fluggesellschaft **Air Canada** (✆ 888/247-2262, www.aircanada.ca bzw. www.aircanada.com) ist eine der größten der Welt und in fünf Kontinenten präsent. Die Struktur der Flugpreise ist im Gegensatz zu vielen anderen Gesellschaften sehr transparent und die Online-suche nach Flügen übersichtlich.

• *Von den USA nach Kanada* **Air Canada** fliegt Halifax von Boston, Detroit und New York City aus an. Von New York City aus steuert auch **American Eagle** (✆ 800/433-7300, www.aa.com) Halifax an. Über Newark fliegt **Continental** (✆ 800/231-0856, www.continental.com) nach Halifax und von Detroit aus auch **Northwest** (✆ 800/225-2525, www.nwa.com).
Wer aus einer anderen US-amerikanischen Stadt in die Atlantikprovinzen möchte, kann

über die Drehkreuze Toronto und Montreal nach Halifax, Saint John, Fredericton, Bathurst, Charlottetown und St. John's fliegen.
• *Innerhalb von Kanada* Wer bereits in Kanada ist und weiter in die Atlantikprovinzen möchte, sollte einen Blick auf die Verbindungen von Kanadas zweitgrößter Fluglinie **WestJet** (✆ 403/250-5839 oder 888/937-8538, www.westjet.com) werfen. Der Billigflieger hat seinen Sitz in Calgary und verfügt über eine Verbindung via Toronto nach Halifax, darüber hinaus werden viele andere Routen in die Atlantikprovinzen wie z. B. jene nach St. John's bedient. **Air Canada** fliegt von Montreal, Ottawa, Toronto und Calgary nach Halifax und bietet zusammen mit der Partnerfluglinie **Air Canada Jazz** (✆ 902/873-5000, www.flyjazz.ca) planmäßige Flüge nach Saint John, Moncton, Bathurst, Yarmouth, Sydney, Charlottetown und St. John's an. Zu den regionalen Fluggesellschaften in den Atlantikprovinzen gehört **Provincial Airlines** (✆ 709/576-3943 oder 800/563-2800, www.provincialairlines.com), die nicht nur Direktflüge zwischen Halifax und St. John's anbietet, sondern auch eine ganze Reihe von Flugverbindungen zwischen Neufundland und Labrador. **Air Labrador** (✆ 709/758-0002 oder 800/563-3042, www.airlabrador.com) erhält die Verbindung zwischen den abgelegenen Orten in Labrador und dem Rest der Welt aufrecht und steuert diese von St. John's, Deer Lake und Montreal aus an.

Flugpreise

Generell empfiehlt es sich, eine erste Preisübersicht mittels **Onlinerecherche** einzuholen, um im Reisebüro abschätzen zu können, wie die dortigen Angebote kostenmäßig liegen. Geeignete Seiten sind u. a. www.expedia.de, www.flugticket.de, www.travel-overland.de und www.mcflight.com.
Bei Drucklegung dieses Buches kosteten die günstigsten Flüge von München nach Halifax und zurück etwa 650 € (Onlinebuchung). Für dieses Geld konnte man noch kurzfristig Flüge in der Nebensaison ergattern, sofern man zeitlich etwas flexibel war.

Wer in der Hauptsaison unterwegs sein wollte und nicht mindestens sechs Monate im Voraus gebucht hatte, musste mit etwa 1100 € rechnen. Die Angebote im Reisebüro begannen bei rund 800 €.

Bahn

Wer aus dem Osten der USA per Bahn in die Atlantikprovinzen reisen möchte, kann mit **Amtrak** (✆ 800/872-8725, www.amtrak.com) entweder von New York City nach Toronto (via Buffalo) oder nach Montreal fahren. In Kanada selbst wird der Zugverkehr von **VIA Rail** (✆ 416/366-8411 oder 888/842-7245, www.viarail.ca). gemanagt. Die Gesellschaft hat auch die berühmte Ocean-Verbindung zwischen Montreal und Halifax wiederauferstehen lassen:

Bahnurlaub mit dem Ocean: Nach der Abfahrt in Montreal geht die Reise mit dem Ocean zunächst am Südufer des Sankt-Lorenz-Stroms entlang ins nördliche New Brunswick, wo der Zug dann quer durch die Provinz bis nach Moncton weiterfährt. Von dort führt die Trasse über Amherst und Truro und endet schließlich in Halifax. Die Gesamtfahrzeit beträgt 21 Std. Obwohl es auch Fahrkarten für die einfachere Touristenklasse (*Comfort Class*) gibt, dreht sich alles um die fast schon legendäre *Easterly Class*. Zu deren aufwendig restaurierten historischen Eisenbahnwaggons gehören u. a. ein Aussichts- und Salonwagen mit kuppelförmigem Glaskuppeldach, drei kleine Lounges (wovon eine der berühmten Mural Lounge nachempfunden ist), ein exklusiver Speisewagen und noch ein zweiter für alle, die lieber eine Kleinigkeit in einer etwas zwangloseren Atmosphäre essen möchten. Der Spaß kostet in der Comfort Class $ 140 (einfache Fahrt), für die Easterly Class muss man $ 520 hinblättern (inkl. Übernachtung im Schlafwagen und Mahlzeiten).

Wer in Kanada ausgiebig mit der Bahn fahren möchte, sollte sich einen **Canrailpass** zulegen, mit dem man innerhalb von 30 Tagen 12 Tage lang unbegrenzt reisen kann. In der Hochsaison (01.06.–15.10.) kostet der Pass $ 923, Senioren (ab 60 Jahren), Studenten und Kinder zahlen $ 831. Wer möchte, kann die Fahrzeit um 3 Tage verlängern, also von 12 auf maximal 15 Tage aufstocken. Jeder Zusatztag kostet $ 79, für Senioren, Studenten und Kinder $ 71. In Zusammenarbeit mit Amtrak bietet VIA Rail auch einen **North American Rail Pass** an.

Mit dem Canrailpass erhält man von Oktober bis Juni auf alle Fahrkarten einen Nachlass von 25–40 % gegenüber dem regulären Fahrpreis. Senioren, Studenten und Kinder bekommen einen Nachlass von 10 %, der mit anderen Sonderangeboten kombiniert werden kann. **Achtung:** Wer vorab ein Bahnticket kaufen möchte, muss das Kleingedruckte genau studieren, da es für ermäßigte Fahrkarten zahlreiche Beschränkungen gibt.

Auf der Homepage von VIA Rail (www.viarail.ca) gibt es alle notwendigen Informationen zu den einzelnen Bahnverbindungen, Fahrplänen und Fahrkartenpreisen. Man kann dort online reservieren und sich die Städte bzw. Sehenswürdigkeiten entlang der jeweiligen Strecke anzeigen lassen. Vor Ort bekommt man die notwendigen Informationen an jeder VIA-Rail-Bahnstation.

Bus

Die weltweit bekannten nordamerikanischen Busse von **Greyhound** (✆ 800/231-2222, www.greyhound.ca bzw. www.greyhound.com) verkehren nicht in den Atlantikprovinzen. Wer aus einer anderen kanadischen Provinz oder Neuengland per Bus anreist, muss daher erst einmal die großen Städte wie Montreal, Toronto oder Bangor (Maine) ansteuern, von wo aus man mit **Acadian** (✆ 902/454-9321 oder

800/567-5151, www.acadianbus.com) weiterfahren kann. Die Acadian-Busse verbinden alle größeren Städte innerhalb der Maritimes und halten auch in vielen kleineren Orten. Sie fahren das ganze Jahr über, die Fahrpreise sind erschwinglich.

Da Acadian alle Fahrkarten von Greyhound anerkennt, kann sich für Busreisende der Kauf eines **Greyhound Discovery Pass** lohnen, den es in unterschiedlichen Ausführungen gibt. So kostet beispielsweise der *Canada Discovery Pass* $ 329 für 7 Tage, $ 483 für 15 Tage, $ 607 für 30 Tage und $ 750 für 60 Tage. Online muss man den Pass mindestens 14 Tage vor Fahrtantritt kaufen, bei den kanadischen Verkaufsstellen reichen 7 Tage im Voraus, und bei den US-Verkaufsstellen kann man ihn sogar am Fahrtag selbst erwerben.

Fähre

Wer die Atlantikprovinzen von den USA oder von Toronto aus mit dem Mietwagen (S. 68) ansteuert, kann sich das Umrunden der Bay of Fundy sparen und gleich die kürzeste Route nach Halifax nehmen, indem er eine Fährüberfahrt von Maine nach Yarmouth (Nova Scotia) macht: Die schnellste Autofähre Nordamerikas heißt **The Cat** (✆ 902/742-6800 oder 888/249-7245, www.catferry.com) und verkehrt zwischen Portland bzw. Bar Harbor und Yarmouth. Die Überfahrt ist von Anfang Juni bis Mitte Oktober zwei- bis dreimal wöchentlich möglich (in der Hauptsaison, also im Juli und August, drei- bis fünfmal) und dauert ungefähr 5:30 Std. Für eine einfache Überfahrt von Portland nach Yarmouth zahlen Erwachsene in der Hauptsaison US$ 99 und Kinder (ab 6 Jahren) US$ 65, für einen Pkw sind außerdem US$ 164 fällig (größere Fahrzeuge bzw. Wohnmobile kosten mehr) und zusätzlich US$ 25 Treibstoffzuschlag. Die einfache Überfahrt von Bar Harbor aus kostet für Erwachsene US$ 69, für Kinder US$ 47 und für einen Pkw zusätzlich US$ 115 (plus Treibstoffzuschlag). Innerhalb der Atlantikprovinzen gibt es folgende Fährverbindungen:

Über die Bay of Fundy: *Bay Ferries* (✆ 902/245-2116 oder 888/249-7245, www.nfl-bay.com) betreibt die immer gut genutzte Fährverbindung zwischen Saint John (New Brunswick) und Digby (Nova Scotia) über die Bay of Fundy. Mit der Fähre kann man sich einige Stunden Fahrzeit sparen. Sie legt ganzjährig ein- bis zweimal täglich ab. Die einfache Überfahrt kostet für Erwach-

Die Fähre verbindet Neufundland mit Labrador

sene $ 40 und für Kinder $ 24. Für einen Pkw zahlt man $ 80 plus $ 20 Treibstoff-zuschlag. Im Sommer unbedingt rechtzeitig reservieren!

Nach **Prince Edward Island** kommt man entweder mit der Fähre oder über die Confederation Bridge. Die *Northumberland Ferries* (☎ 902/566-3838, www.peiferry.com) verkehren fünf- bis neunmal täglich zwischen Caribou in Nova Scotia und Wood Islands im Osten von Prince Edward Island. Die Überfahrt dauert etwas über 1 Std. Nur 10 Min. dauert dagegen die Fahrt über die Confederation Bridge, die die Meerenge zwischen Cape Jourimain in New Brunswick und Prince Edward Island überspannt und mit einer Länge von 12,9 km die längste Brücke Kanadas ist. Die erlaubte Höchstge-schwindigkeit auf der Brücke beträgt 80 km/h, wird aber bei schlechten Wetterverhältnissen oder dichtem Verkehr beschränkt. Radfahrer und Fuß-gänger werden aus Sicherheitsgründen von einem Shuttleservice über die Brücke gebracht.

Egal, ob man die Fähre nimmt oder über die Brücke fährt: Bezahlen muss man erst, wenn man Prince Edward Island wieder verlässt. Ein Fährticket kostet $ 16 für 13- bis 59-Jährige, $ 14 für über 59-Jährige und $ 63 pro Fahrzeug (unabhängig von der Anzahl der Insassen). Wenn man statt mit der Fähre über die Confederation Bridge zurückfährt, kann man einige Dol-lars sparen: Der Shuttleservice für Radfahrer und Fußgänger kostet $ 8 bzw. $ 4, das Befahren der Brücke mit dem Pkw $ 42,50. Bezahlen kann man in bar oder per Kreditkarte.

Geschichtliches zur Confederation Bridge: Bevor es die Brücke gab, trans-portierte eine Fähre seit 1832 rastlos den Besucherstrom über die Meerenge. Der Bau der Confederation Bridge war jahrzehntelang heftig umstritten, bei einer Volksabstimmung im Januar 1988 sprachen sich aber schließlich 59,4 % der Inselbewohner für die Brücke aus. Sie wurde nach nur vier Jahren Bauzeit fertiggestellt und 1997 für den Verkehr freigegeben. Die Brücke kos-tete $ 1 Mrd. und hat zweifellos dazu geführt, dass es auf Prince Edward Is-land heute mehr Straßenverkehr gibt als zuvor. Es bleibt allerdings abzuwar-ten, ob die wachsende Zahl der Besucher tatsächlich dazu führt, dass sich der Alltag der Inselbewohner so drastisch verändern wird, wie es von den Gegnern des Brückenbaus ursprünglich befürchtet wurde.

Weitere Infos unter www.confederationbridge.com.

Nach und innerhalb von Neufundland und Labrador: *Marine Atlantic* (☎ 902/794-5254 oder 800/341-7981, www.marine-atlantic.ca) betreibt zwei Verbindungen zwischen North Sydney (Nova Scotia) und Neufundland. Die kürzere Passage nach Port-aux-Basques dauert 5–6 Std. und kostet (ab 13 Jahren!) $ 28,50, für Kinder sind $ 14,50 und für Pkws (ohne Insassen!) $ 81,50 zu zahlen. Die nur im Sommer bestehende Verbindung zwischen North Sydney und Argentia nimmt 14 Std. in An-spruch und kostet $ 80,50, $ 40,25 bzw. $ 167,25. Das *Department of Transporta-tion and Works* (☎ 888/638-5454, www.tw.gov.nl.ca) betreibt 16 Fährverbindungen in Neufundland und Labrador. Einige davon sind kurze Linien, die bewohnte Inseln mit dem Rest der Provinz verbinden, andere bieten hingegen ein echtes Abenteuer wie die viereinhalbtägige Rundreise ins völlig entlegene Nain.

Die Confederation Bridge

Mietfahrzeug

Auto

Generell gilt, dass man einen Mietwagen **in Europa** vorbuchen sollte. Vor Ort zahlt man für dasselbe Fahrzeug oft ein Vielfaches dessen, was die einschlägigen Reiseveranstalter verlangen. Außerdem sind in den Angeboten regelmäßig bereits verschiedene Versicherungen und Gebühren enthalten. Wenn man sich schon in der Heimat Gedanken darüber gemacht hat, welche angebotenen Leistungen sinnvoll sind und auf welche man verzichten kann, hat nach der Ankunft auch kein Problem mehr, das gebuchte Fahrzeug trotz Jetlag am Mietwagenschalter abzuholen und die an einen herangetragenen Zusatzofferten der Mitarbeiter abzulehnen. Ein weiterer Vorteil ist, dass man den gewünschten Mietwagen von Europa aus auch noch relativ kurzfristig buchen kann. Ist an der Anmietstation kein Fahrzeug der entsprechenden Kategorie vorhanden, bekommt man automatisch ein Fahrzeug der nächsthöheren Kategorie. Bucht man jedoch vor Ort, und es gibt keinen Wagen der gewünschten Kategorie, ist man mitunter gezwungen, einen teuren Luxusschlitten anzumieten.

Im Allgemeinen unterscheiden sich die einzelnen Tarife der Veranstalter auf den ersten Blick relativ wenig. Allerdings gibt es für bestimmte Termine häufig Sondertarife, oder es sind umgekehrt in der Hochsaison Aufschläge zu zahlen. Zum Teil bekommt man in bestimmten Zeiträumen auch einen Wagen der nächsthöheren Kategorie ohne Aufpreis. Für ADAC-Mitglieder gibt es preislich vernünftige Angebote, in denen alle notwendigen Versicherungen (mit hohen Deckungssummen) bereits enthalten sind.

Wer erst **vor Ort** ein Fahrzeug mieten möchte, kann dies v. a. bei den Niederlassungen der großen Vermietgesellschaften tun, deren Schalter man am Halifax International Airport, in der Downtown von Halifax und in vielen anderen Städten findet.

Auch hier gilt: Wer bereits weiß, dass er in einigen Tagen einen Wagen benötigt, sollte telefonisch oder per Internet vorbuchen, um den gewünschten Fahrzeugtyp auch zu erhalten (s. o.). Zu den großen Autovermietungen in den Atlantikprovinzen zählen **Avis** (✆ 800/974-0808, www.avis.ca), **Budget** (✆ 800/268-8900, www.budget.com), **Discount** (✆ 800/263-2355, www.discountcar.com), **Dollar** (✆ 800/800-4000, www.dollar.com), **Enterprise** (✆ 800/325-8007, www.enterprise.com), **Hertz** (✆ 800/263-0600, www.hertz.ca), **National** (✆ 800/227-7368, www.nationalcar.com), **Rent-a-wreck** (✆ 800/327-0116, www.rentawreck.ca) und **Thrifty** (✆ 800/847-4389, www.thrifty.com). Zumindest in Halifax bieten alle Mietwagenfirmen den Service, den Wagen kostenlos zum Hotel zu bringen und später wieder abzuholen, sodass man sich die Fahrt zur Mietstation sparen kann.

Im Sommer kostet ein Mietwagen der Kategorie Economy oder Compact vor Ort um die $ 50 pro Tag bzw. $ 250 pro Woche. Obligatorisch ist eine Vollkaskoversicherung, sie kostet ab $ 20 pro Tag. Die Terminologie für die Vollkaskoversicherung ist bei den Vermietern leider nicht einheitlich. Am gebräuchlichsten sind die Bezeichnungen *CDW (Collision Damage Waiver), LDW (Loss & Damage Waiver)* und *PDW (Physical Damage Waiver)*.

Fast noch wichtiger als die Kosten des Mietwagens sind die jeweiligen Mietbedingungen. So sind zwar bei den meisten Vermietern unbeschränkte **Freikilometer** im Preis enthalten, zur Sicherheit sollte man sich aber genau über die jeweilige Preispolitik des Vermieters erkundigen. Angesichts der großen Distanzen in den Atlantikprovinzen sollte man sich darüber informieren, welche Rückführungsgebühren bei einer **Einwegmiete** fällig werden, wenn man das Fahrzeug an einer anderen als der Anmietestation zurückgeben möchte. Zu bedenken ist ferner, dass Einwegmieten zwischen Kanada und den USA bei den meisten Mietwagenfirmen grundsätzlich nicht möglich sind. Ein Grenzübertritt von Kanada in die USA bzw. umgekehrt ist hingegen meist erlaubt. Außerdem ist genau darauf zu achten, ob Fahrten auf **bestimmten Strecken bzw. in bestimmten Regionen** ausdrücklich ausgeschlossen sind. Praktisch alle Vermieter untersagen das Befahren von unbefestigten Straßen und Schotterpisten (siehe dazu auch *Wohnmobil*).

Wohnmobil

Ein Wohnmobil befreit einen nicht nur von dem Problem, jeden Abend ein neues Quartier suchen zu müssen, sondern ist im Prinzip für eine Reise durch die Atlantikprovinzen wie geschaffen, denn oft gibt es auch an etwas entlegeneren Plätzen, an denen kein Hotel mehr zu finden ist, noch einen Campground. Einziger gravierender Nachteil sind die hohen Kosten. Denn selbst wenn man ein Wohnmobil der günstigsten Kategorie auswählt, zahlt man für die Fahrzeugmiete im Schnitt etwa das Dreifache dessen, was man für einen guten Mietwagen hinblättern müsste. Dazu kommt, dass die Benzinkosten etwa doppelt so hoch sind wie bei einem Pkw. Beachten muss man schließlich auch, dass bei Wohnmobilen im Regelfall nur eine bestimmte Anzahl an Freikilometern pro Tag gewährt wird (bei Anmietung vor Ort oft nur 100 km), jeder weitere Kilometer muss dann teuer bezahlt werden. Zwar spart man durch die meist recht günstigen Übernachtungskosten auf den Campgrounds wieder einiges ein, insgesamt gesehen kommt man jedoch mit der Anmietung eines Pkws und der Übernachtung in Hotels grundsätzlich deutlich günstiger weg.

Wohnmobile werden in Kanada **RV** *(Recreational Vehicle)* genannt. Es gibt sie in allen nur erdenklichen Ausführungen – als *Fifth Wheeler* (ein doppelachsiger Wohnwagen als Aufleger, der von der Zugmaschine getrennt werden kann), *Motorcoach*, *Campervan, Camping Trailer* oder *Tent Trailer*. Wer von Europa aus bucht und die einzelnen Tarife genau vergleicht (was bei Wohnmobilen durchaus schon einmal in Arbeit ausarten kann), fährt grundsätzlich besser, als wenn er vor Ort mietet. In Kanada bekommt man das kleinste Wohnmobil (mit Schlafgelegenheit für zwei Personen) ab $ 175 pro Tag inkl. 100 Freikilometern. Hinzu kommen Versicherung(en), eine Gebühr für die Bereitstellung des Fahrzeugs *(preparation fee)* von etwa $ 60, eine Gebühr für Bettzeug und Besteck *(linen/cutlery charge)* von ungefähr $ 60/Pers. und natürlich die Steuer. Zu den großen Anbietern mit Niederlassungen in Halifax und an vielen anderen Stationen in den Atlantikprovinzen zählen insbesondere **Cruise Canada** (✆ 800/671-8042, www.cruisecanada.com) und **Canadream** (✆ 800/461-7368, www.canadream.com). **Einwegmieten** (z. B. zwischen Halifax und Toronto) sind bei fast allen Anbietern möglich, schlagen aber nahezu ausnahmslos mit einer Gebühr von $ 900 zu Buche. Wer nicht mit dem Wohnmobil nach Neufundland übersetzen, sondern erst dort eines mieten möchte, kann das in St. John's bei der Firma **Islander RV** (✆ 709/738-7368 oder 888/848-2267, www.islanderrv.com) tun, die je nach Modell $ 184–325 pro Tag verlangt.

Wichtig: Bei der Buchung eines Wohnmobils muss man darauf achten, ob mit dem Fahrzeug irgendwelche Strecken nicht befahren werden dürfen. So verbieten manche Vermieter von Wohnmobilen das Befahren von bestimmten Strecken in Neufundland. Wer sich nicht an das Verbot hält und erwischt wird, kann in Teufels Küche kommen, v. a. wenn man eine Panne hat oder in einen Unfall verwickelt wird. Praktisch alle Vermieter untersagen Fahrten über Schotterstraßen (*unpaved roads, dirt roads* etc.). Leider lassen sich jedoch manche schön gelegenen Campgrounds nur über eine solche erreichen. Bei der Entscheidung solcher Gewissensfragen muss einem zumindest die Rechtslage klar sein: Befährt man die unbefestigte Straße trotz Verbot, erlischt der Versicherungsschutz, und man haftet persönlich für entstehende Schäden.

Führerschein und Verkehrsregeln

Der **nationale Führerschein** ist in Kanada gültig und reicht grundsätzlich aus. Es empfiehlt sich aber, zur Sicherheit einen **internationalen Führerschein** dabeizuhaben.

Auf den Verkehrsschildern, die an den Highways stehen, sind die Entfernungen in Kilometern angegeben, die vorgeschriebene **Höchstgeschwindigkeit** in km/h *(kilometers per hour, kph)*. Obwohl in den Provinzen und auch regional unterschiedliche Tempolimits gelten können, liegt die erlaubte Höchstgeschwindigkeit auf Highways grundsätzlich bei 100 km/h, innerorts bei 50 km/h. Im Bereich von Schulen ist die Geschwindigkeit regelmäßig auf 30 km/h begrenzt, was auch gnadenlos kontrolliert wird. Haltende Schulbusse mit eingeschaltetem Warnblinklicht dürfen nicht überholt werden. Da mancherorts auch der Gegenverkehr nicht an haltenden Schulbussen vorbeifahren darf, sollte man im Zweifel lieber einmal zu viel als zu wenig anhalten. In Kanada muss außerdem mit **Tagfahrlicht** *(daytime running light)* gefahren werden, das sich bei vielen Mietwagen (aber längst nicht bei allen) nach dem Anlassen automatisch einschaltet. Die **Ampeln** hängen wie in Amerika über den Kreuzungen und sind somit besser zu sehen als die vor den Kreuzungen stehenden

Ampeln in Europa. Wer bei roter Ampel nach rechts abbiegen will, darf dies vorsichtig tun, wenn er dabei niemanden gefährdet und es nicht ausdrücklich per Verkehrsschild verboten ist („no right turn on red" bzw. „no virage á droite au feu rouge"). Kreuzungen mit **Stoppzeichen** in alle vier Richtungen sind weit verbreitet. Nach einem kurzen Anhalten fahren alle Fahrzeuge in der Reihenfolge weiter, in der sie nacheinander an der Kreuzung angekommen sind. So unglaublich sich das für einen Europäer anhören mag, so problemlos funktioniert diese Regelung vor Ort. Vorsicht ist aber selbst dann geboten, wenn die Kreuzung offensichtlich leer ist, denn bei einem Stoppschild muss man trotzdem immer kurz anhalten. Die Polizei kontrolliert das gerne aus einem gut getarnten Versteck. Auch wenn es in Kanada bei einer **Polizeikontrolle** viel entspannter zugeht als in den USA, gilt grundsätzlich: im Auto sitzen bleiben, das Fenster öffnen und die Hände gut sichtbar am Lenkrad lassen. Das Fahren im **angetrunkenen Zustand** wird drastisch geahndet (siehe *Wissenswertes von A bis Z/Alkohol*). In ganz Kanada besteht außerdem **Gurt- und Helmpflicht.** Für Kinder bis 36 kg Körpergewicht ist die Benutzung eines kanadischen (!) **Baby- bzw. Kindersitzes** Pflicht, wobei die Art des Sitzes von Alter und Gewicht des Kindes abhängt (siehe dazu www.tc.gc.ca/roadsafety/safedrivers/childsafety/car/index.htm). Bei den meisten Mietwagenfirmen kann man Kindersitze mieten, jedoch nicht bei allen Anbietern von Wohnmobilen. Wer einen Kindersitz kaufen muss, sollte wissen, dass es selbst in größeren Kaufhäusern meist nur die gängigsten Billigmodelle gibt und man sich daher für ein Qualitätsprodukt erst einmal auf die Suche nach einem entsprechenden Spezialgeschäft machen muss. Wer auf Nummer sicher gehen will, nimmt trotzdem den eigenen Sitz mit, was bei vielen Fluggesellschaften problemlos möglich ist (trotzdem rechtzeitig erkundigen).

Getankt wird Diesel (*gasoil* oder *diesel fuel*), Normal *(regular)* oder Super *(premium)*, alles jeweils bleifrei (*unleaded, no lead* oder *sans plomb*). Die Zapfsäulen zeigen mittlerweile überall nur noch Liter statt der früheren Gallonen (ca. 3,8 Liter) an.

Wer einen **Strafzettel** kassiert und vorhat, irgendwann in seinem Leben noch einmal nach Kanada einzureisen, sollte ihn lieber bezahlen (oder fristgerecht dagegen vorgehen), denn in Kanada wird ein Strafzettel für unbegrenzte Zeit auf den Namen des Fahrers gespeichert. Man muss also bei erneuter Einreise ohnehin bezahlen, könnte aber theoretisch sogar wegen des unbezahlten Strafmandats in Gewahrsam genommen bzw. wieder zurückgeschickt werden. Dazu kommt, dass die Mietwagenfirmen in Nordamerika heutzutage wie selbstverständlich Listen über die nicht bezahlten Knöllchen führen. Wird ein notorischer Falschparker darin erst einmal als „nicht zuverlässig" aufgeführt, kann es für ihn bei den großen Vermietern schwierig werden, wieder einen Mietwagen zu bekommen.

Mitglieder des ADAC erhalten gegen Vorlage ihrer Mitgliedskarte bei den Geschäftsstellen der **Canadian Automobile Association** (CAA, ✆ 613/247-0117, www.caa.ca) kostenlose Straßenkarten und Informationen über die Straßen- und Wetterverhältnisse. Außerdem bekommt man dort oft vergünstigte Eintrittskarten für Veranstaltungen, und man kann Unterkünfte oder Ausflüge buchen. Im Notfall wird in geringem Umfang auch Pannenhilfe geleistet, allerdings sollte man sich immer erst mit dem Autovermieter in Verbindung setzen und mit diesem das weitere Vorgehen absprechen. Die gebührenfreie Notrufnummer des ADAC (in deutscher Sprache) lautet ✆ 888/222-1373.

Sport und Freizeit

In der herrlichen Natur der Atlantikprovinzen lässt sich praktische jede Form von Sport und Freizeitaktivität umsetzen: Rad fahren und wandern, bergsteigen und raften, Kanu fahren, windsurfen, Steine und Mineralien sammeln, Vögel beobachten, jagen, angeln, Hockey, Tennis und Golf spielen – oder was einem sonst noch so alles in den Sinn kommt. Egal, was das Thermometer anzeigt, seien es 35 °C im Sommer oder −15 °C im Winter, die Menschen vor Ort gehen das ganze Jahr über irgendeiner Freizeitbeschäftigung nach.

Parks

Die in den Atlantikprovinzen liegenden National- und Provinzparks haben jeweils einen ganz eigenen Charakter und bieten daher ein entsprechend breites Spektrum an Aktivitäten und Unterkünften. So kann man beispielsweise eine Rucksacktour ins wilde Hinterland des Mount Carleton Provincial Park (New Brunswick) unternehmen oder im Luxus des Keltic Lodge Resort im Cape Breton Highlands National Park (Nova Scotia) schwelgen.

Nationalparks

In den Atlantikprovinzen liegen acht der insgesamt 42 kanadischen Nationalparks. Der **Cape Breton Highlands National Park** in Nova Scotia ist nicht nur einer der spektakulärsten, sondern auch noch besonders gut erreichbar. Er bietet dem Besucher herrliche Panoramablicke aufs Meer, eine reiche Tierwelt und ein dichtes Netz von Wanderwegen. In derselben Provinz befindet sich der **Kejimkujik National Park,** der als einziger in den Maritimes nicht am Meer liegt. Hier tauscht man also das Kajak gegen ein Kanu ein, um die ausgedehnte Seenplatte zu erforschen. Der in New Brunswick gelegene **Fundy National Park** ist berühmt für die größten Gezeitenunterschiede unseres Erdballs, und der **Kouchibouguac National Park** grenzt direkt an die Northumberland Strait. Die Strände im **Prince Edward Island National Park** sind ein beliebtes Ausflugsziel für einheimische Familien. In Neufundland und Labrador gibt es drei Parks: Der **Terra Nova National Park** genießt einen sehr guten Ruf bei allen Kajakfahrern, der **Gros Morne National Park** zählt zum UNESCO-Weltnaturerbe und bietet spektakuläre Ausblicke auf hohe Klippen, die steil über den Binnengewässern aufragen, und der **Torngat Mountains National Park** umfasst das Gebiet an der nördlichen Landspitze von Labrador.

Informationen zu diesen Nationalparks gibt es auf der Homepage von **Parks Canada** (www.pc.gc.ca).

Provinzparks

In den Atlantikprovinzen gibt es Hunderte von Provinzparks, die nicht nur Gebiete schützen, die aufgrund ihrer Natur, Geschichte oder Kultur bedeutsam sind, sondern die dem Besucher auch ein breit gefächertes Freizeitangebot bieten. In vielen Provinzparks gibt es Spielplätze, es werden Kanus vermietet, und man hat die Möglichkeit, sich vor Ort zu verpflegen. Auch Picknicktische und Waschgelegenheiten sind normalerweise vorhanden. Schließlich haben etliche Parks auch einen Campground und veranstalten im Sommer Ausstellungen, Vorträge und geführte Wanderungen *(interpretive programs).*

Informationen zu den Provinzparks gibt es u. a. in den örtlichen Informationszentren und hier:

Nova Scotia: Department of Natural Resources, ℡ 902/662-3030, www.novascotia parks.ca.

New Brunswick: Department of Tourism and Parks, ℡ 506/462-5924, www.nbparks.ca und www.tourismnewbrunswick.ca.

Prince Edward Island: Department of Tourism, ℡ 902/368-4801, www.tourismpei.com.

Neufundland und Labrador: Department of Environment and Conservation, Parks and Natural Areas Division, ℡ 709/729-2664, www.env.gov.nl.ca/parks.

Eintritt in die Nationalparks

In allen Nationalparks wird Eintritt erhoben. Je nach Park kostet ein Tagespass $ 5,80–9,80, Ermäßigungen gibt es für Senioren (ab 65 Jahren; $ 4,90–8,30) und Kinder (6–16 Jahre; $ 2,90–4,90). Familien und Gruppen bis zu sieben Personen (max. zwei Erwachsene), die in einem Auto anreisen, zahlen um die $ 20. Ein Tagespass ist bis zum darauffolgenden Tag um 16 Uhr gültig, und man kann mit ihm bis dahin auch noch andere Nationalparks besuchen.

Ein Jahrespass *(National Parks of Canada Pass)* ist ab dem Kaufmonat ein Jahr lang gültig und kostet $ 67,70 bzw. für Senioren $ 57,90, für Kinder $ 33,30 und für Familien/Gruppen $ 136,40. Ab wann sich der Kauf eines Jahrespasses lohnt, hängt von der Anzahl der Mitreisenden, der Reisedauer und der Zahl der auf dem Reiseplan stehenden Nationalparks ab. Mit dem ebenfalls ein Jahr lang gültigen *Discovery Package* kann man neben den Nationalparks auch alle von Parks Canada unterhaltenen National Historic Sites besuchen ($ 84,40 bzw. für Senioren $ 72,60, für Kinder $ 42,40 und für Familien/Gruppen $ 165,80).

Die Pässe sind an jeder Einfahrt zu einem Nationalpark, in den Informationszentren der Parks und an den Bezahlstationen der Campgrounds erhältlich. Wer schon einen Tagespass gekauft hat, kann diesen innerhalb von 30 Tagen durch Zahlung des jeweiligen Differenzbetrages in einen anderen Pass umwandeln. Dazu muss man beim Besuch eines weiteren Nationalparks nur seine Quittung vorlegen.

Weitere Informationen erhält man über die Homepage von Parks Canada (www.pc.gc.ca).

Wandern

Eine der populärsten Freizeitaktivitäten in den Atlantikprovinzen ist das Wandern. Es ist nicht nur deshalb so beliebt, weil es Hunderte von Trails für Wanderer jeden Alters gibt, sondern auch weil es nichts kostet. In den Maritimes dauert die Wandersaison vom Frühjahr bis zum Herbst, in Neufundland und Labrador hingegen bleibt nur der Hochsommer (außer man ist ein wirklich abgehärteter und erfahrener Abenteurer). An der Küste bleibt man von lästigen Insekten weitgehend verschont, im Inland sollte man von Mai bis September immer ein Insektenschutzmittel dabeihaben (siehe dazu S. 101). Da die National- und Provinzparks extra dafür eingerichtet wurden, die schönsten Flecken der Region zu schützen, verwundert es nicht, dass man dort auch die besten Wandermöglichkeiten hat. Besonders hervorzuheben ist dabei der **Cape Breton Highlands National Park** in Nova

Scotia. Hier gibt es für Wanderer einfach alles: kurze Naturlehrpfade, bequeme (aber bei Regen rutschige) Holzplankenwege und strapaziöse Aufstiege, die an Aussichtspunkten hoch über dem Meer enden.

Angeln

Atlantischer Lachs

Das Sportfischen in den Atlantikprovinzen ist legendär, v. a. was den Atlantischen Lachs *(Atlantic salmon)* angeht. Er ist die einzige Lachsart, die in den Gezeitengewässern der Atlantikprovinzen heimisch ist. Der Atlantische Lachs gehört zu den anadromen Fischen, d. h., er verbringt sein Leben teilweise im Süß- und teilweise im Salzwasser. Nach dem Schlüpfen bleiben die Lachse etwa drei Jahre in den umliegenden Flüssen, bevor sie eine drastische innere Verwandlung durchlaufen, die es ihnen erlaubt, künftig auch im Salzwasser zu überleben. Anschließend verbringen sie zwei bis drei Jahre in den Weiten des Meeres, wobei sie bis nach Grönland schwimmen. Nach Eintritt der Geschlechtsreife beginnt dann ihr Weg zurück zum Geburtsort, zu jenem winzigen Fleckchen Flusskies in exakt jenem Gewässer, wo sie einst geschlüpft sind. Genau diese Heimkehrer sind es, die auf der Wunschliste der Sportfischer ganz oben stehen und die das Flusssystem des **Miramichi River** in New Brunswick zum berühmtesten Angelrevier der gesamten Region gemacht haben. Der Atlantische Lachs kann bis zu 36 kg schwer werden, in Seen lebende Exemplare bringen allerdings selten mehr als 10 kg auf die Waage.

In Neufundland und Labrador, New Brunswick und auf Cape Breton Island, wo man den Atlantischen Lachs angeln kann, gibt es überall ortskundige Führer, Angeltouren, Unterkünfte (von rustikal bis luxuriös) und Pauschalangebote für Angler. Für einen Führer muss man pro Tag etwa $ 250–500 veranschlagen. Am teuersten sind Pauschalangebote, die allerdings die Gebühren für die Angellizenzen, Übernachtungen, Essen, einen kundigen Führer und in abgelegenen Gebieten oft sogar die entsprechenden Flüge beinhalten. Ein typisches Angebot hat etwa die **Rifflin' Hitch Lodge** (www.rifflinhitchlodge.nf.ca) in Labrador, die 50 Flugminuten südöstlich von Goose Bay direkt am Eagle River liegt. Dieser gilt als einer der besten Flüsse in ganz Nordamerika, um Atlantischen Lachs zu angeln. Entsprechend bietet die Lodge dem Angler nicht nur jede Menge Komfort, sondern

Der Pinware River in Labrador ist einer der lachs- und forellenreichsten Flüsse in Kanada

auch die besten Fischgründe vor der Haustür. Das Essen wird jeden Feinschmecker überzeugen, im Whirlpool kann man wunderbar entspannen, die Zimmer sind komfortabel, und man kann vom Ufer oder vom Boot aus angeln, wobei für jeweils zwei Gäste ein eigener Führer zur Verfügung steht.

Andere Salzwasserarten

Flundern *(flounder)* kann man in flachen Gewässern angeln. Diese Bodenfische, die sich im Sand vergraben, werden bis zu 40 cm lang und lassen sich leicht fangen, gehen aber leider ebenso leicht auch wieder von der Angel. Am besten kann man sie mit Venusmuscheln und Würmern ködern. **Makrelen** *(mackerel)* bevorzugen im Sommer ebenfalls flachere Gewässer und sind mit einer Spinnangel leicht zu fangen. Die im North Rustico Harbour (Prince Edward Island) startenden Bootstouren zum Makrelenfischen sind äußerst preiswert.

Süßwasserarten

Der farbenprächtige **Bachsaibling** (*speckled* bzw. *brook trout*), eine Forellenart, kommt überall in der Region vor, garantiert Angelspaß und schmeckt lecker. Die Fische zieht es ins kühlere Wasser, beispielsweise in den Quellbereich von Bächen und Flüssen, wo sie sich mit einem Spinner oder einer Fliege ködern lassen. Ein 3,4 kg schweres Exemplar, eines der größten, die jemals gefangen wurden, ist im Halifax Museum of Natural History ausgestellt. **Regenbogenforellen** *(rainbow trout)* wurden erst Ende des 19. Jh. in Kanada ausgesetzt und heute in den Atlantikprovinzen in vielen Flüssen und Seen zu finden. Da sie relativ anspruchslos sind und sich gut an wechselnde Umweltbedingungen anpassen können, machen sie einen hohen Prozentsatz der jungen Forellen aus, die jedes Frühjahr in den leicht zugänglichen Gewässern ausgesetzt werden. Am einfachsten sind sie mit einer künstlichen Fliege, kleinen Spinnern oder einem Blinker zu fangen. Sowohl im Sherbrooke Lake als auch im Dollar Lake, die beide in der Nähe von Halifax liegen, gibt es zwar gute Bestände von **Seeforellen** *(lake trout)*, aber die größten Exemplare finden sich in Neufundland und Labrador. Aus Europa eingeführt wurden die **Bachforellen** *(brown trout)*, die in einigen Bächen und größeren Seen anzutreffen sind. Den regionalen Rekord hält bisher eine in Neufundland gefangene Bachforelle, die es auf 13 kg brachte.

Rank und schlank sind die **Felsenbarsche** *(striped bass)*, die überall in den Atlantikprovinzen in Flüssen und an Flussmündungen vorkommen. Einen dieser Fische zu erbeuten ist eine Kunst: Man braucht durchschnittlich 40 bis 50 Stunden, bis man einen davon an der Angel hat. Im Unterlauf des Saint John River (New Brunswick) wurde einst ein Exemplar gefangen, das ein Rekordgewicht von stattlichen 28,6 kg auf die Waage brachte. Der **Schwarzbarsch** *(smallmouth bass)* ist ein beliebter Sportfisch, der in New Brunswick und im Südwesten von Nova Scotia vorkommt. Die Tiere bevorzugen klares, ruhiges Wasser mit kiesigem Untergrund. In ganz Nordamerika verbreitet sind **Renken** *(whitefish)*, die man in den meisten Flüssen und Seen recht leicht angeln kann, allerdings werden sie kaum größer als 15 cm. Der **Atlantic whitefish** (vor Ort oft *Acadian whitefish* genannt) kommt ausschließlich im Südwesten von Nova Scotia vor und steht als gefährdete Spezies unter Naturschutz. Daher sollte man beim Angeln in den dortigen Gewässern eine Bestimmungskarte dabeihaben, um Verwechslungen auszuschließen und sich nicht strafbar zu machen. Die schmackhaften **Gelbbarsche** (*yellow perch* bzw. *lake* *perch*) erkennt man leicht an ihren breiten senkrechten Streifen. Am besten lassen sie sich in den flachen Flüssen und Seen Nova Scotias und New Brunswicks aus dem Wasser ziehen.

Angellizenzen und regionale Vorschriften

Jede Provinz hat ihr eigenes Lizenzsystem und auch eigene Vorschriften, nach denen man sich tunlichst erkundigen sollte, bevor man seine Angel auswirft.

Nova Scotia: Das Freizeitangeln untersteht dem Department of Fisheries and Aquaculture (www.gov.ns.ca/fish). Eine Lizenz zum Angeln im Süßwasser kostet für Touristen $ 12,46 pro Tag, $ 31,74 für sieben Tage bzw. $ 57,45 für ein ganzes Jahr.

New Brunswick: Der Preis für die Lizenz hängt davon ab, ob sie für Lachs oder alle anderen Fischarten gültig sein soll. Für Nichtkanadier kostet eine Angellizenz $ 40 (Lachs) bzw. $ 25 (alle anderen Fische) für drei Tage, $ 82 bzw. $ 35 für eine Woche und $ 140 bzw. $ 55 für ein Jahr. In New Brunswick ist es Touristen verboten, ohne einen Führer in den Flüssen nach Lachsen zu angeln. Es gibt außerdem Gewässer, in denen nur Einheimische fischen dürfen (sog. *crown reserves*). Näheres erfährt man beim Department of Natural Resources unter www.gnb.ca/0078.

Prince Edward Island: Das Department of Environment, Energy and Forestry (www.gov.pe.ca/enveng) verlangt $ 7 bzw. $ 20 für eine Tages- oder Jahreslizenz zum Forellenfischen während der Saison (von Mitte Juni bis Mitte Sept.).

Neufundland und Labrador: Informationen über Lizenzen zum Angeln im Süß- und Salzwasser bekommt man vom Department of Environment and Conservation (www.env. gov.nl.ca/env) und unter www.newfoundlandlabrador.com/Fishing. Touristen müssen wissen, dass es Nichtkanadiern verboten ist, ohne Führer oder direkt verwandten Einheimischen in einer Entfernung von mehr als 800 m zum nächsten Highway zu angeln.

Wer in den **Nationalparks** angeln will, braucht eine Sondergenehmigung, die man entweder im Park selbst oder manchmal auch in Sportgeschäften bekommt. Sie kostet $ 8 für eine Woche bzw. $ 25 für das Jahr.

Andere Wassersportmöglichkeiten

Kanu- und Kajakfahren

Das Kanufahren gilt in den Atlantikprovinzen als traditionelle Fortbewegungsart und ist bis heute extrem populär. Kanus kann man an fast allen beliebten Seen mieten. Auch wer ein eigenes Boot dabeihat (was wohl nur bei ambitionierten Wildwasserfahrern der Fall ist) oder sich zusammen mit einem Wohnmobil ein Kanu oder Kajak gemietet hat (was bei fast allen Veranstaltern vor Ort möglich ist, und das gilt übrigens auch für Fahrräder), kann damit nach Lust und Laune jedes Gewässer befahren und so Landschaft und Tierwelt aus einem völlig neuen Blickwinkel kennenlernen.

Überall, wo man ein Kanu zu Wasser lassen kann, ist man mit einem Kajak erst recht an der richtigen Adresse. Allerdings sind viele wagemutige Kajakfans eher auf der Suche nach nicht ganz so ruhigem Wasser. Eine völlig andere Art von Abenteuer verspricht eine Tour im Seekajak, v. a. zwischen den Felstürmen bei Hopewell Rocks und entlang der stürmischen Atlantikküste von Cape Breton Island.

Tidal Bore Rafting

Statt einer herkömmlichen Wildwasserfahrt kann man in den Atlantikprovinzen ein weltweit einmaliges Spektakel genießen: den Ritt auf der *Tidal Bore*. Wenn das Meer mit einer knöchel- bis kniehohen Gezeitenwelle zurück in die Bay of Fundy flutet, drängt das Wasser auch landeinwärts und die umliegenden Flüsse hinauf, deren Fließrichtung sich dadurch teilweise umkehrt. Auf den Touren von *Shubenacadie River Adventure Tours* (✆ 902/261-2222, www.shubie.com) reitet man mit einem motorbetriebenen Schlauchboot auf der Gezeitenwelle stromaufwärts, um ihr am Ende noch einmal direkt ins Auge zu blicken. Die Touren dauern 3 Std. und kosten ab $ 75 pro Person. **Warnung:** Die von der Gezeitenwelle ausgelösten Wellen auf dem Shubenacadie River können bis zu 1,8 m hoch werden. Falls man mit solchen Wellen in Berührung kommt, hat man anschließend keinen trockenen Faden mehr am Leib und sieht aus, als hätte man eine ausgiebige Schlammpackung bekommen. Man sollte daher unbedingt alte Kleidung und (Turn-)Schuhe bzw. Sandalen anziehen, deren Verlust man verschmerzen kann.

Schwimmen und Sonnenbaden

Angesichts ihrer Lage am Meer herrscht in den Atlantikprovinzen kein Mangel an Stränden. Die wärmsten liegen an der Baie des Chaleurs, deren Name übersetzt nichts anderes als „Bucht der Hitze" bedeutet, und an der Northumberland Strait. An der Bay of Fundy und am Atlantik ist es meist wesentlich kühler, allerdings können sich die Temperaturen von Ort zu Ort erheblich unterscheiden. In vielen Provinzparks gibt es eine ausgewiesene Schwimmzone, die überwacht wird.

Segeln

Das die Provinzen umgebende Meer und die vielen Flüsse und Seen im Landesinneren machen die Atlantikprovinzen zu einem Paradies für alle, die mit einem Boot unterwegs sind. Beliebte Segelreviere sind die Bay of Fundy (v. a. im Bereich um die Passamaquoddy Bay) und die weitläufigen Häfen von Halifax und Sydney. Aber auch die geschützt gelegenen Bras d'Or Lakes auf Cape Breton Island, der in New Brunswick gelegene Mactaquac Lake und der Saint John River werden von Seglern geschätzt.

Surfen

In Nova Scotia gibt es eine kleine, aber engagierte Gruppe von Surfern, die an der Ostküste der Provinz so oft wie möglich ihrem Hobby nachgeht. Als bestes Surfrevier gilt der **Lawrencetown Beach** mit einem schönen Righthander. Der Strand, der von den Einheimischen nur „L-town" genannt wird, liegt eine knappe Fahrstunde nördlich von Halifax. Die Wassertemperaturen steigen an der Ostküste selten über 16 °C, sodass man auch im Hochsommer einen 4/3-mm- oder 3/2-mm-Neoprenanzug braucht. Die Einheimischen werden Ihnen aber wahrscheinlich sogar erzählen, dass die mit Abstand besten Wellen eigentlich im Winter heranrollen – bei Lufttemperaturen von bis zu −20 °C und Wassertemperaturen von 0 °C steigen aber wirklich nur die hartgesottensten Surfer aufs Brett. Boards und Neoprenanzüge kann man entweder in den Shops am Lawrencetown Beach oder im *Rossignol Surf Shop* (White Point Beach Lodge, ✆ 902/683-2140, www.surfnovascotia.com) südlich von Halifax ausleihen.

Radfahren und Mountainbiken

Die Atlantikprovinzen sind mit ihrem gut ausgebauten Straßennetz und der schönen Landschaft ein exzellentes Revier für Radfahrer. Auch das Mountainbiken erfreut sich bei den abenteuerlustigeren Zeitgenossen steigender Beliebtheit, weil sich so die abgelegenen Gebiete der Provinzen besser erkunden lassen. Abgesehen von den Hauptverkehrsstraßen, wie etwa dem Trans-Canada Highway, herrscht im

Die Wellen am Lawrencetown Beach in Nova Scotia ziehen viele Surfer an

Allgemeinen kein dichter Verkehr. Trotzdem sollte man als Radfahrer konzentriert bleiben, denn die Fahrbahnen und Bankette sind meist schmal, und in vielen Gegenden sind es die Autofahrer nach wie vor nicht gewöhnt, die Fahrbahn plötzlich mit einem oder mehreren Radfahrern teilen zu müssen.

In Nova Scotia lassen sich Touren auf unterschiedlichstem Terrain unternehmen. Die ultimative Herausforderung ist eine fünf- bis sechstägige Radtour auf dem **Cabot Trail,** der um Cape Breton Island verläuft. In New Brunswick kann man das Tal des Saint John River entlangradeln oder im Seengebiet nördlich von Saint John schöne Touren unternehmen. Die engen Straßen, die sich durch die ruhige Landschaft von Prince Edward Island ziehen, lassen das Radfahrerherz höherschlagen, und der **Confederation Trail,** der sich von einem Ende der Insel zum anderen zieht, wurde sogar speziell für Radfahrer (und Wanderer) angelegt. Eine gute Adresse für Informationen zum Trail ist *Smooth Cycle* (330 University Ave., Charlottetown, ✆ 902/566-5530, www.smoothcycle.com), wo man auch Fahrräder (samt Satteltaschen) mieten kann. Außerdem kann man sich vom Veranstalter an verschiedenen Punkten des Trails absetzen oder abholen lassen.

Eine hervorragende **Informationsquelle** für das Radfahren in den Atlantikprovinzen allgemein ist *Atlantic Canada Cycling* (✆ 902/423-2453, www.atlanticcanada cycling.com). Die Organisation liefert ausführliche Infos über alle Strecken, Touren, Radrennen sowie Radsportvereine und gibt Tipps zur erforderlichen Ausrüstung. Auf der Homepage findet man außerdem Links zu lokalen Anbietern und die neuesten Nachrichten für das Radfahren in der Region.

Geführte Radtouren in kleinen Gruppen bietet z. B. die in Nova Scotia ansässige Firma *Freewheeling Adventures* (✆ 902/857-3600 oder 800/672-0775, www.free wheeling.ca) an. Die Touren führen durch einige der schönsten Landschaften der Atlantikprovinzen, z. B. über den Cabot Trail auf Cape Breton Island, durch das Annapolis Valley auf Prince Edward Island und über die Northern Peninsula von

Neufundland. Jede Gruppe wird von einem Begleitfahrzeug unterstützt, mit dem das Gepäck (und manchmal auch der eine oder andere erschöpfte Radfahrer) transportiert wird. Die Eigentümer Cathy und Philip Guest planen alles selbst – vom Picknick bis zu den Mahlzeiten, die in den Restaurants entlang der Route eingenommen werden. Übernachtet wird in Country Inns. Für eine All-inclusive-Tour muss man pro Person und Tag $ 200–300 veranschlagen.

Wintersport

Was den Tourismus angeht, ist der Winter in den Atlantikprovinzen die absolute Nebensaison. Das liegt schlicht an den dann herrschenden Wetterverhältnissen, die die Freizeitmöglichkeiten im Freien einschränken. Allerdings ist der Wintersport bei den Einheimischen sehr beliebt. Man kann nicht nur Ski fahren und snowboarden, sondern auch wunderbar mit Schlittschuhen über die zugefrorenen Teiche sausen.

Skifahren und Snowboarden

Auch wenn es den Skigebieten in den Atlantikprovinzen an den extremen Höhenunterschieden fehlt, die die Canadian Rockies im Westen von Kanada so attraktiv für Wintersportbegeisterte machen, so gibt es hier dennoch jede Menge Schnee, und Wintergäste werden überall mit offenen Armen empfangen. In jedem Wintersportort kann man die nötige Ausrüstung mieten, und es gibt immer eine Day Lodge, in der man sich umziehen und duschen kann. Im Regelfall hat man dort auch die Möglichkeit, etwas zu essen, Verpflegung und Souvenirs einzukaufen, ein wenig im Aufenthaltsraum zu entspannen, und oft kann man dort auch Skikurse buchen. Die Höhenunterschiede betragen 180 m bis 520 m. Die Wintersportsaison dauert von Weihnachten bis Ende März. Tagespässe kosten ab $ 40.

In Nova Scotia gibt es drei Skigebiete: Am nächsten an Halifax gelegen ist **Ski Martock** südlich des Annapolis Valley, **Wentworth** befindet sich nahe der Grenze zu New Brunswick, und **Cape Smokey** liegt auf Cape Breton Island und garantiert daher für fantastische Ausblicke aufs Meer. In New Brunswick haben der **Crabbe Mountain** westlich von Fredericton und der **Mont-Farlagne** bei Edmundston eine treue Fangemeinde unter den Skifahrern. In unmittelbarer Nähe von Labrador City liegt der **Smokey Mountain,** der in den 1960er-Jahren vom örtlichen Bergbauunternehmen erschlossen wurde (Höhenunterschied 305 m, längste Abfahrt 1280 m, jährlich fallende Schneemenge etwa 3 m). Das größte und bekannteste Skigebiet der Atlantikprovinzen ist jedoch das **Marble Mountain Resort** im Westen von Neufundland (✆ 709/637-7601, www.skimarble.com), das mit seiner beeindruckenden Bergwelt selbst Skifahrer aus Zentralkanada anlockt. Auf dem Marble Mountain fallen jedes Jahr bis zu 5 m Schnee, und es gibt fünf Lifte, wobei der *Governor's Express* der einzige 4er-Hochgeschwindigkeitslift in den Atlantikprovinzen ist. Insgesamt lässt sich mithilfe der Lifte ein Höhenunterschied von 520 m bewältigen, die längste Abfahrt ist über 4 km lang. Im Resort gibt es eine große Day Lodge, Übernachtungsmöglichkeiten, einen Terrainpark für Snowboarder und eine Skischule, die einen guten Ruf genießt.

Skilanglauf

Die acht Nationalparks und viele der Provinzparks sind ganzjährig geöffnet. Im Winter verwandeln sich die Wanderwege in hervorragende Langlaufloipen, die zu einem großen Teil von den örtlichen Skivereinen gespurt werden. Auf Cape Breton

Island (Nova Scotia) liegt das Skigebiet **Ski Tuonela** (✆ 902/929-2144, www. skituonela.com) mit einem der wenigen per Lift zugänglichen Berge in Nordamerika, auf denen man im Telemarkstil langlaufen kann. Neben einem Schlepplift gibt es hier 20 km gespurte Loipen, eine Day Lodge und Übernachtungsmöglichkeiten. Informationen samt Links zu den regionalen Skiclubs bieten die Homepages von **Canada Trails** (www.canadatrails.ca) und **Cross Country Canada** (www.cccski.com).

Zuschauersport

Das in Nova Scotia gelegene Städtchen Windsor (S. 224) nimmt für sich in Anspruch, die Geburtsstätte des **Eishockeys** zu sein, das in Kanada schlicht *hockey* genannt wird und dort etwa so populär ist wie bei uns Fußball. Obwohl es in den Atlantikprovinzen keine Mannschaft gibt, die in der National Hockey League (NHL) spielt, haben v. a. die Toronto Maple Leafs, die Montréal Canadiens und andere NHL-Teams viele glühende Anhänger in der Gegend. In den Atlantikprovinzen kann man sich z. B. Spiele der *Halifax Mooseheads*, der *Moncton Wildcats* und der *St. John's Fog Devils* ansehen, die sich allesamt in der Québec Major Junior Hockey League tummeln. Sogenannte NHL-Farmteams, in denen junge Spieler ausgebildet werden und Profis nach einer Verletzung trainieren, gibt es in Fredericton und Saint John, und hochkarätige College- und Amateurmannschaften findet man in allen Städten der Region. Die Eishockey-Saison dauert von Oktober bis März. Spielpläne und Eintrittskarten gibt es bei den örtlichen Touristeninformationen. Weitere beliebte Zuschauersportarten sind Rugby und Trabrennen.

Einkaufen

Geschäfte sind generell montags bis samstags von 9 bis 18 Uhr geöffnet, in Urlaubsregionen donnerstags und freitags meist sogar bis 21 Uhr. In einigen Städten gibt es mittlerweile auch Supermärkte, die nach amerikanischem Vorbild rund um die Uhr geöffnet haben. Nova Scotia ist die einzige Provinz in ganz Kanada, die gesetzlich verfügt hat, dass Geschäfte am Sonntag geschlossen bleiben müssen. Allerdings gibt es auch hier einige Ausnahmen wie z. B. die Läden im Bereich der bei Touristen beliebten Waterfront in Halifax.

Wer nach schönen Souvenirs sucht, sollte sich an die **Kunsthandwerksgeschäfte** halten. In den Verkaufsregalen der Läden finden sich Steppdecken, Pullover, Fleckerlteppiche, Porzellan und Holzschnitzereien direkt neben Aquarellzeichnungen, Ölgemälden und Skulpturen. Besonderer Beliebtheit erfreuen sich in der Modeszene New Brunswicks die handgefertigten Schottenstoffe des Herstellers **Loomcrofters** aus Gagetown, der auch die Tartans für die Provinz und die Royal Canadian Air Force entworfen hat, sowie die Arbeiten von **Madawaska Weavers,** einer Firma aus dem akadischen Nordwesten von New Brunswick. Die in New Brunswick ansässigen Kunsthandwerker verstehen sich besonders gut auf die Kunst des Töpferns, Spinnens und Glasblasens sowie auf die Anfertigung von Holzfiguren und Zinnwaren. Das Tourism Department gibt das „Crafts Directory" heraus, eine Broschüre, die über das in New Brunswick erhältliche Kunsthandwerk informiert und in jeder Touristeninformation ausliegt.

Freunde von echten Antiquitäten sind in Nova Scotia gut aufgehoben, wo viele historische Anlagen und Häuser im Laufe der Zeit in Antiquitätenläden umfunktioniert wurden. Das Tourism Department von Nova Scotia veröffentlicht ebenfalls eine Broschüre für Interessenten, die in den Touristeninformationen erhältlich ist.

Neufundland und Labrador sind für ihre große Auswahl an Labradoritschmuck und Daunenjacken bekannt.

Große Beachtung finden auch die Korbwaren der Mi'kmaq auf Lennox Island (Prince Edward Island). In den Geschäften auf Prince Edward Island kann man außerdem Perlarbeiten, Lederwaren, Silberschmuck, Töpferwaren, handgearbeitete Möbel und Holzschnitte kaufen. Besonders beliebt ist auf Prince Edward Island alles, was mit „Anne of Green Gables" zu tun hat, und auch die Strickpullover der Firma **Great Northern Knitters** (13 Queen St., Charlottetown, ✆ 902/566-5302), die auch einen Laden in Halifax (1781 Lower Water St., ✆ 902/422-9209) betreibt, sind erste Wahl. Die Homepage des **PEI Crafts Council** (www.peicraftscouncil.com) enthält eine Adressenliste, in der die auf der Insel ansässigen Kunsthandwerker gelistet sind.

Übernachten

In den Atlantikprovinzen sind sämtliche einschlägigen Hotelketten vertreten. Daneben gibt es eine große Auswahl an Unterkünften, die für die Region typisch sind – historische B&Bs, große Hotelanlagen, schön am Ufer gelegene Cottages und luxuriös ausgestattete Herbergen für Angler. Im Folgenden wird auf die unterschiedlichen Arten von Unterkünften eingegangen. Dazu gibt es Tipps zur Reservierung und wie man einige Dollar für die Reisekasse sparen kann. Welche konkreten Unterkünfte vor Ort zu empfehlen sind, steht im Reiseteil dieses Buches.

Informationen: Alle vier Provinzen haben Homepages (www.novascotia.com, www.newbrunswick.com, www.tourismpei.com, www.newfoundlandlabrador.com) mit Informationen zu Übernachtungsmöglichkeiten. Teilweise kann man prüfen, ob noch Zimmer frei sind, und Reservierungen vornehmen.

Preise: Die günstigste Übernachtungsvariante für einen Kanada-Aufenthalt ist das Zelten auf Campingplätzen. Sehr preisbewusst schlafen kann man auch in den Hostels, wo ein Bett im Schlafsaal oft schon für wenige Dollar zu haben ist. Auch Motelzimmer werden mitunter günstig angeboten, können sich aber im Standard enorm unterscheiden. Im mittleren Preissegment liegen die Kettenhotels. B&Bs sind nicht etwa günstiger, sondern im Regelfall sogar etwas teurer als Hotels oder Motels. Ebenfalls teuer ist das Übernachten im Wohnmobil. Hier schlagen weniger die Standgebühren auf den Campgrounds zu Buche als vielmehr die teuren Mietgebühren für das Fahrzeug, die erhöhten Spritkosten und die zusätzlichen Kosten beim Überschreiten der Freikilometer. Am kostspieligsten sind Übernachtungen in den Hotels der gehobenen Kategorie bzw. Luxusklasse. Hier gibt es nach oben fast keine Grenzen.

Die in diesem Buch genannten Übernachtungspreise beziehen sich auf die jeweils günstigste Zimmerkategorie in der Hochsaison, die normalerweise den Juli und August umfasst, manchmal aber auch schon im Juni beginnt und bis Ende September dauert. Bei allen genannten Zimmerpreisen müssen noch die Steuern (S. 113) hinzugerechnet werden. Diese liegen aktuell bei 13 % in New Brunswick, Nova Scotia, Neufundland und Labrador sowie bei 15 % auf Prince Edward Island. Außerdem wird in den Städten Halifax, Charlottetown und Saint John eine *Room Tax* in Höhe von 2 % aufgeschlagen, in St. John's beträgt sie 3 %.

Günstig übernachten

In der Nebensaison fallen die Übernachtungspreise teilweise um bis zu 50 %. Die größten Nachlässe gibt es selbstverständlich dort, wo man auf Touristen angewiesen ist, beispielsweise in Lunenburg oder entlang der Northumberland Strait. Das Gleiche gilt für Halifax, wo die Hotels zwar unter der Woche gut mit Geschäftsreisenden und Tagungsteilnehmern belegt sind, am Wochenende aber die Gefahr besteht, dass sie leer stehen. Deshalb senken hier viele Hotels freitags, samstags und sonntags die Übernachtungspreise.

Auch die Art und Weise, wie man ein Zimmer reserviert, kann einen Kostenvorteil bringen. Das Internet ist die perfekte Quelle, um günstige Specials ausfindig zu machen. Nicht selten stellt man dabei fest, dass die Preise der deutschen Reiseveranstalter günstiger sind, als wenn man selbst online oder vor Ort buchen würde. Andererseits garantieren gerade manche Hotelketten, dass man bei ihnen über das Internet den günstigsten Übernachtungstarif bekommt (was aber manchmal an bestimmte Bedingungen geknüpft ist). Wer nicht vorgebucht hat, sollte beim Einchecken in einem Hotel grundsätzlich nachfragen, ob es nicht noch einen günstigeren Tarif als den zunächst genannten gibt. Das gilt v. a. dann, wenn der Parkplatz fast leer ist oder das Schild „VACANCY" deutlich anzeigt, dass das Hotel nicht ausgebucht ist. Weist der Angestellte entschuldigend darauf hin, dass er nicht befugt ist, etwas an den Preisen zu ändern, kann man ihn immer noch freundlich nach einem größeren Zimmer oder nach einem mit schönem Ausblick fragen, was nicht selten zum Erfolg führt.

Viele Motels bieten den Mitgliedern von Automobilclubs einen Nachlass von 10 %, man muss aber meist ausdrücklich danach fragen und seine Mitgliedskarte vorlegen. Während ältere Reisende z. B. in Museen erst ab 60 oder 65 Jahren ermäßigten Eintritt erhalten, bieten einige Hotelketten schon Fünfzigjährigen bestimmte Vergünstigungen und Specials an (später Check-out etc.). Diese sind allerdings manchmal daran geknüpft, dass man Mitglied des Punkteprogramms des jeweiligen Hotels ist. Wenn solch ein Bonusprogramm kostenlos ist und man die Vergünstigungen sofort bekommt, lohnt es sich, Mitglied zu werden.

Zimmerbelegung: Im Gegensatz zu europäischen Hotels gibt es in kanadischen normalerweise keine Einzelzimmer. In jedem Zimmer steht zumindest ein kleines Doppelbett, und der Übernachtungspreis richtet sich danach, ob das Zimmer von einer Person *(single)* oder zwei Personen *(double)* genutzt wird. Der für die zweite Person zu zahlende Aufpreis ist meist nur gering, manchmal macht es preislich auch gar keinen Unterschied, wie viele Personen im Zimmer schlafen. Entsprechend beziehen sich die Angaben zu den Übernachtungspreisen in diesem Buch auf die Belegung des Zimmers mit einer Person (1 Pers.), zwei Personen (2 Pers.) oder – falls es keinen preislichen Unterschied gibt – auf die Belegung mit einer oder zwei Personen (1/2 Pers.). So bedeutet beispielsweise *$ 139 für 1 Pers., $ 149 für 2 Pers.*, dass ein Zimmer $ 139 kostet, wenn eine Person darin schläft, und $ 149, wenn zwei darin übernachten. Die Angabe *$ 139 für 1/2 Pers.* bedeutet hingegen, dass das Zimmer $ 139 kostet, egal, ob es von einer oder zwei Personen genutzt wird. Kinder können häufig kostenlos im Zimmer der Eltern übernachten. Hat das Zimmer zwei Doppelbetten *(twin bedroom),* ist es meist gestattet, dass bis zu vier Personen dort übernachten (wobei teilweise ein kleiner Aufschlag verlangt wird). Schon bei der Buchung der Unterkunft sollte man einen Blick auf die angegebene Bettengröße werfen, denn es gibt vor Ort drei Arten von Betten: *Double* (1,35 x 1,9 m), *Queen Size* (1,5 x 2 m) und *King Size* (1,95 x 2 m).

Laundry: Egal, ob man nun in einem Hostel, in einem Luxushotel oder auf dem Campground übernachtet – fast alle haben eine Laundry, man kann dort also seine Wäsche waschen (oder waschen lassen). Auf vielen Campgrounds und in manchen Motels besteht die Laundry schlicht aus einer Waschmaschine und einem Trockner, die irgendwo in einem Durchgang aufgestellt sind. In etwas besseren Hotels und Lodges gibt es einen speziellen Waschraum, in dem teilweise mehrere Maschinen stehen (kurioserweise aber meist nur ein Trockner, sodass hier immer Wartezeiten entstehen). In Kettenhotels und Häusern der gehobenen Kategorie kann man entweder selbst waschen oder verschmutzte Kleidungsstücke reinigen lassen (entsprechende Kleiderbeutel liegen auf jedem Zimmer, die Kosten variieren). Wer in einer teuren Herberge absteigt und trotzdem selbst waschen möchte, muss sich auf den Weg zum nächsten Waschsalon *(laundromat)* machen. Generell gilt: Für Waschmaschine, Waschmittel (das häufig aus einem Automaten gezogen werden kann) und Trockner braucht man eine Handvoll *quarters* (siehe *Wissenswertes von A bis Z/Geld).*

Game Room: Ebenso wie bei der Laundry können sich auch hinter dem gerne beworbenen Game Room äußerst unterschiedliche Dinge verbergen. In vielen Hostels findet man im Game Room Brettspiele, und man kann sein Können am Kickertisch beweisen. Wer dazu keine Lust hat, darf mittlerweile meist auch auf PC- oder Videospiele hoffen. In guten Hotels gibt es im Game Room oft einen Billardtisch, eine Tischtennisplatte und ein Dartboard. In so manchem Motel besteht er hingegen aus einem schmucklosen Zimmer, in dem nur einige Spielautomaten untergebracht sind.

> Wie überall in Nordamerika heißt das Erdgeschoss in Kanada **1st floor**. Wer also ein Hotelzimmer im **2nd floor** hat, befindet sich nach unseren Maßstäben im 1. Stock.

Hotels, Motels und Resorts

In praktisch jedem Ort gibt es wenigstens ein Hotel oder Motel. Die allgegenwärtigen einstöckigen **Motels,** bei denen man sein Auto direkt vor der Tür zu seinem Zimmer abstellen kann, findet man noch in jedem Nest. In größeren Städten sind sie überwiegend in den Außenbezirken bzw. an den Ausfallstraßen. In der Regel sind die Zimmer zwar in Ordnung, um aber keine böse Überraschung zu erleben, sollte man sich die Unterkunft sicherheitshalber erst einmal zeigen lassen, bevor man sich einmietet (Gleiches gilt für privat geführte Hotels). In den meisten Motels gibt es auch ein paar Zimmer mit Kochgelegenheit, die allerdings äußerst begehrt sind. In kleineren Orten muss man für eine Übernachtung im Motel mit $ 44 (1 Pers.) bzw. $ 50 (2 Pers.) rechnen.

In allen bedeutenderen Ortschaften und Städten gibt es **größere Hotels** der gehobenen Kategorie, die grundsätzlich über Restaurant, Bar, Café, Lounge und Pool verfügen und die den Reisenden selbstverständlich mit Klimaanlage, schnellem Internetzugang und sonstigen Annehmlichkeiten auf den Zimmern verwöhnen. Für ein Zimmer in einem solchen Vier- oder Fünf-Sterne-Hotel muss man in der Hochsaison mindestens $ 150 (1/2 Pers) hinblättern. In teuren Hotels kann man manchmal ein Schnäppchen machen, indem man sich nach einer Suite oder einer sog. Executive Suite erkundigt. Diese haben in der Regel eine Kochgelegenheit sowie ein (oder sogar zwei) Schlafzimmer und sind nur wenig teurer als die Standardzimmer.

Wer eine bestimmte überregionale **Hotelkette** bevorzugt, wird ebenfalls meist fündig. Daneben gibt es aber auch regionale Hotelketten von gehobenem Standard wie Delta und Fairmont. Für eine Übernachtung in einem zentral gelegenen Kettenhotel in einer größeren Stadt muss man etwa $ 100 veranschlagen. In den Atlantikprovinzen sind folgende Hotelketten vertreten:

Best Western (www.bestwesternatlantic.com) ist die größte Hotelkette der Welt und unterhält in den Atlantikprovinzen 14 Häuser.

Choice Hotels Canada (℡ 800/424-6423, www.choicehotels.ca) hat in Kanada 275 Häuser, die in sieben verschiedene Marken unterteilt sind. Dazu zählt beispielsweise die Kette *Sleep*, deren Zimmer zwar klein, aber dafür sauber, gemütlich und günstig sind. Wer bei *Comfort* absteigt, bekommt neben einem Zimmer ohne viel Schnickschnack ein kostenloses leichtes Frühstück und eine Morgenzeitung. Eine Klasse besser sind die Unterkünfte der Marke *Quality*, die auch über ein Restaurant und eine Lounge verfügen. Hinter der Bezeichnung *Econo Lodge* verbergen sich ältere Häuser, die durch Renovierung auf den Standard der Choice-Hotels getrimmt wurden und meist über einen Pool sowie ein Restaurant verfügen.

Delta Hotels and Resorts (℡ 416/874-2000 oder 877/814-7706, www.deltahotels.com) ist eine kanadische Hotelkette der Oberklasse. Wer hier eincheckt, darf eine feine Unterkunft mit allem erdenklichen Komfort und in sehr guter Lage erwarten. Delta-Hotels gibt es u. a. in Saint John, Fredericton und Moncton (New Brunswick), Halifax und Sydney (Nova Scotia) sowie in St. John's (Neufundland). Auf der Homepage kann man sich auch über mehrtägige Pauschalangebote informieren.

Fairmont Hotels and Resorts (℡ 506/863-6310 oder 800/257-7544, www.fairmont.com) ist der größte Anbieter im Bereich Luxushotels und -resorts in Nordamerika, in den Atlantikprovinzen gibt es allerdings nur ein Haus: Das Fairmont Algonquin in St. Andrews (New Brunswick) ist ein wahrer Prachtbau im Tudor-Stil, der von gepflegten Außenanlagen und Gärten umgeben ist.

Maritime Inns and Resorts (℡ 902/752-5644 oder 888/662-7484, www.maritimeinns.com): Die Hotels dieser Gruppe stehen in Pictou, Antigonish, Port Hawkesbury und Baddeck (Nova Scotia) und sind bei den Bewohnern der Atlantikprovinzen, die ihren Urlaub im eigenen Land verbringen, sehr beliebt. Wer ein Pauschalangebot bucht, muss mit etwa $ 100 pro Übernachtung und Person rechnen, worin allerdings Essen und Aktivitäten wie Golfspielen bereits enthalten sind.

Rodd Hotels and Resorts (℡ 902/892-7448 oder 800/565-7633, www.roddhotelsandresorts.com): Diese Kette basiert auf einem Lizenzsystem, die einzelnen Hotels gehören also dem jeweiligen Eigentümer vor Ort. Die Rodd Hotels and Resorts setzen den Standard für gehobenes Übernachten auf Prince Edward Island. Das neueste Haus ist das Loyalist Country Inn in Summerside, das älteste ist das in der Hauptstadt gelegene Rodd Charlottetown. Zwei Hotels dieser Kette liegen in Provinzparks, und zwar jeweils am entgegengesetzten Ende der Insel: In der Nähe von

Übernachten

Noble Unterkunft: das Fairmont Algonquin in St. Andrews (New Brunswick)

Cardigan liegt das Rodd Brudenell River (im Brudenell River Provincial Park) und bei O'Leary das Rod Mill River (im Mill River Provincial Park). Darüber hinaus gibt es noch zwei weitere Hotels in Charlottetown, eines in Moncton (New Brunswick) und zwei in Yarmouth (Nova Scotia).

Signature Resorts (www.signatureresorts.com): Auch der Provinzregierung von Nova Scotia gehören drei absolut atemberaubende Resorts, die sich durch ein unaufdringliches Ambiente und rustikalen Charme auszeichnen. Sie bieten eine schicke Ausstattung, Gourmetküche, eine abgeschiedene Lage, gepflegte Außenanlagen und die Möglichkeit zum Golfen oder Fliegenfischen. Die drei Resorts sind das Pines Resort in Digby, die Keltic Lodge in Ingonish und die Liscombe Lodge bei Liscomb Mills.

Buchung: Ganz allgemein ist es so, dass gehobenere Hotelzimmer vor Ort meist teurer sind, als wenn man sie über einen europäischen Reiseveranstalter bucht. Wer allerdings mit einem einfacheren Zimmer zufrieden ist oder ohnehin günstige Motels bevorzugt, kann sich auch vor Ort auf die Suche machen. Allerdings sollte man sich darüber im Klaren sein, dass dies gerade in Urlaubsregionen oder in Großstädten viel Zeit kosten kann. In den Sommermonaten ist es oft alles andere als einfach, eine günstige Übernachtungsmöglichkeit in einem der populären Ferienorte zu finden. Wer erst nachmittags anreist, bekommt häufig nur noch ein freies Zimmer in der teuersten Kategorie. Trifft man erst am Abend ein, gibt es mitunter nicht einmal mehr dieses. Wer in Kettenhotels oder -motels übernachtet, kann sich normalerweise morgens an der Rezeption kostenlos ein Zimmer im Haus derselben Kette in seinem Zielort reservieren lassen. Zu beachten ist allerdings, dass eine verbindliche Reservierung meist nur mit Angabe der Kreditkartennummer möglich ist. Ansonsten wird das Zimmer im Regelfall nur bis 18 Uhr (manchmal auch nur bis 16 Uhr) frei gehalten und dann an den nächsten Interessenten weitergegeben. Wer mit dem Mietwagen unterwegs ist, sollte übrigens die Frage nach den Parkgebühren nicht vergessen. Gerade in Großstädten wie Halifax kann es sein, dass pro Tag $ 25 zu zahlen sind.

Bed and Breakfast (B&B)

B&Bs gibt es in den Atlantikprovinzen fast wie den sprichwörtlichen Sand am Meer. Besonders viele findet man auf Prince Edward Island und in historisch bedeutsamen Städten wie Annapolis Royal (Nova Scotia) oder St. John's (Neufundland). B&Bs bieten eine gute Möglichkeit, um schnell mit Einheimischen in Kontakt zu kommen. Bei den Unterkünften handelt es sich normalerweise um Privathäuser mit bis zu acht Gästezimmern. Wie der Name schon sagt, ist das Frühstück in den Übernachtungspreisen enthalten, man sollte sich jedoch vorab erkundigen, ob es sich dabei um ein herzhaftes warmes Frühstück oder lediglich um ein abgespecktes *continental breakfast* handelt. Da auf der Skala vom rustikalen Bauernhof bis zum historischen Schlösschen alles vertreten ist, gibt es auch bei den Preisen eine große Spannbreite. So kann man beispielsweise in einem normalen Gästezimmer schon für $ 40 (1 Pers.) bzw. $ 50 (2 Pers.) unterkommen, will man aber in einem geschichtsträchtigen Herrenhaus schlafen, muss man mit $ 200 oder mehr rechnen. Auch die Ausstattung und der gebotene Grad der Privatsphäre können sich je nach B&B drastisch unterscheiden. Für wen z. B. ein eigenes Bad unverzichtbar ist, der sollte gleich bei der Reservierung klären, ob tatsächlich eines zur Verfügung steht. Kennen sollte man dabei die folgenden Begriffe:

> *en suite:* Der Ausdruck bedeutet etwa so viel wie „im Zimmer", man hat also ein eigenes Bad.
> *private:* Auch hier hat man ein eigenes Bad. Allerdings kann es sich in diesem Fall auch außerhalb des Zimmers befinden und nur über den Flur zugänglich sein.
> *shared* oder *semiprivate:* Das Bad wird von den Gästen mehrerer Zimmer genutzt. Es sollen sich aber nicht mehr als zwei Zimmer ein Bad teilen müssen.

In jedem Fall darf man als Gast eines B&Bs auf herzhafte Kost, eine ruhige und entspannte Atmosphäre, persönliche Betreuung, fundierte Auskünfte der Vermieter und jede Menge Smalltalk mit anderen Reisenden hoffen.

Zimmersuche und -buchung: Die vom Autor favorisierten B&Bs sind im Reiseteil aufgelistet. Auskünfte erteilen vor Ort auch die Touristeninformationen. Online hilft die Seite *Select Inns of Atlantic Canada* (www.selectinns.ca) weiter, auf der B&Bs der Mittel- und Oberklasse zu finden sind. Man kann direkt übers Internet buchen und viele Detailinformationen zu den einzelnen Unterkünften abfragen. Der *Canadian Bed and Breakfast Guide* (www.canadianbandbguide.ca) ist ebenfalls eine regelmäßig aktualisierte Datenbank, wobei die gelisteten B&Bs allerdings nicht als Empfehlungen verstanden werden dürfen. In der schnelllebigen Zeit des Internets gilt das bereits seit 1995 existierende *Bed and Breakfast Online* (www.bbcanada.com) schon als eine Art Dinosaurier. Hier findet man B&Bs mit Beschreibungen und Fotos, und eine ausgeklügelte Suchmaschine hilft beim Aufstöbern der passenden Unterkunft. Allerdings kann man nicht direkt online reservieren, es sind jedoch sämtliche Kontaktdaten aufgeführt. Bevor man ein Zimmer in einem B&B

reserviert, sollte man vorab so viel wie möglich in Erfahrung bringen. Zwei Fragen müssen dem Vermieter auf jeden Fall gestellt werden: erstens die (oben angesprochene) Frage nach dem eigenen Badezimmer und zweitens, wie man das Zimmer bezahlen kann (viele B&Bs akzeptieren keine Kreditkarten).

Hostels

Da die Übernachtungspreise in den Atlantikprovinzen als recht vernünftig gelten, hält sich hier die Nachfrage nach Schlafsaalbetten *(dormitory beds)* im Gegensatz zu anderen Gegenden Nordamerikas in Grenzen. Entsprechend haben privat geführte Hostels eine relativ kurze Halbwertszeit, der bekannte internationale Anbieter **Hostelling International (HI)** mit 4200 Hostels in 60 Ländern betreibt jedoch auch mehrere Herbergen in den Atlantikprovinzen, die sich an Reisende aller Altersgruppen richten.

In einer dieser Herbergen zu übernachten ist eine ebenso angenehme wie kostengünstige Alternative. Mitbringen muss man nur seinen Schlafsack oder ein Bettlaken, meist wird das Bettzeug inzwischen aber auf Nachfrage auch umsonst zur Verfügung gestellt. Untergebracht wird man in einem Schlafsaal mit zwei bis zehn Stockbetten *(bunk beds)*, gegen Aufpreis gibt es jedoch häufig die Möglichkeit, im Einzel- oder Doppelzimmer (mit Gemeinschaftsbad) zu übernachten. Jedes Hostel hat eine Gemeinschaftsküche, einen Aufenthaltsbereich *(lounge area)* und eine Laundry (S. 83). Meist gibt es auch Internetzugang sowie Mieträder, und es werden organisierte Ausflüge angeboten.

Hostelling International Canada betreibt Hostels in Halifax, South Milford (nahe dem Kejimkujik National Park) und Wentworth (jeweils in Nova Scotia), Fredericton und Campbellton (New Brunswick), Charlottetown (Prince Edward Island) und St. John's (Neufundland). Die Übernachtung im Schlafsaal kostet für Mitglieder $ 15–25 pro Nacht, Nichtmitglieder zahlen $ 17–30. Wer vorhat, öfter in Hostels zu übernachten, sollte Mitglied von Hostelling International werden. Dazu muss man zunächst Mitglied im nationalen Jugendherbergswerk sein und dann bei der ersten Ankunft in einer HI-Herberge einen internationalen Mitgliedsausweis erwerben. Nähere Informationen zur Mitgliedschaft gibt es unter www.hihostels.com.

Campgrounds

Im Sommer ist das Übernachten auf Campingplätzen in den Atlantikprovinzen sehr beliebt. Campgrounds gibt es in allen Nationalparks, vielen Provinzparks, am Rande von Städten und Dörfern und natürlich in fast allen Feriengebieten. Prinzipiell ist zwischen öffentlichen *(public)* und privaten *(private)* Campgrounds zu unterscheiden. Die öffentlichen Plätze werden von der Nationalparkverwaltung oder von den Provinzen, Städten und Gemeinden betrieben.

Die landschaftlich reizvollsten Campgrounds liegen in den **Nationalparks.** Zu diesen öffentlichen Plätzen muss man zwar längere Anfahrtswege in Kauf nehmen, dafür sind einige von ihnen derart paradiesisch gelegen, dass man gar nicht wieder wegmöchte. Picknicktische, Koch- bzw. Grillstellen, öffentliche Toiletten und fließendes Wasser sind Standard, allerdings gibt es nicht überall Duschen. Je nach Ausstattung zahlt man $ 18–38. Die Übernachtungsgebühren muss man übrigens in einem Umschlag in die dafür vorgesehene Box werfen.

Privat betriebene Campgrounds sind zwar etwas teurer als öffentliche Plätze, dafür bieten sie im Regelfall die bessere Infrastruktur (Duschen, Laundry, Abwasser- und Elektroanschluss, manchmal sogar Swimmingpool etc.). Allerdings sind die einzelnen Stellplätze meist kleiner als auf öffentlichen Plätzen. Außerdem sollte man beachten, dass private Campgrounds häufig in direkter Nachbarschaft zu den Highways liegen und einem der Straßenlärm schnell auf die Nerven gehen kann.

Bezeichnungen: Die Betreiber von Campgrounds nutzen eine nahezu unüberschaubare Fülle von Bezeichnungen, um die von ihnen angebotenen Leistungen zu bewerben. Im Rahmen dieses Buches wurde versucht, alle Angaben so transparent wie nur möglich zu machen, um das babylonische Sprachgewirr zu entschlüsseln.

Unter einem *serviced site* versteht man einen Stellplatz mit Strom-, Wasser-, Abwasser-, Internet- und Kabelfernsehanschluss – oder auch jede Kombination aus diesen fünf Möglichkeiten. Hat der Stellplatz zumindest einen solchen Anschluss, wird er manchmal – wie auch der Anschluss selbst – als *hookup* bezeichnet, Strom- und Wasseranschluss nennt man auch *two way hookup*, den berühmten Dreifachanschluss (Strom, Wasser, Abwasser) *full hookup*. Der Unterschied zwischen einem *tent site* (Zeltstellplatz) und einem *unserviced site* (also einem Stellplatz ohne jegliche Anschlüsse) ist, dass auf Letzterem auch Wohnmobile abgestellt werden dürfen. Dabei bedeutet *unserviced* allerdings nicht, dass man auf dem Campground keinerlei Einrichtungen wie etwa Toiletten oder Duschen vorfindet. Dass es auf einem Campground keine Anschlüsse gibt, wird manchmal auch mit dem Ausdruck *dry camping* verdeutlicht. Gleiches kann mit dem Begriff *boondocking* gemeint sein, der allerdings weit häufiger für die Tatsache gebraucht wird, dass man umsonst in einem nicht speziell ausgewiesenen Bereich campen kann. Die Bezeichnung *pull-through* weist schließlich darauf hin, dass man diesen Stellplatz einfach durchfahren kann, also weder beim Ein- noch beim Ausparken rückwärts rangieren oder wenden muss.

Stellplatzreservierung: Besonders in den Nationalparks sind die Campgrounds gut ausgestattet und die Stellplätze daher begehrt. Ein gewisser Prozentsatz der vorhandenen Plätze kann über den *Parks Canada Campground Reservation Service* (☎ 905/426-4648 oder 877/737-3783, www.pccamping.ca) reserviert werden. Pro Reservierung wird eine Gebühr *(reservation fee)* von $ 11 erhoben, die nicht rückerstattet wird. Wer im Hochsommer unterwegs ist und auf keinen Fall auf einen Stromanschluss verzichten will, sollte diesen Service unbedingt in Anspruch nehmen und spätestens sechs Wochen vor dem gewünschten Termin reservieren. Vor allem im Juli und August sind die Campgrounds oft schon gegen Mittag ausgebucht.

Auch wenn man sich in einem der anderen Parks vorab einen Stellplatz sichern möchte, muss man dafür oft eine Reservierungsgebühr bezahlen. Da man in den Provinzparks (meist von Mitte Mai bis Mitte Oktober geöffnet) allerdings oft keine Stellplätze reservieren kann, sollte man möglichst früh vor Ort sein.

In vielen Nationalparks ist das *backcountry camping* erlaubt, was bedeutet, dass man in einem abgelegenen, einsamen Bereich des Nationalparks, der nur zu Fuß oder per Pferd erreichbar ist, übernachten darf. In jedem Fall braucht man aber eine Genehmigung *(permit)*, um dort campen zu dürfen. Diese wird entweder vom zuständigen Parkranger oder von der örtlichen Touristeninformation ausgestellt, wobei die Zahl der täglich zu vergebenden Genehmigungen meist limitiert ist. Wer glaubt, *backcountry camping* sei kostenlos, der irrt: Für eine Übernachtung in einem Nationalpark der Atlantikprovinzen zahlt man $ 8 pro Person.

Auf den meisten privat geführten Campgrounds kann man ebenfalls Stellplätze reservieren. Wer vorab eine kleine Anzahlung *(deposit)* leistet, kann relativ sicher sein, dass der Platz auch wirklich frei gehalten wird.

Stellplatzvergabe: Generell gilt auf öffentlichen Campgrounds das *Windhundprinzip*, wonach man einen freien Platz einfach in Beschlag nehmen darf. Sind in der Hauptsaison sämtliche Stellplätze eines Campgrounds in einem Nationalpark belegt, kann sich eine Nachfrage bei der Parkverwaltung lohnen. Mitunter bekommt man dann einen nahe gelegenen Reserveplatz zugeteilt, auf dem man unterkommen kann.

Auf privaten Campgrounds steuert man hingegen zunächst immer die Anmeldung an. Dort bekommt man seinen Stellplatz zugeteilt. Ist nicht viel los, hat man mitunter auch die freie Wahl.

Da statistisch jede zehnte Familie in Nordamerika über ein Wohnmobil verfügt, geht man vor Ort beim Begriff *camping* nahezu immer von dieser Übernachtungsvariante aus. Wer das in Europa so beliebte Zelten (zur besseren Unterscheidung meist *tenting* genannt) im Sinn hat, sollte dies deutlich zum Ausdruck bringen. Denn während auf einem voll belegten Campground nun einmal schlicht und einfach kein Platz mehr für ein weiteres Wohnmobil ist, findet sich für ein Zelt fast immer noch irgendwo ein Fleckchen. Da die Stellplätze für Wohnmobile zudem meist sehr großzügig bemessen sind, haben Wohnmobilinhaber auf ausgebuchten Plätzen oft auch nichts dagegen, wenn ein höflicher Zeitgenosse nach entsprechender Rückfrage sein Zelt irgendwo am Rand dieses Stellplatzes aufbaut.

Essen und Trinken

Frühstück

In Kanada startet man üblicherweise mit einem ausgiebigen Frühstück *(breakfast)* in den Tag. Es besteht aus Kaffee *(coffee)*, Fruchtsaft *(fruit juice)*, Eiern *(eggs)*, Speck *(bacon)* und/oder Würstchen *(sausages)*, Bratkartoffeln *(hash browns)*, Brot *(bread)* und Marmelade *(jam)*. Die Eier gibt es als Rührei *(scrambled)*, normales Spiegelei *(fried* oder *sunny side up)*, gewendetes Spiegelei *(over easy)*, einfach nur gekocht *(boiled)* oder als *Eggs Benedict* (pochierte Eier auf einem halbierten Brötchen, darauf eine Scheibe gekochter Schinken oder Speck und etwas Sauce hollandaise). Wer gerne süß frühstückt, sollte sich an Marmelade, Gelee *(jelly)* und an die Spezialität des Landes halten, den Ahornsirup *(maple syrup)*, der v. a. auf frischen Pfannkuchen *(pancakes)* sein volles Aroma entfaltet. Kaffee gibt es mit Koffein *(regular)* oder entkoffeiniert *(decaffinated)*. Normalerweise ist er relativ dünn, wird dafür aber oft kostenlos nachgeschenkt. Vorsicht sollte man walten lassen, wenn man sich für ein *continental breakfast* entscheidet. Dabei handelt es sich um eine stark abgespeckte Frühstücksvariante, die je nach Region und Anbieter äußerst unterschiedlich ausfallen kann: Normalerweise bekommt man ein gutes Frühstück nach europäischem Vorbild mit Kaffee, Brötchen, Butter und Marmelade, mitunter auch Müsli *(cereals)*. In manch billigem Motel besteht das kostenlos angebotene *continental breakfast* allerdings nur aus lauwarmem Kaffee aus einer im Empfangsbereich aufgestellten Maschine und einigen Tabletts mit Keksen und Muffins.

Lunch und Tea Time

Nach dem normalerweise ausgiebigen Frühstück fällt das Mittagessen *(lunch)* eher spärlich aus. Ein Sandwich oder Fish 'n' Chips genügen den Einheimischen meist völlig. Zur Tea Time kann man sich in einen der zahlreichen *Tea Rooms* begeben, wo es Süßigkeiten wie Obstkuchen *(pie)*, Gebäck *(pastry)* oder *scones* (mehr oder weniger warm servierte Brötchen) und jede Menge Sahne *(cream)* gibt.

> Als Snack für zwischendurch bietet sich z. B. auch ein eingelegter **Hering à la Solomon Gundy** an, den man in Nova Scotia an den am Straßenrand stehenden Verkaufswagen bekommt. Vor allem die Bewohner der Fundy-Küste knabbern außerdem gerne **dulse,** getrocknete Rotalgen, die hier etwa den Stellenwert haben, der andernorts Kartoffelchips zukommt.

Dinner

Das abendliche Dinner fällt wieder üppiger aus. Es gibt Fleisch, Fisch und Meeresfrüchte *(seafood)* in allen Variationen: gebraten *(fried)*, gedünstet *(steamed)*, gegrillt *(grilled)*, geräuchert *(smoked)*, geschmort *(stewed)* oder glasiert *(glazed)*. Steht irgendwo nur *fish*, ist grundsätzlich Kabeljau gemeint.

Die kanadische Küche genießt zwar nicht gerade Weltruf, in den Atlantikprovinzen ist das Essen aber hervorragend. Zu den kulinarischen Höhepunkten gehören ein Hummeressen in einem der Gemeindezentren auf Prince Edward Island, in Nova Scotia ein nach alter Tradition schonend über offenem Feuer zubereiteter Atlantischer Lachs und in Neufundland ein *seal flipper pie* (aus Robbenflossen zubereitete Pastete), ein *moose burger* (Elchburger) und gebratenes Wildbret (Rebhuhn, Kaninchen oder Karibu).

An der Bay of Fundy isst man im Frühling *cream soup*, die aus den Wedeln von Straußenfarn gemacht wird. *Smelts* (die mit den Lachsen verwandten Stinte) gibt es frittiert oder gebacken, Gemüse wird grundsätzlich gedünstet. Typische Desserts sind *walnut toffees* (süßes Konfekt), *trifle* (eine aus mehreren Schichten bestehende Süßspeise), selbst gemachte Eiscreme und *Ganong chocolates* (Pralinen des gleichnamigen Herstellers aus St. Stephen).

Während in der englischen Küche rotes Fleisch (Rind, Schwein, Schaf) vorherrscht, setzt die akadische Küche auf Fisch und Seafood. Typische akadische Gerichte sind z. B. *seafood chowder* (ein Eintopf) und *shellfish* (Shrimps und Schneekrabben). Für etwas Abwechslung auf der Speisekarte sorgen *chicken fricot* (Hühnereintopf), *poutine râpée* (gekochtes oder tiefgefrorenes Schweinefleisch und geriebene Kartoffeln, die zu einem Ball gerollt und in Mais-, Ahorn- oder Zuckerrübensirup getaucht werden) und Desserts wie *sugar pie*, *apple dumplings* (unseren Äpfeln im Schlafrock ähnlich) oder *cinnamon buns* (Zimtschnecken).

Eine Sünde wert sind auch die kulinarischen Kreationen, die im Bereich von Edmundston und Madawaska serviert werden. Zur Küche der *Brayon*, der französisch sprechenden Bewohner von Edmundston, gehören Pfannkuchen aus Buchweizen, die mit Butter und Zuckerrüben- oder Ahornsirup verfeinert werden. Auch Seafood und pikante Pasteten werden in die Pfannkuchen eingewickelt, was einen schmackhaften Wrap ergibt.

Wo isst man?

Die typische Klassifizierung von Lokalen erfolgt anhand der zur Verfügung stehenden Sitzplätze, der Art der Bedienung, der mehr oder weniger herrschenden förmlichen Atmosphäre und selbstverständlich des Preises. In Kanada spielen v. a. die letzten beiden Aspekte eine ganz entscheidende Rolle.

Fastfood-Ketten bedürfen mittlerweile auch in Europa keinerlei Beschreibung mehr. Einziger Unterschied zu den nordamerikanischen Verhältnissen ist, dass es dort wesentlich mehr solche Ketten gibt. Dazu zählen etwa (ohne den geringsten Anspruch auf Vollständigkeit) McDonald's, Burger King, Hardee's, Wendy's, Taco Bell, Tim Horton, Dunkin' Donuts und Kentucky Fried Chicken. Wer gerne Eis mag, sollte sich zudem den Namen Dairy Queen merken, wo es hervorragende kühle Köstlichkeiten (und mehr) gibt. Der Vorteil von Fastfood-Lokalen besteht schlicht darin, dass man genau weiß, was man für sein Geld bekommt. Darüber hinaus stehen sie nicht zuletzt wegen der vielfach vorhandenen Spielplätze v. a. bei Kindern hoch im Kurs.

Auf der nächsten Stufe sind Lokale, die zwar nicht mehr in die Kategorie Fastfood fallen, aber auch noch keine richtigen Restaurants sind. Dazu gehören etwa Sizzler, Pizza Hut und Ponderosa. Auffälligstes Unterscheidungsmerkmal ist, dass man hier kein Wegwerfgeschirr vorgesetzt bekommt. Hat das Lokal dann auch noch eine der beliebten Salatbars, kann man hier durchaus vernünftig essen.

Family Restaurants sind Lokale, in denen es etwas rustikaler zugeht. Sie sind teilweise mit Sitzbänken und größeren Gemeinschaftstischen ausgestattet. Zu den Family Restaurants zählen viele der auf Seafood spezialisierten Crab Houses sowie BBQ-Restaurants. Im Normalfall erhält man in diesen Restaurants keine alkoholischen Getränke.

Eine Stufe höher liegen Restaurants, die **Casual Dining** anbieten. Für sie sind eine relativ entspannte Atmosphäre (nicht zu förmlich), das vernünftige Preis-Leistungs-Verhältnis (ein Abendessen kostet zwischen $ 10 und $ 30) und die Tatsache, dass man im Regelfall bedient wird, kennzeichnend.

Fine Dining oder **Classical Dining** bieten gehobene Restaurants. Hier wird das Ausgehen mit Genuss zelebriert, und es geht meist sehr förmlich zu. Die teure Variante der Erlebnisgastronomie bietet häufig eine tolle Lage des Restaurants (etwa mit ausgefallenem Blick übers Meer), eine elegante Einrichtung, erstklassiges Essen und exzellenten Service. Die Skala ist nach oben offen – ebenso wie die Preise. Meist wird dezent darauf hingewiesen, welch erstklassige Ausbildung der Küchenchef genossen hat oder mit welchen sonstigen Auszeichnungen man aufwarten kann. Für Kontinentaleuropäer mag es auch etwas sonderbar anmuten, dass viele Nordamerikaner schon allein deshalb in völlige Verzückung geraten können, weil sie in einem Restaurant weiße Tischtücher, richtiges Besteck und Kristallgläser vorfinden.

Ansonsten spielen im kulinarischen Leben eines Reisenden v. a. noch **Pubs** und **Cafés** eine wichtige Rolle. In beiden bekommt man meist auch kleine Gerichte für den Hunger zwischendurch.

Die besten Adressen für Fisch- und Seafood-Liebhaber

Das Glanzstück der hiesigen Küche sind eindeutig Fischgerichte und Seafood. Meine Favoriten mit zwangloser Atmosphäre beim Essen sind folgende:

Nova Scotia: Da Nova Scotia fast komplett vom Meer umgeben ist, gibt es ein riesiges Angebot an Delikatessen frisch aus der See.

* *Muddy Rudder* (bei Ingonish Beach, S. 282): Zwar nur ein Stand am Straßenrand, aber hier gibt es das frischeste Seafood, das man sich vorstellen kann.
* *O'Neil's Royal Fundy Market* (Digby, S. 206): Die Kombination aus Markt und Café ist der perfekte Ort, um die berühmten *Digby Scallops* (Jakobsmuscheln) zu probieren.

New Brunswick: Hummer gibt es v. a. im Norden, frische Muscheln entlang der Bay of Fundy.

* *Lobster Tales Tour mit Shediac Bay Cruises* (Point-du-Chêne bei Shediac, S. 365): Auf einem Fischkutter geht es hinaus aufs Meer, wo man eigenhändig einen Hummer an Bord befördern darf, der anschließend geschmackvoll zubereitet wird. Infos unter www.lobstertales.ca.
* *Butland's* (Alma im Fundy National Park, S. 325): Einfach einen perfekt gekochten Hummer kaufen und ihn anschließend zusammen mit einem herrlichen Ausblick über die Bay of Fundy im Freien genießen.

Prince Edward Island: *Lobster Suppers* sind hier eine Tradition, die man sich zum Abendessen nicht entgehen lassen sollte. Wann und wo sie gerade stattfinden, erfährt man durch Werbeanzeigen bzw. Aushänge vor Ort. Wer Lust auf einen ganzen Hummer mit Beilagen hat, bekommt ihn auch im beliebten und familienfreundlichen Restaurant *New Glasgow Lobster Supper* (bei Cavendish, S. 409).

* *Flex Mussels* (Charlottetown, S. 393): Die gedünsteten Muscheln, die man in über 50 Geschmacksrichtungen bestellen kann, sind die besten, die ich jemals gegessen habe.
* *Seaweed Pie Café* (Miminegash, S. 425): Ein Stück der regionalen Spezialität *seaweed pie* kostet um die $ 4. Es lässt sich daher verschmerzen, wenn man nach einigen Bissen feststellt, dass dieser aus Seetang gemachte Kuchen doch nicht das Richtige für den eigenen Gaumen ist.

Neufundland: Zu den kulinarischen Köstlichkeiten Neufundlands zählt der *seal flipper pie*. Der Name ist Programm, denn diese Spezialität wird wirklich aus Robbenflossen zubereitet. Erhältlich ist die Pastete z. B. im Delikatessengeschäft *Bidgoods* in Goulds (bei St. John's, S. 466).

* *Lighthouse Picnics* (Ferryland, S. 475): Am Leuchtturm von Ferryland bekommt der Feinschmecker alles, was er für ein genussvolles Picknick vor Ort braucht, beispielsweise ausgezeichnete *crab cakes*.
* *Norseman Restaurant* (L'Anse aux Meadows, S. 517): Am sprichwörtlichen Ende der Welt wird einem ebenso frisch wie kreativ zubereiteter Fisch (z. B. Seesaibling) serviert.

Was trinkt man?

An Bier bekommt man in den Pubs alle großen Marken, die auch sonst in Kanada und Nordamerika angeboten werden. Regionale Besonderheiten sind das von der Alexander Keith's Brewery in Halifax gebraute **India Pale Ale,** das man vorwiegend in Nova Scotia bekommt, und das in New Brunswick erhältliche und sehr beliebte **Moosehead Lager.** In Neufundland begegnet einem überall eine Art Nationalgetränk namens **Screech,** ein starker Jamaikarum. Wer ihn probieren will, sollte besser gewarnt sein, denn dieser im 18. Jh. auf dem Seeweg nach Neufundland eingeführte und heute von der Newfoundland and Labrador Liquor Corporation abgefüllte Rum hat es wirklich in sich. Wissen sollte man in diesem Zusammenhang auch von der (Un-)Sitte des *Screeching,* das einem in manchen Bars in St. John's und andernorts begegnen kann und zumindest für die Umstehenden ein großer Spaß ist: Beantwortet man die Allerweltsfrage, ob man zum ersten Mal in Neufundland ist, unvorsichtigerweise mit Ja, wird man umgehend aufgefordert, unter dem Gejohle der Anwesenden ein Schnapsglas voll Screech zu leeren, einen Kabeljau zu küssen und anschließend noch einen völlig wirren einheimischen „Sinnspruch" nachzubrabbeln. Wer Glück hat, bekommt dafür wenigstens eine Urkunde, die einen fortan als offiziellen „Screecher" ausweist.

Gemütliches Plätzchen

Wissenswertes von A bis Z

Adressangaben	94	Maße, Gewichte und	
Alkohol	95	Temperaturangaben	108
Ärztliche Versorgung und		Medien	109
Apotheken	96	Notruf	110
Behinderte	96	Öffnungszeiten	110
Datumsangaben	97	Post	111
Diplomatische Vertretungen	97	Rauchen	111
Feiertage	98	Sicherheit	112
Geld	98	Steuern	113
Gesundheit	100	Stromanschlüsse und	
Giftshops	102	Steckdosen	113
Information	102	Telefonieren	113
Internet	103	Toiletten	116
Kinder	106	Trinkgeld	116
Land-, See- und Straßenkarten	107	Versicherungen	116
Längere Aufenthalte in Kanada	107	Zeitzonen und Sommerzeit	117

Adressangaben

Kanadische Adressangaben sind zwar auf den ersten Blick gewöhnungsbedürftig, erleichtern aber aufgrund ihres klaren Systems das Auffinden der gesuchten Örtlichkeit ungemein. Grundsätzlich gilt, dass die Hausnummer vor dem jeweiligen Straßennamen steht. Vor oder hinter dem Straßennamen ist außerdem häufig eine Himmelsrichtung angegeben. Dann folgen der Name der Stadt und derjenige der Provinz, wobei Letzterer grundsätzlich abgekürzt wird (NB für New Brunswick, NF für Neufundland und Labrador, NS für Nova Scotia und PE für Prince Edward Island; daneben existieren vor Ort auch die inoffiziellen Abkürzungen N.B., Nfld., N.S. und P.E.I.). Die Zahlen- und Buchstabenkombination am Ende der Adresse ist der sog. **postal code,** der unserer Postleitzahl entspricht. Nach diesem System lautet beispielsweise die vollständige Adresse des Flughafens von Halifax: 1 Bell Boulevard, Enfield, NS, B2T 1K2.

Mit den oft angegebenen **Himmelsrichtungen** hat es Folgendes auf sich: Viele Städte sind in einem rechtwinkligen Schachbrettmuster angelegt. Alle *Streets* verlaufen dabei parallel zueinander und kreuzen die ebenfalls parallel angeordneten *Avenues*. Den meist einfach durchnummerierten Straßen wird dann v. a. in größeren Städten eine Angabe der Himmelsrichtung hinzugefügt (N = North, S = South, W = West oder E = East). Ist eine Stadt durch zwei sich kreuzende Hauptstraßen in vier Quadranten eingeteilt, werden die Himmelsrichtungen noch genauer angegeben (NE = Northeast, NW = Northwest, SE = Southeast und SW = Southwest).

Auch die **Hausnummern** folgen einem Schema, wobei zuerst der Block und dann die eigentliche Hausnummer genannt wird. Lautet die Adresse einer Sehenswürdigkeit beispielsweise 1715 10th Street, so bedeutet das, dass es sich um die Hausnummer 15 in der 10. Street handelt, und zwar im 17. Block (also zwischen der 17. und 18. Avenue).

Auch wenn sich dieses System beim ersten Lesen kompliziert anhört, ist es in der Praxis verblüffend einfach. Hat man den Bogen einmal heraus, kann man eine gesuchte Adresse überall schnell finden.

Abkürzungen der Straßenbezeichnungen

Avenue	Ave.	Lane	Ln.
Boulevard	Blvd.	Place	Pl.
Crescent	Cres.	Road	Rd.
Drive	Dr.	Square	Sq.
Highway	Hwy.	Street	St.

Alkohol

Alkohol bekommt man im Regelfall nur in speziellen Geschäften, den sog. **Liquor Stores,** die man zwar normalerweise noch im kleinsten Ort findet, aber nicht direkt an der Hauptstraße, sondern irgendwo abseits. Wer sich erfolgreich durchgefragt hat, stellt schnell fest, dass Alkohol in Kanada sehr teuer ist.

Das gesetzlich vorgeschriebene **Mindestalter** zum Erwerb von Alkoholika liegt in den Atlantikprovinzen derzeit bei 19 Jahren. Das bedeutet aber noch längst nicht, dass man dann auch alkoholische Getränke verkauft bekommt. Neufundland versucht beispielsweise gerade, den übermäßigen Alkoholkonsum von Jugendlichen einzudämmen, und wird dabei sogar teilweise von der regionalen Alkoholindustrie unterstützt: Manche Lizenznehmer von Liquor Stores haben sich auf freiwilliger Basis verpflichtet, keinen Alkohol an Personen unter 25 Jahren zu verkaufen. Wer also auch nur annähernd so aussieht, als könnte er diese Altersgrenze noch nicht erreicht haben, wird nach dem Ausweis gefragt und gegebenenfalls freundlich, aber bestimmt wieder aus dem Laden hinauskomplimentiert. Diese Regelung soll v. a. auch verhindern, dass ältere Geschwister oder Freunde, die das gesetzliche Mindestalter von 19 Jahren bereits erreicht haben, von Jugendlichen vorgeschickt werden, um Alkohol für sie zu kaufen.

Das Trinken von **Alkohol in der Öffentlichkeit** ist in Kanada streng verboten, ebenso das Mitführen von angebrochenen alkoholischen Getränken. Erlaubt ist der Alkoholkonsum nur in geschlossenen Räumen und auf Privatgrundstücken. Da der Zelt- oder Stellplatz auf dem Campground als Privatbereich angesehen wird, darf man dort zum Abendessen auch ein Bierchen trinken (nicht aber am Picknicktisch im Nationalpark). Zu beachten ist auch, dass man nicht in jedem Restaurant oder jeder Gaststätte zum Essen Bier oder Wein trinken kann, denn Alkohol dürfen nur Betriebe mit einer entsprechenden Lizenz ausschenken (diese wird meist ganz stolz in der Nähe des Eingangsbereichs oder hinter der Theke aufgehängt). Da die Lizenzen sehr teuer sind, verzichten viele Gaststätten schon aus Kostengründen darauf. Manche Lokale erlauben ihren Gästen aber ausdrücklich, sich den gewünschten Drink zum Essen selbst mitzubringen. Angezeigt wird dies durch ein Schild mit der Aufschrift „BYOB" (Bring Your Own Bottle).

Wer betrunken oder unter Drogeneinfluss **Auto fährt,** begeht eine Straftat. Wird man mit 0,8 Promille oder mehr erwischt, erwarten einen drakonische Geldstrafen. Kanadier sind zudem automatisch für ein Jahr ihren Führerschein los (und landen gegebenenfalls zur Abschreckung sogar für einige Tage hinter Gittern). Werden sie zum zweiten Mal erwischt, verlieren sie den Führerschein erneut – diesmal für volle drei Jahre. Wie in Deutschland kann man in den Atlantikprovinzen aber auch dann bestraft werden, wenn die Blutalkoholkonzentration zwar unter dem Grenzwert liegt, man aber jemanden gefährdet hat. Es ist darüber hinaus verboten, im Fahrzeug angebrochene Flaschen mit alkoholischen Getränken mitzuführen (auch nicht im Wohnmobil). Wer als Ausländer in Kanada beim Fahren unter Alkoholeinfluss erwischt und verurteilt wird, kann mit einer lebenslangen Einreisesperre belegt werden.

Ärztliche Versorgung und Apotheken

Grundsätzlich ist die medizinische Versorgung in den Atlantikprovinzen hervorragend, aber horrend teuer. Ein normaler Klinikaufenthalt ohne jegliche Komplikationen kostet mindestens $ 1000 pro Tag, ansonsten können es auch bis zu $ 3000 pro Tag werden. Daher ist der Abschluss einer **Reisekrankenversicherung** Pflicht (siehe *Versicherungen*).

Eine **Kreditkarte** ist die Grundvoraussetzung, um im Notfall schnell behandelt zu werden. Auch wenn es in Kanada nicht ganz so hart wie in den USA zugeht, wo viele Ärzte und Kliniken selbst in Notfällen die Behandlung strikt verweigern, wenn man keine Kreditkarte oder die entsprechende Summe in bar auf den Tisch legen kann, ist es doch besser, auf der sicheren Seite zu sein.

Rezeptpflichtige **Medikamente** bekommt man in der Apotheke *(pharmacy)*, die es für Eilige auch als *drive-thru* gibt. Reine Apotheken findet man allerdings selten, da die meisten Medikamente ganz selbstverständlich in Supermärkten und Drugstores vertrieben werden. Dort gibt es häufig spezielle Verkaufstheken, an denen man verschreibungspflichtige Medikamente erwerben kann. Nicht rezeptpflichtige Arzneimittel kann man ohnehin überall kaufen. Wer schon daheim weiß, dass er im Urlaub ein verschreibungspflichtiges Medikament benötigen wird, sollte sich das entsprechende Rezept unbedingt noch vor der Abreise ausstellen lassen.

Behinderte

Für Reisende mit Behinderungen hat Kanada zwei Seiten: Die Städte sind vorbildlich auf sie eingestellt, in der Wildnis kann es hingegen schwierig werden. Das sollte jedoch niemanden davon abhalten, die Atlantikprovinzen zu bereisen. Generell gilt, dass alle öffentlichen Gebäude in Kanada per Gesetz für Rollstuhlfahrer geeignet sein und über behindertengerechte Toiletten verfügen müssen. Auch in den Nationalparks sind die Besucherzentren behindertengerecht ausgestattet. Bei größeren Hotel- und Motelketten gibt es praktisch immer behindertengerechte Zimmer. Da allerdings nur wenige davon zur Verfügung stehen, sollte man möglichst frühzeitig reservieren.

Eine Menge Informationen für Reisende mit Behinderungen bietet die Website von **Access-Able Travel Source** (www.access-able.com), wo man auch Auskünfte zu geeigneten Übernachtungsmöglichkeiten erhält. Die **Society for Accessible Travel and Hospitality** (✆ 212/447-7284, www.sath.org) informiert z. B. über Tourveranstalter, spezielle Reiseziele und Begleitmöglichkeiten. Der jährliche Mitgliedsbeitrag von US$ 45 lohnt sich v. a. dann, wenn man öfter unterwegs ist. Über **Access to Travel** (✆ 800/465-7735, www.accesstotravel.gc.ca), eine Initiative der kanadischen Regierung, erfährt man Einzelheiten zu Städteverbindungen und zu den Transportmöglichkeiten innerhalb einzelner Städte. Dazu gibt es auf der Website eine Menge allgemeiner Informationen für Behinderte auf Reisen. **Flying Wheels Travel** (✆ 507/451-5005 oder 877/451-5006, www.flyingwheelstravel.com) ist ein Reiseveranstalter, der speziell auf Reisende mit Behinderungen eingestellt ist. Die vierteljährlich erscheinende US-Zeitschrift **Emerging Horizons** (www.emerginghorizons.com) enthält Beiträge rund ums behindertengerechte Reisen. Das **Canadian National Institute for the Blind** (✆ 800/563-2642, www.cnib.ca) hat Büros in Halifax (✆ 902/453-1480) sowie Fredericton (✆ 506/458-0060) und bietet dort zahlreiche Hilfen an. Eine weitere gute Informationsquelle ist die **Canadian Paraplegic Association** (✆ 877/324-3611, www.canparaplegic.org), die Büros in Halifax (✆ 902/423-1277), Moncton (✆ 506/858-0311), Charlottetown (✆ 902/368-3955) und St. John's (✆ 709/753-5901) unterhält.

Datumsangaben

In Nordamerika wird das Datum normalerweise mit Schrägstrichen in der Reihenfolge Monat/Tag/Jahr geschrieben. Das bedeutet, dass der 06/12/2009 nicht der 06.12.2009, sondern der 12.06.2009 ist. Selbst wenn als Trennzeichen Punkte verwendet werden, heißt das nicht, dass es sich um eine Datumsangabe in europäischer Form handelt. Bei offiziellen Formularen und im Internet wird allerdings mittlerweile oft die europäische Reihenfolge Tag/Monat/Jahr angewandt und verlangt. Wer ein Formular ausfüllen muss, wird normalerweise ausdrücklich auf die gewünschte Schreibweise mittels der Abkürzungen MM-DD-YY(YY) oder DD-MM-YY(YY) hingewiesen. Um Verwechslungen vorzubeugen, sollte man nach Möglichkeit den Monat ausschreiben oder zumindest mit den ersten drei Buchstaben des Monatsnamens abkürzen (z. B. June 12 2009, Jun 12 2009 oder auch 12 June 2009).

Diplomatische Vertretungen

Botschaften und Konsulate in Kanada

• *Deutschland* **Deutsche Botschaft**: 1 Waverley St., Ottawa, Ontario, K2P OT8, ✆ 613/232-1101, ✆ 613/594-9330, www.ottawa.diplo.de.

Generalkonsulat: 1250 Blvd. René-Lévesque Ouest, Suite 4315, Montreal, Quebec, H3B 4W8, ✆ 514/931-2431, ✆ 514/931-7239, www.montreal.diplo.de.

Honorarkonsul Anthony L. Chapman: 1100 Purdy's Wharf Tower One, 1959 Upper Water St., PO Box 2380 Central, Halifax, Nova Scotia, B3J 3E5, ✆ 902/420-1599, ✆ 902/421-3130.

Honorarkonsul Waldemar Scharwey: 3 Blackmarsh Rd., St. John's, Newfoundland, A1E 1S2, ✆ 709/579-2222, ✆ 709/739-8911.

• *Österreich* **Österreichische Botschaft**: 445 Wilbrod St., Ottawa, Ontario, K1N 6M7, ✆ 613/789-1444, ✆ 613/789-3431, www.austro.org.

Honorargeneralkonsulat: 1718 Argyle St., Suite 410, Halifax, Nova Scotia, B3J 3N6 ✆ 902/429-8200, ✆ 902/425-0581.

• *Schweiz* **Schweizer Botschaft**: 5 Marlborough Ave., Ottawa, Ontario, K1N 8E6, ✆ 613/235-1837, ✆ 613/563-1394, www.eda.admin.ch/canada.

Konsulat: 139 Capri Dr., West Porter's Lake/Halifax, Nova Scotia, B3E 1L6, ✆ 902/827-5548, ✆ 902/827-3590.

Kanadische Botschaften in Europa

• *In Deutschland* Leipziger Platz 17, 10117 Berlin, ✆ 030/20312-0, ✆ 030/20312-590, www.kanada.de.

• *In Österreich* Laurenzerberg 2, 1010 Wien, ✆ 01/531383-000, ✆ 01/531383-321, www.kanada.at.

• *In der Schweiz* Kirchenfeldstr. 88, 3005 Bern, ✆ 031/3573-200, ✆ 031/3573-210, http://geo.international.gc.ca/canada-europa/switzerland.

Feiertage

In Kanada gibt es nationale und regionale Feiertage. An diesen bleiben öffentliche Einrichtungen, Schulen, Banken und die Post geschlossen. Die meisten Sehenswürdigkeiten und Geschäfte haben jedoch geöffnet, manchmal allerdings mit verkürzten (oder aber sogar verlängerten) Öffnungszeiten.

Nationale Feiertage:	Remembrance Day (11. November)
New Year's Day (1. Januar)	*Christmas* (25. Dezember)
Good Friday (Karfreitag)	*Boxing Day* (26. Dezember)
Easter Sunday (Ostersonntag)	**Regionale Feiertage:**
Easter Monday (Ostermontag)	New Brunswick: *New Brunswick Day*
Victoria Day (vorletzter Montag im Mai)	(1. Montag im August)
Canada Day (1. Juli, Nationalfeiertag)	Prince Edward Island: *Islander Day*
Labour Day (1. Montag im September)	(2. Montag im Februar)
Thanksgiving (2. Montag im Oktober)	

Geld

Banken haben montags bis mittwochs von 10 bis 16 Uhr und am Donnerstag und Freitag von 10 bis 17 Uhr geöffnet, manchmal auch samstags.

Landeswährung ist der Kanadische Dollar (kurz: C$; in Banken: CAD). **Münzen** gibt es in folgenden Stückelungen: 1 Cent *(penny)*, 5 Cent *(nickel)*, 10 Cent *(dime)*, 25 Cent *(quarter)*, 1 Dollar *(loonie)* und 2 Dollar *(toonie)*. Die 1-Dollar-Münzen sind golden, tragen auf der Vorderseite das Abbild von Königin Elisabeth II. und zeigen auf der Rückseite einen Eistaucher *(common loon)*. Diesem Vogel verdankt die Münze auch ihren Namen. Die erst 1996 eingeführten 2-Dollar-Münzen sehen aus wie 2-Euro-Stücke (goldener Kern mit Silberrand). Sie zeigen auf der Vorderseite ebenfalls die Königin von England und auf der Rückseite einen Eisbären. Der für sie häufig gebrauchte Begriff *toonie* ist eine Verschmelzung von „two" und „loonie". Wichtigste Münze im Alltag ist der *quarter*, den man schlicht für alles Mögliche braucht, sei es zum Telefonieren, für den Getränkeautomaten, den Gepäckwagen am Flughafen oder den Briefmarkenautomaten im Hotel.

Banknoten gibt es in den Stückelungen $ 5, $ 10, $ 20, $ 50 und $ 100. Auch auf ihnen ist die Königin von England abgebildet. Kanadische Banknoten sind in unterschiedlichen Farbtönen gehalten, um die Verwechslungsgefahr möglichst gering zu halten.

> Bei allen in diesem Buch genannten Preisen handelt es sich um Angaben in Kanadischen Dollar, sofern es nicht ausdrücklich anders vermerkt ist.

Wer vorher in den USA war und noch US-Dollar im Gepäck hat, kann diese entweder bei einer Bank tauschen oder in den Touristengegenden ausgeben, wo sie meist (zu einem schlechten Kurs) akzeptiert werden. Europäische Währungen können ebenfalls bei vielen (aber längst nicht allen) Banken und in Wechselstuben, z. B. an den Flughäfen, getauscht werden.

Als sicherstes Zahlungsmittel gelten gemeinhin **Reiseschecks** *(traveler's checks)*, die im Verlustfall ersetzt werden. Dazu muss man allerdings belegen können, welche Schecks man bereits ausgegeben hat und welche abhandengekommen sind. Das geht natürlich nur, wenn man sich nach ihrem Erwerb die Mühe macht, die (meist fortlaufenden) Nummern der Reiseschecks zu notieren. Diesen Zettel muss man im Ernstfall zur Hand haben; die gebührenfreie Notrufnummer von American Express ist in Kanada die ✆ 866/296-5198.

Reiseschecks werden vor Ort überall wie Bargeld akzeptiert. Man muss sie also nicht erst umtauschen, sondern kann mit ihnen an (fast) jeder Kasse bezahlen. Das Wechselgeld bekommt man in Dollar zurück. Zum Einlösen muss man sie in Anwesenheit des Kassenpersonals unterschreiben und meist auch den Pass oder ein sonstiges Ausweispapier vorlegen. Zu beachten ist, dass nur derjenige, der auf den Schecks angegeben ist, mit ihnen bezahlen kann. Es gibt allerdings auch Reiseschecks, die von zwei Personen eingelöst werden können. Für diese ist aber eine höhere Ausgabegebühr fällig, und die Schecks müssen bei der Abholung in der Bank auch von beiden Personen unterschrieben werden. Generell sollte man einige Tage vorher bei seiner Bank nachfragen, ob auf Kanadische Dollar lautende Reiseschecks in der gewünschten Stückelung vorrätig sind. Bewährt haben sich dabei Schecks zu $ 50 (auf höher lautende Beträge ausgestellte Schecks werden in manchen Geschäften und Tankstellen nicht akzeptiert, sodass man sie dann wieder extra in der Bank oder einem größeren Hotel umtauschen muss). Wer über die USA einreist, sollte beachten, dass auf US-Dollar lautende Reiseschecks in Kanada zwar vielfach akzeptiert werden, allerdings meist zu einem sehr schlechten Kurs. Gleiches gilt leider auch umgekehrt.

Eine **Kreditkarte** ist auf einer Nordamerikareise unabdingbar. Am weitesten verbreitet sind MasterCard und Visa, gut über die Runden kommt man auch mit American Express. Seit Diners Club eine weltweite Kooperation mit MasterCard eingegangen ist, können diese Karten auch an allen MasterCard-Akzeptanzstellen eingesetzt werden. Eine Kreditkarte ist in Kanada nicht nur Zahlungsmittel, sondern auch Visitenkarte, denn wer keine Kreditkarte hat – und somit keinen Kredit genießt –, wird häufig als obskurer Zeitgenosse angesehen. Tatsache ist, dass man ohne Kreditkarte nur unter großen Schwierigkeiten einen Mietwagen bekommt und die telefonische Reservierung von Hotel- und Motelzimmern ohne Angabe der Kreditkartennummer häufig unmöglich ist. Mit vielen Kreditkartenverträgen sind Zusatzleistungen wie etwa Versicherungen verbunden, deren separater Abschluss für sich genommen schon ein Mehrfaches des Jahresbeitrags kosten würde. Es lohnt sich daher, die Bedingungen der einzelnen Gesellschaften genauer zu studieren. Anders als in den USA, wo man bei einem vierwöchigen Urlaub schlicht alles per Kreditkarte begleichen kann und nicht ein einziges Mal Bargeld in die Hand zu nehmen braucht, gibt es in Kanada durchaus Situationen, in denen man die Rechnung in bar begleichen muss (z. B. an Tankstellen, in Geschäften in entlegeneren Gegenden und die Übernachtungsgebühren auf den Nationalpark-Campgrounds). Bei Verlust muss die Kreditkarte sofort gesperrt werden. Eine Ersatzkarte wird einem dann innerhalb eines Tages ins Hotel gebracht. Die Notrufnummern von Kanada aus lauten für MasterCard ✆ 800/307-7309, für Visa ✆ 800/847-2911, für American Express ✆ 800/554-AMEX und für Diners Club ✆ 800/363-3333. Auch unter dem seit 2005 existierenden **zentralen deutschen Sperrnotruf** ✆ 0049-116116 kann man mittlerweile Kreditkarten von American Express, MasterCard und Visa sperren lassen, daneben auch verlorene bzw. gestohlene EC- und Handy-Karten.

Mit der **EC-Karte** kann man mittlerweile überall in Kanada Geld abheben. Die Gebühren werden dabei unabhängig vom jeweiligen Betrag pro Abhebung fällig und sind relativ hoch (je nach Bank zwischen 4 und 5 €). Das bei uns alltägliche Bezahlen per EC-Karte ist dagegen in Kanada bisher nur selten möglich.

Gesundheit

Grundsätzlich sollte man für Notfälle immer eine kleine **Verbandstasche** bei sich haben, die man überall für einige Dollar kaufen kann. Darin sollten Bandagen, ein Antiseptikum, ein Antibiotikum und Tabletten zur Desinfektion von Wasser enthalten sein. Zusätzlich gehören ein gutes Insektenschutzmittel (siehe Kasten) und Sonnencreme in die Tasche. **Erste-Hilfe-Kästen** bekommt man im Campingladen.

Für die Atlantikprovinzen sind keine **Impfungen** vorgeschrieben. Im eigenen Interesse sollte man sich jedoch vergewissern, ob man über einen ausreichenden Tetanus-Schutz verfügt.

HIV/AIDS und andere Krankheiten, die durch Geschlechtsverkehr übertragen werden können, sind in Kanada genauso präsent wie überall sonst auf unserem Globus. Daher sollten Sie niemals auf die entsprechenden Schutzmaßnahmen verzichten.

Im Gegensatz zu manch anderen Reisegebieten in Nordamerika kann man in den Atlantikprovinzen bedenkenlos aus dem Wasserhahn trinken und muss sich auch keine Gedanken darüber machen, ob man Nahrungsmittel noch extra kochen muss. Höchste Vorsicht ist aber geboten, wenn man **Wasser** aus Flüssen oder Bächen trinken oder in einer Quelle baden will: Dort tummeln sich gerne einzellige Parasiten der Gattung Giardia. Da sie nur 20 Mikrometer groß werden, sind sie selbst in glasklaren Flüssen und Bächen nicht zu sehen. Wer Trinkwasser aus der Natur benötigt, sollte dieses daher unbedingt mindestens 10 Minuten abkochen oder mit speziellen jodhaltigen Mitteln desinfizieren (Gebrauchsanleitung präzise studieren). Wer Trinkwasser filtern will, muss darauf achten, dass er einen Filter verwendet, der kleinporig genug ist, um die Giardiazysten nicht durchzulassen. An der **Giardiasis** erkranken jährlich weltweit etwa 200 Mio. Menschen. In Kanada wird die Krankheit auch „Bieberfieber" *(beaver fever)* genannt, da man lange davon ausging, dass die Erreger durch Biberkot ins Wasser der Flüsse und Bäche gelangen. Die Symptome der Krankheit sind Erbrechen, Durchfall, Blähungen und mitunter auch Fieber. Das kann für Wanderer, die alleine unterwegs sind, mehr als nur unangenehm werden. Heimtückisch an der Giardiasis ist auch, dass die Inkubationszeit bis zu zehn Wochen beträgt und man sich daher oft längst wieder in heimischen Gefilden befinden kann, bis sich erste Anzeichen der Krankheit einstellen.

Wer im Hinterland unterwegs ist, sollte auf **Zecken** *(ticks)* achten, die u. a. Borrelien übertragen können. Die Borreliose lässt sich zwar medizinisch ganz einfach behandeln, kann aber ernste Folgen haben, wenn die Infektion nicht erkannt wird.

Ein nicht zu unterschätzendes Risiko geht in den Sommermonaten von der starken **Sonneneinstrahlung** aus. Das gilt v. a., wenn man sich am Wasser oder in größeren Höhenlagen befindet. Hier sind Sonnenschutzmittel mit hohem Lichtschutzfaktor (keinesfalls unter 20) dringend notwendig. Besonders vorsichtig muss man sein, wenn man mit kleinen Kindern unterwegs ist.

Aber auch wer im Winter in den Atlantikprovinzen unterwegs ist, sollte Vorsichtsmaßnahmen ergreifen. Dazu gehört, dass man vor *jedem* Fahrtantritt den Stand des Frostschutzmittels prüft und niemals ohne Ersatzreifen, warme Decken oder

Mückenschutz

Stechmücken *(mosquitos)* können ebenso wie **Kriebelmücken** *(black flies)*, die nur 2–6 mm groß werden und wie kleine Fliegen aussehen, in seltenen Fällen Krankheiten wie das West-Nil-Virus übertragen, im Normalfall sind sie aber einfach nur lästig. Vor allem in den Sommermonaten können die Stechmücken zu einer wahren Plage werden. Zwar sind sie eigentlich nur in der Nähe von Gewässern zu Hause, das scheint die kanadischen Vertreter der Spezies aber wenig zu kümmern. Es stechen übrigens nur die Weibchen, da sie bestimmte Stoffe des Blutes zur Entwicklung der Eier benötigen. Zwar stirbt jede Moskitogeneration im Herbst (ab Mitte August lässt ihr Auftreten deutlich nach, und mit den ersten Nachtfrösten ist der Spuk vorbei), doch das tröstet einen an einem schönen Juliabend am Lagerfeuer wenig.

Obwohl ein echter Schutz gegen Mücken nicht möglich ist, kann man die Zahl der Stiche doch erheblich einschränken, wenn man einige Hinweise beachtet: Generell sollte man wissen, dass alle nordamerikanischen Stechmücken eine wahre Vorliebe für europäische **Mückenschutzmittel** zu haben scheinen. Gleiches gilt für Parfüm und Rasierwasser. Hat man Glück, bleiben sie bestenfalls wirkungslos. Auch elektronische Abwehrgeräte (mit Summton) zeigen nicht die geringste Wirkung. Daher sollte man sich vor Ort umgehend im Supermarkt einer größeren Stadt mit einem Vorrat an Mückenschutzmittel eindecken und nicht erst warten, bis einem in der Wildnis der Besitzer des einzigen Drugstores im Umkreis von 100 Meilen den doppelten Preis oder noch mehr für das gleiche Präparat abknöpft. Noch schlimmer ist es allerdings, wenn der Laden ausgerechnet an diesem Tag geschlossen hat oder das Mittelchen gerade aus ist. Außerdem sollte man **weite, helle Kleidung** tragen. Röcke sind ebenso unangebracht wie eng sitzende Jeans, deren Stoff für den Stechrüssel eines kanadischen Moskitos keinerlei Hindernis darstellt. Wer abends in der Nähe eines Gewässers sitzen und die Landschaft genießen möchte, sollte sich im Supermarkt auch ein Paar **Plastikhandschuhe** und ein kleines **Moskitonetz** besorgen, das über die Baseballkappe gestülpt werden kann. So ist man rundum vor Stichen geschützt. Die alte Weisheit, ein Lagerfeuer halte Moskitos vom Stechen ab, stimmt nur bedingt, denn die Plagegeister lassen sich nur ausräuchern, wenn das Feuer entsprechend stark qualmt, was die Methode praktisch unbrauchbar macht. Zwar mögen Stechmücken eigentlich keinen Wind, dennoch stechen sie selbst an den zugigen Küstenstreifen von Nova Scotia und Prince Edward Island immer mal wieder zu. Als Faustregel gilt trotzdem, dass sie grundsätzlich eine Abneigung gegen Wind, völlig trockenen Untergrund und offenes Wasser haben – auf einer luftigen Anhöhe im Hinterland oder auf einem Boot abseits vom Ufer ist man daher relativ sicher.

Schlafsäcke startet. Es besteht immer die Gefahr, sich **Erfrierungen** *(frostbite)* zuzuziehen. Das kann innerhalb von Sekunden passieren, wenn die Temperatur unter den Gefrierpunkt fällt und dazu noch ein starker Wind weht. Die Einheimischen nennen dieses Phänomen *windchill*. Bei einer Erfrierung behält man im Regelfall eine taube Stelle zurück, die wie eine Druckstelle aussieht und eine blasse Verfärbung der Haut zur Folge hat. Besonders gefährdet sind die der kalten Luft ausgesetzten Hautpartien wie Nase, Ohren und Hände. Bei längeren Wintertouren sollte man außerdem bewusst auf das Auftreten von ersten Anzeichen einer **Unterkühlung** *(hypothermia)* achten. Dazu zählen Benommenheit, Zittern, leises Fluchen, verwaschene Aussprache und in Extremfällen auch unkontrollierte Gewaltausbrüche. Unterkühlung kann zur Bewusstlosigkeit und im Extremfall zum Tod führen. Kalte Witterung, kombiniert mit Hunger, Müdigkeit und Feuchtigkeit, ist der ideale Nährboden für eine Unterkühlung. Besonders heimtückisch ist, dass der Betroffene die Symptome einer Unterkühlung in vielen Fällen selbst gar nicht bemerkt. Vorbeugend sollte man sich nach dem bekannten Zwiebelprinzip in mehreren Schichten kleiden, wobei die äußerste Schicht unbedingt aus einem wasserdichten Stoff bestehen sollte. Am wichtigsten ist eine warme Kopfbedeckung. Im Notfall sollte man das Opfer möglichst schnell aus der Kälte bringen, durchnässte Kleidung durch trockene ersetzen, den Betroffenen in einen Schlafsack legen und ihm dann *langsam* warme Getränke (keinen Alkohol oder Kaffee) und zuckerhaltige Nahrungsmittel verabreichen. Auf keinen Fall darf man versuchen, den Patienten schnell aufzuwärmen, da dies zu einem Herzinfarkt führen kann.

Dass man bei der Begegnung mit **Wildtieren** gehörigen Abstand halten sollte, ist selbstredend und gilt nicht nur für Bären und brunftige Elchbullen, sondern auch für die weitverbreiteten Stinktiere und Stachelschweine. Giftschlangen sind zwar in den Atlantikprovinzen nicht heimisch, dafür gibt es aber in manchen Gegenden **giftige Pflanzen** wie den Giftefeu *(poison ivy)*, der absolut harmlos aussieht. Beim Hautkontakt mit den Blättern merkt man zunächst einmal gar nichts, denn die allergische Reaktion lässt einige Zeit auf sich warten, manchmal sogar Tage. Die Auswirkungen sind sehr unterschiedlich und reichen vom leichten Juckreiz bis zur schweren allergischen Reaktion, die in der Notaufnahme eines Krankenhauses enden kann. Ist man mit dem Giftefeu in Berührung gekommen, sollte man die betroffene Stelle (auch wenn es sich um Kleidung handelt) so schnell wie möglich abwaschen.

Giftshops

Mit dieser Bezeichnung können recht unterschiedliche Formen von Souvenirläden gemeint sein. In Großstädten erreichen solche Shops mitunter die Dimension eines kleinen Kaufhauses mit allem erdenklichen Ramsch in den Regalen, der als potenzielles Mitbringsel dienen könnte. Ein wesentlich ausgefalleneres Angebot haben meist die Giftshops von Museen oder anderen Sehenswürdigkeiten, in denen sich durchaus nette Sachen entdecken lassen. Das reicht von speziellen DVDs (Regionalcode beachten!) über Duftseifen bis zu hochwertigen indianischen Kunstwerken. Darüber hinaus bekommt man hier auch die obligatorischen Postkarten, T-Shirts und Kühlschrankmagneten. Die Giftshops in Hotels und Motels führen zusätzlich meist ein schmales Grundsortiment an Waren des täglichen Bedarfs (Zahnbürsten, Damenbinden etc.) und bisweilen auch einige nordamerikanische Grundnahrungsmittel wie Chips, Schokoriegel, Hotdogs und Sodas.

Information

Allgemeines Informationsmaterial über Kanada versendet für den deutschsprachigen Raum die **Canadian Tourism Commission** (Eichenheege 1–5, 63477 Maintal, ✆ 01805-526232). Die kanadische Zentrale (✆ 604-638-8300, www.canadatourism. com) hält dagegen fast ausschließlich Publikationen für Unternehmen bereit, die mit der Touristikbranche zu tun haben.

Bessere Informationen für den Reisenden gibt es bei den **Tourismuszentralen der Provinzen** Nova Scotia (✆ 902/425-5781 oder 800/565-0000, www.novascotia. com), New Brunswick (✆ 800/561-0123, www.tourismnewbrunswick.ca), Prince Edward Island (✆ 902/368-4444 oder 800/463-4734, www.tourismpei.com) sowie Newfoundland und Labrador (✆ 709/729-0862 oder 800/563-6353, www.newfound landlabrador.com). Diese Fremdenverkehrsbüros verschicken Infomaterial, oder man lädt sich die gewünschten Broschüren einfach von der jeweiligen Website herunter. Wer konkrete Fragen zu ganz bestimmten Zielen oder Attraktionen hat, der sollte sich nicht scheuen, online bei diesen Büros nachzufragen. Überraschend oft erhält man tatsächlich eine prompte Antwort.

Vor Ort findet man in praktisch jeder Stadt ein **Tourist Information Centre.** In größeren Städten gibt es davon gleich mehrere, und mindestens eines davon ist ganzjährig geöffnet. Die Öffnungszeiten unter der Woche sind nicht einheitlich geregelt, man kann aber davon ausgehen, dass die meisten Infozentren zumindest im Juli und August täglich geöffnet sind. Sollten sie geschlossen sein, kann man bei der örtlichen **Chamber of Commerce** nachfragen, wo man meist ebenfalls gut mit Informationen versorgt wird (geöffnet meist ganzjährig montags bis freitags). In den Touristeninformationen erhält man neben fundierten Auskünften auch Broschüren und Karten. Besonders hilfreich sind dabei die Infobroschüren der einzelnen Nationalparks. Im Park selbst beantworten die **Ranger** gerne Fragen aller Art.

Durchaus brauchbare Informationen bieten teilweise auch die in einzelnen Städten kostenlos erhältlichen Zeitungen (siehe *Medien*).

Internet

Internetzugriff ist in den Atlantikprovinzen nahezu überall problemlos möglich. Eine gute Anlaufstelle sind die öffentlichen Bibliotheken, die ebenso wie viele Schulen und Gemeindezentren Mitglieder des Community Access Program (CAP) sind. Diese Initiative der kanadischen Regierung will jedermann den Zugriff auf das Internet ermöglichen. Man braucht daher in den meisten Bibliotheken nur seinen Pass vorzuzeigen und darf dann kostenlos einen PC nutzen. Wo sich die nächste am CAP teilnehmende Stelle befindet, erfährt man vor Ort gebührenfrei unter ✆ 866/569-8428 oder im Internet unter http://cap.ic.gc.ca.

Internetcafés findet man am ehesten an Flughäfen und in Einkaufszentren. Hier sollte man sich vorweg nach den Konditionen erkundigen, da einige Anbieter verlangen, dass man sich zuerst einen kostenpflichtigen Account einrichtet. In praktisch allen gehobenen Hotels und vielen B&Bs ist der Internetzugang vom Zimmer aus selbstverständlich, ansonsten gibt es normalerweise zumindest einen Rechner in der Nähe der Rezeption, den man benutzen kann.

Nützliche Internetseiten

Reiseplanung/Überblick

Canadian Tourism Commission: www. canada.travel
Offizielle Website für alle Kanada-Touristen.

Nova Scotia: www.novascotia.com
Alles, was man braucht, um eine Reise nach Nova Scotia zu planen.

New Brunswick: www.tourismnewbrunswick.ca
Sehr übersichtliche und informative Website, die u. a. Datenbanken mit Unterkünften und aktuellen Veranstaltungen sowie Infos zu den National- und Provinzparks bereithält.

Prince Edward Island: www.tourismpei.com

Die Website bietet vielfältige Reiseinformationen, insbesondere auch für das Reisen mit Kindern. Daneben kann man z. B. Unterkünfte oder gleich ein ganzes Pauschalangebot online buchen.

Neufundland und Labrador:
www.newfoundlandlabrador.com
Erste Anlaufstelle für alle, die eine Reise in die größte Provinz des atlantischen Kanada planen. Neben einem Rechner zur Ermittlung von Distanzen bietet die Seite auch Bestellformulare für kostenlose Broschüren und einen detaillierten Veranstaltungskalender.

Parks

Parks Canada: www.pc.gc.ca
Offizielle Website der kanadischen Nationalparkverwaltung, die auch die National Historic Sites betreut. Neben allgemeinen Informationen findet man hier die Öffnungszeiten und Gebühren der Parks.
Parks Canada Campground Reservation Service: www.pccamping.ca
Über die Website kann man Campground-Stellplätze in den Nationalparks reservieren.
Nova Scotia: www.novascotiaparks.ca
Das Department of Natural Resources managt die Provinzparks von Nova Scotia. Die Website informiert über die Öffnungszeiten und Gebühren und bietet ein Suchwerkzeug, mit dem sich alle Parks einfach finden lassen.
New Brunswick: www.nbparks.ca und www.tourismnewbrunswick.ca
Die erstgenannte der beiden Seiten informiert über die Provinzparks von New Brunswick, die zweite über die Gemeinde- und Nationalparks sowie den Roosevelt Campobello International Park.
Prince Edward Island:
www.tourismpei.com
Offizielle Tourismus-Website von Prince Edward Island mit ausführlichen Infos zu allen Parks der Provinz.
Neufundland und Labrador:
www.env.gov.nl.ca/parks
Neufundland und Labrador sind geradezu übersät mit Provinzparks und Naturschutzgebieten. Sie alle findet man auf dieser Website.

Regierungsstellen

Government of Canada: www.gc.ca
Offizielle Homepage der kanadischen Regierung.

Atlantic Canada online: www.acol.ca
Mithilfe dieser recht verwaltungsmäßig anmutenden Homepage wollen die vier Provinzregierungen des atlantischen Kanada möglichst viele Informationen unters interessierte Volk bringen.
Citizenship and Immigration Canada:
www.cic.gc.ca
Website der Regierung, die über alle Einreiseformalitäten informiert.
Environment Canada:
www.weatheroffice.gc.ca
Hier kann man die aktuelle Fünf-Tages-Wettervorhersage von über 200 Orten im atlantischen Kanada abrufen. Dazu gibt es ein Archiv mit Informationen über saisonale Trends, die neuesten Hurrikan-Warnungen und die Bewegungen des Meereises.

Übernachten

BBCanada: www.bbcanada.com
Sehr übersichtliche und unkompliziert gestaltete Website, mit deren Hilfe man das zu den persönlichen Interessen und zum Reisebudget passende B&B finden und reservieren kann.
Hostelling International-Canada:
www.hihostels.ca
Kanadischer Ableger der weltweiten Organisation Hostelling International, deren Zielgruppe keineswegs nur Jugendliche, sondern Reisende aller Altersgruppen sind.

Verkehrsmittel

Acadian: www.acadianbus.com
Wo die Greyhound-Linien enden, ist noch längst nicht Schluss – denn von dort geht es mit Acadian weiter. Die günstigen Busse verkehren überall in Nova Scotia, New Brunswick und Prince Edward Island.
Air Canada: www.aircanada.ca
Nationale Fluglinie Kanadas.
Halifax International Airport: www.hiaa.ca und www.flyhalifax.com
www.hiaa.ca ist die offizielle Website des Halifax International Airport mit Informationen zu den Serviceangeboten am Flughafen. Der Betreiber unterhält zusätzlich die Homepage www.flyhalifax.com. Hier lassen sich beispielsweise die aktuellen Abflug- und Ankunftszeiten einsehen oder die besten Flugverbindungen für die gewünschte Strecke heraussuchen. Außerdem kann man sich sämtliche Städte anzeigen lassen, die von Halifax aus angesteuert werden.

Marine Atlantic: www.marine-atlantic.ca
Über diese Website lassen sich Fährverbindungen zwischen Nova Scotia und Neufundland reservieren.

VIA Rail Canada: www.viarail.ca
Infos zum Personenverkehr der Bahn in
ganz Kanada, insbesondere auch zum
Nachtzug „The Ocean" von Montreal nach
Halifax.

WestJet: www.westjet.com
Wer aus einer der westlichen Provinzen ins
atlantische Kanada fliegen will, sollte einen
Blick auf die Angebote dieser Fluglinie werfen, bevor er bei Air Canada bucht.

Naturschutz

**Atlantic Canada Conservation Data
Centre: www.accdc.com**
Die Homepage bietet einige gute Informati-
onen darüber, wo man welche Tier- und
Pflanzenarten zu Gesicht bekommen kann.
Man muss sich das Ganze aber hauptsäch-
lich aus Tabellen und Datenbanken er-
schließen.

**Canadian Parks and Wilderness Society:
www.cpaws.org**
Die gemeinnützige Organisation sorgt dafür, dass der Naturschutz in Kanada nicht in
Vergessenheit gerät.

**Canadian Wildlife Service: www.ns.ec.gc.
ca/wildlife**
Auf dieser Website der kanadischen Regierung sind über den Link „Hinterland Who's
Who" sämtliche in Kanada vorkommenden
Tierarten samt Fotos und Verbreitungsge-
biet zu finden.

Ducks Unlimited Canada: www.ducks.ca
Renommierte Organisation zum Schutz von
Feuchtgebieten, die in jeder der vier Atlan-
tikprovinzen einen eigenen Verband hat.

**Sierra Club of Canada – Atlantic Canada
Chapter: www.sierraclub.ca/atlantic**
Der kanadische Ableger der ältesten und
größten Naturschutzorganisation Nordamerikas hat sich dem Erhalt der heimischen Wildnis verschrieben. Derzeit kämpft man insbesondere gegen die Erschließung der Erd-
öl- und Erdgasfelder vor Cape Breton Island.

**The Starving Ocean:
www.fisherycrisis.com**
Die privat betriebene Homepage informiert
über die Veränderungen der Meeresflora
und -fauna vor der kanadischen Küste. Die
teilweise von einem alternativen Standpunkt geschriebenen Artikel beschäftigen

sich beispielsweise mit den Problemen der
Überfischung und dem Rückgang der Kabeljaubestände, sie liefern aber auch viele
Informationen zu Meerestieren wie Robben
und Buckelwalen.

Sonstiges

**Acadian Genealogy Homepage:
www.acadian.org**
Eine der besten Websites für Informationen über die Akadier. Darunter finden sich
beispielsweise ausführliche Daten der
Volkszählungen bis zurück ins Jahr 1671 und
jede Menge Literaturhinweise, die einem
diese einzigartige Kultur näherbringen.

**Howard Dill Enterprises:
www.howarddill.com**
Der 2008 verstorbene Howard Dill galt als
der weltweit herausragendste Züchter von
Riesenkürbissen. Über die Website kann
man auch weiterhin Samen für die unterschiedlichsten Kürbisse beziehen, um
selbst auf Rekordjagd zu gehen. Hilfreich
sind dabei die ebenfalls online abrufbaren
Pflanz- und Pflegehinweise. Einen Vorgeschmack auf das – hoffentlich auch in unseren Breiten eindrucksvolle – Ergebnis bieten die wenigen, dafür aber beeindruckenden Fotos.

**Lucy Maud Montgomery Institute:
www.lmmontgomery.ca**
Das Institut beschäftigt sich überwiegend
wissenschaftlich mit dem Lebenswerk der
bedeutenden Autorin, deren berühmteste
Romanfigur *Anne* nicht nur auf der Homepage des LMMI allgegenwärtig ist. Wer
sich als Reisender zum Einstieg lieber etwas weniger akademisch über die populäre
Autorin informieren möchte, sollte die
Website www.gov.pe.ca/lmm ansteuern.

OffDaRock: www.offdarock.com
Ein heiterer Blick auf alles, was mit Neufundland zu tun hat. Dazu gehören auch die Ru-
briken Witze, Umgangssprache und Musik.

**Titanic – The Unsinkable Ship and Halifax:
http://titanic.gov.ns.ca**
Die von der Regierung von Nova Scotia unterhaltene Website bietet eine schier unerschöpfliche Fülle von Informationen und
Daten zum wohl berühmtesten Schiffsun-
glück aller Zeiten. Hier findet man z. B. die
vollständige Passagierliste, aber auch
Skurriles wie den Hinweis auf die Gedenktafel in einer Jugendherberge in Halifax, auf der das Datum des Unglücks falsch
angegeben ist.

Kinder

Egal, ob man mit Kleinkindern oder Teens unterwegs ist – Kanada ist ein sehr familienfreundliches Reiseland und bietet eine Menge Attraktionen für Kinder. Dazu gehört beispielsweise der Magnetic Hill bei Moncton, wo man sein Auto den Berg hinaufrollen (!) lassen kann. Kinder, die schon etwas von „Anne of Green Gables" gehört oder gelesen haben, werden von einem Besuch Cavendishs, dem auf Prince Edward Island gelegenen Schauplatz der Erzählungen, begeistert sein.

Highlights für Kinder

Wer mit Kindern unterwegs ist, darf keinesfalls zu viel in den Reiseplan packen. Es ist besser, auf lange Fahrten zu verzichten und stattdessen lieber einzelnen Sehenswürdigkeiten und Städten einen ausgedehnten Besuch abzustatten. Nicht nur der Nachwuchs hat seinen Spaß, wenn man folgende familienfreundliche Attraktionen ansteuert:

Nova Scotia:
- Harbour Hopper Tours (Halifax, S. 142)
- Museum of Natural History (Halifax, S. 132)
- Shubenacadie Wildlife Park (in der Nähe von Truro, S. 230)
- Hector Heritage Quay (Pictou, S. 243)

New Brunswick:
- Hopewell Rocks (Fundy Coast, S. 326)
- Historic Garrison District (Fredericton, S. 334)
- Magnetic Hill (Moncton, S. 356)
- Parlee Beach (Shediac, S. 365)

Prince Edward Island:
- Sehenswürdigkeiten, die mit *Anne of Green Gables* in Zusammenhang stehen (Cavendish, S. 404 ff.)
- Prince Edward Island National Park (S. 400)
- Lobster Suppers (z. B. in Cavendish, S. 409)

Neufundland und Labrador:
- The Rooms (St. John's, S. 453)
- Norstead (in der Nähe von St. Anthony, S. 516)

Die in diesem Buch angegebenen Eintrittspreise beziehen sich generell auf Kinder im Alter von 6 bis 16 Jahren, Kinder unter 6 Jahren haben fast überall freien Eintritt. Familien mit zwei (oder mehr) Kindern sollten grundsätzlich nach Familientickets fragen. In nahezu allen Hotels und Motels sind Familien mit Kindern willkommen. Allerdings sollte man sich selbst den Gefallen tun, Zimmer im Voraus zu reservieren und das Alter der Sprösslinge mitzuteilen. In vielen Hotels können Kinder umsonst im Zimmer der Eltern übernachten, und in manchen Kettenhotels (wie etwa *Holiday Inn*) dürfen sie sogar umsonst essen. B&Bs sind dagegen für Kinder nicht geeignet, einige weisen sogar ausdrücklich darauf hin, dass Kinder nicht beherbergt werden.

Auf den Internetseiten der Tourismusorganisationen (siehe *Information* und *Internet*) gibt es spezielle Bereiche, die über Aktivitäten für Kinder informieren. Ebenfalls hilfreich sind die allgemeinen Tipps auf der Seite www.travelwithyour kids.com. Grundsätzlich sollte man seine Kinder möglichst in die Reisevorbereitungen einbeziehen und beispielsweise gemeinsam Informationen aus dem Internet einholen oder in einem Reiseführer schmökern. Wer weite Fahrstrecken plant, tut sich mit der Anmietung eines Minivans einen großen Gefallen. Da Kinder wesentlich schneller ermüden und die Konzentration beim Sightseeing schnell einmal nachlässt, sollte man auf jeden Fall das eine oder andere Lieblingsspielzeug im Gepäck haben.

Land-, See- und Straßenkarten

Straßenkarten bekommt man in Buchhandlungen, an Tankstellen, in Giftshops und in den Atlantikprovinzen sogar in vielen Lebensmittelgeschäften. Marktführer sind **MapArt** (www.mapart.com) und **Rand McNally** (www.randmcnally.com). In Halifax haben sich **Maps and Ducks** (Historic Properties, 1869 Upper Water St., ℘ 902/422-7106) und **Trail Shop** (6210 Quinpool Rd., ℘ 902/423-8736) auf Karten spezialisiert.

Für Seekarten ist der **Canada Hydrographic Service** zuständig, eine Abteilung des Fischereiministeriums, die die Karten allerdings nicht selbst vertreibt. Einen Katalog und ein Händlerverzeichnis kann man unter ℘ 613/995-4413 anfordern oder sich auf www.charts.gc.ca informieren. Die Behörde gibt außerdem die Broschüre „Sailing Directions" heraus, in der alle notwendigen Informationen für jene enthalten sind, die mit einem (Segel-)Boot unterwegs sind bzw. einen Hafen in der Region ansteuern wollen.

In Deutschland bietet der Buchhandel einige wenige Karten an, Straßenkarten kann man auch über **Amazon** bestellen (dort auch unter *English Books*). ADAC-Mitglieder erhalten in den deutschen Filialen des **ADAC** kostenlose Übersichtskarten. Vor Ort kann man sich dann bei der kanadischen Schwesterorganisation, der **CAA** (Canadian Automobile Association), ebenfalls kostenlos mit Kartenmaterial eindecken. Generell ist allerdings zu beachten, dass die Karten der CAA sehr detailliert sind und man bei den Stadtkarten schnell die Orientierung verlieren kann. Es empfiehlt sich daher, neben der Detailkarte eine zweite Karte mit einer groben Übersicht dabeizuhaben. Hier leisten teilweise die in den Touristenbroschüren abgedruckten Karten gute Dienste.

Längere Aufenthalte in Kanada

Arbeiten: Vor allem jüngere Semester träumen oft davon, eine Zeit lang in Kanada zu arbeiten. Manche tun es auch, nachdem sie in der örtlichen Zeitung ein entsprechendes Stellenangebot gelesen haben – und können dadurch in Teufels Küche kommen. Generell gilt: Wer als Europäer in Kanada arbeiten möchte, der muss die entsprechende befristete Arbeitsgenehmigung *(temporary work permit)* bereits in der Tasche haben, *bevor* er nach Kanada einreist. Eine Arbeitsgenehmigung erhält man nur, falls für den Job kein qualifizierter kanadischer Staatsbürger infrage kommt. Antragsformulare für die Erteilung einer Arbeitsgenehmigung gibt es bei der kanadischen Botschaft. Die bei der Antragstellung zu entrichtende Gebühr wird auch dann nicht zurückerstattet, falls der Antrag abgelehnt wird. Entgegen der landläufigen Vorstellung ist der erste (und schwierigste) Schritt auf dem Weg zu einer Arbeitsgenehmigung der, dass man sich zunächst einen Arbeitgeber in Kanada suchen muss, der einem eine Arbeitsstelle anbietet. Hat man dieses Hindernis tatsächlich überwunden, braucht man im Regelfall von *Service Canada,* einer Unterabteilung des kanadischen Arbeitsministeriums, noch ein sog. Arbeitsmarktgutachten *(labour market opinion),* das der Arbeitgeber dort einholen muss. Allerdings gibt es für manche Tätigkeiten Ausnahmen. Wer älter als 18 Jahre ist und länger als sechs Monate in Kanada arbeiten möchte, muss außerdem ein polizeiliches Führungszeugnis vorlegen (ggf. auch für den Ehegatten). Erst wenn man diese Unterlagen zusammenhat, kann man die Arbeitserlaubnis bei der kanadischen Botschaft beantragen. Leichter hat man es, wenn man in eines der Programme fällt, mit denen je nach Lage des Arbeitsmarktes bestimmte Arbeitskräfte ins Land gelockt werden sollen (z. B. IT-Experten oder Pflegekräfte). Die Arbeitsmarktprüfung entfällt, falls man nur einen Ferienjob im Rahmen des *Working Holiday Program* machen möchte. Allerdings gelten hier zeitliche Beschränkungen, und es steht jedes Jahr nur eine begrenzte Anzahl von Plätzen zur Verfügung.

Studieren: Auch wer in Kanada studieren möchte, muss sich bereits vorab in Eigenregie um einen Studienplatz kümmern. Die Anforderungen sind für ausländische Studenten recht hoch, und ein Sprachtest ist obligatorisch. Nur mit einem Zulassungsbescheid *(letter of acceptance)* der jeweiligen Uni und anderen nötigen Unterlagen (z. B. Führungszeugnis) kann man die Studienerlaubnis *(study permit)* beantragen. Dabei muss eine Gebühr entrichtet werden, die auch im Fall der Ablehnung nicht rückerstattet wird. Antragsformulare und weitere Informationen gibt es bei der kanadischen Botschaft. Auf keinen Fall sollte man sich von seinem Vorhaben durch den auf den ersten Blick recht aufwendigen Papierkram abhalten lassen.

Ausführliche Informationen, auch zum Thema **Auswandern,** sind bei *Citizenship and Immigration Canada* (www.cic.gc.ca) und bei den kanadischen Botschaften erhältlich.

Maße, Gewichte und Temperaturangaben

Wie in fast allen anderen Ländern der Welt (Ausnahmen sind die USA, Liberia und Myanmar) gilt in Kanada das **metrische System.** Doch Theorie und Praxis klaffen teilweise erheblich auseinander. So sollte man sich nicht wundern, wenn man selbst in Touristenhochburgen noch auf Entfernungsangaben in Meilen stößt und im Supermarkt wie selbstverständlich die angloamerikanischen Bezeichnungen *ounces* und *pounds* an den Regalen sowie auf den Produkten stehen. Doch welcher Kontinentaleuropäer weiß schon, dass beispielsweise die Aufschrift *33,8 fl oz (33,8 fluid ounce)* auf einer Flasche nichts anderes als 1 Liter bedeutet?

Absolut auf verlorenem Posten steht man, wenn man in einem Baumarkt Werkzeug oder Autoersatzteile kaufen möchte, denn hier ist definitiv alles auf das angloamerikanische Maßsystem abgestimmt. Wer etwa für sein Mountainbike eine neue Schraube braucht, sollte die alte unbedingt mitbringen und auf keinen Fall vergessen, auch gleich noch einen passenden neuen Schraubenschlüssel zu kaufen, da sich die Schrauben mit einem Schlüssel aus einem europäischen Fahrradreparaturset nicht vernünftig nachziehen lassen.

Angloamerikanische Maße und Gewichte

	Umrechnung	Abkürzung
ounce	28,35 g	oz
pound (= 16 ounces)	453,61 g	lb
stone (= 14 pounds)	6,35 kg	st
quarter (= 2 stones)	12,7 kg	qt
hundredweight (= 4 quarters)	50,80 kg	
inch	2,54 cm	in
foot (= 12 inches)	30,38 cm	ft
yard (= 3 feet)	91,44 cm	yd
mile	1,609 km	mi
gill	0,118 l	gl
pint (= 4 gills)	0,473 l	pt
quart (= 2 pints)	0,946 l	qt
gallon (= 4 quarts)	3,785 l	gal

Temperaturen werden in Nordamerika nicht in Grad Celsius, sondern – nach einem deutschen Physiker – in Grad Fahrenheit angegeben. Die Umrechnungsformeln lauten:

$°C = (°F - 32)/1,8$ bzw. $°F = (°C \times 1,8) + 32$

Diese Formeln sind jedoch wenig praxistauglich. Es ist daher am einfachsten, wenn man sich folgende vier Richtwerte einprägt:

$5 °F = -15 °C$; $32 °F = 0 °C$; $50 °F = 10 °C$; $75 °F = 24 °C$

Medien

Das kanadische **Fernsehen** unterscheidet sich relativ wenig vom berüchtigten US-amerikanischen. Das bedeutet, dass die meisten Sender keinen Hehl daraus machen, ihr Publikum in erster Linie unterhalten zu wollen und sachliche Berichterstattung mehr oder weniger als notwendiges bzw. lästiges Übel ansehen. An das Programm darf man daher keine großen Ansprüche stellen. So sind viele sog. Unterhaltungssendungen an Niveau kaum zu unterbieten, und selbst der Informationsgehalt von reinen Nachrichtensendern ist für europäische Verhältnisse alles andere als beeindruckend. Positiv anzumerken sind die zahlreichen Sportübertragungen, sofern man sich mit den Werbeunterbrechungen im Minutentakt anfreunden kann. In den großen Städten gibt es zudem eigene Touristensender, die dem interessierten Zuschauer vermitteln, wo die neuesten Attraktionen der Gegend stehen, welche von Werbeprofis aufwendig ins rechte Kameralicht gerückt werden. Freunde von Sitcoms werden schnell feststellen, dass die nordamerikanischen Originale die deutsch synchronisierten Fassungen in allen Fällen um Längen übertreffen. Größter staatlicher Fernsehsender ist die CBC (Canadian Broadcasting Company), die ihr Programm in Englisch und Französisch (dann unter dem

Namen *Radio-Canada*) ausstrahlt. Der größte Privatsender ist CTV (Canadian Te-
levision) und kann von 99 % der englischsprachigen Haushalte in Kanada empfangen werden.

In vielen kleinen Städten gibt es einen lokalen **Radiosender,** der den neuesten
Tratsch aus der Umgebung verbreitet. Das kann sehr unterhaltsam sein, v. a. wenn
man auf diese Weise während einer zweistündigen Autofahrt praktisch die gesamte
Bevölkerung der nächsten Ortschaft kennenlernt. Für Musikfreunde lohnt es sich,
ab und zu nach einem passenden kleinen Sender zu suchen, der den eigenen Geschmack bedient. Das Programm, das vielfach von engagierten Privatleuten gemacht wird, hat hinsichtlich der Musikauswahl oft eine erstaunlich hohe Qualität
und liegt abseits des gewohnten Einheitsbreis der von Werbespots durchzogenen
internationalen Hitparaden.

Die **Presselandschaft** ist nur auf den ersten Blick vielfältig. Bei genauerem Hinsehen stellt der verwöhnte europäische Leser schnell fest, dass sich das Angebot auf
eine Handvoll Printmedien eingrenzen lässt. Ähnlich wie in den USA spielt dabei
die Weltpolitik keine wirklich maßgebliche Rolle, wenngleich das zum Commonwealth gehörende Kanada hier einen Schritt weiter ist. Als nationale Tageszeitung
kann man eigentlich nur die *National Post* bezeichnen, mit Abstrichen die *Globe
and Mail.* Beide Zeitungen sind überall in den Atlantikprovinzen zu bekommen.
Kanadier, die sich fundiert informieren wollen, greifen aber lieber zu einer der großen Zeitungen aus den Städten, wozu in den Atlantikprovinzen der in Halifax er-
scheinende *Chronicle Herald* zählt, den man aber außerhalb von Nova Scotia nicht
überall bekommt. Die in den anderen Provinzen erscheinenden Zeitungen sind in
den entsprechenden Kapiteln aufgelistet. Ansonsten gibt es häufig nur die Lokal-
zeitung mit Nachrichten aus der Region bzw. Provinz. Fast überall gibt es zudem
ein lokales Blättchen, das sich meist über Werbung finanziert und kostenlos verteilt
wird. Darin kann man durchaus brauchbare Hinweise auf lokale Attraktionen finden, z. B. den nächsten Wettbewerb im Kuchenbacken oder ein Wettangeln. Wer
gerade in der Gegend ist und ein wenig Zeit erübrigen kann, lernt sein Gastland auf
diese Weise von einer völlig neuen Seite kennen. Das auflagenstärkste und angese-
henste Nachrichtenmagazin Kanadas ist *Maclean's.* Das französische Gegenstück
dazu heißt *L'actualité.* In Kaufhäusern, Buchläden und Lebensmittelgeschäften bekommt man auch die bekannten amerikanischen Nachrichtenmagazine wie *News-
week* oder *Time.*

Wer eine deutsche Zeitung lesen möchte, für den gestaltet sich die Suche schwierig.
Am größten sind die Chancen noch an den Flughäfen. Hat man Glück und findet
eine deutsche Zeitung, ist diese normalerweise nicht nur alt, sondern auch noch
teuer. Wer trotzdem nicht auf Nachrichten aus der Heimat verzichten will, sollte
ein Internetcafé besuchen und sich online informieren.

Notruf

Im Notfall *(emergency)* gilt für Polizei, Krankenwagen und Feuerwehr einheitlich
✆ 911. In ländlichen Gebieten muss man bisweilen eine Null vorwählen, um eine
Verbindung zur Vermittlung *(operator)* zu erhalten.

Öffnungszeiten

Die Öffnungszeiten variieren erheblich. Man darf aber davon ausgehen, dass **Geschäfte** im Allgemeinen montags bis samstags von 9 bis 18 Uhr geöffnet haben, in

größeren Städten und Urlaubsregionen auch länger (oft bis 21 Uhr). In Gegenden mit sehr vielen Touristen (z. B. die Waterfront in Halifax) stehen die Läden zudem auch meist sonntags von 10 bis 17 Uhr offen, obwohl dies in Nova Scotia als einziger Provinz Kanadas eigentlich untersagt ist. **Banken** sind montags bis mittwochs von 10 bis 16 Uhr und am Donnerstag und Freitag von 10 bis 17 Uhr geöffnet, manchmal auch am Samstag. Die **Postämter** haben ebenfalls meist nur von Montag bis Freitag offen, während die meisten **Touristeninformationen** zumindest im Juli und August täglich geöffnet sind. Für **Sehenswürdigkeiten und Museen** gilt generell, dass sie im Sommer wesentlich längere Öffnungszeiten haben als im Winter, wenn einige von ihnen sogar ganz geschlossen werden.

An **Feiertagen** (siehe dort) bleiben öffentliche Einrichtungen, Schulen, Banken und die Post geschlossen. Die meisten Museen, Sehenswürdigkeiten und Geschäfte haben jedoch geöffnet, manchmal allerdings zu verkürzten oder aber sogar verlängerten Öffnungszeiten.

Post

Ein staatliches Postamt findet man in praktisch jedem Ort, meist sind die Ämter der **Canada Post** (www.canadapost.ca) allerdings nur von Montag bis Freitag geöffnet. Briefe und Postkarten nach Europa kosten $ 1,60 (in die USA $ 0,96 und innerhalb Kanadas $ 0,52). Briefmarken kann man entweder direkt am Schalter oder am Automaten kaufen. Ansonsten sind sie auch in der Hotellobby, am Flughafen, in vielen Kaufhäusern und an einigen Zeitungsständen erhältlich. Die kanadische Post gilt als zuverlässig, und eine mittels Luftpost *(airmail)* versandte Postkarte erreicht ihren Empfänger in Europa in sieben bis zwölf Tagen (aus Urlaubsregionen mitunter auch schon nach fünf Tagen). Länger brauchen Pakete, die im Regelfall sechs Wochen unterwegs sind. Wer ein Paket verschicken möchte, sollte sich exakt an die Vorgaben (Gewicht, Größe) halten.

Viele Geschäfte bieten dem Käufer als zusätzliche Serviceleistung den Versand der Ware an seine Heimatadresse an. Wer das in Betracht zieht und keine böse Überraschung erleben will, sollte sich unbedingt *vor* der Erteilung des Auftrages nach den genauen Kosten erkundigen. Denn der Versand wird nicht selten von einem (mehr oder weniger) professionellen externen Versandservice durchgeführt, der seine Dienstleistung natürlich entsprechend abrechnet.

Rauchen

Auch wenn es in Kanada noch nicht ganz so extrem ist wie in den USA, ist das Rauchen mittlerweile in der Öffentlichkeit weitgehend verboten. In den meisten Provinzen herrscht in allen öffentlichen Gebäuden, Transportmitteln und Einkaufszentren Rauchverbot. Selbst in den Flughäfen gibt es mittlerweile nur noch selten eine eigene Smoking Lounge, und auch in Restaurants, Bars und Kneipen werden die ausgewiesenen Raucherbereiche immer rarer. Wo es sie noch gibt, liegen sie meist direkt neben der Toilette oder in einem unansehnlichen Eckchen. In Kanada können Rauchverbote auch durch die Kommunen selbst ausgesprochen werden. Daher kann das Rauchen in einer Stadt in Restaurants und Kneipen generell verboten sein. Auch Beschränkungen wie beispielsweise ein Rauchverbot auf der Terrasse eines Restaurants oder im Hotelzimmer sind gang und gäbe. In Wolfville (Nova Scotia) ist es z. B. strikt verboten, in einem Auto zu rauchen, wenn sich Kinder im Fahrzeug befinden.

Da solche Rauchverbote in Nordamerika wirklich ernst genommen werden und bei Verstößen teilweise empfindliche Geldstrafen drohen, sollte man im eigenen Interesse die Hinweisschilder beachten und bestehende Verbote einhalten. Auch als passionierter Raucher sollte man sich vergegenwärtigen, dass der Durchschnittskanadier Rauchen in der Öffentlichkeit bestenfalls als schlechtes Benehmen ansieht, im Normalfall jedoch als Rücksichtslosigkeit oder gar Charakterschwäche.

Das gesetzlich vorgeschriebene Mindestalter zum Erwerb von Tabakwaren liegt in den Atlantikprovinzen bei 19 Jahren.

Sicherheit

Kanada gilt als eines der sichersten Reiseländer der Welt. Die Atlantikprovinzen weisen dabei mit die niedrigste Kriminalitätsrate des ganzen Landes auf. **Gewaltkriminalität** ist selten und kommt eigentlich nur in einigen wenigen Bezirken der Großstädte vor. Das hängt sicher auch damit zusammen, dass in Kanada (anders als in den USA) Privatpersonen nur selten Waffen besitzen. Zu beachten ist aber, dass Städte wie Halifax, Saint John und St. John's internationale Häfen haben und es in den dortigen Hafenvierteln ziemlich düstere (wenngleich interessante) Bars, Gasthäuser und Gestalten gibt. Diese Orte sollte man abends meiden.

An **Vermögensdelikten** sind in erster Linie Taschendiebstähle zu nennen. Daher sollte man an touristischen Brennpunkten die üblichen Sicherheitsvorkehrungen ergreifen (Wertsachen am Körper tragen, keinen teuren Schmuck anlegen, nicht die gut gefüllte Urlaubskasse in der Öffentlichkeit zücken). Außerdem sollte man sich vergewissern, dass man sein Reisegepäck im Auto so verstaut hat, dass es von außen möglichst nicht sichtbar ist. Es empfiehlt sich, schon vor der Abreise eine Liste mit allen mitgeführten Wertgegenständen anzulegen, was einem im Ernstfall später viel Ärger erspart. Außerdem sollte man Kopien von Reisepass und Führerschein dabeihaben und getrennt von den Originalen aufbewahren. Im Falle eines Diebstahls kommt man mit den Kopien schneller an Ersatzdokumente, denn die Behörden vor Ort müssen dann nicht erst umständlich bei der zuständigen Behörde in der Heimat nach der jeweiligen Pass- und Führerscheinnummer fragen. Auch die Sperrnummern für Kreditkarte und Reiseschecks sollte man stets griffbereit haben.

Wenn trotzdem einmal etwas passiert, sollte man sofort unter ☎ 911 den **Notruf** wählen oder die nächste Polizeistation aufsuchen. Letzteres ist ohnehin nötig, weil die Versicherungen auf eine förmliche Anzeige bestehen. Man sollte sich daher unbedingt das Aktenzeichen aufschreiben, das während der Protokollaufnahme angelegt wird. Ohne dieses Aktenzeichen kann es später ewig dauern, bis Ihre Versicherung den Schaden reguliert. Gleiches gilt übrigens auch bei Verkehrsunfällen.

Die kanadische **Drogenpolitik** gilt als rigoros. Wer als Ausländer mit Drogen erwischt wird oder gar damit handelt, dem drohen je nach Schwere des Delikts empfindliche Freiheits- *und* hohe Geldstrafen. Zusätzlich kann man mit einer lebenslangen Einreisesperre belegt werden.

Der **Royal Canadian Mounted Police** (RCMP), den legendären *Mounties*, haftet noch immer das romantische Image vom über alle Maßen seriösen Beamten an, der in seiner rot-schwarzen Uniform auf einem Pferd sitzend seinen Dienst verrichtet. Aber die Zeiten haben sich geändert. Heute vertrauen Kanadas Gesetzeshüter lieber auf die Pferdestärken ihres Polizeiwagens, und die berühmten rot-schwarzen Uniformen werden meist nur noch zu Paradezwecken angelegt. Trotzdem sind die

Mounties neben dem allgegenwärtigen Ahornblatt das berühmteste Symbol Kanadas. Sie sind (mit Ausnahme von Ontario und Quebec) in ganz Kanada anzutreffen und unterstützen die lokalen Polizeibehörden bei ihrer Arbeit.

Steuern

In Kanada sind alle angegebenen Preise immer Nettopreise, auf die beim Bezahlen erst noch die Steuer aufgeschlagen wird. Der Staat erhebt grundsätzlich eine **Goods and Services Tax** (GST) in Höhe von 5 %. Sie entspricht ungefähr unserer Mehrwertsteuer und wird auf fast alle Waren und Dienstleistungen erhoben. Daneben zahlt man zusätzlich noch eine **Provincial Sales Tax** (PST) von 6–10 %. Auf Prince Edward Island beträgt diese derzeit 10 %, man muss dort also auf die Nettopreise immer 15,5 % Steuern aufschlagen, um den endgültigen Endpreis zu erhalten (die Abweichung von 0,5 % ergibt sich daraus, dass man auf die 5 % GST ebenfalls 10 % PST zahlen muss). Besser hat man es in den drei übrigen Atlantikprovinzen. Dort hat man 1997 die **Harmonized Sales Tax** (HST) eingeführt. Sie ersetzt die GST und PST und wurde mittlerweile auf einheitliche 13 % gesenkt (was angesichts der neuen deutschen Mehrwertsteuer recht moderat ist).

Die früher für Touristen mögliche Steuerrückerstattung *(Rebate Program)* wurde auf Beschluss der kanadischen Regierung im Jahr 2007 ersatzlos gestrichen.

Stromanschlüsse und Steckdosen

In ganz Nordamerika gibt es ein einheitliches Spannungssystem mit 110/120 Volt Wechselstrom bei 60 Hertz. Moderne Geräte wie Notebooks, Rasierer und Föhn sind heute vielfach auf eine Spannung von 110 bis 220 Volt ausgelegt und passen sich automatisch an. Gleiches gilt für die Ladegeräte von (Video-)Kameras und Handys. Allerdings sollte man sicherheitshalber einen Blick in die Gebrauchsanleitung oder auf das Netzteil werfen (dort unter *AC Input*). Viele andere Geräte lassen sich per Hand auf 110 Volt umschalten. In diesem Fall ist es wichtig, dass man am letzten Tag vor dem Heimflug das Gerät wieder auf die höhere Spannung zurückstellt, um nach der Heimkehr einen Defekt zu vermeiden.

Ein guter Spannungswandler aus dem Fachgeschäft kostet einiges (Billiggeräte sind nicht zu empfehlen) und ist in Nordamerika nur mit enormem Zeitaufwand aufzutreiben. Man sollte ihn also bei Bedarf hierzulande kaufen. Wichtig ist, dass man ihn griffbereit im Handgepäck verstaut, um ihn bei der Sicherheitskontrolle am Flughafen sofort vorzeigen zu können. Fast alle Kontrollgeräte (und Kontrollbeamten) schlagen nämlich gnadenlos Alarm, wenn man den Spannungswandler im Koffer verstaut.

Für Steckdosen braucht man Adapter. Auch sie sollte man vor der Abreise beschaffen, da sie in Nordamerika schwer zu bekommen sind (dort führt man meist nur Adapter, die umgekehrt für europäische Steckdosen ausgelegt sind). Adapter gibt es günstig im Elektrofachhandel und in Kaufhäusern.

Telefonieren

Telefonieren im Festnetz: Wer aus Europa nach Kanada telefonieren möchte, der muss nach der internationalen Vorwahl (die für Kanada wie für die USA 001 lautet) zunächst den dreistelligen Area Code (eine Art Gebiets- bzw. Ortsvorwahl) und dann die stets siebenstellige Rufnummer eingeben. Will man innerhalb Kanadas telefonieren, muss der Area Code nur bei Ferngesprächen mitgewählt werden. In diesem Fall kommt vor den Area Code und die Rufnummer noch eine 1.

bei den Nummern im Buch nicht angegeben	Area Code	Rufnummer
1-	**506**/ (New Brunswick) **709**/ (Neufundland und Labrador) **902**/ (Nova Scotia und Prince Edward Island)	123-4567

Die *gebührenfreien Telefonnummern* beginnen mit dem Code 800, 866, 877 oder 888, wobei die 1 ebenfalls mitgewählt werden muss, also z. B. 1-800/222-4357.

Das Gegenstück zu den gebührenfreien 800er-Nummern sind die teuren 900er-Nummern, bei denen der Anbieter praktisch frei festlegen kann, welchen Minutenpreis der Anrufer bezahlt.

Da die Telefontasten 2 bis 9 auch den jeweils darauf abgedruckten drei Buchstaben entsprechen, werden in Nordamerika viele Telefonnummern prägnant in Worten angegeben, die man sich recht leicht merken kann, so etwa 800/AAA-HELP (die Servicenummer der CAA, der kanadischen Version des ADAC).

Braucht man eine Auskunft oder möchte man ein R-Gespräch führen, wählt man die 0 und wird automatisch mit der Vermittlung *(operator)* verbunden.

Wer aus Kanada nach Europa telefonieren will, muss zunächst die 011 (internationaler Anruf) vorwählen, dann kommen die jeweilige Landesvorwahl (ohne Nullen, also für Deutschland 49, für die Schweiz 41 und für Österreich 43), die Ortsvorwahl (ohne die Null) und schließlich die Rufnummer. Wer beispielsweise die Nummer ✆ 011-49-30/203120 wählt, landet bei der kanadischen Botschaft in Berlin.

Die **Telefonauskunft** für den jeweiligen Vorwahlbereich erreicht man kostenlos unter der ✆ 411. Dieser Service ist in Städten sehr praktisch, da einem die Auskunft neben der Nummer auch die komplette Anschrift des gesuchten Teilnehmers nennt und dann häufig ein Blick auf den Stadtplan genügt, um ans Ziel zu gelangen. So lassen sich lokale Sehenswürdigkeiten, Motels oder Restaurants, deren Adresse man nicht kennt, ganz leicht ansteuern. Die Telefonauskunft für andere Vorwahlbereiche ist kostenpflichtig unter ✆ Area Code/ 555-1212 zu erreichen.

Die Suche nach einem *Münzfernsprecher* ist zwar einfach, da diese fast an jeder Ecke montiert sind, allerdings handelt es sich meist um einen Telefonapparat mit einem winzigen Plastikrahmen ohne jeden Lärmschutz. Entsprechend erweist es sich an Tankstellen oder am Straßenrand oft als unmöglich, ein vernünftiges Gespräch zu führen, weil man schlicht nichts versteht oder nicht verstanden wird. Wesentlich angenehmer ist das Telefonieren in Hotels, Motels oder Infozentren. Hier sind die öffentlichen Fernsprecher aber häufig gut versteckt. Um ein Gespräch zu führen, braucht man jede Menge *quarters* (siehe *Geld*). Ortsgespräche kosten zwischen 35 und 50 Cent, Ferngespräche ab $ 2,50. Ein Ferngespräch nach Europa kostet mindestens $ 5 (= 20 quarters!) für 3 Min., und man braucht zudem die Hilfe der Vermittlung, was die ganze Angelegenheit zusätzlich verkompliziert.

Am besten besorgt man sich daher gleich nach der Ankunft eine *Telefonkarte (pho-ne card)*, die es im Wert von $ 5–50 am Flughafenkiosk, in jeder Tankstelle, in vielen Giftshops und an der Supermarktkasse gibt. Auf der Karte befindet sich ein Zahlencode, der freigerubbelt werden muss. Dann ruft man zunächst die auf der Karte angegebene gebührenfreie Nummer an. Eine Stimme vom Band fordert einen auf, die gewünschte Sprache für die weiteren Instruktionen einzugeben (manchmal gibt es auch *German*). Anschließend tippt man den freigerubbelten Code ein und erhält per Ansage das vorhandene Guthaben mitgeteilt. Danach muss man sich meist per Tastendruck entscheiden, ob man ein Ortsgespräch oder ein internationales Telefonat führen möchte, und schließlich die gewünschte Rufnummer eingeben. Vertippt man sich, beginnt die gesamte Prozedur wieder von vorne, was sehr lästig werden kann, da einige Anbieter zwischendurch noch Werbesprüche präsentieren. Fast alle Telefonkarten lassen sich nach dem Abtelefonieren per Kreditkarte wieder aufladen. Auch in Deutschland drängen zunehmend Anbieter auf den Markt, die Guthabenkarten anbieten, welche man mithilfe der entsprechenden Geheimnummer weltweit abtelefonieren kann.

Viele Hotels und Motels werben mit kostenfreien Ortsgesprächen. Auch der Anruf einer 800er-Nummer mit einer Telefonkarte kostet meist nichts, sodass man normalerweise bequem vom Hotelzimmer in die Heimat rufen kann: Wie oben beschrieben, erfolgt die Einwahl zum eigenen Telefonkartenguthaben im Regelfall über eine gebührenfreie Rufnummer und ist somit kostenlos. Für das Ferngespräch selbst werden dann vom Kartenguthaben die im Vergleich zum Hoteltarif wesentlich günstigeren Gebühren der Telefongesellschaft abgezogen. Allerdings sollte man sich vorweg unbedingt an der Rezeption über die genauen Konditionen erkundigen, da man sonst bei der Abreise eine böse Überraschung erleben kann. Manche Hotels erkennen nämlich die über Telefonkarten geführten Ferngespräche nicht als kostenloses Gespräch an und rechnen sie zum teuren hauseigenen Tarif ab. In diesem Fall können für einen zehnminütigen Anruf nach Deutschland leicht einmal $ 65 fällig werden.

Telefonieren mit dem Handy: Dualband-Handys (900/1800 MHz) funktionieren in Kanada nicht. Wer jedoch ein Triband- oder Quadband-Handy sein Eigen nennt, kann damit problemlos telefonieren, sofern das Gerät ein Netz findet, was beispielsweise in den nördlichen Gefilden von Labrador nicht immer der Fall ist. Daher sollte man die automatische Netzsuche unbedingt deaktivieren, da das Handy ansonsten ständig nach einem Netz sucht und der Akku sofort leer ist. Gleiches gilt für die Mobilbox, bei der angesichts der saftigen Roaming-Gebühren stattliche Beträge auflaufen können. Wer ein Handy mit Prepaid-Karte von zu Hause nutzen möchte, sollte sich unbedingt vergewissern, ob er damit auch tatsächlich im außereuropäischen Ausland telefonieren kann. Die Anschaffung einer Prepaid-Karte vor Ort lohnt sich nur bei längeren Aufenthalten und auch dann nur sehr bedingt, da die Tarifstruktur für Telefongespräche in Kanada völlig anders als in Europa geregelt ist und man beispielsweise auch als Angerufener für jedes Gespräch zahlen muss. Außerdem verkaufen die meisten Geschäfte solche Prepaid-Karten nur an Kunden, die eine nordamerikanische Sozialversicherungsnummer nachweisen können.

Bei vielen Mietwagenfirmen kann man vor Ort auch günstig ein Handy leihen. Dadurch spart man sich zumindest die Roaming-Gebühren. Generell gilt, dass man das Handy schon aus Kostengrunden nur im Notfall einsetzen sollte und für sonstige Gespräche eine Telefonkarte (s. o.) vorzuziehen ist.

Toiletten

Öffentliche Toiletten sind in Kanada Mangelware. Es gibt sie auch in größeren Städten nur sehr selten und in kleineren Orten schlicht überhaupt nicht. Wer ein stilles Örtchen sucht, findet es in öffentlichen Gebäuden, Museen, den meisten Informationszentren der Nationalparks und natürlich bei den Fastfood-Ketten. Fragen sollte man nach den *restrooms*, die häufig auch als *mens'* bzw. *ladies' room*, *bathroom* oder *lavatory* bezeichnet werden. Das Wort *toilet* gilt eher als ordinär, wenngleich es doch überall verstanden wird.

Trinkgeld

Das Trinkgeld (offiziell: *gratuity;* umgangssprachlich: *tip*) steht im Regelfall auf keiner Rechnung (Ausnahme: in einigen Urlaubsorten und wenn man mit acht oder mehr Personen essen geht). In Restaurants und Bars werden etwa 15 % Trinkgeld auf die gesamte Rechnungssumme erwartet. Als leicht zu merkende Faustregel kann man daher sagen, dass man beim Ausgehen zum Preis auf der Speisekarte ungefähr 30 % Steuern und Trinkgeld aufschlagen muss, um den tatsächlichen Endpreis zu erhalten. Generell sollte man sich ruhig erlauben, das Trinkgeld nach dem entgegengebrachten Service zu bemessen: War er schlecht, kann man statt 15 nur 10 % geben, war er gut, erhöht man auf 20 % oder mehr. Wer der Meinung ist, die Bedienung sei derart schlecht gewesen, dass sie überhaupt kein Trinkgeld verdient hat, muss sich darauf einstellen, dass unter den Angestellten des Lokals helle Panik ausbricht.

Da im Restaurant häufig an der Kasse bezahlt wird, kann man das Trinkgeld dort auf die Rechnung setzen lassen oder bei Kreditkartenbezahlung auf dem dafür extra vorgesehenen Feld eintragen. Ansonsten lässt man das Trinkgeld einfach auf dem Tisch liegen.

Auf Flughäfen und im Hotel erwarten Gepäckträger, Pagen und Türsteher pro Gepäckstück $ 1. Auch Barkeeper, Taxifahrer und der Friseur rechnen mit Trinkgeld. Bucht man vor Ort eine Bustour, ist das Trinkgeld meist schon enthalten (Rechnung prüfen), allerdings wird einen der Fahrer trotzdem dezent erwartungsvoll verabschieden (und auf ein paar Dollar extra hoffen).

Versicherungen

Welche Versicherungen man abschließen will, bleibt zwar jedem selbst überlassen, obligatorisch ist jedoch in jedem Fall eine private **Reisekrankenversicherung,** denn die medizinische Versorgung ist zwar hervorragend in Kanada, aber horrend teuer. Grundsätzlich gilt, dass die gesetzlichen Krankenversicherungen regelmäßig nur einen Bruchteil der anfallenden Leistungen im Ausland ersetzen. Darüber hinaus wissen viele Reisende nicht, dass auch die erstattungsfähigen Leistungen nur zu den in Deutschland vorgesehenen Regelsätzen ersetzt werden, die teilweise verschwindend gering sind. Auch hat so mancher Abenteurer keine Vorstellung davon, welche Kosten auf ihn zukommen können, wenn tatsächlich etwas passieren sollte. So können sich beispielsweise die Kosten bei einem Krankenhausaufenthalt in Kanada auf einen Tagessatz von $ 3000 belaufen, und manche Kliniken berechnen für die Behandlung von Ausländern zusätzlich auch noch einen Aufschlag. Wer privat krankenversichert ist, sollte sich genau danach erkundigen, ob seine Krankenversicherung nicht ohnehin die Krankheitskosten bei kürzeren Urlaubsaufenthalten übernimmt und welche Voraussetzungen an die Erstattung geknüpft sind (Einreichen der Originalbelege, Vorlegen von Formularen, die vom behandelnden Arzt abgezeichnet sein müssen, sonstige Bestätigungen etc.). Allerdings bestehen auch hier im Regelfall Deckungslücken zwischen den vor Ort anfallenden Behandlungskosten und den Kosten, die später tatsächlich ersetzt werden. Auslandskrankenversicherungen kann man heute für wenig Geld und in den vielfältigsten Kombinationen in jedem Reisebüro abschließen. Für Mitglieder des ADAC gibt es entsprechende Policen gleich für ein ganzes Jahr und die gesamte Familie zu günstigen Konditionen. Beim Abschluss der Versicherung sollte man auf zwei Dinge besonders achten: zum einen, ob und wenn ja bis zu welcher Höhe eine Eigenbeteiligung erfolgt, und zum anderen, für welchen Zeitraum der Versicherungsschutz besteht – häufig sind es nämlich nur sechs Wochen, und man wird leider nicht immer auf diese kurze Laufzeit hingewiesen. Über einen längeren Zeitraum geltende Verträge gibt es zwar auch, sie sind aber entsprechend teurer.

Bei langfristiger Planung und bei Reisen mit kleineren Kindern empfiehlt sich darüber hinaus der Abschluss einer **Reiserücktrittskostenversicherung,** die insbesondere im Krankheitsfall die Stornokosten ersetzt. Allerdings empfiehlt sich auch hier ein Blick ins Kleingedruckte, da die Versicherungsbedingungen erheblich voneinander abweichen können. Im Fall einer Pauschalreise ist diese Versicherung meist bereits im Reisepreis enthalten.

Über Sinn und Unsinn von **Reisegepäckversicherungen** wird viel diskutiert. Tatsache ist, dass die meisten von ihnen den Schönheitsfehler haben, dass exakt diejenigen Wertsachen, die man eigentlich gerne versichern möchte, vom Versicherungsschutz von vornherein ausgenommen sind. Das gilt etwa für Geld, Schecks und die Flugtickets. Bei anderen Gegenständen ist der Ersatz meist auf 50 % der Versicherungssumme beschränkt, so etwa bei Fotoapparaten und Videogeräten. Wer eine teure Fotoausrüstung dabeihat und sich gegen den Verlust absichern möchte, sollte eine spezielle (und entsprechend teure) Zusatzversicherung abschließen. Viele Kreditkartenverträge schließen eine Gepäckversicherung im Ausland automatisch ein, ohne dass man als Kunde davon etwas weiß. Auf dem Flug gehören eigentlich alle wertvollen Gegenstände, die nicht voll versichert sind, ins Handgepäck, dies ist allerdings angesichts der verschärften Sicherheitsbestimmungen heute nicht mehr grundsätzlich möglich.

Vor allem wer mit kleinen Kindern unterwegs ist, sollte zudem prüfen, ob seine Haftpflichtversicherung auch Schäden im Ausland übernimmt, was häufig der Fall ist. Ansonsten kann der Abschluss einer **Reisehaftpflichtversicherung** durchaus nützlich sein, falls der Nachwuchs beispielsweise auf die Idee kommt, in einem Museum einige indianische Kunstgegenstände noch weiter verschönern zu wollen.

Zeitzonen und Sommerzeit

Kanadier teilen den Tag nicht in 24 Stunden ein, sondern in zweimal 12 Stunden Zur Unterscheidung werden die Abkürzungen *a.m. (ante meridiem)* für vormittags und *p.m. (post meridiem)* für nachmittags hinzugefügt. 8 a.m. bedeutet also 8 Uhr, 8 p.m. hingegen 20 Uhr. Auf Fahrplänen sind diese Zusätze allerdings häufig nicht zu finden. Hier sind die Uhrzeiten nach 12 Uhr mittags fett gedruckt. In einigen Gegenden und Städten ist man mittlerweile dazu übergegangen, die Zeiten nach dem kontinentaleuropäischen System anzugeben.

Im Hafen von Halifax

Während der Sommerzeit (*Daylight Saving Time*, kurz: DST) werden vom ersten Sonntag im April bis zum letzten Sonntag im Oktober die Uhren um eine Stunde vorgestellt. Um das Ganze für den Reisenden ein wenig zu verkomplizieren, wird die Sommerzeit vor Ort nicht etwa einheitlich mit DST abgekürzt, sondern je nach Zeitzone, in der die entsprechende Provinz liegt, mit NDT *(Newfoundland Daylight Saving Time)*, ADT *(Atlantic Daylight Saving Time)* oder EDT *(Eastern Daylight Saving Time)*. Wer am Tag der Zeitumstellung unterwegs ist, sollte sich dies in seinem Reiseplan anmerken, denn eine verpasste Fähre oder gar ein verpasster Anschlussflug können mehr als ärgerlich werden.

Obwohl Sir Sandford Fleming, der für die Unterteilung unserer Erde in verschiedene Zeitzonen verantwortlich ist, in Nova Scotia lebte, gab es gerade für diese Provinz keine Extrawurst. Für sie gilt ebenso wie für New Brunswick und Prince Edward Island die *Atlantic Standard Time* (AST). Die *Newfoundland Standard Time* (NST) ist der Atlantic Standard Time um 30 Minuten voraus und gilt in Neufundland und den südöstlichen Gemeinden Labradors, die an der Strait of Belle Isle liegen. Im übrigen Labrador gilt die Atlantic Standard Time. Im an die Atlantikprovinzen grenzenden Quebec gilt die *Eastern Standard Time* (EST), die gegenüber der Atlantic Standard Time eine Stunde zurückliegt.

Zeitzonen in Kanada

NST = Newfoundland Standard Time	MEZ – 4:30 Std.
AST = Atlantic Standard Time	MEZ – 5 Std.
EST = Eastern Standard Time	MEZ – 6 Std.
CST = Central Standard Time	MEZ – 7 Std.
MST = Mountain Standard Time	MEZ – 8 Std.
PST = Pacific Standard Time	MEZ – 9 Std.

Old Town Clock: Der Uhrturm ist das Wahrzeichen von Halifax

Nova Scotia

Halifax

Halifax (370.000 Einw.), die 250 Jahre alte Provinzhauptstadt, präsentiert sich rund um ihren historischen Kern von einer erstaunlich modernen Seite. Sie ist eine der pulsierendsten Städte Kanadas mit regem Kulturleben und einer kosmopolitischen Bevölkerung. Der Teil von Halifax, der touristisch von Interesse ist, konzentriert sich auf die überschaubare, stiefelförmige Halbinsel, auf der die Stadt sich ausbreitet. Ihre hübschesten Ecken hat sie zwischen dem quirligen Hafenviertel und dem kurzen, steilen Hang, den die ersten britischen Siedler vor 200 Jahren erschlossen haben. In diesen Gegenden findet man reizvolle historische Stadtbezirke mit zugleich stilvoll-eleganten, modernen Glasbauten, die das Stadtbild auflockern.

Halifax ist mehr als eine Stadt, ein Seehafen oder eine Provinzkapitale. Halifax ist ein Naturhafen mit anhängender Stadt, wie die Einheimischen sagen. Die Ereignisse, die sich einst in diesem Hafen zutrugen, haben die Geschichte Nova Scotias geprägt. Das britische Militär erkannte die strategische Bedeutung der Gegend sofort, als es vor Jahrhunderten zum ersten Mal hier von Bord ging. Mit der Gründung der Siedlung Halifax im Jahr 1749 begann auch die Erschließung des Hafens. Von Anfang an nutzten die Briten die 26 km lange Hafenbucht als schwimmendes Lagerhaus mit fast unbegrenzter Aufnahmekapazität für Schiffe. Die Schiffsflotte, die 1758 die Franzosen bei Louisbourg besiegte und damit letztendlich diesen Teil des atlantischen Kanadas für sich eroberte, war von Halifax aus gestartet. Einige Jahre später zog die Royal Navy im Amerikanischen Unabhängigkeitskrieg ebenfalls von

Highlights

Historic Properties (S. 127): Die ältesten Hafen-Lagerhäuser Kanadas wurden dank eines beeindruckenden Sanierungsprogramms wieder zu neuem Leben erweckt und beherbergen heute gut besuchte Boutiquen und Restaurants.

Maritime Museum of the Atlantic (S. 127): Wenn man *ein* Museum in Nova Scotia besuchen sollte, dann dieses. Hier erfährt man Wissenswertes zum Untergang der Titanic, zur Fischerei an den Grand Banks und zu den vielfältigen Beziehungen der Region zum Meer.

Alexander Keith's Brewery (S. 129): Eine Führung durch Nordamerikas älteste noch in Betrieb befindliche Brauerei geht weit über die Schilderung der Bierbrautechnik hinaus; stattdessen taucht sie tief in die Geschichte von Halifax und ihren wichtigsten Protagonisten ein.

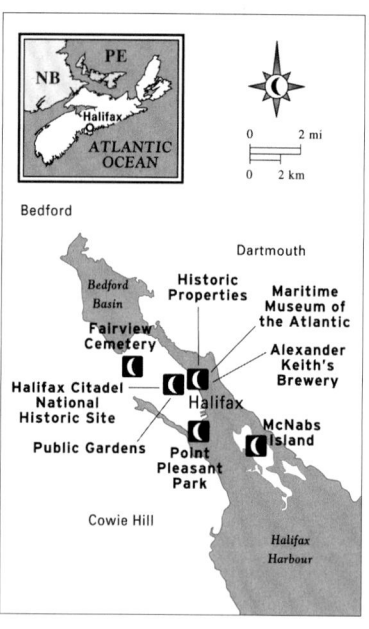

Point Pleasant Park (S. 131): An der Südspitze der Halbinsel von Halifax liegt dieser Stadtpark, der ideal zum Spazierengehen und Radfahren ist.

Halifax Citadel National Historic Site (S. 132): Kanadas meistbesuchte historische Sehenswürdigkeit thront auf dem höchsten Gipfel der Downtown von Halifax. Neben Einblicken in die Historie der Stadt gewährt sie den Besuchern auch einen atemberaubenden Blick über den Hafen.

Public Gardens (S. 133): Ein Spaziergang durch diesen kunstvoll angelegten viktorianischen Park ist für viele Einheimische ein festes Morgenritual.

Fairview Cemetery (S. 135): Von dreistelligen Nummern bis zu bewegenden Abschiedssprüchen der Familien reichen die Inschriften auf den Grabsteinen der über 100 Titanic-Opfer, die hier begraben liegen und diesen Friedhof zu einer eindrucksvollen Sehenswürdigkeit machen.

McNabs Island (S. 138): Planen Sie einen ganzen Tag und nicht nur einen kurzen Zwischenstopp für McNabs Island ein. Die Insel bietet viel Natur, und das innerhalb der Stadtgrenzen.

Bedford Institute of Oceanography (S. 139): Das von außen eher wie ein Amtsgebäude wirkende Regierungsinstitut erfüllt eine ganze Reihe von Forschungs- und Erkundungszwecken und wird jeden, der sich für Meereskunde interessiert, nachhaltig beeindrucken.

Fisherman's Cove (S. 139): Wer auf seiner Reise nicht über Halifax hinauskommt, erhält in diesem historischen Fischerdorf einen Eindruck davon, was ihm anderswo entgeht.

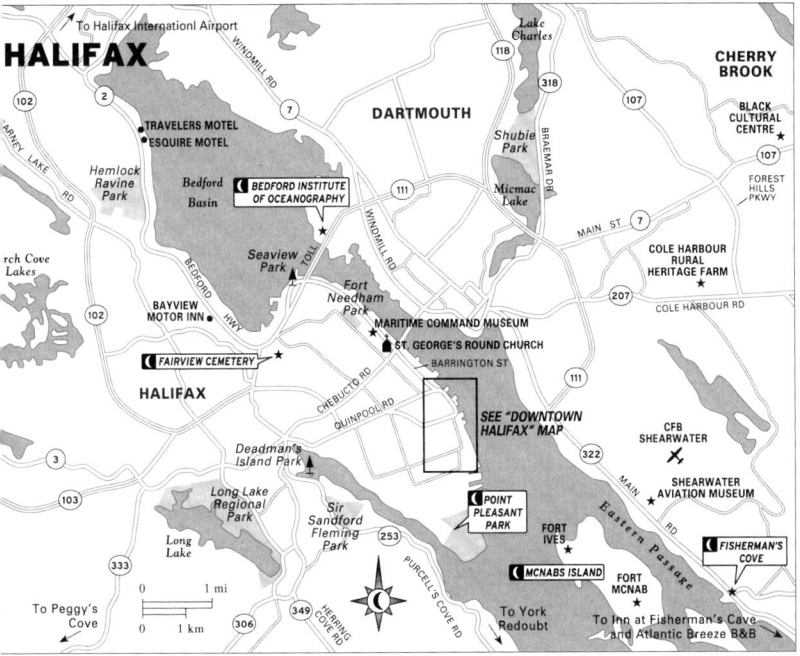

diesem Hafen aus zum Sturm gegen die rebellischen Kolonien an der nordamerikanischen Ostküste. Auch die Blockaden der amerikanischen Südküste während des Sezessionskrieges gingen von Schiffen aus, deren Heimathafen Halifax war, und im Ersten und Zweiten Weltkrieg wimmelte es im Hafen nur so von Schiffen, die Truppenkonvois nach Europa brachten.

Reise- und Zeitplanung

Jeder hat natürlich seine eigene Vorstellung davon, wie er die Zeit in Halifax am liebsten verbringen möchte. Geschichtsinteressierte werden eine Woche lang voller Begeisterung die historischen Winkel der Stadt erforschen, während Outdoor-Fans die Highlights rasch abhaken werden, um zu einer Erkundungstour durch die Provinz aufzubrechen. Halifax besitzt drei Sehenswürdigkeiten, die man sich auf keinen Fall entgehen lassen sollte – auch dann nicht, wenn man nur einen Tag Zeit hat. Dazu gehören die **Historic Properties,** eine Gruppe von Lagerhäusern im Hafenviertel, die zu Restaurants und Geschäften umgebaut wurden. Im nahe gelegenen **Maritime Museum of the Atlantic** erfahren Besucher alles über die Seefahrtstradition der Stadt. Das dritte Highlight ist die **Halifax Citadel,** die zu den nationalhistorischen Stätten Kanadas zählt. Zudem wird jeder Biertrinker, der etwas auf sich hält, einen Abstecher ins **Alexander Keith's Brewery** machen wollen, zumal die Brauerei auch von historischer Bedeutung ist. Diese insgesamt vier Attraktionen, zusammen mit einem Bummel durch das Hafenviertel, bieten genug Programm für einen ganzen Tag.

Ein langes Wochenende in Halifax

Halifax ist ein gefragter Tagungsort – dank moderner Räumlichkeiten, preiswerter Unterkünfte und der günstigen Lage für Teilnehmer aus den USA und Europa. Da bietet es sich förmlich an, noch ein paar Tage dranzuhängen, wenn am Freitag das letzte Meeting zu Ende geht. Aber auch Urlauber werden auf ihrem Flug in andere Teile der Atlantikprovinzen durch Halifax geschleust. Deshalb halten sich die Mehrkosten im Rahmen, wenn man vor der Weiterreise nach Neufundland, Prince Edward Island o. Ä. hier einen Zwischenstopp einlegt. Die nachfolgenden Vorschläge passen für beide Szenarien, und ein Auto braucht man dafür auch nicht.

Tag 1

Man hat bisher in einem Hotel der gehobenen Preisklasse in Halifax übernachtet (z. B. im Four Points by Sheraton Halifax), doch nun ist der geschäftliche Teil vorbei. Nur keine Sorge, zum Wochenende hin fallen die Preise drastisch, sodass zwei weitere Nächte kein allzu großes Loch in den Geldbeutel reißen. Man kann sich also beruhigt in der Seahorse Tavern den übrigen Afterwork-Gästen anschließen und danach noch ein Abendessen im benachbarten Economy Shoe Shop einplanen.

Tag 2

Eine Besichtigung der **Halifax Citadel National Historic Site** gibt Einblicke in die facettenreiche Geschichte der Stadt; danach lohnt sich ein Besuch in den **Public Gardens.** Nach dem Mittagessen am Harbourside Market erfährt man im **Maritime Museum of the Atlantic** mehr über die Titanic-Katastrophe, bevor man auf dem **Fairview Cemetery** die Gräber einiger Opfer besucht. Nur 2 Min. Fußweg vom Sheraton Hotel entfernt liegt eines der besten Restaurants der Stadt, das Bish. Wem der Sinn eher nach unkompliziertem Seafood steht, der geht im Hafenviertel zu Salty's.

Tag 3

Die einheimische Tourgesellschaft Ambassatours bietet ein hervorragendes Ausflugsprogramm für einen Tag an: am South Shore entlang zum malerischen **Peggy's Cove** und zu den schönen **Hafenkirchen in der Mahone Bay.** Es bleibt aber auch noch Zeit, durch die historischen Straßen der Downtown von **Lunenburg** zu schlendern, wo man shoppen und zu Mittag essen kann. Pünktlich geht es zurück nach Halifax, wo man das Abendessen im Chives Canadian Bistro einnimmt, dessen Küche durch frische, saisonale Produkte besticht.

Tag 4

Wer die Abfahrtszeiten der **Bluenose II** in Erfahrung bringt und rechtzeitig Plätze reserviert, kann vormittags eine Hafenrundfahrt machen, falls die große alte Dame vor Anker liegt. Alternativ dazu bietet sich an, im Chase News Café zu frühstücken und dabei seine E-Mails zu checken, gefolgt von einer Shoppingtour durch die Downtown in so unterschiedlichen Läden wie Nova Scotian Crystal oder Rum Runners Rum Cake Factory. Golfspieler legen auf dem Weg zurück zum Flughafen vielleicht noch eine Tee-Pause auf dem Glen Arbour Golf Course ein.

Da Halifax sowohl Durchgangsstation für Flugreisende als auch Knotenpunkt von drei Highways ist, stehen die Chancen gut, auf der Reise durch Nova Scotia mehr als einmal hier vorbeizukommen. So lässt sich das Sightseeing in Häppchen unterteilen und zeitlich den Wetterverhältnissen anpassen. Wer gleich bei seiner Ankunft Sonnenschein hat, sollte eine Besichtigung von **Point Pleasant Park, Public Gardens** und **Fairview Cemetery** einplanen. Zusammen mit den historischen Attraktionen in der Downtown braucht man dafür zwei volle Tage. Wer noch einen dritten Tag Zeit und Aussicht auf schönes Wetter hat, sollte einen Abstecher nach **McNabs Island** machen, ein herrliches Wanderziel, das von der Stadt aus mit der Fähre zu erreichen ist.

Auf der Hafenseite vis-à-vis von Halifax Downtown liegt Dartmouth mit dem **Bedford Institute of Oceanography,** das am Ufer aufragt. Eine Führung durch dieses staatliche Institut mit anschließendem Mittagessen im nahe gelegenen Fischerdörfchen **Fisherman's Cove** ist das ideale Kombi-Programm für einen halbtägigen Ausflug.

Geschichte

Die Franzosen erfuhren im frühen 18. Jh. von dieser Region, als einheimische Mi'kmaq-Indianer den französischen Gouverneur auf einer Fahrt durch den Chebuctook, den „großen, langen Hafen" und die benachbarten Wasserarme begleiteten. Doch erst die Briten erkannten ihr ganzes Potenzial. 1749 kam Oberst Edward Cornwallis mit rund 2500 Siedlern auf 13 Schiffen hierher und gründete an der heutigen Barrington Street die Siedlung Halifax. Benannt wurde sie nach Lord Halifax, dem damaligen Präsidenten der britischen Handelskammer.

Das frühe Halifax war eine befestigte Siedlung, hinter der sich die Grand Parade erstreckte, eine Grünfläche, auf der das Militär exerzierte. Die erste von insgesamt vier Zitadellen wurde auf dem Gipfel des Hügels erbaut. St. Paul's Church, die Garnisonskirche am Rande der Grand Parade, wurde 1750 eingeweiht und war damit Kanadas erstes anglikanisches Gotteshaus. Sie war ein Geschenk von König Georg III. 1750 trafen weitere britische Siedler ein und gründeten Dartmouth auf der anderen Seite des Hafens. 1752 wurde zwischen den beiden Städten eine Fährverbindung eingerichtet, die älteste Meeresfährverbindung Nordamerikas. 1758 erhielt Nova Scotia eine parlamentarische Regierung.

Britische Militärzeit

Die Fertigstellung des Kais im Jahr 1760 läutete die vernichtende Niederlage Louisbourgs noch im selben Jahr ein. Die Verteidigung des Hafens sicherte ein Ring von Militärtruppen, die auf McNabs Island, im Northwest Arm, im Martello Tower des Point Pleasant Parks sowie in den Forts von George's Island und York Redoubt stationiert waren. Als 1783 Tausende amerikanischer Loyalisten hier eintrafen, erhielt die Siedlung erneut massiven Zustrom von Angelsachsen. Unter ihnen war auch John Wentworth, New Hampshires ehemaliger Gouverneur. Für seinen Widerstand gegen die Unabhängigkeit der amerikanischen Kolonien erhielt er den Baronstitel und wurde zum Vizegouverneur Nova Scotias ernannt. Sir John und Lady Wentworth gehörten zur High Society von Halifax und verkehrten u. a. mit Herzog Edward von Kent (dem Oberbefehlshaber der britischen Truppen und späteren Vater von Queen Victoria) und dessen französischer Mätresse Julie St. Laurent (sehr zum Ärger der wohlanständigen einheimischen Gesellschaft).

Nova Scotia
Karte siehe Farbteil S. 2/3

Zeiten des Wohlstands

Im 19. Jh. florierte der Seehafen, 1807 stieg die Einwohnerzahl auf über 60.000. Ein eigener Regierungssitz – das aus Sandstein erbaute Colonial Building (das heutige Province House) – wurde 1819 eröffnet, gefolgt von einigen bedeutenden akademischen Institutionen. Das Hafenviertel – während des Krieges von 1812 Umschlagplatz für den Schwarzmarkt von Halifax' Freibeutern – wurde zum offiziellen Handelsort, als der gebürtige Halifaxer Samuel Cunard, der mit Holzhandel, Walfang und Bankgeschäften ein Vermögen gemacht hatte, ins Schifffahrtgeschäft einstieg. Ab 1838 übernahm die Cunard Steamship Company die British & North American Royal Mail, und ab 1840 startete mit zunächst vier Schiffen von Cunards Flotte der erste reguläre Linienverkehr zwischen den beiden Kontinenten.

Als der Seehafen 1841 das Stadtrecht erhielt, begann dank des einsetzenden blühenden Handels eine Ära wirtschaftlicher Prosperität. Granville Street mit seinen eleganten Geschäften avancierte seinerzeit zur Fifth Avenue der Atlantikprovinzen. Weniger noble Läden und Tavernen säumten Brunswick, Market und Barrack Street; die Gegend wurde regelmäßig von der Militärpolizei durchkämmt, um betrunkene Raufbolde zu trennen und die Ordnung wiederherzustellen.

Jüngere Vergangenheit

In den 1960er-Jahren wirkte Halifax ein wenig heruntergekommen, der Zahn der Zeit hatte deutlich an der Hafenstadt genagt. Umfangreiche Investitionen von Bund, Provinz und privaten Spendern verhalfen dem Hafen jedoch bald wieder zu seinem früheren Glanz, und die alten Lagerhäuser wurden zu den stattlichen Historic Properties umgestaltet.

Die Stadt polierte ihr Erscheinungsbild weiter auf, indem sie die Fassaden von historischen Prachtbauten wie dem Province House sandstrahlen ließ. Die Kunstgalerie von Nova Scotia zog aus ihrem alten, beengten Quartier in der Nähe der Public Archives aus und siedelte sich in dem eindrucksvoll restaurierten ehemaligen Dominion Building an. Strenge Bauvorgaben bremsten das Wachstum der Stadt. Die unverbaute Sicht auf die George Street zwischen Hafen und Halifax Citadel wurde durch ein städtisches Mandat gesichert, und auch für die Gebäude am Hang wurde eine Maximalhöhe festgelegt, um das Stadtbild zu wahren. In dieser Zeit entwickelte sich das Hafenviertel zur quirligen Touristenmeile, von der die Einheimischen zweifellos profitieren.

Sehenswertes

Halifax bietet zahlreiche Attraktionen, die durchweg bezahlbar oder sogar kostenlos zu besichtigen sind. Die meisten davon erreicht man vom Hafenviertel und vielen Unterkünften aus problemlos zu Fuß. Doch auch außerhalb des Stadtkerns der Downtown locken interessante Sehenswürdigkeiten, die man leicht mit öffentlichen Verkehrsmitteln erreichen kann. Egal, wonach einem der Sinn steht, ob Titanic-Gedenkstätte oder küstennaher Landschaftspark, in der Provinzhauptstadt gibt es viel zu sehen und zu erleben.

Orientierung

Halifax ist sehr übersichtlich angelegt. Die **Downtown** grenzt westlich an den **Hafen von Halifax** an. Lower und Upper Water Street sowie Barrington Street verlaufen parallel zum Wasser durch die Downtown. Dies ist der eigentliche Stadtkern, der eine Fülle historischer Attraktionen, die schönsten Unterkünfte der Stadt und eine wunderbare Auswahl an Restaurants bietet. Im Hafenviertel selbst herrscht bei Tag und Nacht Hochbetrieb. Von den Historic Properties aus erkunden Sightseeing-Boote den Hafen. Das prachtvolle Maritime Museum sowie die Art Gallery of Nova Scotia liegen ganz in der Nähe.

Einige kurze Straßen führen wie Rampen vom Hafenviertel aus über die grüne Grand Parade auf den **Citadel Hill.** Rund um den Hügel bietet ein ausgedehnter Grüngürtel eine willkommene Unterbrechung der Besiedlung durch Wohn- und Geschäftsgebäude. Der vom ersten Landvermesser der Stadt angelegte **Central Common Park** auf der Westseite des Hügels liegt an einer Straßenkreuzung. Hier treffen mehrere Hauptverkehrsadern aufeinander (die von Norden nach Süden verlaufende Robie Street, die Bell Road in Richtung Südosten und die Cogswell Street von Osten nach Westen). Die Einheimischen bezeichnen alles südlich des Central Common als South End, alles nördlich davon als North End und alles westlich davon als West End.

Im South End liegt das **Universitätsviertel** der Stadt mit Sitz der Dalhousie University, der University of King's College, der St. Mary's University sowie der Atlantic School of Theology. An der Südspitze der Halbinsel erstreckt sich der **Point Pleasant Park,** eine grüne Oase, die im Norden vom Grau der ausgedehnten Verladedocks und auf allen anderen Seiten vom glitzernd blauen Wasser des Hafens eingerahmt wird.

Der **Northwest Arm** im Hafen von Halifax schneidet die Downtown fast vollständig vom Rest der Stadt ab. Am Ende dieses Wasserarms befindet sich der Kreisverkehr **Armdale Rotary,** von dem aus die Herring Cove Road südwärts zur **Purcells Cove Road** verläuft, die an mehreren Jachthäfen, am Sir Sandford Fleming Park und der nationalhistorischen Stätte York Redoubt vorbeiführt.

Auf der gegenüberliegenden Seite des Hafens liegt die Stadt **Dartmouth.** Sie ist mit Halifax Downtown durch eine Fähre und eine Brücke verbunden. Dieses Wohn- und Geschäftsviertel bietet eine Handvoll interessanter Sehenswürdigkeiten, aber die Überfahrt lohnt sich allein schon wegen des Blicks hinüber nach Halifax. Hinter den beiden Brücken, die sich über den Hafen von Halifax spannen, liegt das Bedford Basin, ein großes, von einem Baugebiet umgebenes Hafenbecken. Am oberen Ende davon erstreckt sich das Wohngebiet Bedford mit seinen Vororten, u. a. Lower Sackville und Waverly. Vom Hwy. 102 aus Richtung Truro und **Halifax International Airport** (38 km nördl. der Downtown) zweigen Ausfahrten zu diesen und weiteren Städten ab.

Nova Scotia
Karte siehe Farbteil S. 2/3

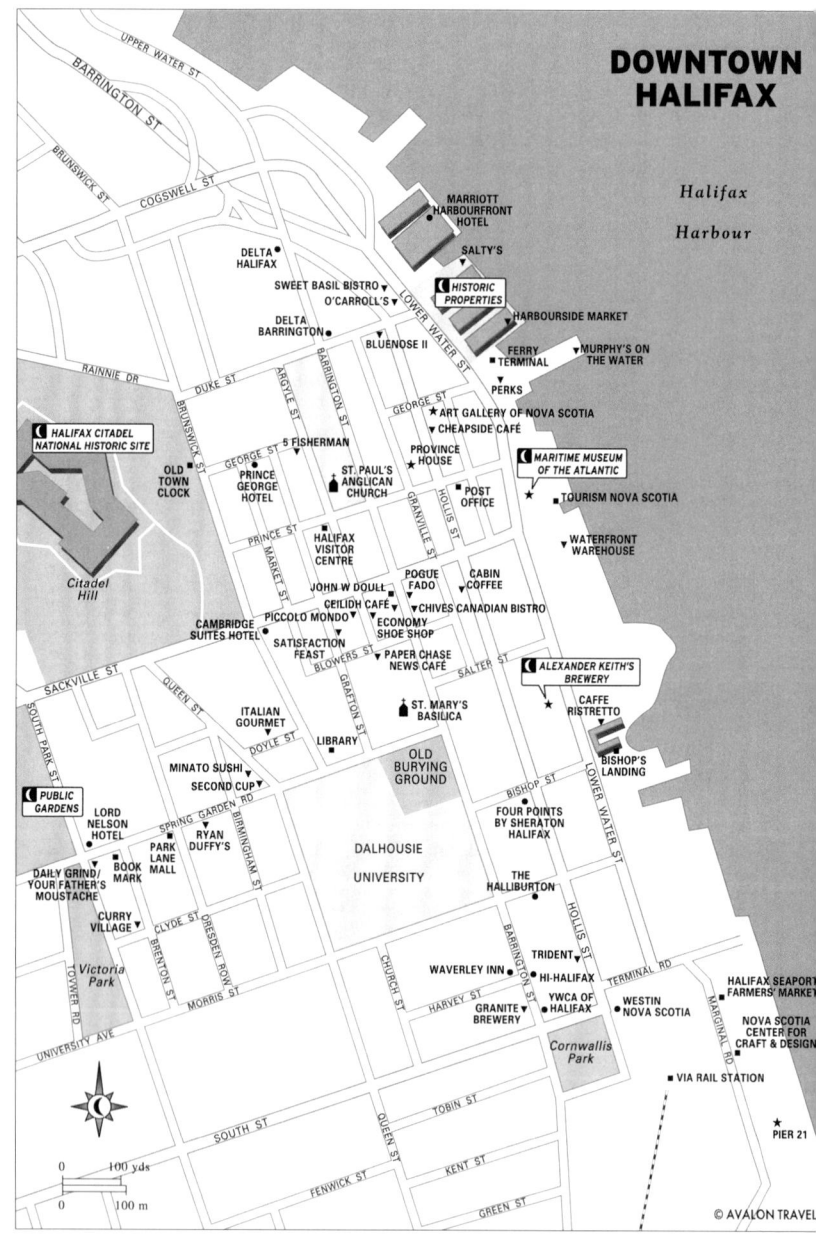

DOWNTOWN HALIFAX

Halifax Harbour

UPPER WATER ST
BARRINGTON ST
BRUNSWICK ST
COGSWELL ST
RAINNIE DR
DUKE ST
ARGYLE ST
BARRINGTON ST
LOWER WATER ST

MARRIOTT HARBOURFRONT HOTEL
SALTY'S

DELTA HALIFAX
SWEET BASIL BISTRO ▼
O'CARROLL'S ▼
DELTA BARRINGTON ●
BLUENOSE II
HISTORIC PROPERTIES
HARBOURSIDE MARKET
FERRY TERMINAL
MURPHY'S ON THE WATER
PERKS

HALIFAX CITADEL NATIONAL HISTORIC SITE

GEORGE ST
ART GALLERY OF NOVA SCOTIA
★ CHEAPSIDE CAFÉ ▼

BRUNSWICK ST
GEORGE ST
OLD TOWN CLOCK

5 FISHERMAN
PROVINCE HOUSE
★ ST. PAUL'S ANGLICAN CHURCH
PRINCE GEORGE HOTEL

MARITIME MUSEUM OF THE ATLANTIC
★ TOURISM NOVA SCOTIA

POST OFFICE

GRANVILLE ST
HOLLIS ST

PRINCE ST
MARKET ST

HALIFAX VISITOR CENTRE

WATERFRONT WAREHOUSE ▼

Citadel Hill

JOHN W DOULL
POGUE FADO ▼
CABIN COFFEE
CEILIDH CAFÉ ▼
PICCOLO MONDO ▼
ECONOMY SHOE SHOP
CHIVES CANADIAN BISTRO ▼
CAMBRIDGE SUITES HOTEL
SATISFACTION FEAST
BLOWERS ST
PAPER CHASE NEWS CAFÉ
SALTER ST
ALEXANDER KEITH'S BREWERY
★ CAFFE RISTRETTO

SACKVILLE ST
SOUTH PARK ST
QUEEN ST
GRAFTON ST

ITALIAN GOURMET
DOYLE ST
LIBRARY

ST. MARY'S BASILICA
OLD BURYING GROUND

BISHOP'S LANDING
LOWER WATER ST

PUBLIC GARDENS
MINATO SUSHI
SECOND CUP ▼

BISHOP ST
FOUR POINTS BY SHERATON HALIFAX

LORD NELSON HOTEL
SPRING GARDEN RD
PARK LANE MALL
BOOK MARK
RYAN DUFFY'S
BIRMINGHAM ST

DALHOUSIE UNIVERSITY

THE HALLIBURTON

HOLLIS ST

DAILY GRIND/ YOUR FATHER'S MOUSTACHE
CLYDE ST
BRENTON ST
DRESDEN ROW

CURRY VILLAGE ▼

TOWER RD
Victoria Park
MORRIS ST

CHURCH ST
HARVEY ST
WAVERLEY INN
HI-HALIFAX
TRIDENT ▼
BARRINGTON ST
TERMINAL RD
HALIFAX SEAPORT FARMERS' MARKET ▼

GRANITE BREWERY ▼
YWCA OF HALIFAX
WESTIN NOVA SCOTIA
MARGINAL RD
NOVA SCOTIA CENTER FOR CRAFT & DESIGN

UNIVERSITY AVE

Cornwallis Park

VIA RAIL STATION

SOUTH ST
QUEEN ST
TOBIN ST
KENT ST

★ PIER 21

0   100 yds
0   100 m

FENWICK ST
GREEN ST

© AVALON TRAVEL

Downtown

Die folgenden Sehenswürdigkeiten liegen alle im Hafenviertel in fußläufiger Reichweite voneinander entfernt. Für die Erkundung dieses Teils der Stadt inklusive Mittagspause in einem der Restaurants am Hafen braucht man gut einen Tag.

Historic Properties: Kanadas älteste noch erhaltene Gruppe von Hafen-Lagerhäusern ist zugleich die wichtigste Touristenattraktion der Stadt, denn hier erstreckt sich über drei Blocks entlang der Upper und Lower Water Street eine erstklassige Shopping- und Restaurantmeile. Die ab dem frühen 19. Jh. aus Holz und Stein erbauten Lager- und Handelshäuser, die früher von Schiffseignern und Freibeutern genutzt wurden, erstrahlen wieder in ihrer einstigen Pracht. Heute sind hier u. a. Restaurants und Geschäfte untergebracht, deren Fassaden eindrucksvoll im viktorianischen oder italienischen Stil geschmückt sind. Die Geschichte des Viertels wird anhand von Schautafeln dokumentiert, die auf halber Strecke des Privateer Wharf (Freibeuterkai; auf der Innenseite) angebracht sind.

Maritime Museum of the Atlantic: Die nautischen Erinnerungsstücke des Seehafens sind in diesem schicken, ziegelroten Hafenmuseum untergebracht (1675 Lower Water St., ☎ 902/424-7490; im Sommer tägl. 9.30–17.30 Uhr, sonst Di–Sa 9.30–17, So 13–17 Uhr; Eintritt $ 9, Senioren $ 8, Kinder $ 5). Das Museum gehört zu den größten Errungenschaften des groß angelegten Hafenumbauprojekts der Stadt. Die meisten Besucher interessieren sich v. a. für den Raum mit der Titanic-Ausstellung. Er enthält die weltgrößte Sammlung von Fundstücken dieses schwimmenden Palasts, den seine Eigentümer fatalerweise für unsinkbar hielten. Hier gibt es z. B. den einzigen Liegestuhl zu sehen, der beim Untergang gerettet werden konnte; außerdem ein Cribbage-Spielbrett sowie Holzvertäfelungen aus dem Salon. Ebenfalls ausgestellt sind ein Modell der Titanic, das Funk-Logbuch, das während des Sinkvorgangs geführt wurde, und eine Reihe von Infotafeln, die die Geschichte der Schiffskonstruktion erzählen. Die von der National Geographic produzierte Dokumentation „Titanic 3D", die aus Filmaufnahmen vom Wrack zusammengestellt wurde, wird durchgehend gezeigt.

Draußen am Kai liegen zwei historische Schiffe vor Anker. Eines davon, die CSS Acadia, war Kanadas erstes hydrografisches Schiff, dessen Crew die Ostküste mit Sextanten vermaß und Küstendetails kartografierte. Das andere, die HMCS Sackville, ist das letzte noch erhaltene Konvoibegleitschiff aus dem Zweiten Weltkrieg. Die Besichtigung beider Schiffe kostet $ 1 pro Person bzw. ist bei Vorlage der Eintrittskarte zum Maritime Museum kostenlos.

Art Gallery of Nova Scotia: Die größte und schönste Kunstsammlung der Atlantikprovinzen ist in zwei Gebäuden direkt oberhalb des Hafens untergebracht, die durch einen kopfsteingepflasterten Hof voneinander getrennt sind (1723 Hollis St., ☎ 902/424-7542; tägl. 10–17 Uhr; Eintritt $ 10, Senioren $ 8, Kinder $ 4). Der Haupteingang liegt in der Gallery South (Südgalerie, hier gibt es auch ein ausgezeichnetes kleines Café). Der größte Teil der Sammlung ist in der Gallery North (Nordgalerie) ausgestellt, die sich im aus Sandstein errichteten Dominion Building befindet. Etwa 2000 Werke in Öl, Aquarell, Stein, Holz und anderen Materialien werden auf den vier Stockwerken der weitläufigen Galerien gezeigt. Der Schwerpunkt der Dauerausstellung liegt bei zeitgenössischen oder ehemals in Nova Scotia ansässigen Künstlern und umfasst Werke von Mary Pratt, Arthur Lismer, Carol Fraser und Alex Colville. Die Sammlung für regionale Volkskunst im Zwischengeschoss ist

Nova Scotia Karte siehe Farbteil S. 2/3

besonders sehenswert. Der Galerie-Shop im Erdgeschoss handelt mit schönen Exponaten aus der regionalen Kunsthandwerksszene und verkauft außerdem Bücher, Postkarten und Geschenke.

Province House: Der Sitz der Provinzregierung, das Province House (1726 Hollis St., ✆ 902/424-4661; Juli/Aug. Mo–Fr 9–15, Sa/So 10–16 Uhr, sonst Mo–Fr 9–16 Uhr; Eintritt frei) wurde 1819 fertiggestellt. Es ist das kleinste und älteste Provinzparlament des Landes und besticht durch eine schöne Fassade im georgianischen Stil und ein prachtvolles Innenleben, das allerdings eher an ein britisches Landhaus als an ein Amtsgebäude erinnert. Bei einem Besuch in dem bescheidenen, aber würdevollen Province House im Jahr 1842 bemerkte der Schriftsteller Charles Dickens: „Es war, als würde man Westminster durch das falsche Ende eines Fernrohrs betrachten: ein Juwel der georgianischen Architektur."

St. Paul's Anglican Church: Diese stattliche weiße Holzkirche (1749 Argyle St., ✆ 902/429-2240) ist ganz im palladischen Stil der Londoner St. Peter's Church in der Vere Street gehalten. Sie stammt aus dem Jahr 1749 und ist damit das älteste noch erhaltene Gebäude in Halifax sowie die erste anglikanische Kirche in Kanada. In der Kirche sind zahlreiche Erinnerungstücke an Halifax' erste Siedler ausgestellt.

Ein besonderer Hingucker ist das Metallstück, das über der Tür hinten an der Nordwand steckt – es handelt sich um einen Splitter, der bei der Halifax-Explosion 1917 von der 2 km entfernt liegenden Mont Blanc hierhergeschleudert wurde. Die Kirche steht zwischen Barrington und Argyle Street am Rand der Grand Parade; sie ist leicht an ihrem quadratischen Glockenturm mit achteckiger Kuppel zu erkennen.

Old Burying Ground: Dieser 1991 zur nationalhistorischen Stätte ernannte Friedhof (Juni–Sept. tägl. 9–17 Uhr) liegt gegenüber dem Government House zwischen Barrington Street und Spring Garden Road. Seine Geschichte reicht zurück bis in die Zeit der Stadtgründung. Der erste Tote wurde hier nur einen Tag nach Ankunft des ersten Trupps britischer Siedler im Jahr 1749 beigesetzt. In dem Dickicht von verwitterten, handgemeißelten Grabsteinen entdeckt man auch das Grab von John Connor aus dem Jahr 1754, dem ersten Fährkapitän der Siedlung. Das letzte Begräbnis fand hier vor 165 Jahren statt, im Jahr 1844.

St. Mary's Basilica: Zwei Päpste und Hunderttausende Gemeindemitglieder durchschritten bereits die Pforten die-

Die Art Gallery of Nova Scotia

ser neogotischen Kirche (1508 Barrington St., ☎ 902/423-4116), deren Türme
nachmittags lange Schatten auf den
Old Burying Ground werfen. Sie wurde
1860 erbaut; die Bezeichnung „Basili-
ka" erhielt sie während eines Besuchs
von Papst Pius XII. im Jahr 1950. Besonders eindrucksvoll sind die Bunt-
glasfenster, die nach der Zerstörung
der Originale bei der Halifax-Explosion
1917 ersetzt wurden.

Alexander Keith's Brewery: Keith's
Brewery am Südende der Downtown,
die nur einen Block weit vom Hafen
entfernt liegt (1496 Lower Water St.,
☎ 902/455-1474), ist Nordamerikas älteste noch in Betrieb befindliche Brauerei. Keith kam 1795 nach Halifax,
brachte die Brautechniken aus seiner
englischen Heimat mit und fand einen
einträglichen Markt unter den Soldaten
und Seeleuten, die die Stadt damals be-
völkerten. Obwohl ein Großteil der
Brauarbeiten inzwischen auf die Oland

Argyle Street

Nova Scotia
Karte siehe Farbteil S. 2/3

Brewery nördlich der Downtown verlegt wurde, werden in der ursprünglichen
Brauerei, einem imposanten Bauwerk aus Stein und Granit, das sich über einen
ganzen Block erstreckt, noch immer saisonale Spezialitäten nach traditionellen
Verfahren hergestellt. Besichtigungstouren mit Führern in historischen Kostümen
finden von Juni bis Oktober täglich außer sonntags von 11–20 Uhr und von No-
vember bis April freitags 17–20, samstags 12–20 und sonntags 12–17 Uhr statt.
Eintritt $ 16, Senioren $ 14, Kinder $ 8. Die Tour endet mit einem traditionellen
Trinkspruch auf den „Vater des großen Bieres".

Pier 21: Von der Brauerei aus noch ein Stück weiter an der Lower Water Street entlang Richtung Süden (am eindrucksvollsten ist der Blick von der Uferpromenade
aus), ragt hinter der Statue von Samuel Cunard das riesige Kreuzfahrtterminal von
Halifax über dem Hafen auf. In ihrer ursprünglichen Eigenschaft als Einwande-
rungsdepot blickt die 3900 m² große Anlage auf eine lange und bewegte Geschichte
als Empfangsstation für ausländische Einreisende zurück. Über 1 Mio. Immigranten, Flüchtlinge und Kriegsbräute setzten hier zwischen 1928 und 1971 ihren Fuß
erstmals auf kanadischen Boden. Außerdem war es die Hauptablegestelle für
500.000 Kanadier, die in den Zweiten Weltkrieg zogen. Im Obergeschoss des Gebäudes ist der Ausstellungssaal untergebracht (1055 Marginal Rd., ☎ 902/425-7770;
Mai–Nov. tägl. 9.30–17.30 Uhr, Dez.–April tägl. außer Mo 10–17 Uhr; Eintritt
$ 8,50, Senioren $ 7,50, Kinder $ 5). Das Einwanderungsmuseum erweckt auf wun-
derbare Weise die Geschichten jener Menschen zum Leben, die auf der Suche
nach einer neuen Heimat in Kanada den Weg über den Ozean antraten. Ihre Berichte aus erster Hand beginnen jeweils mit dem Entschluss, die Heimat zu verlassen, dann folgen Überfahrt und Ankunft bis hin zur Weiterreise per Eisenbahn quer

Der Halifax Harbour

Aus Sicht der Schifffahrt ist der Hafen von Halifax ein seltenes Juwel: Er ist der zweitgrößte Naturhafen der Welt (nach Sydney in Australien). Felsige Steilufer, unterbrochen von kleinen Buchten, säumen die breite Hafeneinfahrt. **McNabs Island** erstreckt sich an der Hafenmündung und ist so breit, dass es die Hafeneinfahrt fast versperrt. So manches Schiff ist schon an der tückisch seichten Küste der Eastern Passage auf Grund gelaufen.

Westlich von McNabs Island wird der Hafen von Halifax' Halbinsel in zwei Teile geschnitten. Der Northwest Arm, ein fjordähnlicher Meeresarm, zweigt auf einer Seite ab und schlängelt sich auf der Rückseite der Stadt entlang. An seinen Ufern findet man ausgedehnte Grünanlagen mit Parks, Wohnsiedlungen, Jachtclubs und mehreren Universitätsgebäuden. Der Hauptkanal verläuft weiter landeinwärts, vorbei an der Uptown von Halifax auf der einen und der Stadt Dartmouth auf der anderen Seite.

Der Hafen als Touristenmagnet

Von seiner besten Seite zeigt sich der Hafen direkt vor der Downtown. Strahlend weiße Kreuzfahrtschiffe schippern in den Hafen und legen vor Halifax' **Point Pleasant Park** an der Südspitze der Halbinsel ab. Frachter, Schlepper, Sightseeing- und Segelboote gleiten durch die bewegte See. Fähren pendeln zwischen den beiden Städten hin und her und befördern die zahlreichen Pendler und Touristen.

Der Anblick des Hafens hat etwas Fesselndes. Die Touristensaison beginnt inoffiziell dann, wenn das Sheraton Hotel Halifax am Hafen Außentische auf die Uferpromenade stellt. Auch im Sommer weht hier beim Mittagessen oft eine steife Brise, aber der Blick macht das allemal wett. Weniger hartgesottene Gäste suchen sich ihren Tisch mit Hafenblick lieber im **Salty's,** dem nahe gelegenen Restaurant mit beneidenswert breiter Fensterfront im Speisesaal, die die gleiche Aussicht bietet.

Jenseits der Touristenmeile und der Hafenviertel beider Städte verengt sich der Hafen in den Kanal **The Narrows.** Zwei hoch aufragende Stahlbrücken mit Schnellstraße – die **MacDonald** und die **MacKay Bridge** (Mautgebühr $ 0,75) – überspannen den Kanal von einem Ende zum anderen. Die MacDonald Bridge kann auch von Fußgängern genutzt werden und bietet einen Blick aus der Vogelperspektive auf **Maritime Command** und **Her Majesty's Canadian Dockyard** auf der Halifaxer Seite.

Der schmale Kanal von The Narrows weitet sich dann zu dem 40 km² großen **Bedford Basin** mit einem Längsdurchmesser von 16 km und dem Fassungsvermögen eines kleinen Binnensees. Heute fahren hier nur noch Segelboote, aber das Becken hat im Laufe der Jahre schon einiges an Schiffsverkehr erlebt – von den weißgetakelten britischen Kriegsschiffen vor Jahrhunderten bis hin zu den Kriegsschiffen der Alliierten im Ersten und Zweiten Weltkrieg.

Verschiedene Hafenansichten

Sein wahres Gesicht offenbart der Hafen, wenn man ihn von verschiedenen Standpunkten aus betrachtet. Wie geschäftig es hier zugeht, erlebt man am ehesten auf einer der Fähren oder in den Hafenvierteln beider Städte. Vom Atlantik aus sieht man das historische Fort in **York Redoubt** an der Purcells Cove Road. Einen guten Blick auf das noble Wohnviertel und die Uni am Northwest Arm hat man vom **Memorial Tower** im Fleming Park an der gleichen Straße. Der **Seaview Park** unterhalb der MacKay Bridge bietet einen Blick über The Narrows bis hin zu der Stelle, wo der Kanal in das Bedford Basin mündet.

durch Kanada. Auf jeden Fall sehenswert ist „Oceans of Hope" (Ozeane der Hoffnung), ein 30-minütiger Film, erzählt aus der Sicht eines fiktiven Einwanderungsbeamten. Hinter dem Empfangsbereich im Erdgeschoss gibt es ein *Research Centre* (Forschungszentrum), das von Privatpersonen genutzt werden kann, deren Familien über Pier 21 nach Kanada eingereist sind. Hier wird eine Vielzahl von Dokumenten, Passagierlisten und historischen Bildern von Passagierschiffen aufbewahrt.

Nova Scotia Centre for Craft and Design: Die innovative Weiterentwicklung des neuschottischen Kunsthandwerks wird in dieser im Kreuzfahrtterminal untergebrachten Werkstatt gefördert (1061 Marginal Rd., ℡ 902/492-2522; tägl. außer So 9–16 Uhr; Eintritt frei). Der Schwerpunkt liegt auf Weberei, Holz- und Metallhandwerk sowie Multimediaproduktionen.

Point Pleasant Park: Noch vor Tagesanbruch am 29. September 2003 zog der Hurrikan Juan wie kein anderer Sturm seit Menschengedenken über Halifax hinweg. Der 75 ha große Point Pleasant Park an der Südspitze der Halbinsel wurde von der Wucht des Sturms am stärksten getroffen. Im Morgengrauen das nächsten Tages erkannte man das volle Ausmaß der Schäden – über 75.000 der insgesamt 100.000 Bäume des Parks waren ausgerissen worden; die Ökologie des Parks war für immer verändert. Nach den Aufräumarbeiten wurde ein groß angelegtes Wiederaufforstungsprogramm gestartet, das bis heute andauert.

Obwohl ein Großteil des Waldes nicht mehr existiert, ist der Park noch immer einen Besuch wert. Um zum Haupteingang zu gelangen, fährt man von der Sackville Street aus die South Park Street nach Süden. Die South Park Street wird dann zur Young Avenue, einer dreispurigen Allee mit prachtvollen Herrenhäusern. Hier links in den Point Pleasant Drive abbiegen. Auch die Marginal Road führt von der Downtown aus zum selben Eingang auf der Küstenseite. Schon vom Parkplatz aus hat man eine Aussicht über den ganzen Hafen, von den Containerterminals auf der einen bis zu der ausgedehnten Grünfläche auf der anderen Seite. 40 km Spazierwege, viele davon befestigt, bieten Gelegenheit zum Wandern, Joggen sowie im Winter zum Skilanglauf. Fahrradfahren ist nur von montags bis freitags erlaubt. Die meisten der Hauptwege sind seit dem Hurrikan wiedereröffnet, sodass Besucher je den Winkel des Parks erkunden können, während über ihren Köpfen Seeschwalben, Möwen und Fischadler kreisen. Kleine Randnotiz zu den Besitzverhältnissen: Pächter des Parks ist (für insgesamt 999 Jahre) noch immer die britische Regierung, für den symbolischen Preis von 1 Schilling pro Jahr.

Die militärische Bedeutung von Point Pleasant Park machen der 1796 erbaute Prince of Wales Martello Tower (Juli bis Anf. Sept. tägl. 10–18 Uhr) und das 1862 errichtete Fort Ogilvie deutlich; beide gehören zu den Befestigungsanlagen von Halifax. Der Martello Tower, ein dickwandiger Rundturm nach dem Vorbild jener Türme, die die Briten einst zur Abwehr von Napoleons Truppen bauten, war das erste Bauwerk seiner Art in Nordamerika.

Citadel Hill und Umgebung

Vom Hafenviertel aus führt die George Street hinauf auf den Citadel Hill. Eindeutiger Hinweis darauf, dass man die richtige Straße erwischt hat, ist die **Old Town Clock,** die von den Gebäuden in der George Street am Fuß des Citadel Hill eingerahmt wird. Dieser ursprünglich als offizieller Zeitmesser für Halifax gedachte, vierseitige Uhrenturm wurde 1803 auf Anweisung des zwanghaft pünktlichen Prinz Edward erbaut. Er kann nicht besichtigt werden, gilt aber als Wahrzeichen der Stadt.

Nova Scotia
Karte siehe Farbteil S. 2/3

Die Halifax Citadel National Historic Site

Halifax Citadel National Historic Site: Das wichtigste Erkennungszeichen von Halifax (Sackville St., ✆ 902/426-5080; Mai–Okt. tägl. 9–17 Uhr, im Sommer bis 18 Uhr; Eintritt $ 12, Senioren $ 10,50, Kinder $ 6) ist zugleich die meistbesuchte nationalhistorische Stätte Kanadas. Die Zitadelle thront auf dem Hügel am oberen Ende der George Street und ragt von dieser strategisch wichtigen Anhöhe über Stadt und Hafen auf. Hier oben genießt man eine wunderbare Aussicht über die gesamte Gegend. Die sternförmig angelegte, aus behauenem Granit erbaute Festung, das vierte hier errichtete militärische Bauwerk, wurde 1856 fertiggestellt. Zu ihrer Glanzzeit galt die Zitadelle als Meisterleistung militärischer Befestigungstechnik, obwohl ihre Konstruktion nie einem Angriff standhalten musste.

Im Sommer kostümieren sich Studenten als Soldaten des 78. Highlander-Regiments und der britischen Artillerie. Sie führen Exerzierübungen, den Umgang mit den Pulvermagazinen, Wachwechsel und Dudelsackspiel vor. Täglich um Punkt 12 Uhr mittags wird mit militärischer Präzision und in einem festen Zeremoniell eine Kanone geladen und abgefeuert; der Schuss ist in der ganzen Stadt zu hören. Ein Großteil der Festung kann auf eigene Faust besichtigt werden. Zu sehen gibt es u. a. ein Museum, Kasernenräume, ein Pulvermagazin sowie eine 50-minütige Audio- und Videovorführung zur Festungsgeschichte. Im Eintrittspreis ist eine Führung inbegriffen; auf dem Gelände gibt es einen Geschenkartikelladen und ein Café. Das Gelände ist ganzjährig geöffnet, von November bis April aber nicht bewirtet.

Museum of Natural History: Dieses Museum (1747 Summer St., ✆ 902/424-7353; Juni bis Mitte Okt. Mo–Sa 9–17, So 12–17 Uhr, Mitte Okt. bis Mai Di–Sa 9–17, So 12–17 Uhr; Eintritt $ 5, Senioren $ 4,50, Kinder $ 3) liegt fünf Gehminuten vom Citadel Hill entfernt, hat aber auch genügend eigene Parkplätze. Im Gegensatz zu seinem eher unscheinbaren Äußeren birgt es im Inneren eine wahre Fundgrube an Ausstellungsstücken, die die Naturgeschichte der Provinz zum Leben erwecken.

Gegenüber der Empfangstheke befindet sich ein Naturzentrum für Kinder, in dem Kleintiere hinter Gittern oder Glas zu bestaunen sind und das umfangreiche Personal alle Fragen beantwortet. Die Ausstellung dahinter erzählt die Geschichte der ersten menschlichen Bewohner Nova Scotias, der Paläo-Indianer, die sich vor 11.000 Jahren in der Region ansiedelten. Die Dinosaurier sind eine echte Attraktion für Groß und Klein. Über die Fauna der Gegenwart erfährt man mehr in einem Raum voller ausgestopfter Tiere und einem großen Saal, der von einem Pilotwal-Skelett komplett beherrscht wird. Weitere Highlights sind eine Edelstein- und Mineraliensammlung sowie Ausstellungsstücke aus der akadischen Kultur.

Public Gardens: Vom Zitadellengelände aus etwas weiter südlich liegen an der Sackville Street die Public Gardens (Mai bis Mitte Okt. tägl. 8 Uhr bis Sonnenuntergang), eine herrliche grüne Oase, die sich über 7 ha mitten im Stadtzentrum erstreckt. Der von der Spring Garden Road, der South Park, Summer und Sackville Street eingerahmte Park, der 1753 ursprünglich als Privatgarten angelegt wurde, gilt heute als eine der schönsten Parkanlagen Nordamerikas und erinnert an ähnliche Parks in Europa.

Hinter dem schmiedeeisernen Gitter (Haupteingang Ecke South Park Street und Spring Garden Road) schwelgt das Parkgelände in einem Meer aus Tulpen, die von Ende Mai bis Anfang Juni blühen, später abgelöst von Rhododendron und Rosen. Weitere Highlights sind die vielen exotischen und einheimischen Bäume, die Springbrunnen und Seerosenteiche, die von Enten und Gänsen bevölkert sind. Der reich verzierte Musikpavillon stammt aus der Zeit von Königin Victorias goldenem Thronjubiläum. Im Juli und August finden hier an Sonntagnachmittagen Konzerte statt. Ebenfalls im Sommer bauen außerhalb des Parks an der Spring Garden Road Kunsthandwerker ihre Stände auf.

St.George's Round Church

Nördlich der Downtown

Die nachfolgenden Sehenswürdigkeiten befinden sich alle nördlich der Cogswell Street. Von der Downtown zum Fort Needham Memorial Park sind es 2 km Fußweg. Der Fairview Cemetery liegt nicht in Gehweite.

St. George's Round Church: Der Architekt William Hughes entwarf diese reizvolle und ungewöhnliche Holzrahmenkirche, die allen überzähligen Gemeindemitgliedern aus der nahe gelegenen Dutch Church in der Brunswick Street Platz bot und Prinz Edwards Faible für Rundbauten perfekt entsprach. Der Grundstein der Kirche wurde im Jahr 1800 gelegt, Altarraum und Vorbau kamen später hinzu. 1994 wurde die Kuppel bei einem Brand zerstört, zwischenzeitlich aber wieder ersetzt. St. George's liegt einige Blocks nördlich der Downtown an der Brunswick und Cornwallis Street.

Maritime Command Museum: Auf dem Gelände der kanadischen Truppenbasis in Halifax ist dieses Museum (Gottingen St. zwischen North St. und Russell St., ✆ 902/721-8250; Mo–Fr 10–15.30 Uhr; Eintritt frei) im 30 Räume umfassenden Admiralitätsgebäude untergebracht, das in den 1840er-Jahren als Wohnsitz für den Admiral des Stützpunkts erbaut wurde. Zu den Ausstellungsstücken gehören Prunkschwerter, Erinnerungsstücke an die Atlantikschlacht im Zweiten Weltkrieg, eine Sammlung militärischer Waffen, Uniformen, Schiffsmodelle und andere Exponate, die in Zusammenhang mit der kanadischen Marine- und Militärgeschichte stehen.

Die Halifax-Explosion

Am Morgen des 6. Dezember 1917, einem Donnerstag, erlebte Halifax eine furchtbare Explosion – damals die größte von Menschen verursachte Explosion in der Geschichte, die erst durch die Zündung der ersten Atombombe in den Schatten gestellt wurde. An jenem schicksalhaften Morgen war der Hafen von Halifax brechend voll mit Kriegsschiffen, die Truppen, Munition und weitere Lieferungen für den Krieg in Europa transportierten. Ein französisches Schiff, die *Mont Blanc,* die bis unters Deck mit Sprengstoff beladen war – darunter auch 400.000 Pfund TNT –, steuerte durch die Kanäle zur Hafenmündung, als ein größeres Schiff, die in entgegengesetzter Richtung fahrende *Imo,* mit ihr kollidierte und sie in Brand setzte. Die in Panik geratene Crew der Mont Blanc stieg sofort in die Rettungsboote, während das brennende Schiff dicht entlang der Küste von Halifax weiterfuhr.

Kurze Zeit später, gegen 9.05 Uhr, flog die Ladung der Mont Blanc in die Luft und tötete auf der Stelle 2000 Menschen. Weitere 10.000 wurden verletzt, eine Fläche von 130 ha am Nordende von Halifax Downtown mit Trümmern übersät. Die Explosion war so gewaltig, dass selbst in 80 km Entfernung Fensterscheiben zu Bruch gingen und die Schockwelle noch das 430 km nordöstlich liegende Sydney am Cape Breton erschütterte. Ein Kanonenrohr von der Mont Blanc wurde 5,5 km weit weg geschleudert, während ihr 500 kg schwerer Ankerschaft mehr als 3 km entfernt in der entgegengesetzten Richtung landete.

An diese Tragödie erinnert der **Fort Needham Memorial Park,** den man von der Downtown aus über die Gottingen Street in nördlicher Richtung erreicht. Hier steht ein Glockenturm mit 14 Glocken auf einer Anhöhe, von der man den Ausgangsort der Explosion erkennen kann. Das **Maritime Museum of the Atlantic** widmet der Explosion eine spezielle Ausstellung, aber eines der interessantesten Andenken an das Unglück findet sich in der **St. Paul's Anglican Church** (1749 Argyle St.): Dort steckt ein Metallsplitter der zerfetzten Mont Blanc in der Nordmauer.

Fort Needham Memorial Park: Vom Maritime Museum aus geht es nach Norden noch ein Stück die Gottingen Street entlang, dann biegt man in die Dartmouth Street ab. So gelangt man zu diesem Park, einem erhöhten Aussichtspunkt mit

Blick über den äußersten Zipfel des Hafens. Erkennungszeichen des Parks ist ein Glockenspiel mit 14 Glocken, das an die Halifax-Explosion von 1917 erinnert – seinerzeit die größte von Menschen ausgelöste Explosion, die die Welt je gesehen hatte. Wer sich zwischen die beiden Hälften des Denkmals stellt, sieht durch eine Öffnung direkt zu der Stelle im Hafen, an der die Explosion stattfand.

Seaview Park: Die Halbinsel von Halifax endet auf beiden Seiten in ausgedehnten Grünanlagen. Der Seaview Park befindet sich an ihrem Nordende und bietet von der A. Murray McKay-Brücke eine gute Aussicht über das Bedford Basin. Hier lag früher Africville, ein Wohnviertel von schwarzen Halifaxern, das in den 1840er-Jahren gegründet, inzwischen aber wieder zerstört wurde. Der dreifache Boxweltmeister George Dixon wurde hier 1870 geboren. Wer von der Downtown aus der Barrington Street nach Norden folgt, kann den Park über die Service Road anfahren. Ein Bootskai bietet den einzigen Zugang über das Wasser.

Fairview Cemetery: Von der Quinpool Road führt die Windsor Street in nördlicher Richtung zum Fairview Cemetery, der letzten Ruhestätte von 121 Opfern der Titanic-Katastrophe. Als die Leichen aus dem Atlantik gezogen wurden, versah man sie mit Nummern. Zusammen mit dem Datum des Schiffsunglücks, dem 15. April 1912 (man geht davon aus, dass im eisigen Ozean niemand länger als einen Tag überlebt haben konnte), sind diese Nummern auf den meisten der schlichten, schwarzen Grabsteine vermerkt. Gestiftet wurden die Steine von der White Star Line, der Reederei der Titanic. Wo noch eine Identifizierung möglich war, wurde der Name des Opfers zusätzlich zur Nummer angegeben, so z. B. bei Nr. 227 J. Dawson. Er diente als Vorbild für die Figur des Jack Dawson, den Leonardo DiCaprio in der „Titanic"-Verfilmung spielte. Auf einigen der Grabsteine sind bewegende Gedenksprüche eingraviert, z. B. auf dem des 24 Jahre alten Everett Edward Elliott: „Jeder Mann stand auf seinem Posten, während alle Schwächeren vorbeifuhren, und zeigte noch einmal aller Welt, wie ein Brite sterben soll."

Die Abzweigung zum Friedhof ist leicht zu übersehen; deshalb sollte man sich in der Connaught Avenue links einordnen und darauf gefasst machen, auch gegen ein hohes Verkehrsaufkommen in die Hauptzufahrt zum Friedhof abzubiegen. Eine weitere Möglichkeit ist es, die von der Windsor Street abbiegende Connaught Avenue zu nehmen und am Ende der Chisholm Avenue zu parken. Sobald man den Friedhof erreicht hat, ist die Anlage gut ausgeschildert. Eine Informationstafel erklärt, wie die Identifizierung der Opfer lange nach ihrer Beisetzung stattfand. Der Friedhof ist von Sonnenaufgang bis Sonnenuntergang geöffnet.

Hemlock Ravine Park: Dieses urwüchsige Waldstück liegt auf der Westseite des Bedford Basin genau zwischen dem geschäftigen Bedford und den Bicentennial Highways. Wer auf den fünf miteinander verbundenen Spazierpfaden unterwegs ist, kann allerdings kaum glauben, dass die städtische Zivilisation in unmittelbarer Nachbarschaft liegt. Die Schlucht mit ihren hoch aufragenden Schierlingstannen *(hemlock),* die dem Park seinen Namen gab, ist vom Hauptparkplatz aus in rund 20 Min. zu erreichen. Sie liegt am Ende der Kent Avenue, die 1 km nördlich der Kreuzung zur Kearney Lake Road vom Bedford Hwy. (Hwy. 2) abzweigt. Neben dem Parkplatz ist ein herzförmiger Teich angelegt, der von Prinz Edward entworfen wurde. Er verbrachte hier seine Sommer mit seiner Gespielin Julie St. Laurent.

Uniacke Estate Museum Park: Dieses traumhafte, 930 ha große Gelände (758 Main Rd., Mount Uniacke, ✆ 902/866-0032; Juni bis Mitte Okt. Mo–Sa 9.30–17.30, So 11–17.30 Uhr; Eintritt $ 3, Kinder $ 2) liegt außerhalb der Stadtgrenze am Hwy. 1,

Nova Scotia

Karte siehe Farbteil S. 2/3

20 km nordwestlich der Kreuzung zum Hwy. 102 (die einfachste Zufahrtsmöglichkeit ist die Ausfahrt 3 vom Hwy. 101). Das Gebäude ist mit historischem Originalmobiliar eingerichtet, u. a. mit Himmelbetten und einer Ahnengalerie. Das Gelände verfügt über sieben Wanderwege.

Westlich des Northwest Arm

Am westlichen Ende der Quinpool Road ordnet man sich vorsichtig in den Kreisverkehr des Armdale Rotary ein und fährt in Richtung Herring Cove Road wieder ab. Nach kurzer Fahrt in Richtung Süden biegt links die Purcells Cove Road ab. Diese gewundene Straße folgt über 9 km dem Verlauf des Northwest Arm bis zum Fischerdorf Herring Cove. Der Weg führt vorbei an zwei Jachtclubs mit prachtvollen weißen Segelbooten und den beiden nachfolgenden Sehenswürdigkeiten:

Der Dingle Tower

Sir Sandford Fleming Park: Diese herrliche, größtenteils bewaldete Parkanlage fällt sanft zu einer Küstenpromenade an einem ruhigen Wasserarm hin ab. Das Gelände war eine Schenkung des gebürtigen Schotten Fleming, der v. a. für die Einführung der Zeitzonen bekannt ist. Angeblich sah sich der tatkräftige Fleming durch einen versäumten Zug veranlasst, einen Plan zu erarbeiten, der die ganze Welt dem 24-Stunden-Rhythmus mit nach Längengraden unterteilten Zeitzonen zuordnete. Fleming, der auch Kanadas erste Briefmarke entwarf, lebte von den 1880er-Jahren bis zu seinem Tod 1915 in Halifax.

Auf einer kleinen Anhöhe oberhalb der Bucht liegt der zehnstöckige *Dingle Tower* (Juni–Aug. tägl. 9–17 Uhr). Im Inneren des steinernen Baus führt eine Wendeltreppe hinauf zur Spitze, die eine großartige Aussicht bietet.

Der Park ist täglich von 8 Uhr bis Einbruch der Dunkelheit geöffnet. Der Haupteingang befindet sich an der Purcells Cove Road; die Dingle Road führt durch den bewaldeten Park hindurch zur Küste.

York Redoubt National Historic Site: Die auf einer Klippe hoch über der Hafeneinfahrt gelegene nationalhistorische Stätte York Redoubt (Purcells Cove Rd., ☎ 902/426-5080; Gelände Mitte Mai bis Okt. tägl. 9–18 Uhr, Gebäude Mitte Juni bis Aug. tägl. 10–18 Uhr; Eintritt frei) liegt 6 km südlich der Downtown. Das Gelände lockt mit Wanderwegen, die den steilen Hang hinunter zu Picknicktischen und geschützten Höhlen führen. Oben auf der Klippe stehen strategische Festungsbauten aus dem Jahr 1793, als die Briten gegen Frankreich in den Krieg zogen. Ein Großteil des Forts stammt aus späterer Zeit, z. B. die massiven Vorderladerkanonen zum Abfeuern von 23-cm-Geschossen, mit denen selbst Panzerschiffe durchbohrt werden konnten.

Halifax und die Titanic-Tragödie

„Mein Gott, die Titanic hat einen Eisberg gerammt." Mit diesen schicksalhaften Worten, die der Funker Jack Goodwin aus Cape Race, Neufundland, am 14. April 1912 aussprach, erfuhr die Außenwelt zum ersten Mal von dem Ereignis, aus dem die berühmteste Schiffskatastrophe der Welt wurde: dem Untergang der als unsinkbar geltenden Titanic auf ihrer Jungfernfahrt von Southampton nach New York City. An Bord waren 2227 Passagiere und Crewmitglieder.

Zur Zeit dieser Funkübertragung war das Schiff 500 Meilen östlich von Halifax unterwegs. Drei Schiffe stachen sofort von Halifax aus in See, um nach dem sinkenden Schiff zu suchen. Als das erste dort eintraf, lag die Titanic bereits auf dem Grund des Atlantiks. Über 1500 Passagiere und Crewmitglieder starben, 702 weitere, die meisten davon Frauen und Kinder, hatten mehr Glück und konnten gerettet werden. Die Leichen wurden in der **Karlsen's Wharf** (2089 Upper Wharf St.) und **Coaling Wharf No. 4** (nördlich der MacDonald Bridge) an Land geholt, beide sind für die Öffentlichkeit nicht zugänglich. Sie wurden in Särgen an verschiedene Orte gebracht, u. a. zu einem Curling-Rink, einer Eisstockbahn (heute befindet sich hier ein Army-Shop, 2660 Agricola St.), und ins **Snow's Funeral Home** (1750 Argyle St.), das heute ein Seafood-Restaurant beherbergt. Einige der Toten wurden von ihren Familien überführt, die meisten jedoch auf drei Friedhöfen vor Ort beigesetzt. Ein Großteil von ihnen liegt in einem eigenen Bereich des **Fairview Cemetery** (Ecke Connaught und Chisholm Ave.), der von der White Star Line gestiftet wurde. Die meisten der schwarzen Grabsteine tragen nur das Datum der Tragödie und eine Nummer, die über die Reihenfolge der Bergung Auskunft gibt. Andere sind mit bewegenden Gedenksprüchen versehen, die den Mut der Verunglückten rühmen. John Clarke, ein Musiker der berühmten Schiffskapelle, die immer noch spielte, als das Schiff schon unterging, liegt auf dem **Mount Olivet Cemetery** (Mumford Rd., eine Seitenstraße des Joseph Howe Dr.) begraben.

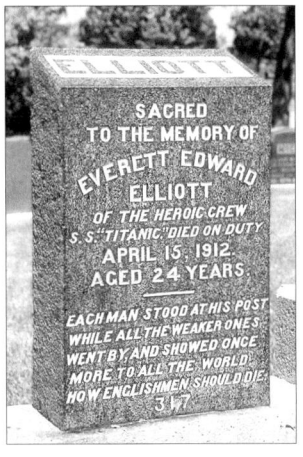

Die Reederei der Titanic, die White Star Line, betrieb seinerzeit ein Büro in Halifax (1682 Hollis St.), das heute noch existiert. Die Mitarbeiter waren wichtige Bindeglieder zwischen den Opfern und ihren Familien aus aller Welt.

Trauerfeiern und Gottesdienste fanden in mehreren Kirchen der Downtown statt, u. a. in der **St. George's Anglican Church** (222 Brunswick St.), in der **St. Paul's Anglican Church** (1749 Argyle St.) und in der **St. Mary's Catholic Church** (Ecke Spring Garden Rd. und Barrington St.).

Am meisten erfährt man über die Katastrophe im **Maritime Museum of the Atlantic** (1675 Lower Water St., ☎ 902/424-7490; Mo–Sa 9.30–17.30, So 13–15.30 Uhr), das ihr eine eigene Ausstellung widmet, mit Fundstücken wie dem einzigen Liegestuhl, der aus dem Wrack geborgen wurde. Archivdokumente wie Reisepapiere, Fotos und Briefwechsel der Titanic-Passagiere werden in den **Nova Scotia Archives** aufbewahrt (6016 University Ave., ☎ 902/424-6060; Mo–Fr 8.30–14.30, Sa 9–17 Uhr).

McNabs Island

Egal, wonach einem der Sinn gerade steht – diese 5 km lange Insel in der Hafeneinfahrt von Halifax ist ein wunderbares Ausflugsziel für einen Tag. Die Insel ist zum
größten Teil bewaldet, in den Wäldern leben zahlreiche Vögel, und an der Küste
gibt es einige schöne Strände und Gezeitenbecken. Archäologische Untersuchungen haben ergeben, dass die Insel schon vor mindestens 1600 Jahren von den
Mi'kmaq-Indianern bewohnt gewesen sein muss. Die eindeutigsten Merkmale
menschlicher Besiedlung sind allerdings deutlich jünger: Dazu gehören zwei Forts
und die Überreste einiger Privatanwesen (darunter auch das Sommerhaus von Frederick Perrin, der sich mit Lea & Perrins Worcestershire-Sauce einen Namen
machte). Obwohl etliche der früheren Residenzen längst nicht mehr existieren, finden sich noch immer viele Anzeichen der damals angelegten Gärten, z. B. Eschen-,
Eichen- und Apfelbäume.

Die meisten Besucher kommen zum Wandern auf die Insel. Die Fähren legen am
Garrison Pier an, von wo aus Wanderwege in alle Richtungen führen. Der Gipfel
von Jenkin's Hill, der in 10 Min. bequem zu erreichen ist, bietet eine gute Orientierung und gleichzeitig eine grandiose Aussicht auf den Hafen. Im 1864 erbauten
Fort Ives, das vom Pier aus gut 30 Min. Fußweg entfernt liegt, kann man noch die
Kanonen besichtigen. **Fort McNab,** das ähnlich weit entfernt auf der Südseite des
Piers liegt, entstand 1889 und ist heute als nationalhistorische Stätte geschützt. Der
sandige **Mauger's Beach** direkt südlich des Garrison Pier ist der schönste und am
besten zugängliche der vielen Strände auf der Insel.

● *Reisepraktisches*   Das ganze Jahr über
verkehrt zur Insel die **McNabs Island Ferry**
(✆ 902/465-4563). Sie startet von Fisherman's
Cove auf der Dartmouther Seite des Hafens aus. Die Hin- und Rückfahrt kostet
$ 14, für Senioren und Kinder $ 11,50. Informationen über Fähren von Halifax Down-

town aus erfragt man am besten beim Halifax Visitor Centre. Auf der Insel gibt es **keine Gastronomie**, deshalb empfiehlt
sich, Essen und Getränke mitzunehmen.
Wegen der wechselhaften Wetterlage unbedingt auch eine **Regenjacke** einpacken!

Dartmouth

Dartmouth ist ein großes Wohn-, Gewerbe- und Industriegebiet auf der Halifax direkt gegenüberliegenden Seite des Hafens. Die beiden Städte sind durch eine Brücke und die Metro Transit-Fähre Halifax–Dartmouth zwischen George Street (Halifax Downtown) und Alderney Gate Complex (Dartmouth) verbunden. Die Fähren
verkehren das ganze Jahr über von montags bis samstags 6.30–24 Uhr, im Sommer
täglich. Einfache Fahrt $ 2, für Senioren und Kinder $ 1,40. Vom Fähranleger erreicht man zu Fuß das Dartmouth Heritage Museum und verschiedene Geschäfte
und Restaurants.

Dartmouth Heritage Museum: Zum Dartmouth Heritage Museum gehören zwei
historische Häuser in Gehweite des Alderney Gates. Das *Evergreen House* von 1876
(26 Newcastle St., ✆ 902/464-2300; Sommer tägl. außer Mo 10–17 Uhr, sonst Di–
Sa 10–17 Uhr; Eintritt $ 2), in dem Antiquitäten ausgestellt sind, ist das größere der
beiden. Das von einem Küfer (Fassbinder) im Jahr 1785 erbaute *Quaker House* (57
Ochterloney St., ✆ 902/464-5823; Sommer tägl. außer Mo 10–17 Uhr) ist eines der
ältesten Wohnhäuser von Dartmouth. Neben dem hier ausgestellten zeitgenössischen Mobiliar erzählt die Sammlung viel über die Geschichte der Quäker, die einst
durch die reichen Walvorkommen nach Nova Scotia gelockt wurden.

Bedford Institute of Oceanography: Diese von der Regierung betriebene Institution (Baffin Blvd., ℡ 902/426-4306; Mo–Fr 9–16 Uhr; Eintritt frei) erfüllt verschiedene Aufgaben, von ihrem Beitrag zur Wahrung der kanadischen Souveränität bis hin zu Angelegenheiten des Bundesfischereiministeriums. Am besten bekannt ist sie jedoch für ihre Arbeiten am Wrack der Titanic. Im Rahmen einer Führung (nur im Sommer und nach Voranmeldung) erfährt man darüber alles Wissenswerte. Dabei kann auch eine simulierte Schiffsbrücke besichtigt und am „Touch Tank" die Unterwasserwelt aus nächster Nähe bestaunt werden. Um dorthin zu kommen, überquert man von Halifax Downtown aus den Kanal The Narrows und verlässt die MacKay Bridge über den Ausgang Shannon Park (direkt hinter der Mautstation). Dann zunächst rechts und dann links zum Baffin Boulevard abbiegen, der unter der Brücke hindurch zum Institut führt.

Shubie Park: 1858 begannen die Bauarbeiten zu einem ehrgeizigen Kanalprojekt, das den Hafen von Halifax mit der Bay of Fundy über mehrere Seen und den Shubenacadie River hinweg verbinden sollte. Nur zwölf Jahre später gab man das Kanalprojekt wieder auf. Die Kanalverbindung zwischen Lake Micmac und Lake Charles wurde inzwischen wiederhergestellt, u. a. auch eine der ursprünglich neun Schleusen. Durch den Park schlängeln sich verschiedene Wander- und Radwege, aber die meisten Besucher kommen zum Kanu- oder Kajakfahren hierher und paddeln vom tagsüber meistgenutzten Gebiet des Parks zum Lake Charles. Vom Braemar Drive aus ist die Zufahrt ausgeschildert, sie zweigt nördlich der Ausfahrt 6 vom Hwy. 111 ab.

Cole Harbour Rural Heritage Farm: Dieses von einem Wohngebiet umgebene Freilichtmuseum (471 Poplar Dr., ℡ 902/434-0222; Mitte Mai bis Mitte Okt. Mo–Sa 10–16, So 12–16 Uhr; Eintritt gegen Spende) ist eine tolle Attraktion für Kinder. Zu den Gebäuden gehören ein 200 Jahre altes Bauernhaus, eine Schmiede, verschiedene Schuppen und eine Teestube. Im Garten kann besichtigt werden, was früher hier angebaut wurde, und die Ernteprodukte finden in der Teestube Verwendung. Die meisten Tiere sind in Gehegen eingezäunt, aber Kaninchen, Gänse und Enten laufen frei herum.

Eastern Passage

Die Eastern Passage ist ein schmaler Wasserweg, der zwischen der Dartmouther Seite des Hafens und McNabs Island verläuft. Von Dartmouth Downtown aus fährt man die Pleasant Street nach Süden bis zum Hwy. 322. Diese Strecke führt vorbei an Ölraffinerien und dem Militärstützpunkt Canadian Forces Base Shearwater, bevor sie das zauberhafte Fisherman's Cove erreicht. Dahinter führt der Hwy. 322 weiter durch ein Wohngebiet an der Küste zum Southeast Passage Provincial Park.

Shearwater Aviation Museum: An der Einfahrt zur Canadian Forces Base Shearwater befindet sich dieses Museum (12 Wing, Pleasant St., ℡ 902/460-1083; Juni–Aug. Di–Fr 10–17, Sa/So 12–16 Uhr, April/Mai und Sept.–Nov. Di–Do 10–17, Sa 12–16 Uhr; Eintritt frei). Die Ausstellung umfasst zehn restaurierte Militärflugzeuge und eine eindrucksvolle Luftwaffensammlung. Das Museum liegt an der Pleasant Street (Hwy. 322); einfach an der ersten Ampel hinter der Imperial-Ölraffinerie links abbiegen.

Fisherman's Cove: Genau genommen ist Fisherman's Cove nur eines von vielen Hundert malerischen Fischerdörfchen, die die Küste von Nova Scotia säumen – mit einem Unterschied: Es liegt noch innerhalb der Stadtgrenzen der Provinz-

Nova Scotia
Karte siehe Farbteil S. 2/3

hauptstadt. Das Dorf an der Eastern Passage, 2 km südlich von Dartmouth am Hwy. 322, lebt von einem Mix aus aktivem Fischfangbetrieb und konstantem Zustrom neugieriger Besucher. Eine Zufahrtsmöglichkeit ist die Government Wharf Road, die direkt an der Ampel in die Eastern Passage mündet und zum Hauptgelände der Docks führt. Wesentlich schöner ist es jedoch, den Wagen auf dem Parkplatz am Ortseingang abzustellen und den Ort zu Fuß zu erkunden.

Das 2004 eröffnete *Fisherman's Cove Marine Interpretative Centre* (Government Wharf Rd., ℘ 902/465-6093; tägl. außer Mo 11–19 Uhr; $ 2) ist das erste Gebäude, an dem man am Ortseingang von Fisherman's Cove vorbeikommt. Dieses Museum erzählt die bewegte Geschichte des Dörfchens, und in den Aquarien tummelt sich die einheimische Unterwasserfauna. Das Interpretive Centre ist die einzige offizielle Sehenswürdigkeit des Ortes. Man sollte jedoch genug Zeit mitbringen, um die Handwerksläden zu besuchen und mit Augen, Ohren und Nase die Eindrücke dieses authentischen Fischerdörfchens aufzunehmen.

Fisherman's Cove Visitor Information Centre (30 Government Wharf Rd., ℘ 902/465-8009; Mitte Mai bis Mitte Okt. tägl. 9–18 Uhr). Das Besucherzentrum liegt direkt an der Hauptachse der Touristenshops. Hier erhält man auch einen Prospekt, der über historische Führungen durch den Ort informiert.

Nördlich der Downtown

Atlantic Canada Aviation Museum: Vom Flughafen aus gesehen jenseits des Highways (Abfahrt 6 vom Hwy. 102 nehmen) liegt dieses Museum (20 Sky Blvd., ℘ 902/873-3773; Mai–Okt. tägl. 9–17 Uhr; Eintritt $ 5) und bietet sich deshalb für einen Besuch auf dem Weg nach Norden in Richtung Truro oder vor dem Heimflug an. Ausgestellt sind ca. 30 Flugzeuge – von Kampfflugzeugen bis hin zum Hubschrauber Marke Eigenbau – aber auch einige Simulatoren.

Sport und Freizeit

Spaziergänge und Wanderungen

Einen Bummel durch das Hafenviertel sollte man auf keinen Fall versäumen. Die **Uferpromenade** führt vorbei an den Docks, wo alle Arten von Bootsfahrzeugen vor Anker liegen – große Schiffe, Schlepper oder Jachten. Weiter geht es vorbei an Hafenrestaurants, dem Maritime Museum of the Atlantic und den Historic Properties bis nach Süden zum Pier 21. Die Downtown kann zwar komplett zu Fuß erkundet werden, einfacher ist es aber, sich ein Taxi zum Citadel Hill zu nehmen, von wo aus es zum Hafen immer bergab geht. Auf dem Citadel Hill sollte man nicht nur das Fort, sondern auch das Gelände besichtigen und dann die Sackville Street zu den **Public Gardens** überqueren, dem perfekten Ort für Spaziergänge durch ein Blütenmeer.

Mehr Informationen über **McNabs Island**, ein beliebtes Tagesausflugsziel für Wanderer, siehe unter *McNabs Island* in diesem Kapitel.

● *Parks* **Point Pleasant Park**, 2,5 km südlich der Downtown an der Young Avenue gelegen, ist von Wander- und Radwegen durchzogen. Der eindeutig schönste Weg führt direkt am Wasser entlang über einen (in beide Richtungen) 2 km langen Pfad, der sich an die Küste anschmiegt und am Point Pleasant vorbeiführt, ehe er in Richtung Northwest Arm abschwenkt. Weitere Wege führen in den Park hinein zu den historischen Befestigungsanlagen und durch die Restbestände der Wälder, die 2003 durch den Hurrikan Juan zerstört wurden.

Von Halifax Downtown aus jenseits des Northwest Arm gelegen, grenzt inmitten eines noblen Wohngebiets der **Sir Sandford Fleming Park** direkt ans Wasser. Auch hier ist die Uferpromenade am populärsten, doch ein weiterer schöner Weg führt durch den Wald zum Frog Lake.

Folgt man von der Downtown aus dem Bedford Highway nach Norden und biegt dann 1 km nördlich der Kreuzung zur Kearney Lake Road in die Kent Avenue ab, gelangt man zu einem dichten, alten Waldbestand, dem unter Naturschutz stehenden **Hemlock Ravine Park**. Von seinem Picknickplatz am Teich, das Welten entfernt scheint von der umliegenden Zivilisation, zweigen fünf Spazierpfade in den Wald ab. Einige sind nur kurz und somit perfekt für jüngere oder ältere Wanderfreunde geeignet, andere dagegen, u. a. der Weg zu der mit Schierlingstannen bestandenen Schlucht, sind steiler und können nach Regenfällen glitschig sein.

Radfahren

Die Gemeinde von Halifax mit ihren vielen Seen und Hafenbuchten hat einiges dafür getan, die Stadt so fahrradfreundlich wie möglich zu gestalten. Die Website der Halifax Regional Municipality (www.halifax.ca) bietet eine Radwanderkarte im .pdf-Format, oder man besorgt sich eine Karte bei der Touristeninformation. Eine zentral gelegene Anlaufstelle für Fahrradvermietung und -infos ist **Harbour Bike and Sea Rentals** (1781 Lower Water St., ✆ 902/421-1185). Ein Fahrrad mit Standardausrüstung kostet $ 10/Std. bzw. $ 42/Tag.

Freewheeling Adventures (✆ 902/857-3600 oder 800/672-0775, www.freewheeling.ca) ist eine lokale Tourgesellschaft, die geführte Radtouren an der Südküste veranstaltet. Startpunkt ist Hubbards direkt südlich der Stadt. Die Teilnehmer fahren bis zu 6 Std. am Tag, übernachten in Cottages oder B&B-Unterkünften, und im Preis ab $ 1600 pro Pers. sind alle Mahlzeiten enthalten.

Wassersport

• *Schwimmen und Sonnenbaden* Zu den städtischen Schwimmbädern gehören **Northcliffe Pool** (111 Clayton Park Dr., ✆ 902/490-4690) und **Needham Pool** (3372 Devonshire Ave., ✆ 902/490-4633).
Crystal Crescent Beach Provincial Park liegt 30 Min. südlich von Halifax am Hwy. 349 und gilt bei den Einheimischen als beliebtester Atlantikstrand. Kein Wunder also, dass es hier im Sommer recht voll ist. Der Sand ist fein und das Wasser meist recht kalt. Naturliebhaber freuen sich über den 10 km langen Wanderpfad zum entlegenen Pennant Point, während sich FKK-

*Spazierweg im
Sir Sandford Fleming Park*

Anhänger wahrscheinlich am liebsten auf dem äußersten der drei Strände aufhalten werden – einem von Kanadas wenigen offiziellen Nacktbadestränden.
Wer Fisherman's Cove besucht (siehe *Eastorn Passage*), sollte die Cow Bay Road 8 km nach Osten fahren, um einen Abstecher zum **Rainbow Haven Provincial Park** zu machen. Dieser Park schützt das Sumpfland an der Mündung des Cole Harbour und einen Strand mit Blick auf den Ozean. Am Strand ist es oft sehr windig (nicht selten sieht man hier Leute mit dem Rücken zur Düne sonnenbaden), aber an windstillen Tagen ist es ein herrlicher Ort, um ein paar Sonnenstrahlen zu tanken und – für ganz Mutige – auch mal in die Fluten zu springen. Am Ende der Zufahrtsstraße zum Park gibt es Umkleidekabinen und einen Imbiss-Stand, der Eiscreme und Hotdogs verkauft.
• *Kanu und Kajak* Der am Northwest Arm gelegene **Saint Mary's Boat Club** (1641 Fairfield Rd., ✆ 902/490-4688) vermietet im Sommer in begrenztem Umfang Kanus für $ 8 pro Std. Öffnungszeiten der Vermietung: Juni bis September Samstag und Sonntag 11–19 Uhr.

Golfen

Halifax und seine Umgebung verfügen über mehr als ein Dutzend Golfplätze, die von öffentlichen 9-Loch-Anlagen bis zu exklusiven 18-Loch-Courts reichen. Die Website der **Nova Scotia Golf Association** (www.nsga.ns.ca) bietet Links zu allen Golfplätzen der Provinz.

• *Golfplätze* Der **Glen Arbour Golf Course** (Glen Arbour Way zweigt 1 km westl. von Bedford von der Hammonds Plains Rd. ab, ✆ 902/835-4653), im Jahr 2005 Austragungsort eines LPGA-Turniers, ist einer von Kanadas schönsten Courts. Zur Auswahl stehen fünf verschiedene Tee-Sets und ein Parcours von max. 6200 m Länge. Der Platz bietet eine Fülle von Wasserhindernissen, 90 Bunker und Fairways, die von Laubwäldern gesäumt sind. Die Green-Gebühren liegen bei max. $ 155 im Hochsommer und fallen bis auf $ 75 zum Twilight-Tarif im Oktober.

Lost Creek Golf Club (✆ 902/865-4653) Dieser Platz liegt in einer ebenso bewaldeten Umgebung wie Glen Arbour, kommt allerdings ohne Parkservice und übertauerte Gebühren aus. In Lost Creek zahlt man gerade mal $ 42. Um hierherzukommen, an der Ausfahrt 2 vom Hwy. 101 abfahren und über 10 km der Beaverbank Road nach Norden folgen, dann rechts in die Kinsac Road abbiegen und anschließend links in den William Nelson Drive.

Einer der angenehmsten Plätze der Region ist **Granite Springs** (25 km westl. der Downtown unweit des Hwy. 333 in der 4441 Prospect Rd., Bayside, ✆ 902/852-4653). Dieser anspruchsvolle Court erstreckt sich über 120 ha unebenes Waldgelände mit Fernsicht aufs Meer. Die Gebühren liegen bei $ 55 ($ 38 Twilight-Tarif).

Wintersport

Im Winter werden die Wanderwege im Point Pleasant, Sir Sandford Fleming und Hemlock Ravine Park (nähere Infos zu den Parks siehe unter *Sehenswertes*) zu **Skilanglaufloipen**. Dartmouth bietet eine spiegelglatte Eisfläche auf dem Lake Charles, und einige Seen in Halifax eignen sich ebenfalls wunderbar zum Schlittschuhlaufen.

• *Ski und Snowboard* Die nächstgelegene Piste für Skiabfahrt und Snowboarden ist **Ski Martock** (✆ 902/798-9501), eine Fahrtstunde nordwestlich von Halifax am Hwy. 101 (ab Ausfahrt 5 ausgeschildert). Der Hang ist sehr beliebt bei Familien, die meisten Abfahrten sind für Anfänger geeignet und werden von zwei Lifts bedient, die 180 Höhenmeter überbrücken. Schneekanonen sorgen für eine durchgehende Schneedecke, und eine Flutlichtbeleuchtung ermöglicht das Skifahren bis 22 Uhr abends. Die Tageskarte kostet $ 35, für Kinder $ 25. Die Gebühren für Ski- oder Snowboardverleih liegen bei $ 22.

• *Eishockey* Während des langen Winters, in dem die Outdoor-Aktivitäten wetterbedingt stark eingeschränkt sind, wächst das Interesse für Eishockey (das in Kanada schlicht *hockey* genannt wird). Wenn sie nicht der National Hockey League im Fernsehen zuschauen (die besten Teams kommen aus Boston, Montreal und Toronto), strömen die einheimischen Eishockeyfans zum Halifax Metro Centre, um ihren **Halifax Mooseheads** zuzujubeln (5284 Duke St., ✆ 902/429-3267, www.halifaxmooseheads. ca), die Mitte September bis Mitte März in der Quebec Major Junior Hockey League spielen. Tickets ab $ 15.

Hafenrundfahrten und Ausflüge

Wer nicht viel Zeit für die Besichtigung von Halifax mitbringt oder sich nur einen kurzen Überblick über die Stadt verschaffen will, sollte eines der vielen Tourangebote wahrnehmen – mit minimalem Zeitaufwand und Stress bringen sie einen direkt zu allen Highlights.

• *Bluenose II* Die wichtigste Attraktion im Hafenviertel, der traumhaft schöne Schoner Bluenose II, verbringt die Sommersaison zwischen Halifax, seinem Heimathafen Lunenburg und Besuchsfahrten zu anderen kanadischen Häfen. Das Schiff ist ein exakter Nachbau der berühmten Bluenose. Betrieben wird es von der Lunenburg Marine Museum Society im Auftrag der Provinz Nova Scotia. Wenn das Schiff in Halifax liegt, werden 2-mal tägl. Hafentouren vom Kai am Maritime Museum aus angeboten. Einen Fahrplan gibt es unter www.museum.gov.ns.ca/bluenose. Die Abfahrt ist jeweils um 9.30 und 13 Uhr; die Fahrt kostet $ 35, für Kinder $ 20. Jede Tour bietet 75 Plätze – 40 davon können unter ✆ 902/634-4794 oder 800/763-1963 reserviert werden, während die restlichen 35 90 Min. vor Abfahrt direkt verkauft werden. Ohne Reservierung muss man für seinen Platz Schlange stehen.

• *Harbour Hopper Tours* Diese Gesellschaft (✆ 902/490-8687) holt Passagiere auf der Nordseite des Maritime Museums für einen Kurztrip durch die historischen Straßen von Halifax ab. Der eigentliche Spaß fängt aber jetzt erst an, denn die leuchtend grünen und gelben Boote der Gesellschaft stechen zu einer Hafenkreuzfahrt in See. Die Fahrt dauert etwa 1 Std. bei bis zu 20 Abfahrtsterminen tägl. Mai bis Oktober 9–21.30 Uhr. Der Fahrkartenschalter befindet sich am Cable Wharf. Fahrtkosten $ 25, Senioren $ 24, Kinder $ 15.

• *Weitere Hafenrundfahrten* Viele andere Sightseeing-Boote bieten ebenfalls Hafentouren an. **Murphy's on the Water** (Cable Wharf, 1751 Lower Water St., ✆ 902/420-1015) betreibt mehrere Schiffe während der Segelsaison, die von Mitte Mai bis Ende Oktober dauert. Der 23 m lange Zweimaster **Mar** startet bis zu 6-mal tägl. zur Hafenrundfahrt, die Fahrt kostet $ 23, für Senioren $ 22 und für Kinder $ 17. Die **Harbour Queen I** ist ein Schaufelraddampfer für 200 Passagiere, der eine moderierte Hafenkreuzfahrt ($ 22, Senioren $ 21, Kinder $ 17) sowie eine Auswahl von Lunch- oder Dinnerkreuzfahrten anbietet ($ 44 für eine Dinnerkreuzfahrt).

• *Bustouren* **Ambassatours** (✆ 902/423-6242 oder 800/565-7173) ist der lokale Grayline-Anbieter. Die dreistündige Deluxe Historic Halifax City Tour umfasst Zwischenstopps an Public Gardens, Halifax Citadel National Historic Site und Fairview Cemetery. Die Tour führt außerdem an allen wichtigen Sehenswürdigkeiten der Downtown, am Arbeiterviertel im Hafen und an verschiedenen Universitätsgeländen vorbei. Die Fahrt startet zwischen Juni und Mitte Oktober jeweils um 9 und 13 Uhr und kostet $ 36, für Kinder $ 18. Eine weitere Option am Ambassatours ist eine Rundfahrt durch die Downtown an Bord eines alten britischen Doppeldeckerbusses (Mitte Juni bis Mitte Okt.; $ 44, Kinder $ 31). An jedem der elf Stopps auf der einstündigen Rundfahrt kann man aus- und zusteigen, und die Fahrkarten sind für zwei Tage gültig (sinnvoll ist es z. B., einmal die ganze Tour nonstop zu fahren und für den nächsten Tag die gleiche Runde mit Zwischenstopps zu planen). Dieselbe Busgesellschaft bietet auch dreistündige Fahrten nach Peggy's Cove an (Abfahrt Juni bis Mitte Okt. Di, Do und So um 13 Uhr; $ 48, Senioren $ 44, Kinder $ 34) sowie einen Ganztagesausflug, der einen Zwischenstopp in Mahone Bay mit einem Aufenthalt in Lunenburg verbindet (Abfahrt Juni–Okt. Mo, Mi, Fr und Sa um 9 Uhr; $ 98, Senioren $ 89, Kinder $ 69).

Nova Scotia
Karte siehe Farbteil S. 2/3

Harbour Hopper Tours: Sightseeing zu Land und zu Wasser

Nachtleben, Kultur und Veranstaltungen

Halifax gilt als Partystadt, was z. T. an der hohen Studentendichte in der Bevölkerung liegt. Die Stadt besitzt einige Dutzend Pubs, darunter viele, die einheimisches Bier vom Fass ausschenken und Livemusik von keltisch inspirierten Bands wie The Kilkenny Krew und The Navigators bieten, die vor kleinem, aber lautstarkem Publikum spielen. Die meisten Pubs schließen gegen Mitternacht. Die Stadt besitzt außerdem eine rege Theaterszene. Obwohl die eigentliche Theatersaison in der Winterjahreshälfte liegt, bieten viele Ensembles auch Sondervorstellungen für Sommergäste an.

Eine vollständige Auflistung aller Veranstaltungen in und um Halifax findet man in dem kostenlosen Magazin *Coast* (www.thecoast.ca). Die Freitags- und Wochenendausgaben des *Halifax Herald* bieten ebenfalls einen umfangreichen Veranstaltungskalender. Die Website www.halifaxlocals.com ist ein privates Diskussionsforum über die lokale Musikszene.

Nachtleben

• *Pubs* Wer in Halifax nur ein Bier trinken gehen will, sollte das in der **Stag's Head Tavern** tun, die dem Gebäudekomplex der Keith's Brewery angeschlossen ist (Lower Water St., ℘ 902/455-1474). Die als älteste noch in Betrieb befindliche Brauerei Nordamerikas bekannte Keith's Brewery nutzt noch immer traditionelle britische Brauverfahren. Sein berühmtes India Pale Ale ist im ganzen Land vom Fass oder in der Flasche erhältlich, schmeckt aber natürlich am besten im Stag's Head in geselliger Atmosphäre und zu den Klängen traditioneller Seemannslieder.

Unweit der Keith's Brewery ist die **Granite Brewery** (1662 Barrington St., ℘ 902/422-4954; tägl. ab 11 Uhr) in einem historischen Steingebäude untergebracht, das nur wenige Blocks hinter der Brauerei von Alexander Keith liegt. Die hervorragenden, hauseigenen Biere britischer Art werden vor Ort unter Verwendung ausschließlich natürlicher Zutaten (z. B. aus England importiertem Malz) hergestellt. Der Pub selbst lockt v. a. ein etwas älteres Publikum von gut gekleideten Einheimischen an.

Die Livemusik im **Lower Deck** (Upper Water St., ℘ 902/425-1501; tägl. ab 11.30 Uhr) lässt die Gäste jeden Abend mitsummen. Dieser Pub direkt an der Küste befindet sich im historischen Privateers Warehouse.

Der **Tug's Pub** im Komplex des Waterfront Warehouse (1549 Lower Water St., ℘ 902/425-7610; tägl. 11.30–24 Uhr) ist ein vornehmer Pub im englischen Stil mit Schottenkaros, vielen hochglanzpolierten Mahagonimöbeln und historischen Fotografien an den Wänden.

Etwas weiter vom Hafenviertel entfernt liegt das **Pogue Fado** (1581 Barrington St., ℘ 902/429-6222; tägl. ab 11 Uhr), einer der meistbesuchten Irish Pubs in Halifax. Die Atmosphäre ist herzlich, das Essen gut, und am Wochenende gibt es Livemusik – die Vorteile liegen also auf der Hand.

The Maxwell's Plum (1600 Grafton St., ℘ 902/423-5090) bietet eine hervorragende Auswahl an importierten Bieren vom Fass (v. a. Beamish Irish Stout, John Courage und Newcastle Brown Ale) und schottischen Single-Malt-Whiskeys. Das allein wäre schon Grund genug für einen Besuch, zusätzlich wird aber auch noch Jazz vom Feinsten geboten, u. a bei Jam Sessions am Sonntagnachmittag.

Your Father's Moustache (5686 Spring Garden Rd., ℘ 902/423-6766) hat an den meisten Abenden hervorragende Livemusik im Programm, v. a. von einheimischen Bands. Am Samstagnachmittag findet hier eine äußerst gefragte Blues-Matinee statt.

• *Andere Bars* Im lebhaftesten Teil der Argyle Street zwischen Blowers und Sackville Street liegt die **Seahorse Tavern** (1665 Argyle St., ℘ 902/423-7200), die seit 1948 existiert. Das von der lokalen Propeller Brewery hergestellte Horsepower Beer ist nur im Seahorse erhältlich, aber die meisten Gäste kommen wegen der Musik hierher. Montags bis donnerstags finden Themenabende statt, z. B. der Mullet Monday mit Rock-Oldies oder der Indie-Mittwoch. An den Wochenenden wird dafür Livemusik gespielt. Zum selben Komplex gehört der **Economy Shoe Shop** (1663 Argyle St., ℘ 902/423-8845; tägl. 11–24 Uhr), eine Gastronomie- und Baradresse. Sie umfasst drei Restaurants und die *Belgian Bar* mit schrillem, aber sympathischem Tropenfeeling.

Stayner's Bar and Grill (5075 George St., ℘ 902/492-1800) liegt mitten in der Haupttouristenmeile, aber nicht direkt am Wasser. Besucher übersehen deshalb nicht selten diese Bar, in der es eher ruhig zugeht, solange keine keltischen Bands auf der Bühne stehen.

• *Nachtclubs* Gegen Mitternacht, wenn die Pubs ihre Pforten schließen, zieht die Menge weiter in die Clubs, die über die gesamte Downtown verteilt sind.

Im **Dome** (1741 Grafton St., ℘ 902/422-6907; Mi–So 10–3.30 Uhr) durchtanzt eine einzige Masse wogender junger Körper die Nächte zu einem von Kanadas dynamischsten Sound- und Lichtsystemen. Der Club gilt gleichzeitig als Baggerschuppen (die Einheimischen nennen ihn deshalb auch spöttisch „Do-Me", „Nimm mich"). Unter den gleichen Dach befindet sich das **Cheers** (℘ 902/421-1655), das eher ältere Gäste anlockt. Noch ein Nachtclub mit mehreren Lokalen ist das **Pacifico** (Ecke Barrington und Salter St., ℘ 902/422-3633), wo das **Crave** Tanzbegeisterte anzieht und das **Capitol** durch eine schicke Martini-Bar bestich.

Das ursprünglich als Schwulenbar eröffnete **Reflections** (5184 Sackville St., ℘ 902/422-2957) wird heute von einem bunt gemixten, einheimischen Publikum ohne bestimmte sexuelle Ausrichtung besucht. Jeder Abend steht unter einem eigenen Motto – dienstags gibt es House und Techno, mittwochs spielen Bands, donnerstags winkt eine Talentshow für jedermann – aber am vollsten wird es am Wochenende, wenn der hauseigene DJ bis um 4 Uhr früh seine Lieblingsstücke auflegt.

The Palace (1721 Brunswick St., ℘ 902/420-0015) hat einen riesigen Dancefloor mit atemberaubender Licht- und Sound-Anlage. Der Club hat schon bessere Zeiten gesehen. Am meisten los ist hier in den frühen Morgenstunden, wenn alles andere schon geschlossen hat.

• *Jazz und Blues* Die **Seahorse Tavern** (1665 Argyle St., ℘ 902/423-7200) veranstaltet jeden Donnerstagabend eine Blues-Jam-Session. Die Belgian Bar im **Economy Shoe Shop** (1663 Argyle St., ℘ 902/423-8845; tägl. 11–2 Uhr) nebenan bietet montags Jazz bei freiem Eintritt.

Die beste Blues-Bar der Stadt ist **Bearly's House of Blues and Ribs** (1269 Barrington St., ℘ 902/423-2526). Wie der Name schon sagt, sind Rippchen ($ 16 für eine ganze Rippe) die Spezialität des Hauses, aber es

ist v. a. die Musik, die die begeisterten Massen hierher lockt. Am Wochenende treten einheimische Künstler auf; während der Woche sind außer montags und mittwochs v. a. Musiker auf Tour zu sehen. Im Winter bearbeiten am Samstagnachmittag Bluegrass-Musiker ihre Instrumente.

Theater

Die Bewohner von Halifax haben einen sehr eigenen und bisweilen rabenschwarzen kanadischen Humor (ganz ähnlich dem britischen), und die lokale Theaterszene zeigt sich entsprechend komisch. Für $ 37 kann man im Musical samt Dinner im **Grafton Street Dinner Theatre** (1741 Grafton St., ℘ 902/425-1961) besuchen, das im Sommer tägl. außer Montag und für den Rest des Jahres an drei Tagen pro Woche geöffnet hat. Das **Halifax Feast Dinner Theatre** (Maritime Centre, Ecke Barrington und Salter St., ℘ 902/420-1840) kostet ein paar Dollar mehr, dafür hat die Produktion oft einen historischen Hintergrund. In beiden Theatern wird in ziemlich hohem Tempo Essen aufgetischt, die Qualität ist dennoch ausgezeichnet.

Im **Neptune Theatre** (1593 Argyle St., ℘ 902/429-7070) bringen im Sommer private Theaterensembles wie die Legends of Broadway Musicals und Gilbert-and- Sullivan-Shows auf die Bühne (typisch britische komische Oper).

Feste und Veranstaltungen

Halifax bietet eine ganze Reihe von Großveranstaltungen, zu denen viele Besucher extra anreisen, aber auch Feste und Events, von denen die meisten noch nie etwas gehört haben dürften. Trotzdem kann sich ein Besuch lohnen, wenn es zu den eigenen Reiseplänen passt. Die beliebtesten Feste finden im Sommer im Freien statt, die kühleren Monate sind eher der Theatersaison vorbehalten. Detaillierte Infos und genaue Daten der aufgelisteten Veranstaltungen bitte unter den angegebenen Kontaktdaten oder auf der Tourismuswebsite von Nova Scotia erfragen (www.novascotia.com).

• *Frühling* Mittelpunkt des **Scotia Festival of Music** ist von Ende Mai bis Anfang Juni für zwei Wochen die Music Room (6181 Lady Hammond Rd., ℘ 902/429-9467, www.scotiafestival.ns.ca). Kammermusiker geben hier Klavier-, Cello- und Violinenkonzerte –

in würdiger, zugleich aber auch lockerer Atmosphäre.

Das **Nova Scotia Multicultural Festival** (Alderney Gate Complex, Dartmouth, ✆ 902/423-6534, www.multifest.ca) taucht das Hafenviertel von Dartmouth an einem Wochenende Mitte Juni in die Klänge, Gerüche und optischen Eindrücke der verschiedensten Kulturen. Hier kann man zu polnischen Tänzen koreanische Grillrippchen verspeisen oder im Takt mit keltischen Hochlandtänzern steppen und dazu einen Teller Sauerkraut mit Bratwurst stemmen. Die Fähren legen direkt am Alderney Gate an, was auch die beste Möglichkeit ist, von der Downtown aus zum Festival zu gelangen.

● *Sommer* Nichts spiegelt Halifax' lange Militärtradition eindrucksvoller wider als das **Nova Scotia International Tattoo** (✆ 902/420-1114, www.nstattoo.ca), das jährlich Anfang Juli für zehn Tage im Halifax Metro Centre (5284 Duke St.) stattfindet. Unter einem *tattoo* versteht man militärische Übungen, die zu Unterhaltungszwecken gezeigt werden. Hier gehören verschiedene Wettkämpfe, Militärkapellen, Tänzer, Turner und Chöre dazu. Diese Veranstaltung gilt inzwischen als eines der weltweit größten Indoor-Events dieser Art und lockt Tausende von Teilnehmern aus aller Welt an. Eintrittskarten (ca. $ 32–50) gibt es beim Halifax Metro Centre Box Office (✆ 902/451-1221).

Mitte Juli strömen Jazzfans zum **Atlantic Jazz Festival** (✆ 902/492-2225, www.jazz east.com) nach Halifax, dem größten Musikfestival östlich von Montreal. Über 400 Musiker aus aller Welt treffen sich an Veranstaltungsorten, die von lauschigen Clubs wie dem Economy Shoe Shop bis hin zum charaktervollen alten Schulhaus in Peggy's Cove reichen, um traditionischen und zeitgenössischen Jazz zu spielen.

Halifax und Dartmouth begehen ihren Geburtstag mit einem gemeinsamen Feiertag, dem sog. **Natal Day** (✆ 902/490-6773, www. natalday.org) am ersten Montag im August. Das ganze Wochenende über finden Veranstaltungen statt, darunter eine Parade am Samstag, Talentshows, Sportveranstaltungen und ein großes Abschlussfeuerwerk, das Montagnacht im Hafen gezündet wird.

Straßenkünstler treten Anfang August elf Tage lang beim **Halifax International Buskers Festival** (✆ 902/471-0550, www.buskers. ca) auf fünf Bühnen im Hafenviertel der Downtown auf.

Der Festivalsommer endet mit dem **Atlantic Fringe Festival** (✆ 902/435-4837, www. atlanticfringe.ca) in der ersten Septemberwoche; gezeigt werden 200 Shows an verschiedenen Orten der Downtown.

● *Herbst* Das Mitte September stattfindende **Atlantic Film Festival** (✆ 902/422-3456, www.atlanticfilm.com) begeistert Filmfans inzwischen seit über einem Vierteljahrhundert. Es zeigt die besten Filme aus aller Welt, schwerpunktmäßig aber lokale und kanadische Produktionen. Gezeigt werden die Filme v. a. in Theatern der Downtown.

Wer möchte, kann **Alexander Keith's Geburtstag** (✆ 902/455-1474, www.keiths.ca) am 5. Oktober zusammen mit Hunderten von begeisterten Einheimischen feiern. Oder man nimmt sich einfach einen Barhocker in einem der lokalen Pubs und bringt mit India Pale Ale einen Trinkspruch auf „den großen Mann des Bieres" aus, der 1820 in Halifax mit dem Bierbrauen begann. Dieses Event (die Veranstaltungsorte bitte auf der Website nachschauen) ist das große Highlight unter den Geburtstagsfeiern, mit jeder Menge stampfender, bierseliger Ostküstenmusik.

Im Hafen von Halifax legen oft Segelschiffe an, auch die berühmte Bluenose II

Vom ersten Freitag im Oktober an präsentiert sich mit der traditionellen **Maritime Fall Fair** (Exhibition Park, 200 Prospect Rd., ✆ 902/876-8221, www.maritimefallfair.com) für zehn Tage das Landleben in der Stadt. Diese Herbstmesse bietet alles, was dazugehört: einen Handwerkermarkt, Landwirtschaftswettbewerbe, Gemüseschauen, ein Rodeo und einen Jahrmarkt. Der Exhibition Park ist über den Hwy. 333, die Hauptstraße nach Peggy's Cove, zu erreichen,

• *Winter* Am ersten Novemberwochenende füllt das **Christmas Craft Village** (✆ 902/463-2561, www.atlanticchristmasfair.com) den Exhibition Park mit Hunderten von Handwerksständen, die alles von hausgemachten Konserven über Bücher im Selbstverlag bis hin zu Antiquitäten von der Ostküste anbieten.

Einkaufen

Nova Scotia Karte siehe Farbteil S. 2/3

Shoppingfreaks werden Halifax lieben. Die meisten Geschäfte und alle größeren Kaufhäuser sind montags bis samstags von 9.30 bis 17.30 Uhr geöffnet. Die Läden entlang der touristischen Hafenmeile sind in der Regel länger und stellenweise auch am Sonntag geöffnet.

Kanadas einzige traditionelle Glasbläserei ist **NovaScotian Crystal** (5080 George St., ✆ 902/492-0416) in einem Hafengebäude, das einen Ausstellungsraum und eine Werkstatt umfasst. Den Meisterhandwerkern bei der Arbeit zusehen kann man jeden Tag, man sollte jedoch möglichst an einem Dienstag, Donnerstag oder Samstag hier hereinschauen – dann findet nämlich das eigentliche Glasblasen statt. Statt an einer Führung teilzunehmen, können sich interessierte Besucher einfach vor die geöffneten Fabriktüren stellen und mit eigenen Augen beobachten, was dort geschieht. Der Laden verkauft Weihnachtsschmuck, Weingläser, Sektflöten, Kerzenständer und Schalen, viele davon mit neuschottisch inspirierten Motiven verziert.

• *Kunst und Kunsthandwerk* Die Kunstgalerien der Stadt sind ein Traum. Die neuesten Kunsttrends sind in **Anna Leonowens Gallery** (5163 Duke St., ✆ 902/494-8223; Di–Fr 11–17, Sa 12–17 Uhr) ausgestellt. Die Galerie präsentiert und verkauft die Werke der Studenten des Nova Scotia College of Art and Design. Diese Universität in der Downtown, eine von Nordamerikas ältesten Kulturinstitutionen, wurde 1887 von der Namensgeberin der Galerie, Anna Leonowens, gegründet. Leonowens, eine frühere Englischlehrerin, die in den 1860er-Jahren als Hauslehrerin des Königs von Siam tätig

war (der Film „Anna und der König" mit Jodie Foster erzählt ihre Lebensgeschichte) verbrachte 20 Jahre ihres Lebens in Halifax und gründete auch dieses College.

Hunderte von Clanstoffen und Tartans in Form von Kilts, Jacken, Krawatten und anderen Kleidungsstücken gibt es im **Plaid Place** (1903 Barrington St., ✆ 902/429-6872). Die ultimative Adresse für Kunsthandwerk in der Hauptstadt ist **Jennifer's of Nova Scotia** (5635 Spring Garden Rd., ✆ 902/425-3119), Verkaufsstelle für 120 Kunsthandwerksproduzenten aus der Provinz, die z. B. Patchworkarbeiten, Keramik und Seifen herstellen. **Studio 21** (1223 Lower Water St., ✆ 902/420-1852) ist eine gute Quelle für zeitgenössische Malerei von einheimischen Künstlern. Eine skurrile Kombination aus handgetischlerten Möbeln und Porzellan-Futternäpfen für Hunde bietet das **Henhouse** (5533 Young St., ✆ 902/423-4499).

• *Märkte* Der **Halifax Seaport Farmers' Market** findet jeden Samstag von 7–13 Uhr am Pier 20 (Marginal Rd., ✆ 902/492-4043) statt. Nordamerikas ältester Markt dieser Art bietet an seinen Ständen viel lokales Kunsthandwerk und heimische Produkte an, die sich perfekt als Urlaubserinnerung an die Zeit in Nova Scotia eignen.

Ganz in der Nähe liegt der **Pavilion 22** (Mai–Okt.), eine im Marktstil angelegte Einkaufspassage für Kreuzfahrt-Gäste. Der Besuch lohnt aber auch für alle, die gerade in der Nähe sind.

• *Typische Spezialitäten* Während der Zeit in Nova Scotia isst sicher jeder Besucher reichlich Meeresfrüchte, die sich aber auch großartig als Reisemitbringsel für Freunde und Familie eignen. Vielleicht plant man auch einfach eine Wiedersehensfeier und beeindruckt alle mit einem typisch neuschottischen Festessen!

Clearwater (757 Bedford Hwy., ☎ 902/443-0550) mit großer Ladenfront am Bedford Highway ist eine erstklassige Adresse für Meeresfrüchte. Das Geschäft besitzt ein riesiges Hummeraquarium mit verschiedenen Abteilungen, was die Auswahl der richtigen Größe (ab $ 8 das Pfund) erheblich erleichtert. Außerdem gibt es hier gekochte Krebsscheren, Kochvorführungen und alle Arten von Kochbüchern zum Thema Meeresfrüchte. Eine gute Nachricht für all diejenigen, die vom Halifax International Airport aus abreisen: Clearwater hat eine Filiale am Flughafen (☎ 902/873-4509) mit eigenem Hummeraquarium. Gegen Aufschlag werden Hummer hier flugreisetauglich verpackt. Clearwater verkauft außerdem Krebse, Jakobs- und andere Muscheln sowie Shrimps.

Die Tage der Prohibition, in denen das Schmuggeln von Rum in die USA für neu-schottische Seefahrer noch ein einträgliches Geschäft war, sind zwar schon lange vorbei, aber in der **Rum Runners Rum Cake Factory** (gegenüber dem Hafen in der 1479 Lower Water St., ☎ 902/421-6079) kann man Rumkuchen kaufen, dessen Rezept noch von einer Familie von Rumschmugglern stammt. Die Kuchen sind herrlich süß, reichhaltig und sehr gut zu transportieren.

● *Outdoor- und Campingbedarf* Halifax' größtes Geschäft für Outdoor-Ausrüstungen ist **Mountain Equipment Co-op** (1550 Granville St., ☎ 902/421-2667; Mo–Mi 10–19, Do/Fr 10–21, Sa 10–18 Uhr). Wie die amerikanischen REI-Läden ist es eine Kooperative, die von den Mitgliedern selbst betrieben wird. Um hier einzukaufen, muss man Mitglied sein (einmalige Aufnahmegebühr: $ 5). Das Geschäft bietet eine riesige Auswahl an Kleidung, Kletter- und Bergsteigerausrüstung, Zelten, Ruck- und Schlafsäcken, Büchern und weiterem Zubehör. Ein Katalog kann unter ☎ 800/663-2667 oder online unter www.mec.ca angefordert werden.

Übernachten/Camping

Die Unterkünfte in Halifax reichen von Hostels und preiswerten Motels an der Straße bis hin zu luxuriösen B&B-Angeboten. Gutbetuchten oder Geschäftsreisenden steht in der Downtown eine Reihe entsprechender Hotels mit Vollpension zur Verfügung. Diese Häuser bieten zumeist drastische Preisermäßigungen an den Wochenenden an – Freitag- und Samstagnacht wird oft nur die Hälfte des regulären Zimmerpreises berechnet. Unabhängig von der Reisezeit sollte man auf jeden Fall vorab ein Hotelzimmer in Halifax reservieren. Dies gilt ganz besonders für die Sommermonate, wenn sich Scharen von Touristen ein relativ begrenztes Zimmerangebot streitig machen. Für Reisende ohne Zimmerreservierung tut das Personal im **Halifax Visitor Centre** (1598 Argyle St., ☎ 902/490-5946; tägl. 9–18 Uhr) aber sicher sein Möglichstes, um noch eine Unterkunft zu finden.

Downtown

● *Unter $ 50* Das auch als Halifax Heritage House Hostel bekannte **HI-Halifax** (1253 Barrington St., ☎ 902/422-3863, www.hihostels.ca) besitzt 75 Betten und liegt zwei Blocks vom Hafen und 15 Gehminuten von Attraktionen wie dem Maritime Museum und dem Citadel Hill entfernt. Zur Ausstattung gehören eine Gemeinschaftsküche, ein Waschraum, Fernseher im Gemeinschaftsraum und ein Fahrradkeller. Die Betten in den 4- bis 8-Bett-Zimmern kosten $ 25 pro Nacht ($ 30 für Nichtmitglieder), die im EZ $ 57.

● *$ 100–150* Oscar Wilde und P. T. Barnum übernachteten schon beide (allerdings nicht zusammen) im **Waverley Inn** (1266 Barrington St., ☎ 902/423-9346 oder 800/565-9346, www.waverleyinn.com), das bei seiner Fertigstellung 1866 eines der nobelsten Unterkünfte der Stadt war. Im Preis für die 34 Zimmer ($ 125–229 für 1 Pers., $ 165–229 für 2 Pers.) ist ein Frühstück enthalten; Tee, Kaffee und kleine Snacks werden tagsüber und abends in der Hospitality-Suite angeboten. Die Zimmer sind mit Antiquitäten aus der viktorianischen Zeit möbliert, die Deluxe-Zimmer verfügen über Badewannen mit Sprudeldüsen und Federbetten. Die günstigsten EZ sind sehr klein, während die Deluxe-DZ ausgesprochen geräumig und geradezu übermäßig luxuriös ausgestattet sind.

• *$ 150–200* **Cambridge Suites Hotel** (1583 Brunswick St., ☎ 902/425-4076 oder 800/565-1263, www.cambridgesuiteshalifax.com; $ 155–205 für 1/2 Pers.) ist ein modernes, zentral gelegenes All-Suite-Hotel mit 200 Unterkünften. Selbst die kleinsten Zimmer haben ein getrenntes Schlafzimmer, und im Preis ist ein kleines Frühstück enthalten. Die Zimmer verfügen über diverse Zusatzausstattungen, u. a. Highspeed-Internetzugang, schönes Badezimmer, Salon, Arbeitsplatz und einfache Kochmöglichkeiten. Dachterrasse, Fitnesscenter und ein Restaurant im Bistro-Stil sind zusätzliche Extras. Angeboten werden auch Sondertarife mit kostenlosem Parken, vollem Frühstücksservice und Extras für reisende Familien.

The Halliburton (5184 Morris St., ☎ 902/420-0658 oder 888/512-3344, www.thehalliburton.com; ab $ 185 für 1/2 Pers.) ist ein schönes, traditionelles Wohnhaus, das zum Boutiquehotel umgebaut wurde. Die 29 Zimmer sind mit ausgesprochen komfortablen Betten mit Bettdecken aus Gänsedaunen sowie luxuriösen Badezimmern ausgestattet. Im Preis enthalten ist ein kleines Frühstück; WLAN ist im ganzen Gebäude verfügbar. Der hoch gelobte Speisesaal im Haus namens Stories ist jeden Abend zum Dinner geöffnet.

In Halifax gibt es zwei Hotels im Besitz der kanadischen Delta-Kette. In beiden Fällen lohnt es sich, auf der Website www.delta hotels.com auf den Link „Packages and Specials" zu klicken, um das beste Angebot herauszusuchen. Das **Delta Barrington** (1875 Barrington St., ☎ 902/429-7410 oder 888/890-3222, www.deltahotels.com; ab $ 190 für 1/2 Pers.) teilt sich den Raum mit der Barrington Place Mall im historischen Zentrum und bietet 200 komfortable Zimmer. Zu den Extras gehören Fitnessraum, überdachtes Schwimmbad, Businesscenter, Straßencafé (mit Meeresfrüchte-Menü im Sommer) und Lounge-Bar. Der Zimmerpreis liegt bei rund $ 190 für 1/2 Pers. während der Woche und $ 160 am Wochenende. Das nicht weit entfernt gelegene **Delta Halifax** (1990 Barrington St., ☎ 902/425-6700 oder 877/814-7706, www.deltahotels.com; $ 190 für 1/2 Pers.) war eines der ersten nobleren Hotels von Halifax, und das „alte Mädchen" hat sich bis heute gut gehalten. Zu den Highlights gehört ein schicker, überdachter Pool inkl. Whirlpools und Sauna mit angrenzendem Fitnessraum.

• *$ 200–250* In anderen kanadischen Provinzhauptstädten zahlt man für Zimmer mit vergleichbarem Standard deutlich mehr als im **Prince George Hotel** (1725 Market St., ☎ 902/425-1986 oder 800/565-1567, www. princegeorgehotel.com; ab $ 205 für 1/2 Pers.). Das Hotel liegt einen Block unterhalb der Halifax Citadel und sieben Blocks oberhalb des Hafens. Die Zimmer sind mit modernen Möbeln ausgestattet, besondere Extras sind ein mittelgroßes, überdachtes Bad, ein Businesscenter mit Internetzugang, Restaurant, Lounge und ruhige Gemeinschaftsräume abseits der Hauptlobby. Obwohl die Zimmerpreise bei ca. $ 200 starten, sollte man die Website besuchen; hier finden sich Wochenendspecials oder Luxus-Angebote auf dem „Crown Floor" für zusätzliche $ 30.

Das im Gebäudekomplex des Casino Nova Scotia untergebrachte **Marriott Harbourfront Hotel** (1919 Upper Water St., ☎ 902/421-1700 oder 800/943-6760, www. marriott.com; $ 220 für 1/2 Pers.) ist ein modernes Gebäude, dessen Entwurf an den Garnisonsbau erinnern soll, der früher im Hafenareal stand. Obwohl viele Gäste aus den Atlantikprovinzen hierherkommen und v. a. zum Glücksspiel in diesem Hotel absteigen, eignet es sich auch sehr gut für normale Touristen. Außer dem Casino gibt es hier eine ganze Reihe von Restaurants, einen stilvollen Pub im englischen Stil und Live-Entertainment. Fast niemand bezahlt hier die Standard-Zimmerpreise. Auf der Website finden sich zahlreiche Sonderangebote, die bei $ 149 für 1/2 Pers. starten. Mehr Infos über das Casino gibt es unter www.casinonovascotia.com.

• *$ 250 und mehr* Wer auf der Suche nach einer topmodernen Unterkunft ist, sollte das **Four Points by Sheraton Halifax** (1496 Hollis St., ☎ 902/423-4444, www.starwood hotels.com; ab $ 255 für 1/2 Pers.) in Betracht ziehen, das einen Block vom Hafen entfernt liegt. Die Gästezimmer sind mit modernstem Komfort ausgestattet (kostenloser Highspeed-Internetzugang, 27-Zoll-Flachbildschirme, mehrere Telefone und sorgfältig durchdachte Arbeitsplätze). Zur Ausstattung gehören außerdem ein überdachter Pool und ein Fitnessraum. Die Standardpreise sollte man einfach ignorieren und online buchen – dann zahlt man nur knapp $ 150 für 1/2 Pers., auch im Hochsommer.

Das 1930 pünktlich zur Ankunft der ersten Passagierzüge in Halifax eröffnete Bahnhofshotel **Westin Nova Scotian** (1181 Hollis

Nova Scotia
Karte siehe Farbteil S. 2/3

St., ℡ 902/421-1000 oder 877/993-7846, www.
westin.ns.ca; ab $ 275 für 1/2 Pers.) wurde
2008 aufwendig saniert. Das direkt am
Bahnhof liegende Hotel – viele Gäste kommen bis heute mit der Bahn hierher – verströmt in seinen Gemeinschaftsräumen
und den 300 Gästezimmern einen altmodischen Charme (sehenswert ist v. a. der Atlantic Ballroom). Zu den Ausstattungsmerk-
malen gehören ein gutes Restaurant mit
moderner Küche, eine schicke Lounge, ein
Café, ein Fitnessraum, ein überdachter
Pool und ein Busshuttle-Service zum zentralen Geschäftsviertel (in 1 km Entfernung).

Citadel Hill und Umgebung

Die nachfolgenden Unterkünfte liegen alle
in der Nähe des Citadel Hills, von wo aus
es zum Hafen immer bergab geht. Selbst
durchtrainierte Besucher lockt nach einer
ganztägigen Sightseeing-Tour oder einem
ausgiebigen Essen in einem der Restaurants in der Downtown ganz sicher nicht
die Aussicht auf einen Gewaltmarsch hinauf auf den Hügel – aber keine Sorge, Taxis
hierher kosten nur rund $ 6.

• *$ 50–100* Ein verfallenes altes Haus di-
rekt gegenüber dem North Common Park
wurde zum **Fountain View Guest House**
umgemodelt (2138 Robie St. zwischen Williams St. und Compton Ave., ℡ 902/422-4169
oder 800/565-4877; $ 25 für 1 Pers., $ 50 für
2 Pers.). Die sieben Zimmer haben Gemein-
schaftsbäder; es gibt weder eine Küche
noch einen Waschraum, und Parkmöglichkeiten beschränken sich auf die Stellplätze
an der Straße.

• *$ 100–150* Vom Citadel Hill aus gesehen
gegenüber dem North Common Park befindet sich das **Commons Inn** (5780 West St.,
℡ 902/484-3466 oder 877/797-7999, www.com
monsinn.ca; $ 110–150 für 1/2 Pers.), ein äl-
teres, dreistöckiges Gebäude mit 40 einfachen Gästezimmern. Die Zimmer liegen auf
der Schmalseite, sind aber gut ausgestattet
mit bequemen Betten, angrenzenden Badezimmern, bieten kostenlose Ortsgespräche und Kabelfernsehen. Die geräumige
Suite mit separatem Wohnraum weist ein
exzellentes Preis-Leistungs-Verhältnis auf.
Weitere Extras sind der kostenlose Parkplatz, eine Dachterrasse und ein kleines, im
Preis enthaltenes Frühstück.

• *$ 150–200* Das prunkvolle **Lord Nelson
Hotel** (1515 S. Park St., ℡ 902/423-6331 oder
800/565-2020, www.lordnelsonhotel.com; ab
$ 199 für 1/2 Pers.) thront an einer belebten

Kreuzung der Spring Garden Road mit Blick
auf die berühmten Public Gardens. Das ursprünglich 1928 eröffnete Hotel wurde Ende
der 1990er-Jahre umgebaut und war nach
seiner Wiedereröffnung eines der besten Hotels der Stadt. Für manche Besucher liegt
es sicher zu weit entfernt von der Downtown, aber abgesehen von seiner Lage gehört es zu den besten Unterkünften von
Halifax mit einem guten Preis-Leistungs-
Verhältnis. Hinter der extravaganten Lobby
mit Marmorfußboden liegen 260 elegant
möblierte Zimmer mit großen Bädern,
Highspeed-Internetzugang, Kaffeemaschine sowie Bügeleisen und -brett. Weitere
Extras sind Fitnessraum, Restaurant, Pub
im englischen Stil und Zimmerservice. Parkplätze kosten $ 14 pro Nacht. Auf der Web-
site findet man das ganze Jahr über Son-
derangebote für unter $ 140.

Bedford Highway

Am Westrand des Bedford Basin verläuft
der Bedford Highway (Hwy. 2), die ursprüngliche Straße nach Norden von der
Downtown in Richtung Flughafen. Hier stehen noch einige Motels aus der Zeit, als es
die Umgehungsstraße noch nicht gab, die
günstige Unterkünfte zehn oder weniger
Autominuten vom Stadtzentrum entfernt
anbieten. Wer sich in diesem Teil der Stadt
niederlässt, braucht entweder ein Auto
oder sollte bereit sein, mit Transitbussen zu
fahren. Um von Norden aus hierherzukommen, nimmt man die Abfahrt 3 vom
Hwy. 102 und folgt der Beschilderung in
Richtung Downtown.

• *$ 50–100* Auf einem baumbewachsenen
Grundstück auf der Hafenseite des Bedford
Highways liegt das **Travelers Motel** (773
Bedford Hwy., ℡ 902/835-3394 oder 800/565-
3394, www.travelersmotel.ca). Es ist ein
klassisches Straßenmotel mit Parkplatz vor
dem Haus aus den 1950er-Jahren, dessen
Preise ab $ 82 für recht kleine Zimmer mit
altmodischem Mobiliar, Kabelfernsehen
und Telefon beginnen. Sommerhütten mit
TV, aber ohne Telefon, kosten $ 58–90 für
1/2 Pers. Das Motel ist erstaunlich gut besucht, deshalb im Sommer unbedingt reservieren.

Vom Travelers Motel aus gesehen hinter
der Kuppe in Richtung Stadt und gegenüber dem gut besuchten, gleichnamigen
Diner liegt das **Esquire Motel** (771 Bedford
Hwy., ℡ 902/835-3367 oder 800/565-3367,
www.esquiremotel.ca; $ 85–145 für 1/2

Pers.). Die Ausstattung ist ähnlich wie im Motel nebenan, mit dem einzigen Unterschied, dass es hier einen kleinen Außenpool gibt und Ortsgespräche kostenlos sind. Außerhalb der Sommersaison beginnen die Zimmerpreise bei $ 65.

Flughafen

Direkt am Flughafen gibt es keine Unterkünfte, aber es sind von dort auch nur 40 Min. bis zur Downtown mit dem Flughafenzubringer, der tägl. von 5–1 Uhr verkehrt. Hier trotzdem ein paar Übernachtungsmöglichkeiten für den Fall, dass jemand ganz in der Nähe des Flughafens bleiben *muss*.

● $ 100–150 Vom Flughafen aus jenseits des Highways gelegen und mit einem kostenlosen Shuttleservice angebunden ist das **Airport Hotel Halifax** (60 Sky Blvd., ✆ 902/873-3000 oder 800/667-3333, www.air porthotelhalifax.com; $ 130 für 1/2 Pers.). Es bietet modernisierte Zimmer, Innen- und Außenpool, Fitnessraum, Restaurant und günstige Autovermietung.

● $ 150–200 4 km südlich des Flughafens bietet das **Hilton Garden Inn** (200 Pratt & Whitney Dr., Enfield, ✆ 902/873-1400, www. hilton.com; ab $ 179 für 1/2 Pers.) einen 24-Std.-Shuttleservice für seine Gäste. Es ist ein neueres Gebäude mit gehobenem Zimmerstandard sowie Restaurant und Fitnessraum.

Etwa auf halber Strecke zwischen Flughafen und Downtown liegt der **Inn on the Lake** (3009 Hwy. 2, Fall River, ✆ 902/861-3480 oder 800/463-6465, www.innonthelake.com; ab $ 169 für 1/2 Pers.), der von einem Motel aus den 1970er-Jahren zu einem kompletten Hotelkomplex umgebaut wurde. Mit mehreren Speisesälen und Freizeitangeboten auf einem 2 ha großen Landschaftspark am See, der sogar über einen weißen Sandstrand verfügt.

Fisherman's Cove

Wer nicht unbedingt in der Downtown absteigen möchte, sollte die nachfolgende Option an der Küste in Erwägung ziehen – sie ist äußerst preiswert und weit entfernt vom hektischen Treiben der Stadt.

● *Unter $ 100* Oberhalb des historischen Fischerdörfchens thront der **Inn at Fisherman's Cove** (1531 Shore Rd., Eastern Passage, ✆ 902/465-3455 oder 866/725-3455, www.theinnatfishermanscove.com; $ 75–125 für 1/2 Pers.), ein modernes, dreistöcki-

Inn at Fisherman's Cove

ges Gebäude mit eigener Anlegestelle am „Crick", wo über 200 Jahre lang zahlreiche Fischerboote vor Anker lagen. Jedes Zimmer verfügt über ein eigenes Bad und TV, im Erdgeschoss befindet sich ein Frühstücksraum mit Blick auf das Dock. Vier der acht Gästezimmer gehen zum Wasser hinaus und haben eigene Balkone. Im Preis enthalten ist ein kleines Frühstück.

Camping

Im Innenstadtbereich gibt es keine Campingplätze, aber einige wenige kommerzielle Plätze liegen nur 30 Fahrtminuten von der Downtown entfernt. Weiter draußen gibt es noch zwei Provinzparks, in denen man campen kann, allerdings ohne Anschlüsse.

● *Dartmouth* Die nächste Campingmöglichkeit von der Downtown aus ist der **Shubie Park Campground** (Jaybee Dr., Dartmouth, ✆ 902/435-8328, www.shubiecampground. com; Mitte Mai bis Mitte Okt.). Die Ausstattung (z. B. die Waschräume) wurden erst kürzlich modernisiert und es wurden Internetzugänge eingerichtet und Grünanlagen angelegt. Der angrenzende Strand am Lake Charles lockt Badegäste, schwimmen kann man unter Aufsicht eines Bade-

Nova Scotia
Karte siehe Farbteil S. 2/3

meisters. Zudem führen vom Campingplatz aus Wanderwege am Shubenacadie Canal entlang. Ein Nachteil ist, dass die Parzellen nur wenig Privatsphäre bieten. Plätze ohne Service kosten $ 27, mit Anschlüssen $ 32–40. Anreise über die Ausfahrt 6 vom Hwy. 111, dann dem Braemer Drive 2,5 km in Richtung Norden bis zum Jaybee Drive folgen. Von Norden aus Abfahrt 5 vom Hwy. 102 nehmen und Hwy. 118 zum Hwy. 111 folgen; von hier aus ist es nur noch ein kurzes Stück nach Osten bis zur Ausfahrt Braemer Drive.

• *Westen* Der **Woodhaven RV Park** (1757 Hammonds Plains Rd., ℡ 902/835-2271, www.woodhavenrvpark.com; Mai bis Mitte Okt. $ 28–36) ist 18 km von der Downtown entfernt und besonders günstig gelegen, um schon frühmorgens zur Südküste aufzubrechen. Anreise über die Ausfahrt 3 vom Hwy. 102, dann der Hammonds Plains Road 8 km nach Westen folgen. Vom South Shore aus die Stadt über Ausfahrt 5 vom Hwy. 103 umfahren. Ausgestattet ist der Platz mit Münzduschen, zwei Waschräumen, Swimmingpool, Spielplatz, Spielhalle und WLAN-Internetzugang.

Halifax West KOA (3070 Hwy. 1, Upper Sackville, ℡ 902/865-4342, www.koa.com; Mitte Mai bis Mitte Okt.; $ 31–49, Hütten mit Gemeinschaftsbad $ 60) liegt nordwestlich der Stadt, weiter draußen als Woodha-

ven und etwa 45 Fahrminuten von der Downtown entfernt. Hierher kommt man über die Ausfahrt 4B ab Hwy. 102, dann Hwy. 1 (Sackville Road) über 15 km folgen. Wer von Windsor aus über den Hwy. 101 nach Halifax fährt, nimmt Ausfahrt 3 und folgt der Beschilderung.

• *Norden* Vom Hwy. 102 über Ausfahrt 5 in Richtung Norden bis hinter Fall River fahren, nach 10 km erreicht man den **Laurie Provincial Park** (von Norden aus Abfahrt 7 in Richtung Süden zum Hwy. 2 nehmen), der sich an der Südküste des Grand Lake befindet. Hier sind 71 Campingparzellen auf einem baumbestandenen Platz verteilt, der eine große Schleife bildet. Jede Parzelle ist mit Campingtisch und Feuerstelle ausgestattet; zur weiteren Ausstattung des Parks gehören WC, ein kurzer Wanderweg und ein Freizeitbereich, jedoch keine Duschen oder Anschlüsse. Der Campingplatz ist von Mitte Juni bis Anfang September geöffnet, die Plätze kosten $ 18 pro Nacht.

Dollar Lake Provincial Park (Mitte Mai bis Anf. Sept.; $ 24) liegt weiter entfernt von der Stadt als der Laurie Provincial Park, verfügt aber über Duschen und Anschlüsse und hat einen schöneren Strand mit Möglichkeiten zum Schwimmen und Bootfahren, Wanderwege und einen Spielplatz. Die Parzellen gruppieren sich in drei Schleifen, Schleife A liegt am nächsten zum Wasser.

Im Hafenviertel von Halifax kann man gut essen

Essen und Trinken

Halifax ist kein kulinarisches Eldorado, doch die Restaurantszene hat sich in den letzten zehn Jahren deutlich gemausert. Nicht nur die Qualität der Speisen ist in vielen der gehobeneren Restaurants besser geworden, auch die Preise haben normalerweise ein sehr vernünftiges Niveau. Ein Hauptgericht kostet selbst in Toprestaurants selten mehr als $ 30. Auch in den zahlreichen Pubs kann man gut und günstig essen, aber es gibt auch altmodische Diners, günstige exotische Restaurants und die übliche Auswahl an städtischen Cafés.

Natürlich sind **Meeresfrüchte** das beherrschende Element auf den meisten Speisekarten. Vor allem Hummer, Krebsfleisch, Jakobs- und sonstige Muscheln, Shrimps, Heilbutt und Lachs werden oft angeboten, da sie direkt in Nova Scotia gefangen werden. Die besten Meeresfrüchte findet man überraschenderweise ausgerechnet im touristischen Hafenviertel. Man kann sie außerdem frisch von Trawlern in Fisherman's Cove kaufen und sogar lebende Hummer am Flughafen mit auf Reisen nehmen.

Diners im alten Stil

Neben den vornehmen Seafood-Restaurants, in denen man Wert legt auf gehobene Esskultur und an Tischen mit weißen Leinentischtüchern Platz nimmt, gibt es in Halifax auch noch eine Handvoll Diners im alten Stil. Die drei nachfolgenden Lokale sind meine Lieblingsadressen – eines davon liegt in der Downtown, eines bietet einen Blick auf die meistbefahrene Kreuzung der Stadt, und das dritte ist für all diejenigen gut zu erreichen, die von Norden her die Downtown ansteuern.

Im Herzen des Hauptgeschäftsviertels liegt das altehrwürdige **Bluenose II** (1824 Hollis St., ✆ 902/425-5092; tägl. ab 7 Uhr), benannt nach dem berühmten Schoner, der zumindest zeitweise in seinem Heimathafen Halifax vor Anker liegt. Das Lokal wird zum Frühstück von einem bunt gemixten, einheimischen Publikum besucht. Der Raum ist hell und einladend, viele Familien sind hier Stammgäste. Eggs Benedict kosten $ 7,50, das Steak mit Eiern $ 8,50, die übrigen Tagesangebote reichen von Hummersandwichs ($ 10) bis hin zu griechischen Spezialitäten ($ 9–14).

Mit Blick auf den selbst für Einheimische verwirrenden Kreisverkehr Armdale Rotary sitzt man im **Armview Restaurant** (7156 Chebucto Rd., ✆ 902/455-4395; Mo–Sa ab 7, So ab 9 Uhr), einem altmodischen Lokal, in dem man frühstücken oder zu Mittag essen kann und wo kein Gericht teurer als $ 10 ist. Warmes Frühstück gibt es ab $ 6,50, Burger ab $ 2,80.

Montags, dienstags und mittwochs stehen Rentner mit Essenscoupons im **Esquire Restaurant** (772 Bedford Hwy., ✆ 902/835-9033; tägl. 7–21 Uhr) Schlange, um hausgemachte Spezialitäten wie Schweinefleischgerichte für $ 6 zu genießen. Das Lokal befindet sich hinter dem Bedford Basin und besitzt ausreichend Parkplätze. Wer auf der anderen Seite im Esquire Motel übernachtet, muss nur heil durch das Verkehrschaos auf dem viel befahrenen Bedford Highway kommen.

Nova Scotia
Karte siehe Farbteil S. 2/3

Downtown

• *Cafés* Wer mag, kann sich seinen Koffein-Kick in den Filialen von Second Cup und Tim Hortons holen (was die klangvollen Starbucks-Kreationen angeht, ist die Auswahl auf zwei Mall-Cafés beschränkt, die beide recht weit außerhalb der Downtown liegen). Ansonsten ist das Fehlen großer Kaffeehausketten in Halifax' Downtown aber eher eine erfreuliche Abwechslung.

Perks (1781 Lower Water St., ℘ 902/429-9386; tägl. 6.30–22.30 Uhr) ist immer gut besucht. Das ist auch kein Wunder, denn der Kaffee ist gut, das Essen wirklich preiswert (z. B. Caesar's Salad mit Hühnchen für $ 6), es gibt einen WLAN-Internetzugang und die Bedienung ist sehr zuvorkommend. Es ist aber v. a. die Lage an einer belebten Hafenkreuzung, an der Fähren aus Dartmouth anlegen, die für konstanten Zulauf sorgt.

Echte Kaffeeliebhaber zieht es magisch ins **Just Us!** (1678 Barrington St., ℘ 902/422-5651; Mo–Fr 7.30–17.30, Sa 9–17.30, So 10–17 Uhr), das – sehr vorbildlich! – Fair-Trade-Kaffee aus Mexiko bezieht.

Wer ein Stück südwärts an der Hafenmeile entlanggeht, stößt auf das **Caffe Ristretto** (1475 Lower Water St., ℘ 902/425-3087; tägl. 7–22 Uhr), das im hinteren Teil von Bishop's Landing versteckt liegt und eine sehr gute Café-Adresse ist. Es hat einige **Außentische** und bequeme Sofas im Innenraum, besticht aber v. a. durch seinen Kaffee – besseren findet man nirgendwo in Halifax.

Im **Paper Chase News Café** (5228 Blowers St., ℘ 902/423-0750; Mo–Do 8–20, Fr/Sa 8–21, So 9–20 Uhr) führt eine schmale Treppe hinauf in ein flippiges Café, wo sich die Fenster garagentorähnlich hochrollen lassen und die Sitzbänke von einer Seite des Gebäudes bis zur anderen reichen, das Ganze auf mehreren Ebenen verteilt und mit kunstsinnigem Dekor. Das Essen ist bemerkenswert günstig, Rührei mit Toast kostet $ 5, ein Swiss melt (überbackenes Sandwich mit Schweizer Käse) $ 4,75 und vegetarische Lasagne $ 4,50. Das Café bietet auch Internetzugänge.

Neben dem Empfangsbereich zur Art Gallery of Nova Scotia liegt das **Cheapside Café** (1723 Hollis St., ℘ 902/425-4494; Di–Sa 10–17 Uhr), das weniger wegen günstiger Preise als wegen der historischen Bedeutung des kopfsteingepflasterten Platzes davor erwähnenswert ist. Hier boten Markthändler früher ihre Waren feil. Passender-

weise ist der Raum selbst ein einziges Kunstwerk und mit farbenfrohen Gemälden geschmückt, die vor orange getünchten Wänden hängen. Mittagsgerichte wie warmer Thai-Hühnchen-Salat und gebratener Lachs auf Spinatbett mit Kokosraspeln liegen bei $ 10–14, oder man kommt einfach auf eine Tasse Kaffee und ein dickes Stück Himbeercrèmetorte ($ 7) hierher.

Trident (1256 Hollis St., ℘ 902/423-7100; Mo–Fr 8–17, Sa 8.30–17, So 11–17 Uhr) südlich der Downtown ist auf der einen Seite ein antiquarischer Buchladen und auf der anderen ein altmodisches Café mit lederbezogenen Sitzgelegenheiten – der perfekte Ort, um es sich mit dem neu erstandenen literarischen Juwel gemütlich zu machen.

• *Harbourside Market* Viele Lokale und ein Food-Court (gemeinsamer Essbereich), der sich bis auf den angrenzenden Kai erstreckt, prägen das Bild des Harbourside Market auf der Küstenseite des Privateers Warehouse an der Lower Water Street. Damit ist es der ideale Ort zum Mittagessen oder für ein informelles Abendessen. Im **Captain John's** (℘ 902/420-9255, tägl. Mittag- und Abendessen) gibt es Fish 'n' Chips ab $ 10, eine riesige Platte gedämpfte Miesmuscheln für mehrere Personen ($ 10) oder tägl. wechselnde Grillfischspezialitäten (um $ 13).

Brisket Boardwalk Deli (℘ 902/423-7625) und **Loaf, Leaf N Ladle** (℘ 902/422-1137) bieten beide Sandwichs und Wraps an, wobei Lokal Nr. 2 tägl. ab 8 Uhr bereits zum Frühstück geöffnet hat.

Gut versteckt in einem Winkel des Marktes befindet sich die **John Shippey Brewing Company** (℘ 902/423-7386), eine winzige Brauerei (die Brautanks kann man oben unter den Dachsparren sehen), die traditionelles englisches Bier (Ale) ausschenkt.

• *Seafood-Restaurants im Hafen* Während **Captain John's** am Harbourside Market eine gute Wahl für günstiges Seafood im Imbiss-Ambiente ist, bieten die nachfolgenden Lokale ein erstklassiges Speisenangebot mit Hafenblick. Viele andere Lokale in der Downtown haben am Wochenende nur sehr beschränkt geöffnet, diese Restaurants dagegen öffnen tägl. zum Mittag- und Abendessen.

Das in den Historic Properties untergebrachte **Salty's** (1869 Lower Water St., ℘ 902/423-6818) bietet neben Meeresfrüchten auch köstliche Fleischgerichte in traumhaftem Ambiente an. Zuerst sollte man sich hier aber mit einer Margarita zurücklehnen und den Schiffen zusehen, wie sie in den Hafen einfahren und ihn wieder verlassen. Dann setzt man sich wahlweise nach drinnen oder draußen und genießt eines der besten Speisenangebote der Stadt in lässiger Atmosphäre. Vor allem die köstlichen Desserts sollte man sich nicht entgehen lassen!

Direkt nördlich des Salty's genießen die Gäste im **Murphy's on the Water** (1751 Lower Water St., ☎ 902/420-1015) ebenfalls einen Panoramablick auf den Hafen. Das Restaurant befindet sich in einem umgebauten Lagerhaus mit Außentischen am Ende des Piers. Natürlich liegt auch hier der Schwerpunkt auf Seafood, die Preise für ein Mittagessen fangen bei ca. $ 12 an und reichen bis $ 17 für ein Hummersandwich. Die Hauptgerichte abends bewegen sich preislich zwischen $ 18 und $ 32, oder man teilt sich eine köstliche Nova Scotia-Platte für $ 70.

Weiter südlich am Hafen liegt das **Waterfront Warehouse** (1549 Lower Water St., ☎ 902/425-7610; Mai–Okt. tägl. Mittag- und Abendessen), das – wie der Name schon sagt – ein umgebautes Lagerhaus am Hafen ist. Früher wurden hier Schlepper repariert. Das Interieur ist nobler, als man von außen vermuten würde, mit viel weißem Leinen, Möblierung im maritimen Stil und einem überdimensionalen Kamin. Der Meeresfrüchte-Chowder (eine Art Eintopf) ($ 12) ist eine deftige Vorspeise; zu den Seafood-Hauptgerichten ($ 22–32) gehören Bouillabaisse (die in einem gusseisernen Topf serviert wird) und die Spezialität des Hauses, ahornglasierter, über Zedernholz gegrillter Lachs.

● *Weitere Seafood-Restaurants* Das **5 Fishermen** (1740 Argyle St., ☎ 902/422-4421, tägl. Mittag- und Abendessen) ist in einem von Halifax ältesten Häusern untergebracht, das 1816 gebaut und früher von der berühmten Hauslehrerin Anna Leonowens (bekannt durch den Film „Anna und der König") für ihre Victorian School of Art and Design genutzt wurde. Das Restaurant ist sehr beliebt bei einheimischen Seafood-Fans wegen der mit 68 Gerichten erstaunlichen Auswahl auf der Karte. Dazu gehören Schwertfisch, Louisiana-Shrimps, Malpeque-Austern und Digby-Muscheln, aber auch Hühnchen und Steaks aus Alberta. Zu allen Vorspeisen ($ 35–50) gibt es Miesmuscheln nach dem All-you-can-eat-Prinzip, gedämpfte Kamm-muscheln und eine kostenlose Beilage von der Salatbar.

Beliebt: das 5 Fishermen

● *Pubs* **Pogue Fado** (1581 Barrington St., ☎ 902/429-6222; tägl. ab 11 Uhr) ist nicht nur dem Namen nach irisch. Der lange, schmale Raum mit ein paar wenigen Außentischen wartet auf seiner Speisekarte mit traditionellen Gerichten wie Tipperary Chicken Caudle (Schmortopf mit Hühnerbrust, serviert auf einem Bett aus Kartoffelpüree), Steak & Guinness Pie (mit Guinness gewürzte Roastbeef-Pastete) sowie Cottage Pie (Kartoffel-Rinderhack-Auflauf) auf. Bis auf das Steak kostet fast alles unter $ 10.

Tug's Pub (Waterfront Warehouse, 1549 Lower Water St., ☎ 902/425-7610; tägl. 11.30–24 Uhr) ist ein gemütliches Plätzchen zum Biertrinken, bevor man in das Restaurant nebenan wechselt. Aber auch das Essen im Pub selbst ist vorzüglich, z. B warmer Krabbendip ($ 9) oder ahornglasierter Lachs, über Zedernholz gegrillt ($ 19).

Etwas abseits des Touristenviertels bietet die **Granite Brewery** (1662 Barrington St., ☎ 902/422-4954; tägl. ab 11 Uhr) eine ausgezeichnete Küche. Die Spezialität des Hauses sind Babyrippchen, die auf der Zunge zergehen ($ 21 mit Caesar's Salad), aber es steht auch Gesünderes wie Lachs im Cashewmantel ($ 20) auf der Karte. Sonntags zwischen 11 und 15 Uhr gibt es einen

Nova Scotia
Karte siehe Farbteil S. 2/3

Schlemmerbrunch für $ 12 oder köstliche Spezialitäten wie Räucherlachs- und Ziegenkäse-Omelette für $ 10.

• *Bistros* Zum hervorragenden Cheapside Café (siehe *Cafés*) gehört das **Sweet Basil Bistro** (1866 Upper Water St., ☎ 902/425-2133; tägl. 11.30–21 Uhr), das frische, aromatische Küche in relaxtem, fröhlichem Ambiente anbietet – genau so soll ein Bistro sein! Als Vorspeise locken hier gebratene Jakobsmuscheln auf Avocadosalat, gefolgt von Hähnchenbrust in Walnusskruste, gefüllt mit einer Gorgonzola-Birnen-Basilikum-Creme, und zum krönenden Abschluss gibt es ein Stück Heidelbeer-Käsekuchen. Abends kosten die meisten Vorspeisen unter $ 12, Hauptgerichte zwischen $ 16 und $ 28, Desserts durchweg $ 8. Ungewöhnlich: Der Mittagstisch ist nicht nur eine abgespeckte Version der Abendkarte, sondern es gibt auch ein eigenständiges Angebot mit Gerichten wie Pad Thai mit Shrimps für $ 9–16,50.

Beim **Chives Canadian Bistro** (1537 Barrington St., ☎ 902/420-9626; tägl. 5–21.30 Uhr) lohnt sich das Suchen, und obwohl es abseits des touristischen Hafenviertels liegt, geht hier ohne Reservierung gar nichts. Die Speisekarte ist saisonorientiert, und es werden Produkte aus ganz Nova Scotia verwendet. Hinzu kommt eine garantiert frische, gesunde und fachmännische Zubereitung, und schon ist der unvergessliche Genuss perfekt. Hauptgerichte wie Shepherd's Pie (Kartoffel-Lammhack-Auflauf) kosten zwischen $ 19 und $ 26; Desserts wie der buttrige Rhabarberkuchen liegen unter $ 10.

• *Ein Original in Halifax* Der Bereich der Argyle Street zwischen Sackville und Blowers Street hat sich zur gefragten Restaurantmeile gemausert. Hier befindet sich u. a. der originelle **Economy Shoe Shop** (1663 Argyle St., ☎ 902/423-8845; tägl. 11–2 Uhr) als wichtige Anlaufstelle. Der ungewöhnliche Name stammt noch aus der Zeit, als einer der Besitzer seine ersten Gehversuche in der Gastronomie wagte und nur wenig Geld übrig hatte. Er entdeckte eine alte Neonreklame mit diesem Namen und hängte sie über den Laden auf. Der ursprüngliche Raum wurde inzwischen erweitert und beherbergt drei sehr unterschiedliche Restaurants und eine Bar. Einer der Läden hat einen leicht alternativen Touch, die Bar dagegen ist in einem Raum mit Glasdach und Regenwaldbepflanzung

untergebracht, was selbst mitten im Winter Tropenfeeling aufkommen lässt. Angeboten wird so ziemlich alles von im Fließbandtempo produzierten Hamburgern ($ 6) bis hin zu Heilbutt und Jakobsmuscheln in Sauce Mornay ($ 18). Gekrönt wird dieser kunterbunte Mix durch eine unterhaltsame Kellnerschar, was das Ganze zu einem einzigartigen Restauranterlebnis macht, ohne gleich ein Vermögen zu kosten.

• *Steakhäuser* Wen die (kulinarische) Fleischeslust packt, der kann ihr im **Ryan Duffy's** (1650 Bedford Row, ☎ 902/421-1116; Mo–Sa Mittag-, tägl. Abendessen) nach Herzenslust frönen. Bei manchen Steaks, u. a. der Spezialität des Hauses, dem Entrecôte, wird das Fleisch von einer Bedienung mit Fleischermesser an den Tisch gekarrt und nachgefragt, wie viel es denn sein darf, bevor das Stück abgeschnitten und der genaue Preis genannt wird (um $ 30 für eine durchschnittliche Portion). In der Küche wird das Steak dann genau nach Wunsch über Holzkohlenfeuer zubereitet. Was die amerikanischen Gäste bisweilen freut ist die Tatsache, dass die besseren Stücke alle von mit Mais gemästeten Ochsen stammen, die südlich der kanadischen Grenze gezüchtet wurden. Die Preisobergrenze liegt bei $ 75 für ein Tomahawk-Steak. Wie die Gemüsebeilagen in Steakhäusern, werden die Gemüsebeilagen zusätzlich berechnet.

• *Italienisch* Pasta ist auf den Speisekarten ganz Nordamerikas weit verbreitet und in der Regel eher langweilig. Für das ultimative Pasta-Erlebnis sollte man deshalb ein traditionelles italienisches Restaurant ausfindig machen. In Halifax Downtown gibt es zwei davon.

Da Maurizio (1496 Lower Water St., ☎ 902/423-0859; Mo–Sa 17–22 Uhr) ist das noblere unter der beiden. Der stilvolle Raum im historischen Gebäude einer Brauerei ist in sanften Tönen gehalten, an den Wänden hängt italienische Kunst und das Weinregal ist mit edlen Tropfen aus aller Welt gefüllt. Die mit vornehmen Leinen gedeckten Tische werden optisch durch frische Blumen aufgepeppt. Auf der Karte steht das Beste aus der italienischen Küche, mit Hauptgerichten wie sanft gebratenem Kalbfleisch mit Hummer in Tomaten-Sherry-Sauce für $ 33.

Inmitten einer Reihe von Restaurants mit Außentischen befindet sich auch das **Piccolo Mondo** (1580 Argyle St., ☎ 902/429-0080; tägl. Mittag- und Abendessen), ein italienisches Restaurant erster Güte, in dem man in entspannter Atmosphäre speisen kann. Die Pasta wird jeden Morgen hausgemacht und ist in Verbindung mit Meeresfrüchten wie Calamares oder Shrimps einfach göttlich. Für ein Mittagsgericht sollte man bis zu $ 15 veranschlagen, abends zwischen $ 24 und $ 31.

• *Asiatisch* Halifax ist nicht besonders reich gesegnet mit asiatischen Restaurants, aber in der Downtown gibt es doch das eine oder andere Lokal. Eines der besten ist das **Cheelin** (1496 Lower Water St., ℘ 902/422-2252; tägl. außer So 11.30–14 sowie tägl. außer Mo 17.30–22 Uhr) im Gebäude der Alexander Keith's Brewery. Die Atmosphäre ist informell; die Köche in der offenen Küche fabrizieren aromatische Klassiker der chinesischen Küche im Preisbereich zwischen $ 12 und $ 18. Die mit Meeresfrüchten gefüllten Auberginen sind besonders köstlich.

Hamachi Steakhouse (Bishop's Landing, 1477 Lower Water St., ℘ 902/422-1600; tägl. Mittag- und Abendessen) ist ein modernes japanisches Restaurant, dessen Spezialität die Teppan-Küche ist. Inmitten von Gemeinschaftstischen stehen Grills, an denen die Köche je nach Bestellung Rind, Hühnchen oder Meeresfrüchte schnetzeln oder würfeln und direkt auf dem Grill zubereiten ($ 24–38), während man sich selbst zunächst an Vorspeisen wie Niku balu (Fleischklößchen aus Beefsteak mit Ananas-Chili-Dip) versucht. Zum Nachtisch fällt die Auswahl leicht. Mount Fuji (Fujiyama) ist eine köstliche Kreation aus Schokoladenkuchen, Eiscreme, Sahne und Schokoladensauce.

Spring Garden Road

Diese von Restaurants gesäumte Hauptverkehrsader beginnt an der Barrington Street und führt dann bergauf an der Zentralbibliothek und dem Sexton Campus der Dalhousie University bis zu den Public Gardens. Unten am **Spring Garden Place** erstreckt sich eine der besten Gastronomiemeilen der Stadt.

• *Cafés* Die kanadische Caféhauskette **Second Cup** unterhält hier eine beliebte Filiale (5425 Spring Garden Rd., ℘ 902/429-0883; tägl. 6.30–23 Uhr) mit gemütlichen Sofas und WLAN-Internetzugang.

Am anderen Ende der Restaurantmeile, gegenüber dem Lord Nelson Hotel, liegt das

Daily Grind (5686 Spring Garden Rd., ℘ 902/429-6397; Mo–Fr 7–22, Sa/So 8–22 Uhr) ganz versteckt im hintersten Winkel eines Zeitungsladens. Das warme Frühstück fällt hier recht klein aus, aber Sandwichs und warme Gerichte wie Lasagne sowie die Muffins sind allesamt köstlich und preiswert.

• *Delikatessen* Einen Block von der Downtown-Seite der Spring Garden Road entfernt findet man den wunderbaren Feinkostladen **Italian Gourmet** (5431 Doyle St., ℘ 902/423-7880; Mo–Sa 9–19, So 10–17 Uhr). Auf einer Seite des Geschäfts erstreckt sich eine Feinkosttheke mit Fertiggerichten zum Mitnehmen, auf der anderen Seite findet man Desserts und Getränke. Dazwischen sind in den Regalen Köstlichkeiten aus aller Welt aufgereiht. Doch zurück zur Theke: Hier reicht die Auswahl von Kohlröllchen über Quiches, Fleischklößchen und Hähnchenbrust in getrockneten Tomaten bis hin zu Räucherlachspastete. Die Preise halten sich im Rahmen (unter $ 10 für ein Mittagessen), und es gibt Innen- und Außentische.

• *Restaurants* **Your Father's Moustache** (5686 Spring Garden Rd., ℘ 902/423-6766) ist ein sehr populäres Lokal, das eine Auswahl an Seafood, Steaks und Pasta zu vernünftigen Preisen bietet. Entspannte Atmosphäre. Es ist das ganze Jahr über tägl. zum Mittag- und Abendessen geöffnet, und sonntags lockt von 11–15 Uhr ein beliebter Brunch.

Mein ganz persönlicher Lieblingsinder in Halifax ist **Curry Village** (5677 Brenton Pl., ℘ 902/429-5010; tägl. außer So Mittagessen, tägl. Abendessen), der Chicken Tandoori, Biryanis, Lamm-Vindaloo und andere indische Klassiker für rund $ 15 anbietet. Das Lokal liegt direkt an der Spring Garden Road auf der Seite der Public Gardens.

Japanische und koreanische Küche ohne Schnickschnack und zu vernünftigen Preisen bietet das **Minato Sushi** (1520 Queen St., ℘ 902/420-0331; Mo–Sa 11.30–21.30 Uhr). Gerichte wie gebratene Jakobsmuscheln und Pilze in Buttersauce kosten unter $ 15, das Bulkokee (ein Teriyaki mit Schweinefleisch, süß-sauer), das heimliche Nationalgericht Koreas, $ 16.

Dartmouth und Umgebung

Von **MacAskill's** aus (88 Alderney Dr., ℘ 902/466 3100; Mo–Fr 11.30 14, Mo Sa 17 22 Uhr) reicht der Blick zurück über den Hafen

Nova Scotia Karte siehe Farbteil S. 2/3

Halifax bis hin zur Downtown, ein echtes Erlebnis, wenn die Lichter der Downtown nachts über dem Wasser erstrahlen. Auf der Speisekarte dominieren schlichte, aber gekonnt zubereitete Seafood-Gerichte zum bezahlbaren Preis (einiges unter $ 20), die obendrein hübsch angerichtet werden. Die Cajun-Platte mit Meeresfrüchten ist eine leckere Vorspeise für mehrere Personen, der pfannengebratene Schellfisch mit $ 17 ist dagegen ein schmackhaftes und preisgünstiges Hauptgericht. MacAskill's liegt im Obergeschoss des Alderney Gate-Gebäudes, wo die Fähren aus Halifax anlegen. Da die Fähren bis Mitternacht verkehren, bleibt einem genug Zeit, sein Essen in aller Ruhe zu genießen, bevor man zur Unterkunft in der Downtown zurückkehren muss.

• *Fisherman's Cove* In diesem historischen Fischerdörfchen 2 km südöstlich von Dartmouth an der Eastern Passage wundert es keinen, dass auf den Speisekarten Seafood dominiert. Das augenfälligste Speiselokal

ist **Boondocks** (200 Government Wharf Rd., ✆ 902/465-3474; tägl. Mittag- und Abendessen), ein großes Gebäude mit rotem Dach und hübscher Terrasse direkt am Wasser. Geboten wird die übliche Auswahl an Meeresfrüchten, u. a. pfannengebratener Heilbutt mit Pommes frites für $ 18 und eine reichhaltiges Hummerragout für $ 16. Eine authentischere Atmosphäre bieten dagegen eher kleinere Lokale wie das **Fish Basket** (100 Government Wharf Rd., ✆ 902/465-5902), das v. a. frische Meeresfrüchte verkauft, aber auch Hummersandwichs für $ 8,50 serviert. **Wayne's World Lobster** (Government Wharf Rd., ✆ 902/465-6686) ist ein größeres Seafood-Geschäft mit frischem Hummer, Krabben, Jakobs- und anderen Muscheln, Heilbutt und Lachs im Angebot – perfekt für alle, die eine Unterkunft mit Kochgelegenheit haben. **Sea Gulps** (18 Government Wharf Rd., ✆ 902/461-8007; Mai tägl. 10–17 Uhr, Juni–Sept. tägl. 10–20 Uhr) ist ein freundliches kleines Café zwischen den Fischerschuppen.

Information

Es empfiehlt sich, schon vor Antritt der Reise möglichst viele Informationen einzuholen. **Tourism Nova Scotia** (✆ 902/425-5781 oder 800/565-0000, www.novascotia. com) bietet eine Fülle an Infos und versendet auf Anfrage kostenlose Informationspakete. Detailliertere Auskünfte über Halifax erhält man bei **Destination Halifax** (✆ 902/422-9334 oder 877/422-9334, www.destinationhalifax.com). Die Website der **Halifax Regional Municipality** (www.halifaxinfo.com) gibt allgemeine Informationen über die Stadt, z. B. über Feste und Veranstaltungen, Verkehrsmittel und Sehenswürdigkeiten.

Touristeninformation

• *Downtown* Den ersten Stopp sollte man beim **Halifax Visitor Centre** einlegen (1598 Argyle St., ✆ 902/490-5946; im Sommer tägl. 9–18 Uhr, sonst kürzere Öffnungszeiten). Es ist nur ein paar Blocks von der Küste entfernt, liegt aber immer noch zentral genug für viele Sehenswürdigkeiten.
Tourism Nova Scotia betreibt ein Informationszentrum im Downtownbereich des Hafens am Sackville Landing (1655 Lower Water St., ✆ 902/424-4248; tägl. 8.30–18 Uhr). Die Regale sind hier reich gefüllt mit Informationen über die ganze Provinz. Wer Ausflüge außerhalb der Hauptstadt plant, sollte also hierherkommen.
• *Fisherman's Cove* 2 km südöstlich von Dartmouth Downtown an der Eastern Passage liegt das **Fisherman's Cove Visitor Information Centre** (30 Government Wharf

Rd., ✆ 902/465-8009, www.fishermanscove. ns.ca; Mitte Mai bis Mitte Okt. tägl. 9–18 Uhr). Es bietet Infos über das historische Fischerdörfchen, aber auch allgemein über Halifax.
• *Flughafen* Direkt hinter dem Gepäcklaufband befindet sich das von der Provinz betriebene **Airport Visitor Information Centre** (✆ 902/873-1223; tägl. 9–21 Uhr.). Meist werden hier Fragen zu Halifax gestellt, man kann sich aber auch über die ganze Provinz informieren.

Literatur und Karten

• *Büchereien* Die **Halifax Public Libraries** (www.halifaxpubliclibraries.ca) besitzen 14 Niederlassungen in der ganzen Stadt. Die größte und zentralste ist die **Spring Garden Road Memorial Public Library** (5381 Spring Garden Rd., ✆ 902/490-5700; Di–Do 10–21, Fr/Sa 10–17 Uhr sowie außerhalb der Sommersaison So 14–17 Uhr), vor der sich ein schöner, von Bäumen beschatteter Park befindet. In der Bibliothek findet man über 280.000 Bücher, historische Dokumente, Zeitungen aus aller Welt, Zeitschriften aus ganz Nordamerika sowie kostenlose Internetzugänge.

• *Buchhandlungen*   Das in den Historic Properties untergebrachte Geschäft **Maps and Ducks** (1869 Upper Water St., ✆ 902/ 422-7106; tägl. 10–21 Uhr) bietet eine breite Auswahl an antiken Karten, Globen, Seekarten, Straßenkarten sowie allgemeinen und speziellen Reiseführern. Wie der Name schon sagt, gibt es hier auch Enten, nämlich handgeschnitzte Lockenten. Der Laden hat übrigens einen Ableger in Hamburg, siehe dazu die Website http://www.map sandducks.de.

Im oberen Stockwerk der Park Lane Mall liegt **Frog Hollow Books** (5640 Spring Garden Rd., ✆ 902/429-3318), ein gemütlicher Laden, der von Zeit zu Zeit Autorenlesungen veranstaltet. Ein paar Türen weiter von der Downtown aus liegt **Bookmark** (5686 Spring Garden Rd., ✆ 902/423-0419), ein kleines, unabhängiges Buchgeschäft mit passabler Auswahl an neuschottischer Literatur.

Der **Trail Shop** (6210 Quinpool Rd., ✆ 902/ 423-8736, Mo–Mi 9–18, Do/Fr bis 21 Uhr) ist ein Geschäft für Outdoor-Sport mit einer breiten Auswahl an Karten. **Binnacle** (15 Purcell's Cove Rd., ✆ 902/423-6464) hat sich auf Seekarten spezialisiert.

• *Antiquariate*   **John W. Doull** (1684 Barrington St., ✆ 902/429-1652, www.doullbooks. com; Mo/Di 9.30–18, Mi–Fr 9.30–21, Sa 10– 17 Uhr) ist das zentralste aller Antiquariate in Halifax. Seine Regale reichen buchstäblich bis zur Decke, was die Suche nach bestimmten Titeln allerdings etwas erschwert.

Schooner Books (5378 Inglis St., ✆ 902/423-8419, www.schoonerbooks.com; Mo–Do 9.30–18, Fr 9.30–21, Sa 9.30–17 Uhr) belegt zwei Stockwerke in einem umgebauten viktorianischen Haus an der Barrington Street. Spezialgebiete sind hier u. a. Geschichte und Literatur des atlantischen Kanadas, frühkanadische Literatur sowie kanadische Kunst.

Am Südende der Downtown findet man im **Trident** (1256 Hollis St., ✆ 902/423-7100; Mo– Fr 8–17, Sa 8.30–17, So 11–17 Uhr) von Boden bis zur Decke gestapelt so ziemlich alles, von Romanbestsellern aus den 1970er-Jahren bis hin zu Titeln, die Politikwissenschaftler begeistern würden.

• *Presse*   Die Tageszeitung **Halifax Herald** ist in der ganzen Provinz erhältlich; **Coast** ist eine kostenlose Wochenzeitschrift rund um Kunst und Kultur.

Adressen

• *Notfälle*   Anlaufstelle für Krankenhausdienste in der Stadt ist das **Queen Elizabeth II Hospital** (1796 Summer St., ✆ 902/ 473-3383).

Die **Gemeindepolizei** ist für Halifax und Dartmouth zuständig; im Notfall wählt man die ✆ 911. Falls kein Notfall vorliegt, gilt die Rufnummer ✆ 902/490-5026. Die **RCMP** (Royal Canadian Mounted Police, die berittene Polizei) ist über ✆ 911 oder ✆ 902/426-1323 zu erreichen.

• *Reisende mit Behinderung*   Das Gute an Halifax selbst ist, dass alle größeren Attraktionen sowie ein Teil der Zimmer in großen Hotels rollstuhlgerecht angelegt sind. Auch Theater und andere Bühnen sind für Rollstuhlfahrer zugänglich. Das öffentliche Verkehrsnetz von Halifax, Metro Transit, bietet an seinen Hauptstrecken Niederflurbusse sowie das **Access-A-Bus-Programm** an, das einen rollstuhlgerechten Transport von Tür zu Tür ermöglicht. Anmeldung unter ✆ 902/490-6681.

• *Banken*   Als Hauptstadt von Nova Scotia besitzt Halifax einige Dutzend Banken. Die **Scotiabank** hat neun Filialen in der Stadt und erhebt keine Gebühr auf den Umtausch von Fremdwährung in Kanadische Dollars. Die Gebühren für die Einlösung von Reiseschecks betragen $ 2; es lohnt sich also, mehrere Schecks gleichzeitig einzulösen. Die Öffnungszeiten der Filialen sind Mo–Mi und Sa 10–15, Do/Fr bis 17 Uhr.

Auch an Hotelrezeptionen kann Geld getauscht werden, die Konditionen sind bei den Banken aber günstiger.

• *Post*   Die Stadt besitzt drei Postämter, Öffnungszeiten sind: Mo–Fr 8–17 Uhr. Die Adresse der Hauptpost ist 1680 Bedford Row, ✆ 902/494-4734; die Filialadressen sind 6175 Almon Street und 1969 Upper Water Street.

• *Öffentliche Internetzugänge*   Kostenlose Internetzugänge gibt es in der **Spring Garden Road Memorial Public Library** (5381 Spring Garden Rd., ✆ 902/490-5700; Di–Do

Nova Scotia
Karte siehe Farbteil S. 2/3

10–19, Fr/Sa 10–17, außerhalb der Sommersaison So 14–17 Uhr) sowie in den anderen Büchereien der Stadt; u. U. muss man aber auf einen freien Platz warten. Direkt in der Downtown berechnet **Ceilidh Connection** (1672 Barrington St., ✆ 902/422-9800; Mo–Fr 10–22, Sa/So 12–20 Uhr) rund $ 10/Std. pro Zugang. **Paper Chase** (5228 Blowers St., ✆ 902/423-0750; Mo–Do 8–20, Fr/Sa 8–21, So 9–20 Uhr) bietet eine Kombi aus öffentlichen Internetzugängen und preiswertem, gesundem Essen.

Das **Community Access Program (CAP)** bietet kostenlose Internetzugänge für die Öffentlichkeit in ganz Nova Scotia. Die Adressen und Öffnungszeiten der gut 30 Standorte in Halifax erfährt man unter ✆ 866/569-8428 oder www.hrca.ns.ca.

• *Fotogeschäfte* Fotoläden gibt es in der ganzen Stadt reichlich, und alle sind auf Digitaltechnik eingestellt, sodass man hier von der Speicherkarte Fotoausdrucke machen oder Foto-CDs brennen kann. Robustes Kameraequipment und seltene Filmqualitäten findet man bei **Carsand-Mosher Photographic** (1559 Barrington St., ✆ 902/421-1980). Das **Camera Repair Centre** (2342 Hunter St., ✆ 902/423-6450; Mo–Fr 9–17 Uhr) bietet einen Reparaturservice für Kameras an.

• *Waschsalons* Münzbetriebene Waschsalons gibt es in der Downtown fast an jeder Ecke. Dazu gehören **Murphy's Laundromat** (Ecke North und Robie St., ✆ 902/454-6294) und **Spin and Tumble** (1022 Barrington St., ✆ 902/422-8099).

Bluenose Laundromat (2198 Windsor St., ✆ 902/422-7098; Mo–Sa 7.30–19.30 Uhr) wäscht, trocknet und faltet Wäsche innerhalb von einem Arbeitstag.

Anreise

Flugzeug

Halifax International Airport (YHZ) liegt am Hwy. 102, 38 km nördlich von Halifax. Er ist der meistbesuchte Flughafen der Atlantikprovinzen mit einem Passagieraufkommen von 3,4 Mio. jährlich. Detaillierte Infos zu den Fluglinien, die den Flughafen anfliegen, finden sich unter *Anreise und Verbindungen vor Ort/Flugzeug* im Einleitungsteil dieses Buches.

Zu Fuß kann man sich am Flughafen leicht orientieren. Neben den Laufbändern der Gepäckabfertigung liegt das **Nova Scotia Visitor Information Centre** (✆ 902/873-1223; tägl. 9–18 Uhr), das alle gängigen Touristeninformationen und Karten bereithält. Dahinter gibt es mehrere Schalter von Autovermietungen sowie eine Informationstheke, die spezielle Auskünfte über den Personentransport vom Flughafen aus erteilt. Die Ankunftshalle ist mit dem Rest des Terminals durch einen kurzen Gang verbunden. Dazwischen befinden sich die meisten Imbissbuden und Läden, u. a. eine Wechselstube (tägl. 7–21 Uhr), **Clearwater Seafood**, ein Geschäft, in dem man lebende Hummer direkt aus dem Aquarium fangen und für den Flug verpacken lassen kann, ein Buchladen und eine Vielzahl von Souvenirshops. Außerdem gibt es einen kleinen Spielbereich für Kinder und WLAN-Internet-Hotspots.

Der Halifax International Airport betreibt zwei Websites: www.hiaa.ca bietet viele Informationen über den Flughafen selbst, während www.flyhalifax.com eher allgemeine Infos zur Reiseplanung sowie eine tolle virtuelle Flugkarte anbietet, über die sich Flüge beim Ab- und Anflug in Halifax in Echtzeit verfolgen lassen.

• *Flughafentransport* Der **Airporter** (✆ 902/873-2091) verkehrt zwischen dem Flughafen und den großen Hotels in der Downtown (einfache Fahrt $ 18) 1- bis 2-mal stündl. zwischen 5 und 1 Uhr. Eine Reservierung ist nur für die Rückfahrt vom Hotel zum Flughafen notwendig.

Einen Taxi- und Limousinenservice gibt es für alle Flüge vor dem Ankunftsterminal. Die einfache Fahrt ins Stadtzentrum von Halifax kostet mit dem Taxi oder der Limousine $ 53.

• *Autovermietungen am Flughafen* Direkt hinter der Gepäckabholung gibt es mehrere Schalter verschiedener großer Autovermietungen. Die Telefonnummern dieser Flughafenvermietungen lauten: **Avis** (✆ 902/429-0963), **Budget** (✆ 902/492-7551), **Enterprise** (✆ 902/873-4700), **Hertz** (✆ 902/873-2273), **National/Alamo** (✆ 902/873-3505) und **Thrifty** (✆ 902/873-3527). **Discount** (✆ 902/468-7171) ein nahe gelegenes Motel, Abholung bei Ankunft kann telefonisch vereinbart werden.

An der Zufahrtsstraße zum Flughafen befindet sich die Tankstelle **Petro Canada**, was praktisch ist, wenn man keine horrenden Aufschläge zahlen will, weil man den Wagen nicht vollgetankt abgibt.

• *Parken* Kurzzeitparkplätze am Flughafen in Gehweite zum Terminal kosten $ 3 pro Std. bis max. $ 12 pro Tag $ 70 pro Woche. Wer länger parken will, findet im benachbarten **Park'N Fly** (668 Barnes Dr., ✆ 902/873-4574, www.parknfly.ca) Parkmöglichkeiten für $ 9 pro Tag und $ 43 pro Woche inkl. kostenloser An- und Abfahrt zum/vom Flughafen (siehe die Park'N Fly-Website für Rabattgutscheine).

Bahn

Halifax wird ab Montreal von **VIA Rail** (✆ 416/366-8411 oder 888/842-7245, www.viarail.ca) angefahren (Näheres unter *Anreise und Verbindungen vor Ort/Bahn* im Einleitungsteil dieses Buches).

Der **VIA-Rail-Bahnhof** liegt 1 km südlich der Downtown an der Ecke Barrington und Cornwallis Street. Es handelt sich um ein klassisches altes Bahnhofsgebäude mit Säulengang, hohen Decken und gekacheltem Boden, das aber nur dann zum Leben erwacht, wenn hier gerade ein Zug einfährt. Die Autovermietung **Hertz** hat einen Schalter im Bahnhof; über eine Unterführung kommt man vom Bahnhof zum noblen Westin-Hotel.

Bus

Verschiedene Langstrecken-Busse verkehren von/zur **VIA Rail Station** (Ecke Barrington und Cornwallis St.) 1 km südlich der Downtown und in Gehweite des Flughafens. Der wichtigste Anbieter ist **Acadian Lines** (✆ 902/454-9321 oder 800/567-5151,

www.smtbus.com), der von Halifax aus verschiedene Orte in der ganzen Provinz und darüber hinaus anfährt. Acadian Lines verkehrt auch bis Montreal, Toronto und Bangor, Maine, wo es Umsteigemöglichkeiten auf Greyhound-Busse gibt.

Die Fähre zwischen Halifax und Dartmouth

Nova Scotia
Karte siehe Farbteil S. 2/3

Unterwegs in Halifax

Öffentliche Verkehrsmittel

• *Bus* Busse der Linie **Metro Transit** (✆ 902/490-4000, www.halifax.ca/metrotransit) verkehren in der City. Die einfache Fahrt kostet $ 2, für Senioren und Kinder $ 1,40 (bitte passend zahlen), wobei einige Strecken kostenlos sind. Die Busse verkehren tägl. von 6–24 Uhr. Die wichtigsten Busbahnhöfe liegen in der Water, Barrington, Cornwallis, Cogswell und Duke Street, Spring Garden Road sowie Gottingen Street mit Weiterfahrtmöglichkeit zur Quinpool Road und Bayers Street. Wer gerade an der Haltestelle steht und auf den Bus wartet, kann die 465 plus die vierstellige Routen-Nr. wählen (die rot an jeder Halte-

stelle angezeigt wird), um sich in Echtzeit zu informieren, wann der nächste Bus eintreffen wird.

FRED (Abk. für „Free Rides Everywhere Downtown" – „Kostenlose Fahrten überall in der Downtown") ist ein kostenloser Busservice von Juli bis Ende Oktober mit 18 Haltestellen auf einer Strecke, die im Norden an der Lower Water Street beginnt und entlang der Barrington Street und Spring Garden Road verläuft, ehe sie auf der South Street zur Water Street zurückführt.

• *Fähre* Metro Transit betreibt die **Fähre Halifax–Dartmouth** vom unteren Ende der George Street (neben den Historic Properties) zum Alderney Drive in Dartmouth. Sie ist die älteste auf dem Meer verkehrende Fähre in Nordamerika und hat ihre ersten Passagiere vor über 200 Jahren im Ruderboot transportiert. Heute legen drei moderne Schiffe die Route in gerade mal 12 Min. zurück. Der Service verkehrt das ganze Jahr über montags bis samstags 6.30–24 Uhr und von Juni bis September auch sonntags zu den gleichen Zeiten. Die einfache Fahrt kostet genauso viel wie im Bus – $ 2, Senioren und Kinder $ 1,40.

• *Taxi* Taxis erwischt man am besten vor den großen Hotels oder an Verkehrsknotenpunkten wie der VIA Rail Station. Die Grundgebühr für eine Fahrt beträgt $ 2,75, wobei für jede Meile zusätzlich $ 2,25 plus $ 0,50 für jede weitere Person berechnet werden. Die Taxikosten innerhalb der Downtown liegen in der Regel bei unter $ 8, während für die Fahrt zwischen Flughafen und Downtown ein Fixpreis von $ 53 veranschlagt wird. Zu den großen Gesellschaften gehören: **Airport Taxi** (✆ 902/455-2232), **Co-op Taxi** (✆ 902/444-0001), **Halifax Taxi** (✆ 902/877-0404) und **Yellow Cab** (✆ 902/420-0001).

Auto

Die Anreise in die Stadt wird durch eine Reihe großer Hauptverkehrsstraßen erleichtert, die direkt in die Downtown führen. Im Hauptgeschäftsviertel fahren die Einheimischen ausgesprochen vorsichtig und langsam – was auch sinnvoll ist, da die Straßen am Hang sehr steil und viele davon Einbahnstraßen sind. Fußgänger haben an

Übergangen grundsätzlich „Vorfahrt". Zwei **Brücken** verbinden Halifax und Dartmouth, die A. Murray MacKay- und die Angus L. MacDonald-Brücke. Die Mautgebühr beträgt $ 0,75 pro einfache Strecke für Motorfahrzeuge, für Radfahrer oder Fußgänger ist die Nutzung kostenlos.

• *Parken in der Downtown* Parken an Parkuhren kostet $ 1 für 30 Min.; solche Plätze sind aber während der Geschäftszeiten nur schwer zu finden. Die meisten großen Hotels haben öffentliche Tiefgaragen, und im Stadtzentrum gibt es einige mehrgeschossige Parkhäuser. Die am günstigsten gelegenen Parkplätze befinden sich in der Lower Water Street am Fuß der Prince und Salter Street, sind aber gleichzeitig auch am teuersten ($ 5/Std.). Wenn man in einem Hotel in der Downtown übernachtet, muss man damit rechnen, bis zu $ 24/Tag für seinen Parkplatz zu zahlen (unbedingt nach kostenlosen Wochenendreservierungen fragen).

• *Mietwagen* Jede der großen Mietwagengesellschaften ist mit einem Schalter am Flughafen (siehe *Anreise*) und in der Downtown vertreten. Wie immer sollte man hier so früh wie möglich im Voraus buchen und das Internet nutzen, um die besten Angebote herauszupicken (Kontaktdaten unter *Anreise und Verbindungen vor Ort/Mietfahrzeug* im Einleitungsteil). In der Downtown gemietete Fahrzeuge kosten durchschnittlich genauso viel wie am Flughafen, aber bei der Abschlussrechnung werden weniger Gebühren erhoben.

Mit dem Auto unterwegs in Halifax

Für die Fortbewegung in Halifax' Downtown ist ein Auto nicht unbedingt erforderlich. Wer vor der Weiterreise erst einige Tage in der Hauptstadt verbringen möchte, sollte die Anmietung eines Autos auf später verschieben und die Stadt lieber zu Fuß erkunden.

Für alle, die trotzdem Auto fahren möchten, hier eine gute Nachricht: Die Einheimischen sind gegenüber fremden Verkehrsteilnehmern äußerst zuvorkommend – sie lassen andere einscheren, stoppen auch für Fußgänger, wo es keinen Überweg gibt, und halten sich größtenteils an die Geschwindigkeitsbegrenzungen. Die verwirrendste Kreuzung der Stadt ist der **Armdale Rotary**, eine große Rotunde westlich der Downtown an der Quinpool Road. Offiziell ist es inzwischen ein Kreisverkehr (sprich: Im Kreisel hat man Vorfahrt vor den einfahrenden Autos), doch die Einheimischen wechseln sich hier immer noch ab und ignorieren die Ampeln. Beim Anblick der Kreuzung gerät man deshalb leicht in Panik, obwohl sie erstaunlich leicht zu meistern ist – auch wenn es zunächst nicht so aussieht.

Romantische Idylle an der South Shore

South Shore

Diese Region müssen die Neuschotten im Sinn gehabt haben, als sie das Motto der Provinz prägten: *So Much to Sea* (ein kaum zu übersetzendes Wortspiel aus *So much to see* – „So viel zu sehen" und *So much for the sea* – „So viel zum Thema Meer"). Der tosende Atlantik bricht sich in schäumenden Wellen an der tief gefurchten Küste, die sich von Lunenburg bis nach Yarmouth erstreckt. Nur 3 Std. Autofahrt sind es zwischen diesen beiden Städten, und dennoch empfiehlt es sich, mindestens zwei oder mehr Tage einzuplanen, um auch die verborgensten Winkel dieser so typisch neuschottischen Region erkunden zu können. Häfen und Städte reihen sich aneinander wie eine Abfolge von lebensgroßen Hochglanz-Postkarten-Motiven. Einige davon kennen selbst Nichtinsider vom Namen – Peggy's Cove, Mahone Bay und Lunenburg –, dennoch wird jeder sie für sich ganz neu entdecken.

Die South Shore endet in Yarmouth, wo der Atlantik auf die Bay of Fundy trifft. Die Einheimischen behaupten, hier seien die Wikinger vor 1000 Jahren an Land gegangen und hätten die Inschrift in jenen Felsblock gehauen, der sich heute am Vordereingang des Yarmouth County Museums befindet. Der zerklüftete Küstenstrich von Yarmouth beeindruckte auch den frühen Entdecker Samuel de Champlain, der den äußersten Ausläufer des Hafens auf den Namen „Cape Fourchu" (Gefurchtes Kap) taufte. Wie die Wikinger, legte de Champlain nur an und fuhr wieder, genauso wie Tausende von Besuchern, die mit der Fähre hier ankommen und sich gleich weiter auf den Weg zu entfernteren Zielen der Provinz machen. Schade für sie, aber umso besser für alle Reisenden, die bleiben. Radsportler befahren gern die Küstenstraßen im Hinterland von Yarmouth. Am Chebogue Point südlich des Hafens blühen im Juni purpurfarbene, rosa und weiße Lupinen, und im Sommer tummeln sich in den Sümpfen die weiß geflügelten Schlammtreter *(willets)*.

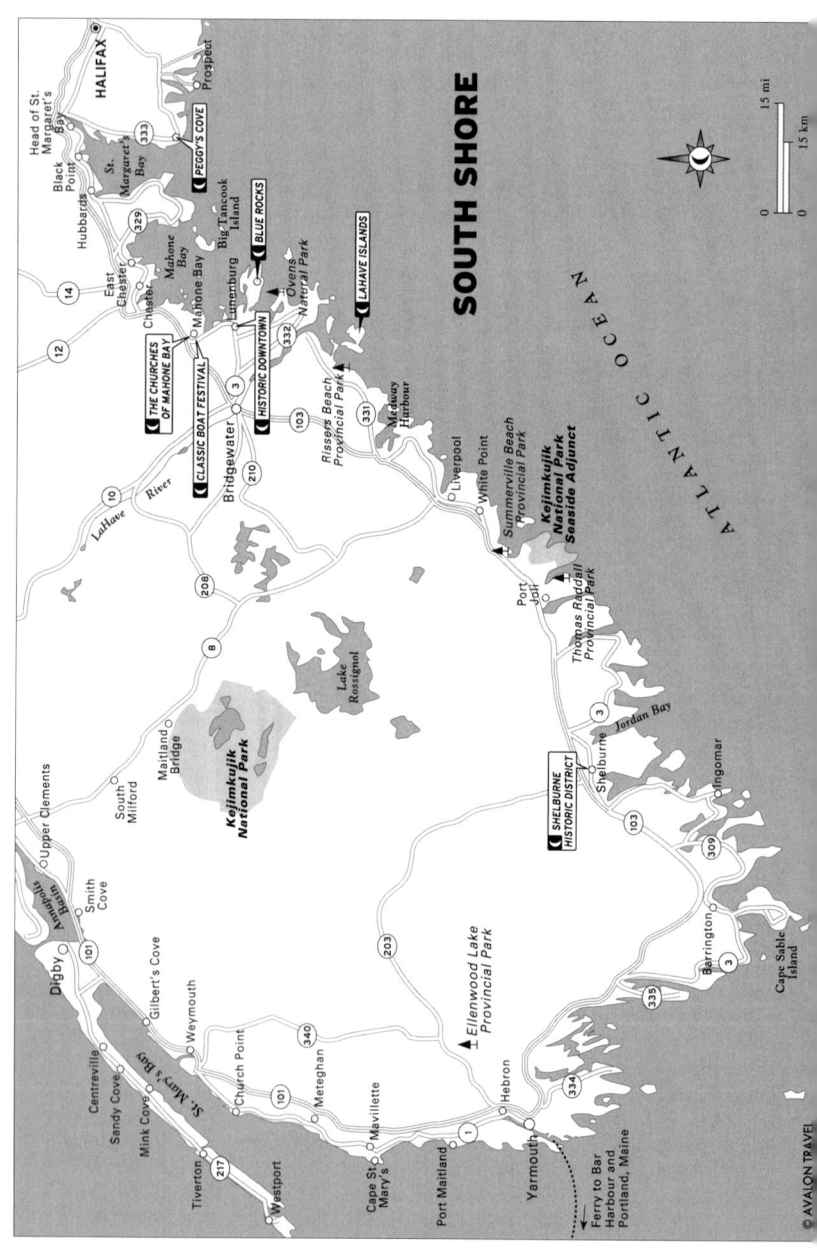

SOUTH SHORE

THE CHURCHES OF MAHONE BAY

CLASSIC BOAT FESTIVAL

HISTORIC DOWNTOWN

BLUE ROCKS

LAHAVE ISLANDS

PEGGY'S COVE

SHELBURNE HISTORIC DISTRICT

HALIFAX

Head of St. Margaret's Bay

Prospect

Black Point

Hubbards

St. Margaret's Bay

East Chester

Chester

Mahone Bay

Big Tancook Island

Lunenburg

Ovens Natural Park

Mahone Bay

Bridgewater

LaHave River

Risser's Beach Provincial Park

Medway Harbour

Liverpool

White Point

Summerville Beach Provincial Park

Kejimkujik National Park Seaside Adjunct

Port Joli

Thomas Raddall Provincial Park

Jordan Bay

Shelburne

Lake Rossignol

Kejimkujik National Park

Maitland Bridge

South Milford

Upper Clements

Smith Cove

Gilbert's Cove

Weymouth

Church Point

Meteghan

Mavillette

Cape St. Mary's

Port Maitland

Yarmouth

Ferry to Bar Harbour and Portland, Maine

Hebron

Ellenwood Lake Provincial Park

Barrington

Cape Sable Island

Ohgomar

Digby

Annapolis Basin

St. Mary's Bay

Centreville

Sandy Cove

Mink Cove

Tiverton

Westport

ATLANTIC OCEAN

0   15 mi
0   15 km

© AVALON TRAVEL

Highlights

Peggy's Cove (S. 166): Nova Scotias berühmtestes Dorf ist ein Juwel für Fotografen, das man auf keinen Fall versäumen sollte.

Die Kirchen von Mahone Bay (S. 173): Am Ufer aufgereiht, spiegeln sich drei historische Kirchen im Wasser der reizvollen Mahone Bay.

Classic Boat Festival (S. 174): Zahlreiche Segler und Schiffsbauer sind mit von der Partie, wenn Anfang August in der Mahone Bay klassische und neu erbaute Holzschiffe gegeneinander antreten.

Historische Downtown von Lunenburg (S. 178): Das von der UNESCO zum Weltkulturerbe erklärte Lunenburg ist ebenso interessant wie reizvoll.

Blue Rocks (S. 179): Lichtjahre entfernt von den Touristenmassen in Peggy's Cove erscheint einem dieses fotogene Fischerdorf, das sich an die Felsküste klammert.

Bluenose II (S. 180): Lunenburg ist bekannt für seinen Holzschiffsbau – wie könnte man den Hafen also besser kennenlernen als von Bord eines berühmten Schiffes aus?

LaHave Islands (S. 186): Wer einen Abstecher vom viel befahrenen South Shore Highway macht, entdeckt diese kleinen Inseln mit einer bunten Ansammlung von Cottages und Hütten.

Shelburne Historic Disctrict (S. 190): Eine wunderbare Sammlung von 200 Jahre alten Holzhäusern erweckt die Ära des Schiffsbaus zu neuem Leben.

Nova Scotia
Karte siehe Farbteil S. 2/3

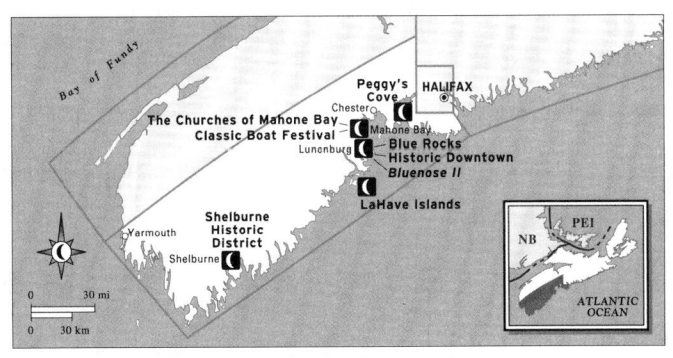

Reise- und Zeitplanung

Es ist möglich, die bekanntesten Städte dieses Küstenabschnitts an einem Tag zu besichtigen und dann nach Halifax zurückzufahren. Tun Sie es aber nicht! Angebrachter ist es, für jeden Ort, den man besichtigen möchte, einen vollen Tag einzuplanen. Wie überall in Nova Scotia, lässt es sich hier abends wunderbar schlemmen, und die Region ist bekannt für ihr Überangebot an erstklassigen Landgasthäusern mit öffentlichen Speisesälen. Viele der Gasthäuser sind in umgestalteten historischen Bauten und Herrenhäusern untergebracht, und die Kategorien reichen von „besser" über „bestens" bis zu „wunderschön". Die eigentlichen Attraktionen jedoch sind die Städte. Auch wer nur eine Woche für die Provinz Zeit hat, sollte wenigstens eine Nacht in **Mahone Bay** oder **Lunenburg** verbringen. Ersteres ist bekannt für seine drei Hafenkirchen, Lunenburg ist UNESCO-Weltkulturerbe. Während ein Abstecher nach **Peggy's Cove** schon fast obligatorisch ist, sollte man auch weniger berühmte Dörfer wie **Blue Rocks** bei Lunenburg auf seiner Route einplanen. Die beiden größten Highlights der South Shore erfordern etwas Vorausplanung – für das **Classic Boat Festival** muss man Anfang August anreisen, einen Segeltörn auf der **Bluenose II** möglichst vorab reservieren.

Reisende mit straffem Zeitplan sollten in Lunenburg kehrtmachen, wenngleich der Rest der South Shore auf jeden Fall einen Besuch wert ist und einen auf die Besichtigung der Fundy-Küste vorbereitet. Dieser Küstenstrich, in dem nur ein paar Hundert Seelen leben, bietet zahlreiche Provinzparks und Refugien wie die **LaHave Islands.** Die größte historische Sehenswürdigkeit zwischen Lunenburg und Yarmouth ist der **Shelburne Historic District.** Wer plant, das südwestliche Nova Scotia zu umfahren oder von Maine kommend mit der Fähre in Yarmouth anlegt, sollte idealerweise in Shelburne übernachten. Zusammen mit einer Nacht in Lunenburg oder Mahone Bay hat man so drei Tage Zeit für die Besichtigung der South Shore – nicht genug, um alles zu sehen, aber doch ausreichend, um die größten Highlights kennenzulernen.

Von Halifax nach Mahone Bay

Von Halifax Downtown aus sind es 105 km auf dem Hwy. 103 bis nach Lunenburg. Um die traumhaften Aussichten besser genießen zu können, empfiehlt es sich jedoch, die Schnellstraße zu meiden und auf den kleineren Küstenstraßen zu fahren. Das bekannteste Dorf in ganz Nova Scotia ist Peggy's Cove, das 40 km südwestlich von Halifax Downtown liegt und über den Hwy. 333 zu erreichen ist. Inzwischen verläuft der Hwy. 103 direkt nach St. Margaret's Bay, von wo aus der kleinere Hwy. 3 zu mehreren reizvollen Städten rund um Mahone Bay und zu den Inseln in der Bucht führt. Eine davon, Oak Island, hat in puncto Schatzsucherlegenden schon viel von sich reden gemacht – Piraten sollen hier im 16. Jh. eine Beute von unschätzbarem Wert vergraben haben.

Peggy's Cove

Der meistfotografierte Ort in den Atlantikprovinzen liegt südwestlich von Halifax. Die Häuser des winzigen Fischerdörfchens kleben wie Muscheln an den verwitterten Granitfelsen am Rande der St. Margaret's Bay, der Atlantik bricht sich schäumend an der felsigen Küste, Fischerboote liegen in der kleinen Bucht vertäut, und über allem ragt der weiße, achteckige Leuchtturm auf – ein Szenerie, wie sie für die Küste Nova Scotias nicht typischer sein könnte.

Tagsüber ist der Ort völlig überlaufen mit Touristen (dem schlimmsten Andrang entgeht man vor 9 oder nach 17 Uhr), die an den Kais entlangspazieren oder die verwitterten Granitfelsen rund um den fotogenen Leuchtturm besteigen. Peggy's Cove ist nur eine 60-Seelen-Gemeinde, deshalb sollte man hier keinen Service wie in einer Großstadt erwarten. Das Dorf bietet nur eine B&B-Unterkunft, ein Restaurant sowie die **deGarthe Gallery** (✆ 902/823-2256; Mitte Mai bis Mitte Okt. tägl. 9–17 Uhr). Diese Galerie, die an der Hauptdurchgangsstraße des Ortes liegt, zeigt

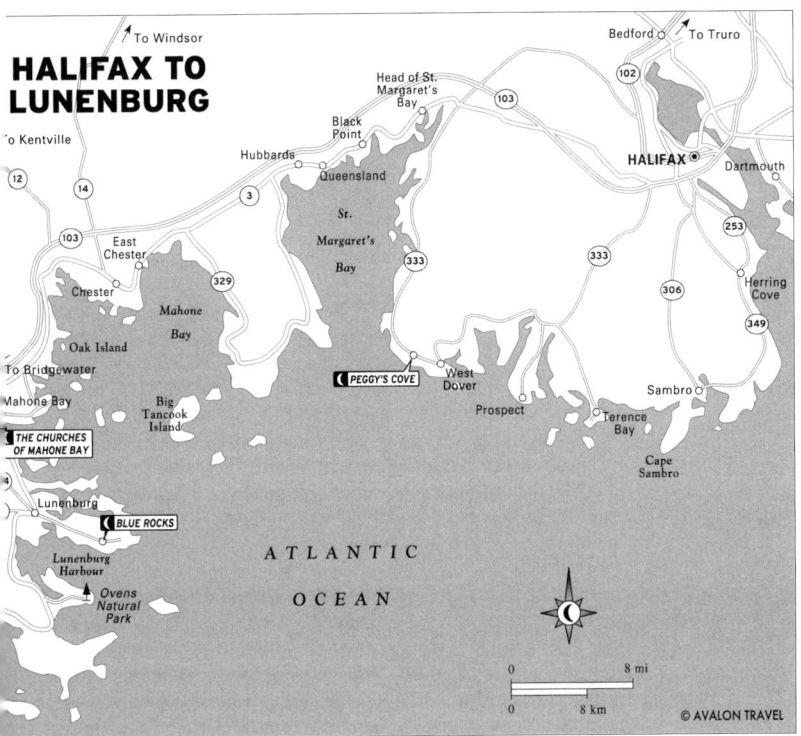

die Werke des bekannten Künstlers William deGarthe, dessen wunderbare Ölgemälde mit Schifffahrtsmotiven Kunstgalerien auf der ganzen Welt zieren. Hinter der Galerie meißelte deGarthe ein 30 m langes Fries in einen Granitvorsprung, auf dem 32 der Fischer und Familien des Küstendorfs abgebildet sind.

Traurige Berühmtheit erlangte die Stadt im September 1998, als eine Swissair MD-11-Maschine auf ihrem Flug von New York nach Genf in den seichten Gewässern vor der Küste abstürzte und dabei alle 229 Personen an Bord ums Leben kamen. Ein kleiner Gedenkstein ragt 2 km westlich des Dorfes am Hwy. 333 über dem Atlantik auf.

Reisepraktisches

• *Übernachten* Die einzige Unterkunft besitzt gerade mal fünf Zimmer – deshalb sollte man frühzeitig buchen, wenn man die Nacht in diesem entzückenden Dorf verbringen will. Das am oberen Ende der Bucht gelegene **Peggy's Cove Bed and Breakfast** (17 Church Rd., ✆ 902/823-2265 oder 877/725-8732, www.peggyscovebb. com; $ 125–145 für 1/2 Pers. inkl. Frühst.) hat fünf gut möblierte Gästezimmer mit WLAN-Internetzugang, Gemeinschaftsbereich, Speisesaal und Terrasse mit traumhafter Aussicht über die Bucht. Das Gästehaus ist ganzjährig geöffnet. Im Winter fallen die Preise auf $ 95–115.

• *Essen und Trinken* Die Straße durch das Dorf endet am **Sou'wester Restaurant** (178 Peggy's Point Rd., ✆ 902/823-2561; Juni–Sept. tägl. 8–21 Uhr, Okt.–Mai tägl. 9–20 Uhr), einem höhlenartigen Lokal mit äußerst verlockender Speiskarte. Da es zudem das einzige Speiselokal der Stadt ist, folgen die meisten diesem Lockruf – deshalb sollte man möglichst vor 10 oder nach

17 Uhr zum Essen hierherkommen. Die Speisekarte hat eindeutig maritimen Charakter, mit Gerichten wie Fischküchlein, eingelegten roten Beten und Eierspeisen zum Frühstück.

• *Touren* Wer ohne Auto in Halifax ist, hat zwei Möglichkeiten, Peggy's Cove zu besuchen. **Peggy's Cove Express** (☎ 902/422-4200; Juni–Sept.) ist ein Bootsservice, der tägl. um 10 Uhr am Cable Wharf in Halifax ablegt und um 16.15 Uhr zurückfährt. Die Hin- und Rückfahrt kostet $ 70, für Senioren $ 63 und für Kinder $ 50; im Fahrtpreis ist eine geführte Tour durch das Dorf enthalten. **Ambassatours** (☎ 902/423-6242 oder 800/565-7173) bietet einen dreistündigen Ausflug nach Peggy's Cove (Abfahrt ab Halifax Juni bis Mitte Okt. tägl. 12.30 Uhr), die Hin- und Rückfahrt kostet $ 48, für Kinder $ 34.

Von Peggy's Cove nach Chester

Der Hwy. 333 schlängelt sich hinter Peggy's Cove nach Norden an einer Reihe kleiner Fischerdörfer vorbei und trifft dann auf den Hwy. 3 (der Hwy. 103, der geteilte Highway entlang der South Shore, führt ins Landesinnere, deshalb auf den älteren Hwy. 3 wechseln). Auch wenn man hier nichts zwingend gesehen haben muss, ist die Route, die die St. Margaret's Bay umrundet, ausgesprochen schön.

Grand View Motel and Cottages (Hwy. 3, Black Point, ☎ 902/857-9776 oder 888/591-5122, www.grandviewmotelandcottages.com; Mai bis Mitte Nov.) besticht

durch seine herrliche Lage am Hafen, etwa 8 km von der Kreuzung zum Hwy. 333 entfernt. Die zehn Motelzimmer ($ 80–100 für 1/2 Pers.) sind gepflegt und haben Fenster mit Blick aufs Wasser. Die drei 2-Zimmer-Cottages ($ 165 für 1/2 Pers.) sind geräumiger und verfügen über Küche und Terrasse. Am Ufer sind Gartenmöbel aufgestellt.

Weiter westlich in **Hubbards** liegt das **Trellis Café** (22 Main St., ☎ 902/857-1188; Mo–Do 9-16, Fr–So 10–21 Uhr), ein Restaurant mit farbenfrohem Innendekor, das am Wochenende manchmal Livemusik bietet. Lässige Atmosphäre. Die durch ein Spalier *(trellis)* geschützte Terrasse, die ihm seinen Namen gab, eignet sich prima zum Mittagessen an warmen Tagen. Die meisten Hauptgerichte kosten unter $ 20; noch mehr Geld sparen kann man, wenn man mehrere Vorspeisen bestellt – z. B. Fish Chowder (sämige Fischsuppe, $ 9) und dazu Fischküchlein ($ 8).

Der hinter Hubbards beginnende **Queensland Beach** ist ein beliebter Sandstrand. Hier genießt man ein gefahrloses – aber frostiges – Badevergnügen. Eine Süßwasserlagune lockt hier viele Vogelarten an.

Peggy's Cove ist das bekannteste Fischerdorf in Nova Scotia

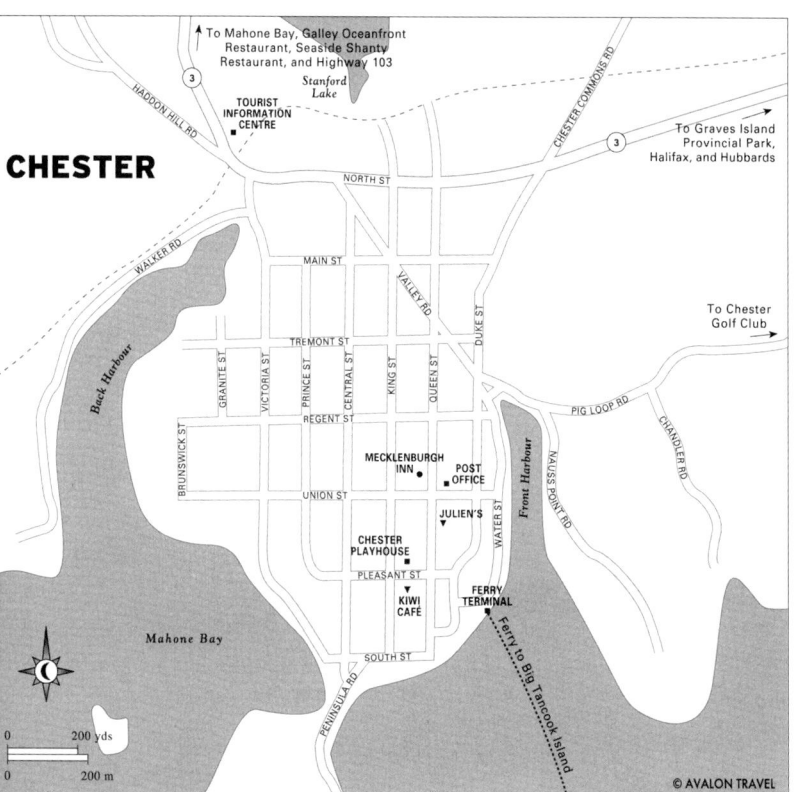

Chester und Umgebung

Die Stadt Chester, die 1759 von Siedlern aus Neuengland gegründet wurde, befindet sich am Nordende der Mahone Bay und ist direkt vom Hwy. 103 (Ausfahrt 8) aus zu erreichen. Das erste Hotel wurde hier 1827 errichtet, und seitdem ist die Stadt mit ihren idealen Segelbedingungen und den vielen Ferienhäusern im Sommer ein beliebtes Urlaubsziel. Die meisten Besucher von Chester begnügen sich allerdings mit einem Bummel durch die Läden der Downtown und einem gemütlichen Spaziergang durch das Hafenviertel von Front Harbour. Außerhalb der Downtown ist es nicht ganz leicht, sich zurechtzufinden, deshalb beginnt man seinen Besuch am besten im **Tourist Information Centre** (Hwy. 3, ✆ 902/275-4616; Mai bis Anf. Okt. tägl. 10–17 Uhr); es liegt auf der Seite der Stadt, die der Mahone Bay zugewandt ist (wer von Halifax aus in die Stadt kommt, fährt den Hügel rechts der Abzweigung zur Downtown hinauf).

Ein nettes Ausflugsziel ist **Big Tancook Island,** das man mit den Fähren ($ 5, Fahrzeug $ 21/Rundfahrt) erreicht, die regelmäßig am Front Harbour ablegen. Die meisten der Inseln sind bewohnt, doch die Überfahrt nach Big Tancook Island ist besonders schön. Auf der Insel laden mehrere Parks zu Spaziergängen ein.

Reisepraktisches

• *Golfen* Der **Chester Golf Club** (Golf Course Rd., Prescott Point, ✆ 902/275-4543) von 1914 ist ein altmodischer Golfplatz, der sich zum Meer hin öffnet und damit überwältigende Blicke auf vom Wasser umspielte Greens preisgibt. Mit $ 50 ist die Greenfee preiswert.

• *Theater* Das **Chester Playhouse** (22 Pleasant St., ✆ 902/275-3933 oder 800/363-7529, www.chesterplayhouse.ca) bietet von März bis Dezember wöchentlich verschiedene Live-Veranstaltungen, und sein Summer Theatre Festival lockt im Juli und August professionelle Schauspieltalente an. In den vergangenen Spielzeiten standen Musicals, Revuen im Broadway-Stil, Improvisationstheater, Puppenbühnen und Kinderveranstaltungen auf dem Programm.

• *Übernachten/Camping* Das empfehlenswerteste Gasthaus in Chester ist das **Mecklenburgh Inn** (78 Queen St., ✆ 902/275-4638, www.mecklenburghinn.ca; Mai–Dez.; $ 95–155 für 1/2 Pers.), das 100 Jahre alte Haus eines Kapitäns, das einen schick-alternativen Touch verpasst bekam. Die Gäste versammeln sich meistens auf der breiten Veranda, um dem Treiben in Chester zuzuschauen. Nach dem Abendessen in einem der heimischen Restaurants findet sich alles auf den gemütlichen Sofas ein, die um zwei Kamine im Salon herum aufgestellt sind. Drei der vier Zimmer haben ein angrenzendes Bad inkl. Badewanne mit Löwenpranken, das vierte hat ebenfalls ein ei-

genes Bad, aber unten in der Halle. Das üppige Frühstück mit Pfannkuchen oder Räucherlachs mit Eggs Benedict gibt Kraft für den Sightseeing-Marathon am Tage.

Auf dem Hwy. 3 ausgeschildert, liegt 3 km nordöstlich von Chester der **Graves Island Provincial Park** (Mitte Mai bis Mitte Sept.; $ 24). Er erstreckt sich über eine kleine Insel, die durch einen Damm mit dem Festland verbunden ist. Ein freier Platz auf einer Anhöhe der Insel bietet Campingmöglichkeiten für Wohnmobile, während mehrere Zeltplätze verstreut im umgebenden Waldgebiet liegen. Wer nur tagsüber herkommt, kann ein Picknick in der Day-Use-Area (Parkbereich für Tagesbesucher ohne Übernachtung) am Ufer direkt gegenüber dem Damm einplanen.

• *Essen und Trinken* In der Downtown von Chester öffnet das **Kiwi Café** (19 Pleasant St., ✆ 902/275-1492) tägl. ab 8.30 Uhr und bietet schlichte, gesunde Frühstücks- und Mittagsgerichte neben einer breiten Auswahl an warmen Getränken, u. a. Chai-Tee und sahnige heiße Schokolade. Innen ist das Lokal in fröhlichem Blau und Kiwigrün gestrichen, auf einer Seite sind draußen Tische aufgestellt. Das um die Ecke und etwas weiter den Hügel hinauf gelegene **Julien's** (43 Queen St., ✆ 902/275-2324; tägl. außer Mo 8–17 Uhr) serviert köstliche frische Brote, Gebäck, Desserts, aber auch herzhaftere, gesunde Küche.

Der charmante Hafen von Chester

Das Geheimnis von Oak Island

1795 stieß ein junger Mann auf Oak Island, einer kleinen Insel in der Mahone Bay, auf ein abgeholztes Waldstück. Neben den Baumstümpfen fand er eine große Astgabel mit altem Seilzug und Holznagel; im Boden daneben war eine Grube. Er dachte sofort an einen vergrabenen Schatz, da die Bucht 100 Jahre zuvor ein berüchtigter Tummelplatz für Piraten wie „Captain" William Kidd, Sir Henry Morgan und Edward „Blackbeard" Teach gewesen war. Nach stundenlangem Graben stießen McGinnis und seine zwei Farmerfreunde in 3 m Tiefe auf Holz. Wie sich herausstellte, war es jedoch nicht der wurmstichige Deckel einer Schatzkiste, sondern eine Lage Holzstämme. Also gruben die Männer weiter und waren überzeugt, der Schatz läge direkt darunter. In 8 m Tiefe wurde das Graben so beschwerlich, dass sie aufgaben.

Die erste organisierte Grabung fand 1804 statt, als ein Schiff mit entsprechender Ausrüstung eintraf. Wie McGinnis und seine Freunde zuvor, fand man auch in 10 m Tiefe eine Lage aus Holz sowie zwei weitere bei 13 und 16 m. In 20 m Tiefe entdeckten die Männer eine Schicht aus Kokosfasern, die nahelegte, dass hier etwas aus wärmeren Gefilden Stammendes vergraben lag. In 30 m Tiefe legte man einen großen Granitblock frei, dessen europäische Herkunft später nachgewiesen wurde. Am nächsten Tag kehrten die Männer zur Grube zurück und stellten fest, dass sie sich mit Wasser gefüllt hatte. Nach erfolglosen Versuchen, das Wasser abzupumpen, wurde die Suche bis zum nächsten Frühjahr eingestellt. 1805 wurde ein zweiter Schacht mit einem waagerechten Tunnel in 33 m Tiefe gegraben, in der Hoffnung, so an den Schatz zu gelangen. Schließlich gab man die Suche auf. Es sollte noch 40 Jahre dauern, bis man den nächsten ernsthaften Versuch unternahm, das aufzuspüren, was tief unter Oak Island begraben lag. Da sich die Zweitschächte von dem Moment an mit Wasser füllten, als sie mit dem Originalschacht verbunden waren, stellte man fest, dass der Wasserspiegel in allen drei Schächten mit Ebbe und Flut fiel und stieg. Das machte alles noch rätselhafter, doch der nächste Fund der Männer verblüffte alle Beteiligten erst recht. In der angrenzenden Bucht fand man direkt unterhalb der Ebbe Marke fünf Kanäle, die, wie man später herausfand, zu einem Hauptkanal zusammenliefen. Man erkannte zwar, dass diese simple, von Menschenhand geschaffene Abflussanlage zeitlich nach der Schatzgrube entstanden war, doch das half noch nicht bei der Lösung des Rätsels. Nicht besser erging es der nächsten Generation von Investoren, die im Sommer 1863 einen vergeblichen Versuch unternahm, unter die 33-Meter-Grenze zu gelangen, und auch nicht den vielen anderen Schatzsuchern, die in den nächsten 140 Jahren versuchten, auf den Grund der Grube vorzustoßen.

Die Legende kostete sechs Menschenleben, stürzte viele Investoren in den Ruin und beschwor Fehden zwischen den Grundbesitzern der Insel herauf. Zwei der Schatzsucher, Dan Blankenship und Fred Nolan, verbrachten zusammen 100 Jahre damit, den Männern auf die Schliche zu kommen, die die „Geldgrube" vor vielen Jahrhunderten konzipiert hatten. Im Jahr 2005 verkaufte Blankenship, der als einziger über einen Damm motorisierten Zugang zur Insel hatte, seinen Anteil an der Insel an die Regierung von Nova Scotia, in der Hoffnung, dass man sie für den Tourismus erschließen würde. Unglaublich ist, dass eines der größten Geheimnisse und die längste Schatzsuche der Welt bis heute kein Ende gefunden haben.

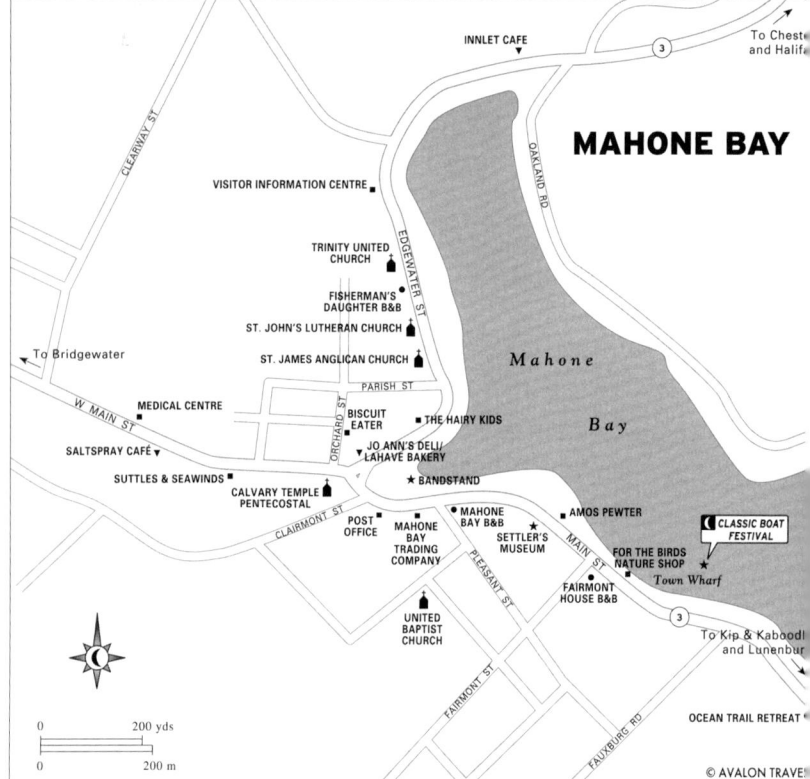

Den Karte beschriftet mit folgenden Punkten:

INNLET CAFE

To Chester and Halifax

3

MAHONE BAY

CLEARWAY ST.

OAKLAND RD.

VISITOR INFORMATION CENTRE

TRINITY UNITED CHURCH

EDGEWATER ST.

FISHERMAN'S DAUGHTER B&B

ST. JOHN'S LUTHERAN CHURCH

ST. JAMES ANGLICAN CHURCH

To Bridgewater

Mahone

PARISH ST.

MEDICAL CENTRE

W. MAIN ST.

ORCHARD ST.

BISCUIT EATER

THE HAIRY KIDS

Bay

SALTSPRAY CAFÉ

JO ANN'S DELI/ LAHAVE BAKERY

SUTTLES & SEAWINDS

CALVARY TEMPLE PENTECOSTAL

BANDSTAND

CLAIRMONT ST.

POST OFFICE

MAHONE BAY TRADING COMPANY

MAHONE BAY B&B

SETTLER'S MUSEUM

AMOS PEWTER

MAIN ST.

FOR THE BIRDS NATURE SHOP

CLASSIC BOAT FESTIVAL

Town Wharf

PLEASANT ST.

FAIRMONT HOUSE B&B

UNITED BAPTIST CHURCH

3

To Kip & Kaboodle and Lunenburg

FAIRMONT ST.

FAUXBURG RD.

OCEAN TRAIL RETREAT

0   200 yds

0   200 m

© AVALON TRAVEL

Mahone Bay

Mahone Bay (1200 Einw.), das an der gleichnamigen, inselreichen Bucht liegt, ist eine der reizvollsten Städte von ganz Nova Scotia. Der einstige Wohlstand der Stadt spiegelt sich in der Architektur der Häuser wider, bei denen neogotischer, neoklassizistischer und italienisierter Stil dominieren. Viele dieser Häuser wurden zu Seafood-Restaurants oder Geschäften umfunktioniert, die die Arbeiten lokaler Kunsthandwerker verkaufen. Die charakteristischen drei Hafenkirchen aus dem 19. Jh., die sich im ruhigen Wasser spiegeln, sind inzwischen eine der meistfotografierten Ansichten von Nova Scotia.

Sehenswertes

Den meisten Besuchern von Mahone Bay genügt es vollkommen, die Architektur zu bewundern, durch die Geschäfte zu bummeln und in einem der zahlreichen Cafés ihr Mittagessen einzunehmen. Wer sich für die architektonischen Highlights der Stadt interessiert, sollte im Museum nach den drei Prospekten für geführte Touren fragen.

Mahone Bay Settler's Museum: Dieses in einem 150 Jahre alten Holzhaus untergebrachte Museum (578 Main St., ℰ 902/624-6263; Juni bis Anf. Sept. Di–Sa 10–17,

So 13–17 Uhr; Eintritt gegen eine Spende) erzählt die 250-jährige Geschichte der Stadt. Ein Raum ist der Mitte des 18. Jh. erfolgten Besiedlung durch deutsche, französische und schweizerische Protestanten gewidmet und erzählt, wie diese von der britischen Regierung mit Landschenkungen sowie kostenlosem landwirtschaftlichen Gerät und Lebensmitteln für ein Jahr geködert wurden. Außerdem erfährt man mehr über die Bedeutung des Schiffsbaus, der hier von den 1850er-Jahren bis ins frühe 20. Jh. auf einem Dutzend Schiffswerften florierte, und es gibt historische Kunsthandwerks- und Kunstgegenstände zu bestaunen.

Churches of Mahone Bay: Von dem blumenbewachsenen Musikpavillon auf der Main Street aus sieht man über das Wasser hinweg drei Kirchen Seite an Seite stehen. Die älteste (und von diesem Standpunkt aus auch am weitesten entfernte) ist die *Trinity United Church* (Edgewater St., ✆ 902/624-9287), die aus dem Jahr 1861 stammt und 1885 per Ochsenkarren an ihren heutigen Standort befördert wurde. *St. John's Lutheran* (Edgewater St., ✆ 902/624-9660), die mittlere Kirche, ist ein symmetrischer Holzbau. Direkt an der Ecke steht die neogotische *St. James Anglican Church* (Edgewater St., ✆ 902/624-8614). Sie ist die einzige der drei, die im Rahmen einer Führung besichtigt werden kann (Juli/Aug. Do–Sa 11–15 Uhr).

Music at the Three Churches ist eine Reihe von klassischen Konzerten in den drei Kirchen, die im Sommer an ausgewählten Freitagabenden stattfinden. Der Eintritt beträgt $ 15, Kinder zahlen nichts. Einen Spielplan erhält man unter www.three churches.com oder bei der Touristeninformation, bezahlt wird am Eingang.

Wer im Hafenviertel an der Touristeninformation vorbeiläuft, sieht die Kirchen aus einem anderen Blickwinkel und dazu noch zwei weitere. Der weiße Kirchturm, den man über den Bäumen aufragen sieht, stammt von der 1875 fertiggestellten **United Baptist Church** (56 Maple St., ✆ 902/624-9124), die sonntags um 11 Uhr Gottes-

Nova Scotia Karte siehe Farbteil S. 2/3

Mahone Bay ist für seine schönen Kirchen bekannt

dienste abhält. Der **Calvary Temple Pentecostal** (an dem Kreisverkehr, an dem Main und Edgewater Street zusammentreffen, ☎ 902/624-8420) öffnet sonntags um 19 Uhr zum Choralsingen.

Reisepraktisches

Einkaufen

Viele Künstler fühlen sich von der malerischen Landschaft der Mahone Bay angezogen, und die Main Street hat sich zur wahren Shoppingmeile gemausert. Die meisten Geschäfte sind von Ende Frühjahr bis Weihnachten geöffnet.

Bei **Amos Pewter** (589 Main St., ☎ 902/624-9547) kann man beobachten, wie Zinnkünstler ihre Stücke gießen, drehen und abschließend bearbeiten. Die **Mahone Bay Trading Company** (544 Main St., ☎ 902/624-8425) ist ein großer, altmodischer Gemischtwarenladen. Passend zum maritimen Flair der Stadt stehen die Verkäufer hier hinter einer Ladentheke in Bootsform. Teekenner sind in der **Tea Brewery** (525 Main St., ☎ 902/624-0566) ganz in ihrem Element, während sich Vogelliebhaber eher zum **For the Birds Nature Shop** (647 Main St., ☎ 902/624-

0784; Di geschl.) hingezogen fühlen dürften, der Feldstecher, Bestimmungsbücher und Kunsthandwerk rund um das Thema Vögel anbietet. Von der Tea Brewery aus ein Stück hügelaufwärts gelegen, verkauft **Suttles and Seawinds** (466 Main St., ☎ 902/624-8375) schicke, aber sehr farbenfrohe Mode, und sogar unsere vierbeinigen Freunde werden nicht vergessen: **The Hairy Kids** (21 Edgewater St., ☎ 902/624-9097) hat Mode und Leckereien für Hunde im Angebot.

Classic Boat Festival

Das jährliche Classic Boat Festival von Mahone Bay (☎ 902/624-0348, www.mahonebay classicboatfestival.org) findet rund um die Town Wharf jeweils an dem Wochenende statt, das dem 1. August am nächsten liegt. Dieses Event lockt Tausende von Zuschauern an, die hier an Workshops teilnehmen, Schiffsbauvorführungen erleben, Seemannsgeschichten lauschen oder den Teilnehmern von Bootsrennen zujubeln, bei denen von klassischen alten Jachten bis hin zu gewagten Schwimmkonstruktionen, die in nur 4 Stunden zusammengezimmert wurden, alles Mögliche an den Start geht. Eine Segelparade, Live-Veranstaltungen und die Rekonstruktion eines historischen Stapellaufs mit Zugochsen sind weitere Highlights. Und das Beste daran: Alles ist kostenlos.

Übernachten

Im Sommer – v. a. an den Wochenenden – ist die Nachfrage nach den wenigen verfügbaren Zimmern groß. Deshalb sollte man entsprechend planen und so weit wie möglich im Voraus reservieren.

● *Unter $ 50* In Mahone Bay findet man eine von Nova Scotias wenigen privat geführten Rucksackunterkünften, **Kip and Kaboodle** (9466 Hwy. 3, Mader's Cove, ☎ 902/531-5494 oder 866/549-4522, www.kiwi kaboodle.com; $ 25 pro Pers.), die 3 km vom Stadtzentrum entfernt in Richtung Lunenburg liegt. Die Unterkunft ist klein, entsprechend auch die Ausstattung, darunter eine Gemeinschaftsküche, ein Gemeinschaftsbereich und ein Außenpool. Aber al-

Amos Pewter:
Handwerk in der Main Street

les ist gepflegt. Weitere Extras sind Grill und
WLAN-Internetzugang. Im Preis enthalten
sind Bettwäsche und ein kleines Frühstück.

● *$ 50–100* Gegenüber der Town Wharf
kann man auf der Veranda des **Fairmont
House B&B** (654 Main St., ✆ 902/624-8089,
www.fairmonthouse.com; $ 85–150 für 1/2
Pers.) sitzen und dem Treiben von Mahone
Bay zuschauen. Ein einheimischer Schiffsbauer errichtete 1857 dieses neogotische
Haus, das 1991 zum B&B umfunktioniert
wurde. In den Jahren danach erhielt seine
Fassade einen prächtigen blauen Anstrich,
und jedes der drei Gästezimmer wurde in
einem eigenen, stilvollen Farbthema gestaltet. Alle Zimmer verfügen über ein Bad, AC
und Annehmlichkeiten wie Föhn und Bügeleisen. Im Untergeschoss gibt es eine Bibliothek mit Brettspielen und TV. Im Preis ist
ein kleines Frühstück enthalten.

Das direkt im Shoppingviertel der Stadt liegende **Mahone Bay B&B** (558 Main St.,
✆ 902/624-6388; $ 75–120 für 1/2 Pers.) ist ein
leuchtend gelbes, zweistöckiges Haus mit
umlaufender Veranda im Zuckerbäckerstil –
mit anderen Worten: Es ist nicht zu übersehen. Der Bau aus dem Jahr 1860 ist vollge-
stopft mit Antiquitäten. Die vier Gästezimmer verströmen großmütterlichen Charme,
und im großen Speisesaal wird ein üppiges
Frühstück serviert.

● *$ 100–150* Zwischen den berühmten drei
Kirchen versteckt liegt das **Fisherman's
Daughter B&B** (97 Edgewater St., ✆ 902/624-
0483, www.fishermans-daughter.com; $ 100–
125 1/2 Pers.). Das 1840 von einem ansässigen Schiffsbauer errichtete Haus wirkt zu-
rückhaltend, hat aber dezente neogotische
Elemente. Einige der vier Gästezimmer
sind etwas ungewöhnlich eingerichtet (z. B.
stehen die Betten direkt unter der Dach-
schräge), aber das macht sie nur noch reizvoller. Moderne Extras und dazu noch ein
üppiges Frühstück machen dieses B&B somit zur ausgezeichneten Wahl.

2 km südöstlich der Stadt in Richtung Lunenburg liegt das **Ocean Trail Retreat**
(Hwy. 3, Mader's Cove, ✆ 902/624-8824 oder
888/624-8824, www.oceantrailretreat.com;
April–Nov.) auf einer großen Grünfläche,
die zum Highway und zum Hafen von Mahone Bay hin abfällt. In zwei modernen Ge-
bäudeflügeln sind 17 Motelzimmer untergebracht ($ 110–130 für 1/2 Pers.), deren große
Fenster die Aussicht aufs Wasser voll zur
Geltung bringen. Dichter an der Straße liegen die drei 2-Zimmer-Chalets mit voll ein-

*Gemütliches Ausspannen
nach dem Shoppen*

Nova Scotia
Karte siehe Farbteil S. 2/3

gerichteter Küche, Wohnbereich mit Pro-
pangaskamin und Terrasse zum Meer hin
($ 1200/Woche, Übernachtungspreise au-
ßerhalb der Sommersaison bitte erfragen).
Der beheizte Außenpool ist immer ein
Highlight für Familien.

Essen und Trinken

Die Main Street von Mahone Bay wird von
Cafés gesäumt, doch die meisten davon
schließen schon am späten Nachmittag.

● *Cafés* Ein Sack Karotten hängt als Ge-
gengewicht an der Eingangstür von **Jo
Ann's Deli** (9 Edgewater St., ✆ 902/624-6305;
Ende Mai bis Okt. tägl. 9–19 Uhr), einem
einladenden Lebensmittelgeschäft voller
Leckereien. Die Einheimischen kommen
wegen der Bioprodukte hierher, aber jeder
verlässt den Laden mit einer weiteren Köstlichkeit – mit Gourmet-Sandwichs, gefüllten Bagels, Haferkeksen, Brownies, hausgemachten Marmeladen, Konserven usw.
Wer ein Picknick plant, findet hier alles unter einem Dach.

Von den vielen Speiselokalen im Ort zeichnet sich das **Saltspray Café** (436 Main St.,
✆ 902/624-9902; tägl. 7.30–18 Uhr), das vom

Hafen aus ein Stück weiter hügelaufwärts gelegen ist, durch preiswerte Qualität aus. Das Café bietet warmes Frühstück für unter $ 7, Kaffee wird kostenlos nachgeschenkt. Chowder (sämige Fischsuppe) ist einer der Klassiker unter den Mittagsgerichten, aber auf der Tafel sind auch täglich wechselnde Gerichte angeschrieben. Erwartungsgemäß ist das Saltspray immer gut besucht.

• *Restaurant* Eher Restaurant als Café ist das **Innlet Cafe** (249 Edgewater St., ✆ 902/624-6363; tägl. 11.30–21 Uhr). Es liegt am oberen Ende der Bucht, von der Downtown aus 10 Min. zu Fuß durch den Hafen. Es bietet den klassischen Ausblick auf alle fünf Kirchen von Mahone Bay und Außentische in einem gepflasterten Innenhof, perfekt zum Draußensitzen an warmen Tagen. Die meisten Gerichte kosten unter $ 20, darunter Seafood-Eintöpfe mit irischem Einschlag und verschiedene Fettuccini-Spezialitäten. Lassen Sie aber auf jeden Fall noch Platz für den köstlichen Mudcake (ein üppiger Schokoladenkuchen)!

Information/Adressen

Das **Visitor Information Centre** (Edgewater St., ✆ 902/624-6151; Sommer Mo–Sa 9–17, So 11–17 Uhr) befindet sich in einem kleinen Gebäude direkt vor der ersten Kirche.

Das **Postamt** liegt an der Ecke Main und Clairmont Street. Ebenfalls an der Main Street gibt es ein **Lebensmittelgeschäft**, eine **Apotheke** und eine **Bank**, während sich in der West Main Street ein kleines **Ärztezentrum** und eine **Laundry** befinden. Gegenüber dem Belvedere hat die einzige **Tankstelle** der Stadt geöffnet.

Seine E-Mails zum Kaffee abfragen und anschließend durch die Sammlung antiquarischer Bücher stöbern, kann man im **Biscuit Eater** (16 Orchard St., ✆ 902/624-2665; Mo–Sa 8.30–17.30, So 11–17 Uhr).

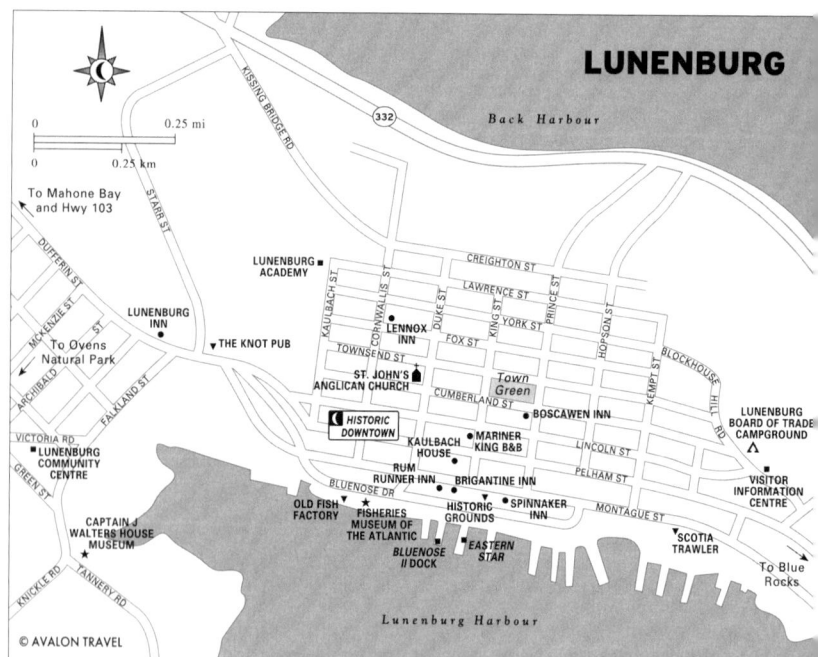

Das Leben in Lunenburg spielt sich am farbenfrohen Hafen ab

Lunenburg

Lunenburg (2400 Einw.) liegt etwa auf halber Strecke zwischen Halifax und Shelburne am Hwy. 103. Dank der Lage auf einer hügeligen Halbinsel zwischen zwei Häfen und den vielen hübschen Häusern, die in leuchtend bunten Farben gestrichen sind, ist sie eine der attraktivsten Städte in Nova Scotia. 1991 wurde Lunenburgs Altstadt zur nationalhistorischen Stätte ernannt, und im Dezember 1995 erhielt die Stadt ihre größte Ehrung, als die UNESCO sie zum Weltkulturerbe ernannte – damit ist sie eine von nur zwei Städten Nordamerikas, die diesen Status genießen (die andere ist Quebec). Im Jahr 2005 erwarb die Provinzregierung einen Bereich mit Hafengebäuden und Kais, die vom Abriss bedroht waren. So blieb der Stadt das historische Erbe erhalten.

Geschichte

Deutsche, schweizerische und französische Protestanten, die von den Briten zur Konsolidierung ihres neuen Herrschaftsgebiets hierher gelockt wurden, siedelten sich 1753 in der Stadt an. Ihr Einfluss ist in den architektonischen Details der Stadt immer noch spürbar. Mit seinem günstigen Hafen – einem geschützten Binnenarm des Atlantiks, eingerahmt von zwei langen, gebogenen Halbinseln – gehörte Lunenburg im 19. Jh. zu Nova Scotias wichtigsten Fischereihäfen und Schiffsbauzentren. 1921 wurde hier der berühmte Schoner *Bluenose* gebaut. Der 49 m lange Fischfänger gewann das Rennen um die International Fisherman's Trophy noch im gleichen Jahr und blieb für die nächsten 18 Jahre ungeschlagener Champion der Atlantikflotte. Das Schiff wurde dadurch zum stolzen Symbol der Provinz und ist deshalb auch auf der Rückseite der kanadischen 10-Cent-Münze eingeprägt.

Heute liegt die Fischfangindustrie, die der Stadt Wachstum und Ruhm beschert hat, völlig am Boden, die Fischfangbetriebe am Atlantik sind nur mehr ein Schatten ihrer selbst. Hier in Lunenburg pflegen die Bewohner der Stadt jedoch weiterhin die Schiffsbau- und -ausrüstungstradition ihrer Vorfahren. Der Hafen gilt immer noch als erste Adresse für große Segelschiffe, und große, mehrmastige Segler aus aller Welt, egal ob alt oder neu, werden nach wie vor zur Reparatur, Wartung oder Ausrüstung hierher gebracht – ihren Besitzern ist dazu jeder Vorwand recht. Hinter der schönen, touristischen Fassade verbirgt sich ein ausgeprägter, tief verwurzelter Stolz der Einheimischen auf diese Tradition, und international genießt die Stadt in der Seefahrt weiterhin einen ausgezeichneten Ruf. Wer einen Einheimischen auf das Thema Segelschiffe anspricht, wird selbst sehen, was passiert.

Die historische Downtown

Der älteste Teil des Hafens liegt auf dem Hügel mit Blick auf den Hafen. Die neun Blocks der Altstadt, die von der UNESCO zum Weltkulturerbe ernannt wurden, ragen steil über dem Wasser auf, die Grünfläche des Ortes erstreckt sich über das Zentrum. Der Bluenose Drive, eine schmale Straße, die am Hafen entlangführt, und die Montague Street einen Block hügelaufwärts begrenzen das Gebiet, in dem die meisten Sehenswürdigkeiten liegen. Ein Netz von Einbahnstraßen verbindet die Altstadt mit dem jüngeren Stadtteil, der mit Geldern aus dem Schiffsbau finanziert wurde. Zum schönsten Zeitvertreib in Lunenburg gehört es, durch die Wohn- und Geschäftsstraßen zu schlendern und die vielen sorgsam erhaltenen architektonischen Schätze der Stadt zu bewundern. Am Nordende des Hafens befindet sich der **Scotia Trawler Shipyard,** in dem die Bluenose gebaut wurde. Diese Schiffswerft sowie 16 weitere Anwesen und die meisten Kais sind unzugänglich, doch 2005 kaufte die Provinzregierung den gesamten Bezirk einem Privatunternehmen ab. Im Laufe der nächsten Jahre soll er der Öffentlichkeit zugänglich gemacht werden.

Fisheries Museum of the Atlantic: Dieses geräumige, leuchtend rot gestrichene Museum (68 Bluenose Dr., ☏ 902/634-4794; Anfang Mai bis Mitte Okt. tägl. 9.30–17.30 Uhr; Eintritt $ 10, Senioren $ 7, Kinder $ 3; Mitte Okt. bis Anf. Mai Mo–Fr 9.30–16 Uhr; Eintritt frei) ist eine wahre Fundgrube an Artefakten und Ausstellungsstücken zum Thema Schiffsbau, Seehandel, Rumschmuggel und Meeresbiologie. Dieses überaus faszinierende Museum informiert auf vielfältige Weise über maritime Fertigkeiten. So lernt man u. a., wie Fisch filetiert wird, wie Hummerfallen gebaut und Dorys konstruiert oder Netze geflickt werden. Drinnen findet man Aquarien, Touch-Tanks mit Meeresfauna zum Anfassen, eine Galerie mit Schiffsmodellen, lebensgroße Fischfangschiffe aus dem gesamten atlantischen Kanada, ein Theater, ein Restaurant und einen Geschenkartikelladen. Am Kai draußen liegt der Fisch-Schoner *Theresa E. Connor* vor Anker, der 1938 in Lunenburg gebaut wurde; außerdem der Trawler *Cape Sable* mit Stahlrumpf, Sinnbild für den modernen Schiffsbau, die *Royal Wave*, ein Kutter für Digby-Jakobsmuscheln, und, falls sie gerade in ihrem Heimathafen liegt, die *Bluenose II.* Alle Schiffe dürfen an Bord selbst besichtigt werden.

St. John's Anglican Church: Diese Kirche (Ecke Cumberland und Cornwallis St., ☏ 902/634-4994; Mai–Okt. Mo–Sa 10–17, So 12–19 Uhr) stand hier fast 250 Jahre lang. Im Jahr 2001 – damals war es die zweitälteste Kirche Kanadas – wurde sie bei einem Brand zerstört. Inzwischen ist sie wiederaufgebaut und kann im Rahmen einer individuellen Führung besichtigt werden.

Lunenburg Academy: Hoch über dem Hafen gelegen und von einem Parkgelände umgeben, ist die imposante Lunenburg Academy (97 Kaulbach St.) bereits aus der Ferne leicht zu erkennen. Das aus dem Jahr 1885 stammende schwarz-weiße Holzgebäude mit seinem Mansardendach und seinen ausgetretenen Holztreppen war ursprünglich eine elitäre Highschool. Heute hat hier die lokale Grundschule ihren Sitz, doch das Gebäude bleibt eine der ältesten Schulen Kanadas.

Captain J. Walters House Museum: Captain Walters war zur Zeit ihrer Rennfahrtkarriere Kapitän der Bluenose und lebte noch lange genug, um auch an Bord der Bluenose II zu segeln. Sein am Rande des historischen Stadtbezirks gelegenes schlichtes Haus (37 Tannery Rd., ✆ 902/634-4410; Juli/Aug. tägl. außer So 10–16 Uhr; Eintritt $ 2,50) wurde der Stadt durch seinen Sohn übereignet und ist heute ein Museum. Die Ausstellung befasst sich schwerpunktmäßig mit der Person des Kapitäns sowie dem berühmten Schiff. Weitere Exponate heben aber auch die Bedeutung des Schiffsbaus für die örtliche Wirtschaft und die frühe Fischfangindustrie hervor.

Die berühmte „Bluenose"

Die auf neuschottischen Nummernschildern und der Rückseite des kanadischen 10-Cent-Stücks abgebildete historische Bluenose lief 1921 in Lunenburg vom Stapel. Das als Fischfangschoner gebaute Schiff war speziell für die Teilnahme an der International Fishermen's Trophy konzipiert, einer Serie von Rennen, bei der Fangschiffe aus Kanada und den USA gegeneinander antraten. Sehr zur Freude der Kanadier gewann die Bluenose jedes Rennen, an dem sie teilnahm, wurde zugleich aber auch für den Fischfang genutzt. 1942 wurden die segelgetriebenen Fischfangschiffe durch moderne Trawler mit Stahlrümpfen abgelöst. Die berühmte Bluenose wurde verkauft, um als Frachttransporter auf den West Indies zu dienen. Vier Jahre später sank sie vor einem haitianischen Riff.

Das Schiff selbst war eigentlich schwarz. Sein Name, so glaubt man, leitete sich von den lokalen Fischern ab, die ihre Nasen bei nasskaltem Wetter immer mit ihren blauen Fäustlingen abwischten, die dementsprechend abfärbten.

Im Juli 1963 wurde die Bluenose II nach Plänen des Originalschiffs gebaut und lief ebenfalls in Lunenburg vom Stapel. An ihrem Bau waren sogar einige Handwerker beteiligt, die schon die erste Bluenose gebaut hatten.

Weitere Sehenswürdigkeiten

Blue Rocks: Jeder Weg in Lunenburgs Downtown, dem man ostwärts folgt, führt auf eine Straße, die ins 8 km entfernte Blue Rocks am Ende der Halbinsel führt. Dieses winzige Fischerdörfchen liegt an einer zerklüfteten Küste, an der graublauer Schiefer und Sandstein dominieren, eine für Fotografen sehr reizvolle Farbzusammenstellung und Oberflächenstruktur. Blue Rocks bietet keine offiziellen Attraktionen oder Gasthäuser. Stattdessen fährt man bis ans Ende der Straße, von wo aus man zu Fuß weitergehen muss, um in den vollen Genuss dieses stillen Teils von Nova Scotia zu kommen – fernab von Touristenorten wie Lunenburg oder Peggy's Cove. Am Ufer liegen Boote und Fischfangutensilien wie Netze und Fallen, an dem felsigen Küstenvorsprung kleben schlichte, aber farbenfrohe Häuschen.

Nova Scotia Karte siehe Farbteil S. 2/3

Ovens Natural Park: Über den Hwy. 332 erreicht man in 15 Min. Fahrt mit dem Auto die südlich von Lunenburg gelegenen, spektakulären Meeresgrotten in der Felsküste. Frühe Goldschürfer entdeckten Goldadern in der Felswand aus Schiefer und weißem Quarz und lösten damit 1861 einen kleinen Goldrausch aus. In den folgenden Jahrzehnten gab das Gestein 15.500 g des Edelmetalls preis, und die bekannte Reederfamilie Cunard ließ den Sand des Strandes nach England transportieren, um das Gold herauszusieben. Heute ist das Gelände in Privatbesitz und beherbergt Campingplätze, Hütten, Wanderwege und ein Restaurant auf einem 75 ha großen Grundstück. Unterhalb des Hauptparkplatzes können sich Besucher selbst als Goldsucher an Cunard's Beach versuchen. Ein Pfad führt an den Klippen entlang in einen der „Öfen", und an Bord eines Schlauchboots kann man die Höhlen auf Meeresspiegelniveau selbst in Augenschein nehmen. Die Tagesgebühr beträgt $ 8, für Senioren und Kinder $ 4. Nähere Infos erhält man unter ✆ 902/766-4621.

Sport und Freizeit

• *Bluenose II* Um das Lunenburg-Erlebnis komplett zu machen, darf eine Segeltour an Bord der Bluenose II, einem exakten Nachbau des berühmten Segelschiffs, auf keinen Fall fehlen.

Wenn sie nicht gerade in Halifax liegt oder andere kanadische Häfen besucht, ist die Bluenose II (✆ 902/634-4794 oder 866/579-4909, www.museum.gov.ns.ca/bluenose) hier an ihrem Heimatanleger vor dem Fischereimuseum anzutreffen. Statt ihre Fahrgäste mit bequem nach hinten geneigten Sitzen, Acrylglasscheiben und Cocktailbar vor der rauen maritimen Wirklichkeit zu bewahren, zeigt einem die Bluenose II, was es heißt, als Segler auf hoher See zu sein. Wer bei steifer Brise aus dem Hafen fährt, während die Segel stramm im Wind flattern und der Schiffsrumpf die eisigen Fluten durchschneidet, beginnt zu verstehen und nachzufühlen, was Lunenburgs Geschichte und seinen Lebensnerv ausmachen.

Während ihres Aufenthalts in Lunenburg startet das Schiff 2-mal tägl. (9.30 und 13 Uhr, $ 35, Kinder $ 20) zu einer zweistündigen Hafenrundfahrt. Auf jeder Fahrt stehen insgesamt 75 Plätze zur Verfügung. Davon können 40 unter den angegebenen Telefonnummern oder auf der Website reserviert werden. Die verbleibenden 35 werden 90 Min. vor Abfahrt am Ticketstand vor dem Eingang des Fischereimuseums verkauft, wer zuerst kommt, mahlt zuerst (die Nachfrage ist groß, deshalb sollte man lange im Voraus reservieren). Auf der Website gibt es einen Fahrplan.

• *Weitere Bootstouren* Die Bluenose II liegt nicht immer im Hafen, und wenn sie vor Ort ist, sind die Tickets schnell ausverkauft. Eine prima Alternative ist die **Eastern Star**, eine charaktervolle, 16 m lange Ketsch, liebevoll gepflegt von einer freundlichen und professionellen Crew, die größten Wert darauf legt, die Schifffahrtstradition fortzuführen, die Lunenburg einst bekannt gemacht hat. Die Eastern Star startet von Juni bis Oktober tägl. zu 90-Min.-Touren; im Juli und August kommt noch eine zweistündige Tour bei Sonnenuntergang hinzu. Die Fahrten kosten jeweils $ 24–27 bzw. für Kinder $ 11–14; Betreiber des Schiffs ist **Star Charters** (✆ 902/634-3535), eine Gesellschaft, die auf der Ostseite des Fischereimuseums einen Ticketstand hat.

Um einem Hummerkutter bei der Arbeit zuzusehen, kann man sich bei **Losstürmen Tours** (✆ 902/634-3434 oder 866/708-3434) zu einer zweistündigen Fahrt anmelden, auf der man einheimische Fischer beim Auslegen und Einholen der (vorzugsweise mit Hummern gefüllten) Fallen beobachten kann. Abfahrt ist im Sommer tägl. um 11 und 13.30 Uhr; die Kosten halten sich in Grenzen: Erwachsene zahlen $ 34, Kinder $ 14. Obwohl das Boot richtige Fangeinsätze fährt, ist es an Bord sehr komfortabel, mit Kabinensitzplätzen und einem Waschraum.

Lunenburg Whale Watching Tours (✆ 902/527-7175) starten von Mai bis Oktober 4-mal tägl. am Government Wharf. Eigentlich geht es zwar um die Wale, aber regelmäßig werden auch Sonnenfische *(sunfish)*, Schildkröten, Delfine, Robben und Papageitaucher gesichtet. Die Fahrt kostet $ 45, für Kinder $ 30.

Nachtleben, Kultur und Veranstaltungen

Abends und sonntags geht es im Hafen eher ruhig zu. Die Einheimischen besuchen **The Knot Pub** (4 Dufferin St.; tägl. 12–23 Uhr), ein gemütliches, lebhaftes Plätzchen, in dem es „Knotwurst" mit Kraut zum Fassbier gibt. Oberhalb des Hafens liegt das **Lunenburg Arms** (94 Pelham St., ✆ 902/640-4040), das eine Lounge-Bar und Außentische in einem ruhigen Innenhof bietet.

Theater-, Tanz-, Puppen- und Kindertheater sowie Musikvorführungen finden regelmäßig im **Pearl Theatre** (37 Hall St., ✆ 902/634-8716) statt. Das **Lunenburg Opera House** (290 Lincoln St., ✆ 902/640-6500) zeigt Auftritte von Musikern aus den gesamten Atlantikprovinzen. Karten kosten bis $ 20.

• *Lunenburg Folk Harbour Festival* Ab dem 1. Donnerstag im August kommen für vier Tage traditionelle, ursprüngliche und zeitgenössische Folk-Musiker auf dem Lunenburg Folk Harbour Festival zusammen (✆ 902/634-3180, www.folkharbour.com). Sie treten in einem Zelt auf dem Blockhouse Hill, im Opera House, im Musikpavillon in der Downtown sowie draußen am Kai auf. Viele der Konzerte sind kostenlos; Top-Acts im großen Zelt kosten $ 20.

Einkaufen

Der **Bauernmarkt** im Lunenburg Community Centre (Ecke Victoria Rd. und Green St.; Juli–Okt. Do 8–12 Uhr) lockt das Publikum mit frischen Ernteprodukten, Räucherspezialitäten und Kunsthandwerk in das ehemalige Eisenbahndepot. Die Waren sind qualitativ hochwertig und dementsprechend teuer.

Die **Houston North Gallery** (110 Montague St., ✆ 902/634-8869) ist auf Volkskunst, Inuit-Kunsthandwerk und -skulpturen sowie im-portierte Bildhauerei spezialisiert. Geschenke mit maritimem Charakter gibt es im **Yacht Shop** (280 Montague St., ✆ 902/634-4331), der zugleich ein gut sortiertes Geschäft für Marinezubehör ist, sowie im nicht gewinnorientierten **Bluenose II Company Store** (121 Bluenose Dr., ✆ 902/634-1963), das Kleidungsstücke, Geschenke und Kunstgegenstände aller Art zum Thema „Bluenose" verkauft. Der Erlös wird in den Erhalt des Schiffs gesteckt.

Übernachten/Camping

Was Mahone Bay an Übernachtungsmöglichkeiten fehlt, wird in Lunenburg mehr als wettgemacht – über 60 B&Bs drängen sich in den historischen Straßen, mehr als in Halifax, das über 100-mal so viele Einwohner hat. Trotzdem sollte man im Sommer vorab reservieren. Im Winter muss man damit rechnen, nur den Anrufbeantworter am Apparat zu haben, da viele Unterkünfte um diese Zeit geschlossen haben.

Übernachten

• *$ 50–100* Viele der B&Bs im Preisbereich von $ 100–150 bieten außerhalb der Sommersaison Zimmer für unter $ 100 an, doch im Juli und August ist die Auswahl begrenzt. Eine der besten Unterkünfte ist **Lennox Inn** (69 Fox St., ✆ 902/521-0214 oder 888/379-7605, www.lennoxinn.com; Mai–Okt.; $ 95–120 für 1/2 Pers.). Es stammt aus dem Jahr 1791 und ist damit Kanadas ältestes Gasthaus. Die heutigen Besitzer haben dem Gebäude durch sorgfältige Restaurierung anhand der Originalgrundrisse neues Leben eingehaucht. Zwei Gästezimmer teilen sich ein Bad, die anderen beiden haben jeweils ein eigenes. Im Preis ist ein Frühstück in der früheren Taverne enthalten.

Direkt in der Downtown über dem Grand Banker Restaurant bietet das sehr saubere **Brigantine Inn and Suites** (82 Montague St., ✆ 902/634-3300 oder 800/360-1181, www.brigantineinn.com; $ 75–160 für 1/2 Pers.) ein sehr gutes Preis-Leistungs-Verhältnis. Zur Auswahl stehen sieben Zimmer im maritimen Stil, jedes davon mit eigenem Bad und nach einem berühmten Segelschiff benannt. Das kleinste Zimmer ist der bunt dekorierte *Cutty Sark Room*, der um einiges größere *Brigantine Romance Room* besitzt eine Badewanne mit Sprudeldüsen auf einem verglasten Balkon mit Blick auf den

Nova Scotia
Karte siehe Farbteil S. 2/3

Hafen. Zum Gasthaus gehört ein Komplex mit sieben Suiten, der einen Block vom Hauptgasthaus entfernt liegt. Die Suiten verfügen über separate Schlaf- und Wohnzimmer, Kaffeemaschine, Mikrowelle und Kühlschrank.

Das zwei Gebäude (von 1888 und 1905) umfassende **Boscawen Inn and McLachlan House** (150 Cumberland St., ✆ 902/634-3325 oder 800/354-5009, www.boscawen.ca; $ 95–205 für 1/2 Pers.) bietet auch Zimmer unter $ 100 an, die meisten kosten allerdings mehr. Dieses Hotel im europäischen Stil liegt auf einer malerischen Anhöhe oberhalb des Hafens und ist von Parks umgeben. Die fünf Gästezimmer im McLachlan House sind etwas günstiger als die auf der anderen Straßenseite im ursprünglich als Boscawen Manor bekannten Haus, aber für alle Gäste ist im Zimmerpreis ein kleines Frühstück inbegriffen. Weitere Extras sind ein eleganter Speisesaal und eine sonnige Terrasse, beide sind auch für externe Gäste geöffnet.

• *$ 100–150* Das **Kaulbach House** (75 Pelham St., ✆ 902/634-8818 oder 800/568-8818, www.kaulbachhouse.com; Mitte März bis Okt.; $ 112–169 für 1/2 Pers.) ist einer von Lunenburgs zahlreichen historischen Prachtbauten (um 1880 entstanden), der zum Gasthaus umgebaut wurde, samt dem *Lunenburg Bump*, einem für die Stadt typischen Mittelerker. Es liegt zwei Blocks oberhalb des Hafens, bietet aber teilweise Meeresblick. Die sechs antik eingerichteten Zimmer haben alle ein eigenes (entweder angrenzendes oder separates) Bad sowie WLAN-Internetzugang. Die Preise verstehen sich inkl. Frühstück.

Das kunstvoll verzierte **Mariner King B&B** (15 King St., ✆ 902/634-8509 oder 800/565-8509, www.marinerking.com; $ 110–220 für 1/2 Pers.) liegt ebenfalls direkt in der Downtown. Die preiswerteren Zimmer sind hier etwas spartanischer als im Kaulbach House, aber die stilvolle *Attic Suite* ist ein echtes Juwel, das sogar eine eigene Dachterrasse besitzt. Zu den Gemeinschaftsbereichen gehören zwei Aufenthaltsräume und ein kleiner, gepflasterter Innenhof.

Rum Runner Inn (66 Montague St., ✆ 902/634-9200 oder 888/778-6786, www.rumrunnerinn.com; $ 109–169 für 1/2 Pers.) liegt direkt an der belebten Restaurantmeile gegenüber dem Hafen. Das Gebäude ist zwar historisch, aber seine 13 Zimmer wurden gründlich modernisiert und unterscheiden sich

nicht von denen eines durchschnittlichen Motels. Jedes davon verfügt über Kaffeemaschine, Kühlschrank, AC und Internetanschlüsse. Die teuersten Zimmer besitzen King-Size-Betten und eine verglaste Veranda. Im Preis ist ein kleines Frühstück enthalten.

Wer in einem historischen Gebäude mit modernem Flair übernachten will, sollte das zentral gelegene **Spinnaker Inn** (126 Montague St., ✆ 902/634-4543 oder 888/777-8606, www.spinnakerinn.com; $ 125–175 für 1/2 Pers.) in Erwägung ziehen. Die Zimmer mit Blick auf den Hafen haben polierte Hartholzböden und Betten im antiken Stil. Zwei davon sind maisonetteähnlich angelegt, mit Badewannen mit Sprudeldüse im angrenzenden Bad und Hafenblick.

Das **Lunenburg Inn** (26 Dufferin St., ✆ 902/634-3963 oder 800/565-3963, www.lunenburginn.com; April–Okt.; $ 155–195 für 1/2 Pers.) ist ein aufwendig verzierter viktorianischer Bau, der seit 1924 Gäste empfängt. Mitte der 1990er-Jahre wurde er umfangreichen Sanierungsmaßnahmen unterzogen und bietet nun einige der schönsten Zimmer der Stadt. Vor die Wahl gestellt, würde ich mich für die Hillside Suite entscheiden, die einen Wohnbereich mit TV, eine Badewanne mit Sprudeldüsen im angrenzenden Badezimmer und einen eigenen Eingang von der Veranda aus hat. Für die Gäste hier stehen außerdem ein Aufenthaltsraum mit Kamin, eine gemütliche Bar und Highspeed-Internetzugänge zur Verfügung.

Camping

Der **Lunenburg Board of Trade Campground** (Blockhouse Hill Rd., ✆ 902/634-8100; Mai–Okt.; $ 22–28) liegt auf dem Blockhouse Hill hoch über der Downtown und direkt neben der Touristeninformation. Er ist eher klein (55 Parzellen), aber die Ausstattung ist angemessen (Duschen, Aussicht, Internetzugang).

Viel mehr als nur ein Campingplatz (siehe auch *Weitere Sehenswürdigkeiten*) ist **Ovens Natural Park** (am Hwy. 332, ✆ 902/766-4621, www.ovenspark.com; Mitte Mai bis Mitte Okt.). Es gibt hier Stellplätze (Zelte $ 25, mit Anschlüssen $ 38–55) und Hütten, darunter solche mit Gemeinschaftsbad ($ 60 für 1/2 Pers.), sowie 2-Zimmer-Chalets ($ 180). Zu den Extras gehören Rasenspielflächen, Spielplatz, Lagerfeuer am Abend, Restaurant und Geschenkartikelladen. Der Platz wird von Verwandten des verstorbenen Sängers

Das Lunenburg Inn

Harry Chapin (bekannt durch „Cats in the Cradle") geführt, was die „Mitsingabende" zum echten Erlebnis macht. Am mittleren Augustwochenende trifft sich die ganze Familie zu einer Gedenkfeier für den Sänger, bei der jeder herzlich willkommen ist.

Essen und Trinken

Lunenburg besitzt eine Vielzahl an Restaurants, von denen fast alle in entspanntem Ambiente Seafood servieren. Zu den lokalen Spezialitäten, die auf einigen Speisekarten auftauchen, gehören Solomon Gundy (eingelegter Hering, normalerweise serviert mit Sour Cream), Lunenburg Pudding (eine Schweinswurst) und Fischküchlein mit Rhabarber-Relish. Außerhalb des Touristenviertels liegt **Scotia Trawler** (266 Montague St., ✆ 902/634-4914), wo sich die Fischer mit Proviant eindecken. Hinter den Reihen aus Trocken- und Dosenlebensmitteln findet man gesalzenen Kabeljau, Solomon Gundy und Lunenburg Pudding sowie viele andere „Leckereien", nach denen man im heimischen Lebensmittelmarkt vergeblich sucht.

● *Cafés und Pubs* **Historic Grounds** (100 Montague St., ✆ 902/634-9995; Juni bis Mitte Sept. Mo–Fr 7.30–22, Sa/So 8–22 Uhr, sonst tägl. 7.30–17.30 Uhr) ist Lunenburgs beste Caféadresse (v. a. wenn man einen der beiden Tische auf dem Balkon mit Blick auf den Hafen ergattert). Und doch ist es viel mehr als nur ein Kaffeehaus. Hier werden auch Sandwichs nach Wunsch, Chowder und Salate serviert.

Etwas abseits des Hafenviertels liegt der **Knot Pub** (4 Dufferin St., ✆ 902/634-3334; tägl. 12–21.30 Uhr), ein kleines Lokal mit zünftigem Pub-Essen, darunter auch Fish 'n' Chips für $ 10.

● *Restaurants* In dem großen roten Gebäude am Ufer befindet sich die **Old Fish Factory** (68 Bluenose Dr., ✆ 902/634-3333; Mai–Okt. 11–22 Uhr), ein großzügiges Restaurant in einem umgebauten ehemaligen Fischlagerhaus. Zu den Spezialitäten hier zählen sahniger Seafood Chowder, Schellfisch in Bierteig und auf Zedernholz gebackener Fisch. Nach Solomon Gundy, der ziemlich sauren einheimischen Spezialität, freut man sich zum Dessert auf Blueberry Grunt, süße Teigklößchen in Heidelbeerkompott, die mit Schlagsahne serviert werden. Auch Gerichte ohne Fisch mit typisch kanadischem Einschlag stehen zur Auswahl, z. B. ahornglasiertes Hühnchen für $18,50. Auch die anderen Hauptgerichte zum Abendessen liegen in dieser Preisklasse, Mittagsgerichte von $ 8–15.

Einen Block vom Hafen entfernt säumen mehrere Restaurants die Montague Street. Alle haben Terrassen oder deckenhohe Fensterflächen mit Blick auf das Wasser. **Big Red's Family Restaurant** (80 Montague St., ℘ 902/634-3554; tägl. 9–22, Sa/So bis 23 Uhr) ist – wie der Name schon sagt – ein höhlenartiges Familienrestaurant mit Standard-Seafood im Angebot. Die Portionen sind reichlich und die Preise bezahlbar. **Grand Banker Seafood Bar & Grill** (82 Montague St., ℘ 902/634-3300; 8.30–21 Uhr) bietet einen ähnlich tollen Blick aus seinem ver-

glasten Speisesaal und serviert ein breitgefächertes Angebot aus Seafood, Salaten, Pasta und Sandwichs. Das Essen ist sorgfältig zubereitet und das Ambiente angenehm – das Lokal ist weniger touristisch als manche anderen in der Nachbarschaft. Die Hauptgerichte bewegen sich zwischen $ 10 und $ 20, zur Auswahl stehen Krabbenküchlein, akadischer Seafood Chowder und mit Ahornsirup und Pecannüssen glasierter Lachs. Ein halbes Dutzend gute Biersorten und ein paar Weine aus Nova Scotia sind ebenfalls erhältlich. The Grand Banker lädt am Wochenende außerdem zum leckeren Brunch (11–14.30 Uhr), u. a. mit Hummer und Eggs Benedict für $ 12.

*I*nformation/*A*dressen

Das **Lunenburg Visitor Information Centre** (Blockhouse Hill Rd., ℘ 902/634-8100; Mai–Okt. tägl. 9–20 Uhr) versorgt mit informativer Literatur über die historische Architektur des Hafens. „Understanding Lunenburg's Architecture" beschreibt die verschiedenen Design-Elemente, und „An Inventory of Historic Buildings" liefert detailliertere Informationen über fast jedes Gebäude am Hafen, jeweils nach Straßen geordnet. Das Personal hilft außerdem bei der Zimmersuche, falls jemand keine Reservierung hat. Für nicht Ortskundige kann die Touristeninformation etwas schwer zu finden sein. Auf

dem Weg in die Stadt fährt man auf der Lincoln Street vorbei an der Beschilderung zum Hafen und gelangt schon bald auf den Blockhouse Hill.

Das **Fishermen's Memorial Hospital** (14 High St., ℘ 902/634-8801) liegt zwischen Dufferin und Green Street. Die **RCMP** erreicht man unter ℘ 902/634-8674.

Es gibt einige **Banken** in der King Street, das **Postamt** ist Ecke King und Lincoln Street zu finden. **Soap Bubble Cleanette** (39 Lincoln St., ℘ 902/634-4601; Mo–Sa 8–20, So 10–20 Uhr) ist der lokale Waschsalon.

*V*erbindungen

Auf dem geteilten Hwy. 103 braucht man etwas über 1 Std., um Lunenburg von Halifax aus zu erreichen, wenn man für das letzte Stück die Ausfahrt 10 über Mahone Bay nimmt. Die meisten Besucher kommen entweder im Rahmen einer Ausflugstour, mit dem eigenen Auto oder mit dem Mietwagen hierher. Wer ohne Fahrzeug in Halifax ist, kann mit **Ambassatours** (℘ 902/423-6242 oder 800/565-7173) eine sechsstündige

Fahrt hierher machen. Die Fahrten starten von Juni bis Oktober mittwochs, freitags und samstags um 8.30 Uhr und kosten $ 98, für Senioren $ 88,20 und für Kinder $ 69.

Die in Bridgewater ansässige Gesellschaft **Try Town Transit** (℘ 902/521-0855) betreibt auf Anfrage einen Shuttleservice zwischen Halifax und Lunenburg zum Preis von ca. $ 120 für bis zu acht Fahrgäste.

Von Lunenburg nach Shelburne

Hinter Lunenburg verläuft der geteilte Highway weiter südwestlich nach Bridgewater. Je weiter man nach Süden kommt, desto ruhiger wird es. An der Küste liegen zahlreiche Dörfer im Stil von Peggy's Cove, die ebenso geschichtsträchtig, dafür aber fast unberührt vom Tourismus sind. Auch hier ist die Küste zerklüftet, und es locken Parks mit angelegten Wanderwegen und Sandstränden.

Die 140 km lange Fahrt von Lunenburg nach Shelburne dauert nonstop 2 Std. Da es auf diesem Küstenstrich nur wenige Übernachtungsmöglichkeiten gibt, ist es sinnvoll, gleich nach dem Frühstück aus Lunenburg abzufahren, den Tag mit der Besichtigung der nachfolgenden Parks und Städte zu verbringen und für die Nacht ein Zimmer in Shelburne zu reservieren.

Bridgewater

Das am LaHave River westlich von Lunenburg gelegene Bridgewater (7000 Einw.) ist die wichtigste Versorgungsstadt am South Shore und Sitz einer großen Michelin-Reifenfabrik; außerdem haben Reisende, die Richtung Süden unterwegs sind, hier die letzte Gelegenheit zum Fast-Food-Essen (wer's braucht) und Mall-Shopping.

Die **Wile Carding Mill** (242 Victoria Rd., ✆ 902/543-8233; Juni–Sept. Mo–Sa 9.30–17.30, So 13–17.30 Uhr, Eintritt $ 4, Kinder $ 2) war früher eine „Wollmühle". Die Wolle wurde hier für das Spinnen und Weben gekardet (gekämmt) und zu Quiltvlies verarbeitet. Die Originalmaschinen sind noch funktionstüchtig; sie werden von einem Wasserrad angetrieben und demonstrieren heute die alte Kardierungstechnik. Die Mühle steht an der Südseite des Flusses (Abfahrt 13 vom Hwy. 103).

Östlich der Downtown und von einem Parkgelände umgeben, liegt das **DesBrisay Museum** (130 Jubilee Rd., ✆ 902/543-4033; Juli–Sept. Mo–Sa 9–17, So 13–17.30 Uhr, sonst Mi–So 13–17 Uhr; Eintritt $ 3,50, Senioren $ 2,25, Kinder $ 2). Neben der Geschichte von Bridgewaters ersten europäischen Siedlern schildert das Museum die Bedeutung der lokalen Industriezweige. Zu den Highlights gehören Quiltarbeiten der Mi'kmaq-Indianer sowie ein hölzerner Pflug von 1800.

Reisepraktisches

• *Übernachten* Die älteste Unterkunft Nova Scotias ist der **Fairview Inn** (25 Queen St., ✆ 902/543-2233 oder 800/725-8732, www.thefairviewinn.ca; $ 95–145 für 1/2 Pers.) in Bridgewater, ein ansehnlicher, dreistöckiger Holzbau aus dem Jahre 1863. Das Haus wurde geschmackvoll restauriert und beherbergt nun 24 stilvolle Gästezimmer von einfachen, aber komfortablen Räumen bis hin zu einer Suite im maritimen Stil. Nette Extras in den Zimmern sind Velourstreppichböden und Bademäntel, weiterhin gibt es einen Außenpool und ein Becken mit heißem Wasser, Restaurant, Lounge und sogar Zimmerservice. Um hierherzukommen, fährt man vom Hwy. 103 an der Ausfahrt 13 ab und folgt der Victoria Road bis zur Queen Street.
Etwa 6 km östlich der Stadt auf dem Hwy. 331 stößt man auf das **Lighthouse Motel** (1101 Hwy. 331, Pleasantville, ✆ 902/543-8151, www.lighthousemotel.ca; Mai–Okt.; $ 75–100 für 1/2 Pers.). Es ist herrlich am Flussufer gelegen, und die Gäste haben Zugang zu einem Privatstrand, einem Picknickbereich und einem Spielplatz.

• *Essen und Trinken* **Cranberry's** (Fairview Inn, 25 Queen St., ✆ 902/543-2233; tägl. 7–21 Uhr) ist ein einladendes Lokal mit kreativer Speisekarte. Morgens ist es sehr beliebt ($ 6 für ein warmes Frühstück mit Kaffee, $ 9 für Eggs Benedict mit Räucherlachs), hebt sich aber v. a. allem durch seine Mittags- und Abendkarte wohltuend von anderen ab. Als Vorspeise eignet sich z. B. Solomon Gundy (eingelegter Hering), danach stehen schlichte Hauptgerichte wie Curry-Shrimps oder Aufwendigeres wie gebackener Schellfisch, gefüllt mit Spargel und Räucherlachs, zur Auswahl. Etwas Platz im Magen sollte man aber noch für die himmlische Mousse au Chocolat lassen.

Über den Highway 331 nach Liverpool

Der Hwy. 331, der in der Downtown von Bridgewater als King Street beginnt, folgt dem LaHave River bis zu seiner Mündung und schlängelt sich dann weiter an der

Küste entlang bis zur Ausfahrt 17 des Hwy. 103. Er verlängert die Fahrt von Bridgewater nach Liverpool zwar um 30 Min., bietet dafür jedoch herrliche Impressionen
von der touristisch noch unberührten South Shore jenseits von Lunenburg.

LaHave Islands

Ein Damm führt von **Crescent Beach** hinüber nach Bush Island, von wo aus man
über urige alte Eisenbrücken nach Bell Island und LaHave Island gelangt. Auf diesen
drei Eilanden, die zu der gleich mehrere Dutzend Inseln umfassenden Inselgruppe
zählen, finden sich die Hütten jener Fischer, die dem harten Konkurrenzkampf bisher getrotzt haben. Auf Bell Island ist in der Kirche ein Museum untergebracht, das
sich der Lokalgeschichte widmet; der Bush Island Provincial Park ist allerdings
kaum mehr als ein Bootshafen. Wegen der urwüchsigen Landschaft und der skurri-
len Fischerhütten ist die Fahrt bis zum Ende der Straße trotzdem ein lohnender
Abstecher von der Haupttouristenroute am South Shore.

Nur einer von vielen Parks an diesem Küstenstrich ist der **Rissers Beach Provincial
Park,** in dem ein Strand mit feinstem Quarzsand sowie ursprüngliche Salzsümpfe
locken, durch die Laufstege führen. Der Campingplatz im Park (✆ 902/688-2034;
Mitte Mai bis Mitte Okt.; $ 24) ist an jedem Sommerwochenende voll besetzt, doch
während der Woche sind selbst die Stellplätze am Sandstrand häufig frei. Der Park
liegt direkt an dem Damm, der zu den Inseln hinüberführt.

Liverpool

Diese historische Stadt an der Mündung des Mersey Rivers, 50 km südlich von
Bridgewater, hätte deutlich mehr Beachtung verdient. In dem kleinen Stadtkern der
Downtown lockt eine ganze Reihe interessanter Attraktionen, während die Priva-
teer Days (Anf. Juli) einen lebendigen Einblick in die farbenfrohe Vergangenheit der
Stadt bieten.

Sehenswertes

Port of Privateers: Privateers (Freibeuter) waren von der Regierung geduldete Piraten, die die offizielle Genehmigung hatten, feindliche Schiffe zu kapern. Amerikanische Freibeuter fanden während des Unabhängigkeitskrieges ihren Weg nach Nova
Scotia, wo die Briten die amerikanischen Schiffe angriffen. Die Freibeuter wurden
gesetzlich verpflichtet, gekaperte Schiffe nach Halifax zur Privateers Wharf zu
bringen, wo Schiffe und Ladung meistbietend versteigert wurden. Ein Teil des Erlö-
ses floss zurück an den jeweiligen Freibeuter und seine Crew. Der gebürtige Liverpooler Simeon Perkins hatte eine Beteiligung an einem Freibeuterschiff, zusammen
mit einigen Dutzend anderen, die Liverpool als Heimathafen nutzten. Das beste
Geschäft unter den Freibeuterschiffen machte die *Liverpool Packet* unter Kapitän
Joseph Barss, die während ihrer aktiven Zeit geschätzte 200 Schiffe kaperte. Da die
von einem Schiff geplünderten Waren bei Auktionen bis zu $ 1 Mio. einbrachten,
wurde Liverpool zur wohlhabenden Stadt, und viele der großen Herrenhäuser, die
heute noch existieren, wurden durch die Freibeuterei finanziert.

Sherman Hines Museum of Photography: Der bekannte Landschafts- und Porträt-
fotograf Sherman Hines gründete dieses Fotomuseum (219 Main St., ✆ 902/354-
2667; Mitte Mai bis Mitte Okt. Mo–Sa 10–17.30 Uhr, Juli/Aug. auch So 12–
17.30 Uhr; Eintritt $ 4, Kinder $ 3), um die Werke herausragender Fotografen aus
Nova Scotia auszustellen, darunter auch seine eigenen. In dem Holzhaus von 1901,

das selbst zu den nationalhistorischen Stätten zählt, sind auch ein Fotostudio aus viktorianischer Zeit, eine Galerie mit wechselnden Ausstellungen, eine Fachbibliothek sowie ein Geschenkartikelladen untergebracht. Im Foyer ist ein ausgestopfter Thunfisch von beeindruckenden Ausmaßen zu bewundern – mit seinen 400 kg ist er der größte Fisch seiner Art, der je an einem Angelhaken hing.

Neben seinem Fotomuseum investierte Sherman Hines sein Privatvermögen in den Aufbau des **Rossignol Cultural Centre** (205 Church St., ✆ 902/354-3067; Mitte Mai bis Mitte Okt Mo–Sa 10–17.30 Uhr, Juli/Aug. auch So 12–17.30 Uhr; Eintritt $ 4, Kinder $ 3) in einem Schulgebäude, das zuerst abgerissen werden sollte. Einen Block südlich der Main Street an der Old Bridge Street gelegen, umfasst es mehrere kleine Museen, darunter eines, das sich Bretterschuppen widmet (Hines ist u. a. bekannt für seine Fotografien solcher Schuppen), in anderen wird Volkskunst, die Kultur der Mi'kmaq sowie die heimische Wildtierfauna ausgestellt.

Das von einem berüchtigten Freibeuter erbaute **Perkins House** (105 Main St., ✆ 902/354-4058; Mitte Mai bis Mitte Okt. Mo–Sa 9.30–17.30, So 13–17.30 Uhr; Eintritt frei) ist ein typisches Beispiel für ein Haus im Stil der neuenglischen Farmer, das nach Nova Scotia versetzt wurde. Es wurde 1766 gebaut und ist mit Antiquitäten und Ausstellungsstücken eingerichtet, die aus Perkins bewegtem Leben auf hoher See erzählen.

Countrymusik-Legende Hank Snow, der seinerzeit 70 Mio. Platten verkaufte, wurde im nahe gelegenen Brooklyn geboren. Von der Downtown aus jenseits des Flusses wurde im Gedenken an ihn ein Bahnhofsgebäude zum **Hank Snow Country Music Centre** (148 Bristol St., ✆ 902/354-4675; Mitte Mai bis Mitte Okt. Mo–Sa 9– 17 Uhr, Juli/Aug. zusätzlich So 12–17.30 Uhr; Eintritt $ 3) umgebaut. Die Ausstellung zeigt alle Stationen seines Lebens, von den ersten Gigs in Halifax über detaillierte Infos zu seinen sieben Nr.-1-Hits aus 120 Alben bis hin zu den Auftritten in der Grand Ole Opry-Show (eine seit 1925 wöchentlich im US-Radio ausgestrahlte Country-Musik-Sendung), seiner Rolle bei Elvis Presleys Einführung ins Showbusiness und schließlich den unzähligen Auszeichnungen, die sich in 60 Bühnenjahren angesammelt haben. Vom Hwy. 103 die Ausfahrt 19 nehmen; von der Downtown aus überquert man den Mersey River über die Bristol Street.

Privateer Days: Nirgends lässt es sich besser in die bewegte Geschichte von Nova Scotias Freibeutern eintauchen als bei den Privateer Days (✆ 902/354-4500, www. privateerdays.com), einer Liverpooler Tradition, die immer am ersten Wochenende im Juli stattfindet. Zu den großen Highlights gehören geführte Touren mit historisch kostümierten Einheimischen und eine nachgestellte Szene, bei der zwei amerikanische Freibeuterschiffe in die Stadt eindringen. Veranstaltungen finden aber die ganze Woche über statt, bis schließlich am letzten Abend beim Abschlussfeuerwerk alles mit einem Knall endet.

Reisepraktisches

• *Übernachten/Essen und Trinken* Das ehemalige Haus eines Freibeuters, das **Lane's Privateer Inn** (27 Bristol Ave., ✆ 902/ 354 3456 oder 800/794-3332, www.lanesprivateer inn.com; $ 90 für 1 Pers., $ 105–135 für 2 Pers.) bietet alles, was man für eine Übernachtung braucht, unter einem Dach. Die 27 Zimmer haben alle ein angrenzendes Bad und AC, einige davon auch King-Size-Betten und Balkone mit Blick auf den Mersey River. Unten befindet sich ein ausgezeichnetes Restaurant. Zum Frühstück stehen alle üblichen Optionen zur Auswahl, darunter neuschottische Spezialitäten wie

Nova Scotia
Karte siehe Farbteil S. 2/3

geräucherte Lachswurst als Speck-Ersatz. Zum Mittag- und Abendessen gibt es Ausgefallenes wie Schellfisch mit Fruchtsauce für $ 16 und Lammkoteletts in Blaubeer-Brandy-Sauce für $ 20.

• *Information*   Das **Visitor Information Centre** (28 Henry Hensey Dr., ℘ 902/354-5421, www.queens.ca; Mitte Mai bis Sept. tägl. 9.30–15.30 Uhr) liegt am Flussufer direkt in der Downtown.

Snug Harbour Books (Lane's Privateer Inn, 27 Bristol Ave., ℘ 902/354-3456) ist ein freundlicher Laden im Erdgeschoss der besten Unterkunft der Stadt. Hier findet man interessante Bücher über die Freibeuterei, doch auch die zahlreichen neuschottischen Kochbücher sind ein tolles Souvenir. Der Buchladen ist gleichzeitig ein Café mit dem gleichen Speiseangebot wie das zugehörige Restaurant.

Von Liverpool nach Port Joli

Wer vom Hwy. 103 abgefahren ist, um Liverpool zu besichtigen, folgt dem älteren Hwy. 3 südwärts durch die Stadt bis nach White Point, bevor er in Summerville wieder auf die Hauptroute nach Süden auffährt.

White Point

Das Freizeitangebot im **White Point Beach Resort** (White Point Beach, ℘ 902/354-2711 oder 800/565-5068, www.whitepoint.com) macht diese Unterkunft zugleich zum Ausflugsziel. Es liegt an einem breiten weißen Sandstrand, besitzt Innen- und Außenschwimmbad, Bademöglichkeit in einem Süßwassersee, Surfbrett- und Kajakvermietung, Tennisplätze, einen 9-Loch-Golfplatz, einen Spieleraum, zwei Restaurants und ein allabendliches Unterhaltungsprogramm in der Lounge. Die meisten Gäste sind Familien, viele kommen jedes Jahr in den Sommerferien her. Die komfortablen Zimmer im Motelstil kosten je nach Aussicht $ 140–165 für 1/2 Pers., die Cottages $ 265–310.

Am Hwy. 3 von White Point nach Hunts Point liegt **Hunts Point Beach Cottages** (Hwy. 3, ℘ 902/683-2077, www.huntspointbeach.com; Mitte Mai bis Mitte Okt.), ein deutlich ruhigeres Plätzchen, wo die Feriengäste ihre Zeit auf der großen Grünfläche vertrödeln, die sich bis zum Strand erstreckt. Die Cottages haben ein oder zwei Zimmer (jeweils $ 135 und $ 145 für 1/2 Pers.), Küche, überdachte Terrasse und Wohnzimmer mit TV.

Summerville Beach Provincial Park

Bevor der Hwy. 3 in den Hwy. 103 übergeht, führt eine Abzweigung zu diesem kleinen Provinzpark, der ein Stück Sandstrand gegenüber von Port Mouton schützt. Der Park ist für Tagesbesucher gedacht und bietet Picknicktische und viel Platz, um sein Handtuch am Strand auszubreiten.

Kejimkujik National Park Seaside Adjunct

Etwa 25 km südwestlich von Liverpool liegt einer der größten noch unberührten Küstenstriche von Nova Scotia. Er gehört zum Kejimkujik National Park im Inland (der am Hwy. 8 zwischen Liverpool und Annapolis Royal liegt), und dieser Teil des Parks umfasst unberührte Strände und küstennahe Inseln. Der Park ist nur zu Fuß zu erreichen. Der Hauptzugang erfolgt über einen leichten, 3 km langen Wanderweg, der am Parkplatz an der St. Catherine's Road beginnt (Abzweigung in Port Joli) und am Südwestende des St. Catherine's River Beach endet. Einige Strandabschnitte sind von Ende April bis Ende Juli gesperrt, um die hier nistenden Flötenregenpfeifer *(piping plovers)* zu schützen. Der Seaside Adjunct Park bietet keine Besuchereinrichtungen, und auch Camping ist nicht erlaubt.

Port Joli

Noch ein weiteres, malerisches Küstendorf mit Meerespark, das nur an den heißesten Sommerwochenenden gut besucht ist.

Thomas Raddall Provincial Park

Dieses Park-Kleinod schützt Felsformationen, die darauf hindeuten, dass hier vor vielen Millionen Jahren der Großkontinent Gondwana mit Nordamerika zusammenstieß. Die Hauptattraktion für die meisten sind allerdings die Strände. Die am Ende der letzten Eiszeit von zurückgehenden Gletschern hinterlassenen Sandbänke wurden an die Küste gespült und bildeten schöne Strände, die heute durch den Park geschützt werden.

Der Park verfügt über ein 11 km langes Netz aus Wanderwegen, die Hälfte davon sind geteert und sowohl für Radfahrer als auch für Wanderer ausgelegt. Das beliebteste Ziel hier ist Sandy Bay, ein kurzer Strandabschnitt, der durch felsiges Hinterland begrenzt ist. Wer sich vom Strand losreißen kann, sollte dem **Sandy Bay Trail** über das nördliche Hinterland zum **Herring Rock Trail** folgen, wo die Reste einer Fischfangstation aus dem frühen 18. Jh. zu sehen sind. Auf beiden Wegen findet man innerhalb von 1 Std. zurück zu seinem Strandtuch. Im Norden ist der Strand von den geschützten Gewässern des Hafens von Port Joli umgeben. Der am oberen Ende des Campingplatzes beginnende **Port Joli Trail** (1 km in beide Richtungen) schlängelt sich südwärts an Infotafeln vorbei zum Scotch Point Beach. Im Norden erstreckt sich eine Reihe von Stränden bis weit über die Parkgrenzen hinaus.

Der Campingplatz des Parks (✆ 902/683-2664; Mitte Mai bis Mitte Okt.; $ 24) verfügt über 82 große Stellplätze, darunter auch einige, die Zelten vorbehalten sind. Jeder Stellplatz ist mit Picknicktisch und Feuerstelle ausgestattet, weitere Annehmlichkeiten sind Waschräume mit Duschen, ein Spielplatz und Brennholzverkauf.

Zum Park kommt man, indem man südlich von Port Joli dem Hwy. 103 folgt und dann auf der East Port L'Herbert Road nach Süden abbiegt. Der Platz liegt 3 km vom Highway entfernt.

Shelburne und Umgebung

Wie das 140 km nordöstlich gelegene Lunenburg, befindet sich auch Shelburne (2300 Einw.) am inneren Ende eines lang gestreckten Hafens, der von zwei Halbinseln gebildet wird. Der Seehafen wurde 1783 gegründet, als Loyalisten vor den unabhängig gewordenen amerikanischen Kolonien flohen, sich zu Tausenden hier niederließen und Schiffsbau- und Fischverarbeitungsbetriebe gründeten. Schließlich jedoch verlor auch dieser Hafen an Bedeutung. Dann entdeckte Hollywood die Stadt. 1992 wurden die kunterbunt zusammengewürfelten historischen Bauten am Hafen zur Kulisse erkoren und verkörperten die Stadt Fairfield, Connecticut, um 1780 in dem Fernsehfilm „Mary Silliman's War". 1995 flimmerte Shelburne erneut über die Leinwand, diesmal als Kulisse für das Boston des 17. Jh. in „Der scharlachrote Buchstabe", einer Adaption von Nathaniel Hawthornes Roman. Demi Moore und Robert Duvall sind zwar längst wieder weg, doch die beiden Filme gaben den Anstoß dazu, die Gebäude zu erhalten. Neben einigen pseudohistorischen Bauwerken, die man zusätzlich errichtete, wurden viele der Originalgebäude von Grund auf saniert, Stromleitungen verlegt und allgemein große Anstrengungen unternommen, um die Vergangenheit der Stadt wieder aufleben zu lassen.

Nova Scotia
Karte siehe Farbteil S. 2/3

Shelburne Historic District

Die Dock Street wird von einigen der ältesten Holzbauten Kanadas gesäumt. Der **Shelburne Historical Society** (✆ 902/875-3219) gelang es meisterhaft, dem Bezirk wieder frischen Wind einzuhauchen, und Gewerbe wie eine Küferei und ein Bootsbauer erwecken die Vergangenheit zu neuem Leben. Dazwischen befinden sich Grünflächen, ein Hafenweg und Kajakvermietungen. Der Eintritt zu den Gebäuden, die von der Shelburne Historical Society unterhalten werden, kostet jeweils $ 3, mit dem Kombiticket für $ 8 kann man alle vier besichtigen.

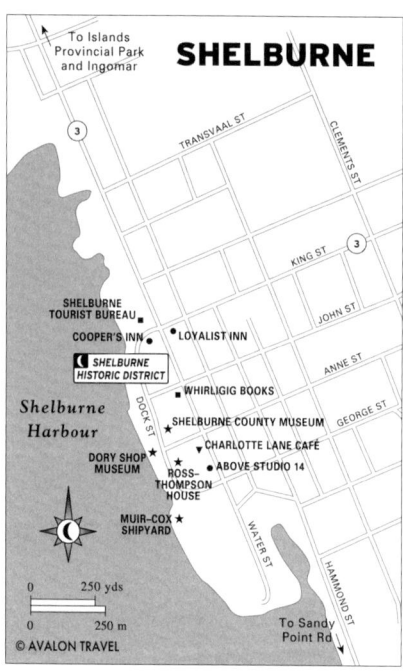

Shelburne County Museum: Das Shelburne County Museum (8 Maiden Ln., ✆ 902/875-3219; Juni bis Mitte Okt. tägl. 9.30–17.30 Uhr, Mitte Okt. bis Mai Mo–Fr 10–17 Uhr) sollte man zu seiner ersten Anlaufstelle machen. Die Ausstellung zeigt Exponate aus der Zeit, als die loyalistischen Siedler nach Shelburne kamen, und informiert über die Schiffsbaugeschichte des Ortes. Ein Highlight des Museums ist ein 250 Jahre altes Feuerwehrauto, angeblich das älteste in ganz Kanada.

Dory Shop Museum: Die erstmals Mitte des 19. Jh. genutzten Dorys waren kleine, skiffähnliche Holzschiffe, die für den Erfolg der Fischerei in den Grand Banks ganz entscheidend waren. Statt direkt vom Mutterschiff aus zu fischen, wurden ein Dutzend oder mehr dieser Boote zu den Fischfanggründen transportiert, sodass Hunderte von Haken gleichzeitig ausgelegt werden konnten. Neben diesem praktischen Aspekt waren die Boote billig herzustellen und stapelbar. Auf der Hafenseite gegenüber dem County Museum liegt der Dory Shop (11 Dock St., Juni–Sept. tägl. 9.30–17.30 Uhr), die letzte von sieben ehemals florierenden Bootswerften in der Stadt. Diese sieben Geschäfte produzierten von 1880 bis 1970 Tausende handgefertigter, hölzerner Dorys für den Fischfang. Im Shop sind heute Schautafeln und Ausstellungsstücke untergebracht, außerdem wird die aussterbende Kunst des Dorybaus demonstriert.

Ross-Thomson House and Store Museum: Das Ross-Thomson House and Store Museum (9 Charlotte Ln., ✆ 902/875-3141; Juni bis Mitte Okt. tägl. 9.30–17.30 Uhr) wurde 1785 als Lagerhaus für die Loyalisten gebaut. Als Letztes seiner Art im heutigen Nova Scotia erzählt es aus einer Zeit, in der typische Handelswaren wie Bauholz und gesalzener Kabeljau gegen Tabak, Melasse und Trockengüter eingetauscht wurden. Im Obergeschoss befindet sich eine Militärausstellung, der Garten wurde nach dem Vorbild des späten 18. Jh. angelegt.

Muir-Cox Shipyard: Am südlichsten Ende der Dock Street baut diese kleine Schiffswerft (✆ 902/875-5310; Juni–Sept. tägl. 9.30–17.30 Uhr, Okt.–Mai Mo–Fr 8-16 Uhr) maßgefertigte Schiffe, und man kann den Männern das ganze Jahr über bei der Arbeit zusehen. Die Werft war von den 1820er- bis in die 1980er-Jahre kontinuierlich in Betrieb, wobei sie in ihren Anfängen rahgetakelte Barken, in neuerer Zeit dagegen eher schnelle Jachten hervorbrachte. Im Inneren befindet sich das Shipbuilding Interpretation Centre, in dem eine Ausstellung über die Geschichte der Schiffswerft berichtet.

Reisepraktisches

Übernachten/Camping

• *$ 50–100* Das zentral gelegene **Loyalist Inn** (160 Water St., ✆ 902/875-3333; $ 84–89 für 1/2 Pers.) ist ein Holzhaus aus dem späten 19. Jh. mit elf Zimmern auf den oberen beiden Stockwerken sowie Bar und Restaurant im Erdgeschoss.

Preisgünstiger sind die **Shelburne Harbourside Cottages** (10 George St., ✆ 902/875-4555, www.shelburneharboursidecottages.com; $ 95 für 1/2 Pers.). Jedes der beiden modernen Cottages bietet Hafenblick, Kochgelegenheit, separates Schlafzimmer, TV und Terrasse. Zu den Extras gehören Fahrrad- und Kajakvermietung ($ 18 bzw. 25/Tag).

Abseits der historischen Water Street findet man das **Above Studio 14** (14 George St., ✆ 902/875-1333, www.studio14.ns.ca; $ 95 für 1/2 Pers.), ein gemütliches Apt. mit zwei Schlafzimmern, eigener Küche, Wohnzimmer und Balkon. Im Erdgeschoss vertreibt sich Mary Lou Keith ihre Zeit mit der Bemalung von Segeltuch, einer maritimen Tradition aus der Zeit, als man alte Segel noch mit Schiffsmotiven bemalte und als Bodenbelag nutzte.

• *$ 100–150* **Cooper's Inn** (36 Dock St., ✆ 902/875-4656 oder 800/688-2011, www.thecoopersinn.com; April–Okt.; $ 100–185 für 1/2 Pers.) ist eine zweistöckige Schönheit im Kolonialstil mit Blick auf den Hafen, unweit von Touristeninformation und Museum. Das 1784 von einem Kaufmann gebaute und 1988 sanierte und wiedereröffnete Gasthaus hat sechs Zimmer, alle mit eigenem Badezimmer ($ 100–150), sowie eine große Suite im Obergeschoss mit Meerblick ($ 185). Im Zimmerpreis ist ein Frühstück im freundlichen Speisesaal enthalten.

Whispering Waves Cottages (Black Point Rd., Ingomar, ✆ 902/637-3535 oder 866/470-9283, www.whisperingwavescottages.com; $ 149 für 1/2 Pers.) liegt zwar außerhalb der Stadt, aber ein Aufenthalt in diesem einladenden Uferanwesen ist so schön, wie man es sich nur wünschen kann. Die modernen Cottages sind stilvoll im Marine-, Wildlife- oder Romantikstil möbliert, und jedes verfügt über ein separates Schlafzimmer, Küche, Salon mit Kamin und Terrasse mit Meerblick. Die Gastgeber Jo-Anne und Paul Goulden organisieren Freizeitaktivitäten wie Kajakfahren, Fischen und Wellness-Tage. Ein köstliches Extra ist der Hummer, der zum Abendessen bis vor die Cottage-Tür geliefert wird.

• *Campground* Der hübsche, rustikale **The Islands Provincial Park** (abseits des Hwy. 3, 5 km westlich von Shelburne, ✆ 902/875-4304; Mitte Mai bis Anf. Sept.; $ 24) befindet sich auf der gegenüberliegenden Seite des oberen Hafens. Er bietet 68 Stellplätze ohne Anschlüsse mit Tischüberdachung, Grill, Trockentoilette, fließendem Wasser und geräumiger, moderner Dusche.

Essen und Trinken

Als Gourmetadresse fest etabliert ist das **Charlotte Lane Café** (13 Charlotte Ln., ✆ 902/875-3314; Mai bis Anf. Dez. Di–Sa 11.30–14.30 und 17–20 Uhr) zwischen Water und Dock Street. Sein Schweizer Inhaber und Küchenchef Roland Glauser ist spezialisiert auf Gerichte aus einheimischem Seafood in internationalen Zubereitungsvarianten. Sein Seafood Chowder ist der beste, den ich je gegessen habe.

Der Speisesaal des **Loyalist Inn** in der Water Street (Reservierung empfohlen, ✆ 902/875-2343) ist normalerweise mit Busreisen-

Nova Scotia Karte siehe Farbteil S. 2/3

den bevölkert. Am leichtesten bekommt man hier vor 12 Uhr, nachmittags oder nach 20 Uhr einen Tisch. Die Spezialität ist Seafood ($ 9–15) in allen Variationen.

Information/Adressen

Während die Dock Street das historische Zentrum von Shelburne bildet, findet man in der Water Street, die einen Block weiter westlich parallel zu ihr verläuft, alle wichtigen Anlaufstellen einer Kleinstadt, u. a.

Banken und ein Postamt. Das **Shelburne Visitor Information Centre** (34 King St., ✆ 902/875-4547; Juni–Okt. tägl. 10–18 Uhr, Juli/Aug. tägl. 9–19 Uhr) bietet Literatur und Karten, um die Stadt selbst zu erkunden. Auf der Website www.historic shelburne.com findet man eine Fülle von aktuellen Informationen über die Stadt. **Whirligig Books** (135 Water St., ✆ 902/875-1117) bietet eine gute Auswahl an einheimischer und neuschottischer Literatur.

Von Shelburne nach Yarmouth

Barrington und Umgebung

Der Hwy. 103 führt zwischen Shelburne und Yarmouth vorwiegend durch das Landesinnere. Direkt am Meer verläuft er aber bei Barrington, genau neben der Hauptstrecke auf dem Hwy. 3; dort hat man einen traumhaften Blick über die Küste. In Barrington selbst zeigt das **Old Meeting House Museum** (2408 Hwy. 3, ✆ 902/637-2185; Juni–Sept. Mo–Sa 9.30–17.30, So 13–17 Uhr; Eintritt frei) eine weitere Ausstellung über das Leben der Farmer bzw. Pflanzer. Die 1765 von 50 Familien aus Cape Cod erbaute Kirche im neuenglischen Stil ist Kanadas ältestes nonkonformistisches Gotteshaus.

Hinter Barrington liegt in Villagedale der **Sand Hills Beach Provincial Park.** Benannt wurde er nach einem komplizierten Dünensystem, von dem aus sich Wattgebiete bis ins Meer erstrecken. Am besten kommt man bei Flut und zu einer Zeit, wenn das Wasser zum Schwimmen warm genug ist – natürlich nur im Sommer, versteht sich.

Cape Sable Island

In Barrington West lohnt sich ein Abstecher nach Cape Sable Island. Die durch einen Damm mit dem Festland verbundene Insel bildet den südlichsten Punkt von Nova Scotia. Von den frühen Seglern war sie wegen ihrer zerklüfteten Küste gefürchtet, bevor sie im 17. Jh. von akadischen Ziegelmachern besiedelt wurde. Die Insel diente früher auch als Sommersitz für die Fischer aus Neuengland, bis heute ist der Fischfang die Haupteinnahmequelle der Gemeinde geblieben, dicht gefolgt vom Tourismus.

An den vier Hauptstränden der Insel kann man Muscheln suchen, Fische und Vögel beobachten, surfen und schwimmen gehen. In **Hawk Beach** auf der Ostseite (beim Lower Clark's Harbour an der Hawk Rd. abbiegen und links halten) sieht man das **Cape Lighthouse** auf einer nahe gelegenen kleinen Sandbank. Der Originalturm aus dem Jahr 1861 war Kanadas erstes achteckiges Bauwerk; der heutige Leuchtturm, ein unter Denkmalschutz stehendes Gebäude, wurde 1923 gebaut. Bei Ebbe erkennt man am Hawk Beach noch die Überreste eines 1500 Jahre alten Waldes.

Causeway Beach (im Ortsteil Corbett Heights rechts abbiegen) ist ein gefragter Ort zum Sonnenbaden und Makrelenfischen. **Stoney Island Beach** ist, wie der Name schon sagt, eher steinig und deshalb bei menschlichen Sonnenanbetern nicht so beliebt wie bei Seehunden, die sich zum Sonnen gern auf die Felsen legen. **South**

Side Beach (auf der Daniel's Head Rd. in South Side abbiegen) ist ebenfalls beliebt, um Seehunde zu beobachten und Strandgut zu sammeln.

Es gibt hier nur wenige Unterkünfte und kaum touristische Infrastruktur. Die **Cape Sable Cottages** (37 Long Point Rd., Newellton, ☎ 902/745-0168, www.capesable cottages.com) sind mein persönlicher Favorit. Diese fünf geräumigen und modernen Cottages liegen auf einer privaten Landzunge, die in die Barrington Passage hineinragt. Jedes Cottage hat Blick aufs Wasser, ein separates Schlafzimmer, Wohnzimmer, Küche, eine große Terrasse mit Grill, Gartenmöbeln sowie eigener Feuerstelle. Die Preise bewegen sich zwischen $ 165 und $ 250 im Sommer (Mindestaufenthalt zwei Nächte). Das Gelände ist ganzjährig geöffnet, im Winter fallen die Cottage-Preise auf $ 125. Am besten die Website auf Sonderangebote prüfen.

Yarmouth

Yarmouth (7500 Einw.) war zu Kanadas Glanzzeiten als Segelnation das Zentrum eines Schiffsbauimperiums; damals galt es als viertgrößter Hafen weltweit. Die Stadt ist noch immer der größte Seehafen der Region und ein wohlhabender Ort, der von der Güterverschiffung lebt – vorrangig von Bauholzprodukten, irischem Moos und Weihnachtsbäumen –, aber auch vom Fischen. Yarmouths Heringsflotte

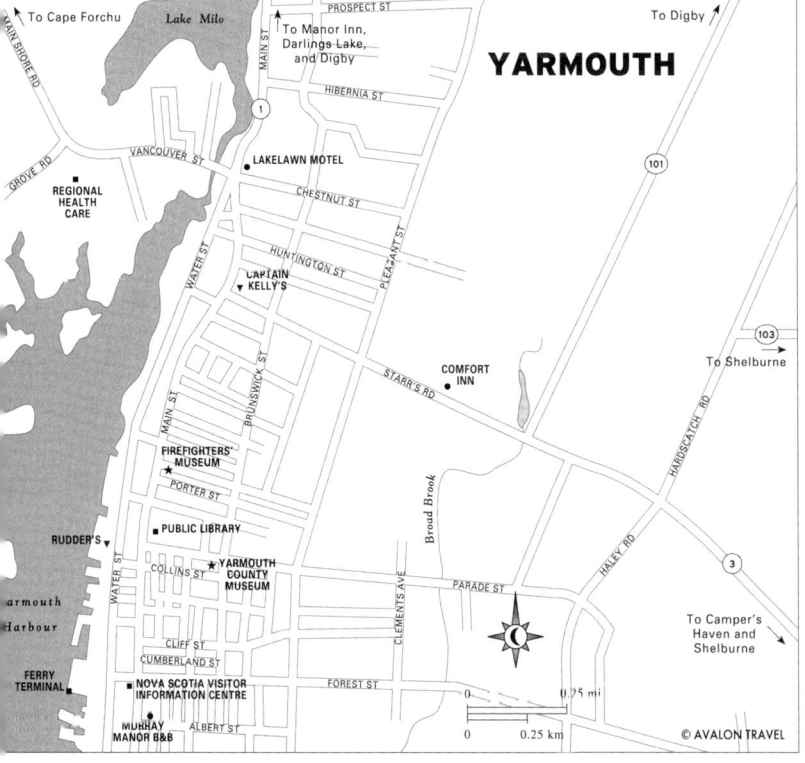

leistet einen wichtigen Beitrag zur lokalen Wirtschaft. Die Flotte segelt bei Nacht und legt mit gleißender Beleuchtung ein Stück weiter an der Fundy-Küste an, wo sie unter dem Namen „Herring City" (Heringsstadt) als Attraktion gilt. Auch der Tourismus trägt dazu bei, dass der Hafen floriert. Zwei Fährlinien bringen genügend Besucher in die Stadt, um Yarmouth zum Fährterminal mit dem höchsten Passagieraufkommen in der Provinz zu machen.

Sehenswertes

Wer sich für historische Architektur interessiert, sollte durch die Main Street bummeln, wo die Geschäftshäuser im neoklassizistischen, georgianischen, italienisierenden oder neu aufgelegten Queen-Anne-Stil aus dem späten 19. Jh. erstrahlen. Bei der Touristeninformation in der Forest Street gibt es die Broschüre „Walking Tour of Yarmouth" (Stadttour durch Yarmouth), die für Selbstentdecker rund zwei Dutzend architektonische und historische Meilensteine auf einer 4 km langen Route erläutert.

Firefighters' Museum: Das Firefighters' Museum of Nova Scotia (451 Main St., ✆ 902/742-5525; Juni–Sept. Mo–Sa 9–17 Uhr, Juli/Aug. Mo–Sa 9–21 und So 10–17 Uhr; Eintritt $ 4, Kinder $ 2) ist das einzige Museum in den Atlantikprovinzen, das sich ausschließlich mit Feuerwehrausrüstungen befasst. Zu der umfangreichen Sammlung antiker Gerätschaften gehören auch eine Hopwood & Tilley-Handpumpe von 1819 und andere Löschvorrichtungen.

Yarmouth County Museum: Auf einem schönen Spaziergang von der Downtown durch ein baumbestandenes Wohngebiet östlich der Main Street erreicht man das Yarmouth County Museum (22 Collins St., ✆ 902/742-5539; Juni bis Mitte Okt. Mo–Sa 9–17, So 13–17 Uhr, sonst Di–Sa 14–17 Uhr; Eintritt $ 5, Kinder $ 2). Ausgestellt ist hier Kanadas größte Schiffsporträtsammlung und eine Fülle von Schifffahrtsutensilien, Musikinstrumenten, Schiffsmodellen, Möbeln u.v.m. Fachbibliothek und Archiv umfassen eine große Sammlung von Aufzeichnungen und Material für die Ahnenforschung.

Panoramastraße nach Cape Fourchu: Die landschaftlich schönste Straße der Region ist die nach Cape Fourchu, wo die rot-weiß-gestreifte *Cape Fourchu Light Station* Schiffe sicher in den Hafen geleitet. Um hierherzukommen, folgt man der Main Street nach Norden

Das Yarmouth County Museum

und biegt dann an der Vancouver Street links ab. Direkt hinter dem Krankenhauskomplex geht es links in die Grove Road. Die Faith Memorial Baptist Church kennzeichnet die Stelle, wo der berühmte Yarmouth Runic Stone gefunden wurde, der angeblich von Leif Erikssons Männern mit einer Inschrift versehen wurde. Als nächstes kommt man zum Leuchtturm (Juli/Aug. tägl. 9–21 Uhr), der auf einem Felsvorsprung thront. Der eigentliche Leuchtturm kann bestiegen werden; von der Spitze aus hat man eine sehr gute Aussicht. Hinter dem Parkplatz führt ein Pfad hinunter zum *Leif Ericson Picnic Park* mit Blick über die felsige Küste.

Reisepraktisches

Übernachten/Camping

● *$ 50–100* Wenn man weniger als $ 100 für die Übernachtung ausgeben möchte, ist das **Murray Manor B&B** (225 Main St., ✆ 902/742-9625 oder 877/742-9629, www. murraymanor.com; $ 95–139 für 1/2 Pers.), das nur einen Block vom Fährterminal entfernt liegt, eine gute Wahl. In diesem Haus im Regency-Stil aus dem Jahr 1820, das seit 140 Jahren in Familienbesitz ist, gibt es ein Gästezimmer mit angrenzendem Badezimmer und drei weitere mit Gemeinschaftsbad, einen Speisesaal sowie einen schönen Garten und ein Treibhaus, die beide geschützt hinter einer niedrigen Steinmauer liegen. Einzigartig sind die *prayer windows* (Gebetsfenster), die so heißen, weil man sich hinknien muss, um hindurchzusehen.

Churchill Mansion Country Inn (Hwy. 1, Darlings Lake, ✆ 902/649-2818 oder 888/453-5565, www.churchillmansion.com; Mai bis Mitte Nov.; $ 80–140 für 1/2 Pers.) war früher das auf einem Hügel gelegene Sommerhaus von Aaron Flint Churchill, der in der Schifffahrt ein Vermögen machte, nachdem er in Savannah, Georgia, die Churchill Line gegründet hatte. Das direkt an einem See gelegene Gebäude mit Fernblick aufs Meer wurde in den 1980er-Jahren zum Gasthaus umgebaut. Das teuerste Zimmer heißt *Churchill's Master Bedroom* (Churchills Herren-Schlafzimmer) mit Balkon zum See. Die Gäste können hier Fahrräder mieten ($ 10/Tag), mittags Picknick bestellen ($ 5) und so auf eigene Faust die Küste erkunden. Frühstück kostet $ 6 pro Pers., und das abendliche Seafood-Buffet schlägt mit $ 15 zu Buche. Darlings Lake liegt 15 km nördlich von Yarmouth.

Nördlich dem Downtown, wo die Vancouver Street den vorderen Hafenbereich kreuzt, liegt das **Lakelawn Motel** (641 Main St., ✆ 902/742-3588 oder 877/664-0664, www.lake lawnmotel.com; Mai–Okt.; $ 70–100 für 1/

2 Pers.). Mittelpunkt dieser Unterkunft ist ein vornehmes Herrenhaus von 1864, in dem sich ein Frühstücksraum und im Obergeschoss vier B&B-Zimmer befinden. Auf dem Gelände ist aber noch ein U-förmiger Gebäudetrakt mit 27 Motelzimmern angeschlossen, die schon etwas in die Jahre gekommen sind, aber immer noch ein gutes Preis-Leistungs-Verhältnis bieten.

● *$ 100–150* Zu einer Motelkette gehört das **Comfort Inn** (96 Starrs Rd., ✆ 902/742-1119, www.choicehotels.ca; $ 115–145 für 1/2 Pers.), eine verlässliche Wahl mit gut ausgestatteten Zimmern, bei denen Ortsgespräche, Internetnutzung, Tagespresse und kleines Frühstück schon im Preis enthalten sind.

Als früheres Domizil eines wohlhabenden Kapitäns erstreckt sich das **Manor Inn** (Hwy. 101, ✆ 902/742-2487 oder 888/626-6746, www.manorinn.com; $ 129–199 für 1/2 Pers.) 10 km nördlich dem Downtown über prachtvolle 5 ha Fläche. Ein gepflegter englischer Park und ein nobler Speisesaal (siehe auch *Essen und Trinken*) geben dem Gasthaus einen vornehmen Anstrich; die Gäste können sich dank Freizeitangeboten wie Tennis, Rasensportarten, Rad- oder Kanufahren von einem Privatanleger aus fit halten. Die Gästezimmer sind auf verschiedene Gebäude verteilt, u. a. auf das Kutscherhaus und das ursprüngliche Herrenhaus. Im Preis enthalten ist ein kleines Frühstück, auf der Website gibt es auch Vollpensionsangebote *(American Plan Packages)*.

● *Campgrounds* Der von Yarmouth aus nächstgelegene Campingplatz ist **Campers' Haven** (5 km östl. von Yarmouth abseits des Hwy. 3 in Arcadia, ✆ 902/742-4848, www.campershavencampground.com; Mitte Mai bis Mitte Okt.; $ 15–35). Dieser Campingplatz am See bietet über 200 Stellplätze ($ 16–27) sowie Kanuvermietung, Pool, Laden mit Campingbedarf, Laundry und einen Freizeitraum mit Kamin.

Nova Scotia Karte siehe Farbteil S. 2/3

Wer Wildnisfeeling erleben möchte, fährt etwas weiter nach draußen zum **Ellenwood Lake Provincial Park** (Mitte Juni bis Mitte Okt.; $ 24) mit Badestrand, kurzem Wanderweg durch einen für den Südwesten typischen Mischwald sowie Duschen und Spielplatz. Um hierherzukommen, muss man auf dem Hwy. 101 von Yarmouth aus 19 km nach Norden fahren, dann an der Ausfahrt 34 abbiegen und der Beschilderung auf dem Hwy. 340 über 7 km folgen.

Essen und Trinken

• *Downtown* **Rudder's** (96 Water St., ℡ 902/742-7311; tägl. 10–22 Uhr) ist ein großer Brauereipub direkt am Wasser. Der Gastraum ist zwar groß, aber dennoch gemütlich. Auf der Veranda mit Blick auf den Hafen stehen weitere Tische. Die Speisenauswahl ist eine Mischung aus traditioneller Pub-Küche und typischen neuschottischen Spezialitäten. Dazu gehören ahornglasierter Lachs, auf Zedernholz gebacken ($ 21), Crêpe mit Hummer und Jakobsmuscheln ($ 22) sowie Steak und Hummer ($ 30). Im Sommer lockt das allabendliche Hummer-Essen (16–21 Uhr; $ 30) viele Gäste an.

• *Nördlich der Downtown* In einem zweistöckigen Gebäude am Nordende der Main Street öffnet **Captain Kelley's** (577 Main St., ℡ 902/742-9191) im Sommer tägl. um 7 Uhr und bietet das beste Frühstück der Stadt. Auf der Mittags- und Abendkarte findet man Seafood-Gerichte mit Beilagen aus lokalem Anbau (Hauptgerichte $ 12–22). Nach dem Essen sollte man sich unbedingt den 200 Jahre alten „Kapitänstisch" im privaten Speisesaal ansehen; er ist aus massiver Eiche gebaut und misst in der Länge 6 m.

Der **Commodore Dining Room** (Manor Inn, Hwy. 101, Hebron, ℡ 902/742-2487; tägl. Mittag- und Abendessen) ist nach einem Kapitän benannt, der hier früher lebte. Der Speisesaal ist elegant möbliert und der Service sehr professionell, deshalb sind die günstigen Preise eine angenehme Überraschung. Jakobsmuschel-Wraps als Vorspeise und anschließend Lachs mit Ahorn-Senf-Glasur, über Zedernholz gegart, kosten zusammen gerade mal $ 25. Auch die Weine ($ 24–30) sind bezahlbar.

Hinter dem Manor Inn bietet der **Churchill Mansion Country Inn** (Hwy. 1, Darlings Lake, ℡ 902/649-2818 oder 888/453-5565, www.churchillmansion.com; Mai–Okt.; tägl. 6.30–21 Uhr) ein Buffetmenü für $ 15. Zum Angebot gehören Salate, Seafood-Topf,

Muscheln, gegrillter Fisch, Gemüse und verschiedene Desserts. Externe Gäste sollten vorher reservieren.

Information/Adressen

Bei der Ankunft mit der Fähre werden Besucher gleich vom **Nova Scotia Visitor Information Centre** (228 Main/Ecke Forest St., ℡ 902/742-5033; Juni bis Mitte Okt. tägl. 9–17 Uhr, Juli/Aug. tägl. außer Mi 9–21, Mi 9–17 Uhr) empfangen, wo man Infos und Literatur über jede erdenkliche Sehenswürdigkeit der Stadt und der Provinz erhält. Vor Reiseantritt empfiehlt sich ein Besuch auf der Website www.goyarmouth.com.

Die **Stadtbibliothek** (Public Library; 405 Main St., ℡ 902/742-5040; Mo–Fr 9–21, Sa 9–17 Uhr) ist eine gute Adresse, um seine E-Mails abzufragen.

Das **Regional Health Centre** (Regionales Gesundheitszentrum) befindet sich in der Vancouver Street 50 (℡ 902/742-1540).

Die **RCMP** erreicht man unter ℡ 902/742-8777. Die Stadt verfügt über sieben Banken in der Downtown sowie in den Malls. Einen Schalter zum Geldwechseln (mit günstigeren Wechselkursen als bei den Banken) gibt es auch in der Touristeninformation.

Das **Postamt** liegt in der Willow Street 15.

Verbindungen

The Cat (℡ 902/742-6800 oder 888/249-7245, www.catferry.com), eine turboschnelle Autofähre, verkehrt von Portland (Maine) nach Yarmouth in nur 5:30 Std. und von Bar Harbor (Maine) sogar in nur 3 Std. Von Juni bis Mitte Okt. fährt sie 3- bis 4-mal wöchentl. von jedem der genannten Häfen ab. Ab Portland kostet die einfache Fahrt in der HS (Juli/Aug.) US$ 99, für Senioren US$ 79 und für Kinder US$ 55, Fahrzeuge unter 2,20 m US$ 164. Ab Bar Harbor betragen die Fahrtkosten US$ 69, für Senioren US$ 58, für Kinder US$ 48 und für Fahrzeuge unter 2,20 m US$ 115. Nach Passieren der Einwanderungs- und Zollschranke am Terminal in der Downtown von Yarmouth liegt die Touristeninformation direkt voraus auf dem Hügel, und alle Hauptattraktionen befinden sich auf der linken Seite. Von Yarmouth aus sind es 123 km (90 Min.) nach Shelburne, 340 km (4 Std.) nach Halifax und 105 km (70 Min.) nach Digby.

Avis (℡ 902/742-3323) und **Budget** (℡ 902/742-9500) haben Schalter am Fährenterminal, aber man sollte schon vor der Ankunft ein Auto reservieren.

Fundy-Küste

Die landschaftliche Schönheit von Nova Scotias Fundy-Küste ist erhebend. Eine meist steife Brise taucht die Küste in frische, salzige Seeluft, und die Sonne lässt die Farben der Meereslandschaft in einer Klarheit erstrahlen, die jede Malerpalette verblassen ließe. Wildblumen blühen im Überfluss, getränkt von der feuchten Küstenluft, und im Sommer ist die Region manchmal in wattedicken Nebel gehüllt. Wir sind an der Küste der Bay of Fundy, die sich von Yarmouth im Westen bis zu ihren äußersten Ausläufern im Nordosten erstreckt. Ruhig und unaufhaltsam strömt zweimal täglich eine Flutwelle, die ihren Ursprung weit entfernt von hier hat, in die Bucht und sorgt für den höchsten Tidenhub auf unserem Planeten. Fischerboote werden vom schlammigen Meeresboden hochgehoben, und Wale auf der Spur silbriger Heringsschwärme gleiten durch die sommerliche Strömung, ihre gigantischen Leiber wie Bojen nach oben getrieben von den 100 Mrd. Tonnen Meerwasser, das sich in die lange Bucht zwischen Nova Scotia und New Brunswick ergießt. Der Zyklus von Ebbe und Flut dauert hier nur sechs Stunden. Die Flut erreicht ihr Maximum – an manchen Stellen so hoch, dass sie ein vierstöckiges Gebäude überschwemmen würde – und geht dann wieder zurück. Wenn der Meeresspiegel fällt, tauchen Landzungen und kleine Felseninseln aus dem schäumenden Meer auf, dicht überzogen mit Seegras. Auch der Meeresboden zeigt sich wieder, glänzend wie Schellack und übersät mit Seeigeln, Strandschnecken und Muscheln. Wo vor wenigen Stunden noch niemand unterwegs war, rennen und hüpfen jetzt einheimische Kinder über die Strände und pausieren immer wieder, um an Land gespülte Schätze aufzulesen. Die Einheimischen nehmen den Tidenhub der Bay of Fundy für selbstverständlich, für Besucher ist er ein atemberaubendes Spektakel.

Die Geschichte der Fundy-Küste deckt sich zum großen Teil mit der ganz Nova Scotias, was sich auch in der Vielzahl historischer und kultureller Attraktionen der Region widerspiegelt. Frankreich zeigte erste koloniale Ambitionen in Port Royal, geriet dadurch aber in Konflikt mit Englands Bestrebungen, die Neue Welt zu dominieren. Viele nationalhistorische Stätten entlang der Küste legen Zeugnis von diesen unruhigen Zeiten ab. Die hübschen akadischen Dörfer an der Côte Acadienne, das historische Stadtbild von Annapolis Royal und die eleganten Städte Wolfville und Windsor tragen ebenfalls zum Reiz der Region bei.

Highlights

Eglise de Sainte-Marie (S. 202): Eine Reihe akadischer Dörfer an der Fundy-Küste gibt Besuchern die Möglichkeit, ganz in diese rein französische Kultur einzutauchen, indem sie im Rapure Acadienne original akadische Küche probieren, die lokalen Museen besichtigen oder sich beim Anblick der Eglise de Sainte-Marie, der höchsten Holzkirche Nordamerikas, die Hälse verrenken.

Whalewatching in der Bay of Fundy (S. 208): Digby Neck und die angrenzenden Inseln dienen als Ausgangspunkt für Walbeobachtungstouren in der Bay of Fundy.

Fort Anne National Historic Site (S. 210): Nachdem sie jahrhundertelang zwischen Briten und Franzosen den Besitzer wechselte, ist die ausgedehnte Festungsanlage und einstige Hauptstadt Nova Scotias nun fest in der Hand der Regierung und dient als Touristenattraktion.

Historic Gardens (S. 211): Dieser Name wird dem Park nicht gerecht. Gärten in den verschiedensten Stilen von mittelalterlich bis modern wurden in dieser Attraktion in der Downtown von Annapolis Royal mit größter Sorgfalt angelegt.

Port-Royal National Historic Site (S. 212): Die älteste europäische Siedlung nördlich von St. Augustine in Florida wurde mit dieser bedeutenden nationalhistorischen Stätte rekonstruiert.

Grand Pré National Historic Site (S. 223): Dieses Freilichtmuseum erweckt die Geschichte von Henry Wadsworth Longfellows Evangeline wieder zum Leben, die als junges Mädchen die Deportierung der Akadier miterlebte.

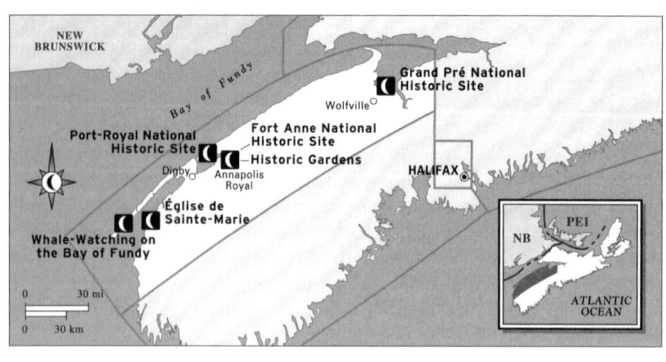

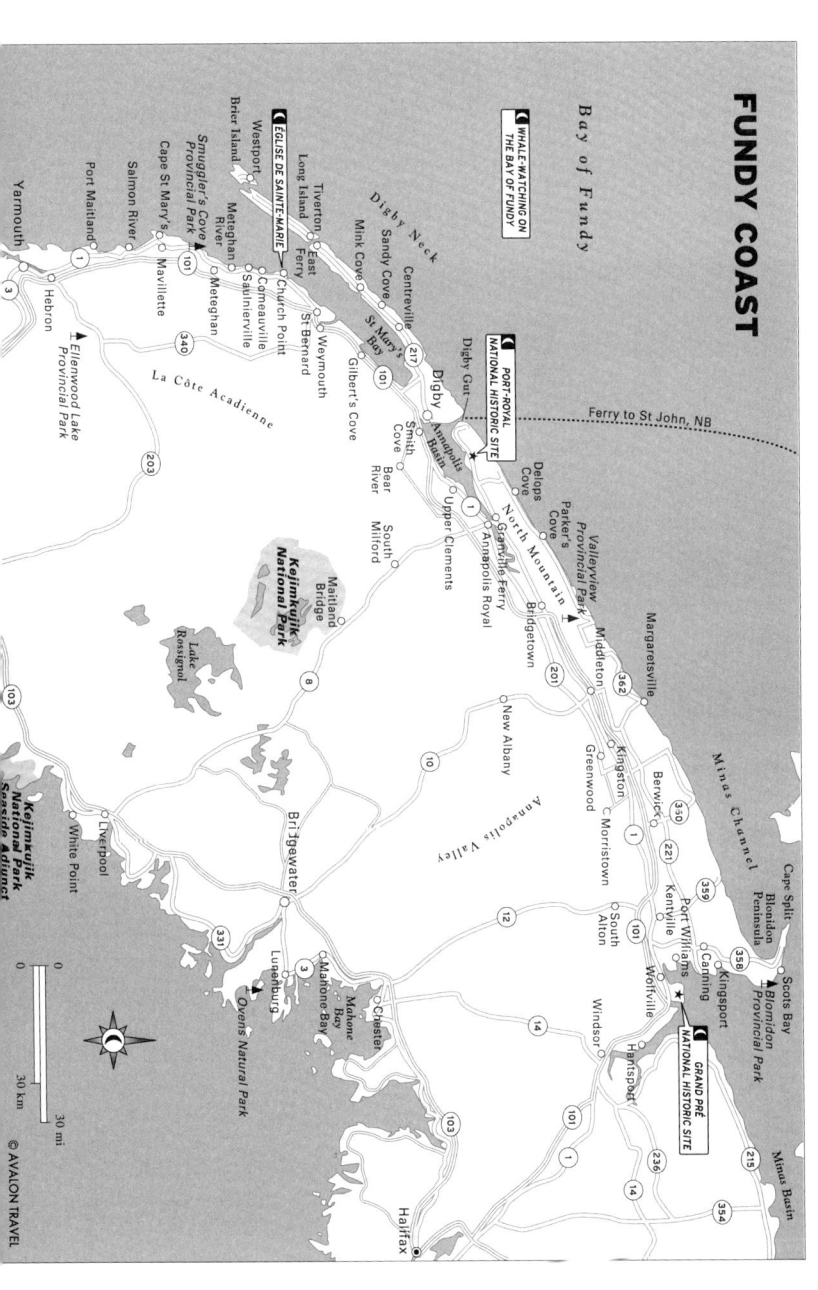

FUNDY COAST

Bay of Fundy

◄ WHALE-WATCHING ON THE BAY OF FUNDY

Ferry to St John, NB

◄ PORT-ROYAL NATIONAL HISTORIC SITE

◄ ÉGLISE DE SAINTE-MARIE

Digby Neck

Smuggler's Cove Provincial Park

Long Island
Tiverton, East Ferry
Centreville
Westport
Brier Island
Freeport

Mink Cove
Sandy Cove
St Mary's Bay
Gilbert's Cove

Church Point
St Bernard
Comeauville
Saulnierville
Meteghan River
Meteghan

Weymouth

La Côte Acadienne

Cape St Mary's
Mavillette
Salmon River
Port Maitland
Hebron
Yarmouth

Ellenwood Lake Provincial Park

Digby Gut
Digby
Annapolis Basin

Smith Cove
Bear River
South Millford
Upper Clements

Delops Cove
Parker's Cove
Granville Ferry
North Mountain
Annapolis Royal

Valleyview Provincial Park
Middleton

Margaretsville

Bridgetown

New Albany

Greenwood
Kingston
Morristown

Berwick
South Alton
Kentville

Windsor

Hartsport

Annapolis Valley

Kejimkujik National Park

Maitland Bridge

Lake Rossignol

Bridgewater

Mahone Bay
Lunenburg
Chester

Liverpool
White Point

Kejimkujik National Park Seaside Adjunct

Ovens Natural Park

Minas Channel

Cape Split
Scots Bay
Blomidon Provincial Park
Blomidon Peninsula
Kingsport
Canning
Port Williams
Wolfville

Minas Basin

◄ GRAND PRÉ NATIONAL HISTORIC SITE

Halifax

0   30 km
0   30 mi

© AVALON TRAVEL.

Reise- und Zeitplanung

Die Strecke zwischen Halifax und Yarmouth ist zwar an einem Tag zu schaffen, man sollte sich aber mindestens zwei Tage Zeit nehmen. Als Zwischenstopp bietet sich Annapolis Royal mit seinen vielen historischen Gästehäusern an. Diese Kleinstadt ist das historische Herzstück der Fundy-Küste und lockt mit Sehenswürdigkeiten wie der **Fort Anne National Historic Site,** den **Historic Gardens** oder der **Port-Royal National Historic Site,** die leicht einen ganzen Tag in Anspruch nehmen. Deshalb sollte man auch mindestens zwei Tage und zwei Nächte für die Besichtigung der Gegend einplanen. Am Westende der Bay of Fundy verlängert der Abstecher zur Côte Acadienne die Fahrt kaum zusätzlich – wobei einige Sehenswürdigkeiten der akadischen Kultur, wie die **Eglise de Sainte-Marie,** den Zwischenstopp lohnen. Die eindrucksvollste akadische Sehenswürdigkeit, die **Grand Pré National Historic Site,** liegt weiter östlich und verdient mindestens 3 Std. Aufenthalt. Und natürlich möchte man sich im Laufe der Reise auch einmal ganz der Bay of Fundy widmen (nur einen Teller Digby-Jakobsmuscheln zu vertilgen, zählt nicht!). Wenn man von Yarmouth aus in nordöstlicher Richtung reist, bietet sich für den ersten Vormittag eine Spazierfahrt entlang der Côte Acadienne (akadische Küste) an, mittags bestellt man sich Jakobsmuscheln in Digby und fährt dann weiter nach Annapolis Royal. Für den Rest des Nachmittags und den frühen Vormittag des nächsten Tages steht eine Besichtigung der Stadt an, bevor es weitergeht nach Wolfville. Hier übernachtet man und steht am nächsten Morgen früh auf, um eine kurze Wanderung durch den Blomidon Provincial Park einzuschieben, bevor man die Fahrt zur Grand Pré National Historic Site fortsetzt. Am späten Nachmittag ist man dann wieder zurück in der Hauptstadt. Wer noch einen Tag und eine Nacht zusätzlich hat, könnte eine Tour über den Digby Neck einplanen und auf **Whale-watching-Tour** gehen.

Côte Acadienne

Wer über den Hwy. 101 von Yarmouth direkt nach Digby rast, versäumt die reizvolle Côte Acadienne, auch bekannt als **Municipality of Clare.** An diesem 50 km langen Küstenstrich leben die Nachfahren der Franzosen, die sich nach der Vertreibung der Akadier 1755 hier wieder ansiedelten.

Um hierherzukommen, folgt man dem Hwy. 1 nach Norden durch Yarmouth oder nimmt, um etwas Zeit zu sparen, den Hwy. 101 bis Ausfahrt 32. Zwischen Rivière-aux-Saumons im Süden und Weymouth im Norden zeigen die Ortsnamen, die hoch aufragenden katholischen Kirchen und die stolzen akadischen Flaggen (die französische Trikolore mit einem einzelnen gelben Stern) an, dass man sich in der größten frankophonen Enklave Nova Scotias befindet.

Mavillette und Umgebung

Im **Mavillette Beach Provincial Park** auf der Südseite von Cap Sainte-Marie kann man die Bay of Fundy von ihrer dynamischen Seite kennenlernen. Das Schild mit der Aufschrift „Cape View Restaurant" markiert die Abzweigung vom Hwy. 1; die Straße führt steil hinunter zum Meer und verläuft dann an hohen Dünen entlang.

Laufstege überqueren die Dünen zum endlos langen Strand, wo sich das Wasser bei Ebbe in warmen Becken hinter den Sandbänken staut. An sonnigen Tagen sind viele Muschelsucher auf der Suche nach ungewöhnlichen Exemplaren unterwegs. Obwohl dies einer der schönsten Strände ganz Nova Scotias ist, herrscht kaum Andrang.

Übernachten/Essen und Trinken

An der Zufahrtsstraße zum Strand befindet sich **Cape View Motel and Cottages** (✆ 902/645-2258, www.capeviewmotel.ca; Juni–Sept.) Die zehn einfachen Zimmer des Motels ($ 80 für 1/2 Pers.) und fünf Cottages ($ 90–120) liegen oberhalb der Sanddünen und des Provinzparks.

Auf der gegenüberliegenden Straßenseite des Cape View Motels und mit wunderbarer Aussicht auf den Strand und seine traumhaften Sonnenuntergänge liegt das **Cape View Restaurant** (157 John Doucette Rd., ✆ 902/645-2519; Mitte Mai bis Okt. tägl. Frühst. und Mittagessen), das zum Frühstück Gerichte wie Rührei mit Hummer ($ 13) sowie tagsüber Seafood mit akadischem Einschlag auftischt (Hauptgerichte $ 12–22).

Smuggler's Cove Provincial Park

Von Mavillette Beach sind es 16 km nach Norden zum Smuggler's Cove Provincial Park. Spazierpfade führen hinauf zu einem großartigen Aussichtspunkt auf dem Gipfel eines steilen Felsens und über steile Stufen zwischen Bäumen hindurch hinunter zum steinigen Ufer. Die Felsen an der Küste sind unterhöhlt, was sich die Rumschmuggler zur Prohibitionszeit zunutze machten. Einige der Höhlen können bei Ebbe besichtigt werden. Der Park bietet auch zahlreiche Picknicktische und ist damit ein idealer Zwischenstopp zum Mittagessen; Campingplätze sind nicht vorhanden.

Meteghan und Umgebung

Die 1785 gegründete Hafenstadt Meteghan 15 km nördlich von Mavillette ist das Handelszentrum des Bezirks, obwohl die Einwohnerzahl noch immer unter 1000 liegt. Am Hauptkai herrscht den ganzen Tag über geschäftiges Treiben, aber die offizielle Attraktion ist **La Vieille Maison** (Das alte Haus) am Hwy. 1 (✆ 902/645-2389; Juli/Aug. tägl. 9–17 Uhr, Juni und Sept. tägl. 10–18 Uhr; Eintritt gegen eine Spende). Im früheren Wohnhaus der Familie Robicheau untergebracht, kann man in diesem Museum Möbel und Ausstellungsstücke aus dem 18. Jh. bewundern, die die Geschichte der Region dokumentieren. Unterstützt wird die „Zeitreise" durch zweisprachige (eng./frz.) Führer in traditioneller akadischer Tracht. Ein Teil des Museums wird als **Meteghan Visitor Centre** (Touristeninformation) betrieben.

Übernachten/Essen und Trinken

Eine gute Wahl zum Übernachten ist das **Bluefin Motel** (7765 Hwy. 1, ✆ 902/645-2251 oder 888/446-3466, www.bluefinmotel.com; $ 79–139 für 1/2 Pers.). Es liegt auf der Südseite der Stadt auf der Felsspitze. Hinter dem Restaurant laden Stühle (draußen) dazu ein, das Panorama zu genießen. Die Aussicht, die nebenan ausgelegten Hummerfallen und die Jakobsmuschel-Trawler, die langsam durch die Bucht schippern, tragen zum Reiz des Ortes bei. Das Motelrestaurant ist tägl. ab 8 Uhr zum Frühstück, Mittag- und Abendessen geöffnet.

Eine breite Palette an Meeresfrüchten wird tägl. von den Jakobsmuschel-Trawlern, Heringskuttern und Hummerbooten des Hafens an Land gebracht. Das **Blue Rock Restaurant** (Hwy. 1 unweit des Museums, ✆ 902/645-3453) ist eine gute Adresse für Seafood-Küche.

Nova Scotia
Karte siehe Farbteil S. 2/3

Nördlich von Meteghan

Das Dorf **Meteghan River** nördlich von Meteghan ist Nova Scotias größtes Zentrum für Holzschiffbau. Eine der schönsten Unterkünfte an der Côte Acadienne ist **L'Auberge au Havre du Capitaine** (9118 Hwy. 1, ☎ 902/769-2001, www.havredu capitaine.ca), ein Gasthaus im ländlichen Stil mit Massivholzböden und einem Aufenthaltsbereich, in dessen Zentrum sich ein großer offener Kamin befindet. Die Auswahl der Unterkünfte reicht von Zimmern mit eigenem Bad und TV ($ 85–100 für 1/2 Pers.) bis hin zu größeren Suiten mit Badewannen mit Sprudeldüsen ($ 110 für 2 Pers.). Das zum Alkoholausschank berechtigte Restaurant des Gästehauses ist

tägl. zum Frühstück, Mittag- und Abendessen geöffnet.

Ebenfalls in Meteghan River sollten Hummerliebhaber einen Zwischenstopp bei **Wright's Lobster** (Hwy. 1, ☎ 902/645-3919; Mo–Fr 9–17 Uhr) einlegen, wo man lebende Hummer kaufen kann, die in dem großen Lagerhaus in offenen Meerwasser-Boxen gehalten werden – perfekt für Camper oder all diejenigen, die eine Unterkunft mit Kochgelegenheit haben.

Comeauville

Das Dorf Comeauville ein Stück weiter nördlich lockt mit der **Galerie Comeau** (761 Hwy. 1, ☎ 902/769-2896; Juni–Aug. Mo–Sa 10–17, So 12–17 Uhr), in der die Künstlerin Denise Comeau Aquarelle ausstellt und verkauft, in denen sich Motive aus der Region und ihre akadische Herkunft zugleich widerspiegeln.

Pointe de l'Eglise

Dieser Ort mit dem bezeichnenden Namen „Kirchenspitze" ist für Reisende, die Richtung Norden unterwegs sind, der letzte größere akadische Ort, aber auch der interessanteste. Das 490-Seelen-Dorf wird von der zwischen 1903 und 1905 erbauten, riesigen **Eglise de**

Eglise de Sainte-Marie

Sainte-Marie (Marienkirche) beherrscht, der größten und höchsten Holzkirche Nordamerikas. Das Gebäude hat einen kreuzförmigen Grundriss, und sein hoch aufragender 56-m-Glockenturm wurde mit 40 t Stein beschwert, damit er den Winterstürmen trotzt. Im Innenraum zeigt das **Musée Sainte-Marie** (☎ 902/769-2808; Juni bis Mitte Okt. tägl. 9–17 Uhr; Eintritt $ 2, Kinder frei) religiöse Reliquien und historische Dokumente und Fotos. Messe ist sonntags um 10.30 Uhr.

Reisepraktisches

• *Übernachten/Camping*   Übernachten kann man im **Le Manoir Samson** (1768 Hwy. 1, ☎ 902/769-2526 oder 888/769-8605, www.manoirsamson.com; Mai–Aug.; $ 75–125 für 1/2 Pers.), einem Straßenmotel aus rotem Backstein, in dem die meisten Zimmer mit Mikrowelle und Kühlschrank ausgestattet sind. Ein kleines Frühstück ist im Preis enthalten.

Für Camper empfiehlt sich der **Belle Baie Park** (Hwy. 1, ☎ 902/769-3160, www.belle baiepark.ca; Mitte Mai bis Sept.), ein Vollservice-Campingplatz am Meeresufer mit eigenem Strand, Außenpool, Spielplatz und Laundry. Einfache Zeltplätze kosten $ 20, Plätze mit Anschlüssen $ 25–35, die teureren Stellplätze liegen direkt am Ufer. Zu den Freitagabend-Events gehören *Potluck Dinners* (gesellige Abendessen, zu denen jeder etwas mitbringt) und Livemusik.

Weiter nach Digby

Die letzte der akadischen Gemeinden ist **Grosses Coques** (große Muscheln), ein kleines Dorf direkt nördlich von Pointe de l'Eglise, dessen Name sich von den Riesentrogmuscheln ableitet, die hier in den Wattgebieten gesammelt werden – sie dienten den ersten Siedlern als wichtige Nahrungsquelle.

Gilbert's Cove

Eine kurze, ungeteerte Straße führt vom Hwy. 101 zum **Gilbert's Cove Lighthouse.** Der 1904 gebaute Leuchtturm, der Schiffen auf dem Weg in die oberen Ausläufer der St. Mary's Bay Orientierung bieten sollte, wurde saniert und ist im Juli und August der Öffentlichkeit zugänglich.

• *Essen und Trinken* In südlicher Richtung hinter der Stadt liegt das **Rapure Acadienne** (1443 Hwy. 1, ☎ 902/769-2172; Mo–Sa 8–17.30 Uhr), das authentischste Lokal in Nova Scotia, um Rappie Pie zu probieren, ein traditionelles akadisches Hühnergericht, dessen Kartoffelfüllung eine ziemlich ungewöhnliche Konsistenz hat. Die Pies sind riesig (es gibt sie auch mit Rind und Muscheln gefüllt) und kosten gerade mal $ 6 mit Butter oder Melasse als Beigabe. Die Bestellung gibt man am Innenfenster zur Küche auf (wo man auch in die großen Öfen hineinspähen kann). Gegessen wird an dem einzigen Tisch im Innenraum oder an den Picknicktischen draußen.

Gilbert's Cove Lighthouse

Nova Scotia
Karte siehe Farbteil S. 2/3

Digby und Umgebung

Die Hafenstadt Digby (2300 Einw.), die 105 km nordöstlich von Yarmouth und 235 km westlich von Halifax liegt, ist Endstation der Fähre aus Saint John (New Brunswick) und Heimathafen der größten Jakobsmuschel-Fangflotte der Welt. Der Name der Mi'kmaq-Indianer für die Gegend lautet *Te'Wapskik*, was so viel wie „zwischen hohen Felsen fließend" bedeutet. Dieser Name bezieht sich auf den Digby Gut, einen schmalen Durchfluss zum Annapolis Basin nördlich der Stadt. Ihren

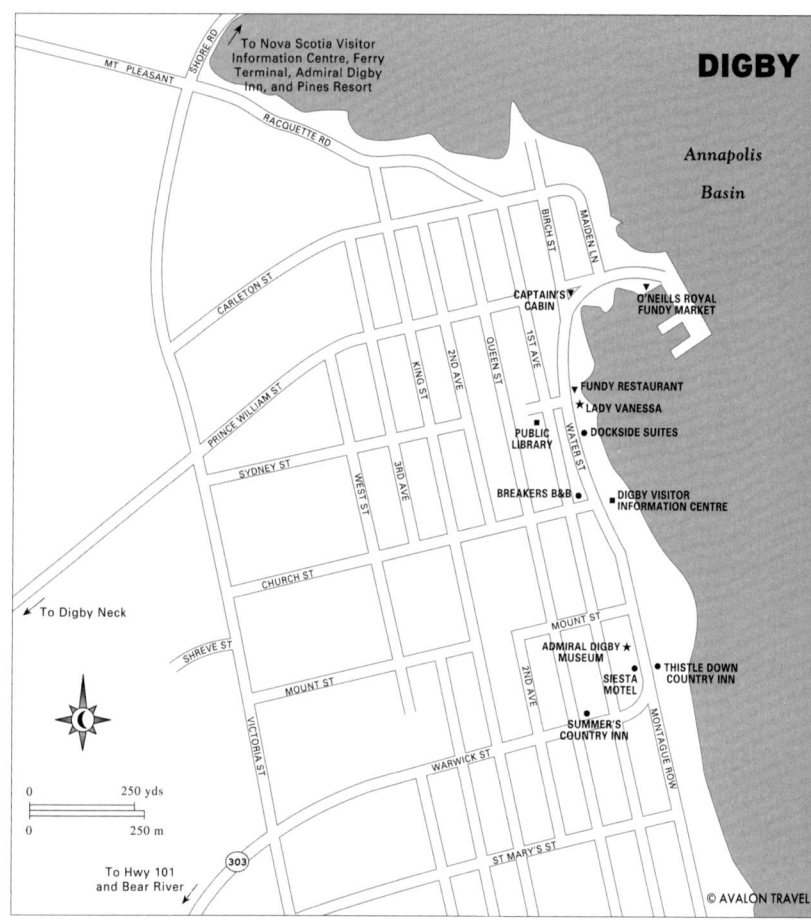

englischen Namen hat die Stadt von Admiral Robert Digby, der 1793 durch die Bay of Fundy segelte und den Ort mit 1500 Loyalisten aus Neuengland besiedelte. Die Jakobsmuschel-Fangflotte ist vor der Fishermen's Wharf abseits der Water Street vertäut; bei Sonnenuntergang liegen hier die pastellfarbenen Trawler im Halbkreis vor Anker, von hinten angestrahlt durch den Feuerball der untergehenden Sonne.

Da es abseits der Hauptstrecken der Region liegt, kann man Digby leicht umfahren. Der Hochgeschwindigkeits-Hwy. 101 verläuft südlich von Digby und führt Reisende an der Küste der St. Mary's Bay entlang ins Annapolis Valley. Der landschaftlich schönere Hwy. 1, die beschauliche Route durch das Tal, beginnt hinter Digby und führt Richtung Westen. Selbst von Digbys Fährterminal aus wird der Verkehr um die Stadt herumgeleitet, und wer von New Brunswick aus in die Provinz hineinfährt, wird durch Schilder von der Shore Road direkt zum Hwy. 101 gelotst, über die Victoria Street und den Hwy. 303.

Sehenswertes

Eine Reihe lohnenswerter Sehenswürdigkeiten findet sich entlang dem Ufer, doch die eigentlichen Highlights – Digby Neck und Kejimkujik National Park – liegen weiter außerhalb der Stadt (siehe S. 208 und S. 214).

Lady Vanessa: Auf dem Landungssteg vor dem Fundy Restaurant (Water St.) liegt die 30 m lange Lady Vanessa im Trockendock. Dieser vor Ort gebaute Jakobsmuschelfänger ist für die Öffentlichkeit zugänglich (Juni–Sept. tägl. 17 Uhr; Eintritt $ 2) und gibt Besuchern so die Möglichkeit, an Bord den Arbeitsplatz der einheimischen Fischer mit eigenen Augen zu sehen. Man kann das ganze Schiff besichtigen – über und unter Deck, das Ruderhaus und die Kajüten. An Schautafeln wird die Jakobsmuschelfischerei erklärt, eine der außergewöhnlichsten Exponate aber sind die Scheren eines 45 Pfund schweren Hummers. Die 30-minütige, an Bord ausgestrahlte Dokumentation ist ausgesprochen interessant. Die meisten Szenen wurden unter Wasser gedreht u. a. das Fangen eines Hummers in einer Falle und das Aufsammeln der Jakobsmuscheln mit den Schleppnetzen.

Admiral Digby Museum: Digbys historischer Bedeutung widmet sich die Ausstellung im Admiral Digby Museum am Hafen (95 Montague Row, ✆ 902/245-6322; Mitte Juni bis Aug. Mo–Sa 9–17, So 13–17 Uhr; Eintritt gegen eine Spende), das in einem netten, zweistöckigen Wohnhaus aus georgianischer Zeit untergebracht ist und alte Fotos, interessante Karten und Ausstellungsstücke aus der Seefahrt zeigt.

Bear River: Sich selbst als die „Schweiz Nova Scotias" zu betiteln, ist vielleicht etwas hoch gegriffen, doch dieses kleine Dorf 8 km südlich von Digby, das sich beidseits des Bear Rivers erstreckt, liegt eingebettet in ein wunderschönes kleines Tal, in dem die Bäume im späten September in prächtigen Farben erstrahlen. Die Hauptstraße säumt ein buntes Sammelsurium aus Holzhäusern in den verschiedensten Sanierungszuständen, viele davon ragen auf Stelzen über dem tief darunter fließenden Fluss auf. In den fertig restaurierten Gebäuden sind heute Kunsthandwerksläden untergebracht.

Reisepraktisches

Nachtleben, Kultur und Veranstaltungen

Leute beobachten kann man zwischen Montague Row und Water Street, v. a. bei Sonnenuntergang. In der **Club 98 Lounge** (28 Water St., ✆ 902/245-4950) im Fundy Restaurant tritt freitags und samstags eine Band (gegen Aufpreis) oder ein Diskjockey auf. Der Salon im **Pines Resort** (103 Shore Rd., ✆ 902/245-2511; So geschl.) ist für zahmeren Zeitvertreib, schummriges Licht, gemütliches Ambiente und gekonnt gemixte Drinks bekannt.

Die berühmten Jakobsmuscheln werden in der zweiten Augustwoche bei den **Digby Scallops Days** (www.digbyscallopdays.com) gebührend gefeiert – mit einer Parade, Wettbewerben im Jakobsmuschel-Auslösen, Straßenverkäufen, der Wahl einer *Scallop Queen* (Jakobsmuschel-Königin) und *Scallop Princesses* (den entsprechenden Prinzessinnen), Musik, Feuerwerk und einer Parade der Jakobsmuschel-Fangflotte.

Übernachten/Camping

Digby bietet ein paar wenige Motelzimmer unter $ 100, darunter das **Siesta Motel** (81 Montague Row, ✆ 902/245-2568; $ 70–95 für 1/2 Pers.), aber echte Schnäppchen sind in der Stadt nicht zu machen.

● *$ 50–100* Zwei Blocks vom Hafen entfernt bietet das **Summer's Country Inn** (16 Warwick St., ✆ 902/245-2250, www.summerscountryinn.com; Mai–Okt.; $ 65–95 für 1/2 Pers.) elf Gästezimmer in einem Haus aus den 1830er-Jahren. Jedes Zimmer verfügt über ein eigenes Bad und ein bequemes

Nova Scotia
Karte siehe Farbteil S. 2/3

Bett, aber mir persönlich ist die Innendeko der Räume zu blumig.

• *$ 100–150* Digbys einzige Unterkunft am Hafen ist das **Thistle Down Country Inn** (98 Montague Row, ✆ 902/245-4490 oder 800/565-8081, www.thistledown.ns.ca; Mai–Okt.; $ 105–130 für 1/2 Pers.) mit Landschaftsgar-ten. Es umfasst sechs Zimmer in einem Haus aus der Zeit Prince Edwards sowie sechs normale Motelzimmer in einem neuen Anbau, der auf der rückwärtigen Hälfte des Grundstücks steht. Im Preis ist ein Frühstück enthalten; zum Abendessen muss reserviert werden.

Der Jakobsmuschel auf den Grund gegangen

Digby ist bekannt für seine Jakobsmuscheln, deshalb probiert man sie am besten gleich vor Ort in dem kleinen Hafen an der Fundy-Küste. Im Gegensatz zu anderen Muschelsorten (z. B. Venusmuscheln) graben sich Jakobsmuscheln nicht im Sand ein. Stattdessen leben sie auf dem Grund der Bay of Fundy und „schwimmen" durch schnelles Öffnen und Schließen ihrer Schalen. Die Fischer von Digby ernten die Jakobsmuscheln, indem sie große Drahtkörbe über den Meeresboden ziehen. Sie werden sofort geöffnet und bis zu ihrer Ankunft an Land auf Eis gelegt.

Die Wassertemperatur in der Bay of Fundy schwankt im Jahresverlauf nur wenig, und zusammen mit dem starken Gezeitenhub, der eine starke Bewegung der Nährstoffe bedingt, entstehen ideale Lebensbedingungen für die Jakobsmuscheln. Das Ergebnis ist das dickste, aber zugleich auch zarteste und saftigste Muschelfleisch, das man sich nur vorstellen kann. Jakobsmuscheln sind außerdem sehr fettarm und reich an Proteinen.

In Digby gibt es die weltgrößte Flotte an Jakobsmuschel-Fischerbooten

In ganz Nova Scotia und darüber hinaus finden Jakobsmuscheln aus Digby namentliche Erwähnung. In besseren Restaurants werden sie in Butter sautiert und sanft gewürzt oder als Zutat im Meeresfrüchte-Topf bzw. in Gerichten wie Bouillabaisse serviert. Lokale wie das **Fundy Restaurant** (34 Water St., ✆ 902/245-4950; 8–22 Uhr), von dem aus man direkt auf die Fangflotte sehen kann, bieten auch originellere Variationen wie Jakobsmuschel-Omelette, Jakobsmuschel-Chowder oder Fettucine (Bandnudeln) mit Jakobsmuscheln an. Auf dem **O'Neil's Royal Fundy Market** am Kai (Prince William St., ✆ 902/245-6528; Mo–Fr 9–17.30, Sa 10–17 Uhr) kann man sie frisch vom Trawler kaufen und in seiner Unterkunft, sofern man eine Kochgelegenheit hat, ganz nach Gusto zubereiten.

The **Admiral Digby Inn** (441 Shore Rd., ℡ 902/245-2531 oder 800/465-6262, www.digbyns.com; Mitte Mai bis Okt.) befindet sich auf der gegenüberliegenden Straßenseite des Annapolis Basin auf halber Strecke zwischen der Stadt und dem Fährterminal. Die überdurchschnittlich guten Motelzimmer kosten ab $ 110 für 1/2 Pers. Für $ 135 bekommt man dazu noch einen Balkon mit Meeresblick. Die Cottages mit einem oder zwei Schlafzimmern gibt es $ 150 bzw. $ 200. Alle Preise beinhalten ein kleines Frühstück Zusätzliche Annehmlichkeiten sind ein Restaurant, ein Salon, ein Innenpool und eine Laundry.

Breakers Bed and Breakfast (5 Water St., ℡ 902/245-4643 oder 866/333-5773, www.breakersbb.com; Mai–Okt.; $ 125–145 für 1/2 Pers. inkl. Frühst.) ist ein 150 Jahre altes, zweistöckiges Gebäude gegenüber dem Hafen. Die drei Gästezimmer sind besonders geräumig und zum alten Stil des Hauses passend eingerichtet. Eine überdachte Vorderveranda mit Blick auf das Wasser und der mit Büchern gefüllte Aufenthaltsraum sorgen für zusätzlichen Charme.

Dockside Suites (26 Water St., ℡ 902/245-4950, www.fundyrestaurant.com; $ 129–159 für 1/2 Pers.) gehört zum Komplex des Fundy Restaurants. Jedes der sechs Gebäude ist mit AC ausgestattet, hat einen Balkon mit Hafenblick und separate Schlafzimmer. Weitere Extras in den Zimmern sind TV/DVD-Kombi und Highspeed-Internetzugänge.

• *$ 150–200* Reizvoll für Besucher, die gern in einer altmodischen Unterkunft übernachten möchten, ist das vornehme **Pines Resort** (103 Shore Rd., ℡ 902/245-2511 oder 800/667-4637, www.digbypines.ca; Mitte Mai bis Mitte Okt.; ab $ 198 für 1/2 Pers.). Vom Rand eines Hügels außerhalb der Stadt lugt es über den Hafen. Dieses normannische Herrenhaus aus Stuck und Stein wurde 1903 gebaut und diente als Hotel der Canadian Pacific Railway, bis es die Provinz 1965 aufkaufte. Zu den Unterkünften gehören über 80 Zimmer im Herrenhaus sowie 30 Cottages, die im Schatten von Fichten, Tannen und Kiefern stehen. Das Hotel verfügt über ein Restaurant mit provinzweitem Renommee, ein 18-Loch-Golfplatz (Greenfee $ 65), Außenpool, Fitness-Center und Tennisplätze. Hier starten Wanderwege. Die meisten Gäste nutzen Pauschalangebote, z. B. $ 120 pro Pers. für Unterkunft, Golfen und Frühstück.

• *Campgrounds* Unweit der Stadt liegt der **Digby Campground** (Smith's Cove, 230 Victoria St., ℡ 902/245-1985; Mitte Mai bis Mitte Okt.; $ 20–26). Um dorthinzukommen, fährt man vom Hwy. 101 die Abfahrt 26 ab und folgt über 3 km der Beschilderung zur Fähre. In fußläufiger Entfernung zur Downtown gelegen, verfügt der Campground über Außenpool, eine Laundry und Anschlüsse.

Essen und Trinken

Direkt in der Downtown befindet sich das **Fundy Restaurant** (34 Water St., ℡ 902/245-4950; 8–22 Uhr), ein großes, Restaurant mit Blick auf die Jakobsmuschel-Fangflotte, wo man ganz entspannt sitzen kann. Sitzplätze gibt es im Hauptspeisesaal, einem verglasten Wintergarten oder draußen auf dem Balkon. Digby-Jakobsmuscheln sind hier die Spezialität, zubereitet in allen erdenklichen Variationen oder in Kombination mit anderen Meeresfrüchten. Das Fundy Omelet (Omelette mit Jakobsmuscheln; $ 11) ist eine interessante Frühstücksalternative, die übrigen Tagesgerichte wie Jakobsmuschel-Chowder ($ 9) und eine Platte mit diversen Jakobsmuschel-Zubereitungen ($ 18) eignen sich aber noch besser, um diese Köstlichkeit einmal zu probieren.

Einen Block vom Wasser entfernt liegt **Captain's Cabin** (Water St., ℡ 902/245-4868; 11.30–22.30 Uhr), das eher ein Treffpunkt für Einheimische ist, sich aber auch auf Seafood spezialisiert hat. Die Gerichte sind etwas weniger kreativ zubereitet, aber dafür auch um einiges günstiger. Ein halber Hummer mit Jakobsmuscheln als Beilage kostet $ 25.

Auf **O'Neil's Royal Fundy Market** (Prince William St., ℡ 902/245-6528; Mo–Fr 9–17.30, Sa 10–17 Uhr) gibt es frische Meeresfrüchte. Perfekt für alle, die in einer Unterkunft mit Kochgelegenheit übernachten. Ansonsten kann man auch gebratene oder frittierte Jakobsmuscheln, Seafood-Chowder, frische Miesmuscheln und Lachs, gekochten Hummer und Räucherspezialitäten wie Kabeljau, Schellfisch oder Makrele sowie Digby Chicks (geräucherter Hering) vor Ort essen oder mitnehmen.

Information/Adressen

In der Downtown ist das **Digby Visitor Information Centre** (110 Montague Row, ℡ 902/245-5714) von Juni bis Anfang Oktober tägl. von 9–17 Uhr geöffnet. An der Straße zwischen Fährenterminal und Stadt liegt

das **Nova Scotia Visitor Information Centre** (237 Shore Rd., ✆ 902/245-2201; Anf. Mai bis Okt. tägl. 9–17 Uhr, Juli/Aug. bis 21 Uhr), das über die ganze Provinz informiert.
Digbys **Public Library** (Stadtbibliothek; Ecke 1st und Sydney St.; Di–Fr 15–17, Sa 10–13 Uhr) bietet öffentliche Internetzugänge.

Verbindungen

Die Anlegestelle der **Princess of Acadia** liegt hinter der Stadt an der Mündung des Annapolis Basin. Die von **Bay Ferries** (✆ 902/245-2116 oder 888/249-7245, www.nfl-bay.com) betriebene, große Fähre verkehrt das ganze Jahr über 1- bis 2-mal tägl. zwischen Saint John (New Brunswick) und Digby (Nova Scotia). Während der HS kostet die einfache Fahrt $ 40, für Senioren und Kinder $ 30, Fahrzeuge $ 100. Die Überfahrt dauert 3:30 Std. Wer mit dem Auto unterwegs ist, sollte auf jeden Fall reservieren.
Der Bus von **Acadian Lines** steuert auf seiner Route zwischen Halifax und Digby auch den Lebensmittelladen in der Montague Row 77 (✆ 902/245-2048) an. Von dort sind es nur einige Minuten zu Fuß bis zum Digby Visitor Information Centre.

Digby Neck

Der Digby Neck ist eine lange, spindelförmige Halbinsel, die von Digby aus wie eine Antenne fast 80 km weit in die Bay of Fundy hineinragt. Vor der Spitze der Halbinsel liegen zwei kleine Inseln. Die abseits der Haupttouristenroute gelegene Landzunge dürfte v. a. die Reisenden interessieren, die sich gern in der Natur aufhalten und ihre Zeit in kleinen Küstendörfern verbringen, wo das Leben noch einen gemächlicheren Gang geht als im Rest der Bay of Fundy.

Digby Neck und Ausläufer

Von Digby aus verläuft der Hwy. 217 mitten über den Digby Neck, durch die Dörfer **Centreville, Sandy Cove** und **Mink Cove.** Im malerischen Sandy Cove kleben die Häuser am Ufer, und ein nahe gelegener Pfad führt zu Nova Scotias höchstem Wasserfall. In East Ferry startet alle 30 Min. (jeweils zur halben Stunde) eine Fähre nach **Long Island.** Die Überfahrt dauert 5 Min. und kostet $ 5 pro Fahrzeug inklusive Insassen. Hinter Tiverton, der größten Stadt auf Long Island, führt ein 2 km langer Weg (ca. 30 Gehminuten) an Küstenfelsen vorbei zum **Balancing Rock.** Diese Felssäule vulkanischen Ursprungs ragt äußerst knappkantig über einem Felsrand auf und sieht aus, als könnte sie jeden Moment umkippen.

Brier Island

Eine zweite Fähre (ebenfalls $ 5) verbindet Long Island mit Brier Island, Nova Scotias westlichstem Ausläufer. Die Insel lebt von einem geschäftigen kleinen Fischereihafen in **Westport** und vom Tourismus, der im Frühjahr auf Wildblumen, im Sommer auf Whalewatching und das ganze Jahr über auf Vogelbeobachtung setzt. Der berühmteste Bewohner der Insel war Joshua Slocum (die beiden Autofähren sind nach ihm und seinem berühmten Segelboot *Spray* benannt). Slocum verbrachte seine Kindheit auf der Insel, ehe er zur See fuhr und schließlich der erste Mensch wurde, der die Welt im Alleingang umsegelte. Ein kleines Denkmal auf einer Landzunge südlich von Westport erinnert an seine heroischen Taten.

Whalewatching in der Bay of Fundy

Digby Neck dient als Ausgangsbasis für Walbeobachtung. Die Tourunternehmen bieten zwischen Mitte Juni und Anfang Oktober halbtägige Exkursionen an, bei denen regelmäßig Finnwale *(finbacks),* Glattwale *(right whales),* Buckelwale *(humpback whales),* Minkwale *(minke whales)* sowie atlantische Weißseitendelfine *(whi-*

tes-sided dolphins) und Schweinswale *(porpoises)* gesichtet werden. Die auf Long Island in Tiverton stationierte Gesellschaft **Ocean Explorations** (✆ 902/839-2417 oder 877/654-2341) beschäftigt als Führer Tom Goodwin, einen bekannten Biologen, der interessierte Besucher auf extrem schnellen, aber stabilen Zodiac-Schlauchbooten mit hinaus in die Bucht nimmt. Neben den bekanntesten Walarten sucht Goodwin auch gezielt nach Atlantischen Nordkapern (*North Atlantic right whales*), wenn diese sich in der Mitte der Bucht sammeln, was für gewöhnlich im August geschieht. Die auf einen Gesamtbestand von unter 300 Tieren geschätzten Glattwale sind die seltensten Wale der Welt. Ihr englischer Name *right whale* (richtiger Wal) stammt daher, dass sie sich zur Jagd besonders gut eigneten. Der Preis für eine Tour beträgt $ 59, für Kinder $ 40. Weitere Anbieter sind **Brier Island Whale and Seabird Cruises** (Westport, Brier Island, ✆ 902/839-2995 oder 800/656-3660) sowie **Mariner Cruises** (Westport, Brier Island, ✆ 902/839-2346 oder 800/239-2189).

Reisepraktisches

• *Übernachten/Essen und Trinken* Das **Brier Island Hostel** (Water St., Westport, Brier Island, ✆ 902/839-2273, www.brierislandhostel.com; $ 18, Kinder $ 9) befindet sich in perfekter Lage gegenüber vom Hafen, direkt neben einem Lebensmittelladen, der einheimische Köstlichkeiten und Gerichte zum Mitnehmen verkauft. Die Unterkunft besitzt nur zwölf Betten, die sich auf drei Zimmer verteilen. Die Gemeinschaftsküche, der Aufenthaltsraum und die große Terrasse sind ausgezeichnet.

Zwischen Fähre und Westport (jeweils 1 km entfernt) liegt die **Brier Island Lodge** (Northern Point Rd., ✆ 902/839-2300 oder 800/662-8355, www.brierisland.com; Mai–Okt.; $ 60–150 für 1/2 Pers.) auf einem Steilhang über

dem Meer. Die 40 Zimmer im Motelstil sind geräumig und hell, die meisten haben Meeresblick und einige sogar King-Size-Betten. Sein kiefernholzgetäfelter Speisesaal ist mein Favorit unter den Inselrestaurants. Hier kann man ganz altmodisch-klassisch Truthahn essen oder lokale Spezialitäten wie Seelachs-Chowder und gedämpfte Strandschnecken genießen.

• *Information* Die Website www.brierisland.org bietet Informationen über die Insel, aber bevor man nach Digby Neck hinausfährt, sollte man beim **Provincial Visitor Centre** (✆ 902/742-6639; Mai bis Mitte Okt. tägl. 9–17 Uhr, Juli/Aug. tägl. 9–21 Uhr) am Hwy. 303 zwischen Fährterminal und Digby-Downtown vorbeischauen.

Annapolis Royal

Annapolis Royal (500 Einw.) blickt auf eine vierhundertjährige Geschichte zurück. Ein Großteil dieser Vergangenheit ist noch an seiner Hauptstraße präsent, wo Kanadas schönstes Ensemble historischer Bauten aus der Zeit vor 1800 zu bewundern ist. Die Stadt und die umliegende Region verfügen über 150 denkmalgeschützte Häuser, drei nationalhistorische Stätten und Kanadas ältestes Holzhaus. Hinzu kommen eines der wenigen Gezeitenkraftwerke der Erde, Nova Scotias größter Freizeitpark und sein kleinster Pub sowie einige noble Unterkünfte. Eine Stadt wie diese findet man nirgends sonst in der Provinz.

Geschichte

Im Jahre 1605 überquerten Samuel de Champlain und die Überlebenden des harten Winters in New Brunswick die Bay of Fundy und gründeten Port-Royal gegenüber dem heutigen Annapolis Royal auf der anderen Seite des Annapolis Basin. Es war die erste dauerhafte europäische Siedlung nördlich von St. Augustine in Florida.

Doch schon nach acht Jahren nahm es damit ein jähes Ende, als die Siedlung von Neuengländern angegriffen und zerstört wurde. In den 1630er-Jahren errichtete der französische Gouverneur Charles de Menou d'Aulnay ein neues Port Royal an der Südküste des Annapolis Basin und lockte französische Siedler hierher, die später als „Akadier" bekannt wurden. Der Ort blieb für die nächsten acht Jahrzehnte die Hauptstadt Akadiens. Die Briten nahmen das Fort 1710 ein, benannten es in Fort Anne um und tauften die Stadt zu Ehren ihrer Königin auf den Namen Annapolis Royal. Sie diente Nova Scotia als erste Hauptstadt, bis sie 1749 von der neu gegründeten Stadt Halifax abgelöst wurde.

Sehenswertes

Man kann bequem einen halben Tag damit zubringen, durch die Fort Anne National Historic Site und die angrenzende St. George Street zu schlendern, die sich den Berg hinunter bis zum Hafen schlängelt. Für die anderen Attraktionen von Annapolis Royal braucht man ein Auto.

Annapolis Tidal Generating Station: Es ist zwar nicht die wichtigste Attraktion der Stadt, beherbergt aber die lokale Touristeninformation und bietet sich deshalb als erste Anlaufstelle für Besucher an. Am oberen Ende des Annapolis Basin und auf der rechten Seite ausgeschildert, wenn man vom Hwy. 1 oder 101 in die Stadt kommt, liegt die **Tidal Power Plant** (Hwy. 1, ☎ 902/532-5769; Mai bis Mitte Okt. tägl. 9–17 Uhr, Juli/Aug. 9–20 Uhr; Eintritt frei), das einzige Kraftwerk Nordamerikas, das den Gezeitenhub zur Stromerzeugung nutzt. Die ursprünglich als reines Experiment gebaute Anlage ist noch immer in Betrieb und erzeugt 20 kW Strom (genug, um 4000 Haushalte zu versorgen). Das Kraftwerk nutzt die Energie des gewaltigen Tidenhubs in der Bay of Fundy, der zweimal täglich das Oberbecken der Anlage füllt und dann auf dem Weg zurück ins Meer eine Turbine durchfließt. Im Obergeschoss der Anlage wird der Ablauf erklärt, und durch Fenster kann man hinunter in die Bucht und auf das Oberbecken sehen.

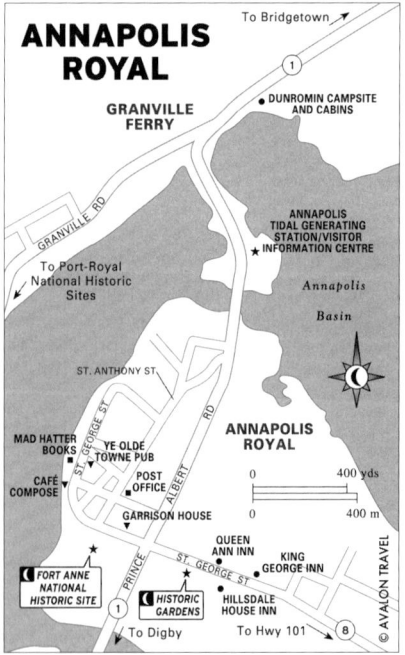

Fort Anne National Historic Site: Diese Festung aus dem 18. Jh. und das umliegende Gelände, Kanadas erste nationalhistorische Stätte (St. George St., ☎ 902/532-2397; Mitte Mai bis Mitte Okt. tägl. 9–17.30 Uhr; Eintritt $ 4, Senioren $ 3,50, Kinder $ 2), ragt im Zentrum von Annapolis Royal über dem Annapolis Basin auf. Sie galt als Schlüsselstellung für

Kanonen in der Fort Anne National Historic Site

die Vorherrschaft über Nova Scotia – wie die Briten die Region nannten, für die Franzosen hieß sie „Acadie" – und hatte deshalb für beide Parteien besondere Bedeutung. Mindestens achtmal kamen neue Befestigungsbauten hinzu, seit die Schotten im Jahr 1629 das Fort Charles errichtet hatten. Das erste französische Fort von 1630 war sternförmig angelegt. Erdwälle des französischen Forts von 1702 sieht man bis heute, eindrucksvoll umrahmt von weiten, grünen Grasflächen. Das Gelände ist ganzjährig für Besucher geöffnet, ebenso wie der Paradeplatz, die Kapelle und das restaurierte Pulverhaus. Die Briten fügten 1797 noch eine Offiziersgarnison hinzu. In dem weiß gekalkten Gebäude ist heute ein Museum untergebracht, das die lange, bewegte Geschichte des Forts erzählt.

Historic Gardens: Diese Anlage (441 St. George St., ☎ 902/532-7018; Mitte Mai bis Mitte Okt. tägl. 9–17 Uhr, Juli/Aug. tägl. 8 Uhr bis Sonnenuntergang; Eintritt $ 8,50, Senioren und Kinder $ 7,50) umfasst auf einer Fläche von 4 ha in verschiedenen Landschaftsstilen gestaltete Gärten, ein Restaurant und einen Geschenkartikelladen. Die Gärten sind nicht nur sehr schön anzuschauen, sondern auch hochinteressant. Der akadische Garten, der zusätzlich mit einem typisch akadischen Haus und einem Außenofen versehen ist, ist den typischen Gärten der ersten europäischen Siedler nachempfunden. Gemüsebeete mit Karotten, Pastinaken, Zwiebeln, Roten Beten und Kohl sind von einer Hecke umgeben, die wilde Tiere abhalten soll; auf einer Seite befindet sich ein mit einer Hecke umzäunter Obstgarten mit Apfel- und Birnbäumen. Weitere Highlights sind der Knot Garden, der im Stil eines mittelalterlichen Heckengartens angelegt wurde, der Governor's Garden, angelegt wie ein geometrischer Garten aus den 1750er-Jahren, als Annapolis Royal noch Hauptstadt war, sowie ein betörender Rosengarten (Rose Garden) mit über 200 Rosensorten, darunter auch frühe englische und moderne Hybridsorten. Am spektakulärsten sind die Gärten im Sommer, wenn von Mitte Juli bis September die Rosen in voller Blüte stehen.

Port-Royal National Historic Site: Die erste dauerhafte Siedlung nördlich von Florida, das Fort in Port Royal aus dem Jahr 1605, wurde an ihrem vermeintlichen Originalstandort wieder aufgebaut (✆ 902/532-2898; Mitte Mai bis Mitte Okt. tägl. 9–17.30 Uhr; Eintritt $ 4, Senioren $ 3,50, Kinder $ 2). Die französische Siedlung von 1605 wurde nach Samuel de Champlains Plänen und Bauverfahren aus dem 17. Jh. nachgebaut. Die rustikalen Gebäude – Gouverneurshaus, Pfarrhaus, Bäckerei, Wachraum u.v.m. sind mit nachgebauten Möbeln im zeitgenössischen Stil eingerichtet – bilden ein Rechteck rund um einen Hof innerhalb des mit Palisaden umzäunten Geländes. Der ursprüngliche Vorposten erlebte viele historische Premieren: Kanadas erstes Theaterstück, „Le Théâtre de Neptune", wurde hier von dem jungen Pariser Anwalt Marc Lescarbot verfasst und uraufgeführt, der erste Gesellschaftsclub des Kontinents, *l'Ordre de Bon Temps* (Orden der guten Zeit) wurde 1606 hier ins Leben gerufen, und die erste Mühle der Neuen Welt wurde an dieser Stelle gebaut, um das erstmals geerntete Korn zu Mehl zu verarbeiten. Diese Geschichten werden von kundigem Personal in historischen Kostümen zum Besten gegeben. Um nach Port-Royal zu kommen, überquert man das Annapolis Basin neben dem Kraftwerk und biegt bei Granville Ferry links ab. Danach geht es noch 10 km weiter die Straße entlang (2 km hinter der Melanson Settlement National Historic Site).

Reisepraktisches

Wandern

Delap's Cove, 24 km westlich von Annapolis Royal (das Annapolis Basin überqueren, 8 km nach Süden in Richtung Port Royal fahren und auf der ungeteerten Straße rechts abbiegen, die in den Bay of Fundy endet), ist ein kleines Fischerdorf, in dem der **Delap's Cove Wilderness Trail** beginnt, einer der wenigen längeren Wanderwege dieses Küstenstrichs. Vom Kai am Ende der Straße schlängelt sich der Weg südwestlich über 15 km an der Küste entlang. Hin und zurück dauert die Tour ca. 8 Std.; wer nicht so viel Zeit hat, kann aber auch nach 1 oder 2 Std. wieder umkehren.

Parks

Upper Clements Parks (Hwy. 1, Upper Clements, ✆ 902/532-7557; Mitte Juni bis Sept. tägl. 11–19 Uhr) ist Nova Scotias größter Freizeitpark. Im typisch neuschottischen Stil gestaltet, bietet er Fahrten in einer Bahn, die historischen Vorbildern nachempfunden wurde, einen Minigolfplatz, der wie eine Karte der Provinz angelegt ist, und ein nachgebautes Fischerdorf. Im Park gibt es darüber hinaus: Achter- und Wildwasserbahnen, Karussells, Tretboote, Liveshows, Dinnershows an Freitag- und Samstagabenden, eine Kunsthandwerksausstellung

mit verschiedenen Vorführungen und Shop sowie mehrere Restaurants. Der Eintritt kostet $ 8; hinzukommen $ 3 pro Fahrt oder $ 22,50 als Abendpauschale. Im Preis ist auch der Eintritt in den benachbarten **Upper Clements Wildlife Park** enthalten, in dem man die einheimische Wildfauna der Provinz wie Schwarzbären, Weißwedelhirsche, Elche und Pumas sowie Bauernhoftiere und Sable-Island-Ponys bewundern kann.

Übernachten/Camping

● *$ 50–100* Außer den Hütten von **Dunromin Waterfront Campground and Cabins** (siehe *Campgrounds*) bieten nur wenige Unterkünfte im Juli und August Zimmer für unter $ 100 an. Eine Möglichkeit ist das **Grange Cottage** (102 Richie St., ✆ 902/532-7993; $ 65 für 1 Pers., $ 75 für 2 Pers.), dessen drei Gästezimmer sich ein Gemeinschaftsbad teilen. Von der rückwärtigen Terrasse aus hat man einen Blick auf den Fluss, und die Veranda ist ein gemütliches Plätzchen, um sich an heißen Nachmittagen abzukühlen. Im Preis ist ein Frühstück enthalten.

Mit Schwimmen, Wandern, Planwagenfahrten, Kanufahren und Rasensportarten verbringt man den Tag auf dem Gelände der **Mountain Top Cottages** (888 Parker Mountain Rd., ✆ 902/532-2564 oder 877/885-1185, www.mountaintopcottages.com; Mai–

Okt.; $ 97–127 für 1/2 Pers.) in einer Wald-
landschaft oberhalb des North Mountain. 17
einfache Cottages mit einem oder zwei
Schlafzimmern und Blick auf einen Privat-
see gibt es hier, jede davon ist mit Mikrowelle und Kühlschrank ausgestattet. Um
dorthinzukommen, überquert man das Annapolis Basin am Gezeitenkraftwerk, folgt
dem Hwy. 1 durch Granville Ferry und biegt
dann in die Parker Mountain Road Richtung
Norden ab (links).

• *$ 100–150* **Hillsdale House Inn** (519 Up-
per St. George St., ✆ 902/532-2345 oder 877/
839-2821, www.hillsdalehouseinn.ca; Mai–
Dez.; $ 109–149 für 1/2 Pers.) liegt auf einem
6 ha großen Grundstück, das schon Könige
und Ministerpräsidenten beehrt haben. Das
Haupthaus besitzt elf Gästezimmer, der benachbarte Wagenschuppen weitere drei.
Die Gemeinschaftsräume sind mit Antiquitäten ausgestattet, auch der behagliche Salon. Ein warmes Frühstück ist im Preis inbegriffen.

King George Inn (548 Upper St. George St.,
✆ 902/532-5286, www.kinggeorgeinn.20m.
com; Mitte Mai bis Mitte Nov.; $ 90–160 für
1/2 Pers.) ist ein altes Kapitänshaus, das um
1868 gebaut und mit Antiquitäten aus der
viktorianischen Zeit möbliert wurde. Es bietet acht luxuriöse Gästezimmer, darunter
auch eine 2-Zimmer-Familiensuite. Zusätzliche Annehmlichkeiten sind eine Bibliothek,
Klaviere, kostenlose Fahrradnutzung und
Kaffee oder Tee am Abend.

Das auf einem 2 ha großen, landschaftlich
gestalteten Grundstück liegende **Queen
Anne Inn** (494 Upper St. George St., ✆ 902/
532-7800 oder 877/536-0403, www.queenanne
inn.ns.ca; Mai–Okt.; $ 119–210 für 1/2 Pers.)
ist ein restauriertes viktorianisches Herrenhaus aus dem Jahre 1865 mit edler Maha-
gonitreppe, die ins Obergeschoss zu zehn
zeitgenössisch eingerichteten Gästezimmern führt. Zimmer 10 ist deutlich kleiner
als die restlichen neun, die besonders groß
sind ($ 159–189 für 1/2 Pers.). Hinter dem
Haupthaus gibt es im ehemaligen Wagenschuppen noch 2-Zimmer-Unterkünfte, perfekt für zwei gemeinsam reisende Paare
oder Familien. Im Preis enthalten ist ein
dreigängiges Frühstück und Nachmittagstee.

• *Campgrounds* Direkt an einem Privatstrand am Annapolis Basin befindet sich
**Dunromin Waterfront Campground and
Cabins** (✆ 902/532-2808, www.dunromin
campsite.com; Mai bis Mitte Okt.), der perfekte Ort für Familien. Dank einem Spiel-

Das Queen Anne Inn

Karte siehe Farbteil S. 2/3

Nova Scotia

platz im Festungsstil, Außenpool, Minigolfanlage, Rasensportplätzen, Kanuvermietung und Café dürfte das größte Problem
darin bestehen, die lieben Kleinen für einen
Tag Sightseeing von hier weg zu lotsen.
Der Campingplatz hat 165 Stellplätze, die
meisten davon mit Anschlüssen ($ 26–
38,50). Canvas-Zelte mit Gemeinschaftsbad
kosten $ 45 für 1/2 Pers., die Hütten zwi-
schen $ 65 mit Gemeinschaftsbad und $ 110
für ein 2-Zimmer-Cottage am Ufer.

In absolut traumhafter Lage direkt an der
Bay of Fundy befindet sich der **Cove
Oceanfront Campground** (Parker's Cove,
✆ 902/532-5166, www.oceanfront-camping.
com; Mitte Mai bis Ende Okt.; $ 29–95). Er
verfügt über moderne Einrichtungen wie
Pool, Spielplatz, Spieleraum und ein kleines
Café. Doch v. a. die Aussicht macht diesen
Platz zu etwas Besonderem: Mit Gras be-
pflanzte, stufenförmig angelegte Terrassen
stellen sicher, dass jeder von seinem Platz
aus den Blick aufs Wasser genießen kann.
Um nach Parker's Cove zu kommen, überquert man das Annapolis Basin am Strom-
kraftwerk, biegt in Granville Ferry rechts ab
und nimmt dann die erste Straße links,
über die niedrig bewaldete Halbinsel nach
Parker's Cove.

Essen und Trinken

St. George Street bietet einige Lokale, Cafés im Diner-Stil sowie Gourmet-Restaurants. Wer auf dem Campingplatz übernachtet oder sich eine Unterkunft mit Kochgelegenheit gesucht hat, sollte über North Mountain nach Parker's Cove fahren und sich dort mit frischen Meeresfrüchten wie Jakobsmuscheln, Hummern und Krabben bei **R R. Shellfish** (☎ 902/532-7301) eindecken, auf der Straßenseite genau gegenüber dem Wasser.

Das hinter der Haupteinkaufsstraße gelegene, zum Annapolis Basin hin ausgerichtete **Café Compose** (235 St. George St., ☎ 902/532-1251; Mo–Sa 11–19, So 13–19 Uhr) ist leicht zu übersehen. Dieses Café im europäischen Stil serviert guten Kaffee und eine Auswahl kleiner und süßer Mittagsgerichte, darunter auch köstliche Strudel.

Annapolis Royal: ein Fischerboot im Trockendock

Die Einheimischen treffen sich nachmittags auf ein Bier und einen Pub-Snack im Außenhof oder zum Schlummertrunk im behaglichen Innenraum des britisch inspirierten **Ye Olde Towne Pub** (11 Church St., ☎ 902/532-2244; Mo–Sa 11–23, So 12–20 Uhr) neben dem Bauernmarkt am unteren Ende der St. George Street. Das 1884 als Bank errichtete Gebäude, das als kleinste Bar Nova Scotias gilt, serviert typische Pub-Küche, aber die Portionen sind großzügig bemessen. Seafood-Spezialitäten sind an der Tafel angeschrieben.

Das **Garrison House** (350 St. George St., ☎ 902/532-5501; tägl. ab 6 Uhr) ist ein vornehmes Restaurant, das sich über drei hintereinander liegende Räume in einem Gasthaus von 1854 erstreckt. Der Küchenchef ist bekannt für die Zubereitung saisonaler Gerichte, das ganze Jahr über werden aber lokale Spezialitäten wie Fischküchlein ($ 14) und akadisches Jamabalaya (ein kreolisches Reisgericht; $ 17) angeboten. Mit seiner eindrucksvollen Weinauswahl und seinem professionellen Service ist es die beste Gourmet-Adresse in der Stadt.

Information/Adressen

Das **Annapolis Royal Visitor Information Centre** (Hwy. 1, ☎ 902/532-5769; Mai bis Mitte Okt. tägl. 9–17 Uhr, Juli/Aug. tägl. 9–20 Uhr; Eintritt frei) befindet sich im Gebäude des Gezeitenkraftwerks auf der Nordseite der Downtown. Wer über die Ausfahrt 22 vom Hwy. 101 in die Stadt kommt, biegt direkt vor der historischen Hauptstraße ab.

Mad Hatter Books (213 St. George St., ☎ 902/532-2070) ist ein einladendes Buchgeschäft mit einem breiten Angebot an Literatur zur Lokalgeschiche und Kultur, Hochglanz-Bildbänden und Reiseführern.

Das **Postamt** befindet sich in der Victoria Street 50. Auf der Rückseite der Sinclair Mews gibt es eine **Laundry** mit Selbstbedienung (tägl. 9–21 Uhr).

Kejimkujik National Park

Im Herzen von Nova Scotias Südwesten liegt der Kejimkujik (Kedschi-mmh-kuhdschik oder einfach Kedschi oder Kedsch gesprochen) National Park abseits des Hwy. 8, ungefähr auf halber Strecke zwischen Liverpool und Annapolis Royal. Der 381 km^2 große Park mit seinen inselreichen Seen und den lang gestreckten, tropfenförmigen Gletscherhügeln (sog. Drumlins) – beides Hinterlassenschaften aus der letzten Eiszeit –, den Hartholz- und Koniferenwäldern sowie dem benachbarten

Wildreservat Tobeatic Game Sanctuary ist ein wichtiges Refugium für heimische Wildtiere und ein Naherholungsgebiet für die Stadtbewohner.

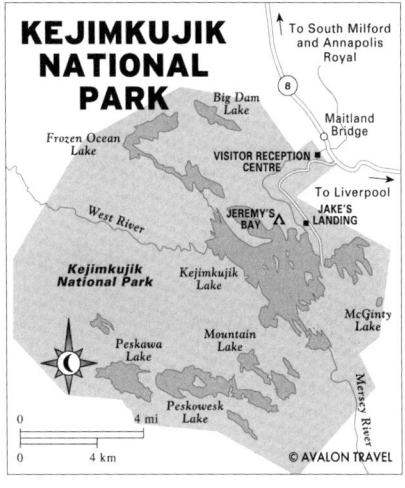

Wildtierfans besuchen den Park zur Vogelbeobachtung. Zu sehen gibt es u. a. Streifenkauze *(barred owls)*, Helmspechte *(pileated woodpeckers)*, Scharlachtangaren *(scarlet tanagars)*, Schnäppertyrannen *(great crested flycatchers)*, Seetaucher *(loons)* und andere Wasservögel. Mit Glück sichtet man auch Schwarzbären *(black bears)*, Weißwedelhirsche *(white-tailed deers)*, Rotluchse *(bobcats)*, Stachelschweine *(porcupines)* und Biber *(beavers)*. Die vielen Seen und mit ihnen verbundenen Flüsse locken bei warmem Wetter Kanusportler und Schwimmer sowie Angler an, die v. a. nach Barschen und Bachforellen fischen. Wanderern steht ein dichtes Netz an Wanderwegen zur Verfügung. Einige davon führen zu Campingplätzen im Hinterland, manche der Plätze sind aber auch mit dem Kanu zu erreichen. Im Winter nutzen Skilangläufer die Wanderwege als Loipen.

Reisepraktisches

● *Sport und Freizeit* Die beiden beliebtesten Aktivitäten im Park sind Wandern und Kanufahren. Der 2 km lange **Beech Grove Trail** beginnt am Besucherzentrum und verläuft entlang dem Mersey River, wo er den Gipfel eines Drumlins erklimmt, der fast komplett mit Buchen bewachsen ist. Der **Farmlands Trail** ist ein weiterer Drumlin-Pfad, und die 45-minütige Wanderung auf einen Drumlin hinauf führt zu einer leerstehenden Farm auf dem Gipfel. Etwas weiter südlich an der Zugangsstraße zum Park liegt der Startpunkt für den 1 km langen **Rogers Brook Loop,** der durch einen Wald aus Rotahorn *(red maples)* und Schierlingstannen *(hemlocks)* führt.

Kanus, Ruderboote und Fahrräder, ($ 5/Std., $ 24/Tag) können am **Jakes Landing** auf der Nordostseite des großen Kejimkujik Lakes gemietet werden; der angrenzende Teil des Mersey Rivers ist sehr ruhig und für Paddelanfänger gut geeignet.

● *Übernachten/Camping* Im Park bietet **Jeremy's Bay Campground** auf der Nordseite des Kejimkujik Lake 360 Stellplätze ohne Anschlüsse für Zelte und Anhänger ($ 25,50). Ausgestattet ist er mit Wasch- und Duschräumen, Feuerstellen und Feuerholz ($ 7), einem Spielplatz und Picknickbereichen; außerdem werden Informationsprogramme angeboten. Weitere 46 Plätze in der Wildnis ($ 18) liegen über die gesamte Waldlandschaft verstreut, sie verfügen über WC, Tische, Grills und Feuerholz. Ein Teil der Plätze kann über den **Parks Canada Campground Reservation Service** (✆ 905/426-4648 oder 877/737-3783, www.pc camping.ca) gegen $ 11 Reservierungsgebühr gebucht werden.

Das dem internationalen Jugendherbergs- und Hostelverein Hostelling International angeschlossene **Raven Haven Hostel** (✆ 902/532-7320, www.hihostels.ca; Mitte Juni bis Aug.) liegt in South Milford, etwa 20 km nördlich des Parks in Richtung Annapolis Royal. Mitglieder zahlen $ 15, Nichtmitglieder $ 17. Es gibt auch Familienzimmer, und im benachbarten Sandy Bottom Lake kann man schwimmen oder auf Kanutour gehen. Einchecken ist nach 13 Uhr jederzeit möglich.

Nova Scotia
Karte siehe Farbteil S. 2/3

• *Information* Das **Visitor Reception Cent-re** (✆ 902/682-2772; Mitte Juni bis Aug. tägl. 8.30–20 Uhr, Aug. bis Mitte Juni tägl. 8.30–16.30 Uhr) liegt direkt hinter dem Eingang des Parks. Hier erwirbt man Tageskarten ($ 6, Senioren $ 5, Kinder $ 3) und Angelli- zenzen ($ 10 pro Tag, $ 35 Jahresgebühr) und kann sich mit Lesestoff über den Park eindecken, u. a. mit Beschreibungen der Wanderpfade. Mehr Informationen über den Park findet man unter den Links auf der Site www.pc.gc.ca.

Der Mersey River im Kejimkujik National Park

Annapolis Valley

Das Annapolis Valley, das sich östlich von Annapolis Royal entlang dem Annapolis River erstreckt, wirkt wie mit einem weißen Schleier überzogen, wenn Ende Mai/Anfang Juni die Apfelbäume in voller Blüte stehen. Das Tal, das sich von Annapolis Royal nach Nordosten ausdehnt, hat aber nicht nur prachtvolle Apfelplantagen zu bieten – bei genauerem Hinsehen entdeckt man auch hektarweise Erdbeer-, Pflaumen-, Pfirsich-, Birnen- und Kirschplantagen sowie Heuwiesen, Korn- und Tabakfelder.

Das Annapolis Valley hat seit jeher eine Vielzahl begeisterter Fans, darunter auch die Mi'kmaq, die diese Region als erste besiedelten. Einer Mi'kmaq-Legende zufolge hauste Glooscap, eine Gottheit in Riesengestalt, im oberen Bereich der Fundy-Küste. Auf den Basaltklippen der Halbinsel – auf dem hohen, hakenförmigen Kap, dessen Ausläufer am Cape Split als Felsensäulen aus dem Meer ragen – ließ er sich häuslich nieder und vergrub Edelsteine an den Stränden der Bay of Fundy (bis heute nagt die Flut hier an der Küste und legt zwischen Hall's Harbour und der Spitze von Cape Split Achate, Amethyste und Zeolithe frei).

Von Annapolis Royal nach Canning

Von Annapolis Royal aus führt der Hwy. 101 nach Nordosten, überquert den Annapolis River bei Bridgetown und verläuft weitere 100 km östlich nach Wolfville. Wer diesen Highway nimmt, verzichtet auf viele landschaftliche Eindrücke. Deshalb empfiehlt es sich, den Hwy. 1 zu befahren (um dorthin zu kommen, überquert man das Annapolis Basin in Annapolis Royal). Auf dieser Strecke passiert man genau die Dörfer und Apfelplantagen, die heute vom Hwy. 101 umfahren werden.

Bridgetown

Etwa 28 km von Annapolis Royal entfernt liegt Bridgetown, dessen breite Straßen von vornehmen alten Häusern und stattlichen Bäumen gesäumt werden. Das **James House Museum** (12 Queen St., ✆ 902/665-4530; Mitte Mai bis Sept. tägl. 9–16 Uhr; Eintritt frei) ist ein Wohnhaus von 1835, das zwischen modernen Läden eingezwängt an der Hauptstraße steht. Neben der obligatorischen Ausstellung über die ersten Siedler gibt es hier auch eine altmodische Teestube.

Wenn man über die Church Street in Richtung Norden die Stadt verlässt, erreicht man nach 5 km den **Valleyview Provincial Park.** Dieser kleine Park thront auf der Spitze des North Mountain, einem uralten Lavakamm, der sich wie eine Kappe über weichere Schichten aus Schiefer und Sandstein wölbt, die im Süden ausgehöhlt wurden, sodass daraus das Annapolis Valley entstand. Vom Park aus reicht die Aussicht über das Tal bis weit ins Innere der Provinz. Der Campingplatz im Park (Mitte Juni bis Mitte Okt.; $ 24) hat nur 30 Stellplätze, aber es wird hier nur an den Sommerwochenenden voll. Er verfügt über WC und Trinkwasser, hat aber keine Duschen.

Kentville

Das Handelszentrum im Annapolis Valley ist Kentville (6000 Einw.), 120 km östlich von Annapolis Royal. Die Stadt liegt auf der Nordseite des Hwy. 101 (über die Ausfahrt 13 oder 14 von Westen und Ausfahrt 12 von Osten zu erreichen) sowie an der Kreuzung zum Hwy. 12, der südwärts durch das Inland Nova Scotias bis nach Mahone Bay und Lunenburg führt. Im historischen Kern der Stadt befindet sich das **King's County Museum** (37 Cornwallis Ave., Mo–Fr 9–16 Uhr; Eintritt frei), das in einem zweistöckigen Gerichtsgebäude aus rotem Backstein eine Kunstgalerie und ein kleines Theater beherbergt.

Am Stadtrand findet man einige preiswerte Motels, darunter **Allen's Motel** (384 Park St., ☎ 902/678-2683, www.allensmotel.ns.ca; Mitte März bis Mitte Dez.; $ 70–105 für 1/2 Pers.) 2 km westlich der Downtown. Die zehn Gästezimmer sind durch gepflegte Gärten und ein Picknick-Areal mit Gasgrill vom Highway abgeschirmt.

Der **South Mountain Park Campground** (Hwy. 12, South Alton, ☎ 902/678-0152 oder 866/860-6092, www.southmountainparkcampground.com; $ 33–38, Hütten $ 70) füllt sich während der Hauptsaison von Mitte Mai bis Mitte Oktober mit vielen Urlauberfamilien. Da er einige Kilometer südlich von Kentville liegt, ist er für Kurzübernachtungen nicht wirklich geeignet. Für Reisende mit Kindern, die eine Verschnaufpause auf ihrer Tour einlegen möchten, ist er jedoch ideal, um für ein paar Tage abzuschalten. Die angebotenen Aktivitäten bieten genug Programm für eine ganze Woche – hier kann man angeln, Tennis spielen, Planwagenfahrten unternehmen. Zudem existieren hier einige Wanderwege. Zu den angenehmen Extras gehören außerdem ein 3-Par-Golfplatz, Spiele- und Fernsehraum, Bibliothek, Internetzugänge, ein Freibad im Olympiaformat und noch vieles mehr. Einziger Nachteil: Die Stellplätze bieten nur wenig Privatsphäre.

Starr's Point

Das **Prescott House Museum** (1633 Starr's Point Rd., ☎ 902/542-3984; Juni bis Mitte Okt. Mo–Sa 9.30–17.30, So 13–17.30 Uhr; Eintritt $ 4, Senioren $ 3, Kinder $ 2) stammt aus jener Zeit, als das Tal erstmals mit Obstplantagen bewirtschaftet wurde. Der Gärtner Charles Ramage Prescott hatte neue Sorten importiert, um das Obstbaumsortiment in der Provinz zu ergänzen. Mit dem Erlös baute er dieses Haus im georgianischen Stil. Das sanierte Herrenhaus, das um 1812 errichtet wurde, präsentiert zeitgenössische Möbel und liegt inmitten hübscher Gärten. Besonders die Ernte im Herbst wird hier groß gefeiert. Das Haus liegt am Hwy. 358, der von Greenwich aus nach Norden führt (Ausfahrt 11 vom Hwy. 101).

Nova Scotia
Karte siehe Farbteil S. 2/3

Canning

Am Ostende des Annapolis Valley findet man eine Handvoll kleiner Winzerbetriebe, darunter auch **Blomidon Estate Winery** (10318 Hwy. 221, ✆ 902/582-7565; Juni–Okt. tägl. 10–17 Uhr). Dieser Winzerbetrieb war der erste in Nova Scotia, der klassische Rebsorten wie Chardonnay, Pinot Noir und Shiraz produzierte. Die Winzerei und ein kleiner Weinkeller liegen 2 km östlich von Canning am Hwy. 221.

Blomidon Peninsula

Die Blomidon Peninsula bildet das hakenförmige Nordende des North Mountain. Mit ihrer Ausdehnung bis in den Minas Channel und dem Minas Basin im Hintergrund bildet sie eine fantastische Landschaftskulisse an der Bay of Fundy und verfügt über einige gute Campingplätze. Von der Ausfahrt 11 des Hwy. 101 sind es 40 km bis zum Ende der Straße.

Look-Off

Auf der Nordseite von Canning liegt das **Look-Off-Family-Camping** (Hwy. 358, ✆ 902/582-3022, www.lookoffcamping.com; Mai–Sept.). Wie der Name schon sagt (*look-off* ist die neuschottische Variante von *look-out*, also Aussichtspunkt), bietet der Platz eine fantastische Aussicht – sowie eine lange Liste möglicher Aktivitäten: Heuwagenfahrten, Bingo und Fitnesskurse sowie Workshops im Flugdrachenbauen und Plätzchenverzieren. Weitere Einrichtungen sind ein Café, das täglich ab 9 Uhr geöffnet hat, Spielplatz, Pool und Laundry. Plätze ohne Anschlüsse am schattigen Rand des Campingplatzes kosten $ 25, solche mit Anschlüssen $ 30, und Campinghütten (ohne Bettwäsche) $ 60 für 1/2 Pers. Der gleichnamige Aussichtspunkt liegt auf der anderen Straßenseite und bietet einen wunderbaren Blick über das beschauliche Annapolis Valley.

Blomidon Provincial Park

Dieser spektakulär gelegene, 759 ha große Park befindet sich auf der Ostseite der Blomidon Peninsula mit Blick auf Minas Basin. Um dorthinzugelangen, biegt man vom Hwy. 358 3 km nördlich des Look-Off ab und folgt über 14 km der Nebenstraße. Roter Schiefer und Sandstein, die den Park zu etwas Besonderem machen, lagerten sich hier vor Jahrmillionen ab und wurden von den Gletschern und vom Wasser erodiert, sodass sie jetzt 180 m hohe, auf dem Gipfel bewaldete Steilfelsen bilden. Zweimal täglich reicht die Flut in der Bay of Fundy bis zu den Klippenwänden, doch wenn das Wasser zurückgeht, kann man über den roten Sandstrand laufen und auf die Suche nach Halbedelsteinen wie Amethysten und Achaten gehen. Das Hochland ist mit Wäldern aus Zuckerahorn *(sugar maple)*, Buchen *(beeches)* und Birken *(birches)* bedeckt, aber man findet auch alpine Pflanzen wie Frauenhaar *(maidenhair)*.

Der schönste Ort für einen Spaziergang ist der Strand, aber dazu sollte man vorher im Informationsbüro des Parks (✆ 902/582-7319) oder an den Info-Tafeln die Ebbe- und Flutzeiten in Erfahrung bringen. Vier offizielle Wanderwege ziehen sich durch den Park. Die beste Aussicht hat man vom Look-Off-Trail, einem leicht zu bewältigenden, 1 km langen Weg zu einem Aussichtspunkt auf den Felsen. Der 5,6 km lange **Jodrey Trail** führt dicht am Rand der Felsen entlang, während der **Interpretive Trail** (Lehrpfad) mit Informationstafeln über den Wald und seine Bewohner ausgeschildert ist. Das Gelände für Tagesbesucher befindet sich direkt an der Zufahrt zum Park. Es bietet einen der wenigen Plätze an der Küste der Bay of Fundy, wo das Wasser warm genug zum Schwimmen ist.

Hinter diesem Gelände führt die Zufahrtsstraße hinauf zum Campingplatz (Anfang Juni bis Anfang Okt.; $ 24), wo die Stellplätze in Form von zwei kurzen Schleifen im Wald verteilt liegen. Vorhanden sind Duschen, ein Spielplatz und Trinkwasser.

Nach Cape Split

An der Spitze der Blomidon Peninsula liegt Cape Split. Um dorthinzukommen, folgt man dem Hwy. 358 vom Look-Off-Aussichtspunkt zur Scots Bay, wo sich vor dem Minas Channel ein kleiner Provinzpark samt Kieselstrand befindet. Die Straße endet direkt hinter der Scots Bay, von wo aus es noch 13 km zu Fuß zum Cape Split sind. Die Strecke ist zwar weit (und zurücklaufen muss man natürlich auch noch), aber es gibt keine Steigung, und man wird am Ende des Weges mit unberührter Wildnis und einem umwerfenden Ausblick vom Rand der Felsklippe belohnt.

Wolfville und Umgebung

Die vornehme Stadt Wolfville (3700 Einw.) am Ostrand des Annapolis Valley trug ursprünglich den Namen Mud Creek (Schlammbach), ein wenig schmeichelhaftes Andenken an die neuenglischen Siedler, die sich mühsam mit dem von den ersten akadischen Siedlern bewirtschafteten Küstenland in der Bay of Fundy herumschlugen. Inzwischen gehört die Stadt zum fruchtbarsten Teil des Annapolis Valley, und man sollte ihre Besichtigung auf keinen Fall versäumen. Der Hwy. 1 verläuft als Hauptstraße durch die Stadt, in der großzügige Häuser mit Erkerfenstern und geräumigen Veranden einträchtig Seite an Seite mit stattlichen Bäumen stehen. Die efeuberankten Gebäude und perfekt manikürten Rasenflächen der Acadia University befinden sich an der Main und University Street.

Die an den Hwy. 1 und Hwy. 101 gelegene Stadt umfasst insgesamt nur sechs Blocks.

Sehenswertes

Wolfvilles vornehmer Charakter ist schon auf den ersten Blick erkennbar, wenn man durch die **Main Street** spaziert, die von imposanten Steinhäusern und an ihrem Ostende von stattlichen Bäumen gesäumt ist.

Randall House Museum (259 Main St., ℰ 902/542-9775; Mitte Juni bis Mitte Sept. Mo–Sa 10–17, So 13.30–17 Uhr; Eintritt gegen eine Spende) ist ein historisches Wohnhaus (1815 erbaut), das zeitgenössisches Mobiliar sowie Ausstellungsstücke aus der Umgebung zeigt, die aus der Zeit von 1760 bis zum 20. Jh. stammen.

Die **Acadia University Art Gallery** (Beveridge Arts Centre an der Highland Ave. und Main St., ℰ 902/585-1373; im Sommer Di–Sa 13–16 Uhr, sonst tägl. 13–16 Uhr; Eintritt frei) zeigt eine Sammlung lokaler und regionaler Kunstwerke, zu deren Highlights Ölgemälde und Serigrafien von Alex Colville zählen.

Den **Hafen von Wolfville** verpassen die meisten Besucher – aber es gibt einen, und zwar einen Block nördlich der Hauptstraße auf der anderen Seite der Front Street. Spazierpfade und ein kleiner Park wurden an der Mündung des Cornwallis Rivers angelegt, der früher von geschäftigen Schiffswerften gesäumt war. Die Aussicht reicht über das Minas Basin bis hin zu den roten Klippen des Blomidon Provincial Parks.

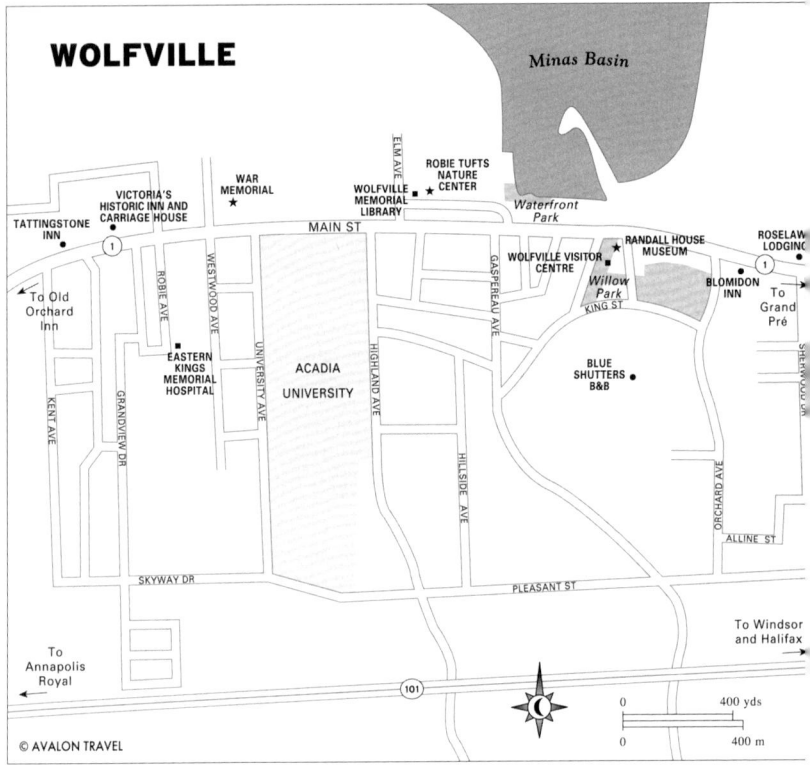

WOLFVILLE

Minas Basin

© AVALON TRAVEL

An der Front Street liegt in westlicher Richtung **Robie Tufts Nature Centre** mit einer Reihe von Schautafeln, die die einheimische Flora und Fauna der Gegend beschreiben. Hauptsächlich dient das Gebäude jedoch als Zuhause für die Schornsteinsegler *(chimney swifts)*, die sich in dem roten Backsteinschornstein niederlassen, der aus dem Dach aufragt.

Reisepraktisches

Einkaufen

Die **Harvest Gallery** (462 Main St., ✆ 902/542-7093) stellt die Werke lokaler Künstler aus. Besonders augenfällig: die farbenfrohen Ölgemälde von Jeanne Aisthorpe-Smith. Obwohl die Äpfel von hier besonders berühmt sind, hat das Annapolis Valley noch einiges andere in puncto Landwirtschaft zu bieten. **Gaspereau Valley Fibres** (830 Gaspereau River Rd., ✆ 902/542-2656) konzentriert sich auf die lokale Wollindustrie, mit Strick-, Web- und Spinnarbeiten, aber auch Rohmaterialien, die im naturbelassenen Zustand verkauft werden. Der Laden befindet sich auf einer Farm auf der Südseite des Hwy. 101; um dorthinzukommen, folgt man der Gaspereau Road nach Süden.

Übernachten

Die meisten Unterkünfte in Wolfville sind vornehme historische Häuser, wirklich günstig kommt man deshalb kaum unter.
• *$ 50–100* Auf dem Hügel hinter der Touristeninformation befindet sich das **Blue Shutters Bed and Breakfast** (7 Blomidon Terr., ✆ 902/542-3363; $ 80 für 1 Pers., $ 100–125 für 2 Pers.) mit drei gut ausgestatteten

Gästezimmern. Jedes hat ein eigenes, angrenzendes Badezimmer, TV/DVD-Kombi, WLAN-Internetanschluss und einen elektrischen Kamin. Im Preis ist ein Frühstück enthalten.

Roselawn Lodging (32 Main St., ✆ 902/542-3420, www.roselawnlodging.ca) ist ein bescheidenes Motel auf der Ostseite der Downtown. Zur Ausstattung gehören Außenpool, Laundry, Grillplätze und Picknicktische, ein Tennis- und ein Spielplatz. Die 28 Motelzimmer ($ 80–120 für 1/2 Pers.) sind sauber und komfortabel, die zwölf benachbarten Cottages verfügen über eigene Küchen ($ 100–150 für 1/2 Pers.).

● **$ 100–150** Als Gartenliebhaber will man das ausgedehnte Gelände des **Blomidon Inn** (127 Main St., ✆ 902/542-2291 oder 800/565-2291, www.blomidon.ns.ca; $ 100–270 für 1/2 Pers.) gar nicht mehr verlassen: Es ist umgeben von über einem Hektar Garten, in dem Kakteen, Rosen, Rhododendren und Azaleen gedeihen, wo man Teiche findet sowie eine Krocketwiese und einen terrassenförmig angelegten Gemüsegarten, der gleichzeitig als Außenterrasse für den Speisesaal dient. Das Haus selbst, das 1882 von einem Schiffsbauer errichtet wurde, spiegelt den Wohlstand seines ursprünglichen Besitzers wider. Mahagoni und Teak beherrschen das Bild, und heimische Antiquitäten findet man überall in den Gemeinschaftsräumen und den 29 Gästezimmern. Die preiswertesten Zimmer liegen auf der Schmalseite, haben aber alle ein eigenes, angrenzendes Bad. Im Preis enthalten ist ein kleines Frühstück und der Nachmittagstee. Tennisplatz, Restaurant und Salon runden das Angebot in dieser eleganten Unterkunft ab.

Unter Denkmalschutz steht das 1893 gebaute **Victoria's Historic Inn and Carriage House** (600 Main St., ✆ 902/542-5744 oder 800/556-5744, www.victoriashistoricinn.com; $ 108–245 für 1/2 Pers.), das aus einem vornehmen viktorianischen Haus mit benachbartem Kutschenschuppen besteht. Die Zimmer sind im Charakter sehr unterschiedlich; mein persönlicher Favorit ist der *Hunt Room* (Jagdzimmer; $ 138 für 1/2 Pers.) im Obergeschoss des ehemaligen Kutschenschuppens, der stilvoll in Grün und Burgund gehalten ist und eine Zimmerdecke mit Holzbalken wie in einer Kathedrale hat. Wie die anderen Zimmer, verfügt es über ein angrenzendes, mit Dusche und Wanne ausgestattetes Bad, TV, Telefon,

Bademäntel und CD-Player. Im Preis enthalten ist ein warmes Frühstück und Nachmittagstee.

Aus dem Jahr 1874 stammt das in Gehweite der Downtown gelegene **Tattingstone Inn** (630 Main St., ✆ 902/542-7696 oder 800/565-7696, www.tattingstone.ns.ca; $ 118–178 für 1/2 Pers.), ein lässig-elegantes Gästehaus mit zehn Gästezimmern, die über das Haupthaus und den angrenzenden ehemaligen Kutschenschuppen verteilt sind. Alle Räume sind mit Antiquitäten eingerichtet, und einige von ihnen verfügen über Badwannen mit Sprudeldüsen. Das Gästehaus bietet auch ein Musikzimmer, einen Speisesaal, ein Dampfbad, einen beheizten Außenpool und einen Tennisplatz. Im Preis enthalten ist ein warmes Frühstück.

Der **Old Orchard Inn** (153 Greenwich Rd., ✆ 902/542-5751 oder 800/561-8090, www.oldorchardinn.com) ist eine ausgedehnte Ferienanlage unweit der Ausfahrt 11 des Hwy. 101. Sie umfasst über 100 Gästezimmer im Motelstil ($ 150–195 für 1/2 Pers.) sowie 29 Hütten (Mai–Okt.; $ 150–225 für 1/2 Pers.), die im Wald verteilt liegen. Tennisplätze, ein Hallenbad, Saunen, Wellness-Angebote, Wanderpfade und ein gepflasterter Innenhof mit umwerfendem Blick ins Tal tragen zusätzlich zu ihrem Reiz bei. Die Anlage besitzt auch ein Restaurant und eine Lounge.

Essen und Trinken

Für eine Kleinstadt bietet Wolfville überraschend viele Speiselokale. Samstags lohnt sich ein Bummel über den **Wolfville Farmers Market** (Bauernmarkt). Im Sommer findet er draußen statt (Robie Tufts Nature Centre, Front St.; Mitte Mai bis Sept. 8.30–13 Uhr), sonst wird das Ganze nach drinnen verlegt (in das Gebäude der Acadia Student Union, Highland Ave.; Okt. bis Mitte Mai 8.30–13 Uhr).

● *Cafés* **Just Us** (450 Main St., ✆ 902/542-7731; Mo–Fr 7–21, Sa 8–18, So 10–17 Uhr) serviert Kaffee aus biologischem Anbau und eine breite Auswahl an Teesorten auf der Vorderseite eines historischen Theatergebäudes; die Sitzplätze befinden sich in der Lobby. Die hier angebotenen Gerichte sind sehr preisgünstig ($ 4 für Suppen und Sandwichs), und die Muffins werden tägl. frisch gebacken. Ein Stück weiter befindet sich das **Coffee Merchant** (472 Main St., ✆ 902/542-4315; tägl. 8–22 Uhr), das die besten Kaffeespezialitäten in der Stadt bietet.

Nova Scotia
Karte siehe Farbteil S. 2/3

● *Restaurants* In einem restaurierten Haus von 1860 einen Block von der Main Street entfernt tischt das **Tempest** (117 Front St., ✆ 902/542-0588; tägl. Mittag- und Abendessen, Fr–Sa bis 22.30 Uhr) äußerst dekorativ die kreativsten Gerichte im ganzen Annapolis Valley auf, ist allerdings auch etwas teurer als andere einheimische Restaurants. Auf der Speisekarte findet man Gerichte aus aller Welt, für die v. a. Seafood und Agrarprodukte aus lokalem Anbau verwendet werden. Der Ursprung der Gerichte ist jedoch wirklich international – vom indischen Butterhühnchen über Hummerrisotto bis hin zu Schellfisch in Kartoffelkruste und – mein persönlicher Favorit – Lobster and Corn Chowder (eine sämige Suppe mit Hummer und Mais). Vorspeisen kosten von $ 7–15, Hauptgerichte $ 18–31. Günstig ist das Mittagessen, bei dem die meisten Gerichte unter $ 10 kosten. Der von Bäumen beschattete Innenhof füllt sich an warmen Abenden rasch, und am Freitagabend wird Live-Jazz gespielt.

Die Restaurants der Gästehäuser sind meist eine gute Wahl zum Essen. Eines der besten ist der **Acadian Room** (Old Orchard Inn, 153 Greenwich Rd., ✆ 902/542-5751; tägl. 7–21 Uhr), der zum Abendessen auch externe Gäste in seinen großen Speisesaal lockt, der eine atemberaubende Aussicht und sehr gutes Essen bietet. Vor 11 Uhr ist der French Toast (eine Art „Arme Ritter") mit Schlagsahne und Blaubeersauce ein Gedicht. Lokale Spezialitäten wie auf Zedernholz gegarter Lachs mit braunem Rum und Ahornsirup gehören zu den Highlights auf der Abendkarte. Die meisten Hauptgerichte auf der Abendkarte kosten unter $ 20. Bei der Weinauswahl hat man Gelegenheit, neuschottische Weine zu probieren. Der Sonntagsbrunch (Okt.–Mai 11–14 Uhr.; $ 18) mit einem breiten Angebot an warmen und kalten Speisen vom Buffet findet großen Anklang.

Information/Adressen

Am Ostende der Stadt liegt das **Wolfville Visitor Centre** (Willow Park, Main St., ✆ 902/542-7000; Mai bis Mitte Okt. tägl. 9–17 Uhr). Die **Wolfville Memorial Library** (21 Elm St., ✆ 902/542-5760; Di–Sa 11–17, So 13–17 Uhr) ist ein rotes Backsteingebäude, in dem früher die Bahnstation untergebracht war. Wie in den meisten öffentlichen Bibliotheken in ganz Nova Scotia, ist der Internetzugang hier kostenlos.

Box of Delights Bookshop (328 Main St., ✆ 902/542-9511; Mo–Sa 9–17.30, So 12–17 Uhr) bietet eine gute Auswahl an kanadischer Literatur sowie Büchern zur akadischen Geschichte. Darüber hinaus viele Bestimmungsbücher.

Seit den 1970er-Jahren im Geschäft ist **Odd Book** (112 Front St., ✆ 902/542-9491; Mo–Do 9.30–17.30, Fr 9.30–21, Sa 9.30–17 und So 13–17 Uhr). Hierher kommen die Einheimischen, um nach seltenen gebrauchten und antiquarischen Büchern zu stöbern.

Das **Eastern Kings Memorial Hospital** liegt in der Earnscliffe Ave. 23 (✆ 902/542-2266). Die **Polizei** ist unter ✆ 902/542-3817, die **RCMP** unter ✆ 902/679-5555 zu erreichen. Banken und **Postamt** findet man in der Main Street. **Wile's** (210 Main St.; tägl. 8–22 Uhr) bietet münzbetriebene Waschautomaten.

Verbindungen

Die Buslinie **Acadian Lines** hält 2-mal tägl. auf der Strecke zwischen Digby und Halifax an der Universität. Fahrkarten gibt es am Informationsschalter (15 Horton Ave., ✆ 902/585-2110).

Grand Pré und Umgebung

Wenn man dem Hwy. 1 durch Wolfville noch weitere 6 km ostwärts folgt (oder an der Ausfahrt 10 vom Hwy. 101 abfährt), erreicht man dieses kleine Dorf, das einst Mittelpunkt einer der größten Tragödien in der kanadischen Geschichte war – der Vertreibung der Akadier aus ihrer Heimat. 1680 wurde Grand Pré erstmals von einer akadischen Familie besiedelt, die von der Grenze des nahe gelegenen Port Royal hierher gezogen war. Grand Pré entwickelte sich nach und nach zur größten akadischen Siedlung Nova Scotias. Die wichtigste Sehenswürdigkeit ist die Grand Pré National Historic Site, aber einen Besuch lohnt auch **Grand Pré Wines** (Hwy. 1, ✆ 902/542-1753; Mo–Sa 10–18, So 11–18 Uhr), wo auf 60 ha ehemals akadischen Farmlands Trauben angebaut werden. Im Hauptgebäude findet man ein Restaurant, eine Weinhandlung sowie einen Bereich mit Kunsthandwerk. Geführte Touren durch die Winzerei ($ 6) werden den ganzen Sommer über täglich um 11, 15 und 17 Uhr angeboten.

Grand Pré National Historic Site

Zum Andenken an die Deportierung der Akadier erweckt dieses Freilichtmuseum (2242 Grand Pré Rd., ✆ 902/542-3631; Mitte Mai bis Mitte Okt. tägl. 9–18 Uhr; Eintritt $ 7,80, Senioren $ 6,60, Kinder $ 4) die Geschichte der Akadier und ihrer Vertreibung wieder zum Leben. Erst Henry Wadsworth Longfellows Gedicht „Evangeline" machte 1847 die Abschiebung der Akadier in der englischsprachigen Welt bekannt, doch zu diesem Zeitpunkt war schon nichts mehr übrig von Grand-Pré (Große Wiese), wo sich die Geschichte der akadischen Heldin zugetragen hatte, die durch die Deportierung von ihrem Geliebten getrennt wurde.

Grand Pré National Historic Site

Karte siehe Farbteil S. 2/3

Nova Scotia

1922 erbaute ein interessierter Wohltäter akadischer Abstammung eine kleine Steinkirche an dem Ort, an dem man das ehemalige Grand Pré vermutet – Grundstein für die heutige historische Gedenkstätte. Besucher gelangen durch einen großen Museumskomplex hinein; man findet hier eine Buchhandlung, einen Geschenkartikelladen sowie Schautafeln, die das Leben der Akadier, ihre Deportierung und ihre Rückkehr nach Nova Scotia beschreiben. Das weitläufige Außengelände ist von Pfaden durchzogen, die zu Gemüsegarten, einer Schmiede, einem Obstgarten, einem Aussichtspunkt mit Blick über das eingedeichte Farmland und einer Statue von Henry Wadsworth Longfellow führen. In der Mitte der Gedenkstätte steht eine Statue der in Grand Pré geborenen Evangeline, deren Lebensgeschichte zum Symbol für den Kampf ihres Volkes wurde. Direkt hinter der Statue befindet sich die Kirche von 1922. Darin untergebracht ist eine Ausstellung von Gemälden, die die Geschichte des akadischen Volkes erzählen, eine Kopie des Abschiebungsbefehls, der vor einer Versammlung in der ursprünglichen Kirche verlesen wurde, sowie ein Bleiglasfenster, das seine eigene Geschichte erzählt. Es empfiehlt sich sehr, an der (im Eintrittspreis enthaltenen) Führung über das Gelände teilzunehmen. In der Eglise Saint-Charles wartet ebenfalls ein Tourguide, der einen durch die Geschichte jedes einzelnen Gemäldes führen kann.

Übernachten/Essen und Trinken

Die beste Auswahl an Unterkünften gibt es im nahe gelegenen Wolfville, aber das zentral gelegene **Evangeline Inn and Motel** (11668 Hwy. 1, ✆ 902/542-2703 oder 888/542-2703, www.evangeline.ns.ca; Mai–Okt.) bietet komfortable Zimmer direkt an der Aufwertung zur Gedenkstätte. Zur Auswahl stehen Motelzimmer ($ 75–95 für 1/2 Pers.)

oder Zimmer im Nachbarhaus, in dem Sir Robert Borden, Kanadas Premierminister von 1911 bis 1920, seine Jugend verbrachte ($ 95–115 für 1/2 Pers.). Allen Gästen steht ein Pool zur Verfügung. Ebenfalls auf dem Gelände vorhanden ist ein Café, das täglich zum Frühstück und Mittagessen geöffnet ist. Ein warmes Frühstück kostet hier unter $ 5, und Gerichte wie Schellfisch-Chowder mit aufgebackenen Scones als Beilage $ 4–7.

Auf der Straßenseite gegenüber dem Eingang zur Grand Pré National Historic Site liegt **Le Panier D'Evangéline** (2208 Grand Pré Rd., ✆ 902/542-1543; Di–Fr 8–20, Sa/So 10–20 Uhr), ein großes Café im ländlichen Stil, das gesunde Küche aus möglichst lokal und biologisch angebauten Produkten serviert. Die frisch gepressten Säfte sind besonders lecker.

Windsor

Wer die South Shore bereist hat und anschließend an der Küste der Bay of Fundy entlanggefahren ist, gerät vielleicht in Versuchung, auf dem Highway zu bleiben und an Windsor, das 60 km nordwestlich von Halifax liegt, einfach vorbeizufahren. Doch diese elegante Stadt an den Ufern des Avon Rivers ist einen kleinen Abstecher vom viel befahrenen Hwy. 101 durchaus wert. Um vom Haupthighway hierherzukommen, nimmt man die Ausfahrt 6, die direkt in die Downtown führt. Vor der Stadt liegt eine kleine **Touristeninformation** (✆ 902/798-2690; Mitte Mai bis Mitte Okt. tägl. 9–17 Uhr).

Fort Edward National Historic Site

In der Fort Edward National Historic Site von 1750 (King St., ✆ 902/542-3631; Mitte Juni bis Ende Sept. tägl. 10–18 Uhr; Eintritt frei) findet man das letzte noch erhaltene Blockhaus aus dem 18. Jh. in Nova Scotia. Fort Edward war einer der Hauptsammlungspunkte bei der Deportierung der Akadier im Jahre 1755. Obwohl

Das älteste erhalten gebliebene Blockhaus Nova Scotias befindet sich in der Fort Edward National Historic Site

das Gebäude nur im Sommer geöffnet ist, gibt eine Besichtigung des Geländes doch einen guten Überblick über die Lage des Forts; außerdem kann man die Erdwälle sehen, auf denen die Überreste des Forts einst standen.

Heiliger Kürbis!

Windsor mag vielleicht als Geburtsstätte des Eishockeys berühmt sein, aber keine Attraktion hier könnte größer sein als die Kürbisse, die auf der Südseite der Stadt bei **Howard Dill Enterprises** (400 College Rd., ✆ 902/798-2728) wachsen und gedeihen. Der im Mai 2008 verstorbene Dill war bekannt dafür, Samen zu entwickeln, aus denen die größten Kürbisse der Welt entstehen – manche davon wurden über 700 kg schwer!

Die aus Dills Samen gezogenen Kürbisse findet man nicht im Lebensmittelladen. Sie dienen als Ausstellungsstücke bei Herbstmessen oder Kürbiszuchtwettbewerben bzw. als Halloween-Laternen für Hausbesitzer mit besonders stabilen Eingangstreppen. Die meisten Geschäfte der Firma werden inzwischen online abgewickelt; auf der Website www.howarddill.com kann man die kostbaren Samen sowie entsprechende Literatur ordern, z. B. *How to Grow World Class Giant Pumpkins* (Wie man Weltklasse-Riesenkürbisse züchtet, keine deutsche Ausgabe), Band 1 und Band 2, sowie Zuchttipps downloaden. Auf der Farm sind Besucher herzlich eingeladen, sich das Kürbisfeld anzusehen. Selbst die kleinsten Kürbisse sind hier zur Erntezeit Ende September/Anfang Oktober zwischen 180 und 230 kg schwer!

Nova Scotia
Karte siehe Farbteil S. 2/3

Denkmalgeschützte Bauten

Das **Haliburton House** (414 Clifton Ave., ✆ 902/798-5619; Juni bis Mitte Okt. Mo–Sa 9.30–17.30, So 13–17.30 Uhr; Eintritt $ 3, Kinder $ 1,50) war das Wohnhaus des Autors, Humoristen und Historikers Richter Thomas Chandler Haliburton, der 1796 in Windsor geboren wurde. Viele idiomatische Redewendungen des Englischen gehen auf seine Schriften zurück, z. B. „Es regnet Katzen und Hunde" *(It's raining cats and dogs)* „auf dem Holzweg sein" *(barking up the wrong tree)*, „Facts are stranger than fiction" *(Wahrheit ist kühner als Dichtung)* oder „schnell wie ein Blinzeln" *(quick as a wink)*. Das auf einem 10 ha großen Grundstück gelegene viktorianische Herrenhaus ist für die Öffentlichkeit zugänglich, ebenso wie der umliegende Garten. Für Eishockey-Fans haben die von ihm niedergeschriebenen Kindheitserinnerungen besondere Bedeutung. Er erinnert sich darin an Kinder, die hinter Haliburton House „auf dem Eis Ball spielten" – dies ist die früheste Erwähnung des Eishockeys in der Literatur.

Auf dem Ferry Hill steht das **Shand House** (389 Avon St., ✆ 902/798-8213; Juni bis Mitte Okt. tägl. 9.30–17.30, So 13–17.30 Uhr; Eintritt $ 3, Kinder $ 1), eine weitere Schönheit unter den historischen Häusern. Es kennzeichnet die herausragende Stellung der wohlhabenden Familie Shand in Windsor. Als es Anfang der 1890er-Jahre erbaut wurde, war dieses Herrenhaus im Queen-Anne-Stil eines der ersten Wohnhäuser in der Gegend, die mit elektrischem Licht und Wasserleitungen ausgestattet waren.

Das zentrale Nova Scotia

Das zentrale Nova Scotia umfasst den Teil der Region, der sich nördlich von Halifax bis Truro (dem geografischen Mittelpunkt der Provinz), nach Westen bis zur Grenze von New Brunswick und nach Osten bis zu dem Damm erstreckt, der nach Cape Breton Island führt. Das zentrale Nova Scotia ist der meistdurchfahrene, zugleich jedoch unbekannteste Teil der Provinz und perfekt geeignet für all diejenigen, die eher auf der Suche nach unspektakulären Attraktionen sind: nach Fossilien, schönen Stränden oder entlegenen Parks.

Die Region lässt sich in überschaubare Abschnitte unterteilen, die sich jedoch in puncto Landschaft und Flair deutlich voneinander unterscheiden. Der Trans-Canada Highway durchschneidet die nordwestliche Ecke der Provinz und verläuft im Osten bis nach Cape Breton Island. Sieht man einmal davon ab, dass man auf dem Highway zügig vorankommt, hat die Route nicht viel zu bieten. Wer einen Abstecher nach Süden macht, kann das einstige Reich der Mi'kmaq-Gottheit Glooscap erkunden, des berühmten Riesen, der in diesem Teil Nova Scotias hauste. Eine Legende erzählt, Glooscap habe sich zum Schlafen über den gesamten Nordteil der Region ausgestreckt und Prince Edward Island als Kissen genutzt. Während die Northumberland Strait seit Langem ein beliebtes Ferienziel für Einheimische ist, die vom warmen Wasser und den schönen, langen Stränden angelockt werden, bildet sie für Reisende, die auf der Durchfahrt sind, vom Trans-Canada Highway aus nur die Hintergrundkulisse. Eine zweite Möglichkeit, von Halifax aus nach Cape Breton Island zu gelangen, bietet die Route entlang der zerklüfteten Ostküste. Diese landschaftlich wunderschöne Strecke erschließt sich v. a. dem, der sich dafür zwei oder drei Tage Zeit nimmt. Vorbei an winzigen Fischerhäfen, die an das Seefahrerleben vor vielen Jahrzehnten erinnern, sowie an felsigen Buchten, wo der

Wald bis direkt ans Meer reicht, führt die Straße, an der die Serviceeinrichtungen nun immer seltener werden und oft weit auseinander liegen. Canso mit seinen 1000 Einw. ist die größte Stadt. Deshalb sollte man sorgfältig planen, indem man im Voraus Unterkünfte reserviert und für einen vollen Benzintank sorgt.

Highlights

Tidal Bore (Gezeitenwelle) (S. 231): Gezeitenwellen sind ein Phänomen, das nur an wenigen Orten der Welt auftritt. Die Einheimischen nennen die *Tidal Bore* zwar auch spöttisch „total bore" (also „sterbenslangweilig"), und zugegebenermaßen ist sie nicht wirklich aufsehenerregend, aber doch ungewöhnlich genug, um seinen Besuch in Truro so zu planen, dass er mit der zweimal täglich hereinströmenden Gezeitenwelle zusammenfällt.

Balmoral Grist Mill (S. 241): Es ist ein Bild des Friedens, wie sich das von üppig grünem Blattwerk umgebene, leuchtend rote Backsteingebäude der Mühle in einem angrenzenden Teich spiegelt.

Hector Heritage Quay Museum (S. 243): An Bord eines original großen Nachbaus der Hector, auf der Pictous erste Siedler die Küste erreichten, bekommt man einen Eindruck davon, welche Härten die Fahrgäste während ihrer Atlantik-Überquerung auf sich nehmen mussten.

Arisaig (S. 247): Die unscheinbar anmutenden Felsen von Arisaig bergen Fossilien, mit deren Hilfe Wissenschaftler die Entwicklung des Lebens vor 400 Mio. Jahren nachvollziehen konnten.

Taylor Head Provincial Park (S. 254): Der Marine Drive führt an Dutzenden von Naturschutzgebieten vorbei, doch Taylor Head nimmt eine Sonderstellung ein, denn er ist leicht zugänglich und geologisch hochinteressant.

Sherbrooke Village (S. 256): In diesem Freilichtmuseum wird Geschichte lebendig. Ein echtes Mitmacherlebnis bietet das Programm *Hands on History*, bei dem man in zeitgenössische Kostüme schlüpfen kann.

Canso Islands National Historic Site (S. 256): Im Mittelpunkt dieser Sehenswürdigkeit steht Grassy Island, das im frühen 18. Jh. Sitz einer blühenden Fischergemeinde war. Doch das Beste für Preisbewusste: Der Spaß kostet ganze $ 5 inklusive Bootsüberfahrt.

Nova Scotia
Karte siehe Farbteil S. 2/3

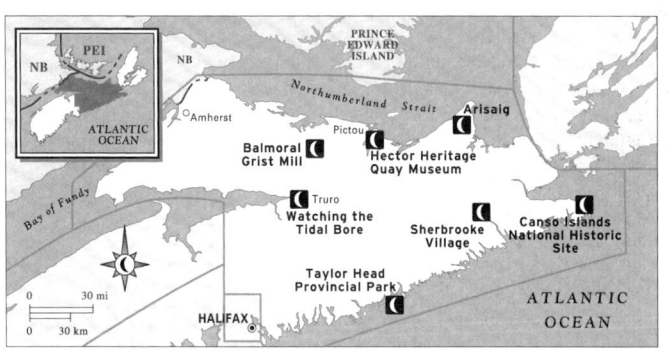

Reise- und Zeitplanung

Das zentrale Nova Scotia ist kein Reiseziel wie Cape Breton Island, wo man für eine festgelegte Strecke einen bestimmten Zeitraum einplanen kann. Stattdessen passiert man die Gegend auf der Durchreise sicher mehr als einmal – z. B. auf dem Weg von New Brunswick nach Halifax sowie auf dem Weg nach Cape Breton Island. Wer New Brunswick schon bereist hat, kennt den extremen Gezeitenhub der Bay of Fundy bereits. Im zentralen Nova Scotia kann man die **Gezeitenwelle** in Truro bestaunen. An der Northumberland Strait laden Strände mit angenehm warmem Wasser zum Verweilen ein, während historische Attraktionen wie die **Balmoral Grist Mill** oder das **Hector Heritage Quay Museum** in Pictou die Vergangenheit lebendig werden lassen. Von Halifax aus sollte man für den Weg nach Cape Breton Island mit Zwischenstopp bei den oben genannten Sehenswürdigkeiten zwei Tage einplanen. So hat man auch Zeit für einen Abstecher nach **Arisaig,** einer Fossilienfundstätte inmitten eines kleinen Provinzparks. Wer noch einen oder zwei Tage mehr einplant, könnte über den Marine Drive nach Cape Breton Island und wieder zurück fahren. Die Entfernung (320 km) sollte einen jedoch nicht über die tatsächlich benötigte Fahrtzeit hinwegtäuschen. Abgesehen von der Zeit, die man für die Fähre einplanen muss, führt der Weg über eine kurvige, an vielen Stellen enge Straße, die durch einige Dutzend Ortschaften verläuft, sodass die Fahrt oft bis zu 6 Std. dauert. Von Canso aus braucht man weitere 1:30 Std. bis nach Port Hastings, dem Tor nach Cape Breton Island. Natürlich sind diese 7:30 Std. für die komplette Strecke des Marine Drive ohne Pausen gerechnet. Will man möglichst schnell von Halifax nach Cape Breton Island kommen, braucht man auf dem Hwy. 102/104 über Truro nur halb so lange. Wer frühmorgens in Halifax abfährt, sollte jedoch am besten unterwegs eine Übernachtung einplanen und seine Ankunft auf Cape Breton Island für den Nachmittag des folgenden Tages anvisieren. Damit bliebe noch Zeit für eine Besichtigung des **Taylor Head Provincial Parks,** für eine Zeitreise in die Vergangenheit im **Sherbrooke Village** sowie für eine Bootsüberfahrt zur **Canso Islands National Historic Site.**

Von Halifax nach Truro

Wenn man von Halifax aus nach Norden fährt, lässt man die Vororte schnell hinter sich, da der geteilte Hwy. 102 einen rasch nordwärts nach Truro führt, das von Halifax' Downtown aus bequem in 1 Std. zu erreichen ist. Die ursprüngliche Strecke zwischen den beiden Orten (der Hwy. 2) mag auf der Karte zwar verlockend aussehen, doch man durchfährt die gleiche Landschaft, die auch vom Hwy. 102 aus zu sehen ist – braucht aber länger. Wer der Küste der Bay of Fundy in West-Ost-Richtung folgt (siehe dazu die Routenbeschreibung im Kap. *Fundy-Küste*), sollte den Hwy. 22 ab Windsor als Abkürzung nehmen, oder den Hwy. 215, ebenfalls ab Windsor, um der Bay of Fundy bis zu ihrer Spitze zu folgen.

Shubenacadie

Wer etwas ganz Besonderes erleben will oder ein Tierfreund ist, hat zwei gute Gründe, an der Ausfahrt 10 vom Hwy. 102 abzufahren.

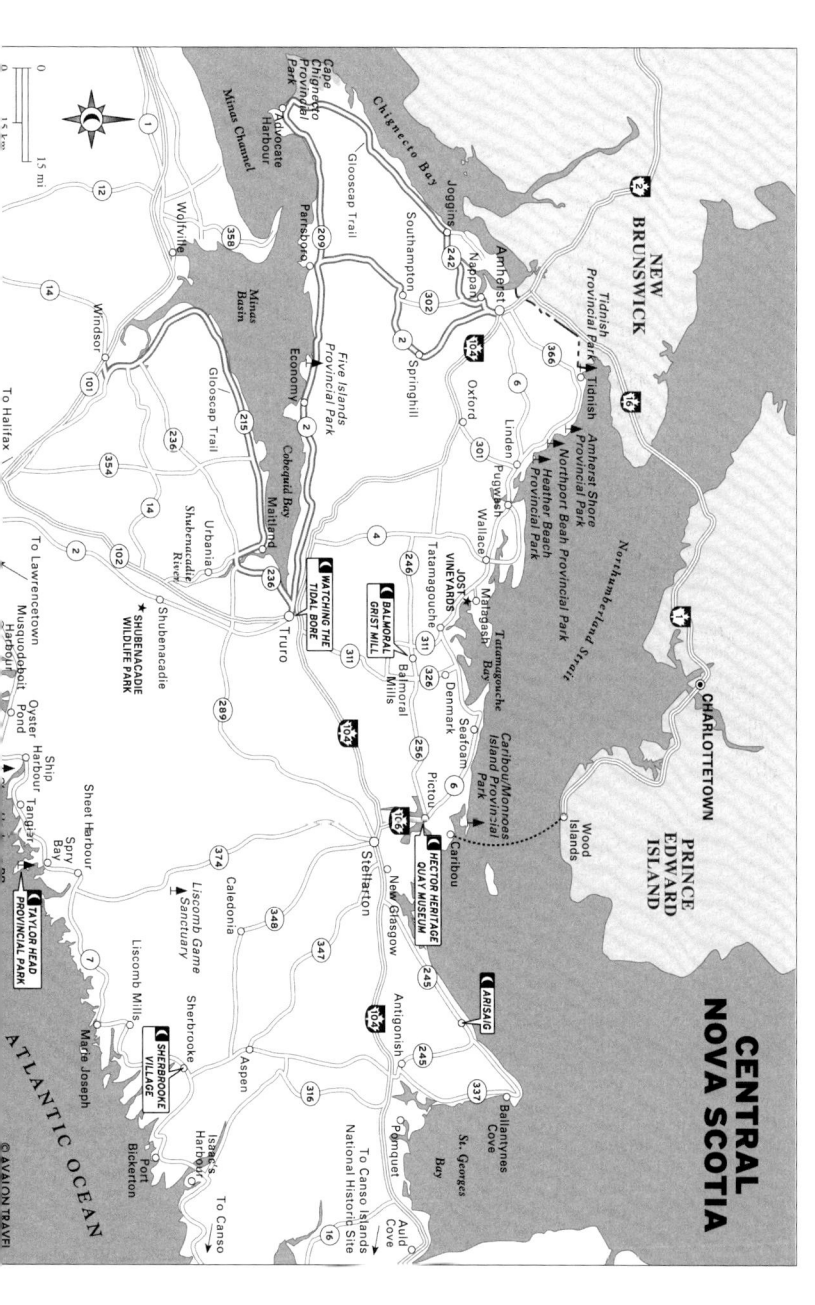

CENTRAL NOVA SCOTIA

NEW BRUNSWICK

PRINCE EDWARD ISLAND

CHARLOTTETOWN

ATLANTIC OCEAN

© AVALON TRAVEL

0   15 mi
0   15 km

Chignecto Bay

Northumberland Strait

Minas Channel

Minas Basin

Cobequid Bay

Advocate Harbour

Cape Chignecto Provincial Park

Glooscap Trail

Joggins

Southampton

Parrsboro

Economy

Five Islands Provincial Park

Glooscap Trail

Shubenacadie River

Urbania

Maitland

Truro

Balmoral Mills

Tatamagouche

JOST VINEYARDS

WATCHING THE TIDAL BORE

BALMORAL GRIST MILL

SHUBENACADIE WILDLIFE PARK

Wolfville

Windsor

To Halifax

To Lawrencetown

Musquodoboit Harbour

Oyster Pond

Ship Harbour

Sheet Harbour

Spry Bay

Tangier

TAYLOR HEAD PROVINCIAL PARK

Liscomb Game Sanctuary

Liscomb Mills

Caledonia

Marie Joseph

Sherbrooke

SHERBROOKE VILLAGE

Aspen

Port Bickerton

Isaac's Harbour

To Canso

To Canso Islands National Historic Site

Stellarton

New Glasgow

HECTOR HERITAGE QUAY MUSEUM

Pictou

Caribou

Caribou/Monoese Island Provincial Park

Wood Islands

Seafoam

Denmark

Tatamagouche Bay

Malagash Bay

Wallace

Pugwash

Linden

Oxford

Springhill

Amherst

Napan

Tidnish

Tidnish Provincial Park

Amherst Shore Provincial Park

Northport Beach Provincial Park

Heather Beach Provincial Park

Antigonish

ARISAIG

Ballantynes Cove

St. Georges Bay

Auld Cove

Pomquet

Glooscap Trail

Chignecto Bay

Amherst

Amherst

Amherst

Tidal Bore Rafting

Am **Shubenacadie River,** der sich an der Cobequid Bay in die Bay of Fundy ergießt, kann man die Tidal Bore, die Gezeitenwelle, nicht nur beobachten, sondern auch auf ihr reiten. Der **Tidal Bore Rafting Park** (Urbania, Hwy. 215, ✆ 902/758-4032 oder 800/565-7238, www.tidalboreraftingpark.com) bietet von Mai bis September zwei- bzw. vierstündige Rafting-Exkursionen im Zodiac-Schlauchboot an. Man besteigt die Boote bei Ebbe und fährt stromabwärts, gerade rechtzeitig, um die Gezeitenwelle flussaufwärts wieder zu erwischen. Der Fahrer reitet auf der Welle und macht dann kehrt, um mitten durch die Wellenfront zu brettern, wobei er unterwegs Strom-schnellen ausfindig macht, die den Adrenalinspiegel konstant in die Höhe schießen lassen. Die Preise liegen zwischen $ 60 und 75. Die Abfahrtszeiten hängen vom Zyklus von Ebbe und Flut ab; die Zeitangaben findet man auf der Website.

Shubenacadie Wildlife Park

Flussaufwärts am Hwy. 102 (ab Ausfahrt 11 ausgeschildert) haben Familien ihre helle Freude am Shubenacadie Wildlife Park (✆ 902/758-2040; Mitte Mai bis Mitte Okt. tägl. 9–19 Uhr, Mitte Okt. bis Mitte Mai Sa/So 9–15 Uhr; Eintritt $ 4,25, Kin-der $ 1,50), einem Tierpark, der von der Provinzregierung betrieben wird. Überall auf dem geräumigen Gelände bekommt man kanadische Wildtiere zu sehen, denen man in freier Wildbahn kaum begegnen dürfte, u. a. Fischmardern *(fishers)* oder amerikanischen Nerzen *(mink)*, sowie anderen, denen man lieber nicht gegenüber-stehen möchte – so wie Bären *(bears)*, Pumas *(cougars)*, Rotluchsen *(bobcats)* und Luchsen *(lynx)*. Und man begegnet solchen, die man sonst nur an Weihnachten zu sehen bekommt: Rentieren *(reindeers)*. Die Sable Island-Ponys sehen zwar aus wie normale Pferde, haben aber ihre ganz eigene, ungewöhnliche Geschichte (siehe dazu den Kasten *Sagenumwobenes Sable Island* im Abschnitt *Marine Drive*).

Übernachten/Camping

Rafters Ridge Cottages (Urbania, Hwy. 15, ✆ 902/758-4032 oder 800/565-7238, www.raftersridgecottages.com; $ 145–190 für 1/2 Pers.) gehören zum Gesamtkomplex des Tidal Bore Rafting Parks, deshalb über-rascht es nicht, dass viele der Gäste zum Rafting hierherkommen (die Zimmer kön-nen als Übernachtungspaket mit gebucht werden). Dank der günstigen Lage am Fluss kann man auch Kanus mieten oder sich am Außenpool entspannen. Als Unter-künfte dienen 1- oder 2-Zimmer-Cottages. Diese Häuschen verfügen über Terrasse, Grill und eine schöne Aussicht über einen sanft bewaldeten Hügel.

Unweit des Rafting Parks gelegen und ebenfalls direkt am Shubenacadie River be-findet sich der **Wide Open Wilderness Campground** (Urbania, ✆ 902/261-2228 oder 866/811-2267, www.wowcamping.com; Mit-te Mai bis Mitte Okt.). Von hier aus kann man die Tidal Bore beobachten, gekenn-zeichneten Wanderwegen folgen, am Pool relaxen oder sich beim Hufeisenwerfen ver-suchen. Die Stellplätze kosten $ 20–26, Hütten $ 60 für 1/2 Pers.

Maitland

Wer an der Bay of Fundy in östlicher Richtung unterwegs war und auf dem Rück-weg nicht unbedingt über Halifax fahren möchte, kann in Windsor kehrtmachen (dazu die Ausfahrt 5 vom Hwy. 101 nehmen) und dem Hwy. 215 am Minas Basin entlang nach Maitland folgen, wobei man den Shubenacadie River kreuzt, um zum viel befahrenen Hwy. 102 in Truro zu gelangen.

In Maitland, das an der Mündung des Shubenacadie Rivers liegt, wurde seinerzeit Kanadas größtes Holzschiff, der Dreimaster *William D. Lawrence,* gebaut. Dokumentationen, Schiffsporträts und Erinnerungsstücke sind im ehemaligen Wohnhaus des Schiffsbauers, dem **Lawrence House Museum,** untergebracht, das direkt am Cobequid Bay liegt (8660 Hwy. 215, ✆ 902/261-2628; Juni bis Mitte Okt. Mo–Sa 9.30–17.30, So 13–17.30 Uhr; Eintritt $ 3,25, Senioren und Kinder $ 2,25). Der 1874 erfolgte Stapellauf wird immer an einem Samstag Mitte September gefeiert: mit einer Parade, bei der die Einheimischen historische Kostüme tragen, einem symbolischen Stapellauf und diversen Seafood-Spezialitäten, die im ganzen Dorf angeboten werden.

Truro

Das am Kreuzungspunkt der größten Schnellstraßen der Provinz gelegene und von VIA Rail angefahrene Truro (12.000 Einw.) gilt als der eigentliche Mittelpunkt Nova Scotias. Es ist die drittgrößte Stadt der Provinz, die von der Handelsschifffahrt, den Molkereiprodukten, Weinen sowie von der Textil-, Teppich- und Kunststoffindustrie lebt. Zudem ist Truro Sitz eines Lehrercolleges sowie einer Landwirtschaftsschule, die sich am Stadtrand befindet.

Sehenswertes

In dem 400 ha großen **Victoria Park** (Ecke Brunswick St. und Park Rd.) blühen im Juni zahlreiche Tulpen und verwandeln die Stadt damit in ein farbiges Blütenmeer. Aber auch zu anderen Jahreszeiten ist der Park einen Besuch wert. Wanderwege führen vorbei an Fichten-, Schierlingstannen- und Weißkiefernwäldern sowie an einem tiefen Canyon und zwei Wasserfällen.

In einem ruhigen Wohngebiet liegt das **Colchester Society Museum** (29 Young St., ✆ 902/895-6284; Juni–Sept. Mo–Fr 10–17, Sa 14–17 Uhr; Eintritt $ 4, Kinder $ 2), in dem die Besonderheiten der Bay of Fundy auf besondere Weise mit der Naturgeschichte der Region in Verbindung gebracht werden.

Beobachtung der Tidal Bore

Nur an wenigen Orten der Welt gibt es das Phänomen der Gezeitenwellen. Besonders gut zugänglich ist der **Salmon River,** der durch Truro fließt. Die Gezeitenwelle wird im Salmon River extrem hoch, da sich dieser am oberen Ende der Cobequid Bay befindet, wo die durch die Bay of Fundy drängende Flut in einen engen Kanal gezwängt wird. In Truro wandert

Eine von vielen Baumskulpturen in Truro

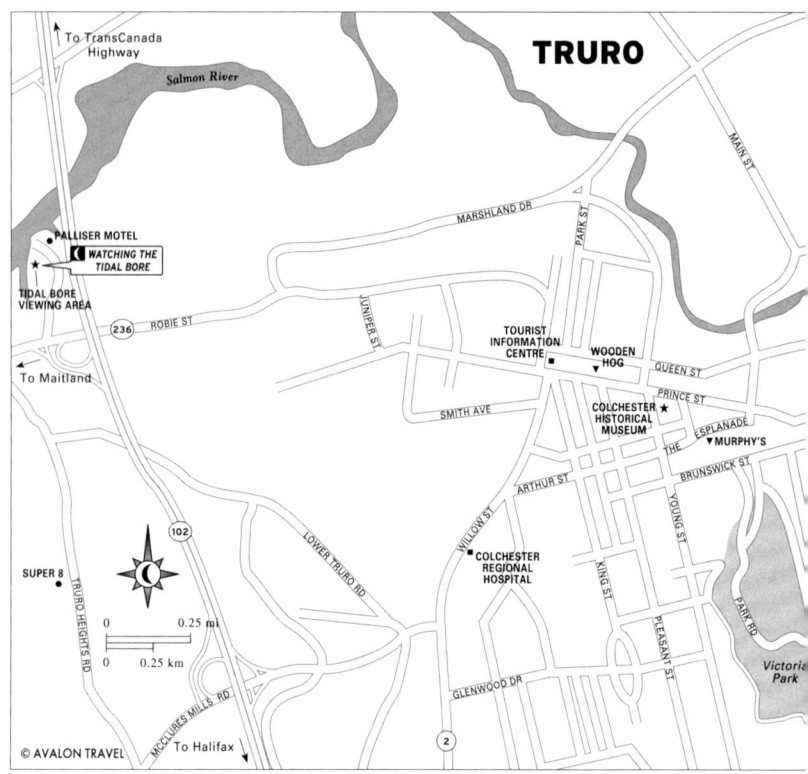

die Welle den Fluss hinauf, während sie sich in Richtung Stadt unter der Überführung des Hwy. 102 hindurchzwängt. Wer die Gezeitenwelle aus nächster Nähe betrachten möchte, folgt der Robie Street westwärts aus der Stadt in Richtung Hwy. 102 und biegt an einer der Straßen, die zum Fluss führen, ab. Zu welchem Zeitpunkt die Gezeitenwelle hier eintrifft, ist jeweils in der *Truro Daily News* angegeben und kann bei der Touristeninformation der Stadt erfragt werden (☎ 902/893-2922).

Reisepraktisches

• *Übernachten* Unterkünfte gibt es in Truro in ausreichender Zahl und zu vernünftigen Preisen. Motels säumen alle Hauptstrecken in die Stadt, und es dürfte kein Problem sein, auch bei kurzfristiger Ankündigung ein Zimmer zu finden.

Für die Beobachtung der Gezeitenwelle ideal gelegen ist das **Palliser Motel** (☎ 902/893-8951; Mai–Okt.; $ 79–99 für 1/2 Pers.) westlich der Downtown abseits der Robie St. (Hwy. 2). Alternativ nimmt man Ausfahrt 14 vom Hwy. 102. Es liegt am Ufer des Salmon Rivers, der Aussichtspunkt auf die Gezeitenwelle ist nachts hell erleuchtet.

Die Zimmer sind einfach und altmodisch, aber im Preis ist ein Frühstücksbuffet im Motelrestaurant enthalten.

Wie für diese Unterkünfte üblich, liegt das **Super 8** (85 Treaty Trail, ☎ 902/895-8884 oder 877/508-7666, www.super8truro.com; $ 140 für 1/2 Pers.) dicht an einer Hauptverkehrsstraße und verfügt über saubere, komfortable, klimatisierte Zimmer mit diversen Extras. Hier gibt es auch einen Innenpool mit Wasserrutsche und heißem Becken. Ein kleines Frühstück ist im Preis enthalten, und zum Abendessen kann man nach nebenan ins Capricorn Restaurant gehen.

Lastminute-Angebote bitte telefonisch erfragen.

• *Essen und Trinken* In einer gesichtslosen Einkaufsmeile unweit des Zentrums der Downtown serviert **Murphy's** (The Esplanade, ☎ 902/895-1275; tägl. 11–20 Uhr) mit das preisgünstigste Seafood in diesem Teil der Provinz. Selbst probiert habe ich den frittierten Schellfisch mit Pommes frites (beides perfekt zubereitet) für gerade mal $ 8. Eine breite Auswahl an Fisch ist hier im Angebot – in der Pfanne gebraten, pochiert oder im „texanischen Stil", das Ambiente besticht durch helles Marinedekor.

Empfehlenswert ist auch das **Wooden Hog** (627 Prince St., ☎ 902/895-0779; Mo–Fr 9–22, Sa 11–22 Uhr). Während die Einheimischen oft nur auf einen Kaffee und eines der vielen köstlichen Gebäckstücke hereinschauen, bieten auch die Mittags- und Abendkarte ein gu-

tes Preis-Leistungs-Verhältnis; alle Abendgerichte kosten unter $ 20 (z. B. pochierter Lachs, nappiert mit Sauce Hollandaise für $ 14).

Viele Motels haben ein hauseigenes Restaurant, darunter auch das **Palliser Motel Restaurant** (off Robie St., ☎ 902/893-8951), wo man zum günstigen Essen die Gezeitenwelle beobachten kann.

• *Information* Im **Truro Tourist Information Centre** (Victoria Sq., Court St., ☎ 902/893-2922; April bis Mitte Okt. tägl. 9–17 Uhr) erhält man einen Lageplan der Baumstammskulpturen, die in der ganzen Stadt verteilt stehen, und kann an einem öffentlichen Computerterminal seinen E-Mail-Eingang checken. Vom Victoria Square aus wieder in der richtigen Richtung aus der Stadt hinauszufinden, könnte etwas knifflig werden, deshalb sollte man sich vom Personal eine Wegbeschreibung geben lassen.

Nova Scotia
Karte siehe Farbteil S. 2/3

Glooscap Trail

Benannt nach dem mächtigen Glooscap, dem mythischen Herrscher der Mi'kmaq über die Gezeiten, liegt diese Gegend so weit vom größten Highway entfernt, dass nur die wenigsten Besuchern hierherfinden. Das ist schade, denn der Glooscap Trail bietet zahlreiche sehenswerte Küstendörfer, an den Stränden entdeckt man gelegentlich Halbedelsteine, und sogar schon erstaunliche Dinosaurierfunde wurden hier gemacht. Den Touristenprospekten zufolge erstreckt sich der Glooscap Trail entlang der Bay of Fundy bis nach Windsor im äußersten Westen. Hier soll jedoch nur der

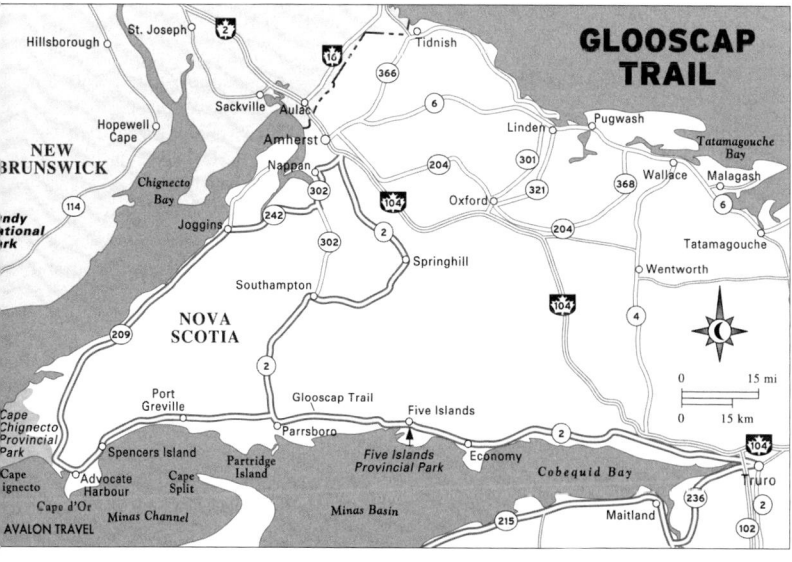

schönste Teil entlang dem Hwy. 2, der dem Küstenverlauf westlich von Truro bis nach Cape Chignecto und dann nach Norden bis Amherst folgt, dargestellt werden.

Von Truro nach Parrsboro

Von der Ausfahrt 14A des Hwy. 102 landet man schnell auf dem Hwy. 2 und fährt an der Cobequid Bay entlang westwärts. Auf der Strecke nach Parrsboro liegen kleine Fischerdörfchen, Aussichtspunkte und auch einige Plätze, an denen man bei Ebbe Zugang zum Strand hat.

Five Islands Provincial Park

Wie der Name schon sagt, beinhaltet der Five Islands Provincial Park fünf Inseln, aber zwischen Economy und Parrsboro auch über 600 ha Festland. An den Küstenspitzen des Parks findet man hohe Felsklippen und Strände, die Kostbarkeiten wie Achate, Amethyste oder Jaspis freigeben, wenn die hohe Flutwelle der Bay of Fundy über die Bucht schwappt. Der 5 km lange (Hin- und Rückweg; mindestens 90 Min. einplanen) **Red Head Trail** führt zu fast einem Dutzend Aussichtspunkten, darunter auch Old Wife, einem Stück Land, das eine prima Aussicht auf alle fünf Inseln bietet.

Parrsboro

Die erosive Kraft des Wassers hat an den Küsten von Chignecto Bay und Minas Basin ein Fenster zur Urzeit geöffnet: Bei archäologischen Grabungen wurden 100.000 versteinerte Knochenfragmente von Dinosauriern, urzeitlichen Krokodilen, Echsen, Haien und Knochenfischen gefunden.

Alles Wissenswerte über die Geologie in Parrsboro erfährt man im Rock and Mineral Shop

Felsen, Edelsteine und Fossilien

Über die Brücke gelangt man von der Downtown über die Two Island Road zum **Fundy Geological Museum** (162 Two Islands Rd., ✆ 902/254-3814; Juni bis Mitte Okt. tägl. 9.30–17.30 Uhr; Eintritt $ 5, Senioren und Kinder $ 3,50). Im Mittelpunkt der Ausstellung steht die Bay of Fundy; es wird beschrieben, wie die Flut den felsigen Untergrund auswusch und dabei zahlreiche geologische Schätze freilegte, darunter Halbedelsteine und die versteinerten Überreste von Dinosauriern.

Parrsboro Rock and Mineral Shop and Museum (39 Whitehall Rd., ✆ 902/254-2981, Mai–Dez. Mo–Sa 9–21, So 9–17 Uhr) ist der ganze Stolz des berühmten einheimischen Geologen Eldon George. Das Museum stellt versteinerte Fußabdrücke von Dinosauriern, Reptilien und Amphibien aus. Im Shop sind Fossilien und Halbedelsteine sowie geologische Werkzeuge, Bücher und Karten im Angebot.

Ottawa House

Außerhalb der Stadt liegt hinter dem Mineralien-Shop das Ottawa House (✆ 902/254-2376; Juni–Sept. tägl. 10–17 Uhr; Eintritt gegen eine Spende), ein am Wasser errichtetes Wohnhaus von 1775 mit 21 Schlafzimmern. Daran, dass sich am Strand vor dem Haus einmal eine bedeutende Schiffswerft befand, erinnert so gut wie nichts mehr – außer ein paar kaputten Pylonen. Heute sorgt die lokale Geschichtsgesellschaft für die Erhaltung des Ottawa House, das über eine Geschichtsausstellung auf zwei Etagen und eine Teestube verfügt.

Das durch ein schmales, felsiges Strandstück unterhalb des Ottawa House mit dem Festland verbundene Partridge Island soll, so haben archäologische Untersuchungen ergeben, vor 10.000 Jahren von den Mi'kmaq bewohnt gewesen sein. Eine holprige Straße endet direkt vor der Insel, und von dort aus windet sich ein Wanderpfad hinauf auf den Hügel, von dem die Aussicht über das Minas Basin bis hin nach Cape Split reicht (hin und zurück ca. 30 Min.).

Das Ottawa House

*R*eisepraktisches

• *Übernachten*   Die **Riverview Cottages** (3575 Eastern Ave., ✆ 902/254-2388 oder 877/254-2388, www.riverviewcottages.ca; Mitte April bis Mitte Nov.; $ 60–90 für 1/2 Pers.) liegen am Farrells River auf der Ostseite der Stadt. Sie sind schon etwas älter und verfügen nur teilweise über Kochgelegenheiten. Dafür stimmt der Preis, und die Gäste können die bereitliegenden Kanus nutzen.

In fußläufiger Erreichbarkeit von der Downtown befindet sich das **Maple Inn** (2358 Western Ave., ✆ 902/254-3735, www.mapleinn.ca), das zwei historische Häuser geschickt zu einem Gasthof mit elf normalen Zimmern und einer geräumigen 2-Schlafzimmer-Suite verbindet. Das Gebäude war ursprünglich ein Krankenhaus, deshalb hat es für Gäste, die hier ihrem Geburtsort einen Besuch abstatten, eine ganz besondere Bedeutung: Zimmer 1 war früher der Kreißsaal. Das Gästehaus ist umgeben von einem gepflegten Garten, innen gibt es einen Salon mit TV und Bibliothek. Die Preise liegen bei $ 90–170 inkl. üppigem Frühstück, das im freundlichen Speisesaal serviert wird.

Aus ungefähr derselben Zeit stammt das **Gillespie House Inn** (358 Main St., ✆ 902/254-3196 oder 877/901-3196, www.gillespiehouseinn.com; Mai–Okt.; $ 99–119 für 1/2 Pers.). Die Zimmer verströmen altmodischen Charme, und jedes davon verfügt über ein angrenzendes Bad. Der *Elderkin Room* ist mit einem hölzernen Schlittenbett eingerichtet und bietet einen Blick auf den Vorgarten, auf den die Morgensonne scheint.

• *Essen und Trinken*   Auf dem Weg durch die Hauptstraße sticht einem das **Glooscap Restaurant** (758 Upper Main St., ✆ 902/254-3488, tägl. Frühst., Mittag- und Abendessen) direkt ins Auge, aber eine bessere Wahl ist das **Harbour View Restaurant** (476 Pier Rd., ✆ 902/254-3507, im Sommer tägl.

11–21 Uhr), das neben der Two Island Road einen ungehinderten Blick aufs Wasser gewährt. Es ist ein freundliches Lokal mit der üblichen Auswahl an Seafood, darunter Ta-

gesspezialitäten aus der saisonalen Seafood-Küche. Das Hummer-Dinner ($ 25) ist besonders empfehlenswert.

Westwärts nach Cape Chignecto

Von Parrsboro aus steuern die meisten Reisenden auf dem Hwy. 2 Richtung Norden nach Springhill, doch der Hwy. 209 am Minas Channel entlang ist die angenehmere Strecke. Hier fährt man 50 km weit bis zu dem letzten Dörfchen, das diesen Namen verdient: Advocate Harbour. Auf halber Strecke liegt Port Greville, das früher Sitz von vier großen Schiffsbaugesellschaften war. Heute kann man über die Wagstaff Street bis an den Rand der Klippe fahren und zur Flussmündung hinunterblicken, in der sich vor 100 Jahren eine Schiffswerft befand. Beim Blick über das Wasser ist Cape Split deutlich zu erkennen.

Advocate Harbour

Auf Spencers Island biegt der Hwy. 209 ins Landesinnere nach Advocate Harbour ab, einem ruhigen Fleckchen der Provinz, das 1604 erstmals von Europäern besucht wurde, als Samuel de Champlain hier an Land ging. Direkt vor dem Ort folgt man der beschilderten Straße nach Cape d'Or, wo das Haus eines Leuchtturmwärters zum **Lighthouse at Cape d'Or** (✆ 902/670-0534, www.capedor.ca; Mai bis Mitte Okt.; $ 80–110 für 1/2 Pers.) umgebaut wurde. Das hoch auf steilen Felsen oberhalb der Bay of Fundy thronende Gästehaus mit vier Zimmern ist ein wunderbarer Ort zum Ausspannen und Garnichtstun. Eines der Zimmer verfügt über ein angrenzendes Bad, alle anderen teilen sich zwei Badezimmer. Der Gemeinschaftsraum ist mit Büchern und Brettspielen ausgestattet. Das angeschlossene Restaurant (nur Barzahlung möglich) serviert kleine Mittagsgerichte und kreativ zubereitete Gerichte am Abend im Preisbereich zwischen $ 16 und 30.

Cape Chignecto Provincial Park

In Luftlinie gemessen nicht weit vom Trans-Canada Highway oder von der Stadt Saint John in New Brunswick, aber doch Welten von der Zivilisation entfernt, liegt dieser Park. Er schützt eine pfeilförmige Landzunge, die in die Bay of Fundy hineinragt. Felsklippen von bis zu 185 m Höhe werden hier von der höchsten Flut der Welt umspült, die auf der einen Seite in die Chignecto Bay und auf der anderen in das Minas Basin strömt. Es führen keine Straßen in den Park hinein. Stattdessen verläuft vom Ende der Straße bei Red Rocks, direkt hinter dem Dörfchen West Advocate und 46 km von Parrsboro entfernt, ein Wanderweg um das Kap herum und schlägt einen Bogen zurück durch das bewaldete Binnenland. Die meisten Rucksacktouristen bewältigen den Rundweg in drei Tagen, wobei man sich selbst mit Wasser und Lebensmitteln versorgen und im Zelt auf den Campingplätzen im Hinterland übernachten muss. An der Strecke gelegene Hütten in Arch Gulch und Eatonville bieten eine Alternative zum Campen (Reservierung unter ✆ 902/392-2085). Trotzdem sollte man als Wanderer Erfahrung mit Touren durchs Hinterland haben und sich komplett selbst versorgen können.

Joggins

Diese Stadt an der Küste der Chignecto Bay liegt 40 km südwestlich von Amherst. Von Parrsboro aus fährt man auf dem Hwy. 2 in Richtung Norden nach

Southampton und folgt dann den Hwy. 302 und 242 für 38 km erst nach Norden, dann nach Westen.

Joggins Fossil Cliffs

In diesen 2008 zum UNESCO-Weltkulturerbe erklärten Meeresklippen wurden schon Tausende von Fossilien aus dem Karbon (vor ca. 350–280 Mio. Jahren) entdeckt. Das meiste sind zwar Pflanzenfunde, doch ein ganzer Wald aus aufrecht stehenden, versteinerten Baumstümpfen hat die Stätte bekannt gemacht. Die in den 1850er-Jahren erstmals entdeckten, hohlen Stümpfe enthielten die versteinerten Überreste des *Hylonomus*, des frühesten Reptils, das je gefunden wurde. Man nimmt an, dass die 30 cm langen Kriechtiere hineinfielen und nicht mehr entkommen konnten. Außerdem fand man hier einen 2 m langen Gliederfüßer mit 30 Beinpaaren sowie Dinosaurier-Fußabdrücke.

Zusammen mit der UNESCO-Anerkennung machte die Eröffnung des **Joggins Fossil Centre** (100 Main St., abseits des Hwy. 302, ✆ 902/251-2727; Mitte Mai bis Mitte Nov. tägl. 9.30–17.30 Uhr; Eintritt $ 8, Senioren und Kinder $ 6) im Jahr 2008 die Stadt endgültig zu einem wichtigen Ausflugsziel im zentralen Nova Scotia. Neben den ausgestellten Farnen, Fischschuppen, Fußabdrücken von Reptilien und Gastropoden können Besucher auch den Labortechnikern bei der Arbeit zusehen. Der Beginn der täglich stattfindenden zweistündigen Führungen zum Coal Mine Point ($ 10 pro Pers.) hängt vom Gezeitenzyklus ab.

Nova Scotia
Karte siehe Farbteil S. 2/3

Springhill

Die sinnliche Stimme von Countrysängerin Anne Murray kennt man überall auf der Welt. Die Bewohner der Kleinstadt Springhill auf einer kleinen Anhöhe abseits des Hwy. 104 sind besonders stolz auf die berühmteste Tochter der Stadt, die insgesamt 50 Mio. Alben verkauft und mehr Preise eingeheimst hat als jede andere Sängerin der Welt.

Erwartungsgemäß ist in Springhill auch das **Anne Murray Centre** beheimatet (36 Main St., ✆ 902/597-8614; Mitte Mai bis Mitte Okt. tägl. 9–16.30 Uhr; Eintritt $ 7,50, Senioren und Kinder $ 5,50). Das Museum huldigt der hier geborenen Berühmtheit mit der goldenen Kehle, die in den 1970er-Jahren mit „Snow Bird" Einzug in die Top 40 hielt und anhaltende Popularität genießt. Die Ausstellung zeigt Fotos, Kostüme und andere Erinnerungsstücke; eine Audio-Video-Präsentation zeichnet ihre Karriere nach.

Amherst und Umgebung

Amherst (9000 Einw.) liegt auf einer Ebene oberhalb des Amherst Marsh (Amherst-Sumpf), der zu den 200 km^2 großen Tantramar Marshes (Tantramar-Sümpfen) gehört; es befindet sich auf der Landenge, die Nova Scotia mit dem kanadischen Festland verbindet. Die fruchtbaren Sümpfe wurden erstmals im 17. Jh. von den Akadiern eingedeicht und bebaut und sorgen heute noch für reiche Ernte. In erster Linie wird auf den Wiesen Heu geerntet.

Sehenswertes

Von seiner architektonisch schönsten Seite zeigt sich Amherst an der Victoria Street, wo die Einkünfte aus Industrie und Handel in vornehme Häuser und Geschäftsgebäude gesteckt wurden, die im neogotischen oder neu aufgelegten Tudor-

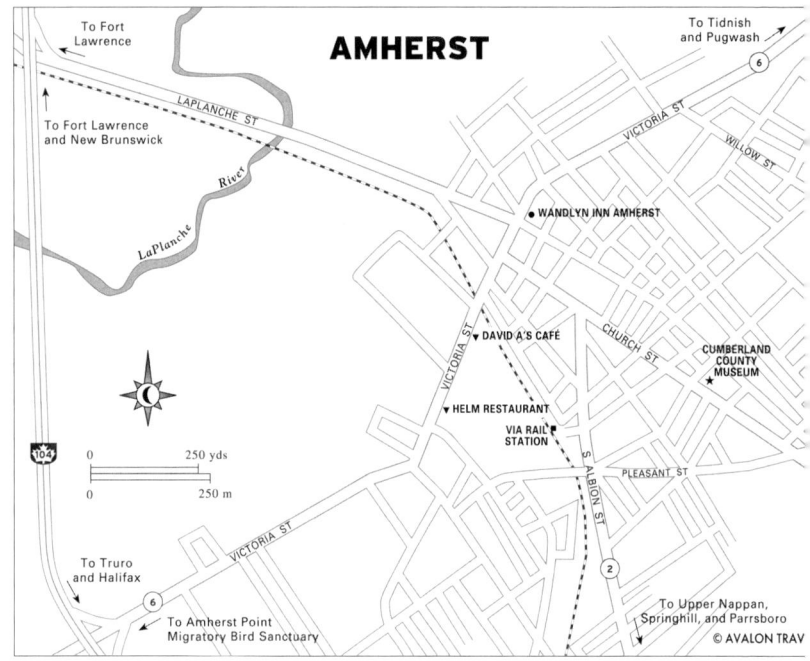

oder Queen-Anne-Stil gehalten sind. Einige Blocks südlich des historischen Bezirks liegt das **Cumberland County Museum** (150 Church St., ✆ 902/667-2561; Febr.– Dez. Di–Fr 9–17, Sa 12–17 Uhr; Eintritt $ 3), ein Wohnhaus von 1838. Dem Museum gelingt es auf eindrucksvolle Weise, der Vergangenheit auf die Spur zu kommen. Zur Ausstellung zählen nicht nur Exponate aus der Zeit der ersten akadischen Siedlungen, das Museum beleuchtet auch Amhersts angelsächsischen Hintergrund und wartet mit pikanten Anekdoten über den russischen Revolutionär Leo Trotzki auf, der 1917 in einem Kriegsgefangenenlager in Amherst interniert war.

Das einige Kilometer außerhalb der Stadt am Ende der Victoria Street gelegene **Amherst Point Migratory Bird Sanctuary** erstreckt sich über ein Gebiet von 190 ha mit Wegen, die durch Wald, Felder und Sümpfe sowie um Teiche herum führen. Das sedimentreiche Cumberland Basin lockt 200 Vogelarten an, u. a. Turmfalken *(Eurasian kestrels)*, Weißkopfseeadler *(bald eagles)*, Falken *(hawks)* und Schneeeulen *(snowy owls)*.

*R*eisepraktisches

• *Übernachten* Wer gerade erst per Highway aus New Brunswick nach Nova Scotia gekommen ist, findet im **Fort Lawrence Inn** (La Planche St., ✆ 902/667-3881) eine einfache, aber bequeme Unterkunft am westlichen Stadtrand von Amherst. Für die etwas älteren Motelzimmer werden $ 55–85 veranschlagt, und es gibt ein Restaurant, einen Salon und eine Laundry. Um dorthinzukommen, nimmt man die Ausfahrt zum Nova Scotia Visitor Information Centre und folgt der La Planche Street für ein paar Hundert Meter nach Osten.

Wandlyn Inn Amherst (Victoria St. abseits des Hwy. 104 an der Ausfahrt 3, ✆ 902/667-3331 oder 800/561-0000, www.wandlyninns.com; ab $ 90 für 1/2 Pers.), die größte Unterkunft der Stadt, hat 88 klimatisierte Zimmer, ein Restaurant, ein Café, Salon und Innenpool.

• *Essen und Trinken* **David A's Café** (125 Victoria St., ✆ 902/661-0760; tägl. außer So Mittag- und Abendessen) bietet eine überraschend vielfältige Speisekarte für ein Kleinstadtrestaurant, wobei überwiegend Produkte aus lokalem Anbau verwendet werden. Natürlich spielt Seafood dabei eine Hauptrolle. Das Restaurant des **Wandlyn Inn** (Victoria St., ✆ 902/667-3331; tägl. 7–14 und 17–21 Uhr) serviert die genialen Kreationen eines einfallsreichen Küchenchefs, der gern flambiertes Steak mit Shrimpssauce und direkt am Tisch gemixten Caesar's Salad kredenzt. Vorspeisen kosten $ 15–29.

● *Information* Das **Nova Scotia Visitor Information Centre** (✆ 902/667-8429; tägl. 8.30–16.30 Uhr, Mai–Sept. 8–20 Uhr) ist ein großer Gebäudekomplex westlich der Downtown. Daneben gibt es eine Promenade, auf der die verschiedenen Fahrtstrecken durch die Provinz beschrieben werden. Hier stehen Picknicktische mit Blick auf die Tantramar Marshes. In einem Eisenbahnwaggon auf derselben Seite der Stadt untergebracht ist das **Amherst Tourist Bureau** (51 La Planche St., ✆ 902/667-0696; Mai–Aug. Mo–Sa 10–18 Uhr), das sich auf die Region spezialisiert hat. Es bietet viele Informationen v. a. für Reisende, die nach Süden zum Glooscap Trail unterwegs sind.

Von der Sunrise Coast nach Pictou

Der schnellste Weg von Amherst nach Pictou ist der Hwy. 104 über Truro, aber der Hwy. 6 ist landschaftlich reizvoller. In der ganzen Region erstreckt sich makellos gepflegtes Farmland bis zu den roten Sandstränden und den Felsklippen der Northumberland Strait. Die Dörfer sind klein und die Straßen durch das Hinterland bieten ein schönes Panorama. Hier erlebt man das ländliche Nova Scotia von seiner schönsten Seite. Einplanen sollte man für die Strecke 3 Std. plus Zwischenstopps.

Tidnish und Umgebung

Der Hwy. 366 biegt wenige Kilometer nordöstlich von Amherst vom Hwy. 6 ab und erreicht die Northumberland Strait in Tidnish, das direkt an der Provinzgrenze zwischen Nova Scotia und New Brunswick liegt.

Tidnish Dock Provincial Park

Von der Stadt aus betrachtet am anderen Ufer des Tidnish Rivers liegt der Tidnish Dock Provincial Park. Dieser kleine Park (geeignet für Tagesbesucher) schützt die nördliche Endstation eines ehrgeizigen Eisenbahnprojekts, das für den Transport von Schiffen über die Landenge zwischen der Bay of Fundy und der Northumberland Strait vorgesehen war. Der ursprüngliche Vorschlag sah vor, einen Verbindungskanal zu bauen, doch die Regierung beschloss, dass der Bau einer Eisenbahnstrecke einfacher sei. Dieser Plan erforderte die Konstruktion von hydraulischen Pressen auf beiden Seiten, um die Schiffe in Wiegen zu hieven, die von Lokomotiven über die 28 km lange Eisenbahnstrecke gezogen werden sollten. Als das Projekt 1891 kurz vor der Fertigstellung stand, wurde es abgeblasen. Der Park birgt die Überreste des Docks und ein kurzes Stück des Schienenbetts.

Weiter östlich auf dem Highway 366

Von Tidnish aus geht es ostwärts zum **Amherst Shore Provincial Park.** Vom Bereich für Tagesbesucher folgt ein kurzer Pfad dem Annebelles Brook zu einem kleinen Strand, während auf der anderen Seite des Highways ein Campingplatz (Mitte Mai bis Mitte Sept.; $ 24) mit WC, Duschen und Feuerstellen liegt. In östlicher Richtung kommt man nach 7 km zum **Northport Beach Provincial Park,** der für seinen ausgezeichneten Strand und das durch niedrige Sandbänke gewärmte Wasser bekannt ist. Als nächstes folgt der zum Schwimmen gleichfalls beliebte **Heather Beach Provincial Park.**

Nova Scotia
Karte siehe Farbteil S. 2/3

Pugwash

Wiederkennungswert hat Pugwash (abgeleitet von dem Mi'kmaq-Wort *paqweak*, das „flaches Wasser" bedeutet) v. a. durch seinen drolligen Namen. Es liegt an der Mündung des Pugwash Basin, 50 km östlich von Amherst. Hauptzufahrtsstraße ist die Durham Street (Hwy. 6). Hier findet man eine nur im Sommer geöffnete Touristeninformation und das übliche Angebot an kleinstädtischen Geschäften. Auf dem gegenüberliegenden Ufer südlich der Downtown befindet sich eine Salzmine. Ihre gegenwärtige Produktion liegt bei 90.000 t jährlich (das sind 10 % von Nova Scotias gesamter Mineralproduktion). Den besten Eindruck von den Gesamtdimensionen bekommt man, wenn man die Frachter beim Beladen am Dock in der Downtown beobachtet.

Übernachten/Essen und Trinken

In der Downtown springt das irisch inspirierte **Shillelagh Sheila's Country Inn** (10340 Durham St., ✆ 902/243-2885, www.shillelagh-sheilasinn.com; Juni bis Mitte Okt.; $ 65–75 für 1/2 Pers.) durch eine auffällig grün-rote Fassade ins Auge. Das Haus bietet vier Gästezimmer mit nostalgischen Möbeln.

Frühstück ist im Preis enthalten, und auf Anfrage wird auch Abendessen angeboten. Das **Hidden Jewel Café** (10163 Durham St., ✆ 902/243-4059; Mo–Sa 9.30–17 Uhr) bietet Außentische auf einer überdachten Veranda und gesunde Küche.

Thinker's Lodge

Wiedererkennungswert hat hauptsächlich sein uriger Name: Pugwash (nach dem Mi'kmaq-Wort *paqweak*, das „flaches Wasser" bedeutet), das 50 km östlich von Amherst liegt, ist den meisten als Geburtsort der **Pugwash-Konferenz für Wissenschaft und Weltangelegenheiten** (www.pugwash.org) bekannt. Die erste davon fand in Pugwash statt, nachdem Albert Einstein 1955 ein Treffen zur Besprechung der Gefahren eines Atomkriegs angeregt hatte. Cyrus Eaton, ein vermögender US-Industrieller, bot sich als Sponsor für das Treffen an – unter der Bedingung, dass es in seinem Heimatort Pugwash in Nova Scotia stattfand. So kam es, dass sich 1957 13 Atomwissenschaftler aus Ländern des Kalten Krieges, u. a. drei aus den UdSSR, in der späteren „Thinker's Lodge" trafen, einem großen, aber sonst eher unauffälligen Wohnhaus an der Küste von Pugwash. Es war das erste von vielen solcher Treffen, die heute jährlich in London, Washington, Rom, Tokio und auch weiterhin in Pugwash stattfinden. Schwerpunktthema sind nach wie vor Massenvernichtungswaffen, aber das Themengebiet hat sich ausgeweitet: So werden auch Fragen wie die Abschaffung internationaler Grenzen, Umweltpolitik und wirtschaftlicher Wohlstand diskutiert. Um zur Thinker's Lodge zu gelangen, folgt man der Durham Street bis zu ihrem Ostende und fährt dann rechts die Water Street hinunter.

Von Pugwash nach Pictou

Von Pugwash nach Pictou sind es auf dem Hwy. 6 110 km, aber unterwegs lohnen zahlreiche Abstecher. Der erste davon, die Gulf Shore Road, beginnt schon in der Downtown von Pugwash.

Gulf Shore Road

Von der Durham Street in Pugwashs Downtown aus führt die Gulf Shore Road nach Norden und verläuft dann am Rand der Northumberland Strait in östlicher Richtung, bevor sie bei Wallace in den Hwy. 6 mündet. Etwa 4 km von Pugwash entfernt liegt der **Gulf Shore Picnic Park,** ein Gelände für Tagesbesucher mit Feuerstellen und Picknicktischen auf einer grasbewachsenen Fläche, die zu einem roten Sandstrand hin abfällt. Wo die Gulf Shore Road nach Süden in Richtung Wallace abschwenkt, liegt ganz in der Nähe auch das **Fox Harb'r Golf Resort and Spa** (1337 Fox Harbour Rd., ☎ 902/257-1801 oder 866/257-1801, www.foxharbr. com). Mit ihrer Ausstattung wäre diese Ferienanlage in Arizona oder an der Atlantikküste sicher nicht fehl am Platz, doch im ländlichen Nova Scotia ist sie ein Unikum. Mit $ 225 für eine Runde Golf übersteigt die Greenfee leider mein Budget als bescheidener Reisebuchautor, doch ich habe mir sagen lassen, dass der Court sehr schön ist. Weiterhin gibt es ein Hallenbad im Olympiaformat, Wellness-Angebote, geführte Kajaktouren und ein nobles Diner im großen Saal (Anzugpflicht!). Die Gäste schwelgen im reinsten Luxus in den Suiten (ab $ 325 für 1/2 Pers.), die sich in zwölf Chalets entlang den Fairways mit Blick über die Northumberland Strait befinden.

Das Fischerdorf Tony River liegt zwischen Pugwash und Pictou

Nova Scotia
Karte siehe Farbteil S. 2/3

Jost Vineyards

Etwa 34 km westlich von Pugwash, ist Jost Vineyards (☎ 902/257-2636; Mitte Juni bis Mitte Sept. tägl. 9–18 Uhr, sonst tägl. 9–17 Uhr) vom Hwy. 6 aus ausgeschildert. Der von Familie Jost aus dem Rheinland angelegte, 18 ha große Weinberg bringt feine Weißweine hervor, die in der ganzen Provinz verkauft werden, auch an viele bessere Restaurants. Die bekanntesten Tropfen sind die Jost-Eisweine. Um sie zu produzieren, werden die Trauben erst nach dem ersten Frost gelesen und dann sanft gekeltert, sodass sie nur wenige Tropfen konzentrierten Safts aus jeder Traube abgeben. Das Ergebnis ist ein ausgesprochen lieblicher Wein, der sich perfekt als Dessertwein nach dem Abendessen eignet. Kostenlose geführte Touren finden im Sommer täglich um 12 und 15 Uhr statt, und der Feinkostladen vor Ort lockt mit Picknick-Köstlichkeiten – die perfekte Begleitung zu den Jost-Weinen.

Balmoral Grist Mill

Das v. a. für seine Schrotmühle bekannte Balmoral Mills liegt am Hwy. 311 10 km südlich von Tatamagouche und 38 km nördlich von Truro. Die in ein bewaldetes Tal eingebettete, leuchtend rote Balmoral Grist Mill (660 Matheson Brook Rd.,

☎ 902/657-3016; Juni bis Mitte Okt. Mo–Sa 9.30–17.30, So 13–17.30 Uhr; Eintritt $ 3,25, Senioren und Kinder $ 2,25) ist ein ideales Objekt für Fotografen. Weizen, Hafer und Gerste werden in dieser historischen Schrotmühle von 1874 mit angegliedertem Museum noch immer nach Verfahren aus dem 19. Jh. gemahlen. Vorführungen der Mühle finden um 10 und 14 Uhr statt. Am meisten Andrang herrscht in der Mühle am ersten Sonntag im Oktober – dann ist hier Tag der offenen Tür, und es werden Hunderte von Besuchern mit verschiedenen Aktivitäten wie Vorführungen der Mühle und den beliebten Haferkeks-Geschmackstests angelockt.

Seafoam

In diesem Küstendorf 24 km östlich von Tatamagouche befindet sich der **Seafoam Campground** (Harris Ave., ☎ 902/351-3122; Mitte Mai bis Sept.; $ 18), ein großes Gelände mit direktem Zugang zum Strand, wo man in angenehm warmem Wasser baden kann. Zur Ausstattung gehören Rasensportplatz, Spielplatz, Duschen und Laundry. Auf der Westseite des Campingplatzes führt eine Nebenstraße zu einem verlassenen Dock, an dem eine Betonwand eine natürliche Schranke für den wandernden Sand dahinter bildet. Das Ergebnis ist ein breiter Strand, der dazu einlädt, an einem warmen Sommertag hier ein paar Stunden zu vertrödeln.

Pictou

Pictou (Pick-toh gesprochen) liegt 160 km westlich von Amherst und 14 km nördlich der Ausfahrt 22 vom Hwy. 104 und ist eine historische Hafenstadt an der

Northumberland Strait. Außerdem ist Pictou eine Fährstation auf dem Weg nach Prince Edward Island, sodass hier ein hohes Passagieraufkommen herrscht.

Fast alles in Pictou spielt sich im Hafen ab, wo sich auch das bedeutendste Museum, Restaurants und historische Unterkünfte befinden. Einige der älteren Gebäude haben einen traditionell schottisch inspirierten Stil, der auf die Abstammung der Einheimischen hinweist. In den Straßen der Wohnbezirke sieht man aber auch viele ausgefallenere Stile, u. a. Beispiele für neogotische Architektur oder Bauten im Stil des Zweiten Kaiserreichs an der Water, Front und Church Street.

Geschichte

1773 kamen 33 Familien und 25 unverheiratete Männer von den schottischen Highlands an Bord der *Hector* hierher, und Pictou (3800 Einw.) wurde schnell als „Geburtsstätte Neuschottlands" bekannt. Der Presbyterianerpfarrer und

Touristisches Highlight in Pictou: ein Besuch an Bord der Hector

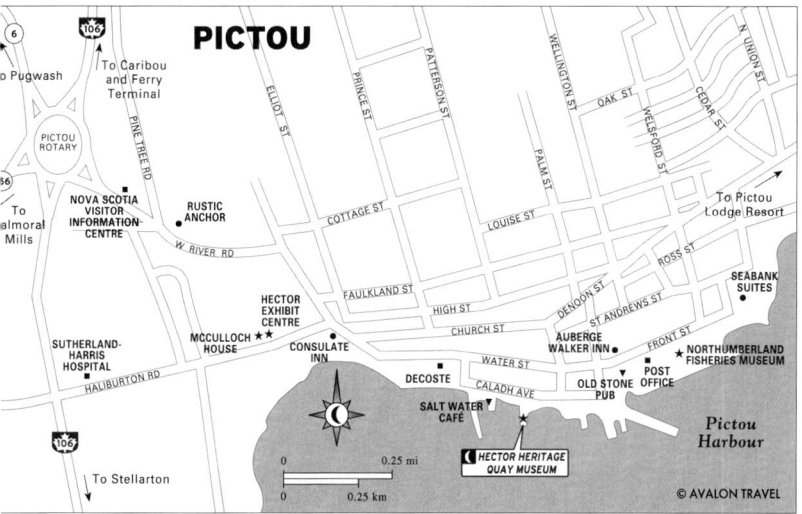

Arzt Thomas McCulloch, eine durchaus schillernde Persönlichkeit, landete auf dem Weg zu seinen kirchlichen Verpflichtungen auf Prince Edward Island im Jahre 1803 zufällig mit seiner Familie hier, als ein Sturm sein Schiff in den Hafen von Pictou trieb. Die hier ansässigen Einwanderer baten ihn zu bleiben, und McCulloch gab nach. Er übernahm fortan nicht nur die medizinische Versorgung der Einwanderer, sondern versuchte auch, das rückständige Bildungssystem der Provinz zu reformieren.

Sehenswertes

Hector Heritage Quay Museum: Im Herzen des Hafenviertels in der Downtown liegt das Hector Heritage Quay Museum (33 Caladh Ave., ✆ 902/485-6057; Mitte Mai bis Ende Okt. Mo–Sa 9–18, So 12–18 Uhr; Eintritt $ 5, Senioren $ 4, Kinder $ 2), ein dreistöckiges Interpretation Centre (Lehrzentrum), in dem die Situation der schottischen Einwanderer thematisch aufbereitet werden. Die erhöhte Promenade draußen bietet einen Blick über den Hafen. Im Eintrittspreis ist ein Besuch an Bord der Hector enthalten, einem Nachbau jenes Segelschiffs, das die schottischen Siedler über den Atlantik beförderte. Die Zeit für die Besichtigung der Hector sollte man sich nehmen. Dieser dreimastige Nachbau in Schwarz und Creme ist ein wunderschönes Schiff mit breitem, abgerundetem Rumpf. An der Form des Schiffes erkennt man jedoch auch, dass die Reise von Schottland aus sicher nicht so unproblematisch verlief. Der Rumpf des Schiffs ist ungewöhnlich breit, und die Hector, die einem Holländer gehörte und von den Schotten für die Reise gechartert wurde, war ursprünglich als Frachter gebaut und für die Beförderung von Personen nur geringfügig umgebaut worden. Bemerkenswert ist, dass die über 200 Einwanderer aus dem schottischen Hochland die Reise alle überlebten, und Nova Scotia verdankt diesen seefesten Kameraden sein schottisches Erbe.

Northumberland Fisheries Museum: Dieses faszinierende Museum (71 Front St., ✆ 902/485-4972; Mitte Juni bis Mitte Okt. Mo–Fr 10–17, So 12–17 Uhr; Eintritt $ 5, Senioren $ 4, Kinder $ 2) befindet sich in einer Eisenbahnstation aus rotem

Das Hector Heritage Quay Museum

Backstein, die außerhalb des modernisierten Hafenviertels liegt und leicht zu übersehen ist. Die Ausstellung erzählt die Geschichte der lokalen Fischfangindustrie. Zu den Exponaten gehören ein altes Hummerboot, ein Aquarium mit einheimischer Meeresfauna, die Nachbildung eines Fischerschuppens sowie Fotos und andere Erinnerungsstücke aus längst vergangener Zeit.

Hector Exhibit Centre: Die nächsten beiden Attraktionen liegen östlich der Downtown an der Old Haliburton Road. Das Hector Exhibit Centre (86 Old Haliburton Rd., ☎ 902/485-4563; Mitte Mai bis Mitte Okt. Di–Sa 8.30–16.30 Uhr) präsentiert Kunstwerke im Rahmen des nationalen Kunstausstellungsprojekts. Gleichzeitig bietet es eine der besten genealogischen Bibliotheken der Provinz. Der Eintritt zu den Ausstellungen kostet $ 1; zur genealogischen Bibliothek $ 5 beim ersten Mal und $ 2 bei allen Folgebesuchen.

McCulloch House: Ein Pfad führt vom Hector Exhibit and Research Centre hinauf zum McCulloch House (100 Old Haliburton Rd., ☎ 902/485-1150; Juni bis Mitte Okt. Mi–Sa 9.30–16.30 Uhr; Eintritt $ 1), Thomas McCullochs Haus aus dem frühen 18. Jh. Es bietet einen Fernblick aufs Meer und ist mit zeitgenössischen Antiquitäten und einer kleinen Bibliothek ausgestattet. Der Druck eines Labradorfalken im Erdgeschoss war ein Geschenk des Künstlers und Naturforschers John James Audubon an McCulloch.

Reisepraktisches

Kultur und Veranstaltungen

Die lokale Theaterszene ist im **deCoste** (Water St., ☎ 902/485-8848) ansässig, einem modernen Veranstaltungskomplex am Ha-

fen, der über 100 Aufführungen jährlich organisiert. Im August findet auf dieser Bühne die Konzertreihe Summer Sounds of Nova Scotia statt. Im Mittelpunkt der Konzerte stehen erstklassige keltische Tänzer, Sänger und Geiger, die von Dienstag bis

Donnerstag jeweils um 20 Uhr auf der Bühne stehen. Eintrittskarten kosten in der Regel unter $ 20.

Das **Hector Festival** (✆ 902/485-8848, www. decostecentre.ca) begeht Mitte August an insgesamt fünf Tagen die Ankunft von Pictous schottischen Vorfahren im Jahre 1773. Ein Großteil des Festivals findet im Hafen statt, geboten werden Konzerte, Dudelsackkapellen, Hochlandtänze und Workshops. Der zweite Sonntag im August ist der letzte Tag und zugleich der Höhepunkt der Feier. Um 16 Uhr wird die historische Landung nachgespielt, die Tausende von Besuchern in den Hafen lockt. Danach folgt ein *ceilidh* (Konzert mit keltischer Volksmusik).

Übernachten/Camping

Pictou bietet zwar auch billige Motels wie das **Rustic Anchor Motel** (132 W. River Rd., ✆ 902/485-4423, www.rusticanchormotel.com; $ 60 für 1 Pers., $ 65 für 2 Pers.), aber ich kann jedem nur raten, die großartige Auswahl an historischen Unterkünften zu nutzen – viele davon liegen in fußläufiger Entfernung vom Hafen und sind ausgesprochen preiswert.

• *$ 50–100* Direkt am Wasser und in Gehweite zur Downtown liegt das **Consulate Inn** (157 Water St., ✆ 902/485-4554 oder 800/ 424-8283, www.consulateinn.com) von 1810. Das historische Gebäude ist mit schottischen und georgianischen Stilelementen verziert und war früher das US-Konsulat. Das sanierte Gästehaus besitzt fünf Gästezimmer, die von der Lower Garden Suite mit niedriger Decke ($ 80 für 1/2 Pers.) bis hin zur geräumigen Harbour View Suite reichen, die eine eigene Küche und einen Balkon besitzt ($ 140). In einem modernen Anbau sind fünf weitere zusätzliche Gästezimmer untergebracht, darunter auch das größte, die Bermudiana Suite ($ 160), die ein hervorragendes Preis-Leistungs-Verhältnis bietet. Alle Zimmer haben eigene, angrenzende Bäder, und ein Frühstück mit Selbstbedienung ist im Preis inbegriffen.

Die drei Unterkünfte im **Seabank Suites** (68 Front St., ✆ 902/485-4274 oder 866/877-2988, www.seabanksuites.com; Mai–Dez.; $ 95– 140 für 1/2 Pers.) haben jeweils eigene Eingänge und komplett eingerichtete Küchen. Das Haus von 1854, das für einen lokalen Schiffsspediteur gebaut wurde, ist inzwischen gründlich modernisiert, mit Zimmern, die sogar über eine TV/DVD-Kombi verfügen.

Das sanierte **Auberge Walker Inn** von 1876 (34 Coleraine St., ✆ 902/485-1433 oder 800/370-5553) bietet elf Gästezimmer ($ 79–159 mit kleinem Frühst.), einige davon mit Hafenblick, sowie ein zum Alkoholausschank berechtigtes Restaurant.

• *$ 100–150* Das aus den 1920er-Jahren stammende **Pictou Lodge Resort** (Braeshore Rd., 5 km östl. der Stadt, ✆ 902/485-4322 oder 800/495-6343, www.pictoulodge.com; Mitte Mai bis Mitte Okt.; $ 139–423 für 1/2 Pers.) liegt auf einem 67 ha großen Grundstück mit Blick auf die Northumberland Strait. Die geräumige, komfortable und rustikale Unterkunft wurde modernisiert und bietet eine lange Außenveranda, einen Speisesaal in dem Rundbau mit hoher Decke sowie einen nahe gelegenen Teich mit Kanus. Zu den 59 Gästeunterkünften gehören sechs 3-Zimmer-Chalets, 21 Suiten von unterschiedlicher Größe und Zuschnitt sowie 20 Standard-Motelzimmer. Alle Unterkünfte haben eigene Bäder, viele auch Kamin, Küche und separates Wohnzimmer. Zur Zusatzausstattung der Anlage gehören außerdem Kanuvermietung, ein Golfübungsplatz (Driving Range), ein Außenpool und ein Spielplatz.

• *Campground* Der **Caribou/Munroes Island Provincial Park** (Mitte Juni bis Mitte Okt.; $ 24) bietet 87 Stellplätze (Schleife B liegt am nächsten zum Strand), überdachte Kochgelegenheiten, WC und Feuerstellen. Der Platz grenzt direkt an einen langen roten Sandstrand an, der bei Ebbe Munroes Island mit dem Festland verbindet. Der Park liegt 6 km westlich der Stadt und ist vom Hwy. 6 ausgeschildert.

Essen und Trinken

Authentisches Hafenambiente erlebt man im **Salt Water Café** direkt neben dem Hector Heritage Quay Museum (67 Caladh Ave., ✆ 902/485-2558; tägl. 11–20.30 Uhr). Sitzen kann man drinnen oder draußen auf der geschützten Terrasse, wo man die Spezialitäten des Hauses genießen kann – Seafood zu moderaten Preisen. Der **Old Stone Pub** (38 Dept St., ✆ 902/485-4546; tägl. ab 11 Uhr) besitzt einladendes, schottisches Flair, die Speisekarte aber ist international – da gibt es Hummer-Bruschetta, Lasagne, Spaghetti und Fleisch klößchen, alles für weniger als $ 20.

Mehrere Gästehäuser haben hervorragende, öffentliche Restaurants. **The Vines** (Consulate Inn, 157 Water St., ✆ 902/485-4554; tägl. Abendessen) bietet von Juni bis

Nova Scotia Karte siehe Farbteil S. 2/3

September. Esskultur in intimem Ambiente. Die Spezialität ist Seafood, aber es sind auch einige Gerichte mit Rindfleisch oder Huhn im Angebot. 5 km außerhalb der Stadt liegt das Restaurant des **Pictou Lodge Resort** (Braeshore Rd., ℡ 902/485-4322; Mitte Mai bis Mitte Okt. tägl. Mittag- und Abendessen), ein altmodisches Waldlokal. Von seiner geschützten Lage aus hat man Aussicht auf die Northumberland Strait; die Tische sind um einen großen Steinkamin herum angeordnet. Zum Angebot gehören Vorspeisen wie gebrate

Zentral gelegen: das Consulate Inn

nes Ingwerhühnchen, in Sauce pochierter Lachs und geräucherte Forelle; die Preise liegen zwischen $ 18 und 29.

Information/Adressen

Am Kreisverkehr Pictou Rotary (wo Hwy. 6 und Hwy. 6 aufeinandertreffen) richtet sich das **Nova Scotia Visitor Information Centre** (℡ 902/485-6213 oder 800/565-0000; Mitte Mai bis Mitte Okt. tägl. 8–21 Uhr) v. a. an Reisende, die mit der Fähre von Prince Edward Island nach Nova Scotia kommen. Zugleich erhält man hier viele Informationen über die Region. Die Website www.townof pictou.com hilft bei der Reiseplanung.

Das **Sutherland-Harris Hospital** befindet sich in der Haliburton Road 1059 (℡ 902/485-4324). Die Einheimischen erledigen ihre Bankgeschäfte in architektonisch äußerst eindrucksvollen Gebäuden. So ist die **Bank of Nova Scotia** in einem Bau im Stil des Zweiten Kaiserreichs untergebracht und liegt an der Ecke Front und Colerain Street (℡ 902/485-4378). Das **Postamt** findet man in der Front Street 49.

Verbindungen

Wer seine Reise durch Nova Scotia mit einem Besuch von Prince Edward Island verbinden will, kann wählen: Entweder man überquert die Confederation Bridge oder man ergattert einen Platz auf der Fähre. Von Caribou aus findet man ein Stück nördlich von Pictou die Betreibergesellschaft **Northumberland Ferries** (℡ 902/566-3838 oder 800/565-0201, www.nfl-bay.com), die von Mai bis Mitte Dez. tägl. fünf bis neun Fahrten zur Ostseite der Prince Edward Island anbietet. Die Fahrten dauern etwas über 1 Std. und kosten hin und zurück $ 61 pro Fahrzeug, unabhängig von der Passagierzahl (bezahlt wird beim Verlassen der Insel).

Von Pictou nach Cape Breton Island

Der Trans-Canada Highway hat auf seiner Strecke über das nordöstliche Festland nicht viel zu bieten, außer dass man hier konstant in hohem Tempo fahren kann. Die besten Aussichten, die schönsten Strände, die empfehlenswertesten Campingplätze und weitere Attraktionen liegen abseits der Schnellstraße an den Küstenstraßen der Meerenge zwischen Tatamagouche und Cape Breton. Flache Meerwasserbecken zwischen Sandbänken werden von der Sonne erwärmt und sind sehr angenehm, um darin zu waten oder zu schwimmen. Das gilt sowohl für Rushtons **Beach Provincial Park** als auch für **Tatamagouche Bay** und den **Melmerby Beach Provincial Park** östlich von Pictou.

Panoramastraße über das Cape George

Die Route nach Arisaig, wo man auf Fossiliensuche gehen kann, sowie zu der herbschönen Ostküste von Cape George verläuft entlang den Highways 245 und 337 zwischen New Glasgow und Antigonish. Von der Ausfahrt 27 östlich von New Glasgow bis nach Antigonish sollte man einen halben Tag einplanen – nur so hat man genügend Zeit für die hier beschriebenen Sehenswürdigkeiten.

Arisaig

Wie viele andere Orte in Nova Scotia, wirkt Arisaig, das 57 km nordöstlich von New Glasgow liegt, eher unscheinbar, ist aber in Wirklichkeit viel interessanter, als man bei oberflächlicher Betrachtung vermuten würde. Die Klippen auf der Westseite des Dorfes haben eine Geschichte zu erzählen, die sich über einen erdgeschichtlichen Zeitraum von 40 Mio. Jahren aus der Zeit von vor 400 Mio. Jahren erstreckt. Damit ist es einer der wenigen Orte der Erde, wo anhand einer einzigen Reihe aus geschichteten Felsen ein so langer Zeitraum sichtbar wird. Vor 400 Mio. Jahren war diese Gegend noch ein seichtes Meer, und als sich die Sedimentschichten auf ihrem Grund ablagerten, wurden darunter Brachiopoden (ähnlich Muscheln), Nautiloide (mit unseren Tintenfischen verwandt), Trilobiten (urzeitliche „Krebse"), Krinoide (Filterfresser, die sich an den Meeresboden hefteten) und Bryozoa (Moostierchen) begraben. Als der Meeresspiegel fiel, bildeten sich Felsklippen entlang der Küstenlinie, und als die Sedimentschichten durch die Erosion weiter zersetzt wurden, wurden Fossilien aus dem Silur sichtbar – perfekt erhalten in den Felsschichten, die jeweils für bestimmte erdgeschichtliche Epochen standen. Hinzu kam nun die oberste Schicht des Felsens, die mit bis zu 4 m hohen Sand- und Kiesschichten bedeckt wurde, als sich die Gletscher am Ende der letzten Eiszeit in der Gegend zurückbildeten. Geologen untersuchen die Stätte seit Mitte des 19. Jh., und je weiter der Erosionsprozess fortschreitet und weitere Fossilien freilegt, umso größer wird das Interesse. Von den Kais von Arisaig aus kann man bis zu den Klippen laufen, der offizielle Zugang erfolgt jedoch über den **Arisaig Provincial Park** auf der Ostseite der Stadt. Vom Park aus führen steile Stufen tief hinunter bis zum Strand, der in der Nähe des Arisaig Brook endet, wo man auch die größte Ansammlung von Fossilien findet. Es ist verboten, die Felswand selbst zu behauen, aber heruntergefallene Steine dürfen aufgelesen werden.

Cape George

In Malignant Cove zweigt der Hwy. 337 nördlich vom Hwy. 245 ab und klettert stetig nach oben, bevor er in Cape George auf einer Höhe von 190 m seinen höchsten Punkt erreicht. Die Tour ist bei Radsportlern besonders beliebt, und das Landschaftspanorama belohnt für den strapaziösen, steilen Aufstieg an der Küste. Der Rundblick vom Leuchtturm an der Spitze des Kaps aus reicht über das gepflegte Farmland im Hochland von Pictou bis nach Antigonish im Süden, bietet aber auch eine leicht vernebelte Sicht auf Prince Edward Island jenseits der Northumberland Strait.

Auf der Ostseite von Cape George rauschen die Autos auf dem Hwy. 337 an der St. Georges Bay entlang vom Gipfel abwärts. Unterhalb des Kaps befindet sich **Ballantynes Cove.** Vom Kai der Stadt aus führt ein holpriger Wanderpfad zurück zum Leuchtturm. Für die 1,8 km lange Route braucht man hin und zurück weniger als 1 Std. Doch der Fußmarsch zum Kap ist wesentlich spannender als die Autofahrt hinauf.

Nova Scotia
Karte siehe Farbteil S. 2/3

Antigonish

Antigonish (sprich: Äntih-guh-nisch), dessen Name sich aus der Mi'kmaq-Sprache ableitet und so viel bedeutet wie „Ort, wo die Zweige von Bucheckern sammelnden Bären abgerissen werden", wirkt auf den ersten Blick nicht gerade vielversprechend. Die Main Street ist ein einziges Dickicht aus Fastfood-Restaurants und Tankstellen. Doch die Stadt hat durchaus ihren Charme. Wer etwas genauer hinsieht, entdeckt eine quirlige Universitätsstadt mit nahe gelegenen Stränden und Wanderwegen, einer passablen Auswahl an Unterkünften und Restaurants und zwei beliebten Festivals.

Sehenswertes

In einem Eisenbahngebäude in der Downtown aus dem Jahr 1908 erzählt das **Antigonish Heritage Museum** (20 E. Main St., ✆ 902/863-6160; Mo–Fr 10–17 Uhr; Eintritt frei) die Geschichte der Stadt anhand von gespendeten Ausstellungsstücken und historischen Fotos. Ein Stück weiter entlang der Main Street stößt man auf das **County Courthouse** (Gerichtsgebäude; 168 Main St.), das noch immer genutzt wird, obwohl es zur nationalhistorischen Stätte erklärt wurde. Das Gelände der würdevollen **St. Francis Xavier University** (Ausfahrt 32 in Richtung Norden vom Hwy. 104) bietet sich für schöne Spaziergänge an, v. a. im Sommer, wenn der Campus verwaist ist, Führungen indes finden hier nicht statt.

Reisepraktisches

• *Feste und Veranstaltungen* In der zweiten Juliwoche finden in der Stadt die **Antigonish Highland Games** (✆ 902/863-4275, www.antigonishhighlandgames.com) statt – die älteste Veranstaltung dieser Art in Nordamerika, die seit 1863 ausgetragen wird. Zu den Höhepunkten gehören keltische Musik, Dudelsackkapellen, Tänze, Kraftsportwettkämpfe wie Baumstammwerfen und ein Golf-Turnier im Kilt. Den ganzen Juli und August über bietet das **Festival Antigonish** (✆ 800/563-7529), Nova Scotias größtes und erfolgreichstes Sommertheaterprogramm, eine breite Auswahl an Theaterstücken, Musicals, Komödien, erstklassigem Improvisationstheater und Kinderprogrammen auf dem Campus der Universität.

• *Übernachten* Das **Maritime Inn Antigonish** (158 Main St., ✆ 902/863-4001 oder 877/768-3969, www.maritimeinns.com; $ 125–175) ist ganzjährig geöffnet. Es besitzt 32 Unterkünfte sowie Restaurant, Salon und Café. **Antigonish Victorian Inn** (149 Main St.,

✆ 902/863-1103 oder 800/706-5558, www.antigonishvictorianinn.ca; $ 125–170 für 1/2 Pers.) ist eine wunderschöne B&B-Unterkunft in dem von dem britischen Architekten William Critchlow Harris entworfenen Herrenhaus im Queen-Anne-Stil. Jedes der zwölf Gästezimmer hat ein eigenes Bad und TV. Im Preis enthalten ist ein üppiges Frühstück.

• *Essen und Trinken* Antigonish bietet erstaunlich viele gute Restaurantadressen. **Sunshine on Main** (332 Main St., ✆ 902/863-5851; So–Do 7–21 Uhr, Fr/Sa 7–22 Uhr) verbreitet heimelige Atmosphäre bietet eine gute Auswahl preisgünstiger, gesunder Gerichte, darunter auch Vegetarisches, sowie Pizza mit köstlich dünnem Boden.

Wegen seiner Lage in Universitätsnähe ist der **Piper's Pub** (33 College St., ✆ 902/863-2590; tägl. ab 11 Uhr) ein beliebter Studententreff. Die typische Pub-Küche ist preiswert (Hauptgerichte $ 10–16), und am Samstagabend treten Livebands auf.

Marine Drive

Von Halifax aus sind es 320 km entlang der Ostküste, bis man Canso an der Ostspitze von Nova Scotias Festland erreicht. Von diesem Punkt aus fährt man weitere 80 km bis zum Canso Causeway, dem Tor nach Cape Breton Island. Diese Strecke ist eine landschaftlich reizvolle Alternative zum Trans-Canada Highway über Truro. Zwar ist sie länger, doch hier, abseits der touristischen Hauptstrecke, lohnen praktisch hinter jeder Kurve interessante Zwischenstopps.

Lawrencetown

Wer sich die Zeit nimmt, den Marine Drive entlangzufahren, kann hier seine Fahrt unterbrechen und ab der Ausfahrt 7 des Hwy. 111 in Dartmouth der Cole Harbour Road nach **Lawrencetown Beach** folgen, einem der bekanntesten Surfplätze Kanadas. Von Dartmouth aus ist es in 30 Min. bequem zu erreichen. Dieses lange Strandstück mit hohen Dünen im Hintergrund ist als Zwischenstopp auch dann zu empfehlen, wenn man nicht ins Wasser will.

Surfen am Lawrencetown Beach

Die Wellen von „L-town", wie die Einheimischen sagen, brechen sich an der ganzen Länge des Strandes und vor einer felsigen Landzunge, die den Hauptstrand in zwei Teile teilt. Am spektakulärsten ist das Schauspiel zwischen November und Mai, wenn das winterliche Schmelzwasser für große und beständige Wellen sorgt. Gleichzeitig sind dann aber auch die Wassertemperaturen am niedrigsten – das Meer ist wirklich *eiskalt.* Doch selbst bei Wassertemperaturen von 0 °C und einer Lufttemperatur, die bis auf – 20 °C abfallen kann, sieht man hier nicht selten Fußabdrücke, die über den schneebedeckten Strand zu den Brechern am Ufer führen. Natürlich gibt es auch im Sommer ordentlich Wellen. Sie sind nur etwas kleiner und weniger beständig. Die Hartgesottenen unter den Einheimischen schwimmen in den wärmeren Monaten im Meer, wenn die Wassertemperatur auf bis zu 15 °C klettert. Zum Surfen sollte man allerdings einen Neoprenanzug tragen. Die südliche Landzunge des Strandes bietet einen idealen Aussichtspunkt, um dem ganzen Spektakel zuzusehen.

Im Herzen der Downtown von Halifax vermietet der **DaCane Surf Shop** (5239 Blowers St., ✆ 902/431-7873, www. hurricanesurf.com) Surfbretter ($ 25/ Tag), Neoprenanzüge ($ 20), Handschuhe undBooties ($ 10) sowie Bodyboards ($ 15). Das Geschäft hat auch einen Ab-

Der Lawrencetown Beach ist Nova Scotias bester Surfspot

leger hinter den Dünen im Lawrencetown Beach Provincial Park (Juni–Sept.); die 3-Std.-Leihgebühr für Surfbretter liegt bei $ 20, für Neoprenanzüge bei $ 20, für Booties und Handschuhe bei $ 15 und für Bodyboards bei $ 15. Surfstunden kosten jeweils $ 90.

Nova Scotia
Karte siehe Farbteil S. 2/3

Sagenumwobenes Sable Island

Knapp 200 km vor Nova Scotias Ostküste liegt eine 40 km lange Sandbank, die bei Generationen von Seefahrern als „Friedhof des Atlantiks" berüchtigt war. Heute wird sie von einer Ponyherde bewohnt, die fast schon zur Legende geworden ist.

Die Insel besteht komplett aus Sand, der Teil einer Moräne ist, die beim Rückzug der Eisdecke am Ende der letzten Eiszeit vor 11.000 Jahren zurückgelassen wurde. Robuster Strandhafer stabilisiert das Zentrum der Insel, auf der auch Robben und Vögel heimisch sind. Die berühmtesten Bewohner der Insel sind jedoch die Ponys, die Ende des 18. Jh. hier eingeführt wurden – als Nahrungsquelle für Schiffbrüchige, wie manche behaupten, während andere der Ansicht sind, dass sie selbst von gestrandeten Schiffswracks stammen. Heute sind auf Sable Island rund 300 Ponys beheimatet. Interessant sind sie v. a. deshalb, weil es sich um einen der wenigen echten Wildpferdebestände der Welt handelt, der von Eindringlingen (wie verwilderten Hauspferden) völlig verschont blieb. Die Pferde bewegen sich hier frei und können sich völlig unabhängig vom Menschen mit Futter versorgen und fortpflanzen.

Seit Sable Island erstmals Ende des 16. Jh. auf einer Karte auftauchte, haben 350 Schiffe an seiner nebelverhangenen Küste Schiffbruch erlitten (das letzte war 1999 die kleine Jacht *Merrimac*). 1801 wurde eine Wachstation mit Rettungsschwimmern auf der Insel eingerichtet. Dieser von der Regierung angebotene Service wurde schon bald auf fünf Stationen erweitert und blieb bis 1958 in Betrieb. Heute ist die Insel ganzjährig von weniger als 20 Personen bewohnt – die meisten davon sind Wissenschaftler, die Wetterbeobachtungen durchführen oder die Umweltbedingungen auf der Insel überwachen.

Die Insel steht unter der Kontrolle der kanadischen Küstenwache (Canadian Coast Guard), und die Station auf Sable Island wird von Provinz und Bund gemeinsam finanziert. Außer Wissenschaftlerteams und Regierungsbeauftragten wagen sich jährlich etwa 50 unerschrockene Besucher nach Sable Island. Wer hierherkommen möchte, muss zunächst eine Erlaubnis von der Küstenwache einholen. Anschlie-ßend bucht man eine Unterkunft in den Personalquartieren der **Sable Island Sta-tion** (nicht immer sind Plätze frei) und organisiert eine Starrflügel-Chartermaschine ab Halifax über **Maritime Air** (✆ 902/873-3330, www.maritimeair.com). Als Landegebühr werden der Chartergesellschaft $ 500 auferlegt (die natürlich an die Passagiere weitergegeben wird). Die beste Informationsquelle über die Insel ist die Website des **Sable Island Preservation Trust** (www.sabletrust.ns.ca), auf der man auch einen Touristenführer findet.

Übernachten

Die Zimmerpreise im **Seaboard Bed and Breakfast** (2629 Cromwell Rd., East Lawren-cetown, ✆ 902/827-3747 oder 866/599-8094, www.seaboardbb.com; $ 100–115 für 1/2 Pers.) haben zwar etwas angezogen, aber dieses umgebaute Bauernhaus, 1 km vom Strand entfernt, ist noch immer ein zwangloser Ort für die eine oder andere Übernachtung. Den Gästen stehen Fahrrä-der sowie ein Kanu zur Verfügung, das am Porters Lake direkt über der Straße festge-macht ist. Zusatzangebote sind außerdem Spiele wie Boccia oder Hufeisenwerfen, eine Bibliothek mit Kamin sowie ein Fern-sehraum. Im Preis enthalten ist ein Früh-stück mit selbst gebackenem Brot, Marme-lade, Waffeln u.v.m.

Der Seeblick vom **Moonlight Beach Inn** (Hwy. 207, am Nordende von Lawrence-town Beach, ✆ 902/827-2712, www.moon lightbeachinn.com; $ 139–350 für 1/2 Pers.) ist atemberaubend. Die drei Gästezimmer sind im maritimen Stil gestaltet, und jedes von ihnen hat eine eigene Terrasse, Bade-wanne mit Sprudeldüsen und TV/Videore-corder-Kombi; besonders aufmerksam sind Extras wie Ferngläser und Strandtücher. Das größte der drei Zimmer ist riesig, mit großer eigener Terrasse und umwerfen-dem Blick auf das Wasser. Im Preis ist ein komplettes Frühstück enthalten.

Von Musquodoboit Harbour nach Tangier

Mit seinen gerade mal 900 Einw. ist Musquodoboit Harbour dennoch die größte Gemeinde zwischen Dartmouth und Canso. Die einzige echte Sehenswürdigkeit in der Stadt ist das **Musquodoboit Harbour Railway Museum** (Hwy. 7, ✆ 902/889-2689; nur im Sommer geöffnet; Eintritt frei), das in einem Bahnhof von 1918 und drei alten Triebwagen untergebracht ist. Die **Touristeninformation** befindet sich im selben Gebäude. 5 km südlich von Musquodoboit Harbour an der Petpeswick Road trifft man im **Martinique Beach Provincial Park** auf das Südende von Nova Scotias längstem Strand. An diesem Strand ist es oft windig, zugleich aber ist es sehr entspannend, hier einen langen Spaziergang zu machen.

Salmon River Bridge

Wer die Brücke 13 km östlich von Musquodoboit Harbour überquert, nach der auch das Dorf benannt ist, kommt bald zu einer hübschen kleinen Unterkunft, die mitten zwischen einem bewaldeten Hügel und dem Fluss liegt. Das 1850 erbaute und seit 1920 als Gästehaus dienende **Salmon River House Country Inn** (9931 Hwy. 7, ✆ 902/889-3353 oder 800/565-3353, www.salmonriverhouse.com) besitzt sieben Gästezimmer ($ 108–144 für 1/2 Pers.), alle mit angrenzendem Bad und

Eine der bestgelegenen Unterkünfte am Marine Drive:
das Salmon River House

manche mit Seeblick, sowie ein Cottage am Flussufer ($ 144) mit offenem Kamin. In einem Teil des Gästehauses ist das **Lobster Shack** (April–Nov. tägl. 8–21 Uhr) untergebracht, ein Seafood-Restaurant, dessen Sitzplätze sich bis nach draußen auf eine große Terrasse am Flussufer erstrecken. Die im Aquarium gehaltenen Hummer sind oft schwerer als 5 Pfund, aber es werden noch eine Fülle anderer Meeresfrüchte und Fisch angeboten, darunter auch ein besonders sämiger Hummer-Chowder.

Fährt man 3 km über Salmon River Bridge hinaus und dann weitere 4 km nach Norden, erreicht man den **Webber Lakeside Park** (Upper Lakeville, ℡ 902/845-2340 oder 800/589-2282, www.webberslakesideresort.com), der mit vielen Angeboten wie einem schwimmenden Dock, Kanu- und Bootsvermietung, einem Spielplatz und einem Spieleraum mit Tischtennis aufwartet. Natürlich kann man hier auch schwimmen. Die 2-Zimmer-Cottages ($ 145 für 1/2 Pers.) haben jeweils eine Küche und eine breite Terrasse; der Campingplatz (Mitte Mai bis Mitte Okt.; $ 25–34) bietet komplette Anschlüsse und heiße Duschen. Da es nur eine Autostunde von Halifax entfernt liegt, ist das Gelände im Sommer jedes Wochenende ausgebucht, deshalb sollte man reservieren.

Oyster Pond

Wer direkt hinter Salmon River Bridge vom Hwy. 7 abbiegt, kann das kleine, aber sehenswerte **Fisherman's Life Museum** (58 Navy Pool Loop, ℡ 902/889-2053; Juni bis Mitte Okt. Mo–Sa 9.30–17.30, So 13–17.30 Uhr; Eintritt $ 3,25, Senioren und Kinder $ 2,25) besichtigen. Statt einer Sammlung von Ausstellungsstücken zeigt dieses in einem kleinen Wohnhaus untergebrachte Museum, wie ein Fischer, seine Frau und ihre 13 Kinder hier ein einfaches Leben als Selbstversorger führten.

Clam Harbour Provincial Park und Umgebung

Dieser Park an der nach Süden hin ausgerichteten Seite der Clam Bay beinhaltet einen langen Abschnitt des festen weißen Sandstrandes. Der Strand bietet im Sommer Gelegenheit zum Schwimmen (unter Aufsicht) sowie Umkleidekabinen und Picknickareale, aber keinen Campingplatz (wenn man am Ende der Zufahrtsstraße rechts abbiegt, erreicht man das schönste Picknickgelände, wo die Tische im windzerzausten Küstenwald aufgestellt sind).

Angehörige der Familie Murphy leben seit sieben Generationen in Murphy Cove und waren im Laufe der Zeit in den verschiedensten Bereichen tätig, vom Rumschmuggel bis hin zum Fischfang. Heute betreiben sie **Murphy's Camping on the Ocean** (291 Murphy's Rd., ✆ 902/772-2700; Mitte Mai bis Mitte Okt.), einen Platz, der sich über eine grasbewachsene Landzunge erstreckt. Der Campingplatz bietet die übliche Ausstattung – Duschen, Boots- und Kajakvermietung, Laundry, Spielplatz und mehr –, aber es sind Brians Geschichten am Abend, die Bootstouren (2 Std. für $ 17,50), die Muschelfahrten und die kostenlosen Miesmuschel-Körbe, die diesen Platz zu etwas Besonderem machen. Zeltplätze kosten $ 20, solche mit Anschlüssen $ 25. Alternativ kann man ein Wohnmobil ab $ 75 für 1/2 Pers. mieten.

Tangier

Tangier ist v. a. bekannt für das Räucherhaus von **J. Willy Krauch and Sons** (ab dem Hwy. 7 ausgeschildert, ✆ 902/772-2188; Mo–Fr 8–18, Sa/So 10–18 Uhr), dessen geräucherter Lachs in den feineren Restaurants der gesamten Provinz kredenzt wird. Willy Krauch war ein dänischer Einwanderer, der sich in den 1950er-Jahren in Tangier ansiedelte. Nach einem skandinavischen Rezept, das auch Krauchs Söhne heute noch verwenden, wird der Lachs kaltgeräuchert (gesalzen und dann für eine Woche bei niedriger Temperatur geräuchert). Dies macht ihn zu einer himmlisch zarten Köstlichkeit. Der Verkaufsladen des Räucherhauses führt Räucherspezialitäten wie Lachs, Makrele oder Aal, tafelfertig oder für die Reise verpackt. Wer geschickt vorausplant, bringt sich ein paar Cracker und Käse aus der Stadt mit, legt hier einen Zwischenstopp ein und kauft eine kleine Auswahl an Lachsspezialitäten, um sie dann ein Stück weiter im Taylor Head Provincial Park am Ufer als Seafood-Snack zu genießen.

Coastal Adventures (84 Mason's Point Rd., ✆ 902/772-2774, www.coastaladventures.com) bricht zu ganztägigen Kajak-Exkursionen inklusive einem Besuch unbewohnter Inseln in der Bucht auf; in den $ 110 pro Person ist ein Mittagessen enthalten. Die Kajakvermietung kostet $ 50 pro Tag für einen Einer und $ 75 für einen Zweisitzer. Das gleiche Team betreibt auch das **Paddler's Retreat Bed and Breakfast** ($ 50–80 für 1 Pers., $ 55–75 für 2 Pers.), ein perfekter Ort, um hier ein paar Nächte zu verbringen. Die meisten Gäste, die in diesem sanierten Fischerhaus von 1860 unterkommen, mieten ihre Unterkunft im Rahmen eines Pauschalpakets mit Kajakkurs oder aber vor bzw. nach einer Tagestour. Drei der vier Zimmer verfügen über ein Gemeinschaftsbad, das vierte Zimmer besitzt ein eigenes, angrenzendes Bad und einen eigenen Eingang. Im Preis ist ein komplettes Frühstück enthalten.

Nova Scotia
Karte siehe Farbteil S. 2/3

Von Tangier nach Sherbrooke

Taylor Head Provincial Park

Man muss 15 km hinter Tangier in Spry Bay abbiegen, um diesen interessanten Meerespark zu erreichen, in dem sich eine schmale Landzunge 6 km weit bis nach

Taylor Head erstreckt. Die nach Westen ausgerichtete Seite ist zerklüftet und windgepeitscht, und verkrüppelte Weißfichten *(white spruces)* klammern sich waghalsig an den felsigen Grund, während auf der Ostseite Sandbuchten sanft vom Wasser umspült werden. Eine 5 km lange, ungeteerte Straße führt an der Westseite der Halbinsel entlang, bevor sie sie zum geschützten Psyche Cove hin überquert. Am Ende der Straße befinden sich Parkplätze sowie ein Zugang zum Strand. Man kann am Strand entlang zurück zum Festland nach Bob Bluff spazieren oder in entgegengesetzter Richtung eine Landzunge ansteuern, die eine umwerfende Aussicht über die gesamte Halbinsel sowie über den inselreichen Hafen von Mushaboom bietet. Taylor Head selbst liegt 4 km vom Ende der Straße entfernt. Wenn man über die felsige Spry Bay zurückkehrt, hat man 10 km zu Fuß zurückgelegt (dafür 4 Std. einplanen).

Psyche Cove im Taylor Head Provincial Park

Von Spry Bay nach Liscomb Mills

Der Marine Drive zwischen Spry Bay und Liscomb Mills führt an einer Reihe von Fischerdörfchen mit so urigen Namen wie *Ecum Secum* (ein Wort unbekannter Herkunft aus der Mi'kmaq-Sprache) oder *Spanish Ship Bay* (Bucht des Spanischen Schiffs, benannt nach einer nahe gelegenen Landzunge, die einer spanischen Galeone ähnelt) vorbei. Die mit dem Hwy. 7 durch eine Brücke verbundenen Insel heißt aus blankem Zynismus *Sober Island* (Nüchterne Insel): Ihre ersten Siedler beklagten, dass es hier keinen Alkohol gab.

In Liscomb Mills liegt die **Liscombe Lodge** (Hwy. 7, ☎ 902/779-2307 oder 877/375-6343, www.signatureresorts.com; Mitte Mai bis Ende Okt.; ab $ 170 für 1/2 Pers.) in idyllischer Lage am Liscomb River. Zur Ausstattung gehören Innenpool, Sauna, heiße Becken, Fitnesscenter, Wanderwege, Tennisplätze, eine Anlegestelle mit Boots-, Kanu- und Angelgeräte-Vermietung sowie ein komfortables Restaurant mit Blick auf den Fluss.

Sherbrooke

Der Hwy. 7 trennt sich in Liscomb von der Küste und biegt nach Norden in Richtung Sherbrooke ab, von wo aus der Hwy. 7 weiter nördlich nach Antigonish und der Marine Drive ostwärts führt, indem er als Hwy. 316 an der Ostküste entlang verläuft. Sherbrooke (400 Einw.) wurde im frühen 19. Jh. an der äußersten noch schiffbaren Stelle des St. Mary's Rivers gegründet. 1869 wurde in der Gegend Gold entdeckt, und plötzlich bekam die Stadt regen Zulauf. Zusätzlich zum Bergbau wurden Sägemühlen gebaut, um Bauholz für den Export zu verarbeiten, und die lokalen Farmen wurden in ihrer Versorgung von den Städten abhängig. Im Jahre 1890 war der Goldrausch jedoch schon wieder vorbei, und die Bevölkerungszahlen gingen zurück.

Sherbrooke Village

In den späten 1960er-Jahren drohte Sherbrooke zu verfallen. Die Gebäude aus der Zeit des Goldrausches verrotteten, und die einzigen Besucher waren Angler, die im Fluss auf Lachsfang gingen. Doch da trat eine lokale Trust-Gesellschaft auf den Plan, und unter der Leitung des Nova Scotia Museums wurde ein ehrgeiziges Restaurierungsprojekt in die Tat umgesetzt. Heute ist Sherbrooke Village (✆ 902/522-2400; Juni bis Mitte Okt. tägl. 9.30–17 Uhr; Eintritt $ 10, Senioren $ 8, Kinder $ 4,25) eine einzigartige historische Anlage und umfasst über 80 restaurierte Gebäude, die in die eigentliche Stadt integriert sind. Etwa 20 dieser Gebäude sind der Öffentlichkeit zugänglich, da-

Sherbrooke Village

runter ein Fotostudio, das mit Säulen geschmückte Gerichtsgebäude, ein Gefängnis, eine wasserbetriebene Sägemühle, das Sherbrooke Hotel, eine Drogerie, eine Schmiede, eine Kirche und ein Bauernhof. Das Museumsdorf wird von Darstellern in historischen Kostümen bevölkert, die in den Straßen unterwegs sind, ihre Ernte einbringen und noch vielen anderen für das Ende des 19. Jh. typischen Tätigkeiten nachgehen. Um ganz in dieses historische Erlebnis einzutauchen, bietet sich eine Teilnahme am *Hands on History Program* an (nur im Juli/Aug.). Für $ 30 pro Person wird man in der Kostümbildnerei zeitgenössisch eingekleidet und kann einen ganzen Tag damit zubringen, in der Küche auszuhelfen, sein Glück in der Töpferei zu versuchen oder in der Schmiede noch so manches dazuzulernen. Die Konzertreihe Courthouse Concert Series (✆ 888/743-7845, Spielplan unter www. sherbrookenow.ca) findet in der Sommersaison an zwei bis drei Nächten pro Woche statt, das Angebot variiert von traditionell-keltischen *ceilidhs* bis hin zu Musicals. Die meisten Konzerte beginnen um 19.30 Uhr. Der Hauptparkplatz und Eingang liegen neben der Court Street (am Ende der modernen Hauptstraße links abbiegen).

Reisepraktisches

• *Übernachten* Zum Übernachten bietet Sherbrooke verschiedene Möglichkeiten. **St. Mary's River Lodge** (21 Main St., ✆ 902/522-2177, www.riverlodge.ca; $ 75–106 für 1/2 Pers.) befindet sich auf der Straßenseite gegenüber dem Fluss und den Stufen vom Sherbrooke Village Inn. Es besitzt sieben Gästezimmer, jedes davon mit angrenzendem Bad. Ein warmes Frühstück ist im Preis enthalten.

Auf der Ostseite der Stadt liegt zehn Gehminuten vom Dorf entfernt das **Sherbrooke Village Inn** (7975 Hwy. 7, ✆ 902/522-2235 oder 866/522-3818, www.sherbrookevillageinn.ca; Mai–Okt.). Die mittelgroßen Motelzimmer sind einfach, aber komfortabel ($ 80 für 1 Pers., $ 95–100 für 2 Pers), die Unterkünfte für Selbstversorger kosten $ 110 für 1/2 Pers.

• *Essen und Trinken* Im Sherbrooke Hotel innerhalb des historischen Dorfs liegt der **What Cheer Tea Room** (Juni bis Mitte Okt. tägl. 11–21 Uhr), ein Restaurant im ländlichen Stil mit freundlichem Personal und einfacher, aber schmackhafter Küche, mit der man sich für mehr historisches Sightseeing stärken kann. Hier gibt es traditionelle ländliche Küche wie akadischen Chicken Pot Pie ($ 14), aber auch Großstadttaugliches wie vegetarische Burger auf Focaccia ($ 9).

Das **Sherbrooke Village Inn Restaurant** (7975 Hwy. 7, ✆ 902/522-2235, www.sherbrookevillageinn.ca; Mai–Okt. tägl. 7.30–21 Uhr) ist ein kleines, holzgetäfeltes Restaurant auf der Ostseite der Stadt (in Richtung Halifax). Der Schwerpunkt liegt hier auf schlichten Zubereitungen von lokalem Seafood. Als Vorspeise eignet sich ein Fisch-Chowder ($ 5,50), danach reicht die Auswahl von Gerichten wie frittierten Jakobsmuscheln mit Rinderfilet ($ 20) bis hin zu Hummer frisch aus dem Aquarium (in der Regel um $ 25). Der hausgemachte Pie mit Eiscreme (als ich zu Besuch war, war es Blaubeer-Pie) kostet $ 6.

Von Sherbrooke nach Canso

Es sind nur etwas über 100 km zwischen Sherbrooke und Canso, aber die Fahrt dauert mindestens 2 Std. Hinzu kommt die Zeit, die man am Country Harbour auf die Fähre warten muss.

Nova Scotia Lighthouse Interpretive Centre

Man könnte sich kaum einen besseren Standort für eine Leuchtturmausstellung vorstellen als das restaurierte Haus eines Leuchtturmwärters am Ende einer windgepeitschten, oftmals nebelverhangenen Halbinsel. An genau so einem Ort befindet sich dieses Museum (Lighthouse Rd., Port Bickerton, ✆ 902/364-2000; Mitte Juni bis Sept. tägl. 10–20 Uhr; Eintritt $ 2). Der 1901 gebaute und 1962 außer Betrieb gesetzte Komplex aus zwei Gebäuden umfasst eine Ausstellung, die das einsame Leben der neuschottischen Leuchtturmwärter und ihrer Familien beschreibt; gezeigt wird außerdem das Original-Nebelhorn sowie eine Übersicht über Nova Scotias Leuchttürme. Stufen führen hinauf zu einem Beobachtungsturm. Draußen verläuft ein Weg an dichten Büschen mit köstlichen Blau- und Preiselbeeren vorbei zu einem Sandstrand. Von der Abzweigung in Port Bickerton, 25 km hinter Sherbrooke und 7 km vor der Fähranlegestelle über den Country Harbour, sind es noch 3 km bis zum Interpretive Centre, davon führen die letzten 2 km über eine ungeteerte Straße.

Country Harbour

Die Fähre von Country Harbour, das 7 km nördlich von Port Bickerton am Hwy. 316 liegt, fährt von der (nach Halifax ausgerichteten) Ostseite der Bucht aus immer zur

Der Leuchtturm von Port Bickerton:
ein Jahrhundert lang Navigationshilfe für Schiffe, heute ein Museum

halben und von der Westseite aus zur vollen Stunde ab. Zu den witzigerweise als „Rushhour" bezeichneten Zeiten (9–10 und 17–20 Uhr) verkehren die Fähren auch häufiger. Die Fähre bietet Platz für nur zwölf Pkw oder eine begrenzte Anzahl von Trucks und Wohnmobilen. Die Fahrtkosten betragen $ 5 (nur Barzahlung möglich), die man beim Verladen an den Fahrtbegleiter entrichtet. Von der Westseite der Bucht aus sind es 86 km nach Canso. Neben einem kurzen Abstecher nach Tor Bay lohnt sich auch ein Zwischenstopp im Dorf Issacs Harbour, das sich an ruhigen Tagen von Goldboro aus gesehen in der gleichnamigen Bucht spiegelt.

Tor Bay

Das nach den Granithügeln in der Region benannte Tor Bay ist von drei kleinen Gemeinden gesäumt, die von Akadiern nach ihrer Deportierung durch die Engländer im Jahr 1755 gegründet wurden. Das eigentliche Highlight für Besucher ist der **Tor Bay Provincial Park,** der sich auf einer Landenge an einer Halbinsel befindet, die die südliche Grenze der Bucht bildet. Der kleine Park für Tagesbesucher beherbergt einen der wenigen Sandstrände, die man so weit östlich am Marine Drive noch findet. Ein Steg führt zum Strand, von wo aus ein kurzer Weg zu einer felsigen Landzunge verläuft, auf der überdachte Schautafeln erklären, welchen geologischen Prozessen die Entstehung des Strandes zu verdanken ist.

Canso

Die entlegene Stadt Canso, die sich 320 km von Halifax entfernt am Marine Drive befindet, ist der Ausgangspunkt für die Besichtigung einer interessanten historischen Stätte, zu der auch Kanadas ältestes Fischerdorf zählt. Im Laufe seiner Geschichte wurde Canso zu einem wichtigen Bindeglied in Sachen transatlantischer

Kommunikation. Das augenfälligste Andenken an diese Zeit ist die **Hazel Hill Cable Station** von 1884 direkt vor der Stadt. Von hier aus wurden das Notsignal der sinkenden Titanic und die Nachricht vom Zusammenbruch der Börse im Jahr 1929 an den Rest der Welt übermittelt.

Canso Islands National Historic Site

Archäologische Grabungen weisen darauf hin, dass es bereits im 16. Jh. eine europäische Besiedlung dieser kleinen Insel, 1 km vor der Küste von Canso, gab. Ihre Zeit auf der Insel währte allerdings nur kurz, und heute sind keine sichtbaren Zeichen mehr davon vorhanden. 200 Jahre später kämpften die Franzosen und die Briten um die Vorherrschaft über Nordamerika, doch der Besitz der Canso Islands war selbst nach Unterzeichnung des Utrechter Vertrags von 1713 noch strittig. Im Jahre 1718 wurden die Franzosen verdrängt, und noch im gleichen Jahr errichteten die Briten aus Angst vor einem Rachefeldzug der Franzosen ein kleines Fort auf Grassy Island, um sich den Zugang zu den Kabeljau-Vorkommen zu sichern, von denen damals erstaunliche 10 Mio. Pfund pro Jahr gefangen wurden. Grassy Island wuchs zu einer wohlhabenden Gemeinde mit vermögenden Kaufleuten heran, die sich stabile Steinhäuser bauten. Das Dorf wurde 1744 durch eine französische Invasion von Louisbourg aus zerstört und nie wieder aufgebaut.

Die Stätte umfasst ein Besucherzentrum (Union St., ☎ 902/366-3136; Juni bis Mitte Sept. tägl. 10–18 Uhr; Eintritt gegen $ 5 Spende) im Hafen von Canso sowie die Insel selbst. Zu den Exponaten auf dem Festland gehören ein maßstabsgerechtes Modell der Siedlung, einige Fragmente französischer Keramik, die auf das frühe 18. Jh. datiert wurden, und eine kurze Dokumentation. Boote verkehren bei Bedarf zwischen dem Besucherzentrum und der Insel. Nachdem die Sicherheitsvorschriften kurz erklärt werden, legt das kleine Gefährt ab, und innerhalb von 15 Min. ist man auf der Insel. Ein Weg führt an acht Informationstafeln vorbei, die die Siedlung und ihre noch verbliebenen Überreste beschreiben – Kellergruben, Schutt von den zerstörten Wohnhäusern sowie stufenförmig angelegte Gemüsegärten. Danach führt der Weg wieder zurück hinunter zum Dock. Man sollte 30 Min. Zeit einplanen. Wenn nur wenig Andrang herrscht, wartet das Boot am Kai, bis man zurückkommt; ansonsten muss man mit bis zu 30 Min. Wartezeit rechnen, während weitere Besucher übergesetzt werden. Die einzigen Einrichtungen für Besucher auf der Insel sind Trockentoiletten und ein Unterstand, deshalb sollte man warme Kleidung und Getränke mitbringen. In der empfohlenen Spende für das Besucherzentrum ist die Bootsfahrt zur Insel schon mit eingerechnet.

Überreste zeugen von früheren Siedlungen

Stan Rogers Folk Festival

Am ersten Juliwochenende halten sich in Canso zehnmal so viele Leute auf wie sonst, wenn Musikfans zum „Stanfest" (✆ 888/554-7826, www.stanfest.com) in die Stadt strömen, einem Folk-Musik-Festival mit 50 Auftritten von Künstlern aus aller Welt auf sechs verschiedenen Bühnen. Neben der Musik gehören eine Lebensmittelmesse, eine Kunsthandwerksausstellung sowie ein Biergarten zum Angebot. Die meisten Besucher kampieren auf dem Acoustic Campground, der von den Organisatoren des Festivals in Gehweite von der Hauptbühne eingerichtet wird. Andere provisorische Campingplätze nehmen die übrigen Besucher auf, und Shuttlebusse verkehren zum Gelände sowie zu den Duschen in der örtlichen Highschool. Der Camping-Pass kostet $ 60, der Eintritt zu den Konzerten $ 100 für das ganze Wochenende.

Das Informationszentrum von Canso ist im Whitman House untergebracht

Nova Scotia
Karte siehe Farbteil S. 2/3

Reisepraktisches

● *Übernachten/Camping* Canso ist ganz sicher keine Touristenstadt. Das **Last Port Motel** (Hwy. 16, ✆ 902/366-2400) liegt direkt vor der Stadt. Es bietet einfache Zimmer in der Preisklasse zwischen $ 60 und $ 70 sowie ein Restaurant, das tägl. ab 7 Uhr geöffnet hat. Eine weitaus bessere Option ist das **DesBarres Manor Inn** (90 Church St., ✆ 902/533-2099, www.desbarresmanor.com; $ 199–259 für 1/2 Pers.) 56 km östlich in Guysborough. Das 1837 erbaute, dreistöckige Gästehaus wurde geschmackvoll restauriert, und das Gelände ist noch tadellos in Schuss. Die zehn Gästezimmer sind stilvoll eingerichtet und verfügen über nette Extras wie feinste Baumwollbettlaken und extra-bequemen Matratzen und luxuriöse Bäder. Im Preis enthalten ist ein leichtes Gourmet-Frühstück, Abendessen wird nach vorheriger Reservierung angeboten.

10 km vor Canso am Hwy. 16 befindet sich **Seabreeze Campground and Cottages** (230 Fox Island Rd., Fox Island, ✆ 902/366-2352; Mitte Mai bis Mitte Okt.), wo moderne Einrichtungen, komplette Anschlüsse und der Blick über die Chedabucto Bay dafür sorgen, dass die 51 Stellplätze im Juli und August immer ausgebucht sind. Die 1-

und 2-Bett-Cottages (jeweils $ 90 und $ 110) verfügen über einfache Kochgelegenheiten, einen Wohnbereich mit TV und separate Schlafzimmer. Andere Extras der Anlage sind Münzduschen, Laundry, Feuerholzverkauf, ein Spielplatz, Kanuvermietung und sogar ein Hummerteich (an dem lebende Hummer gekauft werden können).

● *Essen und Trinken* Essen kann man zwar auch im Restaurant des **Last Port Motels** (Hwy. 16, ✆ 902/366-2400; tägl. 7–22 Uhr), aber eine deutlich bessere Wahl ist das **Canso Rose Family Restaurant** (20 Telegraph St., ✆ 902/366-2189; tägl. ab 8 Uhr), ein sparsam möbliertes, aber freundliches Lokal direkt neben der Apotheke. Ein warmes Frühstück kostet hier nur $ 6 inkl. Kaffee, im späteren Tagesverlauf gibt es Fischküchlein mit gebackenen Bohnen für $ 6, Fish 'n' Chips für $ 9 und Hähnchen aus der Pfanne für $ 11.

● *Information/Adressen* Das **Whitman House** (1297 Union St., ✆ 902/366-2170; Juni–Sept. tägl. 9–17 Uhr; Eintritt gegen eine Spende) ist ein schmuckes, dreistöckiges Haus von 1885, das in einer Ausstellung die Lokalgeschichte zeigt und gleichzeitig als Touristeninformation dient.

Cape Breton Island

Alexander Graham Bell, der wohl berühmteste Einwanderer Cape Breton Islands, schrieb einst: „Ich habe die ganze Welt bereist. Ich habe die kanadischen und die amerikanischen Rocky Mountains gesehen, die Anden, die Alpen und die schottischen Highlands, doch an reiner Schönheit übertrifft Cape Breton sie alle."

Vom Festland aus erreicht man die Insel über den Canso Causeway, einen mit einer zweispurigen Straße bebauten Damm. Fast jede der im westlichen Teil der Insel entlang der Küste oder durchs Hinterland verlaufenden Straßen führt früher oder später zum Cabot Trail, dem Panorama-Highway, der den Nordwesten Cape Bretons umrundet und somit durch eine atemberaubende Landschaft führt. Die 294 km lange Strecke, die steile Berg- und Talfahrten sowie abenteuerliche Serpentinen beinhaltet, hat keinen offiziellen Anfangs- oder Endpunkt und ist im Gegensatz zu allen anderen Highways der Provinz auch nicht nummeriert. Von Süden kommend, erreicht man den Cabot Trail in der Nähe von Whycocomagh über den Hwy. 395 oder über die Ausfahrt 7 des Trans-Canada Highways, die sich 8 km westlich von Baddeck befindet. Die letztgenannte Option führt durch das Margaree River Valley und ist landschaftlich äußerst reizvoll.

Ganz im Norden der Insel erstreckt sich der imposante Cape Breton Highlands National Park von Küste zu Küste. Die Abgeschiedenheit und die raue Landschaft erinnern stark an die schottischen Highlands. Das steil aufragende, grüne Hochland mit seinen lachsreichen Flüssen zieht sich vom Meer im Süden bis hoch in den Norden. In höheren Lagen gehen die akadischen und borealen Wälder in eine von windschiefen Bäumen geprägte Taiga-Hochebene über.

Während die Westküste Cape Bretons die Northumberland Strait flankiert, die hier in den Sankt-Lorenz-Golf übergeht, wird die Ostküste vom Atlantik umbrandet. Die 1098 km² großen Bras d'Or Lakes bilden das Herzstück der Insel. Bei dieser aus einem saphirblauen Hauptsee sowie zahlreichen verzweigten Kanälen, Wasserengen und Buchten bestehenden Seenlandschaft handelt es sich um einen Binnenarm des Atlantiks. Das salzhaltige, auch als „goldener Meeresarm" bezeichnete Gewässer wird jedoch kaum von den Gezeiten beeinflusst.

Highlights

Glenora Distillery (S. 267): Dies ist die einzige Destillerie Nordamerikas, in der Single Malt Whiskey gebrannt wird. An die Brennerei, die versteckt in einem ruhigen Tal an der abgeschiedenen Westküste liegt, sind für diejenigen, die ein wenig länger bleiben möchten, ein Restaurant und mehrere Gästezimmer angeschlossen.

Alexander Graham Bell National Historic Site (S. 268): Dieses Museum widmet sich einem der produktivsten Erfinder der Welt und wird Besucher aller Altersstufen interessieren.

Bootstouren auf den Bras d'Or Lakes (S. 270): An Bord von Alexander Graham Bells schöner Segeljacht *Elsie* kann man sich in die Vergangenheit zurückversetzen lassen.

Der Cabot Trail (S. 276): Auf dieser 300 km langen Rundtour durchquert man verschiedene Landschaften. Höhepunkt ist jedoch der Streckenabschnitt, der durch den **Cape Breton Highlands National Park** führt, die Hauptattraktion der Insel.

Golfplatz Highland Links (S. 281): Wo sonst kann man die Fairways eines der besten Golfplätze der Welt für weniger Geld bespielen, als man bei vielen normalen, großstädtischen Golfplätzen zahlen würde?

Gaelic College of Celtic Arts and Crafts (S. 284): Nein, man muss sich hier nicht für einen Kurs einschreiben. Stattdessen kann man Musikdarbietungen lauschen oder Webvorführungen beiwohnen.

Celtic Colours International Festival (S. 284): Das im Oktober an verschiedenen Orten auf ganz Cape Breton Island stattfindende Festival zieht zahlreiche Besucher an, die nicht nur traditionelle keltische Musik geboten bekommen, sondern auch in die herbstliche Farbenpracht der Insel eintauchen können.

Fortress of Louisbourg National Historic Site (S. 287): Diese Sehenswürdigkeit mag zwar ein wenig abseits der Touristenroute liegen, aber man kann hier eine von den Briten vor 250 Jahren zerstörte und nun rekonstruierte, französische Festungsstadt besichtigen, die sich auf einer abgeschiedenen Landzunge über ein 10 ha großes Areal erstreckt.

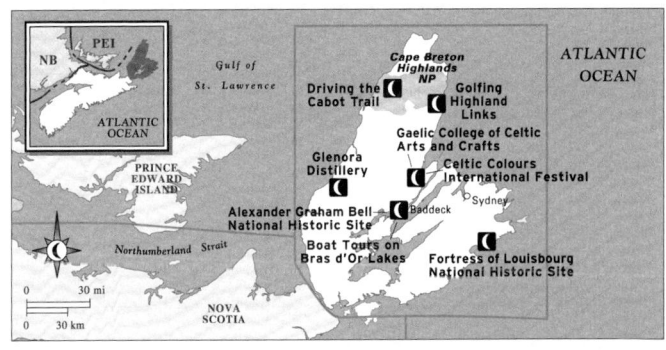

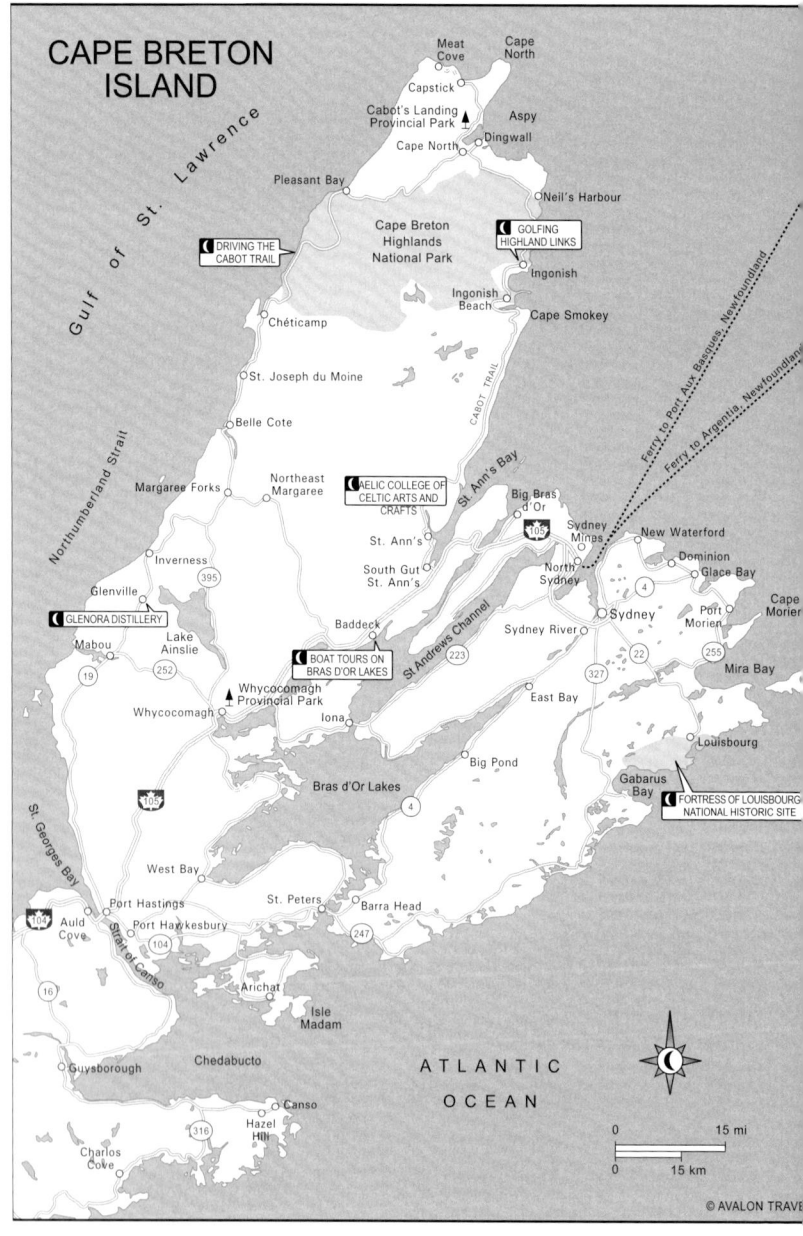

CAPE BRETON ISLAND

Gulf of St. Lawrence

Meat Cove
Cape North
Capstick
Cabot's Landing Provincial Park
Aspy
Cape North
Dingwall
Pleasant Bay
Neil's Harbour

DRIVING THE CABOT TRAIL

Cape Breton Highlands National Park

GOLFING HIGHLAND LINKS

Ingonish

Chéticamp

Ingonish Beach
Cape Smokey

St. Joseph du Moine

CABOT TRAIL

Belle Cote

St. Ann's Bay

Northumberland Strait

Margaree Forks

Northeast Margaree

GAELIC COLLEGE OF CELTIC ARTS AND CRAFTS

Big Bras d'Or

Ferry to Port Aux Basques, Newfoundland

Ferry to Argentia, Newfoundland

Inverness

St. Ann's

South Gut St. Ann's

Sydney Mines

New Waterford

Dominion
Glace Bay

North Sydney

Glenville

395

Baddeck

GLENORA DISTILLERY

Mabou

19

252

Lake Ainslie

Whycocomagh Provincial Park

BOAT TOURS ON BRAS D'OR LAKES

Sydney River

St Andrews Channel

223

Cape Morien

Port Morien

255

Sydney

Whycocomagh

Iona

East Bay

327

22

Mira Bay

105

Bras d'Or Lakes

Big Pond

4

Louisbourg

Gabarus Bay

FORTRESS OF LOUISBOURG NATIONAL HISTORIC SITE

St. Georges Bay

West Bay

Port Hastings

St. Peters

Barra Head

104

Auld Cove

Port Hawkesbury

247

104

16

Strait of Canso

Arichat

Isle Madam

Guysborough

Chedabucto

ATLANTIC

Canso

OCEAN

316

Hazel Hill

Charlos Cove

0   15 mi
0   15 km

© AVALON TRAVE

Reise- und Zeitplanung

Obwohl man auch direkt nach Cape Breton, genauer gesagt nach Sydney, fliegen kann, fahren die meisten Touristen von Halifax aus hierher. Von dort braucht man bis zu dem Damm, der die Insel mit dem Festland verbindet, knapp 4 Std. Hat man den Damm passiert, bietet sich eine große Auswahl an weiterführenden Straßen, darunter auch eine weniger befahrene Strecke, die entlang der Westküste verläuft und an der **Glenora Distillery** vorbeiführt. Das geografische und touristische Zentrum der Insel ist Baddeck. Für diesen beliebten Erholungsort sollte man mindestens einen ganzen Tag einplanen, sodass man genug Zeit hat, um die **Alexander Graham Bell National Historic Site** zu besuchen und eine **Bootstour auf den Bras d'Or Lakes** zu unternehmen. Baddeck ist außerdem ein guter Ausgangspunkt für den **Cabot Trail.** Dieser Highway zieht sich auf einer Länge von 300 km durch die Wildnis des **Cape Breton Highlands National Parks**. Die Landschaft des Nationalparks ist das Highlight der Tour. Unterwegs sollte man jedoch genug Zeit einplanen, um sich in dem für sein Kunsthandwerk bekannten Ort **Chéticamp** umsehen und auf **Highland Links** Golf spielen zu können. Falls man im Oktober zur Zeit des in diesem Monat alljährlich stattfindenden **Celtic Colours International Festivals** nach Cape Breton reist, gehören mehrere Konzertbesuche selbstverständlich zum Programm. Zu anderen Jahreszeiten kann man in St. Ann's im **Gaelic College of Celtic Arts and Crafts** in die keltische Kultur eintauchen. Um für alle oben aufgeführten Highlights genug Zeit zu haben, sollte man von Halifax aus mindestens drei, besser jedoch vier oder fünf Tage einplanen. Eine Sehenswürdigkeit, für die es sich lohnt, den Cabot Trail zu verlassen, ist die weniger bekannte, aber imposante **Fortress of Louisbourg.** Innerhalb der Festungsmauern wurde eine französische Stadt aus der Mitte des 18. Jh. rekonstruiert.

Von Port Hastings nach Baddeck

Der Canso Causeway, den man von Halifax aus bequem in 4 Std. erreicht, verbindet Cape Breton mit dem Festland. Von hier aus erstrecken sich die Hwys. 104 und 105 (Trans-Canada Highway) und der Hwy. 19 über die Insel. Der Hwy. 19 führt an der Westküste der Insel in nördlicher Richtung nach Mabou und Inverness und stößt im Margaree Valley auf den Cabot Trail. Der Trans-Canada Highway verläuft vom Damm aus weiter in nordöstlicher Richtung und führt mitten durch die Insel nach Baddeck und weiter nach Sydney. Der endlose Strom von Touristenbussen rollt über diese Strecke direkt nach Baddeck, wo der Cabot Trail vom Trans-Canada Highway abzweigt. Der Hwy. 4 (auf den ersten 28 km kann man auch den direkteren Hwy. 104 nehmen) führt vom Damm aus in östlicher Richtung am Abzweig nach Isle Madame vorbei und verläuft auf seinem weiteren Weg nach Sydney entlang den Bras d'Or Lakes.

Port Hastings

Der Ort Port Hastings ist das Tor zur Cape Breton Island. Der Hauptgrund für einen Stopp in Port Hastings ist das gut bestückte **Nova Scotia Visitor Information Centre** (✆ 902/625-4201, Mai–Dez. tägl. 9–17 Uhr), in dem man sich mit Besucherprospekten eindecken kann. Hinter dem Zentrum, das sich dort, wo der Trans-Canada Highway die Insel erreicht, rechter Hand der Straße befindet, werden auf Schautafeln die in Zusammenhang mit der Errichtung des Damms erfolgten

Nova Scotia · Karte siehe Farbteil S. 2/3

Planungs- und Bauprozesse erklärt. Von hier hat man auch einen guten Blick auf das hinter einem liegende Festland.

Übernachten

Das **EconoLodge MacPuffin Motel** (Hwy. 4, ✆ 902/625-0621 oder 800/867-2212, www.macpuffin.com; April bis Ende Dez.; $ 89–149 für 1/2 Pers.) erreicht man, wenn man durch die Stadt Richtung Port Hawkesbury fährt. Es verfügt über 46 klimatisier- te Zimmer, die jeweils mit bequemen Betten, Kaffeemaschinen und Highspeed-Internetzugang ausgestattet sind. Darüber hinaus gibt es ein Innenschwimmbecken, einen Spielplatz sowie einen Fitnessraum, und das Frühstück ist im Preis inbegriffen.

Isle Madame

Von Port Hastings aus folgt man dem Hwy. 104 für 30 km in östlicher Richtung und wechselt dann auf den Hwy. 320, der in südlicher Richtung über die Lennox Passage Bridge zu dieser 43 km² großen Insel führt. Die Insel wurde Anfang des 18. Jh. von französischen Fischern besiedelt und war damit eine der ersten besiedelten Gegenden der Provinz. Der Hafen der Insel ist zudem einer der ältesten Fischereihäfen Nordamerikas. Auf Isle Madame gibt es vier Hauptorte – **Arichat, West Arichat, Petite-de-Grat** und **D'Escousse**.

Die bewaldete Insel verfügt über zwei Provincial Parks (**Lennox Passage** im Norden und **Pondville Beach** im Osten), zahlreiche Picknick- und Badestellen sowie schöne Aussichtspunkte und ist somit ein beliebtes Ziel für Wochenendausflüge. In Arichat befindet sich mit dem am Ufer gelegenen **LeNoir Forge Museum** (✆ 902/226-9364; Mai–Sept. tägl. 10–18 Uhr; Spende) eine intakte, restaurierte Schmiede aus dem 18. Jh., die Besuchern offensteht.

Das **L'Auberge Acadienne Inn** (High Rd., Arichat, ✆ 902/226-2200, www.acadienne. com) ist wie ein akadisches Inn aus dem 19. Jh. gestaltet. Im Hauptgebäude gibt es

Die Arichat Church auf der Isle Madame

acht einladende Zimmer, von denen eines mit einer Badewanne mit Sprudeldüsen ausgestattet ist ($ 105–115 für 1/2 Pers.). Das dazugehörige Motel nebenan verfügt über neun Zimmer ($ 85–95 für 1/2 Pers.). Im hauseigenen Dining Room bekommt man in zwangloser, ländlicher Atmosphäre akadische Gerichte serviert.

Bras d'Or Lakes Scenic Drive

Auf dem Hwy. 4 sind es vom Canso Causeway 148 km bis nach Sydney. Die entspannte, zweistündige Fahrt führt am südöstlichen Ufer der Bras d'Or Lakes vorbei. Auf dem ersten Teilstück verläuft der Highway noch nicht direkt am See entlang. Das ändert sich bei St. Peter's, wo das nahe gelegene **Dundee Resort** (✆ 902/345-2649 oder 800/565-1774, www.capebretonresorts.com; Mitte Mai bis Okt.) schon für sich genommen einen Besuch wert ist. Das 12 km vom Hwy. 4 entfernte Resort erstreckt sich auf einem 223 ha großen, die Bras d'Or Lakes überblickenden Gelände. Zu der Anlage gehören ein 18-Loch-Golfplatz (Greenfee $ 55), ein Außenschwimmbecken, ein Jachthafen, wo man sich alle möglichen Wasserfahrzeuge mieten kann, das Arcade Activities Centre und ein Restaurant. Im Sommer wird außerdem ein Unterhaltungsprogramm für Kinder angeboten. Die Motelzimmer, von denen die meisten mit einem Balkon ausgestattet sind, kosten $ 139–199, während man für die kleinen Ferienhäuschen, die über bis zu drei Schlafzimmer und einfache Kochgelegenheiten verfügen, $ 129–219 zahlt.

St. Peters und Umgebung

Diese kleine Stadt liegt 12 km hinter dem Abzweig zur Isle Madame und 55 km von Port Hastings entfernt.

Fotobegeisterte sollten das **MacAskill House Museum** (7 MacAskill Dr., ✆ 902/535-2531; Mitte Juni bis Sept. tägl. 10–18 Uhr; Spende) besuchen, das in dem restaurierten Geburtshaus von Wallace MacAskill, einem der bedeutendsten Meeresfotografen der Welt, untergebracht ist. In dem Museum sind eine Sammlung seiner besten Fotografien sowie historische Kameras ausgestellt.

Bei der 1,5 km östlich von St. Peters mit Blick auf die Bras d'Or Lakes gelegenen Anlage **Joyce's Motel and Cottages** (✆ 902/535-2404, www.joycesmotel.com; Mitte Mai bis Mitte Okt.; $ 65–110 für 1/2 Person) hat man die Wahl zwischen normalen Motelzimmern und größeren Häuschen, die über ein Schlafzimmer verfügen. Hier kann man Boot fahren oder angeln und es gibt ein Außenschwimmbecken sowie eine Laundry. Der Campground im **Battery Provincial Park** (am Hwy. 4, 1 km östl. der Stadt, ✆ 902/535-3094; Mitte Juni bis Anf. Sept.; Stellplatz $ 24) verfügt über 52 im Wald gelegene Stellplätze ohne Anschlüsse, es gibt Wanderwege und man hat Blick aufs Meer.

Big Pond

Von St. Peters braucht man nach Sydney etwas mehr als 1 Std., wobei der Hwy. 4 auf dem größten Teil des Wegs entlang den Bras d'Or Lakes verläuft. Wenn man auf halber Strecke zu Mittag essen möchte, empfiehlt sich das in einem umgebauten Schulhaus untergebrachte Café **Rita's** in Big Pond (✆ 902/828-2667; im Sommer tägl. 9–19 Uhr). Das Café gehört der Sängerin Rita MacNeil, die in Big Pond aufwuchs und Cape Breton weltweit bekannt macht. In dem Café werden in ländlichem Ambiente Ritas eigene Teemischung sowie Sandwichs und Salate serviert. Ein angrenzender Raum ist ihrer beachtlichen Karriere gewidmet.

Highway 19: der Ceilidh Trail

Dies ist die am wenigsten befahrene der drei vom Censo Causeway nach Norden führenden Routen. Der Hwy. 19 verläuft entlang der Küste und führt durch viele kleine Dörfer, die sich im Lauf der Jahrzehnte kaum verändert haben. Dieser Küstenabschnitt ist eine Bastion keltischer Musik, daher der Beiname Ceilidh Trail. Natalie MacMaster, die Rankin Family sowie die Angehörigen einer neuen, von Christine Crowley angeführten Generation bekannter Musiker sind alle hier in der Gegend geboren und aufgewachsen.

Mabou

Das 60 km nördlich vom Canso Causeway am Hwy. 19 gelegene Dorf Mabou (400 Einw.) ist das Zentrum für gälischen Sprachunterricht in Nova Scotia, der hier in der örtlichen Schule angeboten wird. In Mabou befinden sich auch der Our Lady of Seven Sorrows Pioneers Shrine und das von der Mabou Gaelic and Historical Society unterhaltene Museum **An Drochaid** (gälisch für „die Brücke"; ✆ 902/945-2311; Juli/Aug. tägl. 9–17 Uhr), das sich mit Kunsthandwerk, hiesiger Musik und Dichtkunst sowie mit Ahnenforschung und gälischer Kultur befasst.

In dem nahe der Küste gelegenen Gebiet Mabou Mines existieren tolle Wanderwege, die in einen Teil der **Mabou Highlands** führen, in dem es keine Straßen gibt.

Mit Fiddlemusik durch die Nacht

Ein **ceilidh** (sprich KAY-lie) war ursprünglich ein zwangloses Beisammensein, meist an einem Freitag- oder Samstagabend, bei dem junge Leute zu beschwingter, keltischer Musik in einem Gemeindesaal o. Ä. die Nacht durchtanzten. Die geselligen Zusammenkünfte haben ihren Ursprung in den gälischsprachigen Regionen Schottlands bzw. Irlands, und von dort stammende Einwanderer führten diese Tradition im 18. Jh. in der Neuen Welt ein. Auch wenn die Pubs und Nightclubs sich in den Großstädten größerer Beliebtheit als die *ceilidhs* erfreuen und sie dort womöglich ersetzt haben, stellen Letztere an der Westküste von Cape Breton Island und in anderen ländlichen Gegenden nach wie vor ein wichtiges Element im Sozialleben dar. Vor allem hat sich die Musik ihre ursprünglichen Wurzeln bewahrt. Beim Tanzen gruppieren sich die Männer beispielsweise in einem Kreis oder einer Reihe und die Frauen wechseln fortwährend von einem zum nächsten, oder alle tanzen – ähnlich wie beim Line Dance – in Formation. Dann und wann brechen die geschicktesten Tänzer aus der Gruppe aus und geben eine individuelle Stepptanz-Einlage zum Besten.

Der Hwy. 19 ist auch als Ceilidh Trail bekannt, und das aus gutem Grund, denn in den Städten und Dörfern entlang dieser Route finden das ganze Jahr über *ceilidhs* statt. Jeder ist willkommen und im Sommer sind viele der Veranstaltungen besonders auf Touristen zugeschnitten. In Mabou wird im Sommer jeden Dienstag in der Mabou Community Hall mit der Fiddle zum Tanz aufgespielt, und an den Mittwochabenden wird ein Stück weiter die Straße hinunter im örtlichen Museum fröhlich mit den Füßen gestampft. Falls man an einem Donnerstag in der Gegend ist, sollte man sich nicht das muntere Treiben beim *ceilidh* in der Inverness Fire Hall entgehen lassen.

Glenora Distillery

Die Glenora Distillery (Glenville, 9 km nördl. von Mabou, ℡ 902/258-2662 oder 800/839-0491, www.glenoradistillery.com; Mitte Juni bis Okt.) ist die einzige Destillerie Nordamerikas, in der Single Malt Whiskey gebrannt wird. (Als Scotch darf dieser Whiskey nicht bezeichnet werden, weil er nicht aus Schottland kommt). Bei dem Destillierungsprozess kommen traditionelle Kupferkessel zum Einsatz und von dem Endprodukt namens Glen Breton Rare werden jährlich 250.000 l gebrannt. Im Sommer kann man die 1990 erbaute Brennerei, die unter Verwendung einer imposanten Holzbalkenkonstruktion errichtet wurde, besichtigen. Die Führungen starten zwischen 9 und 17 Uhr jeweils zur vollen Stunde. Die Kosten betragen $ 7/Person. Was aber noch besser ist: Zu der Destillerie gehört auch ein Landgasthof, der über neun komfortable Zimmer ($ 155–170) und sechs geräumige Blockhütten ($ 205–295) verfügt. An die Destillerie ist außerdem der **Glenora Dining Room and Pub** (tägl. 7–9, 11–15 und 17–22 Uhr) angeschlossen, wo man ein kleines Frühstück sowie ein herzhaftes Mittag- und Abendessen bekommen kann, die letzteren beiden werden von keltischer Livemusik begleitet.

Inverness

Diese schottische Siedlung (2000 Einw.) ist die größte Ortschaft am Hwy. 19. Abgesehen von schönen Stränden gibt es hier das **Inverness Miners' Museum** (62 Lower Railway St., ℡ 902/258-2097; Juni–Sept. tägl. außer So 9–19 Uhr; Eintritt $ 2, Kinder $ 1) zu sehen, das sich mit der Geschichte des Bergbaus in dieser Region befasst.

10 km nördlich von Inverness befindet sich am Hwy. 19 **MacLeod's Beach Campsite** (Dunvegan, ℡ 902/258-2433, www.macleods.com; 15. Juni bis 15. Okt.; Zeltstellplätze $ 25, Stellplätze mit Anschlüssen $ 28). Der an einem Hang gelegene Campground zieht sich zu einem schönen Strand hinab, an dem es selten voll wird. Die Anlage ist u. a. mit Waschräumen, Duschen, Feuerstellen, einem Laden, einer Laundry, einem Game Room, Volley- und Basketballnetzen sowie einem Platz für das in Nordamerika beliebte Hufeisenwurfspiel ausgestattet.

Highway 105 nach Baddeck

Vom Canso Causeway sind es auf dem Hwy. 105 (Trans-Canada Highway) 90 km bis nach Baddeck. Dies ist die Hauptstrecke in Richtung Norden nach Sydney und zum Cabot Trail.

Iona

Der 9 km nordöstlich von Whycocomagh vom Hwy. 105 abzweigende Hwy. 223 führt über Little Narrows nach Iona und verläuft dann bis nach Sydney am Ufer des St. Andrews Channels entlang. Dies ist der am wenigsten befahrene der vielen in den Norden der Insel führenden Highways. Die auch als Bras d'Or Lakes Drive bezeichnete Route ist deshalb jedoch nicht weniger interessant als die anderen.

In Iona lohnt der Besuch des sich über ein 16 ha großes Gelände erstreckenden Museumsdorfs **Highland Village** (Hwy. 223, ℡ 902/725-2272; Juni bis Mitte Okt. tägl. 9.30–17.30 Uhr; Eintritt $ 9, Senioren $ 7, Kinder $ 4). In dem Freilichtmuseum gibt es zehn historische Gebäude sowie zahlreiche intakte Landwirtschaftsgeräte zu bestaunen. Darüber hinaus hat man von hier einen wunderschönen Blick auf die Barra Strait, eine Wasserenge zwischen den Bras d'Or Lakes und dem St. Andrews Channel.

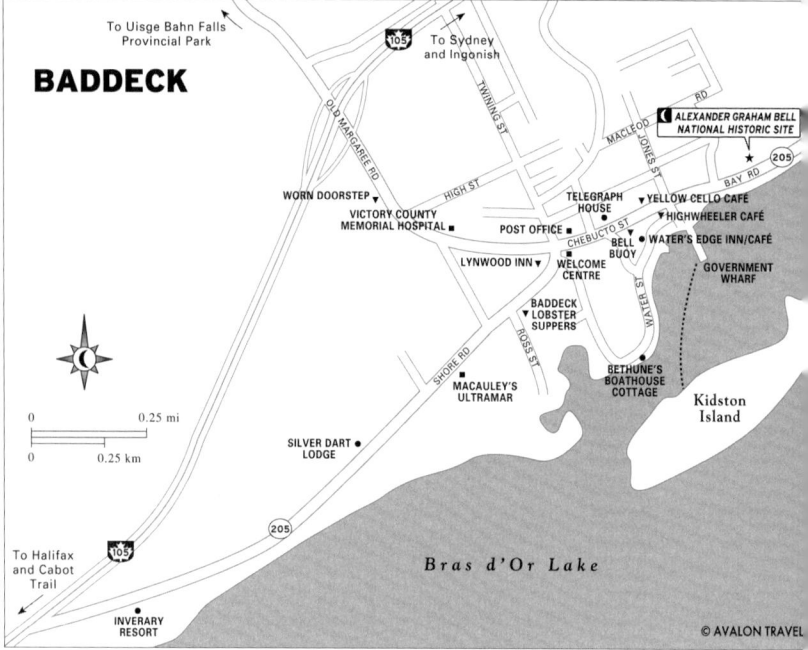

Baddeck und Umgebung

Der Name Baddeck leitet sich von *abadak* (ein Ort nahe einer Insel) ab, wie die Mi'kmaq die Siedlung in Bezug auf die der Küste direkt vorgelagerte Kidston Island nannten. Die Stadt liegt auf halber Strecke zwischen dem Canso Causeway und Sydney am von Bäumen verdeckten Ufer des St. Patrick's Channels, einem langen Seitenarm der Bras d'Or Lakes, und ist der traditionelle Ausgangs- und Endpunkt des Cabot Trails.

Sehenswertes/Sport und Freizeit

Viele Touristen planen wegen der historischen Unterkünfte und guten Restaurants einen Aufenthalt in Baddeck ein. Dabei kann man hier weit mehr als nur gut wohnen und essen. In Baddeck gibt es einiges zu sehen und zu unternehmen, auf keinen Fall versäumen sollte man die National Historic Site.

Alexander Graham Bell National Historic Site

Am östlichen Stadtrand von Baddeck (in fußläufiger Nähe der Downtown) befindet sich die Alexander Graham Bell National Historic Site (✆ 902/295-2069; im Juni tägl. 9–18 Uhr, Juli bis Mitte Okt. tägl. 8.30–18 Uhr; Eintritt $ 7,80, Senioren $ 6,55, Kinder $ 3,90). Dieses ungemein faszinierende Museum befasst sich mit dem Leben, der Familie und der anscheinend unerschöpflichen naturwissenschaftlichen Neugier Bells. Zu den Exponaten der Multimedia-Ausstellung zählen beispielsweise Arbeitsmodelle der ersten Telefone Bells und eine in Originalgröße angefertigte

Alexander Graham Bell

Der berühmteste Einwohner des einst so bedeutenden Schiffsbauzentrums Baddeck war nicht etwa ein Seemann, sondern ein Erfinder – Alexander Graham Bell. Die Landschaft, die Sprache und die Menschen hier erinnerten den Schotten an seine Heimat und so baute er sich gegenüber der Bucht von Baddeck ein stattliches Sommerhaus namens Beinn Bhreagh (sprich Ben Wriah), das noch heute seinen Nachfahren gehört und der Öffentlichkeit nicht zugänglich ist. Seine berühmteste Erfindung war das Telefon, aber Bell war ausgesprochen vielseitig interessiert und besaß eine intellektuelle Neugier, die man heutzutage vergeblich sucht.

Auf Beinn Bhreagh beschäftigte er sich mit der Vererbungslehre, indem er Schafe züchtete und dabei versuchte, die Geburtsrate von Zwillingen zu erhöhen. Auch wenn er in Baddeck vom Rest der Welt abgeschnitten war, pflegte er Freundschaften mit hochrangigen Persönlichkeiten – nach dem versuchten Mordanschlag auf Präsident Garfield im Jahr 1881 wurde Bell eilig damit beauftragt, einen elektromagnetischen Apparat zur Lokalisierung der Kugel zu entwickeln. Als sein Sohn infolge von Atemproblemen starb, erfand er ein Beatmungsgerät. Dieses sollte der Prototyp der Eisernen Lunge werden, die später bei Poliokranken zur Anwendung kam. Was Bell mehr als alles andere faszinierte, war das Fliegen. Bereits in den 1890er-Jahren testete er propellergetriebene Fluggeräte, und 1909, vier Jahre nach dem berühmten Flug der Gebrüder Wright, schwang sich der große Erfinder mit seinem **Silver Dart** in die Lüfte und überflog die Bras d'Or Lakes. Aber das sollte noch nicht alles gewesen sein: 1919 erfand Bell im Alter von 72 Jahren zusammen mit seinem Gutsverwalter Casey Baldwin ein Tragflügelboot, das einen Wassergeschwindigkeitsrekord von mehr als 70 Meilen pro Stunde (ca. 112 km/h) aufstellte. Drei Jahre später starb Bell und wurde auf Beinn Bhreagh beigesetzt.

Denkmal für einen großen Naturwissenschaftler, Tüftler und Erfinder: die Alexander Graham Bell National Historic Site in Baddeck

Nachbildung seines Tragflügelboots HD-4, das einen Geschwindigkeitsrekord aufstellte. Mit am interessantesten sind jedoch die Informationstafeln, auf denen nachzulesen ist, wie Bells Interesse an Sprachunterrichtsmethoden für Gehörgeschädigte zu der Erfindung des Telefons führte. Der Erfinder ist zeitlebens sehr kinderlieb gewesen, was sich in der *Children's Corner* des Museums widerspiegelt. In diesem großzügig gestalteten Bereich können Kinder aller Altersstufen Drachen bauen und dekorieren, Experimente durchführen und in einem lehrreichen Umfeld ganz einfach Spaß haben. Es empfiehlt sich, für das Museum mindestens 2 Std. einzuplanen. Wenn man Kinder hat, sollte man noch etwas mehr Zeit mitbringen.

Kidston Island

Vom Government Wharf setzt eine kostenlose Fähre zu dem 200 m vom Festland entfernt gelegenen Kidston Island über, auf dem es einen bewachten Badestrand gibt. Die bewaldete Insel verfügt außerdem über zahlreiche kurze Spazierwege, von denen einer zu einem Leuchtturm führt, der den Booten auf den Bras d'Or Lakes seit mehr als 100 Jahren den Weg weist. Im Juli und August pendelt die Fähre von Montag bis Freitag von 10 bis 18 Uhr sowie Samstag und Sonntag von 12 bis 18 Uhr im 20-Min.-Takt.

Bootstouren auf den Bras d'Or Lakes

Die von Alexander Graham Bell gebaute, 55 Fuß (knapp 17 m) lange, schnittige Segeljacht **Elsie** hat ihr gesamtes Leben auf den ruhigen Wassern der Bras d'Or Lakes verbracht. Heute kann man auf der von Cape Breton Resorts (✆ 902/295-3500 oder 800/565-5660) betriebenen Elsie eine Segeltour unternehmen. Das Boot legt von Mitte Juni bis Mitte Oktober täglich um 10.30 und 14.30 Uhr vom Jachthafen des Inverary Resorts ab, das sich am südlichen Stadtrand befindet. Die Ausflüge dauern 3 Std. und kosten $ 65 pro Person.

Eine günstigere Möglichkeit (Erwachsene $ 25, Kinder $ 10) sind die 90-minütigen Trips an Bord der **Amoeba** (✆ 902/295-2481), einer 67 Fuß (etwa 20 m) langen, betonverschalten Jacht, die vom Vater des jetzigen Besitzers in einem Zeitraum von zehn Jahren erbaut wurde. Das Boot legt von Mitte Mai bis Mitte Oktober drei- bis viermal täglich vom Government Wharf ab. Bei dieser Tour kann man sich nicht nur an der Seenlandschaft erfreuen, sondern kommt zudem am Anwesen von Alexander Graham Bell vorbei. Oft kann man auch Weißkopfseeadler auf den Bäumen am Ufer hocken sehen.

Reisepraktisches

Übernachten/Camping

• **$ 50–100** Das sich seit fünf Generationen im Besitz derselben Familie befindende **Telegraph House** (479 Chebucto St., ✆ 902/295-1100 oder 888/263-9840; $ 80–119 für 1/2 Pers.) verfügt sowohl über einfache Zimmer, die in dem historischen Originalgebäude von 1861 untergebracht sind, als auch über eine Reihe moderner Motelzimmer. Die Geschichte dieser Unterkunft ist aus zweierlei Gründen interessant: Zum einen befand sich in diesem Haus einst ein Telegrafenamt, von dem aus einige der ersten transatlantischen Nachrichten versendet wurden. Zum anderen war Alexander Graham Bell hier häufig zu Gast. Das Zimmer, in dem er damals wohnte, wurde so hergerichtet, dass es wieder genauso aussieht wie in den 1880er-Jahren ($ 109 für 1/2 Pers.). Andere Zimmer wurden moderner gestaltet, haben sich dank der antiken Möbel jedoch ihr historisches Ambiente bewahrt. Zu den Annehmlichkeiten des Hauses zählen eine Bibliothek, ein Wohnzimmer und ein Dining Room, der tägl. zum Frühstück, Mittag- und Abendessen geöffnet ist. Das Telegraph House ist auch eine der wenigen ganzjährig geöffneten Unterkünfte in der Downtown.

Einen Zimmerservice sollte man in dem hübschen **Bethune's Boathouse Cottage** (49 Water St., ✆ 902/295-2687; Mitte Mai bis Mitte Okt.; $ 90–110) nicht erwarten. Dieses am Ufer gelegene, umgebaute Bootshaus ist von Gärten umgeben, die sich bis ans Wasser erstrecken. Das Häuschen verfügt über ein separates Schlafzimmer, ein Badezimmer, TV, einen Außengrill und einen Bootssteg, an dem ein Ruderboot für die Gäste vertäut ist.

• *$ 100–150* Das **Worn Doorstep** (43 Old Margaree Rd., ✆ 902/295-1997; $ 115 für 1/2 Pers.) ist 10 Min. (zu Fuß) von der Stadt entfernt und bietet vier hübsche, klimatisierte Zimmer mit eigenem Bad, die jeweils mit einem separaten Eingang, einer Kochnische und TV ausgestattet sind. Das Frühstück wird hier aufs Zimmer gebracht und ist im Preis inbegriffen.

Das **Water's Edge Inn** (22 Water St., ✆ 902/295-3600 oder 866/439-2528, www.the watersedgeinn.com; Mai bis Mitte Okt.; $ 140–170 für 1/2 Pers.) ist vom See nur durch eine Straße getrennt. Die Restaurants in der Downtown sind von hier aus gut zu Fuß zu erreichen. Vier der sechs Zimmer haben Seeblick und eigene Balkone. Alle sechs Zimmer sind mit antiken Möbeln eingerichtet, verfügen dabei aber über moderne Extras wie Klimaanlagen und TV/DVD-Geräte. Sehr empfehlenswert ist auch das hauseigene Café.

Die nach Alexander Graham Bells berühmtem Flugzeug benannte **Silver Dart Lodge** (257 Shore Rd., ✆ 902/295-2340 oder 800/565-8439, www.silverdartlodge.com; Mitte Mai bis Mitte Okt.; $ 135–200 für 1/2 Pers.) thront auf einem 40 ha großen, den See überblickenden, hügeligen Areal. Die Anlage verfügt über ein beheiztes Außenschwimmbecken, ein Putting Green für Golfer, einen Bootsverleih, einen Strand sowie Wanderwege. Es werden Bootstouren auf dem See angeboten. Für Frühaufsteher gibt es Haferplätzchen und heiße Getränke (kostenlos), später kann man sich dann am Frühstücksbuffet ($ 12/Pers.) gütlich tun. Auf Vorbestellung kann man sich für mittags einen Picknickkorb packen lassen, das hauseigene Restaurant hat auch abends geöffnet.

Was das **Inverary Resort** (Ausfahrt 8 vom Hwy. 105, ✆ 902/295-3500 oder 800/565-5660, www.capebretonresorts.com; Mai–Nov.; $ 110–350) besonders attraktiv macht, ist seine direkte Uferlage. Der große Komplex bietet vom heimeligen B&B-Zimmer bis hin zur modernen 2-Zimmer-Suite verschiedenste Unterkunftsmöglichkeiten. Unten am Wasser kann man beim Activity Center Kanus und Kajaks mieten oder einen Segeltrip an Bord von Alexander Graham Bells Jacht *Elsie* unternehmen. Die Anlage verfügt zudem über ein Innenschwimmbecken, Game Rooms, einen Spielplatz, Wellnessangebote, zwei Dining Rooms und einen Pub.

• *Campgrounds* Der **Bras d'Or Lakes Campground** (5 km westl. von Baddeck am Hwy. 105, ✆ 902/295-2329, www.brasdorlakes campground.com; Mitte Juni bis Sept.; Stellplätze $ 25–39, Hütten $ 59–89 für 1/2 Pers.) verfügt über 95 Stellplätze mit *two way hookups*. Es gibt Duschen, Waschräume, eine Laundry, überall kabellosen Internetzugang, einen Swimmingpool und einen Freizeitbereich.

Der nahe gelegene **Adventures East Campground** (am Hwy. 105, zwischen den Ausfahrten 7 und 8, ✆ 902/295-2417 oder 800/507-2228, www.adventureseast.ca; Anf. Juni bis Mitte Okt.; Stellplätze $ 26–30, Hütten $ 115–140 für 1/2 Pers.) ist mit allen erforderlichen Annehmlichkeiten ausgestattet. Es gibt Duschen, eine Laundry, einen Swimmingpool und ein Restaurant. Zudem kann man hier angeln und es werden Touren angeboten.

Essen und Trinken

Baddecks Hauptstraße ist von Cafés und Restaurants gesäumt, aber man sollte wissen, dass die meisten davon nur während der wärmeren Monate geöffnet sind. Ab Mitte Oktober ist die Auswahl sehr begrenzt.

• *Casual Dining* Im zentral gelegenen und günstigen **Yellow Cello Cafe** (525 Chebucto St., ✆ 902/295-2303; Mai–Okt. tägl. 8–22.30 Uhr) gibt es eine Frühstücksauswahl, Sandwichs, Pizzas und kleine Speisen. Man kann drinnen im Dining Room oder draußen auf der Veranda vor dem Café sitzen. Die Calzoni sind köstlich, die Bierauswahl ist gut und das Café eignet sich bestens, um Leute zu beobachten. Wenn zur Hochsaison im Sommer auf der kleinen Bühne drinnen Livemusik geboten wird, muss man mit Wartezeiten rechnen.

Nova Scotia
Karte siehe Farbteil S. 2/3

Den besten Kaffee der Stadt gibt es im **Highwheeler Café** (486 Chebucto St., ☏ 902/295-3006; Mai bis Mitte Okt. tägl. 6–21 Uhr). Dieses Café verfügt über eine eigene Backstube und man kann sicher sein, dass alles frisch zubereitet wird, so auch die günstigen und dennoch gesunden Sandwichs, die nach Wunsch belegt werden.

Nach einer Bootstour oder einem Ausflug nach Kidston Island ist das **Water's Edge Café** (22 Water St., ☏ 902/295-3600; Juni–Okt. tägl. 11–17 Uhr) der perfekte Ort, um eine gesunde Kleinigkeit zu essen. Das Chicken Tikka (ein Currygericht mit marinierten Hühnchenfleischstücken) ist genauso würzig, wie es sein soll, und die Seafood Chowder (eine sämige Suppe aus Meeresfrüchten) ist genauso cremig, wie man es sich erhofft. Fast alles kostet weniger als $ 12.

Das **Lakeside Café** (Hwy. 105, Ausfahrt 8, ☏ 902/295-3500; April–Nov. tägl. ab 11 Uhr) liegt direkt am Wasser und gehört zum Inverary Resort Komplex. Die Küche ist einfach und nicht gerade experimentierfreudig, aber die Preise sind angemessen, und wenn die Sonne scheint und man einen Platz an den Tischen draußen bekommt, ist die Szenerie hier wunderschön.

Das **Herring Choker Deli** (Hwy. 105, ☏ 902/295-2275; tägl. 8–20 Uhr) liegt 10 km westlich der Stadt und man hat einen schönen Blick aufs Wasser. Statt eines fettlastigen, warmen Frühstück kann man hier auch mit Rührei, Schinken und Käse gefüllte Wraps ($ 5) bekommen. Das Highlight des mittäglichen Angebots sind die üppigen Gourmet-Sandwichs, die mit jeder Menge Leckereien belegt und allmorgendlich frisch gebackenem Brot zubereitet werden.

• *Lobster Suppers* Bei den Lobster Suppers kamen ursprünglich die Bewohner eines Ortes zusammen, um gemeinsam Hummer zu essen. Diese Treffen wurden in Kirchenkellern und Gemeindezentren abgehalten. Inzwischen sind solche Hummerbuffets etwas kommerzieller geworden, stellen aber immer noch eine witzige und kostengünstige Möglichkeit dar, diese saftigen, köstlichen Meerestiere zu genießen. Einer der wenigen Orte Nova Scotias, wo regelmäßig Lobster Suppers angeboten werden (auf Prince Edward Island gibt es ständig und überall Hummerbuffets), ist das Restaurant **Baddeck Lobster Suppers** (Ross St., ☏ 902/295-3307; Mitte Juni bis Mitte Okt. tägl. 16–21 Uhr). Ein 500 bis 750 g schwerer Hummer mit so viel Chowder, wie man möchte, Muscheln, Beilagen, Dessert und alkoholfreien Getränken kostet $ 30/Pers. Wenn man statt des Hummers Lachs nimmt, zahlt man $ 21–25.

• *Weitere Restaurants* Allein schon die Sonne über dem Bras d'Or Lakes von einem Fenstertisch im **Bell Buoy Restaurant** (536 Chebucto St., ☏ 902/295-2581; Mitte Mai bis Juni tägl. nur Abendessen, Juli bis Mitte Okt. tägl. Mittag- und Abendessen) untergehen zu sehen, ist den Preis für das Abendessen wert. Ein Highlight der Speisekarte ist die Seafood Chowder ($ 10), die randvoll mit Schellfisch, Lachs, Muscheln und sogar Hummer serviert wird. Als Beilage wird eine Scheibe selbst gebackenes Haferbrot gereicht. Die verschiedenen Hauptgerichte reichen von Pasta (ab $ 14) bis hin zu ganzen Hummern ($ 34).

Von den vielen hiesigen Unterkünften, deren Dining Rooms auch externen Gästen offenstehen, bietet keine eine bessere Küche als das **Lynwood Inn** (24 Shore Rd., ☏ 902/295-1995; Mitte Mai bis Mitte Okt. 12–20.30 Uhr). Das Inn und das Restaurant sind in einem stattlichen, 1868 erbauten Haus untergebracht. Der etwas kleine, im viktorianischen Stil gehaltene Dining Room ist geschmackvoll eingerichtet. Hier zu essen kostet weniger, als man vielleicht denken könnte, die meisten der Seafood-Hauptgerichte liegen unter $ 20.

Information/Adressen

Das am östlichen Ende der Hauptstraße gelegene **Baddeck Welcome Centre** (Ecke Chebucto St./Shore Rd., ☏ 902/295-1911, www.visitbaddeck.com; Juni–Sept. tägl. 9–17 Uhr) heißt seine Besucher tatsächlich auf sehr nette Art und Weise willkommen. Die freundlichen Mitarbeiter helfen einem dabei, eine Unterkunft zu finden, und wie ihre Kollegen anderswo auch versorgen sie ihre Kunden nur allzu gern mit Kartenmaterial und Prospekten.

Einen öffentlichen Internetzugang bietet die **Cape Breton Regional Library** (526 Chebucto St., ☏ 902/295-2055; Mo–Fr 13–17, Do/Fr zusätzlich von 18–20, Sa 10–12 und 13–17 Uhr).

In der Chebucto Street gibt es einige **Banken** mit Geldautomaten, dort befindet sich auch das örtliche **Postamt**. In Notfällen kann man die Nummer ☏ 911 oder das **Victoria County Memorial Hospital** (☏ 902/295-2112) anrufen.

Margaree River Valley

8 km westlich von Baddeck (also zurück in Richtung Canso Causeway) zweigt der Cabot Trail vom Trans-Canada Highway ab und führt in nordwestlicher Richtung durch die Hügellandschaft in das Tal des Margaree Rivers. Dieser bei Anglern für seinen Lachsreichtum bekannte Fluss ist auch der Namenspate für sieben kleine Ortschaften in der Gegend.

Die Angelhochsaison dauert von Mitte Juni bis Mitte Juli sowie von September bis Mitte Oktober, vor Ort gibt es viele Guides. In der Nähe von North East Margaree kann man sich im **Margaree Salmon Museum** (60 E. Big Intervale Rd., ✆ 902/248-2848; Mitte Juni bis Mitte Okt. tägl. 9–17 Uhr; Eintritt $ 2, Kinder $ 1) über die Geschichte des Flusses und seiner fischigen Bewohner informieren.

Übernachten

Das Margaree River Valley liegt zwar nicht am Meer, aber da man hier allem entfliehen kann, ist diese Gegend dennoch sehr beliebt. Das in der Nähe des Dorfes Margaree Valley gelegene **Normaway Inn** (691 Eygpt Rd., ✆ 902/248-2987 oder 800/565-9463, www.normaway.com; $ 99–269 für 1/2 Pers.) ist ein typisches Beispiel für die vielen verschiedenen Übernachtungsmöglichkeiten hier. Dieses elegant-rustikale Resort aus den 1920er-Jahren erstreckt sich über ein 100 ha großes, in die Hügellandschaft eingebettetes Areal. Im Haupthaus sind neun Gästezimmer untergebracht, zusätzlich gibt es auf dem Gelände 19 Hütten, die jeweils über ein oder zwei Zimmer verfügen. Allabendlich wird ein Film oder traditionelle Livemusik geboten, man kann Tennis spielen, Rad fahren oder die Spazierwege erkunden und es werden wöchentl. Scheunentänze sowie Fiddle-Wettbewerbe veranstaltet. Im Dining Room kann man frühstü-

cken und zu Abend essen, gereicht werden Gerichte mit Atlantischem Lachs, Lamm, Jakobsmuscheln sowie frischem Obst und Gemüse. Der Weg zum Normaway Inn führt vom Hwy. 105 aus 30 km über den Cabot Trail, anschließend folgt man für 3 km der Egypt Road.

Das am Lake O'Law gelegene **The Lakes Resort** (✆ 902/248-2360 oder 888/722-2112; Mai–Okt.; $ 98–110 für 1/2 Pers.) verfügt über acht den See überblickende Häuschen mit je zwei Schlafzimmern. Jedes Häuschen ist mit einem Badezimmer, einer Mikrowelle, einem Wohnbereich und einem Außengrill ausgestattet. Das Resort bietet zahlreiche Freizeitmöglichkeiten, man kann angeln, Minigolf spielen, Ruderboot, Kanu oder Gokart fahren. Die Spezialität des hiesigen Restaurants sind Hummergerichte. Um hierherzukommen, biegt man in North East Margaree vom Cabot Trail ab.

Nova Scotia
Karte siehe Farbteil S. 2/3

Chéticamp

Wenn man von Baddeck ein Stück ostwärts fährt und dann dem Cabot Trail 90 km in nördlicher Richtung folgt, erreicht man das akadische Fischerdorf Chéticamp. Der 1000 Einw. zählende Ort liegt an einer geschützten Bucht, die ein Ausläufer des Sankt-Lorenz-Golfs ist. Am zentral gelegenen Government Wharf legen Charterboote ab, die zum Hochseefischen und zum Whalewatching aufs Meer hinausfahren, und 5 km nördlich von Chéticamp befindet sich der Eingang zum Cape Breton Highlands National Park.

Die ersten Siedler hier waren Akadier, die im 18. Jh. vom Festland Nova Scotias vertrieben wurden. Heute zelebriert das einwöchige, Anfang August stattfindende **Festival de l'Escaouette** mit einer Parade, Kunsthandwerksständen und Musikdarbietungen die akadische Kultur.

Sehenswertes/Sport und Freizeit

Die ersten Grundsteine für die **St. Pierre Catholic Church** wurden 1893 gelegt, aber es dauerte fast 20 Jahre, den Bau zu vollenden. Der Kirchturm ragt mit einer Höhe von mehr als 50 m steil in den Himmel und ist entlang der Küste von Norden und Süden schon von Weitem zu sehen. Das im Süden des Ortes gelegene **Acadian Museum** (744 Main St., ☎ 902/224-2170; Mitte Mai bis Mitte Juni tägl. 9–18 Uhr, Mitte Juni bis Sept. tägl. 9–21 Uhr, im Okt. tägl. 9–18 Uhr; Spende) zeigt Ausstellungsstücke aus der Zeit der ersten Siedler, wobei der Schwerpunkt auf der damaligen Schafzucht und dem Alltag der Schafhirten liegt. So erfährt man hier, wie gesponnen, gewebt und Häkelteppiche angefertigt wurden.

Das Anfertigen von Häkelteppichen ist einer der bedeutendsten Heimarbeitsbereiche in dieser Gegend. Dieses Kunsthandwerk wurde vor Jahrhunderten von den Akadiern entwickelt. Ende der 1930er-Jahre gründete eine Gruppe von Frauen in Chéticamp eine Häkelteppich-Kooperative, die auch heute noch floriert. Im Acadian Museum führen Mitglieder dieser Co-op Artisanale de Chéticamp die Kunst des Teppichhäkelns vor und stellen ihre Waren dort aus. Auch in dem Kulturzentrum **Les Trois Pignons** (15584 Main St., ☎ 902/224-2612; Mitte Mai bis Mitte Okt. tägl. 9–17 Uhr, sonst nur wochentags; Eintritt $ 5, Senioren und Kinder $ 4) gibt es schöne, gehäkelte Wand- und andere Teppiche zu sehen. In diesem auffälligen, mit einem roten Dach versehenen Gebäude am nördlichen Ende von Chéticamp befindet sich zudem das Besucherinformationszentrum.

Etliche der hiesigen Galerien und Läden verkaufen auch vor Ort gefertigte, folkloristische Kunstwerke: knallbunte, skurrile Schnitzereien und Gemälde, auf denen Fische, Seevögel, Fischer, Boote oder was den Künstlern sonst so in den Sinn kommt, zu sehen sind. In der 1 km nördlich vom Besucherinformationszentrum gelegenen **Sunset Art Gallery** (☎ 902/224-2119) sind die bunt bemalten Holzschnitzereien von William Roach ausgestellt.

Der Veranstalter **Whale Cruisers** (☎ 902/224-3376) bietet an Bord seiner beiden Boote *Whale Cruiser* und *Bonnie Maureen III* dreistündige Whalewatching-Ausflüge an. Die Boote legen von Juli bis Mitte September dreimal täglich vom Government Wharf ab, im Mai, Juni und Ende September finden die Touren weniger häufig statt. Die Kosten betragen $ 35, Kinder zahlen $ 15.

Reisepraktisches

● *Übernachten* An der Haupstraße gibt es eine Reihe von älteren, günstigen Motels. Wenn man nicht viel Geld ausgeben möchte, bietet sich Chéticamp als Ausgangspunkt für Tagestrips in den Cape Breton Highlands National Park an. Das empfehlenswerteste dieser Motels ist **Fraser's Motel and Cottage** (☎ 902/224-2411; Mitte Mai bis Mitte Okt.; $ 50–80 für 1/2 Pers.), das sich in der Nähe des Hauptanlegekais befindet.

Das ein paar Kilometer südlich der Stadt gelegene **Chéticamp Outfitters Inn B&B** (13938 Cabot Tr., Point Cross, ☎ 902/224-2776; April bis Mitte Dez.; $ 60–110 für 1/2

Pers.) ist ein über dem Meer thronendes, großes, modernes B&B mit sechs Gästezimmern. Zu den Gemeinschaftsbereichen zählt ein Terrassendeck, von dem aus man einen tollen Blick aufs Meer hat. Die günstigeren Zimmer teilen sich zwei Bäder. Das warme Frühstück ist im Preis inbegriffen. Die Besitzer verfügen auch über ein Charterboot, auf dem man mit hinaus aufs Meer zum Fischen fahren kann, was diese Unterkunft für Angler besonders interessant macht.

Hinter der Hauptstraße befindet sich die durch einen kleinen Pfad mit dem örtlichen

Golfplatz verbundene Ferienhausanlage **Cabot Trail Sea and Golf Chalets** (✆ 902/224-1777 oder 877/244-1777, www.sea golfchalets.com; Mitte Mai bis Mitte Okt.). Die Anlage verfügt über geräumige, moderne, frei stehende Häuschen, die jeweils mit einem Badezimmer, einer Küche, einem Terrassendeck und einem Grill ausgestattet sind. Die Häuschen, die bis zu 4 Pers. Platz bieten, kosten $ 149–299.

● *Essen und Trinken* Das am nördlichen Ende der Stadt gelegene Restaurant **Hometown Kitchen** (15559 Main St., ✆ 902/224-3888; tägl. ab 8 Uhr) befindet sich zwar direkt am Wasser, nutzt diese Lage aber nicht wirklich aus. Das Essen ist jedoch gut, die Portionen sind großzügig und die Preise günstig. Der Schwerpunkt liegt hier auf Seafood.

Das **Restaurant Acadien** (774 Main St., ✆ 902/224-3207; Mai–Okt. tägl. 7–22 Uhr) bietet authentische akadische Speisen wie *fricot* (ein suppenähnlicher Eintopf), Fleischpasteten, frischen Fisch, Blutwurst und *butterscotch pie*. Die Hauptgerichte liegen bei $ 12–22.

Das Familienrestaurant **Evangeline** (15150 Main St., ✆ 902/224-2044; tägl. 6.30–24 Uhr) hat sich auf hausgemachte Suppen und Fleischpasteten spezialisiert.

● *Information* In dem am nördlichen Ende der Stadt gelegenen **Chéticamp Visitor Information Centre** (15584 Main St., ✆ 902/224-2642; Mitte Mai bis Mitte Okt. tägl. 9–17 Uhr) kann man sich über Touren, Unterkünfte und Campgrounds informieren. Das Besucherzentrum des Nationalparks befindet sich nördlich von Chéticamp.

Wenn die Krabbenfischer ihren Fang abladen, erwachen die Docks zum Leben

Cape Breton Highlands National Park

Dieser Nationalpark, der einen urwüchsigen Landstrich an der Nordspitze Cape Bretons umfasst, ist einer der schönsten Kanadas. Outdoor-Fans kommen zum Wandern und Radfahren hierher, aber man kann die absolut spektakuläre Landschaft auch einfach mit dem Auto entlang dem Cabot Trail erkunden, der den Nationalpark von Chéticamp im Westen bis nach Ingonish im Osten umrundet.

Die Landschaft

Heidemoore, eine trockene, felsige Hochebene und eine 400 m über dem Meer gelegene Taiga prägen die Landschaft des 950 km^2 großen Parks. Die Westküste, an der sich die Berge wie kniende Giganten aus dem Sankt-Lorenz-Golf erheben, zeichnet sich durch schroffe Klippen aus, während die Ostküste etwas lieblicher, aber dennoch von wildromantischer Schönheit ist. Der 532 m hohe White Hill ist der höchste Berg Nova Scotias. Dieser windumpeitschte Hügel liegt fernab der nächsten Straße und es gibt keinen markierten Pfad, der dorthin führt.

Ein Großteil des Parks wird von den für Akadien typischen Mischwäldern bedeckt, wo im Schatten dicker Fichten, Balsamtannen und Papierbirken wilde Orchideen blühen. Das Prachtstück dieses akadischen Waldes ist die **Grand Anse River**-Schlucht nahe des MacKenzie Mountains. Hier finden sich Zuckerahornbäume, Gelbbirken sowie seltene arktisch-alpine Pflanzen, die Umgebung der Schlucht ist als internationales Naturschutzgebiet ausgewiesen. Der Park bietet außerdem einen Schutzraum für Weißwedelhirsche, Schwarzbären, Biber, Luchse, Nerze, Rotfüchse, Schneeschuhhasen und mehr als 200 Vogelarten, darunter Adler und Rotschwanzbussarde.

Zugang zum Park

Der Cape Breton Highlands National Park ist das ganze Jahr über zugänglich, allerdings haben die Campgrounds und die beiden Informationszentren nur von Mitte Mai bis Mitte Oktober geöffnet. Ein **National Parks Day Pass** kostet $ 7,80, Senioren zahlen $ 6,80 und Kinder $ 3,90, wobei man pro Fahrzeug und Besatzung insgesamt nicht mehr als $ 19,60 zahlt. Der Tagespass ist bis 16 Uhr des Folgetags gültig. Die Eintrittskarten kann man in den beiden Informationszentren, auf den im Park gelegenen Campgrounds Chéticamp und Ingonish oder an den beiden Einfahrtstoren zum Park erwerben.

Unterwegs auf dem Cabot Trail

Der 300 km lange Cabot Trail umsäumt nicht nur den Park, sondern verläuft weit über dessen Grenzen hinaus. Der spektakulärste Abschnitt ist zweifelsohne die durch den Park führende, 110 km lange Strecke zwischen Chéticamp und Ingonish. Wenn man für diese Fahrt einen ganzen Tag einplant, wird man genug Zeit haben, um ein oder zwei der Wanderwege zu erkunden, an den besten Aussichtspunkten Halt zu machen und sogar einen Whalewatching-Ausflug zu unternehmen. In diesem Abschnitt geht es um die Strecke selbst, Sport- und Freizeitmöglichkeiten werden im Anschluss erläutert. Man kann den Cabot Trail natürlich in beide Richtungen abfahren. Im Folgenden wird die Fahrt von Chéticamp nach Ingonish beschrieben. Wenn man dem Cabot Trail auf diese Weise (also im Uhrzeigersinn) folgt, passiert man das Hauptinformationszentrum des Parks am Anfang der Tour und fährt immer auf der sichereren, zum Landesinneren hin gelegenen Seite der Straße.

Jeden Sommer bewältigen Tausende von Outdoor-Fans den Cabot Trail mit dem Fahrrad. Die Strecke ist nicht besonders lang, aber teilweise sehr anstrengend, und da es keinen breiten Randstreifen gibt, kann es manchmal zu haarsträubenden Situationen kommen.

Von Chéticamp nach Pleasant Bay

Als Erstes sollte man hinter Chéticamp das **Park Information Centre** (✆ 902/224-2306; Juli/Aug. 8–20 Uhr, Mitte Mai bis Ende Juni sowie Sept. bis Mitte Okt. 9–17 Uhr) ansteuern. Man kann sich dort mit Kartenmaterial versorgen, sich nach Wandermöglichkeiten erkundigen, die naturgeschichtlichen Schautafeln studieren und sich dann auf den Weg machen. Das Eintrittsgeld für den Park entrichtet man entweder hier oder an einer Schranke, die man kurz hinter dem Zentrum passiert.

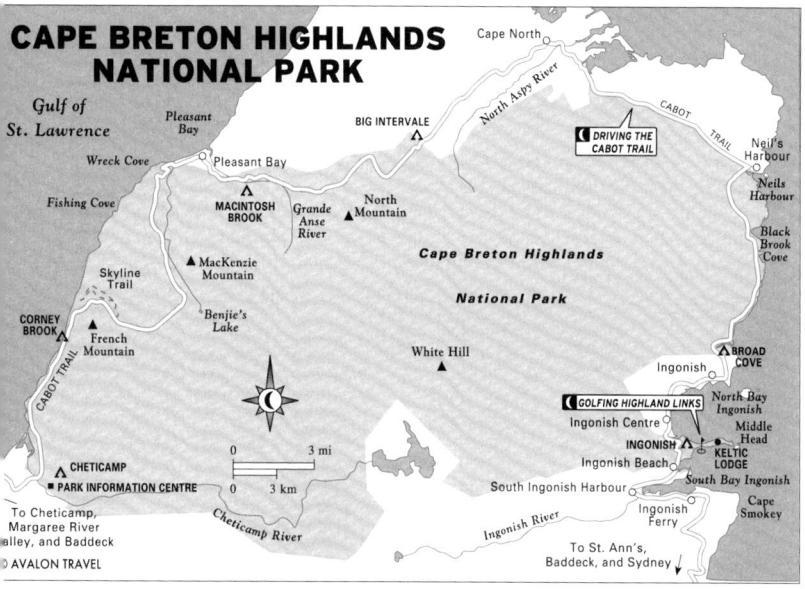

Dies ist der imposanteste Abschnitt einer der spektakulärsten Routen der Welt. Der Highway folgt der Küstenlinie und windet sich dann steil aufwärts entlang den Meeresklippen zu einem Aussichtspunkt hinauf, der sich 18 km nördlich des Informationszentrums befindet.

Durchs Vorgebirge

Hinter dem am nordwestlichsten Zipfel des Parks gelegenen Ort Pleasant Bay führt der Highway ins Landesinnere und schlängelt sich den 455 m hohen **French Mountain** hinauf. Es folgt ein ebener Streckenabschnitt, der über einen schmalen, tiefe Täler überblickenden Grat führt. Danach geht es wieder bergauf. Dieses Mal windet die Straße sich den 372 m hohen **MacKenzie Mountain** hinauf. Nach der anschließenden serpentinenreichen Talfahrt mit einem Gefälle von 10–12 % führt der Cabot Trail auf den **North Mountain,** der vor mehr als 1 Mrd. Jahren entstand. Von der 445 m hohen und sich über 3 km erstreckenden Kuppe öffnet sich der Blick auf eine tiefe Schlucht und den North Aspy River.

Cape North und Umgebung

Der nördlichste Punkt des Cabot Trails ist der nach dem Kap im Norden benannte Ort Cape North. Von hier führt eine Stichstraße zu dem 22 km weiter nördlich gelegenen Dorf Meat Cove. Diese Straße gehört zwar nicht mehr zum Park, aber die Gegend, die sie durchquert, bevor sie bei der St. Lawrence Bay das offene Meer erreicht, ist ähnlich wild und unberührt. Unterwegs passiert man den **Cabot's Landing Provincial Park,** wo der englische Forschungsreisende John Cabot an Land gegangen sein soll. Der Park verfügt über einen Sandstrand an der Aspy Bay (gut, um Muscheln auszugraben) sowie einen Picknickbereich und ist der Ausgangspunkt für Wanderungen auf den 442 m hohen Sugar Loaf Mountain.

Die Ostküste bis Ingonish

Von Cape North führt der Cabot Trail zunächst in östlicher und dann in südlicher Richtung weiter bis zu dem 45 km entfernten Badeort Ingonish. Unterwegs sollte man sich sowohl für ein Seafood-Festmahl in Neil's Harbour als auch für einen Halt an der **Black Brook Cove** Zeit nehmen. Die von einem kleinen Strand gesäumte Bucht ist ein äußerst beliebter Ort zum Baden und Picknicken. Wenn man den sommerlichen Menschenmengen entfliehen möchte, kann man vom nördlichen Strandende aus dem Jack Pine Loop durch den lichten Küstenwald folgen.

Reisepraktisches

Sport und Freizeit

• *Wandern* Im Park gibt es 26 ausgewiesene Wanderwege, die von kurzen einfachen Spaziergängen unter einem halben Kilometer bis hin zu anspruchsvollen Routen, die zu 20 km entfernten Campgrounds führen, verschiedenste Schwierigkeitsgrade abdecken. Viele der Wege sind eben, einige führen bergauf zu atemberaubenden Aussichtspunkten. Manche verlaufen entlang der felsigen Küste, andere ziehen sich durch Flusstäler. Egal, wie erfahren oder konditionsstark man ist – jeder kann den Park in seinem eigenen Tempo erkunden. Nähere Informationen zu den einzelnen Wanderrouten im Park bietet das Buch „Walking in the Highlands", das es bei der Buchhandlung Les Amis du Plein Air im Park Information Centre zu kaufen gibt.

Die folgenden Wanderungen sind (entsprechend der Richtungsfolge in dem Abschnitt *Unterwegs auf dem Cabot Trail*) im Uhrzeigersinn angeordnet.

Der 1,9 km lange, ausgeschilderte **Le Buttereau Trail** gehört zu den einfacheren Wegen. Er führt an Wildblumen vorbei und bietet gute Möglichkeiten zur Vogelbeobachtung. Der Startpunkt dieser Tour befindet sich etwas oberhalb der nördlich von Chéticamp gelegenen Parkeinfahrt.

Ein wenig anspruchsvoller ist der 7 km lange **Skyline Loop**, für den man etwa 2 Std. (einfache Strecke) braucht. Dieser Weg führt auf ein Kap hinauf, von dem aus man mit etwas Glück Grindwale beobachten kann. Unterwegs sollte man nach Weißkopfseeadlern, Hirschen und Bären Ausschau halten. Der Weg beginnt dort, wo der Cabot Trail am French Mountain ins Landesinnere führt.

An bewölkten oder feuchten Tagen bietet sich ein Spaziergang auf dem **Benjie's Lake Trail** als ideale Abwechslung zum Autofahren an. Für diesen einfachen Spazierweg braucht man pro Richtung etwa 30 Min. Der Ausgangspunkt befindet sich 6 km hinter dem Startpunkt des Skyline Loop Trails.

Echte Backpacker zieht es zum **Fishing Cove Trail**. Dieser 16 km lange Rundwanderweg führt durch felsiges Gelände zu einem Campground und einem Strand. Man kann den Hinweg in 2 Std. schaffen, sollte aber für den anstrengenden Rückweg, der wieder zum Highway hinaufführt, mindestens 3 Std. einplanen.

• *Whalewatching* In Nova Scotia gibt es zwei bedeutende Walbeobachtungsgebiete. Das eine ist die Bay of Fundy, das andere befindet sich vor Pleasant Bay. Zahlreiche Veranstalter bieten entsprechende Touren an, die im Sommer tägl. von diesem Ort aus starten. Die Wahrscheinlichkeit, dass man Grind-, Zwerg- und Buckelwale zu Gesicht bekommt, ist sehr hoch, weil in dieser Gegend einfach so viele Wale nahe an die Küste herankommen. Entsprechend können die Veranstalter auch mit einer hohen Erfolgsquote werben. Die Touren dauern etwa 90 Min. und kosten vertretbare $ 30/Pers. Zu den in Pleasant Bay ansässigen Veranstaltern zählen **Captain Mark's** (✆ 902/224-1316 oder 888/754-5112) und **Fiddlin' Whale Tours** (✆ 866/688-2424). Beide Anbieter sind mit Kartenverkaufsbuden am Hafen vertreten, aber im Juli und Aug. sollte man telefonisch vorab buchen.

Übernachten/Camping

Da es sich um einen Nationalpark handelt, findet man innerhalb der Grenzen dieses Parks keine Hotels. Stattdessen übernachten viele Besucher in dem für sein akadisches Erbe bekannten Städtchen Chéticamp, in Ingonish, wo es Strände und einen Golfplatz gibt, oder in einer der folgenden Unterkünfte, die sich zwischen diesen beiden Orten befinden.

• *Unter $ 50* Das am westlichen Parkrand gelegene **Cabot Trail Hostel** (23349 Cabot Tr., ✆ 902/224-1015; $ 26/Pers.) ist das einzige Backpacker-Hostel auf Cape Breton Island. Es befindet sich 38 km nördlich von Chéticamp und ist von Pleasant Bay zu Fuß zu erreichen. Das kleine, aber gemütliche und freundliche Hostel verfügt über 18 Schlafsaalbetten, die sich auf zwei Zimmer und eine angrenzende Schlafbaracke verteilen. Das Haus ist mit Gemeinschaftswaschräumen, zwei Küchen, einem Terrassendeck mit Grill und Internetzugang ausgestattet.

• *$ 100–150* Etwas mehr als 40 km nördlich von Chéticamp verläuft der Cabot Trail bei Pleasant Bay ein kurzes Stück außerhalb des Parks. Hier beherbergt das mit einem pinken Anstrich versehene und somit nicht zu übersehende **Midtrail Motel & Inn** (23475 Cabot Tr., ✆ 902/224-2529 oder 800/215-0411, www.midtrail.com; Mitte Mai bis Okt.; ab $ 109 für 1/2 Pers.) 20 helle, einfache Motelzimmer, die z. T. Meerblick haben, sowie ein familienfreundliches Seafood-Restaurant.

Das Resort **The Markland** (Dingwell, ✆ 902/383-2246 oder 800/872-6084, www.marklandresort.com; Mai bis Mitte Okt.) erstreckt sich über ein 25 ha großes, direkt am Meer gelegenes Areal und befindet sich 52 km nördlich von Ingonish (zwischen Cape North und South Harbour biegt man vom Cabot Trail ab und folgt den Hinweisschildern). Obwohl es sich um ein Resort handelt, spielt sich hier das meiste draußen ab. Ein Großteil der Gäste verbringt die Zeit am angrenzenden Strand oder lässt es sich draußen am Swimmingpool gut gehen. Die Standardzimmer kosten $ 149 (1/2 Pers.) und die sehr viel größeren, frei stehenden Hütten liegen bei $ 249–299. Das hauseigene Restaurant bietet allerfrischestes Seafood, welches mit saisonalen Naturprodukten wie Farnblättern *(fiddleheads)* oder wilder Minze kombiniert wird.

• *Campgrounds* Der Cape Breton Highlands National Park ist das beliebteste Reiseziel von Campingurlaubern in Nova Scotia. Parks Canada betreibt hier sieben im Park gelegene Campgrounds.

Der **Chéticamp Campground** (5 km nördl. von Chéticamp; Zeltstellplatz $ 25,50, Stellplatz mit Anschlüssen $ 38,20) befindet sich hinter dem Hauptinformationszentrum des Parks. Zu der Ausstattung gehören Duschen, WC, Kochgelegenheiten, Spielplätze

In der geschützten Black Brook Cove kann man entspannt schwimmen

und ein Freilufttheater, wo im Sommer Konzerte und naturkundliche Informationsabende veranstaltet werden. Nur einige Stellplätze verfügen über Feuerstellen. Chéticamp Campground ist der einzige Campground im Park, der Reservierungen entgegennimmt. Die Stellplätze können über den **Parks Canada Campground Reservation Service** (✆ 905/426-4648 oder 877/737-3783, www.pccamping.ca) gebucht werden. Pro Reservierung zahlt man $ 11. Wenn man im Hochsommer reist und Anschlüsse benötigt, empfiehlt es sich sehr, von diesem Buchungssystem Gebrauch zu machen.

10 km nördlich der Parkeinfahrt befindet sich der **Corney Brook Campground** (Mitte Mai bis Anf. Okt.; $ 23,50), der nicht viel mehr als ein Parkplatz ist und über 20 ausgewiesene Stellplätze verfügt. Dafür hat man von hier eine umwerfende Aussicht

Der Corney Brook Campground liegt direkt am Ozean

aufs Meer, die die mangelnde Ausstattung mehr als wettmacht. Die zehn Stellplätze des hinter Pleasant Bay gelegenen **MacIntosh Brook Campgrounds** (Mitte Mai bis Anf. Okt.; $ 21,50) sind schnell belegt. 10 km weiter östlich befindet sich der ebenfalls mit zehn Stellplätzen ausgestattete **Big Intervale Campground** (Mitte Mai bis Anf. Okt.; $ 18). Keiner dieser beiden Campgrounds verfügt über Trinkwasser. Der nördlich von Ingonish am Meer gelegene **Broad Cove Campground** (Mitte Mai bis Anf. Okt.; $ 27,40) hat 256 Stellplätze und ist der größte Campground im Park. Zur Ausstattung gehören Duschen, WC, Kochgelegenheiten, Spielplätze und ein Freilufttheater. Der **Ingonish Campground** (Ende Juni bis Anf. Sept.; $ 27,40) liegt in einem Ausläufer des Parks, der sich bei Ingonish entlang der Küste bis ans Meer erstreckt. Trotz seiner Nähe zu dem Badeort Ingonish ist der bewaldete Campground ruhig und abgeschieden. In fußläufiger Nähe befindet sich ein Sandstrand, an dem man gefahrlos baden kann. Der Platz ist mit Duschen, WC und Kochgelegenheiten ausgestattet.

Information

Sobald man den Park erreicht hat, sollte man nach rechts zu dem ausgezeichneten **Park Information Centre** (✆ 902/224-2306; Juli/Aug. 8–20 Uhr, Mitte Mai bis Ende Juni sowie Sept. bis Mitte Okt. 9–17 Uhr) abbiegen. Hier gibt es naturgeschichtliche Ausstellungen, Wetterberichte, Veranstaltungsprogramme und hilfsbereite Mitarbeiter. In einem Teil des Komplexes ist mit **Les Amis du Plein Air** (✆ 902/224-3814) ein überraschend großer Buchladen untergebracht, der mehr als 1000 Titel führt.

In Ingonish betreibt Parks Canada für diejenigen, die von Osten kommend in den Park fahren, ein kleineres Informationszentrum (Juli/Aug. 8–20 Uhr, Mitte Mai bis Ende Juni sowie Sept. bis Mitte Okt. 9–17 Uhr).

Ingonish und Umgebung

Der 110 km östlich von Chéticamp und 100 km nördlich von Baddeck gelegene Ort Ingonish (500 Einw.) ist ein geschäftiger Badeort am östlichen Eingang des Cape Breton Highlands National Parks, der viel mehr als gute Unterkünfte zu bieten hat: Ingonish ist von wunderschönen Stränden umgeben, verfügt über einen der besten Golfplätze Kanadas und hat eine tolle Auswahl an Seafood-Restaurants. Einfacher gesagt: Wenn man sich während seiner Reise durch Nova Scotia eine Verschnaufpause gönnen möchte, dann sollte man hier zwei oder mehr Nächte verbringen.

Reisepraktisches

Sport und Freizeit

• *Schwimmen und Sonnenbaden* Strandliebhaber zieht es an den von einem Rettungsschwimmer bewachten **Ingonish Beach**, einen der schönsten Strände Kanadas. Das seichte Wasser erreicht im Juli und August angenehme Temperaturen.

• *Wandern und Spazierengehen* Der Ausgangspunkt des 2 km langen Rundwanderwegs **Freshwater Lake Loop** befindet sich am Parkplatz von Ingonish Beach. Der Weg umrundet einen flachen See, an dem man abends oft Biber bei ihrem emsigen Treiben beobachten kann.

Auch wenn man nicht im **Keltic Lodge Resort** übernachtet, bietet sich das Gelände für einen schönen Spaziergang an. Am Ende der Zufahrtsstraße zu dem Resort beginnt ein 2 km langer Weg, der an die Spitze der Middle Head Peninsula führt.

• *Golfen* Der Golfplatz **Highland Links** (3 km nördl. von Ingonish Beach, ℘ 902/285-2600 oder 800/441-1118) gilt gemeinhin als einer der 100 besten Golfplätze der Welt, und im Vergleich zu anderen, ähnlich renommierten Golfplätzen sind die Greenfees hier ein richtiges Schnäppchen. In der Hochsaison zahlt man $ 91, ab der Abenddämmerung kostet es nur noch ab $ 55, und für Elektrocaddies zahlt man zusätzlich $ 31. Der 1939 eröffnete Golfplatz wurde von Stanley Thompson angelegt, demselben Architekten, der auch mit der Gestaltung der berühmten Golfplätze im Banff National Park und im Jasper National Park beauftragt war.

Übernachten

An der Küste von Ingonish gibt es zahlreiche Unterkunftsmöglichkeiten, aber im Juli und August ist die Nachfrage groß, sodass man für diesen Zeitraum weit im Voraus buchen sollte. Zu beachten ist auch, dass nur wenige Unterkünfte das ganze Jahr über geöffnet sind.

• *$ 50–100* Vom **Sea Breeze Cottages and Motel** (8 km nördl. der östl. Parkeinfahrt, ℘ 902/285-2879 oder 888/743-4443; Mitte April bis Mitte Dez.) hat man einen schönen Blick aufs Meer, und der zur Anlage gehörende Spielplatz lässt Kinderherzen höher-

schlagen. Den Gästen stehen sowohl einfache Motelzimmer ($ 84 für 1/2 Pers.) als auch kleine Ferienhäuschen ($ 98–140 für 1/2 Pers.) zur Verfügung.

• *$ 100–150* Die ganzjährig geöffnete Ferienhausanlage **Ingonish Chalets** (36784 Cabot Tr., Ingonish Beach, ℘ 902/285-2008 oder 888/505-0552, www.ingonishchalets.com) hat einen direkten Zugang zum Strand und ist von mehreren Wanderwegen umgeben. Die neun Blockhäuser mit je zwei Schlafzimmern kosten $ 150 (1/2 Pers.), während man für die fünf motelähnlichen Zimmer

Einlochen auf einem der besten Golfplätze Kanadas

$ 110 zahlt. Von den handgefertigten Möbeln bis hin zur Wandvertäfelung wird die Inneneinrichtung von Kiefernholz dominiert. Die Hütten verfügen auch über einfache Kochgelegenheiten und sind mit Mikrowellen, Wasserkochern etc. ausgestattet.

Über Langeweile wird man sich im **Glenghorm Beach Resort** (Ingonish, ✆ 902/285-2049 oder 800/565-5660, www.glenghorm beachresort.com; Mai–Okt.; $ 115–400 für 1/2 Pers.) kaum beschweren können. Die weitläufige Anlage erstreckt sich vom Cabot Trail bis an einen schmalen Sandstrand. Hier kann man am Meer entlangspazieren, sich am Außenschwimmbecken entspannen, Kajaks mieten und durch das ruhige Küstengewässer paddeln oder sich im Fitnessraum ertüchtigen. Außerdem gibt es Felder für Rasenspiele, Tennis- und Volleyballplätze sowie einen Fahrradverleih. Abends kann man sich bei einem Glas Wein in einem der Adirondack-Stühle am Wasser entspannen oder eines der in Nova Scotia gebrauten Biere im resorteigenen Pub probieren. Man hat die Wahl zwischen Motelzimmern, ein wenig altmodischen Ferienhäuschen (von denen einige direkt am Meer liegen) und – meinen Lieblingszimmern auf ganz Cape Breton Island – zweckmäßig, aber stilvoll eingerichteten Suiten mit Küchen und eigenen Balkonen.

• *$ 150–200* Nicht nur der Cabot Trail, sondern auch das auf der Middle Head Peninsula gelegene Resort **Keltic Lodge** (✆ 902/285-2880 oder 800/565-0444, www.kelticlodge.ca; Mitte Mai bis Mitte Okt.; ab $ 180 für 1/2 Pers.) hat seine ergebenen Fans. Vom Cabot Trail schlängelt sich ein Zufahrtsweg durch dichte Weißbirkengrüppchen hierher. Die langgezogene, zweistöckige, holzvertäfelte Lodge, die mit einem strahlend weißen Anstrich und einem knallroten Dach versehen ist, wirkt so pittoresk wie das Landgut eines Adeligen in den schottischen Highlands. Das Haupthaus verfügt über 32 rustikal eingerichtete Zimmer. Diese gehen von einer gemütlichen Lobby ab, um deren massiven, steinernen Kamin Polstersessel und Sofas gruppiert sind. In einem angrenzenden, neueren Gebäude namens White Birch Inn befinden sich 40 weitere Zimmer. Darüber hinaus verteilen sich auf dem Grundstück neun Ferienhäuschen, die ähnlich wie Suiten gestaltet sind und sich gut für Familien eignen. Gut markierte Wanderwege winden sich durch die angrenzenden Wälder des Nationalparks

und führen an der Küste der Halbinsel entlang. Das Resort verfügt zudem über ein (etwas kühles) Außenschwimmbecken, Tennisplätze und einen Wellnessbereich.

Das **Seascape Coastal Retreat** (36083 Cabot Tr., Ingonish, ✆ 902/285-3003 oder 866/385-3003, www.seascapecoastalretreat.com; Mai bis Mitte Okt.; $ 229–249 für 1/2 Pers.) beherbergt eines der besten Restaurants der Region und eignet sich v. a. für Paare, die in romantischer Umgebung einen ruhigen Kurzurlaub machen wollen. Dieses sehr abgeschiedene Resort beherbergt zehn klimatisierte Holzhäuschen, die alle über separate Schlafzimmer und eigene Terrassendecks mit Blick aufs Meer verfügen. Nette Extras wie Bademäntel, Badewannen mit Sprudeldüsen und TV/Video-Geräte runden die Ausstattung ab. Draußen führen Spazierwege durch die angelegten Gärten zu einem Kräuterbeet und einem Hof, in dem die Gäste abends zusammensitzen. Im Preis inbegriffen sind ein warmes Frühstück sowie Seafood-Snacks, die man bei der Ankunft in sein Häuschen gebracht bekommt.

Essen und Trinken

Wenn die Sonne scheint, gibt es in ganz Nova Scotia keinen schöneren Ort, um frisches Seafood zu genießen, als das **Muddy Rudder** (38438 Cabot Tr., ✆ 902/285-2280; Juni–Sept. tägl. 11–20 Uhr), ein skurriles Outdoor-Restaurant südlich von Ingonish Beach. Seine Bestellung gibt man hier am Fenster ab – man kann u. a. zwischen Krebsen, Hummern, Mies- und anderen Muscheln wählen – und der Besitzer schmeißt das Ganze dann einfach in einen großen Topf mit kochendem Wasser, der draußen vor der Tür auf einem Propangasbrenner steht. Die meisten Tische befinden sich auf einer Rasenfläche neben dem Fluss, einige andere stehen unter einer Dachkonstruktion. Man zahlt etwa $ 15 für einen ganzen Krebs, als Beilage gibt es Coleslaw und ein Brötchen mit Butter.

Das **Chowder House** (✆ 902/336-2463; Mai–Sept. tägl. 11–20 Uhr) ist in einem verwitterten Holzhaus auf einem Kap bei Neil's Harbour untergebracht. Man gibt seine Bestellung drinnen an einem Fenster ab, bekommt eine Nummer, wartet darauf, dass diese aufgerufen wird, und kann sich dann an cremigen Muschel-Chowders ($ 4), Fish 'n' Chips ($ 8), Hummer-Burgern ($ 10) oder ganzen Krebsen ($ 17) gütlich tun. Das Chowder House ist immer gut besucht und

Famose Aussicht vom Keltic Lodge Resort

bietet weit und breit das beste Preis-Leistungs-Verhältnis.

Das **Seascapes Restaurant** (36083 Cabot Tr., Ingonish, ℡ 902/285-3003; Mai bis Mitte Okt. tägl. 18–21 Uhr) ist ein schicker, stilvoller Dining Room mit Blick aufs Meer. Es gibt keine Speisekarte, die tägl. wechselnde Abendkarte ist auf einer Tafel angeschrieben und das Angebot hängt davon ab, welches Seafood gerade erhältlich ist. Die Hauptgerichte liegen bei $ 18–25.

● *Keltic Lodge* Die Keltic Lodge (Middle Head Peninsula, ℡ 902/285-2880) beherbergt zwei sehr unterschiedliche Restaurants. An der Zufahrtsstraße befindet sich das **Atlantic Restaurant** (Mitte Mai bis Mitte Okt. tägl. 11–21 Uhr), ein großes, auf Familien ausgerichtetes Lokal mit Seafood-Gerichten für jeden Geschmack und Geldbeutel.

In Bierteig gebackene Fish 'n' Chips kosten $ 11, für gegrillten Lachs zahlt man $ 20, und abgesehen vom Hummer liegen die meisten Hauptgerichte unter $ 25. Darüber hinaus gibt es eine erstklassige Salatbar ($ 9). Von den Tischen auf der Ostseite hat man einen tollen Blick aufs Meer. Der elegante, aber nicht allzu förmliche **Purple Thistle Dining Room** (Ende Mai bis Mitte Okt. tägl. 7–10 und 18–21 Uhr) ist einer der renommiertesten Dining Rooms Nova Scotias, besonders was die Seafood-Gerichte betrifft. Statt Essen à la carte gibt es hier fünfgängige Menüs (etwa $ 45). Der Schwerpunkt liegt auf verschiedenen Hummer-Kreationen und anderen Seafood-Gerichten. Wenn man den Cabot Trail abfährt und hier abends einen Halt einlegen möchte, um essen zu gehen, sollte man vorab reservieren.

Südlich von Ingonish

Südlich des Ingonish Beach führt der Cabot Trail in Haarnadelkurven bergab. Am 366 m hohen **Cape Smokey** kann man einen Halt einlegen und hier picknicken oder oben auf dem Kap an den Klippen entlangwandern, von wo man eine wunderschöne Aussicht genießt. Nach dem steilen, serpentinenreichen Teilstück verläuft die Straße leicht abwärts an der Küste entlang und gibt den Blick auf die Bird Islands frei, die der Küste vorgelagert sind. Diese beiden Inseln, die zahlreichen Seevogelarten als Nistplatz dienen, liegen nordwestlich des Kaps in der Mündung der St. Ann's Bay.

St. Ann's

Während der 1850er-Jahre machten sich etwa 900 Einwohner St. Ann's per Segelschiff auf den Weg nach Australien, weil ihnen Cape Breton nicht zusagte. Sie ließen sich schließlich in Neuseeland nieder, wo ihre Nachfahren heute einen Großteil der schottischstämmigen Bevölkerung ausmachen. Obwohl St. Ann's damals fast die Hälfte seiner Einwohner verlor, ist der 80 km südlich von Ingonish und 30 km nördlich von Baddeck gelegene Ort heute das Zentrum der gälischen Kultur Cape Bretons.

Gaelic College of Celtic Arts and Crafts

Das 1938 gegründete Gaelic College (51779 Cabot Tr., ℆ 902/295-3411) ist die einzige Institution ihrer Art in Nordamerika. Hier kann man u. a. Tänze aus den Highlands, Fiddeln, Dudelsackpfeifen, Gälisch und Weben lernen. Im Sommer zieht das College Gälophile aus der ganzen Welt an. Die zum Campus gehörende **Great Hall of the Clans** (Juli/Aug. tägl. 9–17 Uhr) zeigt Ausstellungen über die schottische Kultur und Geschichte, die sich auch mit der Auswanderung der Schotten nach Cape Breton befassen. Darüber hinaus wird hier vorgeführt, wie man webt und Instrumente baut, und es gibt Musik- und Tanzdarbietungen (Juli/Aug. Mo–Fr). Im Souvenirladen des Campus werden, wie zu erwarten, Kilts und Tartans verkauft.

Celtic Colours International Festival

Dieses beliebte Festival (℆ 902/562-6700 oder 877/285-2321, www.celtic-colours. com) findet in der zweiten Oktoberwoche statt und lässt mit seinen Konzerten, die an verschiedenen Orten quer über die Insel verteilt abgehalten werden, das gälische Erbe Cape Bretons hochleben. Das Gaelic College of Celtic Arts and Crafts ist dabei ein zentraler Veranstaltungsort, besonders wegen seines nächtlichen Festival Clubs, wo die Musiker zu inoffiziellen Sessions zusammenkommen, nachdem sie anderswo aufgetreten sind. Pro Abend werden sechs oder sieben Konzerte geboten, die meist in kleinen Gemeindesälen stattfinden, und die von Veranstaltungsort zu Veranstaltungsort reisenden Festivalbesucher können sich unterwegs an den leuchtenden Herbstfarben erfreuen.

Der Nordosten

Sydney

Sydney (24.000 Einw.) ist die einzige größere Stadt auf Cape Breton Island und liegt an einem riesigen Hafen im Nordosten der Insel. Anfang des 19. Jh. war sie die Hauptstadt der Kolonie Cape Breton und zu Beginn des 20. Jh. erlebte die Gegend um Sydney als eines der bedeutendsten Stahlproduktionszentren Kanadas einen enormen Aufschwung.

Sehenswertes

Die Straßen nördlich der Downtown sind von historischen Gebäuden gesäumt, für die die Steine damals im nahe gelegenen Louisbourg abgebaut wurden. Eines davon ist die 1830 erbaute St. Patrick's Church. Die damit älteste römisch-katholische Kirche Cape Bretons beherbergt heute das **St. Patrick's Church Museum** (87 Esplanade; Juni–Aug. tägl. 9.30–17.30 Uhr; Spende). Das **Cossit House** (75 Charlotte St., ℆ 902/539-7973; Juni bis Mitte Okt. Mo–Sa 9.30–17.30, So 13–17.30 Uhr; Eintritt

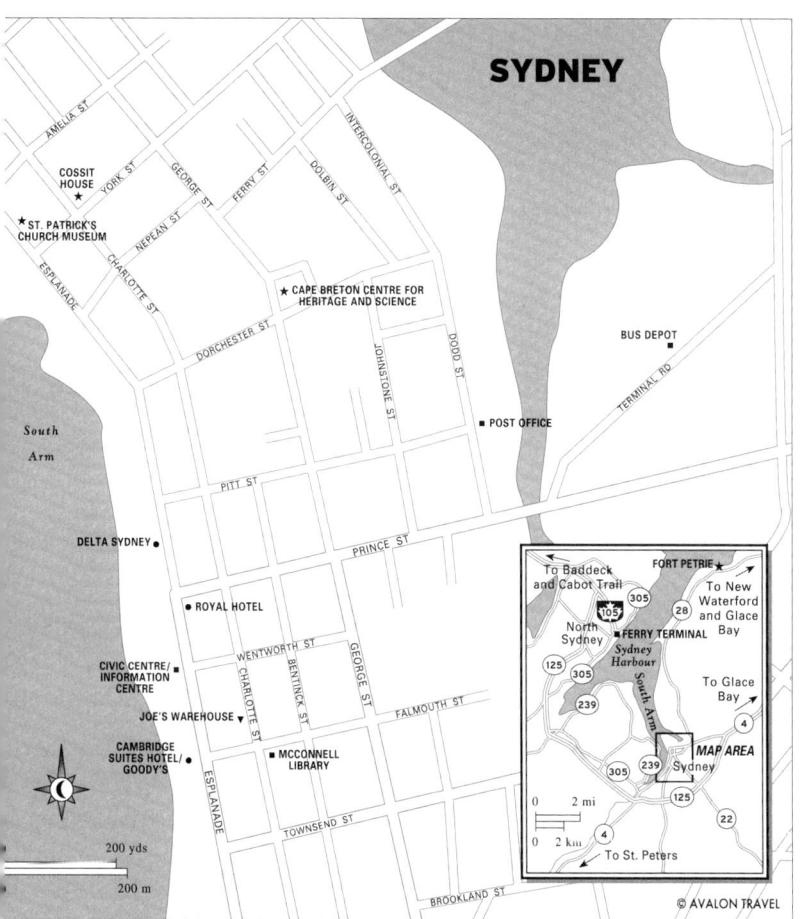

SYDNEY

$ 2, Senioren und Kinder $ 1) ist beinahe so alt wie Sydney selbst. Das 1787 erbaute Pfarrhaus wurde originalgetreu restauriert.

Im **Cape Breton Centre for Heritage and Science** (225 George St., ✆ 902/539-1572; Juni–Sept. Mo–Fr 9–17 Uhr, sonst Di–Fr 10–16 Uhr; Eintritt frei) kann man sich auf Schautafeln über die sozial- und naturgeschichtlichen Entwicklungen im Osten Cape Bretons informieren, außerdem werden hier Kunstausstellungen veranstaltet und Filme gezeigt.

Reisepraktisches

• *Übernachten* Die Motelzimmer in Sydney sind im Allgemeinen teurer, als sie sein sollten. Es empfiehlt sich daher, online nach Pauschalangeboten zu suchen oder bis zur letzten Minute zu warten und dann vor Ort einen Preis auszuhandeln.

Vom 2 km südlich der Downtown gelegenen **Comfort Inn Sydney** (368 Kings Rd., ✆ 902/562-0200, www.choicehotels.ca; $ 120–140 für 1/2 Pers.) hat man einen schönen Blick aufs Ufer. Die mittelgroßen Zimmer verfügen über ein zeitgemäßes Ambiente und sind mit allem erforderlichen modernen Komfort wie Highspeed-Internetzugang ausgestattet.

Mein persönlicher Favorit in Sydney ist das moderne **Cambridge Suites Hotel** (380 Esplanade, ℂ 902/562-6500 oder 800/565-9466, www.cambridgesuitessydney.com), dessen 150 geräumige, separate Suiten jeweils mit einer Küche und Highspeed-Internetzugang ausgestattet sind. In der obersten Etage gibt es einen Swimmingpool, eine Sauna, Fitnessräume und eine Sonnenterrasse. Im Sommer zahlt man für eine Suite ab $ 160 (1/2 Pers.), zu anderen Zeiten bis zu $ 30 weniger. (Das hauseigene Restaurant ist das beste der Stadt, siehe dazu auch den Abschnitt *Essen und Trinken*.)

Das mitten in der Downtown gelegene, in einem schön gestalteten Hochhaus untergebrachte **Delta Sydney** (300 Esplanade, ℂ 902/562-7500 oder 800/565-1001, www.deltahotels.com; $ 200 für 1/2 Pers.) ist ein komfortables Hotel mit mehr als 150 Zimmern und einem Restaurant mit Blick aufs Wasser. Zur weiteren Ausstattung gehören ein Innenschwimmbecken mit Wasserrutsche, ein Whirlpool, eine Sauna, ein Fitnessraum und ein Souvenirladen. Die Standardpreise sind mit $ 200 zu hoch, aber die $ 140, die mir Anfang Juni für ein Zimmer mit Blick aufs Wasser berechnet wurden, erschienen mir angemessen.

● *Essen und Trinken* Das **Goody's** (Cambridge Suites Hotel, 380 Esplanade, ℂ 902/562-6500; tägl. Frühst., Mittag- und Abendessen) ist das beste Restaurant der Stadt, wenn man in schöner Umgebung gesund und preisgünstig essen möchte. Das kontinentale Frühstück kostet $ 8 (für Hotelgäste gratis), mittags zahlt man für ein kleines Gericht wie den Thai Chicken Salad weniger als $ 12, und die Abendkarte beinhaltet so köstliche Versuchungen wie mit Krabben und Jakobsmuscheln gefüllten Lachs ($ 25).

Jenseits der Dining Rooms der Hotels empfiehlt sich das Restaurant **Joe's Warehouse** (424 Charlotte St., ℂ 902/539-6686; tägl. Mittag- und Abendessen), das in einem umgebauten Warenlager des Unternehmens Canadian Tire untergebracht ist.

Das geräumige Restaurant wird gerne von Einheimischen besucht, die sich hier in zwangloser Atmosphäre an den Spezialitäten des Hauses wie Prime Ribs, New York Strip Steaks und überraschend gutem Käsekuchen gütlich tun.

● *Information* Das **Sydney Visitor Information Centre** befindet sich in dem am Wasser gelegenen Civic Centre (320 Esplanade, ℂ 902/539-9876; Ende Mai bis Mitte Okt. Mo–Fr 8.30–17 Uhr). Eine weitere Informationsquelle ist die Website von Destination Cape Breton (www.cbisland.com).

● *Adressen* Wenn man ins Internet möchte, sollte man die **McConnell Library** (50 Falmouth St., ℂ 902/562-3161; Di–Fr 10–21, Sa 10–17.30 Uhr) besuchen und den Mitarbeitern sagen, dass man hier zu Besuch ist. Falls ein Platz frei ist, kann man ihn nutzen.

Das **Cape Breton Regional Hospital** (1482 George St.) erreicht man unter ℂ 902/567-8000. Die **RCMP** hat die Nummer ℂ 564-7171, in Notfällen wählt man ℂ 911.

Die Filialen der großen **Banken** befinden sich in der Charlotte Street. Die Adresse des **Hauptpostamts** ist 75 Dodd Street.

● *Verbindungen* Es sind nur etwas mehr als 400 km von Halifax nach Sydney und die Strecke lässt sich gut in weniger als 5 Std. bewältigen. Ein Hauptargument dafür, direkt nach Sydney zu fliegen, wäre, dass man von hier schnell im Cape Breton Highlands National Park ist. Von der Stadt ist der weiter nordwestlich gelegene Park etwa 90 Autominuten entfernt. Der Sydney Airport liegt 14 km nordöstlich des Stadtzentrums. Ein Taxi in die Stadt kostet $ 18. Alternativ dazu kann man sich bei Avis, Budget, Hertz oder National, die mit ihren Schaltern am Flughafen vertreten sind, ein Auto mieten. Sydney wird von **Air Canada** (ℂ 902/539-7501 oder 888/247-2262) angeflogen, die Fluggesellschaft betreibt Direktflüge von und nach Halifax.

Der Busbahnhof der **Acadian Lines** (99 Terminal Rd., ℂ 902/564-5533) ist tägl. von 6.30–1 Uhr geöffnet und verfügt über Gepäckschließfächer. Von hier fahren tägl. Busse über North Sydney und Baddeck nach Halifax.

Auf dem Highway 28 nach Glace Bay

Der New Waterford Highway (Hwy. 28) zweigt in Sydney in nördlicher Richtung von der Prince Street ab und führt bis zu dem Industriestädtchen New Waterford 26 km am östlichen Hafenufer entlang. Unterwegs passiert man das **Fort Petrie** (3479 Hwy. 28,

📞 902/862-8367; Mai–Nov. 10–18 Uhr; Eintritt frei). Dies ist eins von sieben solcher Forts, die während des Zweiten Weltkriegs errichtet wurden, um die hiesigen Kohlebergwerke und Stahlhütten vor Angriffen zu schützen. Von dem Fort ist heute nicht mehr viel übrig, aber eine Schautafel informiert über seine Geschichte. Auch wegen des schönen Blicks auf den Hafen lohnt es sich, hier einen Halt einzulegen.

Glace Bay

Die Hauptattraktion im 21 km nordöstlich von Sydney gelegenen Glace Bay ist das **Cape Breton Miners' Museum** (42 Birkley St., 📞 902/849-4522; Juni–Aug. tägl. 10–18 Uhr, sonst an Wochentagen 9–16 Uhr; Eintritt $ 10, Kinder $ 5). Bergarbeiter im Ruhestand führen die Besucher auf einer Tour unter Tage durch ein echtes Bergwerk namens Ocean Deeps Colliery und zeigen, unter welch harten Arbeitsbedingungen die Bergleute hier früher mit der Hand Kohle abbauten. Über Tage gibt es ein Ausstellungsgebäude. Das dortige Highlight ist ein simulierter Multimedia-Trip in die Stollen einer modernen Zeche, bei dem Laserdisc-Projektionen und andere Spezialeffekte zum Einsatz kommen. An ausgewählten Dienstagabenden im Sommer (üblicherweise um 20 Uhr) geben die *Men of the Deeps*, ein örtlicher Bergarbeiterchor, dessen Mitglieder in ihren Schutzanzügen auftreten, Konzerte im Museum. In dem Hauptgebäude ist außerdem das Miners' Village Restaurant (Mitte April bis Okt. tägl. 12–20 Uhr) untergebracht, das schmackhaftes, preisgünstiges Essen bietet.

Louisbourg

Dieses kleine Fischerstädtchen (1200 Einw.) liegt 32 km südöstlich von Sydney am Hwy. 22 (vom Hwy. 125 nimmt man die Ausfahrt 8) und ist sowohl für seine historischen Beziehungen zu Frankreich als auch für den Wiederaufbau einer ganzen, von einer Mauer umschlossenen Festungsstadt berühmt. Louisbourg mag zwar weitab der von vielen Touristen genutzten Hauptreiseroute Baddeck–Cape Breton Highlands National Park liegen, aber im Sommer verzeichnet der Ort einen stetigen Besucherzulauf. Da es hier nicht gerade viele Unterkunftsmöglichkeiten gibt, sollte man einen mehrtägigen Aufenthalt in Louisbourg rechtzeitig planen.

Fortress of Louisbourg National Historic Site

Die Fortress of Louisbourg National Historic Site (📞 902/733-2280; Juli/Aug. tägl. 9–17.30 Uhr, Mai/Juni und Sept. bis Mitte Okt. tägl. 9.30–17 Uhr; Eintritt $ 17,60, Senioren $ 15, Kinder $ 8,80) ist ein beeindruckender Nachbau des originalen, französischen Forts. Parks Canada hat 50 der ursprünglich 80 Gebäude bis hin zum letzten Fenster, Nagel und Dachziegel anhand historischer Aufzeichnungen wieder aufgebaut.

Louisbourg erschließt sich dem Besucher erst nach und nach. Die Hafenanlagen erstrecken sich über ein 10 ha großes Gelände und man kann fast einen ganzen Tag damit verbringen, sie zu erkunden. Vom Besucherzentrum fährt man eine kurze Strecke mit dem Bus über Felder und Marsche bis hinter das Fort. Das rekonstruierte Bollwerk und die Festungsstadt geben einen Einblick in das Leben im historischen Neufrankreich und sind so gestaltet, dass ein Frühlingstag im Jahr 1744 nachgestellt wird. Damals ging es am Hafen noch so emsig und geschäftig zu wie in einem Bienenstock, im darauffolgenden Jahr sollte die Stadt zum ersten Mal von den Engländern angegriffen werden. Die Häuser, der Festungsbau, die Wälle und andere Gebäude – die so authentisch wirken wie alles, was man an entsprechenden

Nova Scotia
Karte siehe Farbteil S. 2/3

Bis ins letzte Detail wieder aufgebaut: das Fort in Louisbourg

Bauten aus dem 18. Jh. in Frankreich finden wird – wurden in der Neuen Welt als eine Zurschaustellung von Erhabenheit und Macht empfunden. Die prächtigen Häuser, die die kopfsteingepflasterten Straßen säumen, wurden von Angehörigen der Oberschicht bewohnt, die ihre opulenten Mahlzeiten von feinem Porzellangeschirr aßen und die erlesensten französischen Weine tranken. Dagegen bewohnten die Angehörigen der unteren Schichten die rustikalen Katen und damit wesentlich einfachere Häuser. Neben den Guides beantworten auch die als Soldaten, Händler, Arbeiter und Handwerker kostümierten „Bewohner" des Forts den Besuchern gerne Fragen. Man kann ihnen beim Schmieden, Klöppeln und anderen Tätigkeiten über die Schulter schauen oder militärischen Übungen beiwohnen. Das historische Ambiente erfüllt auch die drei Wirtshäuser des Forts. Für hungrige Besucher gibt es in der **King's Bakery** eine dicke Scheibe Vollkornbrot mit einem Stück Käse zu kaufen, im **Hotel de la Marine** werden einfache Gerichte in großen Holzschüsseln aufgetischt, und die „Reichen" können sich im **Grandchamps Inn** an erlesenen Speisen der europäischen Küche gütlich tun, die auf feinstem Porzellan serviert werden.

Von Juni bis Mitte Oktober sind alle Einrichtungen auf dem Areal geöffnet. Im Mai und in den letzten beiden Oktoberwochen kann man die Festungsstadt nur im Rahmen einer geführten Tour besichtigen (tägl. 10 und 14 Uhr). Während dieser Zeit gibt es auch keinerlei Bewirtschaftung o. Ä. im Fort und der Eintritt ist auf $ 6,25, für Senioren auf $ 5,25 und für Kinder auf $ 3,25 reduziert. Den Rest des Jahres über ist das Gelände geschlossen.

Man sollte darauf vorbereitet sein, ein wenig laufen zu müssen, und einen Pulli oder eine Jacke dabeihaben, falls es windig oder nass wird. Die rekonstruierten Gebäude Louisbourgs erstrecken sich von der Bushaltestelle bis zum Hafen. Darüber hinaus führen Spazierwege zu den Ruinen des Forts, die außerhalb des wieder aufgebauten Bereichs liegen. Man kann diese auf eigene Faust erkunden oder sich einer Führung anschließen. Die englischsprachige Tour startet normalerweise um 10 und 14 Uhr, die französischsprachige um 13 Uhr.

Reisepraktisches

• *Übernachten* Da es in Louisbourg nicht besonders viele Übernachtungsmöglichkeiten gibt, sollte man besser vorab reservieren.

Vom **Stacey House** (7438 Main St., ✆ 902/733-2317 oder 888/924-2242; Juni bis Mitte Okt.; $ 65–95 für 1/2 Pers.) hat man einen schönen Blick auf das Fort und den Hafen. Das in fußläufiger Nähe der Stadt gelegene B&B verfügt über vier Zimmer, von denen zwei mit einem eigenen Bad ausgestattet sind, sowie einen mit Antiquitäten eingerichteten Wohnsalon. Das warme Frühstück ist im Preis inbegriffen.

Das **Fortress View Suites** (7513 Main St., ✆ 902/733-3131 oder 877/733-3131, www.fortressview.ca; Mai–Okt.; $ 80–90 für 1/2 Pers.) bietet eine ähnliche Aussicht wie das Stacey House, liegt aber im Geschäftszentrum von Louisbourg. Es gibt fünf Gästezimmer, die jeweils mit einem eigenen Bad und TV ausgestattet sind, aber kein Telefon haben.

Von dem wunderschön auf einer erhöhten Landzunge gelegenen Apartmenthotel **Point of View Suites** (15 Commercial St., ✆ 902/733-2080 oder 888/374-8439, www.louisbourgpointofview.com; Mitte Mai bis Okt.), der nobelsten Unterkunft in Louisbourg, hat man einen tollen Blick auf die Festung. Die sonnendurchfluteten Suiten ($ 125 für 1/2 Pers.) und die sehr viel größeren Apartments ($ 199 für 1/2 Pers.) wirken mit ihren frischen Farben, den Parkettfußböden und den auf Balkone mit Meerblick hinausführenden Schiebetüren, als seien sie gerade einem Hochglanz-Wohnmagazin entsprungen. Zu der Anlage gehören auch ein Privatstrand und ein Strandhaus, in dem den Gästen allabendlich ein Hummer-Essen geboten wird.

• *Campgrounds* Der in der Downtown am Wasser gelegene **Louisbourg RV Park** (24 Harbourfront Cres., ✆ 902/733-3631 oder 866/733-3631; Juni bis Mitte Okt.; $ 18–26) verfügt über Duschen, Elektroanschlüsse (30 Amp.) und einen Internetzugang über Modem.

Der an das Apartmenthotel Point of View Suites und somit an die hochpreisigste Unterkunft Louisbourgs angeschlossene **Point**

of **View RV Park** (15 Commercial St., ✆ 902/733-2080 oder 888/374-8439, www.louisbourgpointofview.com; Mitte Mai bis Okt.; $ 24) liegt direkt am Meer und ist nur auf Wohnmobile ausgerichtet. Den Gästen stehen Duschen und eine Laundry zur Verfügung. Zu dem Campground gehört auch ein Café, in dem man frühstücken kann, und angesichts der hier gebotenen allabendlichen Hummer-Essen muss man sich keine Gedanken ums Kochen machen.

Der nächste Naturcampingplatz befindet sich im 17 km nordwestlich von Louisbourg gelegenen **Mira River Provincial Park** (am Hwy. 22; Mitte Juni bis Anf. Sept.; $ 24). Die Stellplätze verteilen sich im Wald und am Flussufer. Es gibt Duschen und Feuerstellen, und man kann hier Brennholz kaufen und Kanus mieten.

• *Essen und Trinken* Entlang der Hauptstraße von Louisbourg finden sich zahlreiche Einkehrmöglichkeiten. Mein persönlicher Favorit ist das **Grubstake Restaurant** (7499 Main St., ✆ 902/733-2308; tägl. 12–20.30 Uhr). Das Restaurant besteht zwar schon seit den 1970er-Jahren, bietet jedoch eine moderne Küche mit Seafood-Gerichten wie Linguine mit Garnelen, Jakobsmuscheln, Schellfisch und Hummer in Sahnesauce ($ 22). Auch wenn man mal zur Abwechslung mal etwas anderes als Seafood essen möchte, ist man hier richtig: Das in Barbecue-Sauce gebackene Schweinefleisch ($ 19) zergeht einem nur so auf der Zunge.

Im **Fortress View Restaurant** (7513 Main St., ✆ 902/733-3131 oder 877/733-3131, www.fortressview.ca; Mitte Mai bis Mitte Okt. 7–21 Uhr) wird etwas weniger experimentierfreudig gekocht als im Grubstake, aber das Essen ist dennoch köstlich. Ein Frühstück wie French Toast mit Speck und so viel Kaffee, wie man möchte, kostet nur $ 6, pochierten oder gegrillten Fisch bekommt man für $ 16, ein abendliches Hummer-Essen kostet etwa $ 25, und für die Kinderteller zahlt man weniger als $ 5. In dem an das Fortress View angeschlossenen **CJ's Café and Bakery** (7511 Main St., ✆ 902/733-2253) gibt es hausgebackenes Brot nach europäischer Art und eine verlockende Auswahl an Muffins und Pasteten.

Nova Scotia Karte siehe Farbteil S. 2/3

New Brunswick

Saint John und die Fundy-Küste

Man stelle sich folgende Szenerie vor: Es herrscht eine unheimliche Stille. Am Horizont kreisen Seevögel, die dann und wann pfeilschnell durch die Lüfte schießen. Plötzlich stoßen die Vögel wie im Chor Schreie aus, weil das Wasser zu steigen beginnt. Die Gezeitenflut, die am anderen Ende der Welt im südlichen Indischen Ozean ihren Anfang nahm, strömt lautlos und unaufhaltsam in die Mündung der Bay of Fundy und erzeugt hier den größten Tidenhub der Erde. Fischerboote werden vom schlammigen Meeresboden emporgehoben, und Wale jagen durch die sommerlichen Strömungen, um silbrige Heringsschwärme zu erbeuten, wobei die 100 Mrd. Tonnen Meereswasser, die in die lang gestreckte Bucht zwischen New Brunswick und Nova Scotia strömen, ihren gigantischen Körpern enormen Auftrieb geben.

Gerade einmal sechs Stunden liegen zwischen Ebbe und Flut. Das Wasser steigt stellenweise so hoch, dass ein vierstöckiges Gebäude überschwemmt werden würde, und zieht sich dann sofort wieder zurück. Während der Wasserspiegel fällt, tauchen Halbinseln und kleine, von Algen und Seetang bewachsene Felseninseln aus der Gischt auf. Schließlich ist auch der wie frisch lackiert glänzende und mit Seeigeln, Strandschnecken und Muscheln übersäte Meeresboden wieder zu sehen. Während es Stunden zuvor noch unvorstellbar erschien, hier entlangzugehen, rennen und hüpfen nun die einheimischen Kinder über den Strand und halten hier und da inne, um die von der Flut angespülten Schätze einzusammeln. Für die Menschen in New Brunswick sind die Gezeiten in der Bay of Fundy eine Selbstverständlichkeit, für Touristen stellen sie jedoch ein beeindruckendes Naturschauspiel dar.

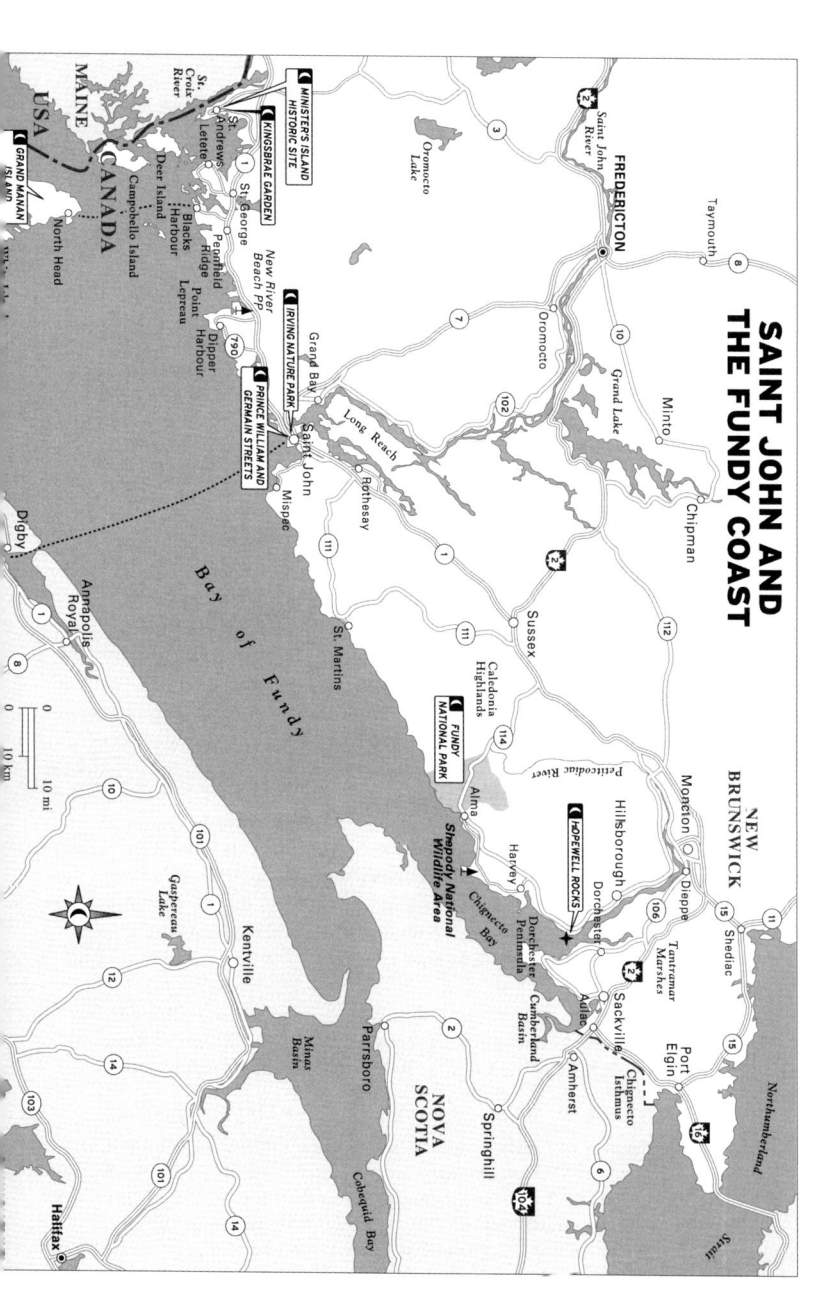

SAINT JOHN AND THE FUNDY COAST

USA

MAINE

CANADA

St. Croix River

St. Andrews

Deer Island

Campobello Island

North Head

◀ *GRAND MANAN ISLAND*

◀ *MINISTER'S ISLAND HISTORIC SITE*

◀ *KINGSBRAE GARDEN*

L'etete

St. George

Pennfield Ridge

Blacks Harbour

Dipper Harbour

Point Lepreau

New River Beach PP

◀ *IRVING NATURE PARK*

◀ *PRINCE WILLIAM AND GERMAIN STREETS*

Saint John

Mispec

Grand Bay

Long Reach

Rothesay

Bethesay

Oromocto Lake

FREDERICTON

Saint John River

Taymouth

Oromocto

Grand Lake

Minto

Chipman

3

8

10

2

102

7

112

1

St. Martins

Caledonia Highlands

Sussex

114

Petitcodiac River

◀ *FUNDY NATIONAL PARK*

NEW BRUNSWICK

Alma

Shepody National Wildlife Area

Harvey

Chignecto Bay

Dorchester Peninsula

Cumberland Basin

Hillsborough

Dorchester

◀ *HOPEWELL ROCKS*

Moncton

Dieppe

Tantramar Marshes

106

15

11

Shediac

Port Elgin

Sackville

Chignecto Isthmus

Aulac

Amherst

Bay of Fundy

Digby

Annapolis Royal

1

8

101

10

Gaspereau Lake

Kentville

1

12

14

103

101

Parrsboro

Minas Basin

NOVA SCOTIA

Springhill

Cobequid Bay

2

6

104

Northumberland Strait

Halifax

14

0   10 mi
0   10 km

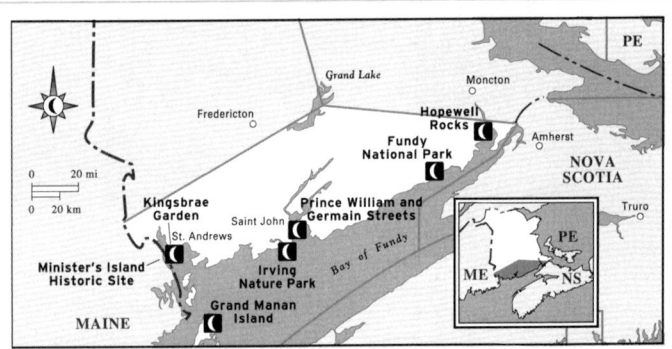

Highlights

Prince William und Germain Street (S. 297): In der Downtown von Saint John atmet jeder Winkel Geschichte, doch nirgendwo ist das so präsent wie in diesen beiden Straßen.

Irving Nature Park (S. 302): In diesem direkt am Meer gelegenen Park wird die Natur sich selbst überlassen. Was ihn so außergewöhnlich macht, ist seine Lage in direkter Nachbarschaft zu einem großen Schifffahrtshafen.

Kingsbrae Garden (S. 312): Das harmonische Zusammenspiel von angelegten Gärten und einem von Trampelpfaden durchzogenen akadischen Küstenwald ist eine Wohltat für die Sinne.

Minister's Island Historic Site (S. 313): Es ist schon für sich genommen interessant, die 50 Zimmer des Sommerhauses eines Eisenbahn-Magnaten zu durchstreifen. Aber die Tatsache, dass die Straße dorthin nur bei Ebbe freiliegt, macht das Ganze doppelt so reizvoll.

Grand Manan Island (S. 319): Jedes Jahr im Frühling und Herbst sammeln sich hier Abertausende von Seevögeln. Ein lohnenswertes Ziel für alle, die eine Vogelbeobachtung planen. Man erreicht die Insel mit der Fähre.

Fundy National Park (S. 323): Zurück zur Natur! In diesem Nationalpark, der einen riesigen Landstrich der Fundy-Küste umfasst, gelingt das leicht. Wer andere Vorlieben hat, kann aber auch Golf spielen oder sich an frischem Seafood gütlich tun.

Hopewell Rocks (S. 326): Diese beeindruckenden, den gewaltigen Gezeiten der Bay of Fundy zu verdankenden Felsformationen erreicht man auf einem „Spaziergang über den Meeresboden" – man darf nur keine Einsamkeit erwarten.

Die Küste der Bay of Fundy ist ein Paradox: Diese Gegend ist der am höchsten entwickelte und zugleich am wenigsten erschlossene Teil New Brunswicks. Saint John – die größte Stadt und der wichtigste Hafen der Provinz – liegt genau in der Mitte des diesseitigen Küstenabschnitts. Zu beiden Seiten ist die Küste nur dünn besiedelt und von wilder Ursprünglichkeit. Die Region besteht gewissermaßen aus zwei eigenen Landstrichen, zwischen die Saint John eingeschoben ist. Zum südwestlichen, unteren Teil der Bucht gehören St. Andrews – das in der geschützten

Passamaquoddy Bay gelegene traditionsreichste Seebad New Brunswicks – und die Fundy-Inseln, zu denen u. a. Grand Manan, Deer und Campobello Island zählen. Dieser Archipel erstreckt sich bis vor den nördlichsten Küstenzipfel Maines. An der oberen Bay of Fundy, dem nordöstlichen Teil, befinden sich der Fundy National Park und mehrere an der Küste gelegene Vogelschutzgebiete.

Reise- und Zeitplanung

Die 250 km lange Küste der Bay of Fundy erstreckt sich im Zentrum der Maritimen Provinzen Kanadas. Ungefähr auf halber Strecke zwischen der Grenze zu den USA und dem nordöstlichen Ende der Bucht liegt die Hafenstadt Saint John. Hauptanziehungspunkte sind die historischen **Prince William und Germain Streets** sowie der **Irving Nature Park,** der dazu einlädt, die Natur in vollen Zügen zu genießen. Saint John bietet sich grundsätzlich als Standort an. Denn von hier aus lassen sich im Rahmen von Tagestouren alle bedeutenden Ausflugsziele der Region erreichen. Überdies locken ausgezeichnete Unterkünfte und Restaurants. Dennoch sollte man für die Besichtigung von **St. Andrews** mindestens eine Nacht einplanen. Nur so hat man die Gelegenheit, die nostalgische Atmosphäre dieses Badeortes so richtig zu genießen und auch **Kingsbrae Garden** und **Minister's Island Historic Site** zu besuchen. Wenn man von Maine aus in die Atlantikprovinzen fährt, ist St. Andrews der ideale Ort für den ersten Halt. Wer in Halifax ein Auto gemietet hat, für den bietet sich St. Andrews als Umkehrpunkt einer Rundtour an, bei der man mit der Fähre von Digby nach Saint John übersetzt. Auf jeden Fall sollte man nördlich von Saint John, an der Küste Richtung Moncton, den Besuch des **Fundy National Parks** und der **Hopewell Rocks** einplanen. Um die Fundy-Inseln zu besuchen, benötigt man aufgrund ihrer Lage ein wenig mehr Zeit, v. a. für Grand Manan Island. Angesichts der unglaublichen Vielfalt an Vögeln, Walen und Robben, die man dort beobachten kann, lohnt sich der Weg für Naturliebhaber aber auf jeden Fall.

Saint John und Umgebung

Saint John (71.000 Einw.) liegt 110 km südlich von Fredericton und 155 km südwestlich von Moncton und ist die größte Stadt, der wichtigste Hafen sowie das bedeutendste Industriezentrum von New Brunswick. Die sich über ein Gebiet von 321 km² erstreckende Stadt ist zudem die flächengrößte Kanadas. Saint John thront auf mehreren steilen Hügeln, die sich von Südwesten nach Nordosten über zwei Halbinseln ziehen. Diese beiden wie zwei Hände geformten Halbinseln greifen beinahe ineinander und sehen aus, als seien sie im Begriff, sich gegenseitig die Hand zu geben. Die Szenerie ist eine der ungewöhnlichsten Kanadas: Nach Osten hin überblickt man den weitläufigen Saint John Harbour und die Bay of Fundy, im Westen sieht man – vom Meer aus –, wie der Saint John River hinter der Stadt in die Kennebecasis Bay mündet.

Ursprünglich war Saint John eine Ansammlung kleiner, von Loyalisten gegründeter Siedlungen. Das lässt sich heute noch an den vielen eigenständigen Stadtteilen im Großraum von Saint John erkennen und erklärt auch, warum so viele Straßennamen doppelt vorkommen. Touristen haben es oft nicht leicht, sich in der ungewöhnlich angelegten Stadt zurechtzufinden. Beispielsweise verläuft eine Charlotte Street durch den historischen Teil der Stadt, während eine andere Charlotte Street im

New Brunswick
Karte siehe Farbteil S. 4

westlichen Teil Saint Johns zu finden ist. Da ist es hilfreich, einen Stadtplan bei sich zu haben. Oder man fragt sich einfach durch. Die Einheimischen haben großes Verständnis dafür, wenn man als Besucher die Orientierung verliert.

Einwohner und Touristen erfreuen sich gleichermaßen an der wiederbelebten Uferzone. Dieser Bereich umfasst neben dem Market-Square-Komplex, in dem zahlreiche Restaurants und Geschäfte sowie das New Brunswick Museum untergebracht sind, die Harbour Passage, einen 2,3 km langen, das Ufer säumenden Fußgänger- und Fahrradweg. Außerdem gibt's hier Live-Unterhaltung unter freiem Himmel.

Geschichte

Am 24. Juni 1604, dem Gedenktag des Hl. Johannes des Täufers, segelte der französische Forschungsreisende Samuel de Champlain in das heutige Hafengebiet ein und benannte den Fluss nach dem Heiligen. Er befand die Lage jedoch als ungeeignet für die Errichtung einer Siedlung und zog weiter auf eine Insel im St. Croix River nahe St. Andrews (siehe Kasten S. 313).

Seine englische Prägung erfuhr Saint John, als im Jahr 1783 14.000 loyalistische Flüchtlinge per Schiff hier eintrafen, die aus der kleinen Siedlung rasch eine Stadt werden ließen und westlich und östlich des Hafens Carleton bzw. Parrtown gründeten. 1785 erfolgte die offizielle Stadtgründung Saint Johns, die damit die älteste Stadt Kanadas ist. Zur wirtschaftlichen Prosperität trug ganz wesentlich der Hafen bei. Während des Krieges von 1812 wurde hier der Carleton Martello Tower gebaut, von dem aus die in den Hafen einlaufenden Schiffe überwacht werden konnten.

Mit der nächsten großen Einwanderungswelle kamen v.a. Iren in die Stadt, die vor Armut und Verfolgung in ihrer Heimat geflohen waren. Seither genießt Saint John den Ruf, Kanadas irischste Stadt zu sein. Die ersten irischen Auswanderer ließen sich 1815 hier nieder und bevor die große Einwanderungswelle um 1850 abebbte, übertraf die Anzahl der in der Stadt lebenden Iren (es waren damals 150.000) die der Loyalisten. Saint John war in religiöser Hinsicht nun nicht mehr protestantisch, sondern römisch-katholisch geprägt.

Das Liverpool Amerikas

Trotz anfänglicher sozialer Nöte ging es wirtschaftlich schnell bergauf, und Saint John wurde als das Liverpool Amerikas bekannt. Die *Marco Polo*, die in ihrer Blütezeit das schnellste Schiff der Welt war, wurde hier 1852 vom Stapel gelassen. In jener Zeit rangierte der Hafen im Holzschiffsbau weltweit an dritter Stelle. In den 1860er-Jahren begann man jedoch damit, die großen Segelschiffe durch Dampfschiffe aus Stahl zu ersetzen, was der Stadt einen dramatischen Abschwung bescherte. Zu dieser Krise trug im Jahr 1877 auch ein Großbrand, das sog. Great Fire, bei. Das Feuer wütete neun Stunden lang in der Gegend um den Market Square, 18 Menschen starben, 13.000 verloren ihre Bleibe.

Das Feuer kostete die Stadt $ 28 Mio., aber man machte sich unverzagt an den Wiederaufbau und ersetzte die zerstörten Gebäude durch robustere, aufwendigere Ziegel- und Backsteinbauten, die mit viel Liebe zum Detail im viktorianischen Stil gestaltet wurden. Der wirtschaftliche Aufschwung hielt an. Ein Grund hierfür war auch, dass New Brunswick 1867 der Kanadischen Konföderation beigetreten war und auf den neuen Eisenbahnschienen des Landes Güter nach Saint John transportiert wurden, um dort verschifft zu werden.

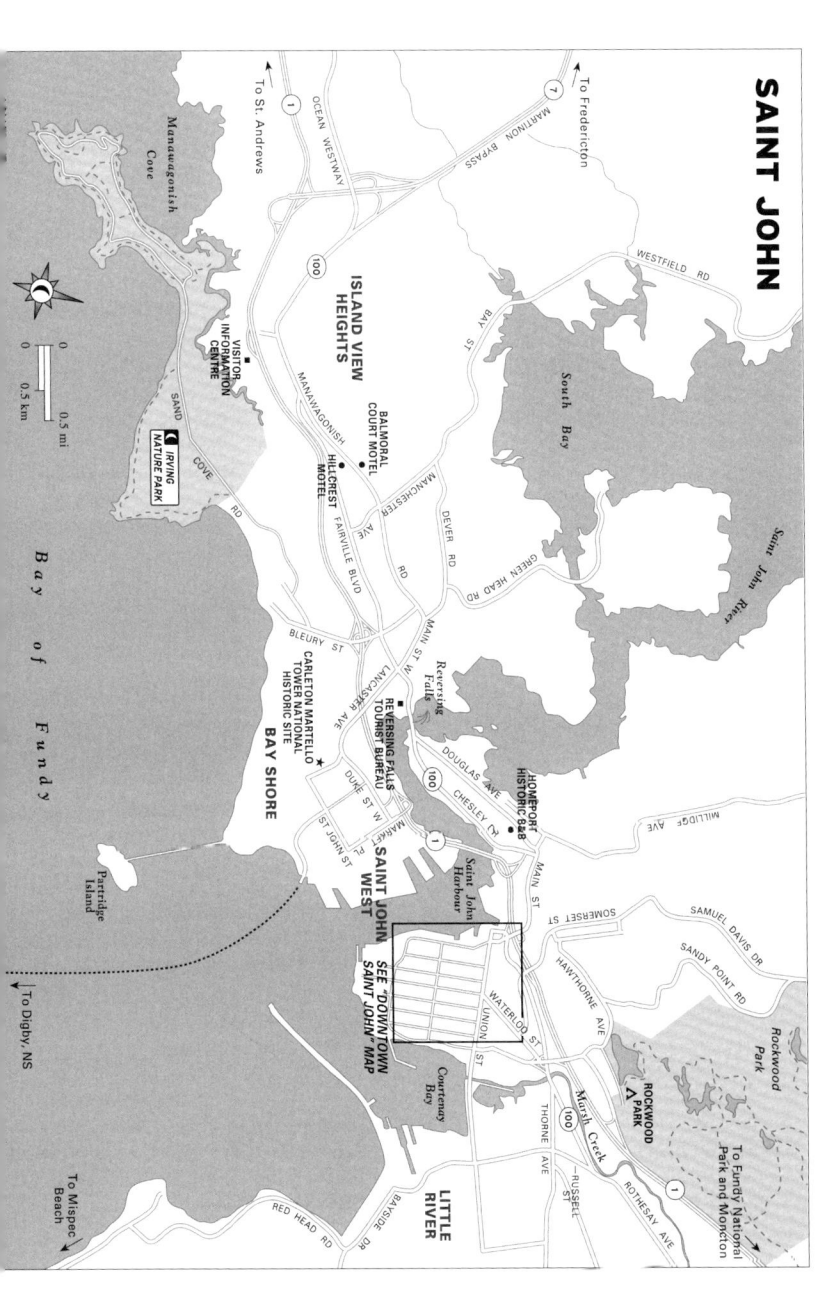

SAINT JOHN

To Fredericton

To St. Andrews

Manawagonish Cove

VISITOR INFORMATION CENTRE

IRVING NATURE PARK

0   0.5   mi
0   0.5   km

OCEAN WESTWAY

MARTINON BYPASS

WESTFIELD RD

ISLAND VIEW HEIGHTS

BALMORAL COURT MOTEL

HILLCREST MOTEL

MANAWAGONISH RD

FAIRVILLE BLVD

MANCHESTER AVE

BAY ST

DEVER RD

GREEN HEAD RD

South Bay

Saint John River

SAND COVE RD

BLEURY ST

MAIN ST W

LANCASTER AVE

Reversing Falls

Bay

of

Fundy

BAY SHORE

CARLETON MARTELLO TOWER NATIONAL HISTORIC SITE

REVERSING FALLS TOURIST BUREAU

DOUGLAS AVE

CHESLEY DR

MAIN ST

HOMEPORT HISTORIC B&B

MILLIDGE AVE

DUKE ST W

MARKET PL

ST JOHN ST

SAINT JOHN WEST

Saint John Harbour

SEE 'DOWNTOWN SAINT JOHN' MAP

SOMERSET ST

SAMUEL DAVIS DR

SANDY POINT RD

Partridge Island

To Digby, NS

UNION ST

WATERLOO ST

HAWTHORNE AVE

Rockwood Park

ROCKWOOD PARK

Courtenay Bay

THORNE AVE

Marsh Creek

To Fundy National Park and Moncton

To Mispec Beach

RED HEAD RD

BAYSIDE DR

LITTLE RIVER

RUSSELL ST

ROTHESAY AVE

Zweiter Weltkrieg und jüngere Vergangenheit

Während des Ersten Weltkriegs florierte Saint John als Verschiffungszentrum. Hier wurden Munition und Essen verladen und hier begann für die kanadischen Truppen auch die Überfahrt nach Europa, wo sie auf der Seite der Alliierten kämpften. Während der Depression ging es mit dem Hafen wirtschaftlich bergab. Darüber hinaus zerstörte ein weiterer verheerender Großbrand die Hafenanlage. Mit dem Zweiten Weltkrieg kehrte der Wohlstand nach Saint John zurück. Da die Bay of Fundy von deutschen U-Booten durchkreuzt wurde, nutzte man nun sowohl die Festungsanlagen von Fort Dufferin, Partridge Island und Fort Mispec als auch den Carleton Martello Tower zur Überwachung der Lebensader des nationalen Schiffsverkehrs.

Nach dem Krieg erhielt die Stadt ein zusehends moderneres Antlitz. Der aus New Brunswick stammende Milliardär K. C. Irving erweiterte damals sein Ölimperium um angrenzende Produktionsbereiche, u. a. durch den Kauf und die Expansion der Saint John Shipbuilding Werft. Die Universität von New Brunswick eröffnete im Norden der Stadt einen Campus. Heute sind hier 1150 Vollzeit- und 1500 Teilzeit-Studierende eingeschrieben. Die Hundertjahrfeier der Kanadischen Konföderation setzte 1967 in Saint John einen Prozess der Stadterneuerung in Gang, der bis heute andauert und dessen jüngstes Zeugnis das ehrgeizige Bauprojekt der Harbour-Passage-Uferpromenade ist.

Sehenswertes

Downtown

Abgesehen davon, dass die Hügel mitunter einen mühsamen Anstieg erfordern, sind die folgenden Sehenswürdigkeiten alle gut zu Fuß zu erreichen und nicht weit voneinander entfernt. Wenn einen die steilen Straßen abschrecken, kann man vor dem Hilton Saint John ein Taxi anhalten und sich vom Fahrer oben am King's Square absetzen lassen ($ 5 inkl. Trinkgeld).

Die Sightseeing-Tour in der Downtown beginnt am **Loyalist Plaza,** einem Grünstreifen samt Sitzgelegenheiten, der am Ufer endet. Um einen ersten Überblick zu bekommen, kann man von hier aus gut das Informationszentrum (im Market Square) besuchen oder an der **Harbour Passage,** der Uferpromenade Saint Johns, spazieren gehen. Dieser 2,3 km lange, befestigte Fußgänger- und Radweg führt zu einem Pavillon, von dem aus eine gute Sicht auf die Downtown hat.

New Brunswick Museum: Dieses Museum im Market Square (St. Patrick St., ✆ 506/643-2300; Mo–Fr 9–17, Sa 10–17, So 12–17 Uhr; Eintritt $ 6, Senioren $ 4,75, Kinder $ 3,25) ist die erste Adresse New Brunswicks, was bildende Kunst und Naturgeschichte betrifft. Das Museum ist eines der ältesten Kanadas. Die Ausstellungsräume erstrecken sich über drei Stockwerke und beinhalten unzählige Exponate, darunter formvollendete Schiffsmodelle, Schiffsbauwerkzeuge, Kriegs-Memorabilia, ausgestopfte Vögel und Säugetiere, Landwirtschafts- und Haushaltsgeräte ... Darüber hinaus gibt es hier ein spielerisches Discovery Centre für Kinder und eine Buchhandlung, in der man Bücher über die Provinz New Brunswick erstehen kann.

Barbour's General Store: Gegenüber dem Market Square, auf der anderen Seite des Loyalist Plaza, lässt ein Gemischtwarenladen (✆ 506/658-2939; Juni–Sept. tägl. 9–18 Uhr) den New Brunswicker Alltag längst vergangener Zeiten wieder aufleben.

Ursprünglich befand sich der für ländliche Regionen typische Laden im weiter flussaufwärts gelegenen Sheffield, bevor er in Saint John als Museum wieder aufgebaut wurde. In dem restaurierten Ladenmuseum kann man 2000 Waren und Haushaltsartikel bewundern, die für den Zeitraum von 1840 und 1940 typisch waren, und im Hinterzimmer befindet sich ein nachgebildeter Barbierladen aus der Zeit um 1900. Nebenan lohnt der Blick in ein historisches, knallrot getünchtes Schulgebäude, das ebenfalls aus dem ländlichen New Brunswick hierher transportiert wurde.

Prince William Street und Germain Street: Einen Block oberhalb des Market Square umschließen diese beiden parallel zueinander verlaufenden Straßen das einstige Geschäfts- und Handelszentrum von Saint John. Nach dem verheerenden Brand von 1877 beeilte man sich, die Stadt in noch größerem Stil wieder aufzubauen. Die Stein- und Ziegelbauwerke entlang der Prince William Street zeichnen sich durch eine

Barbour's General Store

wilde Mixtur unterschiedlichster architektonischer Stile aus. Italienisch anmutende Fassaden finden sich hier ebenso wie Häuser im Queen-Anne-Stil, und neben vielen anderen dekorativen Elementen gibt es korinthische Säulen und Wasserspeier mit grimmigen Fratzen zu bestaunen. Die Prince William Street gilt als eine der besterhaltensten Straßenfronten des 19. Jh. und war die erste Straße Kanadas, die als National Historic Street ausgewiesen wurde. Zwischen den vielen verschiedenen Geschäften finden sich auch einige interessante Galerien und Kunsthandwerksläden. Das Gegenstück dazu bildet die zwei Blocks weiter östlich liegende Germain Street, die mit ihren zahlreichen opulenten Stadthäusern eher den Charakter einer Wohnstraße besitzt.

Loyalist House National Historic Site: Dieses einfache, mit weißen Schindeln verkleidete Haus im georgianischen Stil (120 Union St., ☎ 506/652-3590; Mitte Mai bis Juni Mo–Fr 10–17 Uhr, Juli bis Mitte Sept. tägl. 10–17 Uhr; Eintritt $ 3, Kinder $ 1) wurde zwischen 1810 und 1817 von dem Pionier David Merit erbaut und befand sich fünf Generationen lang in Familienbesitz. Es blieb von dem großen Brand von 1877 verschont, wurde detailgenau renoviert und ist heute das älteste unverändert erhalten gebliebene Gebäude der Stadt. Durch die mit einem Türklopfer aus Messing versehene Originalhaustür betritt man eine vergangene Welt, und die mit Sheraton-, Empire- und Duncan-Phyfe-Antiquitäten ausgestatteten Innenräume beschwören jene Zeiten herauf, in denen die Loyalisten hier zu siedeln begannen.

Orientierung

Auf der Karte sieht Saint John riesig aus. Ganz so, als könne man die Stadt kaum bewältigen, was beinahe einschüchternd wirkt. Man sollte den ungewöhnlichen Ausmaßen der Stadt und den hoch in der Luft schwebenden, die einzelnen

Ecke King/Prince William Street: ein guter Ausgangspunkt für die Erkundung der Downtown von Saint John

Stadtteile verbindenden Brücken keine weitere Beachtung schenken und sich lieber auf die Highways konzentrieren: Der Hwy. 1 und der Hwy. 100 verlaufen meist parallel und bieten oft die beste Möglichkeit, um von einem Teil der Stadt in den nächsten zu gelangen.

Es empfiehlt sich Saint John gebietsweise zu erkunden. Die meisten Sehenswürdigkeiten befinden sich auf der östlichen Halbinsel in **Uptown Saint John.** Man erreicht diesen Stadtteil am einfachsten über den Hwy. 1 und die Ausfahrten 121 oder 125. Von hier aus schlängeln sich die Zufahrtsstraßen ins Herz der Downtown hinunter, deren Zentrum der Market Square bildet. Dieser liegt inmitten von **Trinity Royal,** einem National Heritage Preservation Area, das die ersten, von den Loyalisten erbauten 20 Blocks umfasst. Man merkt auch anhand der Straßennamen, wo man sich befindet: Die ersten Loyalisten nannten das Gebiet Parrtown und die Alleen tragen so königliche Namen wie King, Princess, Queen, Prince William oder Charlotte Street. Der Bezirk lässt sich auch leicht an den charakteristischen blau-goldenen Straßenschildern erkennen.

Northern Saint John (auch North End genannt) liegt auf der anderen Seite der Highways. Dieser Teil der Stadt wird vom **Rockwood Park** dominiert, der mit seinem 870 ha großen, seenreichen Waldgebiet und einem 18-Loch-Golfplatz zu den größten Stadtparks Kanadas zählt. Vom Hwy. 1 gehen zahlreiche Straßen ab, die zum Park führen. Dieser Teil der Stadt ist auch dafür bekannt, dass man von hier die beste Aussicht auf den Hafen hat. Ein imposanter Panoramablick über die Stadt bietet sich, wenn man zum **Fort Howe Lookout** hinauffährt, wo auf einem Felsaufschluss nördlich des Hwy. 1 ein Holzblockhaus thront. In dieser Gegend befinden sich auch einige gute Hotels.

Western Saint John liegt jenseits der Highway-Brücken auf der westlichen Halbinsel. Hier findet man einige der neueren Motels und eine Shopping Mall am Hwy. 100, der in dieser Gegend als Einkaufsmeile fungiert, während der Hwy. 1 von hier aus weiter westwärts nach St. Andrews führt. Das hiesige Wohnviertel, das über mehrere interessante B&Bs verfügt, erstreckt sich bis nahe ans Wasser. Am äußeren Rand des Hafens befindet sich auch der Pier der Bay Ferries, die nach Digby in Nova Scotia übersetzen.

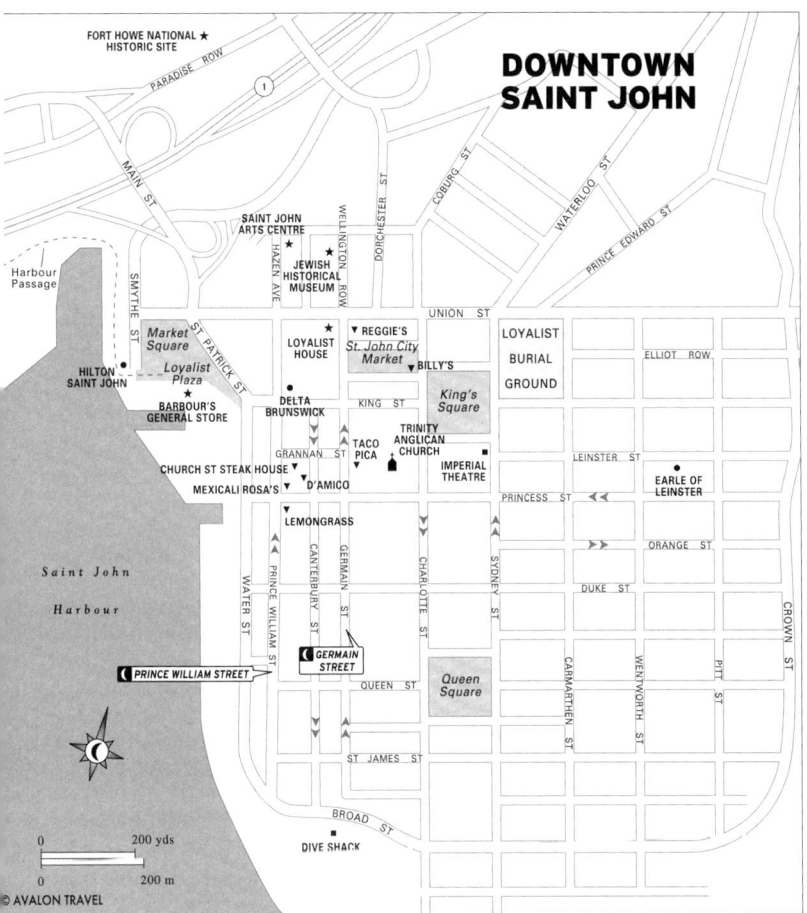

Jewish Historical Museum: Das bescheidene Museum (29 Wellington Row, ☎ 506/633-1833; Ende Mai bis Okt. Mo–Fr 10–16, So 13–16 Uhr; Eintritt frei) befindet sich vom Loyalist House gesehen einen halben Block weiter den Hügel hinauf und beherbergt eine Hebräisch-Schule, die auch heute noch genutzt wird, eine Kapelle, eine Mikwe sowie sakrale und säkulare Exponate. Darüber hinaus informiert eine Ausstellung über die kleine jüdische Gemeinde der Stadt, deren Ankunft in Saint John auf das Jahr 1858 datiert wird.

Saint John Arts Centre: Dieses Kulturzentrum (20 Hazen Ave., ☎ 506/633-4870; Juni bis Anf. Sept. tägl. 10–17 Uhr, Anf. Sept. bis Mai tägl. außer Mo 11.30–16.30 Uhr; Eintritt frei) ist in der ehemaligen, einen Block westlich vom Jewish Museum gelegenen, imposanten Carnegie Library untergebracht. Sechs Galerien (darunter die City of Saint John Gallery) veranstalten hier häufig wechselnde Kunst- und Fotoausstellungen.

Saint John City Market: Der Besuch des Old City Markets von Saint John (47 Charlotte St., ☎ 506/658-2820; Mo–Do 7.30–18, Fr 7.30–19, Sa 7.30–17 Uhr; Eintritt frei) lohnt sich nicht nur in kulinarischer Hinsicht, sondern ist auch ein optisches Erlebnis. Die Markthallen erstrecken sich über den gesamten Block zwischen Charlotte und Germain Street. Jeder Eingang besitzt die original erhaltenen, verschnörkelten Eisengitter und meist unterhalten Straßenmusiker die Passanten. Die im Innern des luftigen Backsteingebäudes an einen verkehrt herum liegenden Schiffsrumpf erinnernde, ausladende Dachkonstruktion wurde von einheimischen Schiffsbauern gestaltet. Die Market Street, der zentrale und breiteste Gang, teilt den Markt in zwei Hälften. In den angrenzenden Gängen herrscht lebhaftes Treiben, die Stände stehen dicht an dicht und die Tische ächzen unter der Last der Waren. Bemerkenswert ist der abgeschrägte Boden, angesichts der Hanglage eine praktische Vorkehrung, die das tägliche Abspritzen des Bodens mit Wasserschläuchen nach Marktschluss erleichtert.

Der Markt ist ein toller Ort, um Leute zu beobachten und frische Backwaren, Käse, Fisch, Meeresfrüchte, Fleisch, Obst und Gemüse zu probieren. Wenn man bis dahin noch kein *Dulse* probiert haben sollte, bietet sich hier die Gelegenheit dazu. Die purpurroten, ledrigen Algen werden in der Bay of Fundy geerntet, anschließend getrocknet und dann in kleinen Päckchen zu einem Preis von $ 1 oder $ 2 verkauft. Auch hervorragendes, preiswertes Kunsthandwerk wird hier angeboten.

King's Square und der Loyalist Burial Ground: Gegenüber dem City Market, auf der anderen Seite der Charlotte Street, befinden sich zwei von Ahornbäumen beschattete Grünflächen, die einander schräg gegenüberliegen. Auf dem King's Square sind die Parkwege wie die Streifen auf dem britischen Union Jack angeordnet und führen strahlenförmig von einem 1908 errichteten Orchesterpavillon weg. Im Sommer werden hier Konzerte veranstaltet.

Auf der anderen Seite der Sydney Street liegt der Loyalist Burial Ground, ein überraschend fröhlicher Ort mit Bänken und Blumenbeeten. Die verstreut herumstehenden altertümlichen Grabsteine gehen bis auf das Jahr 1784 zurück. Während der Square und der Friedhof sehr belebt sind und es hier von Schulkindern auf Ausflügen, scherzend plaudernden Senioren und Müttern mit Kinderwagen nur so wimmelt, ist der **Queen's Square** drei Blocks weiter südlich nahezu menschenleer.

Trinity Anglican Church: Auch diese stattliche Kirche der Loyalisten (115 Charlotte St., ✆ 506/693-8558; Mo–Fr 9–15 Uhr; Eintritt frei) fiel den Flammen des historischen Great Fire zum Opfer. Die Kirche wurde 1791 erbaut, 1856 erneuert und 1880, nach dem Großbrand von 1877, wieder neu aufgebaut. Ein berühmtes Kleinod des Altarraums ist das aus der Herrschaft Georgs I. stammende königliche Wappen des Hauses Hannover, welches 1783 von fliehenden Loyalisten aus dem Bostoner Rathaussaal und 1877 vor dem sich greifenden Feuer gerettet werden konnte.

Westlich der Downtown

Fort Howe National Historic Site: Das 1777 erbaute Blockhaus leistete der Stadt doppelte Dienste. Zum einen wurde es als Verteidigungsposten genutzt, um den Hafen zu schützen, und zum anderen diente es als Gefängnis. Das Haus an der Magazine Street ist zwar nur ein Nachbau, doch von dem felsigen Kap, auf dem es errichtet wurde, hat man nichtsdestotrotz einen großartigen Panoramablick auf die Stadt und den Hafen. Von der Downtown aus erreicht man das Fort über die den Hwy. 1 überquerende Main Street.

Reversing Falls: Sollte es je einen Wettbewerb um die aufgebauschteste Touristenattraktion geben, so würden die Reversing Falls den ersten Preis bekommen. Die auf dem voll besetzten Parkplatz dicht an dicht stehenden Reisebusse und Autos mit provinzfremden Kennzeichen spucken ganze Horden von mit Kameras bewaffneten Touristen aus, die sich was auch immer zu sehen erhoffen. Bei Ebbe liegt der Wasserstand der Bay of Fundy 4,4 m unter dem des Saint John Rivers und der Fluss fließt hier über einen kleinen Wasserfall (eigentlich sind es eher Stromschnellen) ins Meer. Zwischen Ebbe und Flut, beim sog. Tidemittelwasser, haben das Meer und der Fluss denselben Wasserpegel und die Stromschnellen verschwinden. Bei steigender Flut dringen die Wassermassen aus dem ansteigenden Meer in den Hafen von Saint John und drängen den Fluss auf einer Länge von 100 km ins Landesinnere zurück, was einige rasante Strömungen (aber keine Wasserfälle) entstehen lässt. Der Anblick an sich ist unspektakulär und selbst ein minimales physikalisches Interesse lässt sich erst befriedigen, wenn man bereit ist, zwölf Stunden dort zu bleiben und den gesamten Gezeitenkreislauf zu beobachten. Nichtsdestotrotz stehen die Besucher hier Schlange, um ihr obligatorisches Foto schießen zu können.

Der ganze Rummel bewirkt jedenfalls, dass all diese Touristen in das freundliche und hilfsbereite **Reversing Falls Visitor Information Centre** (Fallsview Dr., ☎ 506/658-2937; Mitte Mai bis Mitte Okt. tägl. 8–20 Uhr) strömen, wo man sich wahrscheinlich genauso gut über die Gegend informieren kann wie in allen anderen Touristenbüros auch. Darüber hinaus gibt es hier einen Film ($ 2,50) zu sehen, der den Gezeitenzyklus und seine Auswirkungen auf den Fluss zusammenfassend darstellt. Um von der Downtown hierher zu gelangen, überquert man den Hwy. 1 über die Main Street und biegt links auf den Clesley Drive ab. Der Komplex befindet sich am anderen Ende der Brücke, die sich hier über den Fluss spannt.

Vom **Fallsview Park,** der sich am gegenüberliegenden östlichen Ufer des Flusses jenseits der Douglas Avenue befindet, lässt sich das Spektakel an den Reversing Falls aus entgegengesetzter Perspektive überblicken.

Carleton Martello Tower National Historic Site: Der massive runde Steinturm (Fundy Dr./Whipple St., Saint John West, ☎ 506/636-4011; Juni bis Anf. Okt. tägl. 10–17.30 Uhr; Eintritt $ 4, Senioren $ 3,50, Kinder $ 2) diente von 1812 an als Verteidigungsvorposten für den Hafen und wurde 1924 zu einer National Historic Site erklärt. Im oberen Aufbau befand sich während des Zweiten Weltkriegs ein Stützpunkt des Militärgeheimdienstes. Im Innern des Turms sind die restaurierten Unterkünfte und das Pulvermagazin zu besichtigen, die durch steinerne Treppen miteinander verbunden sind. Die Aussichtsplattform bietet einen beeindruckenden Panoramablick auf den Hafen.

Partridge Island: Auf dieser zur National und Provincial Historic Site erklärten Insel nahe der Mündung des Hafens von Saint John betreibt die Küstenwache heute einen Leuchtturm. Die Insel diente während des 19. und 20. Jh. als Quarantänestation für fast eine Million einreisende Immigranten. Viele von ihnen litten bei ihrer Ankunft an Cholera, Typhus und Pocken. Etwa 2000 Neuankömmlinge, die es nicht weiter als bis auf diese Insel schafften, sind hier auf sechs Friedhöfen beerdigt. Für die irischen Flüchtlinge wurde ein keltisches Kreuz errichtet, und ein Gedenkstein erinnert an die jüdischen Einwanderer. Von Beginn des 19. Jh. bis 1947 diente die Insel als militärischer Vorposten. Die meisten der alten Gebäude aus Holz sind inzwischen zerstört und die Insel ist für die Öffentlichkeit nicht zugänglich. Wenn man mit der Fähre nach Digby (in Nova Scotia) übersetzt und sich beim Auslaufen des Schiffes auf die Steuerbordseite (rechts) begibt, hat man eine sehr gute Sicht auf die Insel.

New Brunswick
Karte siehe Farbteil S. 4

Sport und Freizeit

Nach Saint John kommt man in erster Linie, um sich in die Vergangenheit entführen zu lassen und die Annehmlichkeiten einer Stadt zu genießen. Von den Sehenswürdigkeiten einmal abgesehen, kann man sich auch mit einigen anderen Dingen die Zeit vertreiben. In den beiden im Folgenden beschriebenen Parks gibt es gute Wanderwege, der von Bäumen gesäumte **Rockwood Park Golf Course** (✆ 506/634-0090; Greenfee $ 37) stellt mit seinem anspruchsvollen Gelände eine sportliche Herausforderung dar, und nicht zuletzt kann man sich in verschiedenen Wassersportarten probieren.

● *Parks* **Rockwood Park:** Dieser riesige, von Wander- und Reitwegen durchzogene Waldpark mit 13 Seen (✆ 506/658-2883; tägl. von Sonnenauf- bis Sonnenuntergang) liegt von der Downtown aus kommend jenseits des Hwy. 1 und ist über die Ausfahrten 123, 125 und 128 zu erreichen. Im Frühling blühen hier auf dem Waldboden verschiedene Arten bunter Wildorchideen sowie Gelber Frauenschuh, und die Blumenbeete und forstbotanischen Gärten sind dann in ihrer ganzen Pracht zu bewundern. Im Sommer kann man in dem Park angeln, Boot fahren, schwimmen, Vögel beobachten, an den Tischen am See picknicken, wandern und reiten oder auf dem 18-Loch-Platz Golf spielen. Außerdem gibt es hier auch einen Campground (siehe *Übernachten/Camping*). Im Winter sind die Seen von Schlittschuhläufern bevölkert und die Wege werden von Skilangläufern in Beschlag genommen.

Der **Cherry Brook Zoo** (901 Foster Thurston Rd., ✆ 506/634-1440; tägl. 10 Uhr bis Sonnenuntergang; Eintritt $ 8, Senioren $ 7, Kinder $ 6) befindet sich am nördlichen Ende des Parks jenseits der Sandy Point Road. Hier gibt es Löwen, Leoparden, Zebras und andere exotische Tiere zu sehen. In einem Teil des Zoos namens Vanished Kingdom Park sind Nachbildungen ausgestorbener Tierarten ausgestellt.

Irving Nature Park: Lage wie Umgebung des Irving Nature Parks sind für ein Naturschutzgebiet recht ungewöhnlich. Das abgelegene Reservat erstreckt sich über eine ganze Halbinsel, die in den Saint John Harbour und damit in den geschäftigsten Hafen der Provinz ragt. Am nordöstlichen Ende der Hafenbucht erhebt sich die Skyline der größten Stadt New Brunswicks und auf dem Wasser herrscht ein reges Treiben von ein- und auslaufenden Schiffen. Dennoch hat sich dieser naturbelassene Flecken am westlichen Zipfel der Hafenbucht seinen wunderbar abgeschiedenen Charakter bewahrt und ist noch genauso ursprünglich wie zu jener Zeit, als die loyalistischen Gründerväter der Stadt diesen Landstrich erreichten.

Um zu dem Park zu gelangen, fährt man auf dem Hwy. 1 nach Western Saint John und nimmt die Ausfahrt Catherwood Street (Exit 119). Die schmale Straße zweigt vom Highway nach Süden ab, macht einen Bogen nach rechts (Westen), verläuft bergab durch ein Wohngebiet und führt dann durch unbebautes Marschland zu dem

Im Irving Nature Park

225 ha großen Reservat. Der Parkeingang befindet sich an einem Sandstrand, hinter dem sich das Sumpfgebiet Saints Rest Marsh erstreckt. Viele Besucher parken am Fuß des Hügels und gehen zu Fuß weiter. Es ist jedoch auch möglich, mit dem Auto in den Park zu fahren und es auf einem 500 m vom Strand entfernten Parkplatz abzustellen oder die gesamte Landzunge auf einer Straße zu umrunden, die nur in eine Richtung befahren werden kann. Wanderwege führen landeinwärts in den Park hinein oder verlaufen am Wasser entlang.

Mit seinem komplexen Ökosystem bietet das Reservat ein interessantes Treckinggelände und lockt Singvögel, Wasservögel sowie ziehende Seevögel an. Mehr als 240 Vogelarten werden hier regelmäßig gezählt. In den letzten 20 Jahren wurden insgesamt 365 Arten beobachtet. Gelegentlich werden auch der seltene Rote Kreuzschnabel und Wanderfalken in der Marsch gesichtet. Vor der Küste befindet sich auf Manawagonish Island die größte Kormoran-Kolonie Nordostamerikas. Amerikanische Sandregenpfeifer schätzen besonders das Watt und die ruhigen Strände des Reservats. Im Juli kann man davon ausgehen, an den Stränden Strandläufer anzutreffen, den ganzen Sommer über gleiten Kappensturmtaucher und Buntfuß-Sturmschwalben über das Wasser, und im Herbst bietet sich ein spektakuläres Naturschauspiel, wenn Seetaucher, Lappentaucher und Trauerenten entlang der atlantischen Flugroute gen Süden ziehen. Man sieht zwar v. a. Vögel, aber es gibt hier durchaus noch andere wild lebende Tiere. So zählen auch Hirsche, Baumstachler, Eichhörnchen und Schneeschuhhasen zu den Bewohnern des Reservats, und in den bei Ebbe zurückbleibenden Gezeitentümpeln machen es sich Seesterne und Seeigel bequem.

● *Wassersport* Der **Dive Shack** (9 Lower Cove Loop, ✆ 506/634-8265; Mo–Fr 10–18, Sa 10–15 Uhr) ist die beste Anlaufstelle in der Stadt, wenn man einen Tauchausflug in die Bay of Fundy plant. Die Besitzer des Ladens vermieten auch Taucherausrüstungen, veranstalten Kurse und bieten Wochenendpauschalen an. Um dorthin zu gelangen, folgt man der Water Street südlich durch die Downtown, wo sie schließlich in den Lower Cove Loop übergeht.

Das **Canada Games Aquatic Centre** (50 Union St., ✆ 506/658-4715) ist erstklassig ausgestattet und verfügt über eine 50 m lange Schwimmbahn mit fünf Sprungbrettern, zwei Nichtschwimmerbecken, zwei Wasserrutschen, mehrere Whirlpools und Saunen, einen Fitnessraum und eine Cafeteria. Eine Tageskarte für das Schwimmbad und den Fitnessbereich kostet $ 12. Wenn man nur das Schwimmbad benutzen will, zahlt man $ 7,50.

Beaufsichtigte Badestellen gibt es am Fisher Lake im **Rockwood Park,** im Dominion Park in Saint John West und im **Little River Reservoir** an der Loch Lomond Road im Osten der Stadt. Der **Mispec Beach** am östlichen Ende des Hafens ist unbewacht und das Wasser ist kalt, aber an einem warmen Tag kann man es hier gut aushalten und die in den Hafen ein- und auslaufenden Schiffe aus nächster Nähe an sich vorbeiziehen sehen. Um zum Mispec Beach zu gelangen, fährt man über die Union Street, biegt scharf rechts in den Bayside Drive und dann auf die Red Head Road ab.

New Brunswick
Karte siehe Farbteil S. 4

*N*achtleben, *K*ultur und *V*eranstaltungen

● *Theater* Das 1913 erbaute und wunderschön renovierte **Imperial Theatre** (24 King Square S., ✆ 506/674-4100) ist der ganze Stolz der Stadt. In der Blütezeit dieses Theaters traten hier Bühnengrößen wie Ethel Barrymore, John Philip Sousa und Harry Houdini auf. 1950 schloss es seine Tore, wurde dann wieder eröffnet und 25 Jahre lang von der Full Gospel Assembly Pentecostal Church genutzt. Die Renovierungsarbeiten, die vorgenommen wurden, um das Theater in seinem alten Glanz erstrahlen zu lassen, erstreckten sich über ein ganzes Jahrzehnt und wurden 1994 abgeschlossen. Heute ist das Theater wieder der bedeutendste Veranstaltungsort in Saint John für Bühnenkünstler, und neben verschiedenen tourenden Bühnendarstellern werden hier Konzerte des Symphony New Brunswick Orchesters und Bühnenproduktionen des Theatre New Brunswick aufgeführt.

● *Pubs und Nightclubs* Wenngleich die Stadt am Tage ganz pittoresk erscheint und den Eindruck vermittelt, als sei sie einer anderen Zeit entsprungen, sollte man jedoch nicht vergessen, dass Saint John in erster

Linie ein internationaler Hafen ist. Nach Einbruch der Dunkelheit ist Vorsicht geboten, insbesondere am südlichen Ende der Downtown. Nichtsdestoweniger bieten die Bars und Restaurants am dortigen Market Square, die viele Tische draußen stehen haben, eine schöne Aussicht. Wenn an den Sommerwochenenden die Musiker die Straße zur Bühne umfunktionieren, bleiben Einwohner und Besucher bis spät in die Nacht dort sitzen. Inmitten der vielen nahe gelegenen Bars jeder Couleur ist **Grannan's** (St. Patrick St., ✆ 506/634-1555; tägl.

Der Stolz der Stadt: das vollständig renovierte Imperial Theatre

ab 11 Uhr) der Dreh- und Angelpunkt und die Lounge hat eine einladende Pub-Atmosphäre. Die benachbarte **Cougar's Lounge** (✆ 506/693-6666) und das **Saint John Ale House** (✆ 506/657-2337) haben draußen große Teile des Loyalist Plaza mit Tischen und Stühlen in Beschlag genommen. Weiter zum Wasser hin befindet sich die **Brigantine Lounge** (Hilton Saint John, Market Sq., ✆ 506/632-8564), die weniger pompös ist, als man erwarten könnte. Sie ist täglich ab 11.30 Uhr geöffnet und hat einfache Gerichte im Angebot.

Der Bezirk Historic Trinity Royal, der von der Prince William, Princess, King und Germain Street begrenzt wird, ist mit seinen Nightclubs, Pubs, Lounges und Sportbars ein weiteres Zentrum des Nachtlebens. Einer der einladenderen Orte hier ist **O'Leary's** (46 Princess St., ✆ 506/634-7135), ein geselliger irischer Pub mit dem obligatorischen Guinness vom Fass. Donnerstags bis samstags gibt es dort keltische Livemusik.

● *Feste und Veranstaltungen* Zusätzlich zu der sommerlichen Abendunterhaltung auf dem Loyalist Plaza, für die man keinen Eintritt zahlen muss, findet am zweiten Juli-Wochenende am Market Square, am Pugsley Wharf und an anderen Veranstaltungsorten das Musikfestival **Salty Jam** (www. saltyjam.com) statt.

Die fünftägige **Atlantic National Exhibition** beschließt den Sommer mit einem gigantischen Jahrmarkt, der sich v. a. bei Familien großer Beliebtheit erfreut und von Ende August bis Anfang September auf den Exhibition Grounds (McAllister Dr., ✆ 506/633-2020) stattfindet.

Am vierten Sonntag im Oktober wird die Harbour Station, Saint Johns größtes Veranstaltungszentrum, beim **Fundy Food Festival** (www.fundyfoodfestival.com) von den Düften erlesener, regionaler Kochkünste erfüllt. Der Eintritt kostet $ 5 und gegen einen geringen Aufpreis kann man die Kreationen der hiesigen Restaurants und Lebensmittelanbieter probieren.

Einkaufen

Im Haupteinkaufsviertel entlang der Charlotte, Union, Princess, Germain und Prince William Street finden sich viele interessante Geschäfte, die von irischen Wollwaren im Schottenmuster bis hin zu Kunstwerken der Inuit alles Mögliche anbieten. In der **Handworks Gallery** (12 King St., ✆ 506/652-9787) fällt die hiesige Vorliebe für hochwertige Webwaren und handgefertigte Bekleidung besonders ins Auge. Nahebei befindet sich einer der exquisitesten Antiquitätenhändler der Atlantikprovinzen, **Tim Isaac Antiques** (97 Prince William St., ✆ 506/652-3222). Saint John ist die irischste Stadt

Kanadas und man findet ein reichhaltiges Angebot an „keltischen" Waren. Im **House of Tara** (72 Prince William St., ✆ 506/634-8272) gibt es jede Menge irische Importe, darunter eine große Auswahl an Schmuck und Bekleidung (besonders schön sind die Tweedstoffe) sowie Töpferwaren der be-rühmten Belleek Pottery. Wenn man vom Market Square aus die King Street hinauf-geht, gelangt man zu der Kunsthandlung **Arctic Echoes** (16 King St., ✆ 866/657-3246), in der wunderschöne kanadische Diamanten und Kunstwerke der Inuit ausgestellt sind.

Übernachten/Camping

Ideal ist natürlich eine Unterkunft in fußläufiger Nähe des historischen Stadtviertels und des Hafens von Saint John. Die B&Bs in dieser Gegend bieten oft erstklassige Zimmer, die preisgünstiger als viele Hotels sind. Von den Unterkünften, die sich nicht in fußläufiger Reichweite befinden, sind zum einen die Hotels in der Gegend um Fort Howe nennenswert, die bei einem guten Preis-Leistungs-Verhältnis eine tolle Aussicht auf den Hafen bieten. Zum anderen findet sich in der Manawagonish Avenue in Saint John West eine große Auswahl an günstigen Unterkünften.

• *$ 50–100* Von den vielen B&Bs rund um den King's Square bietet das **Earle of Leinster** (96 Leinster St., ✆ 506/652-3275, www.earleofleinster.com; $ 82–92 für 1/2 Pers.) das beste Preis-Leistungs-Verhältnis. Die Lage ist sehr zentral und die Gastgeber sind äußerst sympathisch. Das anmutige viktorianische Stadthaus aus Backstein verfügt über sieben Zimmer, die alle mit eigenen Bädern ausgestattet sind. Eines der Zimmer eignet sich auch als Familien-Suite. Zu den Annehmlichkeiten des Hauses zählen eine Laundry, ein Game Room mit Billardtisch, ein Innenhof und Business Services. Warmes Frühstück ist im Preis inbegriffen.

Canada Select vergibt seine Fünf-Sterne-Auszeichnung nur sehr selten, aber das **Homeport Historic Bed & Breakfast** (80 Douglas Ave., ✆ 506/672-7255 oder 888/678-7678, www.homeport.nb.ca; $ 95–175 für 1/2 Pers.) verdient jeden einzelnen davon. Das hoch oben auf einem Hügel gelegene, den Hafen und die Stadt überblickende Anwesen besteht aus zwei Herrenhäusern, die Mitte des 18. Jh. erbaut wurden. Von der beeindruckenden Antiquitätensammlung über die superbequemen Betten bis hin zu einer mit Port gefüllten Karaffe, die in der Lobby für Gäste bereitsteht, die vom Abendessen zurückkehren – wird offensichtlich, dass die Gastgeber Ralph und Karen Holyoke es verstehen, ihren Gästen das Gefühl zu geben, in einer wesentlich teureren Unterkunft zu wohnen, als dies tatsächlich der Fall ist. Die Standardzimmer kosten $ 95 (1/2 Pers.), aber der Aufpreis für die Luxuszimmer ($ 140 für 1/2 Pers.) lohnt sich. Warmes Frühstück ist im Preis inbegriffen.

Etwa 5 km von der Downtown entfernt finden sich an der Manawagonish Avenue eine Reihe günstiger Motels, die daran erinnern, dass dies einst die Hauptroute war, wenn man die Stadt gen Westen verließ. Um aus westlicher Richtung hierherzukommen, nimmt man auf dem Hwy. 1 die Ausfahrt 100 und folgt dem Ocean Westway in Richtung Stadt. Von der Downtown kommend nimmt man die Ausfahrt 119 und folgt der Catherwood Street in nördlicher Richtung. In der Preisklasse $ 70–80 (1/2 Pers.) liegen u. a. das **Balmoral Court Motel** (1284 Manawagonish Ave., ✆ 506/672-3019) und das **Hillcrest Motel** (1315 Manawagonish Ave., ✆ 506/672-5310).

• *$ 100–150* Das **Country Inn and Suites** (1011 Fairville Blvd., ✆ 506/635-0400, www.countryinns.com; ab $ 105 für 1/2 Pers.) ist ein typisches Mittelklassemotel mit sauberen, komfortablen und praktisch eingerichteten Gästezimmern. Die Standardzimmer kosten $ 105 (1/2 Pers.), aber die wesentlich größeren Suiten mit separaten Schlafzimmern und King-Size-Betten sind ihren Preis ($ 134 für 1/2 Pers.) wert. Ein kleines Frühstück ist im Preis inbegriffen. Vom Hwy. 1 aus nimmt man die Ausfahrt 117.

• *$ 150–200* Das **Hilton Saint John** (1 Market Sq., ✆ 506/693-8484 oder 800/561-8282, www.hilton.com; $ 180 für 1/2 Pers.) befindet sich in bester Lage direkt am Wasser und ist durch eine Fußgängerbrücke mit dem Market Square verbunden. Die meisten der 200 Zimmer in diesem Mitte der 1980er-Jahre gebauten zwölfstöckigen Hochhaus haben Meerblick und Fenster, die sich öffnen lassen. Die üblichen Extras wie Tageszeitungen, Kaffeemaschine, Föhn etc. sind inkl. und in den unteren Etagen locken ein Restaurant mit Blick aufs Meer, eine Lounge, ein Fitnessraum und ein kleines

New Brunswick
Karte siehe Farbteil S. 4

Hallenbad. Im Internet lassen sich Pauschalangebote buchen, die ein Frühstück vom Buffet beinhalten.

Der Standardpreis im **Delta Brunswick** (39 King St., ℘ 506/648-1981 oder 877/814-7706, www.deltahotels.com) liegt bei fast $ 200 pro Nacht. Wenn man online bucht, zahlt man sehr viel weniger. Dieses moderne Hotel befindet sich einen Block vom Hafen entfernt in der Brunswick Square Mall und verfügt über 254 elegante Zimmer. Zu dem Hotel gehören außerdem ein kleines Hallenbad, ein Fitnessraum, ein Restaurant und eine Lounge.

● *Campground* Der fünf Autominuten von der Downtown entfernte **Rockwood Park Campground** (Lake Drive S., ℘ 506/652-4050;

Mai–Sept.; $ 20–29) hat über 200 Stellplätze, von denen die meisten mit Elektro- und Wasseranschlüssen versehen sind. Es gibt große Gemeinschaftswaschräume, Kochgelegenheiten, Feuerstellen und eine Kantine. Hier bieten sich jede Menge Freizeitmöglichkeiten. So kann man u. a. rund um den angrenzenden See wandern, schwimmen und Boot fahren oder auf dem benachbarten Golfplatz eine Partie Golf spielen. Der einfachste Weg hierher führt über den Hwy. 1. Man nimmt die Ausfahrt 121 oder 125 und folgt dann der Ausschilderung nach Norden. Es werden keine Reservierungen entgegengenommen, aber der Platz ist selten voll belegt.

*E*ssen und *T*rinken

Die Wahl fällt oft auf den Market Square, wenn Touristen nach einem Restaurant suchen, weil das am naheliegendsten und bequemsten ist. Wenn man aber den Anstieg ins Herz der Downtown auf sich nimmt, wird man auf Restaurants stoßen, die vielmehr wegen des guten Essens und der angemessenen Preise florieren.

● *Markt* Man weiß gar nicht, wohin man sich wenden soll, wenn man die Tore des **Saint John City Markets** (47 Charlotte St., ℘ 506/658-2820; Mo–Do 7.30–18, Fr 7.30–19, Sa 7.30–17 Uhr) durchschreiten hat. In dieser städtischen Institution hat man die Wahl zwischen ein paar altmodischen Cafés, einem Marktbereich für Seafood, wo lebende Hummer (die einem verpackt werden) sowie Muscheln für nur $ 2 das Pfund feilgeboten werden, einem Feinkostladen, in dem man exquisite Käsesorten und erlesenen Aufschnitt erstehen kann, und dem Wild Carrot Café, wo gesunde Säfte und Muffins angeboten werden.

● *Günstig* Oberhalb des City Markets, ein kleines Stück den Hügel hinauf, befindet sich ein sehr schönes, altes Diner namens **Reggie's** (26 Germain St., ℘ 506/657-6270; tägl. 6–18 Uhr), das in einem historischen Gebäude untergebracht ist. Sehr empfehlenswert sind die hausgemachten Fischsuppen. Außerdem gibt es Hummerbrötchen, Corned Beef Hash, Burger und eine riesige Auswahl an warmen Frühstücksvarianten, alles zu günstigen Preisen.

Falls man beim Einkaufsbummel Hunger bekommen sollte, bieten sich die Food Courts im **Market Square** und im **Courtyard** des Brunswick Square an. Die kulinarische Auswahl ist hier nahezu grenzenlos.

● *Seafood* Das **Grannan's** (1 Market Sq., ℘ 506/634-1555; Mo–Mi 11–23, Do–Sa 11–24,

So 12–22 Uhr) ist eines der Restaurants am Market Square, das draußen genauso viele Tische stehen hat wie drinnen. Die Spezialität ist Seafood, das Essen durchweg gut. Die Fischsuppe ist teuer ($ 13,50), aber köstlich. Als Hauptgerichte ($ 18–38) werden u. a. scharf angebratener Lachs à la Creole, Seafood-Auflauf und Eismeerkrabben angeboten.

Das **Billy's** (49 Charlotte St., ℘ 506/672-3474; tägl. Mittag- und Abendessen) liegt ein wenig versteckt hinter dem Saint John City Market. Da es sich hier um eine Mischung aus Fischmarkt und Restaurant handelt, kann man sicher sein, dass alles frisch ist. Auf der Speisekarte finden sich kulinarische Spezialitäten der Atlantikprovinzen wie Malpeque-Austern, die roh mit Schale serviert werden, Fischkuchen, Fischsuppen, gebratener Heilbutt in Paprikasauce, sautierte Jakobsmuscheln aus Digby, auf Zedernholz gegrillter Lachs für zwei Personen sowie ein reichhaltiges Pastagericht, bei dem Penne mit Hummer und Muscheln gereicht werden. Das Essen ist durchweg gut. Vorspeisen kosten um $ 10, die Hauptgerichte liegen bei $ 18–32.

● *Italienisch* Wer preisgünstige, solide italienische Küche schätzt, sollte bei **D'Amico** (33 Canterbury St., Mo–Do 11.30–23, Fr–Sa 11.30–24, So 16–22 Uhr) einkehren. Die meisten Hauptgerichte kosten unter $ 20, die Pizza wird im Holzofen gebacken und man kann sich sein eigenes Pastagericht zusammenstellen.

• *Thailändisch* Das einen Block vom Hafen entfernte, freundlich eingerichtete **Lemongrass** (42 Princess St., ☎ 506/657-8424; tägl. Mittag- und Abendessen) beweist, dass Saint John in Sachen Restaurant-Trends ganz auf der Höhe der Zeit ist. Mit *tod mun pla* (Fischküchlein mit rotem Curry und Koriander) als Vorspeise und entweder *phad yum* (Seafood-Curry mit Limonenblättern) oder *hor neing pla* (gedünsteter, in Bananenblätter gewickelter Schellfisch mit Zitronengras und Kräutern) als Hauptgang kann man nichts falsch machen. Ohne Getränke muss man für zwei Personen etwa mit $ 60 rechnen.

• *Mexikanisch und Mittelamerikanisch* Nur einen Block von der King Street entfernt lässt das geschäftige Treiben der Stadt merklich nach. Das kleine, helle und zwanglose Restaurant **Taco Pica** (96 Germain St., ☎ 506/633-8492; tägl. außer So 10–22 Uhr) ist eine wahre Entdeckung und liegt jenseits der Touristenmeilen in einer ruhigen Seitenstraße des historischen Bezirks Trinity Royal. Auf der Speisekarte versammelt der guatemaltekische Inhaber Gerichte aus seiner Heimat sowie aus Mexiko und Spanien, die einem das Wasser im Mund zusammenlaufen lassen. Empfehlenswert sind der *Pepian* (ein würziger guatemaltekischer Rindfleischeintopf) und die spanische Paella, die sich hervorragend mit einem mexikanischen Bier verträgt.

Das **Mexicali Rosa's** (88 Prince William St., ☎ 506/652-5252; Mo–Sa 11.30–23, So 12–22 Uhr) ist ein wegen seiner ungezwungenen Atmosphäre bei Einheimischen sehr geschätztes mexikanisches Restaurant und ein beliebter Treffpunkt. Für den kleinen Geldbeutel ist das Chili con Carne in einer Schüssel aus Sauerteigbrot ($ 8,50) verlockend. Oder man gönnt sich eine der einfallsreichen Kreationen wie *Drunken Shrimp Fajitas* ($ 17).

• *Hotelrestaurants* Mit den Dining Rooms in den größeren Hotels ist man immer auf der sicheren Seite. Das Essen dort ist allerdings auch teurer. Die Auswahl im **Shucker's** (Delta Brunswick, 39 King St., ☎ 506/648-1981; tägl. ab 6.30 Uhr) ist sehr verlockend. So wird hier beispielsweise grill-

Die größte Auswahl an Lokalen findet man am Market Square und an der Waterfront

tes Lachsfilet aus der Fundy Bay serviert, das mit Zitronenbutter beträufelt oder mit Kapern und Sahne gereicht wird. In einer alternativen Speisekarte namens „Heart Smart" finden sich fettarme Seafood- und Geflügelgerichte sowie Obstsalate. Di–Do Mittagsbuffet.

Das **Turn of the Tide** (Saint John Hilton, Market Sq., ☎ 506/632-8564; tägl. 6–22 Uhr) liegt direkt am Wasser, bietet eine fantastische Aussicht und verfügt über eine dem maritimen Namen entsprechende Auswahl an Seafood, die von Rindfleischgerichten ergänzt wird. Empfehlenswert sind der kurzgebratene Atlantische Lachs an eingekochten Tomaten und Farnsprösslingen sowie die Lendensteakvariationen.

Information

• *Touristeninformation* Die städtische Tourismusabteilung **Tourism Saint John** (☎ 506/658-2855 oder 866/463-8639, www. tourismsaintjohn.com) ist sehr umtriebig in Sachen Stadtmarketing. Wenn man einen Aufenthalt in Saint John plant, empfiehlt es

sich, als erstes deren hilfreiche Website zu kontaktieren. Das Hauptinformationszentrum der Stadt, das **Visitor Information Centre** (tägl. 9–18 Uhr, im Sommer tägl. 9–20 Uhr) am östlichen Eingang des Market Square gegenüber der Ecke St. Patrick Street/King Street, wird ebenfalls von Tourism Saint John betrieben. Wenn man von Westen (St. Andrews) her in die Stadt kommt, passiert man kurz hinter der Ausfahrt 114 oberhalb des Irving Nature Parks eine weitere Touristeninformation (Mitte Mai bis Mitte Okt. tägl. 9–17 Uhr).
• *Literatur* Die **Saint John Library** (1 Market Sq., ✆ 506/643-7220; Mo–Fr sowie an Wochenenden außerhalb der Sommermonate 9–17 Uhr) befindet sich in der Downtown im

Market Square-Komplex. Hier gibt es eine große Auswahl an Büchern über New Brunswick und der Internetzugang ist für Besucher kostenlos.
Im **New Brunswick Museum** (✆ 506/643-2300), das sich ebenfalls im Market Square in direkter Nachbarschaft zur Bibliothek befindet, kann man Bücher über die Natur- und Kulturgeschichte der Provinz erwerben. **Coles** ist mit seinen Filialen in der Stadt in drei Malls vertreten. Eine der Buchhandlungen befindet sich in der Downtown im Brunswick Square (39 King St., ✆ 506/658-9114). Gebrauchte und antiquarische Bücher können bei **Book Broker** (196 Union St., ✆ 506/657-6310) erstanden werden.

Adressen

• *Post* Das **Hauptpostamt** befindet sich in der 125 Rothesay Avenue. **Lawton's Drugs** (Brunswick Sq., ✆ 506/634-1422) ist einer der zahlreichen Läden, die in der Stadt zusätzliche Postdienstleistungen anbieten, und hat längere Öffnungszeiten. Auch die **Shoppers Drug Stores** bieten diesen Service.
• *Internet* Die Hotels in der Downtown und die meisten B&Bs bieten einen Internetzugang über Modem oder WLAN. Oder man besucht die **Saint John Library** (1 Market Sq., ✆ 506/643-7220; Mo–Fr sowie an Wochenenden außerhalb der Sommermonate 9–17 Uhr), die einen kostenlosen Internetzugang bietet.

• *Geldwechsel* Viele Läden akzeptieren US-Dollar als Zahlungsmittel. Die günstigsten Wechselkurse findet man in den Banken am oberen Ende der King Street.
• *Notfälle* Das **Saint John Regional Hospital** (400 University Ave., ✆ 506/648-6000) befindet sich auf dem Universitätscampus in der Nähe des Rockwood Parks. Die allgemeine Notrufnummer, mit der auch die Polizei gerufen werden kann, ist 911. Zu den gut erreichbaren Apotheken zählen **Lawton's Drugs** (Brunswick Sq., 39 King St., ✆ 506/634-1422) und **Guardian Drugs** (114 River Valley Dr., ✆ 506/738-8406).

Anreise

• *Flugzeug* Der **Saint John Airport** liegt 16 km östlich vom Stadtzentrum. Der Flughafen wird von **Air Canada** (✆ 888/247-2262) angeflogen und bedient die Strecken nach Halifax, Toronto und Montreal. Mietwagenfirmen wie Avis, Budget, Hertz und National finden sich hier ebenso wie ein Restaurant und ein Geschenkartikelladen. Die Passenger Facility Fee ($ 15) ist im Ticketpreis aller abreisenden Fluggäste inbegriffen.
Ankommende Passagiere werden vor dem Flughafen von Taxis erwartet. Die 25-minütige Fahrt zum Market Square kostet etwa $ 30.
• *Bus* Die Ankunft und Abfahrt der **Acadian** Busse, die die Strecken nach Bangor (Maine), Fredericton und Moncton bedienen, erfolgt am **Saint John Bus Terminal** (199 Chesley Dr., ✆ 506/648-3500). Wenn man

mit dem Bus nach Saint John gekommen ist und mit der Fähre nach Digby (Nova Scotia) übersetzt, steht dort ein Acadian Bus zur Weiterfahrt nach Halifax bereit.
• *Fähre* **Bay Ferries** (✆ 902/245-2116 oder 888/249-7245, www.nfl-bay.com) bedient die Strecke Saint John–Digby (Nova Scotia) ganzjährig mit der *Princess of Acadia*, im Sommer bis zu 3-mal tägl. Die Überfahrt ist eine gute Alternative, wenn man durch New Brunswick gefahren ist und die Fundy-Küste Nova Scotias erkunden will. Die Fahrt dauert 3:30 Std. und kostet $ 40 für Erwachsene, $ 30 für Senioren und Kinder und $ 100 pro Fahrzeug. Um vom Hwy. 1 zum Terminal zu kommen, nimmt man die Ausfahrt 120 und folgt der Ausschilderung nach Süden entlang der Market Street. Auf dem Abfertigungsge-

länge gibt es kein Café. Wenn man sich einen Snack für die Wartezeit besorgen möchte, kann man bei Tim Hortons an der Market Street Halt machen.

Unterwegs in Saint John

Den historischen Bezirk von Saint John kann man gut zu Fuß erkunden, für alles andere benötigt man jedoch einen fahrbaren Untersatz. Der Hwy. 1 dient als Stadtautobahn und führt den von Osten (Moncton) nach Westen (St. Stephen) und in umgekehrter Richtung reisenden Verkehr durch Saint John. Der Hwy. 100 ist v. a. für den regionalen Verkehr von Bedeutung und dient als Zubringer zum Hwy. 7, der nach Fredericton führt. Fast überall in Saint John kommt man nur langsam voran, aber am schlimmsten ist es während der Hauptverkehrszeit zwischen 7 und 9 sowie zwischen 16.30 und 18 Uhr.

Im historischen Bezirk gibt es viele preisgünstige Parkhäuser und -plätze. Parkplätze kosten $ 1/Std., in den Parkhäusern zahlt man etwas mehr. Wenn man den Hwy. 1 über die Ausfahrt 122 verlässt und bei der ersten Abzweigung rechts abbiegt, liegen rechter Hand einige Parkplätze. Oder man fährt den Hügel ganz hinunter und biegt links zur Tiefgarage ab.

• *Bus* Die Busse von **Saint John Transit** (℡ 506/658-4700; $ 2,25 pro Fahrtzone) verkehren im gesamten Stadtgebiet (Mo–Fr 6–24 Uhr, am Wochenende eingeschränkter Betrieb). Das Unternehmen bietet außerdem 2-mal tägl. zweistündige, geführte Stadtrundfahrten an (Ende Juni bis Anf. Okt. tägl. 10 und 13 Uhr; Eintritt $ 18, Kinder $ 7).

• *Taxi* Wartende Taxis findet man vor dem Delta und dem Hilton Hotel. Telefonisch zu erreichen sind **Coastal Taxi** (℡ 506/635-1144), **Diamond Taxi** (℡ 506/648-8888) oder **Royal Taxi** (℡ 506/652-5050). Der Fahrpreis berechnet sich nach Stadtzonen, von denen es insgesamt 14 gibt. Für eine Fahrt vom Market Square nach Fort Howe sollte man mit $ 6 und für die Strecke vom Market Square zum Flughafen mit $ 30 rechnen.

Von Saint John nach St. Andrews

Die Strecke nach St. Andrews entlang der Küste ist wunderschön und führt durch dichte Wälder, die bis an das felsige Ufer heranreichen. Noch interessanter wird die 90 km lange Fahrt gen Westen jedoch, wenn man sich für einen der zahlreichen Abstecher entscheidet.

Point Lepreau und Umgebung

Die erste interessante Station westlich von Saint John ist das am Ende des Hwy. 790 gelegene **Kernkraftwerk Point Lepreau.** Das Atomkraftwerk ging 1980 ans Netz und war damit das erste Kanadas. Derzeit werden mit dem hier erzeugten Strom 30 % des Energiebedarfs von New Brunswick gedeckt.

Einige Kilometer nachdem man den Hwy. 790 passiert hat, erstreckt sich längs des Hwy. 1 der **New River Beach Provincial Park** (℡ 506/755-4042; Mai–Okt.). Hier gibt es einen langen, geschwungenen Sandstrand, durchs Moor führende Wanderwege, Fichtenwälder, Picknicktische und einen Bootsverleih.

Das **Clipper Shipp Beach Motel** (℡ 506/755-2211; März–Nov.; $ 75 für 1/2 Pers.) bietet auf dieser Wegstrecke ein gutes Preis-Leistungs-Verhältnis. Die Zimmer sind einfach – man zahlt für die atemberaubend schöne Lage am Wasser.

St. George

Die beeindruckendste Sehenswürdigkeit im 32 km östlich von St. Andrews gelegenen St. George sind die sich donnernd in eine Granitschlucht stürzenden **Magaguadavic Falls.** Besucher können hier parken und eine Treppe neben dem Wasserfall hinabsteigen, um hinter einer Sichtscheibe die flussaufwärts schwimmenden Lachse zu beob-

New Brunswick
Karte siehe Farbteil S. 4

achten. Die Spezialität im **Oven Head Salmon Smokers** (101 Ovenhead Rd., ℡ 506/755-2507; tägl. außer So 8–17 Uhr) ist der über Hickory- und Eichenholzspänen kalt geräucherte Atlantische Lachs. Zu den Großabnehmern der Räucherei zählen so berühmte Vertreter der Haute Cuisine wie das Fairmont Algonquin Hotel (siehe S. 316).

In St. George kann man außerdem den Hwy. 1 verlassen, um zum nahe gelegenen Deer Island Fährhafen in Letete zu gelangen. Der Hwy. 772 und der Hwy. 776 führen zur Black Bay und zu dem malerischen, von unzähligen Schären umgebenen Dorf **Blacks Harbour,** von wo die Fähre nach Grand Manan Island ablegt. Wenn man Blacks Harbour Anfang September besucht, sollte man die *American Sardine Packing Championship* nicht verpassen. So etwas gibt es nirgendwo sonst zu erleben!

St. Andrews und Umgebung

St. Andrews by the Sea, wie die Stadt von der hiesigen Tourismusbehörde vermarktet wird, ist ein bezauberndes, direkt am Meer gelegenes Städtchen, das 1800 Einw. zählt. Die Stadt, 90 km westlich von Saint John, war das erste Seebad in New Brunswick und ist heute *der* Erholungsort der Provinz schlechthin. St. Andrews befindet sich am Ende einer Halbinsel, die in die Passamaquoddy Bay ragt. Durch die vorgelagerte Deer Island und die Letang Peninsula ist das Wasser hier wesentlich ruhiger als in der offenen Fundy-Bucht. In St. Andrews schwelgen die Badegäste in alten Zeiten und v. a. das charmant-luxuriöse Hotel Fairmont Algonquin (siehe S. 316) beschwört eine längst vergangene Epoche Kanadas herauf.

Geschichte

Für die Bewohner New Brunswicks hat St. Andrews einen besonderen historischen Stellenwert und genießt einen beinahe heiligen Status. Die Stadt wurde von Loyalisten gegründet, die 1783 in die Bucht segelten und dem geschwungenen Küstenverlauf bis zur Spitze der Halbinsel folgten. Die wagemutige Reise war damals ein technisches Wunder. Die Siedler, die aus den weiter südlich gelegenen früheren Ko-

Die Water Street in St. Andrews

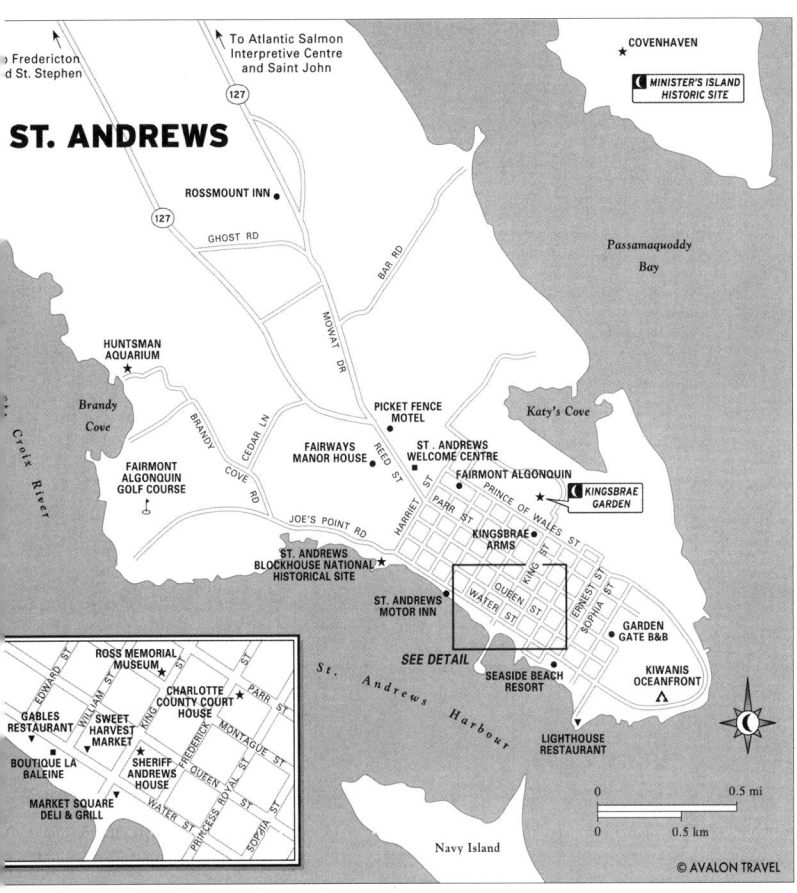

lonien Englands stammten, waren nach Castine in Maine gezogen und wähnten sich dort in Kanada. Aber aufgrund einer nachträglichen Veränderung des Grenzverlaufs zwischen den Vereinigten Staaten und Kanada sahen sie sich gezwungen, erneut umzusiedeln. Die königstreuen Siedler machten sich abermals mit allem, was sie besaßen, im Treck auf den Weg, verluden ihre in Einzelteile zerlegten Häuser auf Schiffe und setzten die Segel, um sicheren Grund und Boden zu erreichen und eine neue Heimat zu finden. St. Andrews war ihr Werk. Fast jede Straße ist nach George III. oder einem anderen Vertreter der königlichen Familie benannt. In den engen Wohnstraßen sind noch einige Häuser der Loyalisten erhalten und stehen dort dicht an dicht neben ähnlichen Gebäuden im New-England-Stil.

Sehenswertes

Obwohl St. Andrews in erster Linie ein Ort zum Erholen ist, gibt es hier eine Menge zu sehen und zu unternehmen. Viele historische Sehenswürdigkeiten befinden sich in fußläufiger Entfernung zu den in der Downtown gelegenen Unterkünften, andere lassen sich rasch mit dem Auto erreichen. Es kann einem durchaus passieren, dass man zwar schon seit zwei Tagen in der Stadt weilt, aber immer noch nicht dazu gekommen ist, Wale zu beobachten oder auf den geheiligten Fairways des Fairmont Algonquin Golf zu spielen. Eine der interessantesten Dinge, die man in St. Andrews tun kann, ist das Beobachten der Gezeiten und ihrer Auswirkungen. Was nicht bedeutet, dass man sich sechs Stunden lang ans Ende des Town Wharfs setzen soll. Aber es lohnt sich, bei Ebbe oder Flut einen Blick auf das Naturschauspiel zu werfen und dann sechs Stunden später wiederzukommen – der Unterschied ist beeindruckend.

Die historische Downtown

St. Andrews ist ein historisches Kleinod. Fast die Hälfte der Gebäude im Stadtzentrum sind über 100 Jahre alt, und die meisten sind so instand gehalten oder restauriert worden, dass sie wie neu wirken. Die Hauptstraße namens Water Street verläuft parallel zur Küste und führt durch das sich über fünf Blocks erstreckende Geschäftsviertel.

Im Stadtzentrum bietet das **Sheriff Andrews House** (63 King St., ✆ 506/529-5080; Ende Juni bis Anf. Sept. Mo–Sa 9.30–16.30, So 13–16.30 Uhr; Spende) einen sehr schönen visuellen Einblick in die Anfangszeiten der loyalistischen Ära. Das Personal in historischen Kostümen führt die Besucher durch das 1820 im gregorianischen Stil erbaute Haus des damaligen Bezirkssheriffs, das einfach, aber elegant im seinerzeit für die Region typischen Stil eingerichtet ist.

St. Andrews Blockhouse National Historic Site

Das weiß getünchte **Charlotte County Court House** (Frederick St., ✆ 506/529-3843; Juli/Aug. Mo–Sa 9.30–12 und 13–16.30 Uhr; Eintritt frei) wurde 1840 erbaut und gilt als das älteste, durchgehend als solches genutzte Gerichtsgebäude Kanadas.

Das **Ross Memorial Museum** (188 Montague St., ✆ 506/529-5124; Anf. Juni bis Anf. Okt. tägl. außer So 10–16.30 Uhr; Spende) befindet sich in einem Anfang des 19. Jh. erbauten neoklassizistischen Backsteinhaus. Hier können Möbelstücke, Teppiche, Spiegel und Gemälde sowie das Porzellan und andere Kostbarkeiten aus der erlesenen Antiquitäten- und Kunstsammlung von Henry und Sarah Ross besichtigt werden.

Kingsbrae Garden

Für den erst 1999 eröffneten Kingsbrae Garden (220 King St., ✆ 506/529-3335; Mitte Mai bis Mitte Okt. tägl. 9–18 Uhr; Eintritt $ 10, Senioren und Kinder $ 8,50) wurden auf dem Hügel oberhalb der Downtown einige Gärten, die einst zum Anwesen des Kingsbrae Arms (siehe *Übernachten/Camping*) gehörten, mit weiteren Ländereien zu einer 11 ha großen Oase der Beschaulichkeit verbunden. Hier finden sich über 2000 Pflanzenarten und das Auge kann sich an Rhododendren, Rosen, einem akadischen Küstenwald und einem Obstgarten weiden. Zu der Anlage gehören außerdem eine intakte Windmühle, ein Garten mit Miniaturhäusern für Kinder, ein Geschenkartikelladen, in dem man alles Mögliche zum Thema Blumen erwerben kann, und ein Café mit Aussicht auf den Garten.

St. Andrews Blockhouse National Historic Site

Entlang der Water Street führt ein schöner Spaziergang von der Downtown zum St. Andrews Blockhouse (454 Whipple St., ℡ 506/529-4270; Juni–Aug. tägl. 10–18 Uhr; Eintritt $ 1, Kinder $ 0,50). Dieser Festungsbau ist der letzte erhaltene von zwölf ähnlichen Bauten. Er sollte die Stadt im Krieg von 1812 vor Angriffen schützen, doch in jenem Krieg fiel hier kein einziger Schuss. Im Innern sollen die nachgebauten Soldatenunterkünfte von der Zeit um 1812 erzählen, als die Region vom Kriegsgeschehen heimgesucht wurde.

Selbst wenn man sich nicht für Geschichte interessiert, lohnt sich der Weg hierher. Vor dem Blockhaus erstrecken sich weite Wiesen, die an den St. Croix River grenzen. Es empfiehlt sich, bei Ebbe hierherzukommen, weil man dann beobachten kann, wie eine felsige Halbinsel und einige Gezeitentümpel freigespült werden, die sich während der Flut vollständig unter Wasser befinden.

St. Croix Island

1604 erreichten die 79 Teilnehmer einer französischen Expedition unter der Leitung Samuel de Champlains mit ihrem Segelschiff die Bay of Fundy und gaben dem Saint John River seinen Namen. Den heutigen Standort der Stadt Saint John betrachteten die Einwanderer jedoch als ungeeignet für die Errichtung einer Siedlung. Deshalb verbrachte die Gruppe den bitterkalten Winter 1604/05 auf Douchet's Island im St. Croix River. Die Kolonie markierte den Beginn der Ansiedelung von Franzosen in Nordamerika. Nach einem harten Winter, in dem Hunger und Skorbut 35 Menschenleben gefordert hatten, packten die verbliebenen Siedler ihre Sachen und machten sich auf den Weg zu der in Nova Scotia gelegenen, wohnlicheren Seite der Bucht. Dort errichteten sie die Siedlung Port-Royal, anfänglich das Zentrum Akadiens, wie sie diesen Teil Ostkanadas tauften.

Heute bildet der St. Croix River, der bei St. Andrews in die Bay of Fundy mündet, die Grenze zwischen den USA und Kanada, die einstige Siedlungsstätte wurde als **St. Croix Island International Historic Site** unter Denkmalschutz gestellt. Am Rande des Hwy. 127, 9 km nördlich von St. Andrews, wird die Geschichte der Siedlung auf Schautafeln dargestellt. Von hier aus hat man auch einen sehr schönen Blick auf die unbewohnte und für Besucher nicht zugängliche Insel. Auf US-amerikanischer Seite gibt es 13 km südlich von Calais eine Aussichtsplattform.

New Brunswick Karte siehe Farbteil S. 4

Minister's Island Historic Site

Auf dieser 200 ha großen Insel (℡ 506/529-5081; Eintritt $ 12, Senioren und Studenten $ 10) in der Passamaquoddy Bay ließ sich der Eisenbahnbaron William

Van Horne, der u. a. der Canadian Pacific Railway vorstand, seine Sommerresidenz **Covenhoven** bauen. Die 1903 fertiggestellte 50-Zimmer-Villa wurde aus in der Umgebung abgebautem Sandstein errichtet. Erhalten geblieben sind darüber hinaus eine Windmühle, ein Badehaus mit Gezeitenpool und eine Scheune. Die Insel ist nur bei Ebbe zu erreichen, daher starten die beiden täglichen Touren jeden Tag zu einer anderen Uhrzeit (die genauen Zeiten erfährt man beim St. Andrews Welcome Centre). Besucher werden gebeten, sich am Ende der Bar Road, 2 km nordöstlich der Stadt, zu sammeln. Von dort aus folgt man einem vorausfahrenden Wagen über eine Sandbank, die nur bei Ebbe freiliegt. Der Eintrittspreis beinhaltet eine geführte Tour.

Wasserwelten

Das **Huntsman Aquarium** (Brandy Cove Rd., ☎ 506/529-1202; Mitte Mai bis Aug. tägl. 10–18 Uhr, Sept. Do–So 10–17 Uhr; Eintritt $ 7,50, Senioren $ 6,50, Kinder $ 5) oberhalb des Golfplatzes ist Teil des Huntsman Marine Science Centre. Diese gemeinnützige Studieneinrichtung für Meeresbiologie zieht Forscher von nah und fern an. In dem Aquarium leben Hunderte lokaler Fischarten, Krustentiere, Mollusken und Meerespflanzen. Ein Streichelbecken gibt Kindern die Möglichkeit, sich vorsichtig mit den Gezeitentierchen vertraut zu machen, und im Außenbecken tollen Seehunde herum. Das Zentrum veranstaltet auch Kurse zu Umweltthemen mit Gastlektoren und bietet Möglichkeiten zur Feld- und Laborarbeit an (etwa $ 1000 pro Woche).

Östlich von St. Andrews passiert man auf dem Weg nach Saint John das **Atlantic Salmon Interpretive Centre** (Chamcook Lake Rd., ☎ 506/529-1384; Mitte Mai bis Mitte Okt. tägl. 9–17 Uhr; Eintritt $ 6, Kinder $ 3), welches einem bedeutend größeren Forschungsinstitut angegliedert ist. Schautafeln erklären den Lebenszyklus des Atlantischen Lachses und informieren über Zuchttechniken. Außerhalb der lichtdurchfluteten Räume des an einem kleinen Fluss gelegenen Zentrums führen mehrere Wanderwege stromaufwärts zum Chamcook Lake und flussabwärts zur Passamaquoddy Bay.

Reisepraktisches

Sport und Freizeit

• *Auf dem Wasser* Whalewatching ist hier eine beliebte Freizeitaktivität und mehrere Unternehmen bieten Bootstouren an, bei denen man Ausschau nach Finn-, Zwerg- und Buckelwalen halten kann. Neben Walen bekommt man hierbei auch Seehunde und viele Meeresvögel zu Gesicht. Alle Boote legen vom Kai am Ende der King Street ab. **Quoddy Link Marine** (☎ 506/529-2600) verfügt über ein stabiles, überdachtes Boot. Auf der dreistündigen Tour werden den Besuchern naturwissenschaftliche Phänomene erklärt. Kleine Snacks und Getränke sowie der Verleih von Ferngläsern und Schlechtwetterkleidung sind im Preis inbegriffen (Eintritt $ 50, Senioren $ 46, Kinder $ 29). Für die Abenteuerlustigeren fährt der Veranstalter **Fundy Tide Runners** (☎ 506/

529-4481) zu einem ähnlichen Preis mit großen Schlauchbooten in das Whalewatching-Gebiet.
Seascape Kayak Tours (☎ 506/529-4866) bietet Seekajak-Kurse und geführte Expeditionen in die Passamaquoddy Bay an. Zu den Pauschalangeboten zählen das Sonnenuntergangspaddeln ($ 55/Pers.) und eine Tagestour inklusive Mittagessen ($ 125).
• *Golf* Die Stadt St. Andrews mag zwar nicht so geschichtsträchtig wie ihr schottischer Namensvetter sein, aber die malerischen Fairways des **Fairmont Algonquin Golf Course** (Brandy Cove Rd., ☎ 506/529-8165) erfreuen sich bei Golfern seit über 100 Jahren großer Beliebtheit. Die Anlage wurde im Jahr 2000 umfassend modernisiert und ganz neu gestaltet, sodass man jetzt auf Schritt und Tritt die Aussicht auf die glitzernde Bay of Fundy genießen kann. Die

Greenfee beträgt im Sommer $ 99, am An-
fang und Ende der Saison gibt es einen Ra-
batt. Elektrocaddies und der Zugang zur
Driving Range sind im Preis inbegriffen.

Einkaufen

Es gibt jede Menge Kunsthandwerks- und
Geschenkartikelläden. Egal, wonach man
auf der Suche ist, Pullis, Souvenir-T-Shirts
oder hiesige Töpferwaren, der Einkaufsbummel durch die Water Street mit ihren
vielen Shops gehört zum Pflichtprogramm
in St. Andrews. Einer der schönsten Läden
ist die **Boutique la Baleine** (173 Water St.,
✆ 506/529-3926).

Übernachten/Camping

In St. Andrews gibt es jede Menge Übernachtungsmöglichkeiten, von exzentrisch
(Salty Towers) bis extravagant: Sie haben
die Wahl! Im Juli und August sollte man immer reservieren.

• *$ 50–100*   Ein paar preisgünstige, aber
saubere und komfortable Motels finden
sich an der Einfahrtsstraße in die Stadt, darunter das **Picket Fence Motel** (102 Reed
Ave., ✆ 506/529-8985, www.picketfencenb.
com; $ 75–95 für 1/2 Pers.).

• *$ 100–150*   Wer eine preiswerte, direkt
am Wasser gelegene Unterkunft ohne
Schnickschnack sucht, dem kann man das
Seaside Beach Resort (339 Water St.,
✆ 506/529-3846 oder 800/506-8677, www.sea
side.nb.ca; $ 120–150) nur wärmstens emp-
fehlen. Zu dieser Anlage in fußläufiger Nähe der Downtown gehören mehrere Mitte
des 18. Jh. erbaute Gebäude. Es gibt 24
Wohneinheiten, darunter sowohl einige frei
stehende Hütten als auch größere Bauten
mit schiefen Böden und handgearbeiteten
Fenstern. Mein persönlicher Favorit ist das
Haus Harbourview Two, das direkt am
Wasser liegt und über zwei Schlafzimmer
und eine kleine Sonnenterrasse mit Grill
verfügt. Alle Wohneinheiten sind mit Küchen und älteren Fernsehern ausgestattet.
Garden Gate Bed and Breakfast (364 Montague St., ✆ 506/529-4453, www.bbgardengate.
com; $ 85–120 für 1/2 Pers.) ist ein hübsches,
von alten Gärten umgebenes, Ende des
19. Jh. erbautes Haus. Alle vier Zimmer verfügen über ein eigenes Bad (z. T. en suite).
Warmes Frühstück ist im Preis inbegriffen.
Von den weitläufigen Grünflächen des
Rossmount Inn (4599 Hwy. 127, ✆ 506/529-3351
oder 877/529-3351, www.rossmountinn.com;

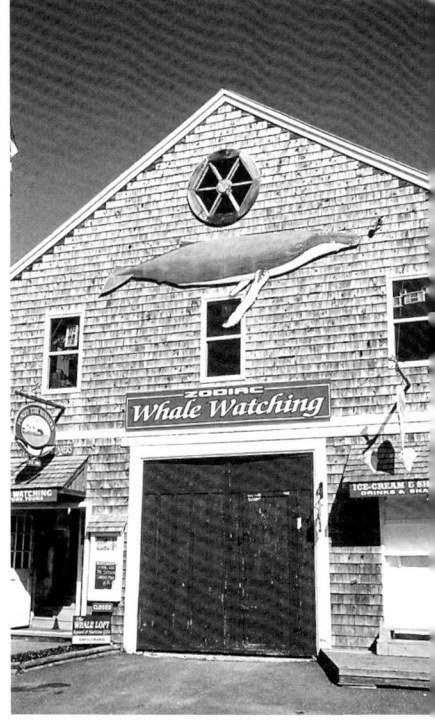

*Whalewatching ist eine beliebte
Freizeitbeschäftigung in St. Andrews*

$ 112–138 für 1/2 Pers.) erstreckt sich der Blick
ungehindert über die Passamaquoddy Bay.
Das dreistöckige Herrenhaus verfügt über
einen Dining Room, eine Lounge, ein Außenschwimmbecken und 18 Gästezimmer, die in
dezenten Cremefarben gehalten und mit viktorianischen Antiquitäten ausgestattet sind.
Draußen können die Gäste auf der Veranda
zusammenkommen oder auf den Spazierwegen das ausgedehnte, 35 ha große Gelände
erkunden. Das Hotel befindet sich 6 km
nordöstlich der Stadt.

• *$ 150–200*   Direkt am Ufer der Bucht und
200 m vom Stadtkern entfernt befindet sich
das moderne, dreistöckige **St. Andrews
Motor Inn** (111 Water St., ✆ 506/529-4571,
www.standrewsmotorinn.com; $ 160–200
für 1/2 Pers.) Für die hohen Preise gibt es
einen Grund: Die meisten Zimmer haben
Balkone mit fantastischem Meerblick.

Ein perfekter Ort für den Start in den Tag: Blick von der großen Veranda des Seaside Beach Resort

• *Über $ 200* Um in die gut betuchte Vergangenheit St. Andrews einzutauchen, ohne dafür ein Vermögen auszugeben, sollte man ein Zimmer im **Fairways Manor House** (109 Reed Ave., ✆ 506/529-4750, www.fairwaysmanorhouse.com; $ 175 für 1/2 Pers.) buchen. Die schlossähnliche Villa liegt kurz vor der Stadt und gehörte einst Edward Chandler Walker, dem Sohn des Gründers der berühmten Hiram Walker Destillerie. Das Haus verfügt über luxuriöse Gästezimmer, ein beheiztes Außenschwimmbecken sowie einen Whirlpool und bietet eine Aussicht auf den Golfplatz und das Meer. Das Frühstück ist im Preis inbegriffen.

Das im Tudor-Stil erbaute **Fairmont Algonquin** (184 Adolphus St., ✆ 506/529-8823 oder 800/257-7544, www.fairmont.com; ab $ 300 für 1/2 Pers.) ist ein Nobelresort mit parkähnlichen Außenanlagen, das den vis-à-vis von St. Andrews gelegenen Hügel dominiert. Alles hier zeugt von Exklusivität und Stil – von den mit Blumenbeeten durchsetzten Grünflächen über die Gärten bis hin zu den jungen Paaren in weißer Tenniskleidung, die auf der Veranda gemächlich an ihren Kaltgetränken nippen. Das leise Klirren von Kristallgläsern ist das lauteste Geräusch, das in dem eleganten Dining Room zu vernehmen ist. Die Innenräume und Gästezimmer sind mit Polstermöbeln, orientalischen Teppichen und glänzenden, dunklen Möbeln ausgestattet. Das Resort ist äußerst renommiert. Entsprechend zeremoniell sind auch die Angestellten mit festlichen schottischen Trachten und Kilts ausstaffiert. Das Hotel verfügt über mehrere Dining Rooms, eine Lounge, ein Außenschwimmbecken, Tennisplätze, einen Wellness-Bereich sowie Squash- und Racquetball-Plätze.

Die acht Gästezimmer des **Kingsbrae Arms** (219 King St., ✆ 506/529-1897, www.kingsbrae.com), das zu der angesehenen Relais & Chateaux-Gruppe gehört, zählen zu den luxuriösesten, die sich im atlantischen Kanada finden lassen. Von den marmornen Badezimmern bis zu dem erstklassigen Zimmerservice: Hier lässt es sich feudal leben (HP mit Frühst. und Abendessen ab $ 585 für 1/2 Pers.).

• *Campground* Der 10 Min. (zu Fuß) östlich der Downtown gelegene Campground **Kiwanis Oceanfront Camping** (Indian Point Rd., ✆ 506/529-3439, www.kiwanisoceanfrontcamping.com; $ 24–35) macht seinem Namen alle Ehre. In der vordersten Reihe der Stellplätze hat man freien Blick aufs Meer. Es gibt Duschen, einen Spielplatz, einen Lebensmittelladen, Kochgelegenheiten, Internetzugang und eine Laundry.

Essen und Trinken

Bei der großen Auswahl an Cafés und Restaurants in St. Andrews ist für jeden Geschmack und Geldbeutel etwas dabei, der Schwerpunkt liegt jedoch auf Seafood.

• *Cafés* Im **Sweet Harvest Market** (233 Water St., ℰ 506/529-6249; tägl. ab 8 Uhr) versorgen sich die Einheimischen gerne mit nach europäischer Art gebackenen Broten, riesigen Zimtbrötchen und den täglichen Spezial-Muffins.

Weiter östlich am Ufer werden im **Market Square Deli & Grill** (211 Water St., ℰ 506/529-8241) an einem Stand nach Wunsch belegte Gourmet-Sandwichs und heiße Getränke angeboten (tägl. 8–19 Uhr). Für den größeren Hunger gibt es hier ein Restaurant, das dem Town Square gegenüberliegt (tägl. 11–22 Uhr).

• *Restaurants* Die beste Adresse für ein Casual Seafood Dining mit Blick aufs Meer ist das **Gables Restaurant** (143 Water St., ℰ 506/529-3440; Juli/Aug. tägl. 8–23 Uhr, Sept.–Mai tägl. 11–21 Uhr) in erstklassiger Lage direkt an der Bucht. Das Restaurant führt hinten auf eine ans Wasser grenzende Holzterrasse hinaus, die sich wunderbar zum Mittagessen anbietet und abends nicht romantischer sein könnte – ein wunderschöner Ort, um nach dem Essen an einem Cognac zu nippen und die Lichter auf dem Wasser schimmern zu sehen. Die Speisekarte ist für das Mittag- und Abendessen die gleiche, sehr zu empfehlen sind die auf einer Tafel angeschriebenen Spezialitäten.

Köstlich: der Seafood Pie ($ 13). Der Eingang befindet sich in einer schmalen Gasse (als Wegweiser dient eine massive Holzschnitzerei, die einen Hummer darstellt).

Ebenfalls direkt am Wasser liegt das **Lighthouse Restaurant** (1 Patrick St., ℰ 506/529-3082; tägl. außer Di 17–21 Uhr). Es befindet sich auf einer kleinen Landzunge, die südlich der Stadt ins Meer hinausragt (von der Downtown kann man den angrenzenden Leuchtturm sehen), und verfügt über einen großen Raum mit einfachen Möbeln und legerer Atmosphäre. Zu den Spezialitäten zählen in Teriyaki-Sauce marinierter, gegrillter Lachs ($ 19), gebackener, in dünne Scheiben vom geräucherten Lachs gewickelter Schellfisch ($ 24) sowie gekochter Hummer (ab $ 25).

Man muss nicht im Fairmont Algonquin (ℰ 506/529-8823) übernachten, um hier in einem der Dining Rooms zu tafeln. Dazu gehören der **Passamaquoddy Room**, der nur im Sommer geöffnet ist und im Frühstück, Mittag- und Abendessen serviert werden, sowie die auf eine Terrasse hinausführende **Library Lounge**, die bei aller Eleganz eine ungezwungene Atmosphäre hat.

Information

Wenn man von Westen nach St. Andrews kommt, versteckt sich das **St. Andrews Welcome Centre** (46 Reed Ave., ℰ 506/529-3556; tägl. 9–18 Uhr) zwischen den Bäumen linker Hand der Straße hinter dem Picket Fence Motel.

Fundy-Inseln

Das Leben auf den Fundy-Inseln scheint Welten entfernt zu sein von dem auf dem Festland. Vier der Inseln dieses Archipels, die vor der zu New Brunswick gehörenden Küste der Bay of Fundy verstreut im Meer liegen, sind bewohnt und durch den Fährverkehr mit dem Festland verbunden: Deer, Campobello, Grand Manan und White Head. Sie bieten eine interessante Abwechslung zu den Autorouten entlang der Küste und sind außerhalb der Atlantikprovinzen kaum bekannt.

Deer Island

Die gewaltigen Meeresströmungen, die Grand Manan umtosen, lassen entlang der Küste Maines an Intensität nach. Vor der Insel Deer Island, die näher an den Vereinigten Staaten als am kanadischen Festland liegt, ist das Meer somit wesentlich ruhiger. Genau wie im Falle von Campobello Island, wurde noch Jahrzehnte nach der Amerikanischen Revolution um die Hoheitsgewalt über die Insel gestritten. Infolge eines Regierungsabkommens in den 1840er-Jahren wurden beide Inseln New Brunswick zugesprochen.

Deer Island ist zwar rauer und zieht weniger Besucher an als Campobello, wird aber von den Fähren vom Festland New Brunswicks aus als erste der beiden Inseln angesteuert. Hier hat man sich der Fischerei verschrieben. Die Insel ist von Heringsreusen (trichterförmig befestigten Fischernetzen) umgeben; andere Netze sorgen für den „weltweit größten Hummerfang". Der **Old Sow,** der größte Gezeitenstrudel der westlichen Hemisphäre, kann drei Stunden vor der Flut vom **Deer Island Point Park** am südlichen Ende der Insel beobachtet werden.

*R*eisepraktisches

• *Übernachten* Sehr zu empfehlen ist das **Sunset Beach Cottage & Suites** (21 Cedar Grove Rd., ✆ 506/747-2972 oder 888/576-9990, www.cottageandsuites.com; Juni–Sept.), das über ein Außenschwimmbecken und eine Gartenlaube direkt am Meer verfügt. Es gibt fünf separate Suiten ($ 80 für 1/2 Pers.) sowie ein Ferienhäuschen ($ 700 pro Woche), jeweils mit Meerblick.

• *Verbindungen* Die Fähren nach Deer Island verkehren das ganze Jahr über von Letete. Der Ort ist 15 km vom Hwy. 1 entfernt (Ausfahrt 56, 4 km westl. von St.

George). Die Fähren fahren ab 7 Uhr bis zu 20-mal tägl. Der von der Regierung betriebene Service ist kostenlos, es werden keine Reservierungen entgegengenommen. Zwischen Ende Juni und Anfang September gibt es eine von den **East Coast Ferries** (✆ 506/747-2159, www.eastcoast ferries.nb.ca) betriebene Fährverbindung von Deer Island nach Eastport (Maine). In beiden Richtungen erfolgt die Abfahrt stündl. Die Kosten betragen $ 16 pro Fahrzeug inkl. Fahrer und $ 3 für jeden weiteren Fahrgast.

Campobello Island

Eine Brücke verbindet Campobello mit Lubec in Maine, wodurch die Insel in direktem Kontakt zu den Vereinigten Staaten steht. Im Sommer kann man Campobello jedoch von Deer Island aus mit der Fähre erreichen, sodass sich der Besuch der Fundy-Inseln problemlos um einen Ausflug hierher erweitern lässt.

Die von Granit, Schiefer und Sandstein geprägte Insel war einer der beliebtesten Rückzugsorte des ehemaligen US-Präsidenten Franklin Delano Roosevelt. Das mit Schindeln verkleidete rot-grüne Ferienhaus der Familie ist heute die Hauptattraktion des **Roosevelt Campobello International Parks** (Hwy. 774, Welshpool, ✆ 506/752-2922; Ende Mai bis Mitte Okt. tägl. 10–18 Uhr; Eintritt frei). Die 34 Zimmer sind mit Insignien und dem Originalmobiliar der Familie ausgestattet, was durchaus etwas Anrührendes hat, insbesondere da Franklin Delano Roosevelt hier bei einem seiner Urlaube an Kinderlähmung erkrankte.

*R*eisepraktisches

• *Campground* Der weiter östlich gelegene 425 ha große **Herring Cove Provincial Park** (✆ 506/752-7010; Mai bis Mitte Okt.) verfügt über einen langen Strand, sechs Wanderwege und einen 9-Loch-Golfplatz (✆ 506/752-7041; Greenfee $ 24). Die Stellplätze des Campgrounds sind mit Picknicktischen und Feuerstellen ausgestattet, etwa die Hälfte der Plätze hat Elektroanschlüsse.

• *Verbindungen* Abgesehen davon, dass man Campobello von Maine aus mit dem Auto erreichen kann, ist die Insel zwischen Ende Juni und Anfang September durch eine Fähre mit Deer Island verbunden. Die Überfahrten der **East Coast Ferries** (✆ 506/747-2159, www.eastcoast ferries.nb.ca) erfolgen im Stundentakt von 9 bis 18 Uhr. Die Kosten betragen $ 16 pro Fahrzeug inkl. Fahrer und $ 3 für jeden weiteren Fahrgast.

Grand Manan Island

Grand Manan (2700 Einw.) ist die größte und südlichste der Fundy-Inseln. Sie liegt mitten im Zentrum der Gezeitenströme und wird entsprechend heftig von den Fundy-Fluten umbrandet, deren Wucht hier am gewaltigsten ist. Schade um die Schiffe, die im Laufe der Jahrhunderte in unheilvollen Stürmen den Strömungen zum Opfer fielen. Der Meeresboden ist rund um die Insel mit Schiffwracks übersät, die den erbarmungslosen Kräften der Gezeiten ihre Ehrerbietung erweisen. Auf dem hoch aufragenden Kap befinden sich vier Leuchttürme, die mit ihren unablässigen Leuchtsignalen den Schiffen den Weg durch die Fahrrinnen weisen und sie an den Untiefen vorbeileiten.

Wenn man von den Grand Manan umtosenden Fluten absieht, hat die Insel etwas ungemein Friedliches und Weltvergessenes. Weiße, rosarote und violette Lupinen sowie blassrosafarbene Wildrosen wiegen sich im lauen Sommerwind und in den kleinen Wäldern finden sich windgepeitschte, Schatten spendende Fichten, Tannen und Birken. An den Stränden an der **Whale Cove,** am **Red Point** und auf der der Küste vorgelagerten **White Head Island** verstecken sich Amethyste und Achate zwischen den Kieseln. Am **Dark Harbour** an der Westküste werden *Dulse* an Land geschwemmt. Die nahrhaften, jod- und eisenhaltigen, purpurroten Meeresalgen werden von den Insulanern getrocknet und verpackt, um dann als salziger Snack weltweit verzehrt zu werden.

In der nährstoffreichen Mündung der Bucht vor der Küste Grand Manans sammeln sich alle Meeresbewohner der Bay of Fundy. Auf der Jagd nach Heringsschwärmen schwimmen Glatt-, Finn-, Buckel- und Zwergwale mit der vom Atlantik hereinziehenden Strömung in die Bucht und tummeln sich im aufgewühlten Meer. Zur Planktonblüte von Mitte Juli bis September sind sie hier am zahlreichsten vertreten.

Reisepraktisches

• *Vogelbeobachtung* Vertreter von nahezu 350 Vogelarten flattern in der Saison hier überall umher und jede Vogelart hat auf dieser Felseninsel ihren eigenen Platz. Die Meeres- und Wasservögel nisten in der im Osten der Insel gelegenen **Castalia Marsh**. Die Gegend um den **Anchorage Beach**, wo sich in einer feuchten Heidelandschaft ein Vogelschutzgebiet mit zahlreichen Teichen befindet, wird von Tausenden von Enten und Gänsen bewohnt. Von Mitte August bis November hat man gute Chancen, an den südlichen Klippen Weißkopfseeadler und andere Greifvögel zu sehen. Eiderenten, Sturmschwalben und Papageientaucher bevorzugen die kleinen vorgelagerten Inseln. Von Anfang April bis Juni und vom Spätsommer bis Herbst ist die Vogelpopulation am größten. Tolle Gelegenheiten zur Vogelbeobachtung bieten sich bei einer Wanderung auf einem der 18 Pfade, die mit einer Gesamtlänge von 70 km kreuz und quer über das Kap führen. Viele davon winden

sich durch Vogelkolonien. Ein anderer unglaublich beeindruckender Ort, um Vögel zu beobachten, ist die am weitesten vorgelagerte Vogelschutzinsel **Machias Seal Island**. Hier weist der Archipel die höchste Konzentration exotischer Vogelarten auf, darunter Tordalken, Küstenseeschwalben und 900 nistende Papageientaucherpärchen. Von Grand Manan starten Bootsexkursionen hierher, die Teilnehmeranzahl ist begrenzt.

• *Touren* Zwar kann man auch von St. Andrews aus an Whale- und Birdwatching-Touren teilnehmen, aber wahre Naturliebhaber bevorzugen Grand Manan als Basisstation für diese Unternehmungen. Bei den folgenden Touren sind die Plätze begrenzt und die Nachfrage ist groß. Man sollte also vorab reservieren.

Einer der besten und etabliertesten Veranstalter ist **Sea Watch Tours** (North Head, ☎ 506/662-8552). Neben Whalewatching-Touren (Juli–Sept.; ca. $ 65) werden von Ende Juni bis Anfang August Bootstouren

New Brunswick
Karte siehe Farbteil S. 4

nach Machias Seal Island ($ 65 für einen sechsstündigen Ausflug) angeboten.

• *Übernachten/Camping* Obwohl auf der ganzen Insel in den letzten Jahren viele neue Unterkünfte eröffnet haben, ist es schlau, im Voraus zu buchen. Das **Compass Rose** (Route 776, North Head, ✆ 506/662-8570, www.compassroseinn.com; Mai–Okt.; $ 80–125 für 1 Pers., $ 90–135 für 2 Pers.) befindet sich oberhalb eines Kaps am Rande des North Head. Die sechs komfortablen Gästezimmer verteilen sich auf zwei Gebäude, von denen das eine ursprünglich das Postamt der Insel war. Das Frühstück wird in einem sonnigen Dining Room serviert und bei rechtzeitiger Vorbestellung kann man hier auch zu Abend essen.

Die **Shorecrest Lodge** (Route 776, North Head, ✆ 506/662-3216, www.shorecrestlodge.com; Mitte Mai bis Mitte Nov.; $ 109–195 für 1/2 Pers.) ist bei Touristen, die zur Vogelbeobachtung herkommen, sehr beliebt. Besonders während der Zugperiode der auf dem offenen Meer lebenden Seevögel von Ende August bis September ist diese Unterkunft stark frequentiert. Die zehn Zimmer des historischen Gasthauses verfügen jeweils über ein eigenes Bad und sind mit rüschenbesetzten Textilien und Tapeten ausgestattet. Zur Verfügung stehen den Gästen außerdem ein Fernsehzimmer, eine Veranda mit Blick aufs Meer, eine mit Naturführern bestückte Bibliothek und ein Restaurant, in dem man bei rechtzeitiger Vorbestellung zu Abend essen kann. Ein kleines Frühstück ist im Preis inbegriffen. Um zu dem am südlichen Ende der Insel gelegenen **Anchorage Provincial Park** (Seal Cove, ✆ 506/662-7022; Mai–Okt.; Stell-

platz $ 24, mit Anschlüssen $ 28) zu kommen, benötigt man ein Fahrzeug. Der Park verfügt über 100 Stellplätze, WC, warme Duschen und Kochgelegenheiten. Reservierungen werden nicht entgegengenommen, es empfiehlt sich also, vorab telefonisch zu klären, ob es noch freie Plätze gibt.

• *Essen und Trinken* Die oben genannten Unterkünfte bieten auf Vorbestellung auch Abendessen an. Wenn man nur schnell eine Pizza oder einen Burger essen möchte, empfiehlt sich das **Fundy House Takeout** (23 Fleet St., Grand Manan, ✆ 506/662-8341; im Sommer tägl. 9–23 Uhr). In der **North Head Bakery** (North Head, ✆ 506/662-8862; Di–Sa 6–18 Uhr) gibt es eine große Auswahl an Keksen und Kuchen, außerdem wird hier jeden Tag frisches Brot mit Zutaten aus biologischem Anbau gebacken.

• *Verbindungen* **Coastal Transport Ltd.** (✆ 506/642-0520, www.coastaltransport.ca) betreibt eine Fährverbindung von Blacks Harbour, 11 km südlich der Ausfahrt 60 vom Hwy. 1, nach North Head. Die 27 km lange Überfahrt dauert ca. 90 Min. Die Auto- und Passagierfähren legen das ganze Jahr über tägl. ab, von Ende Juni bis Anfang September bis zu 6-mal tägl. Das Geld für die Hin- und Rückfahrt (Eintritt $ 10,70, Kinder $ 5,30, Fahrzeuge ab $ 32, Fahrräder $ 3,60) wird eingesammelt, wenn man das Schiff von der Insel ablegt. Reservierungen für die Fahrt auf die Insel werden nicht entgegengenommen, sodass man mindestens 1 Std. vor der Abfahrt am Hafen sein sollte. Die Rückfahrt kann man dagegen reservieren und besonders im Juli und August sollte man das auch tun, wenn man einen Platz auf dem Schiff ergattern will.

Die obere Bay of Fundy

An der Küste der oberen Bay of Fundy ist das Gezeitenschauspiel besonders spektakulär. Denn die in die Bucht flutenden Wassermassen türmen sich hier meterhoch. Bei Mispec hat sich das Meer einen Teil der Küste zurückerobert, sich ins Land hineingegraben und dabei Goldadern offengelegt, und bei St. Martins ist die Küste sehr zerklüftet und von gigantischen Höhlen durchzogen. St. Martins ist auch der Ausgangspunkt einer Wanderung, die zum Fundy National Park führt und als eine der anspruchsvollsten der Region gilt. Die Rucksacktour umfasst zwar nur 40 km, aber man sollte mit drei bis fünf Tagen rechnen. An einigen Stellen überflutet das Wasser alle Zugänge zum Strand und zwingt die Wanderer zum Rückzug ins Landesinnere.

Oberhalb des Nationalparks sind die Gezeitenströme und der Tidenhub noch gewaltiger, da die Bucht sich hier verengt und in zwei kleinere, schmalere Buchten gabelt: die Chignecto Bay und das Cumberland Basin. Wenn die Flut einsetzt, ist

Trockengelegt: Boote in Alma bei Ebbe

man hier nirgendwo sicher, insbesondere nicht entlang dem Küstenstrich zwischen Saint John und Hopewell Cape. In Alma, einem am östlichen Parkrand gelegenen Dorf, klettert das Wasser in einer halben Stunde hüfthoch und steigt dann weiter bis zu einer Höhe von 14 m.

Am Hopewell Cape inszeniert der Fundy seinen letzten Schwanengesang. Jenseits des Kaps lassen die Gezeiten deutlich an Intensität nach. Ein wenig Meerwasser schwappt noch als Gezeitenwelle landeinwärts den Petitcodiac River nach Moncton hinauf und die Reste der Flut schlämmen die Marschkuste der Dorchester Peninsula.

Von Saint John zum Fundy National Park

Von Saint John folgt man dem Hwy. 1 55 km in nordöstliche Richtung bis zur Ausfahrt 211. Von dort fährt man in südöstlicher Richtung weitere 22 km bis zur Grenze des Fundy National Parks. Diese Route durchs Landesinnere führt jedoch nicht durch St. Martins. Diesen charmanten, alten Schiffsbauhafen erreicht man von Saint John, wenn man vom Flughafen aus dem Hwy. 111 in östlicher Richtung folgt.

St. Martins

St. Martins wurde 1783 gegründet und trug ursprünglich den Namen Quaco. Das Dorf entwickelte sich Ende des 18. Jh. zu einem der geschäftigsten Schiffsbauzentren der Maritimen Provinzen Kanadas. Im Laufe des 19. Jh. liefen hier mehr als 500 Schiffe vom Stapel. Heute ist das hübsche kleine Dorf ein Fischerhafen, wovon die am Kai aufgestapelten Hummerfallen zeugen. Am Hafen erkennt man zwei hölzerne, überdachte Brücken, die nur einen Steinwurf voneinander entfernt liegen. Die örtliche Touristeninformation befindet sich im nahe gelegenen Leuchtturm.

Das Vogelleben an der Bay of Fundy

Entlang der oberen Bay of Fundy, wo der Tidenhub am gewaltigsten ist und der Gezeitenwechsel sich in seiner ganzen Dramatik zeigt, existieren nur ein paar entlegene Dörfer. Hier lässt sich eines der spektakulärsten Zugvögel-schauspiele Nordamerikas beobachten. Virginia-Rallen, Sumpfohreulen, Nordamerika-Rohrdommeln, Sumpfzaunkönige und Hunderte anderer Vogelarten gleiten durch die weite, einsame Landschaft. Welche Jahreszeit sich für die Vogelbeobachtung am besten eignet, hängt von der jeweiligen Art ab. Generell aber gilt: Von Ende März bis Ende Mai sowie von August bis September ist die beste Zeit zum Birdwatching.

Einer der Top-Orte zur Vogelbeobachtung ist die **Grand Manan Island** (siehe *Fundy-Inseln*). Auf dem Festland befindet sich eine ganze Reihe von Vogelschutzgebieten, die sich über die Küstenregion verteilen – vom Westufer der oberen Chignecto Bay über die Shepody Bay und die Dorchester Peninsula bis hin zur Landenge von Chignecto. Man kann sie leicht verpassen. Die Hinweisschilder sind oft uneindeutig und mitunter kann man sich nur an nummerierten Straßen orientieren. Viele dieser Schutzgebiete werden von **Ducks Unlimited Canada** (✆ 506/458-8848) verwaltet, einem gemeinnützigen Naturschutzverein, der allein in New Brunswick etwa 20.000 ha Sumpfgebiet betreut. Gute Informationen bie-tet außerdem der **Canadian Wildlife Service,** der im atlantischen Kanada seinen Hauptsitz im **Sackville Waterfowl Park** hat (17 Waterfowl Ln., Sackville, ✆ 506/364-5044, www.cws-scf.ec.gc.ca; Mo–Fr 8–16 Uhr). Hier gibt es auch einen Ausstellungsraum mit detaillierten Informationen zu den Vogelarten, denen man im angrenzenden Feuchtgebiet oder im nahe gelegenen Wildschutzgebiet **Tintamarre Sanctuary** begegnen dürfte. Das **Shepody National Wildlife Area** zwischen Alma und Hopewell Cape ist ein ähnliches Reservat.

Zu den bedeutenden Sehenswürdigkeiten der Gegend zählen die von den Gezeiten der Bay of Fundy ausgespülten Höhlen in den roten Sandsteinklippen der Küste. Die Höhlen können bei Ebbe erkundet werden.

Das Dorf verfügt über zwei ausgezeichnete Gasthäuser, und da man mit dem Auto nur 40 Min. bis in die Downtown von Saint John braucht, lohnt sich die Überle-gung, hier zu übernachten und St. Martins als Ausgangspunkt für einen Trip in die Stadt zu nutzen. Das historische Gasthaus **Quaco Inn** (16 Beach St., ✆ 506/833-4772 oder 888/833-4772, www.quacoinn.com; $ 99–200 für 1/2 Pers.) verfügt über zwölf Zimmer, die sich in komfortablen Strandhäusern befinden, einen Dining Room und einen Whirlpool, der draußen in einer Gartenlaube untergebracht ist. Außerdem kann man hier Leihräder mieten. Das im Stil viktorianischer Gotik er-baute **St. Martins Country Inn** (303 Main St., ✆ 506/833-4534 oder 800/565-5257, www.stmartinscountryinn.com; $ 110–180 für 1/2 Pers.) bietet eine schöne Aus-sicht über die Bay of Fundy und war einst das Haus einer der wohlhabendsten Schiffsbaufamilien des Seehafens. Von den Einheimischen wird es treffend auch als „das Schloss" bezeichnet. Das wunderschön restaurierte Herrenhaus verfügt über 17 antik eingerichtete Zimmer, die jeweils mit einem eigenen Bad und z. T. mit

Himmelbetten ausgestattet sind. Das Frühstück kostet extra. Alternativ gibt es Pauschalangebote (ab $ 195 für 2 Pers.), bei denen Übernachtung, Frühstück und Abendessen im Preis inbegriffen sind.

Fundy National Park

Dieser atemberaubende Nationalpark liegt ein wenig abseits, aber die Mühe der Anfahrt lohnt sich. Denn der 206 km^2 große Park umfasst eine Vielzahl der an der Bay of Fundy vorkommenden Natur- und Landschaftsräume: Hochland, tiefe Täler, sumpfige Niederungen, dichte Wälder mit Rot- und Zuckerahorn, Gelbbirken, Buchen, Rotfichten und Balsamtannen sowie eine Küstenlandschaft mit schwindelerregenden Klippen und imposanten Sand- und Kiesstränden. Trotz all der Wildnis muss man im Fundy National Park auf überraschend viele komfortable Errungenschaften der Zivilisation nicht verzichten. So gibt es hier rustikale Selbstversorgerhütten, ein Motel, ein Restaurant und einen Golfplatz.

Von Saint John kommend, geht der Hwy. 1 in den Trans-Canada Highway über. Der durch zumeist unbewohnte Gegenden verlaufende Hwy. 114 zweigt östlich von Sussex ab, windet sich durch die Caledonia Highlands und führt dann steil abwärts durch Waldgebiete bis auf Normalnull. Auf der einen Seite der Straße erheben sich dichte Wälder und verbergen die tiefen, von Flüssen und Wasserfällen durchzogenen Täler des Parks. Auf der anderen Seite der Straße erhascht man hier und da einen flüchtigen Blick auf das von Stränden gesäumte Meer. Der größte Teil der 13 km langen Küstenlinie ist von ungemein steilen Sandsteinklippen geprägt.

Zugang zum Park

Der Park ist das ganze Jahr geöffnet, aber nur von Mitte Mai bis Mitte Oktober stehen den Besuchern alle Einrichtungen zur Verfügung (und auch nur in dieser Zeit werden Eintrittsgelder verlangt). Ein Tagespass, der bis 16 Uhr des Folgetags gültig ist, kostet $ 8, für Senioren $ 7 und für Kinder $ 4.

Reisepraktisches

Sport und Freizeit

• *Wandern* Zwei Dutzend Wanderpfade verlaufen an der Küste entlang oder führen in die Highlands hoch. Bei den Wegen, die sich durchs Hochland ziehen, handelt es sich um leichte bis moderate Wanderungen. Dagegen verlaufen die härtesten Touren entlang der Küste, hier muss man über Klippen und Felsgrate klettern und sich durch Farnlichtungen und dichte Wälder schlagen.

Zu den kürzeren, einfacheren Wegen zählen der **Caribou Plain**, ein auf flachem Gelände durch Wald und Moor verlaufender 3,4 km langer Rundweg, sowie der 1,5 km lange Rundweg **Dickson Falls**, bei dem man den Wasserfall von oben und – mithilfe eines Systems von Stegen und Stufen

– von unten betrachten kann. Der 7,9 km lange (einfache Strecke) **Goose River Trail** hat einen mittleren Schwierigkeitsgrad und führt auf einem alten Feldweg zu einem Biwakplatz an der Mündung des Goose Rivers im Südwesten des Parks. Der 10 km lange (einfache Strecke) **Coastal Trail** wird als schwierig eingestuft, dafür wird man mit üppigen Farnlichtungen und herrlichen Wäldern sowie grandiosen Aussichten von den Graten auf die Bucht und die säulenförmigen Felsformationen im Meer belohnt. Genauere Informationen erhält man bei der Parkverwaltung oder im Wolf-Lake-Informationszentrum, die jeweils den nützlichen *Fundy National Park Trail Guide* verkaufen.

• *Wassersport* Hinter der Wiese unterhalb des Park Information Centres befindet sich ein **Salzwasser-Pool** (im Sommer 11–

19 Uhr; Eintritt $ 3,50, Senioren $ 3, Kinder $ 1,60), der mit beheiztem Meerwasser gefüllt ist, das von der Bay of Fundy hierher geleitet wird. Wenn man sich statt im lieber auf dem Wasser bewegen möchte, empfiehlt sich der **Bennett Lake,** wo man für $ 10/Std. Kajaks, Kanus und Ruderboote mieten kann.

• *Angeln* Das Angeln lohnt sich angesichts der vielen Forellen, die sich in den Seen und Flüssen tummeln. Man benötigt eine Nationalpark-Angellizenz, die in jedem Besucherzentrum erhältlich ist ($ 35 für einen Jahrespass, der in allen Nationalparks gültig ist, oder $ 10/Tag).

• *Golfen* Bei dem **Fundy National Park Golf Course** (✆ 506/887-2970; Mitte Mai bis Mitte Okt.) handelt es sich um eine lustige, altmodische 9-Loch-Anlage, die sich abwärts über den Hügel nahe des Verwaltungsgebäudes zieht und den Küstenwald wie ein grüner Samthandschuh durchschneidet, dessen Finger sich in die Wälder ausstrecken. Die Greenfee beträgt $ 19 für neun Löcher oder $ 35 für den ganzen Tag. Neben dem Golfplatz befinden sich **Tennisplätze** und eine **Rasen-Bowlingbahn,** im Pro-Shop kann man die jeweiligen Ausrüstungen mieten.

Übernachten/Camping

Die Unterkünfte innerhalb des Parks und im benachbarten Fischerdörfchen **Alma** sind preisgünstig. Das beste Preis-Leistungs-Verhältnis bieten die **Fundy Park Chalets** (✆ 506/887-2808, www.fundyparkchalets.com; Ende Mai bis Mitte Okt.; $ 99 für 1/2 Pers.), die sich neben dem Seawinds Dining Room am Golfplatz und in fußläufiger Nähe zum Swimmingpool befinden. Die 29 Hütten sind nicht ganz neu und verfügen über einfache Kochgelegenheiten und Badezimmer. Am Anfang und Ende der Saison reduziert sich der Preis auf $ 60/Nacht. Wenn man im Park übernachten möchte und eine etwas modernere Unterkunft bevorzugt, empfiehlt sich das **Fundy Highlands Inn and Chalets** (8714 Hwy. 114, ✆ 506/887-2930 oder 888/883-8639, www.fundyhighlandchalets.com; $ 89–105 für 1/2 Pers.). Dieses Gasthaus ist 2 km von den touristischen Einrichtungen entfernt und liegt hoch über der Bucht in den Caledonia Highlands. Man hat die Wahl zwischen komfortablen Zimmern im Hauptgebäude und Hütten mit Blick aufs Wasser. Alle Unterkünfte sind mit Kochgelegenheiten ausgestattet.

Das **Parkland Village Inn** (8601 Main St., ✆ 506/887-2313 oder 866/668-4337, www.parklandvillageinn.com; $ 75–135 für 1/2 Pers.) ist ein 50 Jahre altes, dreistöckiges Motel an der Hauptstraße in Alma und liegt direkt am Wasser. Die Zimmer sind einfach, aber modern und bieten größtenteils Meerblick. Das benachbarte Strandhaus (1 Schlafzimmer) bekommt man für $ 125/Nacht fast geschenkt.

• *Campgrounds* Im Park gibt es vier Campgrounds. Beim **Parks Canada Campground Reservation Service** (✆ 905/426-4648 oder 877/737-3783, www.pccamping.ca) kann man für $ 11 pro Buchung Stellplätze reservieren, was aber nur an den Wochenenden im Juli und August wirklich nötig ist.

Vom **Headquarters Campground** (Ende Juni bis Anf. Sept.; $ 26–36) sind das Park Information Centre, der Swimmingpool, der Golfplatz und das Restaurant Seawinds Dining Room gut zu Fuß zu erreichen. Zur Verfügung stehen den Gästen Duschen, Spielplätze sowie Strom-, Frischwasser- und Abwasseranschlüsse.

Ähnlich ausgestattet ist der **Chignecto North Campground** (Mitte Mai bis Mitte Okt.; $ 26–36), zu dem man gelangt, wenn man den Hwy. 114 ein Stück zurückfährt.

Am Ende der Point Wolfe Road, 6 km südwestlich des Park Information Centres, befindet sich der **Point Wolfe Campground** (Ende Juni bis Anf. Sept.; $ 26), der an einem wunderschönen Strand liegt und mit den Küstenwanderwegen verbunden ist. Es gibt Duschen, aber keine Anschlüsse.

Ganz einfach ausgestattet ist der **Wolfe Lake Campground** (Mitte Mai bis Mitte Okt.; $ 16) im nordwestlichen Teil des Parks. Hier begnügt man sich mit Plumpsklos und Feuerstellen.

Essen und Trinken

Das einzige Restaurant innerhalb des Parks ist das **Seawinds Dining Room** (✆ 506/887-2098; Ende Mai bis Mitte Okt. tägl. 11–21.30 Uhr). Es befindet sich gegenüber dem Park Information Centre neben dem Golfplatz und entspricht in jeder Hinsicht einem klassischen altmodischen Resort-Dining-Room. Das Restaurant ist preisgünstig, eignet sich besonders für Familien und zu der kuriosen Dekoration zählen drei schmiedeeiserne Kronleuchter, Modellschiffe sowie die Schale eines 13,5 Pfund schweren Hummers. Die Speisekarte wird von Seafood dominiert, auf der Mittagskarte finden sich Hummerbrötchen mit Pommes frites für $ 10, das teuerste Gericht auf der Abendkarte ist pochierter Lachs in Sauce hollandaise für $ 19.

Wenn man sich frisches Seafood aus der Gegend besorgen und dies auf dem Campingplatz selbst zubereiten möchte, empfiehlt sich **Butland's** (Main St., Alma, ✆ 506/887-2190), wo lebendige und gekochte Hummer, Jakobsmuscheln, Lachs und Schellfische verkauft werden. Ebenfalls in Alma befindet sich das **Tides** (Parkland Village Inn, 8601 Main St., ✆ 506/887-2313; tägl. Frühst., Mittag- und Abendessen), das über einen Dining Room verfügt, in dem es ganz zwanglos zugeht und von wo aus man die Bay of Fundy überblickt.

Information

Das **Hauptinformationszentrum des Parks** (✆ 506/887-6000, www.pc.gc.ca; im Frühling und Herbst tägl. 8–16.30 Uhr, Mitte Juni bis Anf. Sept. tägl. 8–22 Uhr, im Winter Mo–Fr 8.15–16.30 Uhr) befindet sich am östlichen Parkrand, von dem Dorf Alma aus gesehen auf der anderen Seite des Flusses. Abgesehen davon, dass man hier allgemeine Informationen über den Park erhält, vermittelt das Zentrum auf diversen Schautafeln naturgeschichtliches Wissen und verfügt über eine große Buchhandlung.

Darüber hinaus befindet sich am nordwestlichen Parkeingang neben dem malerischen Wolfe Lake ein kleineres **Besucherzentrum** (Hwy. 114; Ende Juni bis Mitte Aug. tägl. 10–18 Uhr).

Von Alma zum Hopewell Cape

Es sind 40 km von Alma bis zum Hopewell Cape, aber Vogelliebhaber sollten auf dieser Strecke unbedingt einen Abstecher einplanen.

Shepody National Wildlife Area

Das Shepody National Wildlife Area ist ein grandioses Vogelbeobachtungsgebiet in New Brunswick und umfasst drei verschiedene Landstriche mit unterschiedlichen Lebensräumen. Die Marschlandschaft **Germantown/Beaver Brook Marshes,** 14,7 km nordöstlich von Alma, ist das einzige im Binnenland gelegene Gebiet des Reservats und erstreckt sich östlich des Hwy. 114 über 686 ha. Wenn man sich der Gegend nähert, gilt es nach der Midway Road Ausschau zu halten, die das Reservat in südlicher Richtung begrenzt. Auf diese Straße biegt man rechts ein, überquert die überdachte Brücke und parkt dahinter beim zweiten Pfad. Der 9 km lange Wanderweg führt am Rande des Sumpfgebiets durch Wälder und Felder, auf denen sich zahlreiche Enten und Reiher beobachten lassen.

Auch die Küstenszenerie der 185 ha großen **New Horton Marsh** zieht zahlreiche Enten und Reiher an. Von Alma aus folgt man dem an der Küste verlaufenden Hwy. 915, bis zu dem Feuchtgebiet sind es etwa 30 km. Die nördliche Spitze des Reservats befindet sich dort, wo die Straße sich gabelt. Der Hwy. 915 führt von hier aus weiter landeinwärts nach Riverside-Albert, die rechts abzweigende Mary's Point Road führt zum weiter draußen an der Küste gelegenen Mary's Point. An einem Deich jenseits dieser Straße beginnt ein 4 km langer Wanderweg durch das Moor. **Vorsicht:** Das Marschland erstreckt sich fast bis ans Meer und wird bei Flut schnell überschwemmt.

Hinter der New Horton Marsh führt die Mary's Point Road weiter zu dem wenige Kilometer entfernten **Mary's Point,** dem einzigen Küstenvogelreservat Kanadas. In dem 109 ha großen Schutzgebiet versammeln sich Hunderttausende Küstenvögel. Ihren Höhepunkt erreicht die Vogelpopulation von Mitte Juli bis Mitte August. Unter den Unmengen von Vögeln, die hier die Gezeitenzone überfliegen, befinden sich etwa 9000 Amerikanische Graureiher und unzählige Kormorane.

New Brunswick

Karte siehe Farbteil S. 4

Hopewell Cape

Die enormen Gezeiten der Bay of Fundy haben am 40 km nordöstlich von Alma und 35 km südlich von Moncton gelegenen Hopewell Cape eine atemberaubende Attraktion entstehen lassen: die Hopewell Rocks.

Hopewell Rocks

Hopewell Cape ist der Ortsname und Hopewell Rocks (Hwy. 114, ✆ 506/734-3534; Mitte Mai bis Mitte Okt. tägl. 9–18 Uhr, Juli/Aug. 9–20 Uhr; Eintritt $ 8, Senioren $ 7, Kinder $ 6) ist der Name der Naturattraktion. Den Eintrittspreis zahlt man an einer Schranke und wird dann zum Hauptinformationszentrum weitergeleitet, wo auf interessanten Schautafeln die Geologie des Kaps und der Einfluss der Fundy-Gezeiten beschrieben werden.

Mehrere Wanderwege führen zu einer Reihe von Aussichtspunkten auf den Klippen, aber die überwiegende Mehrheit der Besucher steuert geradewegs auf die **Flowerpot Rocks** zu. Zu Fuß braucht man etwa 20 Min. Alternativ dazu gibt es einen Shuttle-Service, bei dem man für $ 1,25 pro Weg in einem überdimensionalen Golf-Mobil mitfahren kann. Egal, wofür man sich entscheidet, als nächstes folgt der über eine Treppe führende steile Abstieg auf den Meeresboden. Auf dem ersten Absatz der Treppe überblickt man eine Ansammlung riesiger, naturgeformter Felsbogen und an Pilze erinnernde, aus dem Boden ragende Säulen, die allesamt aus einer anderen Welt zu stammen scheinen. Diese als *flowerpots* bezeichneten, vom Meer ausgewaschenen, roten säulenförmigen Felsformationen aus Schiefer und Konglomeratgestein sind durch die Abtragungen der Gezeiten von den Klippen am Festland getrennt worden. Viele der „Blumentöpfe" sind mit windschiefen Schwarzfichten und Balsamtannen „bepflanzt", was ein bisschen so aussieht, als wäre den Säulen ein Kurzhaarschnitt verpasst worden. Bei Ebbe schlendern die Touristen – die neben den gigantischen Formationen zwergenhaft klein aussehen – über den Strand und sammeln von der Flut angespülte Muscheln auf. In Acht nehmen sollte man sich vor herabstürzenden Felsbrocken. Die Erosion höhlt die Säulen und Klippen kontinuierlich aus und es besteht immer die Möglichkeit, dass sich Gesteinsteile lösen und herunterstürzen.

Es ist nur drei Stunden vor und bis zwei Stunden nach der Ebbe möglich, „auf dem Meeresboden" (wie dafür geworben wird) um die Flowerpots herumzulaufen. Wenn man die Szenerie noch einmal bei Flut betrachtet, weiß man warum. Der Tidenhub beträgt hier 16 m und das Wasser überflutet das gesamte Gebiet. Alles, was man dann noch sieht, sind die baumbewachsenen Spitzen der Säulen. Die genauen Zeiten von Ebbe und Flut an den Hopewell Rocks lassen sich bei den Informationszentren im Fundy National Park und in Moncton erfragen, oder man besucht folgende Website: www.thehopewellrocks.ca. Eine Warnung vorab: Wenn das Wasser seinen Niedrigstand im Juli und August mitten am Tag erreicht, wird es auf dem „Meeresboden" *extrem* voll.

Übernachten/Essen und Trinken

Nahe der Zufahrtsstraße befindet sich das **Hopewell Rocks Motel** (Hwy. 114, ✆ 506/734-2975 oder 888/759-7070, www.hopewellrocksmotel.com; $ 105 1/2 Pers., Familienzimmer $ 135), das über 33 Zimmer mit Meerblick und ein Außenschwimmbecken verfügt. Das hauseigene Restaurant bietet jede Menge Seafood und auch andere Speisen wie Roastbeef-Gerichte unter $ 15 an.

Natürliche Blumentöpfe: die Flowerpot Rocks

Das Tal des Saint John Rivers

Der Saint John River entspringt im abgeschiedenen nördlichen Maine nahe der Grenze zu Quebec und überquert die Grenze zu New Brunswick im nordwestlichen Zipfel der Provinz. Hier verläuft er parallel zum Hwy. 205, einer Straße, die eher von Holzfällern als von Touristen frequentiert wird. Anfangs plätschert der Fluss über Felsbrocken dahin und durchfließt kleine Flussbecken, an denen sich Elche und Weißwedelhirsche sammeln. Nachdem der Saint John River Edmundston durchquert hat, schlängelt er sich in südöstlicher Richtung durch die französisch geprägten Städte und Dörfer Madawaskas, bis er bei den Grand Falls als weiß schäumender, reißender Strom durch eine Felsschlucht schießt. In seinem weiteren Verlauf fließt der Saint John River zunehmend gemächlicher dahin. In Beechwood und Mactaquac wird er von Staumauern eingedämmt und fließt in Hartland unter der längsten überdachen Brücke der Welt hindurch, bevor er bei Saint John (siehe Kap. *Saint John und die Fundy-Küste*) in die Bay of Fundy mündet. Der Saint John River teilt die im Landesinneren gelegene Provinzhauptstadt **Fredericton** in zwei Hälften. Diese kleine, herausgeputzte Stadt hat nur 47.000 Einw. und lässt Touristenherzen höherschlagen. Zentrum der Stadt ist die reizvolle historische Downtown. Am Ufer des Flusses führen Spazierwege entlang und über die von Bäumen gesäumten Straßen gelangt man in die ruhigen Wohngegenden. Hier finden sich historische Häuser mit offenen Veranden, Erkerfenstern und hübschen Gärten, in denen perlfarbene Pfingstrosen und purpurrote Mohnblumen blühen.

Highlights

Historic Garrison District (S. 334): In diesem sich über zwei Blocks erstreckenden, großzügig angelegten Bezirk in der Downtown von Fredericton fühlt man sich in die Vergangenheit zurückversetzt und kann sich von eigenartigen Attraktionen wie einem 17 kg schweren Frosch überraschen lassen.

Beaverbrook Art Gallery (S. 336): Die renommierteste Kunstgalerie der Atlantikprovinzen beherbergt eine beeindruckende Sammlung kanadischer Arbeiten sowie Gemälde solch berühmter Künstler wie Salvador Dalí.

Christ Church Cathedral (S. 338): Das Land verfügt über zahlreiche prunkvolle Kirchen, diese ist eine der imposantesten. Im Sommer werden hier Konzerte gegeben. Es lohnt sich aber auch, einfach durch die Gärten zu schlendern und mit dem Kopf im Nacken nach der Kirchturmspitze Ausschau zu halten.

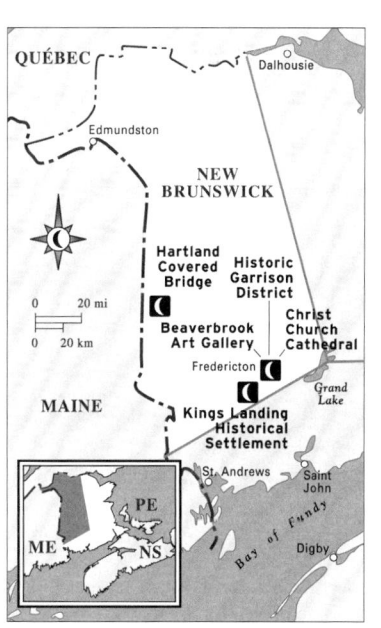

Kings Landing Historical Settlement (S. 345): In diesem Freilichtmuseum, in dem man problemlos einen ganzen Tag verbringen kann, wird die Geschichte der Loyalisten lebendig.

Hartland Covered Bridge (S. 346): Das beschauliche Dorf Hartland erreicht man über die längste überdachte Brücke der Welt, die hier den Saint John River überquert – ein unvergessliches Fahrerlebnis!

Reise- und Zeitplanung

Die meisten Touristen, die den Saint John River auf seiner gesamten Länge erkunden, kommen von Quebec auf dem Landweg hierher. Dieser westliche Teil New Brunswicks wird so zu ihrer ersten Station in den Maritimen Provinzen Kanadas. Wer nach Halifax fliegt und mit der Fähre über die Bay of Fundy anreist, benötigt etwas mehr als 1 Std., bis er Fredericton erreicht. Für die Stadt und ihre Sehenswürdigkeiten sollte man einen Tag einplanen. So hat man genug Zeit, um den **Historic Garrison District** zu erkunden, durch die **Beaverbrook Art Gallery** zu schlendern und die **Christ Church Cathedral** zu bestaunen. Das **Kings Landing Historical Settlement** ist zwar nicht weit von der Stadt entfernt, aber der Tag

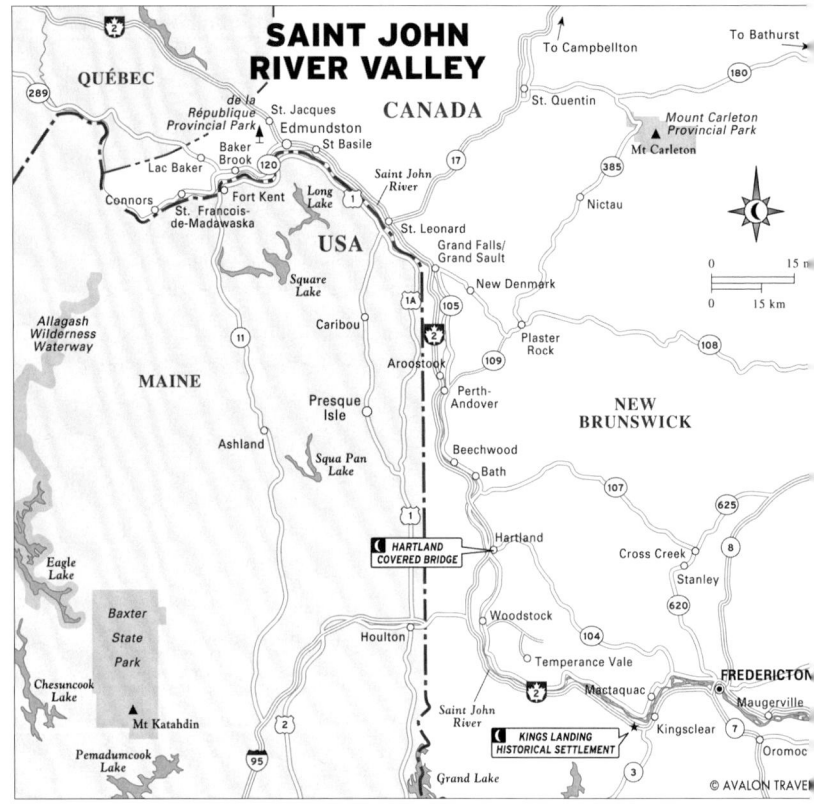

müsste mehr als 24 Std haben, wenn man diesen Besuch mit all den anderen Attraktionen, die die Stadt zu bieten hat, verbinden wollte. Außerdem wird man von dort noch weiter flussaufwärts nach **Hartland** reisen wollen, um dann über die längste überdachte Brücke der Welt zu fahren.

Fredericton und Umgebung

Die mitten im Südwesten der Provinz gelegene Stadt Fredericton (47.000 Einw.) ist das politische, kulturelle und wissenschaftliche Zentrum New Brunswicks und eine der ältesten Siedlungen des Landes. Obwohl längst nicht die geschäftigste und größte Stadt der Provinz, ist Fredericton dennoch ihre Hauptstadt. Die Stadt ist von bescheidener Größe, elegant, pittoresk und von ihrem Erscheinungsbild und der Atmosphäre her sehr englisch geprägt. Michael Collie schrieb einmal, Fredericton habe „etwas Subtiles an sich" und sei „schwer zu fassen". Die Stadt sei „wie jemand, der sich im Verlauf langer, psychoanalytischer Sitzungen weiterentwickelt hat und dabei anmutiger geworden ist."

Für Besucher, die nach New Brunswick fliegen, ist Fredericton ein guter Einstieg und eignet sich als Ausgangspunkt für Besichtigungstouren. Von hier aus führen die Straßen in alle Teile der Provinz. Die an der Bay of Fundy gelegenen Städte St.

Andrews und Saint John sind nur eine gute Autostunde in Richtung Süden entfernt, Moncton liegt 180 km weiter östlich. Und es ist immer wieder schön, nach
Fredericton, in die Wiege der Provinz, zurückzukehren.

Geschichte

Fredericton ist eine der ältesten Städte Nordamerikas, auch wenn die ersten Sied-
lungsversuche zunächst nur von kurzer Dauer waren. Die Franzosen versuchten
hier Ende des 17. Jh. Siedlungen zu errichten. Joseph Robineau de Villebon, der
Gouverneur Akadiens, baute an der Mündung des Nashwaak Rivers am nördlichen
Ufer des Saint John Rivers ein Fort für den Handel mit Fellen auf. Ein überaus
frostiger Winter, der viel Eis mit sich brachte, vernichtete diese Anlage und die Bewohner flohen über die Bay of Fundy nach Port-Royal. Infolge des Friedensvertrags
von Utrecht wurde Nova Scotia 1713 den Briten zugesprochen. Die Akadier flohen
daraufhin über die Fundy-Bucht zurück und gründeten Saint-Anne's Point (der
Standort kann heute im historischen Bezirk Frederictons besichtigt werden). Nach
den Deportationsmaßnahmen gegen die Akadier rissen die Briten das Dorf ab.
Dort, wo sich heute die Woodstock Road befindet, schlugen einige Indianer vom
Stamm der Maliseet ihr Lager auf, zogen dann aber flussaufwärts weiter in die Gegend von Kingsclear, bevor die Loyalisten Ende des 18. Jh. hierherkamen.

Die zufällige Gründung der Hauptstadt

Es waren interessante Umstände, die dazu führten, dass Fredericton Provinzhauptstadt wurde. Nach der Amerikanischen Revolution strömten Tausende von Loyalisten über Saint John nach New Brunswick. Der Massenexodus aus New York erfolgte zwar unter der Federführung Englands, doch das Militär in Saint John war auf diesen Ansturm nicht vorbereitet.

New Brunswick
Karte siehe Farbteil S. 4

Fredericton: eine der ältesten Städte des nordamerikanischen Kontinents

Als die dort eintreffenden Loyalisten und ihre Familien weder genügend Nahrungs-
mittel noch Unterkünfte vorfanden, führte das zu Unruhen. Daraufhin ließen die Bri-
ten die nachfolgenden Emigranten 103 km weiter flussaufwärts nach Saint-Anne's
Point ziehen. Hier in der Wildnis gründeten die Loyalisten eine Siedlung als
„Zufluchtsort für die Freunde des Königs" und nannten sie zu Ehren des zweiten
Sohns von Georg III. Frederick's Town. Zwei Jahre später, 1785, ernannte der Gou-
verneur der Provinz, Thomas Carleton, die kleine Stadt am Fluss zur Hauptstadt der
Kolonie, was die Einwohner Saint Johns bis heute ein wenig verstimmt.

England hatte große Pläne für Fredericton. Der Vermesser Charles Morris entwarf
das erste Straßenraster zwischen der University Avenue und der Wilsey Road. 1786
hatte sich der Bevölkerungsschwerpunkt bereits verlagert. Das Zentrum von Fredericton – so wie es heute zu sehen ist – wurde von einem anderen Vermesser
entworfen und erstreckte sich vom Flussufer bis zur George Street. In östlicher und
westlicher Richtung wurde das Zentrum damals von der University Avenue und
der Smythe Street eingegrenzt.

Entsprechend vereinbarter Vorzugsrechte waren bestimmte Plätze dem Gotteshaus
der Church of England und dem King's College, das heute University of New Brunswick heißt, vorbehalten. Das Gelände zwischen dem Flussufer und der Queen
Street sollte bis auf die zwei Blocks, die für die Stationierung der britischen Armee
vorgesehen waren, als öffentlicher Raum genutzt werden.

Die ersten Winter waren hart und die Loyalisten begruben ihre Toten auf dem Salamanca Friedhof in der Waterloo Row. Als Gehwege dienten Holzbretter, die man an
den schlammigen Straßen entlang legte, die Abwässer wurden in den Fluss geleitet.
Die Kolonialregierung nahm 1787 im Government House ihre Arbeit auf, die erste
Parlamentssitzung New Brunswicks fand im darauffolgenden Jahr in einem Café statt.

Die Stadtentwicklung

Der berühmt-berüchtigte Benedict Arnold lebte eine Weile in Fredericton und wurde
in Saint John in Abwesenheit exekutiert, indem man sein Bildnis verbrannte.
Jonathan Odell, ein einflussreicher, loyalistischer Politiker, dessen einstiges Anwesen
heute der Odell Park ist, trat damals als Vermittler zwischen Arnold und England auf.
Im Jahr 1830 verbrachte der amerikanische Künstler und Naturforscher John James
Audubon einige Zeit in Fredericton. Während seines Aufenthalts im Government
House entstand das Bild „Pine Finch", eine seiner bekanntesten Arbeiten.

Um 1800 war das Flussufer von der Waterloo Row bis zur Smythe Street von
Anlegeplätzen gesäumt. Schaluppen, Schoner und Brigantinen sorgten für einen
regen Verkehr zwischen der Provinzhauptstadt und Saint John. In der ersten Zeit
war v. a. die Verschiffung von Holz ein lukratives Geschäft. Im 19. Jh. kamen weitere profitable Gewerbe hinzu, in Fredericton wurden Lederwaren, Gießereierzeug-
nisse, Pferdefuhrwerke und Eisenbahnwaggons hergestellt.

Der Bau der Christ Church Cathedral und die anfängliche Stadtentwicklung von
Fredericton waren sehr eng miteinander verwoben. Die Stadt war kaum drei
Generationen alt, als Queen Victoria von den Bauplänen für die Kathedrale erfuhr.
Aber mit weniger als 10.000 Einw. war die Stadt nicht gerade der angemessenste
Ort für die Errichtung der ersten anglikanischen Kathedrale, die seit der Reforma-
tion auf britischem Boden gebaut werden sollte. Mitglieder des Königshauses ha-
ben natürlich völlige Entscheidungsfreiheit, und Queen Victoria behob das
Problem. Sie verhalf der kleinen Stadt Fredericton zu dem offiziellen Stadtstatus,

der für die Errichtung einer anglikanischen Kirche vonnöten war. Fredericton wurde 1848 als Stadt eingetragen und 1873 wurden die Stadtgrenzen so erweitert, dass nahe gelegene Städtchen mit eingeschlossen wurden. Dadurch verdoppelte sich die Einwohnerzahl. Das Rathaus wurde drei Jahre später eröffnet.

Brände und Fluten

Fredericton hat im Lauf der Jahre einige Schicksalsschläge hinnehmen müssen. Diverse Male fielen selbst die massivsten Backsteingebäude den Flammen zum Opfer, darunter auch das Government House und das im Garnisonsbezirk gelegene Guard House. Verschiedene Großbrände zerstörten 1849 insgesamt 300 Gebäude in der Downtown, 1854 46 Häuser und Warenlager und 1911 den Kirchturm der ersten Christ Church Cathedral. Selbst die Westmoreland Street Bridge wurde nicht verschont. Die ursprüngliche Brücke, die 1885 erbaut worden war, ging im Jahr 1905 in Flammen auf.

Genauso verheerend waren die Überschwemmungen, wenn der Fluss über die Ufer trat. So stand die Queen Street während der Eisschmelze im Frühling häufig unter Wasser und 1887 und 1923 war die gesamte Provinzhauptstadt überschwemmt. Flussaufwärts wurde der Mactaquac Staudamm errichtet, um die Wassermassen umzulenken, doch 1973 und 1974 drohten der Stadt erneut Überschwemmungen.

Zentrum von Politik, Wirtschaft und Wissenschaft

Der Plan Englands, aus Fredericton eine Miniaturversion Londons zu machen, wurde nie umgesetzt. Anfang des 20. Jh. ging es mit dem Verschiffungs- und Produktionsgewerbe bergab und Fredericton begnügte sich damit, ein florierendes, herausgeputztes Regierungs- und Universitätsstädtchen zu sein, das sich insbesondere beim anglo-kanadischen Establishment großer Beliebtheit erfreute. Das **New Brunswick College of Craft and Design** öffnete in den 1940er-Jahren seine Tore und zog in den 1980er-Jahren in den renovierten Garnisonskomplex, den sog. Military Compound, um. An der **University of New Brunswick** sind 7500 Studierende in den Fächern Ingenieurs-, Geistes-, Erziehungs-, Wirtschafts- und Naturwissenschaften eingeschrieben. Die Universität liegt auf einem steilen Hügel hoch über der Stadt und teilt sich den Campus mit der **St. Thomas University**, einem römisch-katholischen Institut für freie Kunst, das 1200 Studierende zählt.

William Maxwell Aitken, besser bekannt als Lord Beaverbrook, war ein bedeutender Wegbereiter des kulturellen Lebens in Fredericton. 1959 stiftete er der Stadt

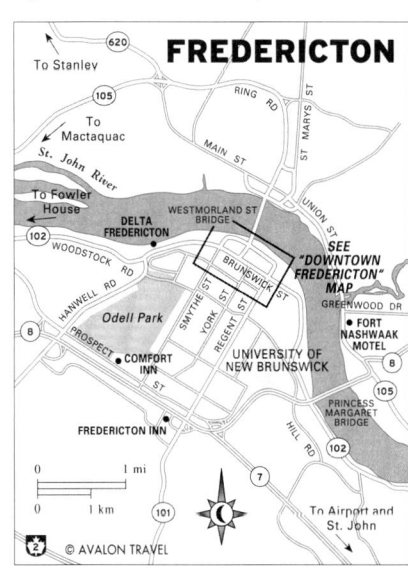

New Brunswick Karte siehe Farbteil S. 4

die **Beaverbrook Art Gallery** und 1964 folgte das der Galerie gegenüberliegende **Lord Beaverbrook Playhouse.** Heute befindet sich hier die Heimspielstätte des Theatre New Brunswick, das als einziges Provinztheater des atlantischen Kanadas mit seinem Repertoire auf Tournee geht.

Sehenswertes

Historic Garrison District

Der die Downtown dominierende Garnisonskomplex (Queen St., ☏ 506/460-2129) ist als National Historic Site ausgewiesen. Der Bezirk umfasst zwei lange Stadtblocks und wird im Süden vom heutigen Stadtzentrum und im Norden vom Saint John River begrenzt. Das 1784 erbaute Stabsquartier der britischen Armee ist von einem verschnörkelten, schmiedeeisernen, schwarzen Zaun umgeben und beherbergt eine Reihe von Sehenswürdigkeiten.

An der Ecke Queen Street/Carleton Street befinden sich die 1827 aus Stein erbauten **Soldiers' Barracks.** Im Erdgeschoss ist eines der Zimmer für die Öffentlichkeit zugänglich (Juli/Aug. tägl. 10–18 Uhr; Eintritt frei). In den niedrigen Räumen hinter dem Gebäude, die einst als Munitionslager dienten, sind heute Verkaufsstände für Kunst und Kunsthandwerk untergebracht. Auf der anderen Seite des Hofes befindet sich das **Guard House** (Juli/Aug. tägl. 10–18 Uhr; Eintritt frei), ein einfaches Gebäude aus Stein, das im Innern gemäß seinem Erscheinungsbild Mitte des 19. Jh. hergerichtet wurde. Im Sommer sind sogar kostümierte Wachen vor dem Gebäude postiert.

York-Sunbury Historical Society Museum: Dieses Museum (Queen St., ☏ 506/455-6041; im Sommer tägl. 10–17 Uhr; Eintritt $ 3, Kinder $ 1) befindet sich im Innern der ehemaligen, 1825 erbauten Officers' Quarters und liegt dem Parade Square zugewandt am östlichen Ende des Historic Garrison Districts. Das dreistöckige Gebäude aus Stein weist mit seinem ebenerdigen Säulengang, einem von den Royal Engineers gestalteten, eisernen Balkongeländer und den ein Vordach stützenden weißen Pfeilern einen recht ungewöhnlichen Baustil auf. Das Museum befasst sich mit der Geschichte der Provinz, angefangen von den indianischen Stämmen der Maliseet und Mi'kmaq bis hin zu zeitgenössischen Ereignissen. Ein äußerst verblüffendes Exponat ist der 17 kg schwere und 1,6 m lange Coleman Frosch, der für die

Durch dieses schmiedeeiserne Tor betritt man den Historic Garrison District

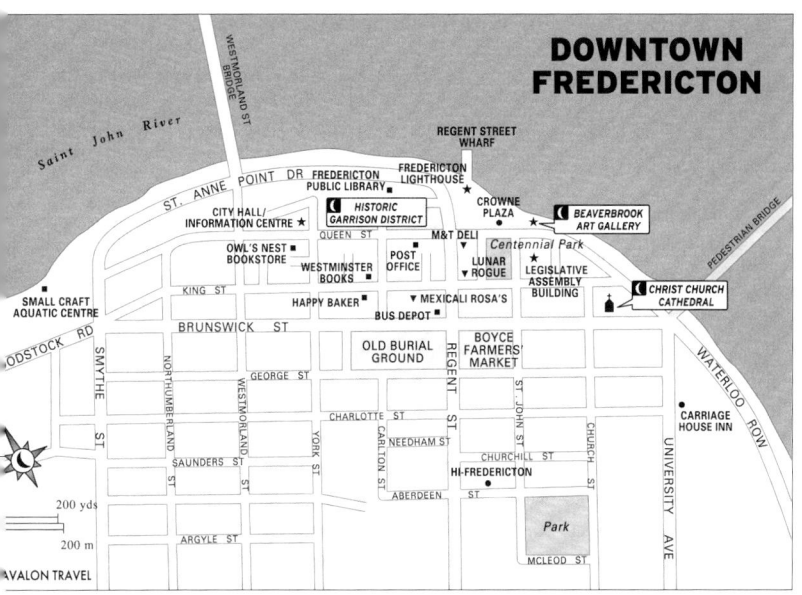

Nachwelt ausgestopft wurde und im zweiten Stock in einem gläsernen Schaukasten hockt. Dieser im wahrsten Sinne des Wortes unglaublich große Frosch wurde vor einem Jahrhundert von dem Frederictoner Fred Coleman gefunden, der sich mit dem Frosch anfreundete und ihn mit Rumpudding und Junikäfern in Honigsauce dick und rund fütterte – so zumindest will es die Legende.

School Days Museum: Im School Days Museum (Ecke Queen St./York St., ✆ 506/459-3738; Juni–Aug. Mo–Fr 10–16, Sa 13–16 Uhr; Eintritt frei), das sich gegenüber der City Hall befindet, kann man ein rekonstruiertes Klassenzimmer besichtigen. Neben Lehrbüchern, Unterrichtsleitfäden und Mitte des 19. Jh. gefertigten Möbeln gibt es hier eine interessante Ausstellung über Ein-Klassen-Schulen zu sehen.

New Brunswick Sports Hall of Fame: Das John Thurston Clark Memorial Building ist ein beeindruckendes, 1881 im Stil des Second Empire und French Revival gestaltetes Bauwerk, das einst als Zollstelle und Postamt diente. In dem Gebäude befindet sich heute die New Brunswick Sports Hall of Fame (503 Queen St., ✆ 506/453-3747; Juni bis Anf. Sept. Mo–Fr 8.30–16 Uhr). Im Mittelpunkt der Ausstellungen stehen die besten Sportler und Sportlerinnen der Provinz.

City Hall

Das aus roten Ziegelsteinen erbaute Rathaus liegt an der Ecke Queen Street/York Street gegenüber des Historic Garrison Districts und befindet sich im Zentrum der Downtown. Das stattliche, 1876 erbaute Gebäude diente im Laufe der Jahre als Sitz der Stadtverwaltung, als Gefängnis, Bauernmarkt und Opernhaus. Der hohe Rathausturm beherbergt eine kupferne Stadtuhr. Der Springbrunnen vor der City Hall – der von einer Figur gekrönt ist, die von den Bewohnern Frederictons den Spitznamen „Freddie, the little nude dude" (Freddie, der kleine nackte Kerl) erhalten hat – wurde 1885 nachträglich hinzugebaut.

Im Innern der City Hall finden sich im **Council Chamber** 27 in der Region gefertigte Wandteppiche, die die Geschichte der Stadt erzählen. Das in einem Vorraum untergebrachte **Fredericton Visitors Bureau** (✆ 506/460-2129) bietet Führungen durch das Council Chamber (Mitte Mai bis Anf. Okt. tägl. 8.15–19.30 Uhr, sonst nach Absprache an Wochentagen 8.15–16.30 Uhr) an.

Fredericton Lighthouse

Um diesen privat betriebenen Leuchtturm (615 Queen St., ✆ 506/460-2939; Mai/ Juni Mo–Fr 10–16, Sa/So 12–16 Uhr, Juli bis Anf. Sept. tägl. 10–21 Uhr; Eintritt $ 2, Kinder $ 1) zu erreichen, überquert man vom Historic Garrison District kommend die Cross Regent Street. Der Innenbereich besteht aus 13 Stockwerken, in denen Exponate rund um die Schifffahrt im Allgemeinen und das Flusssegeln im Besonderen ausgestellt sind. Von ganz oben hat man eine tolle Aussicht auf den Fluss. Im Erdgeschoss befinden sich ein Geschenkartikelladen, ein Café auf einer Terrasse, das mittags kleine Speisen anbietet, und ein Fahrradverleih.

Beaverbrook Art Gallery

Die im östlichen Teil der Downtown gelegene Beaverbrook Art Gallery (703 Queen St., ✆ 506/458-8545; Mo–Sa 9–17.30, So 12–17.30 Uhr; Eintritt $ 8, Senioren $ 6, Kinder $ 3) wurde der Stadt von dem New Brunswicker Kunstexperten Lord Beaverbrook alias William Maxwell Aitken gestiftet. Die Galerie kann sich einer beeindruckenden Sammlung von 2000 Werken rühmen, bei der es sich um die umfangreichste Sammlung britischer Kunst in den Atlantikprovinzen, wenn nicht sogar ganz Kanadas handelt. Zu den ausgestellten britischen Malern zählen Thomas Gainsborough, Sir Joshua Reynolds, John Constable und Walter Richard Sickert. Darüber hinaus finden sich hier Graham Sutherlands Zeichnungen von Winston Churchill, die er in Vorbereitung auf das offizielle Porträt Churchills anfertigte, sowie Arbeiten der aus den Atlantikprovinzen stammenden Künstler Miller Brittain, Alex Colville und Jack Humphrey. Ein ebenso bedeutendes Element der Sammlung sind die Ölgemälde von Cornelius Krieghoff, die das gesellschaftliche und häusliche Leben in den Anfangsjahren Akadiens darstellen. Lord Beaverbrook hatte außerdem eine Schwäche für die europäischen Meister, und so haben Salvador Dalís großflächiges Gemälde „Santiago El Grande" und Botticellis „Auferstehung" in der Galerie einen entsprechend exponierten Platz erhalten.

Legislative Assembly Building

Das majestätische Legislative Assembly Building (Queen St., ✆ 506/453-2527) liegt der Galerie schräg gegenüber. Das im French-Revival-Stil aus Sandstein erbaute Regierungsgebäude ist von gepflegten Rasenanlangen umgeben, seine massiven Flügel sind mit hohen Bogenfenstern versehen, und das obere Stockwerk und der Turmrundbau sind strahlend weiß getüncht. Das Gebäude wurde 1882 vollendet, die Kosten für den Bau und die Einrichtung beliefen sich auf $ 120.000. Durch den im vorderen Säulengang gelegenen Eingang betritt man den im hochviktorianischen Stil gestalteten Innenbereich. Die Ausstattung zeugt von einem kostspieligen Geschmack und versammelt das Teuerste vom Teuersten aus jener Zeit. Die bronzenen Kronleuchter sind mit funkelnden Rhomben aus Waterford-Kristall besetzt, die großzügigen Räume mit orientalisch gestalteten Tapeten versehen. Die Krönung des Innenbereichs ist die **Assembly Chamber,** die auf eine Empore ausgerichtet ist, auf der sich ein kunstvoller Thron samt Baldachin befindet.

Nomen est Omen

Die Stadt Fredericton hat bereits viele Spitznamen getragen. So haben die New Brunswicker sie als *North America's Last Surviving Hometown* (letzte überlebende Geburtsstadt Nordamerikas) betitelt. Man könnte sicher darüber diskutieren, ob das so zutrifft, nichtsdestotrotz fasst dieser Name zusammen, was den Charakter und das Selbstverständnis der Stadt ausmacht.

Bereits im 19. Jh. begann man, der Stadt Beinamen zu geben. Damals witzelten die gebeutelten Einwohner Frederictons, dass in der Stadt allwöchentlich samstagnachts ein Feuer ausbreche, und verliehen ihr den Titel *City of Fires* (Stadt der Brände). 1911 zerstörte ein solcher Brand die Christ Church Cathedral. Die Kirche wurde schnell wieder aufgebaut und ihre schon von Weitem am Horizont zu erkennende, pompöse Silhouette brachte der Stadt den Spottnamen *Cathedral City* (Kathedralenstadt) ein.

Ein weiterer Spitzname für Fredericton ist *City of Stately Elms* (Stadt der altehrwürdigen Ulmen), was der Tatsache Rechnung trägt, dass Fredericton eine sehr grüne Stadt ist. Die ruhigen Straßenzüge sind hauptsächlich von Ulmen gesäumt. Diese Bäume wurden schon zu loyalistischen Gründerzeiten hier angepflanzt. Sie haben ganze Jahrhunderte überlebt und sogar die Holländische Ulmenkrankheit überstanden, von der die Stadt in den 1960er- und 1970er-Jahren heimgesucht wurde.

Die Christ Church Cathedral

Fredericton gilt außerdem als *Canada's Poets' Corner* (Kanadas Dichterecke), ein Titel, der den Dichter-Söhnen der Stadt, Bliss Carmen, Sir Charles G. D. Roberts und Francis Joseph Sherman, gewidmet ist. Darüber hinaus gibt es noch den Beinamen *Canada's Pewtersmith Capital* (Kanadas Hauptstadt der Zinnschmiede), der dem bedeutendsten Handwerk der Stadt Respekt zollt. Dieses wurde hier im 18. Jh. von dem Frederictoner Zinnschmied Ivan Crowell entwickelt, der in Kanada ein Pionier auf jenem Gebiet war.

In der **Legislative Library** wird John James Audubons „Birds of America" aufbewahrt. Einer der vier Bände ist in einem klimatisierten Schaukasten ausgestellt und die Seiten werden regelmäßig umgeblättert, damit die akribischen Zeichnungen betrachtet werden können. Alle Winkel und Ecken des Gebäudes haben ihre eigene Geschichte, die die Tour Guides sehr gerne erzählen. Im Sommer werden täglich von 8.30–18.30 Uhr Führungen angeboten. Die Parlamentssitzungen (Febr.–Mai sowie Okt.) sind für die Öffentlichkeit zugänglich.

Christ Church Cathedral

Ein typisches Merkmal gotischer Kathedralen sind ihre steil gen Himmel strebenden Türme, ein Kennzeichen, über das auch diese berühmte, aus Stein erbaute Kathedrale verfügt. Mit ihrem hoch aufragenden, kupferbedeckten Kirchturm und dem eleganten, geradlinigen Steinmaßwerk erhebt sich die Kirche (✆ 506/450-8500) auf einer großen Grünfläche zwischen der Church und Brunswick Street. Die Kathedrale, die man 1845 zu bauen begann und die 1853 eingeweiht wurde, war die erste gänzlich neue Kathedrale, die seit der lange zurückliegenden Eroberung Englands durch die Normannen im Jahre 1066 auf „britischem Boden" errichtet wurde. Sie wurde nach einem Feuer 1911 wieder aufgebaut und ist auch heute noch der Ort, an dem die Reichen der Stadt den himmlischen Mächten ihren Respekt zollen. Die Kathedrale ist das ganze Jahr geöffnet und im Sommer finden hier freitags von 12.10–12.50 Uhr Konzerte statt.

Historische Friedhöfe

Der **Old Burial Ground** grenzt an die Regent, Brunswick, George und Sunbury Street. Der Friedhof ist von Wegen durchzogen, die unter hohen Bäumen entlangführen, und einer von zwei historischen Begräbnisstätten in der Stadt. Auf diesem Stück Grünland fanden die loyalistischen Berühmtheiten ihre letzte Ruhestätte.

Der **Loyalist Cemetery** (der ehemalige Salamanca Friedhof) befindet sich an einer nicht gekennzeichneten Schotterstraße jenseits der Waterloo Row am Flussufer. Auf diesem einfacheren Friedhof sind die Loyalisten der Gründergeneration begraben, die in jenem ersten Winter 1783/84 starben.

Odell Park

Die üppigen Parkanlagen der Stadt erstrecken sich zusammengenommen über eine Fläche von 355 ha. Besonders schön ist der Odell Park (Smythe St., ✆ 506/460-2038). Er verfügt über ein 16 km langes Wegenetz, gepflegte Grünflächen, Ententeiche, ein Hirschgehege, Grillplätze und Picknicktische. Der Park ist mit einer Fläche von 175 ha der größte Frederictons. Am bekanntesten ist er für seinen forstbotanischen Garten *(Odell Arboretum),* in dem jede in der Provinz vorkommende Baumart zu finden ist. Die schattige Anlage ist von einem 2,8 km langen Spazierweg durchzogen, der sich in drei Runden aufteilt.

Reisepraktisches

Sport und Freizeit

Das am Flussufer gelegene **Small Craft Aquatic Centre** (Woodstock Rd., ✆ 506/460-2260; Juli/Aug. tägl. 6.30–9 und 12–20.30 Uhr, im Frühling und Herbst verkürzte Öffnungszeiten) vermietet Ruderboote, Kanus und Kajaks, bietet Unterrichtsstunden an und führt Kajaktouren durch.

Kultur, Nachtleben und Veranstaltungen

• *Theater* Fredericton hat sich auf die Unterhaltung von Sommergästen spezialisiert. Die im Freien stattfindenden Feste und Veranstaltungen konzentrieren sich auf den Garrison Historic District, wo sich das **Theatre-in-the-Park** von Juli bis Anfang September ein Stelldichein gibt. Die humoristischen und geschichtsbezogenen Produktionen dieses Theaters werden montags bis freitags um 12.15 Uhr und an Wochenenden um 14 Uhr aufgeführt. Ob Dudelsack-, Folk-, Country- oder Bluegrass-Bands – im Sommer gibt es draußen jede Menge Livemusik: dienstags und donnerstags um 19.30 Uhr auf dem Officers' Square und mittwochs um 12.30 Uhr vor dem Guard House sowie um 19 Uhr im Main Street Amphitheatre. Jeden Sonntag werden um 21 Uhr unter freiem Himmel Filmklassiker gezeigt. Auf dem Barracks Square bedienen sich Geschichtenerzähler jeden Mittwoch um 15 Uhr der lokalen Geschichte, um daraus ihr Seemannsgarn zu spinnen Das Beste daran ist, dass das gesamte Programm kostenlos ist.

Das **Theatre New Brunswick,** das einzige professionelle englischsprachige Theaterensemble der Provinz, ist während der Theatersaison von Herbst bis Frühling mit zahllosen Aufführungen im **The Fredericton Playhouse** (686 Queen St., ✆ 506/458-8344) zu sehen.

• *Pubs und Nachtleben* Die Einheimischen lieben ihre beschaulichen Pubs und im Herzen der Downtown findet man davon eine Menge. Das **Lunar Rogue** (625 King St., ✆ 506/450-2065) führt mit seiner englischen Pub-Atmosphäre die Liste an. Hier gibt es kanadisches und britisches Bier vom Fass, und an mehreren Abenden in der Woche wird meist keltisch geprägte Livemusik geboten. Besonders viele Pubs auf engem Raum finden sich rund um die Pipers Lane, einer Gasse, die drei Blocks zwischen der King und Queen Street miteinander verbindet. Das **Dolan's** (349 King St., ✆ 506/454-7474) bietet eine exzellente Auswahl an Bar Food und etwas ausgefalleneren Speisen. Es gibt Beamish vom Fass und Donnerstag bis Samtag steht Livemusik auf dem Programm. Die **Upperdeck Sports Bar** (1475 Pipers Ln., ✆ 506/457-1475) verfügt über eine Sonnenterrasse. Von hier kann man das Kommen und Gehen auf der Pipers Lane beobachten. Es gibt drei Theken, Billardtische und am Wochenende treten hier Bands auf.

In dem Nightclub **Sweetwaters** (339 King St., ✆ 506/444-0121) treten tourende Rockbands auf. Der Preis für ein Gedeck beträgt $ 8–25. Es gibt fünf Bars, zwei Dancefloors und von donnerstags bis samstags wird hier pulsierende, energiegeladene Rockmusik geboten. Das Sweetwaters und das **Ro-ckin' Rodeo** (546 King St., ✆ 506/444-0122) sind die angesagtesten Clubs in Fredericton.

• *Veranstaltungen* Ende Mai findet im Centre Communautaire Sainte-Anne (715 Priestman St., ✆ 506/453-2731) das dreitägige **Festival Francophone** statt, bei dem die akadische Sprache und Kultur im Mittelpunkt steht. Geboten werden Konzerte, Tanzdarbietungen und ein Kinderprogramm.

Am letzten Wochenende im Juli steht die Stadt im Zeichen des **Highland Games and Scottish Festivals** (✆ 506/452-9244, www.highlandgames.ca). Bei diesem dreitägigen Festival zu Ehren der Kelten repräsentieren eine Reihe von Ständen die verschiedenen Clans, und das Programm beinhaltet u. a. Dudelsackbands, Tänze aus den Highlands, gälische Gesangsdarbietungen und schweißtreibende, traditionelle Sportarten.

Der **New Brunswick Day** wird am ersten Montag im August im Historic Garrison District begangen. Es werden Paraden und ein Feuerwerk veranstaltet, und die Straßen sind von Essensständen gesäumt.

1825 fand in Fredericton die erste Herbstmesse statt. Mit der **Fredericton Exhibition** (✆ 506/458-8819, www.frex.ca) wird diese Tradition jedes Jahr Anfang September fortgeführt. Sechs Tage lang werden auf den Fredericton Exhibition Grounds Jahrmarktattraktionen, Trabrennen und Bühnenshows geboten.

Die Sommersaison wird von einem lautstarken Musik-Event beendet. Das unter freiem Himmel stattfindende fünftägige **Harvest Jazz and Blues Festival** (✆ 506/454-2583, www.harvestjazzandblues.com), das Mitte September die Straßen der Downtown in Beschlag nimmt, wird als das größte Jazz- und Blues Festival östlich von Montreal beworben. Die auftretenden Musiker kommen aus ganz Nordamerika angereist.

Einkaufen

Besonders gut einkaufen kann man in der Downtown, v. a. in der Regent, Queen, York und King Street und den angrenzenden Seitenstraßen sowie in der Woodstock Road und in den Malls.

• *Kunst und Kunsthandwerk* Es gibt mehrere Läden, die für ihr exquisites Kunsthandwerk bekannt sind. **Aitkens Pewter** (408 Queen St., ✆ 506/453-9474) führt handgefertigtes Zinngeschirr, Schmuck und Dekorationsaccessoires. Die **Cultures Boutique** (383 Mazzuca's Ln., ✆ 506/462-3088) ist eine

New Brunswick Karte siehe Farbteil S. 4

gemeinnützige Einrichtung. Hier kann man in der Dritten Welt gefertigtes Kunsthandwerk erstehen. Die Mazzuca Lane geht zwischen der King und Queen Street von der York Street ab. Porzellan- und Töpferwaren findet man in der **Garden Creek Pottery** (1538 Woodstock Rd., ☎ 506/455-7631).

Die **Gallery Connexion** (686 Queen St., ☎ 506/454-1433) ist eine von Künstlern betriebene gemeinnützige Galerie, die einen hervorragenden Ruf genießt und für die Kunstszene New Brunswicks von großer Bedeutung ist. Die **Gallery 78** (796 Queen St., ☎ 506/454-5192; tägl. außer Mo), die sich in einer umgebauten Wohnung befindet, ist die älteste kommerzielle Galerie New Brunswicks und beherbergt eine Sammlung von Kunstwerken aus ganz Kanada.

Übernachten/Camping

Fredericton verfügt in der Downtown über eine Auswahl an Hotels, die zu großen Ketten gehören und wird damit seinem Status als Provinzhauptstadt gerecht. In all diesen Hotels gibt es ein breites Angebot an modernen Dienstleistungen, die sich an Geschäftsreisenden orientieren. Weitere Möglichkeiten sind die historischen Gasthäuser, die verstreut in den an die Downtown grenzenden Stadtteilen zu finden sind, sowie die üblichen Motels an den Hauptverkehrsstraßen. An der Kreuzung Regent Street/Prospect Street, 3 km südlich der Downtown (Ausfahrten 6A und 6B vom Hwy. 8), liegen besonders viele Motels dicht beieinander.

● *Unter $ 50*   Das **HI-Fredericton** (621 Churchill Row, ☎ 506/450-4417, www.hihostels.ca) ist dem Herbergsverband Hostelling International angeschlossen. Das restaurierte, denkmalgeschützte Haus befindet sich fünf Blocks südlich des Historic Garrison Districts und verfügt über eine Küche, eine Laundry und einen Aufenthaltsbereich. Die Gästezimmer sind mit maximal drei Betten ausgestattet, wobei es in den meisten Zimmern nur ein oder zwei Betten gibt. Mitglieder zahlen $ 20–25, Nichtmitglieder $ 23–30. Einchecken kann man von 7–12 und 18–22 Uhr.

● *$ 50–100*   Einfache und günstige Übernachtungsmöglichkeiten bieten das **Fort Nashwaak Motel** (15 Riverside Dr., ☎ 506/472-4411 oder 800/684-8999, www.fortnashwaakmotel.com; $ 75–85 für 1/2 Pers.), das sich von der Downtown aus gesehen am gegenüberliegenden Flussufer befindet,

und das 4 km weiter flussabwärts liegende **Norfolk Motel** (Hwy. 2, ☎ 506/472-3278 oder 800/686-8555, www.norfolkmotelonline.com; $ 70–75 für 1/2 Pers.).

● *$ 100–150*   Das dreistöckige, 1875 im Queen-Anne-Revival-Stil erbaute und inzwischen restaurierte **Carriage House Inn** (230 University Ave., ☎ 506/452-9924 oder 800/267-6068, www.carriagehouse-inn.net; $ 95–105 für 1/2 Pers.) befindet sich südöstlich der Downtown und liegt noch in fußläufiger Nähe derselben. Die zehn Gästezimmer sind mit antiken Möbeln eingerichtet, das Haus verfügt über ein Solarium und eine Laundry. Das Frühstück ist ein Genuss.

Keines der Motels an der Kreuzung Regent Street/Prospect Street hat irgendetwas Außergewöhnliches zu bieten. Dafür weiß man bei Ketten wie dem **Comfort Inn,** was einen erwartet (797 Prospect St., ☎ 506/453-0800 oder 800/228-5150, www.choicehotels.ca; $ 105–115 für 1/2 Pers.). In der Nachbarschaft befindet sich mit dem **Fredericton Inn** (1315 Regent St., ☎ 506/455-1430 oder 800/561-8777, www.frederictoninn.nb.ca; $ 140 für 1/2 Pers.) eines der größten Motels der Stadt. Das vierstöckige Haus liegt zwischen der Regent und der Fredericton Shopping Mall und verfügt über 200 Gästezimmer, einen Dining Room, eine Lounge, einen Swimmingpool und einen Whirlpool.

Etwa 20 km westlich der Downtown (Hwy. 102, Ausfahrt 274) befindet sich das sehr ländlich und ganz in der Nähe von Kings Landing gelegene **Riverside Resort** (35 Mactaquac Rd., ☎ 506/363-5111 oder 800/561-5111, www.holidayfredericton.com; ab $ 135 für 1/2 Pers.). Das weitläufige Anwesen verfügt über ein Restaurant, eine Lounge und ein Wellness-Center samt beheiztem Innenschwimmbecken, Whirlpool und Fitnessraum. Außerdem gehören zu der parkähnlichen Anlage sechs Ferienhäuschen mit je zwei Schlafzimmern ($ 260 für 1/2Pers.).

Das **On the Pond** (Rte. 615, Mactaquac, ☎ 506/363-3420 oder 800/984-2555, www.onthepond.com; ab $ 145 für 1/2 Pers.) ist ein luxuriöses Landgasthaus, dessen Betreiber es sich zur Aufgabe gemacht hat, seine Gäste im Sinne von Zurück-zur-Natur zu verwöhnen. Es wird ein breites Wellnessprogramm geboten und der Mactaquac Provincial Park samt Golfplatz sowie ein Fitnesscenter befinden sich ganz in der Nähe. Die acht Gästezimmer sind rustikal eingerichtet und haben etwas vom Charme der guten alten Zeit. Kleine Aufmerksamkeiten wie Plüschbademäntel und einladende Aufenthaltsbereiche runden das Angebot ab. Die B&B-Preise betragen $ 145 für 1/2 Pers., aber auf der Website gibt es mitunter Pauschalangebote für Spa- und Golf-Aufenthalte.

• *$ 150–200* Das **Delta Fredericton** (225 Woodstock Rd., ✆ 506/457-7000 oder 888/890-3222, www.deltahotels.com; ab $ 199 für 1/2 Pers.) liegt am Fluss in direkter Nähe zu den Sehenswürdigkeiten der Downtown. Das resort-ähnliche Hotel bietet ein ansprechendes Ambiente. Im Mittelpunkt der Anlage befindet sich ein großes Außenschwimmbecken samt Liegestühlen und Pool-Bar. Darüber hinaus gibt es ein Innenschwimmbecken, einen Fitnessraum, zwei Restaurants und eine Lounge. Es lohnt sich, auf der Delta Website nach Preisnachlässen zu schauen, und vielleicht ist es auch eine Überlegung wert, sich eine der Suiten zu gönnen, die letztlich nicht mehr kosten als ein normales Zimmer in einem Hotel in der Großstadt.

• *Über $ 200* Eines der besseren Hotels von Fredericton ist das **Crowne Plaza Fredericton Lord Beaverbrook** (659 Queen St., ✆ 506/455-3371 oder 800/561-7666, www.cp fredericton.com; $ 210–440 für 1/2 Pers.), das voll und ganz auf Geschäftsreisende ausgerichtet ist, die sich aufgrund von Regierungsangelegenheiten in der Stadt aufhalten. Man sollte sich nicht von dem unansehnlichen Äußeren dieses klotzigen Hotels abschrecken lassen – im Zuge umfangreicher Renovierungsarbeiten wurden die 165 Gästezimmer ganz neu gestaltet. Zu den Annehmlichkeiten des Hauses zählen ein Innenschwimmbecken, ein Fitnessbereich, zwei Dining Rooms und eine Lounge.

• *Campgrounds* Der von Fredericton gesehen nächste Campground befindet sich im **Hartt Island RV Resort**, 7 km westlich der Stadt am Trans-Canada Highway (✆ 506/462-9400, www.harttisland.com; Mai–Okt.; $ 24–34) und ist besonders zu empfehlen, wenn man Lust hat, auf dem Fluss Kanu oder Kajak zu fahren.

Ebenfalls westlich der Stadt, aber am nördlichen Flussufer gelegen, befindet sich der **Mactaquac Provincial Park Campground** (Hwy. 105, ✆ 506/363-4747; Mitte Mai bis Mitte Okt.; $ 21,50–24). Die riesige Anlange ist 24 km von der Downtown entfernt. Zusätzlich zu den 305 Stellplätzen gibt es einen Golfplatz. Außerdem kann man hier wandern, Rad fahren und angeln.

Essen und Trinken

Dem Ruf nach sind die Restaurants in Fredericton nicht besonders gut, aber das stimmt nicht. Es gibt zwar tatsächlich nicht viele schicke Dining Rooms, und abgesehen von ein paar wenigen gehobeneren Restaurants ist die Küche hier nicht gerade originell. Nichtsdestotrotz kann man in der Hauptstadt überall bedenkenlos essen gehen, und das zu günstigen Preisen.

• *Günstig/Cafés* Wenn man ein Picknick plant, empfiehlt es sich, im **M & T Deli** (602 Queen St., ✆ 506/458-9068; Mo–Fr 7.30–16 Uhr) vorbeizuschauen, wo man hervorragende großstadttypische Köstlichkeiten wie Bagels nach New Yorker Art oder Rauchfleisch à la Montréal erstehen kann Die Tagesspezialitäten sind preisgünstig (als ich dort war, gab es Shepherd's Pie und Salat für $ 6).

Es lohnt sich, im Innern des Hochhauskomplexes Carleton Plaza nach dem **Happy Baker** (520 King St., ✆ 506/454-7200; Mo–Fr 7.30–17.30, Sa 8–16 Uhr) zu suchen. Zusätzlich zu dem üblichen Angebot an Kaffee-Kreationen kann man hier köstliches Backwerk und auch ganze Mahlzeiten wie Maple Curry Chicken Penne (etwa $ 10) bekommen. Der ganzjährige **Boyce Farmers' Market** (665 George St., zwischen Regent und Saint John St., ✆ 506/451-1815; Sa 6–13 Uhr) ist für *jeden* ein Anziehungspunkt. Auf den Standtischen türmen sich Backwaren, hausgemachte deutsche Würste und regionale Köstlichkeiten, auch Kunsthandwerk kann man hier erstehen.

• *Pubs und Restaurants* Der **Lunar Rogue** (625 King St., ✆ 506/450-2065; tägl. ab 9 Uhr) ist einer der beliebtesten Pubs Frederictons. Hier hat man die Möglichkeit, drinnen oder im Freien zu essen. Die Frühstücksvariationen sind günstig und gehaltvoll. Man kann hier auch zu Mittag essen und abends werden leichte Gerichte (Cornish Pasties, kurz gebratenes Hühnchenfleisch, Filetstreifen und Bar-Food-Spezialitäten wie gegrillte Chicken Wings) zum Preis von $ 10–18,50 angeboten.

Auf der gegenüberliegenden Straßenseite befindet sich einen Block weiter westlich das **Mexicali Rosa's** (546 King St., ✆ 506/451-0686), das zu einer ostkanadischen Kette mexikanischer Restaurants gehört. Hier erwarten einen die üblichen amerikanisierten Speisen zu günstigen Preisen. Es ist ein weiter Weg bis nach Mexiko, aber die Gerichte schneiden nichtsdestotrotz gut ab. Außerdem gibt es Margaritas und kaltes Bier. Wer sich nach einer Pizza sehnt, kann diese direkt nebenan im **BrewBakers** (546 King St., ✆ 506/459-0067; tägl. von 11 Uhr bis spät abends) bekommen. Die Pizza kommt aus dem Holzofen, darüber hinaus gibt es Pasta-Gerichte sowie Salate. Das Ambiente ist zeitgemäß.

Wenn man ein wenig schicker essen gehen möchte, empfehlen sich die Dining Rooms der größeren Hotels. Im **Crowne Plaza** (659 Queen St., ✆ 506/451-1804) werden im Terrace Room Mittags- und Abendbuffets zu moderaten Preisen angeboten,

im Governor's Room ist die von der französischen Küche und der Nouvelle Cuisine geprägte Speisekarte etwas gehobener. Das zum Delta Fredericton gehörende Restaurant **Bruno's** (225 Woodstock Rd., ✆ 506/457-7000; 6.30–23 Uhr) lockt mit Speisen wie Chicken Saltimbocca (sautierte, auf Linguine servierte gefüllte Hühnchenbrust in Weißwein) und den Seafood-, Rindfleisch- und Pastagerichten scharenweise Gäste an. Die Preise für bestimmte Abendgerichte und den sonntäglichen Brunch fallen recht moderat aus, relativ günstig sind auch das unter der Woche mittags angebotene Pasta-Buffet sowie das Seafood-Buffet, an dem man sich freitagabends gütlich tun kann. Ebenfalls im Delta befindet sich das **The Dip**, eine Pool-Bar mit Grill, die preiswerte Mittags- und Abendgerichte anbietet und im Sommer, sofern das Wetter es zulässt, tägl. geöffnet hat.

Wenn man in einem der vielen Motels südlich der Downtown übernachtet und nicht zum Essen in die Stadt zurückfahren will, ist das **Lobster Hut** (City Motel, 1216 Regent St., ✆ 506/450-9900; Di–Sa 11.30–21.30 Uhr) die erste Wahl. Die besten Hummer der Stadt werden hier von den Köchen gegrillt, gekocht, gefüllt, gebraten oder kalt serviert (ab $ 24) – und der größte erhältliche Hummer kann telefonisch vorbestellt werden. Weitere Hauptgerichte kosten $ 10–25.

Information/Adressen

Der beste Ausgangspunkt für Erkundungstouren durch Fredericton: die City Hall mit der Touristeninformation

● *Touristeninformation* Die zentrale **Touristeninformation** befindet sich mitten in der Downtown im Vorraum der City Hall (397 Queen St.; Ende Juni bis Anf. Sept. tägl. 8–20 Uhr, Anf. Sept. bis Mitte Juni Mo–Fr 8.15–16.30 Uhr). Vorabinformationen erhält man über die städtische Tourismusabteilung **Fredericton Tourism** (✆ 506/460-2041 oder 888/888-4768, www.tourismfredericton.ca).

● *Literatur* Die in der Downtown gelegene **Fredericton Public Library** (12 Carleton St., ✆ 506/460-2800; Mo/Di und Do 10–17, Mi/Fr 10–21 Uhr) verfügt über 80.000 Buchtitel und Zeitungen aus aller Welt, der Internetzugang ist für Besucher kostenlos.

Die beste Adresse für regionale Naturführer und Bildbände ist **Westminster Books** (445 King St., ✆ 506/454-1442). Um die Ecke befindet sich der **Owl's Nest Bookstore** (390 Queen St., ✆ 506/458-5509), der eine fantastische Auswahl an gebrauchten und vergriffenen Sachbüchern hat.

• *Notfälle* In Notfällen kann man die allgemeine Notrufnummer 911 wählen oder die **RCMP** (Royal Canadian Mounted Police, 1445 Regent St., 506/452-3400) anrufen. In medizinischen Notfällen wenden Sie sich an das **Dr. Everett Chalmers Hospital** (Priestman St., ✆ 506/452-5400) oder an die **Fredericton Medical Clinic** (1015 Regent St., ✆ 506/458-0200).

• *Weitere Adressen* Das **Postamt** (570 Queen St., ✆ 506/444-8602) hat Mo–Fr von 8–17 Uhr geöffnet, die Einzelhandelsgeschäfte am Kings Place und die Malls in Fredericton haben länger und auch samstags geöffnet.

Wäsche waschen kann man im **Spin & Grin** (516 Smythe St., ✆ 506/459-5552).

Anreise

Der **Fredericton Airport** befindet sich am Hwy. 102 und liegt 14 km südöstlich der Downtown. Avis, Hertz, Budget und National sind mit ihren Schaltern in der Nähe der Gepäckausgabebänder vertreten. Darüber hinaus gibt es hier ein Restaurant, einen Geschenkartikelladen und ein Business Center mit Highspeed-Internetzugang. Eine Taxifahrt in die Downtown kostet $ 18.

Der Flughafen wird von der Fluggesellschaft **Air Canada** (✆ 506/458-8561 oder 888/247-2262) angeflogen, die die Strecken nach Montreal, Toronto und Halifax mit Direktflügen bedient.

Die Busse der **Acadian Lines** (101 Regent St., ✆ 506/458-6007) bedienen tägl. die Strecken nach Saint John, Moncton und Edmundston. Der kleine Busbahnhof ist jeden Tag von 8 bis 20.30 Uhr geöffnet, die Gepäckschließfächer kosten $ 1/Tag.

Unterwegs in Fredericton

Das Busliniennetz von **Fredericton Transit** (✆ 506/460-2200) verbindet die Downtown mit den Außenbezirken. Die Busse verkehren tägl. außer So und der Fahrpreis beträgt $ 2/Zone.

Taxis kann man auf den Straßen der Downtown anhalten, wartende Taxis findet man vor den größeren Hotels. Telefonisch zu erreichen ist das Taxiunternehmen **Trius Taxi** (✆ 506/454-4444).

Es gibt zahlreiche **Autovermietungen** in der Stadt, darunter **Avis** (✆ 506/446-6006), **Budget** (✆ 506/452-1107), **Hertz** (✆ 506/446-9079) und **National** (506/453-1700).

Gebührenpflichtige Parkplätze sind reichlich vorhanden. Entsprechende Parkplätze befinden sich beispielsweise hinter der City Hall und dem Carleton Place sowie entlang der Queen, King, Carleton, Regent, Saint John und oberen York Street. An Besucher, die nicht aus der Provinz stammen, vergibt die Stadt kostenfrei Parkausweise, die drei Tage gültig sind. Diese erhält man im Rathaus und im Legislative Assembly Building, die sich beide in der Queen Street befinden.

Gagetown und Umgebung

Flussabwärts von Fredericton liegen im Saint John River kleine Inseln, die von einem Flechtwerk gewundener Flussarme umgeben sind. Die Fahrt am Fluss entlang durch die wunderschöne Landschaft ist ein Genuss. Der 40 km von der Provinzhauptstadt entfernte Ort Gagetown bietet sich als Ziel einer Tagestour an.

Auf halbem Weg nach Gagetown erreicht man die Stadt **Oromocto,** die am Fluss liegt. Der Ort hat sich rund um die Canadian Forces Base Gagetown entwickelt. Dieser Militärstützpunkt befindet sich nahe des Stadtzentrums an der Broad Road. Das **CFB Gagetown Military Museum** (✆ 506/422-1304; Juli/Aug. Mo–Fr 8–16, Sa/So 10–16 Uhr, sonst Mo–Fr 12–16 Uhr; Eintritt frei) befasst sich mit der Vergangenheit und Gegenwart der kanadischen Streitkräfte seit dem späten 18. Jh. Ausgestellt sind Waffen, Uniformen und andere Memorabilia.

Von Oromocto folgt man dem Hwy. 102 in östlicher Richtung am Fluss entlang und überquert den sich hier gabelnden Hwy. 2 (Trans-Canada Highway). Kurz darauf erreicht man das hübsche, am Fluss gelegene Dorf Gagetown. Dieser kleine, 600 Einw. zählende Ort hat während der Saison einiges zu bieten. Mitte September sollte man sich die viertägige *Queens County Fair* nicht entgehen lassen.

Das **Queens County Museum** (69 Front St., ☎ 506/488-2966; Juni bis Mitte Sept. tägl. 10–17 Uhr; $ 2) befindet sich in einem hübschen, weißen Holzhaus, in dem Sir Leonard Tilley, einer der „Väter der Konföderation", geboren wurde. Das Erdgeschoss ist entsprechend pflichtgetreu mit loyalistischen Antiquitäten eingerichtet, und im oberen Stockwerk kann man regionalgeschichtliche Exponate aus der Region zu bewundern.

Flussaufwärts am Saint John River

Von Fredericton aus verläuft der Hwy. 2 (Trans-Canada Highway) in nördlicher Richtung am Saint John River entlang und überquert ihn mehrere Male, bevor nach 270 km Edmundston erreicht ist. Auf diesem Teilstück des transkontinentalen Highways kommt man gut und entspannt voran. Alternativ zum Highway kann man jedoch auch die Route über die Landstraßen wählen, die durch die wunderschöne, ländliche Region und mehrere kleine Ortschaften führt. Die Hauptattraktionen der Gegend lassen sich von Fredericton aus im Rahmen von Tagestouren entdecken. So könnte man z. B. bis nach Hartland fahren, um sich dort die längste überdachte Brücke der Welt anzuschauen, und den Nachmittag in Kings Landing verbringen.

Mactaquac und Umgebung

Der 1968 erbaute **Mactaquac Staudamm** ist Teil eines riesigen Wasserkraftwerks, das sich 20 km westlich von Fredericton befindet. Durch den Bau der Talsperre, die den Saint John River aufstaut, wurde der Flusslauf verändert, der Wasserpegel stieg um 60 m, sodass das Tal geflutet wurde. Auf diese Weise entstand das Mactaquac Lake Basin. Die historischen Bauten aus dem überfluteten Gebiet fanden im Kings Landing Historical Settlement ein neues Zuhause. Dieser Provincial Heritage Park wurde 1974 eröffnet.

Die am südlichen Flussufer, fast direkt am Trans-Canada Highway gelegene **Mactaquac Generating Station** (Hwy. 102, ☎ 506/462-3800; Mitte Mai bis Anf. Sept. tägl. 9–16 Uhr) bietet kostenfreie geführte Touren an. Unterhalb des Staudamms werden in der Mactaquac Fish Culture Station, der das **Mactaquac Visitor Interpretation Centre** angeschlossen ist (Hwy. 102, ☎ 506/363-3021; Mitte Mai bis Aug. tägl. 9–16 Uhr; Eintritt frei), jährlich 300.000 junge Lachse gezüchtet.

Mactaquac Provincial Park

Nicht alle New Brunswicker waren erfreut über den massiven Eingriff in den Flusslauf. Ein kleines Trostpflaster war jedoch, dass im darauffolgenden Jahr der 525 ha große Mactaquac Provincial Park angelegt wurde. Der Park befindet sich 24 km flussaufwärts von Fredericton am Hwy. 105 und liegt am Nordufer des Saint John Rivers.

Das Prachtstück der Anlage ist der anspruchsvolle 18-Loch-**Mactaquac Provincial Park Golf Course** (☎ 506/363-4926; Greenfee $ 55), der als einer der besten zehn öffentlichen Golfplätze Kanadas gilt. In dem Park gibt es darüber hinaus Wanderwege, Picknickbereiche und beaufsichtigte Strände, außerdem kann man Fahrräder mieten und Barsche angeln.

Der im Wald gelegene Campground verfügt über mehr als 300 Stellplätze ($ 21,50, mit Anschlüssen $ 24). Zu der Ausstattung gehören Kochgelegenheiten, warme Duschen, eine Laundry und ein Laden, der am Mactaquac Lake Basin liegt. Der Park und der Campground sind von Mitte Mai bis Mitte Oktober geöffnet, ein Tagespass kostet $ 7/Fahrzeug.

Kings Landing Historical Settlement

Dieses wunderbare, im großen Stil angelegte „lebendige" Museum (☎ 506/363-4999; Anf. Juni bis Mitte Okt. tägl. 10–17 Uhr; Eintritt $ 15,50, Senioren $ 13,50, Kinder $ 10,50) entspricht in seiner Art dem Village Historique Acadien in Caraquet (siehe *Baie des Chaleurs* im Kap. *Die akadische Küste*) und befindet sich in einer wunderschönen Umgebung am Saint John River, 35 km westlich von Fredericton (Hwy. 2, Ausfahrt 253). Das Flusstal wurde von Loyalisten besiedelt, die 1783 nach New Brunswick kamen. Das Dorf informiert über die Geschichte der Siedler von den Anfängen bis ins frühe 20. Jh. Man sollte bequemes Schuhwerk tragen, da sich das Gelände mit seinen 70 Häusern und Gebäuden über 120 ha erstreckt. Zu sehen sind hier u. a. ein Sägewerk, Farmhäuser, eine Schule, eine Schmiede und eine Druckerei. Auskunftswillige „Bewohner" in Kostümen stellen das ländliche New Brunswicker Landleben des 19. Jh. anschaulich dar. Eine weitere der vielen Brücken in die Vergangenheit ist ein Obstgarten, in dem hybride Apfelsorten angebaut werden, die Mitte des 19. Jh. von Francis Peabody Sharp gezüchtet wurden. Den Besuchern wird u. a. gezeigt, wie man damals Pferde beschlug, Eisen schmiedete, wie gewebt und Garn gesponnen wurde und wie Ackerbau und Viehzucht betrieben wurden. Zu den besonderen Veranstaltungen gehören Theateraufführungen, eine Landwirtschaftsschau Ende August, die *Provincial Town Criers' Competition* Anfang

Der Saint John River

September, bei der die besten Stadtausrufer der Provinz gegeneinander antreten, und ein Erntefest Anfang Oktober, das die Saison beendet.

Niemand wird das **Kings Head Inn** (✆ 506/363-4950) verlassen, ohne satt geworden zu sein. In diesem nahe am Ufer gelegenen Restaurant werden herzhafte
Speisen wie Lachs-Chowder ($ 7) und knusprige Mandel-Fischkuchen ($ 12),
aber auch göttliche Desserts wie der Maple-Brandy-Kürbis-Pie ($ 5) angeboten.

Zu den Grand Falls

Westlich von Kings Landing führt der Trans-Canada Highway an einem der
schönsten Flussabschnitte des Saint John Rivers entlang. Dieser Teil des Highways
wird von der Tourismusbehörde Tourism New Brunswick als der **River Valley Scenic Drive** bezeichnet. Der Saint John ist hier breit und blau und wird von grünen
Feldern sowie Ahorn- und Hemlocktannenwäldern gesäumt.

Woodstock

Nur etwas mehr als 100 km von Fredericton entfernt befindet sich mit dem
landwirtschaftlich geprägten Woodstock das Zentrum dieser von ertragreichem
Kartoffelanbau beherrschten Region. Die Hauptstraße wird von einem hübschen,
1884 aus rotem Backstein erbauten Gerichtsgebäude dominiert, aber die geset-
zestreuen Einwohner findet man im Log Cabin Restaurant (539 Main St., ✆ 506/
328-8553; tägl. 6–21 Uhr). Ein warmes Frühstück kostet $ 5. Alternativ nimmt
man von allem die doppelte Portion und zahlt für dieses Giant Breakfast $ 8.

Hartland Covered Bridge

Nördlich von Woodstock lässt man den Trans-Canada Highway links liegen und
bleibt auf dem Hwy. 103. Dieser verläuft auf einer Strecke von 30 km am Westufer des Saint John Rivers entlang, macht dann eine scharfe Rechtskurve und
führt hier über die längste überdachte Brücke der Welt, bevor das Dorf Hartland
erreicht wird. Die Brücke ist so schmal, dass sie nur einspurig befahren werden
kann. Bevor man auf die Brücke fährt, sollte man also darauf achten, dass einem
niemand entgegenkommt. Die als National Historic Site ausgewiesene Brücke
wurde 1901 erbaut, 1921 überdacht und verkleidet und erstreckt sich mit einer
Länge von 391 m über den Saint John River. Auf der Ostseite gibt es ein Besucherzentrum (im Sommer tägl. 9–18 Uhr) mit Schautafeln, die die Geschichte
dieser Brücke erläutern und über andere überdachte Brücken in New Brunswick
informieren. Von hier führt ein Wanderweg flussaufwärts und dann weiter am
Becaguimac Stream entlang.

Grand Falls/Grand-Sault

Hier verwandelt sich der ansonsten gemächliche Saint John River in einen weiß
schäumenden, reißenden Strom und stürzt als Wasserfall, der dem Ort Grand Falls
bzw. Grand-Sault seinen Namen gab, 23 m in die Tiefe. Unterhalb des Wasserfalls,
dessen Energiepotenzial zur Gewinnung von Strom genutzt wird, haben die enormen Wassermassen eine 2 km lange, hufeisenförmige Schlucht durch die 70 m hohen Felswände gegraben. An dieser Stelle ist der Fluss am schmalsten und zwängt
sich durch die ihn einengende Schlucht. Die rasanten Stromschnellen kämpfen sich
durch die Engpässe wie ein mit starkem Überdruck aus der Flasche herausschie-
ßender Champagner.

Das **Malabeam Reception Centre** (Madawaska Rd., ✆ 506/475-7769; Anf. Juni bis Anf. Sept. tägl. 10–18 Uhr; Eintritt frei) ist ein guter Ausgangspunkt, um die Gegend zu erkunden. Durch die rückseitigen Fenster des Besucherzentrums kann man den donnernden Wasserfall in die Schlucht stürzen sehen. Entlang der Schlucht führt ein 2 km langer Pfad nach **La Rochelle.** Dort kann man auf einer Felstreppe an den Rand des Wasserfalls hinabsteigen, wo der aufgewühlte Fluss in den felsigen Vertiefungen Strudel bildet. Am spektakulärsten ist der Fluss während des Frühlingshochwassers.

Es gibt mehrere günstige Unterkünfte in Grand Falls, was einen mehrtägigen Aufenthalt in diesem Ort umso attraktiver macht. Die beste Wahl ist die Auberge Pres du Lac (Trans-Canada Highway, ✆ 506/473-1300 oder 888/473-1300, www. presdulac.com; $ 80–140 für 1 Pers., $ 95–140 für 2 Pers.), die sich im nördlichen Teil der Stadt befindet. Das Haus verfügt über 100 Zimmer, ein Innenschwimmbecken, einen kleinen Fitnessraum und eine Sauna. Zu der Anlage gehören außerdem einige an einem künstlichen Teich gelegene Ferienhäuschen.

Edmundston und Umgebung

Dort, wo heute Edmundston (17.000 Einw.) liegt, befand sich ursprünglich ein Dorf der Maliseet. Die akadischen Flüchtlinge, die die Stadt gründeten, gaben ihr wegen der Stromschnellen am Zusammenfluss des Saint John und Madawaska Rivers den Namen Petit Sault.

Einen Überblick über die facettenreiche Geschichte der Region und das „mythische Madawaska" bietet das **Madawaska Museum** (195 Blvd. Hébert, ✆ 506/737-5282; Juli/Aug. tägl. 9–20 Uhr, Sept.–Juni Mi/Do 7–22, So 13–17 Uhr; Eintritt $ 4, Kinder $ 2). Aber um die hiesige, akadisch geprägte Kultur wirklich zu erleben, sollte man das fünftägige **Foire Brayonne** (www.foirebrayonne.com) besuchen, das rund um das letzte Juli- oder erste August-Wochenende stattfindet. Über 100.000 Menschen kommen dann zum Feiern hierher, geboten werden traditionelle brayonische Speisen, Musik-, Tanz- und Sportdarbietungen sowie andere Belustigungen.

Übernachten

Das nobelste Hotel der Stadt ist das große **Chateau Edmundston** (100 Rice St., ✆ 506/739-7321 oder 800/576-4656, www. chateauedmundston.com; ab $ 110 für 1/2 Pers.). Hier gibt es ein Innenschwimmbecken, einen Whirlpool, eine Sauna, eine Laundry, ein Restaurant und eine Lounge.

Ähnlich ausgestattet ist das **Quality Inn Edmundston** (919 Canada Rd., ✆ 506/735-5525 oder 800/563-2489, www.choicehotels.ca; $ 95–115 für 1/2 Pers.). Beide Hotels sind vom Trans-Canada Highway über die Ausfahrt 18 zu erreichen.

Saint-Jacques

Nördlich von Edmundston, etwa auf halbem Weg zur Grenze nach Quebec liegt Saint-Jacques. In diesem Ort befindet sich der **de la République Provincial Park.** Dessen Hauptattraktion ist der **New Brunswick Botanical Garden** (Ausfahrt 8 vom Trans-Canada Highway, ✆ 506/737-5383; Juni–Sept. 9–18 Uhr, Juli/Aug. 9–20 Uhr; Eintritt $ 14, Senioren $ 12, Kinder $ 7). Wer bereits Gelegenheit hatte, die Blumenpracht im Montréal Botanical Garden zu bewundern, wird eine gewisse Ähnlichkeit feststellen können. Das ist nicht verwunderlich, denn beide

Anlagen wurden von demselben begabten Landschaftsarchitekten Michel Marceau gestaltet. In dem sich über 17 ha erstreckenden Park finden sich 1500 Arten und insgesamt 60.000 Pflanzen. Dieses von Rosen, Stauden und Rhododendren durchsetzte Blütenmeer unterteilt sich in neun Gärten, von denen drei mit romantischer, klassischer Musik in Szene gesetzt werden. Der Park verfügt außerdem über ein Außenschwimmbecken, Tennisplätze und einen Campground ($ 21,50–24).

Das **Provincial Visitor Information Centre** (✆ 506/735-2747; Mitte Mai bis Anf. Okt. tägl. 10–18 Uhr, Juli/Aug. tägl. 8–21 Uhr) liegt 9 km südlich der Grenze am Trans-Canada Highway und ist auf Besucher ausgerichtet, die aus der Provinz Quebec nach New Brunswick einreisen.

Lac-Baker

Der kleine Ort Lac-Baker liegt im abgeschiedenen nordwestlichen Zipfel New Brunswicks. In der Nähe überquert der im Norden Maines entspringende Saint John River die Provinzgrenze New Brunswicks. Hier gibt es so viel Wald und Stille, wie das Herz begehrt. Am Ufer des Sees befindet sich der rustikale Campground **Camping RJ Belanger** (510 Church Rd., ✆ 506/992-2136; Mitte Mai bis Mitte Sept.). Der Komplex liegt mehrere Kilometer nördlich des Flusses und verfügt über acht Hütten ($ 65–85 für 1/2 Pers.), Zeltstellplätze ($ 22,50–27,50), einen Dining Room und eine Kantine. Außerdem bieten sich Möglichkeiten zum Schwimmen, Kanu- und Kajakfahren.

Mount Carleton Provincial Park

Dieser abgelegene, 10.000 ha große Park ist bei Wanderern und Wildcampern sehr beliebt. Er liegt am Hwy. 385, 105 km nordöstlich von Perth-Andover (auf dem Trans-Canada Highway auf halber Strecke zwischen Hartland und Grand Falls). Wenn man entlang dem Hwy. 17, der vom Saint John River Valley nach Campelltown führt, quer durch die Provinz tourt, erreicht man den Park, indem man östlich von Saint Quentin dem Hwy. 180 folgt, bis man auf den Hwy. 385 stößt.

Der Park liegt zu Füßen des **Mount Carleton,** der mit 820 m der höchste Berg der kanadischen Seeprovinzen ist. Wenn man vorhat, seinen Gipfel zu besteigen, sollte man festes Schuhwerk tragen und eine Windjacke dabeihaben. Der einfachste, markierte Aufstieg führt auf einem 4,4 km langen Weg durch einen Wald mit Tannen, Fichten und Gelbbirken. Über der Baumgrenze erhebt sich die Bergspitze. Die Bergkuppe ist von Moosbeeren und wilden Blaubeeren übersät. Von hier oben hat man eine tolle Aussicht und überblickt die umliegenden Berge und Seen. Das insgesamt 62 km umfassende Wegenetz beinhaltet u. a. auch einen 300 m langen Pfad zu dem Wasserfall Williams Falls.

Der größte Campground im Park (✆ 506/235-6040; Mitte Mai bis Anf. Sept.; $ 19) verfügt über 88 Stellplätze, WC, Duschen, Kochgelegenheiten, eine Abwasserentsorgungsstation für Wohnmobile, einen Spielplatz, einen Bootssteg und eine unbeaufsichtigte Badestelle am Nictau Lake.

Der Kouchibouguac National Park

Die akadische Küste

Die Ostküste New Brunswicks wird auch als „akadische Küste" bezeichnet. Die Landschaft dieser französisch geprägten Küstenregion ist von Nehrungen, Salzmarschen, Dünen, kieferngesäumten, sandigen Ufern und felsigen Küstenstrichen sowie kleinen Hafenstädtchen bestimmt. Zwischen der südöstlichen Küste New Brunswicks und Prince Edward Island befindet sich die seichte Meerenge North umberland Strait. Mit ihren einladenden Stränden und dem vom Golfstrom erwärmten Wasser zieht die Küste hier im Sommer Sonnenanbeter, Badegäste und Windsurfer gleichermaßen an. Weiter nördlich vermischen sich die Ausläufer des warmen Golfstroms mit dem kälteren Wasser des Sankt-Lorenz-Golfs. Hier drängt der Labradorstrom in den offenen Golf, und die schnellen Strömungen erreichen die Küste in kleinen Brandungswellen. Die der Küste vorgelagerten Nehrungsinseln weisen geschützte Seehäfen auf. Ganz im Norden befindet sich die Baie des Chaleurs. Diese flache, und wie der Name verrät, warme Bucht trennt die zu Quebec gehörende Halbinsel Gaspé von der Ostküste New Brunswicks.

Wesen und Kultur des französischsprachigen Akadiens manifestieren sich u. a. in den hiesigen Festivals und kulinarischen Besonderheiten. Um sich mit den kulturellen Wurzeln der Region auseinanderzusetzen, empfiehlt sich der Besuch der Village Historique Acadien in Caraquet, wo das ursprüngliche Leben in Akadien anhand von historischen Gebäuden und Dorfbewohnern in den klassischen Kostümen nachgestellt wird. Im Süden befindet sich mit Moncton das urbane Wirtschafts- und Universitätszentrum der Provinz. Die Stadt bildet das moderne, geschäftige Gegenstück zu Caraquet und verkörpert ein sehr erfolgreiches, neuzeitliches Akadien. Die Akadier sind sehr stolz auf ihre Kultur und überall in der Region ist die akadische Flagge – die mit einem goldenen Stern versehene französische Trikolore – zu sehen. Aber auch andere ethnische Gruppen sind hier vertreten, so z. B. die Iren.

Highlights

Bore Park (S. 354): Okay, man *muss* den Bore Park in Moncton nicht gesehen haben, aber er ist dennoch ein schöner Ort, um die Flutwelle zu beobachten, und da sich in dem Park das Hauptinformationszentrum der Region befindet, kann man sich hier mit Besucherprospekten eindecken.

Magnetic Hill (S. 356): Der Magnetic Hill selbst fasziniert natürlich auf seine Art, aber v. a. die umliegenden Attraktionen, wie Zoo, Wasserpark oder Minigolfanlage, machen die Gegend zu einem beliebten Ausflugsziel für Familien.

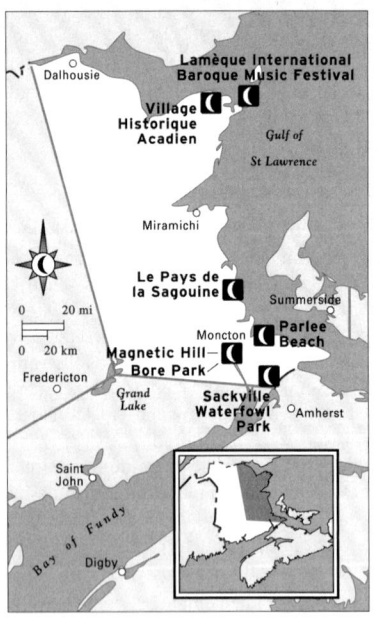

Sackville Waterfowl Park (S. 362): Die vielen verschiedenen Vogelarten, die in diesem Reservat zu Hause sind, lassen das Herz eines jeden Vogelbeobachters höherschlagen.

Parlee Beach (S. 365): Mit seinem langen, feinsandigen Strand, dem warmen Wasser und der lockeren Urlaubsstimmung lockt der Parlee Beach scharenweise Besucher an.

Le Pays de la Sagouine (S. 366): Dank der Schriftstellerin Antonine Maillet fand das Leben der Akadier Eingang in die Welt der Literatur. Dieser historische Themenpark in Maillets Heimatstadt erweckt ihre Romane zu neuem Leben.

Lamèque International Baroque Music Festival (S. 373): Selbst wenn man, wie ich, kein ausgesprochener Liebhaber Alter Musik ist, werden einem doch di4e Abgeschiedenheit und die eindringliche Musik dieser Veranstaltung in Erinnerung bleiben.

Village Historique Acadien (S. 374): In diesem Freilichtmuseum kann man den Alltag der Akadier hautnah erleben.

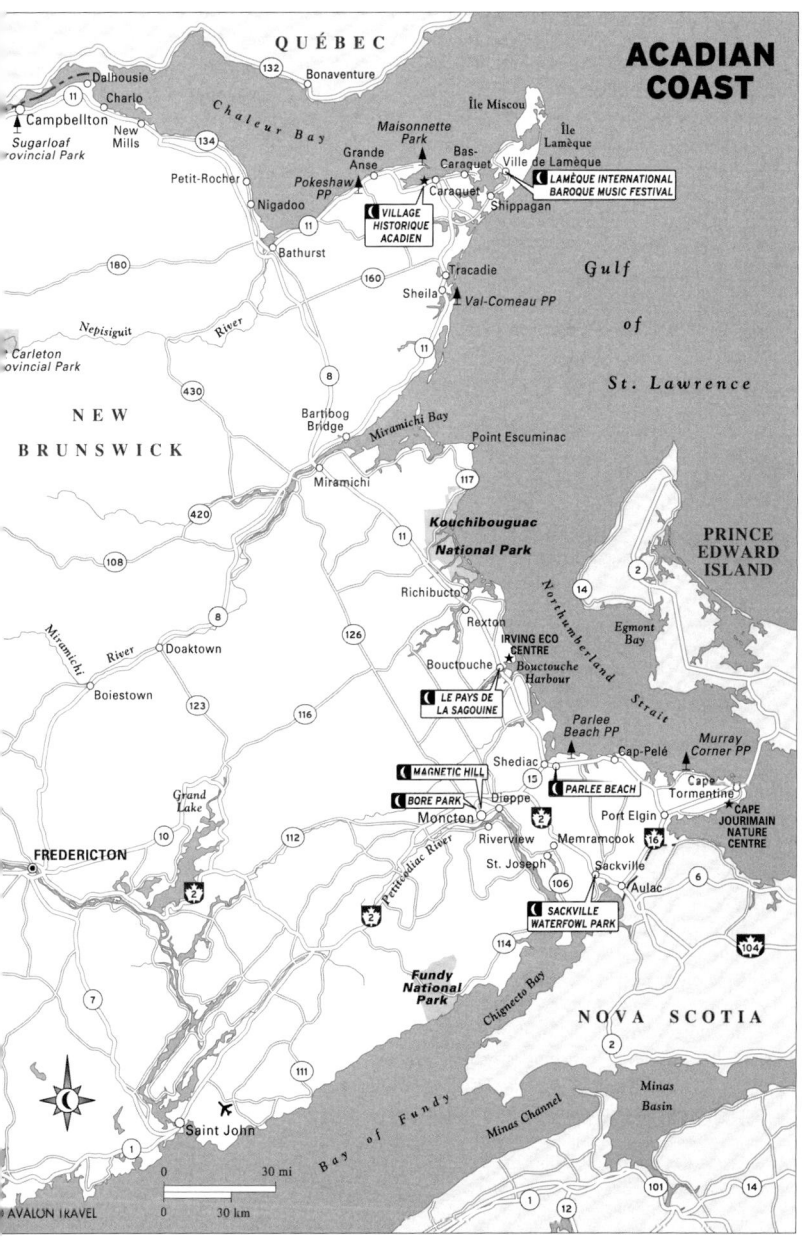

ACADIAN COAST

QUÉBEC

Dalhousie
Charlo
Campbellton
New Mills
Sugarloaf Provincial Park

Chaleur Bay

132   Bonaventure

Île Miscou

Maisonnette Park
Bas-Caraquet
Grande Anse
Pokeshaw PP
134
Petit-Rocher
Nigadoo
11
Bathurst

Île Lamèque
Ville de Lamèque
◖ LAMÈQUE INTERNATIONAL BAROQUE MUSIC FESTIVAL
Caraquet
Shippagan

◖ VILLAGE HISTORIQUE ACADIEN

Tracadie
160
Sheila ▲ *Val-Comeau PP*

Gulf

of

St. Lawrence

Nepisiguit   *River*

Carleton Provincial Park

NEW

BRUNSWICK

430
8
180

Bartibog Bridge
Miramichi Bay
Miramichi
Point Escuminac
117

420

108

Miramichi *River* Doaktown
Boiestown
123

8

11

Kouchibouguac National Park

Richibucto
Rexton
126
IRVING ECO CENTRE
Bouctouche
Bouctouche Harbour

PRINCE EDWARD ISLAND

14
2
Egmont Bay

Northumberland Strait

◖ LE PAYS DE LA SAGOUINE

116

Parlee Beach PP
Shediac
15
Cap-Pelé
Murray Corner PP
Cape Tormentine

Grand Lake

112

◖ MAGNETIC HILL
◖ BORE PARK
Moncton
Dieppe
2
Riverview
St. Joseph
106

◖ PARLEE BEACH

CAPE JOURIMAIN NATURE CENTRE
16
Port Elgin
Memramcook
Sackville
Aulac
6

10

FREDERICTON
2

7

Petitcodiac River

114

Fundy National Park

111

◖ SACKVILLE WATERFOWL PARK

104

NOVA SCOTIA

2

Chignecto Bay

1

AVALON TRAVEL

Saint John ✈

Bay of Fundy   *Minas Channel*

Minas Basin

101   14

0   30 mi
0   30 km

12

Trotz großer Distanzen sind die Strecken an der akadischen Küste gut zu bewältigen. Der Hwy. 11 verläuft größtenteils an den drei Küstenabschnitten entlang und führt von einem Hafenstädtchen zum nächsten, wobei das Meer von der Straße aus fast immer zu sehen ist. Wenn man sich Zeit lässt und entspannt fährt, braucht man für die gesamte Strecke von Shediac nach Campbellton etwa 10 Std. Auf jeden Fall sollte man aber ab und zu den Highway verlassen und den abzweigenden Seitenstraßen ans Meer folgen, um Landschaft und Hafenorte zu erkunden. Beispielsweise verlässt der Hwy. 11 bei Bouctouche die Küste und führt auf direktem Weg nach Miramichi, eine jedoch eher uninteressante Strecke. Landschaftlich wesentlich reizvoller ist der an der Küste verlaufende Hwy. 117. Nachdem er den Kouchibouguac National Park durchquert hat, schlängelt er sich zum entlegenen Point Escuminac hinauf. Auf diesem hoch aufragenden Schieferplateau an der südöstlichen Spitze der Miramichi Bay versammeln sich in der Vogelzugsaison Tausende von Seevögeln.

Reise- und Zeitplanung

Die am südlichen Ende der akadischen Küste gelegene Stadt Moncton befindet sich im Zentrum der Maritimen Provinzen Kanadas, sodass man während eines Urlaubs im atlantischen Kanada wahrscheinlich mindestens einmal durch diese Stadt kommen wird. Es lohnt sich, die geschäftige Downtown und damit das Herz Monctons zu erkunden, wobei sich der **Bore Park** als guter Ausgangspunkt anbietet. Wenn man mit Kindern reist, werden diese bestimmt die rund um den **Magnetic Hill** angesiedelten Attraktionen besuchen wollen. Der nahe gelegene **Sackville Waterfowl Park** bietet danach die Möglichkeit, wieder zurück zur Natur zu finden, und ist ein echtes Highlight für Vogelliebhaber.

Wenn man sich New Brunswick auf der Landkarte anschaut, wird man sehen, dass die akadische Küste sich über die gesamte Ostküste und damit auch über die gesamte Nord-Süd-Ausdehnung der Provinz erstreckt (von Moncton nach Campbellton sind es 320 km). Um nicht auf dem an der Küste verlaufenden Highway wieder zurückfahren zu müssen, empfiehlt es sich, den Aufenthalt an der akadischen Küste mit einer Fahrt nach Fredericton ins Tal des Saint John Rivers zu verbinden. Diese beiden Strecken machen zusammengenommen schon zwei Drittel einer Rundfahrt durch die gesamte Provinz aus. Für die Tour sollte man mindestens vier, besser aber sechs Tage einplanen. Wenn es warm ist, wird man auch einige Zeit am Strand verbringen wollen, und dafür gibt es keinen besseren Ort als den **Parlee Beach** in der Nähe von Moncton. Auf der Fahrt gen Norden wird man auf faszinierende Beispiele der akadischen Kultur stoßen. Die interessantesten Orte, um mehr über die tragische Geschichte dieser Kultur und deren heutige Wiederbelebung zu erfahren, sind **Le Pays de la Sagouine** und das **Village Historique Acadien.** Wer Ende Juli unterwegs ist, sollte sich das **Lamèque International Baroque Music Festival** nicht entgehen lassen, eine einmalige Veranstaltung im Norden der akadischen Küste.

Moncton

Diese geschäftige, 65.000 Einw. (130.000 Einw. im Großraum von Moncton) zählende Stadt bildet den geografischen Mittelpunkt der Maritimen Provinzen Kanadas. Die Stadt bewirbt ihre vielen verschiedenen Attraktionen mit großer Hingabe, und keine andere Stadt der Provinz strahlt eine solche Lebensfreude und Vitalität aus. Touristen können hier zwei sehr unterschiedliche Naturphänomene bestaunen

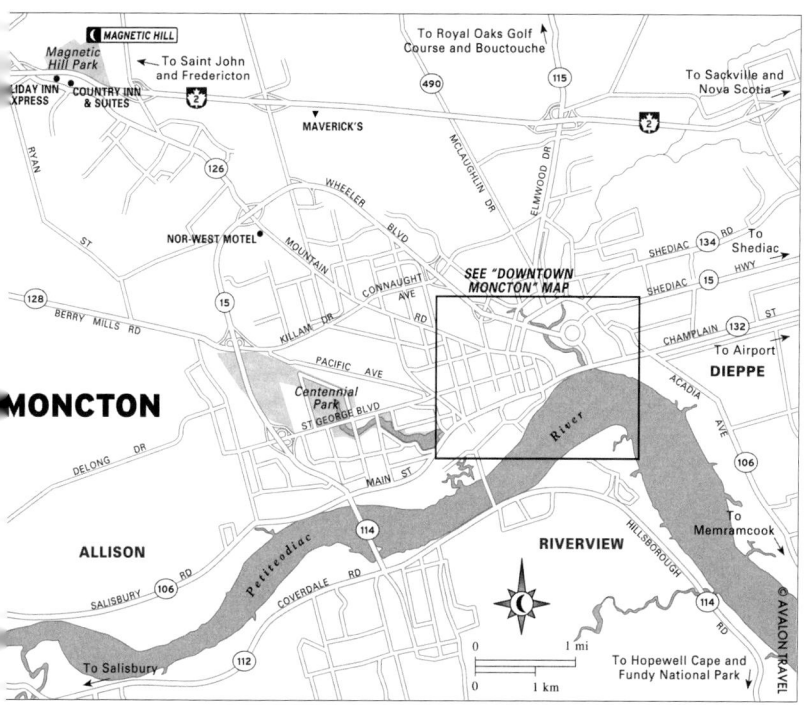

– die eine ist dem gewaltigen Tidenhub der Bay of Fundy geschuldet, die andere einer Laune der Natur zu verdanken. Ein beliebter Anziehungspunkt für Kinder ist der größte Freizeitpark der Atlantikprovinzen. Das belebte Zentrum der Downtown verfügt über zahlreiche preisgünstige Unterkünfte, gute Restaurants und ein reges Nachtleben.

Von Moncton sind es in südwestlicher Richtung entlang der Fundy-Küste 155 km bis nach Saint John. Die Provinzhauptstadt Fredericton liegt 175 km westlich von Moncton. Dank der zentralen Lage lassen sich von Moncton aus auch einige der Nachbarprovinzen gut erreichen. Die südöstlich der Stadt verlaufende Grenze zu Nova Scotia ist 37 km entfernt, und die New Brunswick mit der Prince Edward Island verbindende Confederation Bridge befindet sich 92 km östlich von Moncton.

Die Stadt ist offiziell zweisprachig. Etwa 30 % der Einwohner sprechen Französisch als Muttersprache. Obwohl nahezu jeder auch Englisch spricht, kann es für Touristen hilfreich sein, über Französischkenntnisse zu verfügen.

Geschichte

An der Stelle des heutigen Moncton verlief früher ein Handelsweg der Mi'kmaq, der die Bay of Fundy mit der Northumberland Strait verband. Die ersten dauerhaften Siedler waren jedoch Akadier, die in den 1740er-Jahren hierherkamen. Die Briten eroberten das nahe gelegene Fort Beauséjour im Jahre 1755 und deportierten die Akadier 1758. Kurz darauf siedelten sich hier Deutsche an. Doch erst als das Schiffsbaugewerbe in den 1840er-Jahren enorm an Bedeutung gewann, entwickelte sich die Stadt. Den ersten richtigen Aufschwung erlebte Moncton, als die Intercolonial Railway Einzug in New Brunswick hielt. Den Plänen der Eisenbahngesellschaft zufolge sollte die Stadt ein zentraler Knotenpunkt des atlantischen Eisenbahnnetzes werden. Um 1885 hatte Moncton sich bereits zu einem Industriezentrum entwickelt und verfügte über eine Gerberei, eine Seifenfabrik, eine Baumwollspinnerei, eine Messingfabrik, eine Zuckerraffinerie, Gießereien, Holzlager und am Fluss gelegene Ankerplätze.

Seine wirtschaftliche Bedeutung hat Moncton sich über die Jahrzehnte hinweg bewahrt, und auch die Vororte Riverview und Dieppe profitieren von dem Wohlstand. Riverview ist eher unscheinbar, ganz anders verhält es sich mit Dieppe. Der ursprüngliche Name dieser Stadt war Leger Corner. Doch Soldaten, die aus dem Zweiten Weltkrieg zurückgekehrt waren, benannten den Ort in Dieppe um – zu Ehren ihrer Kameraden, die in Frankreich am Strand von Dieppe in der Normandie gefallen waren. In diesem Vorort, der es heute in wirtschaftlicher Hinsicht mit Moncton aufnehmen kann, befinden sich der Flughafen, der größte Vergnügungspark der Atlantikprovinzen und eines der größten Shoppingcenter der Region.

Sehenswertes in der Downtown

Die Downtown Monctons befindet sich nördlich einer „The Bend" genannten, scharfen Flussbiegung des Petitcodiac Rivers. Die geschäftige, belebte **Main Street** liegt einen Block vom Fluss entfernt. Hier finden sich mit Ziegelsteinen gepflasterte Gehwege sowie historische Laternenmasten, und man kann im Schatten junger Bäume auf Parkbänken verweilen. Die folgenden Sehenswürdigkeiten befinden sich sowohl innerhalb der Downtown am Fluss als auch außerhalb der Downtown. In der Main Street gibt es keine Parkmöglichkeiten. Stattdessen kann man in den Seitenstraßen für die Dauer von 1 Std. parken, wenn man die dortigen Parkuhren mit einem sog. *loonie* (1-Dollar-Münze) füttert, oder einen der nahe gelegenen Parkplätze nutzen.

Bore Park: Die gewaltigen Gezeiten der Bay of Fundy erreichen Moncton zweimal am Tag in Form einer bis zu 60 cm hohen Flutwelle, die sich von der Bucht aus durch den Petitcodiac River drängt. Innerhalb von etwa einer Stunde wird das schlammige Flussbett des Petitcodiac Rivers, der von Einheimischen auch „Schokoladenfluss" genannt wird, überflutet, und der Wasserpegel steigt auf 7,5 m. Über die genauen Zeiten von Ebbe und Flut kann man sich bei der Touristeninformation in der Main Street informieren. Während die *Tidal Bore* (Gezeitenwelle) bei Touristen zu den Top-Attraktionen zählt, wird sie von vielen Einheimischen spöttisch als „total bore" („sterbenslangweilig") bezeichnet. Auf jeden Fall ist das Schauspiel in der Voll- und Neumondphase am eindrucksvollsten, weil die Flut dann am höchsten steigt.

Der beste Ort, um das Gezeitenphänomen zu beobachten, ist der an der Main Street gelegene, mit schattigen Bäumen und Parkbänken versehene Bore Park. Hier befinden sich auch das zentrale Informationszentrum (wo man in Erfahrung bringen kann, wann die Flutwelle die Stadt erreicht) und der Ausgangspunkt einer am Fluss entlangführenden Uferpromenade.

Moncton Museum: In dem ehemaligen Rathaus (20 Mountain Rd., ☏ 506/856-4383; Mo–Sa 9–16.30, So 13–17 Uhr; Spende) sind Exponate zur Stadtgeschichte – von den Mi'kmaq bis zum Zweiten Weltkrieg – sowie nationale Wanderausstellungen zu sehen. Das Gebäude wurde auf sehr interessante Art und Weise moderni-

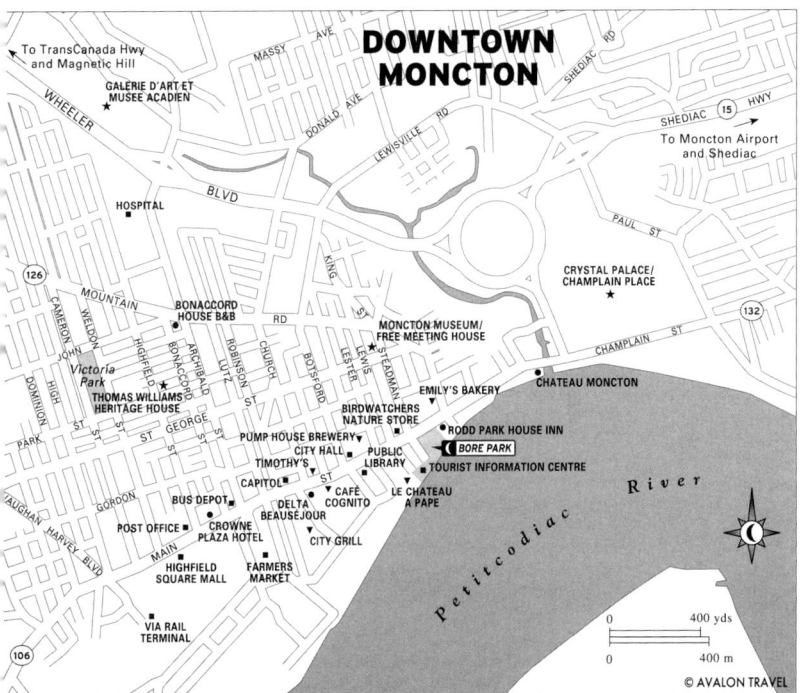

To TransCanada Hwy
and Magnetic Hill

DOWNTOWN MONCTON

MASSY AVE

SHEDIAC RD

WHEELER

GALERIE D'ART ET
MUSEE ACADIEN

DONALD AVE

LEWISVILLE RD

SHEDIAC (15) HWY

To Moncton Airport
and Shediac

BLVD

HOSPITAL

PAUL ST

(126)

MOUNTAIN

CAMERON

WELDON

JOHN

HIGHFIELD

BONACCORD

ARCHIBALD

LUTZ

BONACCORD
HOUSE B&B

RD

ROBINSON

CHURCH

BOTSFORD

KING

STEADMAN

LESTER

ST

LEWIS

MONCTON MUSEUM/
FREE MEETING HOUSE

CRYSTAL PALACE/
CHAMPLAIN PLACE

(132)

CHAMPLAIN ST

DOMINION

Victoria
Park

HIGH

THOMAS WILLIAMS
HERITAGE HOUSE

PARK ST

GEORGE

GORDON

EMILY'S BAKERY

CHATEAU MONCTON

BIRDWATCHERS
NATURE STORE

PUMP HOUSE BREWERY

CITY HALL

PUBLIC
LIBRARY

RODD PARK HOUSE INN

BORE PARK

River

Petitcodiac

TIMOTHY'S

ST

TOURIST INFORMATION CENTRE

CAPITOL

CAFÉ
COGNITO

VAUGHAN

HARVEY BLVD

BUS DEPOT

POST OFFICE

DELTA
BEAUSÉJOUR

CROWNE
PLAZA HOTEL

LE CHATEAU
A PAPE

CITY GRILL

MAIN

HIGHFIELD
SQUARE MALL

FARMERS
MARKET

0   400 yds

0   400 m

(106)

VIA RAIL
TERMINAL

© AVALON TRAVEL

siert, wobei der Architekt die aus regional abgebautem Sandstein errichtete Originalfassade geschickt mit einem erneuerten Innenbereich kombinierte.

Nebenan befindet sich das schmucke, kleine *Free Meeting House.* Dieses älteste Gebäude Monctons wurde 1821 erbaut und diente so verschiedenen religiösen Gruppen wie den Anglikanern, Adventisten, Juden und der Christian Science Kirche als Gotteshaus. Auf Anfrage (im Museum) kann man das Free Meeting House auch von innen besichtigen.

Thomas Williams Heritage House: Vor rund einem Jahrhundert glangte mit der Intercolonial Railway auch eine Reihe interessanter Akteure in die Stadt, die wichtige Impulse gaben. Einer von ihnen war Thomas Williams, der damalige Schatzmeister der Eisenbahn. Sein 1883 im Stil des Second Empire erbautes Herrenhaus (103 Park St., ℡ 506/857-0590; Mai und Sept. Mo, Mi, Fr 10–15 Uhr, Juni Di–Sa 9–17, So 13–17 Uhr, Juli/Aug. Mo–Sa 9–17, So 13–17 Uhr; Spende) verfügt über zwölf Zimmer und ist heute der Öffentlichkeit zugänglich. Mit diesem geschmackvoll eingerichteten Haus und dem Mobiliar aus jener Epoche präsentiert sich die gute alte Zeit hier von ihrer besten Seite. Im Verandah Tea Room werden im Sommer Tee, Kaffee und Muffins angeboten.

Galerie d'Art et Musée Acadien: In puncto Kunst avantgardistisch, ist die akadische Region in kultureller Hinsicht von historischer Bedeutung. Die Galerie und das Museum (jenseits des Wheeler Blvd., ℡ 506/858-4088; Juni–Sept. Mo–Fr 10–17, Sa/So 13–17 Uhr; Eintritt $ 2) befinden sich in dem zur Université de Moncton gehörenden Clément Cormier Building. Die gemeinsamen Ausstellungen befassen sich mit zahlreichen Aspekten der akadischen Kultur. Die Universität selbst befindet sich auf einem großen Campus nördlich der Downtown und ist die einzige französischsprachige Universität der Atlantikprovinzen. Hier kann man bildende Kunst, Krankenpflege, Wirtschafts-, Natur-, Erziehungs- und Rechtswissenschaften studieren.

Magnetic Hill

Der Magnetic Hill ist für Kinder *das* Highlight in Moncton. Um von der Downtown hierherzukommen, folgt man der Mountain Road in nordwestlicher Richtung; vom Trans-Canada Highway nimmt man die Ausfahrt 488. Der namensgebende Magnetic Hill (✆ 506/853-3540; Mitte Mai bis Anf. Sept. tägl. 8–20 Uhr; $ 3/Fahrzeug) ist nur ein Hügel, aber wer seinen Augen traut, wird zugeben müssen, dass er einer der merkwürdigsten Hügel der Welt ist. Ob der Magnetic Hill magnetisch ist? Er muss es sein. Die auf den Hügel führende, unscheinbare Schotterstraße, die sich den Regeln der Logik zu widersetzen scheint, ist bei Touristen nach den Niagarafällen und den Canadian Rockies angeblich die drittbeliebteste Naturattraktion Kanadas.

Das Gefälle des Hügels spielt allem, was Räder hat, einen Streich. Wenn man am „Fuß" des Hügels im Auto den Leerlauf einlegt und die Bremse löst, scheint das Fahrzeug rückwärts *bergauf* zu rollen. Nicht nur Autos trotzen hier der Schwerkraft. Ein neben der Straße verlaufender Bach scheint ebenfalls den Hügel hinaufzufließen.

Dieses Phänomen verblüffte die Bewohner Monctons jahrzehntelang. Im 19. Jh. mussten die einheimischen Bauern gegen das Gefälle ankämpfen, wenn sie versuchten, ihre Fuhrwerke den Hügel „hinabzuziehen". Einige Jahrzehnte später entdeckten ein paar Reporter aus Saint John den Magnetic Hill. Ihr Zeitungsbericht über das „Naturphänomen" sorgte für eine Menge Schaulustiger, und seither ist der Strom der ungläubig Staunenden nicht abgerissen.

Wer glaubt, der Magnetic Hill werde von fremden, außerirdischen Mächten beherrscht, sollte noch einmal in sich gehen. Um das Rätsel kurz aufzuklären: In der Gegend herrscht insgesamt eine Schräglage vor. Der Magnetic Hill bildet die südliche Flanke des 150 m hohen, nordwestlich von Moncton gelegenen Lutes Mountain. Das Gefälle des Magnetic Hill ist eine optische Täuschung, und ob man es glaubt oder nicht, der „Fuß" des Hügels ist höher

*Die Church Street
mit ihren vielen Kirchen*

gelegen als sein höchster Punkt. Wenn man den Magnetic Hill mit geschlossenen Augen hinaufgeht, wird man mit seinen übrigen Sinnen merken, dass man bergab und nicht bergauf läuft.

Freizeitparks

Der sich den Regeln der Logik widersetzende Hügel zog so viele Touristen an, dass hier in den 1970er-Jahren ein Souvenirladen eröffnete, und innerhalb kurzer Zeit entstanden in der Gegend zahlreiche, auf Familien ausgerichtete Freizeitattraktionen.

Der **Magnetic Hill Zoo** (✆ 506/877-7718; Mitte Juni bis Anf. Sept. tägl. 9–20 Uhr; Eintritt $ 11,50, Senioren $ 10, Kinder $ 8) wirbt damit, der größte Zoo der Atlantikprovinzen zu sein. Er beherbergt etwa 100 Tierarten, darunter Zebras, Rentiere, Tiger, Kamele, Wölfe und Gibbons. Für die Kleinen gibt es einen Streichelzoo und täglich um 14.30 Uhr finden Führungen mit den Rangern statt, die sich großer Beliebtheit erfreuen.

Der **Magic Mountain Water Park** (✆ 506/857-9283; Mitte Juni bis Mitte Aug. tägl. 10–19 Uhr, Mitte Aug. bis Anf. Sept. tägl. 10–18 Uhr; Eintritt $ 23, für alle, die kleiner als 1,22 m sind, $ 17) verfügt über ein Wellenfreibad, zahlreiche Wasserrutschen, Wassertunnel und eine Minigolf-Anlage. (Nein, hier fließt das Wasser nicht bergauf.)

Im **The Boardwalk** (✆ 506/852-9406; im Sommer tägl. von 9 Uhr bis Sonnenuntergang) kann man Gokart fahren, Minigolf spielen und auf einer Driving Range Golfschläge üben. Außerdem gibt es Baseball-Schlagkäfige und einen Spielplatz. Das Einkaufsviertel **Wharf Village** (✆ 506/858-8841) bietet Kunst und Kunsthandwerk, und es gibt ein auf Familien ausgerichtetes Restaurant mit Blick auf einen Teich.

Infos R*eisepraktisches*

Sport und Freizeit

• *Centennial Park* Dieser 180 ha große, im westlichen Teil der Stadt gelegene Park (St. George Blvd., ✆ 506/853-3516; tägl. 9–23 Uhr) verfügt über mit Spazierpfaden durchzogene Wälder sowie einen See mit Sandstrand und ist ein schöner Ort zum Picknicken und Entspannen. Im Sommer öffnet eine Rasenbowlingbahn, man kann schwimmen, Tennis spielen und auf dem See Kanu oder Ruderboot fahren. Im Winter laden beleuchtete Wege zum Skilanglauf ein und auf dem zugefrorenen See tummeln sich Schlittschuhläufer und Eishockeyspieler.

• *Vergnügungsparks* Neben den Vergnügungseinrichtungen am Magnetic Hill gibt es in der Gegend noch weitere Freizeitattraktionen. Ein kleiner, schmaler Nebenfluss trennt Moncton von dem benachbarten Ort Dieppe, wo sich hinter dem zum Hwy. 15 gehörenden Kreisverkehr der **Crystal Palace** (Paul St., Dieppe, ✆ 506/859-4386; Mo–Fr 12–20, Sa/So 10–20 Uhr) erhebt. Dieser Komplex ist mit seiner geodätischen Kuppel aus verwinkelten Glaswänden ein architektonisches Wunderwerk und beherbergt neben dem Crystal Palace Amusement Park (Eintritt inkl. aller Fahrattraktionen $ 20, Kinder $ 16) auch ein Experimentiermuseum. Nebenan befindet sich mit dem **Champlain Place** das größte ebenerdige Shoppingcenter der Atlantikprovinzen.

Kultur, Nachtleben und Veranstaltungen

• *Theater* Mitte der 1990er-Jahre wurde das heruntergekommene Downtown-Kino **Capitol** (811 Main St., ✆ 506/856-4379) in ein hübsches Theater verwandelt. Heute ist diese liebenswerte, alte Grande Dame ein kunstvoll mit Fresken und Wandgemälden geschmücktes, stilvolles Sinnbild der Vergangenheit und erstrahlt im Glanz der hier stattfindenden Konzerte, Ballette, Shows und Filmfestivals. Das Programm findet man unter www.capitol.nb.ca.

• *Bars und Nightclubs* Besonders gut trinken und tanzen lässt es sich in den Bars und Nightclubs entlang der Main Street, die gerne von Studenten frequentiert werden und wo im Sommer auch Tische auf der Straße stehen. Die **Pump House Brewery**

New Brunswick Karte siehe Farbteil S. 4

(5 Orange Ln., ℘ 506/855-2337) ist ein wenig ruhiger als die meisten anderen, und draußen vor der Bar gibt es eine sonnige Terrasse. Wenn man auf der Suche nach einem Ort ist, wo man in Ruhe einen Drink nehmen kann, empfiehlt sich die zum Château Moncton gehörende Bar **Le Galion** (100 Main St., ℘ 506/870-4444), die über ein helles, zeitgemäßes Ambiente verfügt. Man kann sowohl drinnen als auch draußen sitzen, die Szenerie am Fluss genießen und dabei an einem Bier nippen, während man auf die Flutwelle wartet. Die Bar **Top Side** ist eine klassische Hotel-Lounge und befindet sich im obersten Stockwerk des Crowne Plaza Hotels (1005 Main St., ℘ 506/854-6340), von wo man einen schönen Blick auf die Stadt und den Fluss hat.

Das **Oxygen** (125 Westmorland St., ℘ 506/854-0265) gilt als einer der angesagtesten Clubs zum Tanzen in New Brunswick, am Wochenende legen DJs auf. Das **Ziggy's** (938 Mountain Rd., ℘ 506/858-8844) ist ein wenig teurer und zieht tendenziell ein (etwas) älteres Publikum an.

● *Feste und Veranstaltungen*   Eines der beliebtesten Feste der Stadt ist das Mitte August stattfindende **Atlantic Seafood Festival** (℘ 506/855-8525, www.atlanticseafoodfestival.com), das an so verschiedenen Orten wie der Main Street und den Dining Rooms der Hotels veranstaltet wird. Wie der Name vermuten lässt, liegt der Schwerpunkt hierbei auf regionalem Seafood. Man kann Profis dabei zuschauen, wie sie Austern aus der Schale lösen, seine Lieblingsköche bei diversen Kochwettbewerben anfeuern und sich in das Straßenfestgetümmel stürzen.

Das **Festival International du Cinéma Francophone en Acadie** (℘ 506/855-6050, www.ficfa.com) Mitte September ist ein bedeutendes Festival für französischsprachige Filme.

In der ersten Novemberwoche veranstaltet die Stadt das **World Wine & Food Festival** (℘ 506/532-5333, www.wineexpo.ca). Hier kommen berühmte Chefköche mit Weinhändlern aus der ganzen Welt zusammen, aber die Atmosphäre ist alles andere als vornehm, denn auch das gemeine Volk erfreut sich an den den irdischen Freuden zugewandten Fest und der internationalen Atmosphäre.

Einkaufen

Zu den großen Shoppingcentern der Gegend gehören der **Champlain Place** (Ecke Paul St./Champlain St.) in Dieppe und die **Moncton Mall** (1380 Mountain Rd., ℘ 506/858-1380), aber wenn man auf der Suche nach Kunst und Kunsthandwerk aus der Region ist, muss man sich anderswo umschauen. In der Downtown gibt es einen wöchentl. Kunsthandwerksmarkt namens **Farmers' Market** (Robinson St., Sa 7-13 Uhr). Der Laden **Gifts Galore** (569 Main St., ℘ 506/857-9179) bietet von allem ein bisschen – darunter Glas-, Töpfer- und Zinnwaren sowie T-Shirts. In einigen Shops ist es hilfreich, Französisch zu sprechen, z. B. in der **Galerie Sans Nom** (Aberdeen Cultural Centre, 140 Botsford St., ℘ 506/854-5381). Der Schwerpunkt dieser als Kooperative betriebenen Galerie liegt auf zeitgenössischer Kunst und modernem Kunsthandwerk.

In dem zwischen der Downtown und dem Bore Park gelegenen **Birdwatchers Nature Store** (527 Main St., ℘ 506/388-2473) kann man Ferngläser und Naturführer erstehen.

Übernachten/Camping

Praktischerweise verteilen sich die meisten Unterkünfte auf zwei Stadtbereiche und befinden sich konzentriert in der Downtown und im Nordwesten der Stadt in der Nähe des Magnetic Hills. Das Preis-Leistungs-Verhältnis ist überall gut, insbesondere was die größeren Hotels in der Downtown betrifft.

● *$ 50–100*   Das im viktorianischen Stil gehaltene **Bonaccord House Bed and Breakfast** (250 Bonaccord St., ℘ 506/388-1535; $ 48 für 1 Pers., $ 65 für 2 Pers.) ist ein charmantes B&B mit vier Gästezimmern, einem Balkon und einer Veranda, das sich in einem von schattigen Bäumen bewachsenen Wohnviertel befindet. Das Frühstück ist im Preis inbegriffen, und man ist zu Fuß in 10 Min. in der Downtown.

● *$ 100–150*   Das fünfstöckige, den Bore Park überblickende **Rodd Park House Inn** (434 Main St., ℘ 506/382-1664 oder 800/565-7633, www.roddhotelsandresorts.com; $ 115 für 1/2 Pers., Aufpreis für Zimmer mit Blick auf den Fluss) verfügt über 97 stilvoll eingerichtete Zimmer, ein Café mit Blick auf den Fluss, eine Lounge und ein Außenschwimmbecken. Die Zimmer sind nicht besonders groß, aber angesichts der Lage stimmt das Preis-Leistungs-Verhältnis.

Das **Château Moncton** (100 Main St., ℘ 506/870-4444 oder 800/576-4040, www.chateau-moncton.nb.ca; $ 120–150 für 1/2 Pers.) befindet sich am östlichen Rand der Downtown in einem markanten, mit einem knallroten Dach versehenen, schlossähnlichen Gebäude. Das Hotel, von dem man einen Blick auf den Fluss und die Flutwelle hat, verfügt über 106 moderne, geräumige Zimmer und Suiten mit Highspeed-Internetzugang, eine schöne Lounge, einen Fitnessraum und eine Hochterrasse am Fluss. Geboten werden außerdem Voice Messaging, kostenlose Ortsgespräche und Tageszeitungen.

Auch die meisten der sich rund um den Magnetic Hill (Trans-Canada Highway, Ausfahrt 488) konzentrierenden Motels liegen in dieser Preiskategorie. Über die umfangreichste Ausstattung verfügt das **Holiday Inn Express** (2515 Mountain Rd., ☎ 506/384-1050 oder 800/465-4329, www.ichotelsgroup.com; $ 115 für 1/2 Pers.). Es gibt ein Innenschwimmbecken, ein Restaurant, eine Lounge, einen Whirlpool, eine Sauna und ein Business Center mit acht Konferenzräumen.

Die Betreiber des **Nor-West Motels** (1325 Mountain Rd., ☎ 506/384-1222 oder 800/561-7904, www.norwestmotel.com; $ 105 für 1/2 Pers.) haben dieses einst ein wenig heruntergekommene und etwas außerhalb gelegene Motel in der Nähe des Magnetic Hills neu gestaltet und dabei ganze Arbeit geleistet. Zu dem ansprechenden Ambiente tragen auch die bunten Blumenbeete vor dem Haus bei. Ein kleines Frühstück ist im Preis inbegriffen.

Das **Country Inn and Suites** (2475 Mountain Rd., ☎ 506/852-7000 oder 888/201-1746, www.countryinns.com; ab $ 135 für 1/2 Pers.) verfügt über 77 geräumige, hübsch eingerichtete Gästezimmer, die mit Schreibtischen, einem kostenlosen Filmangebot und kleinen Kühlschränken ausgestattet sind. Im Preis sind eine Tageszeitung und ein kleines Frühstück inbegriffen.

• *$ 150–200* Das **Crowne Plaza Hotel** (1005 Main St., ☎ 506/854-6340 oder 877/227-6963, www.ichotelsgroup.com; $ 179 für 1/2 Pers.) bietet ein zeitgemäßes Ambiente, die besten Betten der Stadt, Highspeed-Internetzugang, CD-Radio-Wecker und viele weitere Annehmlichkeiten. Das oberste Stockwerk beherbergt ein Restaurant und eine Lounge. Darüber hinaus gibt es ein Innenschwimmbecken und einen Fitnessraum. Im Internet lassen sich Spezialangebote finden, die preislich deutlich unter $ 150 liegen.

Was den Stil, den Service und die Ausstattung betrifft, gleicht das **Delta Beauséjour** (750 Main St., ☎ 506/877-7195 oder 877/890-3222, www.deltahotels.com; ab $ 189 für 1/2 Pers.) dem Crowne Plaza Hotel, aber hier ist alles einen Tick älter. Dafür sind die 310 Zimmer recht geräumig. Das Hotel verfügt über drei Restaurants, eine Piano-Bar und ein Innenschwimmbecken. Die Standardpreise sollte man ignorieren. Wenn man online bucht, zahlt man inkl. Frühstück etwa $ 150 für 1/2 Pers.

Das **Ramada Palace Hotel** (499 Paul St., Dieppe, ☎ 506/858-8584 oder 800/561-7108, www.crystalpalacehotel.com) ist Teil des Crystal Palace Vergnügungsparks und somit ein idealer Ort für Familien, die mal ein wenig Pause von den Naturwundern und historischen Sehenswürdigkeiten New Brunswicks machen wollen. Die meisten der 115 Zimmer ($ 179 für 1/2 Pers.) sind ziemlich einfach ausgestattet, aber wenn man bereit ist, etwas mehr Geld auszugeben, sind die nach bestimmten Mottos gestalteten Fantasie-Suiten ($ 249 für 1/2 Pers.) unbedingt empfehlenswert. Die Rock'n'Roll-Suite verfügt beispielsweise über einen als Bett umfunktionierten, pinken Cadillac von 1959. Zu den weiteren Annehmlichkeiten des Hauses zählen ein Innenschwimmbecken, ein Restaurant und eine Lounge.

• *Campgrounds* Der 20 km nordöstlich von Moncton gelegene Ort Shediac wird zwar noch in dem Abschnitt über die *Strait Coast* beschrieben, aber der dort im **Parlee Beach Provincial Park** (☎ 506/533-3363; $ 27) am Strand gelegene Campground ist eine tolle Alternative zu den Campgrounds in der Stadt – auch wenn es dort voll werden kann. Der Abzweig zum Park befindet sich östlich von Shediac. Zur Ausstattung gehören warme Duschen, ein Spielplatz und über 165 Stellplätze.

Essen und Trinken

Hier und da werden auch akadische Gerichte angeboten, aber die meisten Restaurants in Moncton setzen auf einfache, unkomplizierte Kost und erfreuen sich mit ihren günstigen Speisen und der flotten Bedienung v. a. bei Studenten großer Beliebtheit.

• *Cafés* In der Main Street kann man seinen Kaffee auch an einem der Straßentische trinken. Am besten schmeckt es hier bei **Timothy's World Coffee** (735 Main St., ☎ 506/854-7210; Mo–Fr 7–22, Sa 9–22 Uhr).

Auch das dem Timothy's gegenüberliegende **Café Cognito** (700 Main St., ☎ 506/854-4888; Mo–Fr 7.30–17.30, Sa 10–16 Uhr) bietet ausgezeichneten Kaffee sowie Chai Latte und nach Wunsch belegte Sandwichs. Wenn man sich im Café Cognito sein Sandwich to go besorgt hat, empfiehlt sich ein

New Brunswick
Karte siehe Farbteil S. 4

Picknick im Bore Park, aber vorher sollte man sich noch mit einer der süßen Leckereien aus **Emily's Bakery** (34 King St., ✆ 506/857-0966; Mo 9–16, Di–Fr 9–17.30, Sa 9–16.30 Uhr) versorgen.

● *Restaurants* In den meisten der Pubs entlang der Main Street kann man auch etwas zu essen bekommen, aber im Vergleich ist das Angebot in der **Pump House Brewery** (5 Orange Ln., ✆ 506/855-2337; tägl. ab 11.30 Uhr) eine ganze Klasse besser. Zu den Highlights gehören die im Holzofen gebackenen Pizzen, die beispielsweise mit gebratenem Gemüse ($ 9) oder geräuchertem Truthahn ($ 9) belegt werden. Fish 'n' Chips kosten $ 10, Steaks durchschnittlich $ 15, und die Preise für das übliche mexikanische Pub Food liegen bei $ 6,50–12.

Das stilvolle **Maverick's** (Future Inns, 40 Lady Ada Blvd., ✆ 506/855-3346; tägl. 7.30–21 Uhr) bietet eine Abwechslung vom allgegenwärtigen Seafood und liegt außerhalb der Stadt an der Hauptausfahrtstraße. Ein extragroßes Prime-Rib-Steak kostet $ 21–26, ein zartes

Das Château à Pape gehört zu Monctons nobelsten Restaurants

Rib-Eye-Steak $ 28 und ein Striploin-Steak $ 23–31 – und alle Steaks werden genau so serviert, wie man sie bestellt hat. Auf der Speisekarte findet sich aber auch erstklassiges Seafood wie gekochter Hummer. Dazu gibt es ausgewählte Weine. Auch das Restaurant **City Grill** (130 Westmoreland, ✆ 506/857-8325; tägl. ab 16 Uhr) hat sich auf Rindfleischgerichte spezialisiert, das Ambiente ist jedoch unpersönlicher.

Das **Le Château à Pape** (2 Steadman St., ✆ 506/855-7273; tägl. ab 16 Uhr) befindet sich neben dem Bore Park in einem alten, renovierten Haus, das in den Nationalfarben Rot und Weiß gestrichen wurde. Hier erwarten einen erlesene Gerichte der traditionellen europäischen Küche. Auf der Speisekarte finden sich jede Menge Seafood und Steak-Variationen, wobei die meisten Hauptgerichte weniger als $ 25 kosten.

Die beiden großen Hotels in der Downtown verfügen über Dining Rooms. Das Speisenangebot im **T-bones** (Crowne Plaza Hotel, 1005 Main St., ✆ 506/854-6340; tägl. 6.30–14 und 17–22 Uhr) ist wie zu erwarten sehr breit gefächert. Hier wird sich niemand übergangen fühlen, und auf der Speisekarte ist von kurz gebratenem Gemüse ($ 18) bis hin zu T-Bone-Steaks ($ 32) alles Mögliche zu finden. Die europäisch geprägte Speisekarte im **Windjammer** (Delta Beauséjour, 750 Main St., ✆ 506/877-7137; tägl. außer So ab 17.30 Uhr) ist ein wenig ausgefallener. Allerdings ist die Aussicht hier nicht ganz so schön. Die Hauptgerichte liegen bei $ 27–42.

● *Magnetic Hill Dining* Im Wharf Village befindet sich das den Teich überblickende **Wharf Village Restaurant** (✆ 506/859-1812; Mai–Okt. tägl. 10–20 Uhr). Das auf Freizeitparkbesucher ausgerichtete Restaurant bietet familienfreundliche Speisen und ein gutes Preis-Leistungs-Verhältnis (Tagesangebote kosten etwa $ 7). Draußen kann man auf einer überdachten Hochterrasse sitzen, drinnen ist die Ausstattung recht einfach. Im rechten Teil des Restaurants befindet sich eine Selbstbedienungstheke, wo es Suppen und Sandwichs zum Mitnehmen gibt.

Information/Adressen

● *Touristeninformation* Das zentrale städtische **Touristeninformationszentrum** (✆ 506/853-3590 oder 800/363-4558, www.gomoncton.com; Mitte Mai bis Anf. Sept. tägl. 8.30–17.30 Uhr) befindet sich im östlichen Teil der Downtown im Bore Park.

• *Literatur* Die **Moncton Public Library** findet man im Blue Cross Centre (644 Main St., ℡ 506/869-6000; im Sommer Mo und Fr 9–17, Di–Do 9–20.30 Uhr, sonst Di–Do 9–20.30, Fr/Sa 9–17 Uhr). Französische Bücher, Zeitschriften und Zeitungen gibt es in der **Librairie Acadienne** (Archibald St., ℡ 506/858-4140), die im Taillon Building der Université de Moncton untergebracht ist.

Östlich der Downtown im Champlain Place Komplex befindet sich mit **Chapters** die größte Buchhandlung der Stadt (499 Paul St., Dieppe, ℡ 506/855-8075). Hier gibt es auch eine kleinere Buchhandlung namens **Coles** (℡ 506/854-7397).

• *Notfälle* Das **Moncton Hospital** befindet sich auf der Straße zwischen der Downtown und dem Magnetic Hill (135 MacBeath Ave., ℡ 506/857-5111). Das **Hôpital Dr. Georges L. Dumont** ist das französischsprachige Krankenhaus (330 University Ave., ℡ 506/862-4000). Die **RCMP** erreicht man unter ℡ 911 oder ℡ 506/857-2400.

• *Weitere Adressen* Das **Hauptpostamt** (281 St. George St.) befindet sich an der Ecke St. George Street/Highfield Street. **Schließfächer** gibt es im VIA-Rail-Bahnhof, der sich hinter dem Highfield Square an der Main Street befindet, und im Busbahnhof der Acadian Lines (961 Main St.). Der Waschsalon **St. George Laundromat** (66 St. George Blvd.) ist tägl. von 8.30–21 Uhr geöffnet.

Anreise

• *Flugzeug* Der **Greater Moncton Airport** liegt 10 km von der Downtown entfernt im benachbarten Dieppe an der Champlain Street (Hwy. 132), einer Verlängerung der Monctoner Main Street. Der Flughafen verfügt über einen Food-Court, eine Lounge und Modem-Anschlüsse. Außerdem sind hier Autovermietungen wie Avis, Budget, Hertz und National mit ihren Schaltern vertreten. Eine Taxifahrt mit einem **Air Cab** (℡ 506/857-2000) in die Main Street nach Moncton kostet etwa $ 15 (einfache Fahrt). **Air Canada** (℡ 888/247-2262) bedient von hier die Strecken nach Halifax, Montreal und Toronto und **WestJet** (℡ 800/538-5696) die Strecken nach Toronto, Hamilton und Calgary.

• *Bahn und Bus* Der Bahnhof von Moncton liegt auf der Strecke Montreal–Halifax, die von den Zügen der **VIA Rail** (℡ 506/857-9830 oder 800/561-3952) bedient wird. Er befindet sich hinter dem Highfield Square an der Main Street.

Aufgrund seiner zentralen Lage ist Moncton ein wichtiger Knotenpunkt für die **Acadian** Busse (961 Main St., ℡ 506/859-5060), die von hier aus nach Saint John, Fredericton, Charlottetown, Halifax und entlang der akadischen Küste nach Campbellton fahren.

Unterwegs in Moncton

Das örtliche Busliniennetz (Mo–Sa 6.20–19, Do–Fr 6.20–22.15 Uhr) wird von **Codiac Transit** (℡ 506/857-2008) bedient.

Beim **Air Cab** (℡ 506/857-2000) beträgt der Grundpreis $ 2,15 und der Kilometerpreis etwa $ 1.

Zu den großen Autovermietungen, die in der Downtown und am Flughafen vertreten sind, zählen **Avis** (℡ 506/855-7212), **Budget** (℡ 506/857-3993), **Hertz** (℡ 506/858-8525) und **National** (℡ 506/382-6114).

New Brunswick
Karte siehe Farbteil S. 4

Südöstlich von Moncton

Geologisch gesehen gehört das Gebiet südöstlich von Moncton zur Bay of Fundy, aber da diese Region nicht mit dem Rest der Fundy-Küste (siehe Kap. *Saint John und die Fundy-Küste*) verbunden ist, wird sie nun an dieser Stelle beschrieben. Wenn man keine der folgenden Sehenswürdigkeiten besucht, ist man in etwas mehr als 30 Min. in Nova Scotia, bis nach Halifax dauert es etwa 3 Std.

Memramcook

Wenn man von Moncton dem Hwy. 106 in südöstlicher Richtung folgt, erreicht man nach 20 km das Dorf Memramcook und die **Monument-Lefebvre National Historic Site**) (488 Centrale St., ℡ 506/758-9808; Juni bis Mitte Okt. tägl. 9–17 Uhr; Eintritt $ 4, Senioren $ 3,50, Kinder $ 2), die dem Gründer der ersten französischsprachigen Universität Kanadas, Father Camille Lefebvre, gewidmet ist. In dem historischen Gebäude Monument-Lefebvre, das sich auf dem Memramcook Institute Campus befindet, befasst sich die Dauerausstellung **Acadian Odyssey** anhand zahlreicher Exponate und Schaukästen mit der Geschichte und dem Überleben der akadischen Kultur.

Sackville

Die Siedler, die den 45 km südöstlich von Moncton gelegenen Ort Sackville im 17. Jh. gründeten, stammten aus den Flussmündungsgebieten an der Küste Westfrankreichs und waren erfahren darin, dem Meer Land abzugewinnen. Indem sie ein großflächiges Deichsystem anlegten, rangen sie der Landenge von Chignecto Tausende Morgen Marschland ab. Auf diesem äußerst fruchtbaren Schwemmland begannen sie Landwirtschaft zu betreiben. Die von ihnen erbauten Deiche, die auch als *aboideaux* bezeichnet werden, sind noch heute rund um Sackville und bis in die Provinz Nova Scotia hinein zu sehen.

1843 wurde hier die Mount Allison Academy (später Mount Allison University) gegründet. Elf Jahre später richtete man dort einen zusätzlichen „Studienzweig für Frauen" ein. 1875 wurde der Universität die Ehre zuteil, die erste Hochschule im britischen Empire zu sein, an der eine Frau einen akademischen Grad erwarb.

Der schöne Campus bildet immer noch das Zentrum der Stadt und ist von altehrwürdigen Häusern und schattigen Alleen umgeben. Sackville ist die Wahlheimat einer Reihe von Künstlern. Eine der besten Adressen, um deren Arbeiten zu bestaunen, ist die zur Mount Allison University gehörende **Owens Art Gallery** (61 York St., ✆ 506/364-2574; Mo–Fr 10–17, Sa/So 13–17 Uhr). Diese Galerie gilt als eine der bedeutendsten New Brunswicks, wobei der Schwerpunkt auf avantgardistischen Arbeiten von Künstlern aus der Region und aus ganz Kanada liegt.

Sackville Waterfowl Park

Wenn man nicht viel Zeit hat und nur eines der vielen Naturschutzgebiete der Gegend besuchen kann, sollte man sich für den Sackville Waterfowl Park (tägl. von Sonnenauf- bis Sonnenuntergang geöffnet) entscheiden, der mehr als 170 Vogelarten beherbergt. Der Haupteingang befindet sich nördlich der Downtown und ist nur ein paar Blocks von dieser entfernt, man kann ihn jedoch leicht verpassen. Am Eingang gibt es interessante Schautafeln über den Park zu entdecken, der sich von diesem Punkt aus über 22 ha erstreckt. Das Gelände ist von Spazierwegen durchzogen, das Sumpfland lässt sich auf ausgeblichenen Holzstegen überqueren. Enten, Reiher, Krickenten und Rohrdommeln sind hier recht verbreitet, und mit etwas Glück kann man auch Seetaucher, Kanadagänse, Strandläufer und Wanderfalken entdecken.

Holzstege ermöglichen einen einfachen Zugang zum Sackville Waterfowl Park

Empfehlenswert ist das Landgasthaus **Marshlands Inn** (55 Bridge St., ✆ 506/536-0170, www.marshlands.nb.ca; $ 95–115 für 1/2 Pers.), das eines der besten Preis-Leistungs-Verhältnisse der Provinz bietet. Seinen Namen erhielt das aus den 1850er-Jahren stammende Gasthaus von einem früheren Besitzer zu Ehren der benachbarten Tantramar Marshes. Das prächtige, aus weißem Holz erbaute historische Inn liegt abseits der Straße unter schattigen Bäumen und verfügt über 20 mit Antiquitäten eingerichtete Gästezimmer. Der elegante, stilvolle Dining Room genießt in der Region einen ausgezeichneten Ruf und ist täglich für Haus- und andere Gäste geöffnet. Geboten wird eine große Auswahl an Seafood- und Steak-Gerichten ($ 18–24), darunter auch Seafood Crepes ($ 23).

Von Sackville nach Aulac

In der Nähe von Sackville befindet sich ein weiteres interessantes Vogelschutzgebiet. In Dorchester, einem 14 km westlich von Sackville am Hwy. 106 gelegenen Ort, biegt man auf den hier abzweigenden Hwy. 935 ab. Diese durchs Hinterland führende Schotterstraße zieht sich nach Süden hin um die **Dorchester Peninsula** herum, die in die Bay of Fundy hineinragt und die Shepody Bay vom Cumberland Basin trennt.

Etwa 50.000 Sandstrandläufer nisten hier von Mitte Juli bis Mitte September zwischen Johnson Mills und Upper Rockport, wo die Straße wieder nordwärts zurück nach Sackville führt. Die Rast- und Brutplätze finden sich entlang den Kiesstränden und im Watt, am muntersten sind die Vögel zur Fütterungszeit bei Ebbe. Von Ende September bis Oktober bewohnen kleinere Schwärme von Alpenstrandläufern, Weißbürzelstrandläufern und Sanderlingen die Gegend.

Auf der anderen Seite des Cumberland Basins befindet sich auf der Landenge von Chignecto mit der Marschlandschaft **Tantramar Marshes** ein ungemein fruchtbarer Lebensraum, der so viele Wasser- und andere Vögel anzieht, dass die ersten akadischen Siedler dem Gebiet den Namen *Tintamarre* (unaufhörlicher Krach) gaben. Ein paar Straßen führen ziellos durch das Marschland, einen offiziell ausgewiesenen Ort zur Vogelbeobachtung gibt es nicht. Man kann den Trans-Canada Highway irgendwo verlassen und dann nach Lust und Laune umherfahren. Jede der durchs Hinterland führenden Straßen zwischen Sackville und der Provinzgrenze ist dafür geeignet.

Aulac und Umgebung

Der letzte Ort, den man passiert, bevor man die Grenze nach Nova Scotia überquert, ist Aulac. Er liegt auf der der Bay of Fundy zugewandten Seite des Trans-Canada Highways an dem Abzweig zur Confederation Bridge.

Fort Beauséjour

8 km östlich von Sackville markiert ein Straßenschild den Abzweig vom Trans-Canada Highway zu dem als National Historic Site ausgewiesenen Fort Beauséjour (111 Fort Beauséjour Rd., ✆ 506/364-5080; Juni bis Mitte Okt. tägl. 9–17 Uhr; Eintritt $ 4, Senioren $ 3,50, Kinder $ 2). Man folgt der Straße weiter bis zu den Ruinen der Festung, die kurz vor der Grenze nach Nova Scotia liegt und von wo aus man das Cumberland Basin überblicken kann. Hier fand vor Jahrhunderten der letzte verzweifelte Versuch der Franzosen statt, sich im bewaffneten Kampf gegen die Briten zu verteidigen, die ihnen damals Akadien streitig machten. Nach zweiwöchiger

New Brunswick Karte siehe Farbteil S. 4

Belagerung durch die Briten verloren die Franzosen das Fort im Jahr 1755. Die Briten benannten es in Fort Cumberland um und nutzten es 1776, um einen Angriff US-amerikanischer Revolutionäre abzuwehren. Im britisch-amerikanischen Krieg von 1812 sollte das Fort als Bollwerk dienen, und man war bereit zum Gefecht. Der Feind erschien jedoch nicht. Fort Cumberland wurde in den 1830er-Jahren aufgegeben und schon bald eroberte die Natur sich diese Stätte zurück. Teile der verfallenen Festung sind inzwischen restauriert worden. Zu der Anlage gehören ein Picknickbereich und ein Museum mit Besucherzentrum, in dem dargestellt wird, wie das Leben hier zu jener Zeit aussah.

Tintamarre Sanctuary

Das als National Wildlife Area ausgewiesene Schutzgebiet Tintamarre breitet sich hinter den Ruinen des Forts fächerförmig aus. Man folgt dem Hwy. 16 etwa 10 km nach Jolicure, einem am Rande des Reservats gelegenen Dorf. Das 1990 ha große Gelände ist von einer Mischung aus Marsch- und Hochland, Feldern, Wäldern und Seen geprägt, und es gibt keine Wege, die durch das Schutzgebiet führen. Ein paar Deiche bieten hier und da festen Boden unter den Füßen, aber man wird gebeten, auf den Straßen zu bleiben, die um das Gebiet herumführen, und die Vögel von hier aus zu beobachten. Zwischen den Rohrkolben, Riedgräsern und Teichbinsen kann man jede Menge Vögel entdecken, darunter Zugvögel wie Stockenten, Lappentaucher, Rotschulterstärlinge, Goldwaldsänger, Sumpfschwalben, Sumpfschnepfen, Dunkelenten, Virginiarallen oder Rohrdommeln, und in der Dämmerung erkennt man Sumpfohreulen im Flug. Abgesehen von Ferngläsern sollte man auch ein Insektenschutzmittel dabeihaben. Es gibt hier Unmengen von Mücken.

Strait Coast

Die Strait Coast erstreckt sich vom Cape Tormentine, dem östlichsten Zipfel New Brunswicks, bis nach Miramichi, einem 143 km nördlich von Moncton gelegenen Ort. Dieser Küstenabschnitt flankiert die Meerenge Northumberland Strait, die die Prince Edward Island von New Brunswick trennt, und so ist es nicht verwunderlich, dass sich die bedeutendsten Orte und Attraktionen hier am Wasser befinden.

Vom Cape Tormentine nach Shediac

Die meisten Reisenden fahren über das Cape Tormentine hinweg, wenn sie über die **Confederation Bridge** nach Prince Edward Island fahren.

Cape Jourimain Nature Centre

Dieses Informationszentrum (5039 Hwy. 16, ✆ 506/538-2220; Mitte Mai bis Mitte Okt. tägl. 9–17 Uhr; Eintritt $ 6, Senioren $ 5, Kinder $ 4) befindet sich an einem geschützten Plätzchen unterhalb des südlichen Endes der Confederation Bridge. Hier liegt auch der Eingang zu einem 675 ha großen National Wildlife Area, das 170 Vogelarten beherbergt. Das Zentrum bietet wechselnde Ausstellungen zu ökologischen Themen, verfügt über ein Restaurant und ist Ausgangspunkt eines sich über 11 km erstreckenden Wegenetzes.

Der nächstgelegene Campground ist 13 km entfernt und liegt weiter westlich auf dem Weg nach Shediac im **Murray Beach Provincial Park** (Hwy. 955, ✆ 506/538-2628; Mai–Sept.; $ 24–28). Neben einem guten Badestrand verfügt der Camp-

Nicht zu übersehen: der größte Hummer der Welt

ground über 100 Stellplätze, die sich auf einer bewaldeten Klippe befinden, Duschen, eine Laundry und einen Spielplatz.

Weiter nach Westen

Weiter westlich passiert man auf dem Hwy. 15 das Dorf **Cap-Pelé.** In der Umgebung finden sich hier und da verstreut ein paar schöne, ruhige Strände. Auf dem am Gagnon Beach gelegenen Campground **Camping Gagnon Beach** (✆ 506/577-2519 oder 800/658-2828; Ende Mai bis Mitte Sept.; $ 24–28) gibt es 208 Stellplätze mit Strom-, Frischwasser- und Abwasseranschlüssen sowie einen separaten, bewaldeten Bereich, der für Zelte reserviert ist.

Shediac

Die selbst ernannte „Hummer-Hauptstadt der Welt" Shediac liegt 20 km nordöstlich von Moncton. Dass es der Stadt mit dem Anspruch auf diesen Titel ernst ist, stellt sie mit dem **größten Hummer der Welt** unter Beweis, einer unübersehbaren 11 m langen, gusseisernen Skulptur von Winston Bronnum mitten im Ort. Echte Hummer findet man in den Restaurants der Stadt, denen der Ruf vorauseilt, die besten Hummergerichte der Provinz anzubieten.

Parlee Beach

In der kleinen Stadt Shediac kann es am Wochenende voll werden – denn für die Bewohner Monctons ist dieser Badeort *das* Ziel für einen Strandausflug schlechthin. Einer der vielen Strände, die sich in östlicher Richtung erstrecken, befindet sich im **Parlee Beach Provincial Park** (✆ 506/533 3363; im Sommer $ 9/Fahrzeug). Der ruhige, 3 km lange Parlee Beach ist sehr beliebt, weil das Wasser hier recht warm wird, im Sommer steigt die Wassertemperatur auf 24 °C. Der Zugang zum

Strand befindet sich östlich von Shediac. Man erreicht ihn über eine kleine Zufahrtsstraße, die auf einem riesigen Parkplatz hinter niedrigen Sanddünen endet. Im oberen Strandbereich gibt es Umkleidekabinen, ein Café und ein Restaurant. Der Badestrand ist überwacht.

Reisepraktisches

• *Übernachten/Camping*   Das schöne, weiße **Auberge Belcourt Inn** (303 Main St., ✆ 506/532-6098; $ 95–115 für 1/2 Pers.) ist als Heritage Inn ausgewiesen und genießt somit einen besonderen Status in der Provinz. Es liegt abseits der Straße unter stattlichen Bäumen und verfügt über sieben Zimmer, die der viktorianischen Ära entsprungen zu sein scheinen, sowie einen Dining Room. Das Inn befindet sich am westlichen Stadtrand, zum Strand ist es nur ein kurzer Spaziergang. Das im Herzen Shediacs gelegene **Tait House** (293 Main St., ✆ 506/532-4233 oder 888/532-4667, www.maisontaithouse.com; ab $ 150 für 1/2 Pers.) ist ein sehr schön restauriertes, 1911 erbautes Herrenhaus. Die Ausstattung der Gästezimmer vereint historische mit zeitgenössischen Elementen. So wurden die alten Parkettböden abgeschliffen und poliert, und die luxuriösen Matratzen sind mit weißem Leinen bezogen. Die im hauseigenen Restaurant gebotenen Speisen werden aus regionalen Zutaten zubereitet und die Küche ist von verschiedenen europäischen Einflüssen geprägt.

Der Campground im **Parlee Beach Provincial Park** (Hwy. 133, ✆ 506/533-3363; $ 31) befindet sich in fußläufiger Nähe zum Strand und verfügt über warme Duschen, einen Spielplatz und mehr als 165 Stellplätze. Reservierungen werden nicht entgegengenommen. Man sollte möglichst um die Mittagszeit eintreffen, um sich einen Platz zu sichern.

• *Essen und Trinken*   In der Nähe des Jachthafens Point-du-Chêne Marina (man nimmt den in den Osten der Stadt führenden Abzweig vom Highway), befindet sich mit **Captain Dan's** (✆ 506/533-2855; tägl. 11–22 Uhr) eine sehr zwanglose, immer gut besuchte Grill-Bar mit Strandatmosphäre und tollem Essen. Hier kann man die Boote beobachten und sich dabei herrlich entspannen.

Bouctouche

Nördlich von Shediac verläuft der Hwy. 11 auf direktem Weg gen Norden durch einen bewaldeten Korridor, der keine Panoramablicke gewährt. Wer eine langsamere Gangart bevorzugt und gemächlich entlang der ländlich geprägten akadischen Küste reisen möchte, der kann nach Osten hin auf irgendeinen der regionalen Highways (z. B. auf Hwy. 530, 475 oder 505) ausweichen, die entlang der Küste verlaufen und bei Saint-Thomas, Saint-Edouard-de-Kent und Cap-Lumière zu ruhigen Stränden führen. Im 30 km nördlich von Shediac gelegenen Bouctouche treffen diese beiden Strecken wieder aufeinander. Das 2 km östlich der Downtown gelegene Museum **Le Musée de Kent** (150 Chemin du Couvent, ✆ 506/743-5005; Juli bis Anf. Sept. Mo–Sa 9–17.30, So 12–18 Uhr; Eintritt $ 3, Senioren $ 2, Kinder $ 1) ist in einem restaurierten, 1880 erbauten Kloster untergebracht. Hier erfährt man eine Menge über zwei Jahrhunderte akadischer Kultur. Die beiden Hauptattraktionen der Gegend jedoch sind das Museumsdorf Le Pays de la Sagouine und das Irving Eco-Centre.

Le Pays de la Sagouine

Die Schriftstellerin Antonine Maillet ist durch ihre anschauliche Darstellung des akadischen Lebens bekannt geworden. Und es gibt zweifellos keinen besseren Ort, um die Lebenswelten ihrer Romane lebendig werden zu lassen als dieses im wahrsten Sinne des Wortes belebte Freilichtmuseum in ihrer Heimatstadt Bouctouche. Le Pays de la Sagouine (57 Acadie St., ✆ 506/743-1400; Juni–Aug. tägl. 10–20 Uhr, Sept. tägl. 10–18 Uhr; Eintritt $ 15, Senioren $ 14, Kinder $ 9) erstreckt sich über eine Halbinsel und eine kleine vorgelagerte Insel. Es gibt ein kleines Dorf mit Häusern und anderen Gebäuden, ein Empfangszentrum und einen Kunsthandwerksladen. Die äußerst empfehlenswerte Führung ist im Eintritt inbegriffen und beginnt täglich um 11 und 15 Uhr. Die abendlichen Theateraufführungen (in französischer Sprache), bei denen auch Essen serviert wird, sind die große Attraktion des Museums. Man kann zwischen Seafood, kanadischen und – was das Beste ist – traditionellen akadischen Gerichten wählen. Beim Essen wird man mit akadischer Musik unterhalten, wobei die Stilrichtungen sehr unterschiedlich sind. Die Aufführung allein kostet $ 40/Person, Kinder zahlen $ 22. Oder man entrichtet einen Gesamtpreis von $ 69 bzw. $ 45 für den Eintritt, das Abendessen und die Theateraufführung.

Irving Eco-Centre

Zwei Jahrhunderte akadische Geschichte und Kultur: das Musée de Kent

Das Irving Eco-Centre (Hwy. 475, ☎ 506/743-2600) erreicht man, wenn man am Le Musée de Kent vorbei weiter durch die Stadt fährt und dann auf den in nördlicher Richtung entlang der Küste verlaufenden Hwy. 475 abbiegt. Das Zentrum hat es sich zur Aufgabe gemacht, das Ökosystem der hier auf einer Länge von 12 km in die Bouctouche Bay ragenden Dünenlandschaft zu erhalten. Der Bau dieses Ökologiezentrums war eine PR-Aktion des New Brunswicker Megakonzerns J. D. Irving Ltd., der mit Öl, Holz und vielen anderen Dingen Handel treibt. Ein 2 km langer, rollstuhlgeeigneter Spazierweg führt vom Informationszentrum durch die Dünen. Weitere Pfade verlaufen durch den Wald und die Marsch. Von Mai bis November arbeiten hier Naturforscher, die vor Ort ökologische Untersuchungen durchführen und Schulklassen oder andere Gruppen durch das Gelände führen. Zu den Vögeln, die man hier beobachten kann, gehören u. a. Kanadareiher, Gelbfuß-Regenpfeifer und langflügelige Seeschwalben.

Kouchibouguac National Park

Die Northumberland Strait Coast endet am Kouchibouguac National Park (☎ 506/876-2443). Der Name dieses wunderschönen, 238 km² großen Parks geht auf die Mi'kmaq zurück. Er bedeutet in deren Sprache soviel wie „Fluss der langen Strömungen" und bezieht sich auf den Fluss, der durch den Mittelteil des recht tief gelegenen Parks mäandert. Von einigen wird dieser Name *KUUSH-i-buh-gweck*, von anderen *kii-gii-buu-QUECK* ausgesprochen. Laut der Nationalparkverwaltung Parks Canada sagt man *Ku-shi-buu-gweck*, wobei man viele weitere Varianten zu hören bekommen wird.

Schmale Nehrungsinseln sowie weiße, von Strandhafer und Goldenem Heidekraut gesäumte Dünen und Strände flankieren den Meerbusen auf einer Länge von 25 km. Eine der vorgelagerten Inseln wird von einer Kolonie Kegelrobben bewohnt.

Plankenwege führen durch das Watt, die Süßwassermarsche und Moore, während man auf Naturlehrpfaden die Wälder und Felder erkunden kann.

Zugang zum Park

Von Mitte Mai bis Mitte Oktober ist der Eintritt in den Park kostenpflichtig. Ein Tagespass kostet $ 8, Senioren zahlen $ 7 und Kinder $ 4, wobei man pro Fahrzeug und Besatzung insgesamt nicht mehr als $ 20 zahlt.

Reisepraktisches

• *Sport und Freizeit* Die Ökosysteme an der Küste und im Landesinneren sind sehr sensibel. Die Besucher werden gebeten, die Pfade und Plankenwege nicht zu verlassen bzw. das 30 km lange Netz von Rad- und Wanderwegen mit dem Fahrrad zu erkunden. Den ganzen Sommer über werden von Naturforschern geführte Ausflüge und andere Veranstaltungen angeboten. Über das genaue Programm kann man sich beim Besucherzentrum und auf den Campgrounds informieren.

Zu den Wegen, auf denen man die verschiedenen Ökosysteme des Parks erkunden kann, gehören der kurze **Kelly's Beach Boardwalk**, der **Pines** und der **Salt Marsh Trail** sowie der 1,8 km lange **Bog** Trail. Längere Wanderungen kann man auf den Wegen **Clair-Fontaine** (3,4 km), **Osprey** (5,1 km) und **Kouchibouguac** (14 km, etwa 5 Std.) unternehmen.

Zu den Flüssen, die sich durch den Park schlängeln und die man wunderschön mit dem Kanu, Kajak, Ruder- oder Tretboot erkunden kann, zählen u. a. der Black River, der St. Louis River und der Kouchibouguac River. Diese Wasserfahrzeuge werden ebenso wie Angelzubehör oder Fahrräder bei **Ryan's Rental Centre** (✆ 506/876-3733; Mitte Juni bis Anf. Sept. tägl. 8–21 Uhr) vermietet. Wenn man in dem Nationalpark angeln möchte, benötigt man außerdem eine Lizenz, die $ 10/Tag oder $ 35/Jahr kostet. **Baden:** Im Sommer ist der Kelly's Beach bewacht, der Callander's Beach und andere Strände dagegen sind unbewacht.

• *Camping* Im Park gibt es zwei Campgrounds. Mit Ausnahme der Monate Juli und August wird man vermutlich keine Probleme haben, einen Stellplatz zu bekommen. In diesen beiden Monaten ist es ratsam, einen Stellplatz beim **Parks Canada Campground Reservation Service** (✆ 905/426-4648 oder 877/737-3783, www.pccamping.ca) zu buchen. Die Kosten betragen $ 11 pro Buchung zzgl. der Stellplatzgebühr.

Der **South Kouchibouguac Campground** (Mitte Mai bis Mitte Okt.; $ 28–33) verfügt über 265 Stellplätze ohne Anschlüsse und 46 Stellplätze, die mit Elektroanschlüssen versehen sind. Zur Ausstattung gehören Duschen, WC, Kochgelegenheiten, Feuerholz ($ 7/Bündel) und ein nahe dem Strand gelegener Laden.

Côte-à-Fabien Campground (Mitte Juni bis Anf. Sept.; $ 14) ist insgesamt sehr einfach ausgestattet und verfügt über 32 Stellplätze ohne Anschlüsse.

• *Information* Es empfiehlt sich, zuerst das **Visitor Reception Centre** (1 km hinter dem Haupteingang am Hwy. 134, ✆ 506/876-2443, www.pc.gc.ca; die letzten beiden Maiwochen tägl. 9–17 Uhr, Juni bis Anf. Sept. tägl. 8–20 Uhr, Anf. Sept. bis Mitte Okt. tägl. 9–17 Uhr) aufzusuchen. Eine beeindruckende Einführung bietet die 20-minütige Dia-Show „Kouchibouguac", die den Besucher auf eine Reise durch die verschiedenen Jahreszeiten und Stimmungen des wunderschönen Parks mitnimmt. In dem Zentrum erfolgt die Anmeldung für die Campgrounds und hier liegen auch Informationen zu Naturführungen, Abendveranstaltungen und anderen Aktivitäten aus.

Miramichi River

Der prächtige Miramichi River (man spricht es *mir-ma-SHII*) und seine unzähligen Nebenflüsse entwässern einen Großteil des östlichen New Brunswicker Binnenlandes. Der Fluss gilt weithin als eines der weltbesten (wenn nicht sogar als *das* beste)

Angelgewässer für Atlantische Lachse. Anfang des 17. Jh. besuchte Nicolas Denys das Mündungsgebiet des Miramichi und schrieb über die Lachse: „In diesem Fluss gibt es so viele davon, dass man nachts nicht schlafen kann, weil sie so einen Lärm machen, wenn sie, nachdem sie durch die Luft gesprungen sind, wieder zurück ins Wasser fallen."

Nachdem der Hwy. 8 das Städtchen Miramichi nahe der Flussmündung passiert hat, folgt er dem Fluss in südwestlicher Richtung fast bis zu dessen Quelle. Das Flusstal ist größtenteils nur dünn besiedelt.

Miramichi

Man sollte sich nicht zu sehr verwirren lassen, wenn man eine ältere Straßenkarte von New Brunswick benutzt und diese nicht mit den Hinweisschildern übereinzustimmen scheint, die man aus dem Autofenster heraus sieht. Nein, die Orte Chatham und Newcastle sind nicht verschwunden, vielmehr wurden sie 1995 zu der Stadt Miramichi zusammengefügt. Das frühere Chatham bildet heute den Stadtteil Miramichi East und das frühere Newcastle nennt sich jetzt Miramichi West.

Auf alten französischen Landkarten wird der Miramichi River als Rivière des Barques (Fluss der Boote) bezeichnet. Das hier im Überfluss vorhandene Holz und die über eine große Wassertiefe verfügende Flussmündung machten die Gegend Ende des 18. Jh. zu einem idealen Standort für die Schiffsbauindustrie. Die Gebrüder Cunard begannen im Jahre 1826, in Chatham ihr lukratives Schiffsbauimperium aufzubauen, und fertigten einige der besten Schiffe ihrer Zeit. Das Gewerbe florierte ein halbes Jahrhundert, brach dann ein, starb an diesem Standort langsam aus und hinterließ – außerhalb der Museen – keine sichtbaren Spuren.

Sehenswertes

Bevor der Hwy. 11 den Miramichi in nördlicher Richtung überquert, passiert man in Miramichi East (Chatham) die **St. Michael's Basilica** (10 Howard St., ✆ 506/778-5150; tägl. 8–16 Uhr; Eintritt frei), eine imposante, aus Sandstein erbaute Kirche, die hier den Fluss überblickt.

Am gegenüberliegenden Flussufer beherbergt das **Rankin House Museum** (2224 King George Hwy., ✆ 506/773-3448; Juni bis Anf. Sept. Mo–Fr 9–17 Uhr; Eintritt frei) eine überraschend große Sammlung an Memorabilia, die aus dem gesamten Nordosten New Brunswicks zusammengetragen wurden. Hier kann man einen Prospekt bekommen, in dem die in fußläufiger Nähe zum Museum liegenden, historisch interessanten Gebäude aufgeführt sind.

Folgt man dem Hwy. 8 weiter nach Südwesten, erreicht man das hübsche, am Fluss gelegene Städtchen **Newcastle.** Hier gibt es eine Menge historischer Gebäude, die sich rund um einen kleinen Platz gruppieren, auf dem sich ein Lord-Beaverbrook-Denkmal befindet. Lord Beaverbrook, der einer der einflussreichsten Zeitungsverleger der britischen Geschichte war, wuchs in Newcastle in einem Haus auf, das heute als **Beaverbrook House** (518 King George Hwy., ✆ 506/624-5474; Juni–Aug. Mo–Fr 9–17, Sa 10–17 Uhr) bekannt ist. Das inzwischen hier untergebrachte kleine Museum befasst sich mit Beaverbrooks Leben und seiner Beziehung zu New Brunswick. Wenn man mit Kindern reist, empfiehlt sich ein Ausflug zum **Ritchie Wharf.** Der Kai war einst ein zentraler Schauplatz des Schiffsbaugewerbes und wurde vor einiger Zeit in eine Freizeitmeile umgewandelt, die auch über einen Abenteuerspielplatz verfügt.

New Brunswick
Karte siehe Farbteil S. 4

Lachsfang am Miramichi River

Fliegenfischen ist die einzige erlaubte Methode beim Angeln von Atlantischen Lachsen. Es ist nicht ungewöhnlich, dass die Fische ein Gewicht von 13 bis 18 kg auf die Waage bringen, gelegentlich zieht man auch Exemplare an Land, die bis zu 22 kg wiegen. Die Angelsaison für Lachse beginnt Mitte Mai und endet Mitte Oktober. Wer nicht hier lebt, muss zum Fischen einen der zahlreichen Guides anheuern.

Die am Fluss gelegenen Angler-Resorts erfreuen sich bei Touristen, die sich im Lachsfang probieren wollen, großer Beliebtheit. Hier kann man in rustikal-stilvollem Ambiente seine Angel auswerfen. Die Unterkünfte sind jedoch nicht gerade preiswert. Eines der besten und traditionellsten ist das Resort **Upper Oxbow Outdoor Adventures** (nahe Trout Brook, ✆ 506/622-8834 oder 888/227-6100, www.upperoxbow.com), das seit 1823 betrieben wird und sich seit fünf Generationen im Besitz derselben Familie befindet. Es werden Tagesausflüge inklusive Guide und Ausrüstung angeboten (ohne Unterkunft $ 190 für 1 Pers, $ 275 für 2 Pers.), aber die meisten Angler bleiben über Nacht und nutzen das zweitägige Pauschalarrangement (inkl. Unterkunft, Verpflegung, Guide und Ausrüstung pro Person und Tag $ 270–500).

Eine luxuriösere Option ist das **Pond's Resort** (Porter Cove Rd., Sillikers, ✆ 506/369-2612 oder 877/971-7663, http://pondsresort.net), wo pro Tag und Person etwa $ 800 verlangt werden ($ 1200 für 2 Pers./Tag). Im Preis inbegriffen sind neben Unterkunft und Verpflegung auch die von Guides begleiteten Angelausflüge.

Reisepraktisches

• *Veranstaltungen* Mitte des 19. Jh. war die östlich der Stadt gelegene Flussinsel Middle Island das Ziel Tausender irischer Einwanderer. Viele von ihnen waren vor der Hungersnot geflohen, die sich infolge der in den 1840er-Jahren in Irland grassierenden Kartoffelpest ausgebreitet hatte. Ihre Nachkommen leben noch heute in der Region, und seit 1984 wird dieses irische Erbe hier jährlich mit dem dreitägigen **Canada's Irish Festival** (✆ 506/778-8810, www.canadasirishfest.com) gefeiert. Auf dem Programm des Mitte Juli stattfindenden Festivals stehen Konzerte, Tänze, eine Parade, Vorträge und Musik-Workshops, an Verkaufsständen kann man irische Andenken und Bücher erstehen, und es wird ziemlich viel Bier getrunken.

In der ersten Augustwoche findet das **Miramichi Folksong Festival** (www.miramichifolksongfestival.com) statt, das mit einem Gospelkonzert unter freiem Himmel eröffnet wird. Im Anschluss daran geht es tagelang hoch her. Es wird gesungen, getanzt

und gefiddelt, was das Zeug hält, wobei sowohl traditionelle als auch zeitgenössische Musik gespielt wird.

• *Übernachten/Camping* Im **Governor's Mansion Inn** (62 St. Patrick's Dr., Nelson, ✆ 506/622-3036 oder 877/647-2642, www.governorsmansion.ca; $ 59–109 für 1/2 Pers.) fühlt man sich in die Vergangenheit zurückversetzt. Das aus zwei historischen Häusern bestehende Inn befindet sich in ruhiger Lage außerhalb der Stadt, und wenn man die Straße überquert, ist man direkt am Miramichi River. Nicht alle Zimmer haben ein eigenes Bad, aber die größeren Zimmer verfügen über voll ausgestattete Badezimmer sowie separate Sitzbereiche und bieten eine Aussicht auf den Fluss.

Zur oberen Preisklasse gehört der moderne, am Fluss gelegene Hotelkomplex **Rodd Miramichi River** (1809 Water St., Miramichi East, ✆ 506/773-3111 oder 800/565-7633, www.roddhotelsandresorts.com; $ 125–165 für 1/2 Pers.). Die Zimmer sind in warmen Farbtönen gestrichen. Zu den Annehmlichkeiten

St. Michael's Basilica in Miramichi

des Hauses zählen ein Restaurant und ein Swimmingpool.

Der **Enclosure Campground** (10 km südl. der Stadt, am Hwy. 8, ✆ 506/622-8638; $ 20–25) verfügt über 100 Stellplätze, Wanderwege, einen Strand, einen beheizten Swimmingpool, einen Wellnessbereich, Kochgelegenheiten, eine Kantine und einen Spielplatz.

• *Essen und Trinken* Im hauseigenen Restaurant der am südlichen Flussufer gelegenen Hotelanlage **Rodd Miramichi River** (1809 Water St., Miramichi East, ✆ 506/773-3111) bekommt man ein solides Frühstück,

Mittag- und Abendessen. Die Einheimischen wird man jedoch eher im nahe gelegenen **Old Town Diner** (1724 Water St., ✆ 506/773-7817; tägl. 7–19 Uhr) antreffen, wo ein warmes Frühstück mit so viel Kaffee, wie man möchte, nur $ 6 kostet.

• *Information* Das **Miramichi Visitor Centre** (King St., ✆ 506/778-8444 oder 800/459-3131; Mai–Aug. tägl. 10–20 Uhr, Sept. tägl. 10–17 Uhr) passiert man, wenn man auf dem Hwy. 11 von Süden kommend in die Stadt einfährt.

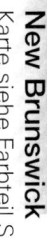

New Brunswick
Karte siehe Farbteil S. 4

Von Miramichi nach Fredericton

Von Miramichi sind es in südwestlicher Richtung am Miramichi River entlang 180 km bis nach Fredericton, der Hauptstadt New Brunswicks. Wenn man eine Rundfahrt durch die Provinz plant, ist diese über den Hwy. 8 führende Etappe eine empfehlenswerte Route. Neben der ländlichen Szenerie, bietet sich hier auch die Gelegenheit, Lachse zu fangen.

Doaktown

Der durch das tiefe Hinterland der Provinz führende Hwy. 8 verläuft entlang dem berühmten, lachsreichen Miramichi River bis nach Doaktown. Dieses 86 km südwestlich von Miramichi gelegene Städtchen wurde von dem schottischen Gutsherrn Robert Doak gegründet, der dem Ort zu Beginn des 19. Jh. mit einer Papier- und einer Schrotmühle glorreiche Anfangsjahre bescherte und ihm zu einem enormen Aufschwung verhalf. Das weiße Holzhaus Doaks samt einiger seiner Originalmöbelstücke sowie die nahe gelegene Scheune sind heute als die **Doak Historic Site**

(Hwy. 8, ✆ 506/365-4363; Ende Juni bis Anf. Sept. Mo–Sa 9.30–16.30, So 13–16.30 Uhr; Spende) zu besichtigen.

Darüber hinaus gibt es in Doaktown das **Atlantic Salmon Museum** (263 Main St., ✆ 506/365-7787; Juni–Aug. tägl. 9–17 Uhr, Sept. Mo–Sa 10–16 Uhr; Eintritt $ 5, Senioren $ 4, Kinder $ 3), das besonders für Angler interessant sein dürfte. Das Museum informiert über den Lebensraum und -zyklus dieses Königs der Wildfische und erläutert die Geschichte und Kunst des Lachsangelns. Zu den Exponaten zählen u. a. eine Sammlung von Angelruten und -spindeln sowie farbenprächtige Fliegenattrappen. In den Aquarien des Museums schwimmen lebende, unterschiedlich weit entwickelte Exemplare dieser Spezies herum, anhand derer man die einzelnen Entwicklungsstufen des Lachses erkennen kann.

Boiestown

Ein weiteres gut konzipiertes Museum ist das **Central New Brunswick Woodmen's Museum** (Hwy. 8, ✆ 506/369-7214; Mitte Mai bis Anf. Okt. tägl. 9.30–17.30 Uhr; Eintritt $ 6, Senioren $ 5, Kinder $ 3), das sich am Hwy. 8 in der Nähe von Boiestown über ein etwa 4 ha großes Gelände erstreckt und sich mit der Vergangenheit und Gegenwart des Forstwesens befasst. Als Nachbauten sind hier ein Sägewerk, eine Hufschmiede, die Werkstatt eines Wagners, die Hütte eines Fallenstellers, eine Schlafbaracke und ein Küchenhaus zu besichtigen. Die Forestry Hall of Fame gedenkt der Paul Bunyans des New Brunswicker Holzgewerbes, und von einer kleinen Museumseisenbahn kann man sich auf eine 15-minütige Rundfahrt über das Gelände mitnehmen lassen.

Baie des Chaleurs

Nördlich der Miramichi Bay ragt die Akadische Halbinsel (Acadian Peninsula) nach Nordosten hin ins Meer. Während die südöstliche Küste der Halbinsel den Sankt-Lorenz-Golf flankiert, liegt die nordwestliche Küste an der Baie des Chaleurs. Im Gegensatz zu dem rauen Sankt-Lorenz-Golf ist die seichtere Baie des Chaleurs warm und ruhig. Über den östlichen Küstenabschnitt dieser Bucht verteilen sich geschäftige Hafenstädtchen, und in Bas-Caraquet, Caraquet und Grande-Anse liegen die kommerziellen Fischfangflotten der Region vor Anker. Die pittoresken Häfen sind umgeben von ebenso schönen Halbinseln, Buchten und Stränden. Hier zu baden ist ein besonderes Vergnügen, da sich das seichte Meer an den geschützten Stränden im Sommer so sehr erwärmt, dass Badewannentemperaturen erreicht werden. Auf der gegenüberliegenden Seite der Bucht kann man für gewöhnlich die zu Quebec gehörende Halbinsel Gaspé erkennen, die bei guten Sichtbedingungen manchmal erstaunlich deutlich zu sehen ist. Westlich von Bathurst verändert sich die Szenerie, die Fischerdörfer weichen industriell geprägten Orten.

Die Akadische Halbinsel

Bartibog Bridge

Dieser an der Bucht gelegene Ort befindet sich 20 Autominuten von Miramichi entfernt am Hwy. 11. Auf der hiesigen **MacDonald Farm Historic Site** (600 Hwy. 11, ✆ 506/778-6085; Ende Juni bis Anf. Sept. tägl. 9.30–16.30 Uhr; Eintritt $ 2,50, Senioren und Kinder $ 1,50) wird das Leben schottischer Siedler in den 1820er-Jahren nachgestellt. Die Besucher werden von Guides in entsprechenden

Kostümen durch das zweistöckige, aus Stein erbaute Farmhaus sowie durch die Felder, Obstgärten und Außengebäude geführt.

Val-Comeau Provincial Park

Der weiter nördlich, ebenfalls am Hwy. 11 gelegene Val-Comeau Provincial Park beherbergt üppige Torfmoore, die sich gegen Ende der Eiszeit bildeten. Als die letzten Eisschichten schmolzen, konnte das Wasser hier nirgendwohin abfließen und sammelte sich auf dem flachen Gelände. Die nährstoffreichen Marschen werden von Seevögeln bewohnt. Der Park ist ein bekanntes Vogelbeobachtungsgebiet, und es gibt einen Aussichtsturm, von dem man einen guten Blick hat. Im Val-Comeau Park befindet sich auch ein Campground (✆ 506/393-7150; Juni bis Mitte Sept.; $ 23–28), der über 55 Stellplätze, einige Badestellen und einen Spielplatz verfügt.

Shippagan

In dieser geschützten Bucht, genauer gesagt an der 100 km nordöstlich von Miramichi gelegenen Spitze der Akadischen Halbinsel, ist New Brunswicks größte kommerzielle Fischfangflotte stationiert. Im **Aquarium and Marine Centre** (100 Aquarium St., ✆ 506/336-3013; Mitte Mai bis Sept. tägl. 10–18 Uhr; Eintritt $ 8, Senioren $ 6, Kinder $ 5) dreht sich alles um die Fische und den Fischfang im Sankt-Lorenz-Golf. Neben verschiedenen Ausstellungsbereichen finden sich hier Aquarien und „Streichelbecken", in denen 125 heimische Fischarten leben.

Der direkt am Wasser gelegene Campground **Camping Shippagan** (4 km westl. der Stadt, ✆ 506/336-3960; Juni–Sept.; Zeltstellplatz $ 20, mit Anschlüssen $ 24–30) besticht durch seine tolle Lage und verfügt über einen schönen Strand. Der Platz bietet 153 einfache Stellplätze (grandiose Sonnenuntergänge sind im Preis inbegriffen) und ist mit Duschen, Waschräumen, Kochgelegenheiten, einem Restaurant mit Alkoholausschank, einem Picknickbereich und einer Laundry ausgestattet. Darüber hinaus kann man hier Feuerholz bekommen, zudem wird ein Veranstaltungsprogramm geboten.

Ile Lamèque

Bei Shippagan ragt die der Akadischen Halbinsel vorgelagerte Ile Lamèque in den Golf. Die Insel, die durch eine Brücke mit dem Festland verbunden ist, hat je nach Jahreszeit ein anderes Gesicht. Im Frühling ist sie von einem bunten Teppich blühender Wildblumen überzogen, im Sommer reifen wilde Blaubeeren auf dem kargen Boden und der Herbst taucht die Landschaft in leuchtende Rottöne. Die Fichten sind hier aufgrund der unnachgiebigen Meereswinde ganz windschief und kleinwüchsig, aber Austern, Mondschnecken, Miesmuscheln und Amerikanische Schwertmuscheln gedeihen entlang den wunderschönen, weißen Sandstränden bestens.

Lamèque International Baroque Music Festival

Die Ile Lamèque ist weithin bekannt für dieses Ende Juli stattfindende Festival (✆ 506/344-5846 oder 800/320-2276, www.festivalbaroque.com), auch wenn die Szenerie inmitten der Torfmoore und Fischerdörfer für eine solche Veranstaltung im ersten Moment etwas merkwürdig erscheint. Es ist das einzige Festival Nordamerikas, das sich der Barockmusik (1600–1760) verschrieben hat, und lockt seit Anfang der 1970er-Jahre die besten Musiker auf diesem Gebiet hierher. Die Konzerte finden in der 1913 erbauten Kirche Sainte-Cecile statt, die nicht nur eine tolle – beinahe göttliche – Kulisse, sondern auch eine perfekte Akustik bietet.

Die nobelsten Zimmer findet man auf der Insel in der **Auberge des Compagnons** (11 rue Principale, Lamèque, ✆ 506/344-7766 oder 866/344-7762; $ 115–190). Das moderne Haus verfügt über 16 Zimmer und bietet einen umwerfenden Blick auf das Wasser. Im hauseigenen Restaurant werden ein Frühstücksbuffet und ein Abendessen zum Festpreis angeboten, die jeweils extra kosten.
Wer campen will, sollte die Brücke zur Ile

Miscou überqueren. Diese wunderschön entlegene Insel scheint von der modernen Welt nahezu unberührt zu sein. Der Campground **Plage Miscou** (22 Allée Alphonse, ✆ 506/344-1015; Mitte Mai bis Sept.; Zeltstellplatz $ 17, mit Anschlüssen $ 28, Hütten ab $ 690/Woche) ist sehr einfach ausgestattet, dafür genießt man aber einen schönen Blick über die Bucht.

Caraquet

Von Süden kommend, führt der Hwy. 11 nach Caraquet (4200 Einw.), wo er in einen von Geschäften, Unterkünften und Sehenswürdigkeiten gesäumten Boulevard übergeht. Die 1758 gegründete, pittoreske Stadt liegt 32 km nordwestlich von Shippagan und ist die älteste französische Siedlung im Norden New Brunswicks. Caraquet gilt als das kulturelle Herz Akadiens.

Sehenswertes

Village Historique Acadien: 10 km westlich von Caraquet befindet sich das Freilichtmuseum Village Historique Acadien (14311 Rte. 11, Rivière du Nord, ✆ 506/726-2600; Juni bis Anf. Okt. tägl. 10–17 Uhr, im Sommer tägl. 10–18 Uhr; Eintritt $ 15, Senioren $ 13, Kinder $ 8), das die Besucher auf eine Zeitreise in das alte Akadien mitnimmt. Um die Zeit zwischen 1780 und 1890 wieder aufleben zu lassen, wurden mehr als 40 ländliche Häuser und andere authentische Gebäude zu diesem 1133 ha großen Gelände transportiert und vor Ort restauriert. Die Gebäude – darunter eine Kirche, eine Schmiede, Farmhäuser, eine Schule, eine Druckerei, eine Schreinerei und eine Schrotmühle – liegen verstreut zwischen den Wäldern und Feldern, die sich hier entlang dem North River erstrecken. Man kann auf staubigen Feldwegen laufen oder sich von Pferdefuhrwerken mitnehmen lassen, um von einem Gebäude zum nächsten zu gelangen. An den einzelnen Stationen erzählen die auskunftswilligen „Dorfbewohner" in historischen Kostümen von ihrem täglichen Leben und ihrer Arbeit und informieren die Besucher über die Umgebung – sowohl auf Französisch als auch auf Englisch. Im Park gibt es zwei „Posthäuser", in denen man heute Sandwichs, Snacks und Getränke bekommen kann. Auf dem Gelände befindet sich außerdem das Gasthaus **La Table des Ancêtres,** das typische akadische Gerichte zu angemessenen Preisen offeriert.

The Acadian Museum und Carrefour de la Mer: Das Acadian Museum (15 St-Pierre Blvd., ✆ 506/726-2682; Juni bis Mitte Sept. Mo–Sa 10–18, So 13–18 Uhr; Eintritt $ 3, Kinder $ 1) befasst sich auf eine etwas bescheidenere Art mit der Geschichte der Region als das Village Historique Acadien, nichtsdestotrotz lohnt sich der Besuch des Museums. Das benachbarte Veranstaltungszentrum Carrefour de la Mer (51 St-Pierre Blvd., ✆ 506/726-2688) beherbergt u. a. das örtliche Besucherinformationszentrum und ein Restaurant, zu den Außenanlagen gehören ein Minigolf- und ein Spielplatz.

Ste.-Anne-du-Bocage Shrine: Die am westlichen Stadtrand von Caraquet gelegene, 200 Jahre alte Kirche Ste.-Anne-du-Bocage Shrine ist den ersten akadischen Siedlern gewidmet und befindet sich auf einem baumbewachsenen Ufergrundstück.

Fischfang: Die Fischfangflotte Caraquets ist in **Bas-Caraquet** stationiert. Dieses Dorf liegt am Hwy. 145 in Richtung Ile Lamèque und ist etwa zehn Autominuten von Caraquet entfernt.

Die Deportation der Akadier

Nach Jahrzehnten kriegerischer Auseinandersetzungen zwischen England und Frankreich konnte das Königreich Großbritannien Mitte des 18. Jh. seine Vormachtstellung in Kanada behaupten. Die Engländer verlangten von den Akadiern, einen uneingeschränkten Loyalitätseid auf die britische Krone abzulegen. Diese weigerten sich jedoch, beriefen sich auf ihre Neutralität und flohen stattdessen aus Nova Scotia in den friedlicheren Norden Akadiens. Die Briten folgten ihnen und brannten auf ihrem Weg Dörfer und Ernten nieder. Die Deportation der Akadier begann 1755, als etwa 1100 Akadier in andere Kolonien Englands wie South Carolina, Georgia und Pennsylvania abgeschoben wurden. Die Akadier kämpften um ihr Leben, flohen ins Hinterland, ein jahrelanger Kleinkrieg entbrannte.

Flüchtlingscamps schossen aus dem Boden. Die bekanntesten befanden sich auf der inzwischen als National Historic Site ausgewiesenen Beaubears Island im Miramichi River und auf einem nahe gelegenen Stück Land, wo heute mit dem Enclosure Park (an der Derby Junction, 5 km westlich von Miramichi) eine der bedeutendsten archäologischen Stätten der Provinz liegt. Viele Akadier starben an Hunger und Skorbut.

Der Pariser Frieden (1763) leitete eine fragile Waffenruhe ein. Frankreich trat seine Besitzungen auf dem nordamerikanischen Festland an England ab, aber während der darauffolgenden Jahrzehnte kehrten etwa 3800 Akadier in die Region zurück. Die Deportation wurde 1816 offiziell beendet.

Reisepraktisches

• *Festival Acadien* Anfang August findet in Caraquet das zweiwöchige Festival Acadien (www.festivalacadien.ca) statt, eine der meistbesuchten Veranstaltungen der Provinz. Es gibt reichlich zu essen und zu trinken und zu den Programmpunkten zählen die Segnung der riesigen Fischfangflotte durch den örtlichen römisch-katholischen Geistlichen, Jazz-, Pop- und Klassik-Konzerte, Theateraufführungen und die gigantische Straßenparade Tintamarre am Acadia Day (15. Aug.).

• *Übernachten/Essen und Trinken* Das markante, dreistöckige, in knalligen Rot- und Grüntönen gestrichene **Hotel Paulin** (134 St-Pierre Blvd., ✆ 506/727-9981 oder 866/727-9981, www.hotelpaulin.com; $ 195–315 für 1/2 Pers.) ist ein familiengeführtes Boutique-Hotel. Die ersten Gäste ließen sich hier im Jahre 1901 bewirten. Die zwölf Zimmer verfügen über Parkettfußböden, bequeme Betten und ein unaufdringliches, aber geschmackvolles Ambiente. Die sich in der obersten Etage befindenden Waterfront Suites sind riesig. Das Restaurant im Erdgeschoss hat viel Charme und kredenzt Abend für Abend kreativ zubereitete Menüs.

Grande-Anse

Der Hwy. 11 führt im weiteren Verlauf in westlicher Richtung an der Küste entlang nach Grande-Anse. Wenn man in der warmen Bucht baden möchte, empfiehlt es sich, dem Hwy. 320 zu folgen. Diese schmale Straße zweigt hier rechts zum **Maisonnette Park** ab und führt zu einem tollen Strand, von dem aus man über die

Bay of Caraquet einen Blick auf die gleichnamige Stadt genießt. Der Strand ist wunderschön, besonders wenn bei Ebbe die vom seichten, sonnengewärmten Wasser ausgewaschenen Ausläufer der Sanddünen freigespült werden. Überall sieht man Seevögel, besonders viele lassen sich auf der nahe gelegenen Insel mit dem treffenden Namen Bird Island beobachten. Von den sich hier am lang gestreckten Felsufer des **Pokeshaw Community Parks** erhebenden Klippen überblickt man ganze Kolonien kreischender Kormorane.

Im Ort befasst sich das **Musée des Papes** (140 Acadie St., ✆ 506/732-3003; Mitte Juni bis Sept. tägl. 10–18 Uhr; Eintritt $ 5, Senioren und Kinder $ 2,50) mit der Geschichte des Katholizismus und gedenkt u. a. Papst Johannes Paul II., der bei einer Kanada-Reise 1984 auch New Brunswick besuchte. Zu den Exponaten gehören Roben, Kelche und andere kirchliche Gebrauchsgegenstände sowie eine maßstabsgetreue Nachbildung des Petersdoms.

Bathurst und Umgebung

Die Stadt Bathurst (12.000 Einw.) liegt an einem Naturhafen am Scheitel der Nepisiguit Bay, einem breiten Meerbusen an der Baie des Chaleurs. Der Ort befindet sich 75 km westlich von Caraquet und 60 km nördlich von Miramichi, wenn man direkt über den Hwy. 8 hierher fährt.

Das nordöstlich der Stadt gelegene **Daly Point Wildlife Reserve** erstreckt sich über ein 40 ha großes Gelände und umfasst Salzmarsche, Wälder und Felder. Von einem Aussichtsturm aus kann man nistende Fischadler sowie verschiedene Sing- und Seevögel beobachten. Um zu dem Park zu gelangen, folgt man der Bridge Street (Acadian Coastal Drive) von Bathurst aus in östlicher Richtung und biegt dann links auf den Carron Drive ab. Es empfiehlt sich, ein Insektenschutzmittel dabeizuhaben.

Von Bathurst nach Campbellton

Der Hwy. 11 führt auf den folgenden 85 km durch das landschaftlich nicht besonders reizvolle Hinterland nach Charlo. Viel schöner ist der an der Küste verlaufende Hwy. 134, der an den Fischerdörfern Nigadoo, Petit-Rocher, Pointe-Verte und Jacquet River vorbeiführt. Die Küste zwischen Bathurst und Dalhousie ist für ein hier mehrfach gesichtetes Phantomschiff berüchtigt. Zahlreiche Augenzeugen berichteten im Laufe der Jahre, sie hätten in der Bucht ein in Flammen stehendes Schiff mit vollen Segeln gesehen. Manche sahen angeblich auch die Crew verzweifelt über das Deck laufen. Einige sagen, die Erscheinung gehe auf die Schlacht vom Restigouche River (1760) zurück, welche die letzte Schlacht zu Wasser zwischen Frankreich und England in diesem Teil Ostkanadas war. Damals wurde die französische Flotte von den Briten zerstört.

Das Restaurant **La Fine Grobe Sur-Mer** (289 Main St., Nigadoo, ✆ 506/783-3138; tägl. 17–22 Uhr) ist wunderschön am Strand gelegen und von der Hauptstraße durch einen kleinen Wald getrennt. Georges Frachon bereitet hier seit 1973 kulinarische Köstlichkeiten zu. Auf der Speisekarte finden sich französisch inspirierte Gerichte wie Chateaubriand, Lammkarree mit Kräuterkruste oder Seafood-Pfannkuchen, wobei die meisten Hauptgerichte unter $ 25 liegen.

Weiter nordöstlich befindet sich in New Mills die **Auberge Blue Heron** (Hwy. 134, ✆ 506/237-5560; Mai–Okt.; $ 70–120 für 1/2 Pers.), die über sieben antik eingerichtete Gästezimmer verfügt. Das abseits der Straße und gegenüber der Heron Island gelegene B&B ist in einem riesigen, ehemaligen Farmhaus untergebracht und wäre es angesichts seiner Lage wert, als Provincial Heritage Inn ausgewiesen zu werden.

Eel River Bar südlich von Dalhousie ist eine der längsten Sandbänke der Welt. Sie wird auf der einen Seite von Süß- und auf der anderen Seite von Salzwasser umspült und ist ein beliebter Ort für Spaziergänge und zum Baden.

Campbellton

Am Kopf der Baie des Chaleurs treffen die Küsten New Brunswicks und Gaspés bei Campbellton aufeinander, die mit 8500 Einw. die größte Stadt in der Gegend ist. Die sich hier über die breite Mündung des Restigouche River spannende Brücke verbindet Campbellton mit Quebec und führt auf den dortigen Hwy. 132. Der Hwy. 17 taucht tief in das unbewohnte Hinterland New Brunswicks ein und führt durch die Restigouche Uplands. Entlang dieser Route sind es 92 km bis nach Saint-Quentin. Hier kann man dem nach Osten abzweigenden Hwy. 180 zum Mt. Carleton Provincial Park folgen oder 80 km weiterfahren, um dann bei Saint-Leonard das Tal des Saint John Rivers zu erreichen (siehe Kap. *Das Tal des Saint John Rivers*).

Sehenswertes/Sport und Freizeit

Die **Galerie Restigouche** (39 Andrew St., ✆ 506/753-5750; Eintritt $ 2) ist eine öffentliche Kunstgalerie, in der die Arbeiten regionaler, nationaler und internationaler Künstler sowie naturgeschichtliche und naturwissenschaftliche Ausstellungen gezeigt werden.

Der **Sugarloaf Provincial Park** (Hwy. 11, Ausfahrt 415, ✆ 506/789-2366) thront über der gesamten Region, und es gibt hier eine ganzjährig betriebene Sesselliftbahn mit Blick auf die an einen Zuckerhut erinnernde, kegelförmige Kuppe des 305 m hohen Sugarloaf Mountains. Der Park verfügt außerdem über Wanderwege, eine Rodelbahn ($ 3), Tennisplätze und bewachte Badestellen. Im Winter ist er ein beliebter Ort zum Motorschlittenfahren, Eislaufen und Skilanglaufen. Der parkeigene Campground (Mai–Okt.; $ 21–28) verfügt über 76 im Wald gelegene Stellplätze.

New Brunswick
Karte siehe Farbteil S. 4

Übernachten/Essen und Trinken

Die originellste und gleichzeitig günstigste Übernachtungsmöglichkeit in Campbellton bietet das **HI-Campbellton** (1 Ritchie St., ✆ 506/759-7044, www.hihostels.ca; Mitte Juni bis Aug.), das in einem alten Leuchtturm am Restigouche River untergebracht ist. Das Hostel verfügt über 20 Schlafsaalbetten, eine kleine Küche und einen Gemeinschaftsbereich. Mitglieder von Hostelling International zahlen $ 20/Nacht, Nichtmitglieder $ 24/Nacht.

Zur Ausstattung im zentral gelegenen Motel **Super 8** (26 Duke St., ✆ 506/753-7606 oder 877/582-7666, www.super8campbellton. com, $ 115–145 für 1/2 Pers.) gehören ein Innenschwimmbecken und ein Restaurant.

Tide Head, eine kleine, an der Mündung des Flusses gelegene Stadt, 7 km westlich von Campbellton, ist für die wachsenden *fiddleheads* bekannt. Dabei handelt es sich um junge Farnsprösslinge, die im Frühling als kulinarische Delikatesse gereicht werden. Das im Ort gelegene **Sanfar Cottages** (Restigouche Dr., ✆ 506/753-4287; Mitte Mai bis Sept.; $ 55–65 für 1/2 Pers.) verfügt über einfache, aber gepflegte Hütten, einen Picknickbereich mit einem Gasgrill und ein Restaurant, das tägl. abends und an Wochentagen auch mittags geöffnet hat.

Prince Edward Island

Anreise nach Prince Edward Island

Die meisten Besucher gelangen mit dem Fahrzeug über die Confederation Bridge oder mit der Fähre nach Prince Edward Island (PEI). Alternativ dazu kann man auch nach Charlottetown fliegen.

Über die Confederation Bridge

Die eindrucksvolle Confederation Bridge (✆ 902/437-7300 oder 888/437-6565, www.confederationbridge.com) bildet das wichtigste Verbindungsglied zwischen Prince Edward Island und dem restlichen Kanada. Die Brücke erstreckt sich vom Cape Jourimain (New Brunswick), 80 km östlich von Moncton, über die Northumberland Strait bis Borden-Carlton, das sich in Prince County befindet, 60 km westlich von Charlottetown. Die Fahrt über das spektakuläre 12,9 km lange Viadukt dauert ungefähr 10 Min. (die Aussicht wird von Betonwänden blockiert, die als Windschutz dienen).

Der Brückenzoll für die Hin- und Rückfahrt beträgt $ 42,50 pro Fahrzeug inklusive Passagiere. Das Geld (Kreditkarte oder Cash) wird in Borden-Carlton beim Verlassen der Insel einkassiert.

Mit der Fähre

Auch eine Fähre verbindet Prince Edward Island mit dem restlichen atlantischen Kanada. Der Fährableger befindet sich in Caribou (Nova Scotia), nahe Pictou, zwei Autostunden von Halifax entfernt. Die Fähre legt bei Wood Islands an, 62 km südöstlich von Charlottetown, wohin eine Straße durch eine reizvolle Landschaft führt. Die Überfahrt dauert 75 Min., Betreiber ist **Northumberland Ferries** (✆ 902/566-3838 oder 800/565-0201, www.peiferry.com). Das Schiff verkehrt von Mai bis Mitte Dezember, während der Hochsaison im Sommer fahren bis zu neun Schiffe pro Tag in beide Richtungen. Die Rückfahrkarte kostet $ 63 pro Fahrzeug, ungeachtet der Zahl der Insassen. Ebenso wie bei der Fahrt über die Brücke wird die Gebühr beim Verlassen der Insel fällig. Wer also ein paar Dollar sparen möchte, nimmt die Fähre nach PEI und kehrt über die Confederation Bridge zurück.

Mit dem Flugzeug

Air Canada (✆ 888/247-2262, www.aircanada.com) unterhält Direktflüge nach Charlottetown von Halifax, Montreal, Ottawa und Toronto aus. **WestJet** (✆ 403/250-5839 oder 888/937-8538, www.westjet.com) fliegt von Toronto nach Charlottetown. Der **Charlottetown Airport** liegt 8 km nördlich der Downtown an der Brackley Point Road. Er hat zwar tägl. 24 Std. geöffnet, ist aber sehr klein und verfügt weder über eine Bank noch über einen Duty-free-Shop. Sightseeing- und andere Informationen lassen sich über eine kostenlose Telefonschaltung zum Tourismusbüro abfragen. Bei Flugankunft warten draußen Taxis; die 15-Min.-Fahrt in die Stadt kostet ungefähr $ 12 für 1 Pers. oder $ 15 für 2 Pers. Die Mietwagenverleihfirmen Avis, Budget, Hertz und National haben Schalter am Flughafen, die allerdings nur bei Ankunft von Flügen besetzt sind.

Warten auf den Einsatz

Charlottetown und Queens County

Als kleinste Hauptstadt der Atlantikprovinzen versucht Charlottetown (32.000 Einw.), das Verwaltungs-, Wirtschafts-, Kultur- und Einkaufszentrum der Insel, gar nicht erst, sich den Touch einer Großstadt zu geben. Das hübsche und freundliche Städtchen lässt sich gut zu Fuß erkunden. Zu den wichtigsten Vorzügen von Charlottetown zählt nicht nur das malerische Hafenviertel, sondern auch die architektonisch sehenswerten öffentlichen wie privaten Gebäude, die bedeutenden Kunst- und Kulturereignisse sowie die zahlreichen Unterkünfte und einladenden Restaurants.

Die Stadt eignet sich gut als feste Basis für Ausflüge ins Queens County, das haargenau den Vorstellungen entspricht, die sich die meisten Besucher im Vorfeld von der Provinz Prince Edward Island (PEI) gemacht hatten. Die Region verleitet dazu, den Fotoapparat nicht mehr aus der Hand zu legen: eine Mischung aus kleinen Seehäfen, in denen farbenfrohe Boote vor Anker liegen, und verträumten bäuerlichen Landschaften mit Teichen und verwitterten Scheunen. Am Sankt-Lorenz-Strom liegt **Cavendish,** das populärste Touristenziel der Insel. Hier verbrachte Lucy Maud Montgomery ihre Kindheit, die Schriftstellerin, die in ihren Bücher eine heile Welt beschwor, in deren Mittelpunkt die lebhafte Anne of Green Gables (deutscher Titel: Anne auf Green Gables) stand (siehe S. 404 f.).

Highlights

Founders' Hall (S. 384): Vor allem kanadische Touristen werden sich freuen, in diesem Interpretive Centre an der Hafenpromenade Details zur Geburtsstunde der kanadischen Nation zu erfahren.

Province House (S. 385): Dieses altehrwürdige Sandsteingebäude im Herzen von Charlottetown beherbergte 1864 die Fathers of Confederation und ist heute Sitz der Provinzialregierung.

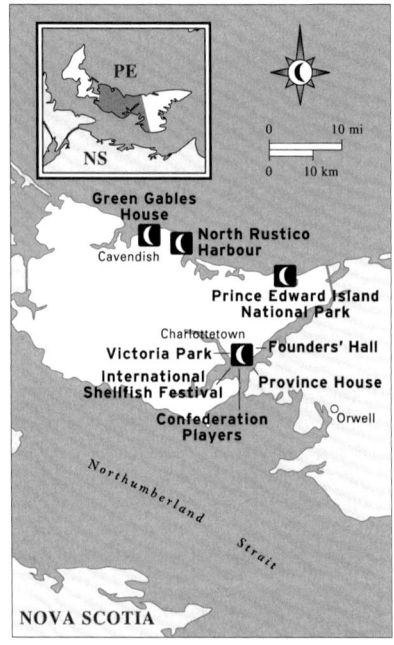

Victoria Park (S. 386): Als Unterbrechung des Geschichtsunterrichts bietet sich ein Spaziergang durch diese Parkanlage im Hafenviertel an.

International Shellfish Festival (S. 389): In Charlottetown kann man sich das ganze Jahr über an Seafood erfreuen, doch dieses Ende September stattfindende Fest bietet die Gelegenheit, von allen Lieblingsgerichten gleichzeitig zu naschen.

Confederation Players (S. 395): Schauspieler in historischen Gewändern führen kleine Gruppen interessierter Besucher durch die Straßen des alten Stadtkerns von Charlottetown.

Prince Edward Island National Park (S. 400): Dieser Park, der sich am Sankt-Lorenz-Strom entlang erstreckt, ist einer der wenigen unerschlossenen Landstriche auf der Insel. Die Hauptanziehungspunkte sind die Strände, Dünen und die roten Klippen.

North Rustico Harbour (S. 402): Es ist nur ein Pünktchen auf der Landkarte, doch dieses kleine Fischerdorf ist ganz besonders fotogen. Ein Leuchtturm, Kajaktouren, die hier starten, und ein hervorragendes Restaurant verleihen ihm zusätzlichen Reiz.

Green Gables House (S. 405): Northern Queens County wird liebevoll „Anne's Land" genannt, in Anlehnung an Anne of Green Gables, eine der berühmtesten Figuren der Weltliteratur.

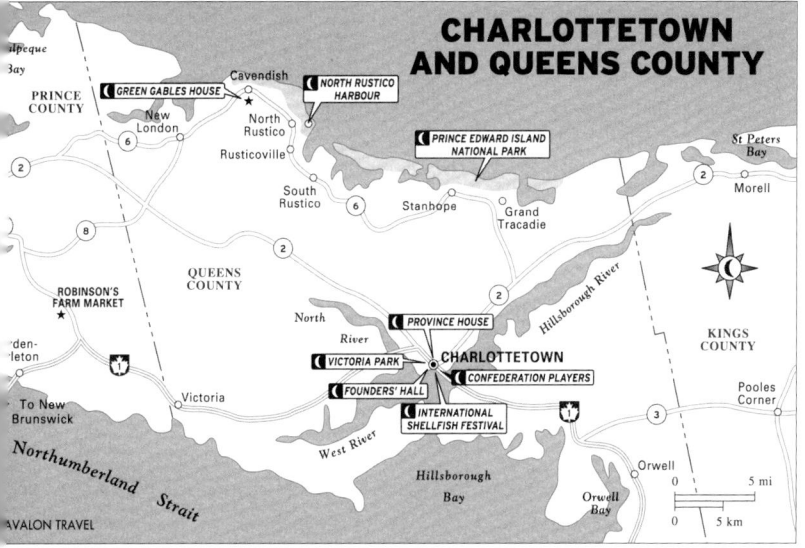

Reise- und Zeitplanung

Für viele Besucher steht Queens County gleichbedeutend mit Prince Edward Island. Ein typischer Reiseplan könnte folgendermaßen aussehen: die Fähre nach Wood Islands nehmen, einen Tag in der Hauptstadt Charlottetown und den nächsten in Cavendish verbringen, um die Insel anschließend über die Confederation Bridge wieder zu verlassen. So bleibt in der Hauptstadt genügend Zeit zum Besuch der wichtigsten Sehenswürdigkeiten wie der **Founders' Hall** und dem **Province House** sowie für die Teilnahme an einer **Confederation Players-Tour,** und zum Tagesausklang reicht es noch für einen Abendspaziergang durch den **Victoria Park**. Fällt der Besuch mit dem Ende September stattfindenden **International Shellfish Festival** zusammen, kommt man vielleicht in Versuchung länger zu bleiben.

Cavendish, der bedeutendste Touristenmagnet von ganz Prince Edward Island, liegt nur eine Autostunde von der Hauptstadt entfernt und bietet sich von Charlottetown aus als Tagesausflug an. In Charlottetown sollte man sich für zwei oder mehr Nächte einquartieren, eine Theatervorstellung besuchen und in den zahlreich vorhandenen Restaurants dinieren. Zwar gibt es auch in Cavendish ausreichend Übernachtungsmöglichkeiten, doch dort herrscht ein eklatanter Mangel an guten Esslokalen. Unabhängig davon, für welchen Übernachtungsort man sich entscheidet: Beim Abstecher nach Cavendish sollte man keinesfalls auf eine Fahrt durch den **Prince Edward Island National Park,** einen kleinen Umweg zum **North Rustico Harbour** und den Besuch im **Green Gables House** verzichten.

Geschichte

1755 wurden die Akadier auf Befehl Englands aus Akadien (Prince Edward Island, Nova Scotia und New Brunswick) verbannt, drei Jahre später, 1758, wurde die Gegend erneut nach Akadiern durchkämmt. Die Engländer tauften die französische

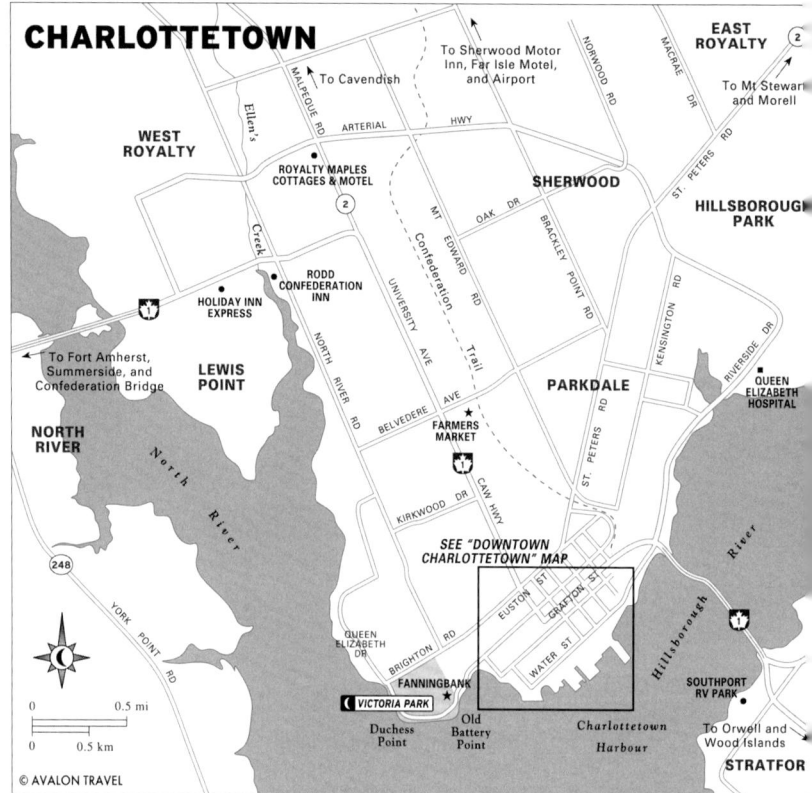

Festung Port-la-Joye in Fort Amherst um und verstärkten die Anlage. Im Auftrag der englischen Krone kam der Landvermesser Samuel Holland auf die neu erworbene Insel, vermaß sie, teilte sie in Parzellen auf und gab verschiedenen Orten und Stätten einen englischen Namen. Holland zog erstaunlich krumme Grenzlinien und teilte die Insel in insgesamt 67 Ländereien auf, die bei einer Verlosung in England an dort weilende Besitzer verkauft wurden. Da er der Ansicht war, dass sich Fort Amherst schlecht verteidigen ließ, verlegte Holland die Siedlung auf die gegenüberliegende Seite der Hillsborough Bay in die Spitze der Halbinsel. Er nannte sie Charlotte, nach der Frau von König George III. 1764 wurde der Grundriss der Stadt angelegt und ein Jahr später ernannte man sie zur Hauptstadt der Insel. Während der Amerikanischen Revolution plünderten amerikanische Freibeuter Charlottetown, aber damit nicht genug: Um die Schmach vollkommen zu machen, stahlen sie auch noch das Regierungssiegel der Insel und entführten den Gouverneur.

Charlottetown war seit jeher der wichtigste Warenumschlagplatz der Insel; dort, wo sich jetzt das Province House und das Confederation Centre breitmachen, befand sich zu Kolonialzeiten der geschäftige Marktplatz. Wie für die damalige Zeit typisch, wurden die meisten Gebäude aus Holz, nicht aus Stein erbaut, und fielen daher später oft Bränden zum Opfer. Die Steinbauten dagegen überdauerten die Zeiten. Eines davon ist das kleine Backsteingebäude in der 104 Water Street – eines der ältesten Häuser der Hauptstadt.

Die Stadtentwicklung

Mit der Entwicklung der Insel ging die Entwicklung Charlottetowns Hand in Hand. Gegen 1850 war das Straßennetz fertiggestellt, und um 1860 existierten gut 176 Sägemühlen, in denen aus den gefällten Bäumen unermüdlich Bauhölzer produziert wurden. Das wiederum gab der Inselwirtschaft Aufschwung und legte den Grundstein für eine blühende Schiffbauindustrie. Als Regierungs- und Handelszentrum wurde Charlottetown mit eleganten steinernen Kirchen und öffentlichen Gebäuden verschönert. Mit dem 1869 vollendeten Bauwerk der St. Peter's Anglican Church am Rochford Square wurde ein ehemaliges Sumpfgebiet in eine der vornehmsten Ecken der Hauptstadt verwandelt. Beaconsfield, eine Lobeshymne auf den Second Empire- und viktorianischen Zuckerbäckerstil – an der Ecke Kent Street und West Street –, wurde 1877 von dem Architekten William Critchlow Harris für den wohlhabenden Schiffsbauer und Kaufmann James Peake entworfen. Mit der Kirk of St. James setzte der Architekt James Stirling dem frühen neugotischen Stil ein Denkmal. Die backsteinerne Charlottetown City Hall an der Queen Street, Ecke Kent Street, ist eine regionale Abwandlung des neuromanischen Baustils. Die Innenstadt besteht bis heute aus einer Ansammlung altehrwürdiger Gebäude – mit einer Ausnahme: Anlässlich der Jahrhundertfeier der Konföderation sah sich die Zentralregierung 1964 veranlasst, das Ereignis durch den Bau des Confederation Centre of the Arts in Charlottetown zu würdigen, und der neue Komplex, ein Ort für Theateraufführungen, Kunstausstellungen und andere Events, wurde zum Stolz von PEI.

Orientierung

Obwohl Charlottetown keine große Stadt ist, kann sie einem Neuankömmling aufgrund der Art, wie sich alte und neue Straßen überschneiden, dennoch verwirrend erscheinen. Ursprünglich bestand Charlottetown aus einer Handvoll Häuserzeilen mit Blick auf den Hafen. Im Laufe der Jahrhunderte hat sich dann ein Wirrwarr von Straßen entwickelt, die in allen möglichen und unmöglichen Winkeln in die historische Altstadt führen.

Der **Trans-Canada Highway** (Route 1) führt aus beiden Richtungen mitten in die Stadt. Von Westen kommend, überquert er den North River, macht beim Campus der University of Prince Edward Island einen Schlenker nach Süden und wird zur University Avenue. Aus östlicher Richtung kommend, nimmt man die Ausfahrt zur Water Street, in der sich das Informationszentrum befindet.

Das hübsche Geschäftsviertel, das sich vom Hafen bis zur Euston Street erstreckt, ist erfreulich überschaubar und lässt sich mühelos zu Fuß erkunden. **Old Charlottetown** (oder Old Charlotte Town, je nach Gusto) mit seinen renovierten Gebäuden und dem Kopfsteinpflaster erstrahlt nachts im Licht von Gaslaternen.

Die begehrtesten Wohngegenden mit großen, noblen Häusern liegen rund um den Victoria Park und nahe der North River Road. Die Arbeiterviertel befinden sich weiter nördlich, jenseits der Grafton Street, und bestehen aus kleinen, pastellfarbenen Häusern dicht am Straßenrand.

Prince Edward Island
Karte siehe Farbteil S. 5

Die Founders' Hall

Sehenswertes

Die Downtown von Charlottetown ist klein; am besten sucht man einen Parkplatz und macht sich zu Fuß auf den Weg. Die beste Gegend, um das Auto abzustellen, ist das Hafenviertel, nicht nur der zentralen Lage wegen, sondern weil sich als erste Anlaufsstelle das dort gelegene **Visitor Information Centre** (173 Water St., ✆ 902/368-4444; Juli/Aug. tägl. 8–21 Uhr, Frühling und Herbst tägl. 9–18 Uhr, Winter Mo–Fr 9–18 Uhr) anbietet.

Die Downtown

Founders' Hall: Nach jahrelangen Restaurierungsarbeiten verwandelte sich das alte Bahnhofsgebäude schließlich in die Founders' Hall (6 Prince St., ✆ 902/368-1864; Eintritt $ 7, Senioren $ 6, Kinder $ 4), die Sehenswürdigkeit Nummer eins von Charlottetown. Die am Hafen neben dem Informationszentrum gelegene, mit allen Raffinessen ausgestattete Einrichtung vereint die jüngsten technologischen Errungenschaften mit dynamischen audiovisuellen, holovisuellen und interaktiven Ausstellungen und verschafft so ein Museumserlebnis der ganz besonderen Art. Besucher betreten das Gebäude durch den Time Tunnel und werden zurück ins Jahr 1864 befördert, als sich die Fathers of Confederation zum ersten Mal trafen, um über ein vereintes Kanada zu beraten. Die Geschichtsreise führt dann durch die Gründung jeder Provinz schrittweise wieder in die heutige Zeit. Die Öffnungszeiten der Founders' Hall sind unterschiedlich (Febr. bis Mitte Mai tägl. 10–15 Uhr, Mitte Mai bis Mitte Juni tägl. 10–17 Uhr, Mitte bis Ende Juni tägl. 9–18 Uhr, Juli bis Mitte Aug. tägl. 8.30–20 Uhr, Mitte Aug. bis Anf. Okt. tägl. 8.30–18 Uhr, Anf. Okt. bis Nov. tägl. 9–15 Uhr).

Downtown Waterfront: Nicht zuletzt angespornt durch die Errichtung der Founders' Hall hat das innerstädtische Hafenviertel eine Verjüngungskur bekommen,
die ihm sehr gut getan hat. Den angrenzenden Confederation Landing Park mit
seinen gepflegten Rabatten und dem kurzgeschorenen Rasen säumt eine Uferpromenade. In den Park integriert ist Peake's Wharf, die Stelle, an der die Fathers
of Confederation die Insel betraten. Sie hat sich zu einer Art Touristentreff mit
Restaurants und Geschäften entwickelt, wo Ausflugsboote auf Passagiere für eine
Besichtigungstour warten.

Province House: Hier schlug die Geburtsstunde der kanadischen Nation: im Province House (Ecke Grafton St. und Great George St., ✆ 902/566-7626; Juni–Sept.
tägl. 9–17 Uhr, Okt.–Mai Mo–Fr 9–17 Uhr; Eintritt frei), vom Hafen aus vier
Blocks die Great George Street hoch. Das neoklassische Sandsteingebäude am
höchsten Punkt von Downtown wurde 1847 zur Unterbringung der Kolonialregierung erbaut und steht heute als National Historic Site unter Denkmalschutz. Es
entwickelte sich rasch zum Mittelpunkt des öffentlichen Lebens auf der Insel. Hier
fanden rauschende Bälle und Staatsereignisse statt, darunter die geschichtsträchtige Konferenz zur föderalen Union im Jahr 1864. Die Vertreter der Provinzregierung versammeln sich bis heute im Province House; die Treffen finden zwischen
Mitte Februar und Anfang Mai statt und dauern zwischen fünf und 17 Wochen, je
nachdem, wie viele Querelen auf Provinzverwaltungsebene es auszuräumen gibt.

In den späten 1970er-Jahren nahm Parks Canada die Restaurierung des alters-
schwachen Gebäudes in Angriff, was fünf Jahre dauerte und 1983 seinen Abschluss fand. Mehrere Farbschichten wurden von den Frontsäulen abgetragen.
Sämtliche Fenster erhielten neue Scheiben, die aus einem alten Gewächshaus in
New Brunswick stammten. Rund 10 % der Originalmöbel waren vor der Renovierung noch im Haus verblieben und wurden überholt. Ein Großteil des restlichen
Mobiliars wurde durch passende Antiquitäten aus anderen Provinzen und dem
Nordosten der USA ersetzt. Für den Confederation Chamber, den Raum, in dem
die Fathers of Confederation zusammenkamen, ließ man einen geblümten Teppich weben. Jede Ecke und jeder Winkel wurde erneuert und auf Hochglanz poliert. Das Province House ist heute eines der bedeutendsten öffentlichen Gebäude der Atlantikprovinzen.

Confederation Centre of the Arts: Das Confederation Centre of the Arts (145 Richmond St., ✆ 902/628-1864) nimmt die andere Hälfte des imposanten Gebäude-
komplexes ein, zu dem auch das Province House gehört. Auf den mit Sitzgelegenheiten gesäumten Freiflächen lässt es sich wunderbar Leute beobachten, und
Kindern macht es Spaß, auf den Gehwegen ihre Skateboards auszufahren.

Das Zentrum wurde 1964 eröffnet, zum 100. Jahrestag der Charlottetown Conference; das ist der Name, unter dem das Treffen der Konföderierten in die kanadische Geschichte einging. Das mächtige Bauwerk ist in der Architektur und Farbge-
bung auf seinen ehrwürdigen Nachbarn abgestimmt. In dem Zentrum sind eine
Kunstgalerie, die Bibliothek der Provinz, vier Theater und ein Café untergebracht.
Der Schwerpunkt der **Confederation Centre Art Gallery** (Mitte Juni bis Sept. tägl.
9–17 Uhr, Okt. bis Mitte Juni Mi–Sa 11–17 und So 13–17 Uhr; Eintritt frei) liegt
auf den Arbeiten kanadischer Künstler – es sind z. B. Gemälde des auf der Insel beheimateten Malers Robert Harris und Originalmanuskripte von Lucy Maud
Montgomery zu sehen. In einem Geschenkeladen werden Werke der besten PEI-
Kunstgewerbler verkauft.

Prince Edward Island
Karte siehe Farbteil S. 5

All Souls' Chapel: Diese bemerkenswerte Kapelle, ein paar Blocks westlich der Queen Street, neben der **St. Peter's Anglican Church** (Rochford St., ✆ 902/628-1376; tägl. 8–18 Uhr; Eintritt frei), ist ein Gemeinschaftswerk der Familie Harris. Der Architekt William Harris zeichnet für die Gestaltung aus Sandstein von der Insel und das mit dunklem Walnussholz ausgekleidete Innere verantwortlich. Sein Bruder Robert schuf die Wandgemälde und mischte fröhlich Familienmitglieder und Freunde unter die religiösen Figuren.

Beaconsfield Historic House: Diese hellgelbe, 25 Zimmer große Villa (2 Kent St., ✆ 902/368-6603; Führungen Juli/Aug. tägl. 10–17 Uhr; Eintritt $ 4,50, Kinder $ 3,50) wurde 1877 nach einem Entwurf von William Critchlow Harris erbaut. Das über 100 Jahre alte Gebäude erfüllte schon viele Zwecke. Es diente als Wohnhaus, Heim für „friendless women", YWCA und Nonnenwohnheim. 1973 wurde es von der PEI Museum and Heritage Foundation unter ihre Fittiche genommen und in die Zentrale der Stiftung mit angeschlossenem Heimatmuseum verwandelt. Im 1. Stock befindet sich ein guter Buchladen und hinter dem Foyer sowie im Obergeschoss ist ein Familienarchiv eingerichtet. Draußen, auf der breiten Veranda mit Blick über den Rasen auf den Hafen, stehen Tische und Stühle – ein herrliches Plätzchen, um Tee und Scones zu genießen.

Victoria Park: Der ans Beaconsfield House angrenzende Victoria Park mit seinen 16 ha Wald und Wiesen oberhalb der Bucht am Battery Point zählt zweifellos zu den malerischsten Plätzen von Charlottetown. Die gesamte Spitze der Halbinsel – zu erreichen, indem man der in den Park Roadway übergehenden Kent Street folgt – ist bewaldet. Das hügelige Terrain des Parks ist auf Endmoränen zurückzuführen: Geröllhaufen, die von geschmolzenen Gletschern aus der Eiszeit zurückgelassen wurden.

Jogger lieben die gewundenen Pfade des Parks, und Vogelbeobachter können sich an Goldgelben Waldsängern, Baumläufern und Flaumspechten sattsehen, die in den Ahornbäumen, Tannen, Eichen, Fichten und Birken nisten. Die schmucke weiße Villa mit Meeresblick ist Fanningbank (Government House), die Privatresidenz des Vizegouverneurs – hübsch anzusehen, aber der Öffentlichkeit nicht zugänglich.

Außerhalb von Downtown

Farmers' Market: Der Farmers' Market (100 Belvedere Ave., ✆ 902/626-3373; Juli/Aug. Sa 9–14 und Mi 10–17 Uhr) liegt gegenüber dem Campus der Universität. An den rund 40 Ständen in der Halle wird so gut wie alles verkauft, von Blumen und Kunsthandwerk bis zu Backwaren, Landwirtschaftserzeugnissen und Fisch.

Port-la-Joye-Fort Amherst National Historic Site: Die Port-la-Joye-Fort Amherst National Historic Site, nur 4 km Luftlinie auf der gegenüberliegenden Hafenseite von Downtown, aber 35 Min. Fahrt über die Routen 1 und 19 entfernt, kennzeichnet genau die Stelle, an der sich die erste europäische Niederlassung auf der Insel befand. Die Geschichte begann im Jahr 1720, als drei französische Segelschiffe mit rund 300 Siedlern an Bord in Port-la-Joye, dem heutigen Charlottetown Harbour, einliefen. Die meisten von ihnen zogen weiter zum Nordufer und gründeten dort Fischerdörfer, doch die restlichen blieben hier auf diesem militärischen Außenposten.

Es dauerte kaum vier Jahre, bis die widrigen Umstände die meisten der Franzosen vertrieben hatten. 1745 brannten die Briten Port-la-Joye nieder und rissen die Herrschaft über die Insel an sich. Später kehrten die Franzosen zurück, um ihre

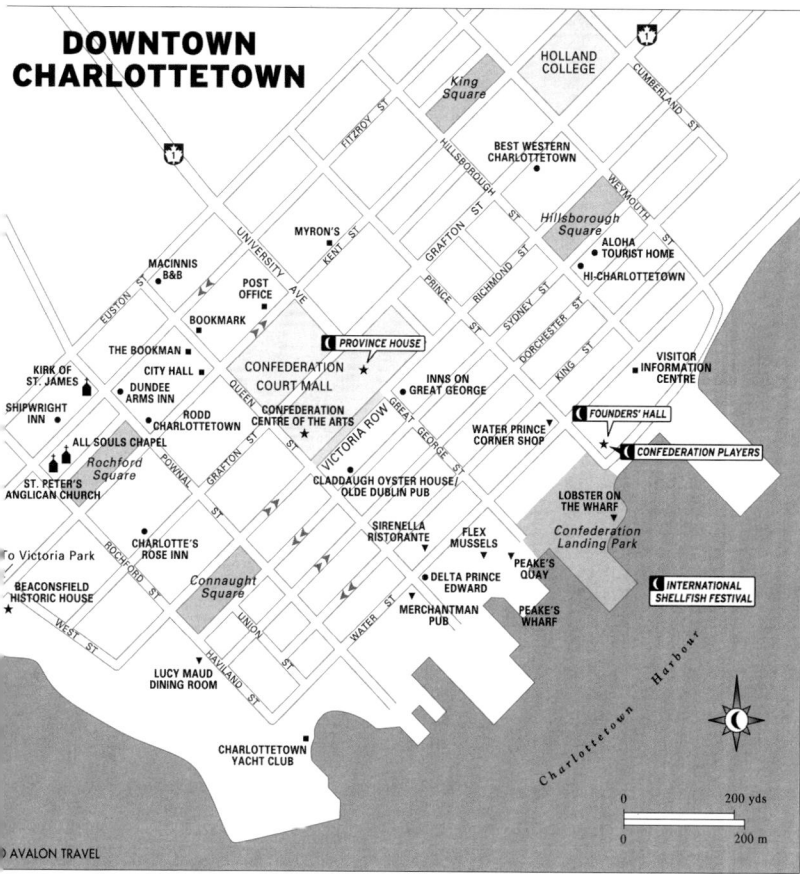

DOWNTOWN CHARLOTTETOWN

HOLLAND COLLEGE

CUMBERLAND ST

King Square

FITZROY ST

HILLSBOROUGH ST

BEST WESTERN CHARLOTTETOWN

WEYMOUTH ST

MYRON'S ST

UNIVERSITY AVE

KENT ST

GRAFTON ST

Hillsborough Square

ALOHA • TOURIST HOME

HI-CHARLOTTETOWN

MACINNIS B&B

POST OFFICE

PRINCE ST

RICHMOND ST

SYDNEY ST

DORCHESTER ST

BOOKMARK

THE BOOKMAN

PROVINCE HOUSE ★

KING ST

VISITOR INFORMATION CENTRE

KIRK OF ST. JAMES

CITY HALL ■

CONFEDERATION COURT MALL

INNS ON GREAT GEORGE

DUNDEE ARMS INN

SHIPWRIGHT INN •

RODD CHARLOTTETOWN

QUEEN ST

CONFEDERATION CENTRE OF THE ARTS ★

VICTORIA ROW

GREAT GEORGE ST

FOUNDERS' HALL

WATER PRINCE CORNER SHOP

CONFEDERATION PLAYERS

ALL SOULS CHAPEL

Rochford Square

POWNAL ST

GRAFTON ST

CLADDAUGH OYSTER HOUSE/ OLDE DUBLIN PUB

ST. PETER'S ANGLICAN CHURCH

LOBSTER ON THE WHARF

CHARLOTTE'S ROSE INN

ROCHFORD ST

SIRENELLA RISTORANTE

FLEX MUSSELS

Confederation Landing Park

To Victoria Park

BEACONSFIELD HISTORIC HOUSE ★

Connaught Square

UNION ST

PEAKE'S QUAY

INTERNATIONAL SHELLFISH FESTIVAL

DELTA PRINCE EDWARD

WEST ST

WATER ST

MERCHANTMAN PUB

PEAKE'S WHARF

HAVILAND ST

LUCY MAUD DINING ROOM

CHARLOTTETOWN YACHT CLUB

Charlottetown Harbour

0   200 yds

0   200 m

© AVALON TRAVEL

Hauptstadt wieder aufzubauen, ließen sich aber angesichts einer übermächtigen britischen Streitmacht 1758 dazu „überreden", Port-la-Joye abzutreten. Die Briten tauften den Posten Fort Amherst. Nachdem sie ihre neue Hauptstadt Charlotte-town errichtet hatten, wurde Fort Amherst dem Verfall preisgegeben. Inzwischen steht dort kein einziges Gebäude mehr. Das Gelände, auf dem es Picknicktische gibt, hat von Juni bis August geöffnet.

Sport und Freizeit

Wer Lust auf einen gemütlichen Spazier-gang hat, lenkt seine Schritte zum Hafen-viertel im Südwesten der Innenstadt. Dort beginnt ein asphaltierter Weg, der bis zum Old Battery Point und Victoria Park führt. Diese Gegend eignet sich auch gut zum Radfahren. Radler, die eine längere Strecke zurücklegen wollen, werden sich wundern, wie einfach sich die ländliche Idylle außerhalb der Stadtgrenzen erreichen lässt. Ein gutes Ausflugsziel für eine Tages-Radtour von Downtown aus ist Brackley Beach (45 km).

MacQueen's Bike Shop (430 Queen St., ☏ 902/368-2453) vermietet Fahrräder und sämtliches Zubehör, erledigt Reparaturen und organisiert auch Pauschal-Radtouren. **Smooth Cycle** (330 University Ave., ☏ 902/

566-5530) verleiht und repariert ebenfalls Räder und bietet den Transport zum Ausgangspunkt des Confederation Trails.

Beide Anbieter verlangen ab $ 25 pro Tag für ein normales Tourenrad.

Nachtleben, Kultur und Veranstaltungen

Früher wurden in Charlottetown abends die Bürgersteige hochgeklappt, doch in den letzten Jahren haben sich hier ein reges Nachtleben und eine Kneipenszene entwickelt. Es dreht sich v. a. ums Trinken und Tanzen. Das letzte Getränk wird um 1.30 Uhr ausgeschenkt; um 2 Uhr schließen die Lokale. Eine komplette Aufstellung der in der Stadt gebotenen Veranstaltungen ist dem kostenlosen Wochenmagazin *Buzz* oder der Wochenendausgabe der Tageszeitung *The Guardian* zu entnehmen.

Nachtleben

● *Pubs und Bars*   **Peake's Quay** (1 Great George St., ✆ 902/368-1330; tägl. ab 11 Uhr) ist dank seiner unschlagbaren Hafenlage sowohl bei Einheimischen als auch bei Besuchern beliebt. Die Bedienung lässt zwar oft zu wünschen übrig, aber das Ambiente ist familienfreundlich und das Essen preiswert, außerdem sind viele Sitzplätze im Freien vorhanden. An den meisten Wochenenden gibt's nach 21 Uhr Livemusik.

Olde Dublin Pub (131 Sydney St., ✆ 902/892-6992) hat eine gut besuchte Veranda und bietet von Donnerstag bis Samstag gegen $ 5 Verzehrbon keltische und irische Musik.

Mavor's (145 Richmond St., ✆ 902/628-6107; Mo–Sa 11–22 Uhr), im Confederation Centre of the Arts, ist ein farbenfrohes Lokal, in dem mehr als 40 Weine, ausgezeichnete Martinis und eine gut durchdachte Auswahl an leichten Speisen für weniger als $ 15 angeboten werden.

Die **Selkirk Lounge** (Delta Prince Edward, 18 Queen St., ✆ 902/894-1208; tägl. 12–23 Uhr) ist eine elegante Räumlichkeit unter dem Dach eines der Tophotels der Stadt. Dienstag bis Samstag wird abends Pianomusic live geboten; die Highlights auf der langen Getränkekarte sind Martinis und Kaffeespezialitäten.

Die **42nd St. Lounge** (125 Sydney St., ✆ 902/566-4620) ist ebenfalls eine gute Wahl für einen Drink und ein Schwätzchen in ruhiger Umgebung. Am besten bestellt man bei einem der zuvorkommenden Barkeeper einen Cognac, lässt sich in einen der gemütlichen Sessel fallen und genießt die Berieselung mit Softjazz aus den Lautsprechern. Sehr empfehlenswert.

● *Nachtclubs*   Einer der Favoriten der Clubszene ist **Velvet Underground** (166 Prince St., ✆ 902/628-6898). Musik gibt's von Diens-

tag bis Samstag, die meisten Gäste kommen samstags zur Tanzparty.

Das **Baba's Lounge** (81 University Ave., im 1. Stock, ✆ 902/892-7377) hat Ähnlichkeit mit einem Kleiderschrank, ist jedoch der „hipoisie"-Treff per se. Das Wort „intim" wäre hier ein Understatement: Auf der Tanzfläche von der Größe einer Briefmarke kann engste Körperberührung im Rhythmus der Musik gar nicht ausbleiben. Die Bandbreite der Livemusik reicht von annähernd alternativ bis zu modernem Rock.

Feste und Veranstaltungen

Das **Confederation Centre of the Arts** (145 Richmond St., ✆ 902/566-1267, www.confederationcentre.com) ist das Provinz-Hauptquartier der schönen Künste und Veranstaltungsort des **Charlottetown Festivals**, das von Mitte Juni bis Ende September abgehalten wird. Berühmt ist das Festival in erster Linie seines Musicals „Anne of Green Gables" wegen; Tickets kosten $ 50–70. Auf dem Programm stehen aber auch andere Stücke, die auf der Haupttheaterbühne des Zentrums zur Aufführung kommen, sowie Cabaret-ähnliche Produktionen im **MacKenzie Theatre**, der zweiten Festivalbühne an der Kreuzung University Avenue und Grafton Street.

Das lange Wochenende **Canada Day** (1. Juliwochenende) feiert man im Hafenviertel mit einer Lebensmittelmesse, regionaltypischen Ausstellungen, Inselmusik und dem Feuerwerk **Festival of Lights**.

Die vom Charlottetown Yacht Club veranstaltete **Race Week** (✆ 902/892-9065, www.cyc.pe.ca) wird Mitte Juli von Mittwoch bis Samstag abgehalten. Im Mittelpunkt stehen Bootsrennen in unterschiedlichen Klassen, angeboten werden aber auch andere Aktivitäten, z. B. Spiele am Ufer und Abendunterhaltung. Auch wer nicht direkt in die Rennen involviert ist, sollte sich den Anblick der Jachten, die sich im Hafen einen Wettstreit liefern, nicht entgehen lassen.

Mitte August findet im Charlottetown Driving Park, nordöstlich der Innenstadt entlang der Kensington Road, die **Old Home Week** (✆ 902/629-6623, www.oldhomeweekpei.com) statt, die größte Landwirtschaftsausstellung in den Atlantikprovinzen. Anlässlich der am Wochenende abgehaltenen **Gold Cup Parade** durch die Straßen von Charlottetown macht in der Stadt inoffiziell alles dicht – es soll der größte Umzug in den Atlantikprovinzen sein, mit den meisten Teilnehmern. Die

Tageskarte für die Messe ist erschwinglich: $ 7, Kinder $ 4.

Das **International Shellfish Festival** (www.peishellfish.com) am 3. Septemberwochenende läutet das Ende des Sommers ein. Zu den Festveranstaltungen im Hafenviertel zählen ein Austernschäl-Wettbewerb, eine Chowder Challenge, Touch Tanks, Kochunterricht und das Kinderprogramm „The World is Your Oyster". Außerdem weihen Köche des *Culinary Institute* Interessierte in ihre Küchengeheimnisse ein.

Einkaufen

Charlottetown, zentral gelegen und mit Abstand die größte Stadt der Insel, ist auch deren Einkaufsparadies. In der Innenstadt findet sich eine gelungene Mischung aus alteingesessenen und neuen Geschäften, doch die dichteste Konzentration von Einkaufszentren liegt nördlich von Downtown an der University Avenue. Die v. a. für die Insulaner wichtigen Geschäfte haben in der Regel Montag bis Samstag von 9 bis 17 Uhr geöffnet, Touristenläden öffnen im Juli und August später und sind auch sonntags besetzt.

● *Kunst und Kunsthandwerk* Lokale Künstler bilden die Insel auf meisterhafte Art in Wasser-, Acryl- und Ölfarben sowie in Form von Skulpturen ab. Das hiesige Kunsthandwerk umfasst hochwertige Quilts, Strickwaren, Schmuck, Töpferwaren und hübsche Möbel. Das meistverkaufte Souvenir ist jedoch die Anne-Puppe, die in zahllosen Abwandlungen produziert wird und für schlappe $ 20 bis hin zu $ 800 zu haben ist.

Ein exquisiter, handgemachter Quilt kostet $ 400–800 – das ist selten ein Schnäppchen. Aber ein fachmännisch angefertigter Quilt ist widerstandsfähig und hält bei guter Pflege ein Leben lang. Qualitativ besonders hochwertig sind Pullover ($ 75–300). Einer der besten Hersteller ist **Northern Watters Knitwear**, der einen Laden in der Innenstadt (150 Richmond St., ✆ 902/566-5850) unterhält.

Das **P.E.I. Crafts Council** ist eine treibende Kraft hinter dem hiesigen Kunst- und Kunstgewerbemarkt. Rund 100 Künstler sind hier vereinigt. Ihre Erzeugnisse werden im **Island Crafts Shop** (156 Richmond St., ✆ 902/892-5152) verkauft. Beim Stöbern zwischen Quilts, Glaswaren, Skulpturen, Kleidung, Wollsachen und Schmuck etc. bekommt man einen Überblick über das, was in der Stadt und der Provinz im Angebot ist. Manchmal führen im Laden auch Kunsthandwerker ihr Können vor. Von den meisten Waren ist hier nur ein einziges Stück ausgestellt. Wer nicht genau das Gewünschte sieht, kann sich direkt an die herstellende Person wenden; die Mitgliederliste ist im Geschäft erhältlich.

Übernachten/Camping

Unter den mindestens 100 Unterkünften in Charlottetown ist für jeden Geschmack etwas dabei: vom schlichten Budget- bis hin zum kostspieligen Luxuszimmer. Und im Unterschied zu den anderen Regionen der Provinz haben die meisten Gasthäuser hier sogar das ganze Jahr über geöffnet.

Downtown

● *Unter $ 50* Die einzige Jugendherberge in Charlottetown ist **HI-Charlottetown** (60 Hillsborough St., ✆ 902/367-5749, www. hihostels.ca; Schlafsaalbetten $ 27–30, DZ $ 65–70), ein umgebautes Wohnhaus, nur

zwei Blocks östlich vom Province House. Zur Ausstattung gehören u. a. ein Aufenthaltsraum mit offenem Kamin, ein Fitnessraum und WLAN.

● *$ 50–100* Das **Aloha Tourist Home** liegt in der gleichen Ecke der Stadt wie das HI-Charlottetown (234 Sydney St., ✆ 902/892-9944 oder

Prince Edward Island Karte siehe Farbteil S. 5

866/892-9944, www.alohaamigo.com; $ 56–68 für 1/2 Pers.) und hat auch den gleichen Betreiber. Die preiswerte Unterkunft in der Innenstadt eignet sich für Besucher, die bei Privatleuten wohnen möchten. In dem renovierten Wohnhaus stehen vier Gästezimmer mit Einzel- oder Doppelbetten zur Verfügung; zwei Gemeinschaftsbadezimmer, eine Gemeinschaftsküche, Aufenthaltsraum und überall kostenloser WLAN.

Eine der preiswertesten von Charlottetowns „historischen" Unterbringungsmöglichkeiten ist **MacInnis Bed and Breakfast** (80 Euston St., ℅ 902/892-6725), ein heimeliges, zentral gelegenes Haus mit einer Veranda, die auf einen hübschen Garten hinausgeht. Es hat zwei normale Gästezimmer mit Bad ($ 85 für 1/2 Pers.) und eine Suite im Obergeschoss mit einem Schlafzimmer und Bad ($ 135 für 1/2 Pers.).

• *$ 100–150* Das elegante, in den 1860er-Jahren erbaute **Shipwright Inn** (51 Fitzroy St., ℅ 902/368-1905 oder 888/306-9966, www.shipwrightinn.com; $ 149–249 für 1/2 Pers.) war ursprünglich das Wohnhaus des Schiffbauers James Douse. Es besitzt acht Zimmer und Suiten, alle mit Bad und farbenfrohem Nautik-Dekor (mein Favorit ist der Chart Room mit seinem Himmelbett von 1830, schweren Vorhängen und alten Seekarten an den Wänden). Warmes Frühstück im Preis inbegriffen.

Was das **Elmwood Heritage Inn** (121 North River Rd., ℅ 902/368-3310 oder 877/933-3310, www.elmwoodinn.pe.ca; $ 149–259 für 1/2 Pers. inkl. Frühst.) so besonders macht, ist seine Lage: in zufläufiger Nähe zur Innenstadt und dennoch in grüner Umgebung, eingerahmt von schönen Parkanlagen und mit einer Allee aus stattlichen Eichen, die vom gedrechselten Eisentor zur Eingangstür führt. Die 1889 für den Enkelsohn von Samuel Cunard erbaute Villa bietet 28 viktorianische Gästezimmer, davon viele mit Badewanne und offenem Kamin.

Das **Best Western Charlottetown** (238 Grafton St., ℅ 902/892-2461 oder 800/528-1234, www.bestwesternatlantic.com; $ 145–185 für 1/2 Pers.) liegt drei Blocks vom Province House entfernt. Es besitzt 143 mittelgroße Zimmer beiderseits der Straße, die durch einen unterirdischen Tunnel verbunden sind, und verfügt über ein pubähnliches Restaurant, Schwimmbad, Sauna, Whirlpool und Wäscherei.

• *$ 150–200* Die restaurierte Villa im Queen-Anne-Revival-Stil voller Antiquitäten

namens **Dundee Arms Inn** (200 Pownal St., ℅ 902/892-2496 oder 877/638-6333, www.dundeearms.com; $ 145–220 für 1 Pers., $ 155–230 für 2 Pers.) beherbergt schon seit den frühen 1970er-Jahren Gäste. Weitere Pluspunkte, abgesehen von der günstigen Lage zwischen Downtown und Victoria Park, sind das gute Restaurant und die bequemen Betten. Gäste sollten wissen, dass sich die Hälfte der 18 Zimmer in einem modernen Anbau im rückwärtigen Teil des Originalgebäudes befindet, aber auch sie sind stilvoll eingerichtet und bieten WLAN, Bademäntel und mehr.

Charlotte's Rose Inn (11 Grafton St., www.charlottesrose.ca, ℅ 902/892-3699 oder 888/237-3699) ist ein dreistöckiges Haus Baujahr 1884 in einer ruhigen Straße. Die Original-Bretterböden, hohen Decken und viktorianischen Möbel tragen wesentlich zum Charme des Hauses bei. Die vier Gästezimmer mit Bad kosten $ 155–205 für 1/2 Pers., warmes Frühstück inkl.

• *Über $ 200* Ein paar Schritte vom Province House entfernt, bietet das **Inns on Great George** (58 Great George St., ℅ 902/892-0606 oder 800/361-1118, www.innsongreatgeorge.com; $ 209–349 für 1/2 Pers.) 53 Gästezimmer, verteilt auf 13 wunderschön restaurierte Gebäude, die bis auf das Jahr 1811 zurückgehen. Das Foyer befindet sich in einem Gebäude an der Ecke Great George Street und Sydney Street, das ursprünglich Pavilion Hotel hieß. Hier waren die Fathers of Confederation 1864 während der Charlottetown Conference untergebracht. Das Haus besitzt auch einen großen Aufenthaltsbereich und ein Gourmet-Restaurant. Die Zimmer in diesem sowie in den Gebäuden an und hinter der Great George Street sind liebevoll renoviert und mit modernen Annehmlichkeiten wie AC und Highspeed-Internetzugang versehen worden.

Rodd Charlottetown (75 Kent St., ℅ 902/894-7371 oder 800/565-7633, www.roddhotelsand resorts.com; $ 230 für 1/2 Pers.) ist ein imposantes georgianisches, 1931 errichtetes Schmuckstück aus rotem Sandstein mit wunderbaren Holzelementen und Möbeln aus der Werkstatt von regionalen Handwerksmeistern. Es bietet 115 Zimmer und Suiten, ein Restaurant, Whirlpool, Schwimmbad und Dachgarten. Wie immer bei solchen Luxusherbergen, lohnt sich ein Blick auf die Website zwecks Sonderangeboten.

Ebenso wie das nahe gelegene Confederation Centre, sticht das **Delta Prince Edward**

(18 Queen St., ℡ 902/566-2222 oder 888/890-3222, www.deltahotels.com; $ 240 für 1/2 Pers.) wegen seines klobigen Äußeren inmitten der graziösen Innenstadtbauten ins Auge. Innen befinden sich 211 hübsch eingerichtete Zimmer. Die teureren Delta Rooms haben King-Size-Betten und Meerblick. Alle Annehmlichkeiten eines Tophotels sind vorhanden, darunter Parkgarage ($ 19/Tag), Spa, Fitnessraum, Schwimmbad, Lounge und Restaurant. Die offiziellen Preise kann man vergessen und sollte stattdessen auf der Website nach Pauschalangeboten Ausschau halten. Manche beinhalten Unterkunft plus Theaterkarten oder Greenfee für rund $ 200.

Nördlich der Downtown

In der Downtown abzusteigen, hat zweifellos seine Vorzüge, doch wenn man ein preisgünstiges Motelzimmer sucht oder im Familienverband reist, ist eine Unterkunft im Norden der Stadt eine gute Alternative.

• *$ 50–100* **Sherwood Motor Inn** (281 Brackley Point Rd., ℡ 902/892-1622 oder 800/567-1622) ist ein zuverlässiges Billigmotel gegenüber der Abfahrt zum Flughafen, 8 km nördlich der Downtown. Es besteht aus einer Reihe betagter Motelzimmer ($ 65–75 für 1/2 Pers.) und einem zweistöckigen Gebäude neueren Datums mit Zimmern, die über AC verfügen ($ 85–105 für 1/2 Pers.).

Ein bisschen näher an der Stadt liegt das **Fair Isle Motel** (Rte. 2, ℡ 902/368-8259 oder 000/309-0259; April–Nov.; $ 40 für 1 Pers., $ 50–66 für 2 Pers.), ein altes Motel an der Straße, dessen Zimmer auf einen gepflegten Garten hinausgehen. Wer bei Lobster on the Wharf (siehe *Essen und Trinken*) frisches Seafood eingekauft hat, kann auf den Motel-Grills ein köstliches Essen im Freien zubereiten.

Ich bezweifle, dass viele kanadische Hauptstädte innerhalb der Stadtgrenze eine Bungalowanlage inmitten weitläufiger Grünanlagen aufzuweisen haben, aber Charlottetown hat das, und zwar das **Royalty Maples Cottages & Motel** (Rte. 2, ℡ 902/368-1030, www.royaltymaples.com; Mai–Nov.), das 1 km nördlich der Kreuzung von Route 1 und 2 liegt. Jedes der zehn Cottages mit einem oder zwei Schlafzimmern ($ 95–125 für 1/2 Pers.) verfügt über eine voll ausgestattete Küche, Wohnbereich und AC. Die sechs Motelzimmer kosten jeweils $ 75 für 1/2 Pers. pro Nacht.

Das georgianische Hotel Rodd Charlottetown

• *$ 100–150* An der verkehrsreichen Kreuzung von Route 1 und 2, rund 4 km nördlich der Downtown an der University Avenue, liegt das **Rodd Confederation Inn** (Trans-Canada Hwy., ℡ 902/892-2481 oder 800/565-7633, www.roddhotelsandresorts.com; $ 125–160 für 1/2 Pers.). Das weitläufige Anwesen bietet 31 Standard-Gästezimmer und 31 Suiten (Letztere haben ein besseres Preis-Leistungs-Verhältnis). Außerdem gibt es einen beheizten Pool im Freien, einen Spielplatz, ein Pub und ein Restaurant.

• *$ 150–200* Das **Holiday Inn Express** (200 Trans-Canada Hwy., ℡ 902/892-1201 oder 800/465-4329, www.ichotelsgroup.com; $ 155–210 für 1/2 Pers.) weist den Standard und die Einrichtungen auf, die von den Häusern der weltweiten Kette erwartet werden dürfen. Die modernen Zimmer besitzen AC und Highspeed-Internetzugang, im Preis ist ein kleines Frühstück enthalten. Familien können eine Children's Suite buchen, die mit Nintendo-Playern und Etagenbetten aus–

gestattet sind und separat vom Elternschlafzimmer liegen. Weitere Annehmlichkeiten sind z. B. Schwimmbad und Sonnenterrasse.

Campgrounds

● *Osten*   Der einzige Campingplatz innerhalb der Stadtgrenzen ist der **Southport RV Park** (20 Stratford Rd., Stratford, ✆ 902/569-2287; Mitte Mai bis Mitte Okt.; $ 22–34 pro Nacht). Er liegt am Ostufer des Hillsborough River, nur fünf Autominuten in östlicher Richtung von der Innenstadt entfernt. Es gibt Zeltplätze und Stellplätze mit Anschlüssen, eine Laundry, eine Kochecke und Ausblicke übers Wasser bis nach Downtown.

● *Westen*   Der **Holiday Haven Campground** (Rte. 248, 2 km östl. von Cornwall, ✆ 902/566-2421, www.holidayhaven.pe.ca; Juni bis Anf. Okt.) erstreckt sich über herrliche 25 ha

Land am West River. Er verfügt u. a. über einen Swimmingpool, Spielplatz, über Duschen, eine Laundry und eine Kochgelegenheit. Alle Stellplätze kosten $ 28 pro Nacht.

Folgt man dem Trans-Canada Highway von Downtown aus nach Westen Richtung Confederation Bridge, passiert man nach 20 km den Eingang zum **Strathgartney Provincial Park** (Rte. 1, Churchill, ✆ 902/675-7476; Mitte Juni bis Anf. Sept.). Durch das binnenländische Waldgebiet des 55 ha großen Parks schlängelt sich der Strathgartney River (mit Angelmöglichkeiten). Auf dem Campingplatz gibt es Stellplätze ohne Anschlüsse ($ 22) und solche mit Anschlüssen ($ 25), Wanderwege, warme Duschen, eine Laudry, eine Küchenzeile und in der Nähe einen Laden für Camper.

*E*ssen und *T*rinken

Die Gerichte, die man auf der Insel serviert bekommt, sind von hoher Qualität. Denn es werden für die Zubereitung überwiegend Lebensmittel aus eigenem Anbau bzw. eigener Zucht sowie Seafood aus dem heimischen Meer verwendet. In der Hauptstadt gibt es eine ausgezeichnete Auswahl an Lokalen für jedes Budget. Die wichtigste Fressmeile ist die **Victoria Row**, eine altehrwürdige Häuserzeile an der Richmond Street zwischen Queen Street und Great George Street. Im Sommer ist diese Straße Fußgängern vorbehalten. Die Restaurants stellen dann auch draußen Tische auf, und Straßenmusiker unterhalten die Gäste.

Auch wer nicht speziell zum **International Shellfish Festival** (3. Septemberwochenende) hier weilt, findet lokale Leckerbissen wie Hummer und Malpeque-Austern auf den Speisekarten zahlreicher Lokale der Stadt. Die Erzeugnisse der Region, auch die Molkereiprodukte, sind köstlich. Die Köche kreieren aus den Beeren, die auf der Insel wachsen, dem hier hergestellten Ahornsirup und dem zähflüssigen, süßen Honig echte Gaumenfreuden.

● *Cafés*   Das zentral in der Fußgängerzone Victoria Row gelegene **Cafe Diem** (128 Richmond St., ✆ 902/892-0494; April–Okt. tägl. 8–22 Uhr) eignet sich für eine Erholungspause während des Sightseeings. Auf der Karte stehen Dutzende Kaffeespezialitäten, kleine Gerichte wie Sandwichs und Bagels sowie eine verführerische Auswahl an süßen Sünden. Es handelt sich auch gleichzeitig um das zentral gelegenste Internetcafé der Stadt.

Just Juicin' (62 Queen St., ✆ 902/894-3104; Mo–Sa 8–17, So 12–17 Uhr) bereitete anfangs nur frische Säfte zu, bietet inzwischen aber auch leichte (Bagels mit Räucherlachs) bis schwerere (gehaltvoller Schokokuchen) Snacks.

Mavor's im Confederation Centre of the Arts (145 Richmond St., ✆ 902/628-6107; tägl. 8–20 Uhr) ist ein außergewöhnliches Lokal, in dem Starbucks-Kaffee serviert wird. Die Küche öffnet tägl. außer Sonntag um 11 Uhr; das Angebot besteht aus frischen Vollwertgerichten mit regionalen Einflüssen, die sich z. B. in Kreationen wie Thaicurry gedämpften schwarzen Muscheln niederschlagen. Ebenfalls lecker: die dünnkrustige Räucherlachspizza ($ 12) und Süßkartoffelecken mit einem Klecks Sourcream ($ 6,50).

Die **Beanz Espresso Bar** (38 University Ave., ✆ 902/892-8797; Mo–Fr 6.30–18, Sa 8–18, So 9–16 Uhr) wird hochgelobt für ihren Kaffee, aber mich zieht es jedes Mal, wenn ich in Charlottetown bin, der Suppen, Salate, Sandwichs und altmodischen Konditoreiwaren wegen hin.

• *Seafood* **Flex Mussels** (2 Lower Water St., ✆ 902/569-0200; tägl. 12–24 Uhr) bietet ein besonderes kulinarisches Erlebnis. Die Spezialität sind Muscheln. Sie werden je nach Wunsch in 50 Geschmacksrichtungen gedämpft, z. B. Parisienne (Pernod, Estragon und Basilikum), Wild Turkey (gerösteter Mais, grüne Zwiebeln, Kumquats und Bourbon), Maine (Babymuscheln, Sahne und Petersilie) und Cajun (würzige Sauce Creole, Rotwein, Shrimps und Okra). Kostenpunkt: $ 12–16 pro Pfund, eine empfehlenswerte Beilage sind knackige Fritten für $ 4,50 extra. Sie wollten immer schon mal einer Muschel beim Wachsen zusehen? Dann einfach die *musselcam* auf der Website des Hauses unter www.flexmussels.com anklicken.

Das **Water Prince Corner Shop** (141 Water St., ✆ 902/368-3212; Mai–Okt. tägl. 9–20 Uhr, Juli/Aug. bis 22 Uhr) sieht von außen wie ein gewöhnlicher Gemischtwarenladen aus, aber im Inneren des meerblauen Schindelhauses verbirgt sich ein unprätentiöses Esslokal, in dem v. a. frisches Seafood zu fairen Preisen aufgetischt wird. Alles ist prima – Hummerburger, Hummergerichte, Seafood-Chowder, Muscheln usw.

Fishbones (136 Richmond St., ✆ 902/628-6569; tägl. ab 11 Uhr zum Mittag- und Abendessen geöffnet) ist ein nettes, ungezwungenes Restaurant an der Fußgängerzeile Victoria Row. Als Vorspeise empfiehlt sich eine Kostprobe von der Austernbar, danach eine innovative Hauptspeise wie mit Ahornbutter bestrichener gegrillter Lachs. Weitere Highlights sind z. B. das gehaltvolle Seafoodstew und der gebackene, mit Salsa gekrönte Heilbutt. Die Hauptgerichte bewegen sich in der Preisklasse $ 18–27.

Das **Claddagh Oyster House** (131 Sydney St., ✆ 902/892-9661; Mo–Fr Mittagessen, tägl. Abendessen) ist ein irisches Lokal. Der Eigentümer Liam Dolan stammt aus dem County Galway. Die Spezialität ist Seafood ($ 17–30); eine besondere Gaumenfreude sind die Hummer-Spaghetti ($ 29).

Schon allein wegen seiner Lage am Wasser ist das **Lobster on the Wharf** (2 Prince St., ✆ 902/368-2888; Mai–Okt. 11.30–22 Uhr) seit seiner Eröffnung ein Favorit bei Besuchern und Einheimischen. Das altehrwürdige Restaurant wurde neu aufgebaut, sogar mit einem zusätzlichen Stockwerk und

einer großen Veranda. Wie der Name nahelegt, ist Lobster (Hummer) die Spezialität des Hauses (delikat: das Hummerrisotto), aber auch die Fish 'n' Chips im Tempurapteigmantel ($ 18) sind hervorragend.

• *Kneipenessen* Das **Peake's Quay** (1 Great George St., ✆ 902/368-1330; tägl. ab 11 Uhr) im 1. Stock, nutzt seine Hafenlage voll aus, mit einfachen Tischen drinnen und draußen und einer unglaublichen Auswahl an Seafood ($ 11–22); Tipp: die in Honigbutter getränkten Schnecken. Peake's Quay soll auch der heißeste Nightspot der Stadt sein. Hier treffen sich Anwohner, Flachland-Touristen und Yachties (die im Jachthafen direkt vor der Tür vor Anker gegangen sind), um zu sehen und gesehen zu werden, während sie der Musik hochrangiger Bands lauschen oder dazu tanzen. Es ist daher ratsam, das Abendessen zeitig zu bestellen.

The Merchantman Pub (23 Queen St., ✆ 902/892-9150; Mo–Sa ab 11.30 Uhr) bietet eine angenehme Atmosphäre, eine ansehnliche Speisekarte mit einigen Thai- und Cajun-Gerichten sowie eine gute Auswahl an Bieren. Allerdings scheint das Lokal etwas überteuert, vielleicht aufgrund seiner Lage: Auf der anderen Straßenseite steht das noble Delta Prince Edward.

• *Kanadisch* Der **Lucy Maud Dining Room** (4 Sydney St., ✆ 902/894-6868; Di–Fr 11.30–13.30, Di–Sa 18–20 Uhr) gehört zum Culinary Institute of Canada, einem renommierten Kochinstitut, das Auszubildende aus dem ganzen Land anzieht. Gäste sollten die ziemlich nüchterne Umgebung ignorieren, sich auf den Meerblick konzentrieren, sich zurücklehnen und die zuvorkommende Bedienung sowie die preiswerten Gerichte – eine Mischung aus zeitgenössisch und kontinental – genießen. Für ein 4-Gänge-Menü ist mit $ 35 zu rechnen.

Wer in einem der besten Restaurants der Stadt speisen, aber kein Geld in ein kostspieliges Abendessen investieren möchte, kann zum Frühstücken ins **The Selkirk** (Delta Prince Edward, 18 Queen St., ✆ 902/894-1208; Mo–Sa 11.30–18–21, So 11–14 Uhr) gehen. Das Buffet kostet $ 17, es sind aber auch traditionelle Gerichte wie Fischbouletten mit gebackenen Bohnen ($ 14) oder ausgefallenere wie Eggs Benedict mit Hummer ($ 18) zu haben. Abends wird's vornehmer. Dann kann man Schweinslendchen Ravioli oder geräucherte Ente und Spargelsalat als Vorspeise bestellen, gefolgt von gebackenem Saibling

Prince Edward Island
Karte siehe Farbteil S. 5

mit einem Häubchen aus Obstsalsa oder in Whiskey und Ahornsirup marinierten Lachs, der auf einem Stück Zedernholz gegrillt wird. Die meisten Vorspeisen sind für weniger als $ 15, Hauptgerichte für $ 25–33 zu haben.

Der **Griffon Room** (Dundee Arms Inn, 200 Pownal St., ✆ 902/892-2496; tägl. Frühst., Mittag- und Abendessen) liegt abseits der Touristenpfade in einer renovierten dreistöckigen Villa, die altmodisches Flair mit eleganter Gourmetküche vereint; der Schwerpunkt liegt auf rotem Fleisch und Seafood. Wem der Sinn mal nach was anderem als Seafood steht, kann mit der gebackenen Schweinelende an Pfirsichkompott nichts falsch machen. Hauptgerichte kosten $ 21–32.

• *Italienisch* **Sirenella Ristorante** (83 Water St., ✆ 902/628-2271; Mo–Fr 11.30–14, Mo–Sa 17–22 Uhr) tischt in einem schlichten, aber klassischen Lokal traditionelles norditalienisches Essen auf. Die Linguine mit Schnecken, Shrimps und scharfer Sauce sind ein Gedicht. Auf der Weinkarte überwiegen rote und weiße italienische Tropfen. Hauptgerichte kosten $ 13–27. Weitere Pluspunkte gibt's für das Kindermenü und den Patio.

• *Eiscreme* Das Paradies für Eiscreme-Liebhaber heißt **Cow's**, ein regionaler Eiscremehersteller, der nicht nur für seine cremigen, in handgemachten Waffeln servierten Leckereien berühmt ist, sondern auch für das farbenfrohe Angebot. Zentral gelegene Filialen gibt es z. B. gegenüber vom Confederation Centre (Queen St., Ecke Grafton St., ✆ 902/892-6969) und an der Peakes Wharf (✆ 902/566-4886). Auf der Weiterfahrt von der Insel kann man sich noch einmal in Gateway Village oder auf der Fähre dem Cow's-Eisgenuss hingeben.

*I*nformation

Touristeninformation

Charlottetowns Hauptniederlassung des **Visitor Information Centre** befindet sich direkt am Hafen (173 Water St., ✆ 902/368-4444; Juli/Aug. tägl. 8–21 Uhr, Frühling und Herbst tägl. 9–18 Uhr, Winter Mo–Fr 9–18 Uhr). Hier können Besucher Fragen stellen und zahlreiche Broschüren zur Provinz und Charlottetown einstecken. Im Rathaus, an der Ecke Kent und Queen Street, liegt ein kleinerer, nur während der Saison geöffneter Infokiosk. Nützliche Planungshilfe im Vorfeld der Reise bietet die offizielle Tourismus-Website der Insel (www.peiplay.com).

Literatur

• *Bücherei* Der Eingang zur zentral gelegenen **Confederation Centre Public Library** (✆ 902/368-4642; Mo, Fr/Sa 10–17, Di–Do 10–21, So 13–17 Uhr) befindet sich in der Richmond Street. Die Bücherei bietet eine ordentliche Auswahl an Insel-Literatur, Zeitungen aus ganz Nordamerika und kostenlosen Internetzugang.

• *Buchhandlungen* **Bookmark** (172 Queen St., ✆ 902/566-4888; Mo–Fr 8.30–21, Sa 9–17.30, So 12–17 Uhr) ist eine ausgezeichnete Buchhandlung mitten in der Innenstadt; der Besitzer ist ein Einheimischer. Hier sind z. B. Bildbände, „Anne of Green Gables"-Bücher und Naturkundeführer erhältlich.

Auf die Insel bezogene Bücher, v. a. zu den Themen Architektur und Geschichte, führt der Buchladen im **Beaconsfield Historic House** (2 Kent St., ✆ 902/368-6600; Juli/Aug. tägl. 10–17 Uhr, Sept.–Juni Mi/Do 12–17 Uhr).

The Bookman (177 Queen St., ✆ 902/892-8872) verkauft neue, gebrauchte und seltene Bücher.

*A*dressen

• *Notfälle* Das **Queen Elizabeth Hospital** liegt am Riverside Drive (✆ 902/894-2200). Die **Polizei** ist unter ✆ 902/566-7112 zu erreichen.

• *Post und Internet* Das **Hauptpostamt** befindet sich in der 135 Kent Street (✆ 902/628-4400).

Die meisten Unterkünfte in der Hauptstadt bieten drahtlosen oder Highspeed-Internetzugang. Man kann aber auch die **Confederation Centre Public Library** (✆ 902/368-4642; Mo, Fr/Sa 10–17, Di und Do 10–21, So 13–17 Uhr) aufsuchen. Im **Cafe Diem** (128 Richmond St., ✆ 902/892-0494; tägl. 8–22 Uhr), gegenüber der Bücherei, stehen in einer Galerie im Obergeschoss eine Reihe Computer; Internetzugang kostet $ 6 pro 30 Min.

• *Weitere Adressen* Es gibt zahlreiche Münzwäschereien; sie haben normalerweise tägl. von 8–23 Uhr geöffnet. **Better Than Home Laundromat** (73 St. Peters Rd., ✆ 902/628-1994) und **Mid Town Laundromat**

(238 University Ave., ✆ 902/628-2329), um nur zwei zu nennen, liefern auch ins Haus. Alles was die Digitalkamera braucht, gibt's im **PEI Photo Lab** (55 Queen St., ✆ 902/892-5107).

Zur Anreise nach Charlottetown siehe *Anreise nach Prince Edward Island* auf S. 378.

Unterwegs in Charlottetown

• *Öffentliche Verkehrsmittel* Mit **Charlottetown Transit** (✆ 902/566-9962) kommt man für $ 2 in Greater Charlottetown überall hin; Busse verkehren nur werktags.

• *Taxis* In Charlottetown wimmelt es von Taxis; für $ 4–6 gelangt man fast in jede Ecke der Innenstadt. Taxis können auf der Straße angehalten werden, warten aber auch vor den größeren Downtown-Hotels. Taxiunternehmen sind z. B. **City Cab** (✆ 902/892-6567), **Co-op** (✆ 902/892-1111) und **Yellow Cab** (✆ 902/566-6666).

• *Mietwagen* Zu den lokalen Mietwagenanbietern zählen **Avis** (✆ 902/892-3706), **Budget** (✆ 902/566-5525), **Hertz** (✆ 902/966-5566) und **National** (✆ 902/628-6990).

• *Touren* Die **Confederation Players** sind begeisterte Lokalhistoriker, die – in historische Gewänder gekleidet – von Mitte Juni bis August Rundgänge durch die Innenstadt von Charlottetown anbieten. Ausgangspunkt ist die Founders' Hall (6 Prince St., ✆ 902/368-1864). Die normale einstündige Führung beginnt tägl. um 11, 13 und 15.30 Uhr; die einstündige für Französischsprachige um 13 Uhr. Abmarschzeit der Ghostly Realm Tour ist Dienstag bis Samstag um 19.30 Uhr. Alle Führungen kosten faire $ 10 pro Pers.

Abgweit Tours (✆ 902/894-9966) betreibt den roten Sightseeing-Doppeldeckerbus, der durch Charlottetown fährt (die einstündige Tour kostet $ 10). Er hält am Confederation Centre an der Ecke Queen und Grafton Street und verkehrt von Mitte Juni bis September tägl. 10.30–18.15 Uhr.

Peake's Wharf Boat Tours (✆ 902/629-1864) hat ein überdachtes, rund 13 m langes Boot, das in der Peake's Wharf, am Fuß der Great George Street, vor Anker liegt. Zur Wahl stehen eine 70-minütige Sightseeing-Rundfahrt (13 Uhr; $ 22), eine zweieinhalb-

stündige Sealwatching-Tour (14.30 Uhr; $ 30) sowie 70-minütige Abend- bzw. Sonnenuntergangsfahrten (18.30 und 20 Uhr; beide $ 25). Der Ausflugsdampfer ist von Juni bis Anfang September im Einsatz.

Die eindrucksvolle City Hall in Charlottetown

Die Südküste

Von Charlottetown aus sind es auf der Route 1 (Trans-Canada Highway) noch 56 km Richtung Westen bis nach Borden-Carleton, wo die Confederation Bridge eine Verbindung zum Festland herstellt. Wer über die Brücke auf die Insel kommt, sollte in Erwägung ziehen, bei DeSable von der Route 1 abzuzweigen und die landschaftlich reizvolle Route 19 an der Südküste entlang nach Rocky Point und zur Port-la-Joye-Fort Amherst National Historic Site (siehe *Charlottetown*) zu nehmen, um den Anblick der Cityskyline auf der anderen Seiten des glitzernden Charlottetown Harbour zu genießen.

Victoria

Victoria (200 Einw.), 40 km westlich von Charlottetown, liegt im Südwesten von Queens County. Das Städtchen verdankt seine Entstehung dem Schiffsbau; um 1870 besaß Victoria einen der betriebsamsten Häfen der Insel. Als die Nachfrage nach Schiffen aus Holz sank, verlegte man sich auf den Viehtransport – das Vieh wurde zum Hafen hinabgetrieben und mit Lassos auf die wartenden Schiffe gezogen.

Heute ist Victoria nur noch ein schwacher Abglanz von dem, was es einst darstellte. Schon vor Jahrzehnten verlor der Hafen jegliche wirtschaftliche Bedeutung, und der Ort schrumpfte auf eine Handvoll Häuserblocks am Meeresufer zusammen. Glücklicherweise aber haben Kunsthandwerker der Insel das malerische Fleckchen für sich entdeckt. Es ist immer noch ein ruhiger Ort, an dem morgens, wenn Nebelschwaden aus dem Wasser aufsteigen, die Fischerboote aufs Meer hinausfahren. Heute beherbergt der friedliche Hafenort eine bescheidene Künstlerkolonie, deren Produkte in Geschäften an der Hauptstraße verkauft werden.

Reisepraktisches

• *Theater* Theaterliebhaber sollten eine Vorstellung im **Victoria Playhouse** (Howard St., ☎ 902/658-2025, www.victoriaplayhouse.com) in die Reiseplanung einbauen. Es handelt sich um eine Bühne, auf der mehr oder weniger ernste Stücke zu historischen Themen (Eintritt $ 24, Senioren $ 22, Kinder $ 18) sowie Jazz- und Folkkonzerte aufgeführt werden.

• *Übernachten* Das **Victoria Village Inn** (Howard St., ☎ 902/658-2483 oder 866/658-2483, www.victoriavillageinn.com; $ 90–145 für 1/2 Pers.) neben dem Victoria Playhouse wurde ursprünglich in den 1870er-Jahren für einen Schiffskapitän erbaut. Das mit Antiquitäten möblierte Haus bietet vier gemütliche Ferienwohnungen – eine mit drei Schlafzimmern. Das hauseigene Restaurant ist im Sommer tägl. zum Abendessen geöffnet.

Das **Orient Hotel** (Main St., ☎ 902/658-2503 oder 800/565-6743; Mitte Mai bis Mitte Okt.; $ 80–150 für 1/2 Pers.), schräg um die Ecke vom Theater, beherbergt schon seit dem Jahr 1900 Gäste. Es hat ein paar etwas klein geratene Gästezimmer (ab $ 80) und grö-

ßere Suiten ($ 130–150). Im Preis enthalten sind ein köstliches Frühstück sowie den ganzen Tag über Tee und Kaffee.

• *Essen und Trinken* Findige Einheimische bauten ein altes Gemischtwarenladen und das Postamt um und machten daraus das **Landmark Café** (12 Main St., ☎ 902/658-2286; Juni–Sept. tägl. 11.30–21 Uhr.). Die aus frischen Zutaten der Saison zubereiteten Gerichte sind ausnahmslos gut, aber besonders lecker sind die Suppen und Fleischpasteten.

An der Victoria Wharf liegt **Ruthie's Lobster House** (☎ 902/658-2200; Juni–Sept. tägl. 11.30–14.30 und 17–21 Uhr), ein Schlaraffenland für Liebhaber von Seafood und Steaks. Im angrenzenden **Ruthie's Pub** wird fast jedes Wochenende Livemusik geboten.

Rund 2 km östlich der Hauptwerft kann man bei **Morning Star Fisheries** (☎ 902/658-3045; Sommer tägl. 10–19 Uhr) einen gekochten Hummer kaufen und auf dem Picknickgelände im nahe gelegenen **Victoria Provincial Park** verspeisen.

Borden-Carleton

Die Zwillingsdörfer Borden-Carleton, 56 km westlich von Charlottetown, liegen dem kanadischen Festland am nächsten und waren daher schon immer ein wichtiger Verkehrsknotenpunkt. Wenn die Insel von Dezember bis ins Frühjahr hinein von Eis umschlossen war, überquerten Ende des 18. Jh. Eisboote mit Passagieren und Post an Bord die Northumberland Strait. Haarsträubende Geschichten werden von diesen Fahrten erzählt, bei denen es ums nackte Überleben ging. Die Eisschiffe – nur mit leicht zerreißbaren Segeln und Drehreep ausgestattet – blieben oft im Eis der Strait gefangen. Erst 1916 nahm eine Autofähre ihren Betrieb auf, doch 1997 wurde die Confederation Bridge eingeweiht und der Fährbetrieb eingestellt.

Seit Eröffnung der Brücke hat Borden-Carleton einen mächtigen wirtschaftlichen Aufschwung erlebt, denn über die Brücke kommen Tausende von Reisenden in das Städtchen, logieren in den Restaurants – oder kaufen noch rasch ein paar Souvenirs, bevor sie die Insel wieder verlassen.

Gateway Village

Auf dem letzten Abschnitt der Confederation Bridge kommt schon das 12 ha große Gateway Village in Sicht. Es wurde zwar speziell für diejenigen erbaut, die über die Brücke anreisen, lohnt aber nichtsdestotrotz einen Besuch, selbst wenn man wieder auf dem Weg zurück zum Festland ist. Es ist wie eine Straßenzeile aus den frühen 1900er-Jahren gestaltet, die Läden bieten typische Insel-Souvenirs an. Einige davon kitschig (T-Shirts, Weihnachtsdekorationen usw.), andere geschmackvoll (frischer Hummer) und wieder andere trendig (Wein vom Weingut Rossignol Estate Winery). Die Sammelstelle der Neuankömmlinge ist das höhlenartige **Gateway Village Visitor Information Centre** (✆ 902/437-8570; tägl. 9–18 Uhr, Frühjahr und Herbst bis 20 Uhr, Sommer bis 22 Uhr), wo freundliche Mitarbeiter einem dabei helfen herauszufinden, wie man die Zeit auf der Insel optimal nutzt. Ausstellungen im Zentrum beschäftigen sich mit verschiedenen auf der Insel möglichen Aktivitäten. Draußen, zwischen den Cafétischen und den herumschlendernden Besuchern, werden kostenlose Musik- und Kunsthandwerksvorstellungen geboten, was das Ganze noch einladender macht.

Übernachten

Rund 13 km westlich der Stadt, südlich von Central Bedeque an der Route 171, liegt das **Mid Isle Motel** (Rte. 171, ✆ 902/887-2525 oder 877/877-2525, www.midisle.ca) mit zehn nüchtern eingerichteten Zimmern für $ 60; das kleine Café nebenan hat zum Frühstück geöffnet.

Die **Lord's Seaside Cottages** (Bells Point Rd. abseits Rte. 10, ✆ 902/437-2426 oder 888/228-6765, www.lordsseasidecottages.com; Juni–Sept.; $ 100–130 für 1/2 Pers.) lohnen einen etwas tieferen Griff ins Portemonnaie. Die acht einfachen Cottages am Bells Point, ein paar Kilometer westlich von Borden-Carleton, verfügen jeweils über ein bis drei Schlafzimmer, TV und eine Veranda mit Grill. Im Juni und September wird jeder der Bungalows für $ 550 pro Woche vermietet – ein ausgezeichnetes Angebot für Familien oder zwei zusammen reisende Paare.

Confederation Bridge

Wer auf dem Weg über die Confederation Bridge nach Borden-Carlton gekommen ist, musste nichts bezahlen. Zur Kasse gebeten wird man erst bei Verlassen der Insel. Die Maut kostet $ 42,50 pro Fahrzeug, inklusive der Insassen. Das Geld wird

Prince Edward Island Karte siehe Farbteil S. 5

am Zollhäuschen an der der Insel zugewandten Seite der Brücke kassiert. Bezahlt werden kann in bar oder per Kreditkarte.

Von Charlottetown nach Cavendish

Die schnellste Verbindung zwischen Charlottetown und Cavendish führt 25 km lang auf der Route 2 von der Hauptstadt nach Nordwesten und dann bei Hunter River auf der Route 13 nach Norden. Auf diese Art lässt sich die Küste schon in weniger als 1 Std. erreichen. Eine gemütlichere Alternativstrecke, der die nachstehenden Ortsbeschreibungen folgen, wählt, wer von Charlottetown aus die Route 2 nach Nordosten bis Grand Tracadie nimmt und dann auf der Route 6 an der Küste entlang Richtung Westen bis Cavendish fährt. Reisende, die durch das Kings County (siehe *Der Osten von Prince Edward Island*) gefahren sind, aufgepasst: Tracadie Cross, die Abzweigung zur Küstenstrecke, liegt nur 7 km westlich von Mount Stewart.

Grand Tracadie

Grand Tracadie lässt sich von Charlottetown mühelos in rund 40 Min. erreichen. Es bildet den östlichen Zugang zum Prince Edward Island National Park, ist aber v. a. für ein altehrwürdiges Gasthaus bekannt, das 2 km vom Zentrum des Städtchens entfernt innerhalb des Parks liegt.

Übernachten/Essen und Trinken

Das elegante **Dalvay by the Sea** (16 Cottage Cres., ✆ 902/672-2048 oder 888/366-2955, www.dalvaybythesea.com; Mitte Juni bis Anf. Okt.) mit seinem grünen Dach gefällt besonders Gästen, die ein Faible haben für das herrschaftliche Ambiente vergangener Zeiten. Die rustikale Villa wurde 1895 im Auftrag des Amerikaners Alexander MacDonald erbaut, der sie als Sommerresidenz nutzte. Heute wird das Hotel mitsamt seiner Antiquitäten und des weitläufigen Geländes von den Angestellten des Nationalparks makellos in Schuss gehalten. Seine 26 Zimmer werden für $ 180–200 für 1 Pers., $ 280–400 für 2 Pers. vermietet, Frühstück und Abendessen inbegriffen. Die vier Cottages auf dem Anwesen ($ 470–510 für 2 Pers. mit VP) sind besonders bei Paaren in den Flitterwochen begehrt.

Der Speisesaal des Hotels ist weit und breit berühmt; bei vorheriger Reservierung sind auch Gäste willkommen, die nicht hier wohnen. Bei den Vorspeisen ($ 20–36) setzt man auf kanadische Küche mit französischen Akzenten. Großer Wert wird auf frischeste Zutaten, das beste Seafood und das erlesenste Fleisch gelegt. Als Hauptgericht gibt es z. B. Lammrücken in Haselnusskruste mit Dijonsenf; der klebrige, mit Toffeesauce übergossene *date pudding* bietet sich als Nachtisch geradezu an. Im Juli und August wird tägl. von 14 bis 16 Uhr ein köstlicher Nachmittagstee für $ 20 pro Pers. (Kinder zahlen $ 6 für Kekse und Limonade) serviert. Zu den weiteren Annehmlichkeiten des Hotels gehören ein Geschenkeshop mit großer Auswahl, ein Strand ganz in der Nähe, ein Tennisplatz, Fahrradverleih, ein See mit Kanus und Naturwanderpfade.

Stanhope

Reisende, die nach Westen Richtung Cavendish unterwegs sind, können vom Grand Tracadie aus zwei verschiedene Strecken nehmen: Eine verläuft entlang der Küste innerhalb des Nationalparks (siehe *Prince Edward Island National Park*), die andere durch Stanhope.

Übernachten

Stanhope Bay and Beach Resort (3445 Bayshore Rd., ℘ 902/672-2701 oder 866/672-2701, www.stanhopebeachresort.com; Juni bis Mitte Okt.; ab $ 164 für 1/2 Pers.) überblickt vom Norden der Stadt die Covehead Bay und den Nationalpark. Das 1855 erbaute Resort verfügt über 86 Ferienwohnungen, verteilt auf zahlreiche Gebäude. Es wurde kürzlich einer gründlichen Renovierung unterzogen, bei der den viktorianischen Zimmern ein zeitgenössischer Touch verpasst wurde. Zum Freizeitangebot gehört Tennis und Croquet, ein beheizter Pool im Freien, Fahrrad- und Kanu-Verleih sowie ein Golfplatz gleich neben dem Anwesen. Frühstücksbuffet und ein Preisnachlass beim Abendessen inkl.

Brackley Beach

Dank seiner Nähe zum Nationalpark, der hervorragenden Strände, der Möglichkeiten zum Golfspielen und Hochseefischen sowie anderer Attraktionen, ist Brackley Beach ein beliebtes Reiseziel.

Am Südrand der Stadt liegt die **Dunes Studio Gallery and Cafe** (Rte. 15, ℘ 902/672-2586; Juni–Okt. tägl. 10–18 Uhr), ein architektonisch ausgefallenes Gebäude, dessen nach Meer hinausgehende Wand fast komplett aus Fenstern besteht. Eine Wendeltreppe im Inneren windet sich an den Arbeiten von rund 70 PEI-Künstlern vorbei, darunter gerahmte Fotografien, Goldschmuck, Töpferwaren, Wasserfarben- und Ölgemälde, Holzschnitzereien und Skulpturen. Genaues Hinschauen lohnt sich schon allein der Porzellanarbeiten Peter Jansons, des Eigentümers, wegen. Besucher sollten unbedingt ganz bis zum Dachgarten hochgehen. Am besten legt man den Besuch in die Mittag- oder Abendessenszeit, um in den Genuss einer der innovativsten, modernsten Küchen auf der Insel zu kommen. Das Essen wird im Café im rückwärtigen, tiefer gelegenen Teil der Galerie mit Blick auf den Garten aufgetischt (Juni–Okt. tägl. 11.30–20 Uhr). Am Wochenende muss fürs Abendessen ein Tisch reserviert werden.

Übernachten/Camping

Das unübersehbare rot-weiße **Shaw's Hotel** (99 Apple Tree Rd., ℘ 902/672-2022, www.shawshotel.ca) schaut von einer 30 ha großen Halbinsel am Rand des Prince Edward Island National Parks auf die Bucht herab. In den 1860er-Jahren war es der Wohnsitz der Familie Shaw, in deren Besitz es sich immer noch befindet. Inzwischen steht es als National Historic Site unter Schutz. Auf dem Anwesen stehen 16 antik möblierte Gästezimmer im Haupthaus, 25 betagte Cottages in der Nähe des Hauses und 15 neuere, elegantere Chalets am Wasser zur Verfügung. Die Preise beginnen bei $ 145 für 2 Pers. nur für die Übernachtung bzw. bei $ 115 pro Pers. inkl. Frühstück und Abendessen. Es herrscht eine ungezwungene, freundliche Atmosphäre – ein nettes Plätzchen, um Leute von der Insel und anderswo kennenzulernen. Das Restaurant des Shaw's Hotels serviert durchweg gute Küche; am besten nimmt man eine Chowder-Vorspeise und hält sich an die Tages-Empfehlung des Küchenchefs; sie umfasst immer Seafood der Saison ($ 22–28).

Camping ist in der Nähe möglich, im 12 ha großen **Vacationland Travel Park** (östl. der Rte. 15 mit Blick auf die Brackley Bay, ℘ 902/672-2317 oder 800/529-0066, www.vacationlandrv.pe.ca; Mitte Mai bis Mitte Sept.; $ 29–43). Zur Ausstattung gehören ein Laden, eine Feldküche, eine Laundry, ein beheizter Pool, warme Duschen, Minigolfplatz und andere Freizeiteinrichtungen.

Prince Edward Island National Park

Die Sandstrände, Dünen, Sandsteinklippen, Marschen und Waldgebiete des Prince Edward Island National Parks vermitteln einen Eindruck davon, wie Prince Edward Island ursprünglich ausgesehen hat, ohne die „Segnungen" des 20. Jahrhunderts.

Der Park schützt einen schmalen, 40 km langen, in seiner natürlichen Perfektion belassenen Küstenstreifen, der sich fast über die gesamte Länge von Queens County erstreckt, sowie einen 6 km² umfassenden Landzipfel weiter östlich in der Nähe von Greenwich (siehe *Die Nordküste* im Kap. *Der Osten von Prince Edward Island*). Der Park erstreckt sich bei Cavendish auch ins Binnenland und umfasst das Green Gables House und den Green Gables Golf Course (siehe *Cavendish*). Zwei große Buchten fassen den Rumpf des Parks ein. Die Tracadie Bay, am östlichen Ende, wirkt mit ihrem schimmernden Wasser wie überdimensionaler Teich. 40 km weiter westlich sieht die New London Bay fast wie das Spiegelbild der Bucht im Osten aus. Dazwischen liegen die von lang gestreckten Inseln begrenzten Buchten Rustico Bay und Covehead Bay. Die Küste wird gesäumt von Sanddünen, durchsetzt mit Strandhafer, Binsen, Lorbeerbüschen und wilden Rosen.

Die Sonnenauf- und Sonnenuntergänge hier sind farbenprächtige Naturschauspiele. Bei Sonnenaufgang, wenn sich das Fischgrätenmuster zeigt, das die nächtliche Meeresbrise in den Sand gemalt hat, liegt über den Stränden entlang der gesamten Golfküste eine so friedliche Atmosphäre, wie sie am ersten Schöpfungstag geherrscht haben muss.

Es ist einfach, sich im Park fortzubewegen. Die Route 6, die zahlreiche Parkeingänge miteinander verbindet, verläuft an der Binnenlandseite des Parks, der Gulf Shore Parkway entlang der Küste auf nahezu der gesamten Parklänge. Man kann das ganze Jahr über durch den Park fahren. Mit seinen breiten Randstreifen, den sanften Steigungen und dem geringen Verkehrsaufkommen eignet sich der Gulf Shore Parkway prima für Radfahrer.

Eintrittsgebühren

Zwischen Anfang Juni und Mitte September kostet die einen Tag gültige Eintrittskarte $ 8, für Senioren $ 7, für Kinder $ 4 und maximal $ 16 pro Fahrzeug. Wer nur das Green Gables House besucht, muss keine Parkeintrittsgebühr entrichten, wohl aber diejenigen, die sich auf den Campingplätzen im Park niederlassen.

Tier- und Naturschutz

Der Nationalpark wurde 1937 eingerichtet, um die fragilen Dünen am Sankt-Lorenz-Strom und Kulturgüter wie das Green Gables House zu schützen. Parks Canada obliegt die schwierige Verantwortung, den Umweltschutzgedanken in Übereinklang mit einer halben Million Besucher pro Jahr zu bringen. Auf Plankenwegen gelangen die Gäste durch die Dünen zu den Stränden; so wird die gefährdete Landschaft vor Schaden bewahrt.

Vogelfreunde werden mit dem Anblick einiger der über 100 im Park vorkommenden Arten reichlich belohnt. Gute Ausgangspunkte sind Brackley Marsh, Orby Head und der Rustico Island Causeway. Der Park schützt rund 25 Paare der vom Aussterben bedrohten Halsband-Regenpfeifer – kleine, scheue Küstenvögel, die Anfang April hier ankommen, um in den flachen Sandgebieten unweit der

Hochwassergrenze zu brüten. Im Frühjahr und Sommer, wenn die Regenpfeifer brüten, sind manche Strände gesperrt. Die Vögel können tatsächlich nur dann überleben, wenn Menschen diesen Gebieten fernbleiben.

Reisepraktisches

Sport und Freizeit

• *Schwimmen und Sonnenbaden* Die sich ohne Unterbrechung aneinanderreihenden Sandstrände – manche weiß, andere durch Eisenoxid rosa gefärbt – gehören zu den besten der Atlantikprovinzen. An warmen Sommertagen räkeln sich ganze Trauben von Sonnenhungrigen am Ufer und schwimmen in der normalerweise sanften Brandung. Die am meisten frequentierten Strände werden von Lebensrettern bewacht, doch angesichts von Unterströmungen ist immer und überall Vorsicht geboten.

Der **Stanhope Beach** gegenüber vom Campingplatz ist breit, flach und im Sommer relativ dicht bevölkert. Sein östlicher Nachbar, der **Brackley Beach,** hat höhere Sanddünen. Im angrenzenden Besucherzentrum gibt es Umkleidekabinen und eine Snackbar. Am meisten los ist am **Cavendish Beach;** die Strände in Richtung Orby Head liegen vor der Kulisse steiler roter Sandsteinklippen.

• *Wandern* Die Bandbreite der ausgewiesenen **Wanderwege** reicht vom 0,5 km langen, auch für Rollstuhlfahrer geeigneten Reeds and Rushes Trail, der am Dalvay Administration Building nahe Grand Tracadie beginnt, bis zum 8 km langen Homestead Trail, der in der Nähe des Cavendish Campground beginnt. Letzterer schlängelt sich an Süßwasserteichen vorbei und durch Wald- und Sumpfgebiete ins Landesinnere und steht sowohl Wanderern als auch Radfahrern offen. Vorsicht vor potenziell gefährlichen Felsenkanten und auch vor Giftsumach und Zecken im Gebüsch.

Wer gern etwas mehr über die Ökologie des Parks erfahren möchte, schließt sich einem der von den Parks-Canada-Rangers geführten **Nature walks** an. Die Wanderungen führen durch vom Wind und Wetter gebeutelten Weißfichtenwäldern zu Süßwasserlagunen und in die Habitate einheimischer Tiere wie Rotfuchs, Odinshühnchen, Zwergdrossel und Junko.

Camping

Die drei Campingplätze des Parks sind sehr unterschiedlich. Ein bestimmter Prozentsatz der Stellplätze lässt sich gegen $ 11 pro Reservierung über **Parks Canada Campground Reservation Service** (℡ 905/426-4648 oder 877/737-3783, www.pc camping.ca) buchen. Im Juli und August, und dann besonders am Wochenende, ist eine Reservierung ratsam. Die übrigen Stellplätze werden nach dem Motto *first-come, first-served* vergeben.

Den **Stanhope Campground** (nördl. von Stanhope; Mitte Juni bis Anf. Okt.) trennt nur die Straße vom Meer. Er hat 95 Stellplätze ohne Anschlüsse ($ 25,50), 16 Stellplätze mit *two way hookups* ($ 32) und 14 mit *full hookups* ($ 36). Außerdem gibt es Duschen, einen Spielplatz, einen Lebensmittelladen, Waschmaschinen und Zeltplätze im Wald.

Am nächsten bei Cavendish und im Mittelpunkt des sommerlichen Bildungsprogramms des Parks liegt der **Cavendish Campground** (Ende Mai bis Anf. Okt.). Er ist der begehrteste der drei Campingplätze und besitzt 230 Stellplätze ohne Anschlüsse ($ 25,50) und 78 mit Anschlüssen ($ 34–36). Zur Verfügung stehen u. a. ein Lebensmittelladen, Kochstellen, Waschmaschinen, WC und warme Duschen.

Information

Die Zentralstelle des **Cavendish Visitor Centre** ist mit dem von der Provinz betriebenen Visitor Information Centre vernetzt und liegt 50 m nördlich der Kreuzung von Route 6 und Route 13 in Cavendish (℡ 902/963-2391; Mitte Mai bis Mitte Okt. tägl. 9–17, Juli/Aug. tägl. 8–22 Uhr). Außer allgemeinen Infos zum Park gibt es Ausstellungen zur Geologie des Parks, und in einem kleinen Laden werden Bücher zum Park sowie Souvenirs verkauft. Eine weitere Informationsquelle ist die Website www.pc.gc.ca.

Prince Edward Island
Karte siehe Farbteil S. 5

Rustico Bay

Eine Dekade nachdem die Franzosen mit dem Aufbau von Port-la-Joye in der Nähe von Charlottetown begonnen hatten, schlugen französische Siedler eine Schneise durch den Wald des Binnenlandes und ließen sich am Ufer der Rustico Bay nieder. Die von England angeordnete Deportation der Akadier im Jahr 1755 hatte zur Folge, dass sich die Dörfer leerten, doch nur für kurze Zeit. Die Akadier kehrten zurück, und die fünf wieder auferstandenen Rusticos – Rusticoville, Rustico, Anglo Rustico, North Rustico und North Rustico Harbour – rahmen bis heute das Westufer der Rustico Bay ein.

Einen Eindruck der akadischen Kultur vermittelt das imposante, zweistöckige **Farmers' Bank of Rustico Museum** (Church Rd., Rustico, ✆ 902/963-3168; Mitte Juni bis Sept. Mo–Sa 9.30–17.30, So 13–17.30 Uhr; Eintritt $ 4). Das 1864 als Kanadas erste Volksbank (Vorläufer der heutigen Credit Unions) errichtete Gebäude diente anfangs als akadisches Geldinstitut und später als Bibliothek. Unter den Ausstellungsstücken in dieser National Historic Site befinden sich auch Erinnerungsstücke an Reverend Georges-Antoine Belcourt, den Gründer.

Reisepraktisches

• *Übernachten/Camping* Die Zimmer im **Rustico Resort** (Ecke Rte. 6 und Rte. 242, Rustico, ✆ 902/963-2357, www.rusticoresort. com; Mai–Okt.) sind normalerweise mit Golfspielern belegt, die in den Cottages übernachten. Sie kosten $ 175 für 1/2 Pers., inkl. Frühstück und unbegrenzte Nutzung des angeschlossenen Golfplatzes. Weitere Annehmlichkeiten sind ein mit Gras bewachsener Tennisplatz, ein beheizter Pool und ein Speisesaal plus Lounge.

Das 1870 erbaute **Barachois Inn** (2193 Church Rd., Rustico, ✆ 902/963-2194, www. barachoisinn.com; Mai–Okt.; $ 160–200 für 1/2 Pers.) thront am Rande der Route 243 über der Rustico Bay. Im Hauptgebäude gibt es vier nach historischen Themen eingerichtete Gästezimmer und im angrenzenden McDonald House vier größere, modernere. Im Preis enthalten ist ein warmes Frühstück.

Der **Cymbria Tent and Trailer Park** (Rte. 242, Cambria, ✆ 902/963-2458, www.cymbria. ca; Mitte Mai bis Mitte Okt.) nimmt ein 12 ha großes Gelände in Strandnähe ein,

4 km östlich von Rustico. Stellplätze ohne Anschlüsse kosten $ 26, mit Anschlüssen $ 30–35. Die Einrichtungen umfassen ein Geschäft, ein Spielezimmer, einen Spielplatz und warme Duschen.

• *Essen und Trinken* **Fisherman's Wharf Lobster Suppers** (Rte. 6, North Rustico, ✆ 902/963-2669; Juni bis Mitte Okt. tägl. 11–21 Uhr) ist ein höhlenartiges Restaurant mit 400 Sitzplätzen, das gern von den Tourbussen aus Cavendish angesteuert wird. Man trifft die Wahl unter drei verschiedenen Hummergrößen ($ 30–38), zahlt und mischt sich unter die Menge. Für das Geld gibt's einen ganzen Hummer und unbegrenzten Nachschlag am Buffet, wo u. a. Chowder, Muscheln, warme Vorspeisen, Salate, Nachtisch und warme Getränke aufgebaut sind.

Wer eine Unterkunft mit Kochmöglichkeit bezogen hat, kann bei **Doiron Fisheries** (am Dock von North Rustico, ✆ 902/963-2442; Mai bis Anf. Okt. tägl. 8–20 Uhr) Hummer, Muscheln, Fisch und köstliche Malpeque Bay-Austern einkaufen.

North Rustico

Das winzige Dörfchen North Rustico im Norden der Rustico Bay ist einer meiner Lieblingsorte auf Prince Edward Island. Es zieht sich bis zum Wasser hinab, wo sich eine restaurierte Werft mit einem interessanten Interpretive Centre befindet, außerdem gibt es Charterboote für Angelausflüge und ein Seekajakverleih. Ein alter, hölzerner Leuchtturm und eines der besten Restaurants weit und breit vervollständigen das Bild von einem Reiseziel, das Welten entfernt zu sein scheint vom geschäftigen Cavendish.

Es lohnt sich unbedingt, an der Werft entlang und am Leuchtturm vorbei nach North Rustico Beach (das im Prince Edward Island National Park liegt) zu spazieren, aber auch das **Rustico Harbour Fishery Museum** (318 Harbourview Dr., ✆ 902/963-3799; Mitte Mai bis Sept. tägl. 9.30–17.30 Uhr; Eintritt $ 4, Kinder $ 2) ist einen Besuch wert. Das kleine, hübsch gestaltete Museum an der Hauptwerft stellt ein typisches Hummerfischerboot aus. Auf Wandtafeln wird die Geschichte der Mi'kmaq-Indianer erzählt, die 1500 Jahre lang auf Robinsons Island jenseits der Bucht lebten, und außerdem gibt es eine Chronik der Entwicklung des Fischfangs seit Ankunft der Europäer.

Reisepraktisches

• *Angeltouren* Ein halbes Dutzend Charter-Fischerboote liegen im North Rustico Harbour vertäut. Der Durchschnittspreis beträgt günstige $ 30 pro Person für einen dreistündigen Ausflug oder $ 150 für einen Ganztagsausflug, bei dem Makrelen, Flunder und Thunfische gefangen werden können. Die meisten Charterausflüge finden von Juli bis Mitte September statt. Sofern notwendig, werden die Teilnehmer von der Crew mit Regenzeug versorgt, außerdem erhalten sie Angeln und Köder; die Beute wird von der Bordmannschaft gesäubert, ausgenommen und filettiert. **Aiden's Deep-sea Fishing** (✆ 902/963-3522) ist seit Jahrzehnten im Geschäft und bietet täglich drei Angelfahrten an.

• *Kajaktouren* Der North Rustico Harbour ist der Ausgangspunkt für Kajaktouren, die von **Outside Expeditions** (✆ 902/963-3366; Mitte Mai bis Mitte Okt.) veranstaltet werden. Eine 90-minütige Paddeltour durch die Bucht kostet $ 39 pro Person; eine dreistündige mit der Möglichkeit, die reiche Vogelwelt von Robinsons Island zu besichtigen,

Der Leuchtturm im Hafen von North Rustico

kostet $ 50, und ein sechsstündiger Abstecher nach Robinsons Island hinüber $ 100, inklusive Mittagessen.

• *Essen und Trinken* Ein Schuppen an der Hauptanlegestelle wurde ins **Blue Mussel Café** (Harbourview Dr., ✆ 902/963-2152; Mitte Juni bis Mitte Sept. tägl. 11.30–20 Uhr) verwandelt. Die meisten Tische des winzigen Lokals stehen draußen auf dem Bürgersteig an einer relativ ruhigen Ecke der Werft. Die Speisekarte sieht aus wie eine Aufstellung dessen, was die Fischer aus den Gewässern der Region holen – Lachs, Schellfisch, Muscheln, Hummer – und im Gegensatz zu den meisten anderen Inselrestaurants ist hier weit und breit keine Tiefkühltruhe zu sehen.

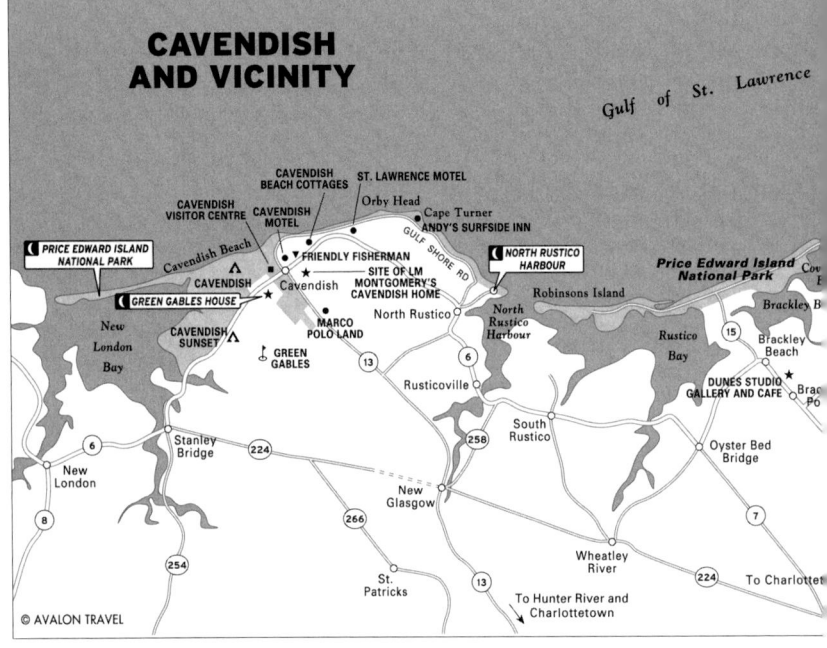

Cavendish

Lucy Maud Montgomery und einer frei erfundenen Person namens Anne ist es zu verdanken, dass Cavendish, 40 km nordwestlich von Charlottetown, eines der beliebtesten Touristenziele von Prince Edward Island ist. Allerdings werden Besucher, die hier eine romantische kleine Oase der Stille vorzufinden hoffen, schwer enttäuscht. Das ehemals ländlich-unberührte Cavendish samt Umgebung hat sich teilweise in einen Wirrwarr aus Themenparks, Fastfood-Lokalen und Souvenirshops verwandelt, und das Dorf selbst versucht, seinem unerwarteten Bekanntheitsgrad gerecht zu werden, indem es sich auf den Status eines richtigen Ferienortes einstellt. Glühende Verehrer der zu Herzen gehenden Bücher Montgomerys zieht es mit Macht nach Cavendish. Wer die Romane nicht kennt (und liebt), sollte dem Ort besser fernbleiben. Aber wenn es einen dennoch hierher verschlagen hat, gibt es jede Menge Beschäftigungsmöglichkeiten – z. B. kann man einen Abstecher in den nahe gelegenen Prince Edward Island Nationalpark unternehmen (siehe *Von Charlottetown nach Cavendish*), auf dem Green Gables Golf Course den Golfschläger schwingen oder die Kunstgewerbeläden durchstöbern.

Utopian Avonlea

Lucy Maud Montgomery schilderte das ländliche Cavendish als ein idyllisches „Niemandsland" namens Avonlea, voller Unschuld und Harmonie. Vom gnadenlosen Kommerz mal abgesehen, muss man bei der Fahrt über die rotlehmigen Landstraßen und einem Spaziergang durch die friedlichen Wälder, Wiesen und Küsten-

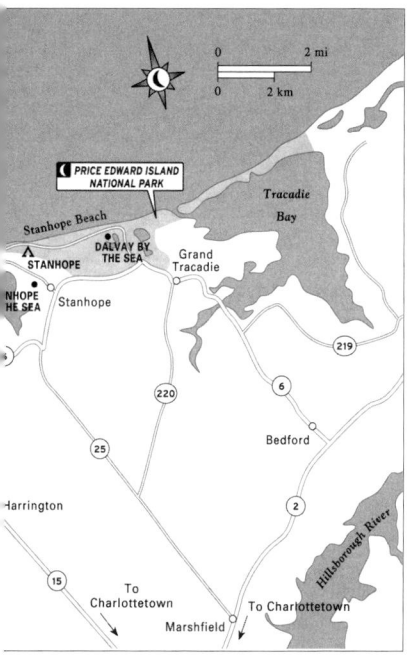

streifen zugeben, dass die Schriftstellerin eigentlich nicht übertrieben hat. Die malerischsten und geschichtsträchtigsten Stellen stehen als Teil des **Prince Edward Island National Parks** unter Schutz. In Cavendish selbst gibt es zwei wichtige Anne-Sehenswürdigkeiten, weitere befinden sich in der Umgebung.

Green Gables House

Das an der Westseite der Kreuzung von Route 6 und Route 13 gelegene Green Gables House (✆ 902/963-7874; Mai–Okt. tägl. 9–17, Juli/Aug. bis 18 Uhr; Eintritt $ 8, Senioren $ 7, Kinder $ 4) stellt den idyllischen Verkehrsknotenpunkt der Montgomery-Sightseeing-Runde dar. Das restaurierte Bauernhaus aus dem 19. Jh. war das Wohnhaus der älteren Cousins von Lucy Montgomery und bildete die Kulisse für ihr berühmtestes Buch: Anne of Green Gables. Das Haus ist schlicht und gediegen möbliert, genau wie im Roman beschrieben. Bei einem Brand im Jahr 1997 wurden Teile des Hauses schwer beschädigt, doch gleich darauf begannen die Reparaturarbeiten, und schon zwei Wochen später erstrahlte die Ikone wieder in altem Glanz. Zu den Erinnerungsstücken, die in der schönen altehrwürdigen Umgebung aufbewahrt werden, gehören z. B. die antiquierte Schreibmaschine der Autorin, auf der sie so viele heiß geliebte Passagen ausgetüftelt hat. Grünanlagen im Stil der damaligen Zeit, Farmgebäude, ein Interpretive Centre plus Souvenirladen vervollständigen den Komplex. Auf den Wanderwegen Balsam Hollow und Haunted Woods, die durch das Gelände führen, gelangt man zu einigen von Lucy Maud Montgomerys Lieblingsstellen im Wald, darunter Lover's Lane.

Site of Lucy Maud Montgomery's Cavendish Home

Frau Montgomery verbrachte einen Großteil ihrer Kindheit mit ihren Großeltern in einem Häuschen, 1 km östlich des Green Gables House. „Ich schrieb abends, nachdem ich meine täglichen Pflichten erfüllt hatte", berichtete sie später, „verfasste das Meiste am Fenster des Giebelkämmerchens, das viele Jahre lang mein Reich war." Das Hauptgebäude steht längst nicht mehr, aber der steinerne Keller ist noch erhalten. Er ist von einem weißen Lattenzaun und Apfelbäumen umgeben und wurde in ein kleines Museum mit angeschlossenem Buchladen verwandelt (Rte. 6, ✆ 902/963-2231; Mitte Mai bis Mitte Okt. tägl. 9–17, Juli/Aug. tägl. 9–18 Uhr; Eintritt $ 3, Kinder $ 1). Das Ganze wird von Frau Montgomerys Nachkommen verwaltet.

Lucy Maud Montgomery wurde ganz in der Nähe, hinter der United Church, begraben.

Lucy Maud Montgomery

Lucy Maud Montgomery, weltweit bekannt und geliebt als die Erfinderin von *Anne of Green Gables*, wurde 1874 in New London, Prince Edward Island, geboren, zehn Jahre nach der Charlottetown Conference. Lucy war erst zwei Jahre alt, als ihre Mutter starb und ihr Vater nach West-Kanada zog. Maud, wie sie am liebsten genannt werden wollte, wurde in der Obhut ihrer Großeltern mütterlicherseits zurückgelassen, die sie nach Cavendish holten.

Cavendish, im nördlichen Queens County, war in jenen Tagen ein idyllischer Ort und Maud Montgomery beschrieb mit großer Zuneigung seine schmucke viktorianische Lieblichkeit, in der sie ihre frühen Lebensjahre verbrachte. Als junge Frau besuchte sie zuerst das Prince of Wales College auf der Insel, später studierte sie an der Dalhousie University in Halifax. Danach kehrte sie auf die Insel zurück und arbeitete als Lehrerin in Bideford, Lower Bedeque, Belmont und Lot 15. Nach dem Tod ihres Großvaters 1898 zog sie wieder nach Cavendish, um ihrer Großmutter beizustehen.

Die Idee zu *Anne of Green Gables* entstand während ihres zweiten Cavendish-Aufenthaltes, das Buch wurde 1908 veröffentlicht. 1911 heiratete Maud Montgomery Reverend Ewen MacDonald; die Hochzeit fand auf dem Familiensitz der Campbell statt, ihrer Verwandten mütterlicherseits, dem Anwesen Silver Bush mit Blick auf den Lake of Shining Waters. (Die Nachkommen der Campbells bewohnen immer noch das schöne Gehöft und haben dort ein Museum eingerichtet.) Das Ehepaar zog nach Ontario, wo Frau Montgomery ihr restliches Leben verbrachte; Prince Edward Island stattete sie nur noch kurze Besuche ab. Maud ging zwar fort, aber sie vergaß die Insel nie. Die Stippvisiten auf ihrer geliebten Insel müssen schmerzhaft gewesen sein, denn nach einem Besuch notierte sie wehmütig in ihrem Tagebuch:

„Diesen Abend verbrachte ich in Lover's Lane. Wie schön es war – grün und bezaubernd und lockend! Bevor ich dorthin ging, war ich müde und mutlos und krank im Herzen gewesen – und es baute mich auf und heiterte mich auf und ließ das Herzweh verschwinden, gab mir Frieden und neue Lebenskraft."

Frau Montgomery starb 1942 und wurde auf dem Cavendish Cemetery begraben. Die Autorin hinterließ 20 Jugendbücher und unzählige andere schriftliche Zeugnisse. Ihre Werke wurden in 16 Sprachen übersetzt und auf der ganzen Welt publiziert. An japanischen Schulen gehören Montgomery-Texte zur Pflichtlektüre – woraus sich die Anwesenheit der zahlreichen japanischen Besucher auf der Insel erklärt.

Frau Montgomery schrieb für Kinder, und sie betrachtete Cavendish und Prince Edward Island mit der Klarheit und Unschuld eines Kindes. Ihre Bücher sind heute noch so zeitlos wie vor Jahrzehnten. Manche Kritiker haben die Werke von Frau Montgomery als bloße Rührstücke abgetan. Modernere Fachleute jedoch betrachten sie aus einem anderen Blickwinkel und konstatieren einen weitaus komplexeren Schreibstil. Mag sich die akademische Welt über den literarischen Wert der Bücher streiten – das greifbare Ergebnis von Frau Montgomerys schriftstellerischer Arbeit ist seit Jahrzehnten ein Strom ergebener Bewunderer, die eine Pilgerreise in ihren Heimatort Cavendish unternehmen. Für die Inselbewohner ist sie einfach nur Lucy Maud, ihre geniale Schriftstellerin, die sie vertraulich beim Vornamen nennen.

*Pilgerstätte für alle Lucy-Maud-Montgomery-Fans:
das Green Gables House in Cavendish*

Reisepraktisches

Sport und Freizeit

● *Golf* Der außerhalb Kanadas wenig bekannte Stanley Thompson war Mitte des 20. Jh. einer der größten Golfplatzarchitekten weltweit. Berühmtheit erlangten v. a. seine innerhalb der Nationalparks des Landes befindlichen Golfplätze. Der **Green Gables Golf Course** (Rte. 6, ✆ 902/963-4653) hat vielleicht nicht dasselbe Renommee erlangt wie der von Thompson entworfene Highland Links (Cape Breton Highlands National Park) oder Banff Springs (Banff National Park), aber dieser in herkömmlicher Weise angelegte Platz im Prince Edward Island National Park ist ein anlagetechnisches Schmuckstück, das von Panoramablicken aufs Wasser und tiefen Bunkers (Sandgruben) bestimmt wird. Die reguläre Greenfee beträgt $ 100 inkl. Wägelchen; nach 15 Uhr nur noch $ 55.

● *Vergnügungsparks* Der einzige Themenpark mit Bezug zu Anne of Green Gables ist **Avonlea** (Rte. 6, ✆ 902/963-3050; Mitte Juni bis Sept. tägl. 10–17 Uhr, Eintritt $ 20, Senioren $ 18, Kinder $ 16). Zeitgenössisch kostümierte Angestellte führen an verschiede-

nen Stellen des weitläufigen Geländes Musikshows auf, die das Leben von Anne und die damalige Zeit lebendig werden lassen. Besucher sind eingeladen, ihre Geschicklichkeit beim Kühemelken zu beweisen, Schounentänze zu lernen und eine altmodische Schokoladenfabrik zu besichtigen.

Die Attraktionen des Vergnügungsparks **Sandspit** (Rte. 6, ✆ 902/963-2626; letzte Juniwoche tägl. 10–18 Uhr, Juli bis Anf. Sept. tägl. 10–23 Uhr), östlich der Kreuzung von Route 6 und 13, sind schon lange vor Erreichen des Eingangstors zu sehen. Der riesige Platz ist ein Freizeitmagnet für Kinder. Hier drehen sich ein Riesenrad (The Cyclone – angeblich das größte in den maritimen Provinzen), ein Karussell und zahllose andere Gefährte. Der Eintritt ist frei, aber jede Fahrt kostet ein bisschen Geld. Eine Rundum-Ganztagsfahrkarte ist für $ 12–22 zu haben, abhängig von der Körpergröße des Rummelplatzbesuchers.

Und welcher Touristenort wäre komplett, ohne ein **Ripley's Believe It or Not! Museum** (Cranberry Village, Rte. 6, ✆ 902/963-2242; Juni und Sept. tägl. 9.30–17.30 Uhr, Juli/Aug. tägl. 9–22 Uhr; Eintritt $ 9, Senioren $ 7, Kinder $ 5,50) oder ein Wachsfigurenkabinett

– in diesem Fall das **Wax World of the Stars** (Cranberry Village, Rte. 6, ☎ 902/963-2350) gleich neben Ripley's. Gleiche Eintrittspreise und Öffnungszeiten.

Feste und Veranstaltungen

Das **Lucy Maud Montgomery Festival** ist ein Ereignis, das den ganzen Sommer lang dauert (www.lmmontgomeryfestival.com) und Anne-Fans aus aller Welt anzieht. Vor allem Kinder werden von dem Veranstaltungsprogramm begeistert sein, das die Inszenierung verschiedener Begebenheiten aus Frau Montgomerys Leben umfasst, einen Ausmalwettbewerb im Dorfschulhaus, Rasenspiele, wie sie im viktorianischen Zeitalter üblich waren, Schreibworkshops und ein Eiscremepicknick. Die Eltern werden mit Lesungen und Kutschfahrten geködert und dürfen natürlich auch am Eiscremepicknick teilnehmen.

Übernachten/Camping

Cavendish hat zwar eine ganze Menge Gästezimmer zu bieten, aber für Juli und August sind sie schon lange im Voraus ausgebucht. In keinem anderen Ort in den Atlantikprovinzen fallen die Zimmerpreise außerhalb der Saison so drastisch wie hier (Mitte Mai bis Juni und Sept. bis Mitte Okt.). Die meisten Unterkünfte haben den Rest des Jahres über allerdings komplett geschlossen.

● *Unter $ 50* **Andy's Surfside Inn** (Gulf Shore Rd., ☎ 902/963-2405; Juni–Nov.; $ 45–75 für 1/2 Pers.) ist ein großes, altes weiß getünchtes Wohnhaus direkt am Meer, ein paar Kilometer östlich von Cavendish an der Küstenstraße. Die Zimmer und Einrichtungen sind älteren Datums, aber die Lage ist unschlagbar. Nur ein einziges Zimmer besitzt ein eigenes Bad. Ansonsten gibt's eine Sonnenterrasse, Radverleih und eine Grillstelle.

● *$ 50–100* Das **St. Lawrence Motel** (351 Gulf Shore Rd., ☎ 902/963-2053 oder 800/387-2053, www.stlawrencemotel.com; Mitte Mai bis Sept.; $ 69–159 für 1/2 Pers.) liegt im Prince Edward Island National Park zwischen Cavendish und North Rustico. Das 8 ha große Anwesen mit 16 Zimmern bietet Blick auf den Golf und ist nur einen kurzen Spaziergang vom Wasser entfernt. Von einer Ausnahme abgesehen, haben alle Suiten eine Küchenzeile, die größte besitzt drei Schlafzimmer. Der Strand liegt nur ein

Stückchen weiter die Straße entlang. Den Gästen stehen ein Fitnessraum, Grillstellen und Rasenspiele wie Hufeisenwerfen und Krocket zur Verfügung. Im Übernachtungspreis ist die Parkeintrittsgebühr enthalten.

Silverwood Motel (Rte. 6, ☎ 902/963-2439 oder 800/565-4753, www.silverwoodmotel.com; Mitte Mai bis Mitte Okt.). Hier sind Standard-Motelzimmer für 1/2 Pers. ($ 94) Suiten mit einem Schlafzimmer und Küchenzeile für 1/2 Pers. ($ 114) sowie 2-Schlafzimmer-Suiten mit Küche für 1/2 Pers. ($ 144) vorhanden. Mit Pool und angeschlossenem Restaurant.

Cavendish Motel (Rte. 6, Ecke Rte. 13, ☎ 902/963-2244 oder 800/565-2243, www.cavendishmotel.pe.ca; Mai–Okt.; ab $ 115 für 1/2 Pers.). Hat unterschiedliche Zimmer, teilweise mit großen Flachbildfernsehern. Außerdem Grillstellen, einen beheizten Pool, einen Speisesaal und einen Spielplatz.

● *Über $ 100* Vom **Kindred Spirits Country Inn and Cottages** (Memory Ln., abseits Rte. 6, ☎ 902/963-2434 oder 800/461-1755, www.kindredspirits.ca; Mitte Mai bis Mitte Okt.) aus können die Gäste auf der Lover's Lane zum Green Gables House spazieren, genau wie von Lucy Maud Montgomery in „Anne of Green Gables" beschrieben. Das noble viktorianische Anwesen liegt auch sehr günstig für den Besuch des Golfplatzes, ist aber gleichzeitig ausgesprochen ruhig und weit entfernt von der verkehrsreichen Route 6. Die B&B-Zimmer im Hauptgebäude ($ 135–180 für 1/2 Pers.) sind mit stilvollen Antiquitäten möbliert. Manche verfügen über Balkon und Kamin. Um das Haupthaus herum stehen inmitten von Grünflächen 14 mit Küche ausgestattete Cottages. Die Preise liegen bei $ 205 aufwärts für eine Suite mit einem Schlafzimmer und bei bis zu $ 375 für einen Bungalow mit drei Schlafzimmern und Whirlpool. Innerhalb des Prince Edward Island National Parks mit Blick auf den Sankt-Lorenz-Strom liegt **Cavendish Beach Cottages** (Gulf Shore Rd., ☎ 902/963-2025, www.cavendishbeachcottages.com; Anf. Mai bis Mitte Okt.; $ 155–209 für 1/2 Pers.), ein Komplex aus 13 schlicht möblierten, aber modernen Cottages, von denen jedes die Aussicht aufs Meer bietet. Die Cottages, 200 m hinter dem Strand, sind nur ein paar Schritte von den Jogging- und Wanderpfaden des Parks entfernt. Die Nebensaisonpreise (Ende Mai und Anf. Okt.) beginnen bei $ 90.

Nobel: Kindred Spirits Country Inn and Cottages

• *Campgrounds* Was dem **Cavendish Campground** (Ende Mai bis Anf. Okt.; $ 24–38) an Ausstattung fehlt, wird durch die Lage wieder gutgemacht: im Prince Edward Island National Park nah am Ozean und nur ein paar Kilometer von der Downtown Cavendishs entfernt. Er verfügt über Duschen, wettergeschützte Kochgelegenheiten und Lagerfeuerstellen (ein Bündel Brennholz kostet $ 8). Obwohl er mehr als 300 Stellplätze hat, ist er an Sommertagen meistens voll ausgelastet, deshalb sollte man möglichst vor 12 Uhr eintreffen oder reservieren: beim **Parks Canada Campground Reservation Service** (✆ 905/426-4648 oder 877/737-3783, www.pccamping.ca). Gebühr pro Reservierung $ 11.

Marco Polo Land (Rte. 13, ✆ 902/963-2352 oder 800/665-2352, www.marcopololand. com; Ende Mai bis Mitte Okt.) ist definitiv der am meisten kommerzialisierte Campingplatz auf der Insel, einschließlich Ferienhotel-Annehmlichkeiten. Der 40 ha große Platz hat mehr als 400 Stellplätze ($ 24–31), Tennisplätze, Minigolf, einen beachtlich großen Pool, ein Becken zum Wassertreten, ein Restaurant, ein Geschäft für Campingbedarf, eine Laundry und warme Duschen.

Der 465 Stellplätze umfassende **Cavendish Sunset Campground** (Rte. 6, ✆ 902/963-2440 oder 800/715-2440, www.cavendishsunset campground.com; Mitte Juni bis Anf. Sept.; $ 30–38) ist groß und sehr familienfreundlich. Er besitzt die gleichen Einrichtungen wie Marco Polo Land, abgesehen vom Restaurant.

Essen und Trinken

• *Lobster Suppers* Lobster Suppers sind ungezwungene Hummeressen, die überall auf der Insel abgehalten werden. Es kann sich dabei um sehr kommerzielle Ereignisse handeln (wie bei den Fisherman's Wharf Lobster Suppers in North Rustico; siehe *Von Charlottetown nach Cavendish*) oder um eine ganz unspektakuläre Zusammenkunft der Einheimischen im Gemeindesaal einer Kirche. Eine tolles Zwischending ist das **New Glasgow Lobster Supper** (Rte. 258, ✆ 902/964-2870; Juni bis Mitte Okt. tägl. 16–20.30 Uhr), 8 km südöstlich von Cavendish an der Route 13. Es wird schon seit 1958 veranstaltet, und aus diesem Anlass kommen im lokalen Nachbarschaftsheim bis zu 500 Gäste gleichzeitig zusammen. Es besitzt sogar einen eigenen Hummerteich, der es erlaubt, die Tradition auch außerhalb der Hummerfangsaison fortzusetzen. Man wählt einen Hummer nach gewünschtem Gewicht (zwischen einem und zwei Pfund) aus und lässt ihn gar kochen. Bis dahin bedient man sich schon mal am Buffet mit Muscheln, Clam Chowder, Salaten, Broten und nichtalkoholischen Getränken zum Festpreis ($ 30–42 pro Pers.).

• *Andere Möglichkeiten der Verpflegung* Da der Mensch nicht von Hummer allein leben kann, müssen Gäste, die mehr als eine Nacht im Ort verbringen, eine andere Verpflegungsmöglichkeit suchen, nachdem sie einmal an einem Lobster Supper teilgenommen haben. Das beste Restaurant der Region ist das **Blue Mussel Café** (siehe *Von Charlottetown nach Cavendish*), 6 km weiter östlich in North Rustico Harbour. Wer in einer Unterkunft mit Kochmöglichkeit (selbst wenn es nur ein Gartengrill ist) wohnt, kann bei den **Doiron Fisheries** (am Dock von North Rustico, ✆ 902/963-2442; Mai bis Anf. Okt. tägl. 8–20 Uhr) frisches Seafood einkaufen.

Die meisten Restaurants in Cavendish selbst sind zwar sehr touristisch, aber familienfreundlich – prima also für Leute mit Kindern. Das begehrteste davon ist das **Friendly Fisherman** (Ecke Rte. 6 und Rte. 13, ✆ 902/963-2234; Mitte Juni bis Mitte Okt. tägl. 8–20 Uhr). Es wirbt mit einem ausgesprochen preiswerten Frühstück, der Massenandrang ist in erster Linie dem Abendbuffet zu verdanken. Erwachsene zahlen ab $ 15, Kinder $ 2 pro Lebensjahr.

Selbstversorger können sich auf den Märkten am Rand der größeren Highways eindecken, und in den Geschäften der **Cavendish Beach Shopping Plaza** müsste sich so ziemlich alles Notwendige finden lassen. Der Hauptgrund für einen Stopp am **Cavendish Boardwalk**, einem weiteren Einkaufszentrum, ist die Eiscreme von **Cow's** (✆ 902/963-2692).

Information/Adressen

Cavendish hat keinen Ortskern. Stattdessen verteilen sich Dienstleistungseinrichtungen wie Restaurants und Tankstellen über einen 5 km langen Abschnitt der Route 6 südöstlich der Kreuzung mit der Route 13. Größere Einkäufe und Erledigungen auf der Bank und bei der Post sollte man auf die Rückkehr nach Charlottetown verschieben.

Das **Visitor Information Centre** (Kreuzung Rte. 6 und Rte. 13, ✆ 902/963-7830; Juni und Sept. tägl. 9–17 Uhr, Juli/Aug. tägl. 9–20 Uhr) der Provinz informiert über lokale Reiseveranstalter und Übernachtungsangebote. **Tourism Prince Edward Island** teilt sich das Gebäude mit **Parks Canada** (✆ 902/963-2391), wo Informationen über den Park erhältlich sind.

Die Umgebung von Cavendish

Rings um Cavendish liegen kleine Weiler. Die bäuerliche Landschaft ist malerisch, und beim Erkunden der Strände und der Umgebung kann man sich schon mal Appetit auf ein abendliches Lobster Supper in einem der Gemeindezentren dieser Gegend holen, für die PEI berühmt ist.

Stanley Bridge

Maritime Sehenswürdigkeiten sind im **Stanley Bridge Marine Aquarium** (Rte. 6, ✆ 902/886-3355; Mitte Juni bis Sept. tägl. 9.30–20 Uhr; Eintritt $ 7,50, Kinder $ 4,50) zu bewundern, 5 km südwestlich von Cavendish. Das in Privatbesitz befindliche Aquarium zeigt einheimische Fischarten hinter Glas sowie Exponate zur Veranschaulichung der Naturgeschichte sowie der Austernzucht; in offenen Becken draußen werden Robben gehalten. Zur Anlage gehört auch eine Austernbar mit einer Veranda, die aufs Wasser hinausgeht.

In der Nähe befinden sich die bei Einkaufsbummlern beliebten **Stanley Bridge Studios** (Rte. 6, ✆ 902/886-2800), wo sich in den Regalen und auf dem Boden Wollpullover, Quilts, Kleider, Porzellan, Schmuck und Anne-Puppen stapeln. Im **Old Stanley Schoolhouse** (Kreuzung Rte. 6 und Rte. 224, ✆ 902/886-2033) werden auf der Insel hergestellte Quilts, Web- und Töpferwaren, Kunstgewerbe und Pullover angeboten.

Prince Edward Island
Karte siehe Farbteil S. 5

New London

Der **Lucy Maud Montgomery Birthplace** (Ecke Rte. 6 und Rte. 20, ✆ 902/886-2099; Mitte Mai bis Okt. tägl. 9–17 Uhr; Eintritt $ 3, Kinder $ 1) liegt 10 Min. von Cavendish entfernt im ehemaligen Clifton. In diesem bescheidenen Haus erblickte die Autorin 1874 das Licht der Welt. Die hier zu bewundernden Ausstellungsstücke umfassen ihr Hochzeitskleid, Notizbücher und andere persönliche Gegenstände.

In der ländlichen Umgebung von Cavendishs gibt es zahlreiche altmodische Tearooms. Der gemütlichste ist das **Blue Winds Tea House** (10746 New London Rd., ✆ 902/886-2860; Fr–Mi 11.30–18, Do 14–17 Uhr) im Süden des Ortes. Hier werden die Suppen nach allen Regeln der Kunst zubereitet, Brot und Gebäck täglich frisch gebacken, und die Rezepte für Leckerbissen wie den New Moon Pudding stammen aus Urgroßmutters Kochbuch. Donnerstags gibt's Nachmittagstee für $ 11 pro Person.

Park Corner

Das **Anne of Green Gables Museum** (Rte. 20, ✆ 902/436-7329; Mai–Okt. tägl. 11–16 Uhr, Sommer 9–16 Uhr; Eintritt $ 3, Kinder $ 1), 8 km nordwestlich von New London, ist ebenfalls ein Montgomery-Wahrzeichen: der Familiensitz der Campells, Lucy Montgomerys Verwandten mütterlicherseits. Das Anwesen besteht aus einer Vielzahl von Farmgebäuden inmitten sanft gewellter Wiesen und Felder. Vor den Hauptgebäuden ruht der Lake of Shining Waters, genau wie er in „Anne of Green Lakes" geschildert wird. Frau Montgomery beschrieb das Haus als „das große schöne Wohnhaus, das das Märchenschloss meiner Träume war". Hier feierte sie 1911 ihre Hochzeit. In dem Museum sind u. a. persönliche Briefe der Autorin und Erstausgaben ihrer Werke ausgestellt.

Im angrenzenden **Shining Waters Tea Room** (✆ 902/886-2003) wird bekömmliche Inselkost serviert, und im Souvenirladen sind Montgomery Souvenirs, Quilts und andere Kunstgewerbeerzeugnisse erhältlich.

Prince County

Das Prince County umfasst das westliche Drittel von Prince Edward Island (PEI). Ebenso wie Kings County im Osten, liegt auch Prince County weitab der ausgetretenen Touristenpfade. Die Landschaft im Südteil von Prince County ist flach, landwirtschaftlich genutzte Wiesen und Äcker erstrecken sich in sanften Hügeln bis zur Strait-Küste. Dichte Wälder überziehen den mittleren Teil des Countys, im Juli sieht man im Sommerwind wogende Weizenfelder und blühende Kartoffelfelder. Der Nordzipfel besteht aus einer abgeschiedenen Ebene, über die Küste fegt der Wind. Die hier ansässigen Farmer werden *mossers* genannt, denn sie holen mithilfe kräftiger Zugpferde Knorpeltang *(Irish moss)* aus der Brandung.

Summerside, die zweitgrößte Stadt der Provinz, hat ein beachtliches Angebot an Unterkünften, Restaurants und Nachtleben. Gleich westlich davon befindet sich das größte Akadiergebiet der Provinz, die **Région Evangéline.** In den Boutiquen der Städtchen und den verstreut gelegenen Geschäften der Gegend kann man hochwertiges Kunstgewerbe erstehen; die hier beheimateten Kunsthandwerker sind für ihre Quilts, Strickwaren, akadischen Hemden und Decken bekannt.

Route 2, die wichtigste Schnellstraße von PEI, führt nach Kensington im Prince County, gleitet auf einer schmalen Landenge am Ozeanhafen von Summerside vorbei und führt 100 km landeinwärts, bis sie im Dorf Tignish endet. Von hier aus ist es nicht mehr weit bis zum Nordwestzipfel der Insel. Die an der Küste bergauf und bergab verlaufenden Highways vereinigen sich und bilden den sog. Lady Slipper Scenic Drive, eine der landschaftlich besonders reizvollen Sightseeingstrecken der Provinz. Sie ist mit dem roten Symbol einer orchideenähnlichen Blume ausgeschildert. Die idyllischsten Landschaften des Countys – und einige der spektakulärsten Ausblicke der Insel – liegen an dieser Route an den Ufern der Northumberland Strait und des Sankt-Lorenz-Stroms. Rund 50 Nebenstraßen zweigen von der

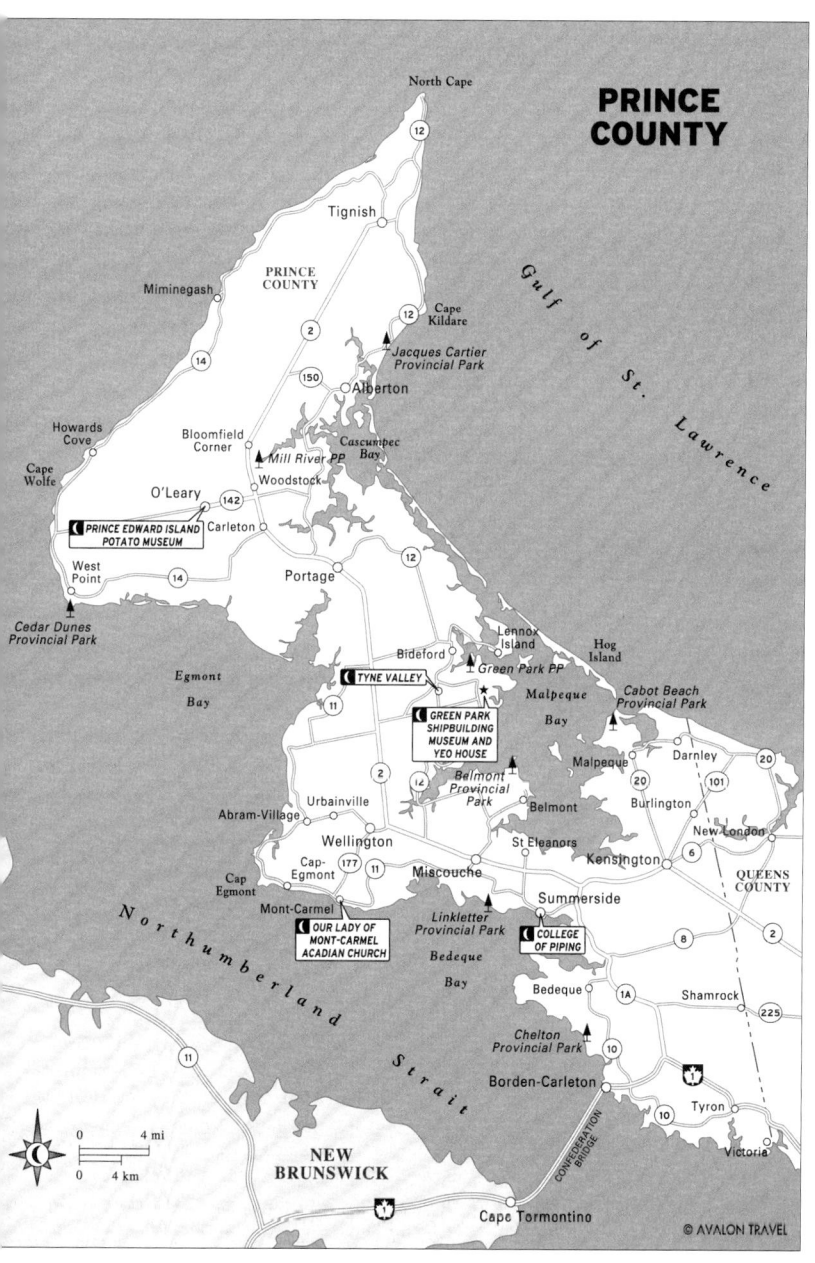

North Cape

PRINCE COUNTY

12

Tignish

PRINCE
COUNTY

Miminegash

2

12 Cape
Kildare

Gulf of St. Lawrence

14

150

Jacques Cartier
Provincial Park

Alberton

Howards
Cove

Bloomfield
Corner

Cascumpec
Bay

Cape
Wolfe

Mill River PP

O'Leary

Woodstock

142

Carleton

🌙 PRINCE EDWARD ISLAND
POTATO MUSEUM

12

West
Point

Portage

14

Cedar Dunes
Provincial Park

Lennox
Island

Hog
Island

Bideford

Green Park PP

Egmont
Bay

🌙 TYNE VALLEY

Malpeque
Bay

Cabot Beach
Provincial Park

11

★ GREEN PARK
SHIPBUILDING
MUSEUM AND
YEO HOUSE

Malpeque

Darnley

20

2

12

Belmont
Provincial
Park

Belmont

Burlington

101

Urbainville

Abram-Village

Wellington

St Eleanors

New London

6

Kensington

QUEENS
COUNTY

Cap-
Egmont

177

11

Miscouche

Summerside

Cap
Egmont

Mont-Carmel

🌙 OUR LADY OF
MONT-CARMEL
ACADIAN CHURCH

Linkletter
Provincial Park

🌙 COLLEGE
OF PIPING

8

2

N o r t h u m b e r l a n d

Bedeque
Bay

Bedeque

1A

Shamrock

225

Chelton
Provincial Park

10

S t r a i t

11

Borden-Carleton

10

Tyron

0   4 mi

0   4 km

NEW
BRUNSWICK

CONFEDERATION BRIDGE

Victoria

Cape Tormentino

© AVALON TRAVEL

Küstenstraße ab und verbinden sie mit der Route 2 und anderen größeren Straßen. Es ist durchaus möglich, auf den Sträßchen mal die Orientierung zu verlieren, aber nur kurz – die blaue See wartet unweigerlich hinter der nächsten Biegung.

Highlights

College of Piping (S. 415): Schüler aus aller Welt finden sich in dieser Schule ein, um die Kunst des Dudelsackpfeifens und Hochlandtänze zu erlernen; Besucher, die zuschauen möchten, sind herzlich willkommen.

Tyne Valley (S. 418): Dieses kleine Dorf beiderseits des Tyne Rivers ist ein architektonisches Juwel, bestehend aus hübschen Wohnhäusern, Kunst- und Kunstgewerbegeschäften sowie einem einladenden Gasthaus.

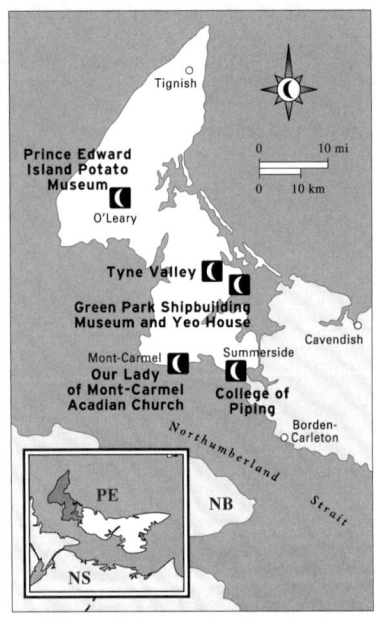

Green Park Shipbuilding Museum and Yeo House (S. 419): Eine sowohl landschaftlich reizvolle als auch historisch bedeutende Attraktion ist dieses Anwesen am Wasser, das früher das Zentrum einer blühenden Schiffbauindustrie war.

Our Lady of Mont-Carmel Acadian Church (S. 421): Diese wunderbare Kirche thront hoch über den gepflegten akadischen Wohnhäusern von Mont-Carmel.

Prince Edward Island Potato Museum (S. 424): In diesem Museum erfährt man alles über die wichtigste Nutzpflanze der Provinz; das Museum ist interessanter, als der Name vermuten lässt.

Reise- und Zeitplanung

Es ist möglich, die Nordspitze von Prince County in einer Tagesfahrt von Charlottetown aus zu erreichen. Wenn man jedoch nur einen Tag Zeit hat, wäre es sinnvoller, sich auf die Südhälfte des Countys zu beschränken. Eine empfehlenswerte Tour wäre die nach Summerside mit einem Stopp am **College of Piping,** dann weiter durch die Région Evangéline, vorbei an der spektakulären **Our Lady of Mont-Carmel Acadian Church,** und weiter nach Norden ins malerische **Tyne Valley** und zum nahe gelegenen **Green Park Shipbuilding Museum and Yeo House.** Die Küstenszenerie, v. a. entlang der Northumberland Strait, lockt zur Weiterfahrt.

Weitere Attraktionen sind das **Prince Edward Island Potato Museum.** Man kann aber auch bei Mill River eine Runde Golf spielen oder bis ans Ende der Straße zum North Cape fahren.

Touristische Einrichtungen sind in Prince County nicht so zahlreich vorhanden wie in anderen Teilen der Provinz. Es müsste möglich sein, mit wenigen Tagen Voranmeldung eine Unterkunft zu finden, aber wer ohne Reservierung in Tophotels wie dem **West Point Lighthouse** (West Point) und **Doctor's Inn** (Tyne Valley) auftaucht, muss sich auf eine Enttäuschung gefasst machen. In meinem Lieblingslokal von Prince County, dem **Seaweed Pie Café** in Miminegash, ist keine Reservierung notwendig, man braucht aber eine Portion Abenteuerlust.

Summerside

Summerside (17.000 Einw.), 72 km nordwestlich von Charlottetown und 30 km nordwestlich der Confederation Bridge gelegen, ist die zweitgrößte Stadt auf Prince Edward Island und der Hauptschifffahrtshafen der Insel. Stattliche alte Wohnhäuser und stille Straßen, gesäumt von Alleen, prägen die quirlige Stadt, die im Gegensatz zu den meisten anderen Seehäfen keineswegs schäbig wirkt.

Sehenswertes

Die „Touristen-Meile" von Summerside liegt am Harbour Drive, wo nach der Auflösung einer Militärbasis **Spinnakers' Landing** eingerichtet wurde. Der Komplex besteht aus zahlreichen Geschäften und Restaurants, einer über dem Wasser erbauten Freilichtbühne, einem Spielplatz im Nautik-Stil und einem Leuchtturm.

Das **Eptek Art & Cultural Centre** (130 Harbour Dr., ☏ 902/888-8373; Juli/Aug. Mo–Sa 9–17, So 12–17 Uhr, sonst nur Di–Sa; unterschiedliche Eintrittspreise) ist nach dem Mi'kmaq-Wort für „Hotspot" benannt. Es besitzt eine geräumige Hauptgalerie, in der nationale Kunst- und Geschichtswanderausstellungen gezeigt werden.

Das heutige **Wyatt House Museum** war bis 1998, als Wanda Lefurgey Wyatt mit 102 Jahren starb, die Heimstatt einer wohlhabenden, seit langer Zeit in Summerside verwurzelten Familie. Das elegante, restaurierte Wohnhaus, Baujahr 1867 (85 Spring St., ☏ 902/432-1327; Juni–Sept. Mo–Sa 10–17 Uhr; Eintritt $ 5,50, Kinder $ 4,50), erlaubt einen Einblick in das Leben dieser Familie. Die von Mitarbeitern in historischen Kostümen angebotenen Führungen haben einen ganz besonderen Charme.

Das **College of Piping** (619 Water St. E., ☏ 902/436-5377, www.collegeofpiping.com), eng verbunden mit dem schottischen College of Piping in Glasgow, zieht Studenten aus der ganzen Welt an, die hier Hochlandtänze, Stepptanz, das Fiddlespielen und Dudelsackpfeifen erlernen. Die Schüler veranstalten eine Reihe öffentlicher Sommerkonzerte, die tägl. um 11.30, 13.30 und 15.30 Uhr stattfinden ($ 5 pro Pers.). Highland Storm ceilidh (keltische Musik und Tanz) heißt eine weitere öffentliche Veranstaltung (Juli/Aug. Di–Do 19 Uhr; Eintritt $ 24, Senioren $ 20, Kinder $ 15). Im College werden auch kürzere Sommerkurse (ungefähr $ 25/Std.) im Hochlandtanz, Highland-Dudelsackpfeifen und Trommeln angeboten. Näheres ist der Website zu entnehmen.

Prince Edward Island
Karte siehe Farbteil S. 5

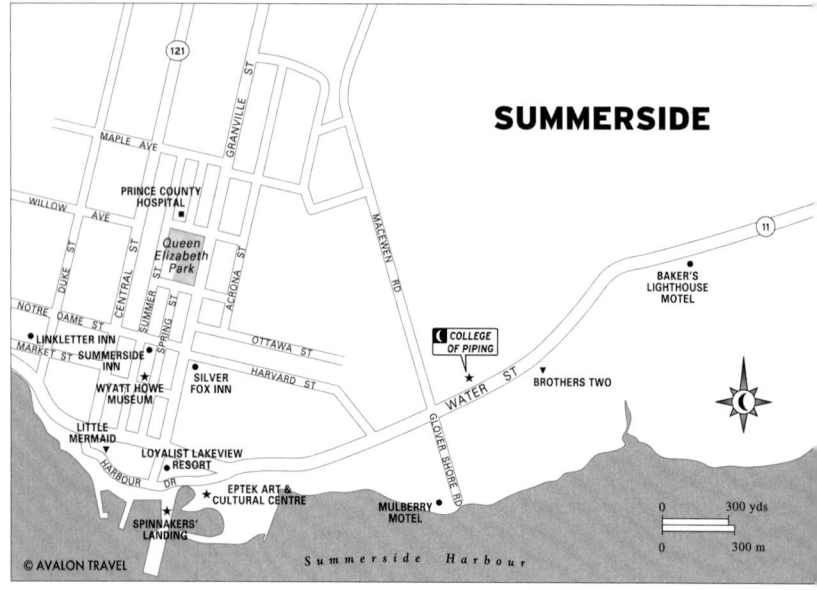

SUMMERSIDE

© AVALON TRAVEL

Summerside Harbour

Reisepraktisches

Übernachten/Camping

• *$ 50–100* Summersides preiswertestes Motel ist das **Baker's Lighthouse Motel** (802 Water St., ✆ 902/436-2992; $ 65 für 1 Pers., $ 75 für 2 Pers.), 2 km östlich der Innenstadt. Die Zimmer sind nüchtern, aber sauber und total funktional. Laundry und Grillstellen vorhanden.

In der gleichen Ecke der Stadt, aber in Spaziernähe der Uferpromenade, befindet sich das **Mulberry Motel** (6 Water St. E., ✆ 902/436-2520 oder 800/274-3825). Jedes der 13 Gästezimmer ist geräumig und verfügt über einfache Kochgelegenheiten. Allerdings sind die Fernseher sehr klein, aber bei $ 75 für 1 Pers. und $ 80 für 2 Pers. fällt das wohl kaum ins Gewicht.

Summerside Inn (98 Summer St., ✆ 902/436-1417 oder 877/477-1417, www.summersideinn.net; $ 85–100 für 1/2 Pers.) ist eine stattliche Villa drei Blocks vom Hafen entfernt, die in ein B&B verwandelt wurde. Die geschmackvolle Restaurierung umfasste auch die Buntglasfenster, Parkettböden und antiken Möbel. Vier der sechs Gästezimmer haben Bad, die anderen zwei teilen sich ein Badezimmer. Warmes Frühstück im Preis enthalten.

• *$ 100–150* Das 1890 im Queen-Anne-Revival-Stil erbaute **Silver Fox Inn** (61 Granville St., ✆ 902/436-1664 oder 800/565-4033, www.silverfoxinn.net; $ 110–140 für 1/2 Pers.) gilt in der Region als eines der *fox houses*, die mit dem Vermögen aus der Silberfuchsjagd erbaut und, wie in diesem Fall, von Architekt William Critchlow Harris entworfen wurden. Die komfortable Unterkunft besitzt sechs mit Antiquitäten eingerichtete Gästezimmer, die auch über AC, TV und Telefon verfügen. Der Gemeinschaftsbereich mit seinen Schaukelstühlen und Regalen voller Lesestoff eignet sich prima für einen erholsamen Abend.

Das 108 Zimmer umfassende **Linkletter Inn** (311 Market St., ✆ 902/436-2157 oder 800/565-7829; $ 120–170 für 1/2 Pers.) ist zentral gelegen und bietet große Zimmer (manche mit Küchenzeile), ein Restaurant, eine Lounge und Einrichtungen für Körperbehinderte.

Auf der Spinnakers' Landing gegenüberliegenden Seite steht das **Loyalist Lakeview Resort** (195 Harbour Dr., ✆ 902/436-3333 oder 800/361-2668, www.lakeviewhotels.com; $ 135–170 für 1/2 Pers.). Es beherbergt 103 geräumige Motelzimmer, die im Stil eines

Landgasthauses eingerichtet sind. Die Ferienanlage hat einiges zu bieten – Tennisplatz, Schwimmbad, Fitnessraum, Fahrradverleih, Pub und Restaurant – und ist damit eine gute Wahl für Leute, die eine Unterkunft mit den Annehmlichkeiten eines Hotels in der Stadt suchen.

• *Campground* Der Summersides am nächsten gelegene Campingplatz befindet sich im **Linkletter Provincial Park**, 8 km westlich der Stadt (Rte. 11, ✆ 902/888-8366; Mitte Juni bis Mitte Sept.). Der 30 ha große Park an der Bedeque Bay hat 84 Stellplätze mit und ohne Anschlüsse ($ 22–28), warme Duschen, eine Laundry, eine Abwasserentsorgungsstation und eine Kochgelegenheit; in der Nähe gibt es einen Laden.

Essen und Trinken

Brothers Two (618 Water St. E., ✆ 902/436-9654; tägl. 11–21.30 Uhr), ein Stück vom Wasser entfernt, ist seit Jahrzehnten *der* Treffpunkt der Bewohner von Summerside. Es handelt sich um ein unprätentiöses, familienfreundliches Seafoodlokal. Hauptgerichte kosten $ 15–24 und kommen so schlicht wie Hackbraten und so schick wie in Weißwein gedämpfte Schnecken daher. An einem lauen Sommerabend sollte man versuchen, einen Tisch auf dem Dachgarten zu ergattern.

Information

Das im Zentrum von Spinnakers' Landing am Hafen befindliche **Visitor Information Centre** (Harbour Dr., ✆ 902/888-8364, www.city.summerside.pe.ca; Ende Juni bis Anf. Sept. tägl. 9.30–21.30 Uhr) ist an den Ortseingängen sehr gut ausgeschildert.

Die **Rotary Regional Library** (192 Water St., ✆ 902/436-7323; Mo–Fr 10–17 Uhr) hat einen öffentlichen Internetzugang.

Malpeque Bay

Das seichte Wasser der breiten Malpeque Bay, die durch die lange, schmale Sandbank der Hog Island vor dem offenen Meer des Sankt-Lorenz-Golfs geschützt ist, ist ausgesprochen sauber. Der lange, zerklüftete Küstenstreifen ist, abgesehen von drei kleinen Provinzparks, so gut wie gar nicht erschlossen und bietet perfekte Bedingungen für die Austernfischerei, die hier im großen Stil betrieben wird. Jährlich werden 10 Mio. Malpeque-Austern geerntet – es handelt sich um die größte „Austernbank" Kanadas. Der hervorragende Geschmack der Austern, die weltweit als Leckerbissen berühmt sind, ist teilweise dem sauberen Wasser in der Bucht zu verdanken. In den Restaurants der Region werden sie in unterschiedlichen Zubereitungsarten aufgetischt.

Kensington

Kensington liegt an der Kreuzung von fünf Straßen, darunter die Trans-Insel-Route 2. Summerside befindet sich 15 km südwestlich, Charlottetown 48 km östlich und Cavendish 38 km nordöstlich.

Sehenswertes

Der erste Stopp sollte in **Kensington Railyards** eingelegt werden, wo sich das **Welcome Centre** (✆ 902/836-3031 oder 877/836-3031, www.kata.pe.ca; Mai–Okt. tägl. 9–21 Uhr) und ein **Bauernmarkt** (Juli–Sept. Sa 10–14 Uhr) befinden. In Letzterem bekommt man frische Lebensmittel, Backwaren, Snacks und Kunsthandwerk.

Kensington Water Gardens (Rte. 2, ✆ 902/836-3336; Mitte Juni und Sept. tägl. 10–17, Juli/Aug. tägl. 9–19 Uhr; Eintritt $ 6, Kinder $ 3) an der Hauptstraße ist ein Hit bei Kindern. Hier gibt es große und kleine Märchenschlösser und kinderfreundliche Wasserattraktionen.

Prince Edward Island
Karte siehe Farbteil S. 5

Weiter nach Norden

Von Kensington führt die Route 2 um die Spitze der Malpeque Bay herum ins Tyne Valley, aber man sollte einen kurzen Umweg (10 Min.) zum Cabot Beach Provincial Park machen.

Cabot Beach Provincial Park

Dieser 140 ha große Park (✆ 902/836-8945; Ende Juni bis Anf. Sept.), 30 km nördlich von Summerside an der Route 105, ist die lohnendste Sehenswürdigkeit am Ostrand der Malpeque Bay. Er nimmt ein traumhaftes Terrain auf der Spitze einer in die Bucht hineinragenden Halbinsel ein, zu dem auch von steinigen Felsen unterbrochene Sandstrände gehören. Im Park lohnt die Besichtigung der **Fanning School** (Mitte Juni bis Mitte Sept. tägl. 10 Uhr bis Sonnenuntergang; Eintritt frei), ein 1794 erbautes Schulhaus, das für die damalige Zeit einmalig war, denn es besitzt zwei Stockwerke. 1969 quittierte es schließlich den Dienst und kann jetzt besichtigt werden. Der Park-Campingplatz bietet mehr als 150 Stellplätze (ohne Anschlüsse $ 22, mit Anschlüssen $ 25–28), einen überwachten Meeresstrand, eine Laundry, warme Duschen und Kochgelegenheiten, und in der Nähe befindet sich ein Geschäft mit Campingbedarf.

Tyne Valley

Der stille, idyllische Weiler Tyne Valley (200 Einw.) an der Kreuzung der im Hinterland verlaufenden Routen 12, 178 und 167 liegt am Westrand der Malpeque Bay, 50 Fahrminuten von Summerside und zahllose Kilometer vom Rest der modernen Welt entfernt.

In den 1800er-Jahren gegründet, war Tyne Valley ein Vorort von Green Park. Die Familie Yeo beherrschte mit ihren Schiffsbauwerften an der Malpeque Bay über zwei Generationen das Wirtschaftsgeschehen der Insel. Aus dem von James Yeo, dem umtriebigen, geschäftstüchtigen englischen Kaufmann, der in den 1830er-Jahren hier auftauchte, aufgebauten Imperium ging die nächste Landadel-Generation hervor.

Die Reichtümer sind verschwunden, aber die malerische Landschaft ist geblieben – und auch ein Teil von Lucy Maud Montgomerys utopischem Avonlea, das von Cavendish in diese Ecke von Prince County versetzt wurde. Die Anfahrt erfolgt auf der Route 12 um die Malpeque Bay herum, oder indem man von der Route 2 nach Osten auf die Route 132 oder 133 abbiegt. Die teilweise asphaltierten, teils aus rotem Lehm gestampften Nebenstraßen durchziehen die Felder wie Samtbänder auf fluffigen Quilts.

Am ersten Augustwochenende erwacht das stille Dorf zum Leben: Dann findet das **Tyne Valley Oyster Festival** statt, eine dreitägige Hommage an die Malpeque-Austern. Tagsüber werden Austernfarmerzeugnisse ausgestellt und abends Austern- und Hummeressen veranstaltet. Als Rahmenprogramm gibt's Geschicklichkeitshows, Austernschälvorführungen, Fiddle- und Stepptanz-Wettbewerbe, einen Umzug und Tanz.

Übernachten/Essen und Trinken

Das **Doctor's Inn** (Rte. 167, ✆ 902/831-3057; $ 55 für 1 Pers., $ 70 für 2 Pers.) gehörte in den späten 1800er-Jahren dem Dorfarzt, und die Kronleuchter funkeln immer noch, poliert von den Hausverwaltern Jean und Paul Offer, die sich liebevoll um die fast 1 ha umfassenden Obst- und Gemüsegärten kümmern. Das Haus besitzt einen offiziellen Vordereingang, aber alle Leute nehmen den seitlichen Kücheneingang und platzen direkt in die Küche, wo die Offers emsig die Erzeugnisse aus dem Garten verarbeiten und in Dosen haltbar machen. Die anderen Räumlichkeiten sind mit blitzblanken Antiquitäten möbliert. Nach vorheriger Anmeldung wird im eleganten, geräumigen Esszimmer ein 4-Gänge-Menü ($ 45 pro Pers.; Wein inkl.) serviert. Einen Stock höher befinden sich drei einladende Gästezimmer.

Die Umgebung von Tyne Valley

Green Park Provincial Park

Wer diesen schönen Park besuchen möchte, der eine in die Malpeque Bay hineinragende Halbinsel schützt, nimmt die Route 12 von Tyne Valley Richtung Nordosten und fährt weiter nach Norden durch den Weiler Port Hill. Vom Ende der Straße (beim Shipbuilding Museum) führt ein 3 km langer Wanderweg so tief in die Bucht hinein wie nur möglich, ohne dass man sich die Füße nass macht. (Man sollte trotzdem geschlossene Schuhe tragen und Insektenschutzmittel mitbringen; die sumpfigen Tümpel sind ein bevorzugtes Moskitogebiet.) Der Pfad beginnt zwischen geduckten Weißbirken, die Mühe haben, sich gegen die Winterwinde und die salzhaltige Luft in der Bucht zu behaupten. Ein Stück weiter windet sich der Pfad durch Hartholzwälder, deren Boden durch Farbtupfen aus rosaroten wilden Rosen, Lorbeer und Goldrute belebt wird. Schließlich, bei der Landspitze der Halbinsel, verliert sich der Weg in den Marschen. Die kleinen Tümpel auf dem Festland am Rand der Bucht sind alles, was von den vor Jahrzehnten unternommenen Anstrengungen zum Aufbau einer Austernzucht zeugt. Sumpfgräser neigen sich im Wind, Elritzen tummeln sich in Gezeitenpools, und flinke Krabben schicken ununterbrochen Blubberblasen aus ihren unsichtbaren Verstecken im feuchten Sand nach oben.

Ein **Campingplatz** mit 58 Stellplätzen (☎ 902/831-2370; Ende Juni bis Anf. Sept.; $ 22–28) liegt vor der Bucht unter drei Schutzdächern an einem geschützten Küsteneinschnitt. Zum Angebot gehören eine Laundry, Kochgelegenheiten, warme Duschen, Frisbee-Golf, ein Strand am Fluss und Naturlehrprogramme.

Green Park Shipbuilding Museum and Yeo House

Diese historische Sehenswürdigkeit (☎ 902/831-7947; Anf. Juni bis Anf. Sept. tägl. 9–17 Uhr; Eintritt $ 5, Kinder $ 2,50) liegt am Rand des Provinzparks. Das Yeo House ist ein wunderbares Anwesen, begrenzt von einem Zaun, der die gewundene Straße einrahmt. Die Räume im Inneren sind mit Antiquitäten möbliert. Das vierstöckige Gebäude wird von einer Kuppel gekrönt, die einen Ausblick über das Gelände und die glitzernde Malpeque Bay erlaubt – und von der aus James Yeo seine Werft überwachte. Hinter dem Haus befindet sich das Museum, das über die Geschichte und die Methoden des Holzschiffbaus informiert, der Haupteinnahmequelle von Prince Edward Island im 19. Jh. Von diesen Gebäuden aus ist es nur ein kurzer Spaziergang über eine Wiese bis zum Wasser, wo weitere Ausstellungsstücke zu sehen sind, darunter ein auf einen Rahmen gespanntes, teilweise fertig gebautes Boot sowie altes Schiffsbauzubehör.

Bideford

Das bescheidene **PEI Shellfish Museum** (Rte. 166, ☎ 902/853-2181; Ende Juni bis Anf. Sept. So–Fr 10–16 Uhr; Eintritt $ 3, Kinder $ 1,50) liegt am Ende einer roten Lehmstraße, 4 km nördlich von Tyne Valley. Hier erfährt man, was man immer schon über Austern und Muscheln wissen wollte. Ein kleines Aquarium enthält Mollusken, Hummer, Schnecken und Küstenfische; draußen wird in der Bucht mit neuen Zuchtmethoden experimentiert.

Prince Edward Island
Karte siehe Farbteil S. 5

Lennox Island

Von der Route 163 zweigt eine Dammstraße zu dieser kleinen Insel ab. Hier leben 250 Menschen, allesamt Nachfahren der Mi'kmaq, die von der Austernzucht, vom Aalfang mit Speeren, Fallenstellen und der Jagd leben, während sie sich für die Anerkennung der im 18. Jh. mit England geschlossenen Verträge einsetzen, die ihnen das Landrecht gewährten. Die Mi'kmaq von PEI sollen die ersten kanadischen Ureinwohner gewesen sein, die sich zum Christentum bekehren ließen. Ihre Geschichte wird im **Mi'kmaq Cultural Centre** (✆ 902/831-2702; im Sommer Mo–Sa 10–19, So 12–18 Uhr) lebendig gehalten. Die 1895 erbaute **St. Anne's Roman Catholic Church,** eine Huldigung an ihre Schutzheilige, klammert sich ans Ufer und blickt auf das Meer hinaus. In einem Kunstgewerbeladen gleich nördlich der Kirche werden Mi'kmaq-Körbe, Silberschmuck, Töpferwaren und andere Erzeugnisse verkauft.

Région Evangéline

Die zweisprachigen Bewohner der Région Evangéline, des größten akadischen Gebietes der Provinz, verdanken ihre Existenz den ersten französischen Siedlungsanstrengungen. Die Kultur der mehr als ein Dutzend Dörfer, die westlich von Summerside zwischen der Route 2 und der Strait-Küste verstreut liegen, hat erkennbar französischen Einschlag. Miscouche, das wirtschaftliche Zentrum, liegt zehn Autominuten westlich von Summerside an der Route 2, und 30 Min. vom Hafen entfernt befindet sich an der Küstenstraße Route 11 Mont-Carmel, das gesellschaftliche und touristische Zentrum der Küste.

Miscouche

Wer von Osten kommt, erkennt schon meilenweit vor Miscouche an den beiden Türmen der St. John the Baptist Church, dass man den protestantischen, angelsächsischen Teil von Prince Edward Island hinter sich gelassen und katholisches Gebiet betreten hat.

Hoch über Miscouche thront die Baptistenkirche St. John

Das Städtchen (700 Einw.) an der Kreuzung von Route 2 und 12 wurde in den 1720er-Jahren von französischen Farmern aus Port-la-Joye gegründet, zu denen später Akadier hinzukamen, die 1755 vor der Deportierung durch die Engländer geflohen waren. Die Ortschaft hat eine wichtige historische Bedeutung unter den akadischen Gemeinden der Atlantikprovinzen. Miscouche war der Ort, an dem 1884 die Acadian Convention unterzeichnet wurde, bei der als Nationalflagge die französische Tricolore angenommen wurde, mit einem einzelnen goldenen Stern, der Maria, die Mutter Gottes, symbolisiert.

Das im Ostteil der Ortschaft gelegene **Musée Acadien** (Rte. 2, ☎ 902/436-2881; Juli/Aug. 9–19 Uhr; Eintritt $ 3,50) ist als genealogisches Forschungszentrum angelegt und stellt auch alte Fotografien, Dokumente und Gegenstände aus. Außerdem besitzt es eine Bücherecke (überwiegend auf Französisch) mit Bänden zu akadischer Geschichte und Kultur seit 1720. Den Dokumentarfilm über die Ereignisse, die zur Deportierung der Akadier im Jahr 1755 führten, sollte man sich nicht entgehen lassen; er wird auf Nachfrage gezeigt.

Alles überragend: die der Jungfrau vom Berg Karmel
geweihte Backsteinkirche

Mont-Carmel

Rund 2 km südlich von Miscouche und 24 km westlich von Summerside trifft die Binnenlandstraße Route 12 auf die Küstenstraße Route 11 (Lady Slipper Drive), die sich nach Süden und Westen durch akadisches Farmland bis zu diesem Weiler schlängelt. Er ist v. a. für Le Village bekannt, einen Übernachtungskomplex mit einem Restaurant. Mont-Carmel, 16 km von Miscouche, ist eine gute Ausgangsbasis für Abstecher in die Région Evangéline.

Our Lady of Mont-Carmel Acadian Church

Diese herrliche Kirche an der Strecke zwischen der Route 11 und den roten Klippen vor der Northumberland Strait reflektiert den Kirchenbaustil der französischen Region Poitou, die für ihre mit kunstvollen Fassaden errichteten Kathedralen ein besonderes Renommee genießt. Die Kathedrale ist sonntags während der Messe geöffnet. Wer außerhalb dieser Zeit eine Erlaubnis zum Betreten haben möchte, fragt im **Musée Religieux** (☎ 902/854-2260; Juli/Aug. tägl. 13–17 Uhr) auf der anderen Straßenseite nach.

Prince Edward Island Karte siehe Farbteil S. 5

Weiter auf der Route 11

Cap-Egmont

Ein paar Kilometer westlich von Mont-Carmel liegt das Dorf Cap-Egmont, berühmt für seine absolut unakadischen **Bottle Houses** (Rte. 11, ✆ 902/854-2987; Anf. Juni bis Ende Sept. tägl. 9–18, Juli/Aug. 9–20 Uhr; Eintritt $ 4, Senioren $ 3, Kinder $ 1). Sie sind das Werk von Edouard Arsenault, der in den 1970er-Jahren 25.000 Glasflaschen jeglicher Farbe, Gestalt und Größe zerrieb und daraus drei erstaunliche Bauwerke konstruierte – eine Kapelle mit Altar und Kanzeln, eine Kneipe und ein Haus mit sechs Giebeln. Die Bauwerke wurden sogar in „Ripley's Believe It or Not" gezeigt.

Eine Abzweigung führt vom Westrand des Dorfes zum **Cape Egmont Lighthouse.** Der Leuchtturm kann nicht besichtigt werden, aber er thront in beherrschender Position über der Northumberland Strait. Er wurde 1884 nach dem gleichen Entwurf wie der von Wood Islands (wo die Fähre aus Nova Scotia anlegt) errichtet, und ebenso wie andere Leuchttürme auf der Insel wurde er zurückversetzt, da Teile der Uferklippen der Erosion zum Opfer gefallen sind.

Abram-Village

Von Cap-Egmont windet sich die landschaftlich reizvolle Route 11 10 km weit Richtung Norden und biegt dann ins Binnenland zu diesem für sein Kunsthandwerk berühmten Weiler ab. **La Co-op d'Artisanat d'Abram Village** (Abram's Village Handcraft Co-op), an der Kreuzung von Route 11 und 124 (✆ 902/854-2096; Mitte Juni bis Mitte Sept. Mo–Sa 9–18, So 13–17 Uhr), ist fraglos der beste Kunstgewerbeladen der Gegend; hier gibt's Webarbeiten, Teppiche, akadische Hemden, Töpferwaren und Puppen.

Das Cape Egmont Lighthouse liegt hoch über der Northumberland Strait

Das westliche Prince County

Hinter Summerside und jenseits der Région Evangéline führt die Route 2 ins Binnenland und erlaubt keinen Blick auf den Ozean mehr. Nichtsdestotrotz enden die meisten von der Hauptstraße abgehenden Nebensträßchen früher oder später am Wasser. Die im Westen gelegene Northumberland Strait ist das „Schmusekätzchen" der sommerlichen See, und die warme Brandung streichelt friedlich die südliche und westliche Küstenlinie. Der Sankt-Lorenz-Strom dagegen ist wesentlich temperamentvoller und wirft unermüdlich seine brüllenden Wellen ans Nordufer.

Informationen zu Sehenswürdigkeiten sind im Provinzinfozentrum **Visitor Information Centre** in Portage erhältlich (Rte. 2, ℰ 902/831-7930; Juli/Aug. tägl. 9–19 Uhr, Juni und Sept. tägl. 9–16.30 Uhr), der Ort liegt 43 km nördlich von Summerside.

Mill River Provincial Park

Wer von der Route 2 bei Woodstock abfährt, gelangt durch ein Waldstück in den Mill River Provincial Park. Dieser Park offeriert eine Mischung aus vegetationsreicher Landschaft, modernen Ferienhotel- und ansehnlichen Sportanlagen, darunter der Mill River Golf Course, der Meisterschaftsqualität besitzt.

Reisepraktisches

• *Sport und Freizeit* Sowohl Campern als auch Pauschalurlaubern und Tagesbesuchern stehen die Sportanlagen des Parks offen. Die acht Tennisplätze (nachts angestrahlt) neben dem Hotel dürfen kostenlos benutzt werden (aber Hotelgäste genießen Vorrang). Zum Campingplatz gehört eine Marina mit Bootsverleih (Kanus und Ruderboote für $ 7/Std. und $ 28/Tag).

Der 18 Loch und 72 Hindernisse starke **Mill River Golf Course** (ℰ 902/859-8873 oder 800/377-8339) gilt als einer der 50 besten Golfplätze Kanadas und war im Laufe der Jahre Austragungsort zahlreicher nationaler Wettbewerbe. Der Kurs misst rund 6200 m. Von Mai bis Okt. geöffnet, im Juli und Aug. ist es ratsam, 48 Std. vorher zu reservieren. Die Greenfee beträgt $ 50–60.

An wärmeren Tagen ist der **Mill River Fun Park** (ℰ 902/859-3915; Juli bis Anf. Sept. tägl. 11–19 Uhr; $ 9 pro Pers.) ein hübsches Plätzchen für Familien, die sich auf den Wasserrutschen und -becken im Freien vergnügen möchten.

• *Übernachten/Essen und Trinken* Das dreistöckige **Rodd Mill River** (Rte. 2, ℰ 902/859-3555 oder 800/565-7633, www.roddhotelsandresorts.com; Jan.–Okt.; $ 130–275 für 1/2 Pers.) ist ein schickes Hotel am Waldrand mit 90 geräumigen und modernen Zimmern und Suiten. Gästen steht ein breites Sportangebot zur Verfügung – Golf, Tennis, Kanufahren, Schwimmen usw. – Näheres siehe unter *Sport und Freizeit*. Der hauseigene **Hernewood Dining Room** erfreut sich regionaler Bekanntheit und zieht Feinschmecker aus Summerside an; man darf mit erschwinglichen Gerichten (ab $ 16,50) rechnen, meistens Seafood. Der Schwerpunkt der Tagesgerichte liegt auf Lachs, Heilbutt oder Hummer (normalerweise um $ 20).

Der am Fluss gelegene **Campingplatz** des Parks (ℰ 902/859-8790; Mitte Juni bis Ende Sept.) hat 72 Stellplätze: 18 ohne Anschlüsse ($ 22), 18 mit *two way hookups* ($ 25) und 36 mit *full hookups* ($ 28). Die Einrichtungen umfassen Kochgelegenheiten, warme Duschen und eine Laundry; im Sommer gibt es ein Informationsprogramm.

O'Leary

Auf Prince Edward Island verbindet man mit O'Leary v. a. eins: Kartoffeln. Man erzählt sich, dass der Weiler seinen Namen von einem irischen Bauern bekam, der sich in den 1830er-Jahren hier niederließ. Gegen 1872 sorgte die Anbindung des Ortes an das Schienennetz dafür, dass O'Leary mit dem Rest der Insel verbunden wurde. Dank dieser Verkehrsverbindung entwickelte sich das Örtchen zu einem der bedeutendsten Kartoffelanbauzentren Kanadas.

O'Leary liegt beiderseits des Nebensträßchens Route 142, fünf Autominuten von der Route 2 und 50 Min. von Summerside entfernt. Wer Berge von Kartoffeln erwartet, erlebt eine Überraschung: O'Leary (900 Einw.) ist ein schmucker Ort inmitten von erstaunlich hübschen Feldern mit niedrigen Kartoffelpflanzen. Wer

Prince Edward Island Karte siehe Farbteil S. 5

der Gegend in der herbstlichen Erntezeit einen Besuch abstattet, wird feststellen, dass die Äcker nachts von Traktorscheinwerfern beleuchtet sind, denn die Farmer arbeiten bis spät in die Nacht, um das wertvolle Gewächs noch vor dem ersten Frost aus der Erde zu holen.

Einen Stopp lohnt auf jeden Fall das **Prince Edward Island Potato Museum** (Parkview Dr. unweit Rte. 142, ✆ 902/859-2039; Mitte Mai bis Mitte Okt. Mo–Sa 9–17, So 13–17 Uhr; Eintritt $ 6, Kinder $ 3), denn hier wird die Geschichte der berühmtesten Nährpflanze von Prince Edward Island erzählt. Das Museum veranschaulicht die Geschichte der Kartoffel, von ihren bescheidenen Anfängen in Südamerika bis hin zu Anbau- und Erntemethoden und geht der Frage nach, welchen Einfluss die Wissenschaft auf die Kartoffeln hatte, die wir heute essen. Hinter dem Museum erblickt man eine Scheune, ein Schulhaus und eine Kapelle.

West Point und Umgebung

Route 14 verlässt die Route 2 bei Carleton, 8 km westlich von Portage, zieht sich nach Westen durch die weiten Felder und führt dann nach West Point an der Westspitze der Insel. Von dort aus erstreckt sich die reizvolle Küstenstraße am Ufer der Strait entlang und erlaubt einige der schönsten Panoramaaussichten übers Meer, die die Insel aufzuweisen hat – insgesamt sind es 80 km bis Tignish. Die Kartoffelfelder enden an der Küste, die abseits der ausgetretenen Touristenpfade liegt. Zackige rote Klippen unterbrechen die langen Strandabschnitte entlang der Küste.

Der **Cedar Dunes Provincial Park** liegt vor der Northumberland Strait, 30 km von der Route 2 entfernt. Es ist nur ein kleiner Park, aber er besitzt einen vor Sanddünen gelegenen Strand und einen Campingplatz (✆ 902/859-8785; Ende Juni bis Anf. Sept.). Der Campingplatz bietet 20 Zeltstellplätze ($ 22) sowie 39 Stellplätze mit *two way hookups* ($ 25), einen überwachten Strand, ein Aktivprogramm, einen Naturlehrpfad, Kochgelegenheiten und warme Duschen; in der Nähe befindet sich ein Geschäft für Campingbedarf.

Innerhalb des Cedar Dunes Provincial Parks befindet sich das einzigartige **West Point Lighthouse** (Cedar Dunes Park Rd., ✆ 902/859-3605, www.westpointlighthouse.com; Juni–Sept.; $ 100–145 für 1/2 Pers.), der einzige Ort in Kanada, wo man in einem Leuchtturm

An manchen Stellen der Westküste führen Stufen zu den engen Sandstränden hinunter

übernachten kann. Im eigentlichen Turm gibt es nur ein Gästezimmer ($ 145 für 1/2 Pers.), aber acht weitere in angrenzenden Gebäuden. Zu dem Komplex gehören auch ein kleines Museum, ein Geschenkartikelladen und ein Esslokal, in dem schlichtes, preiswertes Seafood angeboten wird.

Von West Point nach Miminegash

Hinter West Point klammert sich die Route 14 an die Küste und führt weiter nach Norden, zuerst nach **Cape Wolfe** (wo der britische General James Wolfe angeblich 1759 auf dem Weg in die Schlacht gegen die Franzosen an Land gegangen ist) und dann zur **Howards Cove,** die unter schroffen, abgeschliffenen roten Felsklippen liegt. Die Entfernung zwischen West Point und Miminegash beträgt 36 km.

Miminegash

Das am Wasser gelegene Städtchen Miminegash, durch niedrige Dünen vor den Winden der Northumberland Strait geschützt, ist als Heimat von Menschen bekannt, die ihren Lebensunterhalt mit dem Sammeln von Knorpeltang (*Irish moss*) verdienen. Auf dieser Seite der Insel peitschen stürmische Winde das Meer gewaltig auf, und dabei verfilzen sich die auf dem Meeresboden wachsenden Pflanzen zu einem Teppich, der an die Wasseroberfläche gelangt und ans Ufer geschwemmt wird. Dieser Seetang wird als Stabilisator in Eiscreme und anderen Lebensmitteln verwendet. Er wird per Boot auf dem Meer geerntet, aber auch vom Ufer aus – nach einem Sturm sieht man vielleicht Arbeiter, die den Rand der Brandung nach Knorpeltang durchkämmen und ihn mithilfe von Zugpferden abtransportieren. Über die Gewinnung von Knorpeltang informiert das **Irish Moss Interpretive Centre** (Rte. 152, ✆ 902/882-4313; Anf. Juni bis Ende Sept. tägl. 10–19 Uhr; Eintritt $ 3, Kinder $ 1,50).

Zum Irish Moss Interpretive Centre gehört das **Seaweed Pie Café** (Rte. 152, ✆ 902/882-4313; Anf. Juni bis Ende Sept. tägl. 10–19 Uhr). Hier werden leichte Gerichte wie Chowder serviert ($ 3,50 pro Stück).

Route 12: Richtung Norden nach Tignish

Keiner der drei Highways, die nach Norden durch Prince County nach Tignish führen, ist besonders verkehrsreich, aber die am wenigsten befahrene Straße ist die Route 12 am Sankt-Lorenz-Strom entlang. Sie zweigt von der Route 2 ab, gleich hinter dem Dorf Portage, 42 km von Summerside entfernt.

Alberton

Die Hafenstadt Alberton (1200 Einw.) ist die größte Ortschaft im Norden der Region. Der nach Albert, Prince of Wales, benannte Ort wurde 1820 von 40 Familien gegründet, die auf den Werften im nahe gelegenen Northport arbeiteten. Hobby-Hochseefischer finden hier mühelos ein Charterboot. Das **Alberton Museum** (457 Church St., ✆ 902/853-4048; Juni–Sept. Mo–Sa 10–17.30, So 13–17 Uhr; Spende) ist in einem historischen Steingebäude untergebracht, das ursprünglich ein Gerichtsgebäude plus Gefängnis war. Anhand von Antiquitäten, Kleidung und Landwirtschaftsgeräten wird die Stadtgeschichte dokumentiert. Besonders interessant ist die Ausstellung zur Fuchszucht.

Das **Travellers Inn** (Rte. 12, ✆ 902/853-2215 oder 800/268-7829; $ 85 für 1/2 Pers.) im Südteil von Alberton ist ein Motel mit überdurchschnittlichem Standard. Es besteht

Prince Edward Island
Karte siehe Farbteil S. 5

mit 14 regulären Motelzimmer und 13 Units mit Küchenzeile ($ 85–155), einem beheizten Schwimmbad, einem Whirlpool und angenehmer Atmosphäre. Im Motelrestaurant werden einfache Rindfleisch- und Seafoodgerichte aufgetischt.

Jacques Cartier Provincial Park

Es ist nur ein Katzensprung von Alberton zurück auf die Route 2, von wo aus man nach 16 km Fahrt Richtung Norden Tignish erreicht. Ein lohnender Umweg aber besteht darin, auf der Route 12 weiter Richtung Norden bis zu diesem Provinzpark am Meer (✆ 902/853-8632; Ende Juni bis Anf. Sept.) zu fahren. Er befindet sich an der Stelle, wo der Entdecker Cartier 1534 an Land gegangen sein soll. Der Park-Campingplatz liegt am Golf. Er bietet einen unbewachten Meeresstrand, 23 Stellplätze ohne Anschlüsse ($ 22), 30 Stellplätze mit *two way hookups* ($ 25), warme Duschen, eine Laundry, verschiedene Freizeitprogramme und Frisbee-Golf.

Mit dem Rad über den Confederation Trail

Eine Freude für Wanderer und Radfahrer ist der durch ganz Prince Edward Island verlaufende **Confederation Trail.** Er erstreckt sich von Tignish im Westen bis nach Elmira im Osten, also über eine Länge von insgesamt 279 km. Zweigstrecken, darunter eine zum innerstädtischen Hafenviertel von Charlottetown und eine zur Confederation Bridge, addieren noch weitere 80 km dazu.

Der Trail wurde auf einer ausgedienten Eisenbahnlinie angelegt. Dies hatte gleich zwei Vorteile – es gibt dort keine hügeligen Abschnitte und die Strecke verläuft durch Dutzende kleinere und größere Dörfer. Dank des feinen Kieselbelags, der guten Beschilderung, der Picknicktische, Bänke und Aussichtspunkte bietet sich mit diesem Trail eine der schönsten Outdoor-Freizeitmöglichkeiten, die die Atlantikprovinzen zu bieten haben.

Der Confederation Trail wird gut beworben, sowohl von der Tourismusbehörde der Provinz als auch von **Island Trails** (www.islandtrails.ca), einer gemeinnützigen Organisation, die das Wegesystem instand hält. Unterkünfte in Dörfern entlang der Strecke eignen sich als Ausgangsbasis, um ein Teilstück des Trails zurückzulegen, oder als Übernachtungsstopp für diejenigen, die länger auf dem Pfad unterwegs sind. Manche, wie das **Trailside Inn** (Mount Stewart, ✆ 902/676-3130 oder 888/704-6595, www.trailside.ca), wurden speziell für Trail-Traveller eingerichtet und offerieren Bett und Fahrradverleih.

Tignish und Umgebung

Geschichten von legendären Reichtümern und den Pelzen, die vor fast einem Jahrhundert für eine Sensation innerhalb der Modewelt sorgten, schmücken die Heimatlegende dieser abgeschiedenen nördlichen Halbinsel. Die erste erfolgreiche Silberfuchszucht der Welt begann in der Gegend von Tignish im Jahr 1887. Charles Dalton – der später von der Queen zum Ritter geschlagen wurde – hatte die Idee, Silberfüchse zu züchten, und tat sich mit Robert Oulton von New Brunswick zusammen. Die verkauften Pelze brachten in den Modesalons weltweit Tausende von Dollars ein. Von 1890 bis 1912 hielten die Partner Dalton und Oulton ein waches Auge auf das Unternehmen und die Anzahl der Fuchszuchtpaare. Aber die Ironie des Schicksals wollte, dass Großzügigkeit ihnen zum Verhängnis wurde: Ihr Imperium zerbrach, als einer der Geschäftspartner einem Verwandten ein Paar Zuchtfüchse schenkte. Damit war die Katze – in diesem Fall der Fuchs – aus dem Sack. Dieses einzige Paar zeugte unzählige Nachkommen, die rund um den Globus verkauft wurden, und die Zucht wurde ein internationales Geschäft.

Einen weiteren wichtigen Eintrag ins nationale Geschichtsbuch verdiente sich die Region, als hiesige Fischer Kanadas erste Fischergewerkschaft gründeten; die Kooperative verarbeitet und vermarktet immer noch den Großteil des Thunfischs, der von den Insulanern gefangen wird. Im Sommer kann man damit rechnen, den *mossers* – Knorpeltang-Sammlern in hohen Gummistiefeln – in der Stadt zu begegnen.

Die Hauptstraße von Tignish (800 Einw.) ist die Church Street/Route 2. Die Ortschaft liegt 20 Min. von Alberton, eine halbe Stunde von O'Leary und 80 Min. von Summerside entfernt.

Sehenswertes

Als erster Stopp empfiehlt sich das **Tignish Cultural Centre** (Maple St., ✆ 902/882-1999; Ende Mai bis Anf. Sept. tägl. 8–16 Uhr). Es befasst sich mit der Natur und den Menschen der Gegend, hat die üblichen Stapel von Touristenbroschüren auf Lager und bietet öffentlichen Internetzugang. Die in der Nähe gelegene **St. Simon and St. Jude Church** (✆ 902/882-2049; tägl. 8–19 Uhr) ist die Hauptattraktion des Städtchens, berühmt für ihre Fresken, auf denen die Apostel dargestellt sind, und ihre mächtige Orgel. Die von Louis Mitchell aus Montreal gebaute Orgel besitzt 1118 Pfeifen, deren Länge von rund 15 cm bis zu knapp 5 m reicht. Sie wurde 1882 installiert und bis in die 1950er-Jahre von Hand bedient.

*Ü*bernachten

Ein aus rotem Ziegelstein erbautes Kloster mitten in der Stadt wurde ins **Tignish Heritage Inn** (Maple St., ✆ 902/882-2491; $ 80–110 für 1/2 Pers.) umgestaltet. Die Zimmer sind schlicht, aber ausreichend ausgestattet, und das Inn verfügt über Annehmlichkeiten wie Aufenthaltsraum, Laundry und eine Küche, außerdem ist ein kleines Frühstuck im Preis enthalten. Ein prima Plätzchen, um die Nacht vor der Rückfahrt nach Süden zu verbringen.

North Cape

Rund 16 km nördlich von Tignish endet die Route 12 am North Cape, der Nordspitze von Prince County. Das beherrschende künstliche Merkmal, die **Atlantic Wind Test Site,** erhebt sich aus der windigen Ebene. Es handelt sich um ein föderales Projektgelände, auf dem Windturbinen getestet und ausgewertet werden. Im angrenzenden **North Cape Interpretive Centre** (Rte. 12, ✆ 902/882-2746; Juli/Aug. tägl. 10–20 Uhr; Eintritt $ 3, Senioren und Kinder $ 1,50) wird die hinter den Windturbinen steckende Wissenschaft erklärt, außerdem gibt es ein kleines Aquarium.

Rund 4 km vor dem Kap liegt das **Island's End Motel** (42 Doyle Rd., Sea Cow Pond, ✆ 902/882-3554, www.islandsendmotel.com; $ 65–95) mit Blick auf den Sankt-Lorenz-Strom und in Spaziernähe eines Strandes. Die ungewöhnlichste Unterbringungsmöglichkeit ist ein umgebautes Fischerboot, das aufs Trockendock gezogen und in ein geräumiges, komfortables Schlafplätzchen verwandelt wurde.

Leuchttürme säumen die Ostküste von Prince Edward Island

Der Osten von Prince Edward Island

Der östliche Teil von Prince Edward Island, von dem ein Großteil im **Kings County** liegt, wird durch den Hillsborough River geografisch von der übrigen Provinz getrennt. Es ist eine stille Region – Menschenmassen und Rummel wird man hier nicht finden. Allerdings gibt es hier längst nicht so viele Sehenswürdigkeiten und Betätigungsmöglichkeiten wie anderswo. Wer aber sportlich aktiv sein möchte und zugleich Naturerlebnisse sucht – Meeresstrände, über die der Wind fegt, Robbenkolonien, Sanddünen und eine Bisonherde im Binnenland –, ist hier goldrichtig.

Ein zweispuriger Highway umrundet die gesamte Region, auf der einen Seite gesäumt von Feldern auf tiefrotem Ackerboden, und auf der anderen vom Meer und dem saphirblauen Himmel. Der Osten, die Strecke zwischen Cardigan und Murray Harbour, ist geprägt von kleinen, vorgelagerten Inseln und Dutzenden, tief eingeschnittenen Buchten und Flussmündungen. In dieser Region herrscht ein warmes, feuchtes, beinahe tropisches Klima; die Inselbewohner nennen sie den „Bananengürtel". Hier gedeihen sogar Weinreben und Tabakpflanzen. Die lange Nordküste verläuft nahezu geradlinig und weist keine großen Einbuchtungen auf, mit Ausnahme der großen St. Peter's Bay, wo ein Küstenabschnitt als Teil des Prince Edward Island National Parks unter Naturschutz steht. Die Nordostecke ist relativ weltabgeschieden, dünn besiedelt und wenig erschlossen, das Binnenland dicht bewaldet. Jeder Insulaner wird bestätigen, dass der Nordteil des Countys „far out" ist, d. h. weit weg aus dem Blickfeld und dem Bewusstsein des Großteils von Prince Edward Island. Im Landesinneren werden Mais, Beeren, Weizen, Kartoffeln und Tabak angebaut, eine äußerst reizvolle bäuerliche Landschaft, die im Norden von Wäldern und künstlich angelegten Baumhainen begrenzt wird.

Highlights

Rossignol Estate Winery (S. 433): Im Unterschied zu klassischen Weingärten liegt der von Rossignol interessanterweise auf roten Felsklippen hoch über der Northumberland Strait – der Wein ist aber auch nicht zu verachten.

Sealwatching (S. 436): Überall auf den Inseln entlang der Südküste existieren Robbenkolonien. Keine aber lässt sich leichter erreichen als die Robbenkolonie in der Nähe von Montague.

Basin Head (S. 440): Ein ungewöhnliches Ziel, das Jung und Alt gleichermaßen begeistern wird. Denn hier kann man nicht nur ein faszinierendes Fischereimuseum besuchen, sondern auch über „singenden Sand" laufen.

Prince Edward Island National Park, Greenwich Unit (S. 443): Das Greenwich Unit im einzigen Nationalpark der Insel schützt Wanderdünen, die langsam aber sicher einen Küstenwald unter sich begraben.

Crowbush Cove (S. 444): Auf Prince Edward Island gibt es zahlreiche Golfplätze. Der beste aber ist der am Meer gelegene Links at Crowbush Cove.

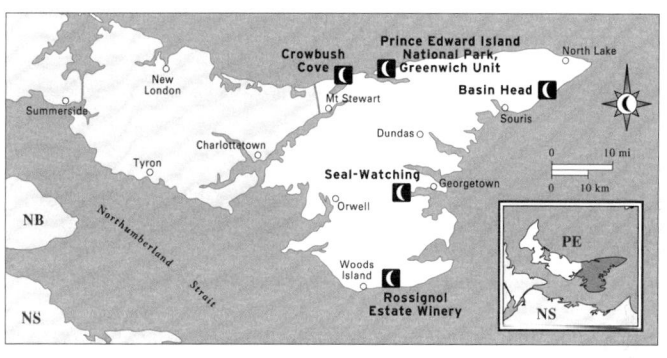

Prince Edward Island

Karte siehe Farbteil S. 5

Reise- und Zeitplanung

Die Entfernungen innerhalb des östlichen Abschnitts der Insel sind längst nicht so groß, wie es beim ersten Blick auf die Karte erscheint. Ab Charlottetown kann man an einem Tag die ganze Region bereisen (weniger als 400 km). Souris, in der entlegenen Ostecke, erreicht man von der Hauptstadt aus in 1 Std. Besucher, die mit der Fähre ankommen, betreten die Insel bei Wood Islands. Dort fahren die meisten im Konvoi nach Westen Richtung Hauptstadt, die man in weniger als eine Autostunde erreicht. Wood Islands stellt jedoch eine gute Ausgangsbasis zur Erkundung der Region dar. Dazu fährt man in die entgegengesetzte Richtung nach Murray Harbour, nimmt die kurvige Küstenstrecke nach Norden und anschließend nach Westen entlang der Nordküste. Die Provinzparks und die landschaftlichen Besonderheiten – das Ackerland reicht bis zur Küste – gehören zu den Höhepunkten der Tour. Weitere Highlights sind die Teilnahme an einer **Sealwatching-Tour** von Montague aus, der Besuch des Museums von **Basin Head** und eine Erkundungstour durch die Wildnis des **Prince Edward Island National Parks.**

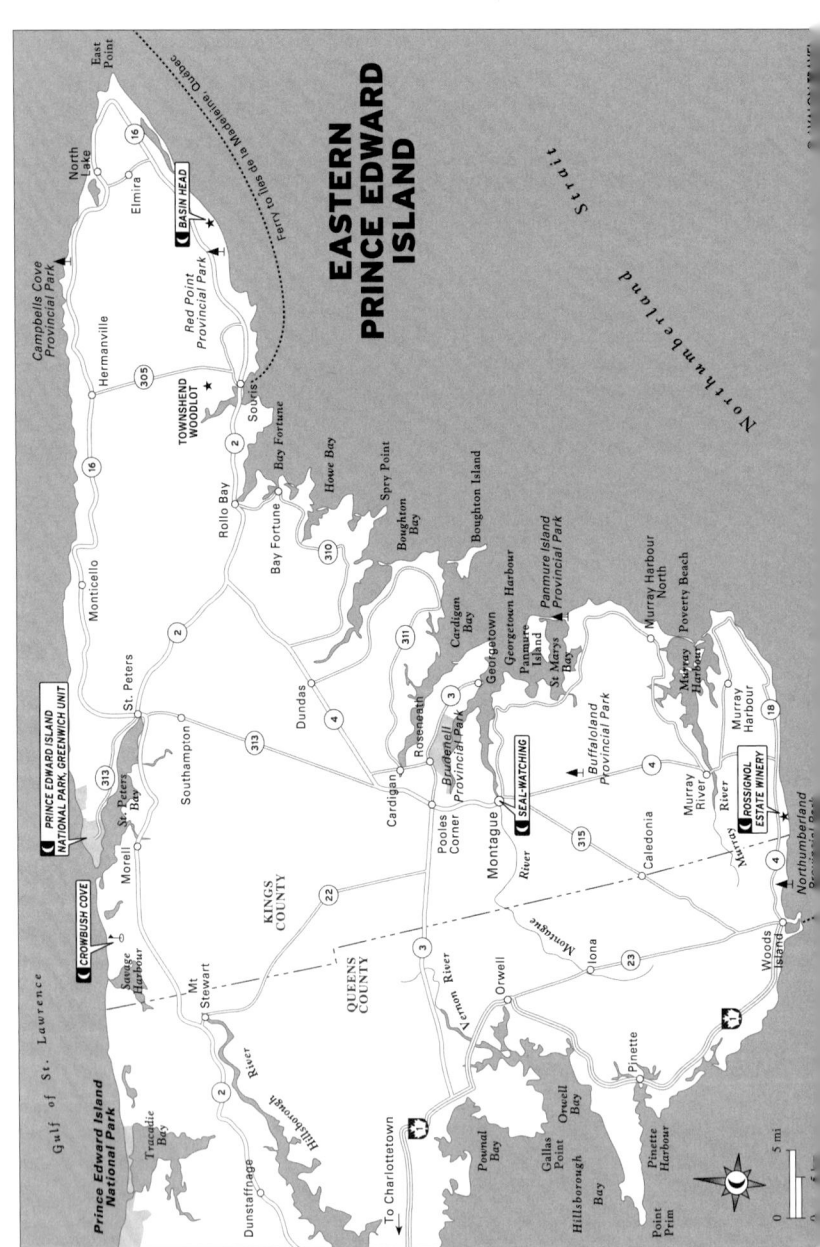

EASTERN PRINCE EDWARD ISLAND

Obwohl Prince Edward Island nicht wirklich groß ist, liegt der Ostteil der Provinz weitab der ausgetretenen Touristenpfade. Das bedeutet, dass sich hier preiswerte Unterkünfte finden lassen. Folglich empfiehlt sich eine Reiseunterbrechung. Ein idealer Reiseplan sieht folgendermaßen aus: ein paar Tage lang eine Ferienhütte mieten und Abstecher in die Umgebung machen, am Strand relaxen, durch die nahe gelegenen Ortschaften bummeln, auf einem der erstklassigen Golfplätze golfen, z. B. auf dem **Crowbush Cove,** oder einfach gar nichts tun. In größeren Dörfern gibt es Märkte, auf denen Meeresfrüchte verkauft werden. Darum sollte man sich zur Abwechslung einmal selbst bekochen und den Abend bei einem Glas Wein von der **Rossignol Estate Winery** ausklingen lassen; die Winzerei liegt direkt hinter der Fähranlegestelle Wood Islands.

Entlang der Northumberland Strait

Auf dem Trans-Canada Highway (Hwy. 1) sind es von Charlottetown Richtung Osten bis Wood Islands 62 km. Dieses Dörfchen ist die Endanlegestelle der Fähren aus Nova Scotia und gleichzeitig der Ausgangspunkt für Fahrten durch das Kings County.

Orwell

Das Dörfchen Orwell, 27 km südöstlich von Charlottetown, besitzt zwei interessante historische Sehenswürdigkeiten. Hier zweigen auch diejenigen Reisenden ab, die durch das Kings County direkt nach Montague fahren.

Sehenswertes

Das **Orwell Corner Historic Village** (Hwy. 1, ✆ 902/651-8515; Juni Mo–Fr 9–16.30, Juli/Aug. tägl. 9.30–17.30 Uhr, Sept. bis Mitte Okt. So–Do 9–17 Uhr; Eintritt $ 7,50, Kinder $ 3) ist ein restauriertes schottisches Dorf aus den 1890er-Jahren. Zu den Gebäuden zählen u. a. ein Bauernhaus, ein Gemischtwarenladen, eine Schneiderei, eine Schmiede und Scheunen. Im Sommer findet mittwochs um 20 Uhr eine keltische Musik- und Tanzveranstaltung statt *(ceilidh).*

Abseits vom Hwy. 1 hinter dem historischen Dorf befindet sich der **Sir Andrew MacPhail Homestead** (Fletcher Rd., ✆ 902/651-2789; Juni–Okt. So–Fr 10–18, Sa 10–20 Uhr), das Sommerdomizil eines landesweit berühmten Doktors, der sich um die Entwicklung des

Im Lord Selkirk Provincial Park

Kartoffelanbaus auf der Insel verdient gemacht hat. Drei Wanderwege führen durch die Wälder ringsum, und das Restaurant hat täglich (außer Montag und

Dienstag) zum Mittagessen und Nachmittagstee sowie am Wochenende auch zum Abendessen geöffnet.

Von Orwell nach Wood Islands

Lord Selkirk Provincial Park

Versteckt am Ostufer der Orwell Bay, einem Einschnitt der größeren Hillsborough Bay, liegt der Lord Selkirk Provincial Park (✆ 902/659-7221; Juni–Sept.), der bis zum Strand reicht. Der nach dem schottischen Anführer einer der frühen Einwanderergruppen benannte Park befindet sich unmittelbar am Rand des Trans-Canada Highways, einen Steinwurf westlich von Eldon und 10 km südlich von Orwell. Obwohl sich der Strand hier nicht gut zum Schwimmen eignet, ist er toll zum Spazierengehen, Treibgutsammeln und Krabbenfangen. Der Park-Campingplatz hat Stellplätze ohne Anschlüsse ($ 22) und mit Anschlüssen ($ 25), einen Swimmingpool, einen 9-Loch-Golfplatz, Minigolf, Laundry, Kochgelegenheiten, Feuerstellen und einen Laden für Campingbedarf in der Nähe.

Im Sommer gibt es ein Naturinformationsprogramm, und am ersten Augustwochenende finden im Park die alljährlichen **Highland Games** statt, zu denen u. a. Dudelsackpfeifen, Tanztourniere, schottische Turner-Wettkämpfe und Hummeressen gehören. Der Park ist von Ende Juni bis Anfang September geöffnet.

Point Prim

Das **Point Prim Lighthouse** (✆ 902/659-2412; Juli/Aug.; Eintritt frei) steht am Ende der Route 209, die vom Trans-Canada Highway abzweigt und 10 km weit über die lange, schmale Halbinsel bis in die Hillsborough Bay führt. Es handelt sich um das älteste Leuchtturmgebäude von Prince Edward Island und den einzigen runden Backstein-Leuchtturm Kanadas. Der Blick vom achteckigen Scheinwerferraum ganz oben über die Strait ist traumhaft.

Im **Chowder House** (Point Prim, ✆ 902/659-2023; Mitte Juni bis Mitte Sept. tägl. 9–20 Uhr) werden fangfrische Krabben und Muscheln, Chowder, Sandwichs und hausgemachtes Brot und Gebäck serviert.

Wood Islands

Bei Wood Islands handelt es sich nicht etwa um eine Inselkette, sondern um ein kleines Dorf, 62 km südöstlich der Hauptstadt. Hier löscht die Fähre aus Nova Scotia ihre Ladung an Fahrzeugen und Menschen.

Fährpassagiere erspähen schon lange vor der Ankunft in Wood Islands das **Wood Islands Lighthouse,** einen traditionellen, rot-weißen Leuchtturm (der beste Blick bietet sich von der Steuerbordseite aus). Er wurde 1876 erbaut und ist Teil eines kleinen Provinzparks direkt neben der Fähranlegestelle. Man kann im Leuchtturm (✆ 902/962-3110; Juni bis Anf. Sept. tägl. 9.30–18 Uhr; Eintritt frei) ganz nach oben klettern und die Ausstellungsstücke bewundern, die die Geschichte der Fährverbindung und des damit verbundenen Alkoholschmuggels erzählen.

An der Hauptstraße durchs Dorf liegt das **Plough the Waves Centre** (✆ 902/962-3761; Mitte Mai bis Mitte Okt. tägl. 9–18 Uhr), in dem sich das lokale Informationszentrum mit öffentlichem Internetzugang befindet.

Reisepraktisches

• *Übernachten* Das **Meadow Lodge Motel** (Hwy. 1, 2 km westl. der Fähranlegestelle, ✆ 902/962-2022 oder 800/461-2022; Mitte Mai bis Sept.) ist eine günstige Unterkunft für Reisende, die spät auf der Insel ankommen oder sie früh verlassen. Standardmotelzimmer kosten $ 73–83 für 1/2 Pers., und eine Suite mit zwei Schlafzimmern und Küchenzeile ist für $ 90 zu haben.

• *Verbindungen* Zwischen Mai und Mitte Dez. (das restliche Jahr über lässt die Eisdecke in der Northumberland Strait meistens keinen Schiffsverkehr zu) fahren Fähren von Wood Islands 5- bis 9-mal tägl. nach Caribou, Nova Scotia. Die Überfahrt dauert 75 Min., aber zu den Stoßzeiten (das sind die Wochenenden im Juli und Aug.) muss mit einer mindestens genauso langen Wartezeit gerechnet werden. Die Rückfahrkarte kostet $ 61 pro Fahrzeug inkl. Insassen. Der Fahrplan ist bei **Northumberland Ferries** (✆ 902/566-3838 oder 877/635-7245, www.peiferry.com) erhältlich.

Schon von der Fähre aus zu erkennen: das Wood Islands Lighthouse

Von Wood Islands nach Murray Harbour

Von Wood Islands führt die Route 4 weiter in das Kings County, wobei sie eine scharfe Linkskurve landeinwärts nach Murray River macht. Die Route 18 bleibt immer an der Küste, umrundet Murray Head und durchquert dann die Ortschaft Murray Harbour, bevor sie Murray River erreicht.

Northumberland Provincial Park

Der nur 3 km von Wood Islands entfernte Northumberland Provincial Park (Rte. 4, ✆ 902/962-7418; Ende Juni bis Anf. Sept.) liegt direkt am Ozean, nahe genug beim Terminal, um das Kommen und Gehen der Fähren von und nach Caribou zu überwachen. Das Angebot im Park reicht von Fahrradverleih, Heuwagenfahrten und einem Naturlehrpfad über Angelmöglichkeiten in einem Bach, bis hin zu einem Meeresstrand, wo man nach Krabben graben kann, und einer Minigolfanlage. Die Einrichtungen auf dem gut ausgestatteten Campingplatz umfassen 60 Stellplätze (Zeltstellplätze $ 22, Stellplätze mit Anschlüssen $ 25–28), eine Laundry, Kochgelegenheiten und warme Duschen; in der Nähe befindet sich ein Laden für Camperbedarf.

Rossignol Estate Winery

Hinter dem Park führt der Highway in das Kings County hinein und erreicht bald das einzige kommerzielle Weingut (Rte. 4, ✆ 902/962-4193; Mai–Okt. Mo–Sa 10–17, So 13–17 Uhr) von Prince Edward Island. Man sollte versuchen, sich angesichts der märchenhaften Ausblicke aufs Meer nicht von der eigentlichen Aufgabe ablenken zu lassen: Eine große Auswahl an Rot- und Weißweinen (darunter Chardonnay und Pinot Cabernet) verlangen danach, verkostet zu werden, ganz abgesehen von Obstweinen und dem köstlichen, süßen, schwarzen Johannisbeermost. Auf dem Weingut, wo jährlich 45.000 Flaschen Wein produziert werden, geht es absolut professionell zu, dazu gehört auch die Verwendung von Eichenfässern, in denen der Wein reifen kann. Es werden keine Führungen angeboten, aber Besucher dürfen auf eigene Faust den roten Lehmpfad entlangspazieren, der an den Meeresklippen endet. An der Tür zum Weinkeller kann man Wein verkosten und kaufen.

Von Murray Harbour nach Souris

Von Wood Islands geht es durch winzige Weiler wie Little Sands und White Sands, die sich eher an Straßenschildern als an einer Ansammlung von Häusern erkennen lassen, bis die Route 18 endlich Murray Harbour erreicht. In diesem gut geschützten Hafen lebt eine enorme Zahl von Robben; die Tiere tummeln sich überwiegend auf den vorgelagerten Inseln.

Einst siedelte in der Gegend die Familie Murray, die überall Namensvettern hinterlassen hat: Der Murray River fließt in den Murray Harbour, dessen Eingang von Murray Head markiert wird; Robbenkolonien bevölkern die im Hafen gelegenen Murray Islands; und die drei Hafendörfer heißen Murray Harbour, Murray River und Murray Harbour North.

Murray Harbour

An der Südseite der Bucht liegt das Dörfchen Murray Harbour. Dahinter, nach Osten hin, steht das **Beach Point Lighthouse,** von dem aus oft Robben zu sehen sind.

Auf einem 5 ha großen Gelände befinden sich die **Fox River Cottages** (239 Machon Point Rd., ✆ 902/962-2881, www.foxriver.ca; Mai–Okt.; $ 775–925 pro Woche im Juli/Aug., sonst $ 125–150 für 1/2 Pers. pro Nacht), vier Selbstversorger-Bungalows mit je zwei Schlafzimmern und blickgeschützten Veranden mit Aussicht auf den Fox River. Zu den Annehmlichkeiten zählen ein Kanu, ein Ruderboot und eine Laundry. Das **Harbour Motel** (Mill Rd., ✆ 902/962-3660, www.harbourmotelpei. com; $ 75 für 1/2 Pers.), ebenfalls in dieser Gegend, hat sieben, jeweils mit einer Küche ausgestattete Ferienapartments in Spaziernähe der Ortschaft.

Das mit Abstand beste Esslokal vor Ort, das **Brehauts Restaurant** (Rte. 18, ✆ 902/ 962-3141; April–Okt. tägl. 8–22 Uhr), besitzt eine große Terrasse mit Blick auf den Fluss. Der Schwerpunkt des Speiseangebots liegt auf Seafood, schnörkellos zubereitet und preiswert.

Murray River

Der oval geformte Hafen bildet den Mittelpunkt von Murray River, dem Verkehrsknotenpunkt der südöstlichen Ecke der Insel.

Sehenswertes

Kinder werden vom **King's Castle Provincial Park** (Rte. 348; Mitte Juni bis Mitte Okt. tägl. 9–21 Uhr) am Ufer des Murray Rivers östlich der Stadt begeistert sein. Auf einer grünen Wiese stehen aus Beton gegossene Märchenfiguren, außerdem gibt es einen Wald, durch den Spazierpfade führen, und einen Strand am Flussufer (sogar mit warmen Duschen). Eine überdachte Picknickstelle ist der perfekte Ort fürs Mittagessen.

Wer Waldspaziergänge liebt, kann sich in **Murray River Pines,** einem Waldstück nahe der Stadt, die Beine vertreten. Die Stätte abseits der Route 4 ist abgelegen: Man sollte Ausschau nach einer verlassenen Mühle halten, der ehemaligen Northumberland Mill and Museum, die inzwischen geschlossen ist; das Waldstück liegt hinter der Anlage landeinwärts. Ein 30-minütiger Spaziergang auf der roten Lehmstraße führt zu dichten Hainen aus roten und Mastbaumkiefern, Balsamtannen, Rotahorn und Douglasien. Die höchsten Nadelbäume stammen aus den 1870er-Jahren, als die englische Royal Navy die meisten Wälder abholzte, um Schiffsmasten daraus herzustellen. Irgendwie überlebten diese Bäume, und sie wurden zur Heimstatt einer Vielzahl von Vögeln, darunter Reiher, Eisvögel, Schwalben, Blauhäher und Meisen.

Reisepraktisches

• *Sealwatching* Von der innerstädtischen Werft an der Route 4 fährt ein Ausflugsboot von **Marine Adventures** (✆ 902/962-2494 oder 800/496-2494; Juni–Sept.) zu den Robbenkolonien auf den Murray Islands hinaus. Unterwegs kommt man an Muschelbänken vorbei, und oft sind Robben und weißköpfige Seeadler zu sehen. Der Ausflug kostet $ 20, für Senioren $ 15, für Kinder $ 12.

• *Einkaufen* Der **Old General Store** (Main St., ✆ 902/962-2459; Juli/Aug. Mo–Sa 9.30–17.30, So 12–17 Uhr; im Frühjahr und Herbst kürzere Öffnungszeiten) gehört zu den besten Kunstgewerbeläden der Insel und verkauft Kunsthandwerk, Textilien und Haushaltswaren. Er hat von Mitte Juni bis Mitte September geöffnet.

• *Übernachten/Camping* Die an einem kleinen Soo östlich der Stadt gelegenen

Forest and Stream Cottages (Rte. 18, ✆ 902/962-3537 oder 800/227-9943, www.fore standstreamcottages.com; Mai–Okt.; $ 85–125 für 1/2 Pers.) bestehen aus sechs einfachen, aber ordentlichen Ferienhütten, jede mit Küche, einem Schlafzimmer und einem überdachten Freisitz. Es gibt Ruderboote und einen Spielplatz.

Weiter durch die Stadt Richtung Nordosten gelangt man zum **Seal Cove Campground** (87 Mink River Rd., ✆ 902/962-2745, www. sealcovecampground.ca; Juni–Sept.) mit Aussicht auf Robbenkolonien. Wer sich an den Robben sattgesehen hat, kann den 9-Loch-Golfplatz (Greenfee $ 18 für einen ganzen Tag), den Pool im Freien und den Spielplatz benutzen oder ein Kajak ausleihen. Zeltstellplätze kosten $ 28, ein Stellplatz mit Anschlüssen kostet $ 35.

Von Murray River nach Montague

Die Route 4 stellt die kürzeste Strecke zwischen Murray River und Montague dar, die Route 17 aber ist landschaftlich reizvoller.

Hinter dem Dorf Murray Harbour North liegt am Ende einer von der Route 17 abzweigenden Nebenstraße **Poverty Beach,** eine lange, schmale Sandbank, die den Hafen vom Meer trennt. Die Stelle ist ruhig, weltabgeschieden und verströmt eine Atmosphäre urzeitlichen Friedens. Auf der Halbinsel lässt es sich schön wandern, aber man sollte es sich zweimal überlegen, in der Brandung zu schwimmen, denn starke Meeresströmungen können zur Gefahr werden, und es sind keine Lebensretter zugegen, um hilflos in den Wellen Treibende aus dem Wasser zu ziehen.

Panmure Island

Panmure Island, eine abgelegene und vom Wind gepeitschte Wildnis, liegt 15 km nördlich von Poverty Beach. Ein schmaler Streifen Land verbindet die Halbinsel mit dem Festland. Das zwischen St. Marys Bay, Georgetown Harbour und dem Meer gelegene Panmure Island erreicht man über die Route 347. Ein bewachter Strand säumt die Strait, und ein Sträßchen schlängelt sich landeinwärts und endet schließlich wieder am Wasser, wo sich eine Aussicht auf Georgetown auf der anderen Hafenseite bietet. Zurück auf dem Festland wartet der **Panmure Island Provincial Park** (✆ 902/838-0668; Ende Juni bis Anfang Sept.) auf Besucher. Hier gibt es einen Campingplatz mit 22 Stellplätzen ohne Anschlüssen und 16 Stellplätzen mit *two way hookups* ($ 22–25), einen schönen, weißen, bewachten Sandstrand, wo man im Meer schwimmen kann, eine Laundry, einen Laden für Campingbedarf, Lagerfeuerstellen und warme Duschen.

Buffaloland Provincial Park

Der 40 ha große Buffaloland Provincial Park (ganzjährig geöffnet; Eintritt frei), auf halbem Weg zwischen Murray River und Montague an der Route 4, sieht auf den ersten Blick vielleicht verlassen aus. Bei näherem Hinschauen lassen sich im Wald jedoch Bisons und Rotwild erspähen. 1970 fiel der Startschuss, als 14 Bisons aus Alberta importiert wurden. Ziel des staatlichen Experiments ist es, die vom Aussterben bedrohte Tierart zu erhalten. Zwar ist es bislang noch nicht zu einer Bevölkerungsexplosion gekommen, doch immerhin umfasst die Herde mittlerweile 24 Büffel. Es gibt natürlich keine Garantie, aber am Spätnachmittag kommt die Herde oft heraus, um in der Nähe des Zauns zur Route 4 zu grasen.

Montague

Montague, 46 km östlich von Charlottetown und 28 km nördlich von Wood Islands, ist die größte Stadt im Kings County, wobei sie noch keine 2000 Einw. zählt. Beherrschendes Merkmal der Stadt ist die Main Street-Brücke über den Montague River. Der 1825 aus Baumstämmen errichteten Montague Bridge verdankt das Städtchen seine Entstehung. Damals gab es in der Gegend nur ganze vier Farmen. Der Schiffsbau brachte dann Wohlstand in die Stadt, und so mancher Schoner und andere Segelschiffe wurden hier auf dem breiten Fluss von Stapel gelassen.

Montague ist ein hübsches, sauberes und freundliches Städtchen. Alles Wichtige liegt an der Main Street, die durch die Stadt und über die Brücke führt, so auch das **Garden of the Gulf Museum** (564 Main St., ✆ 902/838-2467; Juni–Sept. Mo–Sa 10–17 Uhr; Eintritt $ 3), das in einem alten Postgebäude bei der Brücke mit Blick über den Montague River untergebracht ist. Es handelt sich um einen beeindruckenden Bau aus roten Backsteinen mit einem Steildach, das in puncto Architektur französischen Einfluss zeigt. Die Sammlung umfasst Ausstellungsstücke zur Lokalgeschichte, darunter zur ereignisreichen Geschichte von Trois Rivières, das 1732 ganz in der Nähe von dem französischen Entrepreneur Jean Pierre de Roma gegründet wurde.

Reisepraktisches

● *Sealwatching* Rundfahrten von **Cruise Manada** (✆ 902/838-3444) beginnen an der städtischen Bootsanlegestelle an der Route 4 oder an der Werft des Brudenell River Resorts an der Route 3. Die beiden zweistündigen Rundfahrten werden ein- bis dreimal täglich durchgeführt. An Bord informiert ein Kommentator über die Heimatgeschichte und die Tierwelt, über Sattelrobben, Eisvögel, Möwen und Fischadler. Tickets kosten $ 24, für Senioren $ 22,50, Kinder $ 12,50 (5–13 Jahre).

● *Übernachten/Essen und Trinken* Das Wasser überblickenden **Lanes Cottages** (33 Brook St., ✆ 902/838-2433 oder 800/268-7532, www.lanescottages.com; $ 79–105 für 1/2 Pers.) sind eine freundliche Ansammlung von Ferienhütten mit schlichten Kochmöglichkeiten. Zur Ausstattung gehören ein Spielplatz und eine Laundry.

Das absichtlich rustikal gehaltene **Lobster Shanty** (102 Main St., ✆ 902/838-2463 oder 800/418-9430) am Flussufer hat ältere Motelzimmer ($ 89 für 1/2 Pers.) und Chalets (ab

$ 169). Das moteleigene Restaurant mit Flussblick zählt zu den besten der Region, obwohl es ein bisschen touristisch ist.

Pooles Corner

Die an der Kreuzung von Route 3 und Route 4 gelegene Ortschaft, 5 km nördlich von Montague, heißt Pooles Corner. Hier befindet sich ein von der Provinz verwaltetes **Visitor Information Centre** (✆ 902/838-0670; Juni tägl. 9–17 Uhr, Juli/Aug. tägl. 9–19 Uhr, Sept. 9–16.30 Uhr).

Brudenell River Provincial Park

Dieser 30 ha große Park samt Urlaubsanlage erstreckt sich auf einem wunderschönen, idyllischen Gelände auf der Halbinsel, das zwischen den Flüssen Brudenell und Cardigan in die Cardigan Bay hineinreicht. Man erreicht den Park über die Route 3, 3 km östlich von Pooles Corner. Die Straße windet sich durch getrimmte Grünanlagen bis zum Haupthaus der Resorts und den nahe gelegenen Chalets hin.

Reisepraktisches

• *Sport und Freizeit* Golfer genießen es, über die Fairways von zwei Golfplätzen (✆ 902/652-8965 oder 800/377-8336; Mai–Okt.) zu schlendern, den Brudenell-River-Golfplatz und den neueren Dundarave-Golfplatz, der von den Backtees aus eine Kurslänge von knapp 7 km bietet. Beide Plätze rangieren unter den besten der Atlantikprovinzen und waren Austragungsorte verschiedener nationaler und CPGA-Wettbewerbe. Die Greenfee beträgt $ 70 bzw. $ 80. Im Park kann man auch Kanutouren unternehmen ($ 35/Tag), windsurfen ($ 45 für ein paar Stunden), reiten (✆ 902/652-2396; $ 28 für einen einstündigen Strandausritt), außerdem gibt es ein Schwimmbad, einen Pool im Freien, Tennisplätze und Bootsfahrten. Alle Parkaktivitäten stehen Campern, Resortgästen und Tagesbesuchern gleichermaßen offen.

• *Übernachten/Essen und Trinken* Das Kernstück des Ferienkomplexes ist **Rodd Brudenell River** (✆ 902/652-2332 oder 800/565-7633, www.roddhotelsandresorts.com; Mai–Dez.; $ 140–260 für 1/2 Pers.). Das in den frühen 1990er-Jahren erbaute Resort beherbergt drei unterschiedliche Arten von Zimmern: Standard-Motelzimmer im Hauptgebäude, Countryside Cabins, d. h. einfache, freistehende Bungalows, die in seltsamen Winkeln zueinander stehen, und Cottages mit zwei Schlafzimmern, Küche und Kamin. Sonder- und Pauschalangebote siehe Web-

site. Das hoteleigene **Stillwaters** mit Alkohollizenz ist auf gehobene Art ungezwungen und auf Seafood spezialisiert ($ 20–29). Tipp: gedämpfter Lachs in Limonensauce und zum Nachtisch Butterkuchenstücke, gekrönt von Limonenmerengue, oder das hausgemachte Parfait.

Die modernen Bungalows der **Brudenell Fairway Chalets** (Rte. 3, ✆ 902/652-2900 oder 866/652-2900, www.fairwaychalets.com) sind eher Minihäuser als Chalets. Jeder Bungalow besitzt zwei oder drei Schlafzimmer ($ 224 und $ 275 für jeweils 1/2 Pers.), eine gut ausgestattete Küche, ein Wohnzimmer mit TV, eine Waschmaschine plus Trockner sowie eine Veranda mit Gartengrill. Es liegt am Ende des Parks in der Nähe des Golfplatzes und hat auch einen eigenen Pool und einen Spielplatz.

• *Campground* Der Park besteht nicht nur aus dem Resort. Hinter dem Haupteingang befindet sich der **Brudenell River Provincial Park Campground** (✆ 902/583-2020; Ende Juni bis Ende Sept.). Die Zeltstellplätze liegen verstreut in einem Waldgelände ($ 22). Die Stellplätze mit Anschlüssen ($ 25–30) sind großzügig bemessen, mit viel Platz zum Manövrieren. Der Platz verfügt über warme Duschen, Kochmöglichkeiten, Laundry, Lehrprogramme, einen Strand am Fluss und einen Wanderpfad, der den Campingplatz mit dem Hotel verbindet.

Prince Edward Island

Karte siehe Farbteil S. 5

Die Umgebung des Brudenell River Provincial Parks

Georgetown

Das am Ende der Route 3 hinter dem Park gelegene Georgetown war früher ein wichtiges Schiffsbauzentrum. Mit der Namensgebung zollte der Landvermesser Samuel Holland George III. von England seinen Respekt. Der Hafenort durfte sich rühmen, einer der perfektesten natürlichen Tiefseehäfen der Insel zu sein. Den Aufbau seiner Wirtschaft verdankte Georgetown jedoch britischem Kapital, und als Englands Ökonomie einen kurzzeitigen Einbruch erlitt, verlor Georgetown ein für allemal seine wirtschaftliche Bedeutung. Stattdessen avancierte Montague zum Schiffsbau- und Verschiffungszentrum und später zum wichtigsten Handelsumschlagplatz der Gegend. Heutzutage ist das Städtchen v. a. für sein **King's Playhouse** (65 Grafton St., ✆ 902/652-2053; Mitte Juli bis Mitte Sept.) bekannt, eine Theatertruppe, die das ganze Jahr über in einem Schauspielhaus in der Innenstadt ernste und heitere Stücke aufführt.

Cardigan

In diesem Weiler, 5 km nördlich des Provinzparks, sollte man möglichst an einem der **Hummer-Essen** teilnehmen, die im Olde Store veranstaltet werden (✆ 902/583-2020; Ende Juni bis Ende Sept.; Eintritt $ 26, Kinder $ 16).

Das im ehemaligen Bahnhofsgebäude untergebrachte **Cardigan Craft Centre** (✆ 902/583-2930; Juni bis Mitte Okt. Mo–Sa 10–17.30 Uhr) ist bekannt dafür, qualitativ hochwertiges Kunsthandwerk, darunter handgefertigte Textilien, Gegenstände aus Buntglas und warme Pullover, zu vertreiben. Im Bahnhof befindet sich auch ein Tearoom (Mo–Sa 10–16 Uhr), in dem preiswertes Mittagessen serviert wird.

Bay Fortune

Rund 60 km nordöstlich von Cardigan am Kings Byway fließt der Fortune River in die Bay Fortune. Die Bucht trug bereits diesen Namen, als hier die Ferienresidenzen des Produzenten David Belasco und des Bühnenautors Elmer Harris errichtet wurden, die am Broadway reich geworden waren. 6 km flussaufwärts liegt der Weiler Dingwells Mills, wo „Johnny Belinda", eines von Harris' erfolgreichsten Broadway-Stücken, spielt, das später auch verfilmt wurde.

Übernachten/Essen und Trinken

Das **Inn at Bay Fortune** (Rte. 310, ✆ 902/687-3745 oder 888/687-3745, www.innatbayfortune.com; Ende Mai bis Mitte Okt.; $150–325 für 1/2 Pers.) hat sich dank des Hausmanagers David Wilmer, der sich mit Hingabe um das Anwesen kümmert, eine internationale Reputation erworben. Dies war früher das Sommerdomizil von Elmer Harris, der diese 19.-Jahrhundert-Version eines Motels entwarf, um seine Entourage aus Schauspieljüngern zu beherbergen, die den berühmten Bühnenautor ständig begleiteten. Die 18 lichtdurchfluteten Gästezimmer, 14 mit Kamin, sind makellos möbliert. Das be-

gehrteste ist die zwei Etagen umfassende Tower Suite, von deren Wohnzimmer im Obergeschoss sich ein weiter Ausblick aufs Wasser eröffnet. Im Preis enthalten ist ein warmes Frühstück.

Im Speisesaal herrscht eine äußerst gastfreundliche Atmosphäre; das Restaurant gilt als eines der edelsten von ganz Kanada. Die Mahlzeiten werden im Sommer auf der verglasten Vorderveranda serviert, oder bei kühlerem Wetter drinnen an Tischen vor dem offenen Kamin. Schwerpunkt der kreativen Speisekarte liegt auf Gerichten aus regionalen Zutaten (unbedingt probieren: Meeresschnecke unter einer Haube aus Erdbeeren und Balsamicosalsa). Dazu gibt es eine Weinkarte mit ausgesuchten Tropfen. Man muss nicht zwingend Hausgast sein, um hier zu dinieren. Viele aber verbringen hier einen Pauschalurlaub (Näheres siehe Website).

Souris und Umgebung

Alle Insulaner werden bekräftigen, dass das Fischerstädtchen Souris „far out" ist. Die Stadt (1200 Einw.) an der dem Meer zugewandten Seite der Strait, 80 km östlich von Charlottetown und 44 km nordöstlich von Montague, ruft aufgrund ihrer Lage allgemein Begeisterung hervor. Am besten wählt man Souris als Ausgangsbasis für Exkursionen in den Nordosten. In dieser Ecke der Insel bekommt man in Sachen Kost und Logis noch richtig etwas für den Dollar. Die Restaurants sind ohne Schnickschnack eingerichtet und auf Meeresfrüchteplatten spezialisiert, die bei den Insulanern als die besten und frischesten der Provinz gelten.

Geschichte

In Unkenntnis des milderen Klimas im Südteil der Region, zogen gegen 1724 die ersten französischen Siedler von Port-la-Joye am Hillsborough River flussaufwärts in diese Gegend. Die Bedingungen waren alles andere als günstig. Zudem verwüstete in den 1750er-Jahren eine Mäuseplage die Felder und das Dorf Souris. Obwohl die Schädlinge sich irgendwann verflüchtigten, blieb der Ruf, ein Ort der Nagetiere zu sein, an dem Seehafen hängen und gab dem Dorf schließlich seinen Namen; *souris* ist das französische Wort für Maus. Um 1800 war die Siedlung zu einem Schiffsbauzentrum geworden und blieb das auch, bis das große Zeitalter der Segelschifffahrt im späten 19. Jh. zu Ende ging. Da sich gleichzeitig die Methode der Konservierung von Lebensmitteln in Blechdosen entwickelt hatte, wurde dies nun zum wirtschaftlichen Hauptstandbein der Hafenstadt; jahrzehntelang stopften die Insulaner ohne Ende Hummer in Büchsen, die für den Export in alle Welt bestimmt waren.

Sehenswertes/ Sport und Freizeit

Die Stadt an der Northumberland Strait ist auf sanften Hügeln errichtet. Stellenweise reichen die Wiesen bis ans Wasser, andernorts ragen steile, rote Felsklippen empor. Am Südrand rollen die roten Fluten des Souris Rivers in Richtung Meer und ergießen sich in die blaue Strait wie eine Palette ineinanderfließender Wasserfarben.

Townshend Woodlot

Townshend Woodlot ist ein 106 ha großes Waldstück, das an den ursprünglichen akadischen Wald der Insel erinnert. 1970 erklärte

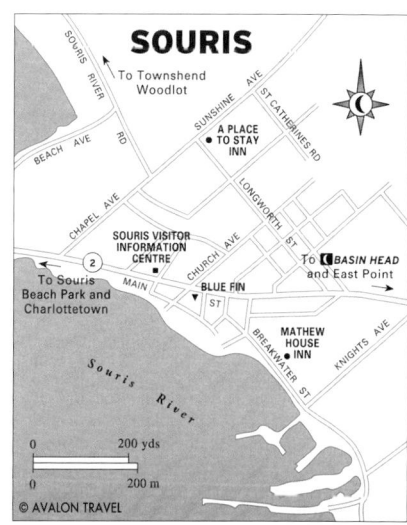

Prince Edward Island
Karte siehe Farbteil S. 5

das International Biological Program diese Stelle zu einem der schönsten Beispiele von Hartholzhainen auf Prince Edward Island. Die Anfahrt erfolgt auf der Route 305, 3 km Richtung Norden, bis zum winzigen Ort Souris Line Road. Der Hain liegt abseits der Straße, ziemlich versteckt und schlecht ausgeschildert – es ist ratsam, in Souris die genaue Wegbeschreibung zu erfragen. In dem 1978 von der Provinz erworbenen Waldstück gibt es keinen klar erkennbaren Wanderpfad, aber auf dem ebenen, sandigen Waldboden lässt es sich gut spazieren. In den Hainen wachsen sowohl Rotbuchen – die früher die Inselwälder zu großen Teilen dominierten – als auch Gelbbirken, Rotahorn und Zuckerahorn, dessen dunkelbraune Stämme bis zu 32 m hoch aufragen. In unterirdischen Gängen hausen Backenhörnchen. Es wimmelt von Zwergginseng – eine Rarität auf der Insel – und Wachslilien.

Basin Head

Da sie vom Wind geformt werden, wachsen und wandern die meisten Dünen, allerdings im Schneckentempo. Die Dünen von Basin Head sind jedoch nicht nur aufgrund ihrer hohen Mobilität als „Wanderdünen" bekannt. Da der Sand hier einen hohen Anteil an Kieselerde aufweist, quietscht er zudem hörbar unter den Schuhsohlen. Die Inselbewohner bezeichnen dieses Phänomen poetisch als „singenden Sand". Sowohl die Strände von Basin Head als auch die im angrenzenden Red Point Provincial Park bestehen aus singendem Sand. Die Dünen von Basin Head sind hoch, ihr Ökosystem ist sehr empfindlich; Besucher sollten den Dünen fernbleiben und stattdessen auf dem Strand am Ufer entlanggehen.

Hinter den Basin Head-Dünen thront das **Basin Head Fisheries Museum** (Rte. 16, ✆ 902/357-7233; Mitte Juni bis Ende Sept. tägl. 9–17 Uhr; Eintritt $ 4, Kinder $ 3,50) hoch oben über einer Bucht. Neben Booten und Fischernetzen bietet das Museum fachmännisch angeordnete Ausstellungsstücke, die alles Wissenswerte zur Geschichte der lokalen Fischereiwirtschaft und zur Ökologie der Küstenregion erzählen. Hinter dem Museum führt ein Plankenweg durch die Dünen zum Ozean.

Basin Head, nordöstlich von Souris, ist auch ein beliebtes Ziel lokaler Ausflugsdampfer. Tagsüber finden Küsten-Vogelbeobachtungsfahrten statt, und die Sunset cruises sind so getimt, dass auf jeden Fall der eindrucksvolle Sonnenuntergang bewundert werden kann. Die Ausflugsboote (normalerweise rund $ 30 pro Pers.) legen in regelmäßigen Abständen vom Kai in Souris ab. Im Sommer werden den ganzen Tag über **Hummerfang-Expeditionen** angeboten ($ 100 pro Pers., inkl. Ausrüstungsverleih). Eine Liste der Anbieter kann telefonisch beim Souris Visitor Information Centre (✆ 902/687-7030) bestellt werden.

Reisepraktisches

Feste und Veranstaltungen

Das Highlight im Veranstaltungskalender ist die Mitte Juli stattfindende **Souris Regatta,** die mit einer Segelregatta, einem Rummelplatz, Holzschnitzereivorführungen und einem Wettbewerb im Armdrücken gefeiert wird. Am selben Wochenende kommen Musiker von der ganzen Insel südöstlich der Stadt in Rollo Bay beim **Prince Edward Island Bluegrass & Old Time Music Festival** (www.bluegrasspei.com) zusammen.

Übernachten/Camping

• *Unter $ 50* Da die Zimmer- bzw. Bettenpreise überall auf der Insel erschwinglich sind, ist die Suche nach einer Unterkunft für Rucksackreisende keine ganz so vordringliche Angelegenheit wie anderswo in der Region. Das **A Place to Stay Inn** (9 Longworth St., ✆ 902/687-4626) allerdings ist in jeder Hinsicht außergewöhnlich. Das Untergeschoss dieses großen Hauses in Spaziernähe der Stadt wurde in eine Herberge verwandelt. Sie besitzt nach Geschlechtern getrennte Schlafsäle, eine Küche, ein Wohnzimmer mit TV, einen Fahrradverleih, eine Veranda mit Gartengrill und eine Waschküche. Schlafsaalbetten kosten $ 20 pro Pers.

• *$ 50–100* Übernachtungsgäste im **A Place to Stay Inn** (9 Longworth St., ✆ 902/687-4626) müssen das Gebäude vielleicht mit Backpackern teilen, doch die beiden Abteilungen sind komplett voneinander getrennt. Die Zimmer im Obergeschoss haben Gemeinschaftsbad; im Preis von $ 65–70 für 1/2 Pers. ist das Frühstück inbegriffen.

Am Meer und in fußläufiger Nähe zu einem Strand und dem Platter House Restaurant liegt das **Lighthouse and Beach Motel** (Rte. 2, ✆ 902/687-2339, www.lighthouseandbeachmotel.ca; Mitte Juni bis Mitte Sept.; $ 70–100 für 1/2 Pers.). Es bietet Standard-Motelzimmer inkl. Frühstück Ein kleiner Leuchtturm auf dem Gelände wird wochenweise vermietet ($ 700); er hat ein Bad, separate Schlafzimmer und eine Küche. Diese Unterkunft befindet sich 2 km westlich der Stadt.

Noch 6 km weiter westlich steht das **Rollo Bay Inn** (Rte. 2, ✆ 902/687-3550 oder 877/687-3550; $ 89–99 für 1/2 Pers). Dieses Gasthaus in einem im georgianischen Stil neu erbauten Haus bietet 15 Zimmer, Fewo und Suiten auf einem weitläufigen Gelände und außerdem ein Restaurant mit Alkoholausschank, in dem schnörkellose, inseltypische Gerichte aufgetischt werden.

• *$ 100–150* Das malerische **Matthew House Inn** (15 Breakwater St., ✆ 902/687-3461, www.matthewhouseinn.com; Ende Juni bis Anf. Sept.; $ 110–175 für 1/2 Pers.) liegt inmitten gepflegter Grünanlagen in Sichtweite vom Wasser. Es wurde 1885 im Auftrag eines hiesigen Unternehmers erbaut und hat dank liebevoller Restaurierung seinen historischen Charakter bewahrt. Mein Lieblingsgästezimmer ist Nr. 8, das in beruhigenden Pastellblautönen gehalten ist, die wunderbar mit dem polierten Parkettfußboden und dem antiken Bett harmonieren. Ein warmes Frühstück ist im Preis enthalten.

• *Campground* Der **Red Point Provincial Park** (13 km östl. von Souris abseits der Rte. 16, ✆ 902/357-2463; Ende Juni bis Anf. Sept.) hat einen Campingplatz mit 32 Zeltstellplätzen ($ 22) und 58 Stellplätzen, die über Anschlüsse ($ 28) verfügen. Die Einrichtungen umfassen Koch- und Feuerstellen sowie warme Duschen.

Iles de la Madeleine

Von Souris aus starten die Fähren zu den Iles de la Madeleine (Magdalen Islands) im Sankt Lorenz-Strom, die zu Quebec gehören. Sie liegen 105 km entfernt von der Nordspitze von Prince Edward Island und 215 km von dem am nächsten gelegenen Punkt von Quebec. Der weltabgeschiedene Archipel besteht aus zwölf Inseln, von denen sechs durch Sanddünen miteinander verbunden sind, und umfasst insgesamt eine Fläche von 200 km². Die Iles de la Madeleine sind ein entlegenes, wildes Paradies mit herrlichen Stränden und einer reichen Vogelwelt. Über die Inseln verstreut gibt es mehrere Dörfer, und auf jedem Eiland ist eine touristische Grundversorgung gewährleistet.

CTMA Ferry (✆ 418/986-3278 oder 888/986-3278, www.ctma.ca) betreibt die MV *Madeleine* Auto-/Passagierfähre, die von April bis Januar zwischen Souris und den Inseln verkehrt. Die Überfahrt dauert 5 Std.; der Fahrplan sieht sechs bis acht Fahrten wöchentlich in jede Richtung vor. Die Abfahrt von Souris erfolgt meistens um 14 Uhr, die Rückfahrt von Cap-aux-Meules meist um 8 Uhr. Die einfache Überfahrt kostet für Erwachsene $ 44, Senioren $ 36, Kinder $ 22 und für Fahrzeuge ab $ 82.

Informationen zu den Iles de la Madeleine erteilt das lokale Tourismusbüro (128 Chemin Débarcadère, Cap-aux-Meules, ✆ 418/986-2245). Das Büro unterhält auch eine ausgezeichnete Website, www.ilesdelamadeleine.com, mit detaillierten Inselinfos und Links zu Unterkünften.

Essen und Trinken

Das **Blue Fin** (10 Federal Ave., ✆ 902/687-3271; tägl. 8–20 Uhr) wird wegen seiner versteckten Lage abseits der Hauptstraße eher selten von Touristen frequentiert. Aber die preisgünstigen Seafood-Gerichte lohnen die Suche nach diesem Lokal. Das Sea-food-Chowder ($ 7) und die Fish 'n' Chips ($ 10) schmecken beide ausgezeichnet.

Information

Das **Souris Visitor Information Centre** (95 Main St., ✆ 902/687-7030; Juni–Okt. tägl. 9–17 Uhr) ist in einem historischen Gebäude mitten in der Stadt untergebracht.

Die Nordküste

Wer Bilderbuchlandschaften, windgepeitschte Meeresküsten mit tosender Brandung und urige Seehäfen liebt, sollte einen Abstecher in das nordöstliche Kings County in Erwägung ziehen, um eine Vorstellung davon zu bekommen, wie es auf dieser Seefahrerinsel früher aussah. Hinter Souris erstreckt sich die Küste der Strait 25 km weit bis zum stürmischen East Point, dem östlichsten Punkt der Insel. An der ebenfalls weltabgeschiedenen Golfküste trifft man nur auf ganz wenige Touristen, ein Dutzend winzige Hafenorte und eine Handvoll einsamer Leuchttürme, die an der 75 km langen, mit Schiffswracks aus vielen Jahrhunderten übersäten Küste Wache halten.

East Point

An der Nordostspitze von Prince Edward Island, 25 km nordöstlich von Souris, treffen die Northumberland Strait und der Sankt-Lorenz-Strom in einer schäumenden Gischtwolke von sich aufbäumender Fluten aufeinander. Das Wasser ist manchmal blau, oft aber von rostfarbenem Schlick rot gesprenkelt. Hier steht der 20 m hohe achteckige Turm des **East Point Lighthouse** (abseits der Rte. 16, ✆ 902/357-2106; Mitte Juni bis Aug. tägl. 10–18 Uhr; Führungen $ 3, Senioren $ 2, Kinder $ 1), der noch immer in Betrieb ist. Der erste Leuchtturm an dieser Stelle wurde 1867 erbaut, aber aufgrund der Erosion mussten seine Nachfolger weiter entfernt vom Klippenrand errichtet werden.

Elmira

Das **Elmira Railway Museum** (Rte. 16A, ✆ 902/357-7234; Mitte Juni bis Anf. Sept. tägl. 9–17 Uhr; $ 2) liegt zwar nicht ganz am Ende der Welt, aber immerhin dort, wo sich die Endstation der Eisenbahnlinie, die früher Prince Edward Island durchquerte, befand. Das ursprüngliche Bahnhofsgebäude dient jetzt als stummer Zeuge der Eisenbahngeschichte auf der Insel und ist das einzige Museum der Provinz, das sich mit Ausstellungsstücken und Dokumenten diesem Geschichtskapitel widmet. Es beherbergt auch einen kleinen Geschenkartikelladen plus Café und einen Fahrradverleih. Mit den Rädern kann man sich auf dem **Confederation Trail** abstrampeln, dem alten Schienenbett, das in einen Wander- und Radweg verwandelt wurde, der sich auf einer Länge von 279 km bis ans andere Ende der Insel erstreckt.

North Lake und Umgebung

Der Hafen von North Lake ist einer von vier Häfen, in denen die Hochseefischereiboote vor Anker liegen; die Angler versuchen, rekordverdächtig große Thunfische aus dem Wasser zu holen. Für einen drei- bis vierstündigen Angelausflug zahlt man $ 20–30 pro Person. Rund $ 400 kostet die achtstündige Charterfahrt mit vier Mann an Bord. Die Boote laufen während der Saison von Juli bis Mitte September täglich von

den Häfen North Lake, Naufrage, Launching und Red Head aus. Zu den besten Anbietern zählt **North Lake Tuna Charters** (✆ 902/357-2055) am North Lake-Hafen.

Das **Bluefin Motel** (Rte. 16, ✆ 902/357-2053; Juli–Sept.; $ 70 für 1/2 Pers.) ist mit seinen zehn schlichten Zimmern und einem Strand, an dem man nach Krabben buddeln kann, v. a. auf Angler eingestellt.

Der **Campbells Cove Provincial Park** (Rte. 16, 5 km westl. von Elmira, ✆ 902/357-3080; Ende Juni bis Anf. Sept.) liegt direkt am Golf. Er hat einen Strand, warme Duschen, Kochgelegenheiten und 48 Stellplätze mit und ohne Anschlüsse ($ 22–28).

Die Golfküste

St. Peters

Wer Ende Juli oder Anfang August in der Gegend ist, sollte sich das fünftägige **Blueberry Festival** von St. Peters nicht entgehen lassen. Es ist eines der Lieblingsfeste der Insulaner und wird in der Hafenstadt mit Konzerten, diversen Unterhaltungsangeboten, Hummer- und Rindfleisch-Barbecue, Blaubeerspeisen und einem Pancake-Brunch begangen.

Im **St. Peters Park** (Rte. 2, ✆ 902/961-2786; Mitte Juni bis Sept.; $ 22–28 pro Nacht) gibt es einen Campingplatz mit elf Stellplätzen ohne und mehr als 70 Stellplätzen mit Anschlüssen. Die Ausstattung umfasst Waschmaschinen, Kochmöglichkeiten, kostenloses Feuerholz, zwei Swimmingpools, Minigolf und warme Duschen.

Prince Edward Island National Park, Greenwich Unit

In diesem Nationalpark gibt es drei Units (die zwei anderen werden in den Abschnitten *Von Charlottetown nach Cavendish* und *Cavendish* im Kap. *Charlottetown und Queens County* behandelt). Das 6 km² umfassende Landstück namens Greenwich Unit weist eine fragile Biosphäre aus Dünen und Feuchtgebieten auf; über die Dünen führt ein 4,5 km langer Pfad. Der Wind schiebt die Dünen langsam zurück in den Wald, dabei begraben sie Bäume unter sich, die mit der Zeit zu „ausgebleichten Skeletten" werden – ein faszinierender, einmaliger Anblick. Am Ende der Straße befindet sich das **Greenwich Interpretation Centre** (✆ 902/963-2391; Juli bis Mitte Aug. tägl. 9–20 Uhr, Juni und Mitte Aug. bis Okt. tägl. 9–17 Uhr). Der Eintritt zum Park kostet $ 8, Senioren $ 7, Kinder $ 4. Die Anfahrt erfolgt auf der Route 313 westlich von St. Peters am Nordrand der St. Peters Bay entlang.

Morell und Umgebung

Beeren spielen die Hauptrolle in Morell, 40 Min. von Charlottetown entfernt. Das Hafenstädtchen in der St. Peters Bay macht viel Wirbel um die Erdbeerernte und feiert Mitte Juli sechs Tage lang das **Strawberry Festival** mit einem Umzug, Konzerten, Tänzen, Barbecues und anderen öffentlichen Events.

Crowbush Cove

An der Küste unmittelbar westlich von Morell liegt **Links at Crowbush Cove** (✆ 902/368-5761; Mai–Okt.), ein hochgelobter 18-Loch-Golfplatz (Par 73). Als nach echt schottischer Tradition konstruierter Golfplatz fordert der Crowbush die Sportler mit neun Wasserlöchern und acht von Dünen eingerahmten Löchern heraus. Die Greenfees betragen $ 80–100. Blick auf den Golfplatz bietet das **Rodd Crowbush Golf & Beach Resort** (✆ 902/961-5600, www.roddhotelsandresorts.com; Mitte Mai bis Mitte Okt.), das moderne Zimmer im Hauptgebäude und 32 Cottages mit zwei Schlafzimmern am Rand des Golfplatzes vermietet. Den Gästen stehen ein Spa, ein Fitnesscenter, ein Hallenbad, Tennisplätze und ein Restaurant mit Meerblick zur Verfügung. Die meisten dieser Gäste haben ein Golfpauschalpaket ab $ 220 pro Person und Nacht gebucht.

Mount Stewart

Das am Hillsborough River, 35 km nordöstlich von Charlottetown gelegene Mount Stewart entstand in der zweiten Hälfte des 19. Jh. als Zentrum des Schiffsbaus. Heute kommen die Leute nicht mehr der Schiffe, sondern des **Confederation Trails** wegen, einer Bahnstrecke, die in einen Wander- und Radweg verwandelt wurde, der über die gesamte Insel führt. Mount Stewart ist ein guter Ort, um einen Stopp einzulegen und von hier aus einen oder zwei Tage lang eine Teilstrecke des Trails zu bewandern bzw. zu befahren.

Die Hauptattraktion der Stadt ist das **Hillsborough River Eco-Centre** (104 Main St., ✆ 902/676-2050; Juli/Aug. tägl. 10–18 Uhr; Eintritt frei), wo es eine Ausstellung zum Fluss und dessen Ökosystem, öffentlichen Internetzugang und einen Geschenkartikelladen gibt. Auf keinen Fall sollte man sich den Aufstieg auf den Turm entgehen lassen, von dem sich weite Ausblicke über den größten Fluss von Prince Edward Island bieten.

Das **Trailside Inn** (109 Main St., ✆ 902/676-3130 oder 888/704-6595, www.trailside.ca; Mitte Juni bis Ende Sept.; $ 75 für 1/2 Pers.) hat sich seinen Namen vom Confederation Trail entlehnt, der durch die Stadt verläuft. Die vier Zimmer in einem umgebauten Gemischtwarenladen besitzen jedes ein Bad, Parkettfußboden und TV. Wer auf dem Trail in die Pedale treten möchte, kann hier ein Fahrrad ausleihen ($ 25 für den ersten plus $ 10 für jeden weiteren Tag). Im hauseigenen Café (Fr–So ab 16 Uhr) wird herzhafte Bauernküche serviert, außerdem treten oft Musiker aus der Region auf.

Neufundland und Labrador

St. John's und Avalon Peninsula

St. John's, die Hauptstadt der Provinz, ist eine freundliche Stadt mit auffallend farbenfrohen Häusern. Sie schmiegt sich an die Hänge des St. John's Harbour, sodass es von Weitem so aussieht, als würden die Hausdächer eine Art Flickenteppich bilden: Manche sind graziös geschwungene Mansardendächer, manche spitzgieblig oder aber platt wie Eierkuchen, wieder andere pyramidenförmig und mit Tontöpfen auf den Schornsteinen versehen. Eine empfindliche Störung dieser Postkarten-Idylle stellt allerdings das Gewirr aus Elektrodrähten dar, das den Hang überzieht.

Es wimmelt von kontrastreichen Farbtupfen. Fensterrahmen sind in knalligem Türkis, Rot, Goldgelb und Blassrosa gestrichen, dahinter erkennt man leuchtend weiße Spitzenvorhänge. Die Fenstersimse verschwinden unter Blumenkästen mit üppig blühenden roten Geranien und purpur- oder pinkfarbenen Petunien. An den Straßenrändern ragen Mauern empor, die den Hang im Zaum halten, und jede leere Fläche dient als Vorwand für ein Wandgemälde in Pastelltönen. Die Geschäftsfassaden in der Water Street sind genauso individualistisch wie die Inhaber und präsentieren sich in Wedgwood-Porzellanblau, Limonengrün, Purpur und Rosé, während die öffentlichen Telefonzellen in der Stadt im satten Rot alter Feuerhydranten erstrahlen.

In St. John's, so behaupten die Bewohner Neufundlands, wird Besuchern am meisten geboten. Mit anderen Worten: In Neufundland gibt es nur wenige große Städte, dafür jedoch viele gottverlassene Küstendörfer. Und es steht völlig außer Frage, dass in St. John's das Angebot an Restaurants, Hotels, Sehenswürdigkeiten und Nachtleben weitaus größer ist als in jedem anderen Ort auf der Insel und in Labrador Ganz zweifellos haben sich die Neufundländer in einem der ältesten Häfen Nordamerikas

Highlights

The Rooms (S. 453): Dieser wunderbare Komplex, der ein Museum, eine Kunstgalerie und spektakuläre Hafenblicke vereinigt, ist eine Art Schaufenster auf die Highlights von Neufundland und Labrador.

Signal Hill (S. 456): Allein schon der weite Ausblick auf den Ozean und die Stadt lohnen die Fahrt auf den Signal Hill.

Johnson Geo Centre (S. 456): In einem gläsernen Aufzug geht es in die Tiefen des Signal Hills, wo uraltes Gestein die geologische Geschichte der Provinz veranschaulicht.

Quidi Vidi (S. 457): Angesichts der malerischen Gestelle, auf denen Fische getrocknet werden, und der buchtenreichen Küstenlinie wähnt man sich in einem neufundländischen Outport, einem weltabgeschiedenen Fischerdorf, doch der Schein trügt – Downtown St. John's liegt gleich um die Ecke, direkt hinter dem Berg.

Witless Bay Ecological Reserve (S. 473): Mit einem Ausflugsboot geht es zu diesem Reservat, wo man mit absoluter Wahrscheinlichkeit Wale, Papageientaucher und Robben zu Gesicht bekommt.

Colony of Avalon (S. 474): Bei den noch nicht abgeschlossenen archäologischen Grabungen im Küstendorf Ferryland wird nach und nach eine der ältesten europäischen Siedlungen Nordamerikas ausgebuddelt.

Shamrock Festival (S. 475): Die fröhlichen Klänge neufundländischer Musik durchdringen alle Aspekte des Lebens auf „The Rock", aber beim Ende Juli stattfindenden Shamrock Festival kommen Besucher in direkte Berührung mit der Musik und den lebenslustigen Einwohnern.

Cape St. Mary's Ecological Reserve (S. 477): Selbst wenn man sich nicht besonders für Vögel interessiert, sind der Anblick und die Geräusche Tausender von Vögeln auf dieser Felssäule vor der Küste ein unvergessliches Schauspiel.

eine moderne und faszinierende Nische mit hoher Lebensqualität geschaffen In St. John's erwarten den Besucher einige der besten Geschäfte im atlantischen Kanada, ungewöhnliche kulinarische Angebote, schöne Museen, in denen die interessante maritime Geschichte dokumentiert wird, ein pulsierendes Nachtleben mit viel Musik sowie eine erlesene Kunstszene, die ständig wächst.

Wenn man die Stadt ausreichend erkundet hat, gilt es die restliche Avalon Peninsula zu entdecken. Nur einen Tagesausflug von Downtown entfernt kann man im Witless Bay Ecological Reserve Wale beobachten, in Ferryland Archäologen bei der Arbeit zuschauen, bei Cape St. Mary's ganz mühelos durch ein Vogelschutzgebiet spazieren und durch Dörfer mit so herzerfrischenden Namen wie Heart's Desire fahren.

Reise- und Zeitplanung

Egal, ob die Anreise per Flugzeug, Fähre oder auf dem Landweg von Westen her erfolgt: St. John's ist definitiv ein eigenständiges Reiseziel. Es besitzt sämtliche Annehmlichkeiten einer Großstadt, inklusive erstklassiger Unterkünfte, eine Fülle unterschiedlicher Restaurants und ein lebendiges Nachtlebens. Allein mit Sightseeing lassen sich locker zwei Tage füllen, dabei muss mindestens ein halber Tag für **The Rooms** reserviert werden, ein Komplex aus Museum und Kunstgalerie, der sich mit jedem anderen im Land messen kann. Unverzichtbar ist die Fahrt hoch zur **Signal Hill National Historic Site** mit einem Stopp am **Johnson Geo Centre** unterwegs. An einem Regentag bietet sich ein Besuch im **Fluvarium** an. Obwohl das innerhalb der Stadtgrenzen gelegene Dorf **Quidi Vidi** einen Eindruck davon vermittelt, wie der Rest der Provinz aussieht, lohnt die übrige Avalon Peninsula dennoch unbedingt eine Erkundungsfahrt. Dabei stehen eigentlich nur zwei Möglichkeiten zur Wahl – entweder man macht St. John's zur Ausgangsbasis für Tagesausflüge oder man unternimmt eine längere Tour mit Übernachtung. Zwei Highlights – ein Whalewatching-Trip zum **Witless Bay Ecological Reserve** und der Besuch der alten **Colony of Avalon** – lassen sich mühelos im Rahmen eines Tagesausflugs bewerkstelligen. Doch wer Ende Juli in der Gegend ist, darf das **Shamrock Festival,** ein Freiluftkonzert in der Nähe der Colony of Avalon, auf keinen Fall verpassen. Auch das **Cape St. Mary's Ecological Reserve** ist nur zwei Autostunden von St. John's entfernt; wer mit der Fähre aus Nova Scotia hergekommen ist, braucht jedoch auf der Fahrt Richtung St. John's nur einen kurzen Umweg von der Hauptstrecke zu machen. Diejenigen, die mit dem Flugzeug anreisen, sollten für die Erkundung der Stadt und der Avalon Peninsula mindestens fünf Tage einplanen. Für Besucher, die mit dem eigenen Fahrzeug per Fähre herkommen, empfiehlt es sich, drei Tage für den Aufenthalt auf der Avalon Peninsula einzuplanen und sieben Tage für die Fahrt durch den zentralen und westlichen Teil der Provinz bis zur Fähranlegestelle in Port-aux-Basques. Rechnet man noch die zwei Tage Fährfahrt von North Sydney (Nova Scotia) hinzu, ergibt sich eine zwölftägige Reise, ohne dass man eine Strecke zweimal zurücklegen muss.

Geschichte

St. John's wurde offiziell 1497 gegründet. Angeblich ging damals der Entdecker John Cabot hier an Land und erklärte die Region zum englischen Hoheitsgebiet. Der Portugiese Gaspar Corte-Real kam gegen 1500 nach St. John's und taufte den Hafen (oder einen Zustrom) Rio de San Johem, und unter diesem Namen erschien

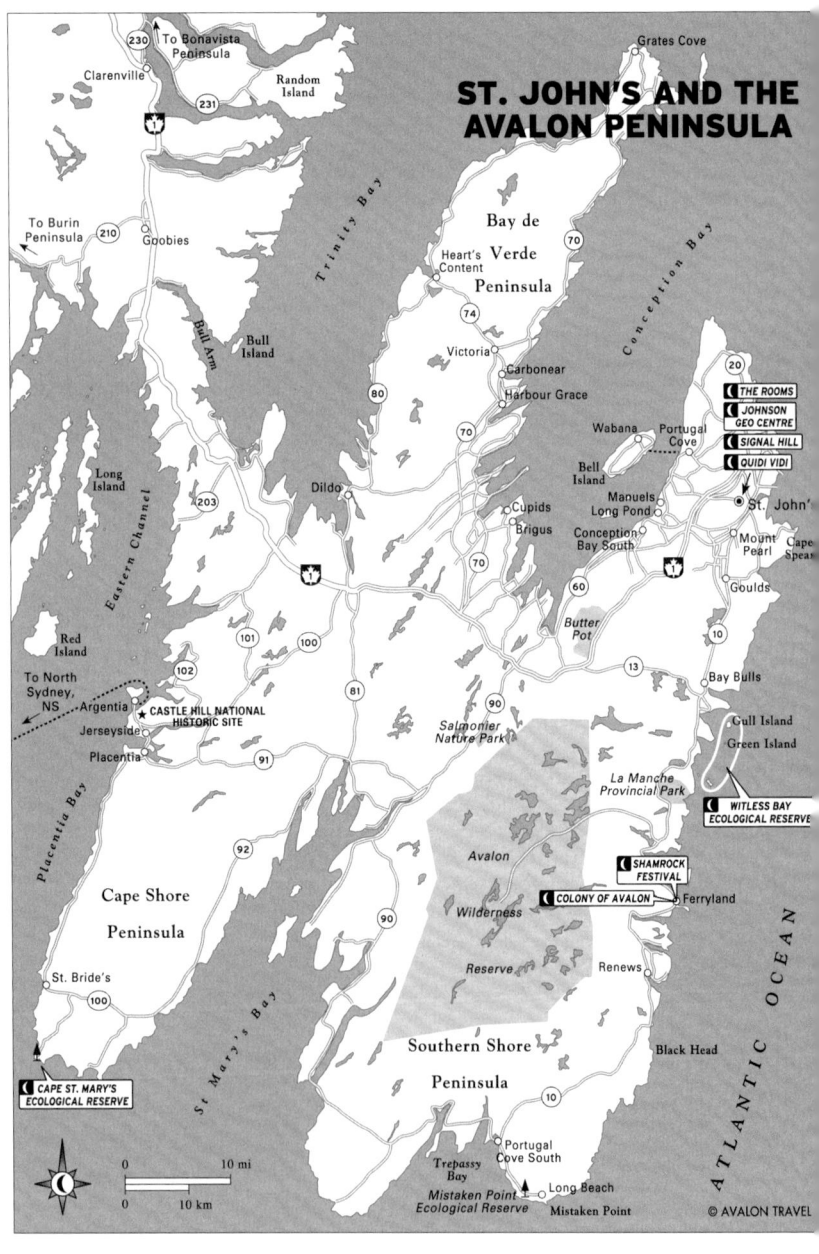

ST. JOHN'S AND THE
AVALON PENINSULA

To Bonavista
Peninsula

Clarenville

Random
Island

To Burin
Peninsula

Goobies

Trinity Bay

Bay de
Verde
Peninsula

Heart's
Content

Bull
Island

Bull
Arm

Victoria

Carbonear

Harbour Grace

Conception Bay

Grates Cove

THE ROOMS
JOHNSON
GEO CENTRE
SIGNAL HILL
QUIDI VIDI

Long
Island

Dildo

Wabana

Portugal
Cove

Bell
Island

To North
Sydney,
NS

Red
Island

Argentia

Jerseyside

Placentia

CASTLE HILL NATIONAL
HISTORIC SITE

Cupids

Brigus

Manuels
Long Pond

Conception
Bay South

St. John'

Mount
Pearl

Cape
Spear

Goulds

Butter
Pot

Bay Bulls

Gull Island
Green Island

WITLESS BAY
ECOLOGICAL RESERVE

Salmonier
Nature Park

La Manche
Provincial Park

Placentia Bay

Cape Shore

Peninsula

St. Bride's

Avalon

Wilderness

Reserve

SHAMROCK
FESTIVAL
COLONY OF AVALON

Ferryland

Renews

CAPE ST. MARY'S
ECOLOGICAL RESERVE

St Mary's Bay

Southern Shore

Peninsula

Black Head

ATLANTIC OCEAN

Trepassy
Bay

Portugal
Cove South

Long Beach

Mistaken Point
Ecological Reserve

Mistaken Point

0   10 mi

0   10 km

© AVALON TRAVEL

der Ort 1519 erstmals auf einer portugiesischen Seekarte. Obwohl es keine Belege dafür gibt, wussten vermutlich europäische Fischer bereits zu Cabots Zeiten von der Existenz des Hafens – vielleicht auch schon früher. Anfang der 1540er-Jahre hatte sich St. John's Harbour auf den Seekarten der Alten Welt einen Platz als wichtiger Meereshafen erobert, und der französische Entdecker Jacques Cartier lag hier vor Anker, um Schiffsreparaturen durchzuführen.

Die britische Zeit

Die Briten, die hierher kamen, die Gegend eroberten und jahrhundertelang blieben, hinterließen den nachhaltigsten Eindruck. Gegen 1528 existierten in dem Hafenort das erste Wohnhaus sowie zwei Hauptwege: Lower Path (Water Street) und Upper Path (Duckworth Street). Zwar wurde intensiv Fischfang betrieben, doch die Besiedelung erfolgte zögerlich. Schon frühzeitig stellte der ungeschützte Hafen leichtes Spiel für Überfälle anderer europäischer Imperialisten dar, und 1665 plünderten die Holländer die Stadt. Dennoch gab es in St. John's um 1675 ganze 185 Einwohner sowie 155 Stück Vieh und 48 Schiffe, die an 23 Anlegestellen vertäut lagen. Die Engländer errichteten zum Schutz des Hafens die Festungen Fort William, George, Castle und Battery. Mit Ketten und Netzen blockierten sie den Hafeneingang The Narrows und benutzten den Gipfel des Signal Hills als Ausguck, um freundliche oder feindliche Schiffe ausfindig zu machen.

Im Jahr 1696 wurden die Franzosen zu den unermüdlichsten Gegenspielern der Engländer. Von Plaisance (Placentia) aus lancierten sie 1696, 1705 und 1709 schwere Angriffe auf St. John's. Gleichzeitig bauten die Engländer Halifax in Nova Scotia als Knotenpunkt für die Schifffahrt aus, und 1762 wurde eine Flotte losgeschickt, der es gelang, die Franzosen in der Schlacht von Signal Hill zu besiegen, der letzten Landschlacht in Nordamerika während des Siebenjährigen Krieges.

Rassehunde: Neufundländer und Labrador Retriever

Der langhaarige Neufundländer stammt wahrscheinlich von den Bergschäferhunden ab, die zusammen mit den ersten portugiesischen Einwanderern aus Übersee kamen. Sie sind die nordamerikanischen Spitzenreiter bei Hunde-Ausstellungen, aber in Neufundland gelten sie in erster Linie als Arbeitstiere. Ihr heldenhafter Schwimmeinsatz bei der Rettung in Seenot geratener Fischer und Seeleute ist Gegenstand zahlreicher Ortslegenden.

Im Gegensatz zu dem, was sein Name vermuten lässt, stammt der Labrador Retriever von der Insel Neufundland, denn er ist ein Abkömmling des Neufundländers. Bis zu seinem Debüt 1903 im Londoner English Kennel Club wurde der Retriever als „minderwertigerer Neufundländer", „St. John's-Hund" oder „St. John's-Wasserhund" bezeichnet.

Der Hafen in seinen Anfängen

In seinen Anfangsjahren ging es in dem Hafenort St. John's recht raubeinig zu. Da es sich um eine Niederlassung ohne feste Einwohnerschaft und soziale Kontrolle handelte, florierten in der Water Street 80 Tavernen und zahllose Bordelle; in der Duckworth Street und Buckleys Lane (George Street) existierten ein paar Ge-

Neufundland Karte siehe S. 6

schäfte. Die Bevölkerung der Hafenstadt bestand aus einer bunten Mischung von Spaniern, Portugiesen, Franzosen und Briten; als Letztere die Oberhand gewannen, wurde die Einwanderung von Angelsachsen gefördert.

Fast 4000 Siedler aus England und Irland kamen in den frühen 1800er-Jahren hier an, gefolgt von weiteren 10.000 im Jahr 1815. Die neuen Einwanderer waren vor der Armut auf den britischen Inseln geflohen, mussten jedoch feststellen, dass die Speisekammer von St. John's ebenfalls gähnend leer war. Es kam zu Rebellionen, und unkontrollierbare Brände verschlimmerten die Lage noch zusätzlich.

Die Geschichte von St. John's ist von Großbränden geprägt. Diese frühen Katastrophen hatten verschiedene Gründe. Die auf den Grand Banks gefangenen Fische wurden oft am Kai und am Straßenrand zum Trocknen auf Holzgestellen (*fish flakes*) ausgelegt. Während der großen Feuersbrünste von 1816 bis 1819 entzündeten Funken die trockenen Balken der Gestelle und das Feuer raste den Hügel hoch. 1846 wiederholte sich die Szene, als Funken Fässer mit Robben- und Dorschtran in Flammen setzten.

Rückschläge und Fortschritte

St. John's war ebenso wie Halifax eine britische Garnisonsstadt. Da weit und breit kein Feind in Sicht war, zog England 1870 die Truppen ab. Die Royal Newfoundland Constabulary, nach dem Vorbild der englischen Besatzungs-Polizeimacht in Irland zusammengestellt, schlug 1871 ihr Hauptquartier in Fort Townshend auf.

Im Jahr 1892 legte ein weiteres Riesenfeuer die Stadt von der Water Street bis zum East End in Schutt und Asche, dabei wurden 1572 Häuser und 150 Geschäfte zerstört und 1900 Menschen obdachlos gemacht. Aber St. John's wurde erneut aufgebaut. Dabei wurden die Läden, Geschäftsgebäude und Kaufmannsvillen im neugotischen und im Second Empire-Stil errichtet. Die Anglican Cathedral of St. John the Baptist zog man innerhalb der Steinmauern an der Stelle wieder hoch, an der bereits ihre Vorgängerin aus dem Jahr 1720 gestanden hatte.

Der Brand fiel mit dem Bau der Eisenbahnlinie zusammen. 1892 wurde St. John's zum Eisenbahnzentralquartier auserkoren, an der Water Street entstand der Hauptbahnhof im viktorianischen Zuckerbäckerstil. 1907 fand das im Aufbau begriffene Newfoundland Museum eine feste Heimstatt in dem Klinkerbau mit den Zwillingstürmen in der Duckworth Street.

Altes und Neues

An der Wende zum 20. Jh. war aus St. John's eine schöne Stadt geworden, zumal sie aus der Zeit der britischen Militärbesatzung grandiose Gebäude geerbt hatte. Das im georgianischen Baustil errichtete Commissariat House in der King's Bridge Road entstand 1821; im stattlichen, säulenbestandenen Colonial Building in der Military Road sind heute die Archive der Provinz untergebracht. Die St. Thomas's Anglican Church, die erstmalig 1699 als Garnisonskirche von Fort William's erbaut und von den Franzosen niedergebrannt wurde, wurde 1836 wiedererrichtet. Wohlhabende Bürger schenkten die Grundstücke für den Bannerman und den Bowring Park. Straßenbahnen zuckelten durch die Straßen der Innenstadt und bestimmten den öffentlichen Nahverkehr bis 1948. Im Jahr 1897 ließ die Stadt aus Anlass der 400-Jahrfeier von Cabots Entdeckung sowie der Diamantenen Hochzeit von Queen Victoria oben auf dem Signal Hill den Cabot Tower errichten.

Zweiter Weltkrieg und Nachkriegszeit

Während des Zweiten Weltkriegs wuchs und gedieh St. John's. Fort Pepperell diente als das Operationshauptquartier sämtlicher Militärbasen auf der Insel und in Labrador. Zum Schutz gegen deutsche U-Boote, die den Eingang zum Hafen und die hiesigen Gewässer unsicher machten, wurden Signal Hill und Cape Spear mit Luftabwehrgeschützen verstärkt und Netze durch den 174 m breiten Eingang der Narrows gespannt. Nach dem Krieg bezog das U.S. Northeast Command, gefolgt von der 64th Air Division der NATO, das Fort Pepperell, bis die Basis 1960 aufgelöst wurde.

Neufundland trat 1949 der Konföderation bei. Eine Finanzspritze aus Bundesmitteln und die Einrichtung von 4000 Arbeitsplätzen in der Verwaltung kamen der städtischen Ökonomie sehr zugute. In den 1960er-Jahren verlor die Stadt ihre wirtschaftliche Basis, die Anwohner zogen in Vororte mit ihren neuen Einkaufszentren, Industriegebieten und Eigenheimen. 1966 kehrte dank der Downtown Development Corporation, einer Initiative innerstädtischer Geschäfts- und Privatleute, das Interesse an der fast verwaisten Innenstadt wieder zurück, und 1985 initiierte die Bundesregierung das Main Street Program, Kanadas erstes Stadterneuerungsprojekt.

Die Stadt heute

Heute ist St. John's eine zugleich hübsche, historische und stilvolle Großstadt, in deren Einzugsgebiet 200.000 Menschen leben. Die Stadt hat sich vom Hafen aus entwickelt, der immer noch der Stadtteil mit dem meisten Lokalkolorit ist – an der Promenade liegen zahlreiche Schiffe vor Anker. Die Water und die Duckworth Street werden gesäumt von den farbenfrohen Fassaden verschiedener Läden, und in der fußgängerfreundlichen George Street dauert das quirlige Nachtleben in den Bars, Pubs und Clubs bis in die frühen Morgenstunden. Das Rathaus in der New Gower Street, dessen Bau $ 3,5 Mio. verschlang, wurde 1970 eingeweiht, aber noch spektakulärer ist The Rooms, der Komplex aus Provinz-Museum und Kunstgalerie, der die Hügel-Skyline beherrscht

Sehenswertes

Die meisten Sehenswürdigkeiten von St. John's widmen sich der langen und ereignisreichen Stadtgeschichte. Doch abgesehen vom obligatorischen Besuch der traditionellen Sehenswürdigkeiten wie The Rooms (das Museum der Provinz Neufundland) und der nationalhistorischen Stätten sollte man unbedingt ein Glas Bier im Crow's Nest zischen und sich einem geführten Spaziergang durch die Innenstadt anschließen – beides hervorragende Möglichkeiten, etwas vom Seefahrer-Ambiente dieser geschichtsträchtigen Stadt einzufangen.

Downtown

Der Straßenverlauf der Innenstadt folgt Fußpfaden, die vor Jahrhunderten von europäischen Fischern und Matrosen ausgetreten wurden, als Städte noch nicht geplant wurden, sondern sich einfach entsprechend den Bedürfnissen der Menschen entwickelten. Auch wenn man sie logisch nicht erschließen kann, zum Charme der Downtown trägt diese gewachsene Struktur zweifellos ganz erheblich bei. Die Water Street, eine der ältesten Straßen Nordamerikas, und die anderen Hauptstraßen verlaufen

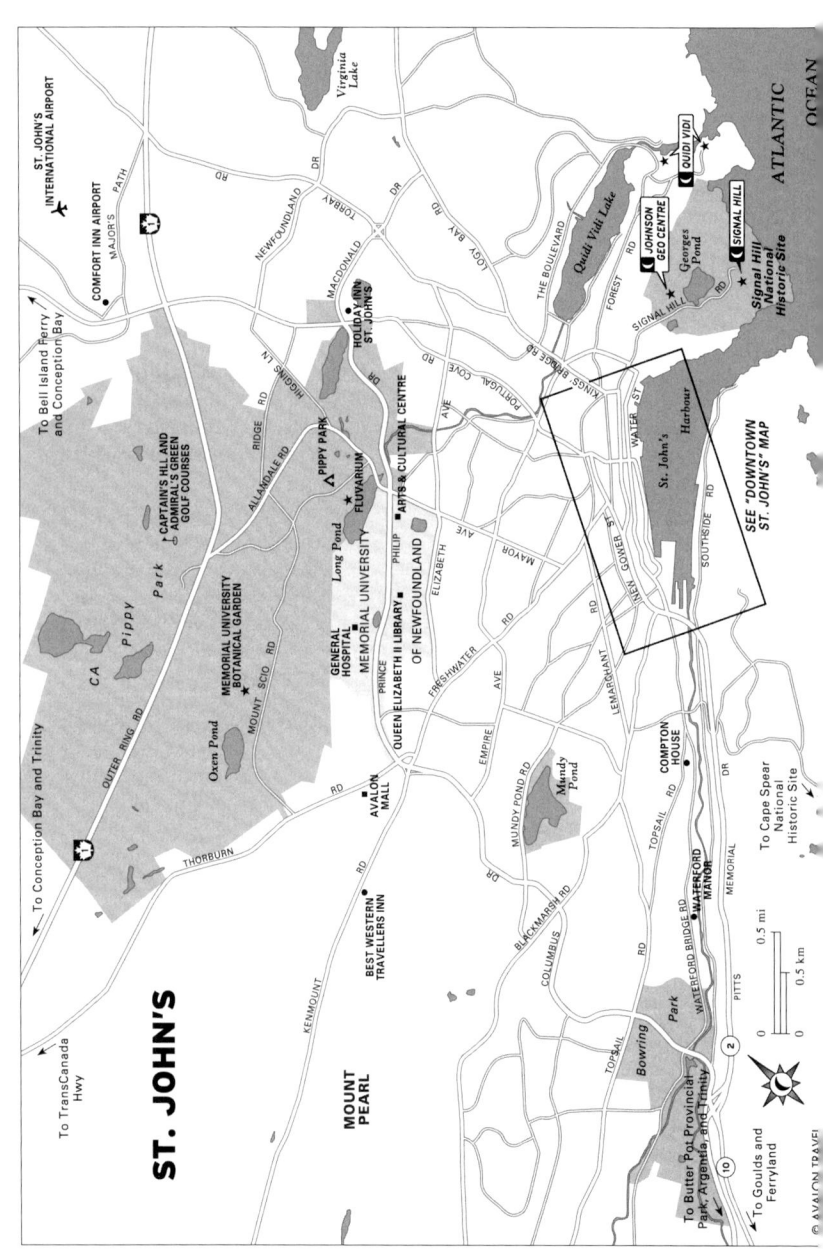

parallel zum Ufer und werden von Nebenstraßen gekreuzt, die sich über den Hang schlängeln. Wo es für geteerte Straßen zu steil ist, führen alte Steinstufen empor.

The Rooms: Es ist eine der vornehmsten Kultureinrichtungen Kanadas: The Rooms (9 Bonaventure Ave., ✆ 709/757-8000; Juni bis Mitte Okt. Mo–Sa 10–17 und So 12–17 Uhr, Mitte Okt. bis Mai Di–Sa 10–17 und Mi–Do bis 21 Uhr; Eintritt $ 7,50, Senioren $ 5, Kinder $ 4). Sie vereinigt das Museum der Provinz, eine Kulturgalerie und Archive unter einem Dach. Die Anlage ist zwar den schlichten Fischhallen *(fishing rooms)* im Hafen nachempfunden, wo die Fischer ihren Fang ausschlachteten, dennoch aber alles andere als schlicht. Die ultramodernen „Zimmer" befinden sich an einer Stelle, an der in den 1750er-Jahren eine Festung lag, und bieten aus der Ferne einen atemberaubenden Anblick, denn sie ragen wie eine Fata Morgana über der Stadt auf. Ihr Inneres ist nicht weniger aufsehenerregend, und von den riesigen Fenstern bietet sich ein weiter, unverstellter Blick über die Stadt und den Hafen. Thematisch behandelt das Museum die gesamte Geschichte und Naturkunde von Neufundland und Labrador, von der Eiszeit bis zur heutigen multikulturellen Gesellschaft. Die Kunstgalerie nimmt zwei Stockwerke ein. Hier sind mehr als 7000 Kunstwerke zu besichtigen, ergänzt durch Wanderausstellungen. Wer sich für Geschichte begeistern kann und ein bisschen Zeit übrig hat, sollte auch den Archiven einen Besuch abstatten. Sie umfassen mehr als 500.000 alte Fotos sowie Regierungs- und Schifffahrtsdokumente, Landkarten und Atlanten, Familienarchive und persönliche Tagebücher.

The Rooms: die bedeutendste Kultureinrichtung von St. John's

Basilica Cathedral Museum: Die frühen Einwanderer, Mitglieder der römisch-katholischen Kirche, wollten sich in der Skyline von St. John's verewigen und erreichten dies Mitte der 1800er-Jahre mittels der Basilica Cathedral of St. John the Baptist (200 Military Rd., ✆ 709/754-2170; Mo–Sa 10–17 Uhr; Eintritt frei), einen Block von The Rooms entfernt Richtung Innenstadt. Die im romanischen Stil aus Stein kreuzförmig erbaute Kathedrale mit zwei 43 m hohen Türmen ist inzwischen eine National Historic Site. Abgesehen von dem Museumsbesuch kann man an Führungen teilnehmen, bei denen besonders auf die kunstfertigen, mit Blattgold verzierten Decken, zahlreichen Statuen und andere Dinge hingewiesen wird.

Anglican Cathedral of St. John the Baptist: Diese anglikanische Kathedrale (16 Church Hill, ✆ 709/726-5677; Mitte Juni bis Sept. tägl. 10.30–16.30 Uhr; Eintritt frei

Neufundland Karte siehe S. 6

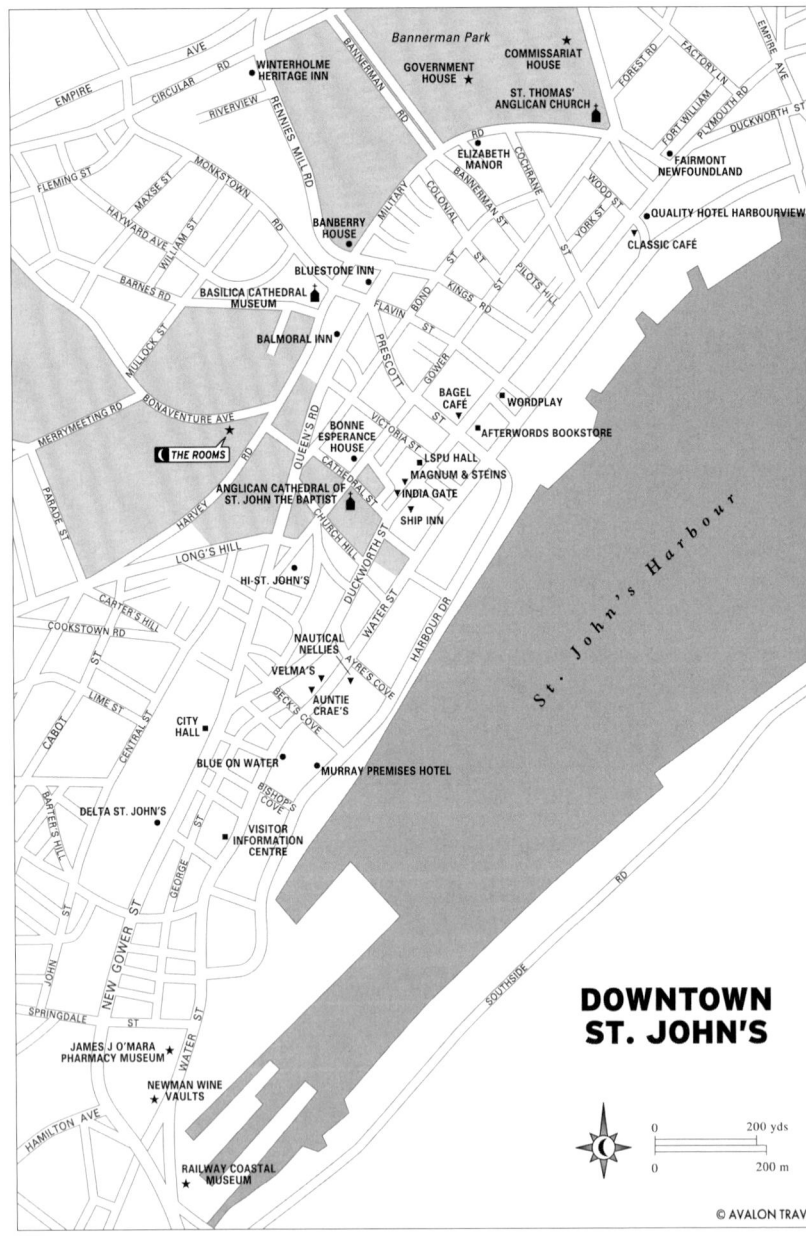

Bannerman Park

WINTERHOLME HERITAGE INN
GOVERNMENT HOUSE ★
COMMISSARIAT HOUSE ★
ST. THOMAS' ANGLICAN CHURCH

AVE
EMPIRE
RD
CIRCULAR RD
RIVERVIEW
RENNIES MILL RD
BANNERMAN RD
FOREST RD
FACTORY LN
EMPIRE AVE
FORT WILLIAM
PLYMOUTH RD
DUCKWORTH ST

FLEMING ST
MAXSE ST
MONKSTOWN
HAYWARD AVE
WILLIAM ST
MILITARY RD
COLONIAL ST
COCHRANE ST
BANNERMAN ST
WOOD ST
YORK ST
ST

ELIZABETH MANOR

FAIRMONT NEWFOUNDLAND

BANBERRY HOUSE

QUALITY HOTEL HARBOURVIEW

CLASSIC CAFÉ

BARNES RD
BLUESTONE INN
BASILICA CATHEDRAL MUSEUM
BALMORAL INN

BOND ST
KINGS RD
PILOTS HILL
ST
ST

FLAVIN ST
PRESCOTT ST
GOWER ST

MULLOCK ST
MERRYMEETING RD
BONAVENTURE AVE
QUEEN'S RD
VICTORIA ST
CATHEDRAL ST
CHURCHILL ST

THE ROOMS

BONNE ESPERANCE HOUSE

BAGEL CAFÉ
WORDPLAY
AFTERWORDS BOOKSTORE

LSPU HALL
MAGNUM & STEINS
INDIA GATE
SHIP INN

PARADE ST
HARVEY RD

ANGLICAN CATHEDRAL OF ST. JOHN THE BAPTIST

LONG'S HILL
CARTER'S HILL
COOKSTOWN RD
LIME ST
CABOT ST
CENTRAL ST

HI-ST. JOHN'S

DUCKWORTH ST
WATER ST
HARBOUR DR

St. John's Harbour

NAUTICAL NELLIES
VELMA'S
AUNTIE CRAE'S
BECK'S COVE
AYRE'S COVE

CITY HALL
BLUE ON WATER
BISHOP'S COVE
MURRAY PREMISES HOTEL

CARTER'S HILL
DELTA ST. JOHN'S

GEORGE ST
VISITOR INFORMATION CENTRE

JOHN ST
NEW GOWER ST
WATER ST
SPRINGDALE ST

SOUTHSIDE RD
RD

JAMES J O'MARA PHARMACY MUSEUM ★
NEWMAN WINE VAULTS ★

HAMILTON AVE

RAILWAY COASTAL MUSEUM ★

DOWNTOWN ST. JOHN'S

0   200 yds
0   200 m

© AVALON TRAVEL

frei) ist eine National Historic Site, die von den Anwohnern gern aufgesucht wird (und angeblich von einem Kirchengespenst bewohnt wird). Der englische Architekt Sir George Gilbert Scott entwarf dieses beeindruckende neugotische Bauwerk aus neufundländischem Tonsandstein. Die Grundsteinlegung erfolgte 1847, 1892 legte das Great Fire beinahe die ganze Kirche in Schutt und Asche. Ein Jahr später wurde innerhalb der Umfassungsmauern mit den Wiederaufbauarbeiten begonnen. Von besonderem Interesse sind die geschnitzten Möbel und Bogen sowie ein goldenes Hostiengefäß, ein Geschenk von König William IV.

James J. O'Mara Pharmacy Museum: Im Inneren der makellos sauberen, hervorragend restaurierten Apothecary Hall sind das James J. O'Mara Pharmacy Museum (488 Water St., ✆ 709/753-5877; Mitte Juni bis Aug. tägl. 10–17 Uhr; Eintritt frei) und eine historische Apotheke aus dem Jahr 1895 untergebracht.

Newman Wine Vaults: In den späten 1700er-Jahren wurde Wein, der in St. John's gelagert worden war, zurück nach London transportiert, wo man feststellte, dass sich sein Geschmack erheblich verbessert hatte. Daraufhin wurden in der Stadt mehrere Weinkeller eingerichtet und Kisten voller Wein über den Atlantik geschippert, damit der Inhalt hier reifen konnte. Der letzte dieser Keller ist Newman Wine Vaults (436 Water St., ✆ 709/739-7870; Juni–Aug. Di–Sa 10–16.30 Uhr; Eintritt frei), im Westteil der Downtown. Die beiden Gewölbe, unter einer etwas moderneren Verkleidung, werden mit Mörtel aus zerstoßenen Muschelschalen zusammengehalten und sind die ältesten Bauten von St. John's.

Railway Coastal Museum: Die Newfoundland Railway war zwischen 1898 und 1969, als der letzte Passagierzug seinen Dienst quittierte, für die Insulaner eine Lebensader. Der Schienenstrang erstreckte sich über die gesamte Länge der Insel (er folgte ungefähr der Strecke des heutigen Trans-Canada Highways); der Endbahnhof im Westen ist heute das Railway Coastal Museum (495 Water St. W., ✆ 709/753-5877; Sommer tägl. 10–17 Uhr, sonst Di–Sa 10–17 Uhr; Eintritt $ 6, Senioren $ 5, Kinder $ 4). Der Hauptbahnhof der Stadt, ein majestätisches Symbol seiner einstigen Bedeutung, bildet das Gerüst des Museums, das Fotografien und Andenken aus längst vergangenen Zeiten zeigt. Es liegt westlich der Überführung über die New Gower Street.

Government House: Eines der wenigen Gebäude, die dem Great Fire von 1892 entgingen, ist das Government House (Military Rd.; Gelände tägl. von Sonnenauf- bis Sonnenuntergang), die Residenz des Vizegouverneurs der Provinz. Das beeindruckende, 1831 errichtete Haus wurde aus rotem, vom Signal Hill abgetragenem Sandstein erbaut und besitzt einen Burggraben, Dachfresken und Blumenrabatten. Zusammen mit dem Commissariat House und der St. Thomas's Anglican Church liegt es am Nordrand der Innenstadt, steile fünf Blocks zu Fuß vom Hafen hoch.

Commissariat House: Das dreistöckige, mittlerweile als Provincial Historic Site geschützte Commissariat House (King's Bridge Rd., ✆ 709/729-6370; Mitte Mai bis Anf. Okt. tägl. 10.30–17.30 Uhr; Eintritt $ 3) wurde 1818 als Wohnhaus und Amtsstube des Vizegeneralkommissars von Fort William erbaut. In späteren Jahren wurde es als Pfarrhaus der St. Thomas's Church, Pflegeheim und Hospital genutzt. Das mit Antiquitäten möblierte Innere wurde im Stil der 1830er-Jahre restauriert.

St. Thomas's Anglican Church: Die St. Thomas's Anglican Church (King's Bridge Rd., Ecke Military Rd., ✆ 709/576-6632; Eintritt frei) ist unter dem Namen Old Garrison Church bekannt. Das in den 1830er-Jahren erbaute Kirchengebäude, das

Neufundland
Karte siehe S. 6

älteste der Stadt, prunkt mit einem schmiedeeisernen Hannoveranerwappen über der Tür, Beweis der königlichen Herkunft. Führungen finden im Juli und August (tägl. außer So 9.30–17.30 Uhr) statt.

Signal Hill

Dieses unübersehbare natürliche Wahrzeichen erhebt sich hoch über den Narrows an der Mündung des St. John's Harbours. An klaren Tagen ist der Berg von jeder Ecke der Stadt aus deutlich zu erkennen. Der Signal Hill bietet unvergessliche Ausblicke über die Stadt, die Küstenlinie sowie auf den Atlantischen Ozean hinaus. Obwohl der Signal Hill nur etwas mehr als 2 km außerhalb der Innenstadt liegt, ist der Anstieg sehr steil, daher sollte man eine Fahrt in Erwägung ziehen.

Johnson Geo Centre: Gibt es einen besseren Ort für ein Geologie-Museum als unter der Erde? Der Zugang zum Johnson Geo Centre (175 Signal Hill Rd., ✆ 709/724-7625; Mo–Sa 9.30–17, So 12–17 Uhr; Eintritt $ 10,25, Senioren $ 8, Kinder $ 6), fast ganz oben auf dem Signal Hill, erfolgt mittels eines gläsernen Aufzugs, der durch die steinige Landschaft hinab zu einem höhlenartigen Saal fährt, wo eine ganze Wand das 550 Mio. Jahre alte Muttergestein enthüllt. Auf Schautafeln wird die gesamte geologische Geschichte der Provinz erklärt, von den ältesten Steinbrocken der Welt bis zu modernen Öl- und Gasexplorationen. Zu den Highlights zählt zudem ein *Titanic-Saal*, in dem Dokumentarfilme zur Erforschung des berühmten Wracks zu sehen sind.

Signal Hill National Historic Site: In den 1700er-Jahren war dieser Hügel, früher „The Lookout" (Der Ausguck) genannt, Teil eines britischen Alarmsystems: Berichte über die Ankunft befreundeter oder feindlicher Schiffe wurden mittels Flaggen vom Cape Spear zum Signal Hill gesendet und von dort ins Fort William in der Stadt überbracht. Die Schlacht um Signal Hill im Jahr 1762 war die letzte nordamerikanische Landschlacht des Siebenjährigen Krieges; aus ihr gingen die Engländer als die Sieger und die Franzosen als die Verlierer hervor.

Der Hügelkamm ist mit geschichtlich bedeutsamen Erinnerungsstücken übersät. Im englischen Imperial Powder Magazine wurde während der Napoleonischen Kriege Schießpulver gelagert, und die Kanonen der Queen's Battery – ein natürlicher Außenhafen unterhalb des Felsens – beschützten den Hafen-

Am höchsten Punkt des Signal Hill steht der Cabot Tower

eingang von The Narrows ab 1833. Am Gibbet Hill, dem Hang über dem Deadman's Pond, wurden öffentlich Verbrecher gehängt. Der Teich sollte im Fall einer Belagerung die Wasserversorgung der Hafensiedlung sicherstellen. Das auffälligste Bauwerk ist der **Cabot Tower** (✆ 709/772-5367; April bis Mitte Jan. tägl. 9–17 Uhr, Juni–Aug. tägl. 9–20 Uhr; Eintritt $ 4, Senioren $ 3,50, Kinder $ 2), wo Guglielmo Marconi die erste drahtlose Überseenachricht entgegennahm.

Der Wanderweg **North Head Trail** zweigt vom Berg ab und führt entlang den Klippen zum Fort Chain Rock. Der **Cuckold's Cove Trail** windet sich über die windgeschützte Seite des Signal Hills bis nach Quidi Vidi Village.

Quidi Vidi

Nördlich des berühmten Hafens befindet sich der **Quidi Vidi Lake.** Noch innerhalb der Grenzen der betriebsamen Stadt gelegen, schwappt hier sein azurblaues Wasser an ein von Felsbrocken übersätes Ufer. Quidi Vidi Lake (vor Ort „kiddie viddie" ausgesprochen) ist bekannt als Austragungsort der Royal St. John's Regatta, die jeweils am ersten Mittwoch im August stattfindet. Das bewegte Wasser des Sees lockt auch Windsurfer an, und die Städter gehen hier gern am grasbewachsenen Ufer spazieren. Um zum See zu kommen, nimmt man die Water Street nach Westen unter dem Pitts Memorial Drive hindurch und biegt nach links in die Route 11 (Blackhead Road) ab.

Hinter dem See liegt das malerische **Quidi Vidi Village.** Beim Spaziergang durch die kurvigen Sträßchen dieses Fischerdorfes würde man niemals glauben, dass gleich auf der anderen Seite des Berges eine Provinzhauptstadt liegt.

Die **Quidi Vidi Battery** (Cuckhold's Cove Rd., ✆ 709/729-2977; Mitte Mai bis Sept. tägl. 10–17.30 Uhr; Eintritt $ 3) befindet sich hoch oben auf einem Hügel über Quidi Vidi und bietet Aussicht auf den See und das Dorf. Die Stätte verdankt ihre Existenz den Franzosen, die 1762 in ihrem Versuch St. John einzunehmen, den Geschützstand errichteten. Die Franzosen mussten eine Niederlage einräumen, die Briten eroberten den Stand und bauten ihn 1780 wieder auf. Inzwischen wurde die Gefechtsanlage wieder in den Zustand versetzt, in dem sie sich während des Krieges von 1812 befand, als die Engländer sie in Erwartung eines US-Angriffs, der jedoch niemals erfolgte, befestigte. Die Angestellten der Geschützstellung tragen die Uniformen der ehemaligen Royal Artillery.

Südlich der Downtown

Bowring Park: Der Bowring, wahrscheinlich der schönste Park der Stadt, hat anlässlich zahlreicher Baumpflanzungs-Zeremonien hochrangige Gäste gesehen, darunter im Jahr 1997 während der Cabot-Feierlichkeiten Queen Elizabeth. Im Frühling setzen blühende Krokusse und Hyazinthen bunte Farbakzente, und im Sommer gleiten Schwäne über die glatte Oberfläche der Teiche, während im Herbst alles in satten Orange- und Rottönen erstrahlt. Überall stehen Statuen, die berühmteste ist die von Peter Pan. Es handelt sich um eine Replik der Originalstatue in den Londoner Kensington Gardens und erinnert an Sir Edgar Bowrings Patenkind, das bei einem Schiffsuntergang ums Leben kam.

Wer den Park besuchen möchte, nimmt die Water Street Richtung Süden, bis sie sich in die Waterford Bridge und die Topsail Road teilt; hier geht es auf der Waterford Bridge Road 3 km weiter bis zum Parkeingang.

Neufundland Karte siehe S. 6

Cape Spear National Historic Site: Der äußerst fotogene Leuchtturm von Cape Spear (abseits der Rte. 11, ☎ 709/772-5367; Mitte Mai bis Mitte Okt. tägl. 10–18 Uhr; Eintritt $ 4, Senioren $ 3,50, Kinder $ 2) thront auf einem sturmumtosten, 75 m hohen Felsvorsprung über dem Atlantischen Ozean. Der 1839 erbaute Leuchtturm gilt als der älteste noch existierende Peilstrahl der Provinz und war bis 1955 in Betrieb, als die ursprüngliche Leuchtmaschine in ein effizienteres Gebäude in der Nähe verlegt wurde. Die Privaträume des Leuchtturmwächters wurden restauriert, und im angrenzenden Visitors Centre sind Antiquitäten und maritime Artefakte ausgestellt.

An den steilen Hängen vor dem Leuchtturm stehen die rostigen Überreste eines Gefechtsstandes aus dem Zweiten Weltkrieg. Vom Gipfel gehen Wanderwege in verschiedene Richtungen ab. Der 10 km lange Pfad nach Maddox Cove beginnt hier und schlängelt sich an der Küste entlang nach Süden, an Wasserläufen, Sümpfen und Beerensträuchern vorbei. Wer Glück hat, sieht eine scheue Fuchsfamilie durchs hohe Gras schleichen.

Das Kap, der östlichste Punkt Nordamerikas, liegt 6 km Vogelfluglinie südöstlich vom St. John's Harbour, aber 15 km auf der kurvigen Küstenstraße Route 11 entfernt. Die Anfahrt erfolgt auf der Water Street bis zur Ausfahrt Pitts Memorial Parkway, wo man nach links auf die Route 11 (Blackhead Road) abbiegt.

Der Pippy Park

In diesem Schutzgebiet, das aus einer 1343 ha großen Fläche aus Wald, Wiesen und Hügeln auf dem Hochplateau mit Blick auf St. John's besteht, endet die Zivilisation und beginnt die Wildnis. Hier locken nicht nur das Fluvarium und der Botanische Garten, sondern auch Wanderwege und zwei Golfplätze. Der Park wurde am Bergkamm vor dem Confederation Parkway/Prince Philip Drive angelegt und umfasst den Campus der Memorial University und den staatlichen Confederation Building-Komplex. Es ist eine wunderbare Landschaft aus Ödland, Sumpf- und Waldgebieten, Teichen und Flüssen. Elche, Bisamratten, Nerze, Hasen, Erd- und Spitzmäuse bevölkern das hügelige Terrain, das mit Balsamtannen, Fichten und Lärchen bewachsen ist. Krickenten, Spitzschwanz- und Sumpfhühner, Amerikanische Rohrdommeln, Geierfalken und Seetaucher sind nur einige der Vögel, die der Long Pond anzieht, der ovale See nahe der Parkgrenze. Am Long Pond beginnt der 7 km lange Rennies River Trail über die Hügelflanke zum Quidi Vidi Lake.

Fluvarium: Diese Öko-Attraktion (Nagle's Pl., ☎ 709/754-3474; Juni–Sept. Mo–Fr 9–17, Sa/So 12–17 Uhr; Eintritt $ 5,50, Senioren $ 4,50, Kinder $ 3,50) überblickt direkt nördlich vom Prince Philip Drive aus den Long Pond. Es ist in einem hübschen, achteckigen, von einer offenen Veranda umgebenen Holzgebäude untergebracht. Der Zugang erfolgt im zweiten Stock durch einen großen Raum mit Informationsmaterial über den Atlantiklachs und andere Fischarten, Moorvögel und fleischfressende Pflanzen. Das Glanzstück des Fluvariums befindet sich am unteren Ende einer Wendeltreppe. Neun Glasscheiben in den Wänden erlauben Besuchern einen Unterwasserblick direkt in den Bach. Man befindet sich auf gleicher Augenhöhe mit den Regenbogenforellen, Saiblingen und Lachsen im Nagle's Hill Brook – die innovative Variation eines herkömmlichen Aquariums.

Memorial University Botanical Garden: Der 38 ha große Memorial University Botanical Garden (306 Mt. Scio Rd., ☎ 709/737-8590; Mai–Sept. tägl. 10–17 Uhr,

Okt.–April Mo–Fr 10–16 Uhr; Eintritt $ 5, Senioren $ 3, Kinder $ 1,15) ist der einzige Botanische Garten der Provinz. Zu den Gartenanlagen gehören z. B. Heidekrautpflanzungen, ein Steingarten und ein Beet mit wilden Blumen. Wanderpfade winden sich durch Borealen Nadelwald und ein Marschgebiet, beide voller einheimischer Blumen, Sträucher und Bäume. Die Blumenrabatten erstrahlen in einer Mischung zarter Farben: Blaue Vergissmeinnicht, Rhododendren und purpurfarbener Wasserdost blühen zwischen Geißbart, Hartriegel und Cranberrybüschen. Weißbirken, Würgekirschen, Zitterpappeln, Eschen, Weiden und Ahornbäume umgeben den Botanischen Garten, den man erreicht, wenn man die Allandale Road nach Norden fährt, vorbei am Prince Philip Drive, und dann nach Westen auf die Mount Scio Road abbiegt.

Westlich der Downtown

Bell Island: Die 9 km lange Bell, eine von vielen Inseln in der Conception Bay westlich von St. John's, hat eine lange Bergbaugeschichte aufzuweisen. Die **No. 2 Mine** (✆ 709/488-2880; Juni–Sept. 11–19 Uhr; Eintritt $ 10, Senioren $ 8, Kinder $ 3), die 1949 ihren Betrieb einstellte, zählt bis heute zu den produktivsten submarinen (unterirdischen) Eisenerzminen der Welt. Das faszinierende Schwarz-Weiß-Foto von Yousuf Karsh ist ein Highlight des oberirdischen Museums, während unter der Erde der Hauptstollen restauriert und zur Besichtigung geöffnet wurde. Bei Führungen wird ein Schutzhelm bereitgestellt, aber einen warmen Pullover sollten Besucher schon selbst mitbringen.

Dass die Bewohner Neufundlands eine große Vorliebe für künstlerischen Ausdruck besitzen, zeigen die **Bell Island Murals.** Großflächige Wandgemälde an den Seiten des Gebäudes zeigen, wie das Leben der Menschen hier in den Jahrzehnten der Eisenerzförderung aussah. Besucher sollten Ausschau nach dem halben Dutzend Wandmalereien in verschiedenen Teilen der Nordostecke der winzigen Insel halten, v. a. in und in der Umgebung von **Wabana,** der größten Niederlassung. Wahrscheinlich wurden die Wandgemälde nach der Vorlage alter Fotografien erstellt; jedes Bild vermittelt den Eindruck echten Lebens – vom glänzenden Lack eines schwarzen Autos bis zu den Bewegungen der Figuren und dem Glanz im Auge eines Minenarbeiters.

Um nach Bell Island zu gelangen, fährt man auf der Route 40 Richtung Westen bis Portugal Cove, 15 km von Downtown, und setzt dann mit der Fähre über. Die Fähre (✆ 709/895-6931) verkehrt das ganze Jahr über. Im Sommer legt sie alle 20–40 Min. zwischen 7 und 11.30 Uhr ab. Die Überfahrt kostet $ 7 pro Fahrzeug und Fahrer, plus $ 3,50 für jeden weiteren Passagier.

SPort und Freizeit

Schlechtes Wetter sollte niemanden vom Aufenthalt im Freien abhalten – die Einheimischen liefern das beste Beispiel dafür. Klar, es kann neblig sein oder regnen, doch auf gewisse Art erhöht es den Reiz eines St. John's-Besuches, unter solchen Bedingungen zu Fuß oder mit dem Fahrrad die Gegend zu erkunden.

• *Wandern und Radfahren* Die hügeligen Straßen in der Innenstadt von St. John's laden nicht unbedingt zum Wandern und Radfahren ein, aber wer hinaus in die Wildnis möchte, muss sich nicht weit von der Stadt entfernen. Von Downtown sind es mit dem Auto nur 5 Min. bis zum **Pippy Park.** Man nimmt die Allendale Road nach Norden über den Trans-Canada Highway und hält Ausschau nach dem Parkplatz hin-

Neufundland
Karte siehe S. 6

Die bunten Reihenhäuser in der Downtown von St. John's

ter dem Eingang zum Golfplatz. Von dort aus führen Rundwanderwege an zahlreichen Seen vorbei und durch Wald.

Am Trans-Canada Highway, 36 km südwestlich von Downtown, liegt der **Butter Pot Provincial Park**, ein 2800 ha großes Wildnisgebiet mit Wäldern, Marschen und Ödland – ein Vorgeschmack auf das Landesinnere, nur 30 Autominuten von der Stadt entfernt. Der Name Butter Pot ist die örtliche Bezeichnung für einen abgerundeten Hügel, von denen es innerhalb der Parkgrenzen eine ganze Menge gibt, darunter auch entlang dem Butter Pot Hill Trail, einem 3,3 km langen Wanderweg zur Spitze eines 300 m hohen Hügels. Unterwegs dokumentieren von weither stammende Felsbrocken, sog. Findlinge *(erratics)*, uralte Gletscherbewegungen. Oben angekommen, werden Wanderer mit einer Aussicht belohnt, die bis nach Bell Island im Norden reicht. Dieser Pfad beginnt neben Site 58 des Park-Campingplatzes. Der Peter's Pond Trail verläuft bei minimaler Steigung vom Aufenthaltsgelände parallel zu einem kleinen See; man kann nach 1 km umdrehen oder weiter bis zum Butter Pot Hill marschieren. Eine Tageskarte kostet $ 5 pro Fahrzeug.

• *Tauchen* Hier, an einer der ältesten Schiffsrouten des atlantischen Kanadas, wimmelt es von Schiffswracks. Zudem sind die Gewässer hier so klar wie in der Karibik – normalerweise hat man 20–30 m Sicht – und von Sommer bis Herbst einigermaßen warm. Trotzdem ist es ratsam, einen Taucheranzug zu tragen. Eine der am leichtesten zugänglichen Wracktauchstellen ist **Lance Cove** auf Bell Island. Hier wurden im Zweiten Weltkrieg vier Eisenerzschiffe von deutschen U-Booten torpediert. In der Conception Bay liegen aber auch noch wesentlich ältere Walfangschiffe und einige Wracks, und zwar nahe genug, um vom Ufer aus bei Tauchgängen besichtigt werden zu können. Der in Conception Bay South ansässige Veranstalter **Ocean Quest** (17 Stanley's Rd., ✆ 709/834-7234, www.oceanquestcharters.com) transportiert Taucher in die Bucht und zu anderen Tauchstellen. Die Tageskosten für ein Charterboot belaufen sich auf $ 190 pro Pers. inkl. Ausrüstungsverleih. Ocean Quest betreibt auch eine Tauchschule, einen Diveshop und ein Resort (siehe *Übernachten/ Camping*).

*N*achtleben, *K*ultur und *V*eranstaltungen

Nachtleben

St. John's besitzt angeblich mehr Pubs, Kneipen und Bars pro Kopf als jede andere Stadt im atlantischen Kanada. Wer nach Einbruch der Dunkelheit eine Weile durch die Innenstadt pilgert, wird dem wahrscheinlich zustimmen. Der Grund dafür liegt teilweise in dem Renommee der Stadt als internationalem Hafen. Noch erfreulicher ist, dass diese Lokale auch alle Musikrichtungen bedienen, darunter traditionell neufundländische und irische Musik, Folk, Country, Rock und Jazz. Das aktuelle Veranstaltungsprogramm ist dem Wochenmagazin **Town Cryer** (www.thetowncryer.net) zu entnehmen.

Eine namhafte lokale Band ist **Great Big Sea**, die modernen Rock und traditionellen Newfoundlandfolk kombiniert und damit einen Sound und eine Atmosphäre schafft, die in ganz Kanada für ausverkaufte Häuser sorgen.

• *Pubs* Im Mittelpunkt der lebhaften Kneipenszene steht eine Häuserzeile der George Street, abseits der Water Street. Das Wochenendvergnügen beginnt spät am Freitagabend, nimmt am Samstagnach-

mittag wieder Fahrt auf und dauert bis Sonntagmorgen um 2 Uhr (und in manchen Lokalen auch noch den Sonntag hindurch).

Unter den zahllosen Pubs und Esslokalen der George Street rangiert **Trapper John's** (2 George St., ☏ 709/579-9630) ganz oben auf der Rangliste der begehrtesten Unterhaltungslokale. Hier treten angesagte Folk- und andere Musikgruppen aus allen Ecken der Provinz auf. Die Wirtsleute veranstalten mit Vergnügen ein kostenloses „screechin"-Initiationsritual für Neufundland-Neulinge. Der **Green Sleeves Pub** (14 George St., ☏ 709/579-1070) dient am Wochenende gleichzeitig als Bühne für Konzerte mit traditioneller, Rock- und irischer Musik sowie Jamsessions. In der **Fat Cat Blues Bar** (5 George St., ☏ 709/739-5554; Di–So ab 20 Uhr) gibt es u. a. Bluesrock und Frauen-Jamsessions.

„Screeched In"

Die Neufundländer haben eine besondere Affinität zum Kabeljau. Besucher werden bei organisierten Ausflügen und in touristischen Restaurants eingeladen, im Rahmen von Initiationsriten, die von viel Gelächter begleitet werden, König Kabeljau ihre fischermännische Referenz zu erweisen. Diese Tradition geht auf die frühen 1900er-Jahre zurück, als ein zu Besuch weilender US-Marineoffizier dem Vorbild seines in St. John's beheimateten Gastgebers folgte und ein Glas Rum in einem Zug herunterstürzte. Seine Reaktion auf den ordentlichen Schluck von dem nicht etikettierten Rum war ein entsetzter Schrei *(screech)*. Und schon war eine Tradition geboren. US-Militärs, die vor St. John's im Hafen lagen, gingen danach gern an Land, um den „screech" zu probieren.

Um nach allen Regeln der Kunst „screeched in" zu werden, wird der Besucher in Fischermontur gesteckt, kippt mehrere Kurze mit Screech-Rum, küsst einen Kabeljau, stimmt in den Gesang eines neufundländischen Liedchens ein, posiert für ein Foto und erhält anschließend ein offizielles Zeugnis. Das Ganze ist reiner Touristenklamauk, doch viele Besucher lieben das Spektakel. Dank seiner authentischen Atmosphäre ist **Trapper John's** (2 George St., ☏ 709/579-9630) eines der besten Lokale, um „eingescreecht" zu werden.

Wer dem Hype der George Street entfliehen möchte, lässt sich auf einem Barhocker in einem der zahlreichen gemütlichen Pubs in den Nachbarstraßen nieder. Obwohl es von außen nicht viel hermacht, ist **Erin's Pub** (186 Water St., ☏ 709/722-1916) ein freundlicher Ort. Berühmt ist er für die jeden Abend (außer So) stattfindenden Auftritte irischstämmiger und lokaler Musiker.

Nautical Nellies (201 Water St., ☏ 709/738-1120) auf der gegenüberliegenden Straßenseite macht dank Dekorationsstücken wie einem Modell der Titanic und Vitrinen voller Schiffsknoten seinem Namen alle Ehre. Es ist einer der populärsten Treffpunkte, abgesehen von den Kneipen in der George Street, daher muss mit großem Andrang gerechnet werden, besonders am Wochenende.

Neufundland
Karte siehe S. 6

Das **Ship Inn** (265 Duckworth St., ℘ 709/753-3870) ist ein schummrig beleuchteter Raum und seit Jahren Bühne für regionale und überregionale Bands. Er zieht nach wie vor Neufundlands heißeste Jazz-, Blues- und Folk-Newcomer an. Diese Künstler selbst sowie Leute aus der Literaturszene machen den Großteil der Gäste aus – man weiß nie, wer auf der Bühne stehen oder wer unter den Zuschauern sitzen wird.

Das in der Nachbarschaft des Ship Inn gelegene **Crow's Nest** (℘ 709/753-6927; Di–Do 16.30–19.30, Fr 12–22, Sa 14–20 Uhr) eröffnete 1942 als feines Lokal nur für Marineoffiziere, aber der ehemals exklusive Club steht inzwischen allen offen (der Dresscode ist „smart casual"). Der altmodische Saal ist ein Schatzkästchen an Schifffahrtsmemorabilia, darunter ein Periskop aus einem deutschen U-Boot, das während des Zweiten Weltkriegs vor St. John's erbeutet wurde. Der Club befindet sich im 4. Stock eines alten Backstein-Lagerhauses zwischen der Water und Duckworth Street, der Eingang liegt gegenüber dem Kriegerdenkmal.

Kultur

Im **Resource Centre for the Arts** (LSPU Hall, 3 Victoria St., ℘ 709/753-4531, www.rca.nf.ca) sind Bühnenstücke der hier beheimateten RCA Theatre Company sowie das ganze Jahr über Gastvorstellungen von Schauspieltruppen auf Tournee zu sehen. Die Ticketpreise sind je nach Event unterschiedlich, aber immer angemessen.

Das **Arts und Culture Centre** (Allandale Rd., Ecke Prince Philip Dr., ℘ 709/729-3900) präsentiert auf seiner Main Stage eine große Bandbreite an Theater-, Musik- und Tanzdarbietungen, geboten von Künstlern und Truppen aus ganz Kanada. Im Centre residiert auch das **Newfoundland Symphony Orchestra** (℘ 709/722-4441); Orchestersaison ist von September bis April.

Feste und Veranstaltungen

● *Sommer* Die Stadt tut sich besonders als Musikfestspielort hervor. Das größte und beste ist das Anfang Juli stattfindende neuntägige **Festival 500** (℘ 709/738-6013, www.festival500.com), das in jedem Jahr mit ungerader Jahreszahl abgehalten wird. Zu den Highlights gehören das um 12 Uhr mittags gebotene Nebelhörnertuten der Hafenschiffe, stadtweite Theater- und Tanz-

vorstellungen und Workshops sowie Konzerte mit neufundländischer und afrikanischer Musik, Folk, Electronic, Jazz und New Age.

Ebenso wie Los Angeles und Sydney (Australien), hat St. John's sein **Shakespeare by the Sea Festival** (℘ 709/743-7287). Die neufundländische Version findet an drei Wochen im Juli, jeweils Freitag bis Sonntag um 18 Uhr statt. Man darf erstklassige Freiluftvorführungen von Stücken des Barden erwarten, inszeniert von der hoch gelobten Loyal Shakespearean Company. Der Veranstaltungsort wechselt jährlich, kann aber so spektakulär sein wie die Cape Spear National Historic Site.

Das **Signal Hill Tattoo** wird im Gedenken an die wegweisende Schlacht am Signal Hill abgehalten, die das Ende des Krieges zwischen Engländern und Franzosen in Nordamerika bedeutete. Das militärische Ereignis wird dramatisch in Szene gesetzt, mit exerzierenden Soldaten, Kanonenschüssen, Querpfeifen- und Paukenmusik und so weiter. Das Ganze findet oben auf der National Historic Site (siehe Sehenswertes) Anfang Juli bis Mitte August am Mittwoch, Donnerstag, Samstag und Sonntag um 11 und 15 Uhr statt.

Am letzten Donnerstag im Juli beginnt auf der Prince Edward Plaza in der George Street das eine Woche dauernde Freiluftspektakel **George Street Festival** (www.georgestreetfestival.com), bei dem Top-Entertainer auftreten.

Die **Royal St. John's Regatta** (℘ 709/576-8921, www.stjohnsregatta.org) ist eine Traditionsveranstaltung der Stadt, die ins Jahr 1818 zurück datiert und damit die älteste organisierte Sportveranstaltung Nordamerikas ist. Was als Ruderwettbewerb begann, ist zu einer Weltklasse-Veranstaltung mutiert, die Ruderer aus der ganzen Welt anzieht. Es wird am Quidi Vidi Lake am ersten Mittwoch im August abgehalten, von 50.000 Zuschauern besucht und ist dermaßen beliebt, dass die Stadtverwaltung das Ereignis schon vor Zeiten zum öffentlichen Feiertag erklärt hat.

● *Winter* Die meisten winterlichen Aktivitäten finden im **Mile One Stadium** (50 New Gower St., ℘ 709/576-7657) statt, wo die Fog Devils, die Eishockeymannschaft von St. John's, zwei Plätze unterhalb der National Hockey League, ihre Wettkämpfe austragen.

*E*inkaufen

Zahlreiche Kunst- und Kunstgewerbegeschäfte finden sich in der Innenstadt von St. John's. Von ihnen abgesehen gibt es auf der Duckworth Street nach Osten, außerhalb von Downtown, eine Reihe interessanter Geschäfte, die auf Newfoundland-Musik, Andenken usw. spezialisiert sind. Mein Lieblings-Souvenirladen ist **Living Planet** (116 Duckworth St., ☎ 709/739-6810); die Namensgebung ist ein politisch inkorrekter neufundländischer sprachlicher Seitenhieb.

• *Kunst und Kunsthandwerk* Kunstgewerbeläden in Downtown bieten alle möglichen und unmöglichen Kunstgegenstände an und ständig kommen neue hinzu und erweitern das Angebot noch. Einer der besten, um mit dem Einkaufsbummel zu beginnen, ist **Devon House** (59 Duckworth St., ☎ 709/753-2749), in einem historischen Gebäude unterhalb dem Fairmont Newfoundland. In dieser Verkaufsstelle des Craft Council of Newfoundland and Labrador sind ausgezeichnete traditionelle und moderne Waren zu haben.

Designer-Stücke werden zu Sonderpreisen in Künstlerstudios verkauft, z. B. bei **Woof Design** (181 Water St., ☎ 709/722-7555), spezialisiert auf Sachen aus Mohair-, Lamm- und Angorawolle sowie Walfischknochen-Schnitzereien und anderes Kunsthandwerk. Andere Geschäfte dienen als Fabrik-Verkaufsstellen. **Nonia Handicrafts** (286 Water St., ☎ 709/753-8062) gehört zu den besten Kunstgewerbeläden. Hier gibt's handgewebte Textilien, Parkas, Schmuck, Haushaltswaren und handgefertigtes Spielzeug. **Cod Jigger** (245 Duckworth St., ☎ 709/726-7422), eine ähnliche Kooperative, ist ebenfalls eine gute Quelle für Parkas, geknüpfte Matten, Knochenschnitzereien, Quilts, Gehäkeltes, Handschuhe, Mützen, Klöppelspitzen und Schmuck.

Und wieder andere Geschäfte haben ein ganzes Sammelsurium an Waren auf Lager: Grenfell-Parkas aus St. Anthony, Bücher über Neufundland, Purity-Bonbons, Kekse oder Seafood in Dosen, Flaschen mit Würzsauce, Töpferwaren und Porzellan, handgemachte Kupfer- und Zinnkessel, Modellschiffe, Seifenstein- und Steinschnitzereien, Pelzwaren, Volkskunst und Handgewebtes aus Seide, Wolle, Baumwolle und Leinen. Die meisten dieser Gegenstände findet man z. B. bei **Melendy's Kuffer Korner** (336 Water St., ☎ 709/753-8021) und **Downhome Shoppe & Gallery** (303 Water St., ☎ 709/722-2970).

Auch erstklassige private Galerien sind zahlreich vertreten. Die **Christina Parker Gallery** (7 Plank Rd., ☎ 709/753-0580) stellt ein breites Spektrum neufundländischer Avantgarde-Werke aus; traditionellere Kunstwerke zeigt die **Emma Butler Gallery** (111 George St., ☎ 709/739-7111).

• *Outdoor-Ausrüstung* **The Outfitters** (220 Water St., ☎ 709/579-4453) hat ein hervorragendes Angebot an Freizeitbekleidung, darunter Winterjacken. Außerdem gibt's Kanus, Kajaks und Skier, und der Laden ist so etwas wie eine Infobörse zu Outdoor-Aktivitäten auf der ganzen Insel.

*Ü*bernachten/*C*amping

Billigherbergen sind in St. John's eher Mangelware, aber dafür gibt es ein ausgezeichnetes Angebot an historischen B&Bs mit exzellentem Preis-Leistungs-Verhältnis. In der Innenstadt sind Hotels größerer Hotelketten vertreten (ebenfalls mit angemessenen Preisen), und entlang den größeren Verkehrsadern finden sich Ableger der bekannten Motelketten. Wie überall im atlantischen Kanada ist die Zimmernachfrage im Sommer am höchsten und Reservierungen sollten lange im Voraus vorgenommen werden. Die größeren Hotels in Downtown stellen Gästeparkplätze zur Verfügung, aber in kleineren wird vielleicht erwartet, dass die Gäste ihr Auto an Parksäulen auf der Straße abstellen.

Downtown

• *Unter $ 50* In einem der berühmten, gern fotografierten Stadthäuser ist das **HI-St. John's** (8 Gower St., ☎ 709/754-4789, www.hihostels.ca) untergebracht, ein Ableger von Hostelling International. Die in Spaziernähe der Innenstadt gelegenen Dorms

Neufundland
Karte siehe S. 6

sind geräumig und haben höchstens vier Betten. Es stehen u. a. eine gut ausgestattete Küche, ein kleiner Hinterhof mit Grill sowie Wi-Fi zur Verfügung. HI-Mitglieder zahlen $ 23,50, Nichtmitglieder $ 27,50. Das DZ kostet $ 60 bzw. $ 64.

• *$ 50–100*   Das **Compton House** (26 Waterford Bridge Rd., ✆ 709/739-5789, www.comptonhouse.travel; $ 79–189 für 1 Pers., $ 89–199 für 2 Pers.) war früher einmal der Wohnsitz von C.A. Pippy, dem Kaufmann, der St. John's das Gelände oben auf dem Hügel schenkte, um dort einen Park anzulegen. Das Haus wurde großzügig renoviert. Jedes der elf Gästezimmer hat ein eigenes Bad, zwei besitzen eine Badewanne mit Sprudeldüsen, und offenen Kamin oder eine voll ausgestattete Küche. Von der südlich der Innenstadt gelegenen Unterkunft ist es ein etwas längerer Fußmarsch zum Hafen als von den B&Bs in der Umgebung der Military Road, aber der Weg dorthin ist eben.

Das gegenüber dem Bannerman Park gelegene **Elizabeth Manor** (21 Military Rd., ✆ 709/753-7733 oder 888/263-3768, www.elizabethmanor.nl.ca; $ 80–200 für 1/2 Pers.) wurde 1894 erbaut, nach dem Great Fire von 1892. Es wurde 2004 komplett modernisiert und bietet jetzt vier geräumige Gästezimmer mit Bad, eine Sonnenterrasse und eine Bibliothek mit Kunstgegenständen und Büchern über die Provinz. Im Preis ist ein warmes Frühstück eingeschlossen.

Das **Balmoral Inn** (38 Queen's Rd., ✆ 709/754-5721 oder 877/428-1055, www.balmoralhouse.com; $ 99–149 für 1/2 Pers.), ein restauriertes Bürgerhaus im Queen-Anne-Stil, besitzt vier große Gästezimmer, jeweils mit offenem Kamin, Bad, antiken Möbeln, TV, Internetzugang und Hafenblick. Der Preis umfasst ein warmes Frühstück und einen Gästeparkplatz abseits der Straße.

• *$100–150* Das **Bonne Esperance House** (20 Gower St., ✆ 709/726-3835 oder 888/726-3835, www.bonneesperancehouse.ca; $ 135–250 für 1/2 Pers.) besteht aus drei nebeneinander liegenden Stadthäusern, die zusammen eine freundliche Unterkunft in sehr zentraler Lage ergeben. Das Haus stammt zwar aus den späten 1800er-Jahren, aber die Zimmer sind freundlich gestaltet, und hinter dem Haus liegt ein ruhiger Garten. Jedes Zimmer hat Bad, TV und Telefon.

Waterford Manor (185 Waterford Bridge Rd., ✆ 709/754-4139, www.waterfordmanor.nf.ca; $ 100–260 für 1/2 Pers.), eine wunder-

schöne Villa im Queen-Anne-Stil in der Nähe des Bowring Parks, ist mit Antiquitäten aus dem späten 19. Jh. möbliert. Die Größe der sieben Gästezimmer ist sehr unterschiedlich, aber alle besitzen TV und Bad. Der Riverview Room ($ 140 für 1/2 Pers.) bietet ausgezeichneten Gegenwert fürs Geld.

Mit dem Rücken zum Bannerman Park gelegen und mit einem herrlichen Garten versehen, verströmt das **Banberry House** (116 Military Rd., ✆ 709/579-8006 oder 877/579-8226, www.banberryhouse.com; $ 139–169 für 1/2 Pers.) eine rundum stilvolle Atmosphäre. Mein Favorit unter den sechs Gästezimmern ist der Labrador Room mit seinen eleganten Mahagoni-Möbeln (inkl. Schreibtisch), einem superbequemen Bett, Bad mit Badewanne und Aussicht auf den Garten. Ein warmes neufundländisches Frühstück ist im Preis enthalten.

Das **Bluestone Inn** (34 Queen's Rd., ✆ 709/754-7544 oder 877/754-9876, www.thebluestoneinn.com; $ 149–179 für 1/2 Pers.) ist ein renoviertes Herrenhaus mit einem hübschen Vorgarten. Die vier Gästezimmer sind gut ausgestattet und alle mit einem offenen Kamin versehen. Warmes Frühstück im Preis enthalten; es gibt auch eine private Bar.

Wer mit Kindern reist, aber in der Innenstadt absteigen möchte, ist mit dem **Quality Hotel-Harbourview** (2 Hill O'Chips, ✆ 709/754-7788 oder 800/228-5151, www.choicehotels.ca; $ 140 für 1/2 Pers.) gut beraten. Es bietet 162 mittelgroße Zimmer, ein beliebtes Restaurant mit Hafenblick, kostenlose Parkplätze im Freien und kostenlose Ortsgespräche. Zimmer mit Aussicht auf den Hafen kosten $160, aber online lässt sich vielleicht ein Sonderangebot finden.

• *$ 150–200* In einer liebevoll restaurierten Queen-Anne-Villa aus dem Jahr 1905 gegenüber des Bannerman Parks ist das **Winterholme Heritage Inn** (79 Rennies Mill Rd., ✆ 709/739-7979 oder 800/599-7829, www.winterholme.com; $159–229 für 1/2 Pers.) untergebracht. Hier gibt's zwölf farbenfrohe Gästezimmer mit Badewannen mit Sprudeldüsen und TV/DVD.

Das **Blue on Water** (319 Water St., ✆ 709/754-2583 oder 877/431-2583, www.blueonwater.com; ab $ 169 für 1/2 Pers.) ist kein Hotel mit Restaurant, sondern ein Restaurant mit sieben Zimmern im Obergeschoss. Die Lage könnte nicht zentraler sein, und es wurden weder Kosten noch Mühe gescheut, um diese sieben Gästezimmer in Luxusinseln zu verwandeln. Das Dekor ist schick und modern – d. h. Qualitätsbettwäsche, Highspeed-Internet und Flachbildfernseher. Weniger toll ist, dass die am nächsten gelegene Parkmöglichkeit ein öffentlicher Parkplatz hinter dem Gebäude ist, es keinen Aufzug gibt und das Einchecken im Restaurant erfolgt. Aber sobald man im Zimmer ist, hat man das Gefühl, viel mehr für sein Geld zu bekommen als erwartet.

Eine Reihe von 1846 aus Holz erbauten Lagerhäusern auf der Straßenseite gegenüber dem Herzstück der innerstädtischen Hafenpromenade wurde ins **Murray Premises Hotel** (5 Becks Cove, ☏ 709/738-7773, www.murraypremiseshotel.com; $ 189–259 für 1/2 Pers.) verwandelt. Die 28 Zimmer verteilen sich auf die beiden oberen Stockwerke. Jedes ist ausgesprochen geräumig und bestückt mit luxuriösen Kleinigkeiten wie Ahornmöbel, beheizte Handtuchhalter, Wannen mit Sprudeldüsen in den großen Badezimmern und TV/DVD. Kaffeekochmöglichkeit im Zimmer, kostenlose Tageszeitungen und mehrere Esslokale im Untergeschoss sind weitere Vorteile des Hotels.

Näher beim Flughafen als beim Hafen liegt das **Holiday Inn St. John's** (180 Portugal Cove Rd., ☏ 709/722-0506 oder 800/933-0506, www.ichotelsgroup.com; $ 155 für 1/2 Pers.), aber von hier aus lassen sich gut der Pippy Park, die Memorial University und der Confederation Building-Komplex erreichen. Die 256 Gästezimmer wurden 2004 das letzte Mal umfassend aufgemöbelt. Weitere Pluspunkte gibt's für das Schwimmbad, den Pool im Freien, Restaurant, Lounge, Wäscheservice, Businesscenter, Friseurladen und Shoppingarkade. Außer im Sommer lassen sich online Zimmer für rund $100 ergattern.

• *Über $ 200* Das **Sheraton Hotel Newfoundland** (115 Cavendish Sq., ☏ 709/726-4980; ab $ 234 für 1/2 Pers.) erfreut sich einer wunderbaren Lage an der Stelle des ehemaligen Fort William. Das erste Hotel Newfoundland, eine der Luxusherbergen von Canadian Pacific, öffnete 1925 seine Pforten. Nach vielen Jahren Betriebszeit wurde es abgerissen und durch dieses hübsche Hotel ersetzt. Die 1982 eröffnete Anlage am Hang besitzt mehr als 300 Gästezimmer, zwei Restaurants, eine Lounge, ein Fitnesscenter (mit Schwimmbecken, Tischtennis, Squashcourts, Sauna und Whirlpool), eine

Einkaufszeile mit Friseurgeschäft und kostenlose Parkplätze.

Delta St. John's (120 New Gower St., ☏ 709/739-6404 oder 800/268-1133, www.deltahotels.com; $ 240 für 1/2 Pers.) ist ein Avantgarde-Hochhaus mit 276 Zimmern und Suiten, Restaurants und Pub, Fitness-Gelegenheiten inkl. beheiztem Pool, Trainingsgeräten, Whirlpool, Sauna und Squashplätzen, Geschäften und kostenlosen, geschützten Parkplätzen. Auf der Website sind manchmal Schnäppchen zu finden.

Flughafen

• *$ 100–150* Das **Comfort Inn Airport** (106 Airport Rd., ☏ 709/753-3500, www.choicehotels.ca; $ 129–149 für 1/2 Pers.) befindet sich in günstiger Lage gegenüber vom St. John's International Airport und offeriert 100 Zimmer und Suiten, Restaurant und Lounge, Businesscenter, Fitnesscenter, Airporttransfers und ein kostenloses kleines Frühstück.

Conception Bay

• *$ 100–150* Das **Ocean Quest Adventure Resort** (17 Stanley's Rd., Conception Bay South, ☏ 709/834-7234 oder 866/623-2664, www.oceanquestcharters.com; $ 110 für 1 Pers., $ 130–165 für 2 Pers.) ist in erster Linie auf Taucher ausgerichtet, aber jedermann ist willkommen. Die Zimmer sind sauber, modern eingerichtet und jedes hat einen Whirlpool. Im Gemeinschaftsbereich im Erdgeschoss gibt es ein Regal mit Büchern, einen Fernseher, auf dem man Tauchvideos anschauen kann, eine Küche und eine Veranda mit Gasgrill. An die Unterkunft grenzen ein Tauchshop und eine Tauchschule mit beheiztem Schwimmbad. Das Frühstück ist im Preis enthalten, aber viele Gäste haben ein Pauschalpaket inkl. Tauchen gebucht.

Campgrounds

• *In der Stadt* Der **Pippy Park Trailer Park** (Nagle's Pl., ☏ 709/737-3669, www.pippypark.com; Mai–Sept.; $ 24–34), 2,5 km nordwestlich der Innenstadt, funktioniert nach dem Motto: *first-come, first-served*. Er hat mehr als 150 Stellplätze; die meisten bieten einiges an Privatsphäre und sind recht geräumig. Zu den Einrichtungen gehören ein Minisupermarkt, ein Spielplatz und Waschräume. Das Fluvarium (toll für Kinder) liegt gleich gegenüber, und vom Campingplatz

Neufundland
Karte siehe S. 6

führen Pfade in alle Ecken des Pippy Parks.

• *Südlich der Stadt* Im **Butter Pot Provincial Park** am Trans-Canada Highway, 36 km südlich der Innenstadt, stehen 126 Stellplätze zur Verfügung. Der Preis beträgt $ 18 pro Nacht; Duschen und Waschmaschinen sind vorhanden. Zu jedem Stellplatz gehört eine Feuerstelle und ein Picknicktisch (Brennholz kostet $ 5 pro Bündel). Camper können z. B. wandern, im See schwimmen oder Kanu fahren (Kanuverleih möglich). Drei Spielplätze sorgen dafür, dass auch die Kleinen beschäftigt sind.

Weiter weg, aber in herrlicher Lage am See, gibt es im **La Manche Provincial Park** (Rte. 10; Ende Mai bis Ende Sept.; $ 14) Campingplätze rings um zwei bewaldete Rundstrecken. Sie haben zwar weder Duschen noch Anschlüsse, sind aber trotzdem im Sommer jedes Wochenende ausgebucht. Camper können Kajak fahren, angeln und die Wege bewandern, die am La Manche River entlang und zu einem verlassenen Fischerdorf hinabführen.

*E*ssen und *T*rinken

Niemand würde die Gastronomiesituation von St. John's als paradiesisch bezeichnen, aber sie ist mit Abstand besser als in allen anderen Teilen der Provinz. Wie nicht weiter verwunderlich, stehen Meeresfrüchte auf den meisten Speisekarten ganz oben. Kabeljau gibt's überall; in Restaurants der gehobenen Klasse bekommt man auch Atlantiklachs, Muscheln, Jakobsmuscheln, Heilbutt und Hummer vorgesetzt.

Cafés und preiswerte Lokale

• *Cafés* Das **Bagel Café** (246 Duckworth St., ✆ 709/739-4470; tägl. ab 8 Uhr) hat mehr von einem Restaurant als von einem Kaffeehaus. Alle Frühstücksangebote kosten weniger als $ 10, darunter herzschonende Speisen wie weiche Eier und Zerealien mit fettarmem Joghurt. Den restlichen Tag über kann man leckere Backkartoffeln für weit unter $ 10 bestellen, oder etwas Handfesteres wie Lasagne für $ 11.
Wer guten Kaffee in modernem, städtischem Ambiente trinken möchte, lenkt seine Schritte zum **Hava Java** (216 Water St., ✆ 709/753-5282; Mo–Fr 7.30–23, Sa/So 9–23 Uhr), mitten auf der pulsierenden Water Street.
Nur ein paar Blocks Richtung Osten fühlt man sich im **Classic Café East** (73 Duckworth St., ✆ 709/579-4444) um Jahrzehnte zurückversetzt, tägl. 24 Std. geöffnet. Hier kommen die unterschiedlichsten Leute zusammen, um in gemütlicher Atmosphäre köstliche Lobster Dinners, Seafood-Chowder, Dorschzungen und andere traditionelle neufundländische Gerichte zu verspeisen. Die Käsekuchen sind ebenfalls lecker.
• *Delikatessengeschäfte* In zahlreichen Feinkostläden werden Zutaten für ein selbst zusammengestelltes Picknick verkauft. Einen mundwässernden Überblick über die Newfoundland-Cuisine bietet **Bidgoods** (Rte. 10, Goulds, ✆ 709/368-3125; tägl.

außer So 9–18 Uhr) im Süden der Stadt. Das 50 Jahre alte Geschäft hat jedes lukullische Highlight auf Vorrat, das die Provinz hervorgebracht hat, darunter Robbenflossenpastete, Karibufleisch, gesalzenen Fisch, Lachs, Dorschzungen und -bäckchen. Die Auswahl an abgepackter Ware ist begrenzt, aber die Produkte, insbesondere Erdbeeren von der Westküste, Beerenkonfitüre, geräucherter oder eingelegter Fisch und süße Plätzchen sind tolle zusätzliche Leckerbissen für einen Picknickkorb.
Auntie Crae's (272 Water St., ✆ 709/754-0661; im Sommer Di–Sa 8–19 Uhr , sonst tägl. 8–17.30 Uhr) in der Downtown ist ein etwas ausgefallener Deli. Das Angebot umfasst alle Köstlichkeiten, die man in einem neufundländischen Delikatessenladen erwarten darf, aber zusätzlich auch Backwaren, eine heiße Theke, hausgerösteten Kaffee, Nüsse und Trockenobst. Viele Kunden nehmen ihre Einkäufe mit in den angrenzenden Common Room, kein echtes Restaurant, aber ein Plätzchen, wo man sich hinsetzen und essen kann. Dienstags wird um die Mittagszeit ein Unterhaltungsprogramm geboten, das jede Menge Besucher anzieht.
Am unteren Ende der Freshwater Road konzentrieren sich Bäckereien und Feinkostgeschäfte. **Stockwood's Bakery and Delicatessen** (316 Freshwater Rd., ✆ 709/726-2083) verkauft frisch zubereitete Sandwichs, kalte Platten, Salate, Kuchen und Backwaren und hat rund um die Uhr

geöffnet. Eine größere Auswahl an Kuchen und Konditoreiwaren gibt es bei **Manna European Bakery & Deli** (342 Freshwater Rd., ☎ 709/739-6992), tägl. außer Sonntag ab 9 Uhr geöffnet.

Die Spezialiät des **Seafood Shops** (7 Rowan St., Churchill Sq., ☎ 709/753-1153) ist frisches und konserviertes Seafood wie Kabeljau, Shrimps, Heilbutt, Muscheln und Jakobsmuscheln.

● *Pub-Essen* Im **Nautical Nellies** (201 Water St., ☎ 709/738-1120; So–Do 17–21 Uhr) wird mit das beste Kneipenessen der Stadt aufgetischt, aber wegen dem hohen Publikumsaufkommen bleibt an den Wochenendabenden die Küche kalt. Die restliche Woche über kann man sich an einem Berg gekochter Muscheln, Krabben-Frühlingsrollen mit Jalapeño-Dip, in der Pfanne gebackenem Dorsch an Schweinsgrieben *(scrunchions)* oder englischen Gerichten wie *Steak and Kidney Pie* delektieren. Alle Hauptspeisen sind für weniger als $ 15 zu haben. Donnerstags kostet ein Korb Muscheln nur schlappe $ 2.

Das **Ship Inn** (265 Duckworth St., ☎ 709/753-3870) ist eine heimelige Eckkneipe, renommiert für Livemusik, aber Gäste können auch ein paar einfache Gerichte (tägl. 12–15 Uhr) ordern, die auf der Kreidetafel angeschrieben stehen.

Restaurants

● *Seafood* Auf dem neufundländischen Küchenzettel steht Seafood ganz oben, aber nur wenige gehobenere Restaurants haben sich darauf spezialisiert. Preiswerte Fish 'n' Chips – mit einer Portion Sauce – gibt's bei **Ches's Snacks** (9 Freshwater Rd., ☎ 709/722-4083). In dem hell beleuchteten Lokal werden auf Formica-Tischen zartes frittiertes Fischfilet und knusprige Pommes (ab $ 6,50) serviert.

Velma's (264 Water St., ☎ 709/576-2264; tägl. 8–21.30 Uhr) ist ein relaxter, bei Anwohnern sehr beliebter Laden. Etwas besonders Innovatives darf man nicht erwarten. Stattdessen kann so ziemlich alles bestellt werden, was sich in der Friteuse oder Pfanne backen lässt, darunter Kabeljauzunge und Jakobsmuscheln.

Das **Hungry Fisherman** (Harbour Dr., ☎ 709/726-5791; tägl. 8–21.30 Uhr) im Murray Premises-Komplex schaut über den Rand der Frittierpfanne hinaus und bietet Gerichte wie sautierten Heilbutt mit Rumtopf-

rosinen. Hauptgerichte kosten $ 19–31.

● *Zeitgenössische Küche* **Blue on Water** (319 Water St., ☎ 709/754-2583; tägl. Frühst., Mittag- und Abendessen) ist ein ziemlich kleines, modernes Lokal, dessen lichte Atmosphäre in starkem Kontrast zu dem alten Steingemäuer steht, in dem es untergebracht ist. Bei den Frühstücksangeboten vereinigt sich moderne Küche mit traditioneller, z. B. in Gerichten wie Räuchermakrele in einer Sahnesauce mit Frühlingszwiebeln. Zu den Mittagsgerichten in der Preisklasse $ 8–15 gehören Gourmet-Sandwichs und eine köstliche Seafood-Bouillabaisse. Abends wird es ernst, mit Vorspeisen wie Hummersalat an warmer Knoblauchmayonnaise und Hauptgerichten wie mit gerösteter Paprika und Spinat gefülltem Lachs ($ 26). Die Weinkarte lässt keine Wünsche offen.

Das schicke Schild über dem Eingang verrät es schon – **Magnum & Steins** (284 Duckworth St., ☎ 709/576-6500; Mo–Fr 12–14, tägl. 18–22 Uhr) unterscheidet sich klar von allen anderen Restaurants der Stadt. Wem der Sinn nach traditionell neufundländischen Genüssen steht, sollte anderswo essen gehen. Aber wer kreative, großstädtische Küche zu schätzen weiß, findet hier eine erfreuliche Abwechslung von all den frittierten Meeresfrüchten. Appetizer wie Briekäse, Porree und Apfel in einer Blätterteigkruste kosten durchschnittlich $ 10, Hauptgerichte $ 23–34 (die Rind- und Lammfleischspeisen sind hervorragend).

● *Indische Küche* Ausgezeichnete indische Küche bietet das **India Gate** (286 Duckworth St., ☎ 709/753-6006; tägl. Mittag- und Abendessen). Auf der seitenlangen Speisekarte hat man die Qual der Wahl unter Tandoori-Gerichten; Garnelen, Lamm, Rindfleisch und Hühnchen in den Zubereitungsvarianten masala, korma oder vindaloo und zahlreichen vegetarischen Snacks. Die Preisspanne reicht von billig bis moderat, die Portionen sind großzügig und das Ambiente ist ruhig und entspannt.

● *Hotelrestaurants* Der **Cabot Club** (Cavendish Sq., ☎ 709/726-4944; tägl. 18–22 Uhr), das kulinarische Aushängeschild des Fairmont Newfoundland, glänzt mit einer traumhaften Aussicht auf die Narrows und mit erlesenen Speisen (Hauptgerichte $ 24–35), darunter klassische Steakvarianten wie Steak Chateaubriand, aber auch regionale Gaumenfreuden wie Karibufleisch und gebackene Jakobsmuscheln in einer Glasur aus Rebhuhnbeeren und Zuckersirup. Der

Neufundland
Karte siehe S. 6

nicht ganz so prätentiöse Hotel-Speisesaal **BonaVista** zieht die Städter mit Frühstücks- und Mittagsbuffets, donnerstags mit einem Newfoundland-Buffet und freitags mit einem Rippchen-Abendessen an.

Das **Mickey Quinn's** (120 New Gower Rd., ℡ 709/739-6404; tägl. 6.30–14 und 17–21 Uhr) im Delta St. John's bietet einfache Kost bei Hafenblick.

Information

Touristeninformation

Sowohl das Tourismusbüro der Provinz (℡ 709/729-2830 oder 800/563-6353, www.new foundlandlabrador.com) als auch **Destination St. John's** (℡ 709/739-8899 oder 877/739-8899, www.destinationstjohns.com) sind nützliche Informationsquellen für die Reiseplanung. Es gibt einen Infoschalter am Flughafen (bei Ankunft von Flügen geöffnet) und einen anderen gleich hinter der Fähranlegestelle in Argentia (bei Fährankunft geöffnet). Das lokale Ministerium für wirtschaftliche Entwicklung und Tourismus **Economic Development and Tourism** unterhält ein Visitor Centre in Downtown (348 Water St., ℡ 709/576-8106, www.stjohns.ca; das ganze Jahr über Mo–Fr 9–16.30, im Sommer tägl. 9–17 Uhr).

Literatur

• *Bibliotheken* Die größte Bücherei der Stadt ist die in der Memorial University of Newfoundland befindliche **Queen Elizabeth II Library** (Westerland Rd., ℡ 709/737-7425; Mo–Do 8.30–23.30, Fr 8.30–17.45, Sa 10–17.45, So 13.30–21.30 Uhr). Wer sie besuchen möchte, biegt an der Westerland Road vom Prince Philip Drive zum Campus ab und nimmt Kurs auf das massive Gebäude mit den treppchenförmigen Fensterumrandungen.

• *Buchhandlungen* Bücher über St. John's und Neufundland gibt es wie Sand am Meer. **Wordplay** (221 Duckworth St., ℡ 709/726-9193; Mo–Sa 10–18, So 12–17 Uhr) ist einer der besten und ältesten unabhängigen Buchläden. Hier werden sowohl neue als auch gebrauchte Bücher verkauft und wer mag, kann den öffentlichen Internet-Zugang in Anspruch nehmen. Secondhandbücher und Sonderausgaben finden sich im **Afterwords Bookstore** (245 Duckworth St., ℡ 709/753-4690). Der kanadische Buchhandlungsriese **Chapters** hat in seiner Megastore-Filiale (70 Kenmount Rd., ℡ 709/726-0375) mehr als 100.000 Titel auf Lager. Zum Laden gehören auch ein Café, eine Abteilung mit Büchern zu herabgesetzten Preisen und öffentlich zugängliche Computer, um bei der Suche nach speziellen Buchtiteln und Themen zu helfen. Ein Tochterunternehmen von Chapters ist **Coles** (Avalon Mall, 48 Kenmount Rd., ℡ 709/753-3394), ein viel kleinerer Laden mit Bestsellern und Lektüre zu regionalen Themen.

In St. John's gibt es keine speziellen Reiseführergeschäfte, aber **Travel Bug** (155 Water St., ℡ 709/738-8284) hat eine gute Auswahl an Reiseführern, und **The Outfitters** (220 Water St., ℡ 709/579-4453) verkauft Naturbestimmungsbücher zu allen Interessensgebieten.

Adressen

• *Gesundheit und Sicherheit* Zu den städtischen Krankenhäusern unter Verwaltung der Health Care Corporation of St. John's gehören das **General Hospital** (300 Prince Philip Dr., ℡ 709/737-6300), das **Janeway Child Health Centre** (Janeway Pl., ℡ 709/778-4222) und das **St. Clare's Mercy Hospital** (154 LeMarchant Rd., ℡ 709/777-5000). Die **Royal Newfoundland Constabulary** (℡ 911 oder ℡ 709/729-8333) kümmert sich um polizeiliche Angelegenheiten innerhalb der Stadtgrenzen, während die **Royal Canadian Mounted Police** (℡ 709/772-5400) für den Schutz der übrigen Provinz zuständig ist.

• *Post* In St. John's gibt es Haupt-Postämter. Um Briefmarken zu kaufen und Briefe abzuschicken, eignet sich am besten die Filiale in der 354 Water Street (℡ 709/758-1003; Mo–Fr 8–17 Uhr).

• *Internet* Alle größeren Hotels und die meisten B&Bs verfügen über Internetanschluss oder WLAN im Zimmer bzw. Businesscenter. Ansonsten kann man auch in den Büchereien (siehe *Information*) oder bei **Wordplay** (221 Duckworth St., ℡ 709/726-9193; Mo–Sa 10–18, So 12–17 Uhr) seine E-Mails checken.

Anreise

Obwohl sich St. John's in der äußersten Ostecke des nordamerikanischen Kontinents befindet, ist die Stadt ein neufundländischer Flugverkehrsknotenpunkt und eine Dreh- und Angelscheibe transatlantischer Schiffsrouten.

• *Flugzeug* Der **St. John's International Airport** (www.stjohnsairport.com) liegt unweit der Portugal Cove Road, nur 15 Autominuten nordwestlich von Downtown. In dem modernen Flughafengebäude gibt es Geldautomaten, einen Geldwechsel- und einen Infoschalter (tägl. bis zur Ankunft des letzten Flugzeugs geöffnet), ein Restaurant mit Lounge, einen Duty-free-Shop, einen Zeitungskiosk und Mietwagenschalter aller größeren Firmen (Avis, Budget, Discount, Hertz, National und Thrifty). Für Taxifahrten zu sämtlichen größeren Innenstadthotels gilt eine Flatrate: $ 20 für den ersten Fahrgast, $ 5 für jeden weiteren.

In St. John's landen Direktflüge von **Air Canada** (℡ 709/726-7880 oder 888/247-2262) aus Halifax, Montreal und Toronto, mit Anschlussflügen von diesen drei Städten in alle Welt. Der östliche Hauptflughafen von **WestJet** (℡ 888/937-8538) ist Halifax, von dort aus bestehen regelmäßige Flugverbindungen nach St. John's. Nationale Fluglinien sind u. a. **Provincial Airlines** (℡ 709/576-3943 oder 800/563-2800, www.provair.com), mit Flügen zwischen Halifax und St. John's und weiterführende Verbindungen zu Destinationen in anderen Teilen der Provinz; **Air Labrador** (℡ 709/758-0002 oder 800/563-3042, www.airlabrador.com) verbindet St. John's mit Labrador, und **Air Saint-Pierre** (℡ 902/873-3566, www.airsaintpierre.com) hat tägl. Shuttles nach St-Pierre und Miquelon.

• *Bus* Es besteht zwar keine fahrplanmäßige Busverbindung zwischen dem Fährhafen Argentia und St. John's, aber **DRL Coachlines** (℡ 709/738-8088) setzt Langstreckenbusse zu praktisch sämtlichen anderen Zielorten auf der Insel ein, darunter einen auf dem Trans-Canada Highway zum weit entfernten Fährterminal bei Port-aux-Basques (14 Std.; $ 123 einfache Strecke).

• *Fähre* Eine von zwei Fähren, die aus North Sydney (Nova Scotia) kommt, geht in Neufundland in **Argentia** vor Anker, 130 Straßenkilometer südwestlich der Hauptstadt. Die Fähren werden von **Marine Atlantic** (℡ 709/227-2431 oder 800/341-7981, www.marine-atlantic.ca) betrieben und verkehren 2-mal wöchentl. von Mitte Juni bis Mitte Oktober. Die Überfahrt vom Festland dauert 14 Std. und kostet für Erwachsene $ 110, Senioren $ 90, Kinder $ 50, und ab $ 210 für Fahrzeuge. Es sind auch Schlafsaalbetten und Kabinen erhältlich.

Unterwegs in St. John's

Die Anwohner beschweren sich darüber, dass es in der Stadt nicht genügend Parkplätze gibt. Die Stadtverwaltung kontert damit, dass 1500 Parkplätze im der Municipal Parking Garage in der Water Street und in anderen Parkhäusern der Innenstadt sowie in den Straßen zur Verfügung stehen. Rund 800 Straßenparkplätze sind mit Parkscheinautomaten versehen, die mit 1-Dollar- und 25-Cent-Münzen gefüttert werden; ist die gekaufte Zeit um, sind die Cops schnell mit einem Knöllchen bei der Hand.

• *Bus* **MetroBus** (℡ 709/570-2020) unterhält ein ausgedehntes Busnetz, das von der Innenstadt bis in alle Vorstädte reicht. Der in eine Richtung 90 Min. gültige Fahrschein kostet pro Tarifzone für Erwachsene $ 2,25, Kinder $ 1,75.

• *Taxi* Taxis warten am Flughafen ($ 28 in die Innenstadt für einen Passagier; jeder weitere $ 6) und vor den größeren Hotels, z. B. dem Delta St. John's und dem Fairmont Newfoundland. Eine einfache Fahrt innerhalb der Innenstadt kostet $ 5–8. Einige der renommierteren Anbieter sind **Gullivers** (℡ 709/722-0003), **Citywide** (℡ 709/722-0003), **Jiffy** (℡ 709/722-2222), und **Co-op** (℡ 709/726-6666).

• *Mietwagen* Alle namhaften internationalen Mietwagenverleiher sind in St. John's vertreten, aber es lohnt sich, die Angebote lokaler Firmen zu studieren. Man sollte sich zudem nach regionalen Sonderbestimmungen erkundigen, z. B. nach Fahrverboten in bestimmten Gegenden der Insel. Ein Mietfahrzeug in St. John's und nicht in einer

Neufundland
Karte siehe S. 6

anderen Stadt Neufundlands zu nehmen, hat den Vorteil, dass bei Fahrzeugen, die in der Hauptstadt gemietet wurden, normalerweise (aber nicht immer) eine unbegrenzte Kilometerzahl im Preis inbegriffen ist.

Islander RV (℡ 709/738-7368 oder 888/848-2267, www.islanderrv.com) verlangt $ 184 pro Tag für einen 2-Personen-Campervan und ab $ 234 für ein Wohnmobil (RV) mit sechs Schlafplätzen. Pro Tag sind 150 km frei; im Sommer beträgt die Mindestmietdauer sieben Tage.

• *Sightseeing-Touren* **British Island Tours** (℡ 709/738-8687; Juni–Sept.) dreht mit auffällig roten Doppeldeckerbussen eine Runde durch die Stadt und legt dabei 14 Stopps ein, darunter am Signal Hill und in Quidi Vidi. Abfahrt Juni bis September tägl. um 9.15 und 13.15 Uhr beim Delta St. John's und 9.30 und 13.30 Uhr am Fairmont Newfoundland. Die Kosten betragen für Erwachsene $ 25,50, Senioren $ 23, Kinder $ 15.

McCarthy's Party (℡ 709/579-4444) ist seit Jahrzehnten eine feste Größe im Sightseeingbusiness. Von Juni bis August werden tägl. zweieinhalbstündige Touren zum Signal Hill, den Kathedralen und anderen Sehenswürdigkeiten veranstaltet.

City & Outport Adventures (℡ 709/754-8687, www.newfoundlandtours.com) kombiniert Stadt- und Küstensightseeing in drei- oder viertägigen Ausflugspaketen, die das ganze Jahr über angeboten werden, und führt auch tägl. zweieinhalbstündige Touren (rund $ 30) mit Abholservice an jeder beliebigen Stelle in St. John's durch.

• *Stadtrundgänge* Einer der zahlreich angebotenen ungezwungenen Spaziergänge durch die Innenstadt von St. John's wird von **Boyle's Walking Tours** (℡ 709/364-6845; Mitte Juni bis Mitte Sept.) unter Leitung des properen Sir Cavendish Boyle organisiert. Ein Rundgang beginnt um 10 Uhr am Cavendish Square, die Rum, Romance und Rebellion-Tour dagegen donnerstags um 19.30 Uhr am Aussichtstürmchen gegenüber der LSPU Hall (Victoria St.). Beide Stadtteilführungen kosten $ 10; akzeptiert wird ausschließlich Barzahlung.

Ein **Haunted Hike** (℡ 709/685-3444; Juni bis Mitte Sept.; $ 5) beginnt Sonntag bis Donnerstag um 21.30 Uhr am Westeingang der anglikanischen Kirche, Duckworth Street, Ecke Church Hill. Während Reverend Thomas Wyckham Jarvis den Weg weist, beschreitet man die düsteren Hintergassen und lauscht haarsträubenden Geschichten von Morden, Mysterien und Gespenstern – ein Erlebnis, das man nicht so leicht vergisst.

Der neufundländische Kabeljaufang: eine Chronologie

Die Geschichte der ertragreichen neufundländischen Kabeljaufischerei begann zu einer Zeit, als es angeblich im Meer derart von Fischen wimmelte, dass man sie körbeweise herausschöpfen konnte. An diesem natürlichen Reichtum entzündeten sich langjährige Streitigkeiten zwischen verschiedenen Nationen um das Fischereirecht, die bis zum heutigen Tag andauern. Der scheinbar unerschöpfliche Dorsch-Nachschub resultierte unvermeidlich in extremer Überfischung. Trotz der Moratorien, die der Fischindustrie in den 1990er-Jahren auferlegt wurden, sind die Fangquoten immer noch niedrig. Die Ergebnisse neuerer Zuchtversuche sind einigermaßen positiv, ebenso die Auswirkungen verschiedener Pogramme zur Erhaltung der Artenvielfalt, und es besteht Grund zur Hoffnung, dass sich die Fischereiwirtschaft wieder erholen wird.

1550er-Jahre: Baskische und portugiesische Flotten beginnen mit dem Fischfang in der Strait of Belle Isle und bei den Grand Banks.

1600er-Jahre: Französische und englische Flotten entdecken die Fischfanggründe der Grand Banks und der Gewässer um die Avalon Peninsula.

1890er-Jahre: 90 % der arbeitenden Bevölkerung Neufundlands ist in der Fischereiwirtschaft tätig.

1908: William Coaker gründet die einflussreiche Fishermen's Protective Union (1932 wird die Macht der Gewerkschaft nur noch gering sein).

1949: Neufundland tritt der kanadischen Konföderation (Canadian Confederation) bei und seine Exklusiv-Fischereirechte in neufundländischen Gewässern ab.

1960er-Jahre: Die Überfischung durch ausländische Fischereiflotten führt zu einer dramatischen Reduzierung der Kabeljaubestände.

1971: Die Newfoundland Fishermen, Food and Allied Workers' Union wird ins Leben gerufen und entwickelt sich zur ersten schlagkräftigen Fischereigewerkschaft der Provinz.

1986: Die Fischereiforschung leitet Kabeljauzuchtexperimente in die Wege und erzielt begrenzt Erfolge.

1990: Der Bestand an Nordmeer-Kabeljau erreicht seine niedrigste jemals verzeichnete Quote.

1992: Ein zweijähriges Moratorium zum kommerziellen Kabeljaufang tritt in Kraft.

1994: Der jährliche Kabeljaufang ist innerhalb von fünf Jahren um 90 % zurückgegangen. Das Moratorium von 1992 wird verlängert. Überall in der Provinz werden Fischereiflotten und Fisch verarbeitende Fabriken geschlossen.

1997: Von Kabeljauzuchtfarmen wird weiterhin Nachwuchs in Fischgründen ausgesetzt, ein Unterfangen, das unerlässlich ist, obwohl sich die wilde Kabeljaupopulation langsam wieder erholt.

1999: Der Kabeljaufang ist wieder erlaubt, und der Fischfangsektor erlebt das beste Jahr seines Bestehens. Er beschäftigt 15.000 Neufundländer und erwirtschaftet mehr als $ 500 Mio.

2001: Während die Kabeljauzahlen in bestimmten Gegenden wieder ihr Normalmaß erreichen, schlagen sich in bestimmten Bereichen Negativ-Faktoren auf die Fischereiwirtschaft nieder, die außerhalb der Kontrolle der Neufundländer stehen, darunter schlechte Marktbedingungen, die im Juli das Ende des Garnelenfangs erzwingen.

2005: Das Fisheries Diversification Program erweist sich als positiv für die gesamte Provinz, denn im Rahmen dieser Maßnahme verlagert sich der Schwerpunkt von der Kabeljaufischerei auf den Fang von Garnelen, Krabben und Muscheln.

Die Avalon Peninsula

Wer nur wenig Zeit zur Verfügung hat und den Rest von Neufundland links liegen lassen muss, sollte nur die überschaubarere Avalon Peninsula bereisen, die im Grunde aus vier Halbinseln besteht, von denen zwei nach Süden und zwei nach Norden weisen. Eine wird von der Großstadt St. John's eingenommen (S. 452). Hier nun folgen die Highlights der übrigen drei.

Baccalieu Trail

Diese Straße folgt der nördlichen Avalonküste, windet sich um die Conception Bay herum zur Ortschaft Carbonear und dann an der Ostseite der Trinity Bay zurück zum Trans-Canada Highway. Die Rundfahrt ist ideal für einen Tagesausflug von St.

John's (rund 200 km), doch einige Übernachtungsmöglichkeiten entlang der Strecke verleiten vielleicht dazu, mehr Zeit zu investieren.

Brigus: Das malerische Brigus liegt von Conception Bay South aus jenseits der Conception Bay. Man erreicht es in rund 50 Min. Fahrt mit dem Auto auf dem Trans-Canada Highway und der Route 63. Der berühmteste Sohn der Stadt, Captain Robert Bartlett, war ein Polarforscher, der Robert Peary auf seiner Nordpolexpedition von 1908 begleitete. Bartletts Wohnhaus ist heute die **Hawthorne Cottage National Historic Site** (an der Kreuzung South St. und Irishtown Rd., ℡ 709/528-4004; Juli/Aug. tägl. 9–19 Uhr; Eintritt $ 5, Senioren $ 4,50, Kinder $ 3). Das 1830 erbaute Cottage stellt ein seltenes noch erhaltenes Beispiel des Baustils *Cottage Orné* (kleine Villa, d. h. schmuckvoll verziertes Landhaus) dar.

Am Baccalieu Trail liegen zahlreiche Kleinstadtcafés, aber keines ist einladender als das **Country Corner** (14 Water St., ℡ 709/528-1099; tägl. ab 10 Uhr), wo eine Schüssel dampfendes Kabeljau-Chowder, ein großzügiges Stück Pastete und eine Tasse Tee zusammen nur $ 7 kosten.

Cupids: Der Plantagenbesitzer John Guy errichtete Cuper's Cove im Jahr 1610, womit der Ort, der heute Cupids genannt wird, die älteste britische Niederlassung in Kanada ist. Bei der **Cupids Cove Archaeological Site** werden im Rahmen von Ausgrabungen immer noch Hinterlassenschaften von Guys Plantage zutage gefördert. Besucher sind eingeladen, den Grabungsarbeiten im Rahmen der 20-minütigen Führungen beizuwohnen. Die Rundgänge starten bei entsprechender Nachfrage (Juni bis Anf. Okt. tägl. 9–16.30 Uhr) und kosten für Erwachsene $ 3, Kinder $ 1. Eine Auswahl der Fundstücke ist im **Cupids Museum** (Seaforest Dr., ℡ 709/528-3500; Mitte Juni bis Mitte Okt. tägl. 10–17 Uhr; Eintritt $ 2, Kinder $ 1) ausgestellt.

Harbour Grace: Die ehemals zweitgrößte Stadt Neufundlands, Harbour Grace, erlitt eine ganze Reihe von Rückschlägen, denn sieben Großbrände suchten sie im Laufe der Jahrhunderte heim. Aber viele ihrer ältesten Gebäude überlebten und bilden inzwischen den **Harbour Grace Heritage District.** Die im frühen 16. Jh. von den Franzosen Havre de Grace getaufte Stadt kann in ihrer Heimatgeschichte voller Stolz sowohl auf Piraten als auch auf Piloten verweisen. Das **Conception Bay Museum** (Water St., ℡ 709/596-1309; Juni–Sept. tägl. 10–17 Uhr; Spende) steht dort, wo sich das Piratennest von Peter Easton befand, eines Freibeuters, der Anfang der 1600er-Jahre Angst und Schrecken verbreitete. Drei Jahrhunderte später, im Jahr 1932, gelangte Harbour Grace zu Berühmtheit, als Amelia Earhart sich vom hiesigen Flugplatz anschickte, als erste Frau im Alleinflug den Atlantik zu überqueren. Die grasbewachsene Landebahn von Harbour Grace ist jetzt eine National Historic Site.

Grates Cove: Das nördlichste Dorf der Hauptinsel, Grates Cove, vermittelt irische Atmosphäre. Das ist den Hunderten schützender Steinmauern zu verdanken, die von den ersten Siedlern rings um die Bauernhöfe und Stallungen gezogen wurden.

Das vor dem östlichen Ende der Halbinselspitze gelegene **Baccalieu Island Ecological Reserve** schützt elf Spezies von Seevögeln, darunter Leach's Sturmvögel, schwarzbeinige Dreizehenmöwen, Tölpel, Eissturmvögel und Papageientaucher.

Heart's Content: Die ersten funktionierenden transatlantischen Telefonkabel erreichten 1866 die kanadische Küste bei Heart's Content, 23 km nordwestlich von Carbonear. Die Originalkabel, die von Valentia Island an der Westküste Irlands bis

hierher verlegt wurden, sind immer noch am Meeresufer zu sehen. In der renovierten **Heart's Content Cable Station** (Rte. 80, ✆ 709/583-2160; Mitte Mai bis Anf.
Okt. tägl. 10–17.30 Uhr; Eintritt $ 3, Kinder $ 1) wird etwas von der Original-
ausstattung gezeigt.

Dildo: Die ihres peinlichen Namens wegen (den wahrscheinlich Captain Cook der
vorgelagerten, phallusförmigen Insel gegeben hat) bestens bekannte Dildo Island
liegt am Kopfende der Trinity Bay, 12 km nördlich des Trans-Canada Highways.
Die Geschichte der im 19. Jh. begonnenen Kabeljauzucht von Dildo Island – der
ersten kommerziellen Fischzucht Kanadas – wird im **Dildo and Area Interpretation Centre** (Rte. 80, ✆ 709/582-2687; Juni–Sept. tägl. 10–18 Uhr; Eintritt $ 2, Kin-
der $ 1) nachgezeichnet, wo auch eine Sammlung von schätzungsweise 1700 Jahre
alten Harpunenspitzen der Dorset Inuit zu bestaunen ist. Die Vorderfront des
Gebäudes ziert die Replik einer 8,5 m langen Krake, die aus hiesigen Gewässern
gezogen wurde.

Das hoch über der Trinity Bay gelegene **Inn by the Bay** (78 Front Rd., ✆ 709/582-
3170 oder 888/339-7829, www.innbythebaydildo.com; Mai bis Ende Dez.; $ 99–199
für 1/2 Pers.) kann sich in jeglicher Hinsicht mit den besten B&Bs von St. John's
messen – den weiten Ausblick übers Meer gibt's kostenlos dazu. Kein Stein wurde
auf dem anderen gelassen und es wurden weder Kosten noch Mühe gescheut, um
dieses 1888 erbaute Wohnhaus in eine Pension mit acht Zimmern zu verwandeln.
Dies beweisen nicht zuletzt die superkomfortablen Betten mit Daunendecken und
die herrlichen Antiquitäten im Veranda Sunroom. Im Preis ist ein warmes Frühstück und Nachmittagstee enthalten; auf Wunsch wird für $ 25 pro Person
Abendessen serviert.

Von St. John's nach Ferryland

Von Downtown-St. John's sind es nur etwas mehr als 70 km bis Ferryland, einem
schönen Ziel für einen Tagesausflug von der Hauptstadt aus. Allerdings liegen an
der Strecke zwei lohnende Attraktionen, für sie man so viel Zeit wie möglich
einplanen sollte.

Witless Bay Ecological Reserve

Das neufundländische Wasservogel-Schutzgebiet erstreckt sich über drei vorgelagerte Inseln nahe Witless Bay, 30 km südlich von St. John's. Seine Attraktion besteht in dem überwältigenden Schauspiel, das von über 1 Mio. Vogelpaaren geboten wird, darunter Atlantische Papageientaucher, Leach's Sturmvögel, Lummen,
schwarzbeinige Dreizehenmöwen, Silbermöwen, Atlantische Tordalken, Seetaucher
und Mantel- und Silbermöwen. Die Saison zur Vogelbeobachtung reicht von Mai
bis August, Höhepunkt ist der Zeitraum zwischen Mitte Juni und Mitte Juli. In den
letzten zwanzig Jahren hat die Zahl der Wale in den hiesigen Gewässern wieder
dramatisch zugenommen, und dies spiegelt sich in der Anzahl von Veranstaltern,
die Whalewatching-Touren anbieten, wider. Zwischen Mai und September bestehen die besten Chancen zur Sichtung von Buckelwalen, aber in der Gegend tummeln
sich auch Killer-, Finn- und Minkwale. Manchmal kann man auch Eisberge sehen.

Der St. John's am nächsten gelegene Touranbieter ist **O'Brien's** (✆ 709/753-4850
oder 877/639-4253) in Bay Bulls, 31 km südlich der Hauptstadt. Es handelt sich um
ein gut organisiertes Unternehmen, das über verschiedene Schiffe sowie einen Ge-

Neufundland Karte siehe S. 6

schenkartikelladen und ein Restaurant verfügt. Die Fahrt auf einem Ausflugsdampfer kostet $ 60 pro Person, die mit einem Zodiac-Expressboot $ 70 pro Person. Im Preis enthalten ist die Abholung von der jeweiligen Unterkunft in St. John's. Die Dampferfahrt ähnelt einem gemütlichen Ausflug mit Live-Newfoundlandmusik. Mit dem Zodiac dagegen ist man schneller bei den Walen. Noch rascher erreichen diejenigen das Reservat zur Wal- und Vogelbeobachtung, die vom Dorf Bauline East, 15 km südlich von Bay Bulls, aus starten. Hier legt **Colbert's** (✆ 709/334-3773) regelmäßig von der örtlichen Anlegestelle zu ein- oder zweistündigen Fahrten ab, die rund $ 40 pro Person kosten. Eine Reservierung ist möglich. Wenn wenig los ist, fahren die Boote jedoch nur nach Bedarf.

La Manche Provincial Park

Dieser Park wurde in den 1960er-Jahren zum Schutz eines malerischen Tales, 53 km südlich von St. John's an der Route 10, eingerichtet. Das Tal endet abrupt an einer Höhle zwischen hohen Felsen. An dieser Stelle befindet sich der interessanteste Teil des Parks. 1840 entstand bei der Höhle ein kleines Dorf, das über eine Schule, einen Krämerladen und die typischen Holzgestelle zum Trocknen von Fischen verfügte. 1966 fiel nahezu die gesamte Siedlung einem furchtbaren Wintersturm zum Opfer. Die Dorfbewohner wurden von der Regierung umgesiedelt, und das Einzige, was heute noch übrig ist, sind die Grundmauern und eine wiederhergestellte Zugbrücke. Zu erreichen ist die Stelle auf der Feuerwehrzufahrtstraße, die hinter dem Park-Campingplatz abzweigt; vom Tor sind es 1,5 km bis zur Höhle (für die Fahrt hin und zurück muss man 1 Std. veranschlagen). Der Campingplatz (Ende Mai bis Ende Sept.; $ 14) hat 69 Stellplätze an zwei Rundwegen. Es gibt weder Duschen noch RV-Anschlüsse.

Ferryland

Dieser Ostküstenhafen, 72 km südlich von St. John's, ist eines der ältesten Fischerdörfer Kanadas; an dieser Stelle lag die Kolonie, die Sir George Calvert im Jahr 1621 gegründet hatte. Ihm erschien die Region als rettender Hafen für die in England verfolgten Katholiken und damit wie ein Paradies. Zunächst jedenfalls. Doch Calverts Kolonie musste in Ferryland Hunger und harte Winter erleiden. Seine Frau, sein Sohn und eine Reihe andere Kolonisten zogen daraufhin Richtung Süden, nach Maryland. Calvert folgte ihnen nach. Zurück blieben die Plantage und der Name Avalon. Heutzutage ist Ferryland eine der hübschesten Ortschaften auf der Avalon Peninsula. Die meisten Besucher kommen hierher, um die archäologischen Ausgrabungen mitten im Ort zu besichtigen.

Colony of Avalon

Zwei Dinge machen die Anfahrt von St. John's zu einer lohnenden Sache: die archäologischen Grabungen und das Interpretive Centre. Das **Colony of Avalon Interpretation Centre** (✆ 709/432-3200; Mitte Mai bis Anf. Okt. tägl. 9–17 Uhr, Juli/Aug. tägl. 9–19 Uhr; Eintritt $ 5, Kinder $ 2,50) ist ein großes, zweistöckiges Gebäude, in dem Schautafeln die lange Geschichte von Ferryland erzählen, verdeutlicht durch Hunderte von Original-Gebrauchsgegenständen der ersten Siedler. Im oberen Stockwerk befindet sich ein Labor, wo Besucher den Archäologen beim Katalogisieren der Fundstücke zuschauen können. Der Kräutergarten vor dem Zentrum wurde so angelegt, wie es zu Zeiten der ursprünglichen Colony of Avalon üblich war.

Vom Interpretive Centre ist es nur ein kurzer Spaziergang durch das heutige Dorf bis zur Grabungsstätte. Dort kann man von Mitte Juni bis Mitte Oktober werktags den Archäologen bei der Arbeit zusehen. Im Eintrittspreis des Interpretive Centres ist eine 90-minütige Führung durch die Stätte enthalten. Man kommt dabei u. a. an den Überresten eines Kopfsteinpflasters und der Stelle vorbei, an der sich Calverts Wohnhaus befand.

Reisepraktisches

● *Shamrock Festival* Beim Shamrock Festival (📞 709/432-2052, www.ssfac.com) am letzten Wochenende im Juli platzt das Städtchen aus allen Nähten. Tausende Musikfans versammeln sich innerhalb eines abgezäunten Areals mitten im Ort (und dazu noch ein paar Hundert auf einem weiter weg gelegenen Hügel), um einige der besten Musiker Neufundlands zu hören. Die Stimmung ist einzigartig – man ist umgeben von irischem (Lispel-)Akzent, dem Geruch von im Freien Gebrutzeltem, gemischt mit frischer Meeresluft, und den mitreißender Klängen keltischer Musik. Ein Plastikbecher mit Quidi Vidi-Bier rundet das Erlebnis ab.

● *Essen und Trinken* Das **Colony Café** (Rte. 10, 📞 709/432-3030; Mai–Sept. 11–20 Uhr), ursprünglich eine Fischfabrik, liegt mitten im Dorf, nur ein paar Schritte von der Grabungsstätte entfernt. Hier gibt es ordentliches Essen zu angemessenen Preisen. Traditionelle Gerichte wie Kabeljauzungen mit Grieben sind mittags für unter $ 10 und abends für $ 10–16 zu haben.

Wer sich sein Mittagessen verdienen möchte, wandert durch den Ort und hoch zu **Lighthouse Picnics** (📞 709/363-7456; Mitte Juni bis Anf. Sept. tägl. 11.30–18 Uhr), untergebracht in dem 1870 erbauten rot-weißen Leuchtturm. Je nach Gusto kann man etwas Einfaches wie die täglich frisch gebackenen Muffins bestellen, oder einen gut bestückten Picknickkorb mit Gourmet-Käse, Fischbouletten und Erdbeertörtchen. Der Korb – samt Picknickdecken – wird gestellt.

Weiter auf dem Irish Loop

Von Ferryland führt die Route 10 genau 58 km weit nach Süden, dann als Route 90 nach Westen und Norden bis St. Catherines. Von dort kann man entweder nach Süden zum Cape St. Mary's oder Richtung Norden am Salmonier Nature Park vorbei zurück zum Trans-Canada Highway fahren. Zwar haben fast 50 % der Neufundländer irische Vorfahren, aber hier sind der irische Zungenschlag und keltische Traditionen ausgeprägter als anderswo in der Provinz.

Mistaken Point Ecological Reserve

Am Südende der Avalon Peninsula, an einem entlegenen Küstenabschnitt, liegt das Mistaken Point Ecological Reserve. Wer diese Region erforschen möchte, biegt bei Portugal Cove South von der Route 10 ab und folgt der nicht ausgeschilderten Schotterstraße 16 km weit bis Long Beach, wo die sanften Hügel des Reservats bis ans Meer reichen. Es ist ratsam, eine warme Jacke gegen den stürmischen Wind mitzubringen und von Juni bis Mitte Juli auf dichte Wolkenbänke gefasst zu sein. Auf Wanderer warten Pfade, die sich kreuz und quer durch das Reservat ziehen, und Hobbyfotografen werden von den Felsbrocken vor der Küste und der gewaltigen Brandung begeistert sein. Das Gestein innerhalb des Ökoreservats gehört zu dem fossilienreichsten Kanadas und enthält Abdrücke von 20 verschiedenen Spezies mehrzelliger Meereskreaturen, die vor 620 Mio. Jahren lebten.

Salmonier Nature Park

Dieser Park an der Route 90 auf halbem Wege zwischen dem Trans-Canada Highway und St. Catherines (📞 709/229-7189; Juni–Aug. tägl. 10–18 Uhr, Sept. tägl. 10–

Neufundland
Karte siehe S. 6

16 Uhr; Eintritt frei) lohnt unbedingt einen Besuch. Ein 2 km langer Holzsteg bzw. mit Sägespänen bestreuter Pfad verläuft durch einen Mischwald und über Marschen vor der Kulisse der Avalon Wilderness Reserve. Elche, Karibus, Luchse, Weißköpfige Seeadler, Schneeeulen, Otter, Biber, Nerze und andere einheimische Tiere leben hier in Gehegen, die ihrem natürlichen Habitat entsprechen.

Cape Shore

Das Cape Shore ragt westlich des Rumpfs der Avalon Peninsula in die Placentia Bay hinein. Es sind 215 km vom Trans-Canada Highway Richtung Süden durch Salmonier nach St. Bride's und zurück zum Trans-Canada Highway, 33 km westlich vom Ausgangspunkt. Das Highlight der Region ist die Vogelkolonie bei Cape St. Mary's. Wer mit der Fähre von North Sydney (Nova Scotia) herkommt, geht in Argentia, an der Westseite des Cape Shore, an Land.

Argentia

Argentia, 8 km nördlich von Placentia und 130 km südwestlich von St. John's via Route 100 und Trans-Canada Highway, ist die Anlegestelle der Fähren aus Sydney, Nova Scotia. Die Bucht, ein ehemaliger US-Marinestützpunkt, wird inzwischen vom Fährterminal beherrscht. Pfade führen zu Aussichtspunkten, verlassenen Bunkern und guten Vogelbeobachtungsplätzen.

Marine Atlantic (✆ 709/227-2431 oder 800/341-7981, www.marine-atlantic.ca) legt während der Schifffahrtssaison von Mitte Juni bis Mitte Oktober zweimal wöchentlich in Argentia an. Das Einfachticket für die 14-stündige Überfahrt von North Sydney (Nova Scotia) kostet für Erwachsene $ 110, Senioren $ 90, Kinder $ 50 und ab $ 210 für Fahrzeuge. Hinter dem Fährterminal befindet sich ein von der Provinz betriebenes **Visitor Information Centre** (✆ 709/227-5272), das beim Anlegen einer Fähre öffnet. Von Argentia kann man entweder Richtung Süden durch Placentia zum Cape St. Mary's fahren oder nach Nordwesten auf der Route 100 zum Trans-Canada Highway, der in die Innenstadt von St. John's führt (ungefähr 90 Min. Fahrzeit von Argentia).

Eines von vielen verlassenen Küstendörfern fernab der Hauptstraßen

Placentia

Die Franzosen wählten dieses herrliche Waldgebiet an der Küste mit Blick über die Placentia Bay als Sitz ihrer ersten Hauptstadt auf der Insel und nannten es Plaisance. 1662 ließen sich hier französische Kolonisten und Soldaten nieder. Die erste Militärfestung krönte einen hohen Hügel über dem Hafen beim heutigen Jerseyside. Von Le Gaillardin aus, dem ersten kleinen Fort aus dem Jahr 1692, unternahmen die Franzosen Überfälle auf St. John's. Später dann von Fort Royal aus, der massiven Steinfestung, die ein Jahr später errichtet wurde. 1713 brachten die Engländer die Niederlassung unter ihre Kontrolle und tauften sie in Placentia um. Der Hügel, auf dem die Wehranlage steht, bekam den Namen Castle Hill. Ausstellungsstücke im Visitor Centre der **Castle Hill National Historic Site** (✆ 709/227-2401; Mitte Mai bis Mitte Okt. tägl. 9–18 Uhr; Eintritt $ 4, Senioren $ 3,50, Kinder $ 2) dokumentieren die französische und englische Geschichte von Placentia. Im Sommer werden Führungen angeboten. Auf dem Gelände laden Picknicktische zum Verweilen ein, und Fußpfade verlaufen an den Festungsmauern entlang und über den Steinstrand der Bucht.

St. Bride's

Die am nächsten bei Cape St. Mary's gelegene Übernachtungsmöglichkeit ist das **Bird Island Resort** (Rte. 100, ✆ 709/337-2450 oder 888/337-2450, www.birdislandresort.com; $ 75–120 für 1/2 Pers.) in St. Bride's, 20 km weiter nördlich. Die Ferienanlage mit Aussicht auf die Placentia Bay besteht aus fünf Motelzimmern, 15 mit Küche ausgestatteten Cottages, einem Gemischtwarenladen und einer Laundry.

Cape St. Mary's Ecological Reserve

Dieses Wasservogelreservat liegt an der Südspitze des Cape Shore, am Ende einer 16 km langen, ungeteerten Straße, die von der Route 100 abzweigt. Wer das Reservat von St. John's aus ansteuert, sollte mindestens 3 Std. Fahrzeit einplanen; vom Fährhafen Argentia sind es 75 km nach Süden (mind. 1 Std.). Das Sträßchen endet bei einem Interpretive Centre (✆ 709/277-1666; Mitte Mai bis Anf. Okt. tägl. 9–17 Uhr; im Eintrittspreis von $ 7 für Erwachsene ist eine Führung inbegriffen). Vom Centre führt ein 1 km langer Weg an schroffen Felshängen vorbei zu dem am leichtesten zugänglichen Vogelschutzgebiet Nordamerikas. Man hört die Vögel schon lange, bevor man sie sieht. Und dann ragt plötzlich der Bird Rock empor – eine 60 m hohe Felssäule im Meer, auf der sich ungefähr 60.000 Wasservögel drängen. Die Felspyramide scheint unter den flügelschlagenden Vögeln, deren laute Rufe von der Brise weit aufs Meer hinausgetragen werden, regelrecht lebendig zu sein. Besucher erwarten neben einer der größten Tölpel-Kolonien Nordamerikas (11.000 Brutpaare) auch Lummen, Trottellummen und schwarzfüßige Dreizehenmöwen, außerdem einige Tordalken, Seetaucher, Mantel-. und Silbermöwen. **Warnung:** Der Pfad ist oft rutschig und führt sehr nah an steilen Abgründen vorbei, daher ist äußerste Vorsicht geboten. Zudem muss man auf schlechtes Wetter vorbereitet sein. Also: warm anziehen, am besten mehrere Textilschichten übereinander.

Neufundland
Karte siehe S. 6

Zentrales und westliches Neufundland

Die Insel Neufundland besteht grob betrachtet aus zwei Inseln von ähnlicher Form, aber unterschiedlicher Größe: einer riesigen „Hauptinsel" und einer kleineren „Nebeninsel". Dieses Kapitel behandelt die Hauptinsel, also das Gebiet westlich der Avalon Peninsula. Die „beiden Inseln" sind eine Autostunde westlich von St. John's durch eine Landbrücke miteinander verbunden. Hinter dem Abzweig zu dem Dorf mit dem originellen Namen Come by Chance (Komm durch Zufall) erreicht der Trans-Canada Highway, der die wichtigste Straßenverbindung durch diesen Teil Neufundlands bildet, die Hauptinsel. Die hufeisenförmige Route führt um das Inselinnere herum und verbindet die Avalon Peninsula mit dem 905 km entfernten Channel-Port-aux-Basques. Gut ausgeschilderte Nebenstraßen zweigen vom Highway ab und ermöglichen die Erkundung der verschiedenen Halbinseln. Abgesehen von der recht gradlinigen Route 210 auf der Burin Peninsula und der relativ unkomplizierten Route 430 auf der Northern Peninsula sind die übrigen Nebenstrecken zu den Halbinseln und an der Küste entlang eine endlose Abfolge von Kurven.

Dieser riesige Teil von Neufundland hat nicht nur raue Wildnis zu bieten, sondern wartet mit allen möglichen interessanten Dingen auf. An der Nordküste verirren sich majestätische Eisberge in die Fjorde und Buchten. Überall an den Küsten ragen auf steilen Klippen oberhalb der Brandung malerische Leuchttürme in den Himmel. Erfahrene Skipper und wissenschaftlich ausgebildete Führer leiten Bootstouren hinaus, bei denen man Wale, Robben und Eisberge beobachten kann. Wer einen kurzen Abstecher nach Frankreich unternehmen möchte: Fortune auf der Burin Peninsula liegt nur zwei Bootsstunden von St-Pierre entfernt, der Hauptstadt der französischen Inselprovinz St-Pierre und Miquelon. Im heutigen Nationalpark Gros Morne entstanden vor Urzeiten äußerst unterschiedliche Landschaftsformen.

Vor rund 1000 Jahren landeten Wikinger in Neufundland und errichteten an der Küste eine Niederlassung, die erste europäische Ansiedlung in Amerika, die jetzt bei der L'Anse aux Meadows National Historic Site nachgebaut ist.

Highlights

Trinity (S. 486): Dieses typisch neufundländische Dorf, dessen enge Gassen von bunten Häusern im Saltbox-Stil gesäumt sind, lädt zu einer Reise in die Vergangenheit ein.

Eisberg-Beobachtung (S. 492): Eisberge kann man von mehreren Stellen an der Nordküste Neufundlands sehen, doch in Twillingate ist die Wahrscheinlichkeit besonders groß.

Marble Mountain (S. 497): Wer sich im Winter in Neufundland aufhält, sollte diesem kleinen, schneereichen Wintersportgebiet mit seinen steilen Hängen einen Besuch abstatten.

Tablelands (S. 506): Dieses geologische Phänomen lässt sich nicht in einem Satz beschreiben – doch wer diese Mondlandschaft durchstreift, dem verschlägt es ohnehin die Sprache.

Bootstouren im Gros Morne National Park (S. 507): Auf dem Western Brook Pond im Gros Morne National Park muss man den Kopf schon in den Nacken legen, um zu den Wänden dieses urzeitlichen, von Gletschern geschaffenen Fjords aufzuschauen.

Port au Choix National Historic Site (S. 510): In Port au Choix kann man Archäologen dabei zusehen, wie Geschichte geschrieben wird – der Ort ist seit über 4500 Jahren von Menschen bewohnt.

Thrombolites von Flowers Cove (S. 513): Thrombolite – nie gehört? Das geht den meisten Menschen so. Obwohl es sie nur an zwei Orten auf der Erde gibt, muss man hier ein wenig nach ihnen suchen. Denn vom nach Norden führenden Viking Trail sind sie nicht ausgeschildert.

L'Anse aux Meadows (S. 515): Wer die Spitze der Northern Peninsula erkundet, kann auf den Spuren der Wikinger wandeln.

Burnt Cape Ecological Reserve (S. 517): Dieses abgelegene Kalksteinmassiv ist auf eine für Neufundland typische Weise wild und zerklüftet und beheimatet mehr seltene und bedrohte Pflanzenarten als jeder andere Ort in den Atlantikprovinzen.

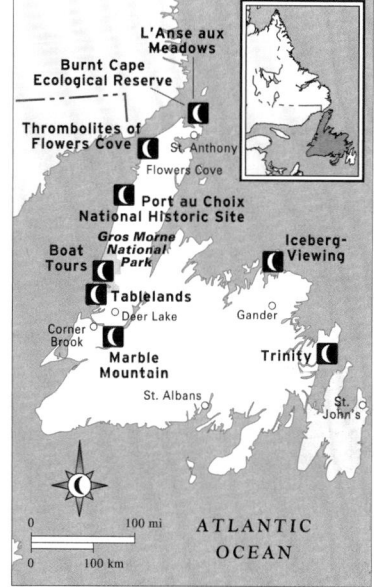

Karte siehe Farbteil S. 6

Neufundland

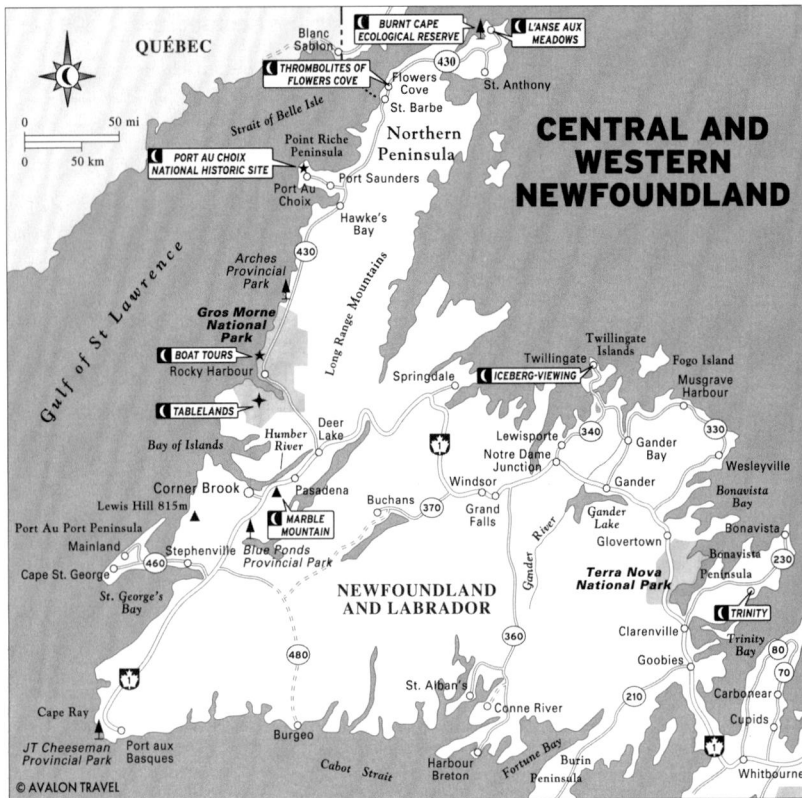

Reise- und Zeitplanung

Für die Reiseplanung in dieser Region sind die Entfernungen zwischen den Orten von großer Bedeutung. Zum Beispiel sind es von St. John's 640 km nach Deer Lake, 905 km zum Fährhafen Port-aux-Basques und fast 1100 km nach St. Anthony an der Spitze der Northern Peninsula.

Die meisten Reisenden erreichen die zentralen und westlichen Regionen Neufundlands von St. John's und der Avalon Peninsula aus. Eine Fahrt zur Bonavista Peninsula und zu Dörfern wie **Trinity** lässt sich von der Provinzhauptstadt aus vielleicht in zwei Tagen bewerkstelligen, wer jedoch weiter nach Westen möchte, muss praktisch die gesamte Insel durchqueren. Zur Fähre in Port-aux-Basques sollten von St. John's mindestens fünf Reisetage eingeplant werden. Darin enthalten wären eine Nacht in Trinity, ein Abstecher vom Trans-Canada Highway zur Besichtigung der **Eisberge** vor Twillingate und zwei Tage zur Erkundung des **Gros Morne National Parks,** wo Wanderungen über die **Tablelands** und **Bootstouren auf dem Western Brook Pond** auf dem Programm stehen könnten.

In diesen fünf Tagen wäre ein Abstecher zur **Northern Peninsula,** einer meiner Lieblingsregionen in ganz Kanada, allerdings nicht enthalten. Von Deer Lake sind es sage und schreibe 470 km zur Spitze der Halbinsel. Wenn man die schöne Küste der Halbinsel erkundet und noch bei der **Port au Choix National Historic Site,** den **Thromboliten von Flowers Cove,** in L'Anse aux Meadows und bei der **Burnt Cape Ecological Reserve** vorbeischaut, kommen zu den fünf Tagen für die Reise durch die Provinz von St. John's nach Port-aux-Basques noch einmal mindestens vier Tage dazu. Wer seinen Mietwagen wieder in St. John's abgeben muss, sollte ab Deer Lake nicht weiter dem Highway Richtung Süden folgen, muss aber von hier zwei Tage für die Rückfahrt einplanen. Um mehr Zeit im Nationalpark Gros Morne und auf der Northern Peninsula verbringen zu können – was sich besonders für Naturliebhaber lohnt –, kann man nach Deer Lake (und wieder zurück) fliegen.

Wer im Winter ins atlantische Kanada kommt, etwa zu einer Konferenz in Halifax, und ein Ski- oder Snowboardfreund ist, sollte einen Abstecher zum **Marble Mountain** in Erwägung ziehen. Um zu den Hängen des größten und steilsten Wintersportgebiets der Atlantikprovinzen zu gelangen, muss man nach Deer Lake fliegen.

Burin Peninsula und Umgebung

Die 200 km lange Burin Peninsula ragt von der Südostküste Neufundlands grob gesagt wie ein Stiefel ins Meer. Das Innere der Halbinsel ähnelt einer öden Mondlandschaft – wenn es auf dem Mond Wasser gäbe, da jede Höhle und Senke in diesem Ödland mit Sümpfen, Marschen und Teichen gefüllt ist. Vor der Küste liegen die Grand Banks, in der Vergangenheit einer der reichsten Fischgründe Nordamerikas, und an der Küste verstreut liegen Fischerdörfer und mehrere prosperierende Städtchen. Marystown, eine der am schnellsten wachsenden Städte in der Provinz, lebt von einer der größten Fischverarbeitungsfabriken im östlichen Kanada, und die ansässige Werft liefert Schiffe für die boomende Ölindustrie im Nordatlantik. St. Lawrence bildet eine Ausnahme in der Region; als einziger Fluoritlieferant Kanadas hat es sowohl vom Bergbau als auch von Erwerbszweigen gelebt, die mit dem Meer zu tun haben. Die Fischerei aber bildet seit dem 16. Jh. die Haupterwerbsquelle für die Bewohner der Halbinsel.

Boat Harbour

Hier werden in Heimarbeit aus Stoffabfällen per Hand Matten mit Landschaftsmotiven gefertigt. Die Matten und andere in Heimarbeit hergestellte Artikel werden zu angemessenen Preisen im **Placentia West Craft Shop** (Rte. 210, ☎ 709/443-2312; im Sommer tägl. 8.30–18 Uhr) verkauft, etwa 1 km südlich der Kreuzung in Boat Harbour.

Burin

In der Nähe des „Absatzes" der stiefelförmigen Halbinsel liegt das zu Beginn des 18. Jh. gegründete Burin – ganz im Windschatten der Inseln, die der Küste vorgelagert sind. Normalerweise schützen die Inseln die Stadt vor dem offenen Atlantik, aber auch sie konnten 1929 eine zerstörerische Flutwelle nicht aufhalten. Die Inseln dienten in der Vergangenheit immer wieder Piraten als Rückzugsgebiet, die sich in den gefährlichen Kanälen zwischen den Inseln vor ihren Verfolgern davonstehlen konnten. Während seiner Kartografierungsexpeditionen vor der Küste von Neufundland in den 1760er-Jahren nutzte Captain James Cook Burin als saisonalen Stützpunkt. Ein hoher Hügel oberhalb der Stadt, von dem aus nach Schmugglern

Karte siehe Farbteil S. 6

Neufundland

und illegalen Fischern Ausschau gehalten wurde, trägt den Namen des Entdeckers – Cook's Lookout.

Das **Festival of Folk Song and Dance** (℡ 709/891-1546) Anfang Juli wird mit irischer Musik und irischem Tanz, Spielen für Kinder, Seafood-Mahlzeiten und Kunsthandwerksmärkten begangen. Das Festival zählt zu den beliebtesten Veranstaltungen Neufundlands, bei denen das kulturelle Erbe der Provinz zelebriert wird. Eine freundliche Unterkunft ist das **Wheelhouse Inn** (204 Main St., ℡ 709/891-2000 oder 877/891-3810, www.wheelhouseinn.com; $ 79–89 für 1/2 Pers.). Die drei Gästezimmer sind geräumig und modern, jedes verfügt über ein eigenes Bad mit Badewanne/Dusche, ein Telefon mit Modemverbindung und TV. Außerdem gibt es eine Lounge mit Kamin und ein Freizeitzimmer mit Billardtisch. Ein warmes Frühstück ist im Preis inbegriffen.

Grand Bank

Grand Bank (2600 Einw.) am „Zeh" des Burin-Stiefels ist der bekannteste Ort auf der Halbinsel. Er wurde in den 1650er-Jahren von den Franzosen besiedelt und dann Anfang des 18. Jh. von den Briten übernommen. Seit jeher wird der Ort mit den reichen gleichnamigen Fischgründen, den Grand Banks im Süden und Westen Neufundlands, assoziiert.

Der **Heritage Walk** führt zur größten Ansammlung von Häusern im Queen-Anne-Stil außerhalb von St. John's. Zu den architektonischen Juwelen des historischen Viertels zählen die **Masonic Lodge** von 1905, das **Thorndyke House** von 1917, bei dem sich die Freimaurersymbolik auch in der Innengestaltung niederschlägt, und das **George C. Harris House** (16 Water St., ℡ 709/832-1574). Letzteres ist ein Gebäude im Queen-Anne-Stil von 1908, in dem heute das Stadtmuseum untergebracht ist. Neben dem Heritage Walk gibt es auch noch den Nature Trail, der zu einem Aussichtspunkt und zu Lachslaichplätzen führt, und den Marine Trail, der der Uferlinie der Fortune Bay zum **Mariners' Memorial** folgt.

Das **Provincial Seamen's Museum** (54 Marine Dr., ℡ 709/832-0917; Mai bis Mitte Okt. tägl. 9.30–16.30 Uhr; Eintritt frei) ist schwer zu übersehen. Es sieht aus wie ein kantiges weißes Segelschiff und beleuchtet anhand von Fotos, Schiffsmodellen und anderen Artefakten die Geschichte der Fischerei und Schifffahrt im Gebiet der Grand Banks.

St-Pierre und Miquelon

Jahrhundertelange erbitterte Auseinandersetzungen zwischen Briten und Franzosen fanden in der Mitte des 18. Jh. ihr Ende, als die Briten sich endgültig die Herrschaft über das östliche Kanada sichern konnten – außer über St-Pierre und Miquelon, drei Inseln 25 km südlich von Neufundland. Daher gehören diese Inseln heute nicht zu Kanada, sondern bilden ein französisches Überseegebiet und zugleich den letzten verbleibenden Rest der einst riesigen französischen Besitzungen in Nordamerika.

Sehenswertes

St-Pierre und Miquelon besteht aus drei Inseln mit einer Gesamtfläche von etwa 242 km^2. St-Pierre ist zugleich der Name der kleinsten Insel und einer lebhaften kleinen Stadt (6300 Einw.). Der Norden dieser Insel, die die Form eines Dreiecks besitzt, ist durch Hügel, Sümpfe und Teiche geprägt, der Süden durch Tiefland. Die beiden größeren Inseln sind Miquelon mit dem gleichnamigen Dorf (600 Einw.) und das unbewohnte Petite Miquelon, das auch Langlade genannt wird. Diese beiden Inseln sind durch eine Sandbank miteinander verbunden.

Gegründet wurde die heutige Hauptstadt St-Pierre, das beliebteste Reiseziel der Inselgruppe, im frühen 17. Jh. , als französische Fischer, v. a. aus der Bretagne, vor der Küste ihrer Arbeit nachgingen. Sowohl vom Erscheinungsbild als auch von der Atmosphäre her erinnert das Hafenstädtchen mit seinen Bistros, Cafés, Bars, Brasserien und schmiedeeisernen Balkongittern an Frankreich. St-Pierre liegt an einem geschützten Hafen, in dem zahlreiche bunte Fischerboote dümpeln und von dem sich enge Gassen den Berg hinaufziehen. Der Friedhof, zwei Häuserblocks landeinwärts von der Rue du 11 Novembre, überrascht durch seine überirdischen Gräber, ähnlich denen in New Orleans. Im **Musée St-Pierre** (15 rue Docteur Dunan), das nur sporadisch geöffnet ist, ist die Geschichte der Inseln dokumentiert.

Eine der größten Attraktionen der Inseln sind natürlich die niedrigen Steuern auf französischen Wein und andere Produkte. Nach einer 48-stündigen Stippvisite dürfen Besucher Waren im Wert von $ 200 zollfrei ausführen. Entsprechend werden Wein, Parfüm und Schmuck aus Frankreich in verschiedenen Geschäften verkauft.

Frankreichs abgelegenes Inselgebiet

St-Pierre und Miquelon ist in jeder Hinsicht französisch. Im Gegensatz zu den französischsprachigen Teilen Kanadas haben Besucher es hier nicht nur mit einer anderen Sprache zu tun. Kanadier benötigen zur Einreise einen Ausweis mit Foto, wie etwa einen Führerschein oder Pass. Für die Bürger anderer Länder entsprechen die Einreiseformalitäten denen Frankreichs.

Zahlungsmittel ist der Euro, aber die meisten Geschäfte akzeptieren auch US- und kanadische Dollar zu fairen Wechselkursen.

Die Stromspannung beträgt in ganz St-Pierre und Miquelon 220 Volt, die größeren Hotels haben Adapter.

Die Inseln haben sogar eine eigene Zeitzone – 30 Min. vor der neufundländischen Zeit.

Reisepraktisches

St-Pierre und Miquelon haben die Vorwahl 508, von Nordamerika wählt man 011-508, von zu Hause aus 00-508.

• *Übernachten* Da die Zahl der Unterkünfte begrenzt ist, sollten alle Übernachtungen vorgebucht werden. Am günstigsten ist dabei ein über **St. Pierre Tours** (✆ 709/832-0429, www.spmtours.com) gebuchtes Paket. Diese Pauschalangebote gibt es ab $ 180 pro Pers. und Nacht (und ab $ 60 für zusätzliche Nächte) und umfassen den Bustransfer von St. John's, die Fähre von Fortune nach St-Pierre und die Übernachtung.

Die größte Unterkunft unter dem Dutzend kleiner Hotels, Pensionen und B&Bs ist das **L'Hôtel Robert** (14 rue du 11 Novembre, ✆ 508/412419; 90 € für 1/2 Pers. inkl. Frühst.) mit 42 Zimmern in fußläufiger Nähe zum Fähranleger. Hier nächtigte in den 1920er-Jahren der amerikanische Gangster Al Capone, und das Haus aus rotem Ziegel besitzt nostalgischen Charme.

Das **Hôtel Île de France** (6 rue Maître Georges Lefèvre, ✆ 508/410350, www.hotelile defrance.net; 95 € für 1 Pers., 105 € für 2 Pers.) bietet stilvolle Zimmer mit moderner Einrichtung und WLAN. Außerdem verfügt das Hotel über ein Restaurant und eine Lounge mit Livemusik an den Wochenenden.

• *Essen und Trinken* Wer durch die Straßen von St-Pierre wandert, hat es schwer, den süßen Düften zu widerstehen, die aus den vielen Cafés und Patisserien strömen. Eines der besten Lokale für ein unkompliziertes Essen ist **Le Feu de Braise** (14 rue Albert Briand, ✆ 508/419160), ein helles Bistro, das tägl. mittags und abends geöffnet ist.

Teurer, aber auch formeller ist das **Le Cabestan** (1 bis rue Marcel Bonin, ✆ 508/412100; tägl. ab 18 Uhr), wo schön präsentierte Gerichte auf den Tisch kommen wie die *Zarzuela de poissons*, eine köstliche Fischsuppe (22 €). Bei den Desserts haben die Gäste die Qual der Wahl – die Crème brûlée mit Pistazien ist ein echter Hit.

• *Information* Auf der Insel selbst ist die beste Informationsquelle das **St-Pierre & Miquelon Tourist Office** (rue Antoine Soucy, ✆ 508/410200, www.st-pierre-et-miquelon.info). Auf der Website gibt es Links zu Unterkünften.

• *Verbindungen* **Air Saint Pierre** (✆ 902/873-3566, www.airsaintpierre.com) bietet ganzjährig Verbindungen zwischen St-Pierre und St. John's ($ 280 hin und zurück). Die Gesellschaft bietet außerdem von Halifax, Sydney (Nova Scotia) und Montreal Flüge nach St-Pierre.

Der **Atlantic Jet** (✆ 709/832-2006 oder 800/563-2006, www.spmexpress.net) ist eine Express-Passagierfähre, die im Juli und August 1-mal tägl. zwischen Fortune auf der Burin Peninsula und St-Pierre verkehrt, dazu von April bis Juni und im Sept. jeweils freitags und sonntags. Eine Rückfahrkarte kostet für Erwachsene $ 99, für Kinder $ 47. Der Atlantic Jet fährt außerdem dienstags, freitags und sonntags um 8 Uhr von St-Pierre nach Miquelon. Zurück geht es jeweils um 19 Uhr ab Miquelon; 22 € hin und zurück.

Bonavista Peninsula

Die von üppigen Wäldern, Ackerland und Hügeln geprägte Bonavista Peninsula ragt von der Ostküste Neufundlands wie ein breiter, gebogener Finger in den Atlantik. Die asphaltierte Route 230 zieht sich vom Trans-Canada Highway die Halbinsel entlang zum Ort Bonavista an der Spitze; die Route 235 führt auf der Westseite der Halbinsel zum Hwy. 1 zurück.

Clarenville

Das 1890 gegründete Clarenville, 190 km nordwestlich von St. John's am Trans-Canada Highway gelegen, ist das Tor zur Bonavista Peninsula. Der Ort ist im Vergleich zum restlichen Neufundland relativ neu und bietet außer Übernachtungsmöglichkeiten eigentlich kaum etwas von Interesse.

Am Trans-Canada Highway gibt es zwei größere Motels. Aus Richtung St. John's kommend das erste ist das **Clarenville Inn** (134 Trans-Canada Hwy., ✆ 709/466-7911 oder 877/466-7911, www.clarenvilleinn.ca; $ 85 für 1 Pers., $ 95 für 2 Pers.), direkt am Highway, mit 64 Zimmern, Steakhaus, Lounge und Terrassenbar sowie beheiztem Pool. Im Ort selbst bietet das **Rest Land Motel** (Memorial Dr., ✆ 709/466-7636; ab $ 75 für 1/2 Pers.) sowohl mittelgroße Motelzimmer als auch Einheiten mit Küche. Angeschlossen sind ein Restaurant und eine Kneipe, gegenüber liegt ein Einkaufszentrum.

Trinity

Nur drei Jahre nachdem John Cabot auf Neufundland gestoßen war, beauftragte Portugal die Seefahrer Gaspar and Miguel Côrte-Real mit der Suche nach einer Schiffspassage nach China. Zwar fanden sie diese nicht, dafür aber segelte Gaspar am Tag des Trinitatisfests 1501 versehentlich in die Trinity Bay. 1558 gründeten Kaufleute aus dem Westen Englands an derselben Stelle eine Siedlung, sodass Trinity sogar noch älter ist als St. Augustine in Florida.

Das attraktive Dorf (500 Einw.) hat sich seit dem späten 19. Jh. kaum verändert, sehr zur Freude der Filmcrew, die im Frühjahr 2001 hier den Film „Schiffsmeldungen" drehte. Weiße Lattenzäune, kleine Gärten und alte Wohnhäuser prägen das Bild des Örtchens. Die beste Stelle für ein Foto von Trinity befindet sich an der engen Küstenstraße Route 239, die auch Courthouse Road genannt wird. Die Straße führt über die Landzungen, dann um eine enge Kurve, und plötzlich eröffnet sich ein Ausblick auf den Hafen. Also langsam in die Kurve fahren, um die Aussicht genießen zu können! (Wer ein Foto machen möchte, muss seinen Wagen im Dorf parken und auf der Straße zurückgehen.) Das Dorf selbst lässt sich natürlich am besten zu Fuß erkunden.

Sehenswertes

Das **Trinity Interpretation Centre** (Rte. 239, ☎ 709/729-0592) in einem schön restaurierten Gebäude beleuchtet die Geschichte des Dorfes. **Lester-Garland Premises** (West St., ☎ 709/464-2042; Juni–Okt. tägl. 10–17.30 Uhr) ist ein restaurierter Gemischtwarenladen aus

Diese Kirche steht in Trinity, einer der charmantesten Gemeinden an der Atlantikküste Kanadas

den 1820er-Jahren. Emma Hiscock und ihre beiden Töchter bewohnten das restaurierte, senffarbene und grüne **Hiscock House** (Ende Juni bis Anf. Sept. tägl. 10–17.30 Uhr), einen Block landeinwärts vom staatlichen Bootsanleger. In dem Haus im sog. Saltbox-Stil betrieben sie im 19. Jh. eine Schmiede, ein Geschäft und ein Telegrafenamt. Diese drei Sehenswürdigkeiten werden von der Provinz unterhalten; der Eintritt für alle drei Häuser beträgt $ 4 ($ 2 für Kinder).

Die folgenden, über das Dorf verstreuten historischen Gebäude werden von der Trinity Historical Society (☎ 709/464-3599) unterhalten. Sie haben ähnliche Öffnungszeiten, aber für den Eintritt ist ein anderes Kombiticket nötig ($ 10, Kinder unter 12 Jahren frei). Das **Lester Garland House** ist in den Zustand der 1820er-Jahre zurückversetzt worden und beherbergt jetzt ein Museum. Hinter der **Green Family Forge** (Church Rd.) in einem restaurierten Gebäude von 1895 verbirgt sich ein Schmiedehandwerksmuseum mit mehr als 1500 Werkzeugen, Produkten und anderen Artefakten der Schmiedekunst. Ebenfalls an der Church Road steht ein Haus im Saltbox-Stil von 1880, in dem heute das **Trinity Historical Society Museum** untergebracht ist, mit mehr als 2000 Ausstellungsstücken zu Fischerei, Handel, Medizin und Feuerbekämpfung. Alle diese historischen Gebäude und Museen sind von Mitte Juni bis Mitte September geöffnet; der Eintritt kostet $ 3 für Erwachsene und $ 5 für Familien.

Karte siehe Farbteil S. 6

Neufundland

Theater

Mit der Sommersonnenwende beginnt der **Summer in the Bight** (✆ 709/464-3232) des Rising Tide Theatre mit Original-Musik- und Theaterproduktionen, die von einigen der besten Schriftsteller und Schauspieler Neufundlands geschrieben bzw. aufgeführt werden. Das Theater befindet sich in einem nachgebauten Fischerschuppen am Green's Point auf der Ostseite des Dorfes. Die Vorstellungen finden zwei- bis dreimal pro Woche statt und kosten $ 16 ($ 31 für Theater plus Abendessen).

Übernachten/Essen und Trinken

Das direkt am Wasser gelegene **Artisan Inn** (High St., ✆ 709/464-3377 oder 877/464-7700, www.artisaninntrinity.com; Mai–Okt.; $ 115–135 für 1/2 Pers., inkl. Frühst.) ist als Künstlerhotel konzipiert – wen die Aussicht aus dem Studio mit Ozeanblick nicht inspiriert, bei dem ist wohl Hopfen und Malz verloren –, aber jedermann ist willkommen. Es gibt zwei Zimmer mit Bad und eine Suite mit Küche. Das benachbarte Campbell House bietet noch einmal drei Gästezimmer. Abendessen ist nach Absprache erhältlich.

Informationen über Kunst- und Fotoworkshops gibt es auf der Website.

Das **Village Inn** (Taverner's Path, ✆ 709/464-3269) bietet im Sommer Abendessen. Ein schönes Menü wäre z. B. in der Pfanne gebratener Kapelan (arktischer Lachs) als Vorspeise, dann als Hauptgericht *fish and brewis* (gesalzener Kabeljau mit knusprig gerbratenen Schweinefleischstücken). Mit *figgy duff* (gedämpfter Pudding) als Abschluss bekommen Hungrige ein traditionelles 3-Gänge-Menü für unter $ 35.

Port Union

Port Union, die einzige Stadt in Kanada, die von einer Gewerkschaft gegründet wurde, liegt 32 km hinter Trinity. Der älteste Teil der Stadt erstreckt sich von der Fischverarbeitungsfabrik gesehen auf der anderen Seite der Bucht. Wer beim Ortseingang rechts abbiegt, gelangt schnell nach Port Union South und in eine schmale Straße mit verbarrikadierten Lagerhäusern. Dahinter liegt in einem Bahnhof am Wasser das **Port Union Historical Museum** (Main St., ✆ 709/469-2159; Mitte Juni bis Aug. tägl. 11–17 Uhr; Eintritt frei). Wer sich über die Geschichte des Ortes informiert hat, kann dann zurückfahren und nach links abbiegen und gelangt durch eine enge Felsspalte nach Bungalow Hill.

Bonavista

50 km hinter Trinity liegt an der Route 230 Bonavista (5000 Einw.), ein überraschend großes Städtchen, das sich über die Ausläufer der Bonavista Peninsula ausbreitet. Der Ort entstand im 17. Jh. als französischer Fischereihafen, aber viele meinen, dass Giovanni Caboto (besser bekannt als John Cabot), der der Region 1497 einen Besuch abstattete, als Erster hier an Land ging, und zwar am **Cape Bonavista,** 6 km nördlich der Stadt.

Sehenswertes

In den **Ryan Premises** (Ecke Ryan's Hill und Old Catalina Rd., ✆ 709/468-1600; Mitte Mai bis Mitte Okt. tägl. 10–18 Uhr; Eintritt $ 4, Senioren $ 3,50, Kinder $ 2) am Hafen etablierte Kaufmann James Ryan in der Mitte des 19. Jh. seinen Salzfischhandel. Zu den weißen Schindelhäusern auf dem Gelände zählen ein Fischgeschäft und ein nachgebauter Gemischtwarenladen. Auf der anderen Straßenseite befindet sich das ursprüngliche Wohnhaus des Managers. Alle Gebäude sind mit Gegenständen aus der Zeit ausgestattet. Im Salzschuppen demonstrieren einheimische Handwerker Fertigkeiten wie die der Möbeltischlerei; was sie anfertigen, wird in einem Laden verkauft.

Im ganzen Ort ist die **Mockbeggar Plantation** (Mockbeggar Rd., ℡ 709/468-7300; Juni–Okt. tägl. 10–17.30 Uhr; Eintritt $ 3, Kinder $ 1,50) von 1871 ausgeschildert, mit einem weißen Gebäude am Wasser und einem weißen Lattenzaun drum herum. Das Gebäude diente als Wohnhaus, Schreinerei und Fischgeschäft.

Hinter der Mockbeggar Plantation erhebt sich auf einer steilen, felsigen Landspitze das fotogene **Cape Bonavista Lighthouse** (Rte. 230, ℡ 709/468-7444; Anf. Juni bis Anf. Okt. tägl. 10.30–17.30 Uhr; Eintritt frei) von 1843. Die Wohnung des Leuchtturmwärters im rot-weiß gestreiften Turm ist wieder so hergerichtet worden, wie sie in den 1870er-Jahren aussah. Eine steile Treppe führt hinauf zum originalen Leuchtfeuer mit Öllampen und Reflektoren.

Übernachten

Bonavista ist ein schönes Ziel für einen Tagesausflug von Trinity, aber wer länger bleiben möchte, dem bieten sich mehrere Möglichkeiten. Die bei weitem luxuriöseste Unterkunft und eine der besten in ganz Neufundland ist **Elizabeth J. Cottages** (Harris St., ℡ 709/468-5035 oder 866/468-5035, www.elizabethjcottages.com; $ 274 für 1/2 Pers.) am Ortsrand. Die Cottages stehen direkt am Ozean; ihr Design geht zurück auf die alten Saltbox-Häuser, wie man sie immer noch in der ganzen Region findet, und insgesamt sind weder Mühen noch Kosten gescheut worden, um ein luxuriö-

ses Umfeld zu schaffen, in dem die Gäste die weiten Ausblicke aufs Meer voll auskosten können. Die 2-Zimmer-Einheiten sind in natürliches Licht getaucht, dazu gibt es feinste Bettwäsche, mollige Bademäntel und schöne Frühstückskörbe. Ergänzt wird das Ganze durch separate Terrassen mit schicken Gartenmöbeln und Grill, moderne Anschlüsse, TV/DVD-Geräte und Einrichtungen zum Wäschewaschen.

Wer es gern etwas einfacher mag, dem genügen sicher die **Oceanside Cabins** (Cape Shore Rd., ℡ 709/468-7771; $ 75 für 1 Pers., $ 85 für 2 Pers).

Von Clarenville nach Deer Lake

Von Clarenville nach Deer Lake sind es 450 km. Zwischen diesen beiden Orten durchschneidet der Trans-Canada Highway das Inselinnere auf einer kurvenreichen Strecke; manchmal führt er Richtung Norden zu einer tief eingeschnittenen Bucht, dann wieder ins Landesinnere, um sich durch die scheinbar endlos weiten bewaldeten Berglandschaften der Hochebene zu schlängeln. Die beste Möglichkeit, um tiefer in diese Region einzutauchen, bietet der Terra Nova National Park, aber es gibt viele lohnenswerte Abstecher, wie z. B. nach Twillingate, das für seine Ausflugtouren zu den Eisbergen berühmt ist.

Terra Nova National Park

Der Trans-Canada Highway erreicht den Terra Nova National Park 35 km nördlich von Clarenville und führt 50 km durch den Park. Um den Nationalpark aber in seiner ganzen Schönheit zu erleben, muss man jedoch vom Highway abfahren. Hier erwarten den Besucher Binnengewässer, in denen sich Fische tummeln, Wälder, in denen Elche und Bären beheimatet sind, sowie eine zerklüftete Küstenlandschaft, wo Kajakfahrer durchs Wasser gleiten und Weißkopf-Seeadler in den Lüften kreisen.

Eintritt

Zur Durchfahrt durch den Park muss keine Gebühr entrichtet werden. Wer jedoch aus irgendeinem Grund halten möchte, muss $ 6 (Erwachsene), $ 5 (Senioren) bzw. $ 3 (Kinder) berappen; der Park-Pass ist bis 16 Uhr des Folgetags gültig.

Marine Interpretation Centre

Ein guter erster Anlaufpunkt ist das Marine Interpretation Centre (☎ 709/533-2942; Mitte Mai bis Juni tägl. 10–16 Uhr, Juli/Aug. tägl. 9–19 Uhr, Sept. bis Anf. Okt. tägl. 10–16 Uhr; Eintritt in der Parkgebühr inbegriffen). Das Centre liegt an der Saltons Day Use Area am Newman Sound, 1 km abseits des Trans-Canada Highways und 35 km nördlich der Stelle, wo der Highway den Park erreicht. Drinnen locken kleine Aquarien, Fischtanks, in denen Besucher die Fische berühren können, Live-Übertragungen mittels einer Unterwasserkamera, Ausstellungen über die verschiedenen Meereshabitate im Park, interaktive Computerprogramme und Filme, dazu ein Restaurant und ein Andenkengeschäft. In Letzterem werden auch topografische Karten des Parks und Bücher über die Flora, die Fauna und die Sehenswürdigkeiten der Provinz verkauft.

Reisepraktisches

Sport und Freizeit

● *Wandern* Mehr als ein Dutzend Wege mit einer Gesamtlänge von etwa 60 km durchziehen den Park. Die meisten sind unkomplizierte Rundwege, auf denen man etwa 1 Std. im Schatten der Bäume entlangspaziert. Vom Marine Interpretation Centre führt der 1 km lange **Heritage Trail** zum Salton's Brook, und ein 3 km (eine Strecke) langer Weg führt zum malerischen, stillen **Blue Hill Pond.** Ein weiterer 3 km langer Weg säumt den **Sandy Pond** und beginnt 13 km südlich des Marine Interpretation Centres. Der längste Wanderweg, der 55 km lange **Outport Trail,** ist nur etwas für erfahrene Wildniscamper. Die meisten Wanderer verbringen eine oder zwei Nächte auf dem Weg. Das Faszinierende ist, dass man von ihm aus Wale und Eisberge sehen kann.

● *Wassersport* Vom Bootsanleger beim Marine Interpretation Centre legen Ausflugsboote und Kajakfahrer zu ihren Touren auf dem Newman Sound ab. Am Anleger gibt es Waschräume mit warmen Duschen und Münzwaschmaschinen. Nach einem Trip mit **Ocean Watch Boat Tours** (☎ 709/-533-6024) brauchen die Fahrgäste die warmen Duschen allerdings nicht. Bei der dreistündigen Vormittagstour (Abfahrt 9 Uhr) wird in den Armen des Fjords nach Eisbergen und Walen gesucht, während

die beiden Nachmittagstouren (Abfahrt 13 und 16 Uhr) reine Besichtigungstouren sind. Bei der kürzeren Sonnenuntergangstour (19 Uhr) wird eine aufgegebene abgelegene Siedlung, ein sog. Outport, erkundet. Die Boote fahren von Mitte Mai bis Oktober, die Touren kosten $ 40/Person.

Wer mehr Meerwasser genug hat, kann zum **Sandy Pond** ausweichen, einem seichten Gewässer, 13 km südlich des Marine Interpretation Centres und 12 km nördlich der Südgrenze des Parks. Hier kann man Kanus und Kajaks mieten (☎ 709/677-2221; $ 5 für 30 Min.), baden oder den Teich auf einem 3 km langen Weg umrunden (ca. 1 Std.).

Übernachten/Essen und Trinken

Im Park selbst gibt es keine Übernachtungsmöglichkeiten, aber die folgenden beiden Unterkünfte befinden sich ganz in der Nähe.

Das Dorf Charlottetown liegt 15 km nördlich des Parks auf einem Flecken Land am Ozean. Hier bietet das nette **Clode Sound Motel** (☎ 709/664-3146, www.clodesound.com; Mai–Okt.; $ 85–140 für 1/2 Pers.) 19 Einheiten mit jeweils bis zu drei Zimmern, einen Pool, einen Spielplatz, einen Tennisplatz und Grillstellen. Ebenfalls auf dem Gelände liegt das einen exzellenten Ruf genießende Restaurant mit Bäckerei, in dem es wunderbare Apfeldesserts aus den Äpfeln des 90 Jahre alten Obstgartens des Motels gibt.

Am Südende des Parks lockt das **Terra Nova Golf Resort** (Trans-Canada Highway, ✆ 709/543-2525, www.terranovagolf.com; Mai–Okt.; $ 125 für 1/2 Pers.), ein Resorthotel mit allen Einrichtungen am Twin Rivers Golf Course, wo Freunde des Golfsports werktags für $ 48 und am Wochenende für $ 56 einen der schönsten Plätze Kanadas bespielen können. Das Hotel wartet außerdem mit Tennisplätzen, einem beheizten Außenpool, Wanderwegen, einem Restaurant und einem Pub auf. Die 83 Gästezimmer sind solide eingerichtet und machen einen modernen Eindruck. Kindern werden spezielle Aktivitäten angeboten wie Schatzsuchen, Bastelstunden und Mittagspicknicks.

Auf der Rückseite des Marine Interpretation Centres liegt am Newman Sound die **Starfish Eatery** (✆ 709/533-9555; Juni–Sept. tägl. 10–19 Uhr), die köstliche Chowder und kleine, aber preisgünstige Portionen Fish 'n' Chips im Angebot hat.

Camping

Der bewaldete **Newman Sound Campground** bietet 387 Stellplätze mit mehreren oder allen Anschlüssen (Zelte $ 26, mit Anschlüssen $ 30), Kochunterstände, beheizte Waschräume mit warmen Duschen, ein Nature House (Juni–Sept. tägl. 10–17 Uhr), eine Laundry, ein Café und ein Lebensmittelgeschäft. Für 40 % der Stellplätze werden über Parks Canada (✆ 905/426-4648 oder 877/737-3783, www.pccamping.ca) Reservierungen angenommen. Die Reservierungsgebühr beträgt $ 11, dazu kommen die Stellplatzkosten. Der Abzweig zum Campingplatz liegt 30 km nördlich der südlichen Parkgrenze. Mit dem Marine Interpretation Centre ist der Platz durch einen 4,5 km langen Weg am Newman Sound entlang verbunden.

Am Nordrand des Parks führt die Route 310 Richtung Osten zum **Malady Head Campground** (Stellplatz $ 21,50). Der Platz verfügt u. a. über einen Kochbereich und einen Spielplatz.

Gander

Die Stadt Gander liegt auf halber Strecke zwischen den beiden größten Städten Neufundlands – 350 km von St. John's und 357 km von Corner Brook entfernt. Sie wurde 1951 gegründet, als das Militär beschloss, den Gander Airport für die zivile Luftfahrt zu öffnen, und es überrascht heute wenig, dass die meisten Sehenswürdigkeiten am Ort mit der Fliegerei zu tun haben.

Tor nach Nordamerika

Flugzeuge, die von Europa aus den Nordatlantik überqueren, erreichen den nordamerikanischen Luftraum irgendwo vor der Küste von Neufundland. In den frühen Tagen der Luftfahrt benötigten die Flugzeuge einen Ort zum Auftanken, sodass Gander als Zwischenstopp florierte. Obwohl bei kommerziellen Transatlantikflügen heute nicht mehr in Gander aufgetankt werden muss, ist der Flughafen immer noch von Bedeutung, so z. B. nach den Anschlägen vom 11. September 2001, als 39 Passagierflugzeuge mit 6500 Besatzungsmitgliedern und Passagieren nach Gander umgeleitet wurden. Selbst wenn

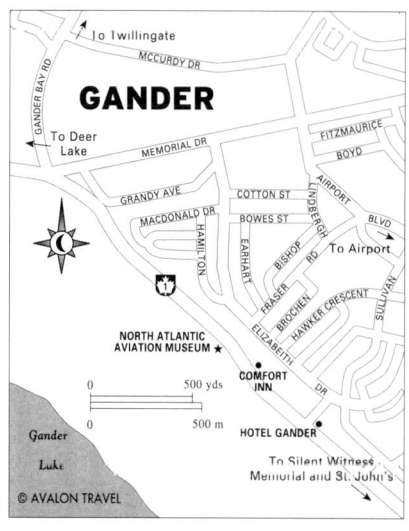

Neufundland · Karte siehe Farbteil S. 6

man nicht mit einem Linienflug von Air Canada oder Provincial Airlines von hier abfliegt, ist der **Gander International Airport** östlich der Innenstadt einen Abstecher wert, um sich die Ausstellungen zur Geschichte des Flughafens und das riesige Wandgemälde im Hauptterminal anzuschauen.

Glänzende historische Flugzeuge, teilweise aus dem Zweiten Weltkrieg, wie eine Hudson, eine Voodoo, ein Canso-Wasserbomber, eine Beech 18 sowie eine rekonstruierte De Havilland Tiger Moth begrüßen die Besucher im **North Atlantic Aviation Museum** (Trans-Canada Highway, ✆ 709/256-2923; Mitte Mai bis Anf. Sept. tägl. 9–21 Uhr; Eintritt $ 5, Senioren und Kinder $ 4). Drinnen wird die strategische Bedeutung von Gander im Zweiten Weltkrieg und die Entwicklung der Transatlantik-Luftfahrt beleuchtet, u. a. anhand von alten Ausrüstungen, Uniformen, Fotos und einem rekonstruierten DC-3-Cockpit.

Das **Silent Witness Memorial,** 4 km östlich der Stadt und 1 km eine ungeteerte Straße Richtung Süden entlang, markiert die Stelle eines Flugzeugunglücks. An einem kalten Dezembertag des Jahres 1985 tankte eine DC-8, die aus dem Nahen Osten kam, auf dem Flughafen von Gander auf. Die Maschine transportierte die U.S. 101st Airborne Division, besser bekannt als die Screaming Eagles, die von einer UN-Friedensmission auf dem Sinai nach Hause zurückkehrte. Mit 248 Soldaten und acht Besatzungsmitgliedern an Bord stürzte das Flugzeug kurz nach dem Start zwischen Highway und Gander Lake ab. Den Mittelpunkt der Gedenkstätte oberhalb des Sees bilden Statuen eines amerikanischen Soldaten und zweier Kinder, die vor einer kanadischen, einer US-amerikanischen und einer neufundländischen Flagge stehen. Die Gedenkstätte zieht sich über den felsigen Hügel hinab, und hier und da liegen Blumensträuße.

Übernachten/Essen und Trinken

Gander ist eine praktische Zwischenstation auf der Fahrt durch das Zentrum Neufundlands und wartet mit einem breiten Angebot an Unterkünften auf. Das zweistöckige **Comfort Inn** (112 Trans-Canada Highway, ✆ 709/256-3535, www.comfortinn.com; $ 90 für 1 Pers., $ 95 für 2 Pers., inkl. Frühstücksbuffet) verfügt über 66 große Zimmer. Das geräumige **Hotel Gander** (Trans-Canada Highway, ✆ 709/256-3931 oder 800/563-2988, www.hotelgander.com) bietet 152 Zimmer und Suiten ($ 94–150 für 1/2 Pers.), ein Restaurant, eine Entertainment-Lounge, einen Innenpool und einen Fitnessraum.

Neben dem Comfort Inn liegt **Jungle Jim's** (112 Trans-Canada Highway, ✆ 709/651-3444; tägl. 11–23 Uhr). Wer es geschafft hat, durch die Weinreben- und Bambusdeko hindurch die Aufmerksamkeit der Bedienung zu erregen, bestellt am besten Fish 'n' Chips für $ 12 oder Ribs für $ 17.

Richtung Norden nach Twillingate

Von Gander führt die Route 330 Richtung Norden nach Gander Bay, von wo aus sich die Route 331 weiter Richtung Nordwesten schlängelt und als Route 340 – besser bekannt als Road to the Isles – auf den sich nördlich anschließenden Archipel führt.

Boyd's Cove

Boyd's Cove, 70 km nördlich von Gander an der Kreuzung der Route 331 und der Route 340, ist ein kleines Dorf mit einer großen Sehenswürdigkeit: dem **Boyd's Cove Beothuk Interpretation Centre** (✆ 709/656-3114; Mitte Mai bis Anf. Okt. tägl. 10–17.30 Uhr; Eintritt $ 3). Das Centre ahmt die Form der 300 Jahre alten Beothuk-Behausungen nach und liegt am Ende einer 2 km langen Schotterstraße.

Aber der Umweg lohnt sich wegen der Artefakte, Dioramen, Filme und feinfühlig-expressiven Gemälde zur Geschichte der Beothuk. Ein 20-minütiger Weg führt hinunter zu der Stelle, wo im 17. Jh. ein Beothuk-Lager stand, das Anfang der 1980er-Jahre ausgegraben wurde. Elf Vertiefungen für Häuser, klar erkennbar an den Erdeinfassungen, wurden hier gefunden, daneben zahllose Artefakte wie Perlen, Steinwerkzeuge und Eisen.

Die Beothuk

Die Ankunft der Europäer hatte schwerwiegende Konsequenzen für die Beothuk, die um das Jahr 200 n. Chr. von Labrador hierher eingewandert waren und sich über die Baie Verte Peninsula nach Burnside, Twillingate und an die Ufer des Exploits Rivers und des Red Indian Lakes ausgebreitet hatten.

Im Jahr 1769 wurde ein Gesetz verabschiedet, das die Ausrottung der einheimischen Bevölkerung verbot, aber dieses Gesetz kam zu spät. Zu diesem Zeitpunkt waren die Beothuk schon fast ausgestorben. 1819 geriet eine kleine Gruppe beim Red Indian Lake in den Hinterhalt von Siedlern. Bei der daraus resultierenden Auseinandersetzung wurde eine 23 Jahre alte Frau namens Demasduit gefangen genommen, ihr Ehemann und ihr neugeborenes Kind wurden getötet. Als sie an Tuberkulose erkrankte, versuchten die Behörden, sie wieder an ihr Volk zurückzugeben, aber sie war zu krank und starb in Botwood. 1823 wurde eine Verwandte von ihr, Shanawdithit, ebenfalls gewaltsam entführt. Bevor sie 1829 als letzte Angehörige ihres Volkes starb, erzählte Shanawdithit bewegend von der Geschichte und Ausrottung ihres Volkes und untermalte dies mit Zeichnungen, Karten und ein wenig Beothuk-Vokabular.

Heute gibt es im gesamten zentralen Neufundland Bezüge zu den Beothuk, aber zwei Einrichtungen befassen sich auf besondere Weise mit diesem fast mythischen Volk: das **Boyd's Cove Beothuk Interpretation Centre**, 70 km nördlich von Gander an der Straße nach Twillingate, und das **Mary March Regional Museum** in Grand Falls, das den Namen trägt, den die Europäer Demasduit gegeben hatten.

Twillingate

Hinter Boyd's Cove liegt dicht vor der Küste eine Gruppe von Inseln, die durch Dämme miteinander verbunden sind. Dorthin führt die schmale Route 430, vorbei an Farmland (wo man vielleicht eines der seltenen Neufundland-Ponys erspähen kann), sanften Buchten mit kleinen Inselchen und winzigen Outports, um schließlich bei den Inseln South und North Twillingate zu enden. Als nordwestlichster Zipfel des Archipels sind diese Inseln umspült von den Gewässern des Atlantiks und der Notre Dame Bay. Über die Südinsel führt die Straße schließlich zum winzigen Hafen Twillingate Harbour.

Über einen Damm geht es nach Twillingate (3500 Einw.) auf der Nordwestinsel. Die Main Street führt am hübschen Hafen entlang und dann Richtung Norden hinauf zum Long Point.

Wer sich für die örtliche Heimatkunde interessiert, sollte dem **Twillingate Museum and Craft Shop** (✆ 709/884-2825; Mitte Mai bis Anf. Okt. tägl. 9–21 Uhr; Eintritt $ 2,50, Kinder $ 1,50) einen Besuch abstatten. Das glänzende, weiß gestrichene

Neufundland   Karte siehe Farbteil S. 6

Eisbergparade

Die spektakulären Eisberge, die jeden Sommer an Labrador und Neufundland vorbeitreiben, stammen von der südwestlichen Eiskappe Grönlands, wo große Eisstücke von der Küste abbrechen und in die eiskalte Davis Strait stürzen. Die neu entstandenen Eisberge treiben schließlich hinaus in die Labradorsee, wo sie von starken Strömungen Richtung Süden getragen werden, entlang einer Wasserstraße, die als Iceberg Alley (Eisberggasse) bekannt ist. Die Eisbergparade beginnt normalerweise im März und erreicht im Juni und Juli ihren Höhepunkt, um sich in seltenen Fällen bis in den November hinein fortzusetzen.

Obwohl niemand die Eisberge zählt, geht man davon aus, dass jedes Jahr zwischen 10.000 und 30.000 dieser weißen Riesen die Reise aus dem Norden antreten. Von diesen schaffen es etwa 1400 bis 2000 bis in die warmen Gewässer des Golfstroms, wo sie nach einer 3200 km langen, zwei bis vier Jahre dauernden Reise schließlich schmelzen.

Alle Eisberge sind verschieden. Einige sehen tatsächlich weiß aus. Andere hingegen erscheinen türkis, grün oder blau. Auch die Größen variieren: Am kleinsten, etwa so groß wie ein kleines Boot, sind die sog. Growler, die etwa 1000 t wiegen. Etwa 10.000 t schwer ist ein Bergy Bit. Ein typischer „kleiner" Eisberg ragt 5–15 m aus dem Meer heraus und wiegt ca. 100.000 t. Ein „großer" Eisberg ist 51–75 m hoch und wiegt 100–300 Mio. Tonnen. Die größten Eisberge, die wuchtigen Burgen mit großen und kleinen Türmen ähneln, sieht man normalerweise nur weiter im Norden; auf ihrem Weg Richtung Süden verlieren die Eisriesen an Größe, bis sie schließlich ganz wegschmelzen. Unabhängig von der Größe ist das, was man sieht, nur ein kleiner Teil des Eisbergs: Etwa 90 % der Eismasse liegen unter dem Wasser versteckt.

Zuweilen verfängt sich ein treibender Eisberg irgendwo an der Küste oder in kleinen oder schmalen Buchten. Wer sich einen solchen Eisberg aus der Nähe anschauen möchte, sollte sich ihm vorsichtig nähern. Wenn Teile abschmelzen und sich der Eisberg wieder ins Gleichgewicht zu bringen versucht, kann es passieren, dass er sich um seine Längsachse dreht. Und schmelzende Eisberge erleiden oft Risse und Brüche und werfen dabei mit teilweise messerscharfen Eissplittern um sich.

Holzgebäude steht etwas abseits der Straße hinter der St. Peter's Anglican Church von 1839 sowie einem weißen Lattenzaun – so wie es sich für ein ehemaliges anglikanisches Pfarrhaus gehört. Zu den vielen Ausstellungsstücken des Museums gehören historische Angelausrüstungen, alte Puppen und mehrere seltene Artefakte der Dorset-Inuit. Ein Raum ist dem Wirken von Dr. John Olds gewidmet, dem berühmten Arzt von Twillingate, der aus den USA hierherkam, um im abgelegenen Neufundland zu praktizieren. Zur faszinierenden medizinischen Sammlung zählen Medikamente vom frühen 20. Jh. und Glasaugen.

Eisberg-Beobachtung

Eisberge, die von der Küste Grönlands losbrechen und dann manchmal an der in die Notre Dame Bay hineinragenden Landspitze hängen bleiben, zählen zu den Hauptattraktionen von Twillingate. Wer sich den Eisriesen nähern möchte, kann dies auf einer der drei täglichen Touren von **Twillingate Island Boat Tours** tun, die ihren Sitz im Iceberg Shop (50 Main St., ☎ 709/884-2242 oder 800/611-2374, www.icebergtours.ca) haben. Die Touren finden von Mai bis September statt, Abfahrt ist um 9.30, 13 und 16 Uhr. Cecil Stockley navigiert die MV *Iceberg Alley* da hin, wo sich in der Nähe von Twillingate Eisberge festgesetzt haben. Die Touren kosten $ 40 für Erwachsene bzw. $ 25 für Kinder und dauern 2 Std.

Von Back Harbour, der halbrunden Bucht, die man vom Museum aus in einem kurzen Spaziergang erreicht, sind manchmal vor der Küste treibende Eisberge zu sehen. Ansonsten ist es am besten, sich zum Long Point zu begeben, der hohen felsigen Landspitze, die an der Notre Dame Bay in den Atlantik ragt. Zum **Long Point Lighthouse,** dem örtlichen Eisberg-Aussichtspunkt, geht es über die Main Street Richtung Norden und dann eine schmale Straße entlang. Für das Klettern über die Felsbrocken sind Schuhe mit Gummisohlen empfehlenswert. Und Kamera nicht vergessen! Denn besonders bei Sonnenuntergang gibt der Leuchtturm mit Meer und Himmel im Hintergrund ein malerisches Motiv ab.

Übernachten

Viele Reisende fühlen sich vom Charme Twillingates angezogen, daher bietet der Ort zahlreiche Unterkünfte. Das **Harbour Lights Inn** (189 Main St., ☎ 709/884-2763, www.harbourlightsinn.com; April bis Mitte Okt.; $ 85–140 für 1/2 Pers., warmes Frühst. inkl.) ist ein restauriertes Wohnhaus vom Anfang des 19. Jh. mit Blick auf den Hafen. Die neun Zimmer sind Nichtraucherzimmer

und bieten eigene Bäder und WLAN; zwei Suiten verfügen über Badewannen mit Sprudeldüsen.

Für Leute, die es lieber etwas privater mögen, bieten sich die **Cabins by the Sea** (11 Hugh Ln., ☎ 709/884-2158, www.cabinsbythe sea.com; $ 80 für 1/2 Pers.) an: sieben kleine Hütten für Selbstversorger mit Ozeanblick.

Grand Falls-Windsor

Grand Falls-Windsor liegt fast genau auf der Hälfte des neufundländischen Abschnitts des Trans-Canada Highways: Nach St. John's sind es 428 km Richtung Osten, nach Port-aux-Basques 476 km Richtung Westen. Die beiden Orte Grand Falls und Windsor sind aus verwaltungstechnischen Gründen zusammengelegt worden; Windsor befindet sich nördlich des Trans-Canada Highways, Grand Falls südlich.

Sehenswertes

Die meisten Sehenswürdigkeiten bietet Grand Falls. Wer an der Cromer Avenue nach Süden vom Highway abbiegt, gelangt zum modernen **Mary March Provincial Museum** (22 St. Catherine St., ☎ 709/292-4522; Mai bis Mitte Sept. tägl. 9– 16.30 Uhr; Eintritt $ 2,50), das mit Ausstellungen zu den Beothuk, zu Naturkunde und Geologie und zum regionalen Erwerbsleben aufwartet.

Der Ort ist treffend benannt nach den **Grand Falls,** den donnernden Wasserfällen, die der Exploits River hier bildet. Zu den Fällen führt die Scott Avenue, die vom Trans-Canada Highway abzweigt. Alternativ fährt man durch die Stadt, biegt bei der Papiermühle links ab und folgt einer schmalen Schotterstraße Richtung Norden. Der Lachs, der sich im Fluss tummelt, lässt sich im **Salmonid Interpretation Centre** (☎ 709/489-7350; Mitte Juni bis Mitte Sept. tägl. 8 Uhr bis Sonnenuntergang; Eintritt $ 4, Kinder $ 2,50) auf der Südseite des Flusses aus der Nähe betrachten. In der Haupttage werden Lebenszyklus und Lebensräume der Lachse erklärt, von der Beobachtungsebene können die Wanderlachse durch die Fenster betrachtet werden.

Neufundland

Karte siehe Farbteil S. 6

• *Übernachten/Essen und Trinken* Das in einem Wohngebiet am Rand von Windsor gelegene **Carriage House Inn** (181 Grenfell Heights, ℡ 709/489-7185 oder 800/563-7133, www.carriagehouseinn.ca; $ 89–119 für 1/2 Pers., inkl. Frühst.) bietet zehn blitzsaubere Zimmer. Draußen locken eine überdachte Veranda, ein Pool und eine Sonnenterrasse.

Das **Mount Peyton Hotel** (214 Lincoln Rd., ℡ 709/489-2251 oder 800/563-4894, www.mountpeyton.com; $ 90–144 für 1/2 Pers.) bietet verschiedene Unterkünfte zu beiden Seiten des Trans-Canada Highways, darunter 102 Hotelzimmer, 32 Motelzimmer und 16 Einheiten für Selbstversorger. Das Restaurant des Motels ist vor Ort für Meeresfrüchte, Gemüse aus der Region, köstliche Desserts und unterschiedliche Beeren bekannt.

Das **Hotel Robin Hood** (78 Lincoln Rd., ℡ 709/489-5324, www.hotelrobinhood.com; $ 90–110 für 1/2 Pers.) ist das neueste Hotel in Grand Falls-Windsor. Es ist klein und charmant, liegt etwas abseits der Straße und wird von einem Paar aus Nottingham in England betrieben. Die 14 Zimmer, alle mit AC und eigenem Bad, sind komfortabel und geräumig. Im Friar Tuck's Restaurant kommen britische Gerichte auf den Tisch wie z. B. Fish 'n' Chips.

• *Information* Das **Visitor Information Centre** (℡ 709/489-6332, www.grandfallswindsor.com; Mai bis Mitte Okt. tägl. 9–21 Uhr) befindet sich auf der Westseite der Stadt am Trans-Canada Highway.

Von Deer Lake nach Port-aux-Basques

Vom westlichen Versorgungszentrum Deer Lake sind es 270 km Richtung Südwesten bis zum Fährhafen Port-aux-Basques. Auf dem Weg dorthin liegen die zweitgrößte Stadt Neufundlands, Corner Brook, das wichtigste Wintersportgebiet der Atlantikprovinzen und viele interessante Provinzparks sowie landschaftlich reizvolle Nebenstrecken.

Deer Lake

Deer Lake, 640 km nordwestlich von St. John's und 270 km von Port-aux-Basques entfernt, ist ein geschäftiger Verkehrsknotenpunkt am Abzweig der Route 430, die auf die Northern Peninsula hinaufführt. Die Stadt liegt am Nordende des gleichnamigen Sees, eines länglichen Gewässers, das sich als Humber River fortsetzt. Am seichten Seeufer erstreckt sich ein Sandstrand, sodass man hier im Juli und August gut baden kann. Die einzige Sehenswürdigkeit ist das **Newfoundland Insectarium** (2 Bonne Bay Rd., ℡ 709/635-4545; Mitte Mai bis Mitte Okt. tägl. 9–17 Uhr, Juli/Aug. tägl. 9–18 Uhr; Eintritt $ 10, Senioren $ 8,50, Kinder $ 6,50). In der umgebauten ehemaligen Molkerei gibt es z. B. aktive Bienenstöcke und eine Schmetterlingssammlung zu bewundern. Zum Insektarium nimmt man vom Trans-Canada Highway die Ausfahrt 16 und folgt dann für ein kurzes Stück der Route 430 bis zur Bonne Bay Road.

Sir Richard Squires Provincial Park

Die Straße zu diesem abgelegenen Park zweigt nach 8 km von der Route 430 ab, dann entfernt man sich noch weitere 47 km von der Zivilisation. Der Park schützt einen kleinen Abschnitt des Oberlaufs des Humber Rivers; Hauptattraktion sind die Lachse. Selbst Nicht-Anglern macht es Spaß, den Lachsen dabei zuzuschauen, wie sie die 3 m hohen Big Falls hinaufspringen. Campen kostet $ 18 pro Nacht.

Reisepraktisches

• *Übernachten/Camping* Das **Deer Lake Motel** (15 Trans-Canada Highway, ☎ 709/635-2108 oder 800/563-2144, www.deerlakemotel.com; $ 85–130 für 1/2 Pers.) ist ein typisches Straßenmotel mit einfachen Zimmern, Restaurant und Lounge.

Der **Deer Lake RV Park** (197 Nicholsville Rd., ☎ 709/635-5885; Ende Juni bis Anf. Sept.; $ 15) in Seenähe bietet Duschen und einen Spielplatz; Abfahrt Nicholsville Road.

• *Information* Das **Deer Lake Information Centre** (Trans-Canada Highway, ☎ 709/635-2202; Juni–Sept. tägl. 8–20 Uhr) liegt neben der Irving-Tankstelle (der mit dem großen Elch davor) in der Stadt am Highway.

• *Verbindungen* Der **Deer Lake Airport** ist der wichtigste Flughafen im westlichen Neufundland. Er liegt auf der Nordseite der Stadt etwas abseits des Trans-Canada Highways. Die Autoverleiher Avis, Budget, Thrifty und National haben hier Schalter (Buchungen weit im Voraus vornehmen!). Der Flughafen wird von **Air Canada** (☎ 888/247-2262) ab Halifax und Montreal und von **Provincial Airlines** (☎ 709/576-3943 oder 800/563-2800, www.provair.com) von Flughäfen in ganz Neufundland und Labrador angeflogen.

Corner Brook und Umgebung

Corner Brook, 50 km südlich von Deer Lake und 690 km von St. John's entfernt, liegt am Ende des Humber Arm, 50 km landeinwärts vom Sankt-Lorenz-Golf. Die Stadt ist malerisch in eine 20 km² große Mulde gebettet, die sich zum Wasser hinab erstreckt. Die meisten Sehenswürdigkeiten liegen aber außerhalb der Stadtgrenzen und sind von landschaftlichem Reiz: z. B. die Gegend um den Marble Mountain sowie die Route 450 Richtung Lark Harbour. Die Stadt ist die zweitgrößte Neufundlands; zu den 24.000 Einw. von Corner Brook selbst kommen noch einmal 20.000 in den Ansiedlungen am Humber Arm hinzu. Ihre Existenz verdankt die Stadt einer Papiermühle am Hafen, die immer noch in Betrieb ist. Im Laufe der Jahre hat sich Corner Brook zum Handels-, Bildungs-, Dienstleistungs- und Verwaltungszentrum des westlichen Neufundland entwickelt.

Sehenswertes in der Stadt

Vom Trans-Canada Highway zum Hafen zu kommen, ist recht einfach. Doch bevor man mit der Erkundung der Innenstadt beginnt, ist es ratsam, sich zunächst in der Touristeninformation zu orientieren und dann zu entscheiden, was genau man sehen und unternehmen möchte.

Vom **Captain Cook's Monument** ist die Lage der Stadt sehr gut zu überblicken. Auf dem Weg zum Denkmal eröffnen sich wunderbare Ausblicke bis hin zur Bay of Islands. Zum Denkmal folgt man dem O'Connell Drive durch die Stadt hindurch, biegt rechts (nach Norden) in die Bliss Street ab, dann wieder rechts in die Country Road, links in die Atlantic Avenue und noch einmal links in die Mayfair Street und schließlich rechts in die Crow Hill Road. Das Denkmal erinnert mit einer Gedenktafel und einer Karte an die Erkundung der Bay of Islands durch Cook.

In der weiten Mulde, in der sich die Innenstadt ausbreitet, durchschneidet die West Valley Road die Stadt grob in zwei Hälften. Beim unteren Ende dieser Hauptstraße liegt am Remembrance Square das gesetzt alte **Corner Brook Museum** (2 West St., ☎ 709/634-2518; im Sommer tägl. 9–17 Uhr; im übrigen Jahr nur werktags; Eintritt $ 5, Kinder $ 3) in einem Gebäude, das im Laufe der Jahre schon als Post, Gericht und Zollamt gedient hat. Drinnen wird über die verschiedenen Erwerbszweige der Region und deren Einfluss auf die Entwicklung der Stadt informiert.

Karte siehe Farbteil S. 6

Neufundland

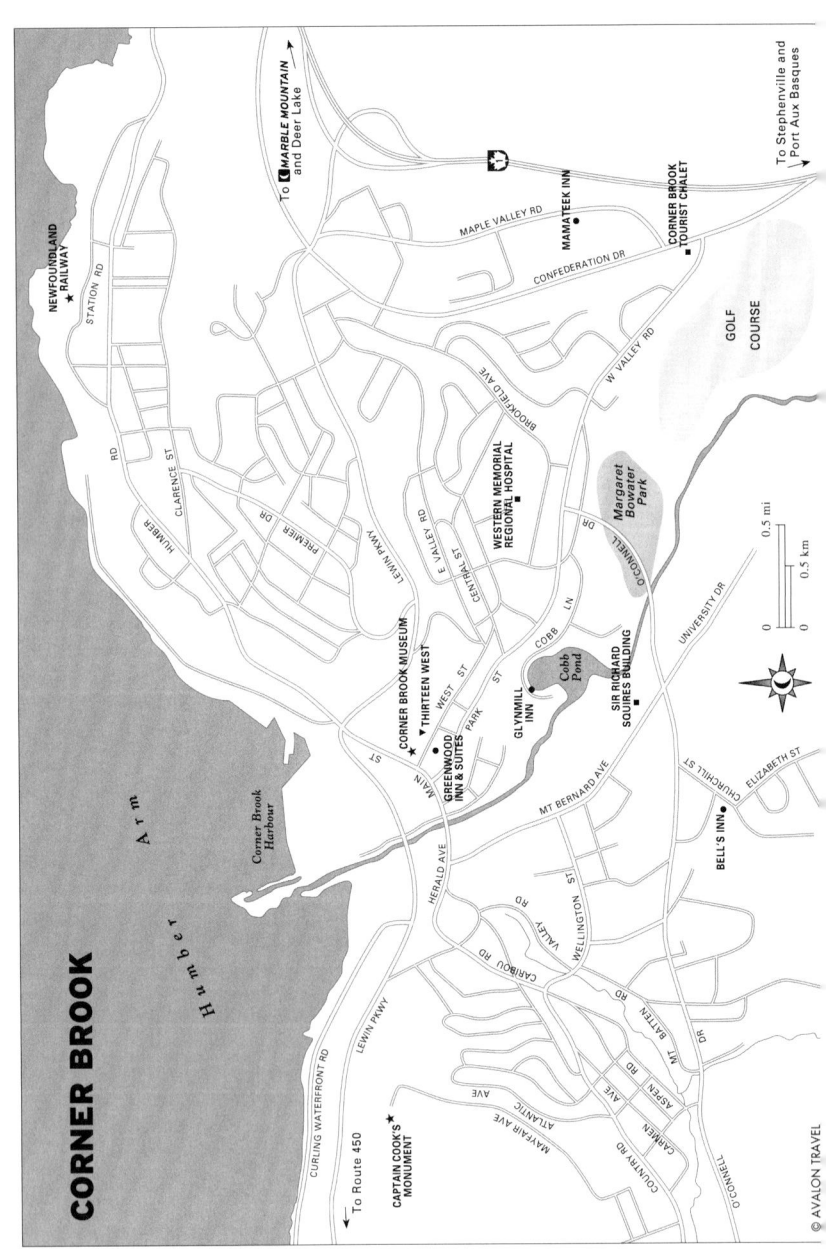

CORNER BROOK

Humber Arm

Corner Brook Harbour

NEWFOUNDLAND RAILWAY

STATION RD

To MARBLE MOUNTAIN and Deer Lake

MAPLE VALLEY RD

MAMATEEK INN

CONFEDERATION DR

CORNER BROOK TOURIST CHALET

To Stephenville and Port Aux Basques

W VALLEY RD

GOLF COURSE

HUMBER RD

CLARENCE ST

PREMIER DR

BROOKFIELD AVE

LEWIN PKWY

E VALLEY RD

CENTRAL ST

WESTERN MEMORIAL REGIONAL HOSPITAL

Margaret Bowater Park

O'CONNELL DR

CORNER BROOK MUSEUM

THIRTEEN WEST

WEST ST

PARK ST

GREENWOOD INN & SUITES

GLYNMILL INN

COBB LN

Cobb Pond

SIR RICHARD SQUIRES BUILDING

UNIVERSITY DR

0   0.5 mi
0   0.5 km

MAIN ST

MT BERNARD AVE

HERALD AVE

CARIBOU RD

VALLEY RD

WELLINGTON ST

CHURCHILL ST

ELIZABETH ST

BELL'S INN

CURLING WATERFRONT RD

LEWIN PKWY

To Route 450

CAPTAIN COOK'S MONUMENT

MAYFAIR AVE

ATLANTIC AVE

CAMBER AVE

ASPEN RD

COUNTRY RD

MT BATTEN RD

O'CONNELL DR

© AVALON TRAVEL

Marble Mountain

Wer Deer Lake Richtung Süden verlässt, kommt 12 km vor Corner Brook am Marble Mountain (✆ 709/637-7601, www.skimarble.com) vorbei. Der Berg erhebt sich auf der Ostseite der Straße, während auf der anderen Seite am Humber River die kleine Siedlung Steady Brook liegt. Dies ist das größte und bekannteste Wintersportgebiet in den Atlantikprovinzen, und obwohl die Lifte im Sommer nicht in Betrieb sind, lohnt das Gebiet auch in den wärmeren Monaten einen Besuch. Das Highlight sind die **Steady Brook Falls,** die über einen recht steilen Pfad zu erreichen sind, der am hinteren Ende des Hauptparkplatzes beginnt. Bis zu den Fällen geht man etwa 15 Min. Von hier führt ein 3,5 km (eine Strecke) langer, unmarkierter Weg weiter Richtung Gipfel. Die Aussichten auf das Humber-Tal und die Bay of Islands sind hervorragend.

Zwischen Dezember und April bringen vier Sessellifte, darunter ein besonders schneller, Skifahrer aus dem ganzen atlantischen Kanada, ja auch Wintersportfreunde aus weit entfernten Städten wie Toronto, die 520 Höhenmeter hinauf zu den 27 Abfahrten und zu einem Terrainpark und einer Halfpipe. Unten befindet sich eine tolle vierstöckige, 6400 m² große Tageslodge mit Ski- und Snowboardschule, Ausrüstungsverleih, Café, Restaurant und Bar. Skipässe kosten $ 49 für Erwachsene, $ 37 für Senioren und $ 25 für Kinder. Auf der Website finden sich oft Pauschalangebote inklusive Unterkunft und Anreise per Flugzeug.

Route 450

Diese kurvenreiche Straße folgt dem Südufer des Humber Arm und endet nach 50 km beim Fischerdorf **Lark Harbour.** Die Route 450 beginnt am Trans-Canada Highway (Abfahrt 4) und führt an der Stadt vorbei; von Downtown aus geht es über den Lewin Parkway Richtung Westen zur Route 450. Hier gibt es keine „richtigen" Sehenswürdigkeiten, dafür aber eine reizvolle Wasser- und Berglandschaft und malerische Fischerdörfer.

Fast am Ende der Straße liegt der **Blow Me Down Provincial Park.** Im „Wehmich-um"-Park ist es trotz des Namens nicht außergewöhnlich windig. Der Überlieferung nach erblickte ein Kapitän vor Jahrhunderten von See aus die imposanten Berge und rief begeistert

Die Route 405 endet im beschaulichen Fischerdorf Lark Harbour

aus: „Well, blow me down!" Der Name hat sich festgesetzt. Die weiten Ausblicke vom Park über die Bay of Islands entlohnen auf jeden Fall für die Anfahrt: Der Blick gleitet über die Fjorde der Bay of Island und die kahlen, orange-braunen Blow Me Down Mountains, und hoch oben in den Lüften nutzen Weißkopf-Seeadler und Fischadler die Aufwinde für ihre Gleitflüge; im Park selbst entdeckt man vielleicht Karibus und Elche. Der abgelegene Park verfügt über 28 Stellplätze ($ 11), Plumps-klos, einen Aussichtsturm und Wanderwege.

Reisepraktisches

Übernachten/Camping

● *Corner Brook* Mit Ausnahme des histori-schen Glynmill Inn bedienen die Motels in Corner Brook hauptsächlich die Reisenden auf dem Highway sowie Geschäftsreisen-de. Landschaftlich reizvoller ist es, am Mar-ble Mountain zu übernachten.

Das **Bell's Inn** (2 Fords Rd., ✆ 709/634-1150 oder 888/634-1150, www.bellsinn.ca; $ 80–100 für 1/2 Pers., inkl. Frühst.) bietet in ei-nem hübschen Schindelhaus mit großem Garten acht Nichtraucherzimmer mit Bad und TV. Die Gäste können auch eine Kü-che benutzen.

Das graziöse **Glynmill Inn** (Cobb Ln., ✆ 709/634-5181 oder 800/563-4400, www.glynmillinn.ca; ab $ 105 für 1/2 Pers.) liegt in der Nähe des alten Wohngebiets Townsite. Es ist ein charmantes Gasthaus mit Gärten voller ro-ter Geranien. Efeuranken mit Blättern, die so groß wie Ahornblätter sind, überwu-chern die Fachwerkfassaden. Breite Stufen führen zu einer offenen Veranda, und im auf Englisch getrimmten Foyer laden Oh-rensessel und Sofas zum Verweilen ein. Alle Zimmer sind gemütlich eingerichtet, aber die älteren sind auf eine altmodische Weise geräumig und verfügen über Mar-mor-Bäder.

Das **Mamateek Inn** (64 Maple Valley Rd., ✆ 709/639-8901 oder 800/563-8600, www.mamateekinn.ca; ab $ 105 für 1/2 Pers.) liegt in der Nähe des Trans-Canada Highways und bietet akzeptable Zimmer, einige mit Blick hinunter zum Humber Arm. Die Zimmer im benachbarten **Comfort Inn** (41 Maple Valley Rd., ✆ 709/639-1980 oder 800/228-5150, www.choicehotels.ca; $ 110 für 1/2 Pers.) bieten Ähnliches. Beide Inns verfügen über Res-taurants, beim Mamateek Inn genießt man einen Fernblick aufs Wasser.

Greenwood Inn & Suites (48 West St., ✆ 709/634-5381 oder 800/399-5381, www.greenwoodcornerbrook.com;   ab $ 150   für

1/2 Pers.) liegt mitten in der Innenstadt, ge-genüber vom Thirteen West, dem besten Restaurant der Stadt. Diese Unterkunft bie-tet den vollen Hotelservice und unterhält einen eigenen englischen Pub mit Tischen auf dem Bürgersteig, ein Restaurant, be-heizte Pools drinnen und draußen, Well-ness-Einrichtungen,   einen   Fitnessraum, schnellen Internetzugang und eine Garage.

● *Marble Mountain* Gegenüber vom Marble Mountain liegt auf der anderen Seite des Highways, 12 km nordöstlich von Corner Brook, das **Marble Inn** (21 Dogwood Dr., Steady Brook, ✆ 709/634-2237 oder 877/497-5673, www.explorenewfoundland.com), ein moderner Komplex am Fluss mit regulären Motelzimmern (ab $ 119 für 1/2 Pers.), Hüt-ten für Selbstversorger ($ 139) und Luxus-suiten ($ 329 für 1/2 Pers.). Zu den Einrich-tungen gehören ein Innenpool, ein Fitness-raum, Wellness-Angebote und ein Restau-rant. Die Lodge hat einen eigenen Bootsan-leger, verleiht Kanus und Kajaks und bietet geführte Lachsangeltrips an.

Ebenfalls in Steady Brook liegt **Marble Villa** (✆ 709/637-7601 oder 800/636-2725, www.skimarble.com), direkt unten am Wintersport-gebiet. Natürlich ist der Winter die Hochsai-son; dann nächtigen hier v. a. Pauschalur-lauber. Im übrigen Jahr kosten die Einhei-ten für Selbstversorger ab $ 129 für 1/2 Pers.

● *Campground* **George's Mountain Village** (✆ 709/639-8168, www.georgesskiworld.com) im Schatten des Marble Mountain bietet eine begrenzte Zahl von Stellplätzen. Das Village gehört zu einem Komplex, der auch ein Restaurant, eine Tankstelle und ein Sportgeschäft umfasst. Stellplätze mit Stro-manschluss kosten $ 20, Hütten $ 115 für 1/2 Pers.

Essen und Trinken

Hinter den Schnellimbissen an den Haupt-straßen verstecken sich einige überra-schend gute Speisemöglichkeiten. Die bes-

Das Glynmill Inn

te ist das **Thirteen West** (13 West St., ✆ 709/634-1300; tägl. 11.30–14.30 und 17.30–21.30 Uhr) in einem restaurierten Wohnhaus im Herzen des alten Geschäftsviertels. Die Auswahl an Speisen übertrifft hier bei Weitem das typische neufundländische Angebot. Ein nettes 3-Gänge-Menü wäre z. B. warmer Birnensalat ($ 11) als Vorspeise, dann scharf angebratenes Schweinefilet mit Haselnusskruste ($ 25) und zum Schluss köstlicher Apfelstrudel ($ 7).

Das **Glynmill Inn** (Cobb Ln., ✆ 709/634-5181) hat gleich zwei Restaurants. Das formellere ist der Wine Cellar (tgl. abends), ein gemütliches Lokal mit einer guten Weinkarte. Hier werden hervorragende, schnörkellose Rindfleischgerichte kredenzt. Zu den Hauptgerichten ($ 22–31) zählt z. B. saftiges gegrilltes Filet mignon in 350-g-Schnitten. Der legerere Carriage Room oben ist auf neufundländische Gerichte spezialisiert, morgens warmes Frühstück, danach gebratenen, pochierten oder gegrillten Lachs, Kabeljau, Heilbutt und Hummer.

Information/Adressen

Von der Ausfahrt 6 des Trans-Canada Highways weisen Schilder zum **Corner Brook Tourist Chalet** (11 Confederation Dr., ✆ 709/639-9792; Mo–Fr 8.30–16.30 Uhr, im Sommer länger), der wichtigsten Touristeninformation der Stadt.

Die **Post** befindet sich an der Main Street, Nähe Park Street. Die **Corner Brook Library** im Sir Richard Squires Building (Mt. Bernard Ave., ✆ 709/634-0013; Di–Do 10–20.45, Fr 10–17.45 Uhr) bietet Internetzugang.

Das **Western Memorial Regional Hospital** (✆ 709/637-5000) befindet sich in der 1 Brookfield Avenue. Die **RCMP** ist unter ✆ 709/637-4433 zu erreichen.

Verbindungen

Der wichtigste Flughafen der Gegend liegt in Deer Lake, eine Autostunde nördlich von Corner Brook. **DRL Coachlines** (✆ 709/634-7422) bieten Busverbindungen entlang dem Trans-Canada Highway mit täglichem Halt in Corner Brook (an der Irving-Tankstelle am Confederation Dr.). Der Bus, der um 8 Uhr in St. John's abfährt, kommt um 17.15 Uhr in Corner Brook an.

In der Stadt tummeln sich ein halbes Dutzend Taxiunternehmen, deren Fahrzeuge bei Unterkünften oder in Geschäftsstraßen warten oder telefonisch angefordert werden können. **City Cabs** (✆ 709/634-6565) gehört zu den größten Firmen.

Neufundland Karte siehe Farbteil S. 6

Von Corner Brook nach Port-aux-Basques

Von Corner Brook nach Port-aux-Basques sind es 220 km, man benötigt mit dem Auto 2 Std. ohne Pausen. Wer mit der Fähre nach Nova Scotia übersetzt, sollte bedenken, dass man 1 Std. vor Abfahrt am Fährterminal sein muss.

Stephenville

Mit mehr als 8000 Einw. ist Stephenville, das man erreicht, wenn man von Corner Brook 50 km Richtung Süden fährt und dann 40 km auf der Route 460 nach Westen, das kommerzielle Zentrum der Region Bay St. George-Port au Port. **Beavercraft** (108 Main St., ℘ 709/643-4844) im Zentrum des Städtchens ist bekannt für Winterhouse-Pullover ($ 120–175), die am Ort designt und in Heimarbeit gestrickt werden. Im Laden gibt es außerdem auf spezielle Weise gefütterte Fausthandschuhe ($ 20–30) und Kappen. Bei dieser wiederentdeckten traditionellen Stricktechnik werden Filzfäden so in die Wolle hineingestrickt, dass ihre Enden auf der Innenseite ein warmes Polster ergeben. Im ganzen Laden wimmelt es von erstklassiger Ware, darunter Woof-Design-Pullover, Baumwoll-Platzdeckchen von Random Island Weaving, Teller und Schüsseln aus der King's Point Pottery und handgemachte Birkenbesen.

Stephenville wartet mit einigen Hotels und Restaurants auf, günstig für Reisende auf dem Weg zur Port au Port Peninsula. Am besten ist die **Dreamcatcher Lodge** (14 Main St., ℘ 709/643-6655 oder 888/373-2668, www.dreamcatcherlodge.net) mit drei Gebäuden und einer Mischung aus Motelzimmern ($ 79 für 1 Pers., $ 85 für 2 Pers.) und Einheiten mit Küche ($ 99). Das angeschlossene Restaurant ist montags bis samstags von 11 bis 21 Uhr geöffnet.

Barachois Pond Provincial Park

Einer der beliebtesten Parks der Provinz ist der 3500 ha große Barachois Pond Provincial Park mit einem 3,2 km langen Wanderweg, der durch Buchen, Fichten und Tannen hinauf zum kahlen Gipfel des Erin Mountain führt. Auf dem Weg erspäht man vielleicht ein Exemplar des seltenen Neufundland-Baummarders. Vom 340 m hohen Gipfel bietet sich ein Ausblick auf die Port au Port Peninsula. Im Sommer locken außerdem ein Programm mit geführten Spaziergängen und abendlichen Lagerfeuern, ein See zum Baden und Angeln, eine Minigolfanlage und 150 Stellplätze ohne Anschlüsse ($ 18). Die Zugangsgebühr zum Park beträgt pro Fahrzeug $ 5 am Tag.

Port-aux-Basques

Nach etwas mehr als 900 km ab St. John's erreicht der Trans-Canada Highway sein westliches Ende in Port-aux-Basques, einer Stadt mit etwa 5000 Einw. und einem Tiefseehafen, der schon im 16. Jh. von französischen, baskischen und portugiesischen Fischfangflotten genutzt wurde. Wer die Stadt von Norden erreicht, kann auf dem Highway weitere 2 km zum Fährterminal fahren; zum eigentlichen Ort biegt eine Nebenstraße Richtung Westen ab, die an Hotels und Schnellrestaurants vorbeiführt. Am Hafen stehen einige kommerziell genutzte Gebäude sowie das **Gulf Museum** (118 Main St., ℘ 709/695-7560; Juli/Aug. tägl. 10–20 Uhr; Eintritt $ 3). Die Highlights in diesem kleinen Museum sind ein Sternhöhenmesser (ein Navigationsinstrument aus dem frühen 17. Jh.) und Überreste der SS *Caribou*, einer

Fähre, die im Zweiten Weltkrieg auf ihrem Weg durch die Cabot Strait von einem deutschen U-Boot torpediert wurde. Wenn man hinter dem Museum bei der Kirche nach links geht, kann man durch ein Wohngebiet zu einem Aussichtspunkt hinaufsteigen, von dem sich Rundumblicke über die Stadt, den Ozean und den Fährhafen bieten.

Gut 2 km vom Fähranleger entfernt befinden sich die **Shark Cove Suites** (16 Currie Ave., ✆ 709/695-3831; $ 80 für 1/2 Pers.), ein kleiner Komplex mit einfachen Einheiten. Jede verfügt über eine Küche und eine Lounge mit TV und Videorekorder. Das **Hotel Port aux Basques** (Grand Bay Rd., ✆ 709/695-2171 oder 877/695-2171, www.hotelpab.com; $ 85 für 1 Pers., $ 95 für 2 Pers.), ursprünglich ein Holiday Inn, steht an der Ecke, wo der Highway zum Fährhafen abbiegt. Zum Zelten ist am besten der **J. T. Cheeseman Provincial Park,** 6 km nördlich der Stadt, geeignet, auf dem über 100 Stellplätze ($ 18) einen malerischen Bach säumen. Die Einrichtungen sind zwar beschränkt, dafür gibt es beim Park einen langen Strand, der zugleich Nistplatz des vom Aussterben bedrohten Flötenregenpfeifers ist.

In einem auffälligen pyramidenförmigen Gebäude gleich nördlich vom Abzweig zum Ort ist ein **Visitor Information Centre** (✆ 709/695-2262) der Provinz untergebracht, das im Sommer jeden Tag von 9 bis 20 Uhr und zu allen Fährankünften geöffnet ist.

Mit der Fähre zum Festland

Port-aux-Basques wird ganzjährig von **Marine Atlantic** (✆ 709/227-2431 oder 800/341-7981, www.marine-atlantic.ca) von North Sydney (Nova Scotia) aus angefahren. Dies ist die kürzere und billigere der beiden Verbindungen von North Sydney nach Neufundland. Die Überfahrt dauert 5–7 Std. und kostet für eine Strecke $ 31; Senioren zahlen $ 28, Kinder $ 15,50, und Fahrzeuge bis 20 Fuß (ca. 6 m) Länge kosten $ 96,50. An Extras können Schlafsessel ($ 10, nur auf einigen Überfahrten), Kojen ($ 16) und Kabinen ($ 75–109) gebucht werden.

Neufundland Karte siehe Farbteil S. 6

Gros Morne National Park

Auf der ganzen Welt gibt es UNESCO-Welterbestätten, in Ägypten die Pyramiden, in Frankreich die Kathedrale von Chartres. Australien hat das Große Barriereriff. Und Neufundland ist stolz auf seinen 1085 km² großen Gros Morne National Park, eine spektakuläre urzeitliche geologische Stätte.

Gros Morne liegt an der Westküste Neufundlands, 72 km nordwestlich der Stadt Deer Lake. Neben der atemberaubenden geologischen Geschichte bietet der Park unzählige Möglichkeiten zum Wandern, Bootfahren und im Winter zum Skilanglaufen. Obwohl der Park abgelegen ist, ist er von kleinen Orten umgeben, die Unterkünfte und Restaurants für Besucher mit dickerem und dünnerem Geldbeutel bieten. Es gibt sogar ein Dinner-Theater.

Das Land

Der Park erstreckt sich auf einer Küstenebene am Sankt-Lorenz-Golf; die 70 km Uferlinie sind gesäumt von Sand- und Kieselstränden, Felsnadeln, Höhlen, Wäldern, Sümpfen und atemberaubenden Meer- und Süßwasserfjorden. Die abgeflachten Long Range Mountains, Teil der uralten Appalachen, erheben sich als Bergplateau und sind mit Schwarz- und Schimmelfichten, Balsamtannen, Besenbirken und Tuckamore-Gebüsch überzogen. Auf dem Gipfel wiederum tritt an vielen Stellen blankes Peridotitgestein hervor, auf dem nur wenige, angepasste Pflanzen gedeihen können; an den höchsten Erhebungen besteht die Vegetation aus Flechten und Moosen, auf der arktischen Tundra aus Zwergweiden und Birken.

Unzählige Elche, Schneehasen, Füchse, Wiesel und Luchse sowie ein paar Bären durchstreifen den Park. Zwei große Karibuherden leben in den Bergen und ziehen im Winter zur Küstenebene hinunter. An der Küste nisten Weißkopf-Seeadler, Fischadler, Fluss- und Küstenseeschwalben, Mantelmöwen und Singvögel, während auf den Gipfeln Alpenschneehühner zuhause sind. An den niederen Hängen sieht man vielleicht Moorschneehühner, und besonders während der Kapelan-Wanderungen von Juni bis Anfang Juli sind vor der Küste unter Umständen einige Grind-, Zwerg- und Buckelwale zu erspähen.

Eintritt

Der Gros Morne National Park ist das ganze Jahr über geöffnet, alle Campingplätze (bis auf einen) und die beiden Informationszentren jedoch nur in den wärmeren Monaten. Ein **National Parks Day Pass** kostet $ 10, $ 8,50 für Senioren und $ 5 für Kinder, bis maximal $ 20 pro Fahrzeug. Der Pass ist bis 16 Uhr am Folgetag gültig. Ein **Viking Trail Pass** (Erwachsene $ 45, Senioren $ 36, Kinder $ 24) umfasst den Eintritt zum Park und zu den vielen historischen Stätten auf der Northern Peninsula für sieben Tage ab Kaufdatum. Die Pässe sind im Informationszentrum am Rocky Harbour und im Discovery Centre am Woody Point erhältlich.

Route 430

Dies ist die Hauptstraße, die die Northern Peninsula entlangführt. Von Wiltondale sind es 86 km bis zur Nordgrenze des Parks, von Rocky Harbour 51 km. Der Highway führt durch Landschaften, wie sie für die felsige Küste der Insel typisch sind, und

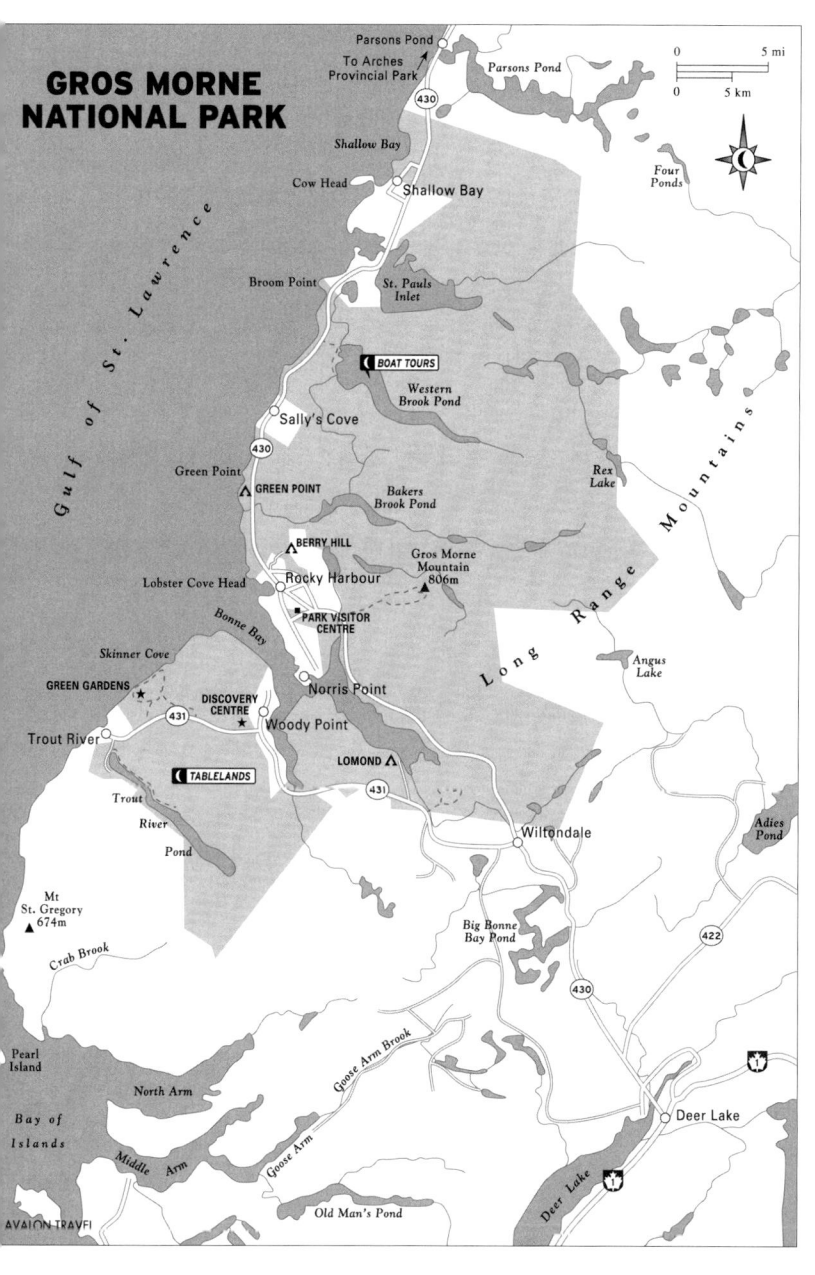

GROS MORNE NATIONAL PARK

Parsons Pond
To Arches
Provincial Park
Parsons Pond
430
Shallow Bay
Cow Head
Shallow Bay
Four
Ponds
Broom Point
St. Pauls
Inlet
BOAT TOURS
Western
Brook Pond
Sally's Cove
430
Rex
Lake
Green Point
GREEN POINT
Bakers
Brook Pond
BERRY HILL
Lobster Cove Head
Rocky Harbour
Gros Morne
Mountain
806m
PARK VISITOR
CENTRE
Bonne Bay
Skinner Cove
Angus
Lake
GREEN GARDENS
Norris Point
DISCOVERY
CENTRE
Trout River
431
Woody Point
TABLELANDS
LOMOND
431
Trout
River
Pond
Wilfondale
Mt
St. Gregory
674m
Adies
Pond
Big Bonne
Bay Pond
430
422
Crab Brook
Pearl
Island
North Arm
Goose Arm Brook
Deer Lake
Bay of
Islands
Goose Arm
Middle Arm
Old Man's Pond
Deer Lake

Gulf of St. Lawrence

Long Range Mountains

AVALON TRAVEL

0   5 mi
0   5 km

Die Tablelands ähneln einer Mondlandschaft

Das Galapagos der Geologie

„Was die Galapagos-Inseln für die Biologie sind, ist Gros Morne für die Geologie", erklärte der britische Prinz Edward, als er den Gros Morne National Park 1973 offiziell eröffnete. Das sah auch die UNESCO so und machte diese Stätte, die uns einen der seltenen Einblicke in die urzeitliche Entwicklung der Erde gestattet, 1987 zu einem Welterbe der Menschheit.

Lange bevor Neufundland eine Insel war, war es Teil eines gewaltigen Super-kontinents, der im Präkambrium entstanden war. Als dieser Superkontinent auseinanderbrach, trieben die neu gebildeten Kontinentalplatten voneinander weg, und es entstand ein Graben, der sich mit Wasser füllte – der Japetus-Ozean. Nach weiteren ungefähr 50 Mio. Jahren wechselten die Kontinentalplatten die Richtung und trieben aufeinander zu. Als die Landmassen aneinanderstießen, erhob sich Neufundland, das zu diesem Zeitpunkt noch keine Insel war, nahe der Mitte eines neuen Superkontinents und zeichnete sich nur durch eine Bergkette aus – die noch jungen Appalachen, die sich heute am Ostrand Nordamerikas entlangziehen.

Die Berge, die jetzt durch den Gros Morne National Park geschützt sind, bargen ein geologisches Erbe von überragender Bedeutung: Überreste des ersten Superkonti-nents der Erde und Teile des Meeresbodens des Japetus-Ozeans. Das Zentralpla-teau östlich der Berge bestand aus einem großen, 200–250 km breiten und langen rechteckigen Brocken des zusammengefallenen urzeitlichen Meeresbodens.

Seitdem sind im Laufe der Zeit noch ein paar topografische Veränderungen von-stattengegangen. Als es sich zurückzog, legte das Eis den Labradortrog frei, schürf-te die Strait of Belle Isle aus, schnitt Fjorde in die Küste und schuf im Landesinne-ren unzählige Seen wie den spektakulären Western Brook Pond.

auch durch grüne Hügel und Berge, ein Kontrast zu den südlichen Bereichen. Ungewöhnliche rissige und gefaltete Felsgruppen säumen diese Küste.

Lobster Cove Head

Die Landspitze nördlich von Rocky Harbour ist der Lobster Cove Head. Seine Schichten bildeten sich, als sich vor 450 bis 500 Mio. Jahren die nordamerikanische Kontinentalplatte unter die eurasisch-afrikanische Platte schob. Im **Lobster Cove Head Lighthouse** (Ende Mai bis Mitte Okt. tägl. 10–17.30 Uhr) gibt es Ausstellungen zu Lokalgeschichte, Geologie und Naturkunde der Urzeiten. Was den Abstecher hierher aber so lohnenswert macht, ist der Ausblick vom Leuchtturm, besonders wenn die Sonne über der Bonne Bay und dem Sankt-Lorenz-Golf untergeht.

Von Rocky Harbour zum Cow Head

Weiter nach Norden erwarten den Besucher weitere atemberaubende felsige Küstenabschnitte. Der **Green Point,** 17 km hinter Lobster Cove, bietet eine geneigte, strukturierte Gesteinsoberfläche aus Bänderkalkstein und Schiefer voller Fossilien aus dem Kambrium und Ordovizium.

Ein Stück weiter Richtung Norden befindet sich der Parkplatz für den kurzen Wanderweg zum Western Brook Pond. Rund 1 km entfernt ergießt sich der Western Brook in den Sankt-Lorenz-Golf. Hier gibt es einen Sandstrand und einen Picknickplatz. Die Landspitze, die sich gleich im Norden anschließt, ist der **Broom Point;** an der Zufahrtsstraße lohnt eine Plattform mit Teleskop, mit dem sich die Berge hinter dem Western Brook Pond erkunden lassen, einen Stopp.

Cow Head

Der Cow Head, 10 km nördlich des Broom Point, beeindruckt mit einer geneigten Gesteinsformation ähnlich der am Green Point und mit Kalkstein-Breccien (fossilienhaltigen Kalksteintrümmern), die über eine kleine Halbinsel verstreut sind. Diese Landspitzen besitzen eine reiche Oberflächenstruktur. Am Cow Head sehen die Breccien wie helle Felskissen aus, die über eine dunkle Gesteinsfläche verteilt sind, während am Green Point die Oberfläche von sattem Grün ist und zerknittertem Samt ähnelt. Die Felsschichten entstanden jeweils durch Tiefseefelsstürze, die auftraten, als sich vor 460 bis 550 Mio. Jahren der Japetus-Ozean bildete. Im Dorf selbst ist neben der **St. Mary's Church** ein kleiner Botanischer Garten angelegt.

Route 431

In Wiltondale, 31 km nördlich von Deer Lake, zweigt die Route 431 nach Westen ab und erreicht nach 13 km den Nationalpark.

Discovery Centre

Wer den Park über die Route 431 erreicht, sollte zunächst im Discovery Centre auf dem Hügel oberhalb von Woody Point (☎ 709/458-2417; Mitte Mai bis Juni tägl. 9–17 Uhr, Juli/Aug. tägl. 9–18 Uhr, Sept. bis Anf. Okt. tägl. 9–17 Uhr; Eintritt in der Zugangsgebühr zum Park inbegriffen) vorbeischauen. In dieser modernen Einrichtung wird auf alles eingegangen, wofür der Nationalpark berühmt ist. In der Hauptausstellung gibt es eine eindrucksvolle 3-D-Karte des Parks, geologische Funde mit Beschreibungen, Informationen über die menschliche Besiedlung und ein Auditorium. Im Andenkenladen sind Bücher über den Park erhältlich, und ein Café ist auf die regionale Küche spezialisiert. Draußen führt ein kurzer Weg durch einen Garten mit jenen Pflanzen, die im Park heimisch sind.

Tablelands

Die Tablelands, der geologisch bedeutendste Teil des Parks, erstrecken sich auf halbem Weg zwischen Woody Point und Trout River entlang der Route 431. Sie bieten ein merkwürdiges Bild und ähneln mehr dem verdörrten braunen Ödland an der Hudson Bay als dem grünen Neufundland. Die 12 mal 7 km große Berggruppe lag einst unter dem urzeitlichen Japetus-Ozean. Durch gewaltige tektonische Verwerfungen im Erdinneren wurde diese unheimliche Landschaft schließlich an die Erdoberfläche gehoben. Die ausgetrockneten gelben und hellbraunen Klippen und Felsbrocken, die dabei entstanden, bestehen aus Peridotit, einem Eruptivgestein, das dem Erdmantel entstammt. Vom Parkplatz aus lässt sich ein gutes Bild dieser Landschaft gewinnen, aber besser noch ist ein Spaziergang entlang dem einfachen Tablelands Trail. Er ist hin und zurück 8 km lang, aber man braucht nur ein kurzes Stück zu gehen, um einen Eindruck von dieser kahlen Mondlandschaft zu erhalten.

Trout River

Hinter den Tablelands führt die Route 431 hinab zum kleinen Fischerdorf Trout River an einer geschützten Bucht, 18 km von Woody Point entfernt. Der steinige Strand ist von einer hölzernen Promenade gesäumt, die an vom Wetter gezeichneten Holzhäusern vorbei zur Mündung des Trout Rivers führt, wo auf den Kais Hummerkörbe und Angelausrüstungen lagern. Die Promenade säumen außerdem für die Öffentlichkeit zugängliche historische Gebäude, darunter das strahlend gelbe Jacob A. Crocker House von 1898. Auf der anderen Flussseite markiert hinter der Brücke auf der linken Seite ein kleiner Wegweiser den Beginn eines kurzen Weges (10 Min. hin und zurück) zum Old Man, einer Felsnadel, die vom Ort aus zu sehen ist.

Reisepraktisches

Sport und Freizeit

Mehr als 100 km markierter und nicht markierter Wanderwege führen Anfänger bis Fortgeschrittene in alle Ecken des Parks. Mehrere private Betreiber bieten Bootstouren in die Fjorde an. Mit einer Angellizenz der Provinz, die in jedem Sportgeschäft erhältlich ist, kann man in den schnell fließenden Bächen und Flüssen nach Bachforellen und Wandersaiblingen angeln.

Wer mehr über die Naturgeschichte und Geologie des Nationalparks erfahren möchte, kann an einem Lernprogramm oder Lagerfeuervortrag teilnehmen; das Programm ist im Informationszentrum erhältlich.

● *Wandern* Selbst wer kein begeisterter Wanderer ist, kann sicher dennoch den kurzen Lehrpfaden am **Broom Point** (32 km nördl. von Rocky Harbour) und in den **Tablelands** etwas abgewinnen, genauso wie dem 2 km langen Rundweg am **Lobster**

Cove Head. Und wer eine Bootsfahrt auf dem Western Brook Pond machen möchte, muss erst einmal 3 km bis zum Anleger gehen. Aber es sind die folgenden beiden längeren Wanderungen, die das Herz von Wanderfreunden höherschlagen lassen. Zwischen den Tablelands und dem Trout River beginnen zwei Wanderwege zu den **Green Gardens**. Dieses Naturmerkmal entstand aus Lava von Vulkanausbrüchen im Japetus-Ozean. Zwei Wege führen zu den Gardens. Der längere (16 km hin und zurück; ca. 6 Std.) beginnt an der Route 431 auf der Westseite der Tablelands. 4 km weiter westlich startet ein weiterer Weg zu den Green Gardens, eine 9 km lange Schleife (4 Std.). Beide Wege führen zu einer hohen Landspitze oberhalb des Golfes, die mit üppigen grünen Gräsern überzogen ist. Unterhalb der Landspitze säumen Felsnadeln und Seehöhlen (nur bei Ebbe zugänglich) den Strand; daneben erheben sich Klippen mit Einsprengseln von Kissenlava.

den Überresten von geschmolzenem Gestein, das aus Tiefen von 100 km unterhalb
des urzeitlichen Meeresbodens stammt.

Wer sich fit fühlt, kann auch die Wanderung zum 806 m hohen kahlen Gipfel des
Gros Morne Mountain (eine Strecke von
8 km; ca. 8 Std. hin und zurück) in Angriff
nehmen. Der Weg beginnt etwas östlich
vom Hauptinformationszentrum an der
Route 430, die erste Stunde geht es über
flaches Terrain. Den eigentlichen Anstieg,
der 2–2:30 Std. dauert, markieren dicht beieinander liegende Felsbrocken. Der Weg
endet unerwartet an einer Ecke des abgeflachten Gipfels. Die Luft hier oben ist klar
und erfrischend, aber auch überraschend
kühl. Unter einem sind Wanderer zu sehen,
wie sie den steinigen Aufstieg angehen. Im
Westen erheben sich die Long Range
Mountains. Im Süden schimmert ein sa-
phirfarbener Fjord, der sich wie ein abge-
winkeltes Band durch die grüne Waldland-
schaft zieht. Der Gipfel besteht aus Schiefer, Kalkstein und Quarzitgestein und ist mit
Wildgrasbüscheln gespickt. Vor der Wanderung sollte man sich auf jeden Fall die
Wetterprognosen anschauen. Regenausrüs-
tung, Verbandszeug sowie extra Proviant,
Kleidung und Trinkwasser nicht vergessen!

• *Bootstouren* Wie Skandinavien, so ist
auch der Gros Morne National Park berühmt für seine Fjorde, die von Gletschern
ausgeschliffen wurden und von Wäldern
und Klippen gesäumt sind. Im Gegensatz
zu Skandinavien sind die spektakulärsten
Fjorde hier jedoch solche ohne Verbindung
zum Meer, also eigentlich Seen, die hier
„ponds" genannt werden. Diese „Teiche" –
Trout River, **Ten Mile**, **Bakers Brook** und
Western Brook – wurden von den Eismas-
sen ausgeschnitten. Als die riesigen Eisde-
cken schmolzen, dehnte sich die Küste, die
vom Gewicht des Eises zusammenge-
quetscht worden war, bei allen diesen Fjor-
den wie ein zusammengedrückter
Schwamm wieder aus und erhob sich über
den Meeresspiegel, sodass die Fjorde vom
Meer abgeschnitten wurden.

Bontours (☎ 709/458-2016 oder 888/458-2016)
bietet eine Rundfahrt auf dem spektakulären Western Brook Pond. Fahrkarten können telefonisch oder persönlich im Ocean
View Motel in Rocky Harbour reserviert
werden. Um zum Western Brook Pond zu
gelangen, muss man von Rocky Harbour
30 km Richtung Norden zu einem ausgeschilderten Parkplatz fahren und dann 3 km

bis zum Bootsanleger laufen. Im Juli und
August gibt es täglich drei Touren (10, 13
und 16 Uhr), im Juni und September nur
eine (13 Uhr). Man sollte mindestens
1:30 Std. vor der Abfahrtszeit des Boots in
Rocky Harbour aufbrechen. Die Rundfahrt
dauert 2 Std. und kostet $ 45 (Kinder $ 20).

Am Südrand des Parks veranstaltet **Tableland Boat Tour** (☎ 709/451-2101) Rundfahrten auf dem 15 km langen Trout River Pond
zwischen den Tablelands und den steil aufragenden Felswänden des Gregory Plateaus. Im Juli und August gibt es drei Fahrten
am Tag. **Seal Island Boat Tour** (☎ 709/243-
2278) bietet ähnlich häufig Touren über das
St. Paul's Inlet und an der dahinter liegenden Küste entlang. Diese Bootstouren
beginnen an der Hauptanlegestelle in St.
Pauls, 34 km nördlich von Rocky Harbour,
und kosten $ 35 (Kinder $ 15).

• *Weitere Touren* **Gros Morne Adventures**
(☎ 709/458-2722 oder 800/685-4624, www.gros
morneadventures.com) bietet von Juni bis
September Geologie- und Naturkunde-
touren im Park an. Der sechstägige Back-
packing-Trip kostet $ 1295 pro Pers., die
sechstägige Hiking Vacation (mit Unterbringung in Lodges) $ 1695. Bei beiden Wander-
touren sind der Transfer vom Flughafen
Deer Lake und alle Mahlzeiten inbegriffen.
Eine weitere Spezialität des Anbieters sind
Kajaktouren; ein Tag inkl. Einweisung und
Mittagessen kostet ca. $ 125 pro Pers., eine
Tour mit Übernachtung $ 345. Für $ 50–60
pro Tag können am Stützpunkt der Firma in
Norris Point Kajaks geliehen werden.

Nachtleben, Kultur und Veranstaltungen

Wer etwas weiter in die Kultur Neufundlands eintauchen möchte, sollte einen
Abend beim **Gros Morne Theatre Festival**
(☎ 709/639-7238, www.theatrenewfoundland.
com) verbringen, das von Juni bis Mitte
September in Cow Head, 48 km nördlich
von Rocky Harbour, stattfindet. Bei diesem
Festival werden von mehr als 40 Berufs-
schauspielern zwei Stücke aufgeführt, die
die Geschichte von Personen und Ereignissen erzählen, die die Provinz geprägt haben. Tickets kosten $ 20–25 bzw. $ 10–12,50
für Kinder. Von Rocky Harbour fährt ein
kostenloser Shuttlebus zum Theater, der
auch am Berry Hill Campground hält.

In Rocky Harbour wird im **Anchor Pub**
(Ocean View Motel, Main St., ☎ 709/458-2730)
mittwoch- und freitagabends traditionelle

Neufundland Karte siehe Farbteil S. 6

neufundländische Musik gespielt. Der Eintritt ist minimal, und es wird immer überraschend voll.

Übernachten

Rocky Harbour, 72 km von Deer Lake entfernt, bietet die größte Auswahl an Unterkünften und ist für die Erkundung des Parks sehr günstig gelegen.

• *Rocky Harbour* Für Leute, die nicht campen, gibt es in Rocky Harbour, dem Versorgungszentrum des Parks, verschiedenste Unterkünfte. Ein B&B ist z. B. das **Evergreen B&B** (4 Evergreen Ln., ✆ 709/458-2692 oder 800/905-3494; $ 55 für 1 Pers., $ 65 für 2 Pers. inkl. Frühst.) mit vier Gästezimmern und einem großen Innenhof mit Grillgelegenheit. Es ist ganzjährig geöffnet.

Parsons' Harbour View Cabins (Harbour Dr., ✆ 709/458-2544 oder 877/458-2544; Mai–Okt.; $ 60–70) bietet drei Motelzimmer, drei einfache Hütten und ein Restaurant.

Das **Ocean View Motel** (Main St., ✆ 709/458-2730 oder 800/563-9887, www.oceanviewmotel.com; ab $ 85 für 1 Pers., ab $ 95 für 2 Pers.) liegt in bester Lage mitten in Rocky Harbour. Die Zimmer im alten Flügel sind hervorragend und geräumig, während die im neueren Flügel Seeblicke bieten. Außerdem gibt es unten eine Bar, oben ein Restaurant, dazu einen Buchungsschalter für Bootstouren auf dem Western Brook Pond und einen supertollen altmodischen Aufzug.

Nicht weit vom Hafen entfernt locken die **Mountain Range Cottages** (32 Parsons Ln., ✆ 709/458-2199, www.mountainrangecottages.com; Mitte Mai bis Mitte Okt.; $ 100–130 für 1/2 Pers.) mit einem exzellenten Preis-Leistungs-Verhältnis. Jedes der zehn einfachen, aber modernen Cottages verfügt über eine voll ausgestattete Küche, einen Esstisch, zwei getrennte Schlafzimmer, ein Badezimmer und einen Balkon mit Balkonmöbeln und Grill.

Ein Stück weiter an der Südseite des Rocky Harbour entlang liegen die **Gros Morne Cabins** (Main St., ✆ 709/458-2020 oder 888/603-2020, www.grosmornecabins.com; $ 100–150 für 1/2 Pers.), ein moderner Komplex an der Bucht mit 22 Blockhütten. Leider wird aus der schönen Lage nicht wirklich etwas gemacht (kleine Fenster und keine Balkone), aber jede Hütte verfügt über eine Küche und ein separates Schlafzimmer. Außerdem bietet die Anlage einen Spielplatz und eine Laundry, und gegenüber befinden sich ein Laden und eine Bäckerei.

• *Cow Head* **Shallow Bay Motel and Cabins** (193 Main St., ✆ 709/243-2471 oder 800/563-1946, www.shallowbaymotel.com; $ 80–120 für 1/2 Pers.) in Cow Head, 48 km nördlich von Rocky Harbour, liegt ganz in der Nähe von langen Stränden und Wanderwegen sowie vom Arches Provincial Park. Die Zimmer sind einfach, aber behaglich, und die Hütten haben voll ausgestattete Küchen. Zur Anlage gehören ein großes Restaurant und ein kleiner Außenpool.

• *An der Route 431* Eine luxuriöse Unterkunft, die in diesem abgelegenen Nationalpark ein wenig fehl am Platze erscheint, ist das **Sugar Hill Inn** (115 Sexton Rd., Norris Point, ✆ 709/458-2147 oder 888/299-2147, www.sugarhillinn.nf.ca; $ 145–225 für 1/2 Pers.). Die elf Gästezimmer und Cottages warten mit polierten Hartholzböden und moderner Farbgestaltung in Erdtönen auf. Die King Suite beeindruckt mit Gewölbedecke, Badewanne mit Sprudeldüsen und Sitzecke mit Ledersofa. Frühstück ist inbegriffen, Abendessen – ein großartiges 3-Gänge-Mahl – kostet extra. Das Sugar Hill Inn liegt linker Hand auf dem Weg hinunter nach Norris Point.

Einen Block vom Wasser landeinwärts liegt im Herzen des Dorfes Woody Point **Aunt Jane's B&B** (1 Water St., ✆ 709/453-2485; Mitte Mai bis Mitte Okt.; $ 50–70 für 1/2 Pers.), ein reizendes Wohnhaus von 1880 mit fünf Gästezimmern, davon vier ohne eigenes Bad. Aunt Jane's gehört zu einer Gruppe von Gästehäusern, die als **Victorian Manor Heritage Properties** (Kontaktangaben wie oben) vermarktet werden. Eine weitere dieser Unterkünfte ist **Uncle Steve's**, ein hübsches Wohnhaus mit drei Zimmern plus Küche und Fernsehzimmer. Die Übernachtung kostet hier $ 150 pro Nacht bei einem Minimum von drei Nächten.

• *Trout River* Am Ende der Route 431 und 10 Min. zu Fuß vom Meer am Fluss entlang bietet das **Tableland Resort** (✆ 709/451-2101, www.tablelandresortandtours.com; Mai–Okt.; $ 90 für 1/2 Pers.) sieben 2-Zimmer-Cottages, ein Restaurant und eine Laundry.

Camping

Auf dem Gebiet des Gros Morne National Parks warten auf fünf Campingplätzen insgesamt 300 Stellplätze auf Besucher. Es gibt keine elektrischen Anschlüsse, aber jeder Platz verfügt über WC, Feuerstellen (Feuerholz kostet $ 7 pro Bündel), mindestens ein Kochhäuschen und einen Spielplatz. Außer am Green Point gibt es auf allen Plätzen warme Duschen.

Auf allen Plätzen – mit Ausnahme von Green Point – kann ein Teil der Stellplätze über Parks Canada (℡ 905/426-4648 oder 877/737-3783, www.pccamping.ca) für $ 11 pro Buchung reserviert werden – was sehr beruhigend für Leute ist, die den Park im Hochsommer besuchen möchten. Die restlichen Stellplätze werden nach der Reihenfolge der Ankunft vergeben.

• *Route 430* Von Rocky Harbour aus gesehen auf der anderen Seite der Route 430 bietet der **Berry Hill Campground** (Juni–Okt.; $ 26) 146 Stellplätze, Duschen, Kochhäuschen und einen Spielplatz. Vor allem dank seiner zentralen Lage füllt sich der Platz im Sommer nachmittags sehr schnell.

Der **Green Point Campground** ($ 16), 12 km nördlich von Rocky Harbour, ist der einzige Campingplatz im Park, der das ganze Jahr über geöffnet ist, sowie der einzige, der keine Duschen hat. Aber die Lage am Meer macht die fehlenden Einrichtungen mehr als wett.

Am nördlichen Rand des Parks bietet der **Shallow Bay Campground** (Mitte Mai bis Anf. Okt.; $ 26) in fußläufiger Entfernung zu einem schönen Ort alle üblichen Einrichtungen und 50 Stellplätze.

• *Route 431* Am Ostarm der Bonne Bay liegt der **Lomond Campground** (Mitte Mai bis Anf. Okt.; $ 26), der bei Anglern beliebt und auch Startpunkt dreier kurzer Wanderwege ist, darunter einer am Lomond River entlang. Wer am Ende der Route 431 links abbiegt, kommt zum **Trout River Pond Campground** (Mitte Juni bis Mitte Sept.; $ 26) ganz in der Nähe des Bootsanlegers für die Touren auf dem Trout River. Dies ist ein kleiner Platz mit nur 40 Stellplätzen, aber einer schönen Lage.

• *Kommerzieller Campingplatz* Der **Juniper RV Campground** (West Link Rd., ℡ 709/458-2917; Mitte Mai bis Sept.; $ 18–24) ist ein Platz in Rocky Harbour mit allen Einrichtungen. Er bietet 15- und 30-Ampere-Stellplätze (ohne Rangieren befahrbar), Zeltstellplätze, eine Laundry, warme Duschen, ein Küchenhäuschen und kostenloses Feuerholz. Zum Platz gehört auch ein Hostel mit 15 Betten – diese kosten $ 14 pro Pers. pro Nacht.

Essen und Trinken

• *Rocky Harbour* Wer vor 7.30 Uhr aufsteht, kann bei **Fisherman's Landing** (Main St., ℡ 709/458-2060; tägl. 6–23 Uhr) gegenüber vom Bootsanleger für $ 5 ein warmes Früh-

stück inkl. Saft und Kaffee zu sich nehmen. Ansonsten kommt hier zu vernünftigen Preisen neufundländische Küche auf den Tisch – z. B. gegrillte Schweinekoteletts mit Ofenkartoffeln und Gemüse ($ 13), pochierter Heilbutt ($ 18) oder gebratene Kabeljauzungen ($ 19). Der Hauswein wird glasweise verkauft, aber es gibt auch einige Flaschenweine für unter $ 20. Von einigen Tischen kann man Ausblicke aufs Wasser genießen.

• *Cow Bay* Das **Bay View Family Restaurant** (193 Main St., ℡ 709/243-2471; tägl. 7–21 Uhr) gehört zum Komplex des Shallow Bay Motels und bietet tatsächlich Ausblicke auf die Bucht, aber nur von einigen der Tische. Hier gibt es einfache Gerichte wie einen Newfie Mug (Tee und Sirupbrot), aber auch Reichhaltigeres wie scharf angebratenen Lachs mit Cajun-Gewürzen ($ 14) und T-Bone-Steaks ($ 18).

• *Woody Point* Das **Lighthouse Restaurant** (Water St., ℡ 709/453-2213; tägl. 11–20 Uhr) bietet einfache Fisch- und Seafood-Mahlzeiten wie pochierten Kabeljau für $ 14 und frittierte Jakobsmuscheln für $ 12. Es liegt gegenüber vom Wasser.

• *Trout River* Das **Seaside Restaurant** (℡ 709/451-3461; Mitte Mai bis Mitte Okt. tägl. 12–22 Uhr) in diesem Fischerdorf am Ende der Straße liegt direkt am Wasser und bietet daher schöne weite Ausblicke aufs Meer. Es genießt eine beständig guten Ruf. Der Seafood Chowder quillt über von guten Meeresfrüchten, und die Fish 'n' Chips waren perfekt zubereitet. Drei Gänge schlagen mit etwa $ 30 zu Buche.

Information/Adressen

Das **Park Visitor Centre** (Rte. 430, ℡ 709/458-2417; Mitte Mai bis Ende Juni tägl. 9–17 Uhr, Ende Juni bis Anf. Sept. tägl. 9–21 Uhr, Anf. Sept. bis Mitte Okt. tägl. 9–17 Uhr) verkauft Bücher und Naturführer und präsentiert Diashows und wechselnde Ausstellungen zur Geologie, zu den Landschaften und zur Geschichte des Parks. Das Besucherzentrum liegt kurz vor dem Abzweig nach Rocky Harbour an der Route 430.

Das **Discovery Centre** (Details im Abschnitt *Route 431*) ist eine weitere Quelle für Informationen über den Park. Für die Reiseplanung vor der Abfahrt lohnt sich ein Besuch der Website von Parks Canada (www.pc.gc.ca) sowie der Seite www.grosmorne.com. In Rocky Harbour gibt es eine Laundry, einen Geldautomaten und einen Gemischtwarenladen.

Neufundland Karte siehe Farbteil S. 6

Verbindungen

Der nächstgelegene Flughafen befindet sich in Deer Lake, 72 km von Rocky Harbour entfernt. Er wird von **Air Canada** (✆ 888/247-2262) ab Halifax und Montreal an-

geflogen. Am Flughafen haben Autovermieter wie Avis, Budget, Thrifty und National Schalter. Alle erlauben 200 Freikilometer am Tag, sodass für einen Besuch im Park wahrscheinlich keine Extrakosten anfallen.

Northern Peninsula

Nördlich des Gros Morne National Parks zieht sich die Northern Peninsula über bergiges, oben abgeflachtes Ödland hin zu einer mit eiszeitlichem Felsgestein übersäten Tundra. Die Route 430, die auch als **Viking Trail** bekannt ist, verläuft über die gesamte Länge der Halbinsel auf der Küstenebene am Golf entlang und endet schließlich in St. Anthony, 450 km nördlich von Deer Lake.

Wer hier entlangfährt, dem fallen je nach Jahreszeit kleine schwarze Flecken Erde oder winzige Gemüsegärten entlang der Straße auf. Diese Gärten am Straßenrand gehören den Bewohnern der nahe gelegenen Dörfer; da der Boden hier sehr nährstoffarm ist, legen die Menschen ihre Gärten überall dort an, wo es ein Fleckchen fruchtbaren Boden gibt.

Von Gros Morne Richtung Norden

Arches Provincial Park

Dieses geologische Phänomen gleich nördlich des Gros Morne National Parks, direkt an der Straße, ist auch für diejenigen ein lohnenswerter Abstecher, die nicht weiter die Northern Peninsula hinauffahren möchten. Zwei Felsbogen sind aus einer mit Gras bewachsenen Gesteinswand am felsigen Strand herausgewaschen worden. Bei Ebbe kann man durch die Felsbogen hindurchgehen, aber die meisten Besucher geben sich mit einem Foto aus der Distanz zufrieden.

Daniel's Harbour

Ungefähr 15 km nördlich des Arches Provincial Parks liegt das Dorf Daniel's Harbour. Es verfügt über einen interessanten kleinen Hafen und historische Gebäude wie das Nurse Myra Bennett Heritage House, in dem einst eine Frau wohnte, die wegen ihrer medizinischen Heldentaten in ganz Neufundland und Labrador als „Florence Nightingale des Nordens" bekannt war.

Die **Bennett Lodge** (Rte. 430, ✆ 709/898-2211, www.bennettlodge.com; $ 65–70 für 1/2 Pers.) im südlichen Teil des Dorfes ist ein Motel mit Restaurant und schummrig beleuchteter Lounge. Es ist eines der billigsten Motels auf der Northern Peninsula, durch die kleinen Fenster in den Gästezimmern ist der Ozean zu sehen.

Port au Choix

Etwa 150 km nördlich von Rocky Harbour zweigt von der Route 430 eine Straße nach Westen ab und erreicht nach 10 km Port au Choix, ein kleines Fischerdorf mit einer Besiedlungsgeschichte, die mehr als 4500 Jahre zurückreicht. Die historische Stätte, die über diese sehr frühen Bewohner des Ortes Auskunft gibt, ist die Hauptattraktion des Dorfes. Die heutige Bevölkerung lebt jedoch hauptsächlich vom Meer, und da ganz besonders von den Eismeergarnelen. Das sind die leckeren kleinen Garnelen, die man in Salaten u. Ä. findet.

Port au Choix **511**

Port au Choix National Historic Site

Die Maritime Archaic Indians und später die Dorset- und Groswater-Inuit kamen von Labrador nach Neufundland, streiften auf der Northern Peninsula umher und ließen sich schließlich auf dem abgelegenen Kap hinter dem heutigen Ort Port au Choix nieder. Heute ist das gesamte Kap geschützt, Pfade führen zu den verschiedenen Grabungsstätten. Zu Beginn bietet sich ein Besuch im Visitor Reception Centre (✆ 709/861-3522; Mitte Juni bis Anf. Okt. tägl. 9–18 Uhr; Eintritt $ 8, Senioren $ 6,60, Kinder $ 4) an, das im gesamten Ort ausgeschildert ist. Hier werden die drei Kulturen anhand von Artefakten, Ausstellungen und der Rekonstruktion einer Dorset-Inuit-Behausung vorgestellt. Die Grabungsstätten sind über die gesamte Halbinsel verstreut; ein 3,5 km langer Weg führt vom Centre zur interessantesten Stätte, Phillip's Garden. Diese Stätte wurde in den 1960er-Jahren entdeckt. Archäologische Grabungen haben Dorset-Behausungen sowie eine unglaubliche Menge an Gegenständen aus der Kultur der Maritime Archaic Indians zutage gefördert. Neben diesen Funden stieß man an den drei nahe gelegenen Begräbnisstätten auch auf fast 100 Leichname. Grabungen finden auch heute noch statt, und im Sommer kann man den Archäologen bei ihrer akribischen, mühsamen Arbeit zusehen – wer Glück hat, erlebt vielleicht, wie sie einen uralten Gegenstand freilegen. Kostenlose geführte Spaziergänge beginnen täglich um 13 Uhr. Wer hinter der Garnelenverarbeitungsfabrik durch den Ort fährt, kommt an einer Begräbnisstätte der Archaic Indians und einem Parkplatz vorbei, von dem aus man Phillip's Garden ein wenig schneller erreicht (eine Strecke 2,5 km).

Museum of Whales and Things

Dieses kleine Museum (✆ 709/861-3280; Mo–Sa 9–17 Uhr; Eintritt gegen Spende) an der Hauptstraße, die ins Dorf führt, ist das Verdienst des Ortsansässigen Ben Ploughman, der, wie der Name des Museums schon andeutet, ein 15 m langes Skelett eines Pottwals zusammengesetzt und auch andere „Dinge" angesammelt hat. Im benachbarten Studio fertigt und verkauft Ploughman Objekte aus Treibholz.

Reisepraktisches

• *Übernachten* Je weiter das reiche archäologische Erbe von Port au Choix freigelegt wird, desto mehr baut der Ort seine touristische Infrastruktur aus. Dazu gehört **Jeannie's Sunrise Bed and Breakfast** (84 Fisher St., ✆ 709/861-2254 oder 877/639-2789, www.jeanniessunrisebb.com; $ 50–80 für 1/2 Pers.), das Jeannie Billard gehört, die schon ihr ganzes Leben in Port au Choix wohnt. Alle sechs Zimmer sind hell und geräumig und haben TV, die billigeren jedoch kein eigenes Bad. Ein reichhaltiges Frühstück ist im Preis inbegriffen, und auf Wunsch gibt es auch Abendessen.
Das **Sea Echo Motel** (Fisher St., ✆ 709/861-3777, www.seaechomotel.ca; $ 82–108 für 1/2 Pers.) bietet 30 Standard-Motelzimmer mit WLAN, drei Cottages und ein Restaurant.

• *Essen und Trinken* Wer durch den Ort schlendert, wird kaum das **Anchor Café** (Main St., ✆ 709/861-3665; im Sommer tägl. 9–23 Uhr, im Frühjahr und Herbst tägl. 10–22 Uhr) mit dem in den Parkplatz hineinragenden weißen Schiffsbug übersehen. Da die Eismeergarnelenfabrik auf der anderen Straßenseite steht, ist dieses Café der erste Anlaufpunkt, um diese örtliche Delikatesse zu probieren ($ 5 für einen Shrimpburger). Oder man isst so, wie es die Einheimischen seit Generationen tun (gepökelter Fisch mit eingeweichtem Brot, dazu gebratene Schweinespeckstreifen und eine Scheibe Sirupbrot, $ 15) oder probiert einen Moratorium Dinner (eine Anspielung auf das Verbot der Kabeljaufischerei), wie z. B. gegrillten Truthahn ($ 13). Gut ist auch der Kabeljau-Garnelen-Chowder ($ 6,50).

An derselben Straße liegt das **Sea Echo Motel** (Fisher St., ☏ 709/861-3777; tägl. 7–21 Uhr) mit einem Restaurant mit Seefahrtmotto und vergleichbarem Angebot.

Dot's Pantry (56 Fisher St., ☏ 709/861-3735; Mo–Fr 7–20, Sa 8–18 Uhr), ein paar Hundert Meter zurück Richtung Highway, ist leicht zu übersehen. Drinnen in diesem gesichtslosen Gebäude erwartet die Gäste eine überraschende Auswahl an Kuchen und Backwaren, außerdem Pizzastücke und nach eigener Wahl belegte Sandwichs.

Plum Point

In Plum Point, 60 km nordöstlich von Port au Choix, zweigt von der Route 430, die weiter nach Norden führt, die Route 432 Richtung Osten nach Roddickton ab. Dies ist zwar der längere Weg nach St. Anthony, aber dank der zahlreichen Elche, die man an der Strecke sieht, zweifellos die reizvollere Alternative.

Bird Cove

Captain Cook steuerte die Bird Cove 1764 an, von 1900 an siedelten hier europäische Einwanderer. Die allerersten Bewohner aber ließen sich in der Bird Cove bereits vor 4500 Jahren nieder. Diese Maritime Archaic Indians waren prähistorische Jäger und Sammler, die die Sommer am Rande der Bird Cove verbrachten. Die beiden benachbarten Siedlungsstätten, die erst in den 1990er-Jahren entdeckt wurden, stellten einen seltenen Fund dar, da sie den Archäologen einen direkten Blick in das Leben vor mehreren Tausend Jahren ermöglichten. Ausgegraben wurden Muschelhaufen, Speerspitzen für die Jagd auf Meeressäugetiere und Werkzeuge zur Holzbearbeitung. Ein Holzsteg mit Erläuterungstafeln führt durch die archäologische Stätte. Um hierher zu gelangen, fährt man bis zum Ende der Straße, dann nach links am Lebensmittelladen vorbei und rechts von einem hellbraunen Haus die ungeteerte Straße entlang. Der Holzsteg beginnt knapp 1 km hinter dem Lebensmittelladen auf der linken Seite.

Dog Peninsula

Wer sich hinter dem Gemischtwarenladen rechts hält, wo die Straße eine Schleife macht, kommt bald zu einer Brücke, die die Dog Peninsula mit dem Festland verbindet. Über die Halbinsel verlaufen Wanderwege, die dem Küstenverlauf folgen und auch durch die Überreste einer Siedlung aus den 1880er-Jahren führen. Für die erste Schleife (am Ende der Brücke rechts) benötigt man nur etwa eine halbe Stunde, selbst wenn man noch ein paar von den extrem flachen Steinen über die Bird Cove hüpfen lässt.

Übernachten/Essen und Trinken

Das **Plum Point Motel** (☏ 709/247-2533 oder 888/663-2533; $ 84–102 für 1/2 Pers.) draußen am Highway bietet 40 Motelzimmer und 18 einfache Hütten. Das angeschlossene Restaurant (tägl. 7–21 Uhr) hat ein paar Tische mit Blick aufs Wasser und serviert das übliche Angebot an warmem Frühstück, z. B. gesalzenen Kabeljau, Tee und Toast für $ 10. Die meisten Hauptgerichte sind für unter $ 16 zu haben.

St. Barbe

Von St. Barbe, 30 km nördlich von Plum Point und 300 km nördlich von Deer Lake, fahren die Fähren hinüber nach Labrador. Hier gibt es kaum etwas zu sehen oder zu tun. Unterkunft bietet das **Dockside Motel** (☏ 709/877-2444 oder 877/677-2444, www.docksidemotel.nf.ca; $ 78–90 für 1/2 Pers.), das gar nicht am Dock liegt, sondern an der Straße, die hinunter zum Wasser führt. Die Zimmer sind einfach, aber annehmbar, und das angeschlossene Restaurant ist jeden Tag zu den Mahlzeiten geöffnet.

Mit der Fähre nach Labrador

Wer die andere Seite der Labrador Straits erkunden möchte, sollte die Überfahrt mit der Fähre lange vor der Ankunft in St. Barbe buchen. Das Ticketbüro befindet sich im Dockside Motel, und selbst wer eine Reservierung hat, muss sich hier melden, bevor er sich auf den Weg zum Anleger macht. Die Fähre **MV Apollo** (✆ 709/877-2222 oder 866/535-2567, www.tw.gov.nl.ca/ferryservices) verkehrt zwischen Anfang Mai und Anfang Januar ein- oder zweimal täglich ab St. Barbe. Die Überfahrt dauert etwa 2 Std.; eine Strecke kostet für ein Fahrzeug inkl. Fahrer $ 23, zusätzliche Erwachsene kosten $ 7,50, Senioren und Kinder $ 6. Vis-à-vis des Dockside Motels befindet sich ein eingezäuntes Grundstück mit Anschlüssen für Wohnmobile und einem Parkplatz, auf dem man die Fahrzeuge abstellen kann, die nicht mit auf die Fähre sollen.

Von St. Barbe nach St. Anthony

Von St. Barbe nach St. Anthony sind es 110 km. Die ersten 50 km verläuft die Route 430 an der Strait of Belle Isle entlang und führt an einer Reihe von Fischerdörfern vorbei, die sich an die felsige Küste klammern. Es gibt hier kaum touristische Infrastruktur, dennoch sollte man ein paar Stopps einlegen. Denn es lohnt sich auf jeden Fall, durch den einen oder anderen dieser abgelegenen Outports zu schlendern, Augen, Ohren und Nase offen zu halten und sich einen Eindruck davon zu verschaffen, was es bedeuten mag, hier draußen zu leben.

Deep Cove Wintering Interpretation Site

Gleich hinter dem Abzweig zum heutigen Dorf Anchor Cove erkennt man eine Beobachtungsplattform sowie einen Weg. Der Weg führt zu einer Stelle, an der sich in den 1860er-Jahren ein Dorf befand, in dem die Bewohner von Anchor Cove ihre Winter verbrachten. Heute sind zwar nur noch die verwitterten Überreste einiger Holzhäuser zu entdecken. Dennoch ist der Ort ein interessantes und seltenes Beispiel für die jahreszeitliche Migration europäischer Siedler. Von der Route 430 sind es etwa 10 Min. zum ehemaligen Überwinterungsdorf.

Thromboliten von Flowers Cove

Das malerische Dorf Flowers Cove, aus dessen Dachlandschaft nur hier und da ein Kirchturm emporragt, liegt 13 km nördlich von St. Barbe. Wer von der Route 430 auf die Burns Road abbiegt, gelangt zu der mit einem roten Dach

Die Thromboliten von Flowers Cove

versehenen Marjorie Bridge. Hinter der Brücke führt ein Holzbohlenweg an der Bucht entlang zu den sog. Thromboliten. Diese blütenförmigen Felsgebilde sind versteinerte Algen und Bakterien, die 650 Mio. Jahre alt sein sollen, sodass sie zu den ältesten Lebensformen auf der Erde zählen. Während natürlich in erster Linie die Thromboliten selbst von Interesse sind, zeichnet sich der Besuch hier besonders dadurch aus, dass um eines der seltensten Fossile der Erde (sonst gibt es sie nur noch an der abgelegenen Westküste Australiens) so wenig Aufhebens gemacht wird.

St. Anthony

Auf dem Weg hinauf nach L'Anse aux Meadows liegt 450 km nördlich von Deer Lake St. Anthony (3000 Einw.), die letzte größere Stadt hier oben und zugleich ein Versorgungszentrum für die gesamte Northern Peninsula. Die meisten Sehenswürdigkeiten in St. Anthony haben mit Dr. Wilfred Grenfell zu tun, einem englischen Mediziner und Missionar, der im späten 19. Jh. auf beiden Seiten der Labrador Straits Krankenhäuser errichtete. In St. Anthony war sein Wirken besonders eindrucksvoll. Hier errichtete er 1900 sein erstes ganzjährig geöffnetes Krankenhaus und außerdem den Hauptsitz seiner medizinischen Mission. St. Anthony ist auch heute noch der Hauptsitz der International Grenfell Association, die weiterhin Kranken- und Waisenhäuser baut und im ganzen Land soziale Projekte finanziert.

Die wichtigste natürliche Sehenswürdigkeit ist der **Fishing Point Park** am anderen Ende der Stadt. Von hier oben sind zuweilen Wale oder Eisberge auszumachen.

Grenfell Historic Properties

Wer sich mit der Wirkungsgeschichte des Dr. Grenfell befassen möchte, beginnt damit am besten im **Grenfell Interpretation Centre** (West St., ℘ 709/454-4010; Mitte Mai bis Mitte Okt. tägl. 9–20 Uhr; Eintritt $ 5, Senioren $ 4, Kinder $ 3). In dieser großen Einrichtung werden die vielen verschiedenen Errungenschaften des Arztes beleuchtet, von der Einrichtung seines ersten Krankenhauses in Battle Harbour bis zur Arbeit der Gesellschaft, die heute seinen Namen trägt. Grenfells Anliegen war es auch, die finanzielle Unabhängigkeit abgelegener Fischersiedlungen durch profitable Organisationen wie **Grenfell Handicrafts** zu fördern, die auch heute noch handbestickte Gewänder, mit Fuchspelz besetzte Parkas, handgeknüpfte Teppiche und Jacken produziert, die in einem Laden gegenüber vom Empfangsschalter des Grenfell Interpretation Centres verkauft werden.

Wer das Museum durch den Tea Room verlässt, kommt zum winzigen **Dock House Museum** (Juli/Aug. tägl. 10–16 Uhr; Eintritt frei). Hier wird dargestellt, wie Grenfells Schiffe nach den langen Fahrten zu abgelegenen Siedlungen aus dem Wasser gezogen und repariert wurden.

Ein Tribut an das Leben und Wirken von Dr. Grenfell sind die **Jordi Bonet Murals,** beeindruckende Keramiktafeln an den Wänden des Rundbaus am Eingang des Curtis Memorial Hospitals, gegenüber vom Grenfell Interpretation Centre.

Das stattliche, grün-weiße **Grenfell House Museum** (Mitte Mai bis Anf. Juni tägl. 9–18 Uhr, Anf. Juni bis Sept. tägl. 9–20 Uhr; Eintritt gegen Spende) in dem Haus, in dem der Arzt viele Jahre lebte, ist dem Privatleben Grenfells gewidmet. Das Museum befindet sich hinter dem Krankenhaus, fünf Fußminuten vom Interpretation Centre entfernt. Hinter dem Haus beginnt ein Weg zum Tea House Hill, wo sich von Aussichtsplattformen weite Ausblicke über die Bucht bieten.

• *Touren* Da St. Anthony das Tor zur Iceberg Alley ist, sind hier Bootsausflüge eine nahe liegende Unternehmung. **Northland Discovery** (☎ 709/454-3092 oder 877/632-3747; Mitte Mai bis Sept.) bietet dreimal am Tag Touren, die hinter dem Grenfell Interpretation Centre starten. Wenn es keine Eisberge gibt (Mitte Juni bis Aug. ist die beste Zeit, um Eisberge zu sehen), dann konzentriert sich der Kapitän auf die Suche nach Buckel-, Zwerg- und Finnwalen sowie Seevögeln. Das überdachte Schiff liegt stabil im Wasser und hat auch Toiletten. Die Tour dauert 2:30 Std. und kostet $ 50 (Kinder $ 20), inkl. warmer Getränke.

• *Übernachten* Das **Fishing Point B&B** (Fishing Point Rd., ☎ 709/454-3117 oder 866/454-2009; $ 60 für 1/2 Pers.) befindet sich am anderen Ende der Stadt in fußläufiger Näher zu Lightkeeper's, dem besten Restaurant am Ort. Das umgebaute Wohnhaus eines Fischers aus den 1940er-Jahren liegt direkt am Wasser und bietet vier Gästezimmer mit Bad auf dem Flur.

Das **Haven Inn** (14 Goose Cove Rd., ☎ 709/454-9100 oder 877/428-3646, www.haveninn.ca; $ 92–133) liegt auf einer kleinen Anhöhe oberhalb der Route 430 und hat 30 unterschiedlich ausgestattete Zimmer, alle mit Kaffeemaschine und Haartrockner. Im angeschlossenen Restaurant gibt es günstiges Frühstück. Das **Vinland Motel** (West St., ☎ 709/454-8843 oder 800/563-7578; $ 86 für

1 Pers., $ 95 für 2 Pers.) ganz in der Nähe bietet ähnliche Zimmer, ein Restaurant, eine Lounge, einen kleinen Fitnessraum und eine Laundry.

• *Essen und Trinken* Auf der unteren Ebene des Grenfell Interpretation Centres befindet sich der **Lady Anne's Tea Room**, geöffnet ab 10 Uhr für kleine Mahlzeiten, aber am besten kommt man donnerstags bis samstags um 18 Uhr hierher zu einem *Newfie Mug-Up* ($ 10) mit traditionellem Essen, kalten Getränken mit Eisbergeis und Livemusik.

Am anderen Ende der Stadt liegt **Lightkeeper's** (Fishing Point Rd., ☎ 709/454-4900; im Sommer tägl. 11.30–21 Uhr), das getreu seinem Namen bis hin zu den Salz- und Pfefferstreuern in Rot und Weiß dekoriert ist. Das preisgünstige Restaurant ist in einer ehemaligen Leuchtturmwärterwohnung am Ozean eingerichtet (von Juni bis Aug. sind von hier aus vielleicht sogar Eisberge zu sehen). Die Atmosphäre ist locker. Vorspeisen wie Krabbenscheren mit Knoblauchbutter kosten unter $ 12, die Hauptgerichte wie Seafood-Linguine liegen bei $ 16–30.

Das **Haven Inn** (14 Goose Cove Rd., ☎ 709/454-9100; tägl. 7–21 Uhr) verfügt über einen kleinen, hellen Speisesaal, der die Morgensonne einfängt. Warmes Frühstück kostet $ 8, Hauptgerichte wie Kabeljau-Mahlzeiten schlagen mit etwa $ 15 zu Buche.

L'Anse aux Meadows

Ganz am Ende der Route 436 liegt L'Anse aux Meadows, 48 km von St. Anthony entfernt – weiter kann man die Northern Peninsula nicht hinauffahren. Hier gingen vor mehr als 1000 Jahren Wikinger an Land, die ersten Europäer, die den nordamerikanischen Kontinent betraten. Zwei Wikinger-Attraktionen rechtfertigen die Fahrt hier hinauf. Nebenbei locken auch ein gutes Restaurant und die wilde, zerklüftete Landschaft.

L'Anse aux Meadows National Historic Site

Lange bevor Archäologen hierherkamen, waren den Neufundländern die merkwürdig geformten grasbewachsenen Wälle auf der Küstenebene von L'Anse aux Meadows aufgefallen. George Decker, ein einheimischer Fischer, führte den norwegischen Wissenschaftler und Entdecker Helge Ingstad und dessen Frau, die Archäologin Anne Stine Ingstad, in den 1960er-Jahren in dieses Gebiet. Bei den folgenden Grabungen wurden acht Komplexe mit rudimentären Häusern, Werkstätten mit Feuerstellen und eine Unmenge an Artefakten ausgegraben, die die Präsenz der Wikinger belegten. Die Grabungsstätten erweckten die Aufmerksamkeit der

Neufundland Karte siehe Farbteil S. 6

Hier gingen die Wikinger an Land: die L'Anse aux Meadows National Historic Site, seit 1978 UNESCO-Weltkulturerbe

Behörden und wurden unter Schutz gestellt und schließlich 1977 zu einer National Historic Site und ein Jahr später zu einem UNESCO-Weltkulturerbe erklärt.

Oberhalb der archäologischen Stätte ist ein Visitor Reception Centre (Rte. 436, ℡ 709/623-2608; Juni bis Anf. Okt. tägl. 9–18 Uhr; Eintritt $ 12, Senioren $ 10, Kinder $ 6) eingerichtet worden. Hier kann man ausgegrabene Artefakte und Modelle der Anlage bestaunen und sich eine audiovisuelle Präsentation anschauen. Ein Schotter- und Holzplankenweg führt über die grasbewachsene Ebene zum Platz der Siedlung, wo auf Tafeln die ursprüngliche Nutzung der Gebäude beschrieben ist, die jetzt nur noch als Vertiefungen im Gras zu erkennen sind. Etwas dahinter erkennt man an der Epaves Bay den Nachbau einer Wikinger-Siedlung. Führer in historischen Kostümen spielen den Wikinger-Kapitän, seine Frau und vier Mitgliedern der Bootsbesatzung.

Norstead

Gleich hinter dem Abzweig zur L'Anse aux Meadows National Historic Site liegt Norstead (Rte. 436, ℡ 709/623-2828; Mitte Juni bis Mitte Sept. tägl. 9–18 Uhr; Eintritt $ 8, Senioren $ 6,50, Kinder $ 4), der Nachbau eines Handelshafens der Wikinger. Wenngleich das Ganze in Wahrheit wenig Ähnlichkeit damit hat, wie die Wikinger von L'Anse aux Meadows lebten, lohnt ein Besuch dennoch. Direkt am Wasser ist der Nachbau eines Wikinger-Schiffes in Originalgröße zu bestaunen und in der schummrig beleuchteten Chieftains Hall kann man Geschichten lauschen. Darüber hinaus kann man einem Schmied bei der Arbeit zusehen und im Speisesaal Brot direkt aus dem Ofen probieren. Das Personal in historischen Kostümen erfüllt das ganze Spektakel mit Leben, und es ist wahrlich kein Problem, zwei Stunden damit zu verbringen, ihm beim Nachstellen des Wikinger-Alltags zuzuschauen.

Reisepraktisches

• *Einkaufen* Die **Dark Tickle Company** (Rte. 436, Griquet, ☎ 709/623-2354; Juni–Sept. tägl. 9–18 Uhr, Okt.–Mai Mo–Fr 9–17 Uhr) stellt aus in der Gegend geernteten Beeren köstliche Marmeladen, Konfitüren, Saucen und sogar Schokoladen und Weine her. Besucher können bei den verschiedenen Herstellungsprozessen zuschauen, und die meisten können es sich nicht verkneifen, im angeschlossenen Laden die eine oder andere Delikatesse zu probieren und zu erwerben.

• *Übernachten/Camping* Das Dorf L'Anse aux Meadows besteht nur aus ein paar Häusern auf der Landspitze. Richtung St. Anthony gibt es einige Übernachtungsmöglichkeiten, die alle netter sind als die gesichtslosen Motels in St. Anthony selbst. Die nächstgelegenen Übernachtungsmöglichkeiten gibt es in Hay Cove, einer Ansammlung von Häusern 2 km vor dem Ende der Straße. Das **Marilyn's Hospitality Home** (☎ 709/623-2811 oder 877/865-3958; April–Nov.) bietet fünf Zimmer für nur $ 40–65 für 1/2 Pers., inkl. Frühstück. Das **Viking Village Bed and Breakfast** (☎ 709/623-2238 oder 877/858-2238; $ 62 für 1 Pers., $ 78 für 2 Pers.), ebenfalls in Hay Cove, hat fünf Gästezimmer mit Bad, Ozeanblick, Fernsehzimmer und Laundry.

Die **Southwest Pond Cabins** (Rte. 436, Griquet, ☎ 709/623-2140 oder 800/515-2261, www.southwestpondcabins.com; Mai–Okt.; $ 70 für 1/2 Pers.) liegen an einem kleinen See, 9 km von L'Anse aux Meadows entfernt. Jede der acht geräumigen Holzhütten verfügt über eine Küche, separate Schlafzimmer, Satelliten-Fernsehen und Bad. Außerdem gibt es einen Spielplatz, Grillstellen und einen Lebensmittelladen.

Einen Preis in puncto Originalität hat das **Quirpon Lighthouse Inn** (Quirpon Island, ☎ 709/634-2285 oder 877/254-6586, www.link umtours.com; Mai–Okt.) verdient, ein umgebautes Leuchtturmwärterhaus mit modernem Anbau und insgesamt elf Gästezimmern. Zu diesem Inn gelangt man mit dem Boot ab Quirpon (6 km hinter Griquet von der Route 436 abbiegen); die Fahrt dauert 45 Min. Statt Kabelfernsehen gibt es hier vorbeidriftende Eisberge und Wale zu bestaunen, die sich in den umliegenden Gewässern tummeln. Die Zimmer kosten $ 250 für 1 Pers., $ 350 für 2 Pers., inkl. traditioneller neufundländischer Mahlzeiten und Bootstransfers.

Einer der wenigen kommerziellen Campingplätze hier oben im Norden ist der **Viking RV Park** (Rte. 436, Quirpon, ☎ 709/623-2425; Mai–Okt.); Zeltstellplätze kosten $ 15, Wohnmobilplätze mit Anschlüssen $ 22 pro Nacht.

• *Essen und Trinken* Erstaunlicherweise liegt am Ende der Straße eines der besten Restaurants in ganz Neufundland, das **Norseman Restaurant** (☎ 709/754-3105; Ende Mai bis Ende Sept. tägl. 12–21 Uhr). Zugegebenermaßen machen die Ausblicke aufs Meer einen Teil des Reizes dieses Lokals aus, aber das Essen ist frisch und kreativ, der Service professionell und die Atmosphäre locker, aber kultiviert. Vorspeisen sind z. B. ein geschmeidiger Fisch-Chowder ohne Schalentiere ($ 9), geräucherter Wandersaibling ($ 14) und jede Menge Salate. Wer Hummer bestellt, muss mit der Bedienung zum Meeresbecken auf der anderen Straßenseite gehen und sich einen aussuchen. Andere Hauptgerichte ($ 12–33) sind etwa gebackener Kabeljau mit Senf-Knoblauch-Kruste und gegrilltes, mit Rotwein glasiertes Karibu. Wer dann noch hungrig ist, kann noch eine leckere, frisch gebackene Beerenpastete hinterherschieben.

Raleigh

Zwischen St. Anthony und L'Anse aux Meadows zweigt die Route 437 von der Route 436 ab und führt zu einer Bucht mit dem netten Namen Ha Ha Bay und zum kleinen Ort Raleigh.

Burnt Cape Ecological Reserve

Dieser Park auf der Northern Peninsula mit seiner kargen Kalksteinlandschaft ist ein weitgehend unbekanntes Highlight. Besonders bemerkenswert ist die hiesige

Pflanzenwelt, da viele der Pflanzen normalerweise nur in arktischen Regionen anzutreffen sind, während es andere wie Long's Braya und das Burnt-Cape-Fingerkraut nur hier gibt. Eine geologische Merkwürdigkeit stellen die sog. Frostpolygone dar, runde Formationen aus kleinen Steinen, die durch starken Frost entstehen. Am Westrand des Kaps befinden sich Meereshöhlen, einige davon groß genug, dass sie auch bei Ebbe teilweise mit Wasser gefüllt sind. Wer vom Parkplatz geradeaus blickt, sieht am Fuß der Klippen aquamarinfarbene Wasserbecken, die in der Gegend als die Cannon Holes bekannt sind. Die auf dem Kalksteinfels reflektierte Sonne erwärmt das in den Wasserkuhlen gesammelte Meerwasser, und an warmen Tagen nehmen die Einheimischen in den Becken gerne ein Bad.

Die atemberaubende Aussicht entschädigt für die lange Anfahrt zum abgelegenen Burnt Cape Ecological Reserve

Um hierherzugelangen, biegt man in der Ortsmitte von Raleigh links ab, folgt der Ha Ha Bay und dann einer rauen, ungeteerten Straße hinauf ins kahle Land. Am Ende der Straße, hoch oberhalb des Ozeans, 4 km von der Erläuterungstafel am Eingang zum Reservat entfernt, existiert ein halboffizieller Parkplatz. Da es keine markierten Wege gibt und viele der Attraktionen etwas versteckt liegen, ist es besser, das Gebiet im Rahmen einer Führung zu besuchen. Touren beginnen von Juni bis September täglich um 9.30 und 14 Uhr beim Pisolet Bay Provincial Park (kurz vor Raleigh) und kosten $ 5/Person. Reservierungen können im Büro beim Pisolet Bay Provincial Park oder unter ✆ 709/454-7795 vorgenommen werden.

Übernachten/Camping

Die einzige Unterkunft am Ort ist eine gute: die **Burnt Cape Cabins** (✆ 709/452-3521, www.burntcape.com; $ 120 für 1/2 Pers.) im Ort neben einem Café (tägl. 8–21 Uhr), das günstiges Seafood bietet. Die beiden modernen Hütten verfügen über TV, Internetzugang und bequeme Betten.

Kurz bevor die Route 437 nach Raleigh hinunterführt, führt sie am **Pisolet Bay Provincial Park** (✆ 709/454-7570; Juni bis Mitte Sept.) vorbei; hier gibt es 30 Stellplätze, ein Küchenhäuschen, Waschräume mit Duschen und einen See mit Strand und Bademöglichkeit. Camping kostet $ 18, ein Tagespass $ 5.

Der malerische Leuchtturm am Point Amour

Labrador

Mit einer Fläche von 294.330 km^2 ist Labrador zweieinhalbmal so groß wie die Insel Neufundland und fast dreimal so groß wie die drei anderen Atlantikprovinzen zusammen. Damit macht Labrador den größten Teil des atlantischen Kanadas aus. Dieser Festlandsteil der Provinz Neufundland und Labrador sieht wie ein unregelmäßig gearbeiteter Keil aus, dessen Spitze gen Nordpol weist. Im Osten grenzt Labrador mit 8000 km Küste an die Labradorsee, im Westen und Süden an das einsame Hinterland von Quebec. Thorfinn Karlsefni, einer von mehreren isländischen Seefahrern, die um das Jahr 1000 herum die Küste erkundeten, soll die Region wegen der großen flachen Felsen Helluland und wegen der Wälder Markland getauft haben. Jacques Cartier beschrieb die Küste bei einer Reise im Jahr 1534 als „Land der Steine und Felsen".

Labrador kann geografisch in drei Teile untergliedert werden: in die Region Labrador Straits gegenüber der neufundländischen Northern Peninsula auf der anderen Seite der Strait of Belle Isle, in Zentral-Labrador am Trans-Labrador Highway und in die Nordküste. An der Strait of Belle Isle, der schmalen Passage zwischen Labrador und Neufundland, liegen zahlreiche Siedlungen. Diese als Labrador Straits bekannte Region, die mit Neufundland durch Fähren verbunden ist, war im 16. Jh. ein baskisches Walfangrevier. Inzwischen hat der Tourismus das Gebiet an der Meerenge mit seinen archäologischen Schätzen in Red Bay und L'Anse Amour wiederentdeckt. Die wilde Landschaft Zentral-Labradors ist geprägt von Fichtenwäldern, Sümpfen, Birken- und Lärchenhainen. Dieses Gebiet ist dank dem Lobstick Lake, dem Smallwood Reservoir, dem Michikamau Lake und dem Churchill River samt Nebenflüssen zudem sehr wasserreich. Der Churchill River strömt aus der flachen Hochebene Richtung Osten und erweitert sich beim Versorgungszentrum Happy Valley-Goose Bay, das sich der wichtigen Militärbasis verdankt, zum Lake Melville.

Karte siehe Farbteil S. 7

Highlights

L'Anse Amour (S. 525): Die älteste bekannte Begräbnisstätte Nordamerikas und ein beeindruckender steinerner Leuchtturm machen den kurzen Abstecher zur „Liebesbucht" zu einem echten Highlight.

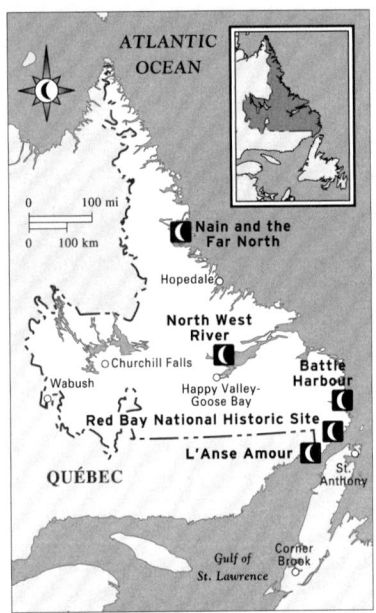

Red Bay National Historic Site (S. 526): In der Red Bay liegen vier spanische Galeonen. Am Ufer wird die Geschichte dieser Schiffe sowie des Walfanghafens erzählt, der zeitweilig der größte der Welt war.

Battle Harbour (S. 527): Dutzende dieser hier als *Outports* bekannten, abgelegenen Siedlungen in Neufundland und Labrador sind in den letzten Jahrzehnten aufgegeben worden. Battle Harbour ist einer der wenigen Outports, die touristisch vermarktet werden.

North West River (S. 530): Diese kleine Siedlung, nicht weit von Happy Valley-Goose Bay entfernt, beherbergt ein interessantes Heimatkundemuseum, und unten am Fluss kann man den Innu dabei zuschauen, wie sie den Tagesfang an Land bringen.

Nain und der hohe Norden (S. 535): Die nördlichste Stadt Labradors ist kein architektonisches Juwel, doch die Anreise auf der MV *Northern Ranger* ist an sich schon ein Abenteuer.

Im westlichen Labrador entwickelte sich seit den 1950er-Jahren der Eisenerzabbau. Die Zwillingsstädte Labrador City und Wabush entstanden mit dem Bergbau und dienen der Region jetzt als kommerzielles Zentrum und Verkehrsknotenpunkt zugleich. Mit einer Bevölkerung von 11.300 Einw. ist Labrador City/Wabush die größte Stadt in Labrador. Zwischen Labrador City und Happy Valley-Goose Bay befindet sich ein großes Wasserkraftwerk aus den später 1960er-Jahren, dem ein weiterer Industriestandort seine Existenz verdankt: Churchill Falls.

Die Nordküste, gesäumt von winzigen Inuit-Siedlungen, ist durch Fähren mit der Außenwelt verbunden.

Viele Angler kommen nach Labrador; für sie zählen die Angelsportmöglichkeiten hier zu den besten der Welt. Ganz zweifellos bietet Labrador die besten Angelmöglichkeiten in den Atlantikprovinzen: Einen 4 kg schweren Ouananiche (eine Unterart des Atlantischen Lachses) zu landen ist nichts Ungewöhnliches. Bachforellen wiegen hier 3–4 kg, Seeforellen bis 18 kg, Hechte 9–14 kg und Wandersaiblinge 5–7 kg.

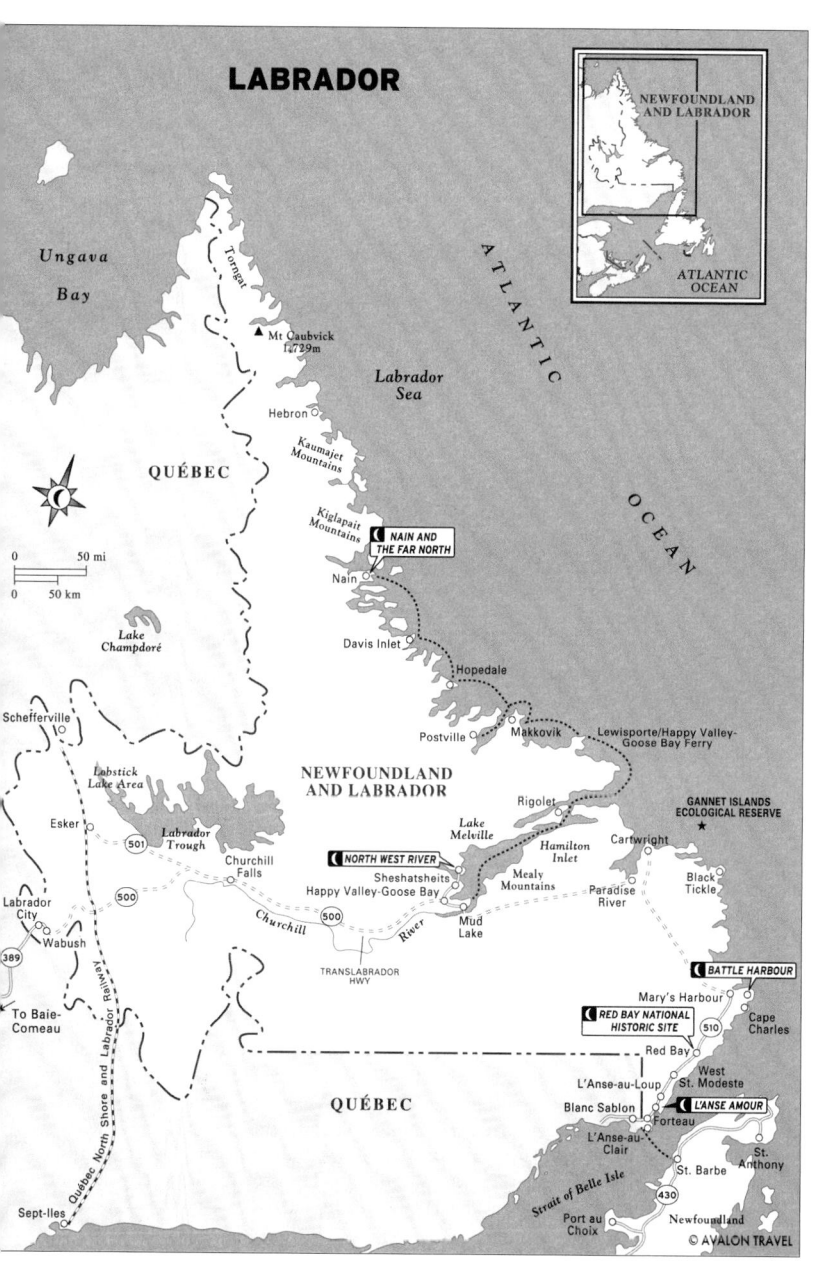

LABRADOR

NEWFOUNDLAND AND LABRADOR

ATLANTIC OCEAN

Ungava Bay

QUÉBEC

▲ Mt Caubvick 1,729m

Labrador Sea

Torngat

Kaumajet Mountains

Hebron

Kiglapait Mountains

☾ NAIN AND THE FAR NORTH

Nain

Davis Inlet

Hopedale

Postville

Makkovik

Lewisporte/Happy Valley-Goose Bay Ferry

Lake Champdoré

Schefferville

Labstick Lake Area

NEWFOUNDLAND AND LABRADOR

Rigolet

Lake Melville

GANNET ISLANDS ECOLOGICAL RESERVE ★

Esker

Labrador Trough

(501)

Churchill Falls

☾ NORTH WEST RIVER

Sheshatsheits

Happy Valley-Goose Bay

Hamilton Inlet

Cartwright

Black Tickle

Labrador City

(500)

Wabush

Churchill

(500)

River

Mealy Mountains

Mud Lake

Paradise River

(389)

To Baie-Comeau

TRANSLABRADOR HWY

☾ BATTLE HARBOUR

Mary's Harbour

Cape Charles

☾ RED BAY NATIONAL HISTORIC SITE

(510)

Red Bay

West St. Modeste

QUÉBEC

L'Anse-au-Loup

Blanc Sablon

Forteau

☾ L'ANSE AMOUR

L'Anse-au-Clair

St. Anthony

Québec, North Shore and Labrador Railway

Sept-Îles

St. Barbe

(430)

Strait of Belle Isle

Port au Choix

Newfoundland

© AVALON TRAVEL

0   50 mi
0   50 km

Reise- und Zeitplanung

Dank seiner Abgeschiedenheit ist Labrador der am wenigsten besuchte Teil der Atlantikprovinzen. Während es in die nördlichen Gebiete v. a. echte Abenteurer zieht, liegen die wichtigsten „normalen" Sehenswürdigkeiten an den Labrador Straits und sind von der Northern Peninsula leicht mit der Fähre zu erreichen. Auf einer Strecke von 120 km säumen malerische Fischerdörfer den Highway. Einige davon sind von historischer Bedeutung. In **L'Anse Amour** ist die älteste bekannte Begräbnisstätte Nordamerikas zu besichtigen; die **Red Bay National Historic Site** erzählt die Geschichte eines baskischen Walfängerhafens. Eines der bewegendsten Erlebnisse im ganzen atlantischen Kanada ist ein Besuch in **Battle Harbour,** einer auf einer Insel gelegenen Fischersiedlung, die Ende der 1960er-Jahre aufgegeben wurde. Heute werden den Besuchern die einst glorreichen Zeiten dieses abgelegenen Hafens noch einmal vor Augen geführt, und man kann hier sogar übernachten. Im Gegensatz zu vielen anderen Regionen, ist eine Reise durch Labrador ein kleines Abenteuer. Und nirgendwo sonst spürt man die Abgeschiedenheit dieser Region so sehr wie in **Nain,** dem abgelegensten Ort Labradors. Nain erreicht man mit der Fähre.

Eine Reise durch Labrador erfordert ein wenig Vorausplanung. Die Siedlungen der Region Labrador Straits sind durch die Route 510 mit Blanc Sablon verbunden, wo die Fähren aus Neufundland ankommen. Die 510 zieht sich dann weiter Richtung Norden bis nach Cartwright. Der 520 km lange, nicht asphaltierte Trans-Labrador Highway führt von Labrador City durch Zentral-Labrador nach Happy Valley-Goose Bay. Die Fährverbindungen zwischen Cartwright und Goose Bay werden mit der Fertigstellung eines Highways zwischen den beiden Orten im Jahr 2009 eingestellt.

Die Entscheidung für die passende Reisezeit fällt nicht schwer. Juli und August sind die einzigen beiden Monate, in denen alle Sehenswürdigkeiten geöffnet sind. Die Monate Juni und September bilden die sog. Zwischensaison; dann ist es etwas kühler, und die Sehenswürdigkeiten werden gerade geöffnet bzw. wieder geschlossen. Unbedingt zu beachten ist, dass die Verkehrsverbindungen stark wetterabhängig sind. Vor der Hauptsaison kann Eis den Fährverkehr behindern, nach der Hauptsaison sorgen bisweilen Stürme dafür, dass die Fähren im Hafen bleiben. Die kleineren Flugzeuge, die die Region anfliegen, benötigen Tageslicht und gute Sicht. Unter Umständen können Flüge für mehrere Tage hintereinander ausfallen.

Labrador Straits

Die Siedlungen der Region Labrador Straits liegen von Neufundland gesehen auf der anderen Seite der Strait of Belle Isle. Sie sind durch eine 160 km lange Straße zwischen Blanc Sablon in Quebec und Mary's Harbour verbunden. Von Mary's Harbour führt eine ebenfalls ungeteerte Straße ins Landesinnere und dann Richtung Norden nach Cartwright, von wo aus es Fährverbindungen über den Ozean und den Lake Melville nach Goose Bay gibt. Im Jahr 2009 soll ein Highway die Fähre ersetzen. Der im Bau befindliche Highway führt 87 km südlich von Cartwright nach Goose Bay.

Anreise mit der Fähre

Die Fähre **MV Apollo** (☎ 866/535-2567, www. tw.gov.nl.ca/ferryservices) verbindet die Region Labrador Straits mit Neufundland. Sie verkehrt zwischen Anfang Mai und Anfang Januar ein- oder zweimal am Tag ab St. Barbe, 300 km nördlich von Deer Lake. Die Überfahrt nach Blanc Sablon dauert etwa 2 Std. Blanc Sablon liegt zwar in Quebec, ist aber nur fünf Autominuten von L'Anse-au-Clair in Labrador entfernt. Bei gutem Wetter lädt das Deck der Fähre dazu ein, nach Walen Ausschau zu halten. Ansonsten locken unter Deck ein Café und einen Andenkenladen. Eine Strecke kostet für ein Fahrzeug inkl. Fahrer $ 23, zusätzliche Erwachsene zahlen $ 7,50, Senioren und Kinder $ 6. Reservierungen sind nicht verpflichtend, aber im Juli und August dringend zu empfehlen. Sogar mit Reservierung sollte man sich bei der Ankunft in St. Barbe im Fährbüro melden. Es befindet sich im Dockside Motel (rechts vor dem Fährterminal) und öffnet 2 Std. vor jeder Abfahrt. In Blanc Sablon findet man das Fährbüro am Anleger, ebenso ein Kunsthandwerksgeschäft, einen Imbiss und einen Informationskiosk.

L'Anse-au-Clair

Der Grenze mit Quebec am nächsten liegt das im 18. Jh. von französischen Robbenjägern gegründete L'Anse-au-Clair. Die Fischerei bildet nach wie vor die Lebensgrundlage der etwa 300 Bewohner, obwohl inzwischen auch das Kunsthandwerk zum Wirtschaftsfaktor geworden ist. Dieses gibt es z. B. bei **Moore's Handicrafts** (8 Country Rd., ☎ 709/931-2022; im Sommer tägl. 8.30–22 Uhr), das gegenüber der Touristeninformation ausgeschildert ist. Hier werden handgestrickte Wollartikel, Wintermäntel, Gewänder, Mokassins u. Ä. verkauft.

Sehenswertes/Sport und Freizeit

Das **Gateway to Labrador Visitor Centre** (☎ 709/931-2013; Mitte Juni bis Sept. tägl. 9.30–17.30 Uhr), das Informationsbüro der Region, das man sieht, wenn man den Ort von Quebec aus erreicht, ist in einer schön restaurierten anglikanischen Kirche des beginnenden 20. Jh. untergebracht. Drinnen dokumentieren Ausstellungsstücke, Fotos, Fossilien und Artefakte die Fischereigeschichte der Gegend.

Im Informationszentrum kann man sich auch nach zwei interessanten Spaziergängen erkundigen. Der kürzere führt zu den Jersey Rooms, wo es im frühen 18. Jh. eine Walfangstation gab, die von Männern der Insel Jersey betrieben wurde. Heute sind nur noch Steinfundamente und ein steinerner Weg übrig, aber von

Informationen zur Region gibt's in der hübsch restaurierten Kirche

dem 2 km langen Pfad bieten sich tolle Ausblicke aufs Meer. Der Beginn des Wegs ist hinter dem Schiffsanleger ausgeschildert. Am anderen Ende des Strandes führt ein Weg zur Square Cove, wo von einem Schiff, das 1954 havarierte, nur noch die Schiffskessel übrig sind. Im August versüßen wilde Erdbeeren diesen 3 km (eine Strecke) langen Weg.

Übernachten/Essen und Trinken

Ein Abzweig beim Informationszentrum führt zum **Beachside Hospitality Home** (9 Lodge Rd., ✆ 709/931-2338), das nicht direkt am Wasser liegt, aber der Strand ist nur einen Block entfernt. Drei Gästezimmer teilen sich zwei Bäder, im Wohnzimmer gibt es Satelliten-Fernsehen, und in den $ 40 für 1 Pers. bzw. $ 50 für 2 Pers. ist ein kleines Frühstück enthalten.

Die größte Unterkunft der Region ist das **Northern Light Inn** (58 Main St., ✆ 709/931- 2332 oder 800/563-3188, www.northernlight inn.com; ab $ 90 für 1/2 Pers.) mit 54 komfortablen Zimmern. Das angeschlossene Restaurant (tägl. 7–22 Uhr) bietet den ganzen Tag über Essen, und das zu vernünftigen Preisen. Mit $ 24 sind die gedämpften Krebsscheren mit Kartoffelpüree und Gemüse am teuersten. Andere, einfachere Hauptgerichte sind Spaghetti mit Fleischklößchen oder Fisch, z. B. gebratener Heilbutt.

Forteau

Forteau wurde im späten 18. Jh. von Bewohnern der Inseln Jersey und Guernsey als Stützpunkt für die Kabeljauf ischerei gegründet. Bis heute steht der Ort ganz im

Die Grenfell-Legende

Die harten Lebensbedingungen in Labrador und der Mangel an medizinischer Versorgung riefen den britischen Arzt und Missionar Dr. Wilfred Grenfell auf den Plan. Dr. Grenfell arbeitete bei der Royal National Mission to Deep Sea Fishermen on the North Sea. Bei einem Besuch im Jahr 1892 gelangte er zu der Überzeugung, dass es seine Berufung sei, den Menschen im abgelegenen Labrador und im nördlichen Neufundland zu dienen. Im folgenden Jahr errichtete er in Battle Harbour das erste Küstenkrankenhaus in Labrador, gefolgt von einer großen medizinischen Missionsstation in St. Anthony. Von der Station aus fuhr er in Missionsbooten die Küste entlang und behandelte im Jahr 1900 allein 15.000 Patienten. 1907 gab es schon Behandlungszentren in Indian Harbour, Forteau, North West River und sieben weiteren abgelegenen Siedlungen. Für seine Verdienste wurde er in den Ritterstand erhoben.

Dr. Grenfell initiierte eine Politik der kostenlosen Versorgung mit Medizin, Kleidung und Essen, wofür im Gegenzug Arbeit geleistet oder Güter abgegeben werden mussten. Er wurde von Privatleuten und der neufundländischen Regierung finanziell unterstützt und eröffnete genossenschaftlich betriebene Geschäfte, Pflegeheime, Waisenhäuser, mobile Bibliotheken und Sägemühlen. Er initiierte außerdem das Programm Grenfell Handicrafts sowie Gärtnereiprojekte. Um weitere Unterstützung seiner Arbeit zu sichern, gründete er 1914 die International Grenfell Association und warb in England, Kanada und den USA um Spenden. 1927 wurde der Arzt ein zweites Mal zum Ritter geschlagen und außerdem von der Royal Scottish Geographical Society und anderen anerkannten Organisationen ausgezeichnet.

Zeichen des Fischfangs und dient als Basis für Angler, die ihr Glück in den lachs- und forellenreichen Flüssen Forteau und Pinware versuchen.

Das dreitägige **Bakeapple Folk Festival** Mitte August erfreut sich stets großer Beliebtheit. Zum Festreigen gehören traditionelle Musik, traditionelle Tänze, Geschichtenerzähler, Kunsthandwerksmärkte und natürlich typische Gerichte aus Labrador.

Übernachten/Essen und Trinken

Eine der Unterkünfte in Forteau ist das **Grenfell Louie A Hall Bed and Breakfast** (3 Willow Ave., ☎ 709/931-2916, www.grenfellbandb.ca; Mai–Okt.; $ 50–65 für 2 Pers.) in einem von der International Grenfell Association errichteten Pflegeheim. Die fünf Gästezimmer sind behaglich, haben aber kein eigenes Bad. Außerdem gibt es einen Speisesaal voller antiker Möbel und eine Lounge, in der man sich Filme über das Wirken des Dr. Grenfell ansehen oder sich über die Lokalgeschichte informieren kann.

Im Ortszentrum bietet das am Highway gelegene **Seaview Restaurant and Cabins** (33 Main St., ☎ 709/931-2840; $ 90 für 1 Pers., $ 95 für 2 Pers.) Motelzimmer (keine Hütten!), aber diese sind komfortabel, und jedes verfügt über TV und Telefon. Das Restaurant (tägl. 9–22 Uhr) serviert u. a. örtliche Spezialitäten wie Karibu-Hamburger und Heilbutt-Chowder.

L'Anse Amour

Diese winzige Siedlung an der Route 510 besteht aus nur vier Häusern, die alle der Familie Davis gehören, die seit den 1850er-Jahren hier ansässig ist. Ursprünglich hieß die Bucht wegen der vielen Schiffe, die in den trügerischen Gewässern vor der Küste Schiffbruch erlitten, Anse aux Morts (Bucht der Toten). Durch ein Missverständnis seitens späterer englischer Siedler wurde daraus charmanterweise L'Anse Amour (Bucht der Liebe).

Maritime Archaic Burial Mound National Historic Site

An der Straße, die von der Route 510 nach L'Anse Amour abzweigt, steht rechter Hand eine kleine Erläuterungstafel. Hier entdeckten Archäologen 1973 eine Begräbnisstätte der Maritime Archaic Indians, und zwar das Grab eines zwölfjährigen Jungen von 6900 v. Chr., was es zur ältesten bekannten Begräbnisstätte in Nordamerika macht. Der tote Junge war in Felle und Buchenrinde eingewickelt und mit dem Gesicht nach unten in eine Vertiefung gelegt worden. Aus der Grube wurden Gegenstände wie ein Walross-Stoßzahn ausgegraben; andere Objekte weisen auf ein zeremonielles Fest hin. Die hier gefundenen Artefakte sind in The Rooms in St. John's ausgestellt.

Point Amour Lighthouse

Am Ende der Stichstraße erhebt sich das Point Amour Lighthouse (☎ 709/927-5825; im Sommer tägl. 10–17.30 Uhr). Die fischreichen Gewässer der Meerenge haben im Laufe der Jahrhunderte unzählige furchtlose Fischfangflotten angelockt. Vor den Engländern und Franzosen steuerten baskische Fischer ihre Galeonen in die Red Bay, und schließlich kamen auch Neufundländer mit ihren Schonern an diesen Küstenabschnitt. Bis 1857 waren hier schon so viele Schiffe den gefährlichen Untiefen zum Opfer gefallen, dass die Kolonialregierung einen 33 m hohen Leuchtturm errichtete, den höchsten der Atlantikprovinzen. Im inzwischen restaurierten steinernen Leuchtturm und Leuchtturmwärterhäuschen (in dem jetzt das Informationszentrum

Karte siehe Farbteil S. 7

Labrador

untergebracht ist) wird auf Schautafeln die Geschichte der Seefahrt in der Meerenge beleuchtet. Wer die 122 steilen Stufen bis zur Spitze hinaufsteigt (der letzte Abschnitt ist eine Leiter), kann von oben tolle Ausblicke auf die Meerenge und das umliegende Land genießen.

Übernachten

Eines der vier Wohnhäuser im Dorf fungiert als das **Lighthouse Cove B&B** (✆ 709/927-5690; $ 40 für 1 Pers., $ 45 für 2 Pers., inkl. Frühst.) mit drei Gästezimmern, die das ganze Jahr über zur Verfügung stehen. Die Gastgeber, Rita und Cecil Davis, sind sehr gastfreundlich und verbringen die Abende gern mit ihren Gästen, denen sie Geschichten über die Gegend erzählen. Bei der Buchung sollte auch ein traditionelles Abendessen, z. B. mit Karibu oder Elch als Hauptbestandteil, mitbestellt werden (kostet extra). Zum Frühstück gibt es u. a. hausgemachte Konfitüren.

Red Bay

Auch wenn heute nicht mehr viel davon zeugt, vor 400 Jahren war Red Bay der größte Walfanghafen der Welt. Anhand der vier spanischen Galeonen auf dem Grund der Bucht, die erst in den 1970er-Jahren entdeckt wurden, konnten Archäologen viele Geheimnisse aus der Geschichte des Walfangs und des Bootsbaus lüften; eine exzellente, aus zwei Teilen bestehende historische Stätte erweckt den Hafen wieder zum Leben. Das Dorf selbst, 40 km nordöstlich von L'Anse Amour, bietet nur wenig touristische Infrastruktur.

Man schätzt, dass zwischen 1540 und 1610 jedes Jahr etwa 2500 baskische Männer über den Atlantik hierherkamen, in bis zu 30 Galeonen, die anschließend voll gepackt mit Walöl nach Europa zurückkehrten. Die Basken machten Jagd auf Glattwale, die durch die Strait of Belle Isle nach Süden wanderten. Die meisten dieser Walfänger lebten auf den Galeonen. Forscher fanden jedoch auch einige einfache Schutzräume auf dem Festland und auf Saddle Island, wo der Strand auch heute noch mit roten Dachziegeln übersät ist.

Red Bay National Historic Site

Vier spanische Galeonen liegen heute unter Planen im kalten seichten Wasser der Red Bay, darunter die gut erhaltene *San Juan*. Alle vier sind gründlich von Archäologen erforscht worden. Die Schiffe selbst kann man nicht sehen, aber die Red Bay National Historic Site (✆ 709/920-2051; 15. Juni bis 15. Okt. tägl. 9–18 Uhr; Eintritt $ 7,50, Senioren $ 5,25, Kinder $ 3,60) wartet mit zwei hervorragenden Einrichtungen auf. Das erste der beiden Gebäude, wenn man vom Highway kommt, ist ein modernes Bauwerk, dessen Zentrum eine *chalupa* bildet, ein hölzernes Walfängerboot, das vom Grund der Red Bay gehoben wurde. Besucher können sich eine Dokumentation über die Galeone San Juan ansehen und sich von den Mitarbeitern die Stelle zeigen lassen, an der die vier Schiffe liegen. Mit der Quittung für den hier gezahlten Eintritt hat man auch Zutritt zur Ausstellung der Artefakte unten am Ufer. Hier wird auch erklärt, wie die vier Galeonen, die alle aus verschiedenen Epochen stammen, den Archäologen dabei geholfen haben, die Geschichte des Schiffsbaus des 16. und 17. Jh. näher zu erforschen. Zu den Highlights gehören ein maßstabsgetreues Modell der San Juan, Töpferwaren und Überreste eines Kompasses und eines Stundenglases.

Reisepraktisches

• *Übernachten* Die einzige Unterkunft in Red Bay ist das **Basin View B&B** (Rte. 510, ✆ 709/920-2002), ein modernes Haus oberhalb der Bucht an einem felsigen Küstenabschnitt kurz vor dem Ort. Die drei Zimmer unten teilen sich ein Bad. Das Zimmer oben hat ein eigenes, ist dafür aber nicht so ruhig, da es auf der Hauptetage des Hauses liegt. Die Zimmer kosten $ 45–70 für 1/2 Pers., mit kleinem Frühstück.

• *Essen und Trinken* Das **Whaler's Restaurant** (✆ 709/920-2156; tägl. 8–21 Uhr) unten am Wasser (aber ohne Meeresblick) ist eines der besseren Restaurants der Region. Der Seafood Chowder ($ 4,50) ist gut, genauso wie die Rindfleischsuppe ($ 3). Ein köstliches Hauptgericht sind die Fish 'n' Chips ($ 12), das Schweinekotelett ($ 10) ist einfach, aber herzhaft.

Mary's Harbour

Hinter Red Bay ist die Route 510 auf den 80 km nach Mary's Harbour nicht asphaltiert. Dieses kleine Fischerdorf, das von einer Fabrik lebt, die die gefangenen Krebse weiterverarbeitet, war bis 2000, als die Straße fertiggestellt wurde, völlig isoliert.

Der wichtigste Grund für eine Fahrt hier hinauf ist ein Besuch in Battle Harbour, und da die Fähre von Mary's Harbour abfährt, bietet sich das hiesige **Riverlodge Hotel** (✆ 709/921-6948; $ 85–95) für eine Übernachtung an. Die 15 Zimmer sind einfach, aber behaglich, und vom angeschlossenen Restaurant bieten sich schöne Ausblicke über den St. Mary's River.

Battle Harbour

Eine Bootsstunde von Mary's Harbour entfernt liegt auf einer kleinen Insel das abgelegene, aber faszinierende Outport-Dorf Battle Harbour, das die Mühe der Anreise wirklich lohnt.

Es wurde 1759 als Fischerdorf gegründet und war eine der ersten europäischen Siedlungen an der Küste Labradors. Bis 1775 machte der Kabeljaufang Battle Harbour zum wirtschaftlichen Zentrum der Region; danach ging es vorübergehend wirtschaftlich etwas bergab, bis im folgenden Jahrhundert die Ankunft von Fischern aus Neufundland, die hier zu bestimmten Jahreszeiten auf Fang gingen, dem Ort erneut zu einer Blüte verhalf. 1848 war Battle Harbour Hauptstadt von Labrador und ein wichtiges Handels- und Versorgungszentrum, wo zu jeder Zeit etwa 100 Schiffe im Hafen lagen. Dank der Arbeit des Missionars Wilfred Grenfell wurden die Inselbewohner das ganze Jahr über medizinisch versorgt, und ab 1904 war die Insel dank der Marconi Wireless Telegraph Company, die hier eine Station einrichtete, auch in das moderne Kommunikationsnetz eingebunden.

Gegen Ende der 1960er-Jahre wurden die Bewohner von Battle Harbour angesichts des Niedergangs des Küstenfischfangs auf das Festland nach Mary's Harbour umgesiedelt, sodass aus der Inselsiedlung ein verlassener Outport wurde. Ein paar Familien verbrachten weiterhin ihre Sommer auf der Insel, aber erst 1990 übernahm der Battle Harbour Historic Trust die Stätte und begann mit einem ehrgeizigen Restaurierungsprogramm, das bis heute andauert. Battle Harbour, das jetzt als National Historic Site geschützt ist, ermöglicht einen Blick zurück in die Vergangenheit. Ungefähr 20 Bauwerke sind restauriert worden, darunter eine anglikanische Kirche, die Original-Handelsniederlassung für Salzfisch, der Loft, in dem Edward

Labrador

Karte siehe Farbteil S. 7

Sorgsam restauriertes Fischerdorf aus dem 18. Jh.: die Battle Harbour National Historic Site

Peary der Welt von seiner erfolgreichen Expedition zum Nordpol berichtete, ein Gemischtwarenladen und ein riesiges Gestell zum Trocknen der Fische. Viele der historischen Gebäude sind durch einen Holzsteg miteinander verbunden. Dieser endet am hinteren Teil des Dorfs bei etwa einem Dutzend unterschiedlich baufälliger Wohnhäuser; von hier führt ein Pfad durch eine Felsöffnung zu einem Friedhof.

Reisepraktisches

● *Übernachten/Essen und Trinken*   Der Battle Harbour Historic Trust (709/921-6216, www.battleharbour.com) restauriert nicht nur viele der wichtigsten Gebäude, sondern sorgt auch für eine sehr gute touristische Infrastruktur mit Unterkünften, Gastronomie und Transportmitteln.

Auf einer Anhöhe oberhalb des Ortes und der Great Caribou Island ist das Wohnhaus eines Händlers in das **Battle Harbour Inn** umgebaut worden. Drei der fünf Gästezimmer verfügen über Doppelbetten ($ 145 für 2 Pers.), zwei haben Einzelbetten ($ 125 für 1 Pers.). Andere Gebäude mit Betten für Gäste sind u. a. das Cookhouse ($ 35 für ein Etagenbett), das Grenfell Cottage, das mit Meerblick und einer Küche aufwarten kann ($ 115 für 1 Pers., $ 125 für 2 Pers.), das RCMP Cottage, ebenfalls mit Küche ($ 115 für 1 Pers., $ 125 für 2 Pers.), das Isaac Smith Cottage, das drei Schlafzimmer bietet und mit Öllampen beleuchtet sowie mit

Holz beheizt wird ($ 325), und das sehr abgeschiedene Spearing Cottage ($ 180) mit zwei Schlafzimmern.

Mahlzeiten werden in einem Speisesaal über dem Gemischtwarenladen serviert. Frühstück ($ 10), Mittagessen ($ 15) und Abendessen ($ 25) sind jeweils sehr herzhaft und bieten die Gelegenheit zu netten Gesprächen mit den anderen Gästen. Mittags sind auch Tagesausflügler hier sehr willkommen. Im Laden selbst sind Snacks und Proviant erhältlich.

● *Verbindungen*   Die Fahrt von Mary's Harbour nach Battle Harbour mit einer kleinen geschlossenen Fähre dauert etwa 1 Std. Die Fähre verkehrt tägl. um 11 und 19 Uhr, wobei die zweite Überfahrt für Leute gedacht ist, die auf der Insel nächtigen wollen. Zurück geht es um 9 und 16 Uhr. Die Überfahrt kostet hin und zurück $ 60 (Kinder $ 30), zuzüglich einer Eintrittsgebühr von $ 7, die eine zweistündige Führung einschließt.

Cartwright

Die meisten Reisenden führt ihre Labrador-Tour auch nach Cartwright, 237 km nördlich von Mary's Harbour gelegen und über eine nicht asphaltierte Straße zu erreichen. Von hier kann man ab 2009 über einen neuen Abschnitt des Trans-Labrador Highways bis nach Quebec fahren.

Sehenswertes

Die Stadt verdankt ihren Namen dem Handelsabenteurer Captain George Cartwright, der im 18. Jh. hier an der Küste lebte; beim **Flagstaff Hill Monument** oberhalb der Stadt und der Sandwich Bay stehen immer noch die Kanonen, die Cartwright vor 200 Jahren zum Schutz der Hafenbucht hier aufstellen ließ.

Die **Gannet Islands Ecological Reserve** vor der Küste ist eine Brutkolonie für Trottellummen, Papageitaucher, Dreizehenmöwen und die größte Tordalkenpopulation der Provinz. Nördlich von Cartwright befindet sich die Stelle, an der Wikinger-Seefahrer zum ersten Mal die Küste erblickt haben sollen: Wunderstrands, ein toller, 56 km langer goldener Sandstrand. Ein örtlicher Tourenanbieter, **Experience Labrador** (✆ 709/653-2244 oder 877/938-7444), bietet eine Seekajaktour zu Wunderstrands mit Übernachtung für $ 350/Person. Das Unternehmen hat zudem viele andere Seekajaktouren im Angebot und berechnet für Bootstouren pro Tag etwa $ 250.

Übernachten/Essen und Trinken

Das **Cartwright Hotel** (3 Airport Rd., ✆ 709/938-7414, www.cartwrighthotel.ca) bietet zehn einfache Motelzimmer ($ 100 für 1 Pers., $ 110–140 für 2 Pers.), alle mit Kabel-Fernsehern und Kaffeemaschine. Zum Hotel gehört auch ein Restaurant, wo es von Brathähnchen bis hin zu Lachs alles gibt. Außerdem lädt die Eagle's Nest Lounge des Hotels samstagabends zum Tanz.

Zentral-Labrador

Happy Valley-Goose Bay

Happy Valley-Goose Bay (7500 Einw.) erstreckt sich über eine sandige Halbinsel zwischen dem Churchill River, der Goose Bay und dem Terrington Basin am Ende des Lake Melville. Obwohl es sehr abgelegen ist, ist es durch eine ungeteerte Straße und Fähr- und Flugverbindungen mit der Außenwelt verbunden.

Während des Zweiten Weltkriegs richteten die kanadischen Streitkräfte in Goose Bay mit Unterstützung des britischen Luftfahrtministeriums und der amerikanischen Luftwaffe einen riesigen Luftwaffenstützpunkt mit zwei Landebahnen ein. Bis zum Ende des Krieges landeten hier während ihrer Atlantiküberquerung 24.000 Flugzeuge zum Auftanken. Heute dient der Flughafen als Trainingszentrum für die kanadische, britische, niederländische, italienische und deutsche Luftwaffe, da die vier letztgenannten Länder über keinen geeigneten Luftraum für das Üben von Tiefflügen verfügen. Goose Bay ist außerdem ein wichtiger Auftankflughafen für Transatlantikflüge, und die Landebahn ist so lang, dass hier im Notfall auch Raumfähren landen können. Am 11. September 2001 machte die Stadt Schlagzeilen, als sich der Flughafen mit Linienflugzeugen füllte, die von ihren ursprünglichen Zielflughäfen umgeleitet worden waren.

Happy Valley-Goose Bay bestand zunächst aus zwei getrennten Orten: Goose Bay am Rande des wichtigen Luftwaffenstützpunkts und dem benachbarten Happy Valley,

Karte siehe Farbteil S. 7

Labrador

das sich zum Wohn- und Einkaufsbereich für die auf dem Stützpunkt Beschäftigten entwickelte. 1961 wurden die beiden Teile zu Happy Valley-Goose Bay verschmolzen, und der erste Stadtrat wurde gewählt, die erste städtische Regierungsgewalt Labradors. Immer noch wird zwischen den beiden Stadtteilen unterschieden, sodass man zur Orientierung unbedingt eine Karte benötigt. Goose Bay ist mit Happy Valley durch die L-förmige Hamilton River Road, die Hauptstraße, verbunden.

Sehenswertes in der Stadt

Das **Northern Lights Military Museum** (170 Hamilton River Rd., ✆ 709/896-5939; Di–Sa 9–17.30 Uhr) im Northern Lights Building bietet Informationen zur Militärgeschichte vom Ersten Weltkrieg bis zum Vietnamkrieg. Ausgestellt sind z. B. Uniformen, Medaillen, Dokumente, Waffen und Fotos. Im selben Gebäude sind im **Trapper's Brook Animal Display** ausgestopfte einheimische Tiere zu sehen – von Bibern und Bären bis hin zu Weißkopf-Seeadlern. Außerdem beherbergt das Gebäude noch das **Labrador Institute** (✆ 709/896-6210), das zur Memorial University of Newfoundland gehört. Hier sind für die Öffentlichkeit v. a. eine Sammlung historischer Karten und Fotos und eine Kunsthandwerksausstellung von Interesse.

North West River

Diese Gemeinde mit 500 Einw. nordöstlich von Goose Bay, 38 km entlang der Route 520, war bis in die 1940er-Jahre hinein das „städtische" Zentrum dieser Gegend. Die Siedlung wurde 1743 als französische Handelsniederlassung gegründet, die heutigen Einwohner sind Nachfahren französischer, englischer und schottischer Siedler.

Im Ort gibt es zwei lohnenswerte Sehenswürdigkeiten. Das **Labrador Interpretation Centre** (Portage Rd., ✆ 709/497-8566; Di–So 13–16 Uhr; Eintritt frei) bietet interessante Exponate zur Natur- und Besiedlungsgeschichte des „Großen Landes". Hinter dem Centre führt die Portage Road zu den Piers und bietet nette Panoramablicke. Wer Einheimische treffen möchte, sollte am späten Nachmittag hierherkommen, wenn die Innu-Fischer aus den übers Wasser gespannten Netzen den Tagesfang einholen. Das **Labrador Heritage Museum** (Portage Rd., im Sommer Mi–So 8.30–16.30 Uhr; Eintritt $ 2, Kinder $ 1) in einem Originalgebäude der Hudson's Bay Company bietet anhand von Fotos, Manuskripten, Büchern, Artefakten, Fellen, Mineralien u.v.a.m. Einblicke in die Geschichte Labradors.

Reisepraktisches

• *Übernachten* Die günstigsten Übernachtungsmöglichkeiten bieten B&Bs. **Davis' Bed and Breakfast** (14 Cabot Cres., Happy Valley, ✆ 709/896-5077; $ 40–50 für 1 Pers., $ 50–60 für 2 Pers.) verfügt über vier Gästezimmer mit Bad. Ein kleines Frühstück ist inbegriffen, ein warmes kostet extra. Außerdem gibt es ein Speisezimmer, eine Laundry und draußen einen Sitzbereich.

Happy Valley-Goose Bay wartet mit mehreren Motels auf, die zumeist auf Geschäftsreisende ausgerichtet sind. Im Allgemeinen sind die Zimmer akzeptabel und teuer. Das **Royal Inn and Suites** (3 Royal Ave., Goose Bay, ✆ 709/896-2456 oder 888/440-2456, www.royalinnandsuites.ca) ist vielleicht das beste dieser Motels. Es bietet 29 helle, moderne Zimmer ab $ 83 für 1 Pers. und $ 93 für 2 Pers. Die Business Class Suites ($ 125 für 1 Pers., $ 135 für 2 Pers.) haben separate Schlafzimmer, TV und DVD, Küche und einen schnellen Internetzugang.

Die beiden anderen Motels der Stadt liegen gegenüber vom Loring Drive, der Zufahrtsstraße zum Flughafen, nebeneinander an der Hamilton River Road. Das **Labrador Inn** (380 Hamilton River Rd., ✆ 709/896-3351 oder 800/563-2763, www.labradorinn.nf.ca; $ 95–125) bietet 74 einfache und Deluxe-Zimmer, ein Restaurant, eine Lounge und Flughafen-Shuttlebusse.

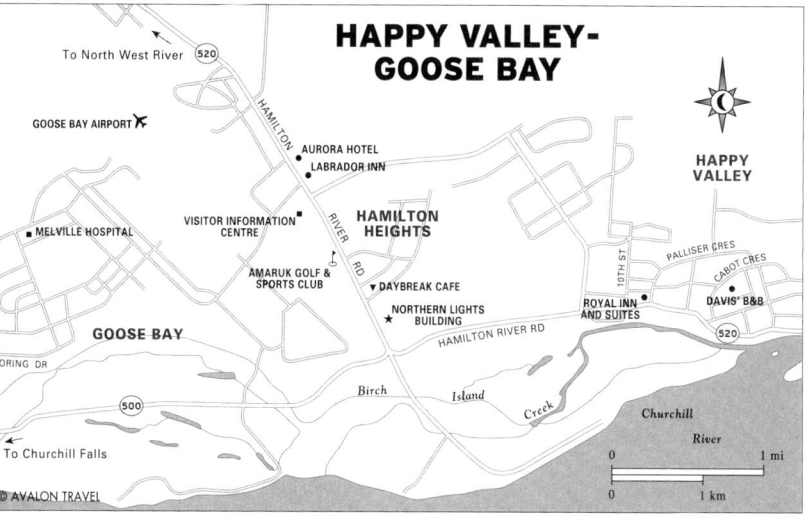

HAPPY VALLEY-GOOSE BAY

To North West River (520)

GOOSE BAY AIRPORT ✈

AURORA HOTEL
LABRADOR INN

HAPPY VALLEY

VISITOR INFORMATION CENTRE

HAMILTON HEIGHTS

MELVILLE HOSPITAL

AMARUK GOLF & SPORTS CLUB

DAYBREAK CAFE

NORTHERN LIGHTS BUILDING

PALLISER CRES

CABOT CRES

ROYAL INN AND SUITES

DAVIS' B&B

GOOSE BAY

HAMILTON RIVER RD.

(520)

...ORING DR

(500)

Birch

Island

Creek

Churchill River

To Churchill Falls

0   1 mi
0   1 km

© AVALON TRAVEL

• *Essen und Trinken* Die Hamilton River Road ist von Schnellimbissen gesäumt, darunter einer Filiale der überall anzutreffenden, beliebten Kaffee-und-Doughnut-Kette **Tim Hortons** (220 Hamilton River Rd., ✆ 709/896-5666). Weiter den Berg hinunter serviert das **Daybreak Café** (178 Hamilton River Rd., ✆ 709/896-0936) tägl. ab 7 Uhr herzhaftes Frühstück und später gesundes Mittagessen.

Die Einheimischen zieht es, sofern sie Lust auf Rindfleisch haben, ins **Tricia Dee's Steak and Rib** (96 Hamilton River Rd., ✆ 709/896-3545; tägl. mittags und abends), wo Premiumrindfleisch aus Westkanada und gegrillte Rippchen auf der Speisekarte stehen. Alle möglichen Arten von Steaks werden nach Wunsch der Gäste zubereitet. Bei den hausgemachten Desserts locken besonders die dunkle, schwere Schwarzwälder Kirschtorte ($ 6) und die Obst- und Sahnekuchen.

Das **Caribou Restaurant** (Aurora Hotel, 382 Hamilton River Rd., ✆ 709/896-3398) bringt typisch kanadische Gerichte sowie einige örtliche Spezialitäten wie mittags Elch- und Karibu-Hamburger ($ 8) auf den Tisch. Abends kosten die Hauptgerichte erschwingliche $ 15–27. Lockere Atmosphäre. Das **Banniken's** (380 Hamilton River Rd., ✆ 709/896-3351) im benachbarten Labrador Inn gibt sich etwas formeller; abends zieren Leinentischdecken die Tische. Auf der Speisekarte stehen viele Labrador- und Pasta-Gerichte, Lenden- und T-Bone-Steaks sowie Rippchen – alles für $ 18–31.

• *Information* Die **Labrador-Lake Melville Tourism Association** (✆ 709/896-3489, www.tourismlabrador.com) betreibt an der Hauptstraße (365 Hamilton River Rd.; Juni–Sept. Mo–Fr 8–20, Sa/So 8–17 Uhr) ein nützliches Informationszentrum.

• *Adressen* Das **Melville Hospital** (auch Grenfell Hospital genannt) ist im Building 550, G Street (Nähe 5th Av.) untergebracht.

Die **RCMP** (149 Hamilton River Rd.) ist unter ✆ 709/896-3383 zu erreichen.

Postämter gibt es an der Hamilton River Road und am Flughafen.

• *Verbindungen* **Air Canada** (✆ 888/247-2262) fliegt von Halifax und Toronto nach Goose Bay. **Air Labrador** (✆ 709/758-0002 oder 800/563-3042, www.airlabrador.com) bietet direkte Verbindungen zwischen der Provinzhauptstadt St. John's und Goose Bay sowie Flüge über Deer Lake. Air Labrador fliegt außerdem von Montreal nach Wabush und dann weiter nach Goose Bay und unterhält Verbindungen zwischen Blanc Sablon und Goose Bay. **Provincial Airlines** (✆ 709/576-3943 oder 800/563-2800, www.provair.com) bietet u. a. von Montreal und St. John's Verbindungen nach Goose Bay.

• *Mietwagen* **Budget** (✆ 709/896-2973) und **National** (✆ 709/896-5575) haben sowohl in der Stadt als auch am Flughafen Niederlassungen, erlauben aber nicht, dass man mit ihren Fahrzeugen den Trans-Labrador Highway befährt. **Deluxe Cabs** (✆ 709/896-2424) berechnen für Fahrten innerhalb von Goose Bay etwa $ 6; vom Flughafen nach Happy Valley oder umgekehrt kostet es $ 15.

Churchill Falls

Churchill Falls, 288 km westlich von Goose Bay, ist eine relativ moderne Stadt, die der Versorgung der Beschäftigten eines der größten Wasserkraftwerke Nordamerikas dient. Auf einem 32 km langen Abschnitt verliert der Churchill River mehr als 300 m an Höhe – ideal für die Erzeugung von Strom. Dank einer unglaublichen ingenieurstechnischen Leistung wird das Wasser unter die Erde zu riesigen Turbinen umgeleitet, die 5220 MW Strom erzeugen. Im Büro in der Stadt (✆ 709/925-3335) können zweistündige Führungen durch die Anlage arrangiert werden.

Das **Churchill Falls Inn** (✆ 709/925-3211 oder 800/229-3269; $ 85 für 1 Pers., $ 95 für 2 Pers.) ist eine moderne Unterkunft mit 21 Zimmern beim Hauptbürokomplex der Stadt. Die Nutzung der Hotelschwimmhalle ist für Gäste kostenlos.

Labrador City und Wabush

Westlich von Churchill Falls liegen 5 km voneinander entfernt die beiden Orte Labrador City und Wabush, 530 km westlich von Goose Bay und nur 23 km von der Grenze nach Quebec entfernt. Die Einwohner von Labrador wussten schon im späten 19. Jh. vom Eisenerzvorkommen der Region, und 1958 wurden gewaltige Erzvorkommen entdeckt. Die Iron Ore Company of Canada und die Wabush Mines, die das Lebenselixier der beiden Orte darstellen, sind zusammen die größten Erzlieferanten der kanadischen Stahlindustrie. Beide Unternehmen bauen zusammen jährlich 20 Mio. Tonnen Eisenerz ab.

Die Übernachtungsmöglichkeiten in den beiden Orten sind auf etwas mehr als 100 Zimmer in drei Motels beschränkt. Das **Two Seasons Inn** (Avalon Dr., Labrador City, ✆ 709/944-2661 oder 800/670-7667, www.twoseasonsinn.com; $ 97 für 1 Pers., $ 105 für 2 Pers.) bietet 37 Zimmer mit dem üblichen Standard, einen Flughafen-Shuttleservice, ein Restaurant und alle Einrichtungen eines Großstadthotels. Das **Wabush Hotel** (9 Grenfell Dr., Wabush, ✆ 709/282-3221, www.wabushhotel.com; $ 98 für 1 Pers., $ 108 für 2 Pers.) ist ein imposantes Anwesen aus den 1960er-Jahren. Seitdem sind die 68 Zimmer mehrmals aufgefrischt worden; das Hotel wartet im angeschlossenen Restaurant mit einem chinesischen und kanadischen Mittagsbuffet sowie Abendessen auf, und es gibt ein kleines Geschäft.

Im **Duley Lake Family Park** (10 km westl. von Labrador City, ✆ 709/282-3660; Ende Mai bis Sept.) kann man für $ 12 pro Nacht zwischen Stellplätzen am See und am Fluss wählen. Der Campingplatz verfügt über einen Sandstrand und bietet Möglichkeiten zum Bootfahren, Angeln und Picknicken. Der **Grande Hermine Park** (45 km östl. von Labrador City, ✆ 709/282-5369; Juni–Aug.) bietet ab $ 12 pro Nacht 45 Stellplätze mit Stromanschluss und 30 Stellplätze ohne Anschlüsse. Es gibt eine Bootsrampe, einen Laden und einen Paddelbootverleih.

Besitzansprüche auf Labrador

Seit Jahrhunderten behaupten die Frankokanadier: „Labrador ist ein Teil von Quebec!" Die Briten und die Neufundländer haben darauf immer mit einem klaren „Nie!" geantwortet.

Labrador ist ein erstklassiges Land, und Quebec hat diese nordöstliche Ecke von Nordamerika schon seit Langem im Auge. Das Interesse Quebecs an Labrador geht auf das Jahr 1744 zurück, als die Franzosen mit den Briten einen Deal aushandelten: Quebec wurde die rechtliche Zuständigkeit für Labrador zugesprochen, die Insel Neufundland erhielt dafür die Fischereirechte für die Küstengewässer vor Labrador. Der Pariser Friedensvertrag von 1763 ging noch einen Schritt weiter und sprach Neufundland ganz Labrador zu, wobei aber die Grenzen nicht klar definiert wurden. Weiter gestärkt wurde der neufundländische Besitzanspruch 1825, als durch den British North America Act die Südgrenze Labradors zu Quebec auf den 52. Breitengrad festgelegt wurde.

In den 1860er-Jahren, als das Dominion Kanada gebildet wurde, wurde der Disput um Labrador von einem Streit zwischen Frankreich und England zu einer Auseinandersetzung, die die neue Kanadische Konföderation betraf. Quebec bestritt den englischen Herrschaftsanspruch über Labrador nie, stellte aber den Verlauf der Grenze infrage. 1898 verlief die Grenze Quebecs inoffiziell sehr weit im Osten bei der heutigen Stadt Happy Valley-Goose Bay.

For Sale: Labrador

Neufundland bot 1909 Labrador für $ 9 Mio. zum Verkauf an, aber niemand wollte es haben. In den folgenden Jahren wurde der genaue Grenzverlauf Labradors für England zu einem leidigen Problem, sodass 1927 ein Rechtskomitee in London die Grenze Labradors auf der „Höhe des Landes" festlegte, der Wasserscheide zwischen dem Atlantik und der Ungava Bay, die auch die heutige Provinzgrenze ist. Durch diese Entscheidung erhielt Labrador den keilförmigen Labradortrog, ein Delta mit reichen Eisenerzvorkommen und Flüssen, die sich bestens für die Stromgewinnung durch Wasserkraft eignen.

Quebecs Macht nimmt zu

Die einzige Straßenverbindung nach Labrador führt durch Quebec, sodass es nicht verwundert, dass diese Provinz für die Wirtschaft von Labrador von großer Bedeutung wurde. Anfang der 1970er-Jahre kaufte sich Quebec in die Wasserkraftindustrie Labradors ein. Das sich im Besitz der Provinz Quebec befindliche Unternehmen Hydro-Québec macht in Labrador heute einen jährlichen Gewinn in Höhe von $ 200 Mio., während Neufundland, dem ebenfalls ein Teil der Gesellschaft gehört, nur $ 12 Mio. einnimmt. Ironischerweise erhalten weder Neufundland noch Labrador selbst von der Gesellschaft produzierten Strom.

Bis zum heutigen Tag steht eine vollständige Vermessung der Westgrenze der Provinz aus, und Quebec hält die Grenzfrage nach wie vor für offen. Zwischen den beiden Provinzen existiert ein fragiler Status quo, aber durch die Umbenennung der Provinz Neufundland in Neufundland und Labrador im Jahr 2001 wurde offiziell anerkannt, dass Labrador zu Neufundland gehört.

Nunatsiavut

Im Jahr 2004 konnten die Inuit von Labrador nach 30 Jahren endlich einen Erfolg erzielen in dem Prozess, den sie um ihr Land führten. Die Ureinwohner, vertreten durch die **Labrador Inuit Association** (✆ 709/922-2942, www.nunatsiavut.com), genießen jetzt in einem 142.000 km^2 großen Gebiet, das sich vom Lake Melville nach Norden bis zum Torngat Mountains National Park erstreckt, besondere Rechte. Der Nationalpark wurde im Rahmen der Befriedigung der Landansprüche eingerichtet.

Nordküste

Die Nordküste Labradors ist so etwas wie der Inbegriff Labradors: rau und mit den zerklüfteten Bergketten Torngat, Kaumajet und Kiglapait im Norden sehr majestätisch.

Gemäß dem Pariser Frieden von 1763 wurde die Küste Labradors zu einem Teil der britischen Kolonie Neufundland. Doch erst als Missionare der Moravian Church (Herrnhuter Brüdergemeinde), einer protestantischen Glaubensgemeinschaft aus Böhmen, hier im 19. Jh. aus vorgefertigten Holzgebäuden Missionsstationen errichteten, hielt die europäische Architektur an der Nordküste Einzug. In diesen abgelegenen Siedlungen an der Nordküste – Rigolet, Postville, Makkovik und Nain – ließen sich auch die Ureinwohner, die Inuit, nieder. Im Verlauf der vergangenen 100 Jahre haben sich diese Siedlungen kaum verändert, und das Leben der Menschen hier verläuft nach wie vor in traditionellen Bahnen.

Verbindungen

Die Nordküste Labradors ist auf dem Luft- und Seeweg zu erreichen. Die Siedlungen sind durch Flüge von **Air Labrador** (℡ 709/753-5593 oder 800/563-3042, www.airlabrador.com) ab Goose Bay mit der Außenwelt verbunden, außerdem durch eine Güter- und Passagierfähre, die von Goose Bay bis zum Endpunkt ihrer Reise in den Norden in Nain zwei Tage benötigt. Die Fahrt mit dieser Fähre, der **MV Northern Ranger,** ist ein echtes Abenteuer. Die einfache Fahrt von Goose Bay nach Nain kostet für Erwachsene $ 143. Für eine Schlafkoje in einer Kabine sind $ 80 zu berappen, für eine eigene Kabine ab $ 450. Nähere Informationen sind unter ℡ 800/563-6353 erhältlich. Auf der Website www.tw.gov.nl.ca/ferryservices finden sich Fahrpläne und Preise sowie eine Entfernungstabelle.

Makkovik

Nach dem Zwischenstopp in Rigolet beginnt die MV *Northern Ranger* ihre lange Reise über den offenen Ozean und erreicht 18 Std. nach der Abfahrt von Goose Bay Makkovik (400 Einw.). Auf dem Weg nach Norden hält die Fähre hier für 1:30 Std., auf dem Rückweg für 3 Std. Als Erster ließ sich Anfang des 19. Jh. ein norwegischer Pelzhändler in Makkovik nieder; 1896 errichteten die Herrnhuter hier eine Missionsstation. Heute beherbergt das zweistöckige Missionsgebäude das **White Elephant Museum** (Juli/Aug. tägl. 13–17 Uhr, oder Terminvereinbarung unter ℡ 709/923-2262). Geschäfte wie das **Makkovik Craft Centre** (℡ 709/923-2246) verkaufen Inuit-Kunsthandwerk wie Pelzmützen, -stiefel und -handschuhe, Parkas, Elchledermokassins und Schmuck aus Knochen und Hirschhorn.

Das **Adlavik Inn** (7 Willow Creek Ln., ℡ 709/923-2389, www.labradorabletours.com; $ 95–130 für 1/2 Pers.) direkt am Wasser bietet die einzigen fünf Gästezimmer am Ort; wer also in Makkovik übernachten möchte, sollte vorher unbedingt anrufen. Die Zimmer verfügen über TV und Telefon, und Mahlzeiten gibt es im benachbarten Restaurant.

Hopedale

Etwa 110 Seemeilen nördlich von Makkovik und 122 Meilen vor Nain legt die MV *Northern Ranger* einen zweistündigen Stopp in Hopedale ein; das ist gerade genug Zeit, um an Land zu gehen und sich die **Hopedale Mission National Historic Site**

(✆ 709/933-3777; Eintritt $ 6) von 1782 mit dem ältesten Holzhaus östlich von Quebec anzusehen. Ein restauriertes Lagerhaus der Hudson's Bay Company ist in ein Museum umgewandelt worden; zu sehen sind außerdem: Hütten, ein Wohnhaus und ein Friedhof. Das Museum ist normalerweise immer dann geöffnet, wenn die Fähre hier anlegt.

Übernachtungsmöglichkeiten gibt es im **Amaguk Inn** (✆ 709/933-3750, www. labradoradventures.com) mit zwölf Zimmern, das $ 105–115 für 1/2 Pers. verlangt. Das Inn bietet außerdem Mahlzeiten für Gäste und Nicht-Gäste an.

Nain und der hohe Norden

Atemberaubende Küstenlandschaften, Zwischenaufenthalte in abgelegenen Dörfern und die Chance, Wale und Eisberge zu sehen, machen die lange Fahrt an Bord der MV *Northern Ranger* Richtung Norden zu einem echten Abenteuer, aber nach zwei Tagen auf dem Schiff freut man sich doch, wenn der Kapitän die Ankunft in Nain ankündigt. Anfang des 20. Jh. fiel ein Drittel der Ureinwohner an der Nordküste der Spanischen Grippe zum Opfer, die von einem Versorgungsschiff eingeschleppt worden war. Die überlebenden Inuit siedelten sich in Nain an, das jetzt etwas mehr als 1000 Einw. Zählt und die nördlichste Gemeinde an der Küste Labradors ist. Das Leben hier oben im hohen Norden ist hart – Strom liefern Dieselgeneratoren, Nahverkehrsmittel ist im Sommer das Boot und im Winter das Schneemobil; die einzigen Straßen gibt es im Ort selbst. Die Geschichte der Besiedlung von Nain wird im **Nain Piulimatsivik** (Inuit für „Nain-Museum") u. a. anhand von Artefakten der Inuit und Herrnhuter dargestellt.

Reisepraktisches

• *Übernachten/Essen und Trinken* Die einzige Übernachtungsmöglichkeit ist die **Atsanik Lodge** (Sand Banks Rd., ✆ 709/922-2910; $ 115 für 1 Pers., $ 135 für 2 Pers.). Jedes der 25 Zimmer verfügt über Kabel-Fernsehen, Telefon und Bad. Die Lodge wartet außerdem mit Lounge, Restaurant und Laundry auf und ist ganzjährig geöffnet. Außerdem gibt es drei Geschäfte, einen Imbiss und einen Schneemobilhändler.

• *Verbindungen* Wer mit der Fähre angekommen ist, hat für die Erkundung des Ortes vor der Rückreise nur 3 Std. zur Verfügung. Eine andere Möglichkeit ist, eine Strecke mit **Air Labrador** (✆ 709/753-5593 oder 800/563-3042) zu fliegen. Der Flug nach/von Goose Bay kostet pro Strecke $ 300 plus etwa $ 120 Steuern.

Voisey Bay

Bis zum Verbot der Kabeljaufischerei war Nain von der Fischindustrie geprägt. Heute erscheint der Bergbau von Voisey Bay, 35 km Richtung Süden, als ökonomischer Motor der Zukunft. Voisey Bay birgt die größten bekannten Nickel- und Kupfervorkommen der Erde; die Hauptaufbereitungsanlage wurde 2006 fertiggestellt.

Weiter Richtung Norden

Die nördlichste erhaltene Missionsstation der Herrnhuter an der abgelegenen Kangershutsoak Bay, 140 Seemeilen nördlich von Nain, ist als **Hebron Mission National Historic Site**) geschützt. Der Bau der Station mit Kirche, Wohngebäude und Geschäft begann 1829, betrieben wurde die Station bis 1959. **Nature Trek Canada** (✆ 250/653 4265, www.naturetrek.ca) legt hier auf den geführten Touren entlang der Nordküste von Labrador einen Zwischenaufenthalt ein.

Karte siehe Farbteil S. 7

Labrador

Verlagsprogramm

Ägypten
- Ägypten
- Sinai & Rotes Meer

Australien
- Australien – der Osten

Baltische Länder
- Baltische Länder

Belgien
- *MM-City* Brüssel

Bulgarien
- Schwarzmeerküste

China
- *MM-City* Shanghai

Cuba
- Cuba
- *MM-City* Havanna

Dänemark
- *MM-City* Kopenhagen

Deutschland
- Allgäu
- Altmühltal & Fränkisches Seenland
- *MM-City* Berlin
- Berlin & Umgebung
- Bodensee
- *MM-City* Dresden
- Fehmarn
- Franken
- Fränkische Schweiz
- *MM-City* Hamburg
- Mainfranken
- Mecklenburgische Seenplatte
- Mecklenburg-Vorpommern
- *MM-City* München
- *MM-Wandern* Münchner Ausflugsberge
- Nürnberg, Fürth, Erlangen
- Oberbayerische Seen
- Ostfriesland und Ostfriesische Inseln
- Ostseeküste – von Lübeck bis Kiel
- Ostseeküste – Mecklenburg-Vorpommern
- Pfalz
- Rügen, Stralsund, Hiddensee
- Südschwarzwald
- Schwäbische Alb
- Usedom
- *MM-Wandern* Westallgäu und Kleinwalsertal

Dominikanische Republik
- Dominikanische Republik

Ecuador
- Ecuador

Frankreich
- Bretagne
- Côte d'Azur
- Elsass
- *MM-Wandern* Elsass
- Haute-Provence
- Korsika
- Languedoc-Roussillon
- *MM-City* Paris
- Provence & Côte d'Azur
- *MM-Wandern* Provence
- Südfrankreich
- Südwestfrankreich

Griechenland
- Athen & Attika
- Chalkidiki
- Griechenland
- Griechische Inseln
- Karpathos
- Kefalonia & Ithaka
- Korfu
- Kos
- Kreta
- *MM-Wandern* Kreta
- Kykladen
- Lesbos
- Naxos
- Nord- u. Mittelgriechenland
- Nördl. Sporaden – Skiathos, Skopelos, Alonnisos, Skyros
- Peloponnes
- Rhodos
- Samos
- Santorini
- Thassos, Samothraki
- Zakynthos

Großbritannien
- Cornwall & Devon
- England
- *MM-City* London
- Schottland
- Südengland

Irland
- *MM-City* Dublin
- Irland

Island
- Island

Italien
- Abruzzen
- Apulien
- Adriaküste
- Chianti – Florenz, Siena, San Gimignano
- Cilento
- Dolomiten – Südtirol Ost
- Elba
- Friaul-Julisch Venetien
- Gardasee
- Golf von Neapel
- Italien
- Kalabrien & Basilikata
- Lago Maggiore
- Ligurien – Italienische Riviera, Genua, Cinque Terre
- Liparische Inseln
- Marken
- Mittelitalien
- Oberitalien
- Oberitalienische Seen
- Piemont & Aostatal
- *MM-City* Rom
- Rom & Latium
- Sardinien
- *MM-Wandern* Sardinien

- Sizilien
- Südtirol
- Südtoscana
- Toscana
- Umbrien
- *MM-City* Venedig
- Venetien

Kanada
- Kanada –
  der Osten
- Kanada –
  der Westen

Kroatien
- Istrien
- Kroatische Inseln &
  Küste
- Mittel- und
  Süddalmatien
- Nordkroatien –
  Kvarner Bucht

Malta
- Malta, Gozo,
  Comino

Marokko
- Südmarokko

Montenegro
- Montenegro

Neuseeland
- Neuseeland

Niederlande
- *MM-City* Amsterdam
- Niederlande

Norwegen
- Norwegen
- Südnorwegen

Österreich
- Salzburg &
  Salzkammergut
- Wachau, Wald- u.
  Weinviertel
- *MM-City* Wien

Polen
- *MM-City* Krakau
- Polnische
  Ostseeküste
- *MM-City* Warschau

Portugal
- Algarve
- Azoren
- *MM-City* Lissabon
- Lissabon &
  Umgebung
- Madeira
- *MM-Wandern*
  Madeira
- Nordportugal
- Portugal

Russland
- *MM-City*
  St. Petersburg

Schweden
- Südschweden

Schweiz
- Genferseeregion
- Graubünden
- Tessin

Slowakei
- Slowakei

Slowenien
- Slowenien

Spanien
- Andalusien
- *MM-City* Barcelona
- Costa Brava
- Costa de la Luz
- Gomera
- *MM-Wandern*
  Gomera
- Gran Canaria
- *MM-Touring* Gran
  Canaria
- Ibiza
- Katalonien

- Lanzarote
- La Palma
- *MM-Wandern* La
  Palma
- *MM-City* Madrid
- Madrid &
  Umgebung
- Mallorca
- *MM-Wandern*
  Mallorca
- Nordspanien
- Spanien
- Teneriffa
- *MM-Touring*
  Teneriffa

Tschechien
- *MM-City* Prag
- Südböhmen
- Tschechien
- Westböhmen &
  Bäderdreieck

Türkei
- *MM-City* Istanbul
- Türkei
- Türkei – Lykische
  Küste
- Türkei –
  Mittelmeerküste
- Türkei – Südägäis
  von İzmir bis Dalyan
- Türkische Riviera –
  Kappadokien

Tunesien
- Tunesien

Ungarn
- *MM-City* Budapest
- Westungarn,
  Budapest, Pécs,
  Plattensee

USA
- *MM-City* New York

Zypern
- Zypern

Aktuelle Informationen zu allen Reiseführern finden Sie im Internet unter
www.michael-mueller-verlag.de

Michael Müller Verlag GmbH, Gerberei 19, 91054 Erlangen

Tel. 0 91 31 / 81 28 08-0; Fax 0 91 31 / 20 75 41; E-Mail: info@michael-mueller-verlag.de

Register

Abram-Village 422
Adressangaben 94
Advocate Harbour 236
Akadien 42
Akadier 46, 375
Akadische Halbinsel 372
Akadische Küste (New Brunswick) 349
Akadische Küste (Nova Scotia) 200
Alberton 425
Alkohol 95
Alma 324
Amherst 237
Anchor Cove 513
Angeln 74
Annapolis Royal 209
Annapolis Valley 216
Anreise 61
   Bahn 65
   Bus 65
   Fähre 66
   Flugzeug 63
Antigonish 248
Apotheken 96
Arbeiten in Kanada 107

Argentia 476
Arisaig 247
Ärztliche Versorgung 96
Atlantischer Lachs 370
Aulac 363
Avalon Peninsula 471

B&Bs 86
Baccalieu Trail 471
Baddeck 268
Baie des Chaleurs 372
Balmoral Mills 241
Barrington 192
Bartibog Bridge 372
Bathurst 376
Battle Harbour 527
Bay Fortune 438
Bay of Fundy 24, 197, 290
Bed and Breakfast 86
Behinderte 96
Bell, Alexander Graham 269
Beothuk 41, 491
Bergbau 52
Bevölkerung 54
Biber 37
Bideford 419

Big Pond 265
Bird Cove 512
Blomidon Peninsula 218
Bluenose 179
Boat Harbour 481
Boiestown 372
Bonavista 486
Bonavista Peninsula 484
Borden-Carleton 397
Bouctouche 366
Boyd's Cove 490
Brackley Beach 399
Bras d'Or Lakes 265, 270
Brendan der Reisende 41
Bridgetown 216
Bridgewater 185
Brier Island 208
Burin 481
Burin Peninsula 481

Cabot Trail 276
Cabot, John 41
Cajuns 46
Campbellton 377
Campgrounds 87
Campobello Island 318

Canada Act 50
Canning 218
Canso 257
Cape Breton Island 260
Cape George 247
Cape Jourimain 364
Cape North 277
Cape Sable Island 192
Cape Shore 476
Cape Split 219
Cape Tormentine 364
Cap-Egmont 422
Cap-Pelé 365
Caraquet 374
Cardigan 438
Cartier, Jacques 43
Cartwright 529
Cavendish 404
Ceilidhs 56, 266
Ceilidh Trail 266
Centreville 208
Champlain, Samuel de 42
Charlottetown 379
Chester 169
Chéticamp 273
Churchill Falls 532
Clarenville 484
Comeauville 202
Confederation Bridge 67
Confederation Trail 426
Constitution Act 48
Corner Brook 495
Côte Acadienne (Nova
    Scotia) 200
Country Harbour 256
Cow Head 505
Crowbush Cove 444

Daniel's Harbour 510
Dartmouth 138
Datumsangaben 97
Deer Island 317
Deer Lake 494
Denys, Nicholas 43
Digby 203
Digby Neck 208
Digby Scallops
    (Jakobsmuscheln) 206
Diplomatische
    Vertretungen 97

Doaktown 371
Dog Peninsula 512
Dominion of Canada 48

East Point 442
Edmundston 347
Einkaufen 80
Einreisebestimmungen 61
Eisbären 35
Eisberge 492
Eishockey 80
Elche 33
Elmira 442
Energiewirtschaft 53
Essen 89
Evangéline 420

Feiertage 98
Ferryland 474
Fische 38
Fischerei 52
Flowers Cove 513
Forstwirtschaft 52
Forteau 524
Franzosen- und
    Indianerkriege 44
Fredericton 330, 331
Freizeit 72
Fundy-Inseln 317
Fundy-Küste (New
    Brunswick) 24, 290
Fundy-Küste
    (Nova Scotia) 24, 197

Gagetown 343
Gander 489
Geld 98
Geografie 22
Georgetown 438
Geschichte 40
Gesundheit 100
Gewichte 108
Gezeiten 24
Giftshops 102
Gilbert's Cove 203
Glace Bay 287
Glooscap Trail 233
Grand Bank 482
Grand Falls 346
Grand Falls-Windsor 493
Grand Manan Island 319

Grand Pré 222
Grand Tracadie 398
Grande-Anse 375
Grand-Sault 346
Grenfell, Wilfred 524
Grosses Coques 203

Halifax 119
Happy Valley-Goose Bay 529
Harper, Stephen 50
Hopedale 534
Hopewell Cape 326
Hopewell Rocks 326
Hostels 87
Hotels 83
Hubbards 168

Ile Lamèque 373
Iles de la Madeleine 441
Indian Summer 26
Indigene Völker 57
Information 102
Ingonish 280
Internet 103
Inuit 58
Inuktitut 60
Inverness 267
Iona 267
Irish Loop 475
Isle Madame 264

Jakobsmuscheln 206
Joggins 236

Kabeljau 470
Kajakfahren 76
Kanufahren 76
Karibus 35
Kensington 417
Kentville 217
Kidston Island 270
Kinder 106
Kings Landing Historical
    Settlement 345
Klima 25
Konföderation 48
Kultur 54
Kunsthandwerk 80

L'Anse Amour 525
L'Anse aux Meadows 515
L'Anse-au-Clair 523

Labrador 519
Labrador City 532
Labrador Straits 522
Lac-Baker 348
Lachs 370
LaHave Islands 186
Lamèque 373
Landkarten 107
Landwirtschaft 53
Lark Harbour 497
Lawrencetown 249
Lennox Island 420
Liscomb Mills 254
Liverpool 186
Lobster Cove Head 505
Long Island 208
Longfellow, Henry
    Wadsworth 46
Louisbourg 287
Luchse 36
Lunenburg 177

Mabou 266
MacDonald, John A. 48
Mactaquac 344
Mahone Bay 172
Maitland 230
Makkovik 534
Maliseet 58
Malpeque Bay 417
Marble Mountain 497
Margaree River Valley 273
Marine Drive
    (Nova Scotia) 248
Mary's Harbour 527
Maße 108
Mavillette 200
McNabs Island 138
Medien 109
Memramcook 361
Meteghan 201
Meteghan River 202
Métis 59
Mi'kmaq 57
Mietfahrzeug 68
Miminegash 425
Mink Cove 208
Miquelon 482
Miramichi 369
Miramichi River 368

Miscouche 420
Moncton 352
Montague 436
Mont-Carme 421
Montgomery, Lucy Maud 406
Monts, Pierre Dugua de 42
Morell 444
Motels 83
Mount Carleton 23
Mount Stewart 444
Mountainbiken 77
Mückenschutz 101
Murray Harbour 434
Murray River 434
Musquodoboit Harbour 251

Nain 535
Neufundland 445
New Brunswick 290
New London 411
Norstead 516
North Cape 427
North Lake 442
North Rustico 402
Northern Peninsula
    (Neufundland) 510
Northumberland Strait 431
Notruf 110
Nova Scotia 119
Nova Scotia Lighthouse
    Interpretive Centre 256

O'Leary 423
Oak Island 171
Official Languages Act 49, 59
Öffnungszeiten 110
Orwell 431
Oyster Pond 252

Panmure Island 435
Park Corner 411
Parlee Beach 365
Parrsboro 234
Peggy's Cove 166
Pflanzenwelt 30
Pictou 242
Placentia 477
Pleasant Bay 276
Plum Point 512
Point Lepreau 309
Point Prim 432

Pointe de l'Eglise 202
Politik 50
Pooles Corner 437
Port au Choix 510
Port Hastings 263
Port Joli 189
Port Union 486
Port-aux-Basques 500
Post 111
Prince County 412
Prince Edward Island 378
Pugwash 240

Queens County 379

Radfahren 77
Rafting 76, 230
Raleigh 517
Rauchen 111
Red Bay 526
Région Evangéline 420
Reisekosten 12
Reiseplanung 10
Reisezeit 11
Reiseziele 10
Religion 60
Resorts 83
Robben 38
Rocky Harbour 505
Routenvorschläge 13
Rustico Bay 402

Sable Island 250
Sackville 362
Saint John 293
Saint John River 328
Saint-Jacques 347
Salmon River Bridge 251
Sandy Cove 208
Schwarzbären 34
Schwimmen 77
Seafoam 242
Seekarten 107
Segeln 77
Separatismus 49
Shediac 365
Shelburne 189
Shepody National Wildlife
    Area 325
Sherbrooke 255
Shippagan 373

Shubenacadie 228
Sicherheit 112
Skifahren 79
Snowboarden 79
Sober Island 254
Sommerzeit 117
Souris 439
South Shore
  (Nova Scotia) 163
Sport 72
Sprache 59
Springhill 237
Spry Bay 254
St. Andrews 310
St. Ann's 284
St. Anthony 514
St. Barbe 512
St. Bride's 477
St. Croix Island 313
St. George 309
St. John's 445
St. Martins 321
St. Peters 265, 443
Staatsform 50
Stachelschweine 36
Stanhope 398
Stanley Bridge 410
Starr's Point 217
Stephenville 500
Steuern 113
Stinktiere 36
St-Pierre und Miquelon 482
Strait Coast 364
Straßenkarten 107
Stromanschlüsse 113
Studieren in Kanada 108
Summerside 415
Sunrise Coast 239
Surfen 77
Sydney 284

Tangier 253
Telefonieren 113
Temperaturangaben 108
Tidal Bore 24, 76, 230
Tidnish 239
Tierwelt 33
Tignish 426
Toiletten 116
Tor Bay 257

Tourismus 54
Trinity 484
Trinken 89
Trinkgeld 116
Trout River 506
Truro 231
Twillingate 491
Tyne Valley 418

Übernachten 81
Umweltschutz 28

Verfassung 50
Verkehrsmittel 61
  Bahn 65
  Bus 65
  Fähre 66
  Flugzeug 63
  Mietfahrzeug 68
Verkehrsregeln 70
Versicherungen 116
Victoria 396
Vögel 39, 322
Voisey Bay 535
Volksmusik 56, 266

Wabush 532
Wale 38
Wandern 73
Weißwedelhirsche 34
Weltkriege 48
Weltwirtschaftskrise 48
West Point 424
Westport 208
Whalewatching 208
White Point 188
Wikinger 41
Wiltondale 505
Windsor 224
Wintersport 79
Wirtschaft 51
Wolfville 219
Wood Islands 432
Woodstock 346

Yarmouth 193

Zeitzonen 117
Zollbestimmungen 63
Zuschauersport 80

Naturreservate, National- und Provinzparks

Allgemeines 72

Amherst Shore Provincial Park 239

Arches Provincial Park 510

Arisaig Provincial Park 247

Baccalieu Island Ecological Reserve 472

Barachois Pond Provincial Park 500

Blomidon Provincial Park 218

Blow Me Down Provincial Park 497

Brudenell River Provincial Park 437

Buffaloland Provincial Park 436

Burnt Cape Ecological Reserve 517

Cabot Beach Provincial Park 418

Cabot's Landing Provincial Park 277

Campbells Cove Provincial Park 443

Cape Breton Highlands National Park 275

Cape Chignecto Provincial Park 236

Cape St. Mary's Ecological Reserve 477

Cedar Dunes Provincial Park 424

Clam Harbour Provincial Park 253

Daly Point Wildlife Reserve 376

Five Islands Provincial Park 234

Fundy National Park 323

Green Park Provincial Park 419

Gros Morne National Park 502

Herring Cove Provincial Park 318

Jacques Cartier Provincial Park 426

Kejimkujik National Park 214

Kejimkujik National Park Seaside Adjunct 188

Kouchibouguac National Park 367

La Manche Provincial Park 474

Lord Selkirk Provincial Park 432

Mactaquac Provincial Park 344

Martinique Beach Provincial Park 251

Mavillette Beach Provincial Park 200

Mill River Provincial Park 423

Mistaken Point Ecological Reserve 475

Mount Carleton Provincial Park 348

New River Beach Provincial Park 309

Northumberland Provincial Park 433

Panmure Island Provincial Park 436

Parlee Beach Provincial Park 365

Prince Edward Island National Park 443

Sackville Waterfowl Park 362

Salmonier Nature Park 475

Shubenacadie Wildlife Park 230

Sir Richard Squires Provincial Park 494

Smuggler's Cove Provincial Park 201

Sugarloaf Provincial Park 377

Summerville Beach Provincial Park 188

Taylor Head Provincial Park 254

Terra Nova National Park 487

Thomas Raddall Provincial Park 189

Tidnish Dock Provincial Park 239

Tor Bay Provincial Park 257

Upper Clements Wildlife Park 212

Val-Comeau Provincial Park 373

Valleyview Provincial Park 217

Witless Bay Ecological Reserve 473

National Historic Sites

Alexander Graham Bell National Historic Site (Baddeck) 268

Anglican Cathedral of St. John the Baptist (St. John's) 453

Basilica Cathedral of St. John the Baptist (St. John's) 453

Battle Harbour 527

Beaubears Island 375

Canso Islands 258

Cape Spear 458

Carleton Martello Tower (Saint John) 301

Castle Hill (Placentia) 477

Commissariat House (St. John's) 455

Doak (Doaktown) 372

Farmers' Bank of Rustico 402

Fort Anne (Annapolis Royal) 210

Fort Beauséjour (bei Sackville) 363

Fort Edward (Windsor) 224

Fort Howe (Saint John) 300

Fortress of Louisbourg 287

Grand Pré 223

Halifax Citadel 132

Hartland Covered Bridge 346

Hawthorne Cottage (Brigus) 472

Hebron Mission (an der Kangershutsoak Bay) 535

Historic Garrison District (Fredericton) 334

Hopedale Mission 534

L'Anse aux Meadows 515

Loyalist House (Saint John) 297

MacDonald Farm (Bartiboq Bridge) 372

Maritime Archaic Burial Mound (L'Anse Amour) 525

Minister's Island 313

Monument-Lefebvre (Memramcook) 361

Partridge Island 301

Port au Choix 511

Port-la-Joye-Fort Amherst (Charlottetown) 386

Port-Royal (Annapolis Royal) 212

Red Bay 526

Signal Hill (St. John's) 456

St. Andrews Blockhouse 313

St. Croix Island 313

York Redoubt (Halifax) 136

Text und Recherche	Mark Morris, Andrew Hempstead
Übersetzung	Andreas Klaner, Silvia Mayer, Gunter Mühl, Julia Rickers, Nicole Stange
Lektorat	Gudrun Raether-Klünker, Veronica Schön-El Baioui
Redaktion und Layout	Susanne Beigott, Christiane Schütz
Fotos	Andrew Hempstead
Covergestaltung	Karl Serwotka
Covermotive	*oben:* Mahone Bay (Nova Scotia) *unten:* Peggy's Cove (Nova Scotia) (beide Fotos: Andrew Hempstead)
Karten	Avalon Travel Publishing, Inc.

ISBN 978-3-89953-499-3

© Copyright Michael Müller Verlag GmbH, Erlangen 2009. Alle Rechte vorbehalten. Alle Angaben ohne Gewähr. Druck: Fuldaer Verlagsanstalt GmbH & Co. KG, Fulda.

Titel der englischsprachigen Originalausgabe: *Moon Handbooks – Atlantic Canada*

Aktuelle Infos zu unseren Titeln, Hintergrundgeschichten zu unseren Reisezielen sowie brandneue Tipps erhalten Sie in unserem regelmäßig erscheinenden Newsletter, den Sie im Internet unter **www.michael-mueller-verlag.de** kostenlos abonnieren können.

1. Auflage 2009